인류는
어떻게 역사가
되었나

인류는 어떻게 역사가 되었나

사냥, 도살, 도축 이후 문자 발명에 이르기까지 인간의 역사

헤르만 파르칭거 지음 | 나유신 옮김

글항아리

일러두기
·원서에서 이탤릭체로 강조한 것은 고딕으로 표시했다.
·작은 글씨로 부연설명한 것은 옮긴이 주다.

고든 차일드, 게오르크 코사크, 헤르만 뮐러카프 그리고
자신의 전문 분야에 비전을 갖고 임했던 모든 사람을 기억하며

이 책은 인간의 원시 역사를 다루고 있다. 고고학 연구가 이 역사를 재구성하는 데는 유형 문화의 도움이 필수적이다. 그렇기 때문에 인류의 원시 역사는 선사시대 인간이 우리에게 목표 지향적인 존재로 처음 나타나는 270만 년 전, 즉 인류가 도구를 처음 사용한 시기부터 시작된다. 인간은 수십만 년 넘게 수렵 채집 생활을 하면서 자연에 더 잘 적응하는 법과 불을 사용하는 법, 더 높은 영양가를 얻을 수 있도록 식량 조달을 개선하는 방법을 배운다. 이렇게 해서 결국 복잡한 의식儀式, 발전된 문화, 최초의 기계를 가진 문화적 현대성에 도달한다. 이 시기 동안 인간은 아프리카에서 시작해 남북 아메리카 대륙에 이르기까지 이동을 거듭했고, 마침내 생물학적 현생인류(호모 사피엔스)는 세계의 거의 모든 지역에서 살게 된다. 플라이스토세가 끝난 후 세계의 특정 지역들에서는 다양한 시간대, 서로 다른 기후·지형·문화적 조건 속에서 획득 경제로부터 생산 경제로 나아가는 발달이 시작된다. 이렇게 해서 수렵 채집을 하면서 살

인류는 어떻게 역사가 되었나

왔던 선사시대 인류는 가축을 사육하고 농경을 하게 된다. 이러한 변화가 일어난 곳에서는 인구가 증가했고 정착생활이 이루어졌으며 농경과 목축을 하는 마을들이 생겨났다. 그 결과 노동 분업이 이루어졌고 사회적 계층을 가진 복합사회가 발달하게 된다.

이러한 발전 과정에서 세계 여러 지역은 몇 가지 눈에 띄는 공통점을 보여준다. 하지만 동시에 근본적인 차이점들도 드러낸다. 선사시대 인류의 행동을 정말로 폭넓게 이해할 수 있으려면 하나로 연결된 세계 모든 지역을 비교하며 고찰해야 한다. 바로 이 부분이 이 책의 새로운 점이고 특별한 점이다. 이 책에서 나는 인간 역사를 하나의 세계라는 관점에서 바라보고자 했고 그렇게 해서 독자들에게 수천 년 전 세계 전체의 모습을 펼쳐 보여주려 했다. 오늘날 우리는 이미 오래전부터 여러 문제를 지구적 차원에서 생각하고 있다. 환경보호는 특정 지역만 따로 떼어내 생각할 수 없고 기후 변화도 세계 전체에 영향을 미친다. 정치나 경제관계도 마찬가지다. 물론 이것은 우리가 살아가는 시대의 특징이라 말할 수도 있다. 하지만 인간은 애초에 홀로 고립되어 존재한 적이 없었다. 모든 것은 서로 영향을 주고받으며 항상 다른 것과 연관되어 존재한다. 19세기 초 위대한 박식가 알렉산더 폰 훔볼트가 이미 밝혔듯이.

책의 저자로서 세계의 원시인류사에 관한 이러한 시도에 독일 독자들만이 관심을 가진다면 썩 반가운 일은 아닐 것이다. 이 책은 현재 영어와 중국어로 번역 중에 있다. 하지만 한국의 글항아리 출판사가 가장 먼저 문의를 보내주었고, 이는 한국 독자들의 관심이 얼마나 국제적인지 보여주는 것이라 생각한다. 한국을 비롯해 유럽에서 멀리 떨어진 지역에 사는 사람들은 오래전부터 인류 역사를 바라보는 서로 다른 시각이 존재하며 이를 인식하는 일이 중요함을 이해하고 있었다. 여기서 가장 중요한 인

식은 세계 역사가 평화로운 미래를 만들기 위한 공동의 유산이자 공동의
의무라는 이해가 아닐까? 독자들이 이 책을 읽음으로써 이러한 인식에
도달하기를 희망한다.

헤르만 파르칭거

서문

처음에 있었던 것은 '말ᅟᅳᆯ'이었다. 여기에 물론 그 '말'은 얼굴 표정에 동반되는 쿵쿵 소리 이상은 아니었을 테지만, 그럼에도 분명한 것은 문자 이전에 말이 있었다는 점이다. 여기서 우리가 묻고 싶은 것은, 문자 없이 말만 존재했을 때의 세계의 모습이다. 그런데 말은 그 말을 듣는 대상, 즉 인간을 필요로 한다. 따라서 이 책의 중심은 바로 '그'의 세계, 즉 문자 이전의 인간의 세계가 된다.

　문화학자가 인간을 인간으로 만드는 보편적·근본적 조건에 대해 인류학적 견지에서 설명할 때는 초기 문명에서부터 논의를 시작하려는 것이 보통이다. 흔히 메소포타미아, 이집트, 중국이 최초의 문명으로 꼽힌다. 이 문화들은 유프라테스와 티그리스강, 나일강, 황허강과 같은 큰 하천을 따라 형성되었다. 이 지역들은 땅이 비옥해 인구가 빠르게 증가했고, 확대를 거듭하는 인구 밀집 지역에 사는 사람들에게 식량이 공급되기 위해서는 생산을 의식적으로 계획 경영해야 했다. 이렇게 이들 지역에서는 점차 생산의 전문화와 노동 분업, 대량 생산, 원거리 무역이 발전하게 되었다. 성장을 촉진하기 위해서는 기획력과 지도력 또한 필요했고, 발전을 거듭한 결과 마침내 정치와 종교 권력이 생겨났다. 흔히 기념비적 건축, 무덤, 그리고 그 시기의 대표적인 예술 형태 속에서 그 존재감을 표현하고 있는 이러한 권력은 조직과 행정을 필요로 했는데, 이는 문자 없이는 생각할 수 없는 것이었다. 일반적으로 기원전 4000년에서 기원전 3000년 무렵의 기호 체계를 문자의 시초로 본다. 이는 근거 있는 추측이다. 하지만 문자가 없던 때인, 그보다 훨씬 이전의 선사시대 문화도 신호, 상징, 그림을 이용한 의사소통 능력을 갖추고 있었다. 그 내용은 오늘날 우리에게 밝혀지지 않은 채로 남아 있다. 사실 이 문화들이 전달하고자 했던 메시지는 오랜 기간에 걸쳐 여러 세대에게서 '읽히고' 이해될 수 있었다. 하지만 현재의 '우리'는 선사시대 문화인들이 들려주는 이야기를 더 이상 이해하지 못하고 그들이 간직하고 전해준 지식을 해독할 수 없게 되었다.

야코프 부르크하르트가 『세계사적 고찰』에서 했던 다음의 말은 시간이 지날수록 분명한 사실로 입증되고 있다. "우리가 증명할 수 있는 시초라고 생각하는 것은 사실 매우 긴 시간이 지난 후의 상태다." 현재 널리 퍼져 있는 기존의 시각을 따라 '역사'란 문자와 함께 비로소 시작되는 것이라고 본다면, 이는 역사의 관점에서뿐만 아니라 문자의 관점에서도 자의적인 해석이라 할 수 있다. 이는 원시시대의 실제적 문화, 역사적 조건, 경제적 발전, 사회정치적 과정과 부합하지 않는 것이다. 인간이 무엇인가를 생산해낸다는 것은 이미 자신이 운명의 주인이 되어 역사를 만들고 있다는 것을 의미한다. 그렇기 때문에 원시시대 조상들의 삶과 시간에서 역사성의 지위를 부정하고 '선사先史'라고 폄하하는 것은 잘못된 일이다.

이와 함께 올바른 역사 인식을 위해서는 수천 년, 수만 년 전의 시대에 접근 가능하게 해주는 유일한 자료인 유형 유산을 올바르게 읽어내는 특별한 방법이 필요하다. 여기에 큰 기여를 한 것이 큰 폭으로 증가하고 있는 과학적 탐구 방법들이다. 이 방법들이 없었다면 초기 역사의 안정적 재구성을 위한 시도는 거의 성과를 거두기 힘들었을 것이다.

이 책은 현대 인류의 조상인 '호미니드'가 수백만 년 전 아프리카에서 직립 보행을 하고 무언가를 움켜잡는 데 손을 사용하기 시작했을 때부터 인간이 모든 대륙에서 수많은 문화를 꽃피우기 시작하기까지의 시간들에 접근하기 위한 시도다. 인간의 역사는 이후 가파르게 발전했다. 하지만 인간 역사에서 현재까지 가장 의미 있다고 할 수 있는 결정적 사건, 즉 정착생활과 생산경제활동이 시작되기까지는 수십만 년이 더 걸렸다. 이 획기적인 사건들의 결과로 복합사회komplexe Gesellschaft가 생겨났고 이들 중 일부는 나중에 문자 문화로 발전했다. 하지만 이 책에서 이러한 주제는 다루지 않을 것이다. 고든 차일드가 1930년대에 설파한 '신석기 혁명'이 전혀 근거 없는 주장은 아니었지만, 지난 수십 년간 전 지구상에서 밝혀진 사실을 살펴봤을 때 '혁명'은 적절한 개념이 아니다. 식용 식물 재배나 가축 사육은 인간이 수천 년 동안 자연환경에 적응한, 다시 말해 자신의 삶과 생존을 위해 이용할 수 있었던 것에 적응해서 얻어낸 결과이기 때문이다. 이와 더불어 계속된 발전을 이루는 데 남다른 추동력으로 작용했던 것은 계속 변화하는 환경 속에서 삶의 조건을 개선하고자 했던 인간의 부단한 갈망이었다. (물론 이것만이 유일한 이유는 아니지만 매우 중요한 동기가 되었던 것은 사실이다.) 정착생활과 농업사회라는 문화적 특징의 기원은 놀라울 정도로 먼 과거로 거슬러 올라가기도 한다. 이와 관련해 이 책에서 내가 특별히 말하고자 하는 바는 지구상에서 정착생활과 농업사회라는 문화적 특징들이 한꺼번에 그리고 같은 시기에 나타나는 곳은 거의 전무하다는 사실이다. 시간이 지나면서 이러한 문화 발전 과정의 연속적인 단계들에 대해서 더욱 신빙성 있는 규명과 설명이 가능해졌는데 이를 통해 드러나는 것은 거의 불가능해 보일 정도로 오랜 기간에 걸쳐 문명은 연속적이고도 점진적으로 발전했다는 사실이다. 이러한 사실은 초기 인류 역사가 엄청난 역동성과 긴장감을 갖고 있었음을 여실히 보여준다.

이와 함께 우리가 인류학적 관점에서 본 인간의 보편적·근본적 조건에 더 근접해보고자 한다면 전 대륙에 걸쳐 상이한 지역들이 어떤 관계를 갖는지 비교하는 과정을 거쳐야만 한다. 이때 중요한 것은 순수한 비교학이 아니다. 알렉산더 폰 훔볼트는 남미 토착민을 관찰하면서 세계 전체를 이해하기 위해서는 외떨어진 지역에만 존재하는 특수성 또한 중요하다고 말했고 이는 과연 적절한 지적이었다. 이는 이 책의 핵심적인 전제 중 하나이기도 하다. 따라서 이 책에서는 지역 간의 근본적인 유사성뿐만 아니라 차이점 또한 살펴보려 한다. 이를 통해 사건들이 시간적으로도 연결되어 있고 인과적으로도 연관되어 있음을 알 수 있을 것이다. 우리는 북극에서의 삶의 조건과 사하라에서의 삶의 조건을 살펴볼 것이고 안데스산맥 고지대에서의 삶의 조건과 양쯔강이나 태평양 섬에서의 삶의 조건을 밝혀보려 한다. 우리는 수백만 년 전으로 눈을 돌리고 지역에 따라 기원 전후 수천 년까지도 살펴볼 것이다. 선사시대의 유럽과, 지중해, 서남아시아에서 발달 관계상 시간적 선후에 의한 연관관계가 있었던 것이 확실시되지만 이와 더불어 분명히 말할 수 있는 것은 세계의 모든 지역은 고유한 리듬으로 발전했다는 사실이다. 즉 인류 역사의 초기에는 모든 대륙에 똑같이 등장했던 '축軸의 시대'Achsenzeiten 카를 야스퍼스가 제시한 개념으로 기원전 약 800년에서 200년까지의 시대를 말한다. 야스퍼스에 의하면 이 시기에 세계의 네 문화지역, 즉 중국, 인도, 과거 팔레스타나 지역과 그리스에서 상호 영향이 미치지 않았던 상태에서 독립적으로 사상과 기술적 진보가 이루어졌다는 없었다. 이것은 훨씬 이후에 나타난 현상이다. 이렇게 세계 모든 지역을 두루 관찰하여 수만 년을 헤아리는 인류사의 가장 긴 기간에 대해 올바른 조감도를 그려보면 원시 시대도 세계사의 한 부분임을 알게 된다.

이를 서술하기 위해 현재까지도 명확히 해명되지 않은 연구들이 많이 참조되었다. 그런데 이 연구들은 자료와 방법에 대한 적지 않은 지식을 요구한다. 이때 독자들에게 선사시대 세계 역사를 통과하도록 안내해주는 길잡이가 있다. 초기 인류의 생활상을 말해주는 돌, 뼈, 나무, 금속, 토기들이 그것이다. 드물게는 섬유도 찾아볼 수 있지만 섬유와 같은 유기물은 특성상 무기물 자료보다 훨씬 빨리 부식된다. 아주 오래된 유골, 특히 미라의 발굴이 엄청난 행운에 속하는 것은 이와 같은 이유에서다. 그런 행운을 우리는 이 책에서 만나보게 될 것이다.

가장 많이 참고되었던 것은 당시 사람들이 거주했던 유적지다. 한시적으로든 지속적으로든 사람들이 정주했던 지역들이 이에 속한다. 가장 초기에 인류의 조상들은 열매 채집을 위해 이동식 야영생활을 했다. 이후 농사를 짓는 정착민 마을이 생겨났고 소수 특권층이 다스리는 원시 도시 형태가 나타났다. 이렇게 형성된 중심 지역에는 방어 시설, 대형 건축물, 수공업 생산 구역이 들어섰다. 초기 주거 형태가 이런 형태로 발전하기까지는 오랜 시간이 걸렸다. 주거 형태를 보면 문화가 어떻게 발전되어왔는지 매우 새로운 각도에서 관찰할 수 있다. 특히 주거지 터를 관찰하면 그 집단의 규모와 조직 형태를 가늠할 수 있다. 원시 종교의식에서는 별도의 건축물이 사용되었는가? 사람들이 모일 수 있는 장소가 있었는가? 무엇으로 그것을 알 수 있는가? 가축 사육 형태가 발견되는가? 잉여 농업 생산물이 있었다는 것을 증명해주는 곡물 저장소가 있는가? 죽은 사람을 가옥 아래에 매장했는가 아니면 마을 밖 따로 지정된 묘지에 매장했는가? 이 밖에도 훨씬 더 기본적인 특성에 대한 다음과 같은 질문도 도출된다. 어떤 건축 자재와 어떤 건축 기술이 사용되었는가? 이렇게 해서 짐승 가죽을 씌워 만든 초기 가옥부터 시작해 매머드의 엄니로 지지대를 세운 집, 토벽과 기둥을 갖춘 집을 거쳐 최초의 대형 석조 사원에 이르기까지 건축의 복잡화가 전개된다.

하지만 대형 건축물이 등장했다는 사실에 가려져서는 안 될 역사적 사실이 있다. 훌륭한 건축 기술을 보유했던 사회일지라도 결국은 어떤 근본 법칙에 지배받았다는 사실이다. 수백만 년 동안 인간 행위의 근본 동기로 작용해왔고 오늘날에도 우리 삶을 가장 밑바닥에서 규정하고 있는 어떤 법칙 말이다. 그것은 바로 식량의 조달, 즉 생존의 보장이다. 원시시대 모든 인간 행위의 가장 중요한 동기는 식량 조달에 있었고 우리가 특별히 관심을 갖는 부분도 바로 이것이다. 당시 주거지와 그 주변에서 발견되는 중요한 발굴물은 당시 사람들이 무엇을 먹었을지 추측할 수 있게 해준다. 채집한 야생 열매, 식물 씨앗, 재배식물의 잔여물, 사냥한 짐승 뼈, 물고기나 조개 잔여물, 가축을 길렀던 흔적 등의 발굴물이 그것이다. 거기에 더해 갖가지 도구도 당시 식량생활을 추측하기 위한 단서로 활용된다. 주먹도끼, 사냥 도구, 돌절구, 약초 등을 빻기 위한 막자사발, 낫, 그 밖의 많은 도구가 여기에 해당된다. 이런 유물을 감정해보면 한 문명이 수렵 채집 생활에서 농경 및 가축 사육 생활로 전이했는지, 전이했다면 어느 정도로 전이했는지를 짐작할 수 있다.

이와 더불어 많은 유익한 정보를 제공해주는 것은 시체가 매장되어 있던 장소다. 무덤의 형태를 보면 한 사회의 구조를 추측할 수 있고 나아가 사회 구성원들의 의식세계까지도 짐작할 수 있다. 특별히 귀중하고 보기 드문 부장품은 죽은 사람이 특별 대우를 받았다는 것을 말해준다. 특정한 인물이 사후에 특별한 대우를 받았다는 사실은 다시금 그 집단에서 사회적 계층의 구분과 지배 세력이 존재했다는 것을 추측케 한다. 또한 시체가 뉘어 있는 방향이나 시체를 처리하는 방식을 보면 이들이 사후세계에 대해 어떤 관념을 가졌는지도 추측할 수 있다. 하지만 이보다 더 흥미로운 것은 수만 년 전의 인류가 가까운 사람이 죽었을 때 그들을 자연의 온갖 위험에 그냥 내버려둬 썩은 시체가 되도록 방치하지 않았다는 사실 그 자체. 네안데르탈인에게도 이미 나름의 매장 방식이 있었음을 생각하면 이는 정말 감동적이지 않을 수 없다.

마지막으로 우리는 초기 예술 유적을 만나볼 것이다. 이 만남에서 우리는 원시 악기에 미처 놀라기도 전에 어느새 암벽화를 마주할 것이고 이 그림의 예술적 수준과 표현력에 또 한 번 놀라 숨을 멈추게 될 것이다. 이 장소들은 이따금 사람들이 함께 모여 자기 생각과 의식세계를 사라지지 않게 기록하는 신성한 장소였던 걸까? 저 손자국들은 무엇을 의미하는 걸까? 초기 인류가 각자 개별성을 갖고 있었다는 흔적일까? 여러 모양이 혼합되어 있는 저 존재들은 무엇일까? 무속적인 의미를 지닌 것일까? 이런 물음들에 부딪혔을 때 우리는 자신의 기대와 생각을 저 머나먼 과거로 투영시키지 않도록 해석에 각별한 주의를 기울여야 한다. 선사시대 사회를 연구할 때는 이런 과오를 저지르지 않도록 특히 조심해야 한다. 선사시대 유물은 우리에게 보이려고 그 시대가 일부러 남겨둔 흔적이 아니라는 점을 기억해야 한다. 이 책에 등장하는 문명들의 특징 중 잊지 말아야 할 것은 이 문명들은 낯선 존재라는 사실이다. 한때 출현했다 사라진 저 문명들이 살아갈 수 있었던 조건은 우리에게는 미지의 것이다. 그렇기 때문에 이 책에서는 선사시대 사람들의 삶을 선불리 구성하기보다는 우선 어떤 유물이 발견되었는지를 확인하는 것에 만족하려 한다. 이것이 당시 문명들을 존중하는 자세라고 생각한다. 그러면서 기회가 닿는 대로 개별적 정체성, 사유재산, 사후세계에 관한 의식의 등장을, 나아가 영토와 지배 같은 추상적 범주를 이야기해보려 한다. 그것이 안 될 때에는 최소한 이에 관한 설득력 있는 추측을 시도할 것이다.

이 책을 처음부터 끝까지 읽는 수고를 기울인 독자는 저절로 다음의 사실과 마주칠 것이다. 모든 문명은 붕괴를 특징으로 삼는다. 문명은 일어나고 지속되다가 (그중에는 수천 년까지 지속되는 것도 있지만) 예외 없이 모두 사라진다. 극적인 기후 변화나 자원의 과도한 사용이 붕괴의 원인이 되기도 하지만, 그보다는 이유가 완전히 베일에 싸인 경우가 더 많다. 어떤 경우든 모든 인간 문화는 세계 어느 곳에서나 결국 소멸된다는 것, 그것이 우리 인간의 조건이다.

이 책을 쓰려고 생각한 것은 내가 프로이센 문화유산 재단 회장으로 취임하고 얼마 지나지 않아서였다. 지난 2~3년 동안 집필에 많은 노력을 기울였다. 이 책을 쓸 수 있었던 것은 책을 통해 내 학문적 발전의 뿌리가 끊어지지 않게 하려는 불굴의 의지였을 수도 있고 내 사고 지평을 새롭게 끊임없이 확장시키는 현재의 임무 때문일 수도 있다. 특히 훔볼트 포럼을 준비하면서 나의 사고는 개별 문화지역에 편중되기 마련인 고고학적 연구활동에서 좀더 확실히 국제적이 되어야 했다. 그 밖에 이 책을 쓰게 된 또 다른 여러 이유가 있겠지만 어쨌든 중요한 사실은 이 원고가 이제 책이 되어 나온다는 점이다. 지난 몇 년 동안 이 책을 집필하는 일은 재단 회장으로서 내 직무와 더불어 중요하고 든든한 삶의 지표였다. 재단 회장직은 훌륭한 임무이며 아마도 가장 멋진 임무 중 하나일 것이다. 그러나 높은 직책에 있는 이들이 자주 그러하듯 생각은 자신이 하더라도 일은 다른 사람이 하게 된다. 하지만 이 책은 그런 경우에 해당되는 일이 아니었다.

2014년 2월 베를린에서
헤르만 파르칭거

인간 두뇌의 진화와
그것이 문화에 끼친 영향

구석기시대의 주먹도끼.

1.
움켜쥘 수 있는 손과 자갈 석기:
아프리카의 원시 호미니드

현생인류 진화사는 아직 다 밝혀지지 않았다. 그래서 학자들은 늘 호미니드라 불리는 영장류에서 호모 사피엔스에 이르는 어지럽게 얽힌 인류 조상들의 가계도를 더 정확히 그리게 해줄 새롭고도 놀라운 증거를 기다린다. 이와 관련해 중요한 정보를 담당하게 된 분야로 오래된 DNA를 연구하는 고고유전학이 있다. 하지만 그런 연구를 통해 인류의 진화 과정이 항상 더 분명하게 드러나는 것은 아니다. 오히려 더 복잡하게 꼬이기도 한다. 고고유전학 연구는 안정된 기반을 구축하기까지 아직 더 많은 성과를 입증해야 한다. 알다시피 인간과 침팬지의 유전체는 95퍼센트가 일치한다. 이 사실이 인간이 침팬지의 후손임을 의미하진 않지만 최소한 인간과 침팬지가 1000만 년에서 500만 년 전 머나먼 과거의 어떤 시간, 어떤 곳에서 공통된 조상을 갖고 있었다는 점은 확인해준다.

현생인류가 지금의 인간이 될 수 있었던 이유는 그들의 조상이 직립보행을 시작했고 더불어 이들의 두뇌 용량이 커지고 얼굴 골격이 평평해졌기 때문이다. 이런 특징 모두가 오스트랄로피테쿠스에게서 나타난다. 오스트랄로피테쿠스는 아프리카에만 퍼져 있었으며 이들의 출현은 현재 약 300만~400만 년 전으로 추정된다(〈그림 1〉, 〈지도 1〉). 최초의 유적은 차드 호 분지에서 나왔다. 남아프리카 타웅에서 발견된 유적은 그보다 조금 후대에 속하는 것으로 500만 년 전으로 추정된다. 모든 오스트랄로피테쿠스 종이 처음부터 직립보행을 완전하게 할 수 있었는지는 불분명하다. 300만 년 이전에 출현했던 오스트랄로피테쿠스 아파렌시스의 가장 초기 형태 인류조차 지금과는 다른 나름의 보행 방식을 취했을 수 있다. 그들이 생활했던 곳은 수목 밀도가 높지 않은 숲 지대였고 처음에는 여전히 호미니드의 생활 습성을 지녔을 확률이 매우 높다. 이들은 나무 위에 머무르는 일이 많았고 잠을 잘 때는 특히 그랬다. 하지만 이따금 땅 위에서 직립으로 걸을 수 있었다. 이들이 직립으로 걷는 방식은 이후 시간을 거치며 점점 더 발전한다.

하지만 직립보행 그 자체는 인간으로서 발휘하는 성과가 아니라 인간이기 위한 전제 조건이다. 직립보행과 다양한 방식으로 움켜쥘 수 있는 손은 일차적으로는 인간이 동물로서 갖고 있는 특성에 속한다. 손은 직립보행으로 인해 갑자기 완전히 다른 의미를 획득한다. 점점 더 섬세해진 것이다. 움켜쥐는 것이 가능한 손은 손끝의 감각능력이 발달하면서 일종의 인지 기관이 되었다. 손과 인지능력의 밀접한 연관은 오늘날 일상생활에서도 확인할 수 있다. 말할 때 자기도 모르게 동반되어 나오는 손동작을 보라. 본능에 좌우되는 발과 달리 손은 행위의 기관이다. 손을 통해 인류의 조상은 행동하면서 인식했고 손과 손가락을 이용한 신호를 통해 동족과 일종의 의사소통 능력을 발달시킬 수 있었다. 시각장애 아동들을 관찰한 결과를 보면 말하기와 손은 언어과정에서 서로 통합적이라는 것

인류는 어떻게 역사가 되었나

28

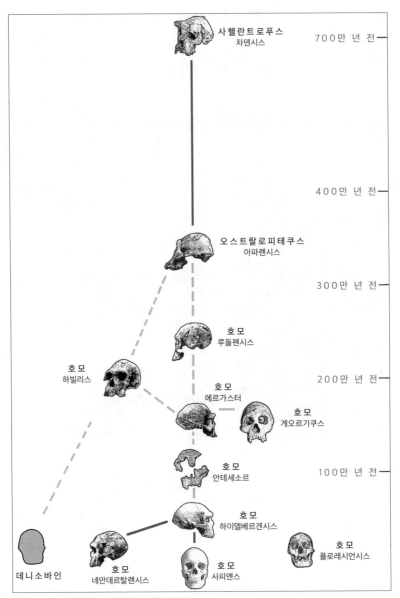

<그림 1> 호미니드의 연대기. 학계에서는 호미니드의 친족관계를 정확히 재구성하기 위한 논의가 아직도 진행되고 있다.

〈지도 1〉 아프리카의 원시 호미니드 분포와 아시아 및 유럽 대륙에서 호모 에렉투스, 호모 에르가스터의 확산.

을 알 수 있다. 개념적 의미의 언어는 신체언어와 함께 동반되는 소리를 구분할 수 있게 되면서 생겼을 것으로 추측된다. 언어 표현이 얼굴 및 손 동작을 보완하거나 대체했지만 이것들은 완전히 사라지지 않고 아직도 사용된다.

우리의 먼 조상들은 손에서 더욱 섬세한 감각을 얻으면서 무엇보다 묘사적 설명능력을 발달시켰다. 이는 다시금 얼굴 표정과 몸동작의 발달을 촉진했다. 이러한 발달의 결과로 결국 언어적 조음, 나아가 음악적 조음까지 가능하게 됐다. 이 복잡한 과정의 전개는 두뇌의 꾸준한 발전과 결부되어 있다. 이렇게 해서 결국 분석적 지능과 문제 해결에 적합한 통합적인 사고가 형성되었다. 이 모든 것이 인간이 되는 과정과 불가분하게 인과적으로 결부되어 있었다.

현생인류의 가장 오래된 조상에 관한 증거는 대부분 동아프리카와 남아프리카에서 발견된다. 관련 증거들로 볼 때 현생인류의 직립보행은 매우 점진적으로 이루어졌던 것으로 보인다. 이 시기의 증거물로는 간헐적으로만 발견되는, 여러 다양한 신체 부위에서 나온 뼈들이 있다. 지금까지 가장 오래된 것으로서 거의 완전한 형태로 보존된 유골에는 '루시'라는 이름이 붙여졌다. 이 유골은 에티오피아에서 출토되었으며 390만 년에서 320만 년 전의 것으로 추정된다. 추측건대 루시는 약 25세의 나이에, 키는 105센티미터였다. 오스트랄로피테쿠스 종들의 몸무게는 30킬로그램에서 40킬로그램이었을 것으로 짐작되는데, 남자는 키가 130센티미터에서 140센티미터를 넘지 않았던 것으로 보인다. 즉 오스트랄로피테쿠스는 직립한 침팬지보다 약간 더 큰 정도였다.

약 300만 년 전에 동아프리카와 남아프리카 곳곳에서 기후 변화가 일어났다. 이로 인해 이 지역은 더욱 건조해졌고 부드러운 열매와 이파리로 식량을 제공해주었던 숲들이 사라졌으며, 대신 사바나 형태의 초원이 점점 더 넓게 자리를 잡아갔다. 나무들은 드문드문 볼 수 있는 정도였다. 그 결과 이용 가능한 먹이의 형태가 바뀌었고 이 지역에 서식하고 있었던 동물상動物相 특정 지역이나 수역水域에 살고 있는 동물의 모든 종류 또는 총체은 비교적 질긴 풀, 씨앗, 뿌리를 식량으로 삼아야 하는 새로운 도전에 직면했다. 오스트랄로피테쿠스도 이러한 생활환경에 적응해야 했다. 식물성 식량만 섭취했던 오스트랄로피테쿠스는 뛰어난 씹는 기관을 갖고 있었다. 어금니의 씹는 면은 과도하게 확대되어 있었고 씹는 근육이 너무 발달한 나머지 두개골 윗부분에 일종의 볏 모양이 만들어지기까지 했다. 직립보행과 씹는 기관의 확대 같은 근본적인 변화는 모두 수십만 년 또는 수백만 년에 걸쳐 점진적으로 진행된 자연스러운 적응과정의 결과였다. 이와 같은 과정을 겪기로는 그 시대에는 인간계와 명확히 구분되지 않았던 동물계 또한 마찬가지였다.

이 시기에 오스트랄로피테쿠스가 얼마만큼 침팬지 수준을 넘어서 도구를 사용할 수 있었는지 정확히 알려진 바는 없다. 하지만 오스트랄로피테쿠스 아파렌시스(〈그림 1〉)가 나타난 시기는 최초의 석기의 출현보다 50만 년 앞서 있다. 이 최초의 인공물은 약 270만 년 전으로 거슬러 올라가며, 발견된 곳은 동아프리카에 있는 올두바이 협곡이다. 이런 이유로 인간 최초의 물질문명 시기 전체는 올도완Oldowan이라 불린다. 학자들은 오스트랄로피테쿠스가 최초의 올도완 시기 도구를 만든 주인공이라고 생각하는 쪽으로 점점 더 기울고 있다. 하지만 이에 대한 분명한 증거는 아직 제시되지 못했으며 최초의 도구를 만든 인류는 호모 루돌펜시스와 호모 하빌리스라고 거론되고 있다. 어쨌든 앞으로 연구자들이 풀어야 할 과제가 아직 많이 남아 있다.

동물들 또한 예나 지금이나 무생물 물체를 목적의식적으로 사용해서 자기네 몸이 가진 기능적 가능성을 넘어서는 결과를 얻을 수 있다. 이 경우 동물들은 대부분 해당 물체의 형태나 위치를 바꿔 도구로 이용한다. 이와 관련해 특히 좋은 예를 보여주는 것은 라이프치히 막스플랑크 연구소 진화인류학 팀이 타이 국립공원 눌로에서 발견한 '침팬지 작업장'이다. 4000년 이상 된 이곳에서 침팬지들이 견과류를 깨는 데 사용했던 돌이 발견되었다. 이런 증거들을 보면 오랫동안 인간만이 갖고 있는 것으로 생각되었으며 또 그렇게 생각하고 싶어했던 문화적 특징, 가령 어떤 원자재를 선택하고 조달해 이를 정해진 장소에서 특정한 작업을 위해 목적의식적으로 사용하는 그런 특징이 침팬지에게도 있었음을 알 수 있다. 이런 예와 함께 언급될 수 있는 또 다른 예는 세네갈에서 관찰된 침팬지 무리다. 이 침팬지들은 창으로 목표 동물을 사냥하거나 다른 도구들로 꿀을 채집한다. 동물들의 도구 사용은 단지 유인원에게서만 볼 수 있는 현상이 아니다. 이런 현상은 코끼리에게서도 관찰된다. 또 다른 예로 돌고래도 있는데, 호주 연안 앞바다에 서식하는 돌고래는 먹이를 찾으려 바닥을 뒤질 때 부상을 피하기 위해 바위나 땅바닥에서 떨어져 나온 해면동물을 마치 장갑처럼 주둥이에 덧씌운다.

하지만 이 모든 사실에도 불구하고 인간이 제작한 세계에서 가장 오래된 석기이자 일차적으로 동아프리카에 주로 퍼져 있었던 올도완 석기(〈그림 2〉)는 인간 최초의 문화 표현이라고 봐야 한다. 여기에는 원시인류의 의식적이고 목적지향적인 행위가 표현되어 있기 때문이다. 아프리카 올도완 시대는 '고석기시대古石器時代'라고도 불리는데, 빙하시대 시작 직전(플라이스토세)인 270만 년에서 150만 년 전으로까지 거슬러 올라간다. 올도완 시대에서 가장 오래된 초기 올도완 시기는 약 200만 년 전에 종식된다. 올도완 시대에 고인류가 사용했던 인공물인 석기는 그냥 자연에서 주워서 쓴 것이 아니었다. 원시인류는 석기를 의식적으로 제작했으며 나아가 사용에 적합한 형태를 부여했다. 그리고 이 도구를 사용하면서 쌓은 경험을 바탕으로 꾸준히 발전시켜나갔고 더 완벽한 형태로 만들어 갔다. 또한 그들은 상이한 재료들이 각기 어떻게 다르게 쪼개지는지, 더 가공될 수는 있는지 등등 재료의 특수한 성질들을 잘 알고 있었던 듯하다. 돌 도구의 제작과정을 살펴보면 망치처럼 사용할 돌과 그 돌을 이용해 만들 도구에 적합한 재료를 따로 선택한 후 돌로 쳐 다듬는 일련의 과정을 수행했다는 것을 알 수 있다. 이런 점으로 미루어볼 때 이 고인류는 계획하는 능력에서 완전히 새로운 차원에 다다랐음을 알 수 있다. 복합적인 일련의 행위를 계획적으로 수행하게 되었던 이 순간이야말로 인간 진화에 있어서 전환점이 되는 결정적인 순간이었다. 인간이 동물로부터 그리고 유인원으로부터 완전히 구분되는 시점이 바로 이때였기 때문이다.

고인류는 올도완 초기(〈그림 2〉)의 가장 오래된 석기인 일명 '자갈 석기'를 만들었다. 이 석기의 날카로운 모서리는 망치 역할을 하는 돌로 몸돌을 쳐서 제작되었다. 고인류는 이러한 도구를 제작할 때 다른 도구 없이 손만 사용하거나 또는 일종의 모루를 사용하기도 했다. 인류 문화의 역사가 시작된 것은 바로 이 최초의 석기와 더불어서였다. 인간은 날카로운 각을 가진 이 자갈 석기를 동물의 몸을 토막 내거나 또는 뼈에서 고기를 발라내는 데 썼다. 또는 식물성 식량의 딱딱한 껍질을 쪼개기도 했다. 이러한 도구를 만들 때 인간은 의식적으로 돌의 일부를 떼어내기에 최대한 적합한 자갈을 골랐다. 가장 오래된 뗀석기는 고인류가 규산을 함유한 암석(규석)이 균열하는 특성에 대해 놀라운 지식을 갖고 있었음을 보여준다. 하지만 이때 인류는 날카로운 모서리를 얻기 위해 돌을 쪼갠

인류는 어떻게 역사가 되었나

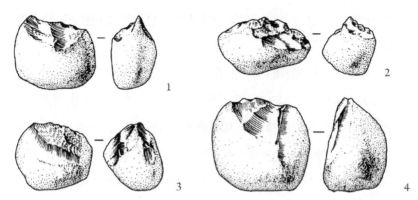

〈그림 2〉 인류의 가장 오래된 도구들. 탄자니아 올두바이 협곡에서 발견된 자갈로 만든 도구들(일명 자갈 석기).

뒤 그 이상의 가공은 시도하지 않았다. 모서리를 더 날카롭게 다듬는다거나 견고하게 만들기 위한 보정 작업은 아직 몰랐던 것이다. 이들은 모서리가 날카로운 절단용 뗀석기 외에 더 거친 작업을 위해 모서리가 면으로 된 석기도 제작했다.

당시 인간은 아직 사냥하지 못했다고 추측된다. 인간이 처음 먹은 고기는 썩은 짐승의 시체, 특히 맹수들이 먹고 남긴 고기였다고 여겨진다. 하지만 높은 곳에서 떨어졌거나 다른 이유로 더 이상 움직일 수 없게 된 대형 짐승은 직접 죽이기도 했을 것이다. 이때 숨이 끊겼거나 또는 죽인 짐승을 토막 내기 위해서는 절단용 도구의 사용이 반드시 필요했다. 당시 인간의 턱뼈는 식물성 음식을 씹어서 잘게 부수기 적합하도록 발달해 있었기 때문에 이런 턱뼈로 살코기를 물어뜯는 것은 불가능한 일이었다. 최초의 인류는 육식 동물로 적합한 조건을 갖고 있지 않았던 것이다. 그렇기 때문에 동물의 시체를 먹을 수 있는 크기로 토막 내려면 다른 방법을 이용해야 했다. 인간이 이 방법을 터득하면서 대형 짐승의 고기는 점점 더 식량의 중요한 부분이 되었고 그렇게 인간 발달의 새로운 가능성이 열렸다.

그런데 최초의 석기를 제작한 존재는 누구일까? 위에서 언급했듯이 오스트랄로피테쿠스가 270만 년 전에서 200만 년 전의 최초의 인공물을 만들었을 가능성을 배제할 순 없지만 지금까지 분명한 증거는 제시되지 않았다. 이에 반해 오스트랄로피테쿠스의 후손인 호모 하빌리스가 초기 올도완 시대의 석기와 관련 있다는 것은 해당 지층에서 나온 유적을 통해 증명되었다. 학계에 따르면 능력 있는 인간이라는 뜻의 호모 하빌리스는 사람 속 중 도구를 제작하는 능력을 가진, 지금까지 알려진 가장 오래된 사람 속이다. 이 초기 인류와 관련된 증거들은 동아프리카와 남아프리카에서만 발견되며 유라시아에서는 발견되지 않는다. 이 인류는 오스트랄로피테쿠스에 비해 얼굴이 더 평면적이었고 두개골 용적이 더 컸다. 하지만 신장은 여전히 작았다(120~140센티미터). 오스트랄로피테쿠스가 주로 식물성 식사를 했던 데 반해 호모 하빌리스는 잡식성이었고 육식을 더 많이 하는 경향이 있었다.

인류 진화의 역사에서 약 200만 년 전 처음 출현한 호모 하빌리스의 실제 위치에 대해서 논란이 없는 것은 아니다(〈그림 1〉). 오스트랄로피테쿠스에 더 가까운 것으로 보는 시각이 있는가 하면 50만 년 동안 호모 에렉투스와 공존하면서 마지막까지 특정한 생태적 지위를 차지했다고 보는 견해도 있다. 어찌되었든 인류 진화의 역사에서 호모 하빌리스가 오스트랄로피테쿠스와 호모 에렉투스 사이 어딘가에 위치한다는 시각은 온갖 의혹과 여러 가설에도 불구하고 완전히 잘못되었다고 보기 어렵다. 하지만 현재 연구 상황으로 볼 때 호모 하빌리스가 호모 에렉투스의 직접적인 조상이었다고 보는 견해 또한 신빙성이 있다고 보기 힘들다.

2.
시체 청소부에서 전문 사냥꾼으로: 호모 에렉투스의 긴 여정

호모 에렉투스와 그의 친척인 호모 에르가스터의 가장 오래된 유적은 약 200만 년 전의 것으로 추정된다. 이들은 고인류 중에서 아프리카, 유럽, 아시아에 퍼져 있었던 최초의 인류다. 호모 에렉투스는 이후 유럽에서는 네안데르탈인으로 진화했고, 아프리카에서는 호모 사피엔스, 즉 현생인류로 발전했다. 호모 에렉투스는 신장 면에서는 현생인류와 매우 비슷했지만 뇌 용량은 절반밖에 되지 않았다. 현생인류가 되기에는 아직 요원했던 것이다. 오스트랄로피테쿠스에 비해 호모 에렉투스는 어금니 크기가 훨씬 작았다. 짐작건대 이들은 주로 성분이 부드러운 먹을거리를 식량으로 삼았고 따라서 열매, 뿌리와 함께 고기 또한 주식량이었을 것이다. 고인류는 호모 에렉투스 시대에 우연히 발견한 동물 사체를 먹는 상태를 완전히 졸업하고 사냥꾼이 되었다.

전에는 여러 다른 속屬으로 불렸던 화석 중 다수가 오늘날에는 호모 에렉투스로 분류된다. 이런 예에 속하는 것으로는 자바 원인(안트로피테쿠

1장 인간 두뇌의 진화와 그것이 문화에 끼친 영향

스)과 일명 베이징 원인(시난트로푸스 페키넨시스)이 있다. 지금까지 아프리카, 유럽, 아시아에서 출토된 유골 중 호모 에렉투스 속에 속하는 유골들을 보면 그 구조와 외형의 형태학적인 편차(형태적 다양성)가 매우 크다는 사실을 알 수 있다. 이런 이유로 학계에서는 이들을 각기 다른 혈통 계통과 하위 종으로 분류하는 게 합당하다고 생각했던 것이다. 여기서 이에 대해 포괄적으로 설명할 필요는 없을 것이다. 연구는 현재진행형이고 계속해서 새로운 결과들이 나오고 있기 때문이다. 다만 호모 에르가스터(장인匠人 인간)는 190만 년에서 140만 년 전 아프리카에 살았던 크로노 종(특정 시기에만 존재했던 종種을 말함)이며 따라서 가장 초기의 호모 에렉투스 종에 속한다는 정도만 언급하기로 하자. 조지아의 드마니시에서 발굴된 새로운 증거물은 위와 동일한 시기에 속하는 것으로 추정되며 지명에서 이름을 따 호모 게오르기쿠스라 불린다. 다른 한편 카스티야의 아타푸에르카에서는 놀랄 만한 증거 자료가 발견되었는데 이곳에 살았던 종을 호모 안테세소르(조상 인간)라고 부른다. 물론 이러한 연구 결과들에 논란이 전혀 없는 것은 아니다. 이에 비해 20세기 초, 하이델베르크의 벽에서 발견된 고인류의 턱뼈가 중유럽에 존재했던 호모 에렉투스 후기 형태에 속한다는 것은 확실시되며 이 종의 형태는 이후 호모 하이델베르겐시스로 불린다.

호모 에렉투스가 처음 출현했던 것이 약 200만 년 전이었던 데 반해 호모 에렉투스 후기 형태의 최종적 특징들이 나타났던 것은 현재로부터 약 30만 년 전이었다. 인류 전체 역사에서 많은 부분을 차지하는 이 기간은 우리의 의식으로, 그리고 무엇보다 우리 감각 능력으로는 측정이 불가능할 만큼 긴 시간이다. 이는 크게 세 시기로 나뉜다.

1) 아직 아프리카에서만 국한되어 발달한 올도완 시기로 약 200만 년에서 150만 년 전의 시기.

2) 올도완 문화가 유럽과 아시아로 퍼진 아슐리안기로 최초의 주먹도끼를 사용했다. 150만 년에서 50만 년 전에 해당.

3) 특별히 유럽에서 증거물이 많이 나오는 시기로 50만 년 전에서 호모 하이델베르겐시스의 멸종 시기까지.

물론 연구자들은 이 시기를 훨씬 더 정확하게 나눌 수 있고, 인류의 발달 과정은 병렬적으로 진행되기도 하고 서서히 교체되며 일어나기도 했다. 하지만 여기서 그렇게까지 구분할 필요는 없을 것이다.

약 200만 년 전에 출현해 발전해오던 올도완 문화는 도구의 종류에 있어 그 이전 시기와는 차별화된 모습을 보여준다. 특히 뗀석기를 더욱 목적의식적으로, 원하는 모양으로 더 잘 만들기 위해 받침대를 이용했다는 점이 눈에 띈다. 뗀석기가 현저히 증가함과 동시에 자갈 석기는 줄어들었다. 이는 고인류가 석기를 제작하는 데 있어 규산을 함유한 암석들을 다루면서 얻은 초기 경험들을 더욱더 완벽하게 발전시켜나가고 있었음을 말해준다. 아직 정교히 다듬는 정도까지는 아니더라도 모서리를 재차 가공한 석기도 처음으로 발견되었다. 위에서 언급했듯이 당시 석기 제작이 목적의식적이고 계획적으로 이루어졌다는 점에서 뚜렷한 발전이 있었다고 볼 수 있지만 그럼에도 표준이 될 만한 형태들은 여전히 찾기 힘들었다. 게다가 자르개나 긁개 또는 송곳으로 사용되었을 인공물들은 우연히 만들어진 것이 아닐까 하는 인상을 강하게 준다.

200만 년 전에서 150만 년 전에 해당되는 올도완 시기에 가장 오래된 거주지 흔적이 나타난다. 동아프리카의 여러 지역에서 강변과 호숫가를 중심으로 고인류가 야영했던 장소가 발견된 것이다. 올도완 석기가 발굴된 지역인 올두바이와 동아프리카의 다른 유적지에서도 원형으로 손질된 돌이 발견되었는데, 이는 단순한 형태의 원형 움막집의 기저부로 쓰였던 것으로 보인다. 이 움막집 안에서는 쪼개지거나 손질된 동물 뼈가 다량 발견되었다. 하지만 동물들은 잡은 그 자리에서 즉시 토막 내는 경우가 더 많았다. 사냥할 때 수원이 어디 있는지는 중요한 역할을 했다. 모든 포유류는 물이 있는 곳을 찾았기 때문이다. 맹수들이 그러듯 인간도 물이 있는 곳에서 사냥감을 기다렸다. 즉 최소한 이 시기에 인간은 완전히 육식동물이 되어 있었다. 인간은 맹수들이 갖고 있는 물리적 힘, 발톱으로 무장한 앞발, 날카로운 이빨은 없었지만 목적의식적 사고와 행위로 이를 보완했다.

인간이 야영지에서 토막 낸 동물 뼈를 보면 코끼리, 코뿔소, 하마, 얼룩말, 기린, 말, 사슴, 들소 등 대형 포유류가 다수였다는 점이 눈에 띈다. 성공적인 경우에는 한 번에 엄청난 양의 고기를 얻을 수 있었지만, 당시 고인류는 이를 저장할 방법을 알지 못했다. 동물계가 주로 온난한 기후의 초원에 서식하는 경우 이는 더 큰 단점으로 작용했다. 그런 기후에서는 포획물이 빠른 속도로 부패되었기 때문이다. 한편 장점도 있었는데 이 동물들 중 많은 종류가 상당히 큰 몸집 때문에 오랜 진화 기간 동안 인간을 훨씬 압도했고 따라서 처음에는 인간을 무서워하지 않았다는 점이다. 그런 까닭에 시간이 지나면서 더 큰 폭으로 진화를 이룬 인간이 어렵지 않게 동물들에게 접근할 수 있었고 비교적 손쉽게 사냥할 수 있었다. 그럼에도 초기 인류 조상들이 몸집이 큰 동물들을 자연 속에서 본격적인 사냥을 통해 포획할 수 있었는지 아니면 이 동물들이 습지에 빠져 움직이지 못하거나 혹은 이미 부상당했을 때만 잡을 수 있었는지는 여전히 의문이다. 여하튼 엄청나게 빠른 가젤이나 얼룩말 사냥은 전혀 승산이 없었던 것으로 보인다. 토막 낸 동물들의 잔해로 볼 때 당시 인간은 동물들의 고기만 먹은 게 아니었음을 알 수 있다. 이들은 길이가 긴 뼈를 조직적으로 깨부수어 영양가 많은 골수를 꺼내 먹기도 했다.

특이하게도 올도완 발달 시기의 야영지에서 나온 다수의 뼈 중에는 '전형적인 고기 공급원'의 잔해뿐만 아니라 마카이로두스, 하이에나, 늑대, 곰 등과 같은 위험한 맹수들의 잔해 또한 발견되었다. 이 동물들은 사냥에서 인간의 경쟁자이면서 동시에 사냥감이 되기도 했던 것 같다. 뗀석기나 구형의 돌로 이런 짐승들을 죽이는 일은 거의 불가능할 것이기에 당시 인간은 이미 나무로 만든 투창용 창이나 찌르기용 창 같은 다른 사냥 무기를 사용했을 거라 추측된다. 하지만 목재 무기들은 150만 년이라는 긴 시간 동안에는 흔적도 없이 부식되어버렸을 것이니 가설로만 생각할 따름이다.

150만 년 전 아프리카에서는 올도완 발달기의 자갈 석기에서 드디어 최초의 주먹도끼가 발달되어 나온다. 이 주먹도끼의 존재는 고고학적으로 가장 오래된 문화인 일명 아슐리안 문화를 특징짓는다. 전형적 형태의 주먹도끼는 자갈 석기의 두 면을 평평하게 다듬고 위는 뾰족하며 아래쪽은 손으로 잡기에 좋도록 둥글게 처리한 형태를 띠고 있다. 최초의 주먹도끼를 만든 인류는 호모 하빌리스일 수도 있지만 더 확실하게는 호모 에르가스터와 호모 에렉투스일 것이라 추측된다. 아프리카 아슐리안 문화에서는 주먹도끼와 더불어 옛날의 뗀석기(〈그림 3〉) 또한 발견된다. 그래서 유물 목록에 이 최초의 주먹도끼가 들어 있으면 아슐리안 문화라고 규정되고 빠져 있으면 발달기의 올도완이라 규정된다. 이 사실은 석기의 형태로 두 시기를 규정할 때, 양자의 선후관계가 시간적으로 정확히 구

1장 인간 두뇌의 진화와 그것이 문화에 끼친 영향

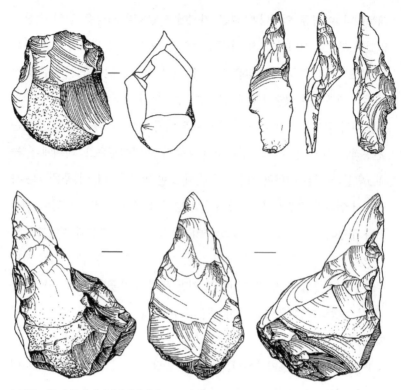

〈그림 3〉 이스라엘, 우바이디야에서 나온 호모 에렉투스 시기의 전형적인 석기.

분된다기보다는 완만한 교체과정을 거쳤다는 점을 보여준다. 따라서 이 두 도구 형태는 오랜 기간 동시적으로 제작·사용되었고, 이 두 개의 도구 문화를 가진 사람들 또한 공존했으리라 여겨진다.

아슐리안 문화는 처음 약 100만 년 전까지 아프리카에서만 출현했고 아프리카 전역에서 이 시기를 특징짓는 도구들이 발견된다. 이 도구들이 근동아시아를 거쳐 세계의 다른 지역으로 퍼져나간 것은 그 이후다. 이

때 확장 경로는 소아시아와 그 밖의 지중해 지역을 거쳐 유라시아로 나아가는 루트가 있었고, 다른 한편으로는 아라비아반도, 이란고원, 남중국, 필리핀을 거쳐 동남아시아로 퍼지는 루트가 있었다. 지중해 지역에서 발견된 가장 오래된 아슐리안 주먹도끼는 약 80만 년 전의 것으로 추정되는 데 비해 알프스 북부에서 발견된 것은 이로부터 최소한 약 20만 년 더 이후의 것으로 추정된다. 즉 아슐리안 문화가 아프리카에서 아시아와 유럽으로 확산되는 데에는 시간적 격차가 있었다는 것이다. 이렇게 된 데에는 100만 년 전부터 빙하기가 심해져 유라시아 북부와 남쪽의 산간 지역에서 빙하 크기가 점점 더 커졌다는 점이 한몫했다. 빙하는 물을 얼어붙게 해서 해수면을 낮추었고 차차 새로운 연결로가 형성되었다. 이 연결로는 아슐리안 문화가 다른 지역으로 전파되는 다리 역할을 했다.

이후 아프리카에서는 50만 년 전에 이르기까지 별 다른 변화가 일어나지 않았다. 아슐리안 유적의 대부분은 발달기 올도완과 마찬가지로 노천 유적지에서 발견된다. 이곳에서는 사냥된 동물의 뼈가 발견되었는데 칼자국이 나 있는 게 눈에 띈다. 짐작건대 당시 사람들은 이미 동물들의 가죽을 벗기고 힘줄을 분리해낼 수 있었던 듯하다. 이런 분리 작업을 했다는 것은 사냥했던 사람들이 동물의 가죽과 힘줄로 2차 가공을 할 줄 알았다는 의미이기도 하다. 동물 털가죽을 의복으로 이용하려면 그 전에 일종의 무두질 과정을 거쳐야 했고 힘줄을 이용하려면 먼저 건조시켜야 했다. 이들은 이런 과정을 능숙히 처리할 수 있었던 것으로 보인다. 견과류를 까기 위해 사용되었던 돌들을 살펴보면 당시 인류가 장기간 보관 가능한 식물성 식량을 채집했으며, 이 과정이 조직적이고 선택적으로 진행되었음을 알 수 있다. 이 모든 사실은 당시 인류가 지식, 경험, 숙련성에서 괄목할 만한 발전과 성장을 했음을 증명해준다.

여기서 당시 인류가 불을 다룰 줄 알았느냐는 물음이 중요한 의미를 지닌다. 인류는 처음에 번개가 친 뒤 생긴 불처럼 자연적으로 발생한 불을 간수하는 법을 익혔고 그러다가 직접 불을 피우는 기술을 발전시킴으로써 문화를 진보시키는 결정적인 발걸음을 내딛었다. 모닥불로 끓이거나 구운 식량은 효소 분해를 용이하게 해 소화기관의 부담을 줄여주었다. 호모 에렉투스 시대부터 계속해서 증가하던 육식 경향이 이 시기에 비약적으로 늘어날 수 있었던 것은 고기를 불로 익혀 소화하기가 한결 쉬워졌기 때문이다. 이와 더불어 불을 사용한 훈제 기술로 고기나 단백질을 함유한 식량을 더 오래 보관할 수 있었다. 이미 죽은 대형 동물을 찾아다니거나 산 동물을 사냥해서 먹고 살았던 원시인류 집단에게 보존 방법의 진보는 생존 전략에 매우 중요한 의미를 가졌다. 가령 코끼리 한 마리가 제공하는 엄청난 고기 중 일부라도 최소한의 기간은 보존할 수 있어야만 대형 짐승을 사냥할 때 드는 수고와 조금이라도 균형을 이룰 것이기 때문이다. 실제로 식량 저장이 가능해지자 식량 조달이 안정되는 기간도 생기고 사람들은 다른 활동을 할 여유도 갖게 되었다. 또한 생존을 위해 쉬지 않고 식량공급처를 찾아 헤매는 압박도 현저히 줄어들었다.

특히 불은 그때까지 천적이었던 맹수에게서 인간을 보호하는 역할을 했다. 뿐만 아니라 불은 벌레를 쫓아주었으며, 심지어 몰이사냥을 할 때에도 쓰였다. 인간이 언제 처음으로 이러한 불의 잠재력을 인식하고 사용하게 되었는지는 아직 밝혀지지 않았다. 이를 입증할 고고학적 증거가 부재하기 때문이다. 그 외에도 불은 빛과 열을 동시에 제공함으로써 기온이 더 낮은 지역에 지속적으로 진출할 가능성을 최초로 열어주었다. 그럼에도 호모 에렉투스 및 그 친척 종들이 아프리카에서 유럽과 아시아로 확산될 수 있었던 이유가 단지 불을 이용할 수 있었기 때문이라고 말한다면 너무 무리한 설명일 것이다. 하지만 불의 사용으로 인해 인류의 활동 영역이 확장되고 세계 전역에서 주거지를 개척할 수 있었던 것은 분명한 사실이다. 학계에서는 최소한 호모 하이델베르겐시스가 불을 사용할 줄 몰랐다면 중부 유럽 북알프스 지역을 차지할 수는 없었을 것이라고 본다.

또한 불에는 중요한 사회적 차원이 있다. 불의 따뜻한 성질과 보호 기능은 사람들 무리를 불 주위로 모이게끔 만들었다. 그렇게 불은 인간 삶에 있어 최초의 사회적 중심점이 되었다. 우리가 저 미지의 선사시대에서 언어가 탄생했던 장소를 찾을 수 있다면 바로 여기가 될 것이다. 이곳은 고인류의 경험, 체험, 지식이 교환되는 장소였는데, 이는 언어가 사용되지 않았다면 성립될 수 없었을 것이기 때문이다. 이렇듯 인간 역사에서 불의 사용은 비할 바 없이 중대한 의미를 갖는다.

불을 최초로 사용한 인류가 200만 년 전 오스트랄로피테쿠스이거나 호모 하빌리스였다는 주장은 오늘날까지 논란이 되고 있긴 하지만 별로 신빙성 없는 가설이다. 현재 불을 사용했다는 가장 오래된 증거는 약 140만 년 전 올두바이에서 나온 것이다. 하지만 이러한 흔적들은 100만 년에서 50만 년 전 시기가 되어서야 그 수가 많아진다. 아프리카 외의 지역에서 가장 오래된 증거는 이스라엘 북쪽(게셔 베노트 야코프)에서 나왔다. 이 지역에서는 불에 탄 식량의 흔적과 함께 호모 에렉투스의 유적이 발견되었는데 약 70만 년 전 무렵의 것으로 추정된다. 또한 가공된 작은 돌들도 발견되었는데, 배열되어 있는 모양으로 봤을 때 불을 피웠던 자리였으리라 추정된다. 그 밖에 불에 탄 식용 식물(야생 보리, 야생 올리브나무, 야생 포도)도 발견되었다. 이는 인간이 고기를 더 잘 소화시키기 위해서만이 아니라 식물성 식량을 익히기 위해서도 불을 사용했음을 보여준다. 여기서 특기할 만한 점은 인간이 보리를 재배하기 수십만 년 전에 야생 보리를 채집해 식량으로 삼았다는 사실이다.

지금으로부터 약 50만 년 전 지구에는 최초의 큰 빙하기가 시작되었다 (엘스터 빙하기). 당시 중부 및 동부 유럽의 여러 지역이 내륙에 형성된 빙하에 덮여 있었다. 그 결과 서쪽은 대서양부터 동쪽으로는 중국해까지 황토모래처럼 응집력이 약한 흙로 이루어진 땅 위에 일명 빙하 스텝 지대가 자리를 잡게 되었다. 빙하 스텝 지대는 매우 건조한 기후에서 볼 수 있는 광활한 초원으로 나무나 수풀은 강가나 호숫가 근처에서만 서식할 수 있다. 이 초원지대에는 야생동물이 많이 서식했는데 코끼리, 코뿔소 외에 말, 유럽 들소, 순록 떼도 있었다. 여름과 겨울의 커다란 기온 차로 인해 동물들은 보통 철따라 이동했던 것으로 보인다. 인간이 이들 사냥감의 뒤를 따라다녔음은 분명하다. 큰 야생동물을 찾아 사냥하려는 인간에게 빽빽한 숲보다 이런 생태 조건이 더 유리했음은 쉽게 짐작할 수 있다. 하지만 이런 지역에 거주하기 위해서는 따뜻한 의복과 잠자리 그리고 불의 사용이 필수였다. 따뜻한 의복과 잠자리가 가능하려면 인간은 사냥한 동물의 가죽을 벗겨내고 털가죽을 가공할 수 있어야 했다. 또한 털가죽의 조각들을 이어 붙여 의복을 만드는 능력도 필요했다. 앞서 언급한 동물들 뼈에 나 있는 칼자국으로 짐작건대 아슐리안 문화 시기에 살았던 고인류는 동물 몸에서 힘줄을 분리해내고 이를 건조시켜 털가죽으로 의복을 짓거나 크기가 큰 겨울용 움막집 덮개를 깁는 데 이용할 줄 알았다.

현재로부터 약 40만 년에서 30만 년 전, 전기구석기시대의 마지막 시기에 불은 이제 모든 인간 활동에 이용되기에 이른다. 이 시기에 관련된 유적 발굴지의 수는 이전 시기와 견주어 비약적으로 많아진다. 특히 유럽(이탈리아, 스페인, 프랑스, 독일, 영국 남부)에서 많이 찾아볼 수 있다. 이를 호모 하이델베르겐시스의 확장과 연관 지을 수도 있겠지만 이에 대한 사실 여부는 지금보다 연구가 훨씬 더 진척되어야 밝혀질 수 있을 것이다. 다른 한편 식물성 식량의 흔적이 이전보다 많이 늘어나긴 했지만 식량의 주요 부분을 차지했던 것은 여전히 동물성 식량이었다.

발굴지가 증가함에 따라 사냥을 했다는 증거 또한 더 많이 눈에 띈다. 그중에서 특별히 중요한 발굴지는 동물 뼈가 대량으로 발견된 곳들이다. 이런 발굴지들은 사람이 장기간 거주했거나 아니면 일정한 기간을 두고 반복해서 찾았던 곳이다. 이런 종류로 매우 독특한 유적은 독일 헬름슈테트 지역의 쇠닝겐에서 발견된다. 호숫가에 있는 평지인 이곳에서 임시로 세운 사냥 캠프가 발견되었다. 당시 이런 야영지는 다수 존재했다. 튀링겐 지방의 빌칭슬레벤에서도 비슷한 유적을 찾아볼 수 있다. 이 두 유적에서 알 수 있는 것은, 초기 인류는 물가 근처 노천 지역을 야영장으로 선호했다는 사실이다. 두 경우 모두 바로 근처에 여러 식물종이 서식하는 하천변 수풀 및 성긴 떡갈나무 혼합림이 있었다. 관목과 넓은 풀밭이 펼쳐져 있어서 다양한 식용 식물이 제공되었고, 동시에 작은 짐승에겐 은신처가 되었다. 또 인근 물웅덩이에서 물고기도 잡을 수 있었다. 이런 곳을 거주지로 선택한 것만 봐도 경험이 풍부하고 행동이 사려 깊었다는 점이 드러난다. 빌칭슬레벤에서 발굴된 유적으로 볼 때 당시 단순한 형태의 가옥 또한 존재했던 것으로 보인다. 이 가옥 앞에는 불을 피우고 작업하는 자리가 있었다. 움집 집터는 원형으로 줄지어진 돌과 커다란 뼈로 표시되어 있었다. 스페인에서 발굴된 같은 시대 유적에서도 비슷한 형태를 찾아볼 수 있다. 그 밖에 이 움집의 구조에 대해 알려진 바는 아무것도 없다. 다만 짐작 가능한 것은 먼저 목재로 뼈대를 세우고 그 위를 갈대와 잔가지로 덮었으리라는 점이다.

쇠닝겐에서는 2만 점이 넘는 대형 포유류의 뼈가 발견되었다. 이 뼈들은 규석으로 만든 인공물에 베인 흔적을 지녔는데, 이는 당시 인류가 경험 많고 능력 있는 사냥꾼 집단이었음을 의미한다. 90퍼센트 이상이 야생마의 뼈이고 그 밖에 유럽 들소, 붉은 사슴, 야생 당나귀의 뼈도 눈에 띈다. 이 유적들은 모두 넓이 10미터, 길이 50미터의 하천 유역에서 발견되었다. 이 유적지에서는 운 좋게도 보통 잘 발견되지 않는 나무로 만든 창이 다수 발견되었다. 이 창은 짐승을 사냥하는 데 쓰였던 것으로 보인다. 이 사냥 도구가 지금까지 보존될 수 있었던 이유는 하천변의 침전층 때문이다. 침전층이 공기 침투를 막아 유물이 부식되지 않게 해준 것이다. 이렇게 우리는 호모 에렉투스와 호모 하이델베르겐시스 시대의 초기 인류에 관한 그간의 지식을 수정할 수 있게 되었다. 그때까지만 해도 이 종의 고인류는 썩은 시체만 먹고 살았고 아직 사냥을 썩 잘하진 못했다고 간주되었다. 쇠닝겐 유적은 정반대의 진실을 증명했다. 발굴된 창들은 사냥에 사용된 장비 중 일부이며, 이 창을 사용했던 일군의 사냥꾼 집단은 한 번 사냥에 야생마를 20마리 정도 잡았을 것으로 추정된다. 이 창들은 사냥을 전문으로 하는 집단이 존재했다는 최초의 확실한 증거다. 나아가 빌칭슬레벤에서는 둥근귀코끼리와 숲코뿔소 뼈가 출토되었다. 이는 호모 에렉투스가 대형 동물 또한 사냥했음을 보여준다. 혼자 다니는 대형 동물을 사냥하든 무리 지어 다니는 동물을 사냥하든 이런 사냥은 혼자서 해낼 수 있는 게 아니며 협업을 필요로 하는 일이었다. 또한 이러한 사냥은 구성원들이 동작을 잘 맞춰야만 성공할 수 있었고 이를 위해 사전에 계획하고 소통할 수 있는 능력이 있어야만 했다. 따라서 당시 고인류는 복합적인 사회적 행동과 발전된 문화적 능력을 보유했던 것으로 해석된다.

쇠닝겐에서 사냥된 말의 숫자로 볼 때 고인류는 2톤 분량의 고기를 획

인류는 어떻게 역사가 되었나

득했을 것으로 계산된다. 여기에는 영양가가 풍부한 골수도 포함되어 있었다. 고인류는 이 엄청난 비축 식량을 어떻게 보관했을까? 보관 가능성이 없었다고 한다면 사냥꾼 집단이 20마리 말을 한꺼번에 사냥하는 건 완전히 에너지와 시간 낭비일 것이다. 한 가지 힌트는 여기에 연달아 불피운 자리가 여러 곳 있었다는 사실에서 찾을 수 있다. 이 모닥불 캠프들은 인류의 조상이 특수한 조리 방법으로 고기 보존 기간을 연장시켰음을 시사한다.

가문비나무와 소나무를 재료로 만들어진 쇠닝겐 창의 제작술은 흥미로운 추측을 가능케 한다. 이 창들은 180센티미터에서 250센티미터의 길이로 무게중심점이 앞의 3분의 1 되는 지점에 위치해 있다. 이는 창을 던질 때와 날아갈 때 매우 중요한 역할을 한다. 이런 특징은 현대의 투창경기용 창과 매우 유사하다. 고인류가 사용했던 이 창은 비행력에서 놀랄 만한 성능을 보여줬다. 원형에 충실하게 복원해보니 약 70미터를 날아갔던 것이다. 쇠닝겐 창과 함께 발견된 가문비나무 재질의 봉에는 불에 탄 자국이 있었고 그래서 '고기 구울 때 쓰는 꼬챙이'가 아닐까 추측되었다. 하지만 어쩌면 일부러 불에 그슬려 단단하게 만든 창의 일부분일 수도 있다. 쇠닝겐 유적이 흔한 경우는 아니지만 그렇다고 유일무이한 것도 아니다. 전기구석기시대의 투척용 창 또는 찌르기용 창이 또 발견된 곳으로는 클랙턴온시(영국), 토랄바(스페인), 슈투트가르트 근처의 바트 칸슈타트가 있다. 이 유적들은 모두 고인류가 목재 가공에 있어서 완벽한 솜씨를 지녔음을 증명한다. 당시에는 목재로 된 도구가 돌로 만든 인공물보다 훨씬 더 중요한 역할을 했을 수도 있다. 이런 측면 때문에 심지어 이 시기를 '석기시대'가 아니라 '목기 시대'라고 하는 연구자들도 있다. 하지만 이 시기의 목재 도구 중 보존되어 전해지는 것은 거의 전무하기에 이 시기를 부르는 통상적인 명칭은 변함없이 석기시대로 남을 것이다.

목재 가공 기술만이 문제가 아니다. 창을 다루고 무게중심점을 조절하여 창의 비행 특성을 개선했다는 이 모든 정황은 고인류가 상당한 기술적 지식과 오랜 경험을 축적해 보유하고 있었다는 것을 보여준다. 구석기시대 목재 인공물이 발견되는 것은 주로 우연에 좌우되기에 그런 투척용 창과 찌르기용 창이 언제부터 사냥에 사용되었는지는 알 수 없는 노릇이다. 하지만 사슴, 노루, 말 그리고 사정이 허락할 경우 어리바리한 어린 야생 소와 하마, 코뿔소, 둥근귀코끼리까지 잡았던 고인류의 사냥 기술이 이런 무기 없이 성공을 거두었으리라고 생각하기는 힘들다. 절단기 기능을 했던 돌도끼는 수십만 년 동안 기술적인 면에서나 실용적인 면에서 가장 성공을 거둔 도구였다. 마찬가지로 투척용 창과 찌르기용 창도 수천 년에 걸쳐 일종의 만능 도구로 기능했다. 여기서 아직 의문으로 남아 있는 문제는 고인류의 사냥술을 향상시킨 이 투창 기술이 집단 간 관계에서는 어떤 영향을 미쳤는가 하는 점이다. 호모 에렉투스가 현생인류보다 힘이 더 세고 투척 무기로 더 정확하게 목표물을 맞힐 수 있었던 것은 확실해 보인다. 이 고인류는 던지기를 통해 공간과 거리를 새롭게 지각했고, 이로 인해 공간 지각 방식에도 변화가 일어났을 것으로 보인다. 하지만 창의 사용이 사냥을 통해 형성된 집단들 또한 변화시켰을까? 그렇다고 한다면 어떤 점에서 그럴까? 원거리 무기를 사용할 가능성은 혹시 집단 간의 폭력적인 갈등 사태를 야기하지는 않았을까? 가령 사냥터를 놓고 갈등을 벌이면 더 나은 응전 태세를 갖추게 하는 결과를 가져왔을까? 이런 물음은 여전히 의문으로 남아 있다.

호모 에렉투스 시대에 발전된 사냥 기술은 고인류 발달 과정에 엄청난 영향을 끼쳤다. 당시 사냥은 새로운 식량 공급원을 효과적으로 개척하고 이용하는 유일한 방법이었다. 사냥을 성공적으로 수행하기 위해 호모 에렉투스는 자신들이 처해 있는 자연환경에 전폭적으로 적응해야 했다. 특히 인류는 수백만 년 넘게 친숙했던 생활 공간, 풍부한 식량을 가진 열대-아열대 기후의 아프리카 사바나 지대를 떠나 온화한 기후의 북부 지방으로 진출했기 때문에 환경에 적응하는 일은 더욱 중요할 수밖에 없었다. 이 지방의 기후적 특징, 즉 추운 겨울과 건조한 여름이라는 계절에 따라 변화하는 기후는 당시 인류가 해결해야 할 큰 숙제였다. 겨울에는 식물성 식량을 구하기 어려웠고, 더욱이 겨울은 1년 중 절반이나 됐다. 동물성 식량은 하이에나가 먹고 남긴 동물의 사체와 골수 등으로만 해결하기에는 턱없이 부족했다. 사정이 이렇다보니 중간 크기 또는 대형 야생동물을 적극적으로 사냥해야만 식량을 확보할 수 있었다. 사냥한 고기는 비록 전부는 아니더라도 장기 보존할 수 있었고 때문에 식량 조달이 어느 정도 예측 가능해졌다. 인간 능력에 대한 이러한 지속적인 도전들은 두뇌와 정신적 능력, 나아가 계획적 행동이 더 발달할 수 있도록 돕는 자극제가 되었다. 다시 말해 인간 진화의 영역이 늦어도 호모 에렉투스 시기부터는 신체 외형에서 두뇌 영역으로 옮겨갔던 것이다. 요컨대 인간 문화와 인간 최초의 사회적 구조가 인간 역사에서 처음으로 지속적인 발전을 이어갈 수 있었던 것은 인간이 점점 더 사냥을 전문적으로 할 수 있게 되었기 때문이다.

그런데 사냥을 나설 때는 사냥한 동물을 토막 내서 가공하기 위해 일종의 베이스캠프 역할을 하는 야영장을 만들어야 했다. 야영장은 움막 비슷한 간단한 형태의 집과 작업 구역으로 구성되어 있었다. 고인류의 활동 반경은 야영장을 중심으로 평균 10킬로미터에서 15킬로미터 정도였다. 움막과 불 피우는 장소가 있는 야영장은 사회적 중심점이 되었고 이곳에서 인간은 주어진 자연 공간이라는 조건에서 서서히 독립할 수 있었다. 그뿐만이 아니다. 사냥, 포획물 토막 내기, 고기 보존, 움막집 설치, 불간수하기 그리고 이와 비슷한 활동들을 한 명이 도맡아 한 게 아니라고 한다면, 조상들은 또한 야영장에서 노동 분업 사회를 향한 첫걸음을 내디뎠다고 볼 수 있다. 나아가 이는 인간이 문화적으로 진화되어가는 시기이기도 했다. 왜냐하면 서로 의견을 맞추는 사회적 행위를 통해서만 대형 짐승의 사냥이 이루어질 수 있었고, 또 그래야만 포획물을 멀리 떨어진 야영장으로 운반하고 토막 내는 것이 가능했기 때문이다. 따라서 이 시기에는 협동이 생존에 필연적 조건이었다. 이와 더불어 초기 인류 사회에서 매우 중대한 의미를 지닌 새로운 사회적 관계가 나타났다. 한 집단의 모든 구성원은 사냥감을 사냥, 운반, 가공하는 데 참여했고 사냥의 성패에 자신의 생존이 좌우되었기에, 구성원 모두는 자신이 속한 집단의 성공을 자신의 성공과 동일시하게 되었다. 한 사회의 사회적 결속에 이보다 더 강력하고 더 확실하며 더 동질감을 느끼게 하는 경험은 상상하기 힘들 것이다. 공동 사냥과 사냥물의 가공을 위해 필연적으로 사회적·의사소통적 조건들이 전제되어야 했다는 것은 위에서 언급한 대로다. 이런 전제 조건들에서 더 발전되어 나올 수 있었던 결과들에는 어떤 것이 있었을까?

사회적 관계들이 형성되고 사회화 과정이 기능하기 시작하는 곳에서 인간 사회의 다른 요소 또한 발아하기 시작한다. 그 요소란 의례, 전통의 보존과 전수, 문화적·사회적 제도로서, 한 사회의 경제적·사회적 존립을 뒷받침하는 임무를 지닌 것들이다. 빌칭슬레벤에서 나온 동물 뼈에 그어진 칼자국들은 일정한 간격으로 그어졌다는 인상을 준다(〈그림 4〉). 그 때문에 뼈에 자국을 그은 사람들은 이미 상징을 이용한 의사 표시와 추상

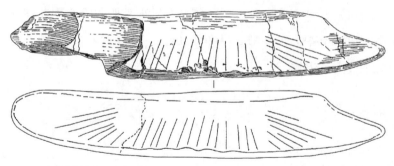

〈그림 4〉 유럽에서 가장 오래된 무늬. 코끼리 정강이뼈에 규칙적으로 그은 선들. 독일 빌칭슬레벤.

적 사고를 할 수 있었으리라 추정된다. 나아가 이 칼자국은 어떤 모양을 의식적으로 만들고자 하는 의지의 증거라고 해석되기도 하며, 심지어 언어·단어를 기억하기 위한 표시라고 보는 견해들도 있다.

이와 관련된 우리 지식이 매우 불명확한 것만큼이나 구석기시대 인간이 죽음과 사자死者에 대해 갖고 있었던 관념에 대해서도 현재로서는 밝혀지지 않은 게 많다. 빌칭슬레벤에서는 두 가지 사실이 눈에 띈다. 하나는 인간 유골이 동물 뼈 사이에서 흩어진 채 발견되었다는 점이고, 다른 하나는 거의 두개골만 남아 있다는 것이다. 후자는 대체로 보존 조건과 연관되어 있긴 하다. 두개골 외에 나머지 뼈는 그렇게 오랫동안 형체를 유지할 수 없기 때문이다. 하지만 그럼에도 이 발굴지에서 나온 두개골은 죽은 사람의 특정 부위, 가령 계속해서 간직하고 싶은 그런 신체 부위를 일부러 선택했기 때문이 아닐까 하는 인상을 준다. 또한 무엇인가 베인 흔적이 있는 인간 유골이 카스티야 지방의 아타푸에르카에서 발견되기도 했다. 이 지방에서도 인간은 죽은 자를 특수한 방식으로 처리했던 것일까? 심지어 시체를 먹었던 것은 아닐는지? 원시시대에 죽음과 사자를 대하는 방식에 관한 한 우리는 제례 행위와 관계되었을 것이라는 매우 막연한 추측만 할 수 있을 뿐이며, 그것도 근거가 약한 가설들에 의존하고 있는 실정이다.

270만 년 전부터 구석기시대 말엽인 약 30만 년 전까지, 최초의 석기시대는 인간 역사의 90퍼센트 이상을 차지한다. 위에서 언급했던 것처럼 이 긴 시간 동안 결정적으로 중요했던 획기적 변화라고 한다면 먼저 동물을 사냥하고 포획물을 토막 내기 위해 돌과 나무로 만든 도구들을 제작하게 된 것을 들 수 있다. 이렇게 해서 원래 순전히 식물성 식량만을 먹었던 섭생 방식은 점점 더 고기, 즉 단백질 위주의 식단으로 바뀌었다. 고기는 씨앗과 견과류에 비해 영양이 농축된 식량이다. 고기는 단백질 비율이 높았고 내장은 식물성 식량에 결핍되어 있는 주요한 비타민을 함유하고 있었다. 또한 사냥한 초식동물 위장에서 이미 분해가 시작돼 흡수하기 좋은 상태가 된 식물성 식량을 사냥꾼이 간접적으로 섭취할 경우 비타민뿐만 아니라 효소도 섭취할 수 있었다. 동물성 식량을 섭취하기 시작하면서 고인류는 아프리카와는 다른 환경에서도 잘 적응할 수 있게 되었다. 이와 함께 환기되어야 할 중요한 사실은 100퍼센트 식물성 식량에 비해 동물성 식량이 영양가가 더 높다는 점이다. 동물성 식량 자원에 들어 있는 지방, 단백질, 인 성분은 향후 인간의 뇌가 발달하는 데 매우 중요한 역할을 한다.

두 번째로 인류 문화 발전에서 결정적인 진보를 가능케 했던 것은 불의 사용이었다. 불을 사용하면서 인간은 동물로부터 완전히 분리되었다. 그러니 이 엄청난 결과를 야기한 사건을 두고 그리스 신화가 그 유래에 관한 전설을 만들어낸 것은 놀랄 만한 일이 아니다. 이 전설에 따르면 인간과 친했던 티탄족의 프로메테우스는 신들의 아버지 제우스의 금지 명령을 어기고 이 기술을 인간들에게 전해주었으며, 이 때문에 오랫동안 끔찍한 형벌을 받아야 했다. 프로메테우스의 선물이 없었더라면 조상들은 아프리카를 넘어 북쪽으로 진출할 수 없었을 것이다. 그곳은 사냥거리는 풍족했지만 눈과 얼음의 혹독한 겨울이 맹위를 떨치고 있었기 때문이다.

동물성 식량과 불, 이 두 가지 요소는 나란히 이후 인류가 더 발전해나갈 수 있는 기초가 되었다. 이 두 요소를 바탕으로 고인류는 동물을 사냥하고 포획물을 절단하기 위한 돌과 나무로 된 도구를 더욱 발전시켰고 활발한 의사소통의 장으로서 사회적 결속과 제도가 만들어 지는 장소가 되었던 야영장까지 구축할 수 있었다. 하지만 궁극적으로 이 모든 혁신적 변화는 환경 요소가 작용한 결과이기도 했다. 다시 말해 이런 변화들은 어떤 점에서는 우연히 이루어졌다고 말할 수 있다. 즉 현생인류로의 발달은 목적의식적이고 계획적으로 일어난 사건이 아니었다.

오스트랄로피테쿠스에서부터 호모 하빌리스를 거쳐 호모 에렉투스에 이르기까지 고인류의 뇌 용적은 점점 늘어났다. 이러한 생물학적 진화는 궁극적으로 기술 진보에 따른 문화 발달에 근거한 것이었다. 그런데 이 변화는 수십만 년, 수백만 년이라는 상상하기도 힘든 긴 시간에 걸쳐 천천히 진행되었다. 이렇게 극도로 더디게 진행된 한 가지 이유로 희박했던 당시의 인구 밀도를 꼽을 수 있다. 예를 들어 어떤 지역에서 인류 발전사에 중요한 새로운 변화가 나타났다고 할지라도 희박한 인구 밀도로 인해 이 새로운 발전을 이룩한 집단이 다른 집단에 직접 그 문화를 전파하지 못한 채 그냥 사라져버릴 수 있었기 때문이다. 그럼에도 위와 같은 변화가 인류 문화에 안정적으로 정착되었던 것은 시간이 훨씬 지난 후에라도 다른 지역에서 다시 새로운 발견과 발전이 이뤄졌고 이후 어느 시기에 이르러서는 항상 이용 가능한 인류 문화 요소의 일부분이 되었기 때문이다.

우리는 구석기시대 최초의 인간 진화 단계를 검토할 때 그 시대 인간의 물질문명에 대한 우리 지식이 얼마나 부족하고 빈틈이 많으며 파편적인지 늘 염두에 두어야 한다. 우리는 석기에 대해서는 적지 않은 지식을 갖고 있다. 이에 반해 목재 인공물은 지금까지 발견된 유물이 몇 점 되지 않는다. 그렇기 때문에 이 유물의 가치가 자칫 중요하게 평가되지 않을 수도 있다. 하지만 목재 도구들은 외견상 나타나는 것보다 훨씬 더 중요한 역할을 했음을 잊지 말아야 한다. 우리는 이 적은 수의 목재 유물과 관련해 선사시대라는 여명기의 인간 생활상에 대해 대략이나마 그림을 그려볼 수 있었다. 그리고 이 그림은 석기만을 가지고 구성될 인간상과는 전혀 다른 인간상을 전해주었다. 고고학 연구의 역사적 증거 자료는 여전히 공백이 많고 또 그 발견이 우연에 의거하는 일이 비일비재하다. 하지만 과거에 대한 그림을 늘 새롭게 다시 그리게 하는 기회를 제공하는 것이 바로 그 빈틈과 우연적 요소이기도 하다. 쇠닝겐의 창이 그러한 예이며, 이는 실로 놀랍고도 인상적인 발견이었다.

한 가지 확실하게 말할 수 있는 건 호모 에렉투스가 언어를 사용하지 않고는 생활이 거의 불가능했으리라는 점이다. 호모 에렉투스의 석기와 목재 인공물은 제작 기술에서나 기술적 완성도에서 매우 완벽해 눈으로만 보고는 따라 만들기가 힘들 정도다. 이런 뛰어난 도구를 만들려면 재료의 특성·형태·모양과 세부 기술에 관한 지식을 제대로 가르치고 전달해야 했을 것이다. 이때 이런 일들이 언어를 사용한 의사소통 없이 이루어졌으리라고는 생각하기 힘들다. 몰이사냥도 마찬가지다. 몰이사냥은 큰 숲에서 행해졌을 것이고 규모가 큰 사냥꾼 집단이라면 사냥에 성공하기 위해 서로 정한 약속에 따라 분명하게 역할을 나누고 계획적으로 협동하며 움직여야 했을 것이기 때문이다. 한 공동체의 의사소통 방식이 발전하고 섬세해지는 데에 있어 불의 사용은 아주 중요했다. 불을 피우는 자리는 사회적 중심점이 되었다. 이곳은 언어가 형성되는 자리였고, 나아가 사회적 연대와 제도와 제례가 만들어지는 자리였다. 오스트랄로피테쿠스부터 호모 에렉투스에 이르기까지 두 배 이상 급속히 증가한 뇌의 용적 또한 사냥꾼들이 생물학적으로 이미 언어를 발달시킬 능력이 있었

음을 보여준다. 하지만 그들이 사용했던 언어가 현재와 어떻게 달랐는지에 대해서는 아직

우리에게 알려진 바가 없다.

3.
자연으로부터의 해방과 사후세계의 발견: 네안데르탈인

약 30만 년 전 호모 에렉투스는 아프리카, 유럽, 아시아의 많은 지역에 퍼져 살았다. 하지만 200만 년 전에 호모 에렉투스가 아프리카 열대-아열대 지역에서 북쪽으로 이동을 시작한 이래로 이때까지 그 오랜 시간 동안 실제로 얼마나 잦은 인구 이동이 있었는지는 불분명하다. 호모 에렉투스는 유럽과 아시아로 진출할 때 이미 여러 방면에 많은 지식이 있었기 때문에 이들 지역에 정착하고 생존하는 데 발생하는 어려움을 많이 줄일 수 있었다.

빙하기의 복합적 환경 변화는 상당히 불안정한 기후를 동반했고 인구 변화에 막대한 영향을 미쳤다. 아프리카 북부 지대에는 추위가, 남쪽 지역에는 건조한 기후가, 또 경우에 따라 두 기후가 동시에 나타났다. 그렇기 때문에 아프리카 대륙 안에서만 해도 인구 이동이 끊임없이 일어났다. 하지만 마침내 고인류는 아프리카를 벗어나 유럽과 아시아로 진출했다. 이때 이들이 유럽 중부 산악지대까지 그리고 중국 황허강까지 나아가 그곳

1장 인간 두뇌의 진화와 그것이 문화에 끼친 영향

에서도 지속적으로 거주했던 것인지는 의문스럽다. 왜냐하면 고인류가 생존하려면 그 지역이 적당한 기후를 갖추고 있어야 하는데 유럽과 중국은 기후가 매우 불안정해 생활 조건상 위험이 많았기 때문이다. 빙기가 닥쳐오면서 인간과 동물이 거주할 수 있는 영역의 북방 상한선이 계속해서 남쪽으로 내려왔다. 인간과 동물은 기후의 압박으로 인해 주기적으로 이동해야 했고 전체 동물상에서 한 개체 전체가 멸종하는 일도 일어났다.

이 험난한 기후 조건이 나타났던 시기에 살았던 제일 잘 알려진 인류는 호모 네안데르탈렌시스다(〈그림 1〉). 호모 네안데르탈렌시스는 호모(사람) 속 중에서 연구가 가장 잘 되어 있다. 현재 300점이 넘는 유골이 전해지는데 그중에는 완전한 형태를 갖춘 것도 있다. 네안데르탈인은 평균 신장이 165센티미터에 몸무게는 60~80킬로그램으로 다부진 체격이었다. 네안데르탈인의 두개골은 폭이 넓고 길쭉했으며 이마가 평평하고 주저앉은 모양을 하고 있었다. 또한 눈썹 윗부분이 두드러지게 불룩 튀어나와 있었고 얼굴은 뾰족하게 돌출된 형태였다. 특히 턱이 매우 인상적인데 턱뼈가 높고 길어서 얼굴 하관이 앞으로 돌출된 모양을 하고 있다. 또한 네안데르탈인에게서는 두개골 위 닭 볏 모양의 시상능이 더 이상 나타나지 않는다. 시상능은 씹을 때 쓰는 저작근이 과도한 영향을 주어 발달하게 된 것으로 추정되는 부위다. 한 가설은 네안데르탈인의 두개골 모양으로 볼 때 앞니가 매우 다양한 용도로 사용되었다고 추정한다. 앞니는 일종의 집게나 바이스작은 재료를 고정시키기 위해 쓰는 도구 역할을 하며 말하자면 '제3의' 손 또는 도구로 사용되었다고 한다. 네안데르탈인의 뇌 용적은 현생인류의 뇌 용적을 능가하지만 그렇다고 지능이 더 높았던 것은 아니다. 뇌 용적은 신체 용적과의 관계 속에서 파악해야 하는데, 네안데르탈인의 신체 용적이 현생인류보다 더 컸기 때문이다. 간혹 네안데르탈인의 뇌 크기는 신진대사의 효율성이 증가했음을 반영하는 것이며 빙하기 기후에 적응한 결과일 수도 있다는 추측이 제기되기도 한다. 이와 비슷한 현상이 오늘날 이누이트족에게서도 관찰되기 때문이다. 또한 두개골의 콧구멍이 대단히 넓고 크기 때문에 아마 크고 살집이 많은 코를 가졌으리라 추측된다. 이 코 모양 또한 빙하기 기후 조건의 결과로 해석될 수 있다. 크고 긴 코는 들이마신 공기가 폐에 닿기 전에 공기를 따뜻하게 데워줘 체온을 유지하는 데 도움이 되기 때문이다.

네안데르탈인은 흉곽과 허리 사이가 현생인류보다 더 짧았다. 이 때문에 네안데르탈인은 현생인류보다 더 다부지고 단단한 몸통을 갖고 있다는 인상을 준다. 팔다리는 더 길었고 뼈의 밀도도 더 높았으며 근육 또한 더 강했다. 특히 하체는 엄청난 하중을 견딜 수 있었다. 유달리 발달한 가슴과 등 근육 덕분에 팔과 손으로 강하면서도 정밀한 동작을 할 수 있었다.

현재 밝혀진 바에 따르면 네안데르탈인은 중기구석기시대 무렵 호모 하이델베르겐시스와 같은 호모 에렉투스 후기 형태로부터 생겨났다. 이들은 지중해 연안에서부터 유럽 중부 산악지대의 북부 지방(약 위도 52도)까지 진출해 있었다. 호모 에렉투스에서 네안데르탈인까지로의 발달 사에는 아직 밝혀지지 않은 사실이 산적해 있다.

고인류가 이 두 형태로 발달한 역사 사이에는 작지 않은 틈이 있기에 양자가 어떻게 연관되어 있는지는 아직 설득력 있게 설명할 수 없다. 이 공백기에 놓여 있는 유물 중 하나가 바덴뷔르템베르크 지방 무르 강변 채석장에서 나온 젊은 여자의 두개골이다. 이 두개골은 거의 완전한 형태로 보존되어 있었고 약 30만 년에서 20만 년 전의 것으로 추정되었다. 이 두개골의 형태학적 특징으로 봤을 때 이 인류는 여전히 호모 에렉투스의

1장 인간 두뇌의 진화와 그것이 문화에 끼친 영향

요소를 일부 갖고 있지만 전체적으로는 훨씬 더 발달된 형태를 보여준다. 이 때문에 이 인류를 소위 선先 네안데르탈인이라고 볼 수 있을지가 거론되기도 한다. 이 종은 후기 형태의 호모 에렉투스와 같은 시기에 공존했을 수도 있다. 더 오래된 것으로 저 유명한 영국 스완즈컴 원인의 두개골 일부가 있다. 이 두개골은 약 40만 년 전에서 27만 년 전의 것으로 추정된다. 이 시기는 호모 하이델베르겐시스에 해당되는 시기임에도, 이 원인에게서는 초기 네안데르탈인의 특징들이 분명히 나타나고 있다.

이 시기에 살았던 인류의 형태에 관해서는 여전히 많은 의문이 남지만 한 가지 분명하게 말할 수 있는 것도 있다. 전형적 형태의 네안데르탈인은 약 10만 년 전에서 4만 년 전, 마지막 빙기 전반기에 유럽에 존재했다고 입증된 유일한 인류 형태라는 사실이다. 네안데르탈인은 흔히 16만 년에서 3만 년 전 혹은 심지어 2만4000년 전까지 인간 진화에서 유럽이 했던 진정한 기여라고 평가된다. 네안데르탈인은 유럽에서 시작해 근동까지 진출했고 그사이 유라시아에서는 다른 형태의 인류가 나타났다(〈지도 2〉). 3만 년 전 알프스산맥 북부 지방의 기온이 극도로 하강하면서 이 지역에서는 더 이상 네안데르탈인을 찾아볼 수 없게 되었다. 이들은 추위를 피해 남유럽으로 이동했고 그곳에서 수천 년을 더 산 다음 멸종했다.

호모 에렉투스가 중유럽에서 기온이 떨어지는 기간 살아남을 수 있었던 이유는 이들이 불을 사용할 줄 알았고 움막 형태의 가옥과 단순한 털가죽 의복을 만들 수 있었기 때문이었다. 네안데르탈인 또한 이러한 능력과 경험으로 중부 유럽의 추운 지역에서도 생존할 수 있었다. 이는 해당 지층에서 발견된 유물들로 확실하게 입증된다. 하지만 빙기 중에도 기후와 온도의 변동은 있었다. 약 6만 년 전, 빙기의 첫 번째 극냉한기가 찾아왔고 네안데르탈인은 이 시기 유럽의 특정 지역을 피해서 거주했던 것으로 보인다.

인류는 어떻게 역사가 되었나

네안데르탈인의 문화는 프랑스의 르무스티에 지역 근방에서 나온 유물들을 근거로 삼기 때문에 흔히 무스티에 문화라고 불린다. 네안데르탈인의 생활 및 식량 조달 방식은 기본적으로 호모 에렉투스와 크게 다르지 않았던 것으로 보인다. 호모 네안데르탈렌시스도 사냥을 전문으로 했다. 이들은 무리를 지어 정해진 장소에 잠복해 동물 떼가 지나가기를 기다렸다가 공격해 죽였다. 이러한 추측의 근거는 네안데르탈인이 분포해 있던 전역에서 사냥장이 발견된다는 점이다. 그 예가 독일 니더작센 지방 잘츠기터레벤슈테트에 있는 사냥터다. 이곳에서는 수천 점의 돌로 만든 인공물 외에도 86마리에 해당되는 순록 뼈 잔해가 발견되었다. 다른 유적지에서는 매머드, 털코뿔소, 야생마, 소, 동굴곰 및 기타 야생동물을 사냥했던 증거가 발견되었다. 그 밖에 네안데르탈인의 식량 목록에는 작은 포유류, 조류, 연체동물, 어류도 들어 있었다. 이는 해당 동물의 잔해로 입증된다. 네안데르탈인도 대형 동물을 사냥할 때 주로 나무로 된 투창과 찌르기용 창을 사용했던 것으로 추측된다. 이 창들은 옛날 호모 에렉투스 시대 쇠닝겐 지방에서 나온 창을 연상시킨다. 니더작센주 레링겐 지역에서는 매머드의 뼈 사이에서 길이 240센티미터인 흑단으로 만든 찌르기용 창이 발견되었다. 네안데르탈인들은 물가 우거진 수풀 속에서 둥근귀코끼리를 잡으려고 잠복해 기다렸다가 사냥했다. 이런 야생동물을 사냥하기 위해서는 큰 위험을 감수해야 했음이 분명하다. 이는 머리와 팔에 부상을 당한 흔적이 있는 네안데르탈인 유골을 보면 알 수 있다.

호모 에렉투스 시기에는 포획된 동물을 운반하기 위해 그 자리에서 일차로 토막을 냈다. 먹을 수 있는 부위는 다른 장소로 운반해 바로 먹거나 보존 처리했다. 나머지 부분은 다른 용도로 가공되었다. 이런 절차는 각기 다른 기능을 했던 야영장 덕분에 밝혀질 수 있었다. 또한 이렇게 여러

1장 인간 두뇌의 진화와 그것이 문화에 끼친 영향

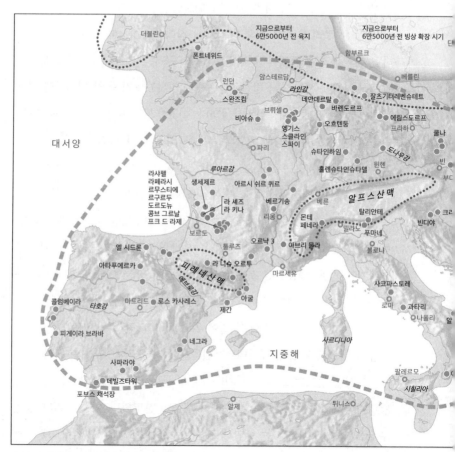

<지도 2> 유럽과 근동에서의 네안데르탈인의 분포.

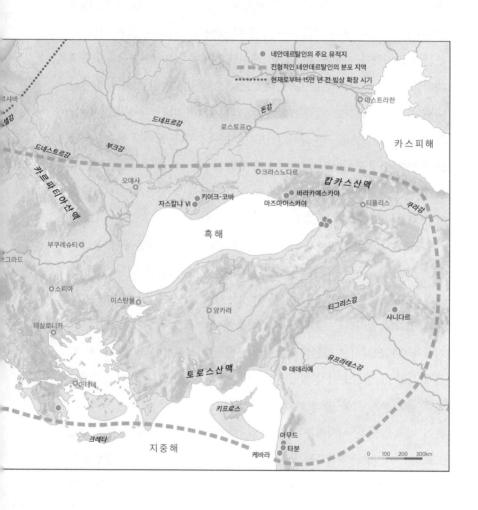

네안데르탈인의 주요 유적지
전형적인 네안데르탈인의 분포 지역
현재로부터 15만 년 전 빙상 확장 시기

르샤바
셀강
드네프르강
돈강
로스토프
아스트라한
카스피해
드네스트르강
부크강
카르파티아산맥
오데사
크라스노다르
칼카스산맥
자스칼냐 VI
키이크-코바
바라카예스카야
마즈마이스카야
티플리스
쿠라강
흑해
부쿠레슈티
그라드
소피아
이스탄불
앙카라
티그리스강
샤니다르
테살로니카
아테네
토로스산맥
데데리예
유프라테스강
키프로스
크레타
지중해
아무드
타분
케바라

0   100   200   300km

과정으로 나누어 일했다는 것은 네안데르탈인에게 분업에 대한 기본 개념이 있었다는 것을 보여준다. 한 예로 도축장이었음이 분명해 보이는 곳은 석기를 만드는 곳이기도 했다. 포획한 야생동물을 석기로 토막 내기 위해서였다. 다른 장소에서는 사냥꾼들이 장시간 머무르며 잡은 고기 대부분을 소비했다. 이렇게 유물들이 배치된 형태를 보면 야영장의 구조에 대해 몇 가지 힌트를 얻을 수 있다. 그것은 네안데르탈인 사회가 발달된 내부 조직을 보유하고 있었을 뿐만 아니라 계절에 따라 다른 동물 종을 공략하는 등 사냥을 전문화시키기도 했다는 것이다. 요컨대 네안데르탈인은 전문 사냥꾼이었으며 그 기술과 생활 방식은 전승되어 내려오는 지식과 수만 년 동안 대형 포유류와 다른 야생동물을 성공적으로 사냥해 왔던 경험에 기반하고 있었다.

동위원소 측정 방법으로 호모 네안데르탈렌시스의 유골에서 콜라겐을 측정한 결과 이들이 주로 육식을 했음을 알 수 있었다. 이는 초기 인류의 대표 주자인 네안데르탈인이 뛰어난 사냥술을 가지고 있었다는 사실과 정확히 일치하는 결과다. 이와 더불어 흥미로운 사실이 또 있다. 벨기에와 이라크에서는 네안데르탈인 치아에서 치석이 발견되었는데 이 치석에 식물성 미세 화석이 있었던 것이다. 이 화석을 보면 네안데르탈인이 대추야자, 콩과 식물, 풀의 씨앗 등을 먹었다는 것을 알 수 있다. 특히 기온이 비교적 높은 시기에는 야생 과일, 베리류, 견과류, 너도밤나무 열매, 도토리, 버섯, 구근, 기타 녹색 식물이 이들의 식량이 되었다. 치석에 침착돼 있는 녹말은 식물성 식량이 열에 의해 변화했음을 보여준다. 즉 네안데르탈인의 야영지에서 발견된 불 피우는 장소는 사냥한 고기를 가공하고 보존 처리하기 위해서만 사용된 것이 아니라 식물성 식량을 끓이고, 그을리고, 구워 소화를 돕는 데에도 사용되었음을 알 수 있다. 그럼에도 불구하고 식량의 주축을 이루는 것이 동물성 단백질이라는 점은 변함이 없다. 험한 기후로 인해 식물성 식량의 종류가 대폭 줄었을 때는 그 중요성이 더욱 커졌을 것이다.

야영지와 사냥터 유적을 보면 이곳에 머물렀던 집단은 그렇게 크지 않은 규모였다. 이들은 활동 구역에서 생존에 필요한 거의 모든 것을 얻을 수 있었다. 네안데르탈인 시대의 이러한 생활 방식은 거의 200만 년 동안 이어져온 것이며, 지구 생태계에서 인간이 성공적으로 정착할 수 있었던 비법이었다. 여러 생태 환경에 대한 지식은 수천 년에 걸쳐 계속 발전했다. 이렇듯 호모 네안데르탈렌시스는 어디서건 잘 적응하는 생활 방식 덕분에 추운 기후 지역에서도 지속적으로 거주할 수 있었던 첫 번째 인류가 되었다. 당시 불리한 기후 조건 때문에 그들은 처음으로 추위와 악천후로부터 자신을 효과적으로 보호할 수 있는 의복을 필요로 하게 되었다. 마찬가지로 나쁜 기후를 견딜 수 있는 숙소도 있어야 했다. 하지만 이들이 살았던 곳 중 보존되어 있는 데는 거의 없다. 우크라이나 아래 몰도

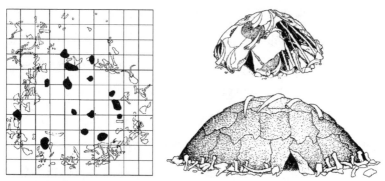

〈그림 5〉 네안데르탈인(무스티에 문화) 시대에 목재, 매머드 뼈, 동물 가죽털로 만든 가옥들의 복원도 및 발굴 지도.

1장 인간 두뇌의 진화와 그것이 문화에 끼친 영향

바 공화국에서만 수 미터 직경의 원형 가옥이 발견되었을 뿐이다. 이 구조물은 굵직한 매머드 뼈로 골격을 세우고 그 위에 동물 가죽과 털을 덮어 팽팽하게 잡아당겨 지었던 것으로 추측된다(〈그림 5〉).

생물학적·해부학적 특징을 차치했을 때, 네안데르탈인이 다른 조상 고인류와 다른 점은 무엇일까? 우선 염두에 두어야 할 점은 네안데르탈인이 살았던 중기구석기시대는 전기구석기시대와 맞물려 시작되기에 양자를 뚜렷이 구분하기는 불가능하다는 것이다. 하지만 그럼에도 수백만 점의 인공물을 망라하는 중기구석기시대의 석기 공작에서는 규석으로 제작된 도구들의 형태와 특징에서 근본적인 변화가 나타난다는 것을 알 수 있다. 이는 기술과 기획력에서 뚜렷한 진보가 이루어졌음을 의미한다(〈그림 6〉). 네안데르탈인은 규석 석기 공작에서 한편으로는 전통을 전적으로 따르면서도 다른 한편으로는 많은 중요한 혁신을 가져왔다. 그중 눈에 띄는 현상은 규석 석기 공작을 위해 근처 지역에서 발견한 암석만 사용한 것이 아니라 점차 멀리 떨어진 지역에서 나오는 재료도 많이 사용했다는 점이다. 이는 전기구석기시대에는 거의 볼 수 없었던 현상이다. 이 현상이 의미하는 것은 첫째, 네안데르탈인은 목표하는 물건의 완성도에 암석의 성질이 중요한 역할을 함을 아주 잘 이해하고 있었다는 사실이다. 둘째, 석기 제작자의 이동성이 증가했다는 점이다. 다시 말해 점차 원거리 연결망을 구축해 근처 지역에서 좋은 재료를 얻지 못할 경우 이 연결망을 통해 더 멀리 나가 재료를 얻었을 것이라는 점이다.

유럽·근동·북아프리카에서 출토된 네안데르탈인이 제작한 도구 목록을 보면 처음에는 기존의 도구 형태가 눈에 띈다. 하지만 몸돌을 사전에 준비하는 데서 호모 에렉투스와 그 이후 시대보다 현저히 더 발달된 모습을 보인다(일명 르발루아 기술, 〈그림 6〉). 이 기술의 특징은 원하는 모

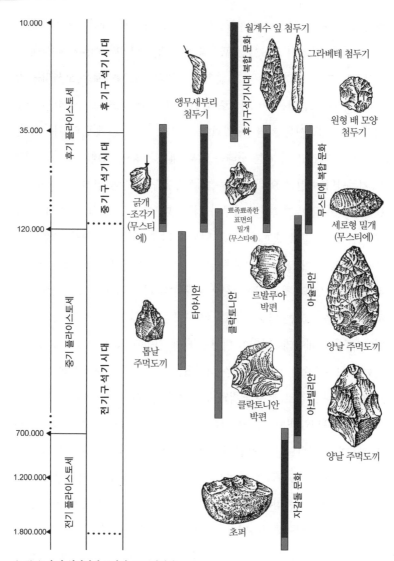

<그림 6> 유럽 석기시대 문화의 도구 발달사.

양을 얻기 위해 준비 작업을 공들여 한다는 데 있다. 계획적으로 몸돌을 한 타 한 타 내려쳐 목표했던 조각을 떼어내는 식이다. 이렇게 떼어낸 부분은 크기가 상당하고 두께가 얇으며 전체적으로 날카로운 모서리를 갖는다. 네안데르탈인은 이 기술로 몸돌을 더 합리적으로 사용하고 도구 제작에 더 정확성을 기할 수 있었다. 이렇게 도구들은 일련의 기본적 형태를 갖게 되었고 이 기본 형태는 이후 계속 가공이 가미되며 최종 형태로 거듭났다. 이런 식으로 사람들은 긁개, 첨두기, 칼을 만들었다. 특히 대표적인 것은 끝이 뾰족한 르발루아 첨두기다. 이 도구는 일차적으로 몸돌에 기본 홈을 길게 냈는데 이 홈 덕분에 갈수록 끝이 뾰족한 모양을 얻을 수 있었다. 이 도구는 주로 사냥용 창에 사용되었다. 주먹도끼와 납작한 나뭇잎 모양의 첨두기는 질적으로 우수할 뿐 아니라 미적 기준도 고려하지 않았을까 하는 인상을 준다. 이 도구들은 특히 표면 보정 기술이 뛰어나다. 이는 네안데르탈인이 다양한 타제 기법에 숙달해 있었고 풍부한 경험을 보유했으며 감각이 매우 섬세했음을 말해준다. 이 시기에 처음으로 자작나무 껍질로 만든 역청과 원유에서 나오는 역청인 아스팔트가 접착제로 사용되었다는 증거가 나온다. 접착제를 사용함으로써 석기가 연결 목재에 안정적으로 고정될 수 있었다. 이렇게 네안데르탈인은 이전 인류보다 훨씬 더 효과적으로 여러 부분이 조합된 도구를 만들어냈다. 또 한 가지 눈에 띄는 점은 이런 뗀석기들은 사용 후 다시 갈아 쓰지 않고 그냥 버리는 일이 더 잦아졌다는 점이다. 즉 새로운 인공물을 제작하는 것이 더 수월해졌다는 것이다. 하지만 이는 거의 후기구석기시대 문화에서 나타나는 석기 공작의 특징이다.

규석 외에도 드물긴 하지만 그 밖에 뼈로 만든 도구가 처음으로 등장한다. 목재는 호모 에렉투스와 마찬가지로 더 복잡한 도구와 사냥 무기를 만들기 위한 재료로 큰 비중을 차지했을 것이다. 하지만 목재는 보통 장기 보존이 안 되기 때문에 더 면밀한 판단을 할 수 없다. 그럼에도 레링겐에서 출토된 저 일등급 수준의 흑단 재질의 찌르기 창은 호모 네안데르탈렌시스의 일상적 생활 환경에서 목재에 더 많은 의미를 부여해야 한다는 생각에 이르게 만든다.

호모 에렉투스와 마찬가지로 우리는 네안데르탈인 또한 언어가 있었을 것이라고 짐작한다. 왜냐하면 서로 역할을 분담하는 계획적 집단 사냥과 복잡한 인공물 제작 기술의 전수, 그리고 야영지 모닥불 주변에서 이루어졌을 의사소통은 언어 없이는 상상할 수 없기 때문이다. 여기에 더해 이스라엘 카르멜산맥에 위치한 케바라 동굴에서 호모 네안데르탈렌시스의 설골舌骨이 발견되었다는 점을 상기해보자. 설골은 말하는 능력을 위한 해부학적 전제 조건으로 위의 네안데르탈인 설골이 지금까지 발견된 유일한 예이긴 하지만 네안데르탈인의 설골은 현생인류의 그것과 비슷한 형태를 띠고 있었다고 추측할 수 있다. 또한 스페인의 한 동굴 유적에서 발견된 네안데르탈인 유골의 염기서열을 분석해보니 언어 발달에 중요한 유전자인 FOXP2가 추출되었다(현재 연구 결과 기준). 이 유전자는 현생인류도 갖고 있다. 우리는 앞서 전기구석기시대 인류가 언어를 사용했을 것이라고 추정할 수 있었다. 마찬가지로 중기구석기시대 고인류 또한 언어를 사용했으리라 생각할 수 있으며, 위의 연구 성과들을 볼 때 더 이상 의구심을 품을 수는 없을 것으로 보인다.

네안데르탈인 시대에는 처음으로 유색 안료를 사용했다는 증거가 발견된다. 스페인 동남부 지방에 있는 여러 동굴의 중기구석기시대 유적층에서 유색 안료로 장식된 조개껍데기가 발견되었다. 그러나 그려진 무늬가 무엇인지는 정확히 알 수 없다. 프랑스 남부 프크 드 라제 동굴에서는 망간이 함유된 안료 덩어리가 출토됐다. 이 안료는 유골에도 그 흔적이 남아 있어서 네안데르탈인이 보디페인팅을 했던 건 아닐까 하는 추측도 낳는다. 물론 이는 확실한 것은 아니다. 그 밖에 표면에 무늬가 새겨져 있거나 구멍이 뚫린 늑대나 순록의 이빨과 뼛조각이 발견되었다. 네안데르탈인이 이런 물건들을 장식물로 걸치고 다녔던 것인지는 분명하지 않지만, 그랬을 가능성도 배제할 수 없다. 만약 그렇다면 이는 아마 가장 오래된 장신구 발굴물이 될 것이다.

특별히 중요한 사실은 네안데르탈인이 인류 역사에서 처음으로 삶에서 죽음으로의 이행에 대한 문제의식을 자각하고 삶의 유한성과 삶 이후의 시간에 대한 사고를 했다는 점이다. 서유럽과 중부 유럽 그리고 근동의 여러 지역에서 행해졌던 중기구석기시대의 장제葬制에 대해 지금까지 밝혀진 것들에 의하면, 이 시기 고분들은 위치·방향·내부 설비에서 매우 상이한 모습을 띠고 있다. 보통은 단순한 형태의 구덩이에 시신 전부가 매장된다. 프랑스의 라페라시에서는 여러 구의 시신이 발견되었는데 이들은 특별히 정해진 방식에 따라 매장된 것이 확실하다. 이 무덤들 중에는 돌판으로 덮여 있는 것도 있다. 이런 고분은 선사시대 인류의 주된 활동, 즉 식량 조달이라는 본능적 필요성에 따르는 행동과는 상관없는 것이다. 하지만 이 고분들이야말로 처음으로 인간이 자신의 완전히 다른 모습, 즉 생각하고 사고하는 존재라는 모습을 드러낸 가장 오래된 증거물이다. 아주 초보적인 형태일지라도 저승에 대한 관념 없이는 사자 숭배가 이해될 수 없다. 또한 의식적으로 만들어진 무덤이란 그것이 어떤 이름으로 불리든 간에 추모하는 문화의 시초라고 이해할 수 있다. 이 최초의 무덤에 부장품이 존재하는지 여부는 분명히 밝혀지지 않았다. 왜냐하면 무덤용 구덩이가 위아래 인접한 다른 시기 중기구석기 유적층과 분명히 구분되지 않기 일쑤이고, 또 유골 바로 곁에서 발견된 물건이라 해도 의도적으로 함께 매장한 것이 아닐 수 있기 때문이다. 이런 점에서 보면 호모 네안데르탈렌시스의 시대는 현재 밝혀진 것을 기준으로 볼 때 장제 문화의 시작에 불과한 단계였고 발달된 장례의식과는 아직 거리가 멀었다. 여하간 무덤이란 산 자와 죽은 자 사이의 감정적 연결이 있었음을 보여주며 사람들이 죽은 자의 시신을 단순히 자연의 손에 맡기려고 하지 않았음을 알 수 있게 한다.

이와 연관해 현재 정확히 해석되지 않고 있는 특이한 유적지에 주목할 필요가 있다. 이스라엘 카르멜산맥 케바라에 있는 네안데르탈인 무덤은 시신의 두개골이 없다는 것만 빼고는 나머지 유골이 완벽하게 보존되어 있다. 혹시 당시의 고인류는 두개골을 다른 곳으로 가지고 가 그곳에서 제사를 지내려고 일부러 머리를 떼어냈던 것이 아닐까? 아니면 두개골만 따로 묻으려고 했던 것일까? 크로아티아 쿠프리나에서는 700개의 조각으로 부서져 있는 네안데르탈인의 유골이 발견되었다. 이 뼈에는 칼자국과 불에 탄 흔적이 남아 있었다. 이 증거물은 우리에게 여러 추측을 해보게 한다. 이 유골들은 특별한 형태의 매장 풍습이 남긴 잔재일까? 혹은 이 유골의 주인들은 동족들에게 잡아먹히는 와중에 토막난 것일까? 호모 에렉투스의 경우에도 이와 비슷한 추정이 가능하다(스페인 아타푸에르카에서 발견된 유적이 그 예다). 이 흔적들이 식인 풍습의 결과였을 가능성을 배제할 수는 없지만 또 다른 방식의 설명이 불가능한 것도 아니다. 이론적으로 생각해볼 수 있는 가능성은 이 유골들이 두 단계로 진행되는 매장 절차로 인해 생겨났을 것이라는 것이다. 즉 먼저 시신을 부패시킨 다음에 살이 없어진 유골만 추려 묻었다는 것이다. 하지만 이는 현재로서는 증명할 수 없는 가설이다.

요 약 그 리 고 문 제 제 기

네안데르탈인은 섭식과 생활 방식에서 호모 에렉투스 후기 형태에서 나타났던 전통들을
지켜나갔다. 하지만 여기서 그친 것이 아니라 이를 계속 발전시켰다. 그 결과 네안데르탈
인은 이후 인간 역사에 중요한 영향을 미친 새로운 문화적 발견을 이룰 수 있었다. 호모 네
안데르탈렌시스는 유럽의 빙기 생활 방식에 놀랍도록 성공적으로 적응했다. 이 과정에서
우리는 네안데르탈인이 발휘했던 문화적 역량을 엿볼 수 있다. 그는 빙기와 간빙기 모두
에 잘 적응할 수 있는 경험과 지식을 지녔고 이를 위한 장비를 갖추고 있었다. 호모 에렉투
스처럼 네안데르탈인도 대형 야생동물을 잡는 전문 사냥꾼이었다. 돌 다듬는 기술을 보면
그들이 돌을 다루는 데 폭넓은 지식을 갖고 있었음을 알 수 있다. 네안데르탈인은 돌로 많
은 인공물을 만들어냈는데, 시간이 갈수록 점점 전문화되고 다양해졌으며 정교해졌다. 장
제는 죽음과 저승에 대한 최초의 관념이 생겨났음을 보여준다. 이 최초의 무덤에 비록 부
장품은 없었지만 호모 네안데르탈렌시스가 그 당시 이미 장신구로 사용했을지도 모르는
구멍 뚫린 동물의 이빨과 동물 뼈를 보면 최초의 미적 감각의 징후가 드러나고 있다. 또 네
안데르탈인이 석화된 동식물이나 특별한 안료 같은 색다른 물건을 사용했다는 사실은 그

가 사고할 줄 아는 개체였음을 더욱 분명하게 보여준다.

네안데르탈인 시기는 4만 년에서 약 3만 년 전에 종식된다. 이 시기엔 엄청난 문화적 역동성이 나타났다. 돌로 만든 날과 돌칼의 일종인 라멜레길쭉하고 등 또는 안쪽에 날이 달린 돌칼의 일종 등 새로운 석기가 늘어난다는 사실, 그리고 뼈로 만든 도구 또한 더 자주 출현한다는 사실에서 그러한 변화를 확인할 수 있다. 하지만 이 두 가지는 사실 후기구석기시대의 특징, 그러니까 네안데르탈인이 활동했던 중기구석기시대 다음에 오는 시기의 특징이다. 여기서 우리는 다시 한번 유형 문화 자료를 통한 시대 구분은 경계가 모호하다는 사실을 확인하게 된다.

학계에서는 네안데르탈인이 4만 년 전에서 3만 년 전에 현생인류인 호모 사피엔스에 의해 완전히 밀려났다는 데 이견이 없다. 하지만 이 과정이 어떻게 진행되었는지에 대해서는 의견이 분분하다. 분명한 것은 유럽의 호모 네안데르탈렌시스와 같은 시기에 아프리카에서 호모 에렉투스 후기 형태로부터 현생인류가 발달했다는 점, 그리하여 아프리카에서 근동을 거쳐 유럽으로 이동해왔다는 사실이다. 하지만 얼마 동안 네안데르탈인과 호모 사피엔스가 유럽에서 공존했는지, 생물학적 관점에서 이들이 얼마나 밀접한 교류를 가졌는지에 대해서는 의견이 엇갈리고 있다. 화석 및 고대 유전자를 통한 유전학적 조사는 현생인류에 네안데르탈인이 얼마간 섞여 있다는 것을 증명한 듯 보인다. 그럼에도 불구하고 두 계열이 각기 독자적인 호모 계통이라는 것은 기본적으로 의심할 수 없는 사실로 간주된다. 일부 학자들은 두 종 간의 혼합이 가능했다고 보고 네안데르탈인과 현생인류가 공동의 자손을 낳았을 가능성을 배제하지 않는다. 하지만 소위 이 혼합 가설이 보편적인 설득력을 얻은 것은 아니다. 많은 학자는 이 가설을 일축한다. 두 인류의 화석이 많은 부분에서 확연한 특징적 차이를 보이기 때문이다.

최근 학자들은 네안데르탈인의 고대 DNA 약 60퍼센트를 해독하는 데 성공했다. 이 결과에 따르면 현생인류와 호모 네안데르탈렌시스의 게놈의 차이는 0.5퍼센트 미만이다. 두 종은 수십 개의 유전형질에서 서로 차이가 있지만, 그럼에도 네안데르탈인의 유전인자는

1장 인간 두뇌의 진화와 그것이 문화에 끼친 영향

호모 사피엔스 종의 편차 범위 내에 있다. 또한 네안데르탈인의 게놈은 아프리카인들의 게놈보다 유럽인과 아시아인들의 게놈과 훨씬 더 가깝다. 이 결과는 지금까지의 인식과 매우 일치한다. 유전자 연구는 네안데르탈인과 현생인류의 관계라는 주제에 활력을 불어넣었지만 여기에 대답하려는 시도는 오랫동안 종결되지 않고 있다. 최근 연구 결과의 관점에서 바라볼 때 네안데르탈인과 호모 사피엔스를 별도의 생물학적 종으로 분류하는 것이 미래에도 가능할까? 이에 대한 답은 그 어느 때보다 불확정적으로 보인다.

여전히 의문으로 남는 것은 호모 네안데르탈렌시스가 왜 멸종했으며 어떻게 해서 해부학적 현생인류가 네안데르탈인 대신 그의 성공 역사를 전 세계적으로 이어갈 수 있었는가 하는 점이다. 호모 사피엔스는 이 멸종한 친척보다 질병에 저항력이 더 강했을지 모른다. 혹은 네안데르탈인의 슬픈 운명은 혹독해진 추위와 관계있을지도 모른다. 약 3만8000년 전 나폴리 근처에서는 엄청난 화산 폭발이 있었고 그 결과 이탈리아의 많은 지역이 막대한 양의 화산재에 뒤덮였다. 이 화산 폭발의 흔적은 우크라이나에서까지 확인할 수 있을 정도였다. 네안데르탈인의 마지막 흔적은 보통 이 화산재 퇴적층 아래에서만 발견된다. 초대형 화산 폭발로 인한 화산재는 장기간 지구에 햇볕을 차단시키는 결과를 가져왔고 그로 인해 혹독한 추위가 시작되었다. 이에 따라 호모 네안데르탈렌시스가 종말을 맞이해야 했는지도 모른다. 그는 정착해서 살았기 때문에 현생인류보다는 날씨가 추워지면 생기는 심각한 식량 조달 문제를 피하기 힘들었다. 현생인류는 자주 이동해다니는 사냥꾼이자 채집 생활자로 더 뛰어난 적응력을 갖고 있었고, 급격한 기후 변화에 대해 다른 지역으로의 이주와 빠른 인구 확산이라는 방법으로 더 잘 대응할 수 있었다. 호모 사피엔스가 빠른 시간 내에 넓은 지역에 분포할 수 있었던 것은 호모 사피엔스의 특징이었던 성적 조기 성숙과 높은 출산율 덕분이었다. 그렇게 해서 호모 네안데르탈렌시스는 별 특별한 이유 없이 수적으로 많고, 훨씬 더 환경에 쉽게 적응할 수 있었던 새로운 현생인류에 의해 밀려나게 되었던 것일 수 있다.

문화적 현대성을 향한 대도약

빌렌도르프의 비너스. 오스트리아.

1.
호모 사피엔스,
세계를 정복하다

네안데르탈인이 유럽에 거주하는 동안 아프리카에는 호모 에렉투스에서 호모 사피엔스, 즉 해부학적 현생인류가 태어났다(〈그림 1〉). 해부학적 현 생인류라 함은 인간 화석이 현생인류의 변이 가능 범주에 드는 경우를 말한다. 이 진화 과정은 약 20만 년 전에 나타나는데 유럽에서의 이 시기 를 중기구석기시대Mittelpaläolithikum라고 부르고, 아프리카에서 이 시기는 중기석기시대Middle Stone Age라고 부른다. 중기구석기시대Mittelpaläolithikum는 유럽 선사 시대의 한 시기를 이르는 말이고 중기석기시대Middle Stonge Age는 아프리카 선사 시대의 한 시기를 지칭하는 말이다. 유럽에서 구석기를 전기, 중기, 후기구석기시대(Alt-, Mittel-, Jungpaläolithikuml)로 나누는 데 반해 아프리카에서는 이와 구분하기 위해 석기시대를 전기, 중기, 후기 석기시대(Early, Middle, Later Stone Age)로 나눈다. 오랫동안 에티오피아에 서 나온 인간 화석이 현생인류로 간주될 수 있는 가장 오래된 증거물이 라고 생각되었다. 이 화석은 약 19만 5000년 전에 속하는 것으로 추정된 다. 하지만 이후 남아프리카 플로리스배드에서 이보다 훨씬 더 앞선 25만

2장 문화적 현대성을 향한 대도약

년 전으로 추정되는 화석이 발견되었다. 이 연대 추정이 사실로 확인된다면 호모 사피엔스가 동아프리카에서 시작해 아프리카 대륙 남부와 서부로 퍼졌다고 하는 지금까지의 가설을 뒤흔들어놓을 것이다. 약 10만 년 전 아프리카 호모 사피엔스 유골에 대한 최근 유전자 연구 덕분에 현생인류를 여러 하플로 타입(특정 염색체에 따라 현생인류 집단을 분류하는 것)으로 구분할 수 있게 되었다. 이 구분에 따르면 세 그룹이 형성되는데 이 그룹들은 각각 남아프리카, 중부 및 서부 아프리카, 동아프리카에 집중적으로 퍼져 있었다.

현생인류가 아프리카에서 구대륙의 다른 지역으로 진출한 것은 늦어도 10만 년 전이었을 것이다. 이들은 동아프리카와 북동 아프리카에서 홍해를 거쳐 아라비아반도로 나아갔고 계속해서 근동아시아를 지나 아랄해와 카스피해 사이의 중앙아시아 초원으로 진출했다. 호모 사피엔스가 이 지역에 발을 들여놓은 것은 약 7만5000년 전이었다. '아프리카 밖으로out of Africa' 나가는 길은 에리트레아에서 아라비아 남부로 나가는 경로와 이집트를 거쳐 시나이반도로 나가는 경로를 생각해볼 수 있다. 호모 사피엔스가 아프리카를 떠났던 시점은 빙기의 도래와 일치한다. 빙기에 상당량의 물이 얼어붙으면서 빙모를 형성했다. 그 결과 전 세계 해수면 높이가 크게 낮아졌고 바다를 사이에 두고 서로 떨어져 있던 곳이 육로로 연결되었다. 이 시기 홍해 해수면은 오늘날보다 약 70미터 아래 있었다고 한다. 한때 극복할 수 없는 장애였던 것이 새로운 세계로 나가는 길로 거듭났던 것이다.

이후 아라비아반도에서 바닷가 해안을 따라 동남쪽을 향해 이주의 행렬이 계속 이어졌던 것으로 보인다. 사람들이 동남쪽 방향으로 진출한 이유를 추측하기란 어렵지 않다. 즉 초기 인류는 더 유리한 기후 조건을 가진 지역, 다시 말해 고향인 아프리카와 되도록 유사한 기후 조건을 가진 지역을 찾았기 때문이다. 북쪽의 더 추운 지역으로까지 진출한 것은 나중 일이었다. 고인류는 이란을 거쳐 인도 아대륙亞大陸으로, 그리고 거기에서 동남아시아로 나아갔는데 이 시기는 약 7만 년 전으로 추정된다. 당시 동남아시아에서는 플라이스토세 빙기로 인해 해수면이 낮아져 오늘과는 완전히 다른 지형이 형성되어 있었고 따라서 이 지역으로 쉽게 이동할 수 있었다. 인도네시아 열도는 말레이시아 및 타이과 함께 학계에서 순다라고 부르는 하나의 커다란 아대륙을 형성하고 있었다. 이 대륙은 남쪽에 연이어 있는 사홀 대륙과 좁은 해협을 사이에 두고 떨어져 있었다. 사홀 대륙은 오스트레일리아, 뉴기니 및 인접 섬들로 이루어져 있었다. 초기 호모 사피엔스는 당시 순다에서 이 해협을 건널 능력을 갖고 있었던 것으로 추정된다. 왜냐하면 약 5만 년 전(유럽을 차지하기 약 1만 년 전)에 이미 오스트레일리아와 뉴기니에도 사람들이 거주하고 있었기 때문이다. 이로 미루어보건대 동아프리카에서 시작된 최초의 이주 행렬은 아라비아반도와 인도를 거쳐 순다반도와 남쪽의 사홀 대륙까지 나아갔던 것으로 보인다. 최근 한 연구 결과는 이 가설에 힘을 실어준다. 이 연구에 따르면 세계 다른 곳에서는 유사성을 찾기 힘든 오스트레일리아 원주민 애버리지니의 DNA가 인도인 DNA와 부분적으로 일치한다는 것이 밝혀졌다. 그럼에도 불구하고 이러한 문제를 다루는 고대 유전자 연구는 아직 초기 단계에 있으며, 따라서 이런 연구 결과를 평가할 때는 만전을 기해야 한다.

호모 사피엔스는 서남쪽, 즉 순다반도에서부터 태평양 연안을 따라 북쪽으로 이동하면서 동아시아와 동북아시아에 다다르게 되었을 것으로 추측된다. 같은 시기 또 다른 무리의 호모 사피엔스도 중앙아시아에서부터 동쪽으로 진출해 시베리아 남쪽과 몽골을 거쳐 이 지역에 들어왔던 것으로 생각된다. 중국 남부에 사람이 살기 시작한 것은 오스트레일리아(사훌)에 현생인류가 거주하게 된 시점과 거의 차이가 없을 것이라고 추정된다. 중국 남부에서 발견된 가장 오래된 현생인류 유골이 6만 년에서 5만 년 전에 속한다는 사실이 이를 뒷받침한다. 일본과 동아시아 북부에서는 이보다 훨씬 이후에 속하는 증거들이 발견되었다(3만 년에서 2만 5000년 전). 최신 DNA 분석은 중국으로 이동해왔던 호모 사피엔스가 서쪽에서 왔음을 입증하고 있는 것처럼 보인다. 하지만 현재 이런 가설은 방법론을 보았을 때 전반적으로 회의적이다. 이러한 분석은 희박한 근거 자료에 의존하고 있기 때문에 유사한 역사적 추론이 더 많이 보완되지 않는 한 분석의 신빙성은 보류될 수밖에 없다. 좀더 정확한 결론을 내리기 위해서는 앞으로 지속적인 연구 결과가 나오길 기다려야 한다.

또한 이 문제에 있어 한 가지 흥미로운 점은 문화인류학적 관점과 세계관이 함께 드러난다는 것이다. 현재까지 연구 결과로 볼 때 현생인류가 서쪽에서 이동해왔다는 설을 뒷받침하는 자료가 의미 있는 숫자로 존재한다. 이에 반해 많은 중국 학자는 소위 말하는 다지역 모델을 더 선호한다. 이 모델에 따르면 호모 사피엔스는 동시적으로 세계 여러 지역에서 호모 에렉투스로부터 독립적으로 발달되었다. 즉, 호모 사피엔스는 중국에서도 기원한 것이 된다. 하지만 이 이론은 국제 학계에서 거의 받아들여지지지 않고 있다. 동아시아와 동남아시아에서 호모 에렉투스가 호모 사피엔스로 어떻게 진화될 수 있었는지, 현재 주어진 자료들만으로 신빙성 있는 판단을 내릴 수 없기 때문이다.

이에 비해 호모 사피엔스가 약 4만 년 전 유럽에 진출했다는 사실은 확실시된다. 이동 경로에서 출발점은 근동과 중앙아시아의 스텝 지대였을 것으로 추측된다. 근동 지역은 네안데르탈인과 현생인류 사이에 최초의 조우가 이루어졌던 곳으로 여겨진다. 한편 중앙아시아의 스텝지역을 출발점으로 하는 경로는 흑해 인근 지역을 건너 도나우강 줄기를 따라 이동했을 것이다. 호모 사피엔스는 일단 유럽에 도착하고 난 후 비교적 빠른 속도로 빙하가 없는 지역이면 유럽 대륙 어디로든 진출했고, 4만 년에서 3만 년 사이가 되는 시기에 네안데르탈인 대부분을 이 지역에서 밀어냈다. 이렇게 밀려난 네안데르탈인은 이베리아반도에서 은신처를 찾았고 이후 멸종될 때까지 그곳에서 살았다. 그리하여 이곳은 네안데르탈인이 살았던 가장 오래된 지역으로 알려지게 된다.

아메리카 대륙이 현생인류가 개척한 마지막 대륙이라는 점에는 의문의 여지가 없다. 이와 더불어 확실하게 말할 수 있는 것은 아메리카 대륙에서 사람들이 살기 시작한 곳은 북쪽 지방에서부터였다는 사실이다. 그것이 가능했던 이유는 빙기 동안 해수면이 낮아지면서 아시아 대륙과 아메리카 대륙 사이에 베링 육교가 생겨나 인구의 이동이 가능해졌기 때문이다. 이 연결로는 동북 시베리아와 알래스카를 이어주었다. 하지만 아메리카 대륙에 인류가 거주하게 된 정확한 시점은 불분명하다. 이곳에서는 아프리카, 유럽, 일부 지역을 제외한 아시아와 달리 호모 사피엔스 이전의 고인류가 존재하지 않았다. 이 점은 오스트레일리아와 뉴기니(사훌)에서도 마찬가지다. 하지만 지금으로부터 1만5000년 전 이후에 호모 사피엔스가 북아메리카 대륙에 살았다는 것은 확실하게 말할 수 있다. 이에 반해 3만5000년에서 심지어 4만 년 전 과거로 거슬러 올라가야 하는 더 이전 시대 증거에 대해서는 의견 차이가 크다. 이와 더불어 호모 사피엔스가 계속 남하해서 남아메리카 대륙까지 확산되었는가 하는 문제도 여전히 의견이 분분하다. 하지만 이들이 태평양 연안을 따라 계속해서 칠레 방향으로 남하했으리라는 것은 거의 확실시된다.

이렇게 퍼져나간 호모 사피엔스는 플라이스토세가 끝나는 약 기원전 1만1000년에는 전 세계에 거주하게 된다. 기후가 매우 열악한 오지만이 인간의 발길을 받아들이는 데 세월을 더 필요로 했을 뿐이다. 아프리카가 현생인류가 발원한 대륙이라는 데에는 의심의 여지가 없다. 이 점은 유골의 형태학적 특징을 통해서 증명되었고 현재 유전자풀의 유전적 특징에 의해서도 뒷받침되고 있다. 호모 사피엔스가 서로 비슷한 시기에 여러 다른 장소에서 발원했다는 주장은 고려의 대상이 아님이 확실하다. 이에 비해 초기 호모 사피엔스의 이주 역사, 그리고 현생인류가 유럽과 아시아에서 먼저 살고 있었던 더 오래된 인류 종들과 마주쳤을 때 그 접촉이 어떤 모습을 띠었는지에 관해서는 많은 부분이 여전히 베일에 싸여 있다.

네안데르탈인과 호모 사피엔스가 최초로 접촉한 지역은 근동아시아였다. 그곳에서 현재로부터 10만 년 전에서 4만 년 전 사이 어떤 시점에서 두 인류 집단의 대표 주자가 조우했던 것이다. 이 기간은 현생인류가 처음에 아프리카에서 근동으로 진출한 이후 다시 유럽을 향해 이동하기까지 걸린 시간이다. 여기서 특기할 것은 이 두 고인류가 근동에서 남긴 문화적 유산을 보면 두 집단 사이에 차이가 거의 없었다는 점이다.

2.
현생인류,
유럽을 변화시키다

이후 계속해서 전 세계로 퍼져나갔던 호모 사피엔스가 현생인류로 취급되는 것은 다만 해부학적 이유에서만은 아니다. 지금까지 우리에게 밝혀진 호모 사피엔스의 모든 행동은 그가 문화적으로도 현생인류에 속한다는 것을 보여준다. 하지만 문화와 관련해서는 위에서 언급했다시피 그 이전의 인간 형태, 특히 네안데르탈인과의 경계가 분명하게 그어지지는 않는다. 호모 사피엔스의 선배, 즉 네안데르탈인에 대해 알면 알수록 네안데르탈인은 행동 방식에서 후배들과 유사한 점이 많음을 알게 된다. 하지만 그럼에도 네안데르탈인은 호모 사피엔스와 맞먹을 수는 없었다.

후기구석기시대는 세계 어느 지역보다 유럽에서 독보적인 연구 성과를 보이고 있다. 수많은 중요한 자료와 유적 덕분에 인류 발달과정과 당시 상황에 대해 다른 지역보다 월등한 그림을 그려볼 수 있다. 현생인류를 가르는 행동상의 기준은 무엇이며, 호모 사피엔스가 그 전의 인류 형태, 즉 네안데르탈인과 만났을 때 그 만남은 어땠을까 하는 의문은 유럽에서의 연구 성과를 참조하면 많은 도움이 된다.

호모 사피엔스와 네안데르탈인의 관계는 일견 하나가 다른 하나를 대체했다고 간단하게 정리할 수 있는 사건처럼 보일지도 모른다. 하지만 사실 그 둘 사이의 이행과정은 매우 복잡하며 많은 논란을 불러일으키는 것이었다. 우선 시기적으로 네안데르탈인이 중기구석기시대, 호모 사피엔스가 후기구석기시대에 속한다고 해도 두 인류 형태 사이의 경계는 구석기시대의 이 두 시기만큼 그렇게 분명히 구분되지 않는다. 새로운 연구 결과가 나오면서 우리가 지금까지 호모 사피엔스의 행동이라 분류했던 현생인류의 행동 특징이 점점 더 그 이전 시대의 문화적 특징이기도 했음이 밝혀지고 있다. 오히려 반대로 네안데르탈인이 후기구석기시대 제1기에 해당되는 오리냐크 문화 형성에 기여했을 가능성을 배제할 수 없게 되었다. 이렇게 문화 유형 분류에 있어 전통적으로 굳게 믿었던 분계선이 흐려지기 시작하고 선사시대 생활 현실을 이 분류에 맞춰 구분하는 데에 회의가 대두되고 있다. 그리고 그런 문제제기는 타당하게 여겨진다.

급격한 기후 변동은 인간 역사에 많은 영향을 미쳤다. 유럽에 호모 사피엔스가 출현하기 훨씬 전인 12만5000년 전 마지막 간빙기에는 현재보다 기온이 더 높았다. 양 극지방의 얼음 덩어리가 녹아내렸고 동시에 오늘날보다 약 10미터 더 높은 해수면이 형성되는 결과를 가져왔다. 이에 반해 빙기는 생존에 이루 말할 수 없이 불리한 시기였다. 빙하로 뒤덮이기 전 기후는 극도로 건조해졌고 이로 인해 엄청난 미세먼지가 발생해 퇴적층으로 쌓였다. 이 퇴적층이 오늘날 우리가 황토라고 부르며 아주 비옥한 흙으로 높이 치는 땅이다. 나무가 자라지 않는 초원이 유럽 지역에 넓게 펼쳐져 있었고 숲은 지중해 지역에서만 제한적으로 발달해 있었다.

이와 같은 기후 변화로 인해 네안데르탈인이 지금으로부터 4만 년 전부터 서서히 멸종되어갔던 데 반해, 해부학적 현생인류는 이 기후에 적응하고 종을 보존할 길을 찾아냈다. 그런데 해부학적 현대성과 문화적 현대성 사이에는 어떤 직접적인 연관이 있을까? 현재 우리가 가진 지식을 총동원해 대답하자면 이 질문에 대한 답은 '없다'이고 여기에는 타당한 근거가 있다(혹 관계가 있다 하더라도 기껏해야 간접적 증거가 제시될 수 있을 뿐이다). 즉, 현생인류의 주요 특징 중 하나는 그럴 만한 이유가 충분한 경우 자신의 행동 방식을 바꿔서 당면한 요구에 적응할 수 있는 능력이다. 이런 능력을 현대적이라고 칭한다고 할 때 이 현대성이 해부학적인 근거를 가질 필요가 있는 것도, 또는 해부학적인 변화가 일어날 필요가 있는 것도 아니다.

여기서 문화적 현대성은 어떤 인류 종의 행동 방식이 우리의 그것과 유사한 형태를 보이는 경우를 지칭한다. 물론 이 행동 방식을 항상 엄격히 객관화할 수 있는 것도 아니고 또 측정하기 어려운 변수들이 튀어나오기도 한다. 하지만 현재 학계에서는 지금으로부터 4만 년 전 이후 후기구석기시대의 호모 사피엔스의 문화적 능력이 오늘날의 인류와 거의 차이가 없다는 점에 대부분 의견 일치를 보인다. 늦어도 이 시점에는 기본적 틀에서 현생인류로의 문화적 진화가 완성되었다고 볼 수 있다. 이런 사실은 당시 사회가 더 복잡한 언어와 시각적 수단을 동반하는 의사소통을 하게 되었다는 데서 확인된다. 또한 당시 호모 사피엔스는 복잡하고 정형화된 도구와 기구를 생산하기도 했다. 장신구를 만들어 걸치고 다녔던 사실에서 짐작되듯 아름다움과 감성에 대한 감각을 발달시켰으며 죽음에도 관심을 가졌다. 최초의 장제에서 나타나는 것처럼 죽음 이후의 삶에도 주의를 기울였다. 마침내 그들은 조형미술과 음악까지 만들어냈는데, 아마도 제례 및 축제와 연관이 있었을 것이다.

언어, 믿음세계, 일상에서의 의식적인 상징의 사용, 음악, 노래, 구술능력, 사전 계획 능력은 현생인류의 주요한 특징이다. 이 특징들은 유럽에서의 후기구석기시대에 이미 모두 존재하고 있었다. 우리가 앞에서 봤듯이 네안데르탈인 유전자는 호모 사피엔스의 변이 범위 내에 있기 때문에 양자를 매우 다른 문화적 현대성을 가진 두 개의 생물학적 종으로 나눌 이유가 없다. 두 종의 이행기에 관한 고고학적 자료가 보여주는 것만 봐도 그렇다. 그렇기 때문에 문화적으로 현대적인 인간 행동 방식이 해부학적 현생인류에게서만 나타난다는 이론은 철회되어야 한다. 오히려 플라이스토세 후기에 이르면 인류 형태와 생활 방식이 통합적으로 형성되는 것이 아니라는 점이 더욱더 명확해진다. 어떤 생활 방식이 다른 형태로 나타났다면, 그 인간이 처한 생활 공간과 조건이 달랐기 때문이다. 즉 생활 방식의 차이는 각기 다른 환경에 문화적으로 적응한 결과물이었다. 이를 위해 인류는 그 오랜 옛날부터 지식과 경험이라는 자산을 이용했다. 하지만 어떤 인류 종이냐에 따라 이 자산이 달라지지는 않았다. 네안데르탈인과 호모 사피엔스는 이 자산을 동일한 방식으로 이용했던 것이다.

생존 전략과 생활 방식을 놓고 보면 현생인류가 살았던 후기구석기는 네안데르탈인이 살았던 중기구석기와 거의 구분되지 않는다. 그럼에도 인간 역사의 새로운 시대가 시작된 시기는 약 4만 년 전으로 잡는다(〈그림 7〉). 기후 변화의 역사로 보면 이 시대가 시작된 시기는 마지막 빙기 후반기에 해당되며 끝나는 시점은 지금으로부터 1만2500년 전이다. 현생인류는 선조들처럼 주로 수렵 채집을 하며 살았다. 이 시기는 사냥과 식물성 식량의 채집 외에도 고기잡이의 중요성이 더욱 커졌던 때이기도 하다. 이런 사실은 낚싯바늘, 작살, 그물, 그물추와 같은 유물로 뒷받침된다. 하지만 1년 중 대부분 가장 중요한 생활 기반이 되었던 것은 역시 사냥이

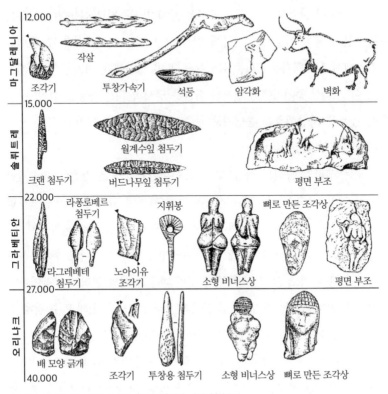

<그림 7> 유럽의 후기구석기 문화에서 전형적인 석기와 예술품.

었다. 초원은 넓고 건조했으며 밤과 낮, 여름과 겨울 사이의 기온차가 매우 심했고 동물들은 일정한 리듬을 가지고 이동했다. 이러한 환경 조건에서는 상황에 대한 사전 예측이 가능했다. 그 결과 사냥을 사전에 조직할 수 있었고, 후기구석기시대의 사냥 문화는 안정적인 살림 기반을 제공할 수 있었다. 흥미로운 점은 당시 인류는 사냥을 하면서도 동물 떼를 쫓아 계속 옮겨다녔던 것으로 보이지는 않는다는 것이다. 오히려 포획물을 가

지고 정해진 장소로 돌아왔고 그곳을 장기간 거주지로 이용했다. 인류는 특정한 동물이 이동하는 길목에 임시 사냥 캠프를 설치했다. 훗날 이런 장소에서 고고학자는 한 종류의 동물 뼈만 발견했다. 하지만 사냥 캠프가 아닌 일상 주거지에서 발견된 뼈들은 당시 인류가 사냥할 수 있는 모든 동물을 사냥했음을 증명해준다. 즉 훨씬 풍부하고 다양한 동물 흔적이 발견되었던 것이다.

모든 생활의 중심은 사냥·도살·도축이었다. 동물은 생존에 필수적인 고기·지방·골수를 제공했고 거기에 더해 가공해 사용할 수 있는 털·힘줄·뼈·뿔도 제공했다. 요컨대 동물은 식량으로, 또 도구로, 의복으로, 나아가 집을 짓는 자재로 남김없이 이용되었다. 인류는 늦어도 후기구석기시대 혹은 아마도 그 전 시대부터 주변 환경을 거의 완벽하게 장악했던 것으로 보인다. 이는 장기적이고 안정적인 식량 조달을 위해 필수 전제 조건이었다. 대형 포유류와 다른 야생동물을 집단으로 사냥하는 방식은 이전 시대와 큰 차이는 없었다. 하지만 후기구석기시대 말기(마그달레니아 문화)에 창의 속도를 높일 수 있는 도구가 발명되어 사냥 기술이 혁명적으로 개선된다. 이 도구는 창을 더 멀리 더 파괴적인 관통력으로 더 정확하게 목표물을 맞히도록 도와준다. 이러한 기술로 인해 사냥 성공률은 월등히 높아졌고 이는 다시금 이 시기에 인구가 증가하는 데 발판 역할을 했다. 나아가 후기구석기시대가 문화적 현대성으로 발돋움하는 데에도 토대를 제공했다.

모든 생활이 사냥 중심으로 돌아가다보니 자연스럽게 동물의 가축화가 나타났다. 처음 길들인 동물은 개였다. 시기상으로는 후기구석기시대 말엽이다. 하지만 당시 인간이 개를 길렀던 것은 시간이 더 지난 후 다른 가축을 기르게 됐을 때 가졌던 목적과는 아주 다른 이유에서였다. 다른 가축들의 경우 고기와 젖 그리고 털을 공급받기 위한 목적이 주였다. 이에 반해 갯과 동물은 가장 환영받는 사냥 조력자였다. 추정컨대 갯과 동물은 처음에는 인간이 사냥하고 남은 것을 주워 먹기 위해 야영지 근처에 머물다가 시간이 지나면서 인간과 더욱 친밀하고 지속적인 공동생활을 하게 되었고, 이는 서로에게 이득이 되었을 것이다.

식량을 끓이고, 굽고, 지져서 다양하게 조리하는 기술은 후기구석기시대에 처음으로 발명된 것은 아닌 듯하다. 호모 에렉투스 또는 네안데르탈인의 야영지의 불을 피운 장소에서도 이미 그런 기술이 있었음이 짐작되는 흔적을 볼 수 있기 때문이다. 고기를 오래 보존하는 기술도 마찬가지다. 인류는 훈연, 건조, 그슬리거나 얼리는 방법 등을 잘 알고 있었던 것으로 보인다. 수백만 년이 지나면서 인류의 식량 섭취는 고기 소비에만 집중되었다. 유례없는 성공을 거둔 육체와 정신의 발달은 앞서 언급했다시피 고기가 없었다면 현재의 형태로는 불가능했을 것이다. 고기를 과하게 섭취하더라도 충분한 신체 활동과 육체적으로 도전에 가까운 다양한 활동을 병행하는 한 건강에 무해하다. 더욱이 구석기시대에는 이러한 활동이 전혀 부족하지 않았을 것이다.

고기 외에도 충분한 식물성 식량을 이용했다고 추측되지만 그 흔적은 대부분 남아 있지 않다. 하지만 인류가 먹기에 적합하고 영양분을 가진 모든 종류의 식물을 채집했을 것이라는 사실은 분명하다. 견과류, 덩이줄기채소, 덩이뿌리채소, 식물 뿌리는 탄수화물과 섬유질을 많이 함유하고 있고 에너지와 주요 무기질을 공급한다. 베리류 열매, 사과, 곰들쭉, 로즈힙 등과 같은 야생 열매는 초기 호모 사피엔스에게 비타민 공급원이었다. 또 씨, 꽃, 잎사귀, 쐐기풀도 채집해서 식량으로 이용되었다. 그 밖에도 섬유질을 함유한 식물에서 끈, 줄, 망, 바구니, 거적, 의복부터 천막 덮개에 이르기까지 다양한 물건을 제작하기 위한 주요 재료들을 얻었다.

후기구석기시대 공동체에서 남녀 간의 성역할에 대한 우리의 관념은 실제로 증명된 자료를 근거로 하기보다는 고정관념에 좌우되어왔다. 우리 관념이 의지했던 것은 지금까지 일반적이라고 생각했던 성역할과 지난 수백 년 간의 인류학적 관찰이었다. 이런 구분에 따르면 남자가 대형 야생동물을 사냥하고 여러 원자재를 조달하는 데 몰두했던 반면 여자는 식물성 식량 채집, 요리, 아이 돌보는 일을 했다. 하지만 여자들이 지금까지 여겨졌던 것처럼 그렇게 활동이 적은 생활을 하지 않았으리라는 사실은 분명하다. 수렵사회에서는 다음 임신기까지 간격이 컸기 때문에 어린아이가 한 명뿐일 경우엔 아이를 데리고 이동하기 그리 어렵지 않았을 것이다. 이런 점에서 봤을 때 비록 여자들이 사냥물을 작게 토막 내는 역할만 했을지라도 대형 포유류 사냥에 동참했을 가능성은 쉽게 생각할 수 있다. 성역할과 관련해 또 지적하고 싶은 것은 시신 매장과 부장품의 안치에서 남녀 간에 중요한 차이가 거의 없었다는 점이다.

반복되는 빙기와 간빙기 기후 변화로 인해 현생인류는 여러 특수한 상황을 극복해야만 했다. 이러한 도전에 맞서 호모 사피엔스는 계속 변하는 환경 조건에 대응할 수 있는 다양한 기술적 해결책을 모색했고 발견해냈다. 이러한 응전을 보여주는 좋은 예는 도구 제작에서 새로운 생산 방법이 나타난 것이다. 특히 후기구석기시대 기술의 특징은 석기를 제작할 때 예비 단계 기술이 더 중요성을 띠게 되었다는 점이다. 당시 인류는 돌을 쳐낼 때 각기 강도가 다른 망치 돌을 이용했을 뿐만 아니라 도구 형태에 맞게 특수한 성질을 가진 암석을 사용했다. 그 밖에도 뼈, 상아, 뿔, 나무 도구 또한 제작했다. 이때 재료, 제작 기술, 도구 형태에서 커다란 다양성이 나타난다. 이 덕분에 후기구석기시대 주거 집단을 시대적·지리적으로 구분해 기술하는 것이 가능해졌다.

호모 사피엔스 시대가 이전 구석기시대와 비교해 뚜렷이 구분되는 점은 도구의 기술적 진보에서만이 아니라 사회문화적 변화에서도 찾을 수 있다. 식량과 원자재 조달 그리고 후기구석기시대에 흔히 볼 수 있었던 연장과 도구를 제작하기 위해서는 그 이전 시대보다 훨씬 더 높은 전문성을 전제로 해야 했다. 이 전문성은 야영지 안과 밖에서 이루어지는 모든 활동에 필요했다. 이러한 전문성이 기능하려면 조직이 잘 정비되고 수렵채집 집단 내에서 일이 효율적으로 분담될 수 있어야 했다. 흥미롭긴 하지만 분명 대답하기 어려운 질문을 또 하나 던지겠다. 이 질문에는 현대적 세계관이 깔려 있다. 즉, 초기 공동체는 본격적인 물물교환을 목표로 자급을 위해 필요로 되는 양 이상의 연장을 계획적으로 대량 생산했을까? 아마도 대답은 부정적일 테지만 이를 뒷받침해줄 근거 자료 또한 부재한다. 그렇기에 이 가능성을 완전히 배제할 수 있는 것도 아니다.

오리냐크 문화(현재로부터 4만 년에서 2만7000년 전)가 발생했던 시기는 후기구석기시대가 시작되었던 시점이며, 중기구석기시대가 끝나가는 무렵과 겹친다. 따라서 네안데르탈인도 이 문화에 일부분 속했다고 여겨진다. 현재 완벽히 증명할 수는 없지만 호모 사피엔스 또한 이 시기에 활동했던 것으로 보인다. 현생인류는 4만 년 전 또 한 번의 빙기가 지나간 후 다시 기온이 올라가면서 유럽에서 훨씬 좋은 생활 조건이 형성되자 서아시아에서 유럽으로 이동해왔으리라고 추측된다. 새 이주민들은 유럽에서 아무도 살지 않은 광활한 땅을 발견했을 것이다. 새로 유입된 호모 사피엔스에게 이 땅은 아주 매력적으로 느껴졌을 것이다. 오리냐크 문화는 일차적으로 유럽에서 나타난 현상으로 볼 수 있지만, 북아프리카와 서아시아에까지 영향을 미쳤다. 오리냐크 문화에서는 석기 제작에 적지 않은 새

2장 문화적 현대성을 향한 대도약

로운 기술이 나타난다(〈그림 7〉). 중기구석기시대에는 볼 수 없었던 돌날과 날이 달린 도구(긁개, 찌르개, 가장자리를 뾰족하게 다듬은 돌날), 박편 모양의 돌날인 라멜레(길쭉한 모양과 배船 모양의 긁개)는 매우 중요한 역할을 했다. 유물 가운데 뼈, 뿔, 상아 등 돌이 아닌 다른 재료들로 만든 도구도 비약적으로 증가했다. 하지만 후기구석기와 관련된 변화들 중 뼈와 뿔로 만든 도구, 창촉, 미술 창작물, 최초의 악기(〈그림 8〉)와 같이 문화적 현대성의 특징으로도 간주될 수 있는 것들 중에는 오리냐크 문화 초기에 속한다고 입증될 만한 것이 아무것도 없다. 그런 증거물은 오리냐크 문화 시기에서도 더 후대인 지금으로부터 약 3만4000년 전 이후가 되어서 나타난다. 이러한 관찰 결과는 해부학적으로나 문화적으로 현대적 특징을 보이는 인류가 세계를 어떻게 변화시켰는가 하는 논쟁에서 매우 중요한 논증을 제공한다. 자연에 비약이 없는 것처럼 자연의 일부인 인간의 문화 발전 또한 점진적으로 진행되었다는 사실을 보여주기 때문이다.

오리냐크 문화가 약 3만 년 전에 종말을 고한 후 중부 및 동유럽에서 시베리아에 이르는 광활한 지역에 그라베티안 문화가 들어선다. 이 문화를 보유하고 있었던 인류는 호모 사피엔스인 것으로 증명되었다. 오리냐크와 그라베티안 문화 시기 사이에는 혹독한 빙기가 한 번 더 있었을 가능성이 매우 높다. 이 빙기로 인해 또다시 여러 지역에서 인구 전체가 붕괴되는 결과가 일어났을 수 있다. 이후 기온이 다시 완화되자 오리냐크

〈그림 8〉 독일 가이센클뢰스테를레에서 출토된 큰고니 노뼈로 만든 피리.

문화 초기에 그랬던 것처럼 새로운 인구 집단이 서남아시아로부터 이동해왔을 것이다. 그라베티안 문화 초기에 나타난 인류는 상당히 진화한 호모 사피엔스 종으로서 고인류의 특징이 거의 없고 현생인류와 매우 가까웠던 것으로 추정된다. 그라베티안 문화는 약 2만2000년 전에 종식되었다. 이 시기는 마지막 빙기 동안 기온이 가장 크게 떨어졌던 시기이자 빙하가 가장 넓게 형성되었던 때다. 때문에 중부 및 동유럽 곳곳에서 주거지가 현저히 감소했다.

그라베티안 시기에 발명된 가장 중요한 신기술로는 창촉으로 사용되었던 소형 돌날(〈그림 7〉)이 있다. 이 날은 발견되는 빈도가 높고 나무 또는 뿔이나 뼈로 만든 창 자루에 역청 또는 동물 뼈를 녹여 만든 접착제로 단단하게 고정될 수 있게끔 제작되었다. 이렇게 이 시기에는 여러 부분으로 이루어진 복잡한 도구를 제작할 수 있었다. 더 튼튼한 절단면을 가진 창은 더 효율적인 사냥을 가능하게 했다. 그 밖에도 순록의 뿔 표면을 대패질하듯 다듬어 창촉으로 사용하게 되었다. 어쩌면 이 시기에 이미 다음에 이어지는 마그달레니아 문화에서 널리 사용되었던 투창가속기가 발명되었을지도 모른다. 요컨대 후기구석기의 중간 단계인 이 시기에는 사냥 무기가 현저히 개선되었고 그 결과 사냥 기술과 사냥 전술에도 큰 영향을 끼쳤다.

식량 조달 외에 그라베티안 문화의 호모 사피엔스에게 두 번째로 중요한 일은 원자재 조달이었다. 이 문화인들은 특정한 천연 재료를 찾아 손에 넣기 위해 이전의 인류에 비해 활동 반경을 훨씬 더 확장시켰고, 유럽 내 교류망을 넘어서 더 먼 지역에서 온 재료까지 구할 수 있었다. 한 예로 고고학자들은 사슴 모양 장식물 또는 옷에 다는 장식물로 사용되었던 상아, 동물 이빨, 조개로 만든 구슬을 발견했는데, 이때 사용된 조개

중에는 500킬로미터에서 1000킬로미터 떨어진 지역에서 온 것도 있었다.

그라베티안 문화에서 나타난 기술 변화는 여러 점에서 도구의 효율성이 증가했음을 뚜렷하게 보여준다. 그라베티안 후기에 들어 나빠진 기후 조건은 또다시 인류를 압박했다. 하지만 인간은 더 이상 운명으로 도피하지 않았다. 오히려 도구를 환경에 최적화시키고 식량 조달을 위한 활동 반경을 대폭 확장시키며 교류망과 원거리 접촉을 확대하는 방식으로 대응했다.

여기서 우리는 당시 인류가 머리 부분에 구멍이 뚫린 바늘을 발명한 것에 특히 주목할 필요가 있다. 이 도구가 중요한 이유는 바느질 기술이 현저히 개선될 수 있었기 때문이다. 즉 바늘로 옷 이음새를 이전보다 훨씬 튼튼하게 이을 수 있었고, 가죽과 털을 완벽하게 봉합할 수 있었다. 그 결과 '문화의 얇은 막'이라고 불릴 직한 이전 의복과는 달리 온기 손실을 많이 줄일 수 있게 되었다. 이런 기술들의 성과가 나타난 때는 2만 년 전, 또 한 번 기온이 최저로 하강해 빙하가 확장되고 기후는 더 춥고 건조해져 결국 그라베티안 문화가 종식되었던 시점이다. 그러나 이 시기엔 그 이전과는 달리 전체 인구가 붕괴되는 일이 일어나지 않았다. 즉 인간은 변화된 환경 조건에 적응하는 데서 매우 중요한 진보를 이루었고, 갖고 있는 기술을 이용하여 어떻게 성공적으로 당면한 어려움을 극복할 수 있는지를 알게 되었던 것이다.

지금으로부터 2만1000년 전과 1만7000년 전 사이에 서유럽과 중부 유럽에서는 그라베티안 문화의 뒤를 잇는 솔뤼트레 문화가 발달했다. 솔뤼트레는 마지막 빙기의 가장 춥고 가장 건조했던 시기에 있었던 문화 단계다. 솔뤼트레 유적이 발견되지 않는 중부 유럽 동부 지방과 동유럽에서는 동시기에 그라베티안 문화에서 파생된 일명 에피그라베티안 문화가 발달한다. 당시에도 빙모의 확장은 북반구 해류 순환에서 상당량의 물을 감소시켰고 해수면은 약 120미터 낮아졌다. 그 결과 북유럽에 건조한 극지방의 툰드라 기후가 형성되었고 그 남쪽으로 키 작은 관목이 자라는 스텝 툰드라가 자리를 잡았다. 알프스 남쪽과 동유럽에는 아직 숲이 남아 있었고 지중해 지역에는 인간과 동물이 생존하기에 훨씬 유리한 자연조건이 펼쳐져 있었다. 극도로 나쁜 기상 조건이 맹위를 떨치던 시기였지만 이 시기에도 문화적 후퇴는 나타나지 않았다. 인간은 그라베티안 문화에서 이미 보았던 것처럼 뼈에 구멍을 뚫어 만든 바늘로 각기 다른 종류와 용도의 재료를 훌륭하게 이어 붙였고 불리한 기후 조건에 더 잘 적응할 수 있도록 의복과 움막집을 개선했다.

솔뤼트레 시기에 가장 특징적인 도구인 나뭇잎 모양 돌날은 가장자리를 납작하게 타제하여 가공했는데, 구석기시대의 가장 완벽한 도구 중 하나로 간주된다. 이 도구는 특히 뛰어난 미적 감각을 보여주면서 구석기의 석기 제작 기술에서 가히 '명작'이라 불릴 만하다(〈그림 7〉). 또한 솔뤼트레 시기는 뿔로 만든 투창가속기가 최초로 제작된 때이기도 하다. 솔뤼트레 말엽의 석촉은 인간이 이미 활과 화살을 제작하고 사용할 줄 알았던 흔적으로 해석되기도 한다. 앞으로 발굴될 자료들이 이 가설을 뒷받침해줄 수 있다면, 솔뤼트레 시기는 투창가속기, 활과 화살을 구비한 진정한 혁명적 시대로 역사에 기록될 것이다. 사냥 기술과 전술에서 이보다 더 혁명적인 의미를 갖는 기술은 없었기 때문이다.

지금으로부터 1만9000년 전에서 1만3000년 전 시대는 후기구석기시대의 가장 마지막으로 마그달레니아 문화로 불린다. 이 문화는 가장 혹한기의 빙기가 끝나고 난 후에 서유럽에서 솔뤼트레 문화를 대체하고 계속해서 동쪽으로 퍼져나갔다. 솔뤼트레 시기 인류는 그라베티안 때보다 평균 신장이 더 작았다. 신장이 줄어든 것은 빙기가 최고조에 달했던 시기에 혹한의 기상 조건에 적응하는 과정에서 생긴 결과였을 수 있다. 더 작은 신체 표면적으로 열손실을 줄일 수 있기 때문이다. 다시 말해 그 당시 신장이 작았던 것은 인간 진화에 장점으로 작용했다고 할 수 있다.

마그달레니아 시기의 인류는 유럽에서 마지막으로 존재했던 극지방 한랭 스텝 기후에서 생활했다. 이 시기에는 이전 단계 문화에서 사용되었던 석기가 얼마간 더 발전을 보이기도 했지만 전체적으로 봤을 때엔 섬세함이 떨어졌다. 눈에 띄는 것은 긁개, 찌르개, 뚜르개 외에도 아주 작은 크기의 일명 등칼한 면은 곡선으로 날카롭게 만들고, 다른 한 면은 직선으로 날카롭지 않게 가공한 칼이 있다(〈그림 7〉). 이 칼은 나무, 뼈, 뿔로 만든 자루에 부착해 무기의 촉으로 썼다. 이미 그라베티안 시기부터 사람들은 유럽 전역에 걸쳐 원거리 지역과도 빈번히 접촉하며 연락망을 발달시켰다. 특정한 천연자원을 얻기 위해서는 필수적인 행보였다. 마그달레니아 문화에서는 이런 교류가 더욱 발달한다. 이렇게 해서 사람들 간의 접촉이 더욱 잦아졌다. 이는 후기구석기 마지막 시기에 인구가 크게 증가하는 데도 한몫했을 것이 확실하다.

마그달레니아 문화에서는 후기구석기시대의 다양한 용구와 도구를 제작하기 위한 유기물 재료 가공 기술이 최고조에 달했다. 특히 순록 뿔이 인기 있는 재료였다. 이 재료를 가지고 투창가속기, 구멍 뚫린 막대, 촉, 작살, 가느다란 귀를 가진 바늘을 만들었다. 이미 여러 번 언급한 투창가속기는 그 형태가 매우 간단하다고 해도 일종의 기계로 볼 수 있다. 그럴 경우 이 도구는 인간이 만들어낸 가장 오래된 기계라고 할 수 있다(〈그림 9〉). 창을 던지는 팔은 지렛대 역할을 하는 투창가속기를 통해 인공적으로 길이가 연장되는 효과를 얻는다. 이 효과로 속도를 내기 위해 필요한 거리가 늘어나고 창이 날아가는 속도가 빨라진다. 그 결과 관통력 또한 높아진다. 투창가속기 끝에는 갈고리가 달려 있다. 창의 아래쪽 끝 부분에는 속을 파서 만든 홈이 있는데, 여기에 갈고리를 끼워넣게 되어 있다. 이 모형에 따라 만든 투창가속기로 실험을 해봤더니 창이 날아가는 속도가 시속 100킬로미터 넘게 나왔다. 투창가속기는 이미 솔뤼트레 시기에는 발명되어 늦어도 마그달레니아 문화에서 일상적으로 쓰였다. 이 도구는 후기구석기시대 인류의 사냥 기술과 투창 기술을 혁명적으로 변화시켰고 때문에 인류 최초의 위대한 발명품이라고 간주된다. 마그달레니아 문화가 퍼진 전 지역에서 투창가속기가 발견된다는 것도 이 시기의 주요

〈그림 9〉 프랑스 마다질 동굴에서 나온 투창가속기와 투창가속기를 던질 때의 동작을 연속적으로 표현한 그림.

2장 문화적 현대성을 향한 대도약

특징이다. 이 시기는 사슴, 야생마, 순록 등 대형 야생동물 사냥이 주특기였던 사냥꾼의 시대였던 것이다. 움직임이 느린 매머드나 털코뿔소와는 달리 엄청나게 빠르고 겁이 많은 대형 포유류를 야생에서 잡으려면 장비를 제대로 갖추지 않고는 불가능했다. 따라서 투창가속기가 없었다면, 혹은 이미 활과 화살이 사용되었다고 하더라도, 역시 이 도구 없이는 그런 동물들을 사냥하는 게 거의 불가능했을 것이다.

많은 야영지에서 출토된 자료들 중 후기구석기시대의 사회 조직과 체계를 추측케 해주는 증거 자료는 몇 점 되지 않는다. 이 점에 있어서는 이전 시기와 별반 차이가 없다. 노천 야영지가 흔히 발견되는 곳은 강가 근처, 강가의 언덕 중에서도 바람이 들이치지 않는 곳이거나, 강가의 저지대 또는 섬이다. 후기구석기시대 발굴지에서 나온 그러한 유적들은 중기구석기시대보다는 조금 더 자세한 그림을 그리게 해준다. 집의 구조를 보면 이전과 마찬가지로 보통 불을 피우는 장소가 중심 역할을 했다. 그 밖에 집 주변의 유물 분포로 봤을 때 생활 공간과 쓰레기 처리 공간이 구분되어 있었음을 알 수 있다.

거주 공간의 형태는 다양했다. 땅을 얕게 파서 세운 움집, 땅 위에 바로 세운 움막집, 다양한 형태(원형, 타원형, 다각형, 정사각형 등)와 크기(10~50제곱미터)의 지상 구조물이 있었다. 우크라이나 발굴지(코스텐키, 몰도바 공화국, 일스카야)에서는 세로로 길쭉한 가옥들이 발견됐다. 이 가옥 내부에는 중심축을 따라 요리를 위한 모닥불 자리가 줄지어 배치되어 있었다. 그 밖에 타원형 내지 원형 구조물도 발견되었다. 이 구조물은 천막 또는 유르트서아시아 및 중앙아시아 유목민들이 사용하는 이동 가능한 주거용 천막와 비슷한 형태를 띠었던 듯하다. 이런 구조물은 흔히 돌로 집터를 표시했고, 나무막대기나 동물 뼈 또는 매머드 뼈나 엄니를 집을 받치는 골격으로 사용했다. 바닥에 기둥을 박았던 구멍이 있는 것으로 보아 지붕 구조물을 받치는 지주가 있었으리라 짐작된다. 이 지주들은 규칙적인 간격을 띄고 있기도 해 계획적인 배치가 있었음을 시사한다. 자연적으로 바닥이 함몰된 곳도 가옥 용도로 개조되었다. 그중에는 구덩이 움집이라고 할 만한 것도 있었다. 이 집 벽의 세로 길이는 1.5미터에서 2미터였고, 지붕은 나뭇가지나 나무껍질, 짐승의 털로 이었다.

노이비트 지방에 있는 라인 강변의 괴너스도르프에서는 직경이 6미터에서 10미터인 유르트 모양 원형 움막집이 발견되었다. 이 구조물에는 수직으로 세운 벽이 있었는데 이 정도 크기의 움막집 지붕을 씌우려면 최대 40개의 털가죽이 필요했을 것이라는 계산이 나온다. 눈·바람·추위를 피하기 위해 지붕으로 쓰인 털가죽들은 서로 잘 이어 붙어야 했다. 때문에 당시에도 이를 봉합하기 위한 바느질을 했을 것이라 쉽게 짐작해볼 수 있다. 움막 내부에서 불을 피우는 장소는 돌로 가장자리를 두른 경우가 많았다. 이와 더불어 화덕과 비슷한 구조물이 있었다는 단서도 발견된다. 솥단지 모양 구덩이는 식사 준비를 위해 사용되었을 수도 있다. 움막집 바깥에서는 비축 식량 보관과 석기 제작 및 기타 활동을 위한 작업장이 있었다. 집 크기는 다양했는데 보통은 한 가족이 사용할 수 있는 정도의 공간이었던 것으로 추측된다. 요리를 위한 모닥불 자리가 여러 개 있는 더 큰 구조물에서는 여러 가족이 한 지붕 아래 살았던 것일 수 있다. 종합해봤을 때 후기구석기시대 야영지에서는 약 20명에서 최대 100명까지의 사람들이 사회적 연합체를 이루어 함께 살았던 것으로 보인다.

실제 동굴이 주거 장소로 어느 정도 이용되었는지는 아직도 분명히 밝혀지지 않았다. 하지만 유럽 여러 지역에서 발견된 많은 후기구석기 암석벽화를 보면 어쨌거나 동굴을 자주 이용했다는 것을 알 수 있다. 곰과 살쾡이들이 동굴 안에서 사는 것을 좋아한다는 점을 생각하면 아주 초기 인류는 오히려 동굴을 피했을 것이라 짐작된다. 그런 이유로 만일 이들이 동굴에서 더 많이 생활하게 됐다면 자연환경을 적극적으로 변화시키는 방향으로 진일보한 것이라 간주될 수 있다. 이러한 발전은 늦어도 중기구석기시대에 이미 시작되었지만 동굴 이용이 비약적으로 늘어난 것은 구석기시대의 마지막 시기였다. 이때 인류가 많이 찾은 곳은 동굴의 뒤쪽, 일광이 들지 않는 곳이었다. 하지만 입구로부터 멀리 떨어진 곳은 주거지로서 오히려 부적합하지 않은가? 이러한 의문에 더해 암석 벽화가 주로 동굴 깊숙한 곳에 그려져 있었다는 사실까지 떠올리면 이 장소들이 다른 목적, 추정컨대 주로 제의적 목적으로 사용되었을 것이라는 추측도 가능하다.

중기구석기시대 네안데르탈인이 장신구를 했는지는 분명치 않은 데 반해, 후기구석기시대 호모 사피엔스는 이들 문화의 전형적인 표현 방식으로 장신구를 이용했다. 이런 점에서 이 문화는 다시 한번 문화적 현대성을 보여준다 할 수 있다. 유럽 전역에서 이빨 하나로 된 것이든 여러 개를 엮어 만든 것이든 구멍을 뚫은 동물의 이빨(여우, 동굴곰, 늑대, 사슴이 선호되었다)을 차고 다니는 풍습이 널리 퍼져 있었다. 장신구 제작에 어떤 재료가 사용되었는지 여부는 그 지역의 특색을 알게 해준다. 펜던트 용도로 가공된 조개와 달팽이는 유럽 서남부에서 특히 많이 발견되고, 중부 유럽에서는 매머드 상아로 만든 구슬과 펜던트가 많이 발견된다. 장신구는 보통 머리나 목 주위, 팔, 무릎, 복숭아뼈 있는 곳에 착용했다. 이 시기 무덤에서 발굴된 유물들을 볼 때면 후기구석기시대 의복이 온통 구슬과 조개, 동물의 이빨로 치장되어 있었을 것이라는 생각이 들기도 한다. 치장에 있어서 남자와 여자 사이에 본질적 차이는 찾아볼 수 없다.

이러한 유물들 중에서 특별한 점은 의복의 형태에 눈에 띄는 개별적 특징이 나타나기도 한다는 것이다. 옷의 형태를 모아 보자면 뾰족한 모자 모양의 머리 덮개, 바지 모양의 하의, 장화, 소매가 달린 후드 잠바, 여기에 더해 혁대와 가방, 팔 장신구 등이 눈에 띈다. 하지만 이런 유물들은 당시 '지역 전통 복장'이 있었다고 유추할 수 있을 만큼 충분히 발굴되지는 않았다. 그럼에도 이런 모양의 의복을 입은 사람은 장신구를 통해 의식적으로 집단적 소속감을 나타냈다고 볼 수도 있고, 어쩌면 심지어 자신의 사회적 지위를 나타내려 했을 수도 있다. 이런 점은 물론 문화적 현대성의 분명한 표현으로 해석될 수 있을 것이다. 또한 야영 장소에서 발견된 붉은색 안료(적철광)와 검은색 안료(산화망가니즈)는 당시 인류가 물건이나 도구뿐만 아니라 경우에 따라 신체에도 색을 칠했다는 추측을 하게끔 만든다. 유골에서 안료의 흔적이 발견되었다면 신체에 색을 칠했다는 직접적 증거가 될 테지만 이러한 증거는 아직 발견되지 않고 있다.

중기구석기시대의 네안데르탈인도 시신을 별도로 취급하는 데 주의를 기울였다. 대부분 부장품이 존재하지는 않았지만 그래도 인류 역사 최초로 매장 풍습이 나타났다. 이에 비해 후기구석기시대에는 장제가 점차 복잡해지는 흔적이 처음으로 등장한다. 무덤을 돌판으로 덮기도 했고 시신에 황토색 안료를 뿌리기도 했다. 후자의 경우는 시간이 더 지나면서 시신과 시신이 안치되어 있는 지층을 붉은색 안료로 물들이는 방식으로 발전했다. 시신은 하늘을 보고 구부린 자세 또는 옆으로 누운 자세로 맨 구덩이나 평지에 안치됐다. 그런 뒤 시신 전체 혹은 최소한 머리를 돌로 덮었다. 처음으로 본격적인 부장품의 존재가 증명된 것은 그라베티안 무덤에서였다. 이 중에서 특히 돌, 상아, 동물의 이빨, 조개로 만든 장신구용 구슬과 펜던트가 눈에 띈다. 이것들은 사슬 모양으로 만들어 신체에 착용하거나 의복에 걸어 착용했다. 1인 무덤 외에 여러 명이 합장된 무덤도 있었다. 그중엔 시신을 매머드 어깨뼈로 덮은 무덤도 있었는데, 이는 처음 나타나는 특별한 형태였다. 마그달레니아 문화에서 특징적인 것은 유럽 남부 지역에서 무덤의 수와 작은 규모의 공동묘지가 눈에 띄게 증가했다는 점이다. 이런 현상은 사람들이 야영지에서 거주하는 기간이 더 길어지면서 생긴 것으로 추측된다. 초기 거주 공동체 일원들은 죽음을 넘어서 서로 연결되어 있다고 느꼈고 이 목적을 위해 공동묘지를 만들었던 것으로 보인다.

시신 처리와 부장품 안치에 있어 놀라운 점은 여자, 남자, 어린이 사이에 특별한 차이점이 거의 발견되지 않는다는 것이다. 어린이와 신생아 무덤도 매우 자주 눈에 띈다. 어린이는 자동으로 사회의 일원이 되었기 때문에 특정한 나이에 성년식을 치르는 등 단계적으로 구성원 지위를 획득하기 위해 노력할 필요가 없었다. 이런 관찰 결과는 동굴 벽화 유적과도 일치한다. 동굴 벽화에는 어른의 손도장이 여러 색으로 찍혀 있고 그 옆에는 항상 어린이의 컬러 손도장도 찍혀 있다. 이런 정황으로 봤을 때 가족이 제례 공동체 역할을 했을 것이라고 추측된다.

초기 호모 사피엔스는 인간의 운명, 그러니까 인간의 생물학적 삶이 다한 후 어떻게 되는지에 대해 사고했고, 그 결과 죽은 사람을 연민의 감정으로 다루게 되었을 것이라 추측된다. 이때 시신은 그냥 무덤에 묻힌 게 아니었다. 이들은 (후기구석기시대에 가능했던 한에 있어) 실제 삶에서 그들이 점했던 위치에 상응하는 방식으로 매장되었다. 이런 행동 방식은 수천 년 넘게 인류 장례 의식에서 관찰되었는데, 이를 위한 관념적 전제 조건이 형성된 것은 늦어도 이미 후기구석기시대였다고 할 수 있다.

특이하게도 마그달레니아 문화에서는 칼자국 또는 긁힌 흔적이 선명한 인간 유골이 계속해서 발견된다. 이는 망자가 죽은 후 곧바로 시신을 토막 냈기 때문에 생긴 것으로 보인다. 시신의 부드러운 부분들은 제거하고 관절 부위는 분리했으며 남은 조직들은 긁어서 떼어냈다. 해골은 항상 특별한 방식으로 처리되었는데, 이 때문에 마그달레니아 문화에는 해골을 숭배하는 의식이 있었을 것 같다는 인상을 받게 된다. 이에 관한 예로는 디트푸르트에서 발견된 해골이 있다. 성곽 안 동굴에 위치한 이 유적지에서 발견된 해골에는 칼자국이 나 있고 목과 어깨를 잇는 부위의 근육이 절단되어 있었으며 코처럼 부드러운 부위는 제거되어 있었다. 하악골은 시신을 안치할 시점에 이미 분리되었던 것으로 보인다. 또한 머리만 잘라 따로 특정한 장소에 보관하거나 특별한 방식으로 매장한 것도 드물지 않게 볼 수 있다. 이 두개골에는 가격을 당한 흔적이 있는데 아마도 살해당했을 때 생긴 흔적으로 추측된다. 이러한 폭력 행위가 제의적 맥락에서 일어난 것일 수 있음을 보여주는 유적이 프랑스 남부의 마다질 동굴에서 발견되었다. 이 동굴의 벽 틈새에서 발견된 해골은 이빨이 강제로 뽑혀 있고, 눈구멍에는 사슴 뼈를 깎아 만든 삽입물이 조심스레 꽂혀 있었다.

해골을 분리해 보관하는 풍습 외에도 후기구석기시대에 제의의 일환으로 희생물을 바쳤다는 단서가 존재한다. 일례로 함부르크 근처 옛날 저수지 자리에서는 그 당시 가라앉았던 순록 암컷이 발견되었는데, 절개된 흉곽 안에는 돌이 들어 있어서 떠오르지 않게끔 되어 있었다(슈텔모르, 마이엔도르프). 그 밖에도 사슴과 매머드 머리뼈를 눈에 띄게 쌓아 올린 탑과 야영지 내에 동물의 뼈가 특이한 모양으로 놓여 있는 유적에서도 제의적 동기가 깔려 있음을 추측할 수 있다. 이는 중부 유럽에서 우크라이나, 시베리아에 이르기까지 많은 지역에서 발견된다. 또한 동굴곰 머리뼈를 분리해 동굴에 보관한 것도 비슷한 숭배 목적에서 비롯된 것이었다고 볼 수 있다. 이 현상은 중부 유럽 전역에서 볼 수 있었다. 이러한 행위는 연원이 중기구석기시대로까지 거슬러 올라가기도 한다. 머리뼈들이 암석 틈새 또는 돌로 된 상자에 보관되어 있었으며 불에 닿아 탄 자국이 있는 것으로 봤을 때 제의적 목적에서였다고밖에는 해석이 안 된다. 체코 모라비아 지방의 돌니 베스토니체에서 발견된 그라베티안 문화의 작은 여성 조각상도 같은 해석을 할 수 있다. 이 조각상은 불을 피웠던 곳 한가운데 두터운 잿더미 속에서 발견되었는데 우연히 그 자리에 놓여 있었다고 보기는 힘들 것이다.

희생물을 바치는 행위가 제의적 행위가 아닌 주술적 행위로 해석되는 경우도 있다. 이런 해석은 대부분 이 행위를 더 후대에 나타나는 사냥 문화와 연결 짓는다. 하지만 그것이 신빙성이 있느냐고 묻는다면 답은 회의적이다. 그보다는 위의 현상들이 제의적 목적에서 이루어졌던 것에는 의심의 여지가 없다고 봐야 한다. 이러한 제의적 행위는 이미 초기 인류에 존재했던 한 성향의 표현으로도 생각할 수 있을 것이다. 즉 거의 이해하기 힘든, 아니 전혀 이해할 수 없는 삶의 경험들을 넘어서고자 하지만, 그러면서도 적절한 행위를 통해 이러한 경험을 다시 삶과 연결시키려는 성향으로 말이다. 이에 비해 이 유적들을 엄밀한 의미에서의 주술적인 행위로 보고 후기구석기시대에 종교적·정신적 원리로서 주술이 있었던 것으로 해석할 가능성은 매우 희박하다.

3.
그림과 상징, 의사소통과 제의:
빙하기의 예술

후기구석기시대에 달성된 뛰어난 업적 중에서 이 시기를 전체 인류 역사에서 매우 특별한 시기로 격상시켜주는 것은 저 수많은 예술품이다 (〈지도 3〉). 이 중에는 매우 인상적이고 기술적으로 뛰어난 작품도 있다. 이런 예술품은 문화적 현대성을 보여주는 분명한 표시로서 해부학적으로 현대 인류에 속하는 호모 사피엔스와 함께 탄생했다. 그림 속에 그려진 원시인류의 세계는 일상에서의 모습을 반영한다. 원시인류의 생활은 충분한 식량 조달을 통한 생존 확보라는 목적을 가지고 동물을 사냥하고 죽이고 도살하는 행위가 거의 전부였다. 원시인류가 이루었던 모든 기술 혁신의 목적은 오직 사냥을 더 효과적으로 하고 포획물을 더 잘 가공하는 데에만 있었다. 이런 상황을 고려하면 빙하기 예술의 주된 주제가 동물세계였다는 사실은 전혀 놀랄 일이 아니다. 사람이 예술의 주제가 되는 경우는 매우 드물었다. 하지만 작은 조각상에서는 사람이 직접 주제가 되기도 했다.

앞서 언급했듯이 동굴 벽화가 숭배 의식 및 종교적 사고의 맥락 속에서 그려졌다는 것은 설득력 있는 주장이다. 특히 이 벽화가 발견된 장소가 거주지로 이용되지 않았다는 점을 생각하면 더욱 신빙성 있어 보인다. 벽화가 그려지기 전 혹은 그려지는 동안 현장에서 어떤 제의적 행위가 이루어졌던 것일까? 객관적으로 믿을 만한 증거가 발견된 바는 없으니 이에 대해 답을 내리기는 힘들다. 하지만 분명한 사실은 사람들이 이러한 장소를 반복해서 찾아왔다는 점이다. 동굴 벽화에 그려진 그림들이 여러 다른 시기에 걸쳐 그려졌고 심지어 어떤 것들은 그 위에 겹쳐 그려졌다는 사실이 이를 말해준다.

후기구석기시대 초창기 예술에는 오리냐크 문화에 속한 것도 출현하긴 하지만, 오리냐크 문화에 속하는 것이라고 확실히 말할 수 있는 최초의 창작품은 후기구석기시대 초창기보다 더 후대인, 현재로부터 3만 4000년 전 이후에 등장한다. 이 시대의 예술은 두 가지로 분류된다. 하나는 암벽, 그중에서 동굴 암벽에 그려진 벽화 및 음각화. 다른 하나는 인간, 동물, 혼합 존재를 표현한 작은 조각상으로 여러 재료를 사용해 만들었다. 인류는 후기구석기시대 전 기간에 걸쳐 이 두 예술 형태를 갈고 닦았다. 오리냐크 문화의 가장 중요한 유적으로는 프랑스 남부 동굴에서 발견된 매우 오래된 그림문자(픽토그램)가 있다. 비슷한 양식의 암석 벽화가 북이탈리아와 북스페인에서도 발견되지만, 중심 역할을 하는 유적지는 프랑스 남부 유적지다. 암석 벽화에 자주 등장하는 주제는 한편으로는 동물학적으로 딱히 규정하기 어려운 동물이 있고 다른 한편으로는 성적 상징이 있다. 후자의 경우 음문과 남근의 표현이 특히 눈에 띈다. 이 그림들을 보면 오리냐크 시기 사람들이 생물학적 번식 기제를 잘 알고 있었음을 알 수 있다.

아르데슈 협곡(쇼베 동굴)에서 나온 음각화와 벽화도 정말 인상적인 훌륭한 예다. 3만년 전에 그려진 이 그림은 장관을 이루며 비할 바 없는 앙상블을 보여준다. 여기에는 원근법적 요소, 역동적인 움직임을 나타내는 표현, 점을 찍어 그린 동물 스케치 및 대비 효과를 더 풍부하게 하기 위해 긁어낸 동굴 벽이 한데 어우러져 있다. 구석기 문화가 전성기를 맞이한 게 마그달레니아 시대인 것은 분명하지만, 이런 벽화들을 보면 더 이른 시기에 표현되었던 빙하기 예술은 천둥이 울리기 전 문화의 여명기에 내리쳤던 번개 같은 것이었다.

두 번째로 중요한 발굴지는 독일 슈바벤 알프 지방에 위치한 동굴로 오리냐크 예술의 또 다른 유적이 많이 발견된 곳이다. 이렇게 발견된 유물 중에는 매머드 상아, 뼈, 사암으로 만든 동물이나 인간, 이것의 혼합적 존재를 주제로 한 작은 조각상이 다수 있었다. 특히 이 조각상들은 그 시대에 나왔던 다른 모든 조각상을 능가하는 높은 수준과 표현력을 보여준다. 주로 표현했던 것은 인간, 매머드, 동굴곰, 야생마, 사자다. 그중에서 매우 흥미로운 것은 홀렌슈타인-슈타델에서 나온 혼합 존재 조각상인 일명 사자인간 상(<그림 10>)이다. 동물 머리를 하고 직립해 있는 이 전신 조각상은 인간적인 요소와 동물적인 요소가 한데 어우러져 있다. 이런 조각상들은 호모 사피엔스가 이미 매우 차별화된 정신적·종교적 관념세계를 갖고 있었음을 보여준다. 하지만 이런 작품들을 해석할 때 너무 성급하게 그럴듯한 원시 샤머니즘 가설을 갖다 붙이고 상업화하는 것은 올바른 태도가 아니다. 우리는 이 조각상에 대해 아직 모르는 것이 많다는 사실을 먼저 인정해야 한다.

그 밖에 더 후대에 가서야 나타나는 일명 그라베티안의 비너스 상을 선취하고 있는 듯한 여성 조각상이 간혹 눈에 띈다. 동물을 표현한 조각

상 중에는 월등한 힘과 속도로 우리 조상에게 깊은
인상을 남긴 동물의 조각상 외에도 매우 다양한
종류의 소형 동물과 물새 조각상이 있다. 이런 소
형 조각 중에서 특히 표면에 십자 모양이나 V자 톱
니 모양, 또는 점이 찍힌 작은 조각상은 같은 시대에
제작된 암석 벽화의 픽토그램을 연상시키기도 한다.
이것들은 초기 인류가 공동의 상징 언어를 사용했다
는 증거일까? 이 물음에 답을 할 수는 없지만 어쨌든
인간은 예술이라는 새로운 표현 형식을 가지고 언어
이외에 또 하나의 중요한 의사소통 차원을 만들어
냈다는 것만큼은 확실하다.

　오리냐크 이후인 그라베티안 문화 동굴 벽화는
도르도뉴강, 피레네산맥, 칸타브리아 지방에 집중
되어 있다. 이는 빙하기 암석 예술이 초기 오리냐
크 시기를 지나면서 남프랑스와 북
부 스페인 지역에 집중되었음을 말
해준다. 이 시기에는 그림이 그려진

<그림 10> 일명 사자인간. 매머드 상아 소재.
독일 홀렌슈타인-슈타델에서 발굴.

동굴도 늘어나고 표현 수준이 훨씬 높아졌으며 주제도 다양해졌다. 그라
베티안 시기에는 특징적인 양식이 발달한다. 일례로 동물을 표현한 방식
을 살펴보면 형태적으로 몇 배 더 육중한 몸통에 비해 가는 다리와 작은
머리가 눈에 띈다. 간혹 점무늬가 있는 동물도 있다. 인간을 표현하는 방
식도 다양해져서 창에 관통된 모습을 표현하는 것도 있었다. 조류 머리
모양의 인간과 같은 동물-인간 혼합 존재도 눈에 띈다. 또 다른 특징으
로는 손도장이 있다. 손을 암벽에 평평하게 대고 그 위에 안료를 뿌려서

손의 윤곽선이 나오도록 그린 것이다.

중유럽과 동유럽에서는 그라베티안 시대 동굴 벽화가 발견되지 않는다. 이 지역에서는 조각상만 발견되는데 이 또한 수준이 높은 창작품이다. 이 예술품은 서쪽의 대서양에서부터 중부 유럽과 남유럽을 거쳐 우크라이나를 지나 시베리아 방향으로 퍼졌다. 이렇게 해서 진정한 의미의 유라시아 차원의 '지역 예술권'이 형성된다. 비록 동물상이 그라베티안 시대의 뛰어난 예술을 보여주는 증거로 간주되지는 않지만, 상아로 조각한 매머드, 코뿔소, 말 조각상은 주목할 만하다.

이에 비해 일명 비너스 상은 세계 예술로 간주된다(〈그림 7〉). 수많은 비너스 상 중에서 가장 유명한 것은 오스트리아 니더외스터라이히 지방의 빌렌도르프에서 나온 비너스와 우크라이나의 코스텐키 지방에서 나온 비너스 상이 있다. 이 상들은 보통 상아나 석회암으로 제작되었다. 살이 많이 찐 이 여성상에는 여러 언급할 만한 디테일이 있다. 머리는 대부분 아주 공들여 땋았거나 아주 얇은 머리쓰개를 하고 있다. 얼굴 표정을 알아볼 수 있는 것은 예외적인 경우에 한해서다. 목걸이 모양을 걸치고 있다는 인상을 주는 것도 있다. 눈에 띄게 가는 팔목에 팔찌 장식이 되어 있는 상도 간혹 있다. 이 상의 가슴은 모두 두드러지게 돌출되어 있으며 앞으로 둥글게 튀어나온 몸통을 가진 비너스는 임신부임을 가리킨다. 배 아랫부분에 일종의 혁대를 걸치고 있는 상도 있다. 치부와 허벅지는 공들여 만든 데 비해 종아리는 가늘고 축소된 듯한 인상을 준다. 발은 아예 만들지 않았거나 만들었다 하더라도 그저 존재하는 정도로 처리하는 데 그쳤다.

이 여성 조각상은 거의 주거지역에서만, 그중에서도 특히 구덩이 안에서 발견되었다(발굴자가 그런 구조에 주목할 수 있을 경우에 한해서). 때문에

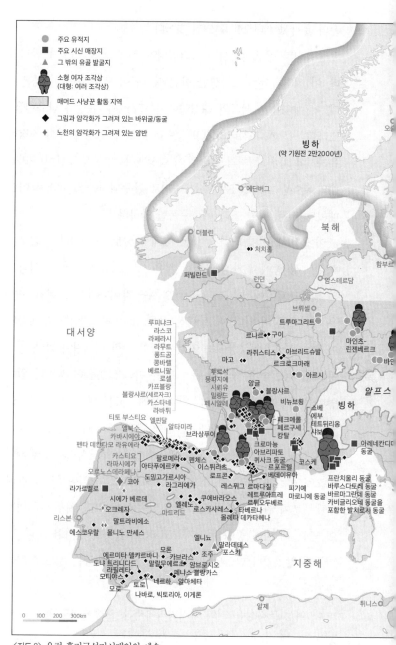

〈지도 3〉 유럽 후기구석기시대인의 예술.

헬싱키

스톡홀름

탈린

상트페테르부르크

순기르

모스크바

빙하
(약 기원전 2만2000년)

단치히

민스크

바르샤바

키예프

ㄹ코비체

돌니 베스토니체
프레드모스트
파블로프

모라바니

흐트베르크

샤그바르
자그레브

베오그라드

엘리세비치 호틸레보

몰도바 5
코르만 4
밀톡

콜리보아이아 동굴
쿠치울라트
마레치클로비나 동굴

포이아나 치레술루이
체흘라우다르투

무이에릴로르 동굴

부쿠레슈티

오데사

아르레보
코스티엔키 I
코스티엔키 XIII

가가리노

흑 해

소피아

이스탄불

앙카라

팔리치 동굴
ㅁ치
모타
ㅣ리
아그나노의 성
마리아 동굴
로미토

라무라

델레베네레 동굴

로마넬리

테살로니카

아테네

치
모
지오반나

지 중 해

이 작은 조각상은 대부분 집 안에 세워졌거나 보관되었을 것이라고 추측된다. 특히 눈길을 끄는 것은 이런 종류의 상은 상아나 돌뿐만 아니라 점토를 불에 구워 만들기도 했다는 사실이다. 이런 조각상이 발견된 곳은 체코 모라비아 지방 남부의 돌니 베스토니체였다. 외떨어진 한 오두막집에서 가마 잔해가 발견되었는데 여기서는 잘못 구워진 동물상과 여성상, 그리고 파편들이 꽤 많이 남아 있었다. 이웃한 니더외스터라이히(알버른도르프)에서도 비슷한 유물이 발견되었는데, 이러한 사실로 볼 때 이 유물은 알프스 동북 지역에 형성되었던 특수한 양식이었던 것 같다. 이 유물은 인류가 만든 가장 오래된 도자기 재질의 물건이기도 하다. 이 조각상들은 섭씨 500~800도 사이에서 구워졌다. 또 눈에 띄는 점은 이 조각상이 모두 파편으로 발견되었다는 것이다. 아마도 일부러 파손한 것으로 보인다. 그런 행위의 의미가 무엇인지는 정확히 알 수 없지만, 숭배 제의의 일환이었다고밖에는 달리 생각할 여지가 없어 보인다.

그라베티안 이후 서쪽에서 출현한 솔뤼트레 문화는 빙하기의 중요한 암석 예술 지역인 프랑스 서남부에서 인상적인 예술 표현을 남겨놓았다. 이곳의 벽화에는 동물과 인간이 매우 사실적으로 묘사되고 있으며 심지어 그중에는 스토리가 있는 장면을 묘사하듯 그린 것도 있다. 이 그림의 예술적 수준으로 볼 때 그다음 시기인 마그달레니아 문화에서 꽃피운 암석 벽화의 기초를 이때 닦았다고 평가할 수 있다. 이 시기에는 몇몇 예외를 제외하고는 작은 조각상이 별다른 역할을 하지 않았다.

마그달레니아 문화는 빙하기 예술의 전성기로서 진정 뛰어난 예술 창작물이 나온 시기로 간주된다. 남프랑스와 북스페인에서 가장 유명한 동굴 벽화가 이 시기에 그려졌다(〈그림 11〉). 여기서 뛰어난 많은 벽화를 대표해 세계 예술 목록에 들어가는 기념물을 꼽자면 라스코와 알타미라 벽

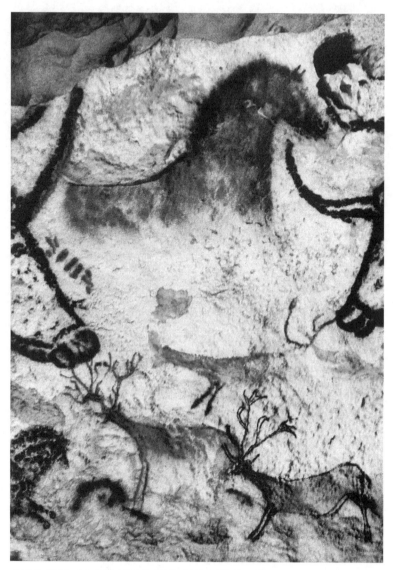

〈그림 11〉 프랑스 라스코 동굴에서 발견된 후기구석기시대 동굴 벽화.

화를 들 수 있다. 그 밖에 프랑스와 스페인의 또 다른 지역과 포르투갈, 이탈리아에서도 못지않게 중요한 암석 벽화가 발견됐다. 최고 수준의 암석 벽화가 집중적으로 모여 있는 이 놀라운 장소는 어떤 기능을 했을까? 비록 우리가 이곳에서 이루어졌던 제의에 대해 아무것도 정확히 말할 순 없지만, 이러한 장소가 일종의 사원 기능을 했을 것이라는 추측은 그리 틀린 가정이 아닐 것이다. 벽화에서는 거의 서유럽 전역에서 공통된 양식이 관찰되는데 이 공통성은 예술적 기법에만 국한되는 것이 아니라 벽화의 내용에서도 발견된다. 이러한 동굴 미술은 일정한 정도로 유지되었던 온도, 습도, 조도라는 동굴 내부의 유리한 보존 조건으로 인해 우연히 지금까지 남아 있을 수 있었지만, 후기구석기시대에는 이 밖에도 많은 예술 창작이 존재했을 것이다.

후기구석기시대 예술의 형태와 내용에 있어서 마그달레니아 시대는 이전의 오리냐크부터 솔뤼트레까지의 시기와 분명한 차이를 보인다. 마그달레니아 이전 시기의 동물 그림에서는 부분적으로 복합적인 상징이 동반되었던 데 반해, 마그달레니아 문화에서는 이러한 상징을 볼 수 없거나 다른 것으로 대체된다. 하지만 가장 큰 차이는 아마도 그림을 그리는 방식일 것이다. 이전 시기 그림이 주로 대상의 윤곽만 그렸던 데 반해 마그달레니아 시대에는 동물의 몸을 전체적으로 묘사하는 등 사실에 가까운 표현이 주를 이룬다. 원근법 또한 고려되었다. 서로 겹치는 동물이나 팔다리를 묘사해야 할 경우에는 공간의 깊이까지 함께 고려해 표현했다. 이런 표현능력은 당시 인류가 차별화된 지각능력과 이를 그림으로 옮길 수 있는 훌륭한 예술적 능력을 가지고 있었음을 보여준다. 또한 이런 식으로 그려진 생물체나 사지 부위를 연달아 이어 그릴 때는 대상의 방향을 바꿔가며 표현했는데, 이는 예술가 또는 관찰자가 시점을 바꿔서 그렸음을 시사한다. 이렇게 선사시대 마이스터들은 훌륭한 기교로 동물에 매우 역동적 인상을 부여하며 능숙한 솜씨로 세련된 그림을 만들어냈다. 아쉬운 점이라고는 이따금씩 머리를 너무 작게 그렸다는 점 말고는 거의 찾아보기 힘들다. 균형 잡힌 비례, 조형성, 풍부한 세부 묘사는 경탄을 자아낼 따름이다. 거대한 크기에 컬러로 채색된 그림은 압도적 인상을 풍긴다. 이러한 동물 표현은 사람을 잡아끄는 자연적 힘과 생동감을 갖고 있다. 이런 그림은 자연의 기운으로 충만한 사람만이 그릴 수 있었다. 한편 마그달레니아 문화에서는 그림의 주제와 동기의 레퍼토리에 변화가 일어나기도 한다. 들소와 말이 주를 이루게 되고, 사슴 대신에 순록이 나오며, 산양과 매머드가 그려지는가 하면 담비, 물개, 물고기도 그림에 등장한다.

이렇듯 동물을 실제와 매우 가깝고도 인상적으로 표현한 데 비해, 인간은 훨씬 드물게 등장하며 나온다고 하더라도 놀랍게도 실제 모습과는 동떨어지게 묘사되곤 했다. 신체 디테일은 불분명하게 처리되기 일쑤이고 머리가 동물 모양처럼 생긴 것도 있다. 육체의 일부는 심하게 과장되어 있으면서 또 어떤 부분은 전혀 인간 같지 않게 기계처럼 그려져 있다. 동물의 세계를 그릴 때처럼 사실에 가깝게 그린 그림을 전혀 찾아볼 수 없다. 이에 더해 인간과 동물의 특성을 의식적으로 혼합시킨 것처럼 보이는 혼합 존재도 나타난다. 그림 전체는 상징적 기호, 여성의 음문 내지는 그 비슷한 것으로 둥글게 테두리가 쳐져 있다.

확실한 것은 동굴 미술의 창조자는 그림을 구성하는 데 뛰어난 창조성을 발휘하는 법을 알긴 했지만, 각각의 표현 사이에 더 깊은 연관관계를 만들고 있지는 않다는 점이다. 이런 연관관계가 있었다면 개별적인 부분은 하나의 장면 속에 담긴 일부분처럼 무엇인가를 설명하는 그림이 될 수 있을 터였다. 이런 정황은 개개의 부분이 긴 시간에 걸쳐 하나씩 하나씩 더해지는 방식으로 제작되었고, 이런 제작 방식 때문에 내용상 서로 연결이 되지 않는 게 아닐까 하는 가정을 하게 만든다.

마그달레니아 예술의 또 다른 중요한 자료는 편암과 석회암을 기하학적으로 가공한 돌판(일명 표패標牌예술)이다. 이 돌판에는 뾰족한 것으로 새긴 것처럼 보이는 그림이 그려져 있다. 주제는 동굴 미술에서와 마찬가지로 동물이다. 하지만 동굴 미술과 달리 사람을 그린 그림에서 많은 세부적인 부분이 표현되어 있어 놀라움을 자아낸다(〈그림 12〉). 남녀 모두 등장하며 보통 옆모습으로 그려져 있다. 또 머리카락, 수염, 얼굴 특징 및 기타 많은 부분이 놀라운 정확성으로 세세하게 알아볼 수 있도록 그려져 있어 초상화를 보는 듯한 인상을 준다. 그런가 하면 캐리커처처럼 보이는 얼굴 표현도 있다. 무언가를 숭배하는 자세(두 손과 눈을 하늘로 쳐들어 앙망하는 듯한 태도)나 춤을 추는 인물도 매우 자주 등장한다. 요컨대 이 돌판 미술은 정확한 관찰력과 현실에서 일어난 일을 능숙하게 그림으로 옮기는 능력이 발전했음을 보여주고 있다. 이러한 음각화의 예술적 수준은 플라이스토세 후기 인류의 자연생활 환경을 주로 많은 동물을 그리면서 반영했던 저 표현력 넘치는 암석 벽화에 비해 조금도 뒤처지지 않는다. 암석 벽화와 돌판 그림은 복합적이고 뛰어난 예술 창작이라는 일치된 상을 보여준다. 그런데 이는 선사시대에는 매우 제한된 시기에서만 관찰되는 현상이었다. 요컨대 돌판 미술과 암석미술은 후기구석기시대 말엽에 있었던 가장 진기한 현상이었다.

마그달레니아 문화의 또 다른 예술적 표현 형태는 장식하기를 좋아한다는 데서 찾아볼 수 있다. 말 그대로 모든 것을 장식했다. 심지어 무기와 도구조차. 이런 경향은 구멍 뚫린 막대나 투창가속기 같은 예를 보면 특히 잘 알 수 있다. 이 도구의 끄트머리에는 동물 모양이 조각돼 있거나 표

〈그림 12〉 프랑스에서 출토된 돌판. 마그달레니아 시기 사람과 동물 그림들.

면에 음각화가 새겨져 있으며, 이때 그림은 주제와 양식 측면에서 암석 벽화와 매우 비슷한 동물 그림을 보여주고 있다.

반면 마그달레니아 시기에는 조각상이 그렇게 많지 않다. 가장 자주 볼 수 있는 것은 상아나 뿔, 돌을 이용해 만든 여성상으로, 머리와 발이 없고 표현이 기계적이다. 상체에는 젖가슴이 있는 것도 있고 그냥 아무것도 없이 막대기 모양인 것도 있다. 노이비더 베켄 지방(괴너스도르프와 안더나흐)에서 나온 편암으로 된 작은 조각상은 사람이라는 정도만 알아볼 수 있을 뿐 그 이상의 작업으로 작품에 조형성을 높이려는 노력은 찾아볼 수 없다. 비슷한 것으로는 폴란드 빌치체 지방에서 나온 규석을 타제해 만든 여성상을 들 수 있다. 스위스 몬루츠 지방 부근에서는 흑옥으로 만든 소형 환조丸彫가 출토됐다. 이 조각상은 위쪽 끝에 구멍이 뚫려 있는 것으로 보아 아마도 목걸이로 차고 다녔으리라 여겨진다.

요 약

|

후기구석기시대 문화 및 정신 발달사에는 빙하기 예술 외에도 다양하게 해석될 수 있는 여러 새로운 현상이 있었지만 빙하기 예술만큼 깊은 인상을 주는 사건은 없었다. 또한 빙하기 예술은 인류학적 현상이 아니라 역사적 현상이다. 지역 차이와 시간 간격에도 불구하고 빙하기 예술의 중심 주제는 동물세계였다. 그림에서 즐겨 그려졌던 대상은 그곳에 사는 포유류였는데, 노루 이상의 크기를 지닌 동물이 주로 그려졌다.

특히 선호된 대상은 힘과 크기에서 인간에게 특별한 인상을 주는 동물이었다. 작은 포유류, 조류, 어류, 심지어 도마뱀 또는 물개나 고래와 같은 해양 포유류는 그림 소재로 매우 드물게 나타난다. 그림은 보통 그린 이들이 사는 지역의 환경을 반영한다. 때문에 빙하기 유럽의 예술 사이에 차이가 있다고 할 때, 이는 당시 유럽에 서식하고 있던 동물 종류에서 비롯되는 것이다.

흥미로운 점은 정적인 자세를 취하고 있는 동물 그림이 주를 이루긴 하지만 움직이는 것을 표현하는 그림도 있었고, 그럴 때 동물의 자세는 전혀 공격성을 띠지 않는다는 사실이다. 빙하기 예술에서는 맹수가 다른 동물을 물어뜯거나 인간을 위협하는 장면을 전혀 찾아볼 수 없다. 이런 예술 표현 형태가 얼마만큼 숭배적, 나아가 주술적 행위로 해석될 수 있는지에 대해서는 여러 가설이 제기되었다. 당시 사람은 예술을 통해 자연에 특정한 영향을 미치려고 했던 것일까? 동물 그림은 어쩌면 그 동물의 힘과 잠재적 위험을 제어하기 위한 것일 수도 있다고 추측되었다. 이런 시각에서 보면 원시인류의 예술 창작은 동물세계와 자연환경을 다스리는 한 방법이었다고도 볼 수 있다.

하지만 빙하기 예술을 이렇게 해석하는 것은 확실한 근거가 결여된 가설에 그치기 십상이다. 일찍부터 사람들은 빙하기 그림에서 샤머니즘적 제의의 증거를 발견하고자 했다. 특히 위에서 언급했던 혼합 존재와 추상적 기호는 샤먼이 도달하는 무아지경 상태와 연관이 있다고 해석되었다. 하지만 이런 가설과 해석에는 모두 증거가 결여되어 있다. 빙하기 미술이 그 시대를 표현하는 방식은 우리에게 여전히 수수께끼로 남아 있다. 하지만 이 그림들의 불가해성을 인정한다는 것이 후기구석기시대 문화, 특히 이러한 예술적 표현에서 물활론적物活論的 특성을 부정한다는 의미는 아니다. 우리는 이런 그림이 조상을 대신하는 의미인지 혹은 사냥을 위한 주술이었는지, 아니면 일종의 입문식이나 다른 제의 행위와 연관된 것인지 알지 못한다. 하지만 라스코나 알타미라 동굴 또는 포르투갈이나 북이탈리아의 많은 동굴처럼 벽화가 가득한 동굴이 숭배 의식의 장소로도 사용되었다는 것은 확실하다고 봐도 좋다.

빙하기 예술은 비록 구체적인 해석에서 아직도 의견이 분분하긴 하지만 여하튼 2만 5000년이 넘도록 인간 문화사에 큰 역할을 한 영역이다. 지금까지 보존되고 있는 증거물은 즉흥적이고 감정적이며 개인적 행위의 산물이 아니다. 오히려 하나하나 시간 간격을 두고 그려졌고 계획적으로 제작된 것이 많다. 수 세대가 그 그림을 보았고 그림이 전하는 메시지도 더 발전되고 확장되었다. 또한 이 사회적 전통 계승과정에는 집단 전체가 참여했다. 빙하기 예술과 상징이 성립되고 발전하려면 반드시 적절한 사회적 전제 조건과 인지적 선결 조건이 먼저 마련되어 있어야 했다. 즉 특정한 내용과 메시지를 전달하고 소통하려는 욕구와 이를 실천할 만한 능력이 있었기 때문에 이러한 표현물을 제작할 수 있었다고 봐

인류는 어떻게 역사가 되었나

야 한다.

나아가 이러한 예술 형태는 과거를 읽고 미래를 생각할 수 있는 능력을 기초로 한다. 때문에 동굴 벽화가 전하는 메시지가 그 전에 일어났던 일과 현재적 사건을 기념하는 역할만 할 뿐, 미래의 상황이나 필요성을 염두에 두고 후대에 무엇인가를 알리기 위한 것일 가능성을 배제하는 견해는 설득력이 거의 없다고 할 수 있다. 과거와 미래를 생각하는 능력은 모두 상당한 추상능력을 필요로 한다. 이러한 능력이 문화적으로 확산되기 위해서는 위와 같은 그림의 역할에 대한 사회적인 합의도 필요했다. 어쩌면 후기구석기시대 초기 단계에 이런 예술을 매우 특별한 의사소통 수단으로 허용하고 촉진할 수 있었을 만큼 사회적 개방성이 존재했던 것일지도 모른다. 이러한 예술품을 그릴 개인의 능력과 상상력은 이미 이전 시대에도 존재했을 수 있다. 하지만 새로운 생각과 발전이 집단에서 지속적으로 효과를 발휘할 수 있으려면 개인 능력의 사용에 대한 얼마간의 사회적 필요성이 형성되었어야 했을 것이다.

빙하기 예술 중 특별히 인상적인 것들은 유럽 서남부 지방에서 형성되었다고 할 수 있다. 빙하기 예술이 이곳에서 나타났던 시기는 유럽으로 이주해온 현생인류가 아직 네안데르탈인과 공존하던 때였다. 한편 남프랑스와 북스페인이 뛰어난 암석 벽화가 밀집된 장소로 후기구석기 빙하기 예술에서 매우 특별한 위치를 차지한다고 해도 기본적으로 이와 비슷한 유적들이 서유럽과 시베리아에도 분포되어 있음은 잊지 말아야 할 것이다. 벽화의 출현 빈도가 서남 유럽 정도의 수준에 이르지 못하고 산발적으로 발견되는 게 대부분이긴 하지만 빙하기 예술이 서남 유럽만의 현상이었던 것은 아니었다. 빙하기 예술이 분포되어 있었던 지리적 공간에는 후기구석기시대를 특징짓는 작은 조각상 또한 분포되어 있었다. 이 예술 창작품은 지금으로부터 4만 년 전에서 3만5000년 전에 불현듯 나타났다가 빙하기 마지막 시기에 갑자기 사라졌다. 이렇게 빙하기 예술은 자취를 감췄고 그와 함께 이 예술에 영향을 미쳤을 신화와 이야기도 사라졌다.

예술과 언어 외에 음악 또한 중요한 의사소통의 형태였다. 이에 관한 가장 오래된 증거 자

2장 문화적 현대성을 향한 대도약

료는 후기구석기시대로 거슬러 올라간다. 오리냐크 시대에 인류는 음악을 했다. 이때 인류는 적어도 새 뼈와 상아로 만든 피리를 사용할 줄 알았다. 이것이 인류 역사상 가장 오래된 것으로 알려진 악기다. 속이 빈 뼈로 만든 피리에는 특별히 노력을 가한 흔적은 보이지 않는다. 이에 반해 슈바벤 알프 지역의 가이센클뢰스터를레에서 발견된 피리는 매우 독특한 모양을 하고 있다(<그림 8>). 이 피리는 큰고니 노뼈로 만들어진 것 중에서 최초로 속이 빈 형태를 보여준다. 이런 작은 예술품을 만들기 위해서는 많은 노력을 들여야 했을 것이다. 여기서 다시 한번 오리냐크인의 뛰어난 기술 솜씨를 확인하게 된다. 이 피리가 슈바벤 알프 지방 동굴에서 발견된 것은 우연이 아닌 듯하다. 왜냐하면 이 동굴은 가장 이른 시기에 만들어진 작은 조각상 중에서도 뛰어난 솜씨를 보이는 것이 발견된 곳이기 때문이다. 이렇게 조형 예술과 음악 사이의 관계가 이곳보다 더 분명하게 모습을 드러내는 곳도 없을 것이다. 그렇기 때문에 이 두 예술 장르를 숭배 의식과 제의라는 맥락 속에 함께 속해진 것으로 봐도 무방할 것이다.

지금으로부터 약 1만4000년 전에서 1만3000년 전, 기후는 다시 한번 상당히 변했고 구석기 말기가 도래했다. 이때 단기적으로 급격한 기온 하강이 몇 번 있긴 했지만, 전 지역에서 기온은 꾸준히 상승했다. 빙하가 마지막으로 맹위를 떨쳤던 것은 약 기원전 1만 2700년 전이다. 유럽 중부 산악 지대 북쪽으로 극지방 한랭 스텝 지대가 펼쳐졌고 남쪽으로는 성긴 소나무 숲이 생겼다. 기원전 9600년 전에 플라이스토세가 끝나면서 간빙기가 시작되었다. 빙하기 후반의 기후 변동 기간에 동물세계는 매우 커다란 변화를 겪어야 했다. 매머드, 털코뿔소, 순록 같은 빙하기를 대표하는 전형적인 대형 초식동물이 사라졌고, 온화한 숲 지역에 서식하는 종이 하나둘씩 이동해왔다. 붉은사슴, 노루, 멧돼지, 들소가 그것들이다.

후기구석기시대가 끝난 뒤 유럽 전역에 숲이 점점 더 확장되면서 초원 스텝 지역을 축소시켰다. 습도가 높아지고, 기온이 내려갔기 때문이다. 이에 따라 문화적 발전의 중심은 서남아시아 레반트 지역과 메소포타미아로 옮겨갔다. 당시 기후 조건상 이 지역에는 초원 지역이 확산되어 야생 곡물이 자랄 수 있었다. 이후 이 곡물들은 인간에 의해 재배되면서 초기 농업 문명이 성립할 수 있는 기초가 된다.

4.
아프리카에서 태평양까지

우리가 후기구석기시대의 특징, 그리고 당시 현생인류를 문화적으로 행위하고 문화를 창조하는 개별적 존재로 만들었던 요소가 무엇인지 제대로 알고자 한다면 유럽 전체를 포괄하는 자료를 반드시 고려해야 한다. 호모 사피엔스의 생활 방식, 식량 조달 방식, 숭배 의식 행위와 죽은 자를 위한 의례, 예술 창작, 정신적·종교적 관념세계에 대해 우리에게 정보를 주는 것은 다름 아닌 대서양과 우랄산맥 사이에서 나온 많은 발굴 자료다. 이때 유럽은 여러 면에서 이러한 발전이 나타났던 중심지였다. 그 밖에 현생인류가 플라이스토세 말기 이전에 이르렀던 세계 나머지 지역에서는 인류 발달 과정에 대한 자료가 매우 파편적으로만 나타난다. 자료가 이렇게 부실한 이유는 이 지역에서 후기구석기 생활이 실제로 그러해서인지, 아니면 유럽에 비해 훨씬 뒤처진 아프리카, 아시아, 오스트레일리아, 아메리카 대륙에서의 연구 수준 때문인지는 간단히 대답할 수 없다. 물론 현재 남아 있는 고고학적 유물이 선사시대 인류가 살았던 현실의

한 부분만 보여줄 뿐이라는 것은 분명한 사실이다. 하지만 다른 대륙에 현존하는 유물이 훨씬 적긴 해도 이곳에서도 유럽과 유사한 발전이 이루어졌다고 생각할 수밖에 없는 분명한 증거 자료가 존재한다. 앞으로의 연구는 이에 관해 더 많은 사실을 밝혀줄 수 있을 것이다.

현생인류는 아프리카에서 약 25만 년 전부터 존재했음이 증명된다. 다른 대륙으로 이동을 시작한 것은 이로부터 15만 년이 넘는 시간이 흐른 뒤였다. 당시 이들은 먼저 서남아시아로 진출했고 이후 한 갈래는 유럽으로, 다른 한 갈래는 남아시아와 오스트레일리아로 이동했다. 이 기간은 아프리카에서는 중기 석기시대Middle Stone Age(지금으로부터 약 25만 년 전에서 4만 년 전)라고 불리는 때이며, 유럽에서는 대략 중기구석기시대 Mittelpaläolithikum에 해당된다. 유럽에서는 아직 네안데르탈인이 유일한 인류 종이었다. 상황이 이러할 때 아프리카의 중기 석기시대 호모 사피엔스를 문화적 현생인류라고, 즉 유럽의 후기구석기시대에 해당되는 인류라고 볼 수 있을까? 또 아프리카의 중기 석기시대에서 유럽의 후기구석기시대와 많은 점에서 일치하는 아프리카의 후기 석기시대Later Stone Age로의 발달은 어떤 모습으로 나타나는가?

아프리카에서의 연구 자료는 유럽에 비해 훨씬 뒤처지긴 하지만 발견된 자료에 의하면 아프리카에서는 호모 사피엔스의 출현과 더불어 아프리카의 중기 석기시대에, 다시 말해 유럽보다 더 이른 시기에, 문화적 현대성이 형성되었다. 그렇지만 호모 사피엔스가 아프리카의 중기 석기시대에 달성했던 발전 수준이 동 시기 유럽과 서남아시아에서 살고 있었던 네안데르탈인의 발전 수준을 실제로 훨씬 능가했는지에 대해서는 현재 분명한 결론을 내릴 수 없다. 호모 사피엔스는 석기 종류에서 확실한 차이를 보이며 특히 돌날 공작에 뛰어난 솜씨를 보였다. 이들은 조립형 무기 또한 제작할 수 있었다. 돌날 부분을 나무로 된 자루에 꽂아 열을 가한 접착제로 고정해 제작했다. 뼈로 만든 연장도 수적으로 뚜렷한 증가를 보이면서 바늘과 같이 문화 발전에 특별히 중요한 복합적 연장이 발달했다. 특히 완숙한 형태의 뼈 작살은 유럽에서 후기구석기시대 말엽 마그달레니아 문화 이전에는 볼 수 없었던 데 반해 서아프리카 카탄다 등지에서는 이미 9만 년 전에 제작되었다. 또 남아프리카 블롬보스 동굴에서 발견된 뼈로 만든 다양한 연장은 거의 8만 년 전에 제작되었다고 추정된다. 이러한 발달 양상을 보면 아프리카에서 기술 능력과 경험이 갑자기 비약적으로 발전했다는 인상을 받게 된다. 특히 이 시기는 유럽에서의 후기구석기시대 초기보다 훨씬 앞선 시기였다. 또한 색을 내기 위해 처음으로 황토색 안료를 사용했다는 흔적이 발견된 것도 약 9만 년 전이며 장식용 사슬로 달고 다녔던 최고最古의 구멍 뚫린 바다 고둥과 조개도 같은 시기에 제작되었다.

아프리카 중기 석기인은 의심의 여지 없이 전문 사냥꾼이었다. 하지만 유럽과 달리 지금까지 당시 사냥 전술을 추측케 해줄 유적지는 거의 발견되지 않았다. 아마도 아프리카가 완전히 다른 유물 보존 환경을 갖고 있는 게 그 원인일 것이다. 그럼에도 아프리카 호모 사피엔스의 사냥 방식이 유럽과 비슷했을 것이라고 가정해봄 직하다. 또한 식단을 보면 당시 사람이 육식을 주로 하고 식용 식물(견과류, 풀, 덩이뿌리 식물, 뿌리 식물)로 나머지를 보충했다는 데에는 이견의 여지가 없어 보인다. 물론 이런 정황을 정확히 재구성할 수 없다는 제약이 따르긴 한다. 종종 대두되는 가설에 의하면 호모 사피엔스는 이미 약 7만 년 전에서 5만 년 전 당시 넓은 지역에 퍼져 있던 스텝 지대에서 덩이뿌리 식물을 더 많이 확산시키기 위해 일부러 불을 놓아 초원을 태웠다. 이런 가설이 실제로 시간 순서나 인과관계에서 타당성을 입증할 수 있다면 '초기 현생인류인 아프리카인'이 자연과 환경에 대해 상당한 지식을 지녔고 이를 바탕으로 자연환경을 상당히 변형시킬 수 있었음을 의미한다. 이와 더불어 언급될 수 있는 것은 이 시기에 호모 사피엔스는 대략 콩고 지역의 열대림 근처에서도 새로운 생활 터전을 찾는 경우가 있었다는 사실이다.

문화적 현대성의 성립을 따질 때 조형예술은 매우 특별한 의미를 가진다. 문화적 현대성의 결정적 척도가 되기 때문이다. 조형예술을 제작할 수 있었던 공동체는 사회적 행위들을 조직할 수 있고 상징적 내용들이 일정한 역할을 할 수 있었던 사회다. 최근 발견된 자료 중 아프리카에서 이루어진 가장 최초의 예술활동에 대한 증거라고 추정되는 것이 아프리카의 중기 석기시대에 속하는 것으로 측정되었다. 하지만 이 증거 자료는 아직 기하학적이고 추상적인 수준에 머물러 있다. 한편 남아프리카의 블롬보스 동굴에서는 약 14만 년 전에서 7만1000년 전에 사람이 살았음을 증명하는 유적 지층이 발견되었다. 여기서 주목할 것은 이 동굴에서 발견된 돌이다. 이 돌은 너비가 좁은 측면에 연달아 X자 모양이 새겨져 있었고 이 위로 세 개의 수평선이 관통하고 있었다. 이 돌은 약 7만7000년 전 유물이라 여겨진다. 만일 이것이 사실이라면 이 돌은 인류가 만든 가장 오래된 예술 증거 자료가 된다. 그 밖에 이 돌이 발견된 유적지에서는 장신구로 달고 다녔던 구멍 뚫린 달팽이도 발견되었다.

아프리카에서 나온 구석기시대 예술 창작물에 대한 그 밖의 증거물은 아프리카의 후기 석기시대에 속한다. 이 시기는 5만 년 전에서 4만 년 전쯤에 시작된 것으로 알려져 있다. 여기서 우리는 아프리카에서의 석기 제작 기술 발달에 대해 자세히 다루지는 않을 것이다. 하지만 아프리카의 후기 석기시대는 중기 석기시대에 비해 석기 종류가 훨씬 다양했다는 점

2장 문화적 현대성을 향한 대도약

은 확실히 말할 수 있다. 뼈로 만든 도구 및 조개와 달팽이로 만든 장신구는 이보다 앞선 시기에도 존재했음이 증명된 바 있지만 이 시기에 들어서는 그 수가 더욱 증가한다. 새롭게 나타난 유물로는 타조알 껍데기를 가공해 구멍을 뚫어 만든 구슬을 들 수 있다. 이 구슬은 케냐의 앙카푸네 야 무토 지방의 트와일라이트 동굴에서 발견되었고, 약 4만 년 전으로 추정된다. 그 밖에 아폴로 11이라 불리는 나미비아 남쪽에 위치한 동굴에서도 가공된 타조알 조각이 발견되었다.

아폴로 11 동굴 유적지는 특히 현재까지 알려진 것 중 아프리카에서 가장 오래된 조형물을 전해주고 있다는 점에서 의미가 있다. 이곳에서는 석기 및 다른 유물 수천 점 외에도 목탄·황토색·흰색 안료로 채색된 돌판 일곱 점이 발견되었다. 중요한 점은 이 돌판이 장식된 천장이나 벽에서 떨어져 나온 일부분이 아니라 동굴 밖에서 제작해 동굴 안으로 가지고 와서 불을 피우는 장소 근처에 두었던 물건이라는 점이다. 이 돌판에서는 코뿔소와 얼룩말 비슷하게 생긴 줄무늬가 있는 동물 등의 그림이 눈에 띈다. 또 살쾡이 그림도 보이는데 이때 살쾡이 뒷다리는 인간 다리를 연상시켜 어쩌면 혼합 존재를 그린 것이 아닌가 하는 생각을 하게 만든다. 이 유물은 약 2만7000년 전으로 추정된다. 짐바브웨의 나와투기 동굴에서 발견된 것으로는 장식된 돌들이 유일하다. 이 돌은 요리를 위한 모닥불 자리가 여러 개 모여 있는 대형 불 피우는 장소 부근에서 발견되었다. 하지만 진짜 동굴 벽화라고 할 수 있는 것은 아프리카 석기시대에는 거의 발견되지 않는다. 탄자니아의 콘도아 지역에서 동굴과 바위굴에 그려진 벽화가 발견되었고 대지구대의 서쪽 경사지를 따라 다수의 암석 벽화가 발견되긴 하지만 이들의 제작 연대가 분명치 않아 어느 시기로 거슬러 올라갈 수 있는지 아무것도 확실히 말할 수 없다.

유럽의 후기구석기시대에 유럽 서남부에는 많은 암석 벽화가 존재했던 데 비해 아프리카 석기시대에서 나온 조형 창작물은 그리 많지 않고 연대 추정에도 논란이 있는 등 빈약한 형세다. 이에 더해 눈에 띄는 것은 소형 인간 조각상이나 소형 동물 조각상 같은 것이 유라시아에서는 풍부하게 제작되었던 데 반해 현생인류가 시작되었던 아프리카 대륙에서는 거의 없는 것이나 마찬가지라는 점이다. 상황이 이런 것은 현재 연구가 충분하지 않기 때문일 수 있고 그래서 미래에 우리가 알고 있는 것이 수정될 수도 있겠지만, 어쨌든 현재로는 유럽과 아프리카의 문화적 현대성에서 나타나고 있는 이 엄청난 차이가 제대로 설명되지 않는다.

아시아의 많은 지역, 특히 남아시아, 동남아시아, 동아시아 지역에서 나온 발굴물은 이보다 더 적다. 하지만 남시베리아산맥 이북의 시베리아 지역은 야영지, 묘지, 구상 예술품 등을 갖추고 있어 기본 특징에서 중부 유럽과 동유럽의 발달 형태를 따르고 있다. 그렇기 때문에 이 지역은 서부 지역과 함께 유라시아 문화권을 형성한다. 중국과 인도네시아에서는 일찍이 초기 형태의 호모 종의 유해 흔적이 이들이 남긴 유형 문화보다 더 많은 관심을 끌어왔다. 이는 이 지역에서 구석기시대 유적과 발굴물이 유럽 일대의 그것에 비해 매우 빈약한 탓이 크다.

특이하게도 중국에서 인도네시아까지 구석기시대 유적지에서는 석기가 거의 출토되지 않는다. 아마도 생존에 필요한 연장을 제작하기 위해 유기적 재료를 훨씬 많이 사용했기 때문일 것으로 추측된다. 예를 들어 이 지역에는 쪼개기 쉬운 대나무가 풍부했다. 대나무는 유기적 재료라 오랫동안 보존될 수 없었다. 중부 유럽에서 이따금씩 발견되는 구석기시대의 목재 유물 또한 비슷한 추측을 가능하게 한다. 즉 이곳에서도 원자재로 나무가 돌보다 더 많이 사용되었지만 현재까지 보존되어 남은 것은 아주 드문 행운이 뒤따랐기 때문이라는 추측이다. 아시아 구석기시대 석기가 그렇게 드물게 출토되는 이유도 같은 맥락에서 이해할 수 있다. 이 지역에서 예술 창작물이 있었다는 증거는 거의 전무하다. 일본 가미쿠로이와에서 발견된 새김무늬가 있는 돌멩이와 북중국의 룽구 동굴에서 나온 조각된 뿔, 그리고 이따금씩 나타나는 장신구는 예외에 속한다. 구석기시대 동굴 벽화는 전무하다.

플라이스토세에는 오스트레일리아, 뉴기니 그리고 인접한 섬들이 한데 연결되어 사홀 남대륙을 이루고 있었다. 이미 언급했듯이 빙모 지방에서 상당량의 물이 얼음으로 뭉치자 현재보다 해수면이 낮아져 형성된 대륙이었다. 당시 해수면은 현재보다 100미터 정도 더 낮았다. 사홀 북쪽으로는 똑같은 방식으로 동남아시아와 인도네시아, 필리핀 섬이 연결되어 순다반도가 형성되었다. 약 5만 년 전 호모 사피엔스는 처음으로 사홀 대륙에 진출했다. 즉 호모 사피엔스가 고향 아프리카를 떠나 남아시아를 거쳐 오스트레일리아에 가닿는 데 약 5만 년이 걸린 것이다. 현생인류가 북쪽에서 사홀 대륙으로 진출하려면 당시 해수면이 낮았다고 해도 순다반도와 사홀 사이의 해협을 건너야 했다. 때문에 당시 호모 사피엔스에게는 바다를 건널 정도로 먼 거리를 항해할 수 있는 수상 운송 수단이 있었다고 봐야 한다. 남쪽 대륙 사홀에 가닿았다는 것으로 짐작할 수 있는 호모 사피엔스의 능력은 실로 대단한 것이며 아무리 높게 평가해도 지나치지 않는다. 특히 순다 대륙에서 사홀 대륙까지 항로는 가시선으로 연결되는 곳이 거의 없다는 점을 생각하면 이는 더욱 놀라운 일이다. 지금으로부터 약 5만 년 전 호모 사피엔스는 놀라운 용기와 경탄스러운 탐험 능력을 지녔고 이를 바탕으로 바다 너머를 향해 더 먼 여행을 떠날 수 있었다.

현생인류가 드디어 사훌 대륙에 도달했을 때, 이들은 그곳에서 거대한 캥거루, 코뿔소와 비슷하게 생긴 유대류有袋類, 거대한 도마뱀, 육지 악어와 그 비슷한 동물이 서식하는 초대형 동물상과 마주쳤을 것으로 추측된다. 하지만 호모 사피엔스가 출현하고 얼마 지나지 않아 이 종들은 대부분 종말을 맞이한다. 이 동물상이 멸종한 이유를 호모 사피엔스가 전문적이고 고도의 솜씨를 가진 사냥꾼이었다는 데서 찾는 학자도 있다. 소위 말하는 오버킬 가설은 비슷한 현상이 나타나는 지구 다른 지역에 대해서도 주장되지만 논란의 소지가 없지 않다. 오히려 동물상의 일부가 멸종되는 현상은 기후 변화 또는 여러 원인의 복합 작용 때문으로 보는 것이 더 현실적이다. 현생인류의 사냥 기술에만 그 이유를 돌리는 것은 무리가 있다고 본다.

호모 사피엔스가 오스트레일리아에 도착한 후 얼마 지나지 않아 일부러 불을 놓아 자연환경에 변형을 가했다고 보는 견해가 있다. 이렇게 해서 이들은 발을 들여놓을 수 없이 빽빽했던 숲에 빈틈을 만들었고 성겨진 숲을 초원 스텝으로 바꾸었다는 것이다. 또 이런 과정을 거쳐 변형된 자연은 식물 성장과 동물상에 영향을 미쳤다고 한다. 비슷한 가설이 아프리카의 경우에도 제기된 바 있다. 하지만 후기구석기시대 인류가 실제로 당시 그렇게 적극적으로 계획을 세우고 환경에 개입할 수 있었을까 하는 의문은 남는다. 시기 문제 또한 분명하게 밝힐 수 없는 경우가 많다. 불을 놓았다는 흔적이 분명하다 해도 그것이 언제였는지는 신빙성 있게 증명하기 힘든 것이 보통이다.

1만8000년 전에서 1만5000년 전 시기에는 기온이 하강하고 강수량이 줄어 대기가 매우 건조해졌다. 그러다 약 1만3000년 전 플라이스토세 말기에 해수면이 천천히 다시 상승하면서 처음에는 태즈메이니아, 그리고 다음으로 뉴기니가 사훌 대륙에서 분리되었다. 이 두 곳은 섬이 되었고 오스트레일리아는 오늘날처럼 다섯 번째 대륙이 되었다. 오스트레일리아 원주민은 뉴기니섬 원주민이나 남태평양에 있는 인근 섬 원주민과 꾸준히 접촉한 것으로 보인다. 하지만 그럼에도 이 지역은 이후 대부분 고립된 채로 살아가게 된다. 오스트레일리아에는 플라이스토세에 속하는 것이 확실시되는 대단위 발굴 유적지의 수가 매우 적다. 어찌되었든 어느 정도 신빙성을 갖춘 연대 추정은 과학적 방법을 통해서만 가능하다. 사훌 대륙의 후기구석기시대 사람은 일차적으로 사냥과 채집으로 살았으며, 이따금 야영지에서 동류의 인간을 만났으리라 생각된다. 이러한 생활 방식과 식량 조달 방식은 수만 년이 지난 후 유럽인들이 올 때까지 거의 변하지 않고 지속되었다.

하지만 여기서도 호모 사피엔스가 사훌 대륙에 도착한 이후 문화적 현대성을 보인 흔적이 발견된다. 이런 현상을 잘 확인할 수 있는 것 중 하나가 장제葬制로, 2만5000년 전에 화장을 했던 것으로 밝혀졌다. 이는 세계적으로 가장 오래된 화장이다. 오스트레일리아에서 발견된 가장 오래된 장신구는 더 과거로 거슬러 올라가는데, 맨두맨두크리크에서 나온 목걸이의 일부인 조개 구슬은 3만4000년에서 2만2000년 전 사이로 추정된다.

이외에도 암석에 그림이 그려진 유적지가 다수 존재한다. 일반적으로 암각화의 성립 연대를 추정하기는 힘들다. 이 그림들의 양식을 분류하기 위한 신빙성 있는 연대기적 근거가 없기 때문이다. 암반에 그려진 그림과 주변 유적지 지층 사이에 타당한 연관 관계를 전제할 수 있는 것은 드문 경우에만 해당된다. 암석 벽화에 생긴 녹청綠靑 노화로 인해 표면에 생겨나는 변화의 일종의 연대를 자연과학적인 방법으로 추정하려는 시도 또한 아직까지 신뢰할 수 있는 결과를 도출하지 못했다. 이 때문에 암석 벽화의 연대를 추정하는 문제에서는 많은 이견이 존재한다. 오스트레일리아 서부, 카펜터즈갭 동굴에서는 벽에서 떨어져 나온 파편들이 발견되었다. 이 파편에는 붉은색 황토 안료로 칠했던 흔적이 남아 있지만 자세히 식별하기는 불가능하다. 이는 어쩌면 가장 오래된 암석 그림의 파편일지도 모른다. 이 유적지는 지금으로부터 4만 년보다 조금 더 지난 시기에 속하는 것으로 추정된다. 이 시대 추정이 신빙성 있다고 한다면, 이는 호모 사피엔스가 오스트레일리아에서 했던 가장 오래된 예술 표현이 될 것이다. 벽에 황토색 안료가 발라져 있는 바위굴(암벽에 구멍처럼 나 있는 얕은 동굴)과 동굴은 자주 발견되었다. 이런 경우 대부분 정확한 연대 추정에 문제가 있지만 그럼에도 이 유적들이 후기구석기시대에 속한다는 것만큼은 확실하다.

　동굴 벽에 찍혀 있는 손가락과 손바닥 자국은 후기구석기시대 초기에 유럽 서남부에서도 매우 비슷한 형태로 발견되었다. 이 자국은(스노이리버 동굴, 쿠날다 동굴 등) 여러 곳에서 볼 수 있고 심지어 태즈메이니아에서도 발견된다(밸러윈 동굴). 이 유적은 2만 년 전에서 1만6000년 전의 것으로 추정된다. 비슷한 시기인 플라이스토세 말기 이전에 속하는 다른 유적으로는 선과 간단한 기하학 무늬로 그려진 그림이 있다. 이 그림 중에는 손가락으로 그려진 것도 있다(워크언더아치 동굴, 퀸즐랜드의 얼리맨셸터 등). 이런 그림 외에 돌멩이에 그린 암각화도 발견된다. 오스트레일리아 서북부에 위치한 검트리 계곡에서는 이런 돌이 수천 개씩 발견되었다. 이곳에서는 인간 형상을 표현한 그림도 발견되었는데 그중에는 무엇인가를 숭배하는 자세를 취하고 있는 형태도 있고 다른 행동을 하는 모습도 있다. 발견된 그림 중 가장 오래된 그림이 2만 년에서 1만 년 전 사이로 추정되기 때문에 이 유적지를 최초로 이용한 시기는 후기구석기시대로 여겨진다. 하지만 이곳에서 발견된 구상적 그림이 이미 빙하기 말엽에 제작되었던 것인지 아니면 암각화 모두를 더 훗날의 시기로 잡아야 하는 것은 아닌지 등의 의문은 현재 풀리지 않고 있다.

이러한 상황은 소위 파나라미티 전통이라고 불리는 구상적 암석 벽화에서도 마찬가지다. 이 전통은 내륙의 건조한 지역을 중심으로 오스트레일리아의 많은 지역에 분포되어 있다. 이 암석 벽화는 양식과 지역에 따라 여러 그룹으로 나뉜다. 문화적 현대성의 표현인 예술 창작물은 후기구석기시대 동안 오스트레일리아에서도 존재가 증명되었다. 하지만 이 암석 벽화들은 아프리카 및 아시아에서와 마찬가지로 유럽에서 꽃피웠던 빙하기 암석 벽화와 비교해볼 때 그 수가 훨씬 적다. 유럽의 암석 벽화는 세계적으로 그 양과 질에서 다른 모든 곳을 훨씬 능가한다. 요컨대 간단한 모양의 기하학적 모티브와 손가락과 손바닥 자국 외에 오스트레일리아에서 플라이스토세 말기 이전에 구상적 그림이 존재했는가 하고 묻는다면 아주 분명하게 이를 증명할 수 있다고 말하기는 불가능하다. 그럼에도 불구하고 이런 그림이 존재했을 가능성 또한 배제할 수 없다.

5.
베링 육교를 지나 신세계로

아메리카 대륙은 호모 사피엔스가 정착한 마지막 대륙이었다(〈지도 4〉).
이주 시기를 놓고 여러 의견이 있지만 현재 연구 상태로 봤을 때 약 1만
5000년 전, 즉 북아메리카에서 위스콘신 빙하기로 불리는 마지막 빙하기
말엽으로 잡으면 무리가 없을 것이다. 호모 사피엔스는 동북아시아에서
알래스카와 캐나다 서북부에 이르는 이주 경로를 따라 이동했는데, 이때
지나간 곳이 베링 육교다. 베링 육교는 동북시베리아와 알래스카를 잇는
육지 다리를 말하며(베링 육교설) 오늘날 베링해 북쪽 외곽에 위치했었다.
당시 상당량의 물이 극지방에서 빙하로 얼어붙었기 때문에 해수면은 약
125미터 하강해 있었고, 이 육교로 걸어서 건널 수 있었다. 이렇게 해서
오늘날의 사하 공화국 레나강에서 캐나다의 매켄지강, 그리고 북극해 일
부분까지가 육지로 연결되었고 유사한 자연 조건을 가진 하나의 거대한
자연 공간이 생겨났다. 1만2000년 전에서 1만1000년 전 시기, 마지막 빙
기가 서서히 끝나가고 있었지만 아직 극지방에는 많은 물이 얼어붙은 채

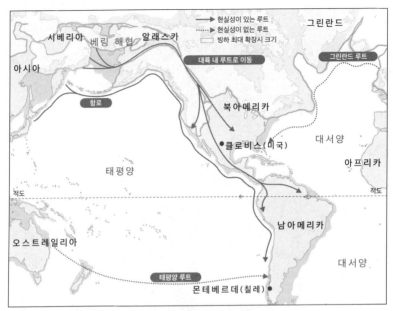

〈지도 4〉 호모 사피엔스의 아메리카 대륙 이주에 관한 여러 이론.

로 있었다. 때문에 베링 육교와 동서 인근 지역은 물에 잠기지 않은 채 비옥한 초원 지대를 형성할 수 있었다. 이곳에는 매머드, 털코뿔소, 순록, 사향소와 같은 다수의 대형 동물이 서식했고 이 지역의 특수한 점들 때문에 매머드 스텝이라 불렸다. 주로 대형 포유류를 사냥해서 먹고 살았던 현생인류는 최소한 이 시점에 큰 무리의 대형 야생동물 뒤를 쫓아 집단을 이뤄 신세계로 이동했던 것으로 보인다. 하지만 아메리카 대륙에서 가장 오래된 인류의 흔적을 추정해보면 마지막 빙기, 좀더 구체적으로는 아무리 늦어도 1만5000년 전에, 아니 어쩌면 그보다 더 전에, 베링 육교를 거쳐 아메리카 대륙으로 건너온 인구가 있었다.

알래스카는 플라이스토세 말엽에 이미 얼음이 많이 녹아 있었지만, 로렌타이드 빙상과 코스트마운틴스 빙하는 계속 얼어붙어 있어 초기 인류가 남쪽으로 이동하는 데 걸림돌이 되었다. 약 1만1500년 전에야 오늘날 유콘 지역에 빙하가 없어지면서 남쪽으로 계속 나갈 수 있는 통로가 열렸다. 하지만 이 추측이 맞는다 해도 호모 사피엔스가 남아메리카에 닿았던 길은 북에서 내려오는 이 경로 외에 다른 경로가 있었음이 분명하다. 남미 대륙에는 최소 1만5000년 전으로 거슬러 올라가는 유적이 많이 나타나는데 이 시기는 북쪽 통로가 열렸던 때보다 확실히 더 오래되었기 때문이다. 이런 사실은 일명 해안 이론으로 설명되기도 한다. 이 가설에 따르면 초기 인류는 1만5000년에서 1만2000년 전에 최초의 수상 운송 수단을 이용, 일본과 동시베리아의 해안을 따라 이동해 먼저 북아메리카에 닿았고 얼마 후 남아메리카에 이르렀으며 마지막으로 티에라델푸에고 제도에까지 다다랐다. 또 지질학적 연구는 태평양 해안선을 따라 이동할 수 있는 가능성이 2만3000년 전까지 존재했고 이후 불가능하게 되었다가 지금으로부터 1만5000년 전부터 다시 가능하게 되었음을 보여준다. 중단되었던 수천 년 동안 해안은 얼음에 덮여 있었다. 해안 이동 경로는 생각해봄 직한 것이지만 증명하기는 상당히 어렵다. 해안을 따라 있는 이 시기 유적지들이 (실제로 있었다고 하더라도) 플라이스토세가 끝나고 해수면이 상승하면서 현재 기준으로 120미터 수심의 바다에 잠겨버렸기 때문이다.

이 두 이론은 모순됨 없이 양립 가능하기 때문에 현재로서는 두 이론을 하나로 연결하는 것이 가장 사실에 가까워 보인다. 즉 호모 사피엔스는 마지막 빙기, 최소한 1만5000년 전에 해안선을 따라 북아메리카에 도달했던 것으로 보인다. 1만1000년 전 빙기가 종결되면서 베링 육교에는 얼음이 사라졌고 대형 야생동물이 많이 서식하는 비옥한 초원 지대가 생

2장 문화적 현대성을 향한 대도약

겨났다. 초기 인류는 이 육교를 넘어 대거 신세계로 유입해 들어왔다. 이들이 남아메리카 최남단의 티에라델푸에고 제도에 이르기까지 아메리카 전체 대륙으로 확산되는 과정에 대해서는 확실하고 구체적인 설명이 쉽지 않다. 이 거대한 영토 내에 해당 유적이 희박하기 때문이다. 아메리카 대륙의 많은 지역에서 새로 발견된 유적지는, 특히 이 유적지가 매우 이른 시기로 거슬러 올라가는 경우에는, 지금까지의 인구 확산 이론을 재고하게끔 만든다. 이에 대해 우리가 정말 신빙성 있는 추론을 하고자 한다면, 먼저 증거 자료를 충분히 확보해야 할 것이다. 하지만 호모 사피엔스가 3만5000년 전에서 심지어 4만 년 전까지 거슬러 올라가는 이른 시기에 아메리카 대륙에 존재했었다는 증거 중 실제로 신빙성을 갖고 학계에 보편적으로 받아들여지는 것은 없다. 물론 미래에 이런 증거물이 또 다른 발견을 통해 사실로 입증될 수 있고, 그러면 아메리카 대륙으로의 인류 이주 역사는 다시 쓰여야 할 것이다. 하지만 지금까지 그럴 계기가 될 만한 발견은 없었다.

고유전자 연구가 보여주는 결과에 따르면, 미국 최초의 개척자들은 동일한 인구 집단에 속했으며 외부와 별로 접촉하지 않고 고립되어 발전했다고 보는 견해가 설득력을 얻는 듯하다. 또한 1만5000년 전부터 있었던 동북아시아에서 아메리카 대륙으로의 인구 이동은 여러 시기에 걸쳐 진행되었다고 보는 게 타당할 것이다. 이와 관련하여 DNA 연구는 더욱 큰 의미를 가지며 중요한 단서도 많이 제공한다. 이 방법은 고고학 지식만으로는 할 수 없는 통찰을 제공한다. 하지만 다시 한번 강조되어야 할 점은 이런 연구 방법이 시작 단계에 있다는 것이다. 그렇기 때문에 폭넓은 데이터베이스가 결여되어 있곤 하다. 또한 실제로 이 방법이 사용되었을 때, 그 신빙성은 해당 전문 인력만 제대로 판단할 수 있다는 점도 명심해야 한다. 즉 연구 결과만으로 그것이 곧바로 증거력을 가진다고 생각하지 않아야 한다. 특히 이런 결과들은 정반대 결론에 도달하기도 하고 해석의 가능 범위가 매우 넓을 수도 있기 때문이다. 어쨌든 고대 DNA 연구가 앞으로 더욱 고고학의 중심에 서게 되리라는 것은 틀림없다.

미국 오리건주의 페이즐리 동굴에서는 석화된 배설물에서 인간 DNA가 발견되었다. 이 자료는 1만4000년 이상 된 것으로, 시베리아 고인류와 유전적 공통성을 갖는다고 추정된다. 텍사스주의 버터밀크 크리크 콤플렉스에서 나온 유적도 이와 비슷한 해석을 가능케 한다. 이 유적은 1만5500년 전에서 1만3200년 전 사이로 추정되며 아메리카 대륙에서 가장 오래된 인류의 흔적이다. 2010년 발표된 북아메리카 대륙 초기 인간 두개골의 형태학적 특징에 관한 연구 결과에 따르면 플라이스토세 후기 인간 두개골의 형태는 이후 시기의 형태와 현저한 차이를 보이지만, 둘 모두 동아시아의 '조상'에게서 나왔다. 이와 유사한 또 다른 연구 결과를 언급할 수 있지만 여기서는 이 연구들이 공통으로 확증하는 점만 언급하도록 하겠다. 즉 초기 인류는 동북아시아에서 북아메리카로 이동했고, 이동은 여러 다른 시기에 이루어졌으며, 아마도 여러 경로를 거쳐 진행되었을 것이라는 점이다. 하지만 지금까지 우리가 앞에서 얘기한 것처럼 아메리카 대륙으로의 이주에 관해 구체적인 재구성이 가능하려면 더 심도 있는 유전적 단서가 발견되어야 할 것이다.

이에 반해 아메리카 대륙 이주에 관해 이따금씩 제기되는 그 밖의 이론은 추측성 가설들에 불과하다. 일례로 약 1만1000년 전 아메리카 대륙의 클로비스 문화 석기(〈그림 13〉)와 그보다 훨씬 오래된 서유럽 솔뤼트레 시기의 규석 석기 사이(〈그림 7〉)에 모종의 유사성이 지적된 적이 있다. 이 때문에 유럽에서 얼어붙은 빙모 지역 남쪽 외곽을 따라 아메리카

대륙으로 이동이 있었던 것이 아니냐는 추측이 제기되었다. 또 아메리카 대륙으로의 이주가 오세아니아 섬들에서 시작해 바로 태평양을 건너오는 식으로 된 것이 아니냐는 시각도 있다. 이 추측의 근거는 브라질에서 발견된 1만1000년 된 두개골이 오스트로-멜라네시아 인류와 비슷한 특징을 보인다는 점이다. 하지만 폴리네시아인들이 오세아니아의 여러 제도로 이주한 시기는 비교적 정확히 추정 가능한데 이 결과는 위의 추측을 정면으로 부정한다. 아메리카 대륙으로의 이주를 설명하기 위해 여러 이론이 계속해서 유골에 대한 유전적·형태학적 연구 결과를 증거 자료로 제시하고 있지만 대부분 이런 자료들은 신빙성 면에서 회의적이다. 이런 이론은 모두 몇 안 되는, 그나마도 매우 미심쩍은 개별 관찰 사례에 의지할 뿐, 지금까지 실제 밝혀진 사실에 명백히 모순된다. 때문에 이런 가설들에는 신빙성 있는 학문적 근거가 결핍되어 있다고 봐

〈그림 13〉 규석으로 만든 클로비스 첨두기, 미국 애리조나주.

야 한다.

클로비스 문화는 아메리카 대륙 넓은 지역에 퍼져 있었던 최초의 선사시대 문화이며, 시작점은 현재 1만3000년 전이라고 확인된다. 하지만 지난 몇 년 동안 계속해서 새로운 유적지들이 발굴된 결과 인간이 존재했던 최초의 흔적은 이미 클로비스 문화가 성립되기 몇천 년 전에 속하는 것으로 밝혀졌다. 가장 초기(클로비스 이전 문화)에 속하는 증거물들은

1만5000년 전 시기까지 거슬러 올라간다. 현생인류가 동시베리아에서 북아메리카로 이주했다고 전제할 때 클로비스 이전 문화 유적지가 비록 그 수는 많지 않더라도 남북 아메리카 거의 전역에 걸쳐 분포되어 있다는 것은 놀라운 일이다. 이 유적이 분포되어 있는 곳들은 알래스카(네나나)에서 오리건주(페이즐리 동굴), 펜실베이니아주(메도크로프트), 텍사스(버터밀크 크리크 콤플렉스), 멕시코(페논)를 지나 콜롬비아(엘 아브라), 베네수엘라(팔콘), 브라질(페나 푸라다)과 칠레(몬테베르데)에 이른다. 이 유적지는 모두 1만5000년 전에서 1만3000년 전 사이로 추정되며 여러 문화적 전통의 흔적을 담고 있다. 이에 대해서는 두 가지 설명만이 가능할 것이다. 즉, 비록 아직 이에 대해 신빙성 있게 증명할 수 없다 하더라도, 1만5000년 전 시기에 더 오래된 이주의 역사가 있었거나, 아니면 클로비스 문화 이전 시기에 최초의 인류 확산이 엄청난 속도로 이루어졌다는 것이다.

클로비스 이전 시기의 유적지에서는 후기구석기시대 문화치고는 매우 발달된 석기가 발견된다. 그중에는 찌르개, 돌날, 한쪽 날이 날카롭게 갈아진 돌칼과 앞뒷면이 다듬어지지 않은 첨두기 등이 있었는데, 다음에 이어지는 클로비스 시기 제작물들과 큰 차이를 보이지 않는다. 오리건의 페이즐리 동굴에서는 태평양 연안을 따라 남쪽으로 확산되었던 것으로 보이는 유물이 발견되었다. 특히 이 동굴은 보존이 잘되어 동물의 힘줄과 식물의 섬유로 만든 줄, 동물의 털, 식물 등을 엮어서 만든 물건들, 나무로 만든 간단한 물건들이 전해질 수 있었다. 이런 유의 유물들은 유럽 여러 곳에서도 중기구석기시대 이후 발견된다. 텍사스 버터밀크 크리크 콤플렉스에서 나온 광을 낸 적철석은 최초의 안료 사용을 증명해준다. 버지니아주의 캑터스힐 유적지는 고대 세계에도 불 피우는 장소가 야영지의 중심을 차지했음을 보여준다. 그 밖에 특별히 동물을 도살하기 위해 사용되었던 장소도 눈에 띈다. 예를 들어 베네수엘라의 팔콘에서는 마스토돈을 토막 냈던 곳으로 추정되는 장소가 발견되었다. 마스토돈은 남아메리카 대륙 우림지역에 서식했으나 오래전에 멸종한 장비목에 속하는 동물이다.

특히 언급되어야 할 유적지는 칠레의 몬테베르데다. 이 유적지 발굴자들은 이곳이 매우 이른 시기인 3만 년 전에서 2만5000년 전에 속하는 것으로 보고 아메리카 대륙으로의 이주가 베링 육교를 거치지 않았다고 주장하는 증거로 삼는다. 아메리카 대륙으로의 이주는 대륙의 태평양 연안을 따라 이루어졌다는 것이다. 이 주장으로 인해 몬테베르데를 둘러싸고 격렬한 토론이 불붙었다. 하지만 이 유적지는 클로비스 이전 시대에 속하고 그 시기는 1만4000년 전에서 1만3000년 전으로 추정된다는 설이 현재 일반적이다. 몬테베르데에 있었던 주거지는 당시 습지였기 때문에 유기물 재료로 된 유물이 소수 보존되어 내려온다. 우리가 현재 추측할 수 있는 것은 몬테베르데가 강가에 있었고 약 20명에서 30명이 거주했다는 사실이다. 당시 이곳에는 길이가 6미터인, 나무둥치로 지지대를 만들고 두꺼운 나무판자로 사방을 두른 후 그 위를 동물 털가죽으로 덮어 만든 텐트 비슷한 집이 있었던 것으로 추정된다. 이 집은 아메리카 대륙에서 가장 오래된 거주용 건축물로 간주된다.

이 구조물 내부에서도 동물 털가죽 잔해가 발견되었다. 이 털가죽은 갈대로 꼰 새끼줄을 이용해 기둥과 기둥 사이에 막처럼 팽팽히 고정해 공간을 나누는 데 사용되었다. 움막집 밖에는 요리를 위한 대형 모닥불 자리와 도구 제작을 위해 따로 마련된 장소가 있었다. 동물 뼈(특히 마스토돈) 외에 식물성 식량으로 추측되는 흔적도 많이 발견된다. 씨앗, 견과류, 베리 종류 열매 등 잔재가 발견된 식용 식물은 모두 45종이었다. 이 중 일부는 상당히 먼 거리에서 운반해왔다. 이러한 흔적은 그곳에 거주했던 사냥꾼과 채집생활자의 활동 범위가 넓었거나, 아니면 식량 교환을 위해 다른 집단과 접촉이 있었음을 보여준다. 연구자들은 페루의 태평양 해안을 따라 비슷한 시기에 세워진 거주 지역을 발굴해냈다. 이들 유적지에서는 그물과 뼈 낚싯바늘로 낚시를 했던 흔적이 발견되었다. 이주민들은 어류 외에도 갑각류와 다른 해산물을 식량으로 삼았다.

클로비스 이전 시대의 인류가 발달된 생활 방식과 식량 조달 방식을 가지고 있었던 데 반해 예술 창작물에 대한 증거물은 지금까지 전혀 발견되지 않고 있다. 이런 상황은 그다음에 이어지는 약 1만3000년 전 무렵의 클로비스 문화에서도 크게 다르지 않다. 그나마 예외에 속하는 것이 브라질 동북부의 페드라 푸라다이다. 이곳에서는 여러 시기의 유적 지층이 다수 발견되었는데, 가장 오래된 것은 클로비스 이전 시대에 속한다. 여기서도 이 지층들을 아주 이른 시기(3만2000년 전)로 보는 견해가 있으며 의견이 매우 분분하다. 바위굴이 여러 개 인접해 있는 지역에서는 매우 단순한 형태의 암석 벽화 수백 점이 발견되었다. 그중에는 그림이 그려진 벽의 일부가 떨어져나간 것도 있었다. 제일 오래된 것은 1만3000년 전 이후로 추정되며 따라서 클로비스 시대에 속한다고 보이지만 이 연대 추정이 확실한 것은 아니다. 텍사스의 버터밀크 크리크 콤플렉스와 그리 멀지 않은 골트 사이트 유적지에서는 전형적인 클로비스 첨두기가 있는 유적층에서 음각화로 장식된 돌멩이들이 나왔다. 주로 직선 모양이 그려져 있었고 평행선 다발 또는 길쭉한 마름모 내지는 다른 기하학적 형태를 띠고 있었다. 그 밖에도 동물의 특징을 그린 것으로 보이는 그림도 있다. 하지만 현재까지 알려진 클로비스 시대의 예술 창작품 중에서 사실적 형태를 표현하고 있는 것은 없다. 유럽 후기구석기시대 암석 벽화와 달리 클로비스 시대 사람들은 생활 환경을 있는 그대로 표현하는 데 관심을 기울이지 않았던 것이다. 이들은 몇 안 되는 추상적 그림을 남겼지만, 이것이 무엇을 의미하는지는 수수께끼로 남아 있다.

요 약

|

클로비스 문화는 1만3000년 전에 시작해 비교적 짧은 기간 내에 아메리카 대륙 북부와 중부 지역에 확산되었던 문화다. 고고학적 '주요 화석'은 클로비스 첨두기라 불리는 규석으로 만든 돌촉으로, 양면이 칼날로 되어 있고 앞뒷면은 납작하게 가공된 형태를 띠었다. 아래쪽은 반원 모양으로 오목하게 처리되어 있는데 반원의 양쪽 끝은 다시 곧게 뻗어 있어 제비 꼬리를 연상시킨다. 클로비스 첨두기는 쓰임새가 다양했다. 투창의 촉으로도 사용되었지만 포획한 동물을 토막 내기 위해 손에 쥐고 사용할 수도 있었다. 즉 촉과 칼로 동시에 사용되었다고 할 수 있다. 클로비스 문화가 더 남쪽에서 발견된 예는 파나마에서다. 남아메리카에서는 당시 다른 공작 문화가 형성되어 있었지만 클로비스 첨두기는 이곳에서도 널리 확산되어 있었다. 이러한 사실은 두 지역에서 이 도구가 거의 동일한 시기에 만들어졌음을 말해준다.

클로비스 시기에 북아메리카의 북부 지역은 로렌타이드 빙상과 대산맥(로키산맥)의 빙하로 덮여 있었다. 남쪽의 스텝과 숲 지역에는 빙하기 특징을 지닌 아메리카 대륙 거대 동물상이 서식하고 있었다. 매머드, 거대 나무늘보, 대형 말코손바닥사슴, 마스토돈, 들소가 여기에 속하는 동물이다. 클로비스 문화는 사냥과 채집을 주로 하는 소규모 집단이었고 주변 동물상에 맞추어 주로 대형 야생동물을 사냥했다. 이 거대 동물상은 한 번 사냥에 많은 고기뿐만 아니라 가죽, 털, 엄니, 뼈도 제공했다. 이외에도 클로비스 문화인은 토끼나 도마뱀, 새 같은 작은 동물도 식량으로 삼았다. 또 씨앗, 견과류, 야생식물 열매도 식단을 보충해주는 역할을 했다.

클로비스 문화를 재구성하는 데서 우리가 주로 의존하는 것은 사냥터 및 도축장에서 나온 유물이다. 이곳에서 클로비스인은 포획한 대형 야생동물을 토막 냈다. 사냥은 대부분 강가의 가장 낮은 평지, 즉 하안단구나 사철 물이 있는 샘 또는 물웅덩이에서 이루어졌다. 동물들이 이곳에 물을 마시러 왔기 때문이다. 강가 언덕(단구애)에서 발견되는 유적지에서는 종종 많은 돌 파편을 발견할 수 있다. 이 파편은 돌을 쳐서 석기를 만들 때 떨어져 나온 조각들이었다. 이러한 사실 때문에 고고학자들은 이들 장소를 석기 제작소로 해석한다. 클로비스 주거지의 구조에 대해서는 알려진 것이 많지 않다. 사람들이 주로 거주지로 삼았던 곳은 바위굴과 동굴이었다. 하지만 야외 노천에서도 주거지가 발견된다. 기둥을 세우고 구덩이를 팠던 흔적이 남아 있어서 당시 사람들이 간단한 형태로 움막집을 지었다는 것을 알 수 있다. 이런 움막집 중에는 바닥을 얕게 파서 지은 것도 있었다.

클로비스 문화가 종식되던 무렵에 빙하기 거대 동물상도 멸종했다. 매머드, 대형 말코손바닥사슴, 거대 나무늘보를 비롯해 이와 비슷한 대형 동물들이 사라졌고 유일하게 남은 것은 들소였다. 이 멸종과정을 두고 많은 사람이 (다른 대륙에서도 마찬가지지만) 클로비스 문화인이 대형 동물을 전면적으로 철저히 사냥한 결과라고 생각했다(일명 오버킬 가설). 하지만 이 동물들이 멸종된 가장 큰 이유는 빙하기 말과 홀로세 초기에 급격한 기온 하강을 초래했던 극적인 기후 변화라고 보는 것이 더 타당할 것이다.

6.
또 한 번의 대도약

해부학적 관점과 문화적 관점에서 현생인류라 불릴 수 있는 인간이 출현하기 위해서는 수만 년이라는 긴 시간이 필요했고, 또한 많은 발전 단계를 필요로 했다. 우리에게 매우 갑작스럽게 보이는 과거의 변화라고 해도 더 자세히 들여다보면 이는 수천 년이라는 긴 시간이 필요했던 사건들이었다. 이렇듯 이 여정은 긴 연속성을 가지고 이루어졌다. 호모 사피엔스는 아프리카에서 아시아, 유럽, 오스트레일리아, 그리고 아메리카 대륙으로까지 퍼져나갔고 이렇게 해서 처음으로 생존에 극도로 부적합한 지역을 제외하고는 거의 전 세계에서 인류가 살게 되었다. 후기구석기시대, 호모 사피엔스가 아프리카 이외 지역에 최초로 출현한 정황을 알려주는 자료들은 대륙에 따라 많은 차이를 보인다. 유럽과 유라시아는 자료가 풍부하여 당시 상황을 더 정확히 판단할 수 있고 플라이스토세 말기까지 도달했던 문화적 현대성에 대해 훨씬 명확한 그림을 제공한다.

이에 비해 현생인류의 본고향인 아프리카나 동아시아, 오스트레일리아,

남북 아메리카에 대한 지식은 매우 불충분하다. 거의 전 지역에서 예술 창작의 시초에 대한 흔적이 산발적으로 존재하지만 유럽 서남부에서 나온 빙하기 동굴 벽화만큼 양과 질에서 걸출한 수준에 도달한 경우는 세계적으로 전무하다. 이 동굴 벽화는 세계 역사의 모든 시기와 지역을 통틀어서 인간이 그 존재를 부각시킨 최초의 사건이었다. 이렇게 증거자료의 양과 질이 지역적으로 차이를 보이는 것은 관련 연구가 지역마다 어떻게 진행되어왔느냐에 상당히 좌우된다. 하지만 그렇다 해도 증거 자료가 지역적으로 엄청난 차이를 보이는 것이 단지 연구 진척 정도 때문이라고만은 할 수 없을 것 같다. 기본적으로 호모 사피엔스가 출현했던 모든 지역에서 문화적 현대성이 매우 비슷한 형태로 나타나는 것은 사실이지만, 세계의 모든 지역에서 문화가 똑같은 형태로 발전했다고 보는 것은 사실에 부합하지 않는다. 즉 후기구석기시대 초기 현생인류의 문화는 후대의 문화적 발전 양상이 비슷하지 않았던 것처럼 모든 지역에서 동일한 형태로 발달하진 않았다고 봐야 한다. 여기서 왜 그런지 이유를 찾으려고 하면 우리는 곧 한계에 부딪히고 만다. 현재로서는 확실한 학문적 근거를 댈 수 없고 가설 수준의 의견만 제시할 수 있을 뿐이다.

문화적 현생인류로의 발전은 비록 수천 년이 걸린 여정이었지만 전체 인류사로 볼 때는 '대비약'이라고 봐도 무방할 것이다. 이 비유적 표현은 발전 과정이 돌발적으로 진행되었다는 것을 뜻하지 않는다. 그보다는 이 과정이 수많은 결과를 야기한 사건이자 불가역적인 것이었음을 의미한다. 물론 원칙적으로 봤을 때 이동생활 하는 수렵 채집 생활에서 정착 농경 생활로 전환되었다가 수 세대가 지난 후에 다시 유목생활로 돌아가 가축을 사육하는 변화 방식은 가능한 이야기다. 실제로 이런 식으로 발전했던 경우도 많다. 하지만 대부분 인류 종에게서 문명 발달은 지속적인 영향력을 가진 변화가 나타난 뒤 다시 새로운 방향을 향해 계속 발전하는 양상이었다. 따라서 초기 인간 역사를 되짚어볼 때 새로운 시기를 여는, 많은 후속 효과를 야기하는 결정적 사건들이 일어난 시점이 언제인지는 늘 중요한 문제가 된다. 이런 획기적인 사건은 문화적 현상에 근본적인 변화를 주지 못한 채 외양만 다르게 변화시킨 발전 양상들과는 구분하여 취급되어야 한다.

생존 전략과 생활 방식에서 후기구석기시대 호모 사피엔스는 그 이전에 나타났던 인류 종들과 근본적으로 다르지 않았다. 호모 에렉투스도 크고 작은 활동 지역에서 수렵과 채집 생활을 했다. 이들은 대형 포유류를 사냥했고 처음으로 육식을 했다. 또 씨앗, 견과류, 베리류 열매, 덩이뿌리 식물, 풀, 나무 이파리 등으로 식단을 보완했다. 매복하고 있다가 대형 포유류를 한 마리씩 또는 무리 전체를 포획하는 집단 사냥 방식 또한 호모 사피엔스가 출현하기 훨씬 전부터 행해졌던 방법이다. 여기서 주목해야 할 대단히 중요한 사실은 유럽의 후기구석기시대 현생인류는 그 이전의 인류 종과는 달리 투창가속기라는, 사냥 성공률을 확실히 높일 수 있는 일종의 기계를 발명했다는 것이다. 즉 당시 인류는 자연환경에 일방적으로 적응하기만 했던 것이 아니라 자신들의 생활이 그때그때 사냥 운과 같은 우연적 요소에 덜 좌우되도록 하려고 노력했다. 이를 위해 계획적으로 목표의식을 갖고 사냥 도구와 기술을 개선시켰다.

현재까지의 증거 자료로 추정해보건대 더 높은 효율성을 향한 욕구야말로 호모 사피엔스만의 독특한 특징이며 이 징표는 다른 모든 삶의 영역에서도 나타난다. 호모 사피에스의 야영지는 그 시설에서 중기구석기시대와 근본적인 차이를 보이지 않는 듯하고 불은 선조들이 이미 훨씬 이전부터 다뤄왔었다. 하지만 호모 사피엔스에 이르러서 추위를 막는 집을 짓는 데 선구자적이고 지속력 있는 발전을 달성했다. 집 안에 불 피우는 장소를 두어 온기가 발생케 했고, 더 나은 보온 방법으로 온기를 훨씬 안정적으로 지속시킬 수 있었다. 그 결과 조상들이 살 수 없었던 훨씬 추운 지역에서도 생존하며 생활하는 것이 가능했다. 이런 점에서 볼 때 뼈로 만든 바늘은 투창가속기 다음으로 호모 사피엔스가 만들어낸 획기적인 발명품이라 할 수 있다. 이 기발한 도구를 이용하여 따뜻한 의복을 만들 수 있었을 뿐만 아니라 동물 털가죽을 봉합해 움막집을 더 잘 덮을 수 있었고 추위로부터 온기를 더 효율적으로 보존할 수 있었다. 간단히 말해 후기구석기시대 호모 사피엔스는 바느질 도구 덕분에 호모 에렉투스의 능력을 완전히 새로운 기술 수준으로 격상시켰다.

당시 석기는 생존을 보장하고 생활을 더 용이하게 만드는 도구였다. 후기구석기시대에는 기본적으로 사용되었던 석기가 증가했는데, 이는 도구 생산에서 효율성이 높아졌기 때문에 가능했다. 뿐만 아니라 특정한 도구를 생산하기 위해 가장 적합한 재료를 사용했고, 이를 위해 일부러 먼 곳까지 나가기도 했다. 돌은 여전히 일순위 원자재였지만 후기구석기에 들어서는 바늘, 송곳, 낚싯바늘, 작살과 같은 특수한 연장을 만들기 위해 뼈와 뿔을 더 많이 사용했다. 식물의 섬유질로는 그물, 낚싯줄, 올가미를 만들었고 이러한 도구는 식량을 보충하기 위해 어류, 조류, 작은 동물을 사냥하는 데 사용했다. 여러 부분이 결합된 무기와 도구는 접착제를 사용해 조립 부분을 고정시킴으로써 더 나은 지속성과 안정성을 확보했다. 또 이 시기에 제작된 것으로 점토를 구워 만든 소형 조각상이 있다. 이런 조각상을 보면 당시 인류가 난방, 요리, 식량의 보존을 위해서 불을 사용할 줄 알았을 뿐 아니라 점토나 롬loam Lehm(독일어), 실트 및 점토 함유 비율이 25~40퍼센트 정도 되는 토양을 말함, 역청과 같은 물질에 고온의 열이 미치는 작용에 대해서도 지식이 있었음을 알 수 있다. 나아가 이런 지식을 갖추는 데는 이미 그러한 경험이 뒷받침되었을 것이며, 또 이를 갖고 실험을 해봤을 것이다. 이것이 바로 현생인류와 그가 이룬 모든 발전의 핵심적 특징이다.

이런 발전을 성취하고 생존의 보장이라는 가장 기초적인 필요를 충족시킨 사람이라면 가끔일지라도 약간의 시간과 여유를 갖게 된다. 그리고 이 시간을 문화의 다른 측면에 쓸 여유가 생긴다. 이런 차원에서 자신을 치장하려는 호모 사피엔스의 욕구는 현대적인 것이라 간주될 수 있다. 호모 사피엔스는 구슬로 만든 사슬, 옷에 부착하는 장식, 다양한 재료(조개, 달팽이, 타조알 조각 등)로 된 펜던트를 착용했다. 이에 더해 신체를 채색하기 위해서 황토와 같은 안료를 사용했을 수도 있지만, 이것은 확실히 증명되지는 않았다. 여하튼 이 현상들은 인간이 자신의 미적인 감각과 잠재력을 발현하고 싶은 충동에 눈을 떴음을 증명한다. 이러한 욕구는 완벽하게 대칭적이고 그래서 더 아름다운, 저 세심하게 다듬은 규석 석기가 제작된 데에서만 확인할 수 있는 건 아니다. 이 욕구는 인간이 자기 자신을 대하는 방식에서, 즉 자기 자신의 모습을 다르게 만들어 나갔다는 사실에서 더 직접적으로 발현된다. 이렇게 자신을 다른 방식으로 대하기 위해서는 자기 자신에 대해 많은 생각을 해야 했을 터이다. 그런데 자기 자신에 대해 사고할 능력을 가진 것은 호모 사피엔스가 처음이 아니다. 중기구석기시대 네안데르탈인은 이미 죽음, 나아가 죽은 후의 시간에 대해서 생각할 수 있었다. 하지만 사자의 무덤에 부장품을 넣은 것은 후기구석기시대 현생인류에 와서다. 부장품을 넣으며 그는 죽은 후의 삶을 생각했을까? 아니면 그저 죽은 자의 개인적 소유물을 함부로 대하려고 하지 않았던 것일까? 무엇이 정답이든 간에 이런 현상은 인간 사고와 감각의 새로운 차원을 보여준다.

인간은 문화적 현대성을 의미하는 또 다른 중요한 기준, 즉 예술을 향해 첫발을 내딛은 지 얼마 안 돼 자신의 능력을 펼칠 수 있는 온갖 분야를 탐색하기 시작했다. 그는 할 수 있는 모든 것을 시험해봤다. 소형 인간 조각상과 소형 동물 조각상도 만들고 암벽이나 돌 혹은 돌판에 그림을 그리거나 새겨넣었다. 피사체의 포즈와 자세를 다양한 형태로 표현하면서 동작을 취하고 있는 것도 그려보았다. 때로는 사실적이면서 역동적이게, 어떤 때는 추상적인 기하학적 모양으로. 의식적으로 창조된 이 모든 예술 형태는 문화적 진화의 획기적 분기점이라는 의미를 갖는다. 예술은 그것이 무엇이든 간에 무엇인가의 표현이자 동시에 의사소통이었고 이것은 현재도 마찬가지다. 초기 호모 사피엔스는 우리가 그러하듯이 말하고자 하는 바를 이해시키고 메시지를 전달하기 위해 그림과 상징을 만들어냈다. 예술은 그 당시에도 오늘날처럼 매우 중요한 사회적 기능을 가지고 있었다. 너무나 실제 삶에 가까운, 역동적이고 표현력 넘치는 저 뛰어난 암석 벽화에는 근본적으로 변화된 사회 모습이 반영돼 있다. 빙하시대 예술의 이 뛰어난 증거물들은 예술을 향한 매우 중요한 진일보로서, 인류는 예술과 더불어 현대성을 성취했다. 이후부터는 메시지, 내용, 표현수단, 양식이 다양해졌을 뿐이다.

왜 빙하기 예술에서 그림에서든 조각상에서든 '최고의 창작물'이 유럽의 특정한 지역들에서만 나타나고 있는지, 왜 다른 대륙에는 존재하지 않으며 기껏해야 초보적인 단계에 머물렀는지, 이 문제들은 오늘날까지 설득력 있게 해명되지 못하고 있다. 후기구석기시대에 여러 재료로 제작된 소형 동물 조각상, 특히 소형 인간 조각상은 대서양에서 시베리아에까지 이르는 지역에서 발견된다. 이에 반해 빙하기 시대 동굴 벽화는 대부분 서유럽에 집중되어 있고 남유럽과 우랄산맥 및 더 동쪽 지역에서는 드물게만 볼 수 있을 뿐이다. 중부 유럽의 특정 지역같이 동굴이 나타나지 않는 곳에서는 돌판 위에 그린 음각화가 나타나 동굴 벽화와 매우 유사한 예술세계를 펼쳤다. 반면 이외의 지역에서는 이런 증거가 매우 적어 이들 지역에서 예술 발전 정도가 어땠는지 추측하기는 어렵다. 현재 우리에게 알려진 것들은 양식, 표현, 내용에서 너무나 제각각이어서 의미 있는 결론을 도출하기에는 무리가 따른다.

　라스코와 알타미라 동굴 벽화에서 볼 수 있듯이 예술이란 확실히 인간이 자신을 둘러싼 환경, 삶의 조건, 온갖 다양한 생활세계와 치열하게 부딪히며 대응할 때 창조되는 것이다. 그렇다면 이런 대결이 다른 곳에서는 덜 치열하게 벌어졌던 것일까? 혹은 우리가 다만 그곳에서 유럽의 그림과 비슷하게 현실을 반영한 그림을 발견하지 못했기 때문에 이런 대결이 덜했다고 보는 것일까? 아니면 후기구석기시대 후기 동안에 유럽의 특정한 지역들에서만 이러한 매우 특별한 수준의 의사소통이 가능했기 때문일까? 한 가지 특기할 점은 보통 이런 훌륭한 빙하기 예술의 증거물이 나오는 곳에서는 원시 악기(피리) 또한 발견된다는 것이다. 이는 인간의 창의력이 후기구석기시대 호모 사피엔스에게서 미술 창작이라는 하나의 분야에만 국한되어 있지 않았음을 의미한다. 음악을 한다는 것은 한 공동체 내에서 이루어지는 의사소통의 특별한 형태임에도 보통 음악에 대한 언급을 도외시하는 경향이 있다. 하지만 동일한 유적지에서 악기와 예술품이 함께 나온다는 것은 양자가 모종의 내적 연관성을 갖고 있음을 가리킨다고 봐야 한다. 즉 당시 제의와 숭배 의식이 행해졌고 이때 이 둘이 어떤 역할을 했으리라는 것이다. 이런 의식은 후기구석기시대 인류의 사회생활에서 매우 중요한 역할을 했다. 홀로세 초기 인류는 의식을 더욱

　　　　　　　　2장 문화적 현대성을 향한 대도약

발전시켜나갔다. 이에 대해서는 뒤에서 더 자세히 설명할 것이다. 이 의식들이 무엇을 위한 것이었든 간에 여하튼 후대로 전해 내려왔고, 이러한 전통 속에서 한 집단은 그들이 경험했던 것을, 그리고 추측건대 조상들이 경험했던 것 또한 다시 생생한 경험으로 불러올 수 있었다.

호모 사피엔스는 음악, 미술, 새로운 기술, 이전 시대와는 다른 조직적 사냥술과 같은 문화적 현대성 속에서 자신이 갖고 있던 해부학적·생물학적 현대성의 잠재력을 발현했다. 그런데 이러한 변화와 발달은 모두 발전된 언어 없이는 생각할 수 없으며, 인간의 창의력 또한 언어 없이는 성립할 수 없다. 언어가 가능하기 위해서는 해부학적 근거로 음성을 낼 수 있게 만드는 기관이 완전히 발달해 있어야 하고, 인간 두뇌 구조도 언어가 발달될 수 있도록 변화했어야 한다. 우리는 호모 에렉투스와 네안데르탈인 또한 이미 초기 형태의 언어적 의사소통을 했으리라고 생각한다. 하지만 근본적으로 오늘날 인류와 큰 차이가 없는 언어 수준에 이른 것은 후기구석기시대의 호모 사피엔스라고 할 수 있다. 왜냐하면 호모 사피엔스는 기술, 예술, 사회, 나아가 초월적 세계에 관해서 다른 인류 종보다 훨씬더 수준 높은 복잡성을 이루었고, 이는 언어능력 없이는 도달할 수 없는 것이기 때문이다.

야영지에서 서남아시아의 원시 도시로

〈동물들의 여왕〉, 터키, 차탈 회위크.

1.
빙하기 이후 레반트 지역에서의
수렵 채집 생활

빙하시대 초기는 근동아시아에서 아석기亞石器시대로 명명된다. 이 시기 동안 자연환경은 근본적인 변화를 겪으면서 플라이스토세에서 홀로세까지 지질학적이고 문화역사적인 변화를 야기했다.

플라이스토세 말기쯤에 극지방의 거대한 얼음덩어리가 녹기 시작했다. 이로 인해 세계 곳곳에서 해수면이 상승했고 인간 생활 환경에 지속적인 영향력을 끼치는 많은 변화를 가져왔다. 시베리아와 알래스카 사이에 있었던 베링 육교는 다시 바다 속으로 가라앉았고 같은 시기에 호르무즈섬 서쪽에서는 육지였던 곳에 물이 차면서 페르시아만이 생성되었다. 이러한 엄청난 해수면 변화는 수분 증발을 강화시켰고 그 결과 강수량이 증가했다. 최소한 기원전 9600년 이후부터는 기온이 점점 올라가면서 습도가 높아졌다. 이런 변화로 인해 동물상과 식물상 발달이 촉진되어 인간에게 유리한 조건을 형성했다. 유라시아에서는 빙하기 시대에 거대한 툰드라였던 지역이 계속해서 숲 지대로 변해갔다.

　　　　　　　　　　　　　3장 야영지에서 서남아시아의 원시 도시로

유라시아 저지대의 경계 지대, 특히 토로스산맥과 자그로스산맥에 이어지는 언덕 지대에서는 홀로세 초기에 증가한 강수량으로 인해 야생 곡물이 자라는 초원 지대가 형성되었다. 기온은 상승했고 식물 성장에 도움을 주는 겨울비가 내렸다. 그 결과 유프라테스와 티크리스 강변에 울창한 식물계가 형성되었다. 예전에 건조하기만 했던 땅이 이제는 식량을 넘치도록 제공했다. 계곡 범람원에 빽빽한 숲이 형성되어 오록스유럽을 중심으로 유라시아 대륙 각지에 살았던 소의 일종. 17세기에 멸종했다, 사슴, 멧돼지들이 서식했다. 토로스산맥과 자그로스산맥에 이어지는 언덕 지대와 아라비아 사막이 시작되는 지역에서는 드문드문 수풀이 자라는 사바나와 유사한 환경이 형성되어 가젤과 야생 당나귀가 서식했다. 당시 아직 수렵 채집을 하며 살고 있던 사람들은 사냥감을 풍족하게 얻을 수 있었다. 또한 이 지역에는 다양한 식용 식물이 서식했다. 사람들은 아몬드, 피스타치오, 견과류, 완두콩, 렌틸콩, 병아리콩이 자라는 곳에서 이를 채집해 식량으로 삼았다. 물론 야생 형태의 곡물은 재배종만큼 소출량이 많은 건 아니었다. 메소포타미아 북부는 이렇듯 풍부한 식량 자원을 제공했고 수백 년, 수천 년에 걸쳐 식량 획득 전략을 최적화해왔던 수렵 채집 생활자들이 장기간 한곳에 정주할 수 있는 조건으로 작용했다. 수렵 채집을 위한 이동은 줄어들었고 활동 지역 범위도 현저히 축소되었다. 이는 정착생활로 향하는 매우 중요한 일보였다. 특기할 것은 이러한 발전이 일명 비옥한 초승달 지역의, '파라다이스'에 가까운 환경에서 나타났다는 점이다. 이 지역은 아랍반도의 사막 지대 북쪽에 위치한 반원 모양의 땅으로, 농경생활이 시작된 발원지로 간주된다.

레반트 해안 지방과 근방의 내륙 지역에서는 약 기원전 1만2000년에서 기원전 9500년 사이에 아석기시대 나투프 문화가 퍼져 있었다. 이 문화는 서남아시아 고대사에서 전환점으로 간주된다. 나투프 문화는 최후 빙하시대 마지막 간빙기인 알레뢰드 간빙기와 상당 부분 겹친다. 이때 근동아시아에서는 온난 습윤한 기후가 들어서면서 새로운 생활, 경제, 문화 환경의 형성에 긍정적인 영향을 미쳤다. 나투프 문화는 시나이반도 북부에서부터 이스라엘, 팔레스타인, 요르단, 레바논까지 펼쳐져 있었으며 시리아 방향, 나아가 동북쪽의 유프라테스 지역까지도 닿아 있었다. 기후 조건이 좋아짐에 따라 시리아-아랍 사막 변방 같은 곳에서도 사람이 살 수 있게 되었다. 예전엔 이런 지역에 장기적으로 머무는 것이 불가능했다. 나투프 문화는 주거지와 원시 가옥을 갖추고 있었고, 규석, 암석, 뼈, 기타 재료로 만든 도구와 식물성 및 (아직 야생동물의 가축화가 이루어지지 않은 시점의) 동물성 식량 잔해, 구체적 형상의 미술, 그리고 다양한 부장품이 함께 매장된 무덤이 등장한다. 즉 이때 나투프 문화에는 이미 그 이후 전성기 신석기시대 공동체(즉, 정착생활을 하게 된 시기)에서 볼 수 있는 주요 구조들이 나타나고 있다고 할 수 있다. 이렇게 나투프 문화 시기의 인류는 구석기시대의 생활 습속에 작별을 고하고 새로운 생존과 공존 형태를 향해 유의미한 걸음을 내딛었다.

나투프 문화인은 대개 사냥과 채집 생활을 했지만 한곳에 비교적 오랫동안 정주하는 경향이 뚜렷이 나타난다. 주거의 잔해가 있는 동굴과 바위굴 외에도, 여러 노천 주거지가 발견되었다. 노천 주거지 중에는 다른 곳보다 더 오래 이용한 흔적이 발견되는 몇 군데가 있었는데, 겨울에만 사용했던 베이스캠프였을 것으로 추측된다. 이들 야영지는 떡갈나무 숲과 피스타치오나무 숲 지역이나 식량 자원이 풍부한 초원 지대에 위치해 있었다. 이 밖에도 특정한 시기에 찾았던 일명 경계지역 야영지도 발견되는데, 높은 산맥이나 시리아-아랍 사막 주변부에 위치해 있었다. 이 야영지들은 특히 여름 동안 원정 사냥을 위해 이용되었다. 예리코 지방(텔 에스술탄)에서는 이 지방이 역사적 문헌에 오르기 훨씬 이전 시기에 존재했던 거주지가 발견되었다. 맨 아래 지층에서는 나투프 문화 가장 초기의 노천 주거지 유적이 나왔고, 뒤이어 곧바로 토기 이전 신석기시대가, 그다음으로 토기 신석기시대가 출토됐다. 나투프 문화 유적지는 크기가 각기 다른데, 면적이 1000제곱미터에 달하는 것도 있다. 이런 곳에서는 반원 또는 타원형 움막집들을 볼 수 있고, 그중 어떤 것은 땅을 조금 파서 지어진 것도 있었다. 가옥은 일종의 초석 또는 주춧돌 구실을 하는 돌 위에 롬 흙을 짓이겨 발라 만든 구조물을 올렸다. 기둥 여러 개가 지붕을 받치고 있고, 움막 내부 바닥은 단단히 다져져 있으며, 보통은 집 중앙에 커다란 모닥불 자리가 있다. 이따금 작은 돌들로 안쪽을 포장해 만든 구덩이 흔적이 발견되는데, 이 구덩이는 저장품을 보관하기 위한 용기로 사용되었다. 이러한 용도로 바구니 또한 사용되었으리라 짐작되지만 현재로서는 나투프 문화에서 증거를 발견하기 힘들다.

나투프 문화 시기에는 사냥 외에 야생 곡물 채집이 식량 조달의 중요한 부분을 차지했고 이는 식물 재배로 넘어가기 위한 결정적인 단계가 진행되고 있었음을 말해준다. 나투프인은 이 단계를 지나자마자 곡물을 재배하기 시작했다. 이와 관련해 특별히 환기시키고 싶은 사실은 시리아의 유프라테스강 근처에 위치한 아부 후레이라에서는 기원전 1만1000년경 아직 재배종으로 개량되지 않은 야생 곡물을 길렀다는 사실이다. 수확할 때는 규석 재질의 낫을 이용했다. 동물 뼈가 발견된 것으로 보아 고기 또한 식량의 일부였음을 알 수 있다. 가젤 뼈가 주를 이뤘는데 새끼의 뼈라는 점이 눈에 띈다. 돌로 만든 화살촉은 나투프 시기에 사냥꾼이 이미 활과 화살을 사용했음을 증명해준다. 활과 화살은 아주 빠른 사냥감을 잡기 위해 필수적인 것으로, 후기구석기시대 투창가속기 다음으로 중요한 발명품이며, 사냥 기술에 엄청난 혁명을 가져다주었다. 나투프 시기에 사냥꾼은 가젤 외에도 들소, 들염소, 붉은사슴, 다마사슴, 노루, 멧돼지, 아시아당나귀, 야생마 사냥에도 주력했다. 이후 이 동물들은 대부분 가축화되었다. 이 밖에도 여우, 고양이, 오소리, 족제비를 사냥했는데, 고기보다는 털가죽을 얻기 위한 것이었다. 또한 이전 시기에 비해 거북이, 토끼와 같은 작은 동물과 황새, 오리, 자고새 등 조류 비율이 크게 늘어났다.

사냥은 나투프인에게 죽음이라는 특별한 사건을 일상적으로 경험하게 해주었다. 하지만 동족의 죽음이란 완전히 다른 경험이다. 이 시기 시신의 매장 형태에 대해서는 증거 자료가 많이 존재한다. 시신은 주거지역 옆 또는 폐가에 매장되었다. 하지만 살고 있는 집 바닥에 묻는 사례는 전혀 보고되지 않는다. 이런 풍습은 나투프 문화의 뒤를 이어 나타나는 신석기시대에 볼 수 있다. 보통 나투프의 묘광墓壙은 돌이 많은 땅을 파서 만들었다. 여기에 장신구, 갖은 도구, 동물 잔해와 함께 시신을 매장한 후 석판으로 덮었다. 시신 한 구만 매장된 무덤도 있고 합장된 것도 있다. 시체를 눕히는 방식과 머리를 어느 방향으로 둘지에 관해 정해진 규칙은 관찰되지 않는다. 개가 함께 묻혀 있는 무덤도 눈에 띈다. 이런 풍습은 개가 인간의 동반자로서 매우 중요한 존재였다는 것을 웅변적으로 보여준다. 개는 인류가 길들인 첫 번째 동물이다. 앞서 언급했듯이 개는 이미 후기구석기시대부터 인간과 함께 살았다. 시신 중에는 묻기 전에 머리가 잘린 것도 있는데, 그 이유는 알려져 있지 않다.

아동의 묘는 전체의 3분의 1을 차지할 만큼 비율이 높았다. 어린이 사망률이 높았기 때문일 것이다. 다른 한편으로 어린이 매장 방식이 (후기구석기시대 이미 여러 번 관찰되었듯이) 어른과 비슷했음이 눈에 띈다. 즉 어린이도 일반적 매장 풍습에 따라 똑같이 매장되었던 것이다. 하지만 이 관습은 후대에 가면서 점점 사라진다. 장제와 부장품으로 볼 때 당시 사회에 뚜렷한 신분 구분이 있었다고 볼 만한 증거는 현재까지 발견되지 않았다. 하지만 그 집단의 여느 구성원과 어떤 점에서든 구분되는 개인이 존재했다는 것을 보여주는 특별한 증거물도 발견된다. 일례로 수년 전 북이스라엘의 힐라존 타크티트 동굴에서는 매우 특별한 무덤이 발견되었다. 발견된 시신은 40대 중반에 신장이 1미터50센티미터로 그리 크지 않은 여자였으며, 태어날 때부터 장애가 있었던 듯하다. 그녀는 암석을 파서 만든 구덩이에 무릎을 끌어안고 앉아 무덤 벽에 등을 기댄 채 안치되어 있었다. 특이한 것은 이런 자세만이 아니었다. 다른 부장품들, 즉 거북이 등껍질 50개, 족제비 한 마리의 잔해, 레오파트 해골 하나, 독수리 날개, 또 다른 동물의 뼈와 인간의 발 하나, 그리고 현무암으로 만든 사발이 이 무덤에 함께 들어 있었다. 그런 후 돌로 빈 공간을 채워넣어 봉했다. 이 무덤을 발굴했던 학자들은 부장품에 동물이 있었던 것을 근거로 이 여자가 무당이었으리라 추측했다. 나투프 문화에 대한 현재 연구 수준으로 이런 해석에 동조할지 말지 논하기 전에, 확실히 말할 수 있는 것이 있다. 즉 이러한 발견은 당시에 한 공동체 내에서 특정한 능력이나 임무와 관계된 특별한 역할을 하는 개인들이 있었다는 것을 증명해준다는 사실이다.

나투프 유형 문화에는 규석, 뼈, 뿔로 만든 수많은 도구가 망라되어 있다. 이와 더불어 이 시기에는 암석으로 만든 도구도 중요해졌다. 특히 눈에 띄는 도구로는 뼈, 뿔, 규석으로 만든 낫과 돌절구, 절굿공이, 바닥이 낮은 주발, 석회암 또는 사암으로 만든 대접이 있다. 이런 용구 및 그릇은 식물성 식량을 가공하는 방식에 혁명을 일으켰다. 장신구 제작도 현저히 증가해 동물의 이빨, 뼈, 연체동물의 껍데기 및 이와 유사한 동물 신체의 일부로 펜던트와 구슬 사슬을 만들었으며, 처음으로 공작석으로 만든 구슬을 선보인다.

나아가 나투프 문화 시기는 서남아시아에 조형 예술이 처음 나타난 때이기도 하다. 조형예술이라는 문화 현상은 유라시아의 많은 지역과 달리, 이 지역의 후기구석기시대에는 찾아볼 수 없었다. 나투프 시기의 조형예술은 뼈, 뿔, 돌 등의 재료로 주로 동물의 형상이나 동물 머리 모양을 표현했다. 이 형상은 종종 도구에 결합되어 도구 끄트머리나 손잡이를 장식했다. 인간을 표현한 것들도 있었지만 드물다. 서남아시아의 후기구석기시대는 유럽의 후기구석기시대 문화 단계와 매우 많은 공통점을 보이지만, 그럼에도 중요한 지점에서 유럽과 구분된다. 즉 서남아시아 지역에서는 그림이나 예술이 거의 존재하지 않았다. 이런 사정은 나투프에 와서야 변화하여 근동아시아에서 가장 오래된 조형 예술품이 나오게 된다.

위에서 언급했듯이 알레뢰드 간빙기에 근동아시아에는 온난 다습한 기후가 형성되어 나투프 문화의 성립과 발전을 촉진한 바 있다. 하지만 알레뢰드 간빙기가 끝나고 약 2000년 후, 나투프 말기에 해당되는 1만 1000년 전에서 1만200년 전에 다시 한번 급격한 기온 하강이 찾아온다. 불과 10년 만에 역사상 마지막으로 기온이 급격히 떨어졌고 북반구의 고지대에서는 다시 빙하가 형성되기에 이르렀다. 급격한 기후 변화의 원인에 대해서는 오늘날까지 의견이 분분하지만, 이 시기가 바익셀 빙기의 마지막 단계, 즉 플라이스토세가 끝나는 시기라는 점에서는 의견이 일치한다. 이러한 기후 변화가 후기 나투프 문화인들에게 끼친 영향은 엄청났을 것이다. 더욱이 이때는 본격적인 농경생활이 막 시작되려고 하던 시기였다. 급격히 추워진 날씨와 건조한 기후로 인해 나투프인들이 그때까지 식량으로 점점 더 의존하게 되었던 야생 곡물과 다른 식용 가능한 식물의 가용성이 현저히 떨어지게 되었다. 그들은 이런 갑작스럽고 심각한 환경 변화에 대응하기 위해 다양한 전략을 개발했다. 사냥 기술을 개선시키는 가 하면 다시 이동성을 높이기도 하고, 지중해와 홍해 연안으로 피난 가 기도 했다. 이들은 그곳에서 많은 해양 식량 자원을 이용할 수 있었다. 이 에 더해 목적의식적으로 야생식물을 기르는 최종 단계에 도달하고 마침 내 식물을 재배하게 된 것도 마지막 혹한이 가져온 결과일 가능성이 매 우 높다.

그 후, 지금으로부터 1만200년 전쯤, 홀로세 첫 시기인 프리보레알기期 가 들어선다. 꽃가루 분석 결과를 보면, 근동아시아 기후는 긴 시간에 걸 쳐 훨씬 온난 다습해졌다. 정주생활과 가용 식물 생산을 주요 내용으로 하는 목적의식적인 농업 식량 생산은 나투프 문화에서는 그저 새롭게 선 보인 현상으로 그쳤던 데 반해, 신석기시대에 들어서면서는 본격적인 생 존 전략으로 발전한다. 나투프 문화에서 시작된 이러한 농업 발달은 인류 문화 발전에 있어 대단히 중요한 의미를 지닌다.

2.
비옥한 초승달 지역과
농경생활로 가는 첫걸음

플라이스토세 말기, 기온은 현저하게 따뜻해졌고 강수량도 늘어났다. 유리한 자연 조건은 기원전 9500년경부터 안정적으로 지속되었다. 이러한 기후 조건으로 말미암아 농업으로 식량을 생산하는 생활 및 경제가 형성될 수 있었다. 하지만 이런 과정이, 그러니까 소위 신석기시대 문화의 종합 세트라고 할 수 있는 정착생활, 식물 재배와 동물의 가축화, 토기 생산은 하루아침에 나타날 수 있었던 것은 아니다. 신석기 부흥기를 특징짓는 이 다양한 현상은 순차적으로 나타났다. 다시 말해 각각의 특징은 독자적인 역사를 가지고 발달했으며, 전 세계의 상이한 문화적 배경 속에서 매우 다른 모습으로 나타났다.

구석기시대 생활 습관에서 이미 상당 부분 탈피해 있었던 근동아시아의 나투프 문화는 토기 사용 이전 신석기Pre Pottery Neolithic, PPN 문화에 의해 대체되었다. PPN 시기는 방사성 탄소 연대 측정법으로 측정한 결과 기원전 9500년경에서 기원전 6200년 사이로 추정되며, 대표적 유적지는 현재의 텔 에스 술탄, 즉 성경에 나오는 예리코 지방이다. 이곳은 처음으로 대단위 유적지 조사가 이루어진 지역이기도 하다. 예리코 발굴에서 결정적인 발견은 토기 사용 이전 시기가 나투프 주거지 유적이 있는 층 바로 위에 있었다는 점, 즉 나투프 문화와 이어져 있다는 점이었다. 토기 사용 이전의 신석기 시기는 시간적으로 앞선 전반기(PPN A)와 그 이후(PPN B)로 나뉜다.

토기 사용 이전 전반기(PPN A)

이 시기는 약 기원전 9500년에서 기원전 8600년 사이의 시기에 해당된다. 과거 나투프 시대처럼 레반트 연안과 그 내륙 지방을 중심으로 퍼져 있었고, 나아가 오늘날 터키 동남부에 위치한 유프라테스강과 티그리스강 상류의 북부 메소포타미아 지역에까지 닿아 있었다. 이 지역도 과거 나투프 문화가 번성했던 곳이다. 이 광대한 지리 공간은 여러 지방으로 나누어 각기 가장 중요한 유적지를 따라 이름이 붙여졌다. 레반트 남부 (텔 에스 술탄, 즉 예리코의 이름을 따른) 술타니안, 레반트 북부 (텔 무레이베트의 이름을 따라) 무레이베티안, (다마스쿠스 근처 분지 유적지 이름을 따라) 아스바디안, 그리고 차이외뉘와 괴베클리 테페 근방 메소포타미아 북부 유적지가 이에 해당된다. PPN A 유적지 사이에는 차이점도 있고 각기 고유한 특징도 있지만 주거지 형태, 건축, 물질문화, 식량 조달 방식에서는 대체로 일치한다. 예를 들어 아스바디안 유적지는 야생 곡물 분포 지역 밖에 위치해 있었지만 그럼에도 곡물의 잔재가 발견된다. 이 흔적은 이 지역에서도 PPN A 시대에 아주 일찍이 농경활동이 있었음을 말해주는 것이라 할 수 있다.

PPN A 주거지역들은 이전 시기인 나투프보다 훨씬 더 규모가 컸다. 주거지역은 작은 원형 집들로 이루어져 있는데, 대부분의 가옥은 돌로 기초를 놓고 자연 건조시켜 만든 롬 벽돌을 쌓아 올린 구조였다. 내부가 지표면 안쪽으로 조금 들어가게 지어진 집도 있었다. 이런 집에서는 최초로 형태를 제대로 갖춰 깔은 내부 바닥을 볼 수 있다. 심지어 테라초돌의 파편을 다른 응착재凝着材와 섞어 굳힌 뒤에 표면을 갈아 대리석처럼 만든 돌로 된 바닥까지 있었다. 일반적으로 집 내부에는 요리용 모닥불 자리와 돌판 또는 롬 벽돌로 만든 붙박이형 저장 식량 보관 용기가 설치되어 있었다. 외부에는 곡식을 보관하기 위한 저장 창고가 있었다. 인류는 이미 기원전 9500년부터 곤충이나 벌레로부터 곡식을 보호하기 위해 바닥을 지면에서 띄워 놓은 저장소를 만들었다. 이런 방식으로 환기를 더 잘 시킬 수 있었고 보관된 저장물이 부패하는 것을 방지할 수 있었다.

저장용 구조물이 살림집들과 분리되어 세워졌다는 사실은 초기 촌락이 어떤 사회적 조직 형태를 갖고 있었는지 짐작케 해준다. 가족 한 단위가 살았던 작은 원형 움막집과 별도로 저장 창고가 있었다는 것은 이 창고가 공동체의 것이고 따라서 내용물도 공동체의 소유물이었다는 추측을 가능케 한다. 이런 점으로 볼 때 최초의 농경은 전체 주거 단위가 공동으로 일했던 방식이 아니었을까 추측된다. 즉 한 공동체는 곡식을 심을 때 얻었던 경험과 생산물을 공동으로 소비하고 교환했을 것이다. 시간이 흐른 뒤 저장 창고는 집 안으로 들어오게 되고, 본격적인 저장실이 생겨났다. 보통 2층 집에서는 1층에 저장실이 있었다. 이런 사실은 소유관계에 근본적인 변화가 있었음을 보여준다. 즉 종자와 곡물을 공동으로 소유하는 형태에서 언제부턴가 각 가정이 책임지는 형태로 변한 것이다. 이렇게 사적 소유가 생겨나면서 공동 소유는 자취를 감추게 되었던 것일까?

전체적으로 봤을 때, PPN A 시기는 최초의 농경생활과 수렵 채집 생활이 함께 나타나는 혼합 경제 시기다. 이때 야생식물의 재배화가 이루어졌다는 사실은 여러 증거 자료를 통해 입증된다. 주거 지역의 여러 움막집에서는 탄화된 외알밀, 보리, 에머밀 알갱이와 콩과 식물의 흔적이 발견되었다.

PPN A 시대 규석 공작에서는 수많은 석기 중에서도 낫의 날에 가장 먼저 눈길이 간다. 이 도구는 수확할 때 사용되었을 것으로 보이며, 특히 곡물의 이삭만 자르기 위해 이용했을 것이다. 또 암석을 연마해 제작한 손도끼가 PPN A 시기에 처음으로 등장한다. 이는 보통 신석기 문화가 본격적으로 꽃핀 증거라고 간주되는 도구로서, 이 또한 농경을 위해 사용되었을 것이다. 하지만 이런 해석이 아직 확실하다고 말할 수는 없다. 왜냐하면 PPN A에서는 여전히 토기가 존재하지 않기 때문이다. 하지만 돌로 만든 용기는 꾸준히 발견되고 있다. 대부분은 바닥이 얕은 단순한 대접과 주발로 식사 준비에 사용되었다.

이미 나투프 시기부터 등장했던 규석 화살촉은 PPN A 시기에는 수렵 생활자의 생존을 보장해주는 무기로 기능했다. 구석기시대의 느린 대형 포유류는 오래전에 멸종했고 남아 있는 가젤과 사슴은 속도가 엄청 빨랐다. 이런 사냥감은 구석기시대 무기로는 역부족이었다. PPN A 시대 사람들은 주로 사냥으로 단백질을 섭취했음이 분명하다. 당시 가축 사육 흔적을 찾아볼 수 없기 때문이다. 한 가지 예외는 후기구석기시대에 이미 개를 길렀다는 것인데, 물론 개는 기본적으로 식량 조달 목적으로 기른 것이 아니었다. 개에겐 네발 달린 사냥 조력자이자 인간의 동반자라는 특별한 임무가 주어졌다.

우리는 장제를 통해 나투프인의 의식 상태에 관한 중요한 정보를 얻을 수 있었다. 나투프인의 무덤은 집 옆에 있거나 버려진 움막집 안에 있었다. 이에 반해 PPN A 시기엔 죽은 사람과 산 사람의 관계가 더 가까워진다. 예리코에서만 시신과 분리해 따로 매장한 해골이 수백 점 나왔고 해골과 유골은 사람이 살던 움막집 바닥과 벽 속에 묻혀 있었기 때문이다. 이러한 풍습은 초기 신석기시대 근동아시아에서 유럽 동남부에 이르기까지 퍼져 있었다.

토기 사용 이전 후반기(PPN B)

토기 사용 이전 시기의 후반기, 즉 PPN B 시대는 기원전 8600년부터 최대 기원전 6200년까지 정도의 시기에 해당된다. 이 시기는 PPN A에 비해 일상생활과 경제에 일어난 변화 면에서 확연한 차이를 보이고 있다. 이 차이는 워낙 커서 이 시기에 획기적인 변화들이 나타나도록 결정적 자극을 주었던 것이 레반트나 PPN A 문화가 아니라 유프라테스강 상류 지역의 문화였다고 생각될 정도다. PPN B 시기에 주거 구역 크기는 더욱 확장되어 10헥타르에 이르는 곳도 있었다. 이런 지역에서는 수천 명이 살 수 있었을 것이다. 하지만 거주지 규모에 대해서는 아직 더 많은 확인 작업이 필요하다. 가옥 크기도 더 커졌다. 특히 PPN B 시기부터 집들은 사각형으로 지어졌고, 내부 공간이 분할되는 등 복잡한 형태도 나타났다. 바닥과 벽 축조에 더 관심을 갖게 되었고 테라초가 아닌 석회를 바른 바닥이 더 자주 눈에 띄었다. 벽을 석회 반죽으로 마감하는 경우도 자주 발견되었다.

석회를 다룬 경험은 토기의 발견에 중요한 역할을 했을 것으로 짐작된다. 왜냐하면 메소포타미아 북부 지방에서는 돌로 만든 것 외에 석고로도 용기를 만들었고 레반트 지역에서는 약 기원전 7000년 전부터 소위 백색 도기를 제작했기 때문이다. 이 그릇의 기본 재료는 석회와 회색 잿가루를 섞어 반죽한 것으로, 엮어 짠 바구니 바깥쪽에 이 반죽을 발라 간단한 형태의 용기를 만들었다. 그러고 나서 불에 구우면 일차적으로 석회 반죽을 지지하고 있던 내부의 뼈대가 탄화된다. 이때 석회 용기의 안쪽 면에는 뼈대 자국이 남게 된다. 실질적인 면에서 점토로 만든 토기는 이 백색 도기와 크게 다르지 않지만, 근동에서 본격적인 토기는 PPN B 시기가 지나고 제작된다.

PPN B 시기에는 PPN A에 비해 식물 재배가 더 발전되었다. 보리, 외알밀, 에머밀, 듀럼밀, 아마의 재배종이 발견되었고, 이에 더해 누에콩, 렌틸콩, 병아리콩 같은 콩과 식물 재배종도 존재했다. 하지만 PPN B 시기가 PPN A와 대비되는 결정적 차이는 동물의 가축화에 있다. 처음 길렀던 것은 염소와 양이었고, 시간이 흐르며 소도 기르게 되었다. 이와 더불어 사냥은 점점 부차적인 것이 되었다. 여기서 잠시 설명을 멈추고 이 변화가 가지는 의미에 대해 생각해보자. 이런 발달이 의미하는 바는 다름 아닌 수백만 년이 넘는 기간의 인류 발전에 있어 일차적인 식량 조달의 원천이었던 고기가 서서히, 하지만 안정적으로 보조 역할을 하는 식량으로 바뀌었다는 것이다.

이로써 PPN B 시기에 식량 확보 방식이 근본적으로 변화했다. 즉 자연에서 획득하는 경제 형태에서 생산하는 경제로 이행하게 된 것이다. 이는 세계 최초로 일어난 사건이다. 인간 역사의 모든 발전을 통틀어 아마 가장 획기적인 변화라고 할 것이다. 이 사건이 끼친 막대한 영향은 식량 조달에만 국한되지 않는다. 이 사건이 나아가 사회 전체 또한 그 내부에서부터 완전히 변화시켰으리라는 것은 특별히 강조하지 않아도 충분히 이해되리라 생각한다.

이런 맥락에서 중요한 의미를 지니는 것은 토기 사용 이전 신석기시대의 발굴 조사가 진행되는 동안 많은 장소에서 초기 농경사회의 공동생활 방식에 커다란 변화가 있었음을 가리키는 특별한 자료들이 발견되었다는 사실이다. 당시 숭배 의식과 제례는 특별한 역할을 했던 것으로 보인다. 예전에는 예리코(텔 에스 술탄)의 토기 사용 이전의 신석기 시기 주거지 유적을 '세계에서 제일 오래된 도시'로 불렀다. 이 명칭은 이제 더 이상 유지될 수 없게 되긴 했지만 이 유적지가 한때 이렇게 불렸던 것은 그곳에 복잡한 구조가 발달해 있었기 때문이다. 그러한 구조는 이 장소의 건축적 구성에서 표현되고 있는데, 이는 설명을 필요로 한다. 연구자들은 커다란 문제의식 없이 예리코의 토기 사용 이전의 신석기시대층 가장 아래에서 나온 커다란 원형 구조물을 '탑'으로, 또 두터운 장벽을 '도시 성곽'으로 간주했다. 이런 해석에는 예리코의 장대한 성벽에 대해 성경에 나오는 이미지가 강하게 작용하고 있다. 성경이 전하는 바에 따르면 이 성벽은 여호수아 부대의 나팔 소리에 무너졌다. 이 이야기가 수천 년 후 학자들의 눈을 어둡게 했다. 하지만 어느 날 학자들은 그렇게 이른 시기에 아직 인구가 극도로 희박했던 이 땅에서 그렇게 거대한 성곽은 거의 의미가 없었을 것이라는 생각에 이르게 되었다. 대체 어떤 적들을 방어하기 위해 이런 성곽이 필요했겠는가.

어쩌면 이 장벽은 가령 평소에는 물이 흐르지 않는 계곡이나 수로였다가 비가 오면 급류가 흐르게 될 때 그로 인한 홍수에 대비하기 위한 것이었는지 모른다. 홍수 및 진흙 사태가 예리코의 원시 거주지를 가볍게 삼켜버릴 수도 있었기 때문이다. 하지만 이런 해석을 입증하려면 먼저 토기 사용 이전 시기의 예리코 지역과 그 주변 지형에 대해 더 정확한 정보를 확보해야 할 것이다. 예리코 성벽을 어떻게 해석하든 상관없이 이런 축조물은 한 가족이나 씨족이 만든 것이 아니라는 점은 분명하다. 때문에 이 건축물은 예리코에 거주했던 사람들이 모두 참여했던 거대한 공동 작업으로 지어졌다고밖에는 생각할 수 없다. 즉 예리코의 여러 거주 집단이 협력한 결과였다. 이들은 이렇게 자연의 위협에서 스스로를 지킬 수 있는 능력과 가능성을 가졌었다. 자연의 위협은 그 가공할 힘으로 인해 당시 사람들에게 초자연적인 무엇으로 생각되었을 것이었다. 이 시기는 또한 더 이상 야생에서 자유롭게 수렵과 채집으로 먹을거리를 구할 수 없었다. 그보다는 훨씬 오랫동안 힘들여 식량을 생산해 주거지 내의 특정한 장소에 저장해야만 했던 시대였다. 이런 상황에서 식량을 안전하게 보관하는 것은 그곳에 살고 있는 전체 구성원의 생존에 매우 중요한 의미를 갖는 것이었다. 화재로 인해 저장물이 타버리거나 비에 젖어 부패되거나 또는 홍수가 덮쳐 휩쓸어갈 경우 주거 공동체의 생존은 극도로 위험해진다. 따라서 모든 구성원은 공동의 노력을 기울이는 것이 유리하다고 생각했다.

예리코의 성벽에 설치되었던 '탑'에도 특별한 공동체의 업적이 표현되고 있다. 이 '탑'은 둥근 구조물로 계단으로 올라갈 수 있는데, 그 내부 생김새는 아직까지 미궁에 싸여 있다. 이전의 예리코 발굴자들은 이 성벽이 도시 방어 시설의 일부였다면 여기에 연결되어 있는 탑 또한 보루와 같은 기능을 했을 것이라고 굳게 믿었다. 하지만 이 탑으로 올라가는 계단 초입에서 유골 12개가 보관되어 있는 것이 발견되었다. 이외에 다른 물건들도 발견되었는데, 특히 눈에 띄는 것은 두 개의 커다란 육각형 돌덩이로 중간이 움푹 들어가 있다. 이는 토템폴이라고 하는 장승과 비슷한 구조물의 기저 부분이라고 해석된다. 즉 이 탑은 군사적 목적이 아닌 숭배 제의와 종교적 의미를 갖고 있는 것으로 보인다.

이곳에서 특별한 제의 행위가 있었으리라는 것은 수많은 해골의 존재에서도 증명된다. 이 해골들은 특히 PPN B 시기 동안 예리코 주거 구역에 분포되었다. 해골들이 인간 제물이었는지, 아니면 사후에 바로 머리를 자른 것인지 혹은 시간이 얼마간 경과한 후 무덤에서 꺼낸 것인지, 이에 대해 밝혀진 것은 없다. 하지만 해골 위에 롬 반죽을 발라 본을 뜨고(〈그림 14.1〉) 눈구멍에 개오지고둥의 일종. 크기는 1.5~15센티미터로 껍데기가 화려하고 광택이 난다를 채워넣거나 뺨과 이마에 그림을 그려넣기도 한 흔적이 있는 것으로 볼 때 이는 전형적인 해골 숭배로 보인다. 또 해골에 씌운 석고 반

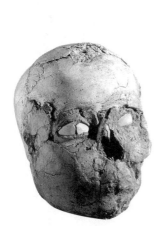

〈그림 14〉 1. 해골을 석고 뜬 모습. 예리코. 2. 깁스한 형상. 아인 가잘.

죽으로 죽은 자의 얼굴을 따라 만들려고 했다면 이것은 아마 일종의 조상 숭배라고 볼 수도 있을 것이다. 하지만 정확히 어떤 정신적·종교적 관념세계가 배후에 있는지는 영원히 비밀로 남아 있을 것 같다. 그렇다 하더라도 이런 행위가 후기구석기시대에 이미 일반적이었던 저 오래된 숭배 행위와 어떤 연속성을 갖는지, PPN B 시기에 전에 없던 어떤 새로운 형태가 나타나고 있는 것인지 묻는 일은 정당할 것이다. 이미 문화적으로 현생인류에 속했던 빙하기 마지막 단계의 인류가 우리가 앞서 본 것처럼 최소한 유럽 지역에서 특별한 제의적 방식으로 해골을 다뤘다는 흔적은 많은 곳에서 확인된다. 종교 행위에 실린 이 특별한 무게는 후기구석기시대와 토기 사용 이전 신석기시대의 공통점을 잘 드러내준다. 즉 이 두 시대에 살았던 인류는 생활 속에서 납득하기에 너무 많은 새로운 현상을 경험해야 했고 인류는 이런 변화에 이성적으로만 대처할 수 없었다. 이런 문제를 극복하려 했던 인간의 의지는 숭배 행위라는 형식 속에서 이해할 수 없는 현상들을 삶의 일부분으로 통합시키고 제의를 통해 이를 조절하려고 했던 것으로 보인다.

3.
새로운 시대의 추동력이 되었던
숭배 의식 축제와 제의 장소

근동에서 PPN 시기에 숭배 의식이 있었음을 보여주는 흔적은 예리코 유적지가 발굴되면서 처음으로 대중에게 알려졌다. 하지만 이런 흔적은 몇몇 장소에 국한되지 않고 이 지역의 다른 많은 곳에서도 발견되고 있다. 특히 실제 해골 위에 반죽을 씌워 만든 조형물이 여기에 속한다. 일례로 이 유물은 요르단의 아인 가잘 지방에서도 발견되었는데, 이곳은 서남아시아에서 PPN 시기의 주거지 중 가장 면적이 넓은 유적지로 약 15헥타르에 달해 예리코보다 몇 배 더 크다. 아인 가잘과 예리코 두 유적지는 해골 모형 외에 또 다른 공통점을 갖고 있다. 석고로 만든 사람의 입상(〈그림 14.2〉)과 두상 및 흉상이 그것이다. 예리코에서 출토된 상들은 모두 파손된 형태였던 데 반해 아인 가잘에서는 완전한 형태로 보존된 것이 다량 발견되었다. 이 조각상들은 특수하게 설치된 웅덩이에 보관되어 있었다. 조각상 크기는 약 1미터로 보통 신장의 절반을 약간 넘는 정도였지만, 신석기시대에 널리 분포되어 있었던 훨씬 작은 점토 조각상과는 확실한 대조를 보인다. 이러한 조형 창작물은 이를 만든 사람들이 인간 크기의 조각상 제작을 향해 한 걸음 더 나아갔음을 보여준다. 이와 더불어 분명히 말할 수 있는 것은 이런 조각상이 순수한 예술적 맥락보다는 종교적이고 숭배 의식적인 맥락에서 만들어졌다는 사실이다. 하지만 조각상이 발견된 위치로부터 그때 제의가 어떤 식으로 치러졌을지 더 자세히 추측하는 것은 불가능하다. 가끔 이런 조각상이 조상 숭배의 잔재일 것이라고 주장하는 연구자들이 있지만, 이는 여러 해석 중 하나일 뿐이다.

토기 사용 이전 신석기시대에서 숭배 의식이 중요한 역할을 했다는 것을 보여주는 증거들이 최근 수년 동안 유프라테스강과 티그리스강 상류, 메소포타미아 북부 지역을 중심으로 발견되었다. 이 지역은 오늘날 터키 동남부에 해당된다. 증거 자료들은 이 지역에서 다양한 제의 행위가 있었음을 증명해준다. 발굴 초창기에 탐사된 지역으로 엘라즈으 지방의 차이외뉘가 있다. 이곳은 아나톨리아 동남부에서도 PPN A 시기 원형 가옥에서 PPN B의 사각형 가옥으로 넘어가는 전형적 변화과정이 있었음을 확인해주는 첫 번째 사례다. 이곳에서는 PPN B 후기의 일명 석쇠 형태의 가옥석쇠 모양처럼 사각형 공간이 밀집해 있는 형태의 가옥. grill-plan houses라고 불림이 나왔다. 이 가옥의 기저부에는 벽들이 좁은 간격으로 나란히 평행을 이루며 세워져 있었다. PPN B 후기에 나온 건축물은 바닥 아래에 수로가 설치되어 있기까지 했다. 이러한 건축 방식은 건물에 최적의 통풍 효과를 만들어내고, 이로써 그곳에 보관되어 있던 식량을 해충으로부터 더 효과적으로 보호하려는 목적으로 고안되었다. 즉 저장물을 건조한 상태로 보관할 수 있는 최적의 방식이었다. 우리가 앞서 살펴본 것처럼 곡물 저장은 당시 한 주거 공동체의 운명을 좌우할 만큼 대단히 중요한 일이었다.

하지만 차이외뉘에서 더 중요한 의미를 갖는 것은 소위 특별 건물이라 불리는 것이다. 이 건물들엔 복잡한 숭배 의식 행위의 흔적이 보존되어 있으며, 예리코와 아인 가잘 유적지에서 얻을 수 없었던 특별한 정보를 제공해준다. 제의 관련성이 역력히 나타나는 이런 건물은 보통 사각형의 형태를 띠며 하나의 공간으로 되어 있다. 일례로 차이외뉘에 있는 판석板石집 형태를 들 수 있다. 이 건물은 사각형 모양으로 내부에 얇은 석회암 돌판을 깔았고, 중앙에는 석비石碑 두 개가 세워져 있다. 또 다른 예로는 PPN B 후대에 속하는 일명 해골의 집이 있다. 이 건물 안에서는 지하실 같은 작은 공간이 발견되었는데, 이 안에는 약 450명분의 해골이 있었고 얇은 돌판으로 덮여 있었다. 그리고 이 공간 위로는 제단처럼 생긴 돌판이 있었다. 해골의 집은 주변에 다른 건물이 없는 곳에 위치해 있었고, 선돌선사시대에 세워진 길이가 긴 바윗덩어리과 비슷하게 생긴 비석들로 둘러싸여 있었다. 이런 환경은 이 건물이 차이외뉘 주거지에서 특별한 위치를 차지하고 있었음을 다시 한번 상기시켜준다. 이보다 더 후대, PPN B 시기의 가장 끝 무렵에는 일명 테라초 집이 나타난다. 이 이름은 바닥 모양 때문에 붙여졌다. 테라초 기술은 토기 사용 이전 신석기시대 이후에는 로마 시대가 되어서야 다시 활용되었다. 당시 테라초 기술이 사용되었다는 것은 PPN B 시기의 사람들이 고도로 숙련된 수공 기술과 특정한 재료 가공에 풍부한 지식을 보유했었다는 분명한 증거다. 그러나 이때 재료를 굳히는 과정이 어떠했는지는 오늘날까지도 확실히 밝혀지지 않았다. 시간이 얼마간 지난 후 건물 중간 부분을 뜯어내고 여기에 판석집과 유사하게 두 개의 석비를 세웠을 것으로 추정된다. 이에 더해 내부에서는 제단처럼 생긴 돌판도 발견되었는데 해골의 집에서 발견되었던 것과 비슷한 형태였다. 다른 점이 있다면 이 돌판에는 거의 실물 크기의 단순화된 인간의 옆모습이 평면 부조로 장식되어 있었다는 것이다. 이 돌판은 차이외뉘에서 발견된 유일한 대형 조형 작품이다. 여기서 우리가 특별히 지적하고 싶은 것은, 발굴된 차이외뉘 거주지가 정말 주거지 전체를 대표하는 경우로 볼 수 있다면 PPN B 내의 모든 시대적 단계에서는 각기 하나의 숭배 의식용 건물만이 존재했다는 결론이 나온다는 사실이다.

PPN B 시기 동안 차이외뉘 거주민들이 지녔던 발달된 기술 지식을 증명하는 것은 테라초 바닥 건축물뿐만이 아니다. 이들의 기술력은 그 당시에 이미 순동純銅을 취급하기 시작했다는 사실에서도 증명된다. 에르게니에서 가까운 광상鑛床에서는 순동이 아름다운 녹색을 자랑하는 공작석 형태를 띠는데 당시 사람들은 이를 가공해 구슬이나 다른 작은 물건을 만들었다. 이런 물건을 만들기 위해 구리를 망치로 두드리고 갈아내고 구멍을 뚫는 기술이 쓰였다. 하지만 열을 가하는 방법은 아직 사용되지 않았다. 만약 사용되었다면, 이는 야금술의 시작을 의미했을 것이다. 당시 사람들이 구리 광석에 관심을 가졌던 것은 다만 구리가 가진 매력적인 색깔 때문이었을 뿐, 다른 암석과 똑같이 취급되고 가공되었다. 구리가 가진 용해 및 주조될 수 있는 특성에 대해서는 수천 년 후에야 알려지며, 그랬을 때 구리는 기술적으로나 문화적·역사적으로 완전히 다른 맥락에 속하게 된다.

마찬가지로 터키 동남부, 그중에서도 유프라테스강 북부에는 네발르 초리 유적지가 있다. 이 유적은 다른 지역보다 보존 상태가 좋아 북메소포타미아의 토기 사용 이전 신석기 시기에 대해 차이외뉘보다 훨씬 많은 정보를 제공한다. 특히 초기 주거 공동체의 숭배 의식 및 제의 행위에 대해 많은 정보를 제공한다. 네발르 초리에서는 모서리를 둥글게 처리한 사각형 공간이 발견되었는데, 바닥이 테라초로 되어 있어 차이외뉘를 연상시킨다. 이 공간 또한 숭배 의식 목적으로 사용되었던 것으로 보인다. 네

벽을 따라 돌출된 턱이 빙 둘러쳐져 있고, 그 사이 사이에 T자 형태의 돌로 만든 거대한 기둥들이 서 있다(〈그림 15〉). 가운데에는 폭이 더 넓은 T자 기둥 한 쌍이 서 있었다. 그중 하나는 양 측면에 가느다란 팔과 손을 표현하는 부조가 있고, 더 넓은 윗부분은 얼굴과 뒤통수 형태를 띠고 있다. 다시 말해 이 T자 기둥들은 인간의 형상을 따라 만들어진 것으로서, 형태적으로 단순화하고 크기를 거대하게 키워 표현한 인간상으로 이해된다. 한편 대형 돌 조형물의 파편들이 이 건물 동쪽 벽을 짓는 데 스폴리에원래는 다른 용도였는데 그 일부 또는 잔재를 다른 환경에서 다시 사용하는 것로 사용되었다. 어쩌면 이런 과정은 숭배 의식의 차원에서 이루어졌을지도 모른다. 즉 사람들은 이 형상들을 '매장'했던 것일 수도 있다. 이렇게 추정되는 이유는 다른 가옥들도 동쪽 벽면에 시신을 매장하는 것을 선호했기 때문이다. 하지만 이 추측이 확실한 것은 아니다. 발견된 조각상들은 아주 분명하게 동물과 인간이 결합된 혼합 존재를 표현하고 있다. 이와 관련해 후기구석기시대의 독일 서남부에서 출토된 작은 조각상이 연상되기도 한다. 하지만 네발르 초리 조각상들은 모티브와 내용에서 차별성을 보인다. 독일의 경우와 달리 여기 조각상은 일종의 새-인간의 모습이다. 조각품 중에는 새의 몸과 인간 머리를 하고 있는 것도 있고, 머리까지 새이지만 얼굴만 사람인 조각품도 있다. 이 조각상은 내용 측면에서 봤을 때 예리코와 아인 가잘에서 나온 인간 석고상들을 훨씬 능가한다. 전자에서는 정신적이며 종교적인 복잡한 사고세계가 엿보이기 때문이다. 하지만 이 조각상의 진짜 상징적 의미가 무엇인지, 우리는 기껏해야 상상만 해볼 수 있을 뿐이다.

네발르 초리에서는 새-인간 상들 외에 부분적으로 재구성할 수 있는 기둥 조각상도 발견되었다. 이 조각상은 등과 등을 마주대고 웅크리고 앉

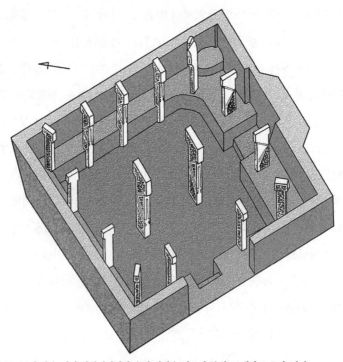

〈그림 15〉 토기 사용 이전 신석기시대의 숭배 의식용 건물의 복원도. 네발르 초리. 터키.

은 두 개의 형상 위에 맹금류의 새가 앉은 모양이며, 앞의 경우와 마찬가지로 새의 몸에 머리나 얼굴은 인간이었다(〈그림 16〉). 소실된 중간 아랫부분에는 기둥 맨 윗부분 새와 똑같은 형태의 두 마리 맹금류가 서로 마주보고 있었다. 이 부분은 전체 기둥의 기저부였던 것으로 보인다. 형상으로 장식된 이 기둥은 토템폴큰 나무 기둥을 조각한 후 채색해서 만든 대형 조각상에 비견된다. 물론 우리는 이 예술작품에 어떤 의미가 숨어 있는지, 정확히 무엇을 염두에 두며 만든 것인지 알지 못한다. 하지만 앞서 본격적인 해골 숭배는 근동 지역의 PPN 시대의 특징이었다는 것을 상기해보자. 해골

〈그림 16〉 새-인간 돌기둥 부분. 네발르 초리. 터키

숭배의 뿌리는 후기구석기시대까지 거슬러 올라간다. 이 작품에서 인간의 머리가 새와 결합되어 있다. 새란 동물은 다이달로스와 이카로스 이전시대, 인간이 닿을 수 없다고 여겨지는 영역에 가닿을 수 있는 유일한 생물이지 않았던가? 이런 것을 생각하면 새와 인간의 결합은 사자死者와 저

3장 야영지에서 서남아시아의 원시 도시로

승세계의 결합을 의미한다고 볼 수 있지 않을까?

하지만 이 자리에서는 조각상의 의미에 대해 이런저런 추측을 발전시키는 것보다는 네발르 초리에서 나온 또 다른 주목할 만한 유물로 눈을 돌리는 게 더 나을 것 같다. 먼저 등잔으로 이용되었던 것으로 보이는 돌로 만든 대접이 눈에 띈다. 이 대접 바깥 면에는 춤추는 인간 두 명이 부조로 조각되어 있다. 이들은 팔다리를 뻗고 있는데, 그 사이로 거북이 비슷한 동물 한 마리가 새겨져 있다. 이에 더해 작은 조각상들 또한 발견되었다. 그중에는 페니스가 발기한 남자 조각상과 앉아 있는 여자상이 있다. 또 석회석으로 만든 작은 조각상들도 있는데 주로 동물 모양이다. 그 밖에 특기할 만한 것으로는 석회석으로 만든 미니어처 사람 가면이 있다. 춤, 가면을 사용한 변장, 나아가 남성의 정력과 생식력을 상징적으로 보여주는 발기된 페니스 등 이런 주제로 그린 그림들은 새-인간 부조상과 더불어 창작자가 매우 복잡한 정신적·종교적 관념세계를 가졌음을 짐작케 한다. 이러한 관념세계는 실제로 다양한 숭배 의식 및 제의적 행위를 통해 표현되었다. 네발르 초리에서의 이러한 새로운 발견은 근동아시아에서 토기 사용 이전 신석기시대에 대한 우리 시각을 완전히 바꾸어놓는다.

하지만 네발르 초리는 빙산의 일각에 불과하다는 것이 수년 후 괴베클리 테페 발굴 작업에 의해 밝혀진다. 이곳에서 우리 시대의 위대한 고고학적 발견이라 할 수 있는 유적이 발견된 것이다. 괴베클리 테페는 이미 발굴이 시작되기 전부터 지리적으로 눈에 띄는 위치, 즉 우르파시市 (공식적으로는 샨르우르파시) 근처 터키 동남부에 있는 구릉에 위치해 있었고, 또 지표면에서 위험한 야생동물, 발기된 남근의 남자, 인간 머리를 가진 동물 등을 표현한 부조와 조각상, 그리고 다량의 T자 기둥 조각이 발견되었기 때문에 이곳이 토기 사용 이전 신석기시대에 매우 특별한 장소

인류는 어떻게 역사가 되었나

였다는 것을 바로 알아볼 수 있었다. 괴베클리 테페는 네발르 초리나 차이외뉘처럼 몇 채의 특수 건물을 가진 촌락형 주거지가 아니었다. 네발르 초리와 차이외뉘에서 숭배 의식은 그 건물의 건축적 형태와 내부의 부조 및 조각상으로 알 수 있는 정도였다. 이에 비해 괴베클리 테페 유적지는 발굴이 시작된 지 거의 20년이 지나고도 여전히 발굴이 끝나지 않고 있다. 이 파도 파도 끝없는 유적지는 길게 뻗은 산줄기 꼭대기에 위치한 막대한 규모의 숭배 의식 장소였다.

이곳의 두터운 지층은 수천 년의 역사를 짐작케 한다. 가장 오래된 주거지층에서는 네발르 초리에서 나왔던 것 같은 통짜로 된 T자 기둥이 발견되었다. 이 기둥들은 거칠게 쌓아올린 벽에 연결되어 원형 또는 타원형을 이루고 있다. 그 안쪽 공간에는 보통 네발르 초리의 테라초 집에서와 같이 돌로 된 턱이 벽 안쪽으로 돌출되어 있다. 중앙에는 많은 부조로 장식된 거대한 T자 기둥 한 쌍이 마주보며 서 있다. 이 또한 네발르 초리 유적에서 볼 수 있었던 모습이다. T자 기둥이 지지대나 그와 유사한 건축적 기능을 위해 쓰인 것이 아니었다는 점은 분명하다. 그것은 그 건물의 뼈대를 구성하는 요소가 아니라, 내부 시설의 핵심 부분이었다. 두 기둥의 윗부분이 대접 모양으로 움푹 파여 있다는 것도 이런 사실을 증명해준다. 왜냐하면 이런 형태는 지붕을 떠받치는 지주나 지지대로 사용될 수 없기 때문이다.

지금까지 발굴된 이러한 돌 원형 시설물은 네 군데이며 각기 직경 10미터에서 30미터 크기다. 지구물리학 연구에 따르면 괴베클리 테페에는 도합 기둥 약 200개에 시설물 16개가 더 있을 것으로 추정된다. 이는 지금까지의 상상을 모두 뛰어넘는 대규모 사원이다(〈그림 17〉). 이 장소가 유일무이한 이유는 비단 거대한 규모 때문만이 아니다. 수많은 기둥 신

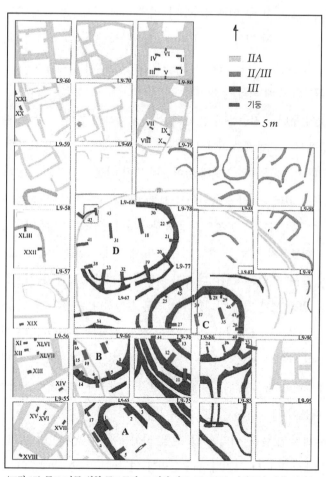

〈그림 17〉돌로 만든 원형 구조물과 그 외의 다른 구조물들. 괴베클리 테페. 터키.

전들이 서로 바로 면해 있다는 점 또한 이 장소를 특별하게 만드는 요소이다. 지금까지 선사시대에서 나온 건축 부지 유적 중 이렇게 대형 건물이 집중되어 있었던 곳은 없었다. 괴베클리 테페는 약 기원전 9000년 전부터 기원전 8000년 전까지 아직 PPN B에 속했던 공동체의 거대한 숭배 의식 장소였다. 이 공동체는 농경과 가축 사육을 하며 원시적 정주생활을 했다. 하지만 괴베클리 테페는 정착 인구가 주거하는, 흔히 볼 수 있는 원시 농경사회 주거지가 아니었다. 다시 말해 숭배 의식을 위해 막대한 노력을 들여 산봉우리에 지은 이 괴베클리 테페에는 사람이 살지 않았다. 이 건물을 세운 사람들은 근방 지역의 여러 주거지에서 살았다. 이런 점들을 고려할 때 괴베클리 테페를 중심으로 하나의 네트워크가 형성되어 있었음을 알 수 있다. 이 연결망은 조직적 사회, 숭배 제의, 나아가 기본 개념에서 이미 정치적 성격을 가진 네트워크였다. 하지만 이 네트워크의 성립과 영향력은 일차적으로 제례 의식에 근거를 두고 있었다. 결정적으로 중요한 사실은 이 네트워크가 여러 주거지를 아우르고 있었고, 그것은 이미 영토 개념으로 이해될 법하다는 점이다.

이음새 없이 통으로 제작된 T자 기둥들은 동물 부조나 추상적인 픽토그램(그림 문자)으로 장식되어 있다. 이 기호들은 신성한 상징을 표현한다. 후기구석기시대 동굴 벽화가 그랬던 것처럼, 이 기호도 당시 공동체 구성원들에게 이해될 수 있었을 것이다. T자 기둥이 기본적으로 인간 형상을 하고 있다는 데는 논쟁의 여지가 없다. 더욱이 측면에 팔과 손인 듯한 부조가 조각되어 있는 기둥들을 보면 이런 추측은 더욱 확실해 보인다. 이 석비의 지붕에 해당되는 가로로 질러 있는 부분은 극도로 단순화시킨 인간 머리를 표현하고 있다. 옆에서 보면 턱과 뒤통수 부분이 돌출해 있음을 알 수 있다. T자 형상들은 원형으로 늘어서 있으면서 한쪽 면은 돌로 쌓은 원형 벽에 연결되어 있다. 이 T자 형상들은 안쪽, 특히 중앙에 있는 두 개의 T자 기둥을 바라보고 있다. 이 두 기둥은 다른 것보다 더 크고 장식이 더 많아 원형 구조 내부에서 행해지는 제례 의식에서 중심적 의미를 가졌을 것으로 짐작된다. 이 기둥은 높이가 수 미터에 달하며 무게는 10톤까지 나간다. 근처 가까운 채석장에 눕혀진 채 발견된 기둥 중에는 7미터에 50톤이 나가는 것도 있다. 이 T자 기둥 이전에 인간은 이렇게 큰 3차원의 입방체 형상을 만든 적이 없었다. 기둥은 모두 통짜 돌로 만들어졌다. 이런 점들은 거석기념물의 특징을 분명히 보여주는 것이다. 계산에 따르면 그런 기둥 하나를 먼 거리로 운송하려면 인력 500명 정도가 필요했을 것이라 한다. 당시 사람들이 수렵 채집 생활을 하다 정착생활을 시작한 지 얼마 되지 않았다는 점을 감안하면 이는 엄청난, 사실 거의 생각하기 힘든 숫자다. 때문에 이런 인력을 동원할 수 있었던 계기는 특별한 경우에 한했을 텐데 이 사원의 건설이 바로 그러한 특별한 경우였다. 이 공사는 또한 특별 감독과 지휘를 필요로 하는, 일종의 건축 전문가 없이는 실현될 수 없는 그런 일이었을 것이다. 하지만 토기 사용 이전 신석기시대에는 아직 그 어느 곳에서도 노동 분업과 그에 상응하는 사회적 위계질서가 나타나지 않는다. 그렇다면 이 엄청난 공사가 이런 전제들 없이 어떻게 가능했는지, 참으로 불가해한 일이다. 또한 이런 대단한 공사를 완성하기 위해서는 이에 대한 의지와 시간, 힘, 그리고 이 모든 것을 실현할 방법과 '대형 건축 공사장'에서 일하는 인력들이 먹어야 할 식량을 조달할 방법이 필요했을 것이다.

T자 기둥에 정성들여 세공된 부조에는 사자나 호랑이, 표범과 같은 맹수류, 곰, 황소, 숫멧돼지, 여우, 가젤, 야생 당나귀, 뱀, 그 밖의 파충류들, 독수리, 두루미, 전갈 등이 소재로 나오며, 이에 더해 부크라니움(소의 해

꼴) 형태의 모티브와 거의 해석이 불가한 상징들이 나온다. 동물 조각상은 공격 자세에 있는 위협적인 모습이 대부분으로, 겁을 주거나 액운을 막으려는 목적을 갖고 있었던 것으로 추측된다. 이에 더해 직경 0.5미터가 조금 넘는 정체불명의 돌 고리環와 돌을 깎아 만든 인간 두상, 팔다리 없이 발기된 남근만 달린 남자 조각상 등의 유물도 발견된다. 인간 두상과 일반적인 남성 행동을 표현하는 형상들 중에는 실물 크기를 능가하는 것도 있다. 이에 반해 특이하게도 통상적인 여성 관련 모티브나 여자 조각상은 거의 찾아볼 수 없다. 한 가지 특별한 예외에 속하는 경우를 괴베클리 테페 후기 지층에서 나온 사자 기둥 건물에서 볼 수 있긴 하다. 이 건물 내부에는 벽에서 돌출된 턱이 있고 이 턱은 돌판으로 되어 있는데, 이 판 위에 다리를 벌리고 있는 여자 그림이 음각되어 있다. 하지만 이런 정황들에 근거해 후대에 가서야 여자를 소재로 한 표현물이 중요해진 것이라고 추정한다면 이는 분명 너무 나간 추측일 것이다. 정확한 것은 이 장소에서 발굴된 유물들에 대한 포괄적이고 최종적인 평가가 나올 때에 밝혀질 것이다.

기둥에 표현된 소재는 매우 다양하지만, 전체적으로 봤을 때 계속해서 비슷한 표현이 반복됨을 알 수 있다. 반복되는 것은 소재만이 아니다. 특정한 동물 조합이 똑같은 T자 기둥과 그림에서까지 반복되고 있다. 이는 의심할 바 없이 그 밑바탕에 기호와 상징의 도상학적 체계가 자리 잡고 있음을 의미한다. 이 도상학적 체계는 일종의 기호 언어로서 토기 사용 이전 신석기시대 사람들에게 일반적으로 통용되었던 체계다. 돌로 만든 원형 시설물의 그림 혹은 시설물 내의 그림에서는 이 밖에 또 특이한 점이 관찰된다. 사원 A에서는 뱀 그림이 특별한 역할을 하고 있는 데 반해, 사원 B에서는 각각의 기둥에 여우가 부조로 새겨져 있고, 사원 C에는 숫

멧돼지 그림이 나온다(〈그림 17〉). 또 괴베클리 테페가 이용된 시기 중 후기에는 사각형의 사자 기둥 건물이 도드라진다. 이런 관찰이 어떻게 해석될 수 있고, 예외는 어떻게 이해해야 할지 등 이런 물음에 대한 신빙성 있는 대답은 괴베클리 테페에서 발굴된 유적에 대한 전체적인 그림과 윤곽을 포괄적으로 그릴 수 있을 때에야 가능할 것이다.

발굴자 중에는 이 사원이 사자死者 숭배 중심지였을 거라는 이론을 주장하는 사람들도 더러 있다(〈그림 18〉). 즉 T자 기둥은 조상을 표현하는 것이며 돌에 새겨진 맹수는 죽은 자를 보호하기 위함이라는 것이다. 괴베클리 테페에서는 아직까지 무덤이 발견되지 않았다. 하지만 숭배 의식이 있었던 그 공동체에게 사자死者와 조상을 기념하는 행위가 중요한 역할을 했을 수도 있다는 것은 충분히 상상 가능한 일이다. 숭배 제의를 위해 망자의 무덤이 반드시 전제될 필요는 없다는 것이다. 역사의 저 이른 시기에 이미 망자를 기리는 문화가 존재했고 이것이 특정한 장소와 결부되어 있었다면 괴베클리 테페야말로 그런 곳이었다고 할 수 있다. 하지만 이 사원의 성립과 기능에 대해 완전히 다른 설명 또한 가능하다. 그중 하나가 괴베클리 테페 유적을 샤머니즘 의식으로 해석하는 것이다. 특히 동물 머리를 한 인간 그림은 동물로 변장하고 저승세계로 들어가는 오늘날의 샤먼을 연상시킨다는 점 때문에 더욱 개연성이 있는 것처럼 보인다. 하지만 이는 많은 가설 중 하나일 뿐이다. 메소포타미아에서 본격적인 신앙은 훨씬 후대에 나타났으며, 괴베클리 테페에서는 신들의 표상이라고 해석될 만한 그림도 발견되지 않았기 때문이다. 메소포타미아 지역에 살았던 수메르인은 농경, 가축 사육, 직조 기술을 성산聖山 두쿠산에서 가져온 것으로 생각했다고 한다. 그 산에는 태곳적에 생겨난, 개별적인 이름을 갖고 있지는 않은, 아눈나 신들이 살고 있었다고 알려져 있다. 이 고대

〈그림 18〉 1. 장식이 조각된 돌기둥. 2. 인간 형상이 조각된 돌기둥. 괴베클리 테페. 터키.

오리엔트 신화가 신석기시대에 대한 기억을 간직하고 있는 것인지, 또 괴베클리 테페의 기둥이 여기에 모종의 역할을 하고 있는 것인지 현재 우리가 알 수 있는 것은 없다. 괴베클리 테페 사원을 건설했던 이들이 살았던 때가 조직화된 농경과 가축 사육이 시작되었던 시기임을 생각하면 이런 방향으로 추측하는 것도 가능하지만 그 이상은 아니다. 이 시기와 수메르 신화 성립 사이에는 수천 년의 간극이 있으며, 문자가 없었던 문화에서 이 간극을 채우는 것은 거의 불가능하다는 점을 염두에 두어야 한다.

어쨌든 약 기원전 9000년 전 사람들이 이미 몇 톤씩 나가는 돌에 조

3장 야영지에서 서남아시아의 원시 도시로

각을 새기고, 운반하고, 커다란 앙상블이 되도록 조성할 수 있었다는 것
은 지금까지 우리가 미처 생각하지 못했던 사실이다. 이처럼 대단히 복잡
한 계획은 수립하는 데 수십 년까지는 아니더라도 최소한 몇 년은 걸렸
을 것이다. 게다가 괴베클리 테페는 돌투성이 고원에 자리 잡고 있어 일
하는 사람들에게 물을 공급할 수도, 근방에서 농사를 짓거나 가축을 사
육할 수도 없었다. 따라서 이런 보급품은 먼 곳에서 가져와야만 했다. 어
떤 집단이 이렇게 상상하기 힘든 노고를 기울이는 것은 그 목표가 인간
실존에 중요한 문제일 때에 한해서일 것이다. 괴베클리 테페의 거대 사원
도 그럴 만한 가치가 있었기 때문이리라. 그렇지 않았다면 1000년이 넘
도록 사람들의 발길이 끊이지 않았던, 상당한 지역에 영향을 끼쳤던 이
성지는 만들어지지 않았을 것이다.

우리는 괴베클리 테페를 통해 토기 사용 이전 신석기시대에 종교적인
요소가 갖는 의미가 막대했다는 것을 잘 확인할 수 있었다. 이곳의 유물
과 유적으로 인해 그 이른 시기에 숭배 의식 및 종교가 가장 중요한 역할
을 하는 세계가 존재했음이 밝혀진 것이다. 이는 지금까지 알려져 있던
모든 지식을 일거에 무너뜨리는 발견이었다. 돌로 만든 원형 시설물들에
서는 또한 동물 뼈 무더기가 발견되었다. 이 뼈들은 고기를 실컷 먹을 수
있었던 축제의 잔해로 추정된다. 네발르 초리나 차이외뉘에 있었던 특별
한 건물에서도 비슷한 숭배 의식 행위와 축제가 있었다고 여겨진다. 이는
특정 제의 및 종교적 관념이 광범위한 지역에 퍼져 있었을 것이라는 추
측을 가능케 한다. 괴베클리 테페에서 나온 다양한 그림에 대해서도 비
슷한 추측이 가능하다. 이곳에서 나타난 그림의 소재는 그 지역의 다른
사원에서도 나타나기 때문이다. 다시 말해 이 소재들은 북메소포타미아
의 산간지역을 하나로 연결해주는 제의적 언어, 즉 하나의 상징체계를 나

타낸다고 볼 수 있다. 이 문화권에 살았던 사람들은 이 상징체계가 전달하는 내용을 읽고 또 기억할 수 있었다. 네발르 초리와 괴베클리 테페에서 나온 T자 기둥도 다른 유적지에서 찾아볼 수 있다. 대표적인 곳이 샨르우르파 근처 토기 사용 이전 신석기시대 유적지다. 이런 모든 증거는 북메소포타미아 산간지역에서 서로 연결된 문화 공동체, 다시 말해 문화적·종교적 공동 언어가 존재했음을 말해준다. 참고로 이 지역은 농업 발상지로 인정받는 지역이기도 하다. 즉 괴베클리 테페는 '신석기시대 종합세트'가 완성된 지역 중심에 있었다. 이때 이 종합 세트는 한 번에 완성된 것이 아니라 하나씩 하나씩 형성된 것이었다는 사실을 부연해두겠다.

그런데 이 숭배 의식에서 축제는 실제로 어떤 의미를 가지고 있었을까? 위에서 설명했듯이 괴베클리 테페와 같은 숭배 사원의 축조를 가능케 했던 저 엄청난 비용만으로도 숭배 의식이 전체 사회에서 가졌던 의미가 매우 컸을 것이라 쉬이 짐작할 수 있다. 이후 수천 년 동안 발달한 토기 신석기시대에서는 농경 주거지들이 일반적으로 서로 인접해 있었다. 이 주거지에서 살았던 사람들은 일상생활에서 활발하고 지속적으로 정보를 교환했고, 촘촘한 소통 네트워크가 작동했다. 이 네트워크를 통해 물자와 사람과 정보가 교환되었다. 따라서 신석기시대 마을은 큰 영역권을 필요로 하지 않았다. 생활에 필요한 것을 구하기 위해 매일매일 멀리 나갈 필요가 없어졌던 것이다.

하지만 토기 사용 이전 신석기시대 사람들이 아직 수렵 채집 생활을 할 때는 사정이 크게 달랐다. 이때는 자연에서 필요한 것을 획득해 필요를 충족시키는 경제에서 동식물을 직접 길러 필요한 것을 생산해내는 경제로 단계적인 이행이 이루어졌던 시기다. 당시 사람들은 여전히 훨씬 넓은 활동 반경을 필요로 했고, 따라서 마을은 50킬로미터 또는 그 이상 서로 멀리 떨어져 있었다. 때문에 PPN B 시대 거주민들에게는 지속적이고 밀접한 상호 교류가 흔치 않았을 것이 확실하다. 또한 이때 그 지역 거주민들이 지속적으로 한 장소에 정착해 살았다고 보기도 어렵다. 하지만 공간적으로 멀리 떨어져 있는 공동체들에게도 주기적인 만남은 필수 불가결한 것이다. 이러한 교류 장소는 기본적으로 아직 수렵 채집 생활을 하던 집단들에게 정보와 물자 교환을 위한 교류의 장으로서 매우 중요한 의미를 지니고 있었음이 분명하다. 비슷한 기능을 하는 장소들, 즉 계절이 바뀌는 시기에 만남이 이루어지는 장소로 기능했던 곳들은 이미 구석기시대에도 존재했을 것으로 추측된다. 이런 만남의 장소는 또 신성한 곳이기도 했다. 요컨대 이 장소들은 수렵 채집 생활인의 사회적·경제적·제의적 필요와 욕구가 결집되는 곳이었다 할 수 있다. 괴베클리 테페는 의심할 바 없이 바로 그러한 장소 중 하나였다.

이와 같은 교류를 위한 만남은 커다란 축제와 비슷했다. 이런 잔치에서는 대개 제의적 의미를 지닌 음식을 함께 먹었다. 특별한 메뉴도 제공되었고 음식은 차고 넘치도록 풍족했다. 하지만 이처럼 커다란 잔치에서 특별한 식사를 하려면 필요한 시기에 충분한 음식이 공급될 수 있어야 한다. 바로 여기에서 인류 역사에 더할 나위 없이 중요한 의미를 지니며 세계를 오늘날의 모습으로 바꾸어놓은 개혁, 즉 식물 재배와 동물의 가축화가 저 대형 축제와 연관이 있다는 결론이 도출된다. 예를 들어 이런 잔치는 식물을 풍족하게 수확할 수 있겠다는 예상이 어느 정도 있어야 가능하다. 이런 시각에서 볼 때, 가축은 살아 있는 고기 통조림이 된다. 요컨대 수렵 채집 생활 시기에 시작된 이러한 축제는 규모가 계속 커져갔고 그 결과 식량 조달도 더욱 압박을 받게 되었다. 결국 이런 문제를 해결하기 위해 계획적인 식량 생산이 등장한다. 기본적으로 식물 재배와 가축화된 동물로 이루어진 식단은 맛과 영양이 뛰어나 평상시 식사로 여겨지진 않았고, 대형 축제를 위한 음식이라고만 생각했을 것 같다. 이런 식량이 누구나 이용할 수 있는 공동 재화가 된 것은 시간이 더 지난 후의 일일 것이다. 또한 이런 대형 축제에서는 환각성 물질도 의식적으로 사용되었을 것이다. 경험이 많은 채집자는 시대를 막론하고 열매, 약초, 뿌리, 버섯 등의 환각 및 도취 작용에 대해 뛰어난 지식을 갖고 있다. 또한 이런 잔치를 통해 수많은 육체 노동력이 하나로 결집될 수도 있었다. 이런 점에서 보면 괴베클리 테페의 기념비적 신전 축조와 같은 공동체의 엄청난 업적이 가능했던 것은 대형 축제 때문이었으리라는 추측이 설득력을 얻는다. 공동체를 만들고 지속적으로 결속시키는 제의 또는 축제를 특정한 장소에서 거행하는 전통은 후기구석기시대까지 거슬러 올라간다.

괴베클리 테페가 축조되었던 때는 변혁의 시기였다. 이 성산聖山은 메소포타미아 북부에서 매우 중심적인 기능을 했음이 분명하다. 이 산은 소위 황금의 삼각지역이라 불리는 곳에 위치해 있었는데, 당시 곳곳에서 야생식물 재배와 야생동물의 가축화가 시작되고 있었다. 이는 괴베클리 테페 근처의 자연 조건이 수렵 채집 생활에서 정착 농경생활로 이행되기에 매우 적합했기 때문이다. 특히 이에 관한 유전자 연구는 카라자다으산山 주변 지역에서 우리가 먹는 재배 곡식(외알밀)의 발원지를 찾아냈다. 괴베클리 테페 근처에서 야생 곡식과 현재 우리가 먹는 곡식의 재배가 시작되었으리라는 추론이 타당한 근거를 찾은 것이다. 야생 곡물이 재배 곡물로 변하는 과정은 아마도 다음과 같았을 것이다. 우선 이 지역에서는 씹기에 딱딱하지만 높은 열량을 함유한 야생 곡물 낟알을 풍부하게 구할 수 있었다. 당시 사람들은 이 곡물을 돌로 만든 확에 넣어 절굿공이로 까끄라기를 벗긴 후 갈아서 식량으로 이용했다. 이는 기원전 9000년대에 수렵 채집 생활인들이 처음으로 정주생활을 시작하면서 나타났던 최초의 변화라고 볼 수 있다. 한곳에 머물러 있는 시간이 길어지자 진정한 의미의 식량 생산이 나타난다. 즉 들에 파종해서 시간이 지난 후 자란 곡식(외알밀과 보리)을 수확했던 것이다. 곡식은 재배되기 시작하면서 알맹이가 점점 커졌고 따라서 수확량도 현저히 증가했다. 이에 더해 메소포타미아 북부를 활동 반경으로 삼았던 수렵 채집 공동체들은 이 초기 야생 곡물과 처음으로 들에 뿌린 종자들을 야생동물(가젤과 야생 당나귀 떼)로부터 지키기 위해 협력해야 했을 것으로 추측된다. 농경은 원시적 형태일망정 이미 최소한의 조직력을 필요로 했던 것이다. 이 조직력은 괴베클리 테페 신전 근방에 분포되어 있었던 주거 공동체에 새로운 사회 구조를 만들어냈을 것이다. 이 때문에 최소한 이곳 터키 동남부에서 '신석기혁명'은 집의 작은 뒷마당에서가 아니라 사회적 조직이라는 대규모 형태로 시작되었을 것이라 추측하는 가설도 있다.

가축 사육은 사냥꾼들이 어린 야생동물을 한 마리씩 잡아 길들였던 데서 시작되었다. 하지만 동물을 길들이는 것과 사육하는 것이 혼동되어서는 안 된다. 길들여질 수는 있지만 실질적으로 가축이 될 수 없는 동물도 있다. 그 동물의 유전적 행동 방식이 가축화에 맞지 않기 때문이다. 예를 들어 많은 야생동물이 갇혀 있게 되면 생식력을 잃는다. 때문에 갇혀 있는 상태를 극복할 수 있는 동물만이 가축이 될 수 있다. 양, 염소, 소와 돼지가 그 예다. 하지만 지속적으로 사육에 성공하는 경우라 해도 우리에 갇혀 사육된 결과로 새끼 크기가 점점 더 작아지고 뼈 구조가 변하는 일도 흔했다. 모든 동물에게 자연적 생활 조건은 건강한 먹이가 분포되어 있는 자유로운 야생이 이상적이지 가축우리 안이 아니었던 것이다. 즉 초기 가축 사육자는 야생동물과의 교배 및 그 밖의 다른 방법을 통해 가축화된 종들이 급격히 퇴화하는 것을 꾸준히 방지했고, 이를 통해 유전적으로 어느 정도 튼튼한 가축을 얻어냈던 것이다. 동물의 가축화는 식물의 경우와 마찬가지로 빠른 시간 내에 해결될 수 있는 일회성 과정이 아니었다. 오히려 거듭 후퇴가 동반되는 고도로 복잡한 과정이었고, 이런 과정을 극복하고 앞으로 나아가기 위해서는 높은 수준의 관찰력과 경험적 지식이 필요했다. 이런 점을 잘 이해한다면 식물을 재배하고 가축을 사육했던 것이 문명의 차원에서 얼마나 커다란 성과였는지 더 잘 이해할 수 있을 것이다. 이러한 발전 과정은 다른 관점에서 볼 때 인간이 수확과 소출의 증대를 목표로 자연을 의식적으로 조작한 첫 번째 사건이기도 했다.

이러한 새로운 발전 과정에 근거해 생각해볼 때 토기 사용 이전 신석기시대 후기인 기원전 9000년대에서 기원전 8000년대 사이에는 아직 수렵 채집 생활이 주를 이루었지만, 메소포타미아 북부와 소위 비옥한 초승달 지대의 일부 지역에서는 식물 재배와 동물 가축화가 이미 이루어지고 있었고 이를 토대로 신석기 부흥기의 생활과 경제가 형성되었을 것이라고 추측된다. 그리고 이러한 신석기 문화의 형성은 이곳이 세계적으로 최초라고 할 수 있다. 여기서 빠진 것은 토기뿐이다. 하지만 근동아시아에 토기 신석기시대가 시작되기 전 또다시 기후 변화가 들이닥쳤다. 이 기후 변화는 근동아시아뿐만 아니라 북반구 거의 전체에 장기적인 영향을 끼쳤다. 즉 기원전 6200년경에 소위 미속스 기후 변동, 영어권에서는 8.2킬로이어 사건8.2-kiloyear event이라 불리는 급격한 기온 하강이 일어났던 것이다. 이는 서쪽으로는 사하라부터 동쪽으로는 고비에 이르기까지 고대의 건조 벨트 지역 대부분을 사막화하는 결과를 가져왔고, 이러한 건조화 현상은 300년에서 400년 정도 지속되었다. PPN B 시대 사람들에게 장기적으로 영향을 미쳤던 이러한 환경 변화로 인해 발전 가도를

3장 야영지에서 서남아시아의 원시 도시로

앞에 두었던 토기 사용 이전 신석기시대는 급작스러운 종말을 맞게 된다. 이 기후 변화로 인해 메소포타미아 경계 지대, 토로스산맥과 자그로스산맥이 발달하기 시작하는 지역과 근처 구릉지에는 더 이상 사람이 살지 않게 되었다. 같은 시기 유프라테스강과 티그리스강 넓은 저지대에는 더 많은 인구가 모여들었던 것으로 보인다. 그런데 이 지역에 살기 위해서는 인공 관개 시설이 있어야 했다. 특히 건조한 기후에서는 더욱 그랬다. 미속스 기후 변동기 이후 건조해진 지역에서 사람들이 계속 살고, 그 땅을 농경지로 이용할 수 있었던 것은 이러한 관개 시설 덕분이었다. 여기서 한 가지 지적하고 싶은 것은 PPN B가 단절되는 것 같은 그런 엄청난 역사적 사건은 하나의 원인으로만 설명될 수 없다는 점이다. 분명 기후 변화 외에 다른 원인들이 있었을 것이다. 예를 들어 PPN B 주요 지역들에 존재했던 천연자원이 과도하게 소비되었던 것도 그곳에 존재했던 공동체들이 붕괴된 원인이었을 수 있다.

4.
중앙 아나톨리아의
대규모 초기 주거지

기원전 9000년대에서 기원전 6000년대 동안 메소포타미아 북부 및 서북부 변두리에서 일어났던 사건들은 인류 역사에서 중요한 의미를 지닌다. 이 사건들이 일으켰던 변화로 주변 지역에도 변화가 일어난다. 중앙아나톨리아는 바로 그러한 지역 중 하나로 가장 초기의 신석기시대가 발달했던 핵심 지역을 살짝 벗어난 곳에 있었다. 이 지역에서 차탈 회위크 유적지는 토기 사용 이전 시기에서 토기 사용 시기로 넘어가는 초기 신석기 이행기를 대표한다. 이 대규모 거주지 유적층은 총 14개로 나뉘며 기원전 7400년에서 기원전 6200년경 사이로 추정된다. 이곳은 강가의 넓은 선상지 위에 위치해 있었기 때문에 이용할 수 있는 물이 풍부했다. 이는 강수량이 적고 건조한 코니아 고지대에서는 거주지로서 중요한 조건이었다. 이와 함께 이 주거지 주변에는 야생동물과 채집 가능한 열매가 많아 자연에서 구할 수 있는 식량이 풍부했다. 이러한 뛰어난 자연 조건은 먼 지역에 사는 주민들을 이 장소로 이주하게 만드는 원인이 되었을 것이다. 사람들이 모여든 결과 차탈 회위크에는 커다란 주거지가 형성되었다. 코니아 고지대에서는 차탈 회위크 외에 그 시대에 속하는 주거지가 거의 발견되지 않는다. 차탈 회위크는 그 지역에서 유일한 주거지였고 교류할 수 있는 다른 주거지는 없었던 것으로 보인다. 이런 정황은 여기서 나온 유적으로 확인할 수 있다.

최초 발굴 시기에 나온 유적 중에서 가장 이목을 집중시켰던 것은 소위 밀집형 건축물(〈그림 19〉)이라 불리는 가옥 형태였다. 이 건물은 비슷한 형태를 오랫동안 찾아볼 수 없을 정도로 희귀한 케이스였고, 그렇기 때문에 이 주거지 전체도 매우 특별한 성격을 띠었다. 주거지는 다닥다닥 붙은 사각형 집들로 이루어져 있었고, 롬 벽돌이나 다져서 굳힌 롬 흙을 사용해 지었다. 지붕은 납작한 모양이었다. 집집마다 천장 높이와 바닥 높이가 달라 공기가 잘 순환되고, 빛이 충분히 들어올 수 있었다. 각각의 집이 상이한 높이로 붙어 있어서 전체적으로 봤을 때 높이가 다른 계단이 서로서로 맞붙어 있는 모양이었다. 가옥들 사이에 있을 법한 큰길, 골목길 또는 집과 집 사이의 통로는 존재하지 않았다. 따라서 집으로 들어가는 입구는 납작한 지붕 말고는 없었다. 다닥다닥 붙은 주택지 옆에는 공터가 늘 곁달려 있었다. 집들은 유적지층에 따라 400채에서 1800채까지 있었던 것으로 추정된다. 또한 최근 발굴 조사 결과, 한 거주 구역에서 함께 살았던 인원을 최대 1만 명으로 잡았던 지금까지의 가설이 반박되고, 그보다 훨씬 더 적었다는 것이 밝혀졌다. 한 주거지에 살았던 인구는 2500명을 넘지 않았다. 하지만 차탈 회위크가 촌락 성격의 선사시대 주거지였다는 것을 고려하면 이 정도 인구가 조직적으로 함께 살았다는 사실도 놀라운 일이라고 할 수 있다. 이 밀집형 가옥은 쓰레기를 버리는 공터를 옆에 두고 살았고, 화장실에도 많은 문제가 있었을 것으로 여겨진

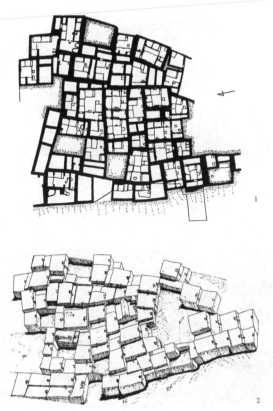

〈그림 19〉 1. 신석기 초기 주거지의 설계도 2. 복원도. 차탈 회위크. 터키.

다. 또 물자를 집 안으로 옮길 때 각 집으로 들어가는 통로에도 문제가 있었을 것이다. 그리고 이러한 촌락 형태의 집에 꼬이기 마련인 해로운 동물, 집쥐가 처음으로 발견되기도 했다.

집에 들어가려면 지붕을 통해야 했고 이를 위해서는 사다리가 필요했다. 사다리는 대부분 남쪽 벽에서 발견된다. 통상 이 벽 앞에 요리 시설을 설치해 출입구를 연기 빼지는 통로로도 이용했다(〈그림 20.1〉). 그럼에도 연기와 그을음이 집 내부에 주는 폐해는 컸던 것으로 보인다. 눌어붙

3장 야영지에서 서남아시아의 원시 도시로

〈그림 20〉 1. 사당으로 오해된 일반 가옥의 복원도 2. 마을 배치도가 그려진 벽화. 차탈 회위크. 터키.

은 자국과 계속 다시 칠해야 했던 벽이 이를 증명해준다. 지붕의 뚫린 구
멍으로 들어오는 빛은 하얀색으로 칠한 벽과 함께 낮 동안 이 공간을 밝
게 유지시켜주었다. 바닥은 전체가 똑같이 평평하지 않았고, 높이를 다르
게 했다. 높이가 다른 바닥에는 가장자리를 둘러 경계를 표시했다. 이는
건물 내부 공간이 하나일 때 여러 개로 나누는 효율적인 방법이었다. 바
닥 공간에는 부분적으로 갈대 거적을 깔기도 했다. 벽 앞에는 바닥보다
높게 만든 단상 또는 점토로 만든 긴 벤치가 있었는데 앉거나 잠자는 자

리로 이용되었을 것이다. 그 밖에 저장물 보관을 위한 길쭉하고 좁은 공간 한두 개가 다른 영역과 분리되어 있었다. 하지만 생활의 대부분은 밖에서 이루어졌던 것 같고 특히 지붕 위가 주요 활동 장소였던 것으로 보인다. 차탈 회위크에서 지금까지 발견되지 않은 유적은 숭배 의식을 위한 특수한 건물 또는 공동체의 공공 목적을 위해 유지했던 건물이다.

주거지 내에서는 여러 집이 하나의 단위를 형성해서 대부분 자급자족하는 살림을 운영했던 것으로 보인다(〈그림 20.1〉). 모든 집에는 식량 저장소가 있었다. 롬 벽돌 제작, 동물 사육, 곡식 가공, 석기 또는 뼈로 만든 용구 제작 등의 일도 가정에서 개별적으로 이루어졌다. 거주민들은 채집과 수렵, 그리고 가축 사육과 농경생활을 통해 식량을 해결했다. 곡식으로는 외알밀, 에머밀, 겉껍질 없는 보리, 빵밀 등이 발견되었으며, 병아리콩과 살갈퀴도 눈에 띄었다. 가축은 주로 양과 염소를 길렀다. 차탈 회위크 신석기시대 초기 지층에서 발견된 소뼈는 대부분 야생 소의 것이었다. 가축화된 소뼈는 기원전 5000년대에 해당되는 가장 위(따라서 가장 최근의) 지층에서만 발견된다.

주거지 건축물 발굴 목록에는 돌로 만든 용기와 더 후대에 사용되었던 토기가 포함되어 있다. 후자는 더 나중 시기에 속하는 퇴적층에서 발굴된 것이다. 토기가 발명된 것은 차탈 회위크에서 조리법의 풍속이 바뀌게 된 데 있지 않을까 생각된다. 사람들은 민무늬 토기에 음식을 조리했고 동물성 식량도 보관했다. 식물성 식량 보관을 위해서는 엮어 짠 바구니를 더 선호했다. 이와 함께 목재로 만든 그릇도 사용되었다. 그러한 증거 자료는 차탈 회위크 유적지층 중 불에 탄 Ⅵ지층에서 찾아볼 수 있다. 이 지층은 보존 상태가 뛰어났다. 석기 중에는 규석으로 만든 것도 있었다. 이와 함께 흑요석이 인기를 끌었는데 용구와 무기 제작에서부터 거울로 추정되는 물건에 이르기까지 다방면에 이용되었다. 중앙 아나톨리아를 제외한 주요 흑요석 채집장은 퀼뤼산山과 네네지산山같이 차탈 회위크에서 가까운 곳에 위치해 있었다. 점토를 구워 만든 다양한 기하학적 무늬의 도장이 다량 발견되면서 이를 놓고 여러 의견이 제시되었다. 한 가지 고려할 만한 견해는 사람들이 토기를 만들 줄 알게 되면서 개인 소유를 표시하기 위해 이 도장을 사용했다는 주장이다. 점토 도장은 어느 곳에서건 자립적 가정 경제가 확립될 때 등장하기 때문이다. 하지만 옷감, 가죽, 나무 등을 장식하거나 피부에 찍어 몸을 장식하기 위한 용도로 사용되었을 가능성도 배제할 수는 없다.

차탈 회위크에서 나온 여성적 형태를 띤 소형 조각상은 일찍부터 유적 발굴자와 문화인류학자들의 관심을 끌었다. 이 조각상을 놓고 당시 어머니 여신들이 숭배되는 모계 중심의 사회 구조가 존재했던 것인지 아니면 최소한 남녀 역할이 평등한 사회였던 것인지 여러 의견이 제기되었다. 이 조각상들 중 가장 잘 알려진 것은 일명 동물들의 여왕이라 불리는 좌상으로 제II지층 가옥의 곡식 보관 용기에서 발굴되었다. 이 조각상은 두 마리 표범이 좌우에서 호위하고 있는 왕좌 위에 풍만한 몸매의 여성이 앉아 있는 모습을 하고 있다. 이 때문에 이 조각상은 농업 경제 공동체와 관계있는 것이 아니라 사냥이 주를 이루는 생활의 관념세계나 상상세계에서 나온 것이 아닌가 하는 의견이 제기된다.

발굴을 진행하면서 위와 비슷한, 풍만한 육체를 가진 여성이 나타나는 조각상이 다량 발견되었다. 어디에서 발견됐는지 그 환경을 관찰해봤을 때, 이 조각상은 곡식의 관리 또는 보관과 연관이 있었으리라 해석된다. 반면 이 조각상을 '여신들'로 해석하기에는 해당 근거가 부족하다. 더욱이 조각상 중에는 남성을 표현하고 있는 것도 있다. 이런 조각상은 대부분 특별히 성별상의 특징을 보이지 않는다. 즉, 이 조각상을 만든 사람들은 성별 표현에 주된 관심을 두지 않았다는 것이다. 2000점의 조각상 중 5퍼센트만이 분명한 여성의 몸을 보여주고 있을 뿐이다. 오히려 그 밖의 다른 증거물은 차탈 회위크 사회 내에서 성역할이 평등하고 나아가 서로 대체가 가능했음을 암시하고 있다. 일례로 장례 또는 해골 숭배 의식에서 남자와 여자는 같은 방식으로 매장되었다. 노동능력 또는 음식 섭취에서도 남녀 간의 차이는 보이지 않는다. 이는 이 사회에서 성별이 개인의 역할을 규정하지 않았다는 징표라고 볼 수 있다.

차탈 회위크에서 발굴된 예술 창작물 중 가장 강렬한 인상을 주는 것은 집 내부 벽에 그려놓은 그림과 부조다. 대부분은 1960년대 발굴 초창기에 J. 멜라어트에 의해 발굴되었다. 140채 중 4분의 3 정도의 내부 벽에 장식이 있었다. 가장 공들여 만들어졌고, 또 가장 잘 보존된 사례는 Ⅶ지층과 불에 탄 Ⅵ지층으로, 특히 후자가 더 그러했다. Ⅵ지층은 가장 많은 집의 흔적이 발견된 층이기도 하다. 당시에는 주실主室, 즉 주거 공간에서만 장식이 발견되었는데 멜라어트는 이 벽 장식 때문에 이 공간을 '사당'이라 불렀다. 하지만 이는 잘못된 호칭이다. 현재는 발굴된 집들이 주거를 위한 일반 가옥이며 숭배 의식 목적에 사용되지 않았음이 밝혀졌다.

벽에는 황소 해골에 점토 또는 석고를 덧씌워 만든 부크라니움과 소 해골이 하나 또는 여러 개 장식되어 있었다. 드물게는 이 장식이 기둥이나 점토로 만든 벤치에 걸려 있는 경우도 있었다. 비록 차탈 회위크에서 나온 증거물은 인간 해골이 아니라 동물의 것이라는 점이 다르긴 하지만, 해골에 롬 흙을 얇게 발라 본을 뜨는 풍습은 예리코와 레반트 지역에서 나온 유사 발굴물을 생각나게 한다. 점토로 만든 벤치에 황소 뿔 여러 개를 열 지어 걸어놓은 경우도 있었다. 특히 인상적인 것은 ⅦB44호 집 서쪽 벽에서 발견된 부조로서 이 부조물은 서로 마주 보고 있는 두 마리 표범을 표현하고 있다. 또 롬 흙벽에 야생동물 신체 중에서 날카롭고 뾰족한 부분, 예를 들어 멧돼지 송곳니, 여우나 족제비 이빨, 또는 독수리 부리 등을 박아 넣은 집도 있었다. 그 밖에 팔다리를 가진 형체가 부조된 벽도 여럿 있었다. 이 형체들은 팔을 벌리고 있거나, 머리 방향으로 약간 구부리고 있는 모습이었다. 여러 번 표면을 덧바르고 색칠한 것이 확인되는데, 이는 부조의 머리와 손발이 떨어져 나갔기 때문인 것으로 추측된다.

벽화는 하얀색이나 크림색 바탕에 적·흑·갈색을 사용하여 제작했다. 여러 층으로 겹쳐 있는 색들은 종종 다시 칠했음을 보여준다. 기하학적 무늬가 그려진 그림은 마치 벽에 거는 양탄자 같은 느낌을 준다. 어쩌면 실제로 이를 모방해 그렸던 것인지도 모른다. 그림 속에 꿰맨 자국이 함께 그려져 있기 때문이다. 벽에 찍은 손자국은 후기구석기시대 유럽 서남부 동굴 벽화를 연상케 한다. 하지만 벽화의 주된 소재를 차지했던 것은 동물이다. 그중에는 여러 사람이 야생 소, 사슴, 멧돼지, 곰을 사냥하는 장면도 있다. 놀라운 점은 벽화에서 보이는 야생동물들은 차탈 회위크 주민의 식량 조달에 특별한 역할을 전혀 하지 않은 동물이라는 점이다. 일상생활에 더 중요했던 가축이나 재배 식물은 벽화에 등장하지 않는다. 특히 눈에 띄는 것은 여러 차례 모습을 보이는 표범으로, 중요한 역할을 했던 것 같다. 몇몇 벽화로 볼 때 한 가지 가능한 추측은 표범 털가죽을 특히 의복, 그중에서 남성 의복으로 이용했을 가능성이다. 이에 반해 표범 뼈는 지금까지 한 번도 발견되지 않았다. 이상으로 볼 때 차탈 회위크 주민들은 야생동물과 가축화된 동물을 완전히 분리된 두 영역으로 보았음을 알 수 있다.

특기할 것은 아마도 인류 역사상 가장 오래된 지도일 수 있는 벽화다 〈〈그림 20.2〉〉. 이 그림은 추정컨대 기원전 6200년경 규칙적으로 배열된 밀집형 집들이 있는 거주지와 화산의 쌍봉우리를 표현하고 있는 것으로 추정된다. 특히 거주지의 내부 모습 또한 함께 그린 것으로 추측된다. 물론 벽화에 대한 이러한 해석을 두고는 의견이 분분하다. 이 그림은 완전히 다른 것, 가령 표범 털가죽을 단순화시킨 것이라고 해석할 수도 있다. 이런 사례에서 우리는 다시 한번 그림 해석의 딜레마를 실감하게 된다. 우리는 그 시대의 정신적·종교적 관념세계에 대해 어떤 구체적인 사실도 알지 못한다. 우리가 하는 모든 접근과 해석은 대부분 가설에 그칠 뿐이다. 이런 한계는 다른 예에서도 확인된다. 일부 그림에는 머리가 없는 인간의 형체와 이를 향해 빠르게 하강하고 있는 독수리 비슷한 새들이 그려져 있다. 이런 그림에 대해 우리가 할 수 있는 한 가지 추측은 새들이 시체를 먹도록 두었으리라는 것이다. 이런 방식으로 시신을 처리하는 관습은 수천 년 뒤 역사에서 실제로 등장했는데, 조로아스터교 신봉자들이 행한 풍습이 그것이다. 또 차탈 회위크에서 발견된 무덤들은 전체 인구를 대표한다고 볼 수 없는 숫자였다. 그곳에 살던 사람은 훨씬 더 많았기 때문이다. 그렇다면 죽은 사람 중 무덤이나 흔적을 발견할 수 없는 이들은 어떻게 되었을까? 독수리에게 시신을 맡기는 조장鳥葬을 지냈던 것일까? 그럴지도 모르겠다. 하지만 현재 우리가 확실히 알 수 있는 것은 없다.

어찌 되었건 차탈 회위크 집안 벽 장식은 당시 사람들에게 집을 꾸미는 것이 매우 중요했다는 사실을 보여준다. 그럼에도 불구하고 잊지 말아야 할 것은 대부분 하얀색으로만 칠해놓았을 뿐 수고롭게 벽화를 그려놓지는 않았다는 사실이다. 저 공들여 그린, 여러 부분으로 구성된 그림은 유적 전체를 놓고 볼 때는 예외에 속한다는 말이다. 벽화들 위로 덧칠

이 가해지고 계속 새로운 그림이 그려졌다는 사실로부터 이 그림들이 한시적으로 특정한 계기에 의해서만 그려졌을 것이라 추측해볼 수 있다. 특정한 계기라고 한다면 바닥 아래에 시신을 매장하는 경우를 생각해볼 수 있을 것이다. 실제로 바닥 아래에서 매장된 시신이 여러 번 발견되었다. 벽화의 주제와 모티브는 반복된다. 이 때문에 '주문을 받아' 그림을 제작했던 전문가가 있었던 것은 아닌지 추측하게 된다. 이 전문가들은 특정한 상징과 기호체계를 이용했을 수 있다. 이 상징과 기호들은 차탈 회위크 주민들도 공유했던 것으로서, 세대를 거쳐 전승되면서 신앙과 관습에 고착되었을 것이다.

차탈 회위크 유적은 평범치 않다. 네발르 초리나 괴베클리 테페와 같은 인상 깊은 PPN B 유적지가 알려지지 않았던 시기 동안 차탈 회위크는 많은 관심을 불러일으켰다. 이 유적지는 원시 농경 거주지로서 고도로 복잡한 대형 주거지다. 물론 아직 최초의 도시화라는 개념을 거론할 수준은 전혀 아니었다. 차탈 회위크에서 발굴된 유적들이 아무리 인상 깊은 것이었다 하더라도, 당시 다른 지역에는 이렇다 할 영향을 미치지 못했던 듯하다. 코니아 고지대에 위치했던 이 유적지는 고립되어 있었고, 이와 비슷한 유적지는 어디에서도 발견되지 않고 있다. 벽화, 부조, 작은 조각상들에서 알 수 있는 것은 이곳에서 의식과 제례가 매우 중요한 역할을 했을 것이라는 점이다. 하지만 지금까지 발굴된 증거에 따르면 차탈 회위크에는 숭배 의식을 위한 곳으로 해석될 만한 특별한 건물, 아나톨리아 동남부 PPN B 시대 주거지들에서 반복적으로 발견되는 그러한 건물은 전혀 존재하지 않는다. 괴베클리 테페에서 제례가 그곳의 건축적 형태를 규정하고 유적지 전체가 일정한 지역사회 전체에 강력한 영향력을 미쳤던 데 반해, 차탈 회위크에서 숭배 의식은 ―그곳의 경제생활이 그러했듯이—'개인적' 형태를 띤다. 숭배 의식은 가옥 또는 주거 단위들에서만 나타나기 때문이다. 그렇기 때문에 차탈 회위크는 어떤 의미에서 정말로 혁신적이었다고 할 수 있는 것이 아닌가 하는 생각도 든다. 정말로 인근 지방에 주요한 영향을 미쳤던, 새로운 형태의 원시 촌락 공동생활과 경제가 나타난 곳이 바로 여기인 것은 아닐까? 아니면 코니아 지방은 메소포타미아 북부 PPN B 문화와 비교해서 발달이 뒤처져 있었던 것일까? 혹은 동일한 시기 비옥한 초승달 지대는 이미 오래전에 획기적인 발전을 거쳐 완전히 새로운 단계에 도달해 있었다는 것을 생각해보자. 이런 점을 고려해봤을 때 차탈 회위크 주민들은 초승달 지대에서 도달했던 이런 혁신적 변화들을 수용하고 소화해 자기한테 맞게 고치려고 시도했던 것은 아닐까?

만일 후자가 맞는다고 한다면 최소한 밀집형 건축 양식과 지붕 통행은 차탈 회위크에만 고유했던 특징이었던 것일까? 아니, 결코 그렇지 않다! 악사라이 지방 북쪽, 아시으클르 회위크에서 유적지 하나가 발견되었다. 이 유적지는 완전히 토기 사용 이전 시기에 속하는 것으로 아나톨리아 동남부 PPN B 시기에 해당된다. 이곳에서는 주거지 13개가 있는 지층이 발견되었다. 이는 강 상류 언덕에 위치해 있던 텔(구릉 주거지)로서 기원전 8200년에서 기원전 7400년 전의 것으로 추정된다. 즉 아시으클르 회위크는 차탈 회위크에 사람이 살기 시작했던 때에는 더 이상 아무도 살지 않는 상태였다. 따라서 아시으클르 회위크는 차탈 회위크의 선조다. 요컨대 아시으클르 회위크는 중앙 아나톨리아 고지대에서 가장 오래된 정주 집단 주거지였다고 할 수 있다. 주거지로 이 장소가 선택된 것은 수원에서 가깝고 환경이 매우 비옥하다는 장점을 가졌기 때문만은 아니다. 중요한 흑요석 채굴장이 바로 근처에 있었다는 점 또한 중요한 이유였을 것이다.

이 채굴장은 후기구석기시대부터 수렵 채집 생활인들에게 이용되었다.

아시으클르 회위크의 건물 구조와 가옥 형태는 많은 부분에서 차탈 회위크와 공통점을 보여준다. 여기에도 서로 맞붙어 지어진, 내부가 하나의 공간인 롬 흙 움막집이 존재했고, 입구는 대부분 지붕에 있었다. 또한 옥상은 여러 작업을 하는 중요한 활동 공간이었다. 집 안으로 들어갈 때는 차탈 회위크에서처럼 채광창 역할을 하는 구멍을 통해 들어갔고, 이때 건물 내부에 걸쳐져 있는 사다리를 이용했다. 아시으클르 회위크의 건축은 처음부터 기본적으로 롬 흙으로 만든 벽돌을 사용했다. 집 한 채한 채가 모여 더 큰 주거 단지를 형성하는 경우도 있었다. 여기서 다시 차탈 회위크와의 공통점이 엿보인다. 주거 단지 사이에는 공터가 있어 쓰레기를 버리는 장소로 사용되었다. 종합해서 볼 때 차탈 회위크에서 처음으로 발굴된 가옥 건축 및 거주지 조성 형태는 동남부 지역에서 수입된 것이 아니라 중앙 아나톨리아에서 기원한 것으로 보인다. 다시 말해 더 오래된 지역적 전통에서 기원한다는 것이다. 이때 이 전통의 뿌리는 기원전 8000년대에 속한다고 추정된다.

특기할 것은 아시으클르 회위크에는 면적이 500제곱미터에 달하는 대형 건물이 여러 채 존재했다는 점이다. 이런 건물은 다른 가옥에 비해 형태와 시설에서 현저한 차이가 있어 주거 공동체 내에서 공공의 기능을 했던 것으로 보인다. 하지만 그 기능이 무엇이었는지는 알 수 없고 설명도 불가능하다. 전체적으로 보았을 때 아시으클르 회위크 유물들로는 시기를 추정할 수 있는 것이 별로 많지 않다. 왜냐하면 대부분 유물이 거의 규석으로 만든 도구에 한정되어 있기 때문이다. 토기는 존재하지 않았고 지금까지 거주지 전체에서 발견된 점토로 만든 물건은 동물 조각상 하나뿐이었다. 이런 종류의 조각상은 그라베티안 문화 이후 중유럽에서 발견된 적이 있다. 아시으클르 회위크는 1000년 넘게 지속된 주거지였지만 그 밖의 다른 예술 창작물 잔해나 종교적 표상에 대한 증거물은 발견되지 않고 있다.

아시으클르 회위크 거주자들은 이미 드문드문 에머밀, 외알밀, 보리를 재배했고, 이에 더해 콩과 식물도 얼마간 재배했다. 이익 동시에 채집 경제도 집중적으로 운영했다. 주로 채집한 것은 야생 보리, 견과류(피스타치오, 아몬드), 과일, 베리류와 그 밖의 식용 식물이었다. 농경을 처음 시작했지만, 생활의 중심은 여전히 채집활동이었다. 이렇게 두 생활 방식이 병존했지만, 정주생활이 막 시작된 신석기시대 초기에는 이상할 게 없었다. 하지만 시간이 지나면서 사회적 형태와 식량 조달 기술은 아나톨리아 전역에서 주저 없이 농경생활을 향해 직진하게 된다.

현재까지 아시으클르 회위크에서 가축 사육이 이루어졌다는 증거는 발견되지 않는다. 이 때문에 고기는 주로 사냥으로 조달했으리라 추측된다. 특히 야생 양, 야생 염소, 멧돼지, 야생 소가 인기 있었다. 이 동물들의 뼈를 감정해본 결과 특이한 사실이 발견되었다. 당시 사람들은 야생 동물이 특정한 나이에 이르렀을 때에만 사냥감으로 삼았던 것으로 보인다는 점이다. 다시 말해 사냥감을 고를 때 의식적으로 선택하는 과정을 거쳤다는 것이다. 우리가 추측해볼 수 있는 유일한 이유는 이런 방법을 통해 의식적으로 야생 식량의 총량을 유지할 수 있었기 때문이다. 즉 어린 동물을 성장하게 두어 사냥감을 계속 재생산했던 것이다. 이런 방식으로 동물 멸종을 초래할 수도 있을 급격한 개체 감소를 계획적으로 방지할 수 있었다. 이런 점에서 아시으클르 회위크의 사냥 방식은 일종의 개체 수 관리 생태 경영이라고 볼 수 있다. 또한 아시으클르 회위크에서 양과 염소 야생종이 아직 가축화되지 않은 것으로 밝혀지긴 했지만, 최소한 관리를 하고 있었던 것은 아닌가 생각해볼 수 있다. 그 이전 시기의 사냥 형태에 비해 볼 때 이는 괄목할 만한 발전이다. 왜냐하면 인간과 동물 간의 관계가 근본적으로 변화했다는 사실을 보여주기 때문이다. 이에 비해 차탈 회위크에서는(이런 점에서 보면 이곳에서의 문명이 조금 더 발달해 있었다) 이미 언급했듯이 양과 염소의 가축화가 이루어졌다. 소는 아직 야생 형태로만 있었다. 소는 사람들이 그 지역을 떠나기 직전쯤에야 가축으로 키워진다.

무덤을 가옥 바닥에 설치한 형태는 토기 사용 이전 시기와 이후의 신석기 초기에 걸쳐 많은 장소에서 발견된다. 아시으클르 회위크에서는 이런 무덤이 놀랍도록 많이 발견되었는데 발굴된 가옥 약 400채에서 76기나 발견한 것이다. 여기서 놀라운 점은 죽은 사람의 나이다. 이는 성별에 따라 현저한 차이를 보이고 있다. 남자는 대부분 55세에서 57세인 데 반해, 여자는 보통 20세에서 25세에 죽은 것으로 밝혀졌다. 이런 증거가 출산 시 사망과 관계있는 것인지 아니면 남자에 비해 여자가 육체적 부담을 현저하게 많이 받았기 때문인지, 현재로서는 논리적인 대답을 내놓기 어렵다. 하지만 아시으클르 회위크나 차탈 회위크 거주지에서 발견된 무덤은 한때 그곳에 살았던 인구의 일부분에 불과하다. 따라서 시신 대부분은 주거지 밖 다른 지역으로 옮겨져 땅에 파묻었거나, 아니면 이미 한 번이 주제에 대해서 언급한 바 있지만, 땅 위에 그냥 방치해두었을 수도 있다. 그렇다면 거주지 안에 묻힌 저 사람들은 왜 특별한 돌봄을 받았으며 어떤 기준에서 선택되었던 걸까? 이에 대해 우리는 아직 아무것도 아는 바가 없다.

아시으클르 회위크와 차탈 회위크에서 나온 유물과 유적은 중앙 아나톨리아 남쪽에서 인간이 정주생활을 시작하고 점차 생산 경제를 하게 된 과정에 대해 많은 것을 시사해준다. 이 두 유적지는 현재 연구 수준에서 훌륭한 자료 제공처라고 할 수 있다. 아시으클르 회위크가 세워지기 전 기원전 8000년대까지 코니아 평야는 아석기시대였고 무리를 이루어 사는 채집 생활자의 활동 공간이었다. 이는 프나르바시으에 남아 있는 분명한 흔적에서도 잘 드러난다. 연구자들은 바위굴 아래에서는 야영 장소를, 인근 언덕에서는 넓은 주거지를 발견했다. 바위굴은 아마 단기적으로 또는 특정한 계절에만 사용되었던 것으로 보이지만, 주거지를 세웠다는 것은 정착생활을 위한 일보 전진이었다고 해석될 수 있다. 이러한 과정을 거쳐 인류는 마침내 아시으클르 회위크에서 최초로 여러 층의 유적지층을 가진 주거지를 탄생시키기에 이른다.

프나르바시으의 평평한 분지에 세워진 가옥은 엮어서 짠 거적으로 벽을 세운 단순한 것이었다. 이곳 거주민들이 이용했던 식량은 야생동물과 조류에서 물고기, 식용 야생식물에 이르기까지 종류가 다양했고 양도 풍부했다. 발견된 용구 중에는 흑요석과 그 밖의 다른 천연자원을 이용해 제작된 특수한 용구도 있었다. 이런 재료의 사용은 당시 사람들이 원거리 지역과 교류를 했음을 증명해준다. 바위굴과 주거지에서는 무덤도 발견되었다. 아시으클르 회위크와 차탈 회위크 같은 토기 사용 이전 및 초기 신석기시대 거주지에서 통상 관찰되는 매장 풍습은 망자를 주거 가옥의 바닥이나 벽에 묻는 것이었다. 이러한 풍습의 역사는 훨씬 오래전으로 거슬러 올라간다. 이런 식으로 산 자와 죽은 자를 연결시키는 방법 그리고 죽은 자를 곁에 가까이 두고자 하는 소망은 인간의 정착생활과 더불어 비로소 생겨난 관습이 아니라 이동생활을 했던 수렵 채집 시기에도 있었던 것이다.

프나르바시으의 바위굴이 기원전 6000년대까지 여전히 사냥꾼과 목동들에 의해 특정한 시즌에 야영지로 사용되었다는 점은 특기할 만하다. 이는 정착생활과 농경, 가축 사육이 시작된 후에도 수렵 채집 생활이 차탈 회위크 다음 시대 주거지에서도 계속됐음을 말해주는 것이기 때문이다. 아시으클르 회위크 근처에 위치한 무술라르 유적에서도 수렵 채집의 흔적이 확인된다. 프나르바시으에서와 마찬가지로 무술라르에서도 분지에 세워진 매우 단순한 가옥들이 발견되었다. 이 유적은 기원전 7000년대 중반까지 거슬러 올라가며, 아시으클르와 같은 시기에 성립되었다. 무술라르에서는 소 사냥을 위해 특별히 사용되었던 야영 장소가 특히 주목을 받는다. 이곳에서는 한편에서는 사냥하고 동물을 토막 내기 위한 필수 용구를 제작했고, 다른 한편에서는 동물에서 나온 재료를 바로 가죽 제작과 가공에 이용했다. 여기서 무술라르가 중요한 의미를 갖는 이유가 분명히 드러난다. 즉 이곳의 유적을 보면 가축 사육과 농경이 서서히 발달하기 시작하고 한 장소에 고정된 생활이 이루어지는 동안에도 수만 년 넘게 내려온 전통을 따르는 제2의 생활 형태가 함께 존재했으며, 이에 해당되는 특정한 경제활동이 병존했음을 명확하게 알 수 있기 때문이다. 잘 조직된 대규모 주거지가 생겨나고 이곳에서 수백 년에 걸쳐 사람들이 살았다고 해도, 인구 전체가 한가지 생활 방식으로만 통합되어 있었던 것은 아니라는 말이다. 따라서 신석기시대 초기 모습을 그릴 때는 매우 다양한 생활 형태와 경제활동이 병존했다고 생각해야 한다. 이 시기의 전체적 상에 대한 지금까지의 고고학적인 모델은 유명한 주거지에서 발굴된 유적들에 지나치게 의존해 있었고 그러다보니 대변혁기에 존재했던 사회적 다양성을 제대로 인식하지 못하는 결과를 가져왔다.

무술라르에서 발견된 독특한 증거물을 보면 중앙 아나톨리아 남부에서 그 시기에 서로 다른 관념세계와 제의가 병존했었다는 것이 쉽게 납득이 간다. 그러한 예로는 주거 목적으로 사용된 것이 아닌 특수 건물이 있다. 건물 중앙에는 분지처럼 우묵 들어간 부분이 있고 측면에는 롬 흙으로 다져 만든 벤치들이 있다. 또한 여러 모양으로 건물 기둥을 박았던 구멍들이 있으며, 빨강으로 색칠된 석회암이 바닥에 깔려 있었다. 이 붉은색 바닥은 다른 가옥들에서는 찾아볼 수 없는 것이다. 이 건물이 그곳에 살았던 소 사냥꾼 공동체가 축제나 제의를 벌일 때 사용했던 공공 건물이었다는 추측은 현재로서 가설 이상의 자격을 갖지 못하지만, 혹시라도 이 가설이 사실이라면 이는 아나톨리아 동남부에서 멀리 떨어진 이곳에서도 차이외뉘, 네발르 초리, 괴베클리 테페 등의 아나톨리아 동남부 토기 사용 이전 거주지에서 보았던 것과 매우 비슷한 성격의 유적을(비록 건축적 특징은 완전히 다르긴 하지만) 다시 마주치게 된다는 것을 뜻한다. 다른 한편 위 세 유적지와 매우 다른 구조를 지닌 아시으클르 회위크와 차탈 회위크 거주지에서는 새로운 특징이 눈에 띈다. 이곳에서는 수렵 채집 생활을 하는 아석기인들에게 큰 역할을 했던 대형 축제와 같은 제의가 (최소한 건축상으로는) 발견되지 않는다는 점이다.

무술라르 유적지와 비슷한 유적지들은 아나톨리아 동남부로부터 영향을 받았을 가능성이 있다. 중앙 아나톨리아에서 존속하면서 조직화된 대규모 주거지를 이루었던 수렵 채집 생활 집단을 이해하는 데 있어 이러한 연관성은 매우 중요한 의미를 지닌다. 이에 반해 아시으클르 회위크와 차탈 회위크 같은 주거지들은 이 장소들이 갖는 특수한 형태와 특징으로 볼 때 비옥한 초승달 지대에서 영향을 받아 생겼다고 설명하기는 힘들다. 그보다 이 지역에서는 토착적인 발전이 있었다고 봐야 할 것이다. 이 두 유적지는 서로 다른 시간대에 속하지만 특별한 공통점이 있다. 우선 유적지층이 주거지 위에 다시 주거지가 겹치는 식으로 형성되었다는 점이다. 하지만 특별함은 여기서 그치지 않는다. 더욱 눈에 띄는 것은 한 세대에서 나타났던 건축구조가 다음 세대에서도 이어지는 지속성이다. 다시 말해 여러 세대에 걸쳐 지어진 건물이 대부분 똑같은 자리에 층층이 자리 잡고 있다는 것이다. 이러한 모습에서 당시 토지 소유 관습이 어땠는지 짐작해볼 수 있으며, 건물과 사람 또는 건물과 가족 사이의 강한 결속력을 엿볼 수도 있다. 이런 결속력은 아마도 여러 세대에 걸쳐 영향을 미쳤을 것이다. 나아가 이러한 정황들은 소유권 및 사유재산 관계가 어땠는지 추측을 가능케 해준다.

아시으클르 회위크와 차탈 회위크에서 볼 수 있는 이러한 공간적 지속성 그리고 지붕을 통해서만 내부로 들어갈 수 있는 밀집형 가옥 형태는 레반트 지역과 근동아시아의 다른 지역들에서는 그 전례가 있지도, 유사한 모습이 나타나지도 않는다. 따라서 아시으클르 회위크와 차탈 회위크에서의 건축 형태는 토착적 발달 결과라고 할 수 있다. 그럼에도 불구하고 건축을 제외하면 메소포타미아 북부에서 모종의 영향과 자극을 받았을 가능성을 배제할 수는 없다. 메소포타미아 북부에서는 이미 더 빠른 시기에 정착생활과 생산 경제로의 변화가 단계적으로 일어나고 있었다. 당시 이곳의 거주민들이 아나톨리아 동부와 중부에서 흑요석을 조달해왔다는 점, 다시 말해 광범위한 네트워크와 물자 교환을 위한 교류가 있었다는 점을 상기한다면 이들 사이에 문화적 접촉이 있었을 가능성은 더욱 높아진다.

비옥한 초승달 지대에서처럼 중앙 아나톨리아 지역에서도 가축 사육과 식물 재배는 매우 긴 시간에 걸쳐 천천히 자리를 잡았다. 나아가 야생동물의 고기와 채집 식물이 식량 조달에서 차지하는 비중이 확연히 줄어들기까지는 더 오랜 시간이 걸렸다. 줄어들었다고 해도 이 식량들이 식단에서 완전히 사라지지는 않았다. 아시으클르 회위크와 차탈 회위크에서 이루어졌던 생활 및 경제를 영위하기 위해서는 식량 생산 시작 단계에 필요한 지식이 있어야 했을 테고 노동 분업도 있어야 했을 것이다. 하지만 그 외에도 전제 조건이 더 있다. 규석 도구와 절구, 절굿공이를 개인적 필요에 따라 각 가정에서 제작하려면 원자재가 조달되어야 했다. 이를 위해서는 이 도구의 제작보다 더 복잡한 시굴과 채굴 작업을 행하거나, 아주 멀리 있는 지역에서 원자재를 가져와야 했다. 그랬기 때문에 이런 일련의 도구 제작이 가능하려면 이 과정을 포괄적으로 조직하는 행위가 있었다고 전제할 수밖에 없다. 이런 조직력은 누가 어떤 작업을 할지 분명하게 역할 분담을 하지 않고는 기능할 수 없는 것이었다. 우리는 이미 비슷한 형태를 구석기시대의 집단 사냥에서 관찰한 바 있다. 정주생활이 시작되고 이와 더불어 일을 조직적으로 해야 할 필요성이 높아지자 서서히 노동 분업이 다시 가동되었을 것이며 수공업의 원시적 형태가 나타났을 것이다.

우리는 앞에서 차탈 회위크 가옥 내부 벽 장식이 이곳에서의 문명 발달을 특징적으로 나타내고 있음을 보았다. 이 내부 벽 장식으로부터 우리가 최소한 분명하게 확인할 수 있는 것은 이를 만든 사람이 장식의 주제와 제작 기술에 숙달되어 있었다는 점이다. 이러한 숙련도는 이 분야의 전문가 또는 예술가라고 할 수 있는 극히 한정된 사람만 보여줄 수 있었다. 이 전문가들이 주로 재현했던 것은 야생 소 또는 다른 종류의 야생동물이었고 표현 방식은 사실적이었다. 이에 반해 이미 가축이 되었던 양과 염소는 거의 등장하지 않는다. 이러한 대비를 통해 알 수 있는 것은 인간이 가축 사육과 식물 재배를 통해 자연을 지속적으로 이용할 수 있도록 개조하기 시작하고 자신의 뜻과 이익에 따라 자연을 변형시키기 시작했던 시기였음에도 불구하고, 아직 주변 자연과 매우 가깝게 결속되어 있었다는 사실이다. 어쩌면 차탈 회위크의 벽화들은 당시 인간과 동물의 관계가 변화하고 나아가 인간이 자연환경을 점점 더 많이 지배하고 변화시킬 수 있게 되면서 이러한 극적인 변화를 스스로에게 납득시키고자 했던 노력의 일환으로 나온 것인지도 모른다. 특히 외부 세계를 점점 더 지속적으로 이용 가능하게 만드는 능력에 대한 자각은 매우 강렬한 정신적인 경험이었다. 자연을 지배하는 경험이 예술적으로 표현될 때 일상생활을 영위하는 집에다 표범처럼 위험한 동물을 그려넣는 방식으로 나타났다. 이때 이 위험한 동물은 훌륭한 예술적 솜씨로 표현되었고, 이로 인해 인간의 자연 지배라는 행위는 더 숭고하게 그려질 수 있었다.

5.
메소포타미아 지역의
도시화

토기 사용 이전 신석기시대(PPN A와 PPN B)인 기원전 9000년대에서 기원전 6000년대 사이 일명 비옥한 초승달 지대에 살았던 사람들은 자연·경제·문화적 조건이 근본적으로 변화하는 경험을 겪게 된다. 정착생활과 식물 재배, 동물 사육이라는 변화가 일어났던 것이다. 이 변화는 전체 인간 역사에서 가장 파급 효과가 컸다고 할 수 있다. 그렇다고 한다면 다음과 같은 질문이 필연적으로 따라 나온다. 이 시기에 일어났던 새로운 발견들 중 이후 수천 년 동안 근동 지역에서 이루어졌던 발전에 중요한 영향을 미쳤던 것은 무엇인가?

토기 사용 이전 신석기시대가 끝나고 이어지는 시기의 주요 특징은 토기의 발명이다. 이때부터 오늘에 이르기까지 토기는 인간의 일상생활에서 떼어놓고 생각할 수 없는 것이 되었다. 토기는 수많은 형태로 구워졌고 온갖 용도로 사용되었으며, 또한 사람들이 장식하기 좋아하는 대상이었다. 때문에 무늬 형태를 보면 기본적으로 어느 시기에 어떤 주거 공동체들이 있었는지 알 수 있다. 고고학자들은 이런 공동체를 (방법적으로 전적으로 옳다고 할 수는 없으나) '문화' 또는 '문화 집단'으로 즐겨 부르곤 했다. 여기에 더해 각 집단을 구별하게 해주는 또 다른 표식도 생각할 수 있다. 고유한 의복이나 신체의 채색, 문신 등이 그러한 것으로, 어쩌면 토기 무늬보다 더 분명한 정체성 표현으로 기능했을 수 있다. 하지만 선사시대 유물로 지금까지 보존되어 있는 것은 찾아볼 수 없다.

토기 사용 신석기시대의 최초 시기는 자르모와 움 다바기야 같은 유적지로 대표된다. 이들의 역사는 기원전 6000년대 전반부에 시작되면서 PPN B의 뒤를 이었다. 토기 이전 시대가 구체적으로 어떻게 토기 시대에 의해 해체되었는지, 겹치는 시기는 없었는지 등의 문제는 앞으로의 연구가 밝혀야 할 숙제다. 분명한 것은 괴베클리 테페와 같은 PPN B의 중심지에는 더 이상 사람이 살지 않게 되었다는 사실이다. 나아가 이전에 주요 주거지역이 유프라테스와 티그리스 강변의 비옥한 평야를 초승달 모양으로 감싸고 있는 북쪽 구릉지에 위치해 있던 데 반해, 토기 사용 시대에는 유프라테스와 티그리스 강변 평야 쪽으로 이동한 것으로 보인다. 이렇게 판단하는 근거는 가장 오래된 토기 생산 주거 집단의 최초의 주거지가 발견된 곳이 바로 이 지역이기 때문이다. 자르모와 움 다바기야에서 나온 토기는 매우 단순한 형태의 용기로 두껍고 무늬가 없으며, 식물성 재료를 섞어 점토 비율을 낮추어 만들었다. 이 방법은 진흙에 다른 재료를 첨가함으로써 점성을 낮추어 토기를 더 잘 굳게 만드는 기술이었다.

자르모 유적지는 자그로스산맥이 메소포타미아 저지대 쪽으로 한참 뻗어나가 있는 서쪽 완만한 끝자락에 위치해 있다. 자르모 지역은 떡갈나무와 피스타치오나무 숲으로 이루어져 있었다. 고고학적으로 증명된 바에 의하면 이 선사시대 촌락에서는 수백 년간, 매우 오랫동안 지속적으로 사람이 살았다. 발굴자들은 유적지를 12개 층으로 구분했다. 각 층에서는 25채를 넘지 않는 작은 마을 유적이 나왔다. 인구는 도합 150명 정도로 추정된다. 집의 기본 윤곽은 단순했다. 벽은 자연 건조시킨 롬 흙으로 되어 있었고, 이 벽을 돌로 된 기저부 위에 세웠다. 이는 오늘날까지 근동아시아의 전통적 건축 형태로 계속 존재하고 있는 방식이다. 유물 중에는 흑요석 도구도 있었는데, 이 흑요석은 아나톨리아 동부에 위치한 호수, 반 호湖에서 나온 것이었다. 또 장신구 제작을 위해 쓰였던 아름다운 조개껍데기는 페르시아만에서 나온 것이었다. 이런 사례들로부터 알 수 있는 것은 정주생활이 시작되었던 시기에 메소포타미아 북부에서는 이미 원거리 무역이 조직되어 행해지고 있었다는 점이다. 부연하자면 이러한 원거리 무역의 시초는 정주형 거주지가 형성되기 이전으로 거슬러 올라간다. 또한 다양한 용구와 용기가 식재료의 수확, 가공 및 저장을 위해 제작되었다. 증거 자료에 의하면 식량으로 이용된 식물로는 에머밀, 외알밀, 원시 보리와 렌틸콩이 있었다. 가축화된 동물로는 염소, 양이 있었고 후대에 속하는 지층에서 발견된 자료에는 돼지를 가축으로 기른 흔적도 있었다. 예술 창작물 자료는 드물게만 발견되었고 동물과 인간 형태 점토상에 국한되었다. 이 중에서 눈에 띄는 것은 작은 임신부 조각상이다. 주제가 임신부라는 점으로 볼 때 이 조각상은 후기구석기시대 전통과 관련되어 있다고 짐작할 수 있다.

자르모보다 더 서쪽, 티그리스강 상류에 위치한 움 다바기야는 강수량이 불규칙하고 장기간 건기가 지속되는 등 매우 건조한 지역이었다. 따라서 강수량이 수분 증발량보다 많아야 하는 농사는 불가능했다. 그런 이유로 움 다바기야 주거지는 특정 계절에만 사람이 살았던 것이 아닐까 추측된다. 발굴된 유물도 많은 부분에서 자르모 유적지를 연상시킨다. 나아가 이곳에서도 아나톨리아 동부에서 나온 흑요석이 발견되었다. 간단한 형태의 토기 중에는 이미 황토를 이용해 채색하거나 새김무늬를 넣은 것도 있었다. 특이한 점은 거주지의 구조다. 건물은 거의 정방형의 수많은 쪽방으로 이루어져 있었는데, 이 방은 한 면의 길이가 최대 2미터였고 50센티미터의 두꺼운 롬 흙벽으로 되어 있었다. 이 쪽방들이 합쳐져 만들어진 건물 크기는 제각각이었다. 그중에는 50미터에 달하는 길고 복잡한 형태를 가진 것도 있었다. 이 유적지의 독특한 건축 방식과 모든 건물이 동일한 구조를 가지고 있다는 점으로 미루어 이를 계획하는 상위의 조직력이 있었던 것이 아닐까 추측된다. 남아 있는 벽 구조가 건물 기저부만이 아니라 위로 연결되었던 것이라면 이는 쪽방들 사이에 통로가 없었다는 것을 뜻하고, 지붕을 통해서 출입했다는 얘기가 된다. 이는 거의 같은 시기에 세워진 코니아 평원의 차탈 회위크에서도 발견되었던 방식이기도 하다.

하지만 이렇게 독특한 구조의 주거지를 어떻게 해석해야 할지는 아직 숙제로 남아 있다. 또 곡식의 잔재가 드물게 발견되는 점도 설명을 필요로 한다. 동물 뼈는 당시 일반적이었던 가축인 양, 염소, 소, 돼지, 개의 것이 발견되었지만 대단히 적었다. 발견된 뼈의 80퍼센트를 넘게 차지한 것은 야생동물 뼈였다. 그중에는 적긴 하지만 오록스와 하이에나의 뼈도 있었다. 가젤의 잔해도 눈에 띄었지만, 근동아시아 야생 당나귀인 오나거가 가장 많았다. 오나거는 이후 이곳에서 가장 우세한 동물종이 되었다. 움 다바기야는 오나거 사냥꾼을 위한 특별 주거지였을 것이라 추측된다. 이런 추측은 거의 오나거만이 그려진 벽화를 보면 더 신빙성을 얻는다. 이런 모든 추측에도 불구하고 저 이상한 건물 형태는 아직 설명해내지 못하고 있다. 정방형 쪽방들은 고유한 기능을 가지고 있었던 것 같은데, 그

3장 야영지에서 서남아시아의 원시 도시로

게 뭐였을까? 한 가설에 따르면 움 다바기야에서 오나거와 더불어 가젤도 기르려고 시도했을 것이라 한다. 즉 쪽방은 짐승을 한 마리씩 가두는 일종의 마구간 같은 곳이었다는 얘기다. 새끼를 밴 오나거가 그려진 채색된 토기 파편들은 이런 추측을 뒷받침해준다. 왜냐하면 움 다바기야 주민들이 오나거 사냥꾼이기만 했다면 이런 모티브를 그리는 것은 거의 이해가 되지 않기 때문이다. 하지만 현재 가장 유력해 보이는 것은 이 건물 터가 대형 저장용 건물의 하단부이고, 그 위로 벽이 없었을 것이라는 가설이다. 이는 눈길을 끄는 벽의 두께 때문에 설득력 있어 보인다. 방의 직경이 2미터보다 적은데도 벽은 50센티미터나 되기 때문이다. 이는 차이외뉘와 같은 PPN B 유적지에서도 나왔던 비슷한 형태의 건물 하부를 상기시킨다.

움 다바기야와 같은 장소와 더불어 기원전 6000년대 중반 직후 일명 하수나Hassuna 문화가 들어선다. 이 문화는 북메소포타미아를 중심으로 확산되었다. 하수나 문화 초기의 토기는 움 다바기야에서 발견된 것과 상당한 연관성을 보인다. 손으로 거칠게 만들어 낮은 온도에서 구워진 용기가 주를 이루었다. 이와 함께 광택을 낸 표면과 새김무늬를 가한 더 섬세한 토기도 등장한다. 하수나 문화 부흥기에는 밝은 색 점토에 새김무늬와 채색을 한 목이 짧은 공 모양 용기가 일반적이었다. 이와 매우 비슷한 토기들이 많은 유적지에서 발견되었다. 장식 무늬는 주로 삼각형이나 마름모꼴이 사용되었고, 채색된 것에서는 격자무늬와 작은 얼굴 모양도 등장했다. 그 밖의 조형물은 점토로 만든 소형 여자 조각상 정도에 그쳤다.

기원전 6000년대 후반 이 지역에서 인간 삶에 어떤 변화가 일어났는지 이해하고자 한다면 주거지를 다시 살펴봐야 한다. 하수나 문화 초기에는 원형 건물이 주를 이루었다. 직경은 3미터에서 5미터 사이였고, 더 큰 건물은 얇은 분리 벽으로 내부 공간이 나뉘어 있었다. 유물로 추정해보건대 이 건물들은 소형 가족을 위한 가옥이었다. 그 옆에서는 정방형 공간들로 바닥 구획이 복잡하게 되어 있는 직사각형 건물이 발견되었다. 이 건물 내부의 복잡함은 움 다바기야를 연상케 한다. 이 건물이 어떤 기능을 했는지는 분명하게 해명되지 않고 있다. 하지만 곡식 저장소 또는 곡물을 건조하기 위한 건물 기저부였을 것이라는 가설이 가장 그럴듯하게 여겨진다. 어찌 되었든 이 건물은 주거 집단의 공동 목적을 위해 사용되었던 것으로 봐도 좋을 것이다.

이런 유의 건축물은 하수나 문화 후기에도 볼 수 있다. 이 시기에는 내부 공간이 여러 개인 정사각형 가옥이 증가하는 등 건축술이 전체적으로 더 발전된 인상을 준다. 이 건축물 대부분은 서로 딱 붙어 있어서 지붕을 통해서만 안으로 들어갈 수 있다. 지붕 위는 가옥 내부에서 하고 싶지 않은 일을 위한 작업 공간으로 사용되었다. 문지방과 돌로 만든 문 경첩이 발견되는 것으로 볼 때, 문은 지붕에만 있었던 것이 아니라 건물 내부의 방과 방 사이에도 있었던 것으로 추측된다.

통상적으로 가옥에 설치되어 있던 시설로는 화덕, 점토로 만든 긴 의자, 지면보다 높게 만든 단상이 있다. 내부에서는 갈돌, 토기, 규석과 흑요석으로 만든 용구들, 바늘, 뼈로 만든 작은 도구들, 여러 암석과 광물로 만든 구슬들이 발견되었다. 흑요석은 자르모 유적지에서 그랬던 것처럼 아나톨리아 동부에서 온 것이었다. 흑요석으로 만든 도구들은 대부분 완성된 공작품의 형태로만 출토되었는데 이런 유의 석기 제작에서 필수 불가결하게 발생하는 쓰레기가 없는 점으로 미루어 원재료가 거래된 것이 아니라 제작이 완성된 도구 일습이 거래되었던 것으로 보인다. 방추가 대량 발견된 것으로 볼 때 집에서 직물 제조가 이루어졌음을 알 수

3장 야영지에서 서남아시아의 원시 도시로

있다. 이에 비해 야림 테페I에서는 납으로 만든 팔찌 등이 소량 출토되었지만, 이러한 자료만으로 하수나 시대 사람들이 야금술을 알았다 말하기는 힘들다. 식량은 가축과 야생동물 고기가 기초였다. 돼지, 양, 염소, 소를 길렀고 주로 사냥한 동물은 가젤, 오나거, 멧돼지, 토끼 등이었다. 식물성 식량으로는 보리, 밀, 렌틸콩, 완두콩과 같은 곡물과 콩과 식물을 먹었다.

하수나 문화 거주지의 특이한 점은 어린이 해골이다. 이 유골은 통상 커다란 토기 안에 담긴 채 집 안의 바닥이나 문지방, 혹은 벽에 묻혀 있었다. 어른 유골이 묻힌 경우는 매우 소수였다. 따라서 어른들 대부분은 주거지 밖에 매장되었으리라 생각된다. 부장품 등은 매우 부실해서 토기와 동물 뼈(즉 고기를 부장품으로 넣은 것임)에 국한되었다. 가끔 구슬들을 함께 넣는 경우도 있었다.

특별히 주목할 만한 유물로는 하수나 시대 야림 테페I 주거지에서 나온 피리가 있다. 이 피리는 채색된 점토로 만들어졌다. 이는 서남아시아에서 나온 악기 중 가장 오래된 것으로 간주된다. 그 밖에 피리가 발견되었던 예는 후기구석기시대의 것이 있으며, 지금까지 중부 유럽에서만 발견되었다. 야림 테페I에서는 소의 견갑골도 발견되었다. 견갑골 위에는 새겨서 낸 자국들이 있었지만, 이를 예술 표현으로 보기는 어렵다. 오히려 이 흔적은 산술 연산의 가장 오래된 증거물로 볼 수 있을 것이다. 이 해석의 타당성 여부는 풀리지 않는 수수께끼로 남을 수도 있다. 하지만 하수나 문화 시기 동안 행정 구조의 시초라 해도 좋을 새로운 변화들이 이루어졌다는 것만큼은 사실로 봐야 할 것이다.

이와 관련해 또 다른 증거물이 될 수 있는 것은 하수나 문화 초기 거주지인 텔 사비 압야드에서 나온 유적이다. 이곳에서 다량의 봉인 도장이 발견됐다. 이 도장은 점토나 뼈로 제작되었으며 그 밖의 재료를 이용하기도 했을 것이라는 흔적이 포착되기도 한다. 이 도장에는 다양한 기하학적 무늬와 동식물 그림이 그려져 있었다. 사람들은 이 도장을 가지고 토기와 석기에다 점토로 된 봉인을 찍었다. 유기 재료로 만든 바구니나 포대에도 찍었겠지만 이것들은 현재 남아 있지 않다. 이 봉인은 사적 소유물에 의식적으로 가한 최초의 표식이다. 이때 개인 소유에 속하는 것은 식량이었고 봉인 도장을 찍음으로써 관계없는 사람들의 접근을 막았다. 점토로 만든 이 봉인은 언제든 쉽게 개봉할 수 있었고 그런 점에서 진짜 효력이 있는 안전장치는 아니었다. 그러므로 이는 서로 소유물을 혼동하지 않게 방지하기 위한 용도였거나, 잠재적 범죄를 방지하거나 명백한 규율 위반을 가시화하기 위해 사용되었던 것으로 보인다.

이런 사실을 보면 당시 모든 가계 또는 살림 단위는 식량 생산이 공동체의 성과인가 아닌가에 상관없이 식량 중 특정한 몫을 소유할 수 있었음을 알 수 있다. 사유재산을 표시하는 곳에서는 법에 대한 관념이 존재하게 된다. 근동 지역에서는 인간의 정착생활과 식량 생산이 시작되고 얼마 지나지 않아 소유 관념과 법적 규율 또한 생겨난 것이다. 봉인 도장은 그러한 규율의 물질적 실현이다.

요컨대 메소포타미아 북부 사회는 기원전 6000년대에 상당한 사회 분화에 도달해 있었다. 상상력을 좀더 발휘한다면 봉인 도장은 사유재산을 표시하기 위해서만 사용된 것이 아니라고 생각해볼 수도 있다. 어쩌면 이 도장은 사람들을 개인으로 식별하기 위해 사용된 것이었을지도 모른다. 어떤 도장에는 구멍이 뚫려 있는데, 이는 소유자가 도장을 몸에 걸고 다녔기 때문일 수도 있다. 물론 이런 생각이 모두 가설에 불과한 것일 수도 있다. 하지만 첫눈에 별것 아닌 듯 보였던 이 발굴물이 사실은 초기 사회 내부 구조에 엄청난 변화가 있었음을 보여주는 증거물이라는 데는 논란의 여지가 없을 것이다. 이 변화는 개별성이 발달하는 데 자극제가 되었고, 무역 경제와 공동체 법에 대한 사고에 영향을 미쳤을 것이다.

시간이 조금 지난 뒤, 하수나 문화 전파 지역 남부에서는 사마라 문화가 형성되었다. 아직 기원전 6000년대가 끝나기 전이었다. 이 문화에 특징적인 것은 여러 색으로 채색된 토기다. 이 토기들에는 기하하적 무늬 외에도 인간 얼굴이나 전신상 또는 다양한 동물 형태 등 많은 조형적 표현이 나타난다. 사람과 동물 그림은 실루엣 기법이나 기하학적인 모양을 이용해 표현되었고, 이것들이 배열되어 있는 형태 또한 주목을 끈다. 움직임을 표현하는 장면도 있는데, 그중 일부는 장식적인 성격을 넘어 상징적 의미를 띠는 것이 확실시되는 것도 있다.

주거지 내 가옥 바닥에 무덤을 설치하는 풍습은 사마라 문화에서도 널리 퍼져 있었다. 이 지역의 발굴은 대단위 면적으로 이루어져서 촌락 형태의 거주지 구조가 잘 파악된다. 주거지들은 하수나 문화와 비교해 크게 변하지 않았다. 강조하고 싶은 것은 사마라 시기 롬 벽돌로 지은 가옥에서는 처음으로 외벽에 버팀 기둥이 나타난다는 점이다. 이는 이후 메소포타미아에서 특히 성전과 같은 위용 있는 공공건물의 특징으로 자리매김되는 건축 방식이다.

메소포타미아에서는 기원전 6000년이 지나고 얼마 지나지 않아 처음으로 자연 조건에 따른 작농 전략 두 가지가 발전하게 되었다. 메소포타미아 북부와 인접한 이란 서북부, 아나톨리아 동남부, 시리아 북부의 완만한 산간 지대는 연간 강수량이 평균 200밀리미터였기 때문에 비의 도움을 많이 받는 농사가 가능했다. 이에 반해 건조한 남부에서는 인공적 관개 시설의 도움을 받아야만 식물을 재배할 수 있었다. 가장 오래된 관개 시설(물을 대기 위한 시설물)은 초가 마미 근방에서 발견된 것으로 사마라 문화에 속한다. 이렇게 인간은 이미 매우 이른 시기에 매우 새로운 방식으로 의식적이고도 계획적으로 자신들의 자연적 환경에 변화를 꾀했고, 이때 우선시되었던 목표는 자신의 노동을 경제적으로 최적화시켜 활용하는 것이었다. 주거 공동체의 입장에서 인공 관개 시설은 자연적 수답 농업에 비해 훨씬 더 많은 노동을 의미하는 것이었지만, 이는 풍부한 수확량으로 보상되었다. 식물 종자와 곡식 알갱이가 커졌고 두줄보리에서 수확량이 훨씬 많은 여섯줄보리가 등장했다. 관개 시설로 또 알 수 있는 것은 해당 주거 집단이 이런 공동 작업을 해낼 수 있을 정도로 잘 조직되어 있었다는 점이다.

이에 더해 관개 시설을 설치하기 위해서는 특정한 사회 구조가 요구됐다. 즉 관개 시설 설치에 필요한 기술적 지식을 소유하고 있는 사람이 직접 공사의 지휘를 맡거나, 아니면 촌락 공동체 내에서 이를 결정하는 사람에게 조언을 해주는 일이 가능해야 했을 것이다. 그래야만 필요에 꼭 맞는 수로를 설치할 수 있고 이용하는 동안 적절히 관리할 수 있기 때문이다. 넓은 의미에서 이와 유사한 조직의 형태는 저 구석기시대의 품이 많이 드는 몰이사냥을 들 수 있을 것이다. 그때에도 다른 사람들보다 전문 지식을 더 갖고 있었던 개인이 존재했고, 이런 지식은 공동체의 이익을 위해 사용되었다. 이제 이러한 조직 구조는 정착생활을 하는 주거 장소에서 인공 관개 시설을 통해 수확 증대를 달성하게끔 하는 데 효과를 발휘하는 것으로 나타났다. 따라서 이 시기는 장차 사회적 위계와 이에 따른 원시 정치 제도들이 발달하기 위한 토양이 형성되는 때였다. 이후 메소포타미아의 고대 역사에서 이러한 사실이 확인된다.

메소포타미아 북부에서는 기원전 6000년경에 하수나 문화로부터 할라프 문화가 형성된다. 이 문화는 기원전 5000년대 중반까지 메소포타미아의 상당히 넓은 지역에 걸쳐 퍼져나갔다. 다양한 색으로 채색된 할라프 토기(《그림 21》)는 하수나 토기와 특히 사마라 토기와의 관련성을 보여준다. 하지만 더 섬세해진 기하학적 장식 기술이 나타남에 따라 구상적 표현 방식은 급격히 감소했다. 할라프 시기는 구리를 채굴해 가공할 수 있었기 때문에 이미 금속기인 동기시대銅器時代로 간주된다. 야금술은 노동 분업 없이는 생각할 수 없는 것이고 근동아시아 원시사회에서 분업화는 사실 오래전부터 있었을 것으로 짐작된다. 할라프 주거지에서 발견된 돌로 된 기저부 위에 롬 흙을 사용해 만든 원형 또는 사각형 구조물은 완전히 새로운 건축물은 아니었다. 이런 건물은 수백 년 전부터 비슷한 형태가 반복되는 일반적인 것이었다. 하지만 주거지의 크기에서는 어떤 변화가 있었음이 가시적으로 드러난다. 메소포타미아 역사에서 주거지가 할라프 시대만큼 그렇게 큰 면적을 차지했던 적은 없었기 때문이다. 기원전 5000년대 전반기에는 소규모에서 중대형 규모까지 수많은 촌락이 있었다. 그 외에 최초로 10헥타르가 넘는 매우 넓은 중심지도 생겨난다. 물

〈그림 21〉 할라프 문화의 채색 토기. 북메소포타미아 지방.

론 이는 우리의 가설이 맞을 경우에 해당되는 이야기다. 이 유적지 중 대규모 발굴 조사가 진행된 곳은 아직 없기 때문이다.

이러한 새로운 변화는 도래하는 시대인 기원전 5500년에서 기원전 3800년 사이의 우바이드 시기에 더욱 발달된 모습을 보여준다. 토기는 계속해서 여러 색으로 칠해졌고, 무늬가 눈에 띄게 감소하긴 했지만 여전히 여러 모양으로 장식되었다. 토기들은 회전할 수 있는 작업대를 이용해 제작되었다. 고속으로 회전하는 돌림판(물레)은 아직 발견되지 않았지만 이러한 기술 발전을 통해 토기 제작 과정은 크게 가속화될 수 있었고 더 표준화될 수 있었다. 이 시기의 주요한 대규모 거주지인 에리두, 우르, 텔 엘 우바이드에서는 새로운 건물 형태가 등장했다. 중앙에 넓은 공간을 가진 건물이 그것이다. 중앙 공간은 이 가옥의 중심 기능을 하며 여기에서부터 주위를 둘러싸고 있는 다른 방들로 가는 통로가 나 있다.

점점 더 분화되어가는 건물 형태는 사회적 차이를 반영하고 있는 것이라는 점도 놓쳐서는 안 된다. 숭배 의식을 위해 사용되었던 것으로 추측되는 중앙 건물과 공동 건물은 사원이었다고 생각해도 무방할 것이다. 또한 할라프 시기에 최초로 나타난 것으로 확인된 주거지 간의 서열은 우바이드 문화 시대에 더욱 강화된다. 테페 가브라, 에리두 또는 우르에는 중심에 사원으로 추정되는 거대한 대형 건물이 있는데, 이러한 사실은 이 지역들이 그 근방에서 중심이 되는 곳이었음을 분명하게 보여준다. 유프라테스강 하류에 위치한 에리두는 물의 신 엔키를 숭배하는 지역이었고, 바빌론의 영웅 서사시에서는 에리두가 지구의 최초 도시라고 일컬어진다. 이 지역의 두터운 주거지 지층에서는 기원전 5000년대에 지어진 웅대한 건축물이 발굴되면서 이러한 전승에 대한 고고학적 근거가 되고 있다.

위계화 경향은 점점 강화되어 더 이상 하나의 주거지나 주거 단위에

3장 야영지에서 서남아시아의 원시 도시로

만 해당되는 현상이 아니게 되었다. 위계화는 전체 지역을 새롭고도 효과적인 방식으로 재조직했다. 바로 여기서 엘리트가 지도하면서 지역 전체에 위력을 발휘하는 정치 조직체의 시초를 엿볼 수 있다. 우바이드 시대에 메소포타미아 북부에서 페르시아만에 이르기까지 광범위하게 통일된 문화가 처음으로 나타났다는 사실은 우연이 아닌 것이다. 이와 더불어 잘 조직된 범지역 무역망이 존재했다. 이 무역망에는 메소포타미아 우바이드 문화의 중심지들이 연결되어 있었다. 남쪽으로는 우바이드 토기가 항로를 따라 바레인과 카타르까지 진출했고, 동쪽으로는 이란의 고원 지대, 북쪽으로는 아나톨리아 동부에 위치한 유프라테스강과 티그리스강 상원에까지 다다랐다. 우바이드 문화가 인구 이동은 전혀 없이 무역 교류를 통해서만 메소포타미아 지역 너머로까지 확산되었다고 생각하긴 어렵다. 이에 더해 메소포타미아 남부의 문화 발전은 사실상 우바이드 시대부터 파악할 수 있다는 점 또한 덧붙여야겠다. 그 이상의 더 오래된 주거 지대의 흔적은 유프라테스강과 티그리스강이 실어다놓은 수 미터의 침전물에 의해 퇴적층으로 뒤덮여버렸기 때문이다.

이 지역의 문명의 발달은 기원전 6000년대 하수나 문화 및 사마라 문화와 더불어 시작되어 기원전 5000년대 전반기 할라프 문화에서 심화되었고, 기원전 3000년 초반까지의 우바이드 문화에서 새로운 차원에 도달했다. 이후 이 문명은 수준 높은 문화적 특징을 드러냈던 우루크 시대에서 정점을 찍는다. 우루크 시기에는 메소포타미아에 사는 사람들의 삶을 근본적으로 변화시켰던 매우 중요한 발전이 이루어진다. 고속으로 회전할 수 있는 돌림판(물레)의 발견으로 표준화된 토기를 최초로 대량 생산할 수 있게 되었다. 그 규모는 거의 토기 산업이라 할 만했다. 이렇게 토기는 대량 생산품이 되었다. 우루크 시대 용기는 단색으로 거의 장식이 없었다. 이런 사실은 당시 토기의 의미가 변했음을 매우 분명하게 보여준다. 기원전 3000년대에는 기후가 더 건조해졌고 점점 확대되던 도시 중심지에서 인구가 증가했다. 이런 상황이 농업을 집중화하고 수확을 증대시킬 방안을 강구하게 만들었다. 이는 대규모로 조직된 관개 수로 건설을 통해서만 달성할 수 있는 것이었다. 우바이드 시대에 나타나기 시작했던 주거지 서열화는 이 시기에 더욱 강화되었다.

발전이 계속됨에 따라 방어 시설을 갖춘 잘 계획된 도시들이 형성되었다. 이들 도시는 행정, 무역, 지배의 중심지였으며, 분업화된 직업 군인도 존재했다. 지도층과 지배 엘리트의 공고화라는 특징도 나타난다. 이러한 새로운 상황은 메소포타미아 도시들 중심지에 위치한 건축에도 반영되고 있다. 집회용 대형 건물, 웅대한 사원, 장식이 인상적인 궁전이 지어졌다. 또한 롬 흙으로 다진 땅 위에 세워진 건축물에는 메소포타미아 지구라트 (층층으로 쌓여 있는 신전 탑)의 고전적 형태가 이미 그 모습을 드러내고 있었다.

이렇게 인류의 가장 오래된 도시로 간주되는 주거지가 처음 나타난 것은 우루크 시대였다. 역사상 최초로 진정한 의미의 도시적 삶이 형성되었던 것이다. 이는 전례 없는 인구 증가에 힘입은 바가 크다. 이 시기는 제도화된 성직자 계급과 지배 엘리트층이라는 새로운 형태가 처음 형성된 때이다. 다시 말해, 종교 우위의 왕권이 이 시대에서 비롯되었다고 볼 수 있다. 새로운 지배층은 더 이상 식량 생산이라는 지속적인 노동에 참여하지 않았다. 이 점이 바로 우루크 시기가 그 전 시대들과 결정적으로 다른 부분이다. 노동 분업은 상시화되었고 이로 인한 사회 분화는 도시 계획 형태 속에서 드러난다. 즉, 관공서 건물이 있는 공적 중심지와 거주구역 및 수공업 지역이 분화되게 된 것이다. 우루크 시대의 도시들은 각기 일정한 기능을 가지며 그 지역의 중심지 역할을 했다. 또한 이 도시들을 중심으로 원거리 무역이 조직되었다. 카라반의 무역로는 그 이전 어느 때보다 더 멀리 있는 지역까지 뻗어나갔고, 페르시아만 지역에서 지중해까지 진출했다. 이런 모든 변화는 새로운 행정 수단의 도입이 없었다면 이루어질 수 없었을 것이다. 점토 도장 및 원통 도장에서 시작한 행정 관리 수단은 결국 기원전 3000년대 후반 문자의 발명으로까지 이어졌다. 숭배 의식과 종교는 점차 서로 독립된 영역으로 나뉘었고 예술은 높은 수준의 회화와 대형 조각상으로 우바이드 시대에는 달성하지 못했던 새로운 차원을 열었다.

이런 발전의 싹이 처음 튼 곳이 우루크였다. 하지만 이 도시에 비견될 만한 다른 중심지도 존재했다. 티그리스강 유역의 테페 가브라, 게지라 평원의 텔 브라크, 유프라테스강 중류의 하부바 카비라, 아나톨리아 남부의 하지네비가 그런 곳이다. 우루크 시대 후기에 이르면 메소포타미아와 인근 지역은 고등 문명을 향한 문턱을 확실하게 넘어서게 된다.

유럽으로 확대된 정착생활

아이를 안고 있는 여인상. 도나우강 하류 지방.

1.
아나톨리아 서부에서 그리스까지
: 농경과 가축 사육

차탈 회위크 또는 아시으클르 회위크에서 이러한 새로운 발전들은 비옥한 초승달 지대에서 일어난 근본적인 변화가 주변 지역에 영향을 끼친 결과라고 볼 수 있다. 두 유적지는 중앙 아나톨리아에서 정착생활과 식물 재배, 가축 사육이 가져왔던 근본적인 변화를 대표하는 곳이다. 이러한 변화는 서쪽으로 퍼져나가 소아시아의 일부 지역에도 영향을 끼쳤다. 특히 아나톨리아 서남부, 즉 터키 남부 해안의 안탈리아 내륙지역에서부터 오늘날 부르두르시市와 으스파르타시市 주변 호수지역에 이르는 곳은 중앙 아나톨리아에서 일어난 변화에 지속적으로 영향을 받았다. 아석기시대까지 이 지역 사람들은 주로 동굴에서 살았지만, 정주생활이 시작되면서 선사시대 인류의 생활 공간은 드디어 노천지역으로 확장되었다.

신석기시대의 시작을 알리는 장소로는 안탈리아 북쪽에 위치한 바데 마으아즈를 들 수 있다. 새로 확인된 주거지 지층 중에서 전기 층은 신석기시대 초기에 해당되며 기원전 7000년대 말과 기원전 6000년대 초에 속한다. 주거지의 잔해는 별로 없지만 엮어 짜서 만든 벽에 롬 흙으로 마감한 구조물나뭇가지나 식물 줄기를 엮어 만든 구조물 위에 롬 흙을 발라 마감을 하는 건축방식 흔적이 발견되었다. 또한 테라초와 유사한 바닥도 발굴되었는데, 이는 아나톨리아 서남부의 토기 사용 이전 신석기시대와 동일한 시기나 그보다 앞선 시기에 나타났던 현상과 모종의 연관성이 있을 것으로 생각된다. 후기 층은 신석기시대 후기에 해당된다. 신석기시대 후기는 건축적인 관점에서 볼 때 돌로 된 기저부에 사각형 롬 벽돌을 쌓아올린 건축 방식으로 특징지어진다. 이 시대 가옥 기저부는 기본적으로 사각형 또는 사다리꼴에 가까운 형태다. 지붕 위로 출입해야 했던 차탈 회위크에서와는 달리 지상으로 출입할 수 있게 되어 있다. 내부에는 모닥불 자리와 둥근 화덕이 여럿 있었다. 바데마으아즈 언덕 발치에서는 석벽 잔해도 발견되었다. 신석기시대 후기에 속하는 이 석벽은 아나톨리아에서 가장 오래된 방어 시설 중 하나다. 이 해석이 타당하다면, 인류는 정주생활을 시작하고 얼마 지나지 않아 주거지 전체에 매우 중요한 의미를 갖는 공동 성과물을 만들 수 있게 되었다는 추측이 가능하다. 유형 문화 유적을 보면 신석기 초기에 단순한 단색 토기가 주를 이루었던 반면 후기 신석기시대에는 최초로 채색된 토기가 등장한다. 이런 점에서 이전 시대보다 분명히 발전이 이루어졌다고 말할 수 있다. 바데마으아즈에서는 당시 염소와 양을 가축으로 키웠다는 사실이 입증되었다. 이와 더불어 사냥도 여전히 중요했다. 사냥감이 되었던 것은 야생 염소, 야생 양, 야생마, 빨간사슴과 다마사슴, 순록, 야생 토끼, 멧돼지, 여우, 곰 등이다. 이 시기에 소와 돼지의 가축화가 이루어졌다는 증거는 아직 발견되지 않고 있다. 농경생활을 했다는 증거도 아직까지 나오고 있지 않지만, 이는 유적지 보존 환경 때문에 그런 것일 수도 있다.

인류는 어떻게 역사가 되었나

아나톨리아 서남부 호수지역에서 발굴된 유적지인 하즐라르는 바데마으아즈와 일부 공통점을 보이면서도 바데마으아즈 이후 문화의 발전상 또한 엿볼 수 있는 장소다. 하즐라르에서는 총 9개의 유적지 지층이 확인된다. 가장 오래된 하즐라르 IX층에서는 초기 신석기시대 퇴적층 잔해가 발견된다. 이 퇴적층에서는 단색 토기와 빨간색으로 물들인 흙바닥이 출토되어 초기 신석기시대에 속하는 바데마으아즈 전기 지층들과 연관성이 있음을 보여준다. 하즐라르 IX층에서 VI층까지는 후기 신석기시대에 속하며 따라서 바데마으아즈의 후기 층들과 같은 시기에 해당되지만, 하즐라르는 보존 상태가 훨씬 나쁘다. 이 주거 시대는 하즐라르 VI기에 있었던 화재로 종말을 고했다. 이후 1000년 동안 아무도 살지 않다가 초기 동기시대가 시작될 무렵 다시 사람들이 거주하기 시작한다. 이는 하즐라르 V층에서 II층에 속한다. 하즐라르 II층과 I층 사이에는 또다시 시기상의 단절이 있었다. 이때 주거지 구조에 변화가 있었던 것으로 보아 새로운 인구가 유입되었고 하즐라르I에 큰 영향을 끼쳤던 발전이 일어난 것은 아닐까 생각된다.

하즐라르의 초기 동기시대는 기원전 6200년에서 기원전 5700년 사이로 추정된다. 신석기시대 후기에 속하는 하즐라르 IX층에서 VI층은 바데마으아즈의 후기 지층과 유사성을 보인다. 채색한 용기가 점차 더 자주 사용되고, 초기 동기시대(하즐라르 VI에서 II까지)에는 채색 토기가 다수를 점한다. 이 토기는 밝은 베이지색 바탕에 다양한 빨간색 무늬가 칠해져 있다. 무늬는 주로 기하학적 형태를 띤다. 이 시기의 토기는 모두 높은 수준에 도달해 있었다. 두께는 아주 얇았고 잘 구워진 소리가 났다. 이런 토기는 아나톨리아 서남부의 넓은 지역에서 동기시대 초기 동안 상당히 동일한 형태를 유지했다. 하지만 점차 채색 토기가 증가함에 따라 지역적 특수성이 뚜렷해지기 시작했다. 이 지역적 특수성은 후기신석기시대 이후 더 분명해졌고 초기 동기시대에 들어서는 각각 전통 양식을 발전시켰다.

점토로 만든 최초의 소형 인간 조각상은 이미 신석기시대 초기에 만들어졌고(〈그림 22〉), 후기 신석기시대 특히 초기 동기시대에 현저히 증가한다. 이 조각상들은 초기 농경사회의 사회적 상징 시스템에 근본적인 변화가 일어났음을 보여준다. 이미 후기구석기시대부터 이런 조각상들이 있어왔지만, 그때는 주로 뼈와 상아를 깎아 만들었다. 조각상들은 신석기 초기부터는 그 전과 완전히 다른 포즈를 보여준다. 한 예로 뒤로 쭉 펴서 살짝 젖히고 있는 상체가 있다. 이 기본 형태는 비록 연대와 지역에 따라 세부 묘사가 다양하게 나타나지만, 이후 수천 년 동안 주를 이루는 자세가 되었다. 포즈가 제한되어 있는 이유는 신석기시대 사회에서 사람들이 조각상에 대해 특별히 고정된 이미지를 갖고 있었기 때문인 듯하다. 여하간 이러한 조각상들은 소위 신석기 시대 종합 세트의 일부를 구성하는 요소로 간주된다. 여기서 신석기 시대 종합 세트란 최소한 근동아시아에

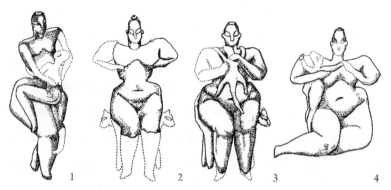

〈그림 22〉 풍만한 신체의 소형 여성 조각상. 하즐라르. 터키.

서 유럽 중부 쪽으로 퍼져 있었던 신석기 문화의 대표적 특징들을 말한다. 고정적 거주지, 식물 재배와 동물의 가축화, 토기와 마제 석기의 생산이 이에 포함된다.

아나톨리아의 서남쪽 신석기 문화와 동기시대 초기 문화의 많은 조각상에서 눈에 띄는 점은 차탈 회위크에서 나온 것에서도 관찰된 바 있듯이 소형 조각상이 실제 모습을 재현하는 조각상들이 아니라는 점이다. 오히려 사회의 존립을 위해 특별한 역할을 했던 특정 신체 부위가 강조되어 표현되고 있다. 특히 하즐라르에서 나온 상들은 매우 입체적인 형태였는데, 이때 상박부와 엉덩이 근육은 실제보다 더 큰 비율로 강조되었다. 또한 다수의 여성 조각상이 대부분 손을 가슴께 또는 가슴 아래에 대고 있는 자세를 취하고 있다는 점도 특기할 만하다. 이 조각상들은 점토로 반죽되었는데 통상 각각의 신체 부위를 따로 만들어 나중에 하나로 붙이는 기법이 사용되었다. 이런 기법으로 인해 조각상은 크기가 제한되었다. 더 크게 만들면 쉽게 부서져버릴 것이기 때문이었다. 인간 형상을 한 용기는 다른 것에 비해 크기가 훨씬 더 컸으며, 그중에는 어떤 장면을 그려넣은 것도 있었다. 이러한 용기는 이동할 수 있는 그림 역할을 했다.

아나톨리아 서남부 호수 지역에서는 지난 수년 동안 신석기시대와 초기 동기시대에 속하는 유적지에 대해 더 많은 조사가 이루어질 수 있었다. 회위제크와 쿠루차이가 그 예다. 이 유적지들에서도 바데마으아즈와 하즐라르에서 볼 수 있었던 변화가 다시 나타난다. 출토된 유물을 보면 토기와 소형 조각상, 사육된 가축과 사냥한 야생동물 등 많은 부분에서 일치를 보인다는 것을 알 수 있다. 쿠루차이에는 바데마으아즈 언덕 발치에서 발견된 신석기시대 후기 유적과 유사한, 돌로 쌓은 방어벽이 설치되었던 것으로 보인다. 이 석벽은 기원전 6200년경으로 추정되며 아나톨리아에서 가장 오래된 방어 시설 중 하나다. 회위제크에서는 기원전 6000년 대 후반에 속하는 신석기 초기 주거지 층에서 특수 건물이 모습을 보였다. 이 건물의 내부와 외부에는 벽에서 돌출된 기둥이 있어서 지붕을 받치는 역할을 했다. 건물 내부에서는 높은 수준의 석제石製 용기가 다수 발견되었다. 이 용기들을 살펴봤을 때 이곳이 일반적인 가옥이 아니라 공동체 전체의 숭배 의식을 위한 중심 건물이었다는 주장이 설득력을 얻는다.

하즐라르 지층 하층부에 속하는 후기신석기시대 거주지 구조에 대해서는 알려진 바가 거의 없다. 지금까지 전해지는 것은 오직 돌 기저부와 롬 벽돌로 쌓은 담의 잔해다. 이 지층은 바데마으아즈 상부 지층과 같은 시기다. 이에 비해 하즐라르에서 후기 신석기시대가 종말을 고한 시기인 하즐라르 VI층에서는 지상으로 출입할 수 있는 원룸 구조물이 발견되었다. 집 여러 채가 서로 등을 맞대고 벌집처럼 한 블록을 형성했고 각 블록 사이에는 골목길이 자리 잡고 있었다. 초기 동기시대에 들어서는 커다란 변화가 일어났다. 내부 공간이 주로 둘로 나뉜 사다리꼴 또는 사각형 가옥들이 마당을 중심으로 모이도록 지어졌고, 이런 마당이 여럿 발견된 것이다. 이에 더해 하즐라르 II층(약 기원전 5300년)에는 작은 숭배 의식용 건물도 등장했다. 또한 전체 주거지는 육중한 방어벽으로 둘러싸여 전체적으로 봤을 때 거의 직사각형이었다. 약 기원전 5000년경의 I층에서는 주거지가 몇 배로 확대되었다. 하즐라르 주민의 생활은 농경과 가축 사육에 기초해 있었다. 특히 하즐라르 VI층, 즉 후기신석기시대가 끝나갈 무렵에는 에머밀, 외알밀, 빵밀, 보리, 콩과류 식물, 완두콩, 살갈퀴가 재배되었음이 증명되었다. 처음에 양과 염소에 집중되었던 가축 사육은 이후 소와 돼지로 확대되었다.

하즐라르에서 발굴된 주거지들이 신석기시대와 초기 동기시대에 관해 중요한 증거물을 전해주고 있는 반면, 후기구석기시대에서 신석기 초기로 이어지는 이행기인 중석기시대中石器時代에 대해서는 매우 불투명한 그림만을 전해준다. 아나톨리아 서부의 몇몇 지역에서 그사이 얼마간의 중석기 유적지들이 발견되었다. 이 유적지들은 그 지역에서 에피그라베티안 Epigravettien 공작으로 불리며 잔석기석기의 일종으로 3센티미터 미만으로 작고, 뾰족하고, 날카로운 모양이다를 특징으로 한다. 이와 유사한 유적지들이 발칸반도와 그리스 내륙에서도 발견되었다. 하지만 현재 연구 수준으로는 아나톨리아와 인접한 유럽 동남부 지역의 중석기시대 주거 밀도가 어떠했는지는 정확히 판단할 수 없다. 주거지는 해안과 하안단구에 집중되었을 것으로 보인다. 아나톨리아 서부에서 아나톨리아 동남부 PPN B 시기와 유사한 토기 사용 이전 신석기시대가 존재했는지, 이 문제 또한 아직 결론이 안 나고 있다. 케치차이으르와 찰자 같은 곳의 지표 조사를 통해 관련 자료가 나온 이래, 토기 사용 이전 신석기시대가 존재했을 가능성이 고려되고 있는 것은 사실이나 분명한 증거는 아직 나오고 있지 않다. 하지만 중석기시대 말경 아나톨리아 동남부에서부터 서부로 처음으로 정주생활을 하는 가축 사육자들이 유입되었고 이와 함께 수렵 채집 생활 및 경제가 점차 사라졌을 가능성 또한 배제할 수 없다. 그럼에도 현재로서는 아나톨리아 서부-에게해 지역에 토기 사용 이전 신석기 문화가 독자적인 문화 시기로 존재했는지는 확실히 답할 수 없는 상태다.

신석기시대의 유럽 동남부로의 확장(〈지도 5〉), 특히 에게해의 섬들과 그리스 내륙으로의 확장을 살펴보기 위해서는 지난 수년 동안 터키 서해안 인접 지역에서 발굴된 유적들을 유의해서 조사할 필요가 있다. 여기서 한 가지 주의해야 할 것은 신석기시대 해안 연안 지형이 오늘날과 매우 달랐다는 점이다. 기원전 6000년대에 해수면은 현재보다 훨씬 낮았기

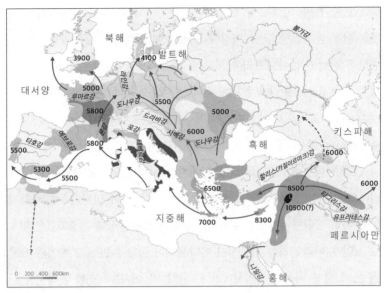

<지도 5> 서남아시아에서 유럽 및 남캅카스로 확장된 신석기.

때문에 당시 많은 주거지, 특히 해안에 위치한 중요한 교류 지역이 현재 바닷속에 잠겨 있을 것으로 추측된다. 그럼에도 확인 가능한 사실은 에게해의 멜로스섬이 원산지인 흑요석이 그리스와 아나톨리아에 널리 퍼져 있었던 것으로 보아 당시 교역이 매우 먼 거리까지 이루어졌다는 점이다.

이와 관련해 중요한 유적지는 이즈미르 동쪽에 위치한 울루자크 회위크다. 오랜 세월 누적된 유적으로 구릉이 형성된 이 주거지는 높이 11미터에 달하는 퇴적층을 남겼다. 특히 관심을 끄는 것은 신석기시대에 해당되는 전기 층인 울루자크 IV층과 V층이다. 더 오래된 지층인 V층은 기원전 6400년에서 기원전 6230년대로 추정된다. 이 지층에서는 나뭇가지를 엮은 후 흙을 바른 벽 잔해가 조금 발견되었다. 이 벽은 나무 기둥으로 지탱되었는데, 돌로 만든 기저부는 찾아볼 수 없었다. 이 단순한 형태의 가옥은 내부 공간이 하나 또는 두 개였고, 롬 흙을 다져 만든 바닥, 불 피우는 장소, 비축 식량을 담는 용기와 작업장이 있었다. 이곳에서 발견된 단순한 단색 토기로 판단하건대 이 유적지는 아나톨리아 서부의 초기 신석기시대에 속하는 것으로 볼 수 있으며, 이런 점에서 또한 초기 신석기시대 지층인 바데마으아즈와 회위제크 전기 층과 대응점을 찾을 수 있다. 후기 신석기시대에 속하는 회위제크 IV층은 방사성 탄소 연대 측정법에 의하면 기원전 6055년에서 기원전 5600년 사이에 속한다. 이 시기에는 최초로 용기를 채색하기도 하고 석조 기저부를 가진 롬 벽돌 건물을 짓기도 했다. 독채로 세워진 가옥들은 큰 마당을 중심으로 옹기종기 모여 있거나 골목길을 따라 늘어서 있었다. 즉 바데마으아즈와 회위제크의 후기층, 하즐라르 IV층에서 나왔던 것과 유사성을 띠고 있다고 볼 수 있다. 지금까지 알려진 바로는 울루자크 회위크의 주민들은 곡물을 심었고 양과 소를 길렀다. 야생동물 사냥은 여전히 보충 식량 조달을 위해 일정한 역할을 했던 것으로 보인다.

아나톨리아 서부에서 사람들이 정착생활을 시작한 후 예술 창작은 어떻게 발달했을까? 이 시기 라트모스산에 있는 암석 벽화가 없었다면 우리에게 전해 내려오는 것은 점토로 만든 작은 조각상들뿐이었을 것이다. 터키의 에게해 연안에 인접한, 1400미터의 라트모스산은 주변 지역 어디서건 볼 수 있을 정도로 우뚝 솟아 있어 근방에 많은 영향을 미쳤다. 최근 연구에 따르면 고대 이래 성산으로 간주되고 있는 이 산은 훨씬 이전 시기부터 중요하게 여겨졌다는 것이 밝혀졌다. 산 정상 주변에 위치한 동굴과 바위굴에서 기원전 5000년대에서 기원전 4000년대 정도로 추정되는 암석 벽화 유적 170점이 발견된 것이다. 모든 벽화에서 주를 이루고 있는 모티브는 사람이다(〈그림 23〉). 이 그림들에서 사람은 항상 공동체의 일부로 표현되고 있다. 표현 방식은 막대기처럼 생긴 단순한 사람부터 풍만한 엉덩이를 한 여성의 측면 상에 이르기까지 다채롭다. 머리는 기묘하게 보일 정도로 단순화시켜 표현하는 일이 흔했다. 대부분 머리와 머리에 쓴 머리쓰개 사이의 경계가 불분명해서 어디가 머리이고 어디가 머리쓰개인지 거의 구분하기 힘들다. 뿔을 표현한 것 같은 T자 모양의 관은 여러 관찰자가 초기 샤머니즘의 단서로 보는 근거로 거론되기도 하지만 이런 가설을 입증할 증거물은 충분히 나오지 않고 있다. 가장 자주 등장하는 소재는 남자와 여자로 이루어진 쌍이다. 이에 더해 모녀지간으로 보이는 일단의 여자들 또한 소재로 등장한다. 이 그림들이 개별적으로 무엇을 표현하든 간에 중심 소재로 표현되는 것은 가족과 결혼, 잉태, 출산과 관계한 의식들이다. 그중에는 결혼식 잔치를 그린 것처럼 보이는 그림도 있다. 그림에 나오는 사람들은 현실과 전혀 다른데, 이 때문에 특정한 관념을 표현하기 위한 도상학적 암호로 일부러 이렇게 그렸다는 추측을 낳게 한다. 현재로서는 이 유적이 신석기시대 암석 벽화로서 유일한 사례이긴 하지만 이 그림에 표현되고 있는 주제들이 후기구석기의 빙하기 시대 수렵 및 채집 생활인들의 표상세계와는 완전히 다르다는 것만큼은 분명히 확인할 수 있다. 이 벽화들에서 가족관계가 우선시되고 있다는 것은 당시 농경 정착민의 생활세계와 가치관을 반영한다고 볼 수 있다.

신석기시대 생활 및 경제 형태는 서부 아나톨리아 해안가에서 에게 해 섬들을 거쳐 그리스 내륙으로 확산되었다. 이러한 진행 방향은 이 지역들의 유적이 서로 공통점을 보이고 있는 데서 확인되는데, 특히 토기의 형태 및 조각상에서 매우 잘 입증된다. 하지만 구체적 단계는 아직 충

<그림 23> 괵테페의 선사시대 암석화. 라트모스, 터키.

분히 증명되지 않은 상태다. 특히 키클라데스 제도는 해수면이 상승해서 섬들이 바닷속으로 가라앉아버렸기 때문에 석기시대 초기 유적지를 찾을 수 없다. 이곳에서 고고학적 유적은 시간이 한참 더 지나야 볼 수 있을 것이다.

펠로폰네소스반도에서는 프란크티 동굴이 중석기에서 신석기로 이행하는 과정의 '주요 증인'으로 간주된다. 이곳에서 발견된 수 미터에 달하는 매우 두터운 지층은 중석기시대에서 후기 신석기시대에 이르기까지 지속적으로 사람이 거주했음을 보여준다. 특별히 관심을 끄는 것은, 온전히 중석기시대에만 속하는 지층에 이어 돌과 흑요석을 이용해 만든 잔석기가 특징인 지층이 나타나는데, 이때 이미 양과 염소를 가축화했다는

4장 유럽으로 확대된 정착생활

사실이다. 이는 이 지층에서 출토된 뼈를 통해 확인할 수 있다. 이에 더해 곡물 잔재도 발견된다. 그러나 토기의 흔적은 찾아볼 수 없다. 만일 이 유적층 자료들을 신뢰할 수 있다면 아나톨리아 남부에서와 같은 토기 이전 시기가 있었다고 생각할 만한 근거가 될 것이다. 하지만 프란크티 동굴 지층에서 나온 자료들로는 이 매우 중요한 유적지에 대한 최종 평가를 내리기가 역부족이었다. 전적으로 중석기에만 속하는 지층에 살던 거주민들이 당시 야생 곡물을 채집했을 것이라는 가설도 최종 결론을 내리기 쉽지 않다. 여하간 만일 이러한 관찰이 옳다고 가정한다면 이는 펠로폰네소스반도에서도 곡물 재배가 단계적으로 이루어졌고, 이 과정은 아나톨리아 남부 PPN A와 PPN B 시기에 이루어졌던 것과 유사한 방식으로 진행되었다는 사실을 뜻할 것이다. 그 외 동굴의 다른 지층들은 신석기시대 초기에서 후기까지의 발달을 반영하며, 발견된 토기 중 가장 오래된 토기는 단색에 단순한 형태를 갖고 있었다.

이와 비슷한 유적지는 테살리아의 아르기사-마굴라 주거 구릉지다. 이곳 또한 오늘날까지 논란이 많다. 8미터가 넘는 매우 두터운 유적지층이 출토된 이 언덕 아랫부분에서는 토기 이전 시기로 추정되는 주거지 흔적이 발견되었다. 나지裸地에 땅을 파 타원형 움막집을 지은 흔적이 그것이다. 또 기둥을 박았던 구멍으로 짐작건대 이 움막집은 기둥으로 골격을 세웠고 식물성 재료를 엮어 짠 구조물 위에 롬 흙을 발라 벽을 세웠던 것으로 추측된다. 움막집 내부 바닥에는 롬 흙과 자갈을 깔았고 요리용 모닥불을 놓는 자리도 있었다. 유물로는 칼날, 규석과 흑요석으로 만든 간석기, 그리고 암석과 뼈를 마제해서 만든 용구들이 발견되었다. 빠진 것은 토기뿐이었다. 그 밖에 곡물과 콩과 식물, 그리고 양, 염소, 소, 돼지 뼈 흔적이 발견되었다고 한다. 이른 시기의 지층이긴 하지만 최초의 곡물 종들과 양과 염소가 발견된 것은 그리 놀라운 일이 아닐 것이다. 하지만 동일한 시기에 이미 콩과 식물이 재배되었고 소와 돼지가 가축화되었다고 하는 것은 연구자들 사이에 족히 의구심을 불러일으킬 만하다. 요컨대 아르기사 마굴라와 프란크티 동굴에서 발굴된 자료들이 불러일으키는 의구심들을 생각해볼 때 아나톨리아 남부의 PPN B에 비견될 만한 시기가 그리스 내륙 지방에 존재했는가 하는 물음은 극히 회의적으로 끝날 수밖에 없다.

크레타섬에서도 토기 이전 시기로 추정되는 주거지 지층이 보고된다. 이보다 훨씬 이후에 건축된 미노스 시대 크노소스 궁전 아래에 있는 두터운 지층에 포함되어 있는 신석기시대 퇴적층이 그것이다. 이 지층의 가장 오래된 층은 방사성 탄소 연대 측정법에 의하면 기원전 6000년대 말로 추정된다. 기둥을 세우고 땅을 약간 파서 지은 움집의 잔해는 아르기사 마굴라의 유적을 생각나게 한다. 그다음 지층은 신석기시대 초기에 속하는 것으로, 토기가 출토되기 시작한다. 건물들은 돌로 된 기저부 위에 세워졌고 벽은 롬 흙을 다져 만들거나 또는 식물성 재료를 엮어 짠 구조물에 롬 흙으로 마감한 형태를 띠었다. 이 집들은 각기 따로 흩어져 있었고 획일된 방향을 따르지 않았다. 아마도 전체적인 조직과 계획 없이 세워진 작은 마을이었던 듯싶다. 크노소스에서는 신석기시대 중기 이후에서 들어서야 규모가 더 큰 가옥 단지를 이룰 수 있었다. 그중에는 이미 2층집도 있었던 것으로 보인다.

에게해 섬들과 그리스 내륙에서는 토기 이전 시기의 유적이 매우 드물고 실제적 증명력이 크지 않은 데 반해, 이후 기원전 6000년대 후반에서 기원전 5000년대로 넘어가는 전환기 신석기시대 초기 유적은 신빙성이 있는 것으로 간주된다. 그리스 내륙에서 이 시기는 원시 토기 시기, 프로토세스클로 시기, 세스클로 이전 시기라는 세 단계로 나눌 수 있다. 이 시기 이후의 기원전 5000년대 전반기 동안에는 중기신석기시대의 세스클로 문화가 형성된다. 이 문화의 이름은 볼로스에서 서쪽으로 10킬로미터 떨어진 곳에 위치한 테살리아의 세스클로라는 곳을 따서 지은 것이다.

원시 토기 시기는 신석기시대 초기가 시작된 때였는데 신석기형 석기와 매우 단순한 형태의 단색 토기가 특징이다. 이 시기 거주민들은 이미 식물 재배와 가축에 대해 지식을 갖고 있었다. 하지만 이와 관련된 지층은 대부분 적은 면적에 한해서만 조사될 수 있었고, 그 결과 거주지 전체 구조를 파악하는 데는 한계가 있다. 독립적으로 세워진, 단순한 사각형 건축물은 롬 흙을 다져서 벽을 세우거나 식물 재료를 엮어 짠 구조물에 롬 흙으로 마감한 형태를 띠고 있었다. 이런 가옥 중에는 돌로 된 기저부를 보여주는 것도 있었다. 이 시기의 주거지들은 테살리아의 비옥한 평야 지대(아르기사-마굴라, 수플리-마굴라, 아킬레이온, 젠티키, 세스클로 등)와 그리스 중부 및 남부(엘라테이아, 네아 마크리, 레르나)에 위치해 있었다. 뒤이어 프로토세스클로 시기가 나타나는데, 최초로 수준 높은 품질의 토기가 생산된 시기다. 이때 토기는 벽이 얇고 채색(베이지색 바탕에 빨간색 문양)이 되어 있었으며 더 다양한 형태들이 선보였다. 세스클로 이전 시기에는 용기에 무늬를 눌러 찍거나 새겨넣었다. 그 뒤를 이어 바로 신석기 중기에 속하는 세스클로 문화가 나타난다. 세스클로 문화는 기원전 5000년대에서 기원전 4000년대 초기로 추정되며 다양한 문양의 붉은색 또는 밝은 색으로 채색된 토기가 특징이다. 프로토세스클로 시기와 세스클로 이전 시기에서 나온 소형 점토 조각상들은 아나톨리아 서부(하즐라르)의 조각상과 커다란 유사성을 보여준다. 그 밖에 여러 암석과 조개로 만든 구슬 장신구도 눈에 띈다.

기원전 5000년대 동안 그리스 전체에서 농경 거주지는 눈에 띄게 증가했다. 아나톨리아에서와 유사하게 사람들은 여러 세대에 걸쳐 동일한 장소에서 살았다. 쇠락한 주거지들 위에 새로운 주거지가 세워지는 식으로 주거지 구릉이 형성되었다. 아나톨리아에서 신석기시대 주거지에 매우 특징적으로 나타났던 밀집형 건물(건물 사이에 빈 공간 없이 이어 붙여 지은 건물)은 그리스 내륙에서는 찾아볼 수 없다. 프로토세스클로 시기에서 세스클로 이전 시기까지 주거 구릉지들은 비록 적은 면적에 한해서만 조사될 수 있었지만 그럼에도 내부 구조에 대해 어느 정도 신빙성 있는 추론은 가능하다. 이 조사 결과에 의하면 독립적으로 지어진 가옥들은 직각으로 교차하는 골목길을 따라 일렬 또는 군락의 형태를 띠고 있었던 것으로 보인다. 테살리아와 마케도니아의 이런 가옥들 중에는 롬 벽돌로 지어진 것도 있었고 기둥을 세우고 식물 재료를 엮어 짠 구조물로 벽을 만든 집들도 있었다. 테살리아와 아나톨리아 남부(아무크 평야)에서 공통되게 거의 똑같은 형태를 띠고 나타났던 가옥으로는 창글리라 불리는 가옥(사각형의 건물로 벽을 따라 안쪽으로 다수의 짧은 길이의 내벽이 돌출되어 있고 이 내벽들은 납작한 지붕을 받치고 있다)이 유일하다.

그리스 내륙 지방과 펠로폰네소스반도에서는 다수의 신석기 초기 및 중기의 주거지가 발견되었다. 조사된 바에 의하면 일반적으로 주거지 면적은 크지 않았고, 촌락에 평균 50명에서 100명이 살았던 것으로 생각된다. 세스클로는 예외였는데 당시 이미 가옥이 500채 이상 존재했던 것으로 전해진다. 이는 선사시대 주거지로서는 거의 상상하기 힘든 크기다. 주거지의 경제는 한편으로는 외알밀, 에머밀, 그 밖의 곡물 종과 콩과 식물 경작에 의존했고, 다른 한편으로는 가축 사육에 의존했는데, 처음에는 양과 염소를 기르다가 프로토세스클로 시기부터는 소와 돼지를 사육

4장 유럽으로 확대된 정착생활

했다. 그 밖에 식량 보충을 위해 계속해서 야생 열매 수집과 사냥, 어획이 이루어졌다.

시간이 지나면서 주거 구릉지는 테살리아와 마케도니아에서 더 북쪽으로 전파되었고, 바르다르(악시오스)강江, 스트루마(스트리몬)강, 툰자강을 따라 펼쳐진 넓은 지대에도 (일 년 내내 이용되는) 정주형 농경 마을이 두루 생겨났다. 주거지는 기둥을 세워 만든 집이 일렬로 늘어서 있는 구조였다. 이러한 구조는 북부 지역으로 확산되면서 알바니아, 마케도니아(벨루슈카 툼바-포로딘, 안자베고보-브르슈니크), 트라키아(카라노보 I)까지 퍼져나갔다. 이 구릉 주거지가 만들어졌던 시기를 보면 남부 지방에서 북부 지방까지 시간상 거의 차이가 나타나지 않는다. 이런 점으로 보아 주거 구릉지라는 생활 원리는 테살리아 북부 지역에서 매우 빠른 속도로 수용되었던 것임을 알 수 있다. 또한 에게해-아나톨리아 지방에서 일어났던 신석기 초기의 새로운 변화들이 그리스 내륙 지방 북쪽으로 퍼져나갈 때도 같은 경로를 따랐다. 이렇게 해서 전해진 문화 발달의 예를 들자면 흰색, 빨간색, 검은색으로 채색된 용기와 원통 모양의 머리를 한 살찐 여자 조각상이 있다. 주거 구릉지와 달리 이것들은 더 북쪽까지 진출해 판노니아 평원 동부와 남부(스타르체보 문화와 쾨뢰시 문화), 나아가 트란실바니아(크리슈 문화)에까지 확산되었다. 하지만 이런 문화 수용의 예에서 낯선 문화가 일방적으로 수용되기만 한 경우는 찾아볼 수 없다. 오히려 해당 지역들은 매우 빠른 시간 안에 자기만의 고유한 요소를 발전시켰다. 이런 현상은 북부 지역에서 더 많이 나타났고 따라서 남부 문화의 원래 모습과 분명한 차이를 보이기 시작했다.

식량의 안정적 확보는 여전히 전체 마을 주민의 과제였다. 테살리아와 마케도니아에서의 사정도 세르비아나 트라키아의 사정과 다르지 않았다.

사회적 계급 차이는 신석기시대 초기와 중기에는 등장하지 않는 주제였다. 이는 시신 매장 관습이나 거주지 구조에서 확인할 수 있다. 하지만 신석기시대 후기, 디미니 문화가 시작되면서 테살리아에서는 변화가 나타나기 시작한다. 디미니 문화라는 이름은 오늘날 볼로스에서 서남쪽으로 5킬로미터 떨어진 곳에 위치한 디미니에서 유래한다. 디미니 문화 후반기에 속하는 기원전 4000년대 전반기에는 건축적 특징 때문에 '대저택'이라 불리는 거주지들이 점점 더 많이 생겨났다. 세스클로, 디미니, 벨레스티노, 아야 소피아—마굴라 지역에서 발견된 디미니 시기의 지층은 이에 대한 증거 자료를 보여준다(〈그림 24〉). 이 유적지들은 전 시기의 유적층에 의해서가 아니라 자연적으로 형성된 언덕에 위치해 있고 가장 높은 곳에는 대표적인 중심 건물이 자리 잡고 있다. 이 건물은 기본 윤곽으로 볼 때 메가론고대 그리스 건축의 한 양식으로, 하나의 넓은 홀로 이루어진 것이 특징이라 불리는 양식에 속한다. 아래에는 원형 장벽 여러 겹이 이 건물을 둘러싸고 있다. 요컨대 이곳은 장벽에 의해 '아래 도시'와 분리되는 일종의 아성牙城 또는 아크로폴리스로서 이런 건축 형태로는 최초의 것으로 추정된다. 이러한 주거지 구조는 의심할 바 없이 사회적 계층 분화의 시초를 반영하는 것이다. 사회적 계층 분화는 당시 주거지 구성원의 조직과 생활에 영향을 끼쳤다. 하지만 이런 구조가 성립하게 된 이유는 유감스럽게도 그저 추측만 할 수 있을 뿐이다. 발굴 자료에 더 이상 알 수 있는 정보가 없기 때문이다.

메가론의 등장 및 아크로폴리스와 아래 도시의 구분이라는 두 가지 변화는 기원전 3000년대 후반 이후 나타나는 에게해와 아나톨리아 청동기시대 초기 중심지의 특징이다. 그리스 내륙 지방의 청동기 초기 문명, 나아가 크레타섬에서의 초기 미노스 문명, 아나톨리아 서부 주거지 지층,

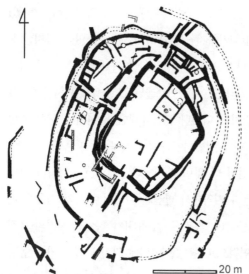

<그림 24> 아성牙城이 있는 후기신
석기시대 주거지. 디미니, 그리스.
▬▬▬▬▬▬▬▬20 m

트로야I, II와 같은 유적이 그 예다. 이런 변화가 일어나게 된 첫 단계는
디미니 문화 후기에 속하는 시기, 즉 늦어도 기원전 4000년대 중반경이
었던 것으로 보인다. 하지만 이러한 시발점이 어떻게 청동기 시대 초기 유
적으로 연결되는지는 여전히 해명이 안 되고 있다. 즉 어떻게 디미니 문화
와 청동기시대 초기 유적이 연속적으로 나타날 수 있었는가 하는 점이다.
그리스 내륙 지방에서 디미니 문화와 청동기 초기 문화 사이에는 아나톨
리아 서부에서 하즐라르 문화와 동기시대 후기 및 청동기시대 초기 사이
와 마찬가지로 1000년이 훨씬 넘는 시간적 간극이 놓여 있기 때문이다.
이 간극은 지금까지도 만족스럽게 설명되지 않고 있다.

2.
보스포루스 해협 횡단

신석기시대 생활 방식은 아나톨리아 서남부 하즐라르 문화권에서 시작해 에게해의 섬들을 거쳐 그리스 내륙 지방으로 확산되었다. 하지만 이러한 문화 전파 경로가 모든 지역에서 증명될 수 있는 것은 아니며 특히 에게해 도서 지역의 경우 해수면 상승으로 인해 확산 경로 중 일부 중간 거점들이 파괴되거나 물 밑으로 가라앉기도 했다는 사실은 앞서 이미 언급했다.

그런데 근동아시아에서 정착생활과 생산 경제 활동이 유럽으로 전파되는 또 다른 중요한 확산 경로가 존재했다. 즉 북부의 소아시아 서북쪽에서 시작하여 마르마라海를 거쳐 발칸반도 방향으로 나아가는 경로다. 현재 연구자들은 지난 수년 동안 조사된 많은 발굴지 덕분에 보스포루스 해협과 다르다넬스 해협 주변에서 일어난 새로운 변화들에 대해 한층 더 신빙성 있는 설명을 내놓을 수 있게 되었다. 마르마라해 연안 지역을 포함해 소아시아 서북부 지역에 문화 유물이 보존되어 있다는 점이

4장 유럽으로 확대된 정착생활

밝혀진 것도 이 조사를 통해서였다. 이 유물들, 특히 토기와 거주지의 건축물 구조는 아나톨리아 서남부 문화나 그리스 내륙, 특히 펠로폰네소스 반도 및 테살리아의 유적들과 현저한 차이를 보인다.

아나톨리아 서북부에서 신석기시대 초창기에 중심적 역할을 했던 것은 피키르테페 문화다. 이 문화는 에스키셰히르 주변 평원에서 마르마라해 연안 지역을 거쳐 유럽 동남부 일부 지역으로 확산되었다. 이러한 사실은 터키 트라키아와 겔리볼루반도에서 산발적으로 발견되는 유물을 통해 확인된다. 스포라데스 제도 북부, 아기오스 페트로스섬에서도 이에 상응하는 토기가 발견되었다. 피키르테페 문화는 아나톨리아 서북부에서 발원한 문명이 확산되어 나타난 것으로 에게해 및 발칸반도 동남쪽에 인접한 지역까지 진출했다. 이 문화의 큰 특징은 짙은 색으로 구운, 표면이 매끄러운 토기다. 이 토기에는 눌러 찍은 무늬가 장식되어 있는데 그중에는 음각된 문양에 하얀색 반죽을 상감해넣은 것도 있다. 특기할 것은 짧은 다리의 상자 모양 용기로서 제의적 용도로 사용되었을 가능성이 있다. 이 문화가 처음 발견된 것은 피키르테페와 펜디크 지역이었다. 이 두 유적지는 마르마라해 동쪽 연안에 위치해 있으며, 오늘날로 치면 아시아에 속하는 이스탄불 지역이다. 이곳 해안가 거주지에서는 타원형 또는 반원형의 움막집이 발견되었다. 벽은 식물성 재료를 엮어 짠 구조물에 롬으로 마감을 해서 만들었고 내부 바닥은 지면보다 살짝 낮았다. 거주민들은 이미 농경을 시작했을 것으로 짐작되지만 식량 조달에서 주를 이룬 것은 사냥에서 얻은 포획물이었고, 특히 이 주거지가 해안에 인접해 있음을 감안할 때 어획물도 상당량을 차지했을 것으로 판단된다. 아나톨리아 서남부 신석기 문화(하즐라르)와 비교해 눈에 띄는 것은 피키르테페 문화에서는 조각상이 거의 부재했다는 점이다. 그 밖에도 가옥의 건축 방식에서도

인류는 어떻게 역사가 되었나

아나톨리아 서남부 문화와의 차이는 매우 분명히 드러난다. 이에 반해 몇몇 용기의 형태, 석기와 뼈로 만든 공구, 특히 뼈로 만든 숟가락은 서남부 및 중앙 아나톨리아 유물과 커다란 유사성을 보인다.

이즈니크 호수 서쪽, 비옥한 충적지 평야에서 지난 수년간 행해진 발굴 작업으로 피키르테페 문화와 그 후속 시기의 발달이 새로운 조명을 받게 되었다. 멘테셰에서의 표본조사로 발견된 파키르테페 지층은 방사성 탄소 연대 측정법에 의하면 기원전 6400년에서 기원전 6100년 사이에 속하는 것으로 추정된다. 거주지 가옥은 주로 나무 기둥, 식물성 재료를 엮어 짠 벽, 롬 흙 마감의 구조를 갖고 있으며 드물게 롬 벽돌 건축 방식도 발견된다. 이런 사실은 이곳의 건축 방식이 피키르테페와 펜디크 해안 주거지의 건축 방식과 유사성이 있음을 말해준다. 다만 멘테셰 주거지가 더 조직적이며 발견된 가옥 형태들이 타원형 또는 원형 움막집에만 국한되지 않는다는 차이점이 있다. 특히 주목할 만한 것은 이따금 집안 바닥 아래에서 고분이 발견되는 경우가 있다는 점이다. 이는 아나톨리아 서남부 신석기시대 초기에 널리 퍼져 있었던 장례 방식이다. 이를 통해 우리가 알 수 있는 것은 기원전 6000년대 후반에 존재했던 멘테셰 거주지와 동시대에 존재했던 피키르테페 문화의 유적지는 아나톨리아 서북부 지역에서 가장 오래된 주거 공동체 중 하나라는 것이다. 서북부 지역의 가장 오래된 공동체들은 정착생활과 생산 경제를 운영했다. 멘테셰에서 이렇게 새로운 사실이 발견되긴 했지만 이는 주로 층이 두터운 유적지에서만 조사된 결과다. 현재까지는 대단위 면적의 폭넓은 연구가 이루어지지 못했다. 때문에 피키르테페 문화의 생활 및 경제에 대한 우리 지식은 여전히 상당히 부족한 수준에 머물러 있는 실정이다.

바로 다음으로 이어지는 시기를 가장 잘 보여주는 것은 이웃에 인접

4장 유럽으로 확대된 정착생활

한 일르프나르 주거지 유적이다. 가장 오래된 주거지는 후기 신석기시대에 속하는 것으로 추정되며 이는 멘테셰에서 바로 이어지는 시기다. 일르프나르 X층에서 V층까지는 기원전 5000년대 전반에 속한다. X층에서 VIII층까지의 조사에서는 사각형의 방 하나짜리 가옥 수십 채가 발견되었다. 이 집들은 골목길과 공터 주변으로 불규칙하게 분포되어 있었다. 집 벽은 기둥, 식물성 재료를 엮어 짠 구조물, 롬 마감의 구조였고, 땅을 파서 그 안에 벽을 세운 집들도 있었다. 또 어떤 것은 벽 하단을 튼튼히 하고 습기를 방지하기 위해 나무 기둥을 수평·수직으로 설치한 후 그 위에 벽을 쌓은 형태도 있었다. 집 내부에는 요리용 모닥불을 피우는 장소, 비축물 저장 용기, 갈돌, 위를 지붕으로 막은 난로 겸 화덕이 있었다. 일르프나르 VI층에서 VA층까지 주거지 후기 시기에는 거의 자연 건조한 롬 벽돌로만 집을 지었다. 집들은 대부분 2층으로 된 방 한 칸 또는 두 칸짜리 집이었고, 벽을 서로 맞대고 곡선으로 늘어서 있었다(〈그림 25〉). VA층 주거지는 기원전 5000년대 중반경 대규모 화재 참사로 종말을 고했다.

아나톨리아 서북부 지역의 피키르테페, 펜디크, 멘테셰와 마찬가지로 일르프나르 유적지에서도 초기 정착생활 이후 빠른 시간 안에 역동적인 발전이 이뤄졌다. 이러한 발달의 예는 복합적인 주거지 구조의 발달과 인구 증가에서 찾을 수 있다. 식량 경제는 전적으로 농경과 가축 사육에 의존했다. 재배한 식물로는 외알밀, 에머밀, 빵밀, 여섯줄보리, 렌틸콩, 완두콩, 살갈퀴, 아마가 있다. 이 밖에도 포도, 무화과, 헤이즐넛을 채집했다. 가축으로는 양, 염소, 소, 돼지를 키웠다. 토기는 피키르테페 토기에 비해 훨씬 발전한 양상을 띠면서 형태가 다양해졌고 비스듬하지 않은 일직선의 빗살 문양 토기가 최초로 등장했다. 하지만 일르프나르 토기에서는 당시 아나톨리아 서남부에서 가장 많이 사용되었던 채색 장식이 거의 나타

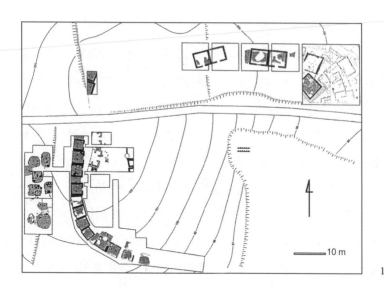

1

2

〈그림 25〉 1. 주거지 설계도 2. 2층 롬 집의 복원도. 일르프나르, 터키.

나지 않는다.

아나톨리아에서 유럽으로 신석기 문화가 전파되는 경로에서 또 다른 중요한 거점은 마리차 강변의 호자 체쉬메 주거 구릉지다. 마리차강은 트라키아에서 시작해 남쪽으로 흘러 에게해로 빠진다. 이런 지형 덕분에 이 수로를 통해 에게해 북쪽에서 내륙 지방으로 매우 자연스러운 교류의 흐름이 형성될 수 있었다. 호자 체쉬메 유적지는 이런 입지를 가진 마리차강의 넓은 삼각주, 그중에서도 동쪽 가장 자리에 위치해 있다.

이 주거지의 가장 아래에 위치한 IV층과 III층은 기원전 6000년대 후반기로 추정되며 이는 멘테셰의 피키르테페 토기가 출토된 지층 시기에 해당된다. 하지만 호자 체쉬메 지층에서 나온 유물들은 피키르테페 문화권과 매우 다른 특징을 띠고 있어 거의 상관관계가 나타나지 않는다. 이 지역에서 주를 이루는 토기는 두께가 얇고 표면을 붉은색 또는 검은색으로 칠한 후 표면을 매끄럽게 다듬은 고급스러운 것으로, 아나톨리아의 서남부 호수지역에서 나온 신석기시대 후기 유물과 매우 유사하다. 호자 체쉬메의 가장 아래 지층 조사에서는 암석을 파서 지은 건물들이 발견되었다. 기본 윤곽은 원형 또는 타원형이었고 기둥과 식물성 재료를 엮어 짠 구조물로 만든 벽에 롬 흙으로 마감한 구조를 갖고 있었던 것으로 추측된다. 또한 내부에는 황색으로 칠한 바닥이 있는 건물도 있었다. 특기할 것은 이 주거지는 처음 주거가 시작되었던 시기부터 방어벽으로 에워싸여 있었다는 점이다. 방어벽은 자르지 않은 커다란 돌덩어리를 통째로 층층이 쌓아 만들었다. 이 지층 위에 자리한 호자 체쉬메 II층은 매우 커다란 변화가 있었음을 추측케 한다. 처음으로 사각형 건물들이 나온 것이다. 지층 IV와 III 시기에 있었던 방어벽은 더 이상 존재하지 않게 되었다. 여기에 더해 빨간 바탕에 하얀색으로 칠한 토기가 등장했다. 이는 한편으로는 테살리아의 프로토세스클로 지역과의 연관성을, 다른 한편으로는 북쪽에 인접한 불가리아의 카라노보 I기期와의 상관관계를 보여주는 단서다.

호자 체쉬메는 유럽 동남부에서 가장 오래된 신석기시대 주거지 중 하나다. 발굴 지층에서 확인되는 바로 이 주거지는 불가리아 초기 신석기시대(카라노보I기)가 시작될 무렵보다 더 앞서 형성되었다. 호자 체쉬메의 IV층부터 II층까지 지층에서는 농경과 가축 사육에 관한 증거물이 다수 발견됐다. 이 유물들은 식량 조달에 있어서 특이점이 있었음을 보여준다. 이는 호자 체쉬메가 해안과 가깝다는 사실과 관계있다. 호자 체쉬메 주민들에게는 해산물, 특히 연체동물이 매우 중요한 식량이었던 것으로 보인다. 해산물을 더 오랫동안 보관하기 위해 롬으로 내부 벽을 마감한 구덩이에 보관했는데, 이 용도만을 위해 특별히 제작되었던 구덩이였을 것으로 추측된다. 이 유적은 초기 신석기시대 모든 주거지에 똑같이 유효했던 통일된 경제 모델은 없었다는 점을 분명히 보여준다. 그보다는 각각의 지형 조건과 처한 환경의 특별한 상황에 적응하는 능력이 생활 환경을 구축해나가는 데 결정적인 역할을 했다. 피키르테페와 펜디크에서도 관찰되듯이, 호자 체쉬메처럼 해안에서 가까운 주거지에서는 어획물과 그 밖의 해산물이 모든 시기에 걸쳐 중요한 식량이었다. 반면 비옥한 충적토 평원 정착지들에서는 농경과 가축 사육이 대규모로 이루어졌다. 이러한 사실은 농작물과 가축 종들의 고고학적 흔적이 매우 다양하다는 점으로 확인된다.

호자 체쉬메에서 발견된 토기에는 바닥이 종 모양 또는 원형의 고리 모양으로 되어 있는 것과 토기 옆에 돌출된 귀 부분이 길쭉한 대롱 모양인 토기도 있다. 나아가 뼈로 만든 숟가락, 점토와 돌로 만든 원 모양의 고리, 무릿매원심력을 이용한 무기의 일종으로 끈 사이에 돌 등의 탄환을 넣고 돌리다가 탄환이 멀리 날아가도록 던진다용 탄환, 작은 조각상들도 발견되었다. 이 유물들은 아나톨리아 서남부 호수지역(하즐라르)에서부터 터키 서부 연안(울루자크)을 따라 북부의 마리차강 어귀를 잇는 문화권과 많은 일치점을 보인다. 형태가 비슷한 토기들과 붉은색 바탕에 흰색이 채색된 토기, 이미 언급한 뼈로 만든 숟가락, 아주 가늘고 긴 돌날은 호자 체쉬메, 불가리아의 카라노보 I기 그리고 테살리아의 프로토세스클로 문화에서 공통되게 나타나며, 이 세 문화를 하나로 이어준다. 호자 체쉬메(지층 Ⅳ~Ⅲ) 주거지는 아나톨리아 서남부에서 온 이주민에 의해 세워졌다. 이들은 고향의 가축과 재배 식물을 유럽 동남부로 함께 가져왔다. 이후 농경과 가축 사육은 호자 체쉬메와 같은 정착지에서 시작해 마리차강, 그리고 북쪽으로 향하는 다른 여러 경로를 통해 해안가 내륙 지방과 더 멀리 트라키아에까지 어려움 없이 전파될 수 있었다. 카라노보 I기 지역에서 수입된 물건이 호자 체쉬메에서 발견되었다는 사실은 이 두 지역 사이에 직접적인 교류가 있었다는 것을 확인시켜준다.

호자 체쉬메 주거지가 천천히 종말을 향해 가고 있을 때 거주민들은 더 동쪽의 오늘날의 크르클라렐리시市 가까운 곳에 신석기시대 주거 구릉지인 아샤으 프나르를 세운다. 이 거대한 퇴적층에는 기원전 6200년에서 기원전 4300년 사이, 거의 모든 신석기 시기가 망라되어 있다. 아샤으 프나르 V기층에서 I기층까지는 신석기 중기부터 후기까지의 시기(불가리아식 분류)에 해당되며 한편으로는 마르마라 지대의 톱테페 문화, 다른 한편으로는 불가리아의 카라노보 Ⅲ기 및 Ⅳ기와 밀접한 연관성을 보인다. 이에 반해 더 오래된 지층인 아샤으 프나르 Ⅵ기층은 신석기시대 초기에 속하며 카라노보 Ⅱ기와 일치한다. 그 아래에서 발견된 지층인 아샤으 프나르 Ⅶ기층은 카라노보 Ⅰ기와 호자 체쉬메 Ⅱ기층과 일치하며, 이는 카라노보 Ⅰ기에 전형적인 날렵한 돌날과 붉은색 바탕에 흰색 또는 검은색으로 채색한 튤립 모양 컵으로 증명된다. 아샤으 프나르에서 증명된 유형 유물이 전적으로 트라키아와 발칸반도의 특징을 보여주는 데 반해 주거지 형태는 완전히 다른 모습을 나타낸다. 아샤으 프나르의 Ⅶ기층과 Ⅵ기층에는 방 하나 혹은 두 개짜리 가옥이 매우 잘 보존되어 있다. 보존이 잘 될 수 있었던 이유는 과거 어느 시기에 화재로 인해 건물 벽의 롬 흙이 단단해졌기 때문이다. 가옥은 벽을 대고 서로 붙은 형태로 반원 모양을 그리고 있는 것이 보통이었는데, 아샤으 프나르에서는 그 반원이 우물을 향해 있었다(〈그림 26〉). 이런 주거 형태는 이곳을 제외하고는 일르프나르에서만 볼 수 있는 것이었다. 이 유적지가 특히 눈에 띄는 것도 바로 이 때문이다. 요컨대 이 주거지의 배열 형태는 두 곳에서 발견되고 있는데, 하나(아샤으 프나르)는 유럽 동남부이고 다른 하나(일르프나르)는 아나톨리아 서북부에 위치해 있다. 이 두 지역은 다른 유형 문화에서는 매우 차이가 나는 반면 건축은 넓은 공터를 중심으로 건물들이 원형으로 배치되어 있다는 점에서 유사성을 보여준다. 사실 아샤으 프나르 신석기 초기의 주거지는 이 점을 제외하면 트라키아와 발칸반도의 특징이 완연한 문화였지만, 그럼에도 이렇게 아나톨리아의 흔적을 상당히 간직하고 있다. 이 건축물 아래 지층에서는 더 오래된 흔적(아샤으 프나르 Ⅷ)의 얼마 안 되는 잔해가 발견되었다. 이는 기원전 6000년대 후반기에 속한다. 시기상 호자 체쉬메의 Ⅳ기층과 Ⅲ기층에 해당되는 것으로 추측되는데, 이 지역에서의 초창기 정착생활을 보여준다. 이 유적지 조사는 이제 막 시작되었고 그 결과에 귀추가 주목되고 있다.

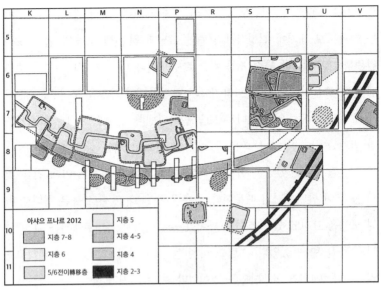

<그림 26> 신석기 초기와 중기의 건축 설계도. 아샤으 프나르, 터키)

고정적인 주거지, 식물 재배, 동물의 가축화, 토기 제작, 점토로 만든 소형 조각상 등 신석기시대 생활 및 경제 형태가 유럽 동남부로 확산되었던 데에는 최소 세 가지 경로가 존재했다. 하나는 아나톨리아 서남부 호수 지대에서 소아시아 서부 해안과 에게해의 섬들을 거쳐 그리스 내륙으로 진출하는 길, 두 번째는 중앙 아나톨리아에서 아나톨리아 서북부와 마르마라해를 거쳐 발칸반도에 다다르는 길, 세 번째는 다시 아나톨리아 서남부에서 시작해서 터키 서부 해안을 따라 트라키아 남부로 북쪽을 향해 가는 길. 이런 사실로 볼 때 신석기 문화는 복합적이며 광범위하게 뻗어 있던 교류망을 통해 소아시아에서 유럽 동남부로 전파되었다는 것이 분명해진다. 이 교류망은 이미 더 이전 시기부터 물자와 관념세계가 교류하는 통로였다. 앞으로 연구가 진행됨에 따라 이 소통 경로에 대한

지식이 더 확충되겠지만 시발이 되었던 지점이 아나톨리아에 위치한 두 지역이었다는 것만큼은 분명하다. 그 하나는 아나톨리아의 서남부(하즐라르)였고 다른 하나는 서북부(피키르테페)였다. 이때 가축 사육, 재배 식물의 경작과 같이 특별한 지식이 사람의 이동 없이 확산되었을 것이라고는 생각하기 힘들다. 유럽 동남부 최초의 농경민들이 모두 아나톨리아에서 이주한 것은 아니겠지만 피키르테페 문화가 마르마라해의 유럽 해안 지역까지 진출한 사실과 호자 체쉬메와 같은 유적지를 볼 때 신석기 문화가 시작되었던 것은 최소한 인구 이동과 연관되어 있다는 것을 알 수 있다.

3.
초기 농경 생활
: 흑해에서 판노니아 평원까지

아나톨리아에서 온 신석기시대 초기 이주민들이 북쪽의 마르마라해와 남쪽 에게해를 건너 유럽 동남부에 다다르면서 농경 경제 또한 함께 확산되었다. 새로운 생활 형태는 트라키아 저지대에서부터 도나우강 하류 지역을 따라 강이 흐르는 방향으로 확산되어 판노니아 평원 동쪽에 이르렀고, 다른 한편으로는 불가리아 서부를 거쳐 서쪽의 세르비아 경계 지역까지 영향을 미쳤다. 같은 시기 테살리아와 그리스 마케도니아의 구릉 주거지는 북쪽으로 점점 더 확산되면서 바르다르강江과 스트루마강의 넓은 하곡河谷지대를 거쳐 세르비아 남부까지 진출한다. 그 결과 기원전 6000년대 후반에는 이미 서쪽으로는 슬로베니아와 헝가리 동부의 넓은 지역, 동쪽으로는 불가리아 흑해 연안까지, 남쪽으로는 에게해에서 북쪽으로는 트란실바니아에 이르기까지 초기 신석기시대가 성립했다. 이 시기에 속하는 문화로는 프로토세스클로 문화, 테살리아의 세스클로 문화, 그리스-마케도니아의 네아 니코메데이아 문화, 동부 지역의 안자베고보-브르슈니크 문화, 서쪽으로는 구유고슬라비아-마케도니아의 벨루슈카 툼바-포로딘 문화, 북세르비아와 슬로베니아 국경 인접 지역의 스타르체보 문화, 트란실바니아와 문테니아의 크리슈 문화, 티서강 동쪽, 헝가리의 쾨뢰시 문화가 있다.

이보다 앞선 중석기 후기는 이 지역에서는 흔적을 거의 남기지 않았다. 즉, 신석기 초기로의 전환을 구체적으로 설명해줄 수 있는 유적지가 전무하다. 정착과 농경생활은 뜸 들이는 기간 없이 바로 시작된 것으로 보이며 불과 몇 세대 지나지 않아 동남부 쪽으로는 트라키아, 마케도니아, 북쪽으로는 슬로베니아와 헝가리 동부에까지 확산되었다. 이런 움직임은 중석기 문화에서 신석기시대 초기로의 전환이 몇 세기에 걸쳐 점진적으로 변화한 경우라고 보기 어렵다. 중석기시대 공동체가 단계적인 변화를 거쳐 새로운 경제 형태를 서서히 도입했고 이로써 신석기 초기가 열리게 됐다고는 보기 힘들다는 이야기다. 그보다는 이 과정에서 인구 이동이 있었던 것으로 보인다. 하지만 인구 이동은 아나톨리아에서 그리스 내륙과 발칸반도 방향으로만 진행된 것이 아니고, 유럽 동남부 안에서도 이루어졌다. 유럽 동남부에서 인구 이동이 없었다면 신석기시대 생활 형태가 그렇게 급속도로 전수되기 힘들었을 것이다. 특히 이 지역에서는 신석기 초기가 전 지역에서 이미 매우 일반적인 현상으로 발견되며 단계적 성장의 흔적이 보이지 않는다는 점을 감안하면 이는 더욱더 타당한 추측이다. 하지만 인구 이동 현상을 차치하더라도 새로운 농경생활에 관한 지식은 그 자체로 확산력이 있었다. 이 새로운 지식은 현실에 성공적으로 적용되었고 이로 인해 대단한 파급력을 갖게 되었던 것이 분명하다. 그렇지 않고는 그토록 넓은 지역에 농경생활이 그렇게 신속하고 효과적으로 확산되지는 못했을 것이다.

신석기 문화로의 이행에 결정적이었던 동력이 무엇인가를 놓고 수십 년 전부터 두 가지 이론이 맞서고 있다. 하나는 인구 이동을, 다른 하나는 지식의 확산을 주장하는 이론이다. 이 밖에 세 번째 가설로 양자의 혼합을 지지하는 주장이 오래전부터 있어왔다. 현재까지 확실히 결정된 것은 없다. 각각의 가설에 찬성 또는 반대하는 논리는 주관적으로 각기 다르게 평가되고 있고, 이렇다 할 방향을 결정할 수 있는 진짜 객관적인 기준은 여전히 나오지 않고 있다. 역사적 과정과 그 영향력 정도는 일면 적으로만, 또는 하나의 원인으로만 설명되기 힘들다는 점을 고려할 때 현재로서는 인구 이동과 지식 전이의 혼합이라는 세 번째 가설이 가장 설득력 있어 보인다. 현재 이 세 번째 가설은 많은 차이를 보이는 저 두 입장을 매개하는 타협책이라는 의미를 넘어 역사적 사실에 가장 가까운 것이라고 간주된다.

유럽 동남부에서는 중석기시대의 흔적이 무척 드물지만 도나우강 철문 협곡에서는 매우 특별한, 유럽에서 유일무이한 유적이 발견되었다. 다름 아닌 레펜스키 비르 문화 유적이다. 이곳은 도나우강이 석회암을 깊숙이 가르며 흘러 양쪽으로 가파르게 경사진 협곡과 하안단구를 발달시킨 곳으로서 카르스트형 자연환경을 이루고 있다. 레펜스키 비르 문화의 주요 유적지로는 루마니아 쪽엔 오스트로불 마레, 오스트로불 코르불루이, 셀라 클라도베이, 쿠이나 투르쿨리우, 세르비아 쪽으로는 레펜스키 비르, 파디나, 블라사츠가 있다. 레펜스키 비르 문화에 대한 우리의 지식은 이 문화에 이름을 부여한 지역인 레펜스키 비르에서 이루어진 광범위한 발굴 작업에 근거한다. 이에 더해 블라사츠, 파디나, 오스트로불 코르불루이에서도 조사가 이루어졌다. 레펜스키 비르에서는 약 2000제곱미터의 면적이 조사되었다. 위에 열거한 주거지는 모두 도나우강 상류의 좁은 하안단구에 위치해 있다. 주거지들의 지형을 살펴보면 한쪽은 강, 다른 한쪽은 가파른 산지와 접근이 어려운 내륙 지형으로 둘러싸여 있다. 강과 숲 사이에 있었던 이 장소들이 주거지로 매력적이었던 것은 천연자원이 풍부했기 때문으로 짐작된다.

레펜스키 비르에서는 여러 층의 유적이 발견되었다. 이 유적층은 기원전 7000년대 말에서 기원전 6000년대 후반까지 걸쳐 있고, 가장 위층은 이미 초기 신석기시대의 스타르체보 토기를 포함하고 있다. 산비탈은 빽빽한 숲으로 덮여 있어서 도토리나 호두 같은 채집 열매가 많았고 사냥할 수 있는 야생동물도 매우 풍부했다. 이에 더해 좁은 골짜기는 매우 온난 다습한 기후여서 빙하기 동안 많은 수목 종이 살아남을 수 있는 조건을 형성했다. 따라서 이 지역에서는 열악한 환경이 맹위를 떨칠 때도 생존이 가능했다. 소위 레펜스키 비르의 최초 시기인 가장 아래층은 기원전 7000년대 후반기로 추정되며 중석기 초기로 불린다. 이곳에는 얼마 안 되는 가옥 흔적과 화덕 자리 몇 군데를 제외하고는 남아 있는 유적이 거의 없지만, 텐트 비슷한 타원형 가옥이 있었다는 것은 추정된다. 다음으로 이어지는 지층은 후기 및 말기 중석기의 레펜스키 비르 I기층과 II기층이다. I기층을 이루는 시기에는 서로 구분되는 건축 형태가 다섯 개까지 나타나기도 한다. 레펜스키 비르의 유적과 유물 대부분은 이 시기에 속한다.

레펜스키 비르에는 사다리꼴 가옥 형태가 주를 이루어 전형적인 특징이 되고 있다. 집은 요리용 모닥불 자리가 있는 것도 있고 없는 것도 있었다(〈그림 27.1〉). 집 뒤쪽은 대부분 비탈진 지형이었는데, 비탈진 쪽의 땅을 더 깊이 파서 바닥이 수평이 되도록 만들었다. 건물의 좁고 둥근 면은 늘 강 쪽을 향하고 있었다. 땅을 파서 기초공사를 한 흔적이 있었고, 이

4장 유럽으로 확대된 정착생활

때 각기 다른 크기의 돌을 박아넣었다. 크기가 특별히 큰 돌은 모퉁이에 놓여 있었는데 기둥을 고정시키기 위해 사용되었던 것으로 추정된다. 이 건물들은 움막집이나 텐트 형태를 띠고 있었을 것으로 추측된다. 골격을 받치는 기둥들이 안으로 살짝 굽어 있기 때문이다. 가옥 내부에는 보통 출입구에서 3분의 1 되는 지점에 돌판으로 고정된 요리용 모닥불 자리가 있었다. 이곳은 가옥의 중심 역할을 하는 장소였다. 집 크기는 각기 달랐으며 내부 면적은 6제곱미터에서 36제곱미터 사이로 아주 작은 집에서 부터 큰 집까지 다양했다.

레펜스키 비르의 가장 초기 건축물들은 거주지에서 가장 큰 건물 뒤의 공터 주변에 모여 있었다. 그다음 시기들에 이 주거지는 산등성이 쪽으로 퍼졌고, 늦어도 Ie기에는 중앙 광장이 만들어졌다. 레펜스키 비르 I기가 끝난 후 한동안 사람이 살지 않았다가 중석기 말기인 레펜스키 비르 II기에 다시 사람들이 살기 시작한다. 레펜스키 비르 II기의 주거지 문화와 가옥 형태는 레펜스키 비르 I기 유적과 많은 부분이 일치한다. II기에는 집들이 더 규칙적으로 배열되어 있을 뿐이다. 집 벽이 수직을 이루고 있는 점으로 보아 텐트 형식의 가옥에서 지붕을 이은 직립 건물

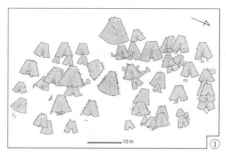

〈그림 27〉 1. 중석기 주거지의 설계도 2. 사암으로 만든 조각상. 레펜스키 비르, 세르비아.

로 점차 발전해갔다는 사실을 알 수 있다. 이 집들의 바닥에는 커다란 돌판이 깔려 있었다. 하지만 지층 Ⅱ기의 전체 주거지 구조에 대해서는 판단이 거의 불가능하다. 그 위의 층인 레펜스키 비르 Ⅲ기층 때문에 조사가 이루어질 수 없었기 때문이다.

레펜스키 비르 문화 전체 주거지역에 대한 조사 결과, 놀랍도록 많은 고분이 발견되었다. 블라사츠에서는 384기, 레펜스키 비르에서 146기, 파디나에서 75기, 셸라 클라도베이에서는 33기를 기록했다. 장제는 여러 형태가 복합적으로 존재했던 것 같다. 시신이 매장된 고분도 있었고 화장한 시신 일부를 묻은 고분도 있었다. 이에 더해 이차장 형태도 나왔다. 이차장은 시신을 한 번 매장했다가 다시 파내어 이장하거나 일단 얼마 동안 부패하도록 놔두었다가 부패가 다한 후 남은 유골을 매장하는 방식을 말한다. 이차장으로 묻힌 시신의 경우 해골이나 해골 뒷부분이 제거되어 있었다. 고분은 시신이 등을 펴고 누운 자세든 쪼그리고 있는 자세든 항상 도나우강이 흐르는 쪽을 향하고 있었으며 강과 평행하거나 정확히 직각으로 위치해 있었다. 모든 고분에는 하나의 시신만이 안치되어 있었고, 두 구가 함께 묻힌 무덤이나 그 이상의 합동장은 거의 찾아보기 힘들었다. 시신은 돌로 싸서 묻거나 납작하게 판 구덩이에 돌판을 얹은 무덤에 안치했다. 무덤은 가옥들 사이에 있기도 했고 집 내부에 있기도 했는데, 심지어 실내 바닥 아래나 모닥불 자리 바로 옆에 있는 것도 있었다. 무덤이 다섯 개까지 있는 집도 있었다. 시신들은 집을 짓기 전에 묻거나 아니면 집에 더 이상 사람이 살지 않게 된 후에 매장했다.

부장품은 돌과 뼈로 만든 물건들, 달팽이 껍데기 또는 각기 다른 재료를 연결해 만든 사슬, 황토색 안료를 흩뿌리거나 음식을 함께 넣는 정도였다. 주거지 지역을 본격적으로 묘지로 이용했던 것은 놀라운 일로서 중석기시대에는 레펜스키 비르 문화 지역 이외에 다른 어떤 곳에서도 발견되지 않았다. 통상적인 견해에 따르면 주거하는 집 아래 또는 그 곁에 무덤을 만드는 풍습은 신석기시대 초기에야 나타나기 시작하며, 아나톨리아에서 건너왔을 수도 있다고 주장된다. 하지만 레펜스키 비르 유적지는 이 두 가지 견해를 반박하고 있다. 첫째, 레펜스키 비르 유적지는 아직 사람들이 정착해서 살지 않았고 중석기시대 풍습에 따라 계절별로 주거지를 이동해 다니던 시기에 이미 시신을 주거지 내에 매장했다. 둘째, 중석기시대 레펜스키 비르 문화는 소아시아와 연결되어 있지 않았으며, 이 문화는 철문 주변의 좁은 강 계곡에서 토착적으로 생겨난 것이다.

유적에서 특히 눈길을 사로잡는 것은 사암으로 만든 조형물들이었다. 이는 레펜스키 비르 I기층과 II기층, 집 내부 조리용 모닥불 자리 뒤쪽에서 발견되었다. 이로써 짐작건대 이 조형물은 매우 특별한 영역을 표시했던 것 같다. 또한 속이 비어 있는 커다란 돌이 발견되는 경우도 있었다. 그중에는 장식이 되어 있는 것도 있었다. 이 돌들은 '제단'으로 사용되었으리라 추측된다. 사암 돌덩어리에는 얼기설기 얽힌 곡선, 각, 점, 엮어 만든 띠 같은 추상적인 문양들과 함께 둥근 눈과 물고기 입이라 불리는 입을 지닌 얼굴을 조각해넣었고 다양한 색으로 칠했다(〈그림 27.2〉). 붉은색으로 칠해진 비구상적 형태의 돌들, 즉 어떤 특정한 형상을 취하고 있지 않은 돌들이 부장품으로 발견되는 경우도 있었다. 이런 돌이 어떤 의미를 지니는지는 여전히 설명되지 않고 있다. 하지만 조각상에 자주 나타나는 물결무늬와 물고기 같은 얼굴 모양을 도나우강 및 강가에서의 생활 환경과 연관지어 해석하려는 시도는 꾸준히 있다.

이러한 조각상 및 문양이 새겨진 돌은 레펜스키 비르 문화의 다른 많은 정착지에서도 발견되었다. 하지만 이론의 여지 없이 가장 높은 수준을 보여주는 것은 이 문화의 이름이 유래된 유적지인 레펜스키 비르다. 조각상 외에도 이곳에서 발견된 유물에는 석영, 흑요석, 규석, 뼈, 뿔로 만든 도구들이 있다. 이에 더해 타제용 돌, 마제용 돌, 갈돌, 절굿공이, 손도끼, 사암으로 만든 무릿매 탄알, 동물 이빨과 뼈로 만든 장신구도 있다. 심지어 뼈로 만든 피리도 발견되었는데 이는 지금까지 알려진 가장 오래된 악기인 후기구석기시대의 피리를 떠올리게 한다. 최소 17개 가옥에서 사슴 두개골이 발견되었다. 이는 사냥 후 전시한 평범한 사냥 전리품이었을 수도 있고, 혹은 일상적 맥락이 아닌 숭배 의식을 위한 목적으로 보관된 것일 수도 있다.

레펜스키 비르 문화 주거지에 남겨진 유물 중 대부분은 동물의 뼈다. 이 뼈들은 당시 이미 오래전부터 길들여졌던 개의 잔해를 제외하면 대부분 야생동물의 것이다. 이때 그 종류는 매우 다양해서 숲에 퍼져 있는 거의 모든 동물을 다 포함하고 있다. 늑대, 붉은여우, 불곰, 들고양이, 야생 산양, 야생 당나귀, 오록스, 토끼, 노루, 서양 뇌조 및 그 밖의 많은 다른 동물이 여기에 해당된다. 이 사냥감들은 당연히 고기만 제공한 것이 아니다. 사냥꾼들은 이미 구석기시대부터 해왔듯이 사냥한 짐승의 털가죽, 깃털, 뿔, 뼈, 이빨 또한 이용했다. 포획물에 들어 있었던 토끼, 야생 당나귀, 오록스는 들판에 사는 짐승들로 철문 지역 도나우 협곡의 빽빽한 숲에서 사냥할 수 없는 동물이다. 때문에 레펜스키 비르 문화의 사냥꾼들이 활동했던 영역은 더 먼 지역까지였으리라 추측된다.

하지만 육지 고기보다 더 중요한 것은 물고기였다. 유적지 아래에는 약 500미터에 걸쳐 급류가 흘렀다. 이곳은 물고기들이 산란을 위해 물살을 거슬러 올라오는 곳이어서 강가 물웅덩이나 돌로 된 깔때기 모양의 바닥에서는 손이나 창으로 아주 쉽게 고기를 잡을 수 있었다. 주거지의 물고기 뼈의 잔해는 이곳에 잉어, 큰메기, 철갑상어가 다량으로 서식했음을 알려준다. 이외에도 농어, 가시고기, 연어, 강꼬치고기가 잡혔고 조개와 달팽이도 식용으로 이용되었다.

레펜스키 비르 문화의 성립과정을 놓고 이 문화가 토착적으로 성립되었던 것인지 아니면 새로운 인구 유입이 문화 발달에 결정적인 역할을 했던 것인지는 여전히 토론 중이다. 하지만 이 문화가 중석기시대와 밀접한 연관이 있었다는 점은 그 지역에서 자생적으로 발전이 이루어졌다는 설을 뒷받침한다. 또한 중석기 문화 거주민 집단이 들어왔다고 한다면 어느 지역에서 왔을 것인지 현실적으로 설득력 있는 단서가 전혀 발견되지 않는다. 이 문화의 중요한 특징인 사다리꼴 모양의 집과 사암으로 된 조형 조각상들만 봐도 다른 곳에서 유사한 형태가 발견되지 않는다. 레펜스키 비르 I기와 II기 시기에는 농경도 가축의 사육도 이루어지지 않았다. 또한 중석기적 정착생활이란 아직 완전히 고정적인 것이 아니었다. 즉 한 지역에서 사시사철 살지는 않았었다. 그럼에도 불구하고 이 주거지가 일정한 계획에 따라 지어졌다는 점은 눈에 띈다. 이와 관련해 사다리꼴 집의 특성에 대해서 논란이 없진 않지만 적어도 다음의 사실은 계속 강조되어 마땅하다. 즉 텐트와 비슷한 작은 집의 내부 공간은 벽이 안쪽으로 굽어 있었기 때문에 장기간 거주에는 적합하지 않았을 것이라는 점이다. 요컨대 레펜스키 비르 문화는 모든 점에서 완전히 유일무이한 현상이며 이 때문에 이 문화의 많은 특징이 쉽게 해명되지 않고 있다.

중석기 후기 및 말기에 해당되는 지층인 레펜스키 비르 I기와 II기에 뒤이어 신석기 초기에 해당되는 레펜스키 비르 III기층이 나온다. 이 두 층 사이에 불모층, 그러니까 유적이 발견되지 않는 층이 끼어 있지 않기에 이 두 층이 비교적 짧은 시기 연달아 쌓였을 것으로 추측된다. 레펜스키 비르 II기층이 III기층으로 전환되는 시기는 방사성 탄소 연대 측정법에 의하면 기원전 6000년대 말이었던 것으로 추정된다. III기층에서는 원시 및 초기 스타르체보 문화에 속하는 채색된 토기 파편이 출토됐다. 가옥은 그 이전 시기와 완전히 다른 형태를 띠었는데 땅을 살짝 파서 지은 원형 또는 타원형 건물이었다. 그 밖에 이 집의 구조는 남아 있는 유적이 없어 알기 어렵다. 하지만 이와 비슷한 가옥 형태는 스타르체보 문화의 다른 유적지에서도 찾아볼 수 있다.

이 시기의 유물은 초기 신석기 문화와 잘 부합된다. 다만 눈에 띄는 점은 그곳 거주민들이 강에 바로 인접해 살았음에도 불구하고 식량 조달을 위한 어획의 중요성이 현저히 줄어들었다는 사실이다. 사냥은 여전히 중요한 역할을 했지만 식량 조달에 가축 사육이 훨씬 더 큰 역할을 하게 되었다. 주로 길렀던 것은 양, 염소, 돼지였고 소도 있었다. 개 뼈도 다량 발견되는 것으로 보아 당시 사람들은 네발 달린 이 인간의 친구를 먹기도 했을 것이라고 추측된다. 중석기 후기 및 말기 레펜스키 비르 문화에서 매우 전형적으로 나타났던 것은 장식이 들어간 사암 제단과 인간, 동물, 그 밖의 다른 추상적 형상을 한 조각상들이었다. 초기 스타르체보 시기의 지층인 레펜스키 비르 III기에서는 이런 것들이 더 이상 발견되지 않는다. 또한 이 문화 현상은 유럽 동남부 전 지역의 신석기 초기 문화 어디에서도 발견되지 않는다.

수년 전 레펜스키 비르를 중석기시대로 분류하는 것에 대해 커다란 의혹이 제기된 적이 있다. 당시 연구자들이 [신석기 초기에 속하는 것으로 분류되는] 채색된 스타르체보 토기 파편을 중석기시대에 속한다고 간주되었던 레펜스키 비르 I기층에서 발견했기 때문이다. 하지만 이런 의혹이 실제로 얼마나 적절한 것이냐는 잘 따져봐야 한다. 왜냐하면 시베리아 그리고 루마니아 철문 협곡 쪽에 있는 레펜스키 비르 문화 유적지 중 어느 곳에서도 신석기 초기의 토기가 발견된 적이 없고, 레펜스키 비르 문화와 그 주거지들에서 중석기 후기와 말기의 특징이 계속 확인되고 있기 때문이다. 상황이 이런데 왜 레펜스키 비르를 예외로 봐야 하겠는가? 이 유적지가 중석기시대에 속하지 않는다는 그 반론이 옳다면, 이는 유럽 동남부 하곡들과 넓은 평원에 이미 농경과 토기 생산이 문화로 정착되어 있었고 철문 협곡의 주민들만이 일종의 문화 보존 지역처럼 수백 년 동안 중석기시대에 전형적이었던 삶의 방식을 고수했다는 것을 뜻하게 된다. 하지만 레펜스키 비르와 다른 지역의 방사성 탄소 연대 측정 자료는 이런 반론이 모순된다는 것을 보여준다. 이 자료에 의하면 이 지역은 기원전 7000년대 후반에서 기원전 6000년대 후반에 존재했기 때문이다. 이때 유럽 동남부에 아직 신석기 초기 문화가 존재하지 않았다는 것은 이미 입증된 바다.

철문 협곡 지역 유적지 지층은 이곳의 중석기 문화 마지막 시기가 신석기 초기로 단절 없이 이어졌고, 기원전 6000년대 말엽에 당시 신석기 부흥기 문화를 보유하고 있었던 스타르체보 문화에 의해 해체되었다는 것을 보여준다. 스타르체보 문화의 분포 지역은 판노니아 평원과 발칸반도 서부, 특히 세르비아 쪽에 편중되어 있는 많은 지역을 포괄한다. 나아가 스타르체보 문화의 광역권에는 마케도니아(안자베고보-브르슈니크와 벨루슈카 툼바-포로딘)와 불가리아 서부(겔레브니크) 집단들이 포함된다.

스타르체보 문화에 속하는 주거지에 관해서는 신빙성 있는 정보가 많지 않다. 그 이유는 해당되는 지층들이 통상 더 후대 신석기 문화 지층으로 덮여 있고, 그런 까닭에 조사할 수 있는 아래층 면적이 작기 때문이다. 이 조사에 의하면 가옥은 두 가지 구조로 구분된다. 하나는 원형-타원형 구조로 너비는 3미터에서 5미터 정도에 땅속으로 살짝 들어가 있고 굵기가 가는 기둥 여럿으로 받쳐진 텐트 형태의 집이다. 다른 하나는 땅 위에 바로 지어진 사각형 모양의 기둥 집Pfostenhaus 땅에 바로 기둥을 박아 만든 집. 기둥과 기둥 사이는 식물성 재료를 엮어 짠 구조물에 롬 흙을 발라 메꾸거나 널빤지를 연달아 대어 메꾸었다으로 기둥 사이에 수직으로 서 있는 벽들은 식물성 재료를 엮어 짠 구조물에 롬 흙을 발라 마감을 했다. 비록 발굴된 자료가 없어 이 주거지들의 정확한 크기와 내부 구조에 대해 알려진 것은 많지 않지만, 작은 마을이 있었다는 정도는 추측할 수 있다. 주민들의 기본 식량은 야생 동물과 더불어 양과 염소였고 이후 소가 추가되었다. 이는 이 동물들의 뼈로 입증된다. 초기 스타르체보 주거지들에서 생활은 주로 농경에 기초해 있었다. 당시 주거지는 묘지로 사용되기도 했다. 집 근처나 집 아래에서 계속 무덤이 발견되었는데, 개별 무덤뿐이었고 공동묘지는 발견되지 않았다. 시신 안치는 정해진 의식 없이 쪼그린 자세로 오른쪽으로 뉘인 것도 있고 왼쪽으로 뉘인 것도 있었으며 등을 곧게 펴고 하늘을 보고 누운 자세, 엎드린 자세를 한 시신도 있었다. 부장품은 매우 빈약하여 그릇, 갈돌, 규석으로 만든 도구와 조개의 일종인 가시조개로 만든 장신구 정도만이 눈에 띄었다.

가장 많이 출토된 유물은 깨진 토기 조각이었다. 토기 중 가장 자주 볼 수 있는 형태는 구球 또는 반구 모양 그릇이며 그릇을 받치는 발이 있는 것도 이따금 발견된다. 그 밖에 깊이가 얕은 투박한 그릇이나 저장용 솥도 있었다. 그릇 잔해 대부분은 가공하지 않은 거친 표면에 손가락을 찍어서 무늬를 내거나 또는 다른 입체적 요소를 이용해 장식했다. 스타르체보 문화 연대기의 척도가 되는 것은 채색이다. 몇몇 토기에서만 채색이 나타난다고 하더라도 이런 구분은 유효하다. 초기에는 붉은 바탕에 하얀

색으로 채색을 했으며, 이후에는 어두운 색이 주를 이루었다. 토기에 나타난 무늬는 기하학적 모티브가 곡선보다 시기적으로 더 앞섰던 것으로 보이며, 복합적 형태가 모티브로 활용되거나 여러 색을 칠한 토기가 등장하는 것은 스타르체보 문화 말기에 이르러서다. 학계가 스타르체보 채색 토기의 시간 순서를 정하는 방식은 일차적으로 형태학적 고찰에 근거한다. 지층학이나 해당 지층의 유물 집합을 통해 시기를 확정하는 경우는 소수에 국한된다. 이렇게 해서 서술된 토기 발달 과정이 기원전 6200년에서 기원전 5500년 사이에 해당되기 때문에 스타르체보 문화의 지속 기간은 기원전 6000년대 말에서 기원전 5000년대 전반기 사이였을 것으로 추정된다.

스타르체보 문화 주거지에서 발견된 그 밖의 유물로는 자주 보이는 규석 재질의 인공물들이 있다. 이 인공물에는 신석기 초기에 많이 사용되었던 뚜르개, 돌칼날, 긁개와 끌, 톱 비슷한 모양의 도구, 돌칼, 사다리꼴 모양의 칼날 등이 포함된다. 또한 석영과 흑요석으로 만든 인공물도 있었다. 돌도끼와 손망치, 갈판과 갈돌은 돌덩이를 갈아서 제작했고 뼈와 뿔은 송곳, 손도끼, 괭이, 낚싯바늘을 만드는 데 이용되었다. 팔찌, 구슬, 펜던트 및 그 밖의 장신구들은 뼈, 돌, 조개, 동물의 이빨로 만들었다. 인간과 동물 형상의 소형 점토 조각상을 대량으로 만든 것은 이 문화가 처음이다. 인간 조각상에서 성적인 특징이 포착되는 것은 대부분 여성이며 막대기처럼 생긴 긴 목과 머리에 작은 상체, 펑퍼짐한 엉덩이와 매우 짧고 뭉툭한 다리를 하고 있다. 다른 형태로는 신체 부위가 분절되지 않은 기둥 모양의 소형 점토 조각상이 있는데, 이것들 또한 주로 여성을 표현하고 있다. 작은 동물 조각상으로는 소 조각상이 있으며 돼지 조각상도 이따금 눈에 띈다. 사람 형상을 띠고 있거나 사람이나 동물 모양을 차용한 형태의 용기 또한 처음으로 제작되었다. 여전히 수수께끼로 남아 있는 것은 이러한 사람과 동물 조각상들을 일부러 부수어 가옥 내에 보관했던 이유가 무엇인가 하는 점이다. 당시 사람들이 어떤 생각으로 이렇게 했던 것인지 알 수는 없지만 얼마간 추측은 해볼 수 있다. 토우를 부수는 풍습은 유럽 동남부에서 동일한 시기에 존재했던 모든 신석기시대 문화와 그 이후의 신석기 문화에서도 발견된다. 조금 보태서 말하자면 토우는 언제 만들어졌든 간에 결국 부수기 위해 제작되었던 것이라고 할 수 있다.

스타르체보 문화는 채색 토기가 특징인 유럽 동남부 초기 신석기 광역 문화권에서 핵심적인 문화 중 하나다. 이 광역 문화권은 테살리아와 트라키아에서부터 세르비아와 트란실바니아를 거쳐 벌러톤(플라텐)호湖 동남쪽 지역에까지 이른다. 이따금 스타르체보 문화의 성립이 동남쪽에서 온 이주민들에 의한 것인지, 생활 방식에 대한 새로운 지식이 전파된 까닭인지, 또는 양자의 조합에 의한 것인지에 대한 질문이 제기된다. 이 질문에 대해 많은 부분에서 만족스럽게 대답할 수는 없지만 이와 관련해 한 가지 중요한 사실은 언급할 수 있다. 스타르체보 문화 주거지들에서 나타나는 소, 양, 염소는 친숙한 토종 야생동물이 가축화된 것이 아니라 이미 가축화된 형태로 이 지역에 들어왔다는 점이다. 이러한 사실은 초기 농경생활과 경제의 기본적 특징들이 외부에서 유럽 동남부 신석기시대로 유입되었음을 보여준다.

스타르체보 문화와 동시기에 마케도니아에는 그 지역 문화 집단인 안자베고보-브르슈니크(마케도니아 동부) 문화와 벨루슈카 툼바-포로딘(펠라고니아) 문화가 퍼져 있었다. 이에 더해 불가리아 서부에는 겔레브니크형 유적지들이 존재했고 트라키아 분지에는 카라노보 I기 문화 또한 형성되어 있었다. 이들 문화는 많은 점에서 스타르체보보다는 아나톨리아와 테살리아에 더 가까웠다. 이 두 문화 유형의 중요한 차이점은 스타르체보 유적지에는 가벼운 구조로 지어진 교대용 주거지(일 년 내내 살지는 않는 마을들)가 나타났던 데 반해 아나톨리아, 트라키아, 서부 불가리아, 테살리아, 알바니아, 마케도니아의 비옥한 지역에서는 여러 세대에 걸쳐 사람들이 거주했다는 점이다. 이로 인해 이 지역들에서는 고정된 장소에 주거 구릉지가 형성되었다. 이러한 주거지의 가옥들은 기둥을 세워 만들었고 일렬로 또는 일정한 구역을 형성하게끔 계획적으로 배치되었다. 이 구릉지들의 고고학적으로 추적 가능한 건립 시기를 검토하고 최초로 사람들이 이주한 시기를 각기 비교해봤을 때 다음과 같은 사실을 확인할 수 있다. 주거 구릉지 형태는 한편으로는 테살리아와 마케도니아, 그리고 다른 한편으로는 트라키아에서부터 세르비아, 더 멀리는 베오그라드 근처의 도나우강 인근 지역으로 확산되었다. 아나톨리아-에게해 지역에서 시작되어 바르다르(악시오스)강, 스트루마(스트리몬)강, 마리차강과 툰자강을 따라 펼쳐진 이러한 주거지 형태는 계속해서 북으로 확산되면서 생활 방식, 경제, 토기 생산에서의 새로운 변화 또한 함께 전파시켰다.

채색 토기로 특징지어지는 유럽 동남부의 신석기 문화 집단이 멀리까지 확산되었던 데 반해 쾨뢰시 문화는 비교적 제한된 지역에서만 볼 수 있다. 대부분의 유적지는 티서강과 이 강의 동쪽 지류인 쾨뢰시강, 머로시 강변에 분포되어 있다. 이에 반해 도나우강과 티서강 사이의 습지대에는 사람이 살지 않았다. 트란실바니아에서 더 동쪽에는 쾨뢰시 및 스타르체보와 밀접한 연관이 있는 크리슈 문화가 분포되어 있었다. 쾨뢰시 문화의 건축은 스타르체보 문화와 사소한 부분에서만 차이를 보인다. 전자에서는 촌락이라는 고정 주거지가 부재하기 때문에 주거 구릉지가 존재하지 않는다. 쾨뢰시인들이 머물렀던 장소는 구릉이 아닌 평지였고 일정 시기마다 이동했다. 이들이 주로 지은 가옥은 땅속으로 살짝 들어간 원형 또는 타원형 집으로 가벼운 텐트 형태였다. 아주 남쪽 지역에서만 기둥이 있는 사각형 집이 드물게 나타났다. 쾨뢰시 주거지는 스타르체보 문화 주거지와 유사했는데 비교적 규모가 작았으며 항상 물가 근처에 위치해 있었다. 동물 뼈는 75퍼센트가 양과 염소의 것이었고 소뼈가 그다음으로 많이 발견된다. 돼지와 개는 훨씬 적었다. 사냥했던 짐승은 오록스, 붉은 사슴, 노루, 멧돼지, 야생 당나귀, 들토끼, 여러 종류의 조류였다. 물고기도 잡았다(잉어, 큰메기, 강꼬치고기). 시신을 처리하는 풍습은 기본적으로 스타르체보 문화와 전혀 차이를 보이지 않는다. 설비나 부장품이 빈약한 몇 안 되는 무덤이 주거지 내, 주로 가옥 내부 바닥에서 발견되었다. 여기서 우리가 추측할 수 있는 사실은 이렇게 시신을 묻은 가옥은 더 이상 사람이 살지 않게 된 집이었을 것이라는 점이다. 시체를 매장한 후 일부러 불태운 집도 있기 때문이다.

쾨뢰시 유물의 대부분은 쓰레기 구덩이에서 나왔다. 간혹 평범하지 않은 것들이 들어 있는 구덩이도 있었고, 항아리, 개의 해골, 등잔, 그물추나 그 비슷한 것이 묻혀 있는 것도 있었다. 개중에는 깊이 판 수직굴도 있다. 유사한 사례는 스타르체보 문화에서도 발견된 바 있다. 이런 흔적들로 볼 때 이 구덩이들은 숭배 제의적 성격을 갖고 있었다는 추측이 가능하다. 아마도 이 구덩이들 속 물건들은 제물을 바친다는 목적 아래 의식적으로 땅속 깊숙이 묻혔던 것으로 보인다.

스타르체보 문화에서도 드물었던 채색된 고급 토기는 쾨뢰시 문화에서는 몇몇 깨진 조각을 제외하고는 그 흔적을 거의 찾아볼 수 없다. 이런 토기는 스타르체보 지역에서 북쪽으로 전해진 것으로 추정된다. 둥근 대접(받침용 발이 달린 것도 있음)과 표면이 완만하지 않고 돌출되며 각진 용기 등 토기 대부분은 색이 칠해지지 않았고 표면에 새겨서 모양을 내거나 입체적인 형태를 띠도록 했다. 특별히 이목을 끄는 것은 표면이 울퉁불퉁한 토기와 손톱으로 무늬를 찍거나 다른 입체 장식물을 붙인 것이다. 스타르체보 문화는 특정한 시점에 고급 채색 토기를 생산했고 이를 기준으로 시간상의 순서를 도출할 수 있었다. 이와 달리 쾨뢰시 문화는 현재까지 시기별로 분류되지 못하고 있다. 그 이유는 이곳에서 출토된 토기가 매우 오랜 기간 동안 조야한 형태로부터 거의 아무런 발전도 보이지 않았기 때문이다.

쾨뢰시 문화에서 초기 스타르체보 토기 파편과 훨씬 후대의 파편이 산발적으로 발견되는 점으로 보아 쾨뢰시 문화의 존속 기간은 기원전 6000년대 말에서 기원전 5000년대 중반까지였던 것으로 추정된다. 이는 결과적으로 남쪽으로는 스타르체보, 동쪽으로는 크리슈와 비슷한 시기가 된다. 쾨뢰시 문화의 인간 및 동물 형상 조각상들은 기본적으로 스타르체보 시기의 소형 조각상과 차이를 보이지 않는다. 즉, 쾨뢰시 주거지의 인간 조각상 또한 신체 부위의 구분이 없는 기둥 모양의 인간 조각상과 머리와 목 부분이 막대기 모양에 펑퍼짐한 엉덩이, 짧고 뭉툭한 다리를 한 인간 형태였다. 그 밖의 것도 스타르체보 문화 유물과 쉽게 대응점을 찾을 수 있다. 인간 형상 용기, 핀타데라라고 불리는 도장, 방추, 점토로 만든 원 모양의 고리, 돌 칼날, 긁개, 끌, 규석과 흑요석으로 만든 뚜르개, 돌도끼, 암석으로 만든 갈판과 갈돌, 숟가락, 반지, 뼈로 만든 송곳과 바늘, 뿔로 만든 괭이 등이 그 예다.

테살리아에서 세스클로 후기 문화부터 디미니 초기 문화(창글리 단계)가 성립되었던 시기인 기원전 5000년대 중반 즈음 북쪽 스타르체보, 크리슈, 쾨뢰시 지역에서는 신석기 중기와 후기라는 새로운 문화가 발달했다. 이 문화들은 이후 동기시대로 이어진다. 스타르체보 문화의 핵심 지역인 세르비아, 헝가리 남부, 보스니아 동부와 트란실바니아의 서남쪽에서는 빈차 문화가 형성되었고 카르파티아산맥에서 도나우강 하류 사이 지역에서는 빈차 문화의 사촌격인 두데슈티 문화가, 트라키아 분지에서는 카라노보 Ⅲ기라고 불리는 문화가 형성되었다.

이 문화권 사람들은 용기에 전혀 채색을 하지 않았다. 그 대신 주를 이루었던 것은 신석기 초기 중에서도 말엽에 서서히 나타나기 시작한 회색과 갈색, 검은색을 띠는, 표면을 매끄럽게 다듬은 그릇이었다. 이 그릇들은 원추 두 개가 맞붙은 모양으로 몸통 가운데가 날카롭게 각이 져 있으며 매끄럽게 가공된 아름다운 표면에는 평면 무늬, 다른 도구를 이용해 새긴 무늬, 줄 간격이 일정하도록 홈을 판 무늬로 장식했다. 신석기시대 중기가 시작되면서 토기의 미적 감각 전반에 큰 변화가 일어난다. 이 변화는 인간과 동물 조각상에도 미쳤다. 예를 들어 빈차 문화에서 전형적으로 볼 수 있는 소형 조각상으로는 앞으로 튀어나온 큰 눈과 탈을 쓴 것 같은 삼각형 얼굴을 한 서 있는 여자 조각이 있다. 이런 변화는 동물 조각상에서도 나타난다. 우이바르 주거지에서는 20센티미터 정도 되는, 점토를 구워 만든 탈이 발견되었다. 이 또한 정확히 이 삼각형 얼굴을 재현하고 있다. 당시에도 점토로 만든 인간과 동물의 머리를 가옥의 합각머리 장식으로 이용했다. 더 후대의 빈차 문화에서는 앉아 있는 토우와 인간과 동물 모양의 용기 뚜껑도 발견된다. 다수의 용기 바닥면에는 어떤 표시가 새겨져 있는데, 이는 도공이나 소유자를 표시하는 것으로 해석된다. 그렇기 때문에 당시 생산자와 소유자라는 모종의 개별성이 존재하지 않았을까라는 추측을 하게 만든다. 그 밖의 유물로는 규석, 흑요석, 뼈로 만든 인공물들이 있다. 그중에서 특히 뼈로 만든 숟가락과 가시조개로

4장 유럽으로 확대된 정착생활

만든 펜던트가 눈여겨볼 만하다.

신석기시대 초기 동안 기존 주거지 자리에 다시 주거지를 세우는 풍습이 그리스와 아나톨리아에서 시작되어 트라키아와 세르비아로 퍼져나갔다는 사실은 앞서 언급했다. 이런 경향은 빈차 문화 시대에 더욱 강화되어 수 미터에 달하는 두터운 지층을 이루는 주거지가 생기기도 했다. 또 해자를 둘러친 주거 구릉지도 있었다. 평지에서도 주거지가 발견되기는 하지만, 이에 대해서는 아직 충분한 조사가 이루어지지 않고 있다. 가옥 형태는 대부분 사각형이었고 그중에는 방이 여러 개인 집도 있었다. 이 집들은 롬 흙을 다지거나 또는 흙을 고르게 골라 내부 바닥을 만들었고, 벽은 기둥을 세우고 식물성 재료를 엮어 짠 구조물에 롬 흙 마감을 한 뒤 입체적 모양의 장식을 해넣었다. 또한 땅을 파지 않고 지표면에 두꺼운 각목을 놓아 그 위에 기둥을 세워 만든 가옥 형태도 이따금 눈에 띈다. 건물들은 길을 따라 매우 규칙적으로 열을 지어 배치되었으며 제대로 된 주거 구역이 형성되어 있었다. 가옥 내부에는 조리용 모닥불 자리와 지붕이 설치된 화덕 겸 난로가 있었다. 주거지에서는 계획적으로 태운 것이 확실한 집이 계속 발견되었다. 추측건대 이렇게 가옥을 소각했던 이유는 그 집의 가장이 죽었기에 그 가옥 또한 말 그대로 소멸시킨 것일 수있다.

주거지에서 발견된 동물 뼈는 당시 주로 길렀던 가축이 소, 양, 염소, 돼지였음을 보여준다. 사냥한 동물은 붉은사슴, 야생 당나귀, 노루, 오록스, 비버였다. 빈차 주거지들의 가장 주요한 재배 식물은 외알밀(밀의 원시종)이다. 그 밖에 에머밀, 영국밀(Nacktweizen(독), English Wheat, *Triticum turgidum* L.), 겉보리, 강낭콩과 렌틸콩 같은 콩과 식물, 그리고 아마가 재배되었다. 채집 열매로는 헤이즐넛, 야생 자두, 산수유, 명아주가 나왔다. 더 이전 시기인 빈차-투르다슈 문화에서 이후의 빈차-플로치니크 문화로의 전환기에는 구리 광산의 채굴 및 가공이 더 중요성을 띠었다. 하지만 이로 인해 주거 공동체 구조에 장기적 영향을 끼치는 변화가 곧바로 나타난 것은 아니었다.

빈차, 두데슈티, 카라노보 Ⅲ기와 Ⅳ기 등과 같은 신석기 중기와 말기 문화 지역에서 서북쪽으로 떨어진 곳에는 같은 시기인 기원전 5000년대 중반경에 쾨뢰시 문화를 전신으로 하는 동부 띠무늬 토기 문화가 형성되었다. 이 문화의 띠무늬 토기는 알푈트-띠무늬 토기라고도 불린다. 이 문화는 같은 시기에 헝가리 서부, 트란스다뉴비아 지역에 존재했던 띠무늬 토기와 분명한 차이점을 보인다. 트란스다뉴비아 띠무늬 토기는 당시 서부 띠무늬 토기 문화권의 일부였기 때문이다. 서부 띠무늬 토기 문화는 알프스산맥 동쪽 경계지역에서 라인강까지 퍼져 있었다. 알푈트-띠무늬 토기는 매우 제한된 지역에서만 볼 수 있는데, 헝가리 동부 및 슬로바키아 동부와 트란실바니아 경계지역에 국한되어 나타난다. 쾨뢰시 문화인들과 마찬가지로 이 새로운 문화권의 사람들 또한 도나우-티서강 사이의 습지대에서는 거주하지 않았기 때문이다.

알푈트-띠무늬 토기 문화인은 한 장소에 완전히 정착해 생활하지 않았으며 따라서 주거 구릉지도 생성되지 않았다. 기원전 5000년 후반기에도 알푈트 지역에서는 몇 세대까지 살다가 다시 주거지를 바꾸는 교체형 주거 패턴이 지속되었다. 중유럽에서처럼 알푈트 지역 주거지들도 하천이 흐르는 골짜기의 비옥한 황토지에 자리를 잡고 있었다. 시간이 흐르고 기원전 5000년대에서 기원전 4000년대로 넘어가는 전환기에 이르러 드디어 도나우강 평원 지대에 최초의 주거 구릉지가 형성되었다. 이 지역은 티서강 최남단, 즉 알푈트 띠무늬 토기 문화인의 친척뻘이자 빈차 문화의 막대한 영향 하에 있었던 사칼하트 집단이 거주하는 지역이었다. 알 펠트-띠무늬 토기 문화에서 발견된 가옥 형태에는 크기가 작은 건물, 땅속으로 살짝 들어간 움집, 그리고 내부가 세 개의 공간으로 되어 있는 길이가 긴 집이 있다. 후자는 서부 띠무늬 토기 문화에서도 발견된다.

인간 형상을 한 작은 점토 조각상을 보면 이 문화권이 빈차 문화의 영향을 받았음을 알 수 있다. 이에 더해 인간 머리와 동물 몸을 혼합한 조각상과 얼굴 모양처럼 생긴 용기 또한 볼 수 있다. 후자의 경우 헝가리 남쪽 사칼하트 집단과 슬로바키아 남쪽 뷔케르 문화에서도 유사한 것이 발견되었다. 알펠트-띠무늬 토기 주거지에서 나온 동물 뼈는 당시 주민들의 식량이 가축과 야생동물이었음을 보여준다. 이들은 소, 양, 염소, 돼지를 길렀고 주로 토끼, 사슴, 노루, 오록스를 사냥했다. 또한 물고기도 많이 잡았다. 갈판의 파편, 곡물 알갱이 자국과 남은 잔재는 농경생활을 증명해주는 흔적으로 기원전 5000년대 후반기에 조방농업_{자본과 노동력을 적게 들이고 주로 자연력에 의존하여 짓는 농업}이 이루어졌던 것으로 생각된다.

4.
고정된 장소에서의 정착생활, 개혁, 사회 분화: 유럽 동남부

기원전 4000년대가 시작될 무렵에 판노니아 평원 동부에서는 중대한 변화가 일어났다. 알푈트-띠무늬 토기 문화가 새로운 문화권에 의해 해체되었던 이 시기에 티서강과 그 지류를 따라 전 지역에 주거 구릉지가 형성되었던 것이다. 이후 이곳에서는 여러 세대에 걸쳐 계속 사람들이 거주했고, 이를 티서 문화라 부른다. 이 시기의 채색 토기에는 지역에 따라 독자적으로 발전된 장식 스타일이 나타났고, 이 때문에 헝가리 동부 문화 집단들을 더 상세히 분류할 수 있다. 이 문화들은 가장 특징적인 유적지(모두 주거 구릉지였음)를 따라 명명되었는데, 예를 들면 최스헐롬 문화, 헤르파이 문화, 고르저 문화 등이 있다. 이 시기는 유럽 동남부에 주거 구릉지가 가장 많이 퍼졌던 때였다. 알푈트에서는 현재까지 대단위 면적 조사는 고사하고 그렇게 크지 않은 주거 구릉지에 대해서도 면밀한 조사가 이뤄지지 않아 이 유적들을 판단하는 데 어려움을 겪고 있다.

테살리아에서도 이 시기에 근본적인 변화가 일어났다. 그 결과 자연적

4장 유럽으로 확대된 정착생활

으로 형성된 언덕 위에 사회적 위계질서를 보이는 최초의 주거지들이 생겨났다. 이 구릉지들에는 중심에 메가론 건물이 있는 작은 성채가 위치했고, 이 성채는 원형 성벽을 통해 아래의 도시 구역과 분리되었다. 북부 지역에서는 이와 같은 주거지 형태가 나타나지 않았던 것이 확실해 보인다. 북부 지역에서는 기둥 집이 일렬로 지어진 마을이 있었는데, 그중에는 2층집도 눈에 띈다. 이러한 가옥 배치 구조로 볼 때 북부 지역에서는 사회 조직 형태가 달랐을 것이라 짐작된다. 헝가리 남부 고르저와 같은 알푈트 지역 주거 구릉지들에서도 기둥, 식물성 재료를 엮어 짠 벽, 롬 마감의 구조를 가진 중앙집중식 건축물Zentralbau 건물 주축의 가로세로 길이가 같거나 약간 다른 건축 형태들이 나타났는데 이 건물들은 어떤 특정한 역할을 했을 것으로 생각된다. 하지만 그렇다고 해서 이곳에 살았던 공동체가 테살리아 주거 공동체들과 유사한 구조였음을 전제해도 좋다는 뜻은 아니다. 이 장소의 형성과정에 대한 지식은 아직 이러한 결론을 내리기에 충분하지 않기 때문이다. 기원전 4000년대 전반기에는 바나트(크르나 바라), 시르미아(고몰라바), 슬로베니아(밥스카), 보스니아 북부(바로시)에서도 주거 구릉지가 형성되어 상당한 세대에 걸쳐 지속되었다. 이 지역들에서는 신석기 초기에 정착생활이 시작된 이후에도 어느 정도 기간이 지나면 주거지를 바꾸는 교체식 주거지가 주를 이루었는데 기원전 4000년대 전반경부터는 한곳에서 더 오랫동안 장기적으로 주거하는 주거 구릉지로 바뀐 것이다. 흑해 서부 지역에서도 트라키아 평원에서 발칸산맥을 넘어 불가리아 동북쪽(오브차로보, 비니차, 폴랴니차, 골랴모 델체보)과 도나우강 하류(피에트렐레, 구멜니차)에 이르기까지 주거 구릉지가 확산되었다.

기원전 5000년 이후 이렇게 구릉지가 확산되는 동안 공동묘지 또한 서서히 증가했다. 공동묘지는 주거지역을 둘러싼 장벽 바깥에 있었다. 최초의 공동묘지는 판노니아 평원 동부(바로시)와 도나우강 하류(체르니카)에서 발견되었다. 이와 함께 가옥 근처 또는 가옥 바닥에 있었던 무덤은 확실히 줄어들었음이 확인된다. 이렇게 죽은 자와 산 자의 영역은 신석기 초기와 달리 더 이상 서로 얽혀 존재하지 않게 되었다. 공간적으로도 이승과의 분리가 이루어지게 된 것이다.

이렇게 해서 철문 협곡과 흑해 사이에서 중요한 변화가 일어났던 기원전 4000년대 전반기는 하나의 역사적 전환기를 이룬다. 하지만 이 변화가 만개하는 것은 기원전 4000년대 중반 이후에 가서다. 트라키아와 도나우강 하류의 기원전 4000년대 대략 전 기간은 동기시대(순동기시대純銅器時代 또는 금석병용기金石倂用期)라고 불린다. 이 시기에 생활 전반에서 일어났던 변화는 새로운 역사 시대가 시작되었다고 얘기될 만큼 획기적인 것이었다. 카라노보 V기, 마리차, 보이안, 사바, 하만지아 등의 문화가 존재했던 기원전 4000년대 전반기는 초기 동기시대로 분류된다. 그 뒤를 잇는 기원전 4000년대 후반기의 코자데르멘, 구멜니차, 카라노보 IV기, 바르나 문화는 후기 동기시대로 분류된다. 여기서 특징점은 동기시대 초기에서 후기로의 진행이 상당히 연속성을 띠었다는 것이다.

철문 협곡과 흑해 사이에는 신석기시대에 이미 적지 않은 주거 구릉지가 세워져 일정 기간을 제외하고는 계속 사람이 살았다. 이후 기원전 4000년대 동안 주거 구릉지의 수와 거주민 밀도는 다시 한번 현저히 증가한다. 하지만 주거 면적이 제한적이었기 때문에 띠무늬 토기 주거지들에서 관찰되었던 것처럼 가옥이 세워져 있던 부지를 바꾸는 일은 일어나지 않았다. 가옥은 동일한 건축 모델로 지어졌고 사각형이었다. 또 기둥 건축 방식이 활용되었으며 내부 공간은 여러 칸으로 나뉘어 있었다. 이 가옥들은 매우 빠른 속도로 주거 구릉지 내부 공간을 채웠고 더 이상 확대되기 힘든 정도에 이르렀다. 활용할 수 있는 공간을 가능한 한 효율적으로 사용하기 위해 가옥을 열을 지어 배치하거나 인술라Insula 고대 로마의 공동 주택으로 여러 층으로 되어 있음식 주택 단지를 만들었고 직선으로 교차하는 골목길을 따라 가옥 블록을 만들었다(<그림 28>). 이 촌락들은 오랫동안 이용되었음에도 불구하고 크기가 거의 변하지 않았다. 가옥이 조금 증가하면 곧 방어 시설—보통 키가 큰 목책을 두 겹으로 박아서 만들거나 아니면 목책을 세우고 그 위에 흙을 굳혀서 만들었다—에까지 확장되었고 한계선에 부딪혔다. 하지만 당시 사람들은 이 한계를 어떻게 극복해야 할지 몰랐다. 이로부터 추측할 수 있는 것은 당시 거주민들은 인구 증가로 인해 계속해서 주거지를 떠나야 했을 것이라는 점이다. 주거지 내에서는 더 이상 충분한 생활 공간을 찾을 수 없었기 때문이다. 이들이 원주거지 근처 또는 그보다 조금 멀리 떨어진 지역에 새 구릉지를 만들어 자매 마을을 형성했는지는 알 수 없다. 이는 전체 주거지의 광범위한 조사를 통해서만 해명될 수 있을 텐데, 아직까지 이런 조사가 이루어지지 않고 있기 때문이다. 이 구릉지 주위의 평지 주거지들은 거의 무제한으로 활용 가능한 공간이었기에 증가하는 주민을 수용할 수 있지 않았을까 하는 추측도 높은 개연성을 갖는다. 하지만 지금까지 확인할 수 있는 유일한 것은 도나우강 바로 북부 지역 피에트렐레에 위와 같은 대규모 외곽 주거지가 처음 세워졌었다는 사실이다. 이 주거지에는 가옥들이 규칙적으로 배열되어 있어서 구릉 주거지의 건축 방식과 유사하게 계획적으로 세워졌다는 인상을 준다. 구릉지와 평지 주거지가 어떤 관계였는지, 또 주축이 되는 주거지와 자매 주거지 사이에 어떤 기능적 구분이 있었는지, 이 문제에 대해서는 아직 해명된 바가 없다. 구릉 주거지의 종말은 대부분 매우 빨리, 급작스럽게 찾아왔던 것 같다. 쇠락과정은 대부분 비슷하

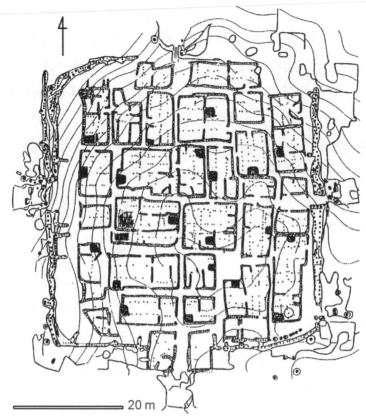

〈그림 28〉 순동기시대의 주거지 설계도. 폴랴니차, 불가리아.

다. 먼저 주거 가옥과 주거했던 토지가 약간 감소하다가 감소 폭이 뚜렷해지고 곧이어 완전히 사람이 살지 않게 되는 식이다.

기원전 4000년대 유럽 동남부의 거의 모든 주거 구릉지에서 눈에 띄는 점은 주거지 외관이 크고 작은 부분에서 수많은 변화를 겪었을지라도 가옥 부지는 수 겹의 유적지층에 걸쳐 항상 동일하게 지속되었다는 점이다(〈그림 28〉). 이로 인해 사적 소유 및 가족 집단이 연속성을 지니게 되

　　　　　　　　　　　　　　　4장 유럽으로 확대된 정착생활

었을 것이라 추정된다. 그럼에도 불구하고 집 크기와 재산의 차이 그리고 공동생활을 주종관계로 조직하려는 시도는 존재하지 않았던 것이 확실하다. 다시 말해 최소한 주거 구조와 공동생활의 조직 사이에는 주종관계의 경향이 보이지 않는다. 요컨대 이곳 주거지에서는 사회적 분화가 관찰되지 않으며 가옥은 대부분 동일한 크기였다. 집은 한 가구 또는 두 가구 정도 작은 집단이 살 정도의 크기였으며, 각기 식량을 조달했다. 이미 수백 년 전부터 행해지고 있었던 농경과 가축은 기본적인 생활을 보장했다. 신석기시대에 비해 새로운 점은 노동 분화가 더욱 확실히 발전한 형태로 나타난다는 점이다. 주거지에서 직조기에 다는 추鍾가 나온 것으로 보아 직조기가 존재했던 것으로 추정된다. 직조기는 인간이 아주 초기에 발명한 기계 중 하나였다. 발굴이 완전히 끝난 불가리아 동북부, 동기시대 주거 구릉지 내에서 발견된 직조기 추는 몇몇 건축물에서만 볼 수 있었으며, 시간이 흘러 건축물이 여러 번 새로 지어지는 동안에도 동일한 장소에서 나타났다. 이것이 의미하는 바는 직물 생산은 전문화된 소수 가구 또는 운영 공동체가 맡아서 했고 더욱이 이를 몇 세대에 걸쳐서 했다는 것이다.

동남부 유럽의 동기시대에 중요했던 광물은 구리와 금이었고, 이 광물을 시굴, 채굴, 제련, 가공하는 데 노동 분업과 특수한 기술 지식의 전승은 필수적인 전제 조건이었다. 이곳에서 구리로 만든 작은 물건들이 처음 나타난 것은 이미 신석기 초기였다. 이 물건에 사용된 것은 공작석이었는데, 녹색 빛깔 때문에 아주 특별한 광물로 여겨졌고 그래서 인기도 좋았던 것 같다. 공작석은 색을 띤 광물로서 채굴 이후 녹이는 과정 없이 망치로 두들겨 구슬이나 다른 작은 생활용품으로 가공되었다. 이렇게 구리를 활용하는 방식은 진짜 야금술과는 전혀 무관한 것이다. 진정한 변화는 기원전 4000년대에 이르러서야 일어나게 된다.

마리차 문화 후기, 트라키아의 스타라자고라 지역의 아이 부나르에서 발견된 채굴장과 빈차 문화 초기에서 후기의 이행기로 추정되는 시기, 철문 협곡 근처에 있었던 광산인 루드나 글라바는 이미 기원전 4000년대 중반경에 구리가 채굴되었음을 증명한다. 하지만 야금술의 개별 단계와 가공 방식에 대해서는 알려진 것이 많지 않다. 기원전 4000년대 후반기인 동기시대 후기에는 코자데르멘, 구멜니차, 카라노보 IV기, 바르나 문화들이 존재했다. 이 문화 시기에는 망치 도끼, 손도끼, 끌 등 구리로 만든 중량급 도구가 대량 출토되었다. 이 도구들은 틀 두 개로 주조되었음이 확실하며 금속 가공에 대한 발전된 지식 없이는 제작이 불가능한 것이었다. 모든 가구가 각자의 필요를 위해 이러한 도구를 직접 제작한 것은 아닐 게 분명하며, 전문 인력들이 있었으리라 추정된다. 이들은 후계자에게 지식을 가르쳤고 작업장 내에서 수 세대에 걸쳐 이를 전수했을 것이다.

종교 분야에서도 전문화가 눈에 띄게 이루어졌다. 유럽 동남부 동기시대의 인간 형상 조각들은 그 표현이 매우 도식적인 경향을 띤다. 이러한 경향은 더욱 뚜렷해졌고 결국 거의 사람으로 보이지 않는 기하학적 요소들로 이루어진 우상이 만들어지기까지 했다. 오브차로보의 한 건물에서는 작은 여자 조각상이 탁자, 의자, 제단 같은 모양의 물건, 식기와 함께 발견되었다. 이는 성스러운 장소에서라면 흔히 볼 수 있는 전형적인 광경이었다. 이 장소는 촌락 공동체가 공동으로 제의 행위를 했던 곳이었으리라 추측된다. 커스치오아렐레에서 나온 여러 번 채색된 나무 기둥이 두 개 있는 건물도 신성한 장소 또는 숭배 제의를 위한 구조물이었던 것으로 보인다. 이러한 숭배 의식은 제의를 잘 알고 있는 사람이 집전했을 것으로 여겨지며, 일종의 사제 집단을 위한 교육이 있었을 수도 있다. 이런 유적지들에서 살았던 거주 연합체는 동시에 제의적 공동체이기도 했던 것일까? 어쨌든 직조를 하는 사람이든 구리 대장장이든 사제든 간에 이들은 일반적으로 얻기 힘든 지식과 특별한 기술을 바탕으로 주거 공동체 내에서 특정한 기능을 수행했다. 이를 위해 이들은 식량 생산의 의무를 면제받았고 대부분 농경에 종사하던 주거 구릉지 주민 공동체로부터 필요 물품을 공급받았다.

유럽 동남부의 동기시대 주거 구릉지가 평등한 형태였고 사회적 신분에 따른 분화는 찾아볼 수 없었던 데 반해, 이 시기의 무덤에서는 고급스러운 부장품으로 자신의 지위를 알리려고 했던 최초의 징표가 발견된다. 특히 바르나 고분에서는 금으로 만든 물건이 포함된 풍부한 부장품이 발견되었다(〈그림 29〉). 고분을 통해 우리가 알 수 있는 사실은 무기를 들고 있는 남자들이 높은 대우를 받았다는 것이다. 이들의 무덤에는 손잡이가 금으로 되어 있는 화려한 모양의 도끼, 왕홀, 곤봉과 더불어 특별한 지위를 나타내는 다른 물건들이 부장되어 있었다. 주거 구릉지가 계속 북상함에 따라 주거지 장벽 밖 공동묘지 또한 점점 더 많아졌다. 이렇게 해서 시신을 주거지 내에 매장하던 전형적인 신석기시대의 풍습은 기원전 4000년 전반기 동안 대폭 사라졌다. 장제 규칙은 더 엄격해졌다. 특히 성별에 따른 구분은 이전보다 더 중요한 역할을 하게 됐다. 이에 더해 지역적 특성 또한 변수로 작용했다. 한 예로 등을 똑바로 펴고 누운 유골과 몸을 구부리고 누운 유골은 흑해 서해안에 있었던 바르나 문화의 네크로폴리스고대 도시 밖에 위치해 있던 대형 공동묘지 시설에서만 발견된다. 지위를 나타내는 다수의 상징과 보석이 들어간 물건은 사회적 위계가 있었음을 가장 잘 보여주는 유물이다. 특히 눈에 띄는 점은 귀중품과 금으로 만든 물건이 구리 가공용 작업 용구와 거의 늘 함께 발견된다는 사실이다. 이로써 추정하건대 구리 대장장이는 유럽 동남부의 동기시대 사회에서 특별한 위치를 점했던 게 아닐까 한다. 불가리아 동북부에서는 시신을 구부린 자세로 왼쪽을 향하게 해서 안치했고 지도층 남자들은 공동묘지에 묻힐 때 보통 구리로 만든 중량급 도구가 함께 묻혀 다른 무덤과 분명히 구분이 되었으며, 또 토기 일습을 풍족하게 넣기도 했다. 동일한 시기에 문테니아에서는 시신을 안치하는 자세가 정해져 있지 않았던 듯하며(오른쪽 또는 왼쪽으로 구부린 자세 모두 있다), 빈약한 부장품으로 인해 기원전 4000년대 후반기 도나우강 남쪽의 여타 지역들과 현저한 차이를 보인다.

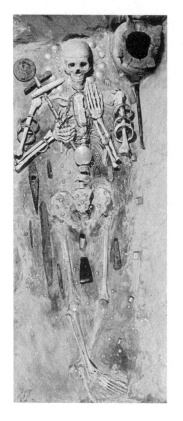

기원전 4000년대 중반 직후 판노니아 평원의 동쪽 지역에서도 철문 협곡과 흑해 사이 지역에서와 유사한 티서폴가르 문화가 발흥했고, 장례 문화에서 근본적인 변화가 일어났다. 이곳에서도 주거지 방어벽 밖에 공동묘지들이 설치되었는데, 발견된 고분들은 장례 규칙이 매우 발달되어 있었음을 보여준다. 같은 시기 헝가리 동부에는 티서강과 동쪽의 지류를 따라 공동묘지가 많이 존재했다. 이 묘지들에서는 처음으로 성별에 따라 엄격히 다른 매장 방식과 부장품이 나타난다. 슬로바키아

〈그림 29〉 순동기시대 네크로폴리스의 호화 무덤. 바르나, 불가리아.

4장 유럽으로 확대된 정착생활

동부 분지는 티서폴가르 문화 지역 최북단으로 벨케 라슈코브체 유적지 주변에 지역 집단이 형성되어 있었다. 이 지역은 화장과 매장 방법이 혼합되어 나타나는 소위 이차장二次葬이 특징적이다. 티서폴가르 문화에서 고분은 같은 시기 도나우강 하류에 존재했던 공동묘지들처럼 이전 시기에 비해 부장품이 훨씬 더 풍부해졌고, 그릇 일습과 구리 장식품이 많이 출토되었다. 또한 구리로 만든 대형 도구와 금으로 만든 물건으로 차별을 둔 무덤도 여럿 있었다. 요컨대 판노니아 평원 동부에서도 장례에서 차차 사회적 신분의 분화가 시작되었음을 알 수 있다.

그런데 특기할 것은 이 과정이 나타나는 시기는 헝가리 동부 티서 문화 및 관련된 집단 주거 구릉지들에서 또다시 사람들이 살지 않게 되었던 바로 그 시기와 정확히 일치한다는 점이다. 이 주거 구릉지들은 기원전 4000년대 전반기 근처의 다른 주거지들의 중심지와 같은 기능을 했다. 이는 주거 구릉지에는 다른 주거지와 달리 크기가 더 큰 공동 건축물이 존재했다는 점(예를 들면 고르저), 그리고 이 주거지들은 제한된 내부 면적으로 인해 모든 인구를 수용할 수 없어서 일부는 주거 구릉지 근처 주거지에서 살게 되었다는 점을 보면 알 수 있다. 때문에 이러한 주거 구릉지들은 사회적인 위계질서를 갖고 있었을 것이라고 보는 게 타당할 것이다. 하지만 이 주거지가 존립했던 시기에는 주거지 방어벽 외부에서 공동묘지의 흔적을 거의 볼 수 없고 거주지 내부의 고분 몇 기만이 확인된다. 이러한 풍습은 수백 년 동안 지속되었던 신석기 초기의 풍습을 계속 지켰으며 획기적인 변화는 눈에 띄지 않았다. 이 복합적 주거지 체제는 기원전 4000년대 중반 직후 붕괴되었다. 한 장소에 고정된 붙박이 생활과 주거 구릉지 생활이 헝가리 동쪽 전 지역에서 불과 수 세대 만에 사라져버린 것이다. 하지만 이 생활 방식은 동일한 시기에 철문 협곡 동쪽으로 널리 확산되어 그 어느 때보다 강한 영향력을 미쳤다. 티서폴가르 문화인의 주거에 대해서는 알려진 바가 거의 없다. 유적이 드물어 정착 가옥의 구조에 대해 알기 힘들기 때문이다. 이곳 주민들은 초기 신석기시대 초기 쾨뢰시 문화 이후 알푈트에서 흔히 볼 수 있었던 생활 방식으로 뒷걸음질쳤고 다시 단기적으로 또는 한 철만 사는 교체식 주거지 생활을 했다.

이러한 변화는 기원전 3000년대 전반, 티서강 동쪽에서 티서폴가르 문화 다음으로 티서폴가르 문화를 계승해 나타나는 보드로그케레스투르 문화에서도 계속된다. 보드로그케레스투르 문화에서 나타나는 일차적 특징은 공동묘지의 확장이다. 또한 티서폴가르 문화에서 확인되었던 성별에 따라 다른 시신 안치와 부장품 풍습도 계속 이어졌다. 이 밖에 구리로 만든 대형 도구와 금 장신구 부장품을 매장하여 여타의 무덤과 확실히 차별을 둔 고분도 발견되었다. 보드로그케레스투르 문화에서도 고정적인 주거지는 거의 발견되지 않았으며 기껏해야 불규칙한 가옥 배열을 보이는 소수의 주거지 정도만 나타났다. 이때 주거지는 큰 목책으로 둘러쳐져 있었다(예를 들어 티설루츠-셔르커드). 하지만 주거 구릉지는 찾아볼 수 없었다. 그럼에도 이들 문화인은 대단한 능력의 소유자였던 것이 분명하다. 기원전 3000년대 전반기였던 이 시기는 구리 야금술이 꽃핀 마지막 전성기로 구리와 금으로 만든 물건이 대량 생산되었기 때문이다. 한편 트라키아에서 더 동쪽에 있는 지역과 도나우강 하류에는 기원전 4000년경에 이미 코자데르멘, 구멜니차, 카라노보 VI기, 바르나와 같은 동기시대 문화가 쇠퇴했다. 하지만 이후 이에 버금가는 후속 문화는 나오지 않았다.

트라키아 평원에서 후기신석기시대 주거 구릉지가 쇠퇴한 후 아나톨리아-아드리아해 지역의 초기 청동기시대 에제로 문화가 발흥하기까지 어떤 일이 일어났는지, 알려진 것은 전무하다. 이 시기는 500년이 훨씬 넘는 기간임에도 고고학적 자료의 부재로 인해 알 수 있는 것이 없다. 도나우강 하류에서의 변화도 급격하기는 마찬가지였다. 이 지역에서도 주거 구릉지들에서 더 이상 사람들이 살지 않게 되었다. 하지만 구멜니차에서는 다음에 이어지는 체르나보더 I기층에서 움막집 잔해를 포함한 주거 구릉지가 소수 발견되는 등 트라키아와 같은 완벽한 단절은 나타나지 않았다.

기원전 3000년대 전반기는 격변의 시기였다. 흑해와 철문 협곡 사이 지역에서는 기원전 4000년경 상당히 발달한 복합적인 동기 문화 체제가 이렇다 할 후속 문화를 남기지 않은 채 붕괴되었다. 그 이유에 대해서 여러 가설이 대두되었지만 설득력을 보이는 것은 없다. 이때 거론된 가설로는 동북쪽에서 온 스텝 유목민 집단의 침입이 원인이라는 설, 기후 변화로 인해 경제적 기반이 무너졌으리라는 설이 있다. 또한 당시 다른 사정을 고려할 때 무리하게 앞서갔던 문화 시스템으로 인해 사회 내부 균열이 일어나지 않았나 하는 가정도 대두된다. 하지만 사실이 무엇인지는 알 수 없으며 어느 정도 그럴듯하다고 생각되는 가설조차 상응하는 증거를 제시할 수 없는 것이 지금의 사정이다. 그리하여 흑해와 철문 협곡 사이 지역에서는 기원전 3000년대 전반 수 세기 동안 유적이 전혀 없는 공백 상태가 생겨난다. 때문에 연구자들은 이 시기를 '이행기'라고 부른다. 하지만 판노니아 평원에서는 사정이 다르다. 앞서 언급했듯이 기원전 4000년경 알푈트에서는 보드로그케레스투르 문화가 이전의 티서폴가르 문화의 뒤를 이어 등장해 구리 야금술의 마지막 최전성기를 꽃피운다. 기원전 4000년대 전반기 이 지역에 존재했던 주거 구릉지는 일회적 사건에 그쳤고 500년간 사람들은 더이상 주거 구릉지에서 거주하지 않았다. 이렇게 계속되었던 티서폴가르 문화는 보드로그케레스투르 문화로 교체되었다. 이 시기 트라키아와 도나우강 하류에서도 동기시대 문화 체계가 붕괴되었다.

기원전 3000년대 후반기, 알프스 동쪽 가장자리와 흑해 사이 지역에서는 서쪽으로는 볼레라스 문화, 동쪽으로는 체르나보더 III기 문화, 그리고 이 문화들과 연관된 동시대 문화 집단들이 새 시대를 열었다. 이 시기는 바퀴와 수레 등 매우 중요한 의의를 지니는 기술 혁신, 쟁기의 사용 및 양(털실을 얻을 수 있는 종)의 사육으로 특징지어지는 때다. 소 두 마리를 한 번에 매장한 것과 소 두 마리가 끄는 수레를 그린 그림들은 수레를 끄는 짐승의 중요성이 커졌다는 것을 잘 보여준다. 동물은 쟁기를 끄는 등 농경에서 매우 효과적으로 이용되었지만 그것이 전부는 아니다. 동물은 수레를 끄는 데도 이용될 수 있었기 때문에 짐의 운송과 이동성에 새로운 차원을 열었다. 또한 말을 가축으로 길들이기에 이르렀다. 이러한 배경 하에 기원전 3000년 직전 시기에 판노니아 평원에는 바덴, 루마니아에는 코초페니, 트라키아에는 에제로와 같은 문화권이 생겨났다. 이 문화들에서는 그리스의 초기 헬라도스 문화와 트로야의 초기 청동기시대 주거지 I기에서 V기에 이르는 시기와 관계가 있었다는 것이 확인된다. 기원전 3000년대 동안 여러 단계에 걸쳐 새로운 변화가 일어났지만 모든 변화가 다 추적되지는 못하는 실정이다. 하지만 이런 변화 중 한 가지 언급할 수 있는 것은 판노니아 평원, 에게해, 흑해 지역에서 정착생활을 했던 사람들과 일찍부터 항상 함께했던 물건인 점토로 만든 조각상이 이시기에 거의 완전히 사라져버렸다는 점이다.

5.
키프로스섬에서 대서양까지:
지중해 해안을 따라서

근동 지역에서 유럽으로 확산된 정착생활과 생산 경제는 아나톨리아와 그리스 내륙, 발칸반도 등 육로를 따라서만 퍼져나간 것이 아니었다. 새로운 변화는 지중해 지역을 통과하며 섬들로 전파되기도 하고 해안선을 따라 전파되기도 했다. 이 변화가 먼저 가닿은 곳은 키프로스였다. 이 섬에는 구석기시대 말기가 되어서야 사람이 살기 시작했고 그런 까닭에 피그미하마나 난쟁이코끼리와 같은 섬에서 서식하는 포유류가 생태계에서 비교적 아주 오랫동안 살아남을 수 있었다. 이곳의 동물상動物相은 기원전 9000년대경 레반트 지역에서 이주해온 사냥꾼 종족들로 인해 멸종한 것으로 보인다. 아석기시대 사람이 살았던 증거물로 가장 오래된 유적지는 아크로티리반도의 아이토크렘노스에서 나온 유적이다. 이 유적은 기원전 9000년대 중반경으로 추정된다. 이 유적을 관찰해보면 키프로스섬의 초기 거주자들이 물고기, 조개, 물새와 같은 해양 자원을 채집·사냥했다는 것을 알 수 있다. 하지만 이러한 초기 주거지의 흔적은 오늘날까지 아주 드물게만 찾아볼 수 있다.

키프로스섬에는 아석기시대 이후 거의 1000년 동안 사람이 살지 않았다. 이 시기는 레반트 지역의 PPN A 시기에 해당된다. 더 후기인 PPN B 시기, 즉 기원전 8500년 직후가 되어서야 레반트에서 온 이주민 집단이 키프로스섬에 다시 정착하게 된다. 이들은 여러 주거지를 세웠는데 그중에서 스킬루로캄보스와 칼라바소스-텐타 주거지는 조사가 잘 되어 있다. 이주민들은 기원전 8000년대 후반기 키프로스섬으로 이주할 때 식물 재배와 가축 사육 등 인근 내륙 지역의 발달된 기술을 함께 가지고 들어왔다. 곡물로는 스펠트밀과 보리, 에머밀과 외알밀이 존재했다는 것이 입증되었다. 가축으로는 양, 염소, 소를 길렀다. 이 밖에 이주민들은 야생동물도 함께 들여왔는데 다마사슴, 여우, 고양이 등이 그 예다. 고양이는 개와 마찬가지로 애완동물로서 인간 바로 가까이에서 살았다. 부연하자면 키프로스섬은 고양이를 기르려는 최초의 시도가 이루어진 곳으로 추측된다. 아마 고양이는 설치류 동물이 곡식을 먹지 못하도록 쫓는 데 도움이 되었던 것 같다.

키프로스섬의 가장 오래된 주거지에서 발견된 가옥들은 주로 원형을 띠었고 간혹 모서리가 둥글려진 사각형 집터도 발견된다. 벽은 목재와 롬 흙 마감으로 만들었고 이후 시기에는 돌, 흙, 다진 롬 흙이 사용되었다. 내부 바닥에는 테라초와 자갈을 깔았다(〈그림 30〉). 굵은 기둥으로 만든 큰 울타리는 가축용 우리로 사용되었던 것 같다. 물 공급을 위해서 5미터에서 13미터 깊이의 우물을 만들었다. 이는 세계에서 가장 오래된 우물이다. 칼라바소스-텐타와 같은 PPN B 후기의 주거지에서는 롬 벽돌을 이용해 원형 집을 짓기도 했다. 그중에는 이층집과 방어벽을 가진 집이 있었다는 단서도 찾아볼 수 있다.

4장 유럽으로 확대된 정착생활

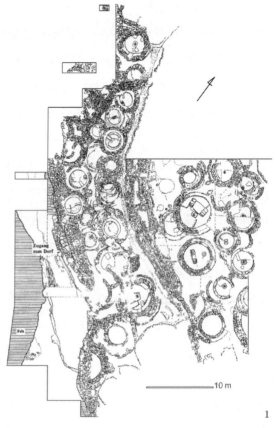

〈그림 30〉 1. 토기 이전
시대 주거지의 설계도
2. 가옥 복원도. 키로키
티아, 키프로스.

토기 이전 시대 석기는 기원전 9000년대 아석기시대와 아직 큰 차이를 보이지 않는다. 이러한 점은 아이토크렘노스 지역에서도 확인된다. 많이 발견되는 석기는 세석기와 규석으로 만든 작은 박편이다. 여기에 아나톨리아 흑요석도 이따금 발견되는 점으로 보아 이렇게 이른 시기에도 이미 원거리 교류 네트워크가 형성되어 있었고 이 루트를 통해 고급 재료가 조달되었을 것이라고 짐작된다. 이 밖에도 가정집에서는 다량의 용기, 갈판과 갈돌, 절구와 손도끼가 발견되었고, 돌로 만든 작은 조각상도 볼 수 있었다. 기원전 7000년대 중반 이후로 들어서면서 키프로스섬은 레반트 지역의 영향에서 벗어나 훨씬 더 독자적인 발전을 이룬 것으로 보인다. 같은 시기에 상당히 고급품이었던 카파도키아산産 흑요석의 유입이 감소했고, 그 대신 가치가 떨어지긴 해도 키프로스섬에서 나오는 불투명 규석이 더 많이 사용되었기 때문이다.

이러한 바탕 위에서 토기 이전 시대 후반부인 기원전 6000년대부터 키로키티아 문화가 발달하기 시작한다. 이 문화의 특징은 주거지에 방어벽을 만든 것이었다. 이런 주거지들은 흔히 언덕 위에 세워졌다. 가옥은 여전히 원형이었고, 그중에는 매우 튼튼한 담을 쌓은 집도 있었다. 새로 세워진 주거지 외에 PPN B 초기에 세워졌던 주거지(예를 들어 칼라바소스-텐타)에서도 계속 사람이 살았다. 키로키티아 문화는 키프로스섬에서 뒤늦게 꽃핀 토기 이전 신석기시대 문화라고 할 수 있다. 이 시기에는 재배 식물의 종류가 확대되어 렌틸콩과 같은 콩과 식물이 재배되기에 이른다. 이후 무화과와 피스타치오 같은 식물도 재배되었다. 시신 매장 또한 차차 증가했다. 이때 시신은 예외 없이 구부린 자세로 웅덩이에 묻었고 특히 서아시아의 풍습을 따라 집의 마룻바닥 아래에 안치하는 경우가 대부분이었다. 특기할 것은 이따금 해골이 일부러 파손되어 있었다는 점이다.

이 문화에 이름을 부여한 키로키티아 유적지를 포함, 상당수의 주거지에서는 기원전 6000년대 후반기부터 토기 신석기시대 동안 사람들이 지속적으로 거주했다. 이 새로운 시대의 초반기는 소티라 문화라 불린다. 이 문화는 기원전 4000년대까지 지속되었다. 소티라 문화가 발흥하게 된 것은 내륙 지방에서 키프로스섬으로 새롭게 이주해온 이주민들과 관계있을 것으로 추측된다. 주거지는 단계적으로 확장되었고 특정한 규칙 없이 자연스럽게 세워졌다. 집은 하나 또는 두 개의 공간으로 지어졌고, 내부에는 조리용 모닥불 자리, 저장 용기, 롬 흙과 돌로 만든 긴 의자 등 일상적인 시설이 갖추어져 있었다. 소티라 토기는 단색이며 빗살 모양 무늬 장식을 갖고 있다. 토기 신석기시대 후기에는 흰색 바탕에 붉게 채색한 용기가 나오기도 했지만 주거지의 형태, 가옥 건축 양식 또는 경제 및 생활 방식에서는 근본적인 변화가 나타나지 않았다. 최소한 기원전 3000년대 중반 즈음 동기시대가 시작되었고, 이와 함께 키프로스섬에서 구리 야금술이 활용되기 시작했다.

더 서쪽 지역에서는 토기 이전 신석기 시기의 유적지들만 소수 발견되었을 뿐인데 이마저 논란이 있다. 그리스 내륙 지방에서는 펠로폰네소스반도의 프란크티 동굴과 테살리아의 아르기사─마굴라 구릉지에서 나온 발굴 유물을 두고 이와 비슷한 토론이 벌어진 적이 있다. 이 유물들이 정확성 면에서 떨어져 연구자 사이에 서로 평가가 어긋나기 때문이다. 하지만 크레타섬은 예외다. 중석기시대에 크레타섬에는 사람이 살지 않았던 것으로 보이며, 그 이후로는 농업 생산을 위한 일종의 '식민지'가 되었다. 어쩌면 키프로스섬의 상황도 이와 비슷한 것이었을지 모른다. 크노소스에서는 특히 나중에 미노스 궁전이 세워진 터 아래에서 토기 이전 시대 지층이 발견되었고 여기에서 보통 밀, 외알밀, 보리, 콩과 식물(완두콩과 렌틸콩)과 같은 재배 식물의 잔해가 나왔다. 이 시기에 크레타섬에서는 염소와 양 그리고 적긴 하지만 소를 길렀다. 그 밖의 유물들로는 표면을 매끄럽게 간 석기, 숟가락, 뼈로 만든 도구들과 멜로스섬산産 흑요석으로 만든 용구들이 발견되었다. 이에 반해 토기는 아직 발견되지 않았다. 주거지 잔해도 별로 없지만 그나마 확인할 수 있는 것은 나무 기둥, 식물성 재료를 엮어 짠 벽, 롬 마감으로 지어진 가옥들이다. 이후 크레타섬 주민들은 자연 건조한 롬 벽돌로 담장을 쌓았고 처음으로 집에서 토기를 사용했다. 이 토기는 사용 시작점부터 아나톨리아나 그리스 내륙과의 공통성이 전혀 없는 매우 독자적인 특징을 띠었다. 이러한 증거물들은 당시 크레타섬이 고립되어 있었을 것이라는 추측을 낳는다. 때문에 고고학자들은 크레타섬에서의 발달이 독특한 경우라고 생각하기도 한다. 다른 한편 이런 독특성은 단지 기원전 6000년대까지 해수면이 현재보다 훨씬 낮았기 때문일 수도 있다. 즉 에게해 섬들의 토기 이전 시대 주거지와 토기 사용 최초 시기의 신석기시대 주거지가 아직까지 물에 잠겨 있기 때문일 수 있다.

키프로스섬과 크레타섬이 동부 지중해 권역에서 일종의 특수한 역할을 하고 있었던 시기, 그리스 동부에서는 기원전 6000년대 말과 기원전 5000년대 초부터 아드리아해, 아펜니노반도, 시칠리아, 사르데냐, 코르시카 및 프랑스 남부, 스페인, 포르투갈, 나아가 아프리카 서북쪽의 해안을 따라 신석기 문화의 물결이 밀려들었다. 지중해 중부와 서부 지역을 아울렀던 이 초기 신석기 문화는 눌러 찍기 무늬 또는 카디움 조개유럽산 새조개 무늬로 특징지어진다. 이 토기들 표면에는 조개껍데기로 여러 문양이 찍혀 있다(〈그림 31〉).

아드리아해 지역에서 시칠리아에 이르기까지 퍼져 있었던 토기는 단

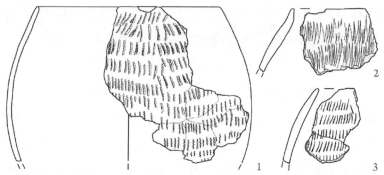

〈그림 31〉 크로아티아의 아드리아해 연안에서 나온 신석기 초기 토기의 파편들. 조개껍질을 눌러 찍은 무늬가 대표적이다.

순한 형태에 평평한 바닥을 갖고 있었으며 표면에는 여러 물체를 이용해 무늬를 찍었다. 이 토기는 눌러 찍기 무늬 토기라고 불린다. 이에 반해 지중해 서부 지역에서는 바닥이 둥근 모양을 한 용기가 주를 이루었는데 이 토기는 카디움 조개를 눌러 찍어 만들어 카디움 토기라고 부른다. 아드리아해 동부와, 아펜니노반도, 시칠리아에서 초기 신석기시대는 이미 기원전 6000년대 중반에 시작되었지만(눌러 찍기 무늬, 스텐티넬로 문화) 이 토기를 비롯해 농경 및 가축 사육이라는 신석기시대 경제 형태가 서쪽으로 확산되어 포르투갈까지 확장된 것은 기원전 5000년대 초반 수백 년 동안이었다. 하지만 해당 증거물은 우선 해안지역에 국한해서 나타나며 이베리아반도 고지대와 같이 그 이상의 내륙 지역과 해안에서 떨어진 프랑스 남부와 중부 지역에서는 훨씬 이후인 기원전 5000년대 말경에나 이러한 변화의 영향이 나타나기 시작한다. 레반트 문화에서도 눌러 찍기 무늬가 들어간 비슷한 토기가 있었기 때문에(아무크A) 이 용기가 근동아시아의 영향을 받아서 생긴 것은 아닌지, 그곳으로부터 뱃길을 따라 지중해 중부 전역으로 퍼졌던 것은 아닌지 토론이 일었다. 하지만 이 가설은 타당성 없는 것으로 결론이 났다. 왜냐하면 레반트 지역 서북부의 눌러 찍기 무늬 토기와 지중해 중부 및 서부의 눌러 찍기 무늬 토기 사이를 이어주는 연결 고리가 발견되지 않기 때문이다.

아드리아해 동부에서 대서양에 이르는 눌러 찍기 무늬-카디움 토기 문화권에서는 통일적인 문화 형태를 전혀 찾아볼 수 없다. 오히려 큰 폭의 문화적 다양성을 보여주고 있어 각 문화의 분명한 차이를 확인할 수 있다. 이러한 차이는 비단 유형 문화재들(토기와 석기들)이 보이는 지역적 특색에서뿐만 아니라, 주거지 구조의 형태에서도 확인된다. 즉 이탈리아에서는 신석기시대 초기의 거주민들이 가볍고 물이 잘 빠지는 땅을 선호했음이 분명하다. 이런 조건을 충족시키는 땅에는 곧바로 많은 인구가 거주했기 때문이다. 마을은 일단 비교적 규모가 작고 가옥 수가 얼마 되지 않았다. 이런 집들 중에는 집 주위로 웅덩이를 둘러 파거나 또는 안마당 비슷한 것을 가진 것도 있었다. 유럽 동남부의 하곡 주변 넓은 평지와는 달리 아드리아해 동부에 위치한 카스트 지형 해안 지역에서는 농경용 토지를 원하는 대로 확장할 수 없었다. 따라서 주거지와 주민 수의 증가에도 자연적으로 한계가 생겼다. 이 주거지들 주변에는 돌로 울타리를 쌓은 흔적이 계속 발견된다. 아마도 이 울타리는 가축우리로 이용되었던 듯하다. 이곳과 방어벽의 잔해가 남아 있는 언덕 지대에서는 눌러 찍기 무늬 토기가 발견되었다. 전체적으로 봤을 때 이탈리아의 많은 지역, 특히 아펜니노반도의 남부에서 눌러 찍기 무늬 토기가 발달했던 주거지는 지중해 서부 지역에서보다 사람들이 훨씬 더 오래 거주했다는 인상을 준다.

프랑스, 스페인, 포르투갈에서는 주거지를 자주 바꾸는 경향이 있었다. 그러다보니 이 지역에서 사시사철 한 장소에 머무는 정착생활이 있었던 것인지 의구심이 든다. 포르투갈의 대서양 연안에서는 조개더미가 쌓여 있는 장소가 여러 곳 발견되었다. 이들 중 상당수가 이미 아석기시대에 터를 닦은 곳이었다. 하지만 훨씬 더 많은 곳이 신석기시대에 속했고, 카디움 토기를 보유하고 있었다. 이런 곳들은 주로 한철만 사는 주거지로 이용되었다. 주거지는 특히 강 하류 삼각주 지대에 몰려 있었다. 거주민들은 강을 건너 내륙 지역과 교류했다. 카디움 토기가 발견된 주거지들은 발전을 거듭해 기원전 4000년대부터는 각 농가 사이, 그리고 주거지 내부에 경계 설정이 있었음이 자주 관찰된다. 이는 사적 소유가 중요성을 갖게 되었음을 가리키는 것으로 볼 수 있을 것이다. 주거지 내에서 발견된 동물 뼈는 아펜니노반도 남부에서의 가축 사육이 특정 종에 국한되어 있었다는 것을 말해준다. 아마도 이는 더 높은 경제적 효율성을 목표로 행해졌으리라. 이에 비해 지중해 서부, 카디움 토기가 나타나는 촌락 유적에서는 양, 염소, 소 등 더 다양한 가축이 사육되었다. 이곳 주거지들의 주민은 식단을 보충하기 위해 이따금 사냥을 나갔다.

이렇게 해서 정착생활과 생산 경제는 기원전 5000년대에 걸쳐 지중해 전체에 확산되었다. 한 가지 예외는 발레아레스 제도였다. 최근 밝혀진 흥미로운 사실은 기원전 6000년대 중반 이후 중석기시대 말기에 이미 최초로 곡물 경작이 이루어졌을 수도 있다는 점이다. 이러한 추측의 근거는 마름모꼴과 삼각형 칼날을 사용했던 지중해 서북부의 중석기시대 후기 문화 유적에서 개별적이긴 하지만 이를 시사하는 곡물 꽃가루가 계속 발견되고 있기 때문이다. 하지만 이러한 관찰은 더 많은 증거의 확보를 요구한다.

이 밖에도 카디움 토기는 지중해 북아프리카 해안, 특히 오늘날 튀니지와 모로코 사이의 서쪽 지역에도 전파되었다. 이 지역에서 기원전 5000년대 최초의 신석기시대 주거지로 증명된 곳의 거주민은 이미 양을 길렀고 카디움 무늬 용기를 사용했다. 그 밖에 이들에게 전형적으로 찾아 볼 수 있었던 것은 더 오랜 전통에 기반한 석기 제작이었다. 이러한 현상들은 카프시아 문화라고 불린다. 마그레브 지역 해안과 인접한 내륙 지방에서는 이베리아반도에서와 마찬가지로 밀, 스펠트밀, 보리, 잠두를 재배한 흔적이 나왔다. 지중해 서북쪽에서는 카디움 신석기시대와 에피카디움이 구분된다. 후자는 카디움 신석기시대보다 조금 더 늦은 시기에(약 기원전 5300년) 시작되어 이후 카디움과 거의 같은 시기 동안 발달했던 문화다. 이 문화의 사람들은 중석기시대적인 집단으로서 당시 신석기시대의 특징을 보이는 강력한 카디움 문화로부터 영향을 받았다. 동굴과 바위굴에 위치한 에피카디움 유적지에서는 주로 야생동물 뼈가 나온 반면, 에피카디움 노천 유적지에서는 놀랍도록 많은 가축 뼈가 발견되어 가축 사육이 이루어졌음을 증명한다. 동물 뼈 종류에서 나타난 이 커다란 차이는 에피카디움 문화 또한 단일한 형태의 동질적 문화 현상이 아니었다는 관찰을 뒷받침한다. 결론적으로 말해 이 문화에 속한 사람들은 지역에 따라 매우 큰 편차를 보이며 신석기시대적 생활 및 경제를 받아들이긴 했지만 결국은 오래 살아남은 중석기 문화 사람이었다고 할 수 있다.

신석기시대 초기 카디움 토기 문화는 지중해의 스페인 쪽 해안과 특히 레반테 지역여기서 레반테 지역은 근동 지역의 일부를 일컫는 앞서의 레반트와 달리 스페인 동부 지역을 말함, 그리고 카탈루냐 지방에서 기원전 5000년대 초반에 시작되어 기원전 4000년대 후반기까지 지속되었다. 에피카디움 문화는 이보다 조금 더 늦게 시작되어 기원전 4000년경에 종식되었다. 이곳의 카디움 토기 문화 주거지 형태는 신석기시대 초기치고는 복합적이며 다양했던 것으로 입증되었다. 거주민들은 일찍부터 언덕이나 호숫가에 거주했다. 원형 또는 타원형 집은 기원전 4000년대에 이미 주춧돌을 놓았다.

똑같은 시기에 에브로강 어귀에는 엘 바랑 덴 파브라와 같은 에피카디움 주거지가 있었다. 이 주거지에는 넓은 면적을 포괄하는 돌담이 쳐져 있었다. 이는 이베리아반도에서 가장 오래된 방어벽으로 간주된다. 나아가 메디나셀리 산악 지대 유적지 또한 에피카디움 문화에 속하는 것으로 볼 수 있다. 이 유적지는 기원전 5000년대 후반기까지로 추정되며 신석기시대의 생활과 문화가 비교적 빠른 시간 안에 이베리아반도 해안에서 내륙의 메세타 고원으로 전파되었다는 것을 보여준다. 이곳에서는 일찍부터 가축(양, 염소, 개, 돼지)을 길렀으며 최소한 외알밀을 경작했다.

지중해 서부의 정착생활과 생산 경제 초기 형태를 보면 중요한 사실 하나가 드러난다. 즉 신석기시대 문화와 카디움 토기는 이베리아반도에서 비교적 빠른 시간 내에 대서양 연안을 따라 계속해서 북쪽으로 전파되었다는 사실이다. 이미 기원전 5000년대 초반에 신석기 문화는 포르투갈 남쪽에 도달했고 몇백 년 후에는 이베리아반도 북부 지역에 상륙했다. 반면 북쪽 영국 제도에서 정착생활과 생산 경제로 이행하기까지는 다시 1000년이 걸렸다. 칸타브리아 산악 지대에서는 기원전 4000년대 초반부터 수렵 채집 생활과 가축 사육이 혼합된 경제 형태가 나타났다. 농경이 주를 이루게 되는 것은 훨씬 이후다. 이에 반해 해안가의 고기잡이는 시대를 막론하고 매우 중요한 경제활동에 속했다. 또한 기원전 4000년대가 시작될 무렵에는 신석기시대 생활과 경제 방식이 아키텐에서 랑그도크로도 전파되었던 것으로 보인다. 하지만 이곳은 지중해의 직접적인 영향권 하에 있었던 지역이기도 하다. 기원전 4000년대가 시작될 무렵 카디움 토기의 영향과 생산 경제의 시초가 브르타뉴와 노르망디 지방에까지 미쳤고 이곳에서부터 파리 분지까지 확산되었다. 여기서 카디움 문화는 중부 유럽에서 넓은 지역을 차지하고 있었던 띠무늬 토기 문화권의 가장 서쪽 지류이자 가장 후기 지류와 만나게 된다.

신석기시대 생활 방식과 토기 생산은 이탈리아 남부에서부터 비교적 매우 빠른 시간에 대서양까지 확산되었다. 이런 사실에서 짐작할 수 있는 것은 이 과정이 분명히 매우 역동적이었을 것이라는 점이다. 지중해 서부 지역 신석기시대가 수천 년 앞서 성립되었던 동부 지역과 차이를 보이는 것은 토기에 관해서만이 아니다. 예술 표현에 있어서도 이 지역의 독자적인 특징이 눈에 띈다. 지중해 서부의 신석기시대가 시작되는 시점의 유물들에서는 동부 지역에서 전형적이었던 작은 인간 모양 조각상이 발견되지 않는다. 서부에서 이런 조각상들은 훨씬 이후의 시기인 기원전 2000년대, 동기시대에야 나타나며, 그 모습 또한 완전히 다른 형태를 띤다. 그 대신 레반테 지역 동스페인의 암석 벽화—정확한 연대를 말할 수는 없지만 대략 기원전 6000년대에서 기원전 3000년대까지로 추정된다—와 같은 암석 벽화가 존재한다. 이 벽화는 이 시기에 처음 그려졌을 수도 있고, 또는 후기구석기시대 암석 벽화가 주제를 바꿔서 이어졌던 것일 수도 있다. 빙하기가 끝나고 얼마 되지 않은 이 시기의 암석 벽화는 후기구석기시대 벽화가 보였던 독창적 수준에는 더 이상 미치지 못하고 있다. 하지만 여러 동작을 하고 있는 사람들의 모습을 보여주며 동물 그림도 볼 수 있다. 레반테 예술이 더 나은 수준을 보여주지 못하고 있다고는 하나, 후기구석기시대 그림과 달리 이야기가 있는 예술을 보여준다. 이 그림들이 즐겨 그린 주제는 사냥과 전투다. 사냥꾼 그리고(또는) 전사들이 어떤 장소로 돌격한다. 화살로 무장한 이들은 목표물을 쫓는다. 죽어 누워 있는 적을 에워싸고 춤을 춘다. 여기에 더해 그들이 갖고 있었던 장비와 의복이 아주 자세하게 그려져 있다. 이에 비해 숭배 의식 또는 종교에 관한 주제는 부차적 역할만 하고 있다. 어쨌든 레반테는 유럽에서 빙하기

4장 유럽으로 확대된 정착생활

예술이 끊이지 않고 이어진 것으로 보이는 거의 유일한 지역이다. 이 예술 형태는 훨씬 도식적인 모습으로이긴 하지만 동기시대와 청동기시대까지 이어진다.

지중해 서부 지역에서 신석기시대와 눌러 찍기 무늬 및 카디움 토기의 확산은 라 오게트 문화의 성립과 밀접한 연관을 지닌다. 라 오게트 문화는 중부 유럽의 서쪽에서 가장 오래된 토기를 만들어낸 문화로서 기원전 5800년경에 성립된 것으로 추정된다. 즉 헝가리 서부에서 띠무늬 토기가 형성되었던 때와 비슷한 시기다. 라 오게트 문화는 적어도 기원전 5000년대 중반까지 지속되었고 라 오게트 토기는 띠무늬 토기가 끝나가는 시기에도 동부 지역에서 산발적으로 계속 발견되었다. 이때 라 오게트 토기와 띠무늬 토기는 종종 함께 발견되었다. 라 오게트 문화의 중심 지역은 마스강, 모젤강, 라인강 유역에 위치해 있었고, 남쪽의 부르고뉴, 동쪽의 북바이에른에 이르기까지 산재해 있었다. 서쪽 지방에서 이 문화와 밀접한 연관을 가졌던 문화로는 프랑스 북부, 벨기에, 네덜란드에서 형성되었던 림뷔르흐 문화가 있다. 라 오게트 토기는 띠 또는 화환 무늬를 한 땀 한 땀 새겨넣어 장식한 단순한 형태의 토기였고 이따금 입체적인 형태의 띠도 나타난다. 이와 매우 유사한 장식이 특징인 토기로는 지중해 서부 지역 전체에 퍼져 있었던 눌러 찍기 무늬 및 카디움 토기로서, 라 오게트 토기 형태는 이들 토기에서 나왔다. 당시 카디움 토기는 프랑스 남부 해안 지역과 인접 내륙 지방에도 퍼져 있었고 부분적으로 대서양 연안 남부에서까지도 볼 수 있었다. 반면 라 오게트 토기는 눌러 찍기 무늬 토기가 나타나는 이 커다란 문화권이 중부 유럽에서 더 서쪽으로 진출하면서 생긴 지류였다. 라 오게트 문화가 형성된 시점이 기원전 5000년대 초반이라는 이른 시기였던 점으로 미루어 이 문화는 비교적 빠른 시간

안에 프랑스 남부에서 라인강과 모젤강 연안까지 확산되었던 것으로 추정된다.

라 오게트 문화 주거지와 무덤들은 발견되지 않고 있으며 농경생활을 했는지도 밝혀지지 않고 있다. 이에 반해 라 오게트 문화의 사람들에게 가축 사육은 매우 널리 확산되어 있었고 양과 염소를 데리고 이동 목축을 했던 것으로 추측된다. 라 오게트 사람들은 동쪽에 인접한 띠무늬 토기 사용자들과 빈번히 접촉했는데, 이 토기 문화의 분포 지역은 라 오게트 토기 분포 지역과 부분적으로 겹쳐서 나타난다. 두 문화 사이에 빈번한 접촉이 있었다는 사실은 띠무늬 토기 문화권 서부 주거지들에서 라 오게트 토기가 발견되는 점으로 알 수 있다. 지중해 서부 지역이 원산지로 증명된 양귀비가 라 오게트 문화 사람들을 통해 유럽 중부로 전파된 것은 아닐까 하는 견해도 제시된다. 하지만 라 오게트 문화가 식물 경작을 했는지 확실히 밝혀지지 않은 이상 이는 가설에 그칠 수밖에 없다.

라 오게트 집단이나 림뷔르흐 집단과 같은 에피카디움 문화 현상을 바탕으로 기원전 4000년대 후반부터는 좀더 복합적인 문화가 발달한다. 이 문화는 샤세, 라고차, 코르타요 세 개의 문화로 이루어져 있었다. 이전에는 이 문화가 각기 독자적인 것이라고 간주했지만 시간이 지나면서 이 문화 사이에 기본적인 공통점이 있다는 견해가 더 우세해졌다. 이 문화권은 늦어도 기원전 4000년대 중반 즈음 공고한 기반을 다졌고, 기원전 3000년대 후반기에 이르기까지 지속되었다. 세 개의 문화는 출현 지역에서만 차이가 있다. 샤세 문화는 프랑스에 퍼져 있었는데 특히 영국해협 해안에서 지중해까지를 포괄한다. 라고차 문화는 이탈리아 북부의 많은 지역과 심지어 남쪽 바리 지역까지 퍼져 있었다. 코르타요 문화는 스위스 중부와 서부의 넓은 지역에 걸쳐 분포되어 있었다. 샤세-라고차-코르타요 문화권의 토기도 마찬가지로 처음에는 단순한 형태를 띠었지만 후기에는 장식이 여러 형태를 가져 점점이 찍어 그린 격자무늬, 점과 선으로 이루어진 띠, 지그재그, 물결무늬, 완만한 포물선 무늬가 나타났다. 이 무늬 중에는 하얀색 또는 붉은색으로 상감을 해넣은 것도 있었다. 규석 도구 제작은 칼날의 대량 생산이 특징적이다. 그 밖에 손도끼, 끌, 절구와 같은 암석을 갈아서 만든 일반적인 용구들이 있다.

코르타요 문화인은 기원전 4000년대 중반 이후에도 신석기시대 초기처럼 동굴과 바위굴에서 거처를 찾았다. 하지만 이와 동시에 노천 평지와 언덕에서도 많은 거처가 발견되었다. 후자의 경우 주거지는 방벽과 더불어 방어 시설로 보호했다. 농업은 안정적이었으며 재배 곡물로는 에머밀, 외알밀, 보리가 발견된다. 이와 함께 코르타요 문화인은 사과와 자두, 도토리나 헤이즐넛과 같은 전형적인 채집 열매로 식량을 보충했다. 가축은 소를 집중적으로 사육했던 것으로 보인다. 사냥에 사용되었던 도구는 활과 화살뿐만 아니라 중부 유럽의 서쪽 지역에서 많이 볼 수 있었던 부메랑과 유사한 투척용 목재 무기도 있었다. 뼈를 이용해 낚싯바늘을 만들었고 사슴뿔은 작살을 만드는 데 쓰였다. 낚시 그물 잔해와 어망추는 고기잡이 또한 중요한 역할을 했음을 알려준다. 코르타요 문화 지역의 주거지들은 제네바 호수와 취리히 호숫가를 따라 자리 잡고 있었다. 이 지역의 유리한 유물 보존 조건 덕분에 컵, 도리깨, 괭이, 숟가락, 그릇 등 나무로 만든 물건이 남아 있을 수 있었다. 구리는 최초로 가공된 금속이라는 점에서 중요한 의미를 지녔고 손도끼나 끌을 만드는 데 사용되었다. 또한 구슬이나 그 밖의 장신구를 만드는 데도 사용되었다. 이 문화는 금속 채굴과 가공이 시작된 시기였지만 문화 구조에 있어서는 신석기시대 조상들의 문화와 그리 근본적 차이를 보이지 않았다.

카탈루냐 지방에는 기원전 4000년대 후반기와 기원전 3000년대의 대부분 동안에 신석기시대 중기 문화권(몽볼로, 몰리네, 포자-그랍 문화)에 속하는 사람들이 거주했다. 이 문화권에서는 한 분야에 특화된 노동, 분업, 원거리 교류가 있었던 것으로 보아 최초의 사회 변화가 일어났던 것으로 짐작된다. 이러한 변화는 지속적인 역동성을 얻으면서 기원전 2000년대 동기시대에 꽃을 피우게 된다. 이때 특징은 구리 야금술이 확장된 점, 매우 복잡해진 거주지의 구조 등을 들 수 있다. 거주지는 작은 성채(빌라 노바 드 상 페드루), 여러 겹의 긴 성벽으로 둘러싸인 중심지(로스미야레스, 잠부잘), 그리고 매우 차별화된 건축 기술과 건축 형태라는 변화를 보였다. 여러 형태의 거석 무덤과 지도층이 거주했던 위엄이 서린 건물터는 사회적 신분의 분화가 중요했음을 알려준다. 노동 분야의 특화, 집단 노동력, 공동체의 상위 조직, 그리고 특히 생산과 장거리 무역으로 인해 마침내 기원전 2000년대 동기시대에는 사회 엘리트층이 형성된다. 당시 피레네 산맥 북쪽의 유럽 지역 상당 부분은 이베리아반도에 상륙했던 비커 문화 Glockenbecher Kultur, Beaker Culture 종 모양 컵 문화라는 뜻 사람들에 의해 접수되었다. 반면 동쪽으로는 매듭 무늬 토기 문화가 확장되고 있었다.

알프스산맥에서
발트해까지의 문화 변화

인간 형상과 유사한 점토로 만든 용기. 헝가리.

1.
빙하기 종식 이후 사냥과
채집 활동의 전문화

후기구석기시대 말기에 유럽의 많은 지역에서는 사냥 문화가 전성기를 구가하며 널리 퍼져 있었다. 기원전 1만2500년경에는 기온이 다시 조금 올라가면서 빙하기가 서서히 끝을 향했다. 이때 순록 사냥을 전문으로 하는 신생 집단들이 서유럽에서부터 북독일 평야 지대로 진출했다. 이곳은 사람이 살기 힘든 환경이어서 아직 아무도 살지 않던 지역이었다. 이 사냥 집단들은 이미 수천 년 전부터 그래왔듯이 특징적인 야영 장소를 남겼다. 이 야영지들은 순록 떼의 봄가을 이동 경로를 따르고 있었다. 즉 사람들은 동물의 계절별 행동 습관을 잘 알고 있었고 이로 짐작건대 자연을 매우 정확히 관찰할 수 있었을 것이다. 이런 지식을 보유한 사냥꾼이라면 짧은 시간 안에 많은 포획물을 얻을 수 있었을 것이다. 이런 사실을 증명해주는 곳 중 하나가 함부르크 주변에서 발견된 유적지이며, 이런 사실 때문에 빙하기가 끝나갈 무렵 북독일에 살았던 순록 사냥꾼들의 문화를 함부르크 문화라고 부른다. 이는 또한 마그달레니아 문화가 끝나가던 시기 그 북쪽 지역에 인접해 있던 문화다. 마그달레니아 문화와 달리 함부르크 문화는 예술 표현 제작물이 훨씬 적었다. 더욱이 그나마도 완전히 다른 스타일을 갖고 있었다. 즉 마그달레니아 문화가 실사에 가까운 동물 표현을 했다면 북쪽 함부르크 문화인들은 기하학적 무늬와 추상적 형태를 더 선호했다. 점으로 콕콕 찍거나 새겨서 그린 각진 띠무늬, 직선을 좁은 간격으로 규칙적으로 배열해 일정한 크기의 면이 되게끔 만든 무늬, 그 외 기하학적 모티브가 사용되었다. 이따금 동물이나 인간 형상도 볼 수 있지만 이는 매우 단순한 형태로 표현되어 '선으로만 그린 사람' 모양을 하고 있는 정도다. 그 밖에도 뿔로 만든 표현물이 발견되었는데, 그중에는 추상적 대상을 조각한 것처럼 보이는 것도 있었다. 또 뿔 막대기에 인간 형상 가면과 동물 형상을 표현한 것들도 있었다. 동물 형상의 경우는 여러 동물 요소를 얕은 부조로 조각하여 평면적인 장식이 되도록 했다.

기원전 1만2000년 이후의 기후와 환경에는 다시 커다란 변화가 일어나 약 1000년에 걸쳐 점점 따뜻해지고 습해졌다. 중부 유럽 삼림지역은 자작나무와 유럽 소나무를 중심으로 다시금 상당한 크기로 확장되었다. 수목 사이가 성긴 이런 숲에서는 이전과는 완전히 다른 조성을 가진 동물상이 형성되어 말코손바닥사슴, 붉은사슴, 여우, 비버 등이 서식했다. 이에 비해 숲이 없는 트인 벌판을 더 선호하는 야생마와 순록은 훨씬 줄어들었다. 함부르크 문화인은 자연환경의 이러한 변화에 잘 적응해나갔다. 이들은 빙하기 시절에는 주로 순록과 말을 사냥했지만 이제는 말코손바닥사슴과 붉은사슴을 사냥하는 데 전문가가 되었다. 기후, 자연환경, 이에 따른 동물상의 변화는 인간에게도 많은 영향을 끼쳤다. 구석기시대부터 있어왔던 집단 몰이사냥은 한 번에 매우 풍족한 식량을 얻게 해주었지만 이제는 거의 불가능해졌다. 순록이나 야생마처럼 떼를 지어 다니는 동물이 더 이상 충분히 서식하지 않게 되었기 때문이다. 따라서 사냥은 다시 아주 개별화되었다. 하지만 사슴이나 말코손바닥사슴과 같이 개별적으로 다니는 짐승을 잡기란 매우 어려운 일이었다. 이에 따라 인간은 사냥 성공률을 높이기 위해 새로운 사냥 무기를 필요로 하게 되었다. 이렇게 해서 중부 유럽 거의 전역에서 활과 화살을 사용하게 되었고 결국 후기구석기시대의 투창가속기를 완전히 대체하기에 이르렀다.

상당히 멀리 떨어진 거리에서도 특정 목표물을 겨냥해 효과적으로 사냥할 수 있도록 해주었던 투창가속기는 빙하기 후기에 대형 포유류가 멸종하게 된 원인으로 꼽힌다. 하지만 울창한 삼림에서 투창가속기는 무용지물이었다. 이렇게 보면 마지막 빙하기 말, 유럽 대부분 지역에 다시 숲이 들어서기 시작하는 시기에 활과 화살이 발명된 것은 당연한 수순이라고 할 수 있다. 화살은 나무로 만든 화살대에 형태가 각기 다른 작은 규석 화살촉을 장착시켜 사용했다. 이 새로운 사냥 기법은 혼자 다니며 모습을 잘 드러내지 않는 짐승을 사냥할 때 먼 거리에서도 놀라운 적중률을 보인다는 장점을 갖고 있었다. 여기서 관찰되는 한 가지 사실은 화살촉에 사용되는 돌의 질이 시간이 지나면서 현저히 떨어진다는 점이다. 연구자들은 그 원인이 당시 식량 조달에 이전보다 훨씬 많은 시간을 할애해야 했고, 따라서 질 좋은 돌을 얻는 데 더 이상 시간을 많이 쓸 수 없게 되었기 때문이라고 추측한다. 예술 창작품이 감소하는 이유 또한 비슷하게 설명할 수 있다. 즉 이러한 까닭으로 조상들이 제작했던 높은 수준의 자연스러운 표현 대신 훨씬 단순하고 기하학적인 스타일이 주를 이루게 되었다는 것이다. 그럼에도 불구하고 이따금 마그달레니아 문화 예술 전통의 명맥을 이어나간 대상물도 드물게 발견된다. 이는 특히 소형 예술

물이나 음각 창작물에서 볼 수 있다. 집을 짓는 데도 이전에 비해 더 적은 시간과 노력을 들였다. 마그달레니아 시대의 움막집엔 정성이 들어갔던 데 반해 빙하기 말엽의 가옥은 단기간 거주를 위한 단순한 텐트식 구조물과 얼마 안 되는 모닥불 자리만이 발견된다.

기원전 1만1000년이 지나고 얼마 안 있어 다시 한번 강력한 한파가 닥쳤다(일명 드리아스기期). 삼림은 감소했고 면적이 넓어진 들판에 다시 스칸디나비아 순록 떼가 남쪽으로 이동해왔다. 이 지역에 살았던 사람들은 변화한 자연환경에 적응하면서 다시 순록 사냥을 전문으로 하게 됐다. 이들이 남긴 문화유산은 가장 중요한 유적지의 이름을 따라 아렌스부르크 문화라고 불린다. 이제 사람들은 다시 떼를 지어 다니는 순록을 사냥하게 되었기 때문에 완전히 다른 사냥 전략을 필요로 했다. 이들은 동물을 최대한 효과적으로 많이 잡기 위해 큰 무리를 이룬 짐승이 출몰하는 곳에서 거주했던 것으로 보인다. 이는 함부르크 문화 유적지와 아렌스부르크 문화 후기 유적지가 바로 이러한 장소를 중심으로 존재한다는 사실로 뒷받침된다. 이 마지막 한파가 끝나면서 다시 커다란 기후 변화가 일어났다. 이때는 기원전 9600년경으로 오늘날까지 지속되고 있는 간빙기가 시작된 시기다.

이렇게 해서 홀로세가 시작되었다. 홀로세는 구석기시대와 중석기시대를 나누는 경계다. 기온 상승의 결과 북독일의 평야를 포함한 중부 유럽 전역에 삼림이 지속적으로 확장되었다. 이러한 식물군 변화는 당연히 동물상의 조성에도 영향을 미쳤다. 오룩스, 붉은사슴, 말코손바닥사슴, 노루, 멧돼지가 가장 많이 서식하는 동물이 되었다. 순록 떼는 다시 북쪽으로 돌아갔다. 아렌스부르크 문화의 사냥꾼들처럼 순록을 전문으로 하는 사냥꾼들이 토착 주거지역의 새로운 생활 환경에 잘 적응했는지 아니면 순

인류는 어떻게 역사가 되었나

록 떼를 따라 스칸디나비아 쪽으로 이주했는지, 이 문제에 대해서는 오늘날의 연구 상태로는 신뢰할 만한 판단을 내릴 수 없다. 연구자들은 중석기시대 초기를 보레알 이전 시기와 보레알기期(기원전 9600년에서 기원전 7800년)로 분류한다. 이 시기에는 유럽 소나무 숲과 혼합림이 많이 분포되어 있었다. 약 기원전 6800년부터 시작된 애틀랜틱기期에는 울창한 떡갈나무 혼합림이 확산되었다.

당시 인류는 주로 베리류 열매와 과실을 채집해서 식량을 해결했다. 헤이즐넛 또한 중요하게 취급되는 열매였다. 해당 유적을 보면 헤이즐넛이 많이 저장되어 있었다. 무엇인가 구웠던 자리를 보면 당시 사람들이 헤이즐넛의 보존 기간을 늘리는 방법도 알고 있었으리라 추측된다. 헤이즐넛은 영양가가 매우 풍부한 야생 열매로 육식 위주의 식사를 보충하는 데 중요한 역할을 했다. 학자들은 헤이즐넛이 유럽 지역에 빠르게 확산될 수 있었던 것은 당시 사람들이 새로운 주거지를 개척했던 사실과 연관이 있다고 본다. 즉 이동할 때 헤이즐넛을 비축 식량으로 가지고 갔고 그렇게 해서 전 유럽에 퍼트렸으리라는 것이다. 만일 이 주장이 사실이라면 이는 심지어 유럽에서 사람이 식량을 가꾼 최초의 사례가 될 것이다.

중석기시대 야영지는 흔히 해안가와 호수, 강 주변에 분포해 있었다. 이곳에서는 다량의 낚싯바늘, 작살, 뼈로 만든 창촉이 달린 창, 식물 속껍질로 만든 그물추와 어망이 발견되었다. 이는 고기잡이의 중요성이 현저히 증가했다는 것을 보여주는 분명한 증거물이다. 사냥꾼들은 변화된 자연환경으로 인해 더 이상 무리를 지어 다니는 짐승에 사냥의 초점을 맞출 수 없게 되었다. 때문에 이제 이들은 오록스, 붉은사슴, 노루, 말코손바닥사슴, 멧돼지, 곰처럼 혼자 다니는 몸집이 큰 짐승을 전문으로 잡았다. 작은 포유류와 조류 또한 사냥했다. 활과 화살은 이를 위한 가장 효과적인 무기였다. 이 무기는 구석기시대 말엽에 이미 발명되어 있었다. 중석기시대의 돌 가공 기술은 그 이전 시기와 견줘 크게 달라지지 않았다. 중석기시대에 흔히 볼 수 있는 특징은 세석기細石器라 불리는 것으로 돌로 만든 매우 작은 도구다. 세석기는 자작나무 역청을 이용해 나무 자루에 접착시켜 사용했다. 그중에서 삼각형 세석기는 중석기 초기에 전형적으로 볼 수 있는 도구이며, 사각형은 중석기 후기에 자주 발견된다. 그 밖에 처음으로 돌칼이 제작된 것도 이때다. 돌칼은 크기가 큰 규석 양쪽 면을 가공해 칼날을 만들고 유기물로 된 칼자루를 장착하거나 식물 속껍질을 칼날에 감아 사용했다.

여러 도구에 사용되었던 암석을 살펴보면 중석기시대 사냥꾼의 활동 지역이 조상들보다 훨씬 좁았다는 것을 알 수 있다. 이는 이들이 특정한 생활 공간에 국한되어 살았을 것이라는 추측을 가능케 한다. 하지만 그렇다 하더라도 이로부터 정착생활이 시작되었다고 추론하기는 이르다. 아직은 계절에 따라 주거지를 계속 옮기는 주거 형태가 주를 이루었던 것으로 보인다. 중석기시대 야영지 유적은 그곳에 살았던 사람들의 사회적 조직에 관해서는 별로 말해주는 바가 없다. 보호 기능을 가진 가옥에 대해서는 얼마 안 되는 잔해만 전해지는데, 텐트, 움막집, 움집이 있었다. 지표면에 기둥을 세우고 자작나무의 잔가지와 갈대, 자작나무 껍질, 롬 흙으로 벽과 지붕을 만든 집도 처음 등장했다. 가옥 내부에서는 불을 피웠던 자리, 사냥한 동물 잔해 그리고 채집한 열매가 담긴 항아리처럼 생긴 용기가 발견되었다. 뿐만 아니라 대서양 연안 유적지에서는 최초의 조개무지가 발견되었다. 발트해 서쪽에 위치한 덴마크의 콩레모제 문화(기원전 6600년에서 기원전 5400년 사이) 지역에서는 음식물 쓰레기 더미가 발견되었다. 또한 바위굴과 동굴에서도 유적이 발견되었다. 하지만 이 시기의 유적지 보존 상태는 전체적으로 봤을 때 열악한 편이다. 중석기시대에 사람이 머물렀던 곳은 후대에 파괴되기도 했고, 계곡에 위치해 있던 지역은 이후 두터운 퇴적물에 의해 매립되었을 것으로 추측된다. 그럼에도 이 유적지들을 살펴보면 계절에 따라 이동했던 야영지였다는 것을 알 수 있다. 다시 말해 한 장소에 고정적으로 거주하는 형태와 촌락 구조의 형성은 아직 발견되지 않았으며 기껏해야 최초의 싹이 튼 것으로 볼 수 있다.

중석기시대 주거지에서 눈에 띄는 점은 이전 시기보다 더 자주 물가에 집중되어 있었다는 점이다. 이는 수로가 이전보다 더 밀접히 연결되어 지역 간 소통망으로 이용되었기 때문인 듯하다. 이런 추측을 뒷받침해주는 것이 통나무배와 나무로 된 노櫓다. 이들은 수로를 통한 이동을 증명해주는 최초의 증거물이다. 이전보다 기온이 올라간 기후도 더 높은 곳에서 거주할 수 있게 만든 요소였다. 알프스산맥 같은 곳에서는 중석기시대 유물이 2000미터가 넘는 고도에서도 발견된다. 아마도 알프스의 야생동물을 사냥할 수 있고 또 그곳에서만 나는 천연자원을 채취할 수 있다는 이점 때문이었던 듯하다. 그렇게 차차 알프스산맥이 이용되기 시작했고 눈 덮인 정상은 남독일과 이탈리아 북부의 중석기시대 거주 집단이 서로 접촉을 하는 데 더 이상 커다란 걸림돌이 되지 않았다. 기온이 계속 올라감에 따라 사냥꾼, 어부, 채집생활인은 해안가를 따라 계속해서 북유럽으로 진출했고 북극권 가까이까지도 나갔다. 이 시기의 것으로 전해지는 유물 중에는 유기물로 된 것도 있는데, 이는 중석기시대 당시 이미 식물성 섬유를 꼬아 만든 실, 버드나무 속껍질로 만든 밧줄, 자작나무 껍질로 만든 거적을 사용했음을 보여준다. 특히 거적은 잠자리를 푹신하게 하기 위함이었을 것으로 생각된다.

숭배 행위가 있었다는 흔적도 간헐적으로 발견된다. 일례로 라인강 하류 베드부르크-쾨니히스호벤에서는 중석기시대에 해골 마스크로 가공된 대형 붉은사슴의 뿔이 발견되었다. 인공적으로 뚫은 구멍은 이 마스크를 머리에 고정시켜 썼을 것이라 짐작케 한다. 비슷한 유물이 영국의 스타 카와 베를린 근처에서도 발견되었다. 이 유물들에 대한 해석을 놓고 연구자들 사이에 여러 가설이 분분하다. 사냥할 동물 틈에 몰래 섞이기 위한 변장용 마스크라는 설에서부터 고대 샤먼이 사용했던 머리 장식이라는 설까지. 이런 유물이 모종의 의식을 위해 사용되었을 것이라고 짐작되긴 하지만 신뢰할 만한 해석을 위한 실제적 증거는 아직 발견되지 않고 있다. 여하튼 사슴뿔 가면이 중석기 초기 유럽 서북부의 많은 지역에 퍼져 있었다는 점은 눈여겨볼 만하다. 이 시기의 예술 창작은 뼈와 뿔을 장식한 단순하면서도 부분적으로 매우 섬세한 기하학적 모티브에 국한되어 있었다. 그중에는 색을 내기 위해 색이 진한 나무진을 채워넣은 것들도 있었다.

기원전 7000년 직후 다시 한번 기후는 온난화되었고 넓은 면적에 걸쳐 퍼져 있었던 떡갈나무 혼합림은 중부 유럽 대부분으로 확산되었다. 이 시기에 생성된 울창한 삼림지역으로 인해 중석기시대 후기에는 사냥과 채집으로 식량을 조달하는 것이 점점 더 어려워졌다. 이는 또한 영양가가 풍부한 헤이즐넛이 급격히 감소하는 결과를 낳았다. 따라서 다른 열매를 채집해 이를 보충해야만 했다. 고기잡이와 사냥은 계속 중요한 역할을 했고 이전 중석기시대와 비교해볼 때 근본적으로 변한 것은 아무것도 없었다. 무기는 더욱 발전해 작은 마름모꼴의 촉을 자루에 장착시켜 사용하거나 규석으로 만든 일명 세로형 화살촉^{중석기 화살촉의 하나로, 세석기에 속한}다. 보통 날의 너비가 높이보다 더 길다이 제작되어 화살 성능을 향상시켰다. 이러한 도구를 개발한 것은 울창해진 숲에서 개별 동물을 사냥하기가 점점 더 어려워졌기 때문일 것이다. 중석기시대 후기의 전형적인 도구인 규석, 뼈, 뿔로 만든 도구는 영국 제도에서 북극에 이르기까지 확산되었다. 이는 지역 간 공통성이 분명하게 나타나는 최초의 예다.

매장 풍습에 대해서는 더 많은 것이 알려져 있다. 30기 이상의 무덤이 흩어져 있는 중석기시대 공동묘지는 간접적이나마 오랜 기간 이용했던 주거지 또는 생활 장소가 있었음을 말해준다. 이는 지속적인 촌락생활로 향하는 첫 단계였다. 대부분의 공동묘지는 1인장이었고 시신은 등을 펴고 누운 자세를 하고 있었다. 이러한 매장 형태는 중석기시대에 특징적인 것으로 간주된다. 후기구석기시대에 있었던 해골 숭배 전통은 중석기시대에도 계속되어 매우 중요한 역할을 했다. 가장 잘 알려진 예는 바이에른 지방의 그로세 오프네트 동굴이다. 이 동굴 입구에 있는 구덩이 두 군데에서 해골이 다량 발견되었는데 그중에는 머리 장신구와 목에 거는 장신구를 하고 있는 것도 있었다. 경추 부근에 있는 칼로 벤 자국은 몸에서 머리를 절단했다는 것을 보여주는 확실한 흔적이다. 손도끼 비슷한 무기에 의해 생긴 상처와 뒷머리의 가격당한 흔적으로 볼 때 주로 남자 성인이 무력에 의해 살해되었다는 것을 알 수 있다. 하지만 이들이 특별한 의식의 일환으로 살해된 것인지 아니면 전투에서 전사해 동굴에 다만 매장된 것뿐인지 혹은 시체가 그냥 그렇게 버려진 것인지는 밝혀지지 않고 있다. 바이에른 유적지는 발견된 해골이 매우 많기 때문에 여기서 특별히 언급되었지만, 다른 지역에서도 해골을 매장했다는 증거가 꾸준히 나오고 있다. 이 때문에 이 풍습은 범지역적으로 퍼져 있었던 것이 아닌가 하고 추측된다.

동굴 안에서 무덤이 발견된 것도 마찬가지다. 이러한 사례는 서유럽과 중부 유럽 전역에서 찾아볼 수 있다. 그 밖에도 몇 가지 부장품이 들어 있는 일반적 매장 형태 또한 계속 발견되었다. 중석기시대의 특징적인 매장 풍습은 여러 동물의 잔해로 만든 장신구와 세석기, 그리고 붉은색 흙을 뿌리는 것을 들 수 있다. 장신구는 주로 여자 무덤에서 발견되는 반면 남자의 부장품으로는 보통 사냥 장비가 눈에 띈다. 즉 당시 이미 부장품에서 성별에 따른 차등을 두었던 것이다. 이는 중석기시대 동안 내내 중요하게 지켜졌던 풍습이다. 그중에 목걸이에 달려 있거나 의복 아랫단 장식으로 사용되었던 달팽이는 심지어 지중해처럼 멀리 떨어진 지역에서 온 것이었다. 이런 사실은 그처럼 이른 시기에 이미 장거리 교류가 있었음을 추측케 해준다. 특기할 것은 암석을 갈아서 만든 돌도끼와 돌팽이다. 왜냐하면 중석기시대에는 보기 힘든 도구였기 때문이다. 아마도 띠무늬 토기를 사용하고 이미 농경문화를 보유했던 남쪽 인접 지역과의 물물교환을 통해 중부 유럽 북부 지역까지 흘러들어오게 된 것이 아닐까 생각된다. 이 도구들은 또한 유럽 중부 알프스산맥 이북의 중석기시대 후기 문화가 남쪽에 발달되어 있던 신석기시대 초기 문화와 상당 기간 동안 병렬적으로 존속했음을 증명해준다.

중석기시대에 발트해와 북해를 중심으로 유럽 지형에 커다란 변화가 일어난다. 유럽 대륙이 현재의 지리적 형태를 띠게 된 것은 이 변화 때문이었다. 당시 간빙기가 시작되면서 북쪽의 빙하가 급속도로 녹아내렸다. 이는 한편으로는 발트해와 북해 지역의 해수면을 상승시켰고, 다른 한편으로는 얼음이 육지에 가하는 압력이 점점 감소하면서 북쪽의 스칸디나비아 대륙이 융기하는 결과를 낳았다. 빙하가 녹은 물은 일명 발트의 빙하 호수, 발틱 빙하호를 발달시켰다. 중석기가 시작되는 약 기원전 9500년경에는 스웨덴 중부가 터져 있었기 때문에 이 통로를 통해 호수 물이 대서양으로 흘러 들어갔다. 기원전 7000년 직후 또 다른 역동적인 변화가 일어났다. 일명 리토리나 해진海進으로 인해 해수면이 또다시 25미터 이상 상승한 것이다. 그 결과 발트해와 북해 분지는 기원전 5000년대에 서서히 오늘날의 형태를 갖추게 되었다. 이러한 지형학적 변화 때문에 중석기시대 주거지 대부분이 현재 물 밑에 잠겨 있다. 여기에 해당되는 문화로는 중석기시대 마글레모제 문화와 콩게모제 문화가 있으며 나아가 독일 발트해 북쪽의 에르테뵐레 문화도 부분적으로 해당된다. 또한 오늘날 영국 해안 동쪽과 유틀란트반도 서쪽에 위치해 있었던 주거지도 이 문화에 속한다. 한편 노르웨이 남부와 스웨덴 남부 해안가에 인접한 내륙 지방 유적지들은 스칸디나비아반도의 융기로 모습을 드러낼 수 있었다.

2.
중부 유럽에서의
농경생활의 시작

중부 유럽의 정착생활은 생산 경제 및 최초의 토기 생산과 더불어 시작된다. 식량을 계획적으로 생산하기 시작한 것은 인간 역사에서 획기적이면서 동시에 가장 강력한 파급 효과를 가져왔던 사건이었다. 식물(곡물과 콩과 식물)의 경작, 야생동물의 사육(먼저 양과 염소, 후에 돼지와 소), 토기의 제작은 근동에서 가장 먼저 시작된 것으로 입증되었다. 이 새로운 지식은 근동아시아에서 아나톨리아, 에게해의 섬들, 보스포루스 해협을 거쳐 발칸반도에 이르렀고 여기서부터 판노니아 평원을 거쳐 중부 유럽에까지 전파되었다. 염소와 양은 서아시아에서 들여올 수밖에 없었다. 왜냐하면 유럽에는 가축화시킬 수 있는 야생 염소와 양이 서식하지 않았기 때문이다. 소와 돼지는 상황이 달랐고 따라서 이들의 가축화는 유럽에서 자발적으로 이루어질 수 있었던 것으로 보인다. 이렇게 사람들은 특정한 식물과 동물 종을 관리하고 자신의 필요에 맞춰 적응시킴으로써 식물을 재배하고 동물을 가축화했다.

경제 방식의 이러한 근본적인 변화가 주거 공동체의 구조와 조직에 미친 영향은 상상할 수 없을 정도로 엄청난 것이었다. 중석기시대에는 수렵과 채집을 위해 훨씬 더 넓은 활동 반경을 필요로 했던 데 비해 농경과 가축 사육으로 식량을 조달하는 방식에서는 한 촌락의 인구가 생존하기 위해 중석기시대보다 훨씬 더 적은 토지만 있으면 됐다. 다른 한편으로 이를 효율적으로 운영하기 위해서는 더 많은 노동력이 필요했다. 이 모든 것은 사람들이 계절에 따라 주거지를 옮기지 않고 한 장소에 장기간 정착해 살아야 가능한 것이었다. 이는 필연적으로 공동생활이 분화되는 결과를 가져왔고, 동시에 사회가 더욱 복잡하게 발달하면서 나타나는 특징인 종교적, 사회적, 법적, 정치적 기준의 확립을 가져왔다.

또한 야생식물의 재배와 야생동물의 가축화는 이들 유전자에 커다란 변화를 가져왔다. 이는 재배와 사육을 용이하게 하여 더 많은 소출을 올릴 수 있도록 해주었지만, 한편 재배 식물과 가축이 더 이상 야생에서는 살아남을 수 없고 항상 인간의 보호와 관리를 받아야만 살 수 있게 변하는 결과를 가져왔다. 이에 관해서는 원시시대 농부도 사정은 마찬가지라고 할 수 있다. 이제 농부들은 농경생활을 하지 않고는 생존할 수 없게 되었기 때문이다. 수 세대에 걸쳐 정착생활에 적응해 살다가 다시 수렵 채집 생활로 회귀하는 일은 거의 생각하기 힘들었을 것이다. 이런 점에서 볼 때 이 변화가 갖는 중요성은 이루 다 헤아릴 수 없는 것이었다. 선사시대 사람들은 수만 년 동안 이곳저곳 떠돌아다니는 수렵 채집 생활을 하다가 불과 몇 세대 만에 정착 농경민이 되었고 가축 사육을 하게 되었다. 이와 더불어 인구도 뚜렷한 증가세를 보였는데 그 토대가 되었던 것은 농경생활이었다. 정착민은 이동생활을 할 때보다 아이를 더 많이 낳았다. 또한 체계적인 식량 생산이 가능해지면서 대규모 집단의 생계가 더 안정적으로 계획될 수 있었다. 물론 흉작과 그 밖의 다른 재해 상황은 예외였지만. 행운에 의존하는 사냥, 전적으로 우연에 의존해야 했던 채집 생활에서는 인간이 아무리 수천 년 동안 경험을 축적한다 하더라도 이러한 인구의 증가는 결코 불가능했을 것이다.

연구자 사이에서 아직 완전히 해명되지 않은 문제는 기원전 6000년대 전반이라는 그토록 이른 시기에 스위스, 프랑스, 남독일의 알프스산맥 어귀에서 어떻게 곡물의 꽃가루가 등장할 수 있었는가 하는 것이다. 이 시기는 중부 유럽에서 신석기시대 초기가 시작되기 훨씬 전으로 기본적으로 아직 중석기시대의 생활 방식이 주를 이루던 때였다. 이 유적들에 관해 여전히 많은 논란이 있는 가운데 몇몇 학자는 이 꽃가루의 종류와 연대 추정에 대해 의심을 표명하고 있다. 하지만 위의 관찰이 사실로 확인된다면 이는 중부 유럽의 여러 지역에서 정착생활이 시작되고 가축 사육이 시작되기 전에 이미 일종의 중석기식 곡물 재배가 이루어지고 있었다는 것을 뜻하게 된다. 알프스 북쪽의 중석기시대 말기의 사람들이 (비옥한 초승달 지역에서 2000년 일찍 시작되었던 것처럼) 자생적으로 야생 곡물을 재배하는 방법을 발견한 것이 아니라고 한다면, 이와 같은 초기 재배식물은 유럽 동남부의 영향을 받은 결과라고밖에는 설명할 길이 없다. 하지만 그럴 경우 이 지식과 식물 종자가 어떻게, 어떤 경로를 통해 알프스 북부 지역에 도달할 수 있었는지는 수수께끼로 남는다. 이 의문에 답이 어떻게 나든 간에 한 가지 확실한 것은 중부 유럽에서 곡물이 기본 식량이 되었던 것은 띠무늬 토기 시기, 즉 기원전 5000년대 후반기부터라는 사실이다.

신석기시대 초기 농경생활을 하던 인류의 기본 식량을 이루었던 곡물은 에머밀, 외알밀, 보리였다. 음식의 잔재로 추정컨대 사람들은 이 곡물들로 빵을 굽고 죽을 끓였다. 그 밖에 식단을 보충했던 재배 식물로는 기름과 실을 만드는 데 사용되었던 아마亞麻, 양념과 치료제로 사용되었던 양귀비, 완두콩 및 렌틸콩과 같이 열량을 함유한 콩과 식물들이 있었다. 아마로는 털과 가죽이 아닌 식물로 짠 옷을 만들 수 있었다. 이 또한 중요한 변화 중 하나였다. 맛이 좋고 비타민이 다량 함유된 야생식물도 식단을 보충해주었다. 이런 식물에는 야생 딸기, 버섯, 사과, 체리, 딱총나무, 견과류 그리고 잎사귀, 씨, 뿌리와 다양한 약초가 있었다. 어떤 식물이 특히 식용에 적합한지, 어떻게 다루어야 하는지에 대한 지식은 이미 구석기시대부터 축적되어 수천 년 동안 이어져 내려왔다. 가축으로는 개 외에 소, 양, 염소, 돼지를 주로 길렀다. 눈에 띄는 점은 이 동물 모두가 중부 유럽에서 신석기시대 초기의 시작점인 띠무늬 토기 시기에 이미 가축화된 형태로 존재했다는 점이다. 이로 보건대 이 동물들은 기원전 5000년대에 외부에서 띠무늬 토기 공동체로 유입되었으리라는 것이 확실하다. 가축은 야생 친척 종보다 훨씬 작았고 뿔의 형태가 다르게 나타나기도 했으며 행동 습성이 훨씬 더 온순했다. 이들은 고기 공급원으로뿐만 아니라 수레를 끌기도 하고 우유, 털, 가죽, 양털을 얻기 위해 이용되었다. 그 밖에 힘줄과 뼈를 가공해 사용하기도 했다. 이에 비해 원시 농경 주거 공동체의 식생활에서 사냥이 차지하는 비율은 급격히 감소했다. 사냥은 식량 보충이나 털가죽을 얻기 위해서만 행해졌다.

가장 초기의 농경생활은 유럽 동부에서 중부로 전파되었다. 아나톨리아에서 발칸반도와 판노니아 평원 동부로 신석기시대의 경제 방식이 전해진 것은 기원전 6000년대 후반기였다. 이후 500년밖에 지나지 않은 약 기원전 5700년 이후 중부 유럽 신석기 부흥기의 가장 오래된 문화인 띠무늬 토기 문화가 형성된다. 또한 이 문화는 헝가리 서부에서 알프스산맥 동쪽 끝까지 확산되어 신석기시대에 가장 넓은 지역에 걸쳐 성립되었던 문화였다(《지도 6》). 이에 더해 띠무늬 토기 문화는 북쪽으로 중부 산간지역, 서쪽으로 라인강 유역에까지 진출했다. 이렇게 확장을 거듭하던 띠무늬 토기 문화는 기원전 5000년대 중반경 약 200~300년간 라인강에서 숨을 고른 후 다시 확장을 시작해 프랑스 동북부 지역에서 파리 분지에까지 이른다. 라인강에서 속도가 늦춰진 이유는 라인강 서쪽에 주거하던 후기 중석기시대 말엽의 거주민이 농경 정착생활 방식을 받아들이길 꺼렸던 탓으로 생각된다. 요컨대 근동아시아의 신석기 문화는 단계적

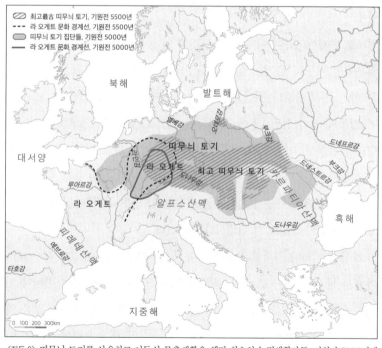

〈지도 6〉 띠무늬 토기를 사용하고 이동식 목축생활을 했던 최초의 농경생활자들. 기원전 5000년대 라 오게트 문화, 유럽.

이면서도 비교적 빠른 속도로 유럽 동남부에서 라인강과 센강 유역까지 확산되었다. 이에 반해 유럽의 서북부, 북부, 동북부, 즉 브리튼 제도, 스칸디나비아, 발칸반도, 러시아 북부 지역에서는 농경과 가축 사육에 기반한 정착생활이 훨씬 천천히 전이되었다. 그 결과 남유럽과 북유럽 사이에는 특이한 문화적 격차가 생긴다.

중부 유럽 지역 띠무늬 토기에서 특징적인 것은 둥근 형태를 띤 단지, 병, 대접 등의 용기들이다. 이들 용기에는 곡선이나 각이 진 직선을 새겨서 만든 여러 띠무늬 장식이 들어가 있다(〈그림 32〉). 그 밖에 더 투박하고 장식이 없는 식료품 저장 토기도 존재했다. 띠무늬 토기의 장식은 지난 수년간 연구자들이 많이 파고든 주제다. 연구 결과에 의하면 띠 무늬는 단지 장식 목적을 위해서만 사용되었던 것이 아니라 특정한 사회적 집단의 정체성을 표현하기 위해 사용되었던 것일 수도 있다. 만일 이 가설이 옳다면 토기 무늬가 갖는 의미는 유럽과 근동아시아에 존재했던 신석기 문화의 다른 토기 형태 및 양식에도 똑같이 적용될 수 있을 것이다.

〈그림 32〉 1. 띠무늬 토기 문화에서 용기로 사용된 토기 2. 암석으로 만든 도구, 독일.

현재 학자들의 견해에 따르면 띠무늬 토기는 기원전 5000년대 중반 이후에 헝가리 서부, 벌러톤호 남쪽 스타르체보-쾨뢰시 문화에서 성립되었다고 본다. 다시 말해 이 토기들은 트란스다뉴비아, 즉 도나우강 서남쪽 지역의 초기 신석기시대 문화 거주지들에서 유래했다. 이들의 토기는 이미 전형적인 띠무늬 토기의 특징을 보여주지만, 동시에 스타르체보 문화의 요소 또한 분명하게 보여주고 있다. 띠무늬 토기 문화에 속하는 유골의 aDNA를 분석한 최초의 연구에서 중부 유럽에서 가장 일찍 농경과 가축 사육을 했던 사람들은 판노니아 평원 서쪽에서부터 트란스다뉴비아로 이주한 이주민이었다는 것이 밝혀졌다. 즉 신석기적 생활 방식은 중부 유럽의 중석기시대 후기 문화 형태에서 발전되어 나온 게 아니라는 것이다. 하지만 관련 연구는 아직 초보 단계에 있다. 따라서 중석기 문화 말기와 중부 유럽의 띠무늬 토기 문화 사이의 연속성이 증명될 수 있는가 하는 문제는 유골의 유전자 분석 결과를 통해 역사의 정확한 전모가 드러날 때까지 기다려야 할 것이다. 요컨대 이주 가설과 자생적이고 토착적인 발전을 주장하는 가설 사이에 최종적 결론은 아직 내려지지 않았다. 어쩌면 이 문제도 다른 문제들이 그런 것처럼 분명한 결론이 나지 않을지도 모른다. 종국에 이 두 가설의 모종의 혼합 형태도 생각해볼 수 있을 것이다. 하지만 이런 여러 가설에도 불구하고 눈에 띄는 사실은 헝가리 서부 지역의 초기 농경생활과 경제 방식이 중부 유럽 전역으로 매우 빠른 속도로 확산되었다는 점, 그리고 이때 말하자면 신석기 문화 종합 선물 세트가 함께 전파되었다는 것이다. 띠무늬 토기 문화 전단계가 있었다는 증거라든지 또는 이 문화가 점진적으로 성립되었을 것이라는 고고학적 단서는 현재까지 어떤 곳에서도 발견되지 않는다. 즉 이 문화의 발달은 외부인의 유입 없이는 전혀 일어날 수 없었다는 것이다. 그럼에도 불구하고 중부 유럽에서 초기 농경생활이 시작된 것은 단순히 스타르체보-쾨뢰시 문화의 확장 때문만은 아니었다. 띠무늬 토기를 특징으로 하는 이 문화의 형태는 더 멀리 동남쪽의 초기 신석기 문화에 의식적으로 대응하면서 형성되었던 문화였고 유형 문화의 모든 영역에 영향을 미쳤다.

띠무늬 토기 문화인은 기원전 5700년에서 기원전 5600년 이후 중부 유럽에 이르렀고 그곳에서 중석기 문화를 가진 그 지역 토착민과 맞닥뜨린다. 이들은 계속해서 서쪽으로 진출했는데 그 과정에서 기원전 5500년 이후 라 오게트 문화라 불리는 또 다른 문화 집단들을 만난다. 이 문화는 방사성 탄소 연대 측정법에 의해 기원전 5800년에서 기원전 5500년 사이에 성립했던 것으로 밝혀졌다. 띠무늬 토기 문화가 출토된 유적지들에서는 기원전 5000년대 시기가 끝날 때까지 라 오게트 문화 유적 또한 함께 발굴된다. 라 오게트 문화의 시초는 프랑스 지중해 연안 내륙 지방이었을 것으로 추측된다(〈지도 6〉). 이 문화는 지중해 서부 지역을 특징 짓는 카디움 토기 문화와 관련 있는 것으로 보인다. 바닥 부분이 뾰족하고 독특한 눌러 찍기 문양과 한 땀 한 땀 새겨서 문양을 낸 라 오게트 용기는 카디움 토기와 유사성을 보이기 때문이다. 이 토기는 남쪽의 부르고뉴에서 동쪽의 바이에른 북부, 북쪽의 니더라인 지방까지 퍼져 있었다. 서북쪽으로는 친척뻘인 림뷔르흐 문화와 매우 밀접한 연관을 갖고 있었다. 림뷔르흐 문화는 네덜란드, 벨기에, 프랑스 북부에 걸친 넓은 지역을 비롯해 센강까지 퍼져 있었다. 림뷔르흐 문화도 카디움 무늬를 활용하고 있다. 하지만 림뷔르흐의 카디움 무늬가 라 오게트 문화가 시간이 지나면서 나타난 변양인 것인지 아니면 그 지역에서 독자적으로 발전한 것인지 여전히 의견이 분분하다. 라 오게트 문화와 림뷔르흐 문화의 사람들은 양과 염소를 치는 이동 목축생활을 했다. 이들은 계절의 변화에 맞추어 이동하는 삶을 살았고 계속 주거 장소를 바꿨다. 고고학적 증거물의 부족으로 이들 주거지에 대해서 정확히 밝혀진 바는 없지만 텐트식 가옥을 지었을 것으로 추측된다. 이들의 생활은 중석기시대 생활 형태와 매우 유사했다. 새로운 것은 가축 사육을 한다는 점뿐이었다. 그 밖에 이들은 야생에서 자라는 식물(야생 부추, 야생 과일, 헤이즐넛)을 채집했다. 사냥 또한 식량 보충 수단으로 이용되었는데, 라 오게트 문화인들에게 사냥은 정착 생활을 하는 띠무늬 토기 문화인에게서보다 훨씬 더 중요한 역할을 담당했다. 중부 유럽으로 양귀비를 들여왔던 이들도 라 오게트 문화인이었던 것으로 보인다. 양귀비는 원산지가 지중해 서부로 밝혀졌는데 띠무늬 토기가 전파된 지역의 서쪽에서도 이미 모습을 보이고 있었다.

띠무늬 토기 문화와 라 오게트 문화 영역은 주변부에서만이 아니라 주요 활동 지역에서도 서로 겹쳐 있었다. 이런 정황을 참조하면 당시 이 지역에서는 다양한 생활 및 경제 방식을 가진 집단이 서로의 이익을 위해 평화로운 공생관계를 이루면서 살았을 것이라 추측된다. 띠무늬 토기 문화는 하천 유역의 황토 지대에 자리를 잡았고, 라 오게트 문화의 목동들은 중부 산간지역 고지대에 자리를 잡았다. 기원전 5500년에서 기원전 5000년 사이에 띠무늬 토기 주거지들에서 바닥이 뾰족한 전형적인 라 오게트 용기가 계속해서 모습을 보였고 간간이 모방된 형태가 나오기도 했다. 유적지 중에서 띠무늬 토기의 잔해와 섞이지 않고 오직 라 오게트 토기만 나타나는 경우는 아주 소수에 불과하다. 라 오게트 문화 목동들은 띠무늬 토기 농경생활자들에게서 우유 및 치즈, 그리고 새끼 짐승을 공급받았던 반면 띠무늬 토기 생활자들은 라 오게트 문화권 사용자들이 갖고 있었던 털가죽, 꿀, 그 밖의 숲에서 나는 생산물에 관심이 있었다. 특이한 점은 띠무늬 토기 문화권의 동부 지역에서는 라 오게트 문화가 상당히 빨리 자취를 감췄다는 사실이다. 이는 아마도 띠무늬 토기 문화가 기술적으로 더 우월한 장비를 갖추고 있었기 때문일 것으로 추측된다. 라 오게트 문화 유적지에서는 추적 가능한 유물이 거의 발견되지 않았는데 이에 대한 근원적 이유는 이들의 사회 조직 탓인 것으로 추측된다.

중부 유럽에서 기원전 5000년대 후반부에 띠무늬 토기를 가진 신석기시대 전기前期가 성립되는 동안 발트해 서쪽 지역에서는 해양 중심 문화인 에르테뷜레 문화가 성립됐다(〈그림 33〉). 유적지 대부분에서는 패총이 발견되었는데, 이들의 식량 경제가 해양 자원에 집중되어 있었음을 시사한다. 이곳에서는 이미 이전의 콩레모제 문화(기원전 6600년에서 기원전 5400년)에서 패총이 발견된 바 있다. 이 문화의 주거지 중 다수가 에르테뷜레 문화에서도 계속 이용되었고 에르테뷜레 시기에는 여기에 더 많은 주거지가 새로 건설되었다. 에르테뷜레 문화는 나중에 신석기 부흥기 문화였던 일명 푼넬비커 문화깔대기 주둥이 용기 문화. 토기의 입구 부분이 아랫부분보다 넓어 깔대기 주둥이같이 생겨서 붙여진 이름에 의해 기원전 4000년경에 해체되었다. 이때 에르테뷜레의 잔존 집단이 존속했던 시기와 푼넬비커 초기가 겹치는 시기가 있었던 것으로 추측된다. 이 시기는 이미 한 장소에 더 오래 거주하는 경향이 나타났던 중석기 문화(에르테뷜레 문화)가 지속적으로 한곳에 거주하며 농경생활을 하는 촌락 공동체(푼넬비커 문화)로 전환되었던 때이기도 하다. 에르테뷜레 문화 거주지는 발트해 연안에 위치해 있었고 주민들은 고기잡이와 바다표범 사냥을 전문으로 했다. 하지만 이들은 연안 내륙 지방에서 채집생활도 했고 대형 야생동물을 사냥하기도 했다.

띠무늬 토기 시기에 남부 스칸디나비아에서는 생산 경제가 존재하지 않았던 것으로 알려져 있지만 그럼에도 처음으로 토기가 출현했다. 이 토

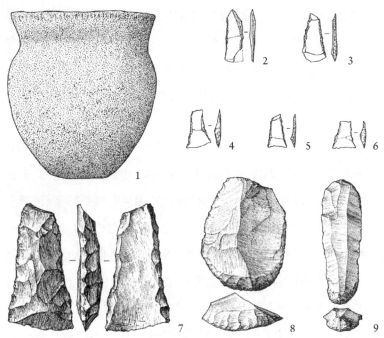

〈그림 33〉 에르테뵐레 문화의 점토로 만든 용기와 도구. 덴마크.

기들은 투박하게 만들어진, 장식이 없고 바닥이 뾰족한 용기이며, 남쪽의 중부 유럽과 연관성을 찾아보기는 힘들다. 이들 토기에 자극을 준 것은 오히려 발칸반도의 삼림지역에 인접한 유럽 동북 지역이었던 것 같다. 또 다른 용기 형태로는 아가리부터 바닥까지 높이가 낮고 경사가 가파른 타원형 대접이 있다. 용기 안쪽에 남아 있던 잔재를 통해 추측되는 것은 이 용기에 바다표범 기름이 들어 있었을 것과 따라서 등잔으로 사용되었을 것이라는 점이다. 그 밖에 대접, 작은 노, 기타 나무로 만든 물건들과 함께 길이가 12미터인 통나무배가 발견되었다. 에르테뵐레 주민들의 육해 혼합형 식량 조성은 안정적인 생활 기반을 형성했을 것으로 생각된

인류는 어떻게 역사가 되었나

다. 해안에 위치해 있는 거주지들의 흔적으로 미루어 특정 계절만이 아니라 오랜 기간에 걸쳐 지속적으로 사람이 거주했던 것으로 보이기 때문이다. 가옥 잔해는 당시 사람들이 소가족 단위로 살았음을 말해준다. 이는 남쪽에 이웃해 있는 띠무늬 토기 문화인들이 세로로 긴 가옥에 살았던 것과 분명한 대조를 보이는 지점이다. 거주지 옆에서는 작은 공동묘지가 드물게 발굴되기도 했다. 해골 중에는 참수해야 생길 수 있는 절단 자국이 뚜렷이 보이는 것도 몇 점 있었다. 이 자국은 당시 특별한 죽음 의식이 있었을 것이라는 추측을 가능케 한다. 하지만 이 의식이 구체적으로 어떤 형태를 띤 것이었을지는 현재까지 수수께끼로 남아 있다. 돌을 갈아서 만든 손도끼와 신발을 만들 때 골격으로 쓰는 신골 모양을 한 일명 신골 도끼, 장식이 되어 있는 뼈로 만든 빗, 깨진 토기 파편과 그 밖의 물건들은 띠무늬 토기 지역에서 직접 들어온 것으로 해석된다. 이는 수백 년 동안 남쪽에 위치한 중부 유럽과의 교류가 더욱 활발해졌다는 것으로 풀이된다. 에르테뵐레 문화와 동시기의 독일 서북쪽 및 네덜란드 해안지역, 엠스 지방과 니더라인 지방 사이에는 기원전 5000년대 후반기에서 기원전 4000년대 말에 에르테뵐레와 비슷한 구조를 가진 스위프터반트 문화가 존재했다. 에르테뵐레 지역과는 달리 이곳에서는 기원전 4000년대 중반경에 이미 최초의 가축 사육 흔적이 발견된다. 이는 발굴된 소뼈로 확인되었다.

장식이 있는 토기는 유럽 신석기 문화 발달사에서 시대적 특징을 보여주는 고고학적 유물이다. 토기 형태와 장식 모양은 지역마다 다른 수많은 양식을 구별할 수 있게 해준다. 이 양식들은 특징적인 장식에 따라 또는 중요한 발굴 장소에 따라 이름이 붙여진다. 이를 기반으로 해서 일명 문화 집단들이 규정된다. 하지만 결국 이 문화 집단들이란 특정한 지리적 공간에서 영향을 끼쳤던 토기 형태와 장식을 정리하도록 도와주는 구성물일 뿐이다. 신석기시대 전기에는 지역적 차이가 거의 없었지만 신석기시대 중기에는 지역 차이가 두드러지게 나타난다. 신석기시대 후기 및 말기에는 유럽 대부분에서 토기 형태의 지역적 차이가 더욱 확실해진다. 신석기시대 최종 시기에는 매듭무늬 토기와 비커 토기 양식이 유럽 거의 전역에 퍼졌고, 그 결과 지역적으로 더 세분화되어 있던 양식은 이 더 큰 문화 집단에 의해 해체된다.

신석기시대 인간의 평균 수명은 약 20년밖에 되지 않았다. 이는 10퍼센트에서 50퍼센트에 달하는 높은 유아 사망률 때문이었다. 20세까지 생존하면 남자는 평균 25년, 여자는 17년을 더 살았다. 영양 섭취의 차이로 인해 신석기시대 사람들의 건강 상태는 오늘날의 인류와 현격한 차이를 보였다. 치아에서는 충치나 치주염의 흔적이 거의 발견되지 않는다. 섬유질을 다량 함유한 식사가 충치 형성을 저해했기 때문이리라. 치아는 이런 음식을 먹으면 곧 다시 청결한 상태가 되기 때문이다. 하지만 치아는 심하게 마모되어 있었다. 이따금 관찰되는 충치와 그 밖의 다른 치아 손상은 대부분 영양 부족 때문인 것으로 보인다. 빈혈, 철분, 비타민C와 칼슘 부족 또한 편중된 식사 때문일 것이다. 흥미로운 점은 신석기시대에 이미 비록 초보적인 수준일지라도 최초의 의료적 처치가 존재했을 것이라는 점이다. 처치를 받은 뼈의 골절이 그 예다. 여기에 해골을 열기 위해 기술적으로 구멍을 뚫었던 행위도 이런 의료적 처치의 일종으로 간주될 수 있으며, 이는 이미 그 전부터 행해지고 있었다.

기원전 5000년대, 즉 신석기시대 전기의 띠무늬 토기 시대부터 울창한 혼합림이 유럽 전역을 덮었다. 이 시기에 비옥한 황토로 이루어진 분지는 농경에 매우 유리한 자연 조건을 제공했고 그 결과 수많은 주요 주거지 및 딸린 주거지를 가진 일명 원시 거주 지구가 발생했다. 원시 거주 지구는 정착생활이 시작될 때부터 사람들이 살았던 지역으로 주거지와 경작지가 가까이 붙어 있으며 주로 강가를 따라 자리 잡고 있다. 원시 거주 지구 문화가 성립되는 시기 동안 특히 기원전 5000년대 후반기에 중부 유럽은 진정한 혁신의 구심점으로 거듭난다. 이제 중부 유럽은 주거 모습, 가옥 형태, 경작과 생산 방식에 있어서 초기 신석기 문화의 특징을 갖고 있는 유럽 동남부와 분명한 차이를 보인다. 중부 유럽은 유럽 동남부 문화에서 자극을 받았지만 이후 발달사에 있어 독자적인 길을 찾게 된 것이다. 좀더 규모가 큰 주거지는 인근 지역의 중심지 기능을 했다. 이 장소들에는 흔히 대형 공동묘지가 함께 있었고 도랑과 울타리로 방어 시설 구역을 갖춘 곳도 많았다. 이런 방어 시설물은 당시 주거지역에 살았던 주민들에게뿐만 아니라 그 근방에 살았던 이들에게도 중요한 의미를 가졌으며, 기원전 5000년대 동안 눈에 띄게 증가했다.

강변 목초지는 신석기시대 농경민이 중부 유럽에 오기 전부터 이미 숲이 부재한 상태였던 것으로 보인다. 그 목초지를 지나 펼쳐져 있는 범람 안전지대에는 황토로 된 하안단구가 발달해 있었고 혼합림이 형성되어 있었다. 사람들은 여기에 주거지를 세우고 농경지를 일구기 위해 처음으로 나무를 솎아 베어 땅을 개간했다. 띠무늬 토기 문화의 최초 주거 거주민들은 당시 이미 주거지 주변에 채소밭과 경작지를 만들었고, 담장과 덤불 울타리를 쳐서 이를 보호했다. 촌락이 숲 가까이에 있다는 점은 주민들에게 유익하게 작용했다. 바로 가까이에서 목재를 구할 수 있기 때문이었다. 나뭇잎은 가축 먹이로 적합했고 그런 까닭에 숲은 방목장이 되었다. 또한 주거지 가까이에 있는 숲은 거주민들에게 헤이즐넛과 다른 채집 열매도 제공했다. 거주민들은 특히 외알밀, 에머밀, 아마, 렌틸콩과 완두콩 같은 콩과 식물을 경작했다. 가축으로는 이미 구석기시대 후기에 가축화된 개와 함께 주로 소, 돼지, 양, 염소를 길렀다. 주거지에서 발견된 야생동물의 뼈가 주거지마다 제각각인 점으로 보아 사냥이 식량 조달에서 차지하는 비율은 변동이 아주 심했던 것으로 보인다. 하지만 띠무늬 토기 문화가 점차 발달해가면서 사냥의 중요성도 이에 맞춰 감소했다.

농경이 발달함에 따라 사람들의 생활 공간은 숲에서 더욱 멀어졌다. 인구는 증가했고 이와 함께 자연을 변형시키고 고갈시키는 규모도 더욱 커졌다. 즉 현재도 계속되는 이 과정이 이미 수천 년 전에 시작되었던 것이다. 신석기시대 내내 중부 유럽에는 넓은 초원이나 풀밭 또는 목초지가 존재하지 않았다. 하지만 거주민들의 다양한 활동으로 인해 수백 년에 걸쳐 많은 곳에서 숲이 현저히 감소했다. 가축도 이에 일조했다. 가축들은 숲의 풀밭에서 어린싹을 뜯어 먹었고 그렇게 숲의 성장을 저해했다. 그 결과 나무들이 모두 노화되었고 숲은 사라졌다. 빽빽한 삼림 지대가 점점 성겨지자 더 많은 햇빛이 땅에 닿을 수 있게 되었다. 이로 인해 땅에서 나는 식물이 매우 잘 자라게 되었다. 이런 변화가 당시 기후에 어떤 영향을 끼쳤는지는 그린란드 빙하를 보면 알 수 있다. 그린란드 빙하는 지난 수천 년 동안 북반구 기후 변화의 아카이브다. 이곳에 구멍을 뚫어 얻은 빙하 핵은 대기 중 이산화탄소 변화량에 대한 정보를 주고 간빙기가 시작되었던 시기를 알려준다. 이런 정보는 빙하기와 간빙기의 지질학적 순환주기만으로는 설명되지 않는 것이다. 이 조사를 통해 알게 된 것은 농경이 시작되는 기원전 8000년대부터 이산화탄소 수치가 기준치에서 훨씬 벗어났다는 것이다. 이는 대량 벌목과 가축 사육의 증가로 최초의 온실 효과가 나타났기 때문이다. 기원전 5000년에서 기원전 4000년대 사이에 알프스 북쪽 지역에서 기온 상승을 야기했던, 애틀랜틱기의 일명 이상 기후는(오늘날 북이탈리아에서 나타나는 것처럼), 거의 전적으로 인간이 자연에 대거 개입함으로써 생겨난 결과였던 것이다. 이렇게 인간이 자연을 조작하는 규모와 강도는 기원전 2000년대 금속 시대(동기, 청동기, 철기 시대)에 들어서면서 더욱 거세졌다.

유형 유물에서 가장 중요한 변화가 일어난 것은 토기와 마제석기였다. 또한 토기 제작, 규석 채집, 직물 생산, 가옥 건축을 위한 목재 가공이 이루어지면서 수공업 교육 훈련의 싹이 트게 된다. 띠무늬 토기 시대의 원자재 조달과 가공은 분업적 노동 구조를 가지고 이루어졌음이 확실하다. 당시 사회는 아직 뚜렷한 수직적 질서를 거의 찾아볼 수 없었고 위계질서도 전혀 나타나지 않았다. 오히려 당시 사회는 평등한 관계가 주를 이루었다. 그럼에도 수공업에 특별히 솜씨가 좋은 사람이나 교류를 통해 희귀한 재료를 멀리서부터 얻어올 수 있는 이가 공동체 내에서 자신들의 지위를 더 유리하게 만들 수 있었으리라는 것은 쉽게 짐작할 수 있다. 일종의 사회 서열의 최초의 싹이 이 지점에서 생겨난 것일 수 있다는 말이다. 남녀 간 노동 분업이 있었으리라는 것은 남녀의 물리적 전제 조건이 다르다는 사실만으로도 쉽게 추측되며, 부장품 또한 이를 증명해준다. 사냥 도구와 나무 또는 규석으로 가공한 물건이 남자 무덤에서만 발견되기 때문이다. 이에 반해 여자는 음식을 조리하는 데서 중요한 역할을 했던 것으로 보인다. 또한 소로 끄는 쟁기가 사용되기 전의 농업, 그리고 토기 제작용 물레가 사용되기 이전의 토기 제작에 있어서도 여성은 중요한 역할을 했다.

이 시기 농부는 주로 일명 긴 집(<그림 34>)에서 살았다. 이 중에는 40미터에 달하는 것도 있었다. 가로 폭은 10미터에 달했다. 이보다 더 큰 집도 있었던 반면 더 작은 집도 있었다(20×5미터). 이런 집은 기본적으로

세로 기둥 세 개가 일렬로 배열된 구조였다. 벽은 롬 흙으로 마감한 식물 재료를 엮어 짰고 갈대, 짚, 나무껍질로 지붕을 덮었다. 가옥은 모두 폭이 좁은 가로 벽면이 바람이 많이 부는 쪽에 면하도록 되어 있었고, 전체적으로 서북쪽에서 동남쪽으로 길게 지었다. 이때 서북쪽 부분은 바람과 비를 더 잘 막기 위해 흔히 두꺼운 널빤지를 잇대어 지었다. 이 긴 집은 개별 단위 구조가 여러 개 연결되어 있는 형태를 띠었다. 또한 집의 내부 시설로 판단할 때 몇 가지 일반적인 형태로 분류가 가능했다. 상당한 길이에도 불구하고 구성원이 평균 8명에서 10명인, 그렇게 크지 않은 가족 집단이 살았던 것으로 보인다. 내부에는 비축 식량 저장을 위한 공간이 있었지만, 가축우리는 없었다. 이러한 사실은 인산염 조사에서 나온

〈그림 34〉 띠무늬 토기 시대의 전형적인 긴 집이 있는 마을 복원도.

음성 반응으로 확인된다.

띠무늬 토기 시대의 가옥은 한 채씩 따로 떨어져 세워졌고 바로 곁에 마당이 있었다. 유물들의 위치를 분석한 결과 이곳에서 여러 수공업 활동이 이루어졌음을 알 수 있다. 건물 옆에서는 길게 판 도랑이 자주 발견되었는데 이는 보통 진흙을 내다 버리거나 쓰레기를 처리하는 용도였다. 집 여러 채와 마당은 무리지어 있거나 일렬로 배열되어 있었다. 더 이상 사용할 수 없게 된 건물은 점차 쇠락해갔고 사람들은 근처에 다시 마당이 딸린 새로운 건물을 지었다. 긴 집은 보통 세 개의 공간으로 되어 있었다. 이외에 띠무늬 토기 주거지들에서 찾아볼 수 있었던 가옥 형태에는 두 개의 공간으로 된 가옥과 하나의 공간으로 된 작은 구조물도 있었다. 이렇게 가옥 건축이 차이가 나는 것은 그 당시 개인, 가족, 씨족의 사회적 그리고 기능적 차이 때문이라 생각된다. 한 가계는 여러 세대에 걸쳐 동일한 마당을 이용하며 살았던 것으로 보인다. 하지만 집은 다르다. 당시 풍습으로는 기존에 있던 집이 낡았든 아니든 상관없이 한 세대는 각기 자기 집을 새로 지었다. 자손 세대가 헌집 옆에 집을 지으면 헌집의 폐허와 잔해는 더욱 두드러져 보였다. 하지만 그럼에도 이 집들은 철거되거나 치워지지 않았던 것으로 밝혀졌다. 5세대에서 6세대에 이르기까지 장기간 마당을 사용했다는 사실은 놀랍도록 견고한 사회적 구조를 증명해준다고 볼 수 있다. 이는 숲을 개간해서 힘들게 얻어낸 농경지가 매우 안정적으로 지속되었다는 것을 뜻한다. 하지만 마당이 일정한 수 이상으로 확장된 촌락은 하나도 없었다. 이로 미루어보건대 인구 상한선이 상당히 엄격히 지켜졌던 것 같다. 아마도 사람들이 한 장소에 더 많이 함께 살게 되면 식량 문제나 조직적 문제에 있어서 잘 대응할 수 없었기 때문인 듯하다. 이 한계선에 다다르면 젊은 사람들은 모집단에서 떨어져나가 근처에 자매 주거지를 세웠다. 이러한 주거 방식은 이후 중기신석기시대에도 가장 흔한 유형이었다.

연구자들은 라인란트 지방의 여러 소단위 지역을 선택해 띠무늬 토기 주거지에 대한 광범위한 평면 조사를 벌였다. 그중 알덴호베너 플라테의 경우는 좀더 큰 영토를 점유하는 과정이 어떻게 진행되었는지에 대한 귀중한 정보를 제공한다. 이곳에서는 보통 처음에 6~12채가 있는 큰 주거지들이 세워졌고 그중에는 350년 동안 존속한 주거지도 있었다. 근처의 작은 촌락과 개별 농가는 이 큰 주거지에서부터 파생되어 형성되었다. 메르츠바흐탈에서의 발달 과정도 한번 살펴보자. 먼저 사람들은 농가 2~4개가 있는 작은 마을을 세웠다. 그 후 점차 계곡 전체에 위성 농가가 퍼져나갔다. 이와 동시에 모母마을 또한 주거 기술적인 면에서 수용 능력이 확장되어 규모가 커졌고, 이렇게 해서 주변 지역의 중심지가 되었다. 이런 중심지에서는 몇몇 농가가 경제활동에서 특정한 임무를 전문적으로 맡아 하게 되는 등 더욱 복잡한 상호관계가 이루어지게 되었다. 규석이나 그 밖의 귀중하면서 구하기 힘든 원재료를 공급하는 등의 특정한 임무는 대부분의 경우 중심 주거지의 몫이었다. 왜냐하면 중심 주거지만이 장거리 교류망과 연결되어 있었기 때문이다.

구성원이 8~10명 정도 되는 중간 크기 가계에 식량을 조달하기 위해서는 오늘날의 기준으로 평균 2.5헥타르의 농경지가 필요하다. 개별 가계는 자급자족으로 살았다. 이는 각 가정의 쓰레기 처리장에 남아 있던 흔적으로 확인할 수 있다. 이런 점으로 미루어볼 때 각 가정은 자기 소유의 농경지를 갖고 있었을 것으로 생각된다. 아마도 당시에 사람들은 이미 토지 이용 권리에 대해 어느 정도 개념을 갖고 있었던 것으로 보인다. 공동체 구성원의 농경지를 서로 연결시킨 것은 기원전 3000년대에 이르러서다. 이 시기는 더 넓은 토지에서 효율적으로 농사를 짓기 위해 소가 끄는 쟁기가 사용되기 시작한 때이다. 띠무늬 토기 주거지가 있는 지역들에서는 다양한 크기의 주거지들이 더 복잡한 구조의 조직을 형성했다. 각각의 주거지는 자신이 속한 소단위 지역에서 일정한 역할을 맡았다. 시간이 지나고 종국에는 인구가 감소해 버려지는 농가도 생겨났다. 동시에 도랑과 큰 공동묘지를 갖춘 훨씬 넓은 주거지도 나타났다. 이런 주거지는 최소한 부분적으로 제의적 중요성을 지녔고, 주거지 전체 조직에서 중요한 의미를 가진 곳이었다.

유럽에서 신석기시대의 가장 오래된 공동묘지는 띠무늬 토기 시대에서 나왔다. 최초의 공동묘지는 기원전 5500년 이후부터 생겨난 것으로 입증된다. 유럽 동남부에서는 여러모로 중부 유럽보다 더 빠른 발달을 보였지만, 동기시대 이후에야 공동묘지가 처음 생겨난 것으로 입증된다. 단독장과 합동장, 화장, 전체 시신 매장, 시신 일부 매장 등 매장 방법은 다양했다. 시신이 묻힌 장소는 일반적인 공동묘지 외에도 주거지 내부가 있었고 이외의 다른 장소도 있었다. 주거지 옆에 네크로폴리스를 만든 의도는 무엇이었을까? 아마도 그 땅을 영원히 소유하고 이용하려는 의도가 아니었을까? 발굴 조사에서 발견된 시신은 상당히 적었는데 아마도 특정한 사람만이 매장되었기 때문인 것 같다. 이것이 그 촌락 공동체에서 이를 누릴 수 있도록 선택받은 가족 또는 개인이 있었던 사실을 표현하는 것인지, 현재로서는 확실히 알 수 없다. 어쨌든 무덤 시설을 보면 나이든 남자가 주거 집단에서 일종의 지도자 역할을 했다고 생각할 수 있다. 이런 현상은 가족과 씨족으로 이루어진 부족 공동체에서 전형적으로 나타난다. 네크로폴리스들을 살펴보면 한 장소에 여러 매장 형태가 나타나는데, 이로 판단하건대 당시의 매장 풍습은 그렇게 엄격히 규정되어 있지 않았던 것 같다. 좌측으로 쪼그린 자세도 있었고 우측으로 쪼그린 자세도 볼 수 있다. 대부분 머리는 서북쪽을 향하고 있었다. 여자는 부장품으로 그릇 외에도 가시조개, 달팽이, 돌, 뼈로 된 장신구와 의복의 일부가, 남자는 손도끼 또는 화살촉이 함께 매장되었다. 계속해서 이차장의 흔적도 발견 되었다. 이차장에서는 시신을 바로 땅에 묻지 않고 노천에 그냥 방치해두었다가 시간이 지난 후 무덤에 묻거나 또는 일단 1차 매장을 했다가 시신을 꺼내서 다른 곳에 묻는다. 헤륵스하임 주거지에서는 약 450명의 해골 일부가 발견되었다. 이 해골에는 도살된 흔적과 살을 긁어 벗겨낸 흔적이 나 있는 것을 볼 수 있다. 이는 식인 풍습을 행한 의미로 해석되기도 한다. 여하튼 그렇게 많은 수의 시신이 한 주거지 터에서 나온 것은 특이한 일이다. 때문에 어쩌면 이들은 훨씬 더 큰 지역권에서 모인 시신이라고 봐야 할지도 모른다. 이와 관련해 지적할 수 있는 것은 헤륵스하임 토기 유물에는 파리 분지, 모젤 지역, 벨기에, 자를란트, 중부 유럽, 뵈멘 등 띠무늬 토기 문화 지역 집단의 특징이 나타난다는 점이다. 이는 이곳이 범지역적 의미를 갖는 숭배 제의 장소였을 가능성을 시사한다.

띠무늬 토기 시기의 또 다른 특징은 인간 형상, 동물, 동물과 인간의 혼합 형상 등으로 이루어진 작은 점토 조각상과 조형적인 형태의 용기들이다. 이 유물들은 처음부터 벌러톤호에서 라인탈 사이의 넓은 지역에 퍼져 있었지만, 원래는 (띠무늬 토기 문화 전체가 그렇듯이) 스타르체보 문화에서 그 선배격인 유사 대상을 찾을 수 있다. 조각상은 높은 수준에 도달해 있었고 현실에 가깝게 표현되어 있었다. 남자와 여자는 각기 분명한 차이를 가지고 다르게 표현되었는데 정형화된 가슴 형태 때문만이 아니라 머리 모양, 수염, 머리 덮개, 의복 등 세세한 표현에서도 차이를 보였다. 심지어 남자 의복은 둥글게 여자 것은 뾰족하게 재단되어 있다는 인상을 준

인류는 어떻게 역사가 되었나

다. 게다가 소형 조각상에 새겨서 만든 장식은 아마, 털, 가죽 등 여러 다른 재료를 표현하고 있다. 남자도 여자도 바지를 입고 있었고 치마나 긴 원피스를 입은 조각상은 없었다. 등받이가 없는 의자 위에 앉아서 배 앞쪽에 그릇을 놓고 있는 조각상도 종종 발견된다. 이때 이 조각상에 표현된 의자는 유럽에서 나타난 가장 오래된 가구의 모습이다. 이렇게 띠무늬 점토 조각상들은 중부 유럽 신석기시대 사람들의 실제 생활을 사실에 가깝게 보여주고 있으며 이런 점이야말로 스타르체보 문화에서 나온 더 선대의 조각상과 근본적으로 차이 나는 지점이다. 이 조각상들은 주거지에서만 발견되었고 무덤에서는 발견되지 않았다. 이 조각상들은 의도적으로 파손되었다. 이는 약한 부분만이 아니라 그 자체로는 부서질 수 없는 곳이 깨져 있었다는 사실로 알 수 있다. 특히 몸통에 난 쪼개진 자국을 보면 이를 더욱 분명히 확인할 수 있다. 요컨대 이 작은 점토 조각상들은 부수기 위해 만들어진 것이었다. 이것이 가옥의 희생 제물로 사용되었던 것인지 아니면 조상의 조각상이 갖는 마술적 힘을 다른 것에 전이시키려고 했던 것인지, 다만 추측을 해볼 수 있을 뿐이다. 어쩌면 이는 농경사회에서 드물지 않게 볼 수 있듯이 조상 숭배라는 맥락에서 이해될 가능성도 있다.

최소한 띠무늬 토기 시대 이후부터는 암석 재료도 채굴해서 얻었다. 이미 기원전 5000년대 후반기 이후 규석은 지하 채굴장에서 채집되었다. 좁고 긴 갱도에서는 어린이와 청소년만 일할 수 있었다. 원자재가 묻힌 장소는 규칙을 세워 접근을 관리했을 것이다. 이런 자원이 누구에게든 자유롭게 사용이 허락된다는 것은 상상하기 어렵다. 그 밖에 적철광 같은 귀한 안료도 채굴했다. 이때부터 매우 다양한 종류의 원자재가 광상鑛床에서 채굴되기 시작해 신석기시대 후기까지 채굴량이 현저히 증가한다.

지하 채굴장에서 확인할 수 있는 것과 마찬가지로 속이 깊은 우물은 띠무늬 토기 문화인들이 이미 폭넓은 기술적 지식을 보유하고 있었음을 보여준다. 블록 쌓기 기술로 나무로 된 곽을 서로서로 맞물려 세운, 깊이가 14미터에 이르는 우물은 기원전 5000년대 말, 신석기시대 전기 후엽에 이미 뛰어난 목공 기술이 있었음을 보여주고 있다. 이 시설은 세계에서 가장 오래된 기념비적 나무 건축물이다. 물을 뜨는 데는 나무 속껍질로 만든 주머니를 이용했다. 이 주머니는 우물 밑바닥 습기가 많은 환경에서 보존되어 현재까지 전해질 수 있었다.

띠무늬 토기 문화는 500년에서 700년간 존속했고 기원전 5000년대에서 기원전 4000년대로 넘어가는 전환기에 차차 종말을 맞이하게 된다. 이 시기에는 고품질의 규석을 조달하는 데 점점 더 자주 어려움을 겪게 되었는데 이는 장거리 원재료 교류망에 장애가 생겼기 때문인 것으로 풀이된다. 또한 바덴뷔르템베르크의 텔하임 같은 유적지는 그 당시가 불안정한 시기였음을 보여준다. 이곳에서는 집단 무덤이 발견되었는데 여러 나이 대의 살해당한 남녀가 무자비하게 던져진 채 묻혀 있었다. 이 무덤은 띠무늬 토기 문화 마지막 시기에 생긴 것으로 추정된다. 일종의 집단 학살이 있었던 것으로 보이는데 최소한 어른 18명, 어린이와 청소년 16명이 뒤에서 가격당하거나 찔려 죽었다. 이때 쓰인 살인 도구로 볼 때 살인을 저지른 이는 거의 틀림없이 동일 문화권 사람이었다. 전기 신석기시대 문화, 띠무늬 토기 문화의 주거지와 문화 시스템은 사회적 동요 때문에 무너진 것일까? 자연을 훼손시키며 무분별하게 계속 주거지를 확장한 것이 막대한 원자재 부족을 가져왔던 것일까? 토지, 목초지, 농사에 대한 권한을 둘러싸고 갈등이 고조된 것은 아닐까? 그게 아니면 띠무늬 토기 문화의 몰락은 외부 세력 때문이었던 것일까? 이런 질문에 대해 현재의 연구 수준은 신뢰할 만한 대답을 줄 수 없다. 그럼에도 불구하고 분명한 것은 유럽에서 인간 역사상 처음으로 집단과 집단 사이에 전쟁에 버금가는 충돌이 있었다는 사실이다.

띠무늬 토기 문화가 종식되고 중기신석기시대가 시작되던 시점에는 중부 유럽에 더욱 뚜렷한 지역화 현상이 나타났다. 띠무늬 토기 문화 후반기에 이미 모습을 드러내기 시작했던 이 과정은 토기 양식이 더 다양해지고 명확한 개성을 드러내면서 더욱 무르익게 된다. 일례로 헝가리 서부와, 오스트리아, 체코 모라비아 지방, 슬로바키아의 경계 지역에서는 띠무늬 토기 문화가 렌젤 문화(헝가리 서부 유적지 이름을 따라 지어졌다)에 의해 해체되었다. 렌젤 문화는 토기 채색에 많은 공을 들인 최초의 문화다. 폴란드, 오스트리아, 체코에서는 채색 대신 표면에 점점이 찍은 무늬를 넣었다(일명 빗점무늬 토기). 점점이 찍은 무늬에 부분적으로 하얀색 반죽을 채워넣어 만든 장식은 바이에른(오벌라우터바흐 형태), 독일 중부와 서남부(뢰센, 그로스가르타흐, 힌켈슈타인 집단), 파리 분지(빌뇌브쟁제르맹 집단)의 다양한 토기 집단에서 나타나는 특징이기도 하다. 이 문화 집단들의 토기는 처음에는 그 형태와 장식에서 아직 띠무늬 토기 전통의 여운을 느낄 수 있었다. 요컨대 전기 신석기시대에는 중부 유럽 전역에서 아직 토기 제작과 장식에 있어서 공통의 미적 원리가 발견되었던 데 반해 중기신석기시대에 들어서면서 처음으로 지역에 따라 다른 취향 선호가 분명히 나타나게 된다. 공통적 감각의 뒤를 이어 의식적인 차별화가 나타난 것이다.

띠무늬 토기 시기에서와 달리 중기 신석기시대(약 기원전 5000년에서 기원전 4400년) 사람들은 더 안전한 장소에 띄엄띄엄 주거지를 세우는 형태를 선호했다. 그럼에도 불구하고 집중적 주거 지구 또한 여전히 존재했고,

그런 지역은 최초로 지역적 폐쇄성을 보이는 촌락으로 발전했다. 이 촌락은 흔히 목책과 도랑을 이용해 촌락 주변을 둘러쳤고 특히 중심적 건물과 공동 건물 주변을 에워싸는 경우도 흔했다. 정형화된 인상을 주었던 띠무늬 토기 문화의 사각형 집은 기둥을 두 줄로 세우는 배처럼 생긴 마름모꼴 집으로 대체되어 동적인 느낌을 준다. 건물의 길이는 다양했고 띠무늬 토기 시기 가옥보다 더 큰 집도 드물지 않았다. 이러한 형태는 중기 신석기시대의 거의 모든 문화 집단에서 나타났다. 중기 신석기시대 촌락에서 지붕으로 덮인 땅의 크기는 띠무늬 토기 시기에 비하면 거의 두 배에 달했다. 가계의 규모든 주거 지구 전체의 크기든 사회적 단위의 크기는 그 이전보다 훨씬 더 커졌고, 이는 다시금 노동 분업 강화라는 결과로 이어졌다. 어쩌면 기원전 5000년경의 띠무늬 토기 문화의 약점이 되었던 것은 이러한 공동체의 과도한 확장이었는지도 모른다. 즉, 당시 공동체가 지나치게 확장되면서 안정을 깨트려 결과적으로 문화가 종말을 맞이하게 되었을 수도 있다.

중기 신석기시대 문화의 긴 건축물이 두어 세대, 또는 경우에 따라 네 가구까지 거주하는 다세대 가옥이었다는 데는 의심의 여지가 없다. 하지만 주거지 내에서는 지속적으로 건축물의 분화가 진행되었다는 것이 확인된다. 그리하여 식량을 저장하거나 작업장으로 사용하기 위해 부속 건물을 짓는 일이 점점 더 흔해졌으며 지하실 같은 움집도 만들었다. 나아가 당시 사람들은 매우 계획적이고 체계적으로 주거지를 이전시켰다. 띠무늬 토기 시대의 주거지에는 아무도 살지 않게 되었고 다시 이용되지 않았다. 중기 신석기시대 사람들은 다른 곳으로 주거지를 옮겼고 초기 신석기시대에 비해 주거 공간을 훨씬 더 크게 확장시켰다. 하지만 이러한 발전이 전 지역에서 고르게, 차근차근 이루어졌던 것은 아니다. 라인란트

인류는 어떻게 역사가 되었나

지방에서는 비슈하임 시기에 개인 마당 가옥이 다시 도래했던 반면, 독일 서남부에서는 집이 줄지어 세워진 더 큰 촌락 조직이 생성되었다. 이는 이후 후기 신석기시대 알프스 근방 지역 호숫가에 있었던 형태에서 확인된다. 중기 신석기시대에는 특별히 설비가 잘된 무덤도 자주 눈에 띈다. 이는 촌락 내에서 규모가 매우 큰 집이 이전보다 자주 나타나게 되었던 것과 맥을 같이하며, 특정한 개인이 중기 신석기시대 사회 내부에서 점차 차별적 지위를 갖게 되었음을 보여주는 것으로 풀이된다.

띠무늬 토기 문화의 토지 조형은 중기 신석기시대 들어 도랑과 목책을 원형으로 여러 겹 둘러치는 형태로 발전했다(〈그림 35〉). 이 방어 시설에는 보통 큰 문 또는 출입구가 두 개에서 네 개 4방위를 따라 나 있었고, 각기 해가 뜨고 지는 곳을 향하고 있었던 것으로 보인다. 이는 농경 공동체에서 파종에 적합한 시기를 선택하는 것이 얼마나 중요한지 떠올려본다면 고개를 끄덕일 만한 일이다. 어쩌면 이 시설들은 일 년 동안의 축제 날짜를 정하기 위해 사용되었을지도 모른다. 그럴 경우 천문학과의 연관 관계도 생각해봄 직하다. 하지만 일부 학자가 주장하듯 실제로 이 시설물이 소위 달력을 표현하는 축조물로서 얼마만큼 사용되었는지 현재로서는 알 수 없다. 사실 이런 유의 논의는 흔히 근거 없는 추측으로 치닫기 쉽다. 하지만 이 중기 신석기시대의 원형 도랑 시설물이 각 해당 주거 공동체의 종교적이자 사회적 모임을 위한 장소였을 것이라는 해석은 정당성을 지닌다고 봐도 좋을 것이다.

농경 또한 신석기시대 초기에서 중기로 가는 전환기에 매우 중요한 변화를 겪었다. 가축 사육은 더욱더 중요한 의미를 지녔고 작물 재배와 가축 사육 공간은 더 확실하게 분리되었다. 나아가 늦어도 이 시기에는 낙농이 시작되었다. 이를 뒷받침해주는 중요한 단서는 소떼 중 수소보다 암소가 더 많았다는 것이 입증되었다는 사실, 그리고 암소는 예전에 비해 훨씬 오래 살다 도축되었다는 사실이다. 이러한 변화는 매우 중요한 의미를 지니는데 왜냐하면 처음으로 단백질과 지방의 필요량 대부분을 가축 사육을 통해 충족시킬 수 있게 되었기 때문이다. 재배 식물도 겉겨가 없는 종류의 연질밀Saatweizen, *Triticum aestivum* 보통 빵을 만드는 데 사용되는 밀과 보통계의 겉밀Nacktweizen, *Triticum turgidum* L. 껍질이 과피에 붙어 있는 밀 두 종으로 확대되었다. 이 곡물 종들은 겉껍질과 알곡이 모호하게 밀착되어 있는 종들이며, 봄 수확 작물이기에 가을의 작물 수확을 보충해주었을 수도 있다. 이는 띠무늬 토기 시대 사람들이 후자만으로도 필요를 충당했었다는 점과 대비된다. 이에 반해 중기 신석기시대에 아마가 재배되지 않았다는 점은 특기할 만한 일이다.

〈그림 35〉 신석기 원형 해자 시설.
1. 바이에른 2. 오스트리아

3.
소규모 집단 중심의 경영과 혁신,
지도층 형성과 조상 숭배

이후 약 기원전 4400년에서 기원전 2800년까지 신석기 후기와 말기 동안 유럽 여러 지역에서는 획기적인 변화가 일어났고 그다음 시기 발전에 지속적인 영향을 끼쳤다. 특히 슬로바키아와 남독일 사이의 지역에서는 도랑과 목책 시설 건축이 최전성기를 맞았다. 그중에는 직경 1킬로미터가 넘는 거대한 규모도 있었다. 이런 대형 시설물은 미헬스베르크와 알트하임 문화 지역에서 특히 자주 볼 수 있다. 이 시설물에서는 상이한 특성들이 관찰되며 해석이 여러 갈래로 갈린다. 지역 중심지로서 방어 시설을 가진 주거지라고 해석되기도 하고, 다른 한편으로는 피난처 역할을 하는 보호 장소, 안전시설을 갖춘 시장, 장례를 포함한 제의적 행위를 위한 숭배 의식 장소 등으로도 해석된다. 목책을 둘러싸고 있는 도랑 중에는 인간 해골의 일부분으로 채워진 것도 있었는데, 이는 이차장의 흔적 또는 희생 제물을 바치는 제의가 있었던 흔적으로 해석된다. 신석기시대 후기에는 공동묘지가 거의 발견되지 않기 때문에 이곳이 무덤 역할을 하지 않았을까 하는 추측도 있다. 또한 도랑과 목책 내부 웅덩이에서는 용기, 다양한 용구, 제의용 희생 동물의 일부가 발견되었는데, 공동 축제 후에 일부러 이곳에 두었던 것으로 보인다. 이 도랑과 목책 시설물은 대부분 수고롭게 설치되었음에도 불구하고 요새의 성격은 띠지 않는다. 목책과 도랑을 넘어가기가 매우 쉬웠을 것이기 때문이다.

후기 신석기시대 가옥 터가 있는 주거지 흔적은 거의 전해지지 않는다. 특히 땅이 건조한 지역에 있었던 주거지들이 더 그렇다. 왜냐하면 이 주거지들은 지하수면 위에 위치해 있어서 가옥 잔해들이 생물학적으로 모두 분해되어버렸기 때문이다. 또한 변화된 건축 방식도 하나의 이유다. 즉 지표면 위에 바로 집을 지었기 때문에 바닥에 착색 흔적을 남기지 않았다. 통나무집이나 횡목 들보 구조로 지어진 집이 그런 예다. 나아가 이 시기에는 언덕 위에 방어 시설을 갖춘 주거지를 조성하는 일이 점점 흔해졌다. 이런 주거지 형태는 헝가리 서부 렌젤 문화에서부터 중부 산간 지대의 미헬스베르크를 거쳐 북쪽의 전기 푼넬비커 문화 지역에까지 확산되었다. 하지만 이 주거지는 기능과 내부 조직 및 인근의 농경을 중심으로 하는 마을들과의 관계에서 해명되지 않고 있는 부분이 많다. 신뢰할 만한 해석은 이 주거지들이 당시 얼마만큼 중심지 역할을 했는지 설명할 수 있게 될 때 가능해질 것이다.

후기 신석기시대 동안 인간은 지속적으로 자연을 개척했다. 지난 수십 년간의 밀도 높은 연구를 통해 밝혀진 바로는 당시 사람들은 알프스산맥 주변 호숫가에 집중적으로 거주했다. 나무의 연대를 측정하는 나이테연대측정법을 통해 남아 있는 목재 유물을 조사한 결과, 호숫가에서 거주가 시작된 것은 기원전 3000년대 초기이며 이후 거의 1000년 동안 계속 사람이 살았다. 호수와 습지 주변 등 습기를 머금은 땅 위에 세워진 주거지들은 대부분 보존 상태가 좋기 때문에 물가 주변 주거지 생활과 내부 조직에 대해 새로운 조명을 가능케 한다. 이 주거지들을 통해서 밝혀진 것 중 하나는 거주 방식이 근본적으로 변했다는 점이다. 신석기시대 전기와 중기의 마을은 하천 유역에 분포되어 있었고 각기 흑토와 갈토, 활엽수림과 스텝 식생을 가진 지역과 경계를 이루고 있었다. 이 시기에 이런 마을은 매우 일반적이어서 하천권圈 문화였다고 말할 수 있을 정도다. 이에 반해 신석기시대 후기에는 그때까지 농사에 적합하지 않고 여러 결함이 있는 것으로 여겨졌던 장소에서도 점점 많은 사람이 살아가게 되었다. 알프스산맥 인근의 플라이스토세 구릉 지대, 그리고 습지 및 호숫가의 땅이 축축한 지역이 그런 곳이다. 기원전 4000년대 후반기에 이탈리아 북부(바시 아 보카 콰드라타 문화의 하천가 주거지)와 스위스 중심 및 서부(에골츠빌 문화와 코르타요 초기 문화)에서 이미 일반적이었던 이러한 거주 형태는 남쪽에서 알프스를 건너 북쪽으로 계속 퍼져나갔을 것으로 보인다. 사람들이 신석기시대 초기와 달리 이제 더 열악한 장소 또는 거주지로서는 불리한 환경 조건을 가지고 있는 곳에까지 진출했다는 사실은 결국 두 가지를 말해준다. 하나는 당시 사람들이 그런 곳에서 열악한 조건을 견뎌내며 새로운 지역을 인간이 살 수 있는 땅으로 지속적으로 바꾸기 위해 필요한 기술적 지식과 전제 조건들을 갖고 있었다는 것이다. 다른 하나는 당시 사람들이 놀라운 정신적 유연성을 갖고 있었다는 점이다. 물론 당시 주어진 선택 가능성의 한계 내에서이긴 하지만.

신석기시대 후기 가옥은 전기와 중기에 비해 눈에 띄게 작아졌다. 하지만 조리용 모닥불 자리와 화덕을 갖춘 진짜 살림집이었다. 하나 또는 두 개의 공간으로 된 이 집에서는 한 가족만 살 수 있었다. 띠무늬 토기, 빗점무늬 토기, 뢰센 시기에는 사람들이 열을 지어 배열된 긴 집에서 거주했고 일정 시간이 지난 후 집을 바꾸었다. 이 긴 집이 이제 작은 가족 규모에 맞는 집으로 대체되었던 것은 동남쪽에서 새롭게 받은 자극 때문일지도 모른다. 여하튼 헝가리 서부 렌젤 Ⅳ기 유적지에서 발견된 집은 유럽 중부의 집과 유사했고, 유럽보다 앞서 트란스다뉴브 지역 띠무늬 토기문화의 건축을 대체했다. 그 밖에 신석기시대 후기 주거지에는 평행으로 나 있는 골목길이 있었고 건물들이 매우 규칙적으로 질서 있게 배열되어 있었다. 길 양편으로 집들이 열을 지어 죽 늘어서 있었고, 박공벽두 개의 지붕을 삼각형 모양으로 뾰족하게 세운 지붕 처마 아래의 삼각형의 벽은 똑같은 방향을 향하고 있었다. 방 한 칸 또는 두 칸짜리 집의 출현은 이에 상응하는 사회조직에서의 변화 없이는 생각될 수 없는 것이었다. 때문에 대가족 또는 씨족으로 구성되어 있었던 신석기시대 전기와 중기의 경제 공동체가 소규모 집단으로 구성된 기능 중심의 연합체로 변형되었을 것이라는 추측이 가능하다. 이 소집단들은 경제적인 부분 외에는 대부분 독립적인 생활을 했던 것으로 보인다. 하지만 이러한 주거 공동체 또한 주민들이 먹고사는 일이 보장될 수 있을 만큼만 성장할 수 있었다. 인구는 선사시대 공동체들에서 흔히 볼 수 있듯이 처음에는 빠른, 기하급수적 성장을 보이다가 안정적 시기를 지내고 그다음에는 침체되는 형태를 보였다. 이후 인구는 더 감소되고 결국엔 주거지에는 사람이 살지 않게 되는 시기가 뒤따랐다.

이곳은 땅에 습기가 많았던 덕분에 유물이 좋은 보존 상태를 유지할 수 있었고 후기신석기시대 건물들에 쓰였던 목재들에 대해 나이테연대측정법으로 본격적인 조사가 이루어질 수 있었다. 그 결과 집들이 10년에서 20년마다 재건축되었고 이때 똑같은 장소에 지어지는 경우가 자주 있었다는 것을 알 수 있었다. 가옥 터의 연속성은 가족 전통을 세우는 데 매우 중요한 역할을 했다. 모든 가옥이 동일한 형태와 시설을 갖추었다는 것은 일견 매우 평등한 촌락 공동체를 의미하는 것처럼 보인다(〈그림 36〉). 하지만 건물들이 딱 줄 맞춰 배치되어 있다는 것은 사전에 포괄적인 계획이 있지 않고는 생각하기 힘든 일이다. 보통 건물들 주변을 에워싸고 있고 또 물가를 면하고 있는 경우에는 방파제 역할도 하는 목책 역시 마찬가지다. 이에 더해 매우 주목할 만한 발견이 바덴뷔르템베르크의 페더제 습지에 위치한 제키르히-아흐비젠 유적지에서 나왔다. 이곳에서는 나이테연대측정 결과 기원전 3000년경으로 추정되는 직경 1미터 이상의 나무판으로 만든 바퀴가 나왔는데 이는 세계에서 가장 오래된 나무 바퀴 중 하나로 추정된다.

주거지를 하천가에 만드는 것에는 많은 장점이 있었다. 호수에서 고기

〈그림 36〉 1. 말뚝 위에 세운 마을을 복원해 만든 건축물, 운터울딩겐, 독일. 2. 가옥 복원도.

를 잡을 수 있었고 물가 근처 빈터에는 밭과 텃밭을 일굴 수 있었다. 이러한 밭과 텃밭은 비탈 언덕까지 이어지기도 했다. 신석기시대 초기에는 각 가정이 각자의 농경지를 따로 갖고 있었지만 기원전 3000년대가 되면서 농경지를 한데 연결해 경영하게 되었다. 당시 소가 끄는 쟁기를 사용하기 시작했는데 이 또한 서로 연결되어 있는 넓은 농경지에서 훨씬 효과적으로 사용될 수 있었다. 주거 가옥 뒤에 있는 언덕에는 숲이 펼쳐져 있어서 베리류 등의 채집 열매, 버섯, 헤이즐넛, 사과, 향신료를 위한 식물과 약초 등 다양한 식물을 제공했고, 가축을 풀어놓는 장소가 되기도 했다. 또한 숲에는 사슴, 노루, 오록스, 멧돼지와 그 외 다른 야생동물이 살고 있어서 사냥터로도 이용되었다. 그 밖에 새로운 재배 작물이 도입되었는데 그중 파슬리, 딜허브의 일종, 레몬 페퍼민트, 셀러리 등은 지중해 서쪽 지역으로부터 들어온 것으로 보인다. 이 시기엔 또한 듀럼밀도 재배되었다. 장소에 따라 다른 작물을 경작했다는 사실은 사람들이 자신이 살게 된 장소와 자연환경에 적응하는 능력이 신장되었다는 것을 보여준다. 고기와 우유 공급을 위해 여러 가축을 한데 모아서 기르는 것도 유사한 맥락에서 생각할 수 있다. 신석기시대 주거지는 중부 유럽에서는 대부분 정주형이었지만 여전히 계절적으로만 이용되는 주거지도 존재했다. 이러한 주거지는 주거 환경이 불리한 곳이거나 소금이나 규석 같은 중요한 천연 재료를 얻기 위한 목적으로 설치되었다.

특이한 점은 하천가 주거지의 양호한 유물 보존 상태에도 불구하고 동물이나 인간 조각상 등 소형 창작품이 전혀 발견되지 않는다는 것이다. 유기 물질로 된 작은 조각상(가령 나무 조각상)의 잔재조차 전혀 찾아볼 수 없다. 하지만 가옥 바깥에서는 마감을 한 벽 파편이 발견되기도 했는데 그중에 롬으로 빚은 후 하얀 석고 색으로 칠한 가슴 모양 장식이 있는 게 있었다. 하지만 유감스럽게도 다른 지역에서는 벽을 장식했다는 것이 확인되지 않는다. 건물 내부에서는 장신구들이 발견되었는데 특히 조개와 달팽이로 만든 구슬이 많이 발견되었다. 그중에는 지중해나 대서양에서 건너온 것들도 있었다. 바덴뷔르템베르크의 호른슈타트-회른레 지역 주거지에서 발견된 것같이 한 면에 볼록 튀어나온 혹이 세 개 달린 납작한 동판은 판노니아 평원에까지 왕래가 있었음을 보여준다(〈그림 37〉). 기원전 3900년경에 만들어졌다고 추정되는 이 물건은 알프스 동쪽 끝자락과 헝가리 서부의 일명 벌러톤-라시냐 지층에서 나온 동판과 유사해 양자 간에 매우 밀접한 연관이 있음이 확인되며, 보덴호湖 지역으로까

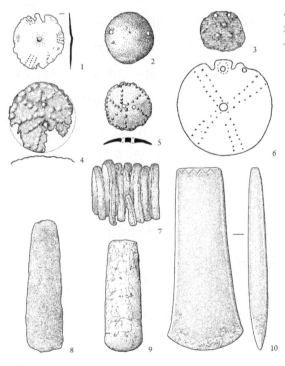

〈그림 37〉 구리로 만든 가장 오래된 물건들. 중부 유럽과 북유럽.

5장 알프스산맥에서 발트해까지의 문화 변화

지 유입되었을 것으로 추측된다. 이 발굴 유물은 알프스산맥 북쪽 끝자락 하천가 주거지가 판노니아 평원 및 알프스를 넘어 북이탈리아에까지 이르는 광범위한 교류·무역 네트워크를 갖고 있었음을 분명히 보여준다. 외츠탈러 알프스 빙하에서 발견된 기원전 3350년경으로 추정되는 시신(일명 외치Ötzi)은 바로 이러한 맥락에서 이해될 수 있다. 즉 이 시신은 '세계를 유랑하는 여행자'로 북이탈리아에서 남독일로 가는 중이었는지도 모른다. 빙하 속에서 매우 잘 보존된 그의 몸에는 문신이 그려져 있고 복장을 다 갖춰 입고 유기물질로 된 물건과 구리 손도끼 등의 장비를 갖고 있었다. 이 시신으로 인해 이 시기는 우리에게 훨씬 더 생생하게 다가올 수 있었다.

이미 기원전 4000년대 후반경 알프스 북쪽 지역에서는 구리 채굴과 초기 형태의 금속 가공이 시작되었는데, 이는 비슈하임 문화의 구리로 만든 끌과 고리를 보면 알 수 있다. 신석기 후기와 말기 동안 구리 야금술은 알프스 전역으로 대거 확산되었다. 구리로 만든 물건들, 특히 도나우강 주변에서 생산된 물건이 기원전 3000년대 초기 이후, 푼넬비커 문화의 전반기 동안 오데르강과 엘베강을 넘어 북독일 평야와 발트해 서쪽에 위치한 문화권에까지 점점 더 많이 전파되었다(〈그림 37〉). 이 장소들에서는 소형 도구와 장신구 외에 단도, 납작한 손도끼, 망치도끼도 발견되었다. 발칸반도와 판노니아 평원에서와 같이 중부 유럽에서도 금속 가공은 먼저 크기가 작은 물건부터 시작했고 이후 손이 더 많이 가고 구리도 더 많이 필요한 대형 도구를 제작했다. 이때 흥미로운 점은 금속 가공이 점차 중요한 의미를 띠게 되었음에도 불구하고 수천 년에 걸쳐 발전되어온 신석기 문화의 구조에 일단은 별다른 변화를 가져오지 않았다는 점이다.

북독일의 평야 지대와 스칸디나비아반도의 남부에서는 기원전 4000년대에서 기원전 3000년대로의 전환기 동안 후기 신석기시대가 시작되었다. 에르테뵐레 문화에 이어 푼넬비커 문화가 성립되었고 이와 더불어 생산 경제로의 이행이 일어났으며, 식물 재배와 가축 사육, 구리 가공 기술이 도입되었다. 기원전 3000년대 중반 이후 바퀴와 소가 끄는 수레도 출현했다. 동물이 끄는 쟁기(아드Ard라고 함)도 도입되어 경작이 훨씬 효율적으로 이루어졌을 가능성도 있다. 외알밀, 에머밀, 보통밀, 보리 등을 경작했고, 소, 양, 염소, 돼지를 가축으로 길렀다. 새로운 경작지와 방목지를 얻기 위해 불을 놓는 일이 점점 더 많아졌다. 이러한 경향은 기원전 2800년경 푼넬비커 문화 후속으로 나타났던 단독장單獨葬 문화에서 더욱 자주 나타났다. 이로 인해 최소한 기원전 2000년대에 들어서는 점차 지형이 변형되었다. 삼림은 감소했고 초원 지대는 확장되었다. 초원 지대에서는 겨울 동안 가축에게 먹일 건초를 마련할 수 있었다. 이는 농경도 중요하긴 했지만 가축 사육에 주된 의미가 있었다는 인상을 준다. 이런 경제적 변화에도 불구하고 처음에 푼넬비커 문화는 띠무늬 토기가 남쪽에서 일으켰던 변화에 비해 별로 큰 변화를 일으키지 못했다. 가축 사육과 농경이 갖는 중요성이 점점 커져갔음에도 불구하고 계속해서 고기잡이, 바다표범 사냥, 대형 야생동물 사냥이 식량 조달의 중요한 기초가 되었기 때문이었다. 즉 수백 년 동안 푼넬비커 문화인의 식량에서 경작물이 차지하는 비율은 제한되어 있었다. 스칸디나비아의 많은 지역은 자연 조건 때문에 농경에 적합하지 않았다. 그런 까닭에 노르웨이, 스웨덴 북부, 핀란드 지역의 사람들은 오랫동안 고기잡이와 사냥에 의존해 살았다.

북부 유럽의 푼넬비커 문화권에서는 주로 고기잡이와 사냥에 이용되었던 계절용 주거지가 존속했다. 이렇게 이곳의 계절용 주거지는 유럽에서 가장 오랫동안 명맥을 이어갔다. 하지만 동시에 이곳에서도 큰 건축물이 있는 장기적으로 이용되는 주거지가 나타났다. 이와 더불어 범지역적인 의미를 띠는 제의 장소도 존재했다. 기본적으로 푼넬비커 문화가 존속하는 동안에 인구가 증가하고 주거 지역이 확장되었다고 가정할 수 있다. 3만제곱미터에서 30만제곱미터로 확연히 커진 주거지 면적이 이를 증명해준다. 보른홀름 지역의 주거지 및 그 외 다른 곳의 주거지는 20미터에 달하는 긴 집들로 이루어져 있었다. 이 집은 중앙에 대들보를 일렬로 세운 후 맞배지붕을 올려 지었다. 신석기시대 전기와 중기 중부 유럽에서 있었던 집을 떠올리게 하는 형태다. 이에 더해 원형 건물도 있었지만, 이 건물의 기능은 지금까지 밝혀지지 않고 있다. 나아가 푼넬비커 문화에서는 핵심 방어 지역을 여러 겹으로 보호하는 야루프 형의 방어 시설이 중요한 역할을 했다. 기원전 2000년대 중반부터 나타난 이 방어 시설은 다른 곳보다 돌출되어 있는 언덕 또는 더 많게는 산등성이의 불쑥 솟아 있는 암석이 있는 곳에 설치되었고 그중에는 도랑 방어 시설을 여러 겹으로 둘러쳐 외부를 차단시킨 곳도 있었다(〈그림 38〉). 야루프 제1기에는 도랑 시설과 목책 시스템을 이 주거지 주변 멀리까지 확대해 설치했다. 이 방어 시설은 원형 내지는 삼각형이었고 내부 면적은 2헥타르에서 20헥타르 사이였다. 흥미로운 점은 도랑이 방어 목적이 아니라 숭배 제의적 행위와 연관이 있었다는 점이다. 도랑 안에는 일부러 그곳에 가져다둔 것이 분명한 형태가 완전한 용기들이 있었고 용구와 도구 세트 또한 들어 있었다. 게다가 많은 동물 뼈, 더불어 인간 해골 잔해가 출토됐는데, 동물과 인간이 희생 제물로 쓰였음을 암시하고 있다. 불에 태운 흔적 또한 빠지지 않고 발견되었다. 이 잔해들은 도랑 안에서 뚜렷한 지층을 형성했다. 대규모 제의 행사가 있을 때마다 남은 잔해가 도랑에 채워지고 그 위로

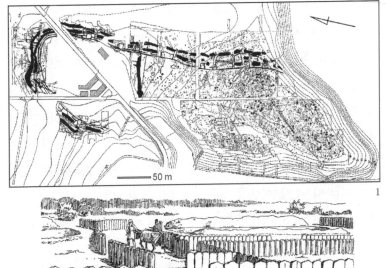

〈그림 38〉 푼넬비커 문화의 방어 시설을 갖춘 마을. 야루프1, 덴마크. 1. 설계도 2. 복원도.

비슷한 성격의 퇴적층이 또 쌓이는 일이 반복되었기 때문이다.

푼넬비커 문화 시기부터 희생 제물을 매장하는 차원에서 호박 장신구, 규석으로 만든 손도끼, 심지어 구리로 만든 물건까지(뷔그홀름 지역) 묻어 놓은 유적이 발견된다. 이와 더불어 드물게 메가론 양식의 제사용 건물이 발견되기도 한다. 이런 건물은 정사각형 또는 직사각형 중앙 홀이 있고, 중앙 홀의 세로 벽이 연장되어 현관 공간의 일부를 이룬다. 현관은 일종의 개방형 공간으로 문이나 벽 없이 테라스처럼 외부와 연결되어 있었다. 이 유적에 대해 분명한 해석을 제시할 수는 없지만 일반적인 주거 건물이 아니었다는 것만큼은 확실하게 말할 수 있다. 때문에 숭배 의식이나 제의용으로 사용되었을 것이라는 해석이 가장 설득력 있어 보인다. 요컨대 자루프 형태의 유적지는 제의 중심지로서 범지역적 의미를 띠었다. 즉 멀리 떨어져 사는 사람들까지도 특정한 행사가 있을 때면 숭배 의식을 행하기 위해 이 장소에 모였다. 사람들은 이런 장소를 건립, 확장, 관리했고 이는 엄청난 공동 노동이 투입된 결과였다. 이런 수고가 중심기관의 지휘 없이 행해졌다고는 생각하기 힘들다. 때문에 사회 구조에 대한 문제가 다시금 제기된다. 이런 추측은 동시기에 나타난 거석 무덤(큰 돌 무덤)의 의미와도 부합한다. 거석 무덤은 한 가문이 이끄는 지도층이 존재했다는 것을 보여주는 단서가 되기 때문이다.

중부 유럽 띠무늬 토기 이후의 공동체에서도 계속 사회적 차별화가 시작된다는 징표가 발견된다. 부장품의 규모나 고분 시설의 웅장함 등이 바로 그런 것이다. 지상에서 관찰할 수 있는 무덤으로는 기원전 3800년경 이후의 중부 독일 발베르크 문화의 봉분을 들 수 있는데 이는 육안으로 볼 수 있는 최초의 무덤 유적이다. 이 무덤은 망자의 사회적 신분을 나타내고 다음 세대에게 기억의 장소로 기능한다는 점에서 공동체 존속에 중요한 역할을 했다. 또한 육안으로 볼 수 있는 무덤은 신석기시대 후기 사람들의 표현 욕구를 반영한다. 이런 표현 욕구를 또 엿볼 수 있는 곳으로는 파시_{파리} 시내의 한 지구 타입 무덤이 있는데, 이 무덤은 세로로 긴 봉분으로 시신은 1구만 안치되어 있다. 내부가 여러 칸으로 나뉘어 있는 이 무덤은 기원전 4800년 파리 분지 띠무늬 토기 문화의 후속 문화에 속하는 것으로 추정된다.

기원전 3000년대 초기부터 거석 무덤이라 불리는 것들이 나타난다. 처음 등장한 곳은 브리튼 제도에서였고 중부 유럽 북부 지방과 스칸디나비아 문화권에서 나타난 것은 기원전 3000년대 중반이 되어서였다. 약 기원전 3600년에서 기원전 3300년 사이에만 이곳에서 거석 무덤 수천 기가 생겼다(〈그림 39〉). 막대한 노동과 자재가 투입되었을 것이 분명한 이런 무덤은 수명이 길었고 사람들은 오래 보존하기 위해 매우 의식적으로 계속해서 노력을 들였다. 이에 비해 주거 가옥에는 거의 신경을 쓰지 않았다. 거석 무덤 시기에 남아 있는 주거지는 매우 소수에 불과하며 그나마 이로부터 알 수 있는 것은 농경생활과 경제는 개별 농장과 작은 촌락을 통해 운영되었다는 점이다. 거석 무덤은 몰타에서 이베리아반도, 프랑스 서부와 북부, 브리튼 제도, 북독일 평야, 그리고 덴마크, 스웨덴, 폴란드 등 매우 먼 지역에까지 분포되어 있었다. 이 광활한 지역 내에 있는 거석 무덤은 부분적으로 형태와 제작 방식에 있어서 상당한 차이를 보이기도 한다. 독일에서 거석 무덤이 처음 등장한 곳은 푼넬비커 문화권 남쪽의 중부 산맥 지역과 북쪽 북해와 발트해 사이 지역이다. 북해-발트해 사이 지역 바로 이남으로는 중부 산맥 지역에서 작은 영역을 차지하고 있던 헤센주州의 바르트베르크 문화와 독일 중부 발터니엔부르크-베른부르크 문화가 인접해 있었다. 이 두 문화는 이전에 띠무늬 토기 문화인이 살았던 지역에서도 거석 무덤이 존재했음을 보여준다. 하지만 거석 무덤이 있었던 곳은 대부분 푼넬비커 문화가 자리 잡고 있던 북독일 평야 지대였다. 이 지역에서는 농경과 목축이 늦게 시작되었을 뿐만 아니라 정착되는 과정도 매우 더뎠다.

학자들은 거석 무덤의 다양한 형태를 구분하고 이를 시대적 순서대로 배열해보려고 시도했다. 이 분류에 따르면 네 개의 받침돌이 있는 원조 고인돌Dolmen이 가장 처음에 만들어졌고 그다음 시기에는 확장된 형태, 그리고 여기서 크기가 더 커진 형태의 덮개돌이 두 개 이상인 대형 다각

<그림 39> 복원해서 만든 거석 무덤. 콩 스벤스 회, 덴마크.

형 고인돌, 석실이 다각형인 고인돌이 제작되었다. 다음 단계에서는 석실분 여러 개가 나란히 붙어 있으면서 출입구로 연결되어 있는 연도분湊道墳, passage grave이 나타나고 그 뒤를 이어 하나의 긴 방으로 되어 있는 무덤Gallery grave이 형태적 분류의 마지막 단계를 이룬다. 후자의 경우 연도분과 달리 입구가 석실벽의 길이가 짧은 쪽에 위치해 있었다. 하지만 시간이 지나면서 지역, 문화, 시간 순서별로 무덤을 엄격하게 분류하는 것은 더 이상 실효성이 없음이 알려지게 되었다. 무덤 구조의 형태는 실제로는 훨씬 더 복합적이었기 때문이다. 그럼에도 불구하고 무덤 건축 방식에 있어서 지역별로 눈에 띄는 공통점이 발견된다. 때문에 당시 지역적으로 공통된 건축 전통이 있었거나 혹은 지역적으로 활동했던 건축가 집단과 전문가들이 존재했을 것이라는 추측을 해보게 된다.

길이가 30미터 이상인 거석 무덤들은 대부분 집단 무덤으로서 오랜 시간에 걸쳐 계속해서 시신이 추가로 매장되었다. 매장된 시신은 남자, 여자, 아이들이었고, 100구에서 200구 사이에 달했다. 매장된 시신 수만 봐도 석실 안에 시신과 부장품들이 계속 정리되어야 했음을 짐작할 수 있다. 그런 까닭에 거석 무덤에서는 유골 잔해가 해부학적으로 완벽하게 존재하는 시신이 매우 드물며, 특히 부장품들이 다 있는 경우도 매우 드물다. 여기에 더해 후대에 이 무덤에 침입했던 도굴범들도 무덤을 손상시키는 데 한몫했다. 부장품에는 점토로 만든 용기, 암석으로 만든 손도끼와 도끼, 규석으로 만든 화살촉과 구리, 호박, 동물 이빨로 만든 장신구가 있었다. 유골 전부가 아니라 그 일부만을 발견할 수 있었다는 사실은 다른 방식으로도 설명이 가능하다. 즉 거석 무덤이 이차장을 위한, 말하자면 납골당이었을 것이라는 가능성도 배제할 수 없다. 이 경우 죽은 자는 우선 다른 장소에서 부패시키거나 또는 일차 매장을 하고 이후 뼈의 전체 또는 일부분을 추려서 거석 무덤에 안치했을 것으로 생각된다.

거석 무덤의 돌덩이와 덮개돌 중 어떤 것은 무게가 30톤이 넘게 나가기도 한다. 그렇기 때문에 이 무덤을 세운 사람들은 고도의 기술적 도전을 받았음이 분명하다. 몇십 톤씩 나가는 돌덩어리를 운반해서 세워야 했고, 그보단 가볍지만 그에 못지않은 무거운 덮개돌을 위로 들어올려야 했다. 학자들은 실험을 통해 매끈하게 다듬은 나무줄기로 굴림대를 만들고 각목으로 선로를, 식물 섬유로 밧줄을 만들어서 그처럼 무거운 돌덩어리들을 수 킬로미터 운반할 수 있다는 것을 증명해 보였다. 기술적 보조 수단(가령 아직 바퀴나 도르래가 없었지만 지렛대를 이용해서 움직이는 굴림대)이 정교하면 할수록 운반은 더 빨리 이루어졌고 노동력은 덜 필요했다. 이렇게 만들어진 것 중에는 엄청난 규모를 자랑하는 무덤도 있었는데 전체 공동체의 막대한 노력이 있어야만 건설될 수 있는 것이었다. 이런 점에서 볼 때 이런 무덤들은 조상 세대를 의식적으로 기념하기 위한 상징으로 해석할 수 있다. 이런 생각은 신석기시대 전기와 중기에는 전혀 불가능한 것이었다. 이런 상징을 가지고 사람들은 영토권을 주장하고자 했을지도 모른다. 어찌됐든 신석기시대 중기에서 후기로의 전환은 독일 중부 산맥 이북 지역에서도 주거지와 가옥의 형태 변화 그 이상을 의미했다. 변혁은 훨씬 더 깊숙한 곳에까지 미치고 있었다.

유럽 서부와 북부의 거석 문화에서는 건축적으로 다양한 특징을 가진 거석 무덤만이 아니라 홀로 서 있는 선돌Menhir도 관찰된다. 선돌은 포르투갈에서 스페인, 프랑스를 거쳐 브리튼 제도에 이르는 공간에 분포되어 있으며, 헤센의 바르트베르크 문화, 중부 독일의 발터니엔부르크-베른부르크 문화권에서도 발견된다. 하지만 네델란드 동쪽, 북독일, 남스칸디나비아, 북극의 푼넬비커 문화 영역에는 선돌이 존재하지 않는다. 거석 무덤의 외따로 서 있는 바위와 선돌에는 장식이 새겨져 있는 경우가 흔하다. 부조로 장식된 것도 있고 표면에 그림을 새기거나 여러 색으로 칠한 것도 있다. 이때 즐겨 사용되었던 모티브는 지역별로 분명한 차이를 보인다. 지중해와 이베리아반도 지역에서는 여러 추상 무늬가 주를 이루었고, 유럽 서북쪽, 특히 브리튼 제도에서는 나선형 문양이 나타났다. 푼넬비커 문화권에서는 꺽쇠 모양, 직선의 다발, 삼각형 등과 같은 기하학적 모양을 선호했다.

신석기시대 전기에서 중기에 일어났던 문화적 변화와 후기에서 말기 사이에 일어난 변화는 중부 유럽의 많은 지역을 강타했다. 이 변화는 기술, 경제 방식, 장제, 공동생활 형태 및 정신적 관념세계에서만 변화를 주도한 것에 그치지 않고 강가, 호숫가, 습지의 하천 범람 지역이나 전에는 인간에게 매력적으로 생각되지 않았던 고지대와 같은 곳을 새로운 주거지역으로 개척하는 결과를 가져왔다. 북독일 평야 지대와 스칸디나비아 남부에서는 전기 신석기시대 생활 형태가 동기, 청동기, 철기 시대에 이르기까지 부분적으로 존속했던 반면, 알프스 끝자락과 중부 산맥 지대 사이의 지역에서는 새로운 경제 및 공동체가 형성되었다. 여기서 특징적인 것은 독립적인 경제생활을 영위했던 소규모 가족의 존재다. 소규모 가족이 모여 살았던 촌락은 계획적으로 세워지긴 했지만 대개 비교적 단기간만 존속했다. 기능적 연합체라고 봐도 무방할 이런 공동체는 신석기시대 전기와 중기에 존재했던 함께 모여 사는 대가족 형태를 대체했다. 이런 변화가 일어날 수 있었던 가장 큰 이유는 서쪽의 판노니아 평원에서 받은 영향 때문인 것으로 보인다. 이곳에서는 이미 렝젤 문화 후반기에 비슷한 과정을 겪은 바 있다. 하지만 기원전 4000년대 후반기에 스위스의 초기 코르타이유와 에골츠빌 문화를 거쳐 들어온 지중해 서부 지역의 영향 또한 생각해볼 수 있다. 이 가능성은 지중해 지역에서 나는 새로운 경작 식물 일부가 알프스를 거쳐 북유럽으로 들어왔다는 사실에서 단서를 얻는다. 이런 변화가 이전 시기에 비해 아무리 획기적인 것이었다 하더라도 신석기시대 전기 띠무늬 토기가 일으켰던 것과 같이 한 지역을 하나의 문화로 통일하는 효과는 불러오지 못했다. 반대로 정착생활 이후 지역 집단은 그 지역 전통에 결부되는 경향이 더욱 뚜렷해졌고 이후 지속적인 특징으로 남았다. 이런 경향은 집단적 소속감을 반영하는 지역 특유의 토기 양식에서도 나타나고 있다. 가장 먼저 가공된 금속인 구리는 점점 더 중요성을 획득해갔지만, 일반적으로 사용되기까지의 과정은 완만하고 더뎠다. 구리를 얻으려면 알프스 동쪽 멀리 낯선 나라의 광상까지 찾아가야만 했고, 또 어렵사리 얻은 광석을 사용 가능한 금속으로 만들기 위해서는 폭넓은 전문 지식이 필요했기 때문이다. 이런 이유로 중부 유럽에서 독자적 금속 가공은 유럽 동남부와 판노니아 평원에서보다 훨씬 뒤늦게 이루어졌다.

4.
개인의 재발견
: 유럽의 비커 문화

중부 유럽에서 농경생활이 시작된 이래 그 발달 과정에는 많은 변화가 있었다. 연구자들이 이용할 수 있는 자료가 매우 제한적인 경우가 허다하고 부분적으로 이 시기에 대한 정확한 역사적 구분 또한 어려운 것이 사실이지만 기원전 5000년대 중반 이전 띠무늬 토기의 성립 시기부터 기원전 2000년대 초 신석기 말기가 종식될 때까지는 어느 정도 지속적인 발전 궤적을 그려볼 수 있다. 중부 유럽 이북에서는 후기 신석기시대부터 주거 집단의 사후 매장을 위해 거석 무덤이 세워졌다. 이 풍습은 지중해 서쪽에서 프랑스와 브리튼 제도를 거쳐 북독일, 스칸디나비아 남부, 북독일의 푼넬비커 문화 지역까지 확산되었다. 지역적으로 다른 특성을 보였던 거석 문화는 기원전 3000년대 말 종말을 고했다. 그 후 기원전 2000년대 초 전례를 찾아보기 힘든 급격한 변화가 일어난다. 거석 무덤 시기의 집단 매장 풍습이 사라져버리고 개별적으로 매장하는 풍습이 다시 대세를 이루게 된 것이다. 거석 문화 전통은 브리튼 제도와 같은 유럽 변두리 지역에서는 존속했다. 가장 잘 알려진 거석 문화 구조물인 스톤헨지 유적이 바로 이 시기에 세워진 것으로 추정된다. 하지만 같은 시기 유럽 대륙에서는 거석 무덤이 더 이상 설치되지 않았으며 개별 매장이 집단 무덤을 대체하고 있었다. 기원전 3000년경 사람들은 스톤헨지에서 원형 도랑을 파고 그 뒤로 벽을 쌓아 올렸다. 이 장소로 들어가는 유일한 출입구는 정확히 하지의 일몰 방향에 위치해 있었다. 사람들은 기원전 2000년대 중반 이후에야 이 장소 내부에 거대한 돌덩이로 여러 개의 원을 만들기 시작한다. 이 원들은 하나의 중심을 둘러싸고 있는데, 이 중심부는 해를 관찰하기 위해 이용되었던 것으로 보인다. 더 자세한 사실은 밝혀지지 않았지만 이곳이 제의적 성격을 띠는 장소였다는 것만큼은 이론의 여지가 없다. 특기할 점으로는 스톤헨지와 연관된 것이 분명한, 스톤헨지 근처의 무덤이다. 이 무덤은 비커 문화에 속하는 것이었는데 무덤에는 궁수 한 명이 풍족한 부장품과 함께 안치되어 있었다. 이 유적으로 짐작해보건대 제의의 중심지와 사회적 권력 간에는 이미 모종의 연관이 있었던 듯하다. 요컨대 스톤헨지는 태양 관찰에 적합하게 지어진 웅대한 원형 제의 장소가 사회 지배계층 무덤과 합쳐져 있는 최초의 사례다.

후기 신석기시대 말엽, 일명 신석기시대 최종기(기원전 2800년에서 기원전 2200년)에 중부 유럽에서는 인간의 모든 활동 지역에 걸쳐 불연속점이 생겨난다. 이 시기 주거지에 대해 우리가 아는 것은 거의 없다. 보존되어 있는 집터가 존재하지 않으며 대부분의 유적지에서는 토기 잔해가 들어 있는 쓰레기 웅덩이만이 발견된다. 때문에 신석기시대 최종기의 공동묘지는 더 큰 중요성을 띠게 된다. 공동묘지의 수는 더 늘어난 것으로 확인된다. 공동묘지는 지표면과 같은 높이이거나 아니면 지상에 봉토를 쌓아 먼 곳에서도 육안으로 볼 수 있게 만들었다. 이 두 형태는 기본적으로 상이

한 두 문화를 보여준다. 이 문화들은 기원전 2000년대 거의 전 기간 동안 유럽의 많은 지역이 발달하는 데 큰 영향을 끼쳤다. 이 두 문화 중 한 문화는 서부 지역에 자리를 잡고 있었던 비커 문화로서 기원전 2600년에서 기원전 2200년 사이 이베리아반도에서 프랑스, 브리튼 제도, 독일을 거쳐 동쪽의 다뉴브 밴드에 이르기까지 분포되어 있었다. 다른 한편 동쪽에는 매듭무늬 토기 문화가 기원전 2800년에서 기원전 2200년 사이 러시아 중부에서 중부 유럽까지 넓은 지역에서 세력을 미쳤다. 이 문화는 스칸디나비아에서는 조각배 도끼 문화, 단독장 문화, 또는 해안호 해변 문화로 불리고 러시아에서는 파탸노보 문화라고 불린다. 같은 시기 발트 해 서쪽에서는 단독장 문화가 퍼져 있었다. 이 문화는 봉분 내부 중앙에 나무로 만든 귀틀집을 짓거나 석곽을 설치했으며 매듭무늬 토기 문화권에서 볼 수 있는 것처럼 원형 도랑을 둘러 팠다. 이러한 무덤 형태는 개인에게 큰 의미를 부여하는 것이었고 따라서 다음에 이어지는 초기 청동기시대의 발달을 예고하는 것으로 해석된다. 라인강과 오데르강 사이 지역에서는 비커 문화와 매듭무늬 토기 문화의 주거지가 겹쳐서 분포했다. 특징적인 것은 두 문화가 매우 특수한 토기 형태를 갖고 있었다는 점이다. 비커 문화의 토기는 종처럼 생긴 컵 형태였는데 측면이 배처럼 살짝 부풀고 표면에는 여러 개의 띠가 가로로 그려져 있다. 매듭무늬 토기 문화의 용기는 여러 가지였지만 공통된 특징은 목과 가장자리에 끈을 대고 눌러 찍은 무늬가 있다는 점이다.

주목할 것은 신석기시대 전기에서 후기까지, 위의 두 문화 이전의 농경 문화에서 개인은 (최소한 오늘날 고고학적 유적을 통해 알려진 바로는) 공동체 내에서 거의 모습을 드러내지 않았던 데 반해 이 두 문화에서는 공통적으로 개인이 훨씬 강조되고 있다는 점이다. 특히 이는 매장의식에서 두드러지는데 매듭무늬 토기 문화 집단들에서 주를 이루었던 방식은 봉분 아래에 쪼그린 자세의 시신을 개별적으로 매장하는 것이었다. 부장품에서는 성별에 따른 차이가 나타나는데 이는 처음 있는 현상이 아니다. 여자는 장신구와, 남자는 전투용 도끼와 함께 묻혔다. 새로운 사실은 중부 유럽 신석기시대 가장 말기에는 처음으로 매장 방식에서도 성별의 차이가 명확하게 나타난다는 사실이다. 이를 일명 양극兩極 장례라 부른다. 이 장제에서는 여자는 왼쪽으로 쪼그린 자세로 머리를 동쪽으로 향하게 했으며 남자는 오른쪽으로 쪼그리고 머리는 서쪽을 향하게 했다. 시선은 남녀 모두 남쪽을 향하게 했다. 비슷한 문화 현상이 비커 토기 문화에서도 관찰된다. 남자 무덤에서 발견된 물건으로는 구리로 만든 단도, 팔에 부착하는 보호구, 화살 자루를 다듬는 데 쓰는 돌, 규석으로 만든 화살촉, 드물게 금과 호박으로 만든 장신구가 있다. 반면 여자 무덤에서는 주로 의복, 뼈, 동물 이빨로 만든 장신구가 나왔다. 매듭무늬 토기 문화에서 이미 보았다시피 비커 문화에서도 양극 장례 풍습에 따라 성별로 시신의 위치를 달리하는 특징을 보였다. 즉 여자는 오른쪽으로 쪼그리고 머리를 남쪽에 두고 있었으며 남자는 왼쪽으로 쪼그리고 머리를 북쪽으로 향했는데 시선은 모두 동쪽을 향하고 있었다. 도나우강 중간 지점, 즉 비커 문화권의 동쪽 변두리에 위치했던 체펠섬에서는 시체를 화장했다. 신석기시대 가장 말엽의 이 장례 풍습을 보면 사회적 분화가 계속되고 있었음을 알 수 있다. 대표적인 무기와 특권을 상징하는 귀금속 물건 등으로 부유하게 꾸민 남자 무덤이 그 예다. 그럼에도 불구하고 아직 본격적인 지배층의 형성에 대해서 말하기는 이르다. 하지만 그 시기는 가까워지고 있었다. 원자재와 기술 지식, 권력을 어떻게 축적하는지 알았던 소규모 집단이 등장한 것은 이로부터 시간이 얼마 더 지난 후인 초기 청동기시대, 즉 로이빙겐의 '영주 무덤'부장품이 뛰어나게 잘 갖춰진 무덤을 일컫는 고고학적 용어 시기에 이르러서였다. 이 시기는 기원전 1000년대 초반기로 우네티체 문화가 성립되었던 때이기도 하다. 신석기시대 가장 말기의 주거 형태에 대해 알려진 것은 별로 없지만 꽃가루 분석 결과로 볼 때 이 시기 중부 유럽에는 사람들이 밀집해 살았다는 사실을 알 수 있다. 또한 지난 수십 년간의 발굴 작업으로 인해 매듭무늬 토기 문화와 비커 문화의 주거지 유적 및 유물의 수가 늘어났다. 그중에는 집터와 우물도 포함되어 있었다. 이 시기 사람들은 집중적으로 목축업에 종사했다. 이는 이전 시기인 신석기시대 후기를 훨씬 능가하는 규모였다. 소, 양, 염소, 돼지를 가축으로 길렀고, 비커 문화권에서는 말의 가축화가 시작되기도 했다. 야생동물의 흔적은 두 문화 모두에서 놀랍도록 적게 발견되었는데, 이는 사냥이 매우 미미한 역할만 했다는 것을 의미한다. 즉 가축 사육이 농경에 비해 더 큰 의미를 지녔던 것으로 보인다. 그렇다고해서 매듭무늬 토기 문화인이 신석기시대 초기의 라 오게트 목동들처럼 이동식 생활을 했을 것이라고 가정할 수 있다는 뜻은 아니다. 비커 문화와 매듭무늬 토기 문화인은 모래흙으로 된, 예전 같으면 선택하지 않았을 비옥하지 않은 지역을 주거지로 새로 개척했다는 것이 증명된다. 무엇보다 소의 사육이 현저히 증가해서 고기 소비의 60퍼센트에서 80퍼센트가 소고기였다. 많은 수소를 길렀다는 증거 자료가 나오는데, 이는 밭 가는 데 소가 끄는 쟁기를 이용했던 것으로 해석할 수도 있을 것이다. 그럼에도 신석기시대 가장 말엽 매듭무늬 토기 문화의 유물들은 석연치 않은 구석이 있다. 그렇게 가축을 열심히 기르고 쟁기를 사용해 밭을 경작했음에도 이렇다 할 주거지 흔적을 거의 찾아볼 수 없기 때문이다.

고대 이집트 문명 이전의 나일강 계곡

장식된 상아 손잡이에 규석 칼날이 장착된 제사용 칼. 나카다, 이집트.

1.
플라이스토세 말엽의
수렵 채집 생활자

플라이스토세 말기 나일강 계곡에서는 사람들이 수렵 채집 생활을 하며 살고 있었다. 당시 기후는 더욱 건조해져 초원 지대가 메마른 사막으로 바뀐 상태였다. 하지만 나일강의 상습적인 범람은 강 양안에 비옥한 지대가 발달하게 했고 이는 후기구석기인에게도 매력적인 생활 환경이었다. 이 시기 나일 계곡에 존재했던 유적지는 대부분 크기가 작은 편이었고 한 시기에만 반복해서 사용되었던 것으로 추측된다. 사람들은 나일 강가의 습지와 풀밭에서 식물을 채집했다. 그중에서 단연 인기 있었던 것은 사초莎草, sedge의 일종인 향부자였다. 비옥한 지대에 면해 있는 모래 언덕에서는 사냥을 했고 나일강의 풍부한 어장에서도 식량을 마련했다.

와디 쿠바니야에서 발굴된 유적은 후기구석기시대 말엽 나일강 계곡의 생활 및 경제 상황에 대해 많은 정보를 알려준다. 이 유적지는 아스완 지방에 있으며, 이 유적지의 이름을 따라 그 시기 전체를 쿠바니안 시기라고 부른다. 선사시대 고고학에서는 문자 자료가 없기 때문에 이름을

6장 고대 이집트 문명 이전의 나일강 계곡

사용하지 못하는 경우가 대부분이다. 그런 까닭에 여러 문화 현상의 특징을 더 많이 보여주는 중요 유적지의 이름을 따라서 그 문화를 명명하게 된다. 와디 쿠바니야 유적지는 후기구석기시대 수렵 채집 생활자들이 나일강의 특수한 생활 환경에 어떻게 적응했는지를 잘 보여준다. 이때 발달했던 새로운 변화들은 홀로세 초기에도 계속되다가 이후 점차 농경생활에 자리를 내주었다. 와디 쿠바니야에서 신석기인은 나일강 계곡의 천연자원에 상당히 의존했고 습하고 비옥한 지대의 야생식물과 강 물고기를 주요 식량 자원으로 삼았다. 유물 자료를 살펴보면 식물성 식량은 어느 정도 다양성이 있었음을 알 수 있다. 이에 반해 충분한 고기를 확보하게 해주었을 법한 대형 포유류는 식량 조달에서 거의 별다른 역할을 하지 않았다. 자연환경이 바뀌면서 그런 동물이 서식하기에 더 이상 적합하지 않았기 때문이다. 그렇기 때문에 발굴 자료에서는 하마, 야생 당나귀, 토끼, 오록스, 가젤의 잔해가 소량으로만 확인된다. 가젤과 오록스는 사냥하기 쉬운 동물이었는데도 안정적인 식량 공급원이 전혀 아니었던 것 같다. 이에 반해 어류는 와디 쿠바니야 주민들에게 몹시 중요했다. 물고기 뼈가 10만 개 넘게 발굴되었고, 그중 대부분이 큰 메기 뼈였다. 낚시는 주로 두 계절에 행해졌다. 봄에 강이 범람하기 시작하는 때와 가을이다. 나일강에서는 사철 내내 고기를 잡을 수 있었지만 여름과 겨울은 어장 크기가 확연히 줄어들었기 때문이다. 와디 쿠바니야에서 나온 식물 잔해에는 다양한 씨앗, 열매, 기타 식물이 있었다. 야생 향부자는 필요한 탄수화물의 상당 부분을 충족시켜주었던 것으로 보이며, 따라서 이 지역 주민들에게 특히 중요했다. 향부자는 나일강 계곡 전역에서 널리 자랐으며 지금도 서식한다. 다량 출토된 갈판과 갈돌은 당시 주민들이 야생 풀에서 채집한 씨앗을 갈아서 이용했음을 보여준다. 이 씨앗들은 대부분 향부자에서 나온 것으로 추측된다. 또한 생강과자나무라고도 부르는 둠야자Dum-Palm 열매도 채집했는데, 이 식물은 그때나 지금이나 나일강 계곡 전체에 널리 분포되어 있다.

플라이스토세 말기에는 아프리카 대륙에 장기적인 영향을 끼쳤던 커다란 기후 변화가 일어난다. 마지막 빙하가 계속 녹아내리면서 이미 약 1만5000년 전부터 시작되었던 온난화는 훨씬 더 많은 강수량을 초래했다. 홀로세로 이행하면서 몬순 지대는 북상했고 이 때문에 기후는 더욱 습해졌다. 나일강의 수위는 현저히 상승했고 강의 범람은 막대한 영향을 끼쳤다. 특히 결정적이었던 것은 강이 엄청난 규모로 범람하면서 비옥한 토양을 만들어냈고, 그 결과 나일강 서쪽에 있던 파윰과 납타 습지와 같은 저지대에서도 사람이 살 수 있게 된 점이다. 이러한 기후 변화는 나일강 삼각주에서 누비아까지 영향을 미쳤다. 고고학적으로 흥미로운 점은 나일강 계곡의 수렵 채집 생활자들이 아석기시대에 이미 식물의 성장을 촉진하고 더 수월한 포유류 사냥을 위해 비옥한 지대에서 일부러 관목에 불을 놓았다는 사실이다. 더 습하고 기온도 높아진 홀로세의 기후로 인해 나일강 계곡 식물군은 훨씬 더 풍부해졌고 식용 가능한 야생식물도 더 많아졌다. 자주 쏟아지는 몬순 기후의 비는 이 지역을 더욱 비옥하게 하는 데 크게 일조했다. 이러한 변화는 나일강 계곡에만 국한되지 않고 북아프리카 전체에 해당되는 사하라와 사헬 지역에까지 영향을 미쳤다. 홀로세가 시작되면서 나일강은 서서히 오늘날과 같은 물길을 갖춰나갔다. 늦어도 기원전 7000년경에는 파윰 호수가 생성되었다. 이 호수는 하와라 수로를 통해 나일강에서 물을 공급받았다. 나일강 양안의 상습 범람 지역에는 매우 다양한 풀이 자라는 다습한 초지가 분포되어 있었다. 이 초지가 끝나는 곳에는 습지가 발달했고 강에서 더 멀리 떨어진 곳, 즉 비옥한 지역이 끝나고 건조 지대에 가까운 곳에서는 아카시아, 야자수, 타마리스크 나무와 그 외 다른 관목 종이 자라는 사바나형의 숲 생태계가 발달했다. 이러한 새로운 생활 환경은 사냥을 위한 풍부하고 다양한 동물상을 제공했고 따라서 선사시대 사람들에게 매력적인 주거 환경이 되었다.

나일강 계곡의 아석기시대가 고고학적으로 남긴 유물은 손에 꼽을 정도다. 기원전 8000년에서 기원전 6800년까지 나온 가장 오래된 아석기 공작물은 나일강 계곡 누비아 지역에서 나온 것이다. (이 유물의 이름은 이 석기들이 발견된 유적지인 아르히미안과 샤마르히안 및 아스완 지방 근처의 엘카비안의 이름을 따라 부른다.) 이곳의 경제 방식은 와디 쿠바니야 지역과 많은 공통점을 보이지만 오록스, 가젤, 야생 소, 염소 등 몸집이 큰 포유류의 사냥이 더 중요했다는 점에서는 차이를 보인다. 그 밖에 이곳 사람들은 하마와 거북이도 식용했다. 나일강 계곡에 아석기시대 유적지가 거의 없는 이유는 상습적인 홍수로 인해 그 시기 잔해가 두꺼운 퇴적층 아래 깔려 있어서 고고학자들이 발견할 수 없게 되었기 때문일 수도 있다.

이에 비해 파윰 저지에 있는 유적지는 훨씬 양호한 상태다. 그런 까닭에 이곳의 아석기시대는 나일강 계곡의 그 어느 지역보다 파악하기 더 용이하다. 이 시기의 유물은 이곳에서 파윰 B 문화로 불리며 카루니안 문화라고도 한다. 이 유적지는 기원전 6000년대와 기원전 5000년대에 속하는 것으로 추정된다. 카루니안 주거지는 현재 파윰 호수 북부와 서부 지역에서 주로 발견되는데 계절적으로만 이용되었음이 확실하다. 돌의 가공 제작은 아석기적 특징을 보인다. 대표적인 도구로는 칼과 끌 등 세석기가 있으며 화살촉도 포함된다. 이 주거지들은 대부분 호숫가에 있었다. 하지만 이곳에서 발견되는 것은 보통 조리용 모닥불 자리, 웅덩이, 지표면에 널려 있는 유물 몇 점뿐이다. 그 밖에 남아 있는 잔해가 매우 적기 때문에 가옥 건축에 대해 더 자세히 알 수 있는 것은 없다. 그래도 추측할 수 있는 것은 이 주거지가 계절적으로만 찾는 곳이었기 때문에 간단한 움막집이 주를 이루었을 것이라는 점이다. 카루니안 문화 사람들은 후기 구석기시대 와디 쿠바니야 주거지 사람들과 비슷하게 일차적으로 가까이에 있는 파윰 호수에서 고기잡이에 의존해 살았다. 그 외에도 이들은 포유류를 사냥했는데 주로 가젤, 야생 소, 토끼, 그 밖의 사막 동물을 잡았다. 야생 풀은 카루니안인의 식량 조달에 매우 큰 역할을 했음이 분명하다. 이는 잿더미가 발견된 지층에서 야생 풀 탄화 씨앗이 다량 나왔다는 것으로 증명된다. 갈판과 갈돌은 거의 발견되지 않았지만 그렇다고 그 점이 반드시 당시 씨앗을 갈아서 이용하지 않았음을 뜻하는 것은 아니다. 카루니안 주거지의 잔해는 이 주거지들이 세 계절 동안, 즉 초여름과 어획량이 많은 가을, 수많은 물새가 파윰으로 이동해오는 겨울 동안 이용되었음을 보여준다. 카루니안 문화의 사람들은 나머지 시기 동안 파윰 호수 주변의 다른 유적지에 머물렀을 수도 있고 아니면 파윰 저지를 일정 기간 완전히 떠나 있었을 수도 있다. 파윰에서 가장 오래된 무덤이 발견된 곳도 카루니아 지역이다. 시신은 40세 여성으로 부장품 없이 살짝 쪼그린 자세를 취하고 몸 왼쪽이 아래로 오게 누워 있었으며 머리는 동쪽을 향해 있었다.

이에 비해 나일강 계곡의 상上이집트 아석기시대 말기의 유물 상태는 매우 열악했다. 이곳에는 타리피안 문화라는 이름으로 분류되는 유적지가 있긴 하다. 대략 기원전 5000년대로 하下이집트에서는 신석기시대 생활 및 경제가 움텄던 시기다. 그럼에도 상이집트의 이 시기에 대해서는 확실한 판단을 내리는 데 아직 어려움이 따른다. 예를 들어 이곳에서 최초의 토기 파편의 존재가 보고되는 경우도 더 후대의 신석기적 특징을 보이는 지층 잔해가 섞여서 나온 것일 수 있기 때문이다. 당시 석기 도구 제작은 전체적으로 세석기로 특징지어지기 때문에 기본적으로 아석기 공작에 가까웠다. 타리피안의 몇 안 되는 유적지에서 나온 유물과 유적은 파윰 저지의 카루니안 유적을 상기시킨다. 왜냐하면 발견된 것이라고는 얼마 되지 않는 조리용 모닥불 자리, 바닥이 얕은 웅덩이와 주위에 널려 있던 유물이 다였기 때문이다. 당시 사람들이 어떤 동식물을 식량으로 이용했는지에 대한 증거는 발견되지 않았다. 이 때문에 타리피안인의 생활 방식에 대해 신뢰할 만한 판단을 내리 데는 큰 어려움이 따른다.

후기구석기시대 후반부와 아석기시대 나일강 계곡에서 수렵 채집으로 생활했던 사람들은 특정한 동식물을 주식량으로 삼았고 이는 특정 계절에 풍부하게 구할 수 있는 것이었다. 주로 어류와 야생식물의 뿌리가 그것이다. 그 밖에 다양한 씨앗과 열매 식물 및 야생동물도 있었다. 하지만 야생동물 사냥은 비교적 비중이 적었다. 플라이스토세에서 홀로세로의 전환기에 나일강 계곡의 환경 조건은 더 습하고 더 온난하게 변한 기후로 인해 급격한 변화를 겪었지만 그렇다고 곧바로 생활과 경제활동에서 획기적인 변화가 생긴 것은 아니었다. 이 지역 사람들은 계속해서 사냥, 고기잡이, 채집생활을 했다. 하지만 그러는 과정에서도 이들은 변화하는 자연환경이 던지는 특별한 도전과 이와 함께 부여되는 기회에 더할 나위 없는 적응력을 발휘했다.

석기를 제작하는 새로운 방식을 발명하면서 사냥과 고기잡이 기술이 개선될 수 있었다. 특히 더 깊은 하천에서 고기를 잡을 수 있게 되었다. 사람들이 주거했던 장소는 규모가 매우 작았다. 고고학자들이 찾아낸 것은 조리용 모닥불 자리 몇 개와 웅덩이뿐이었고, 주거 가옥에 대한 더 정확한 증거는 발견되지 않는다. 이는 누비아와 파윰 유적지에서도 마찬가지였다. 아석기인이 생활 환경에 점점 더 잘 적응할 수 있게 되었고 또 천연자원이 광범위하게 이용되었다는 사실은 그 지역 공동체 사이에 물자 교류가 이루어졌다는 것을 의미한다. 그리고 이를 위해서는 초보적 형태의 사회 조직이 있었을 것으로 짐작된다. 하지만 이러한 가설을 더 전개시켜줄 고고학적 자료는 존재하지 않는다. 나아가 종교적 표현이나 제례에 대한 단서 또한 위에서 언급했던 카루니안 문화의 몇몇 무덤을 제외하고는 전혀 찾아볼 수 없다. 신석기가 시작되기 전 수천 년 동안 나일강 계곡 영향권에 살던 사람들은 점차 그 지역에서 자신의 생활 환경을 더 잘 지배할 수 있게 되었고 사냥, 고기잡이, 채집에서 더욱 전문성을 발휘해갔다. 그럼에도 불구하고 동물 가축화와 식물 재배 등 생산에 기반을 둔 경제로 이행하기 위해서는 미래를 향한 더 급진적인 한 걸음이 필요했다.

상上누비아에서 남쪽, 앗바라강이 나일강으로 유입되는 지역과 하르툼 지역의 백나일강과 청나일강이 합류하는 지점 사이에 위치한 수단 중앙 지대에서는 기원전 8000년이 지나고 얼마 되지 않은 시점에 하르툼 아석기시대라고 불리는 수렵 채집 문화가 형성된다. 유적지는 대부분 현재의 하르툼시市 북부와 남부에 집중되어 있다. 이 시기 사람들은 식량 대부분을 사냥과 고기잡이에 의존했고 단기간 야영지에서 거주했다. 야영지의 흔적 중 현재까지 남아 있는 고고학적으로 이용될 만한 것은 소수에 불과하다. 이따금 당시 사람들이 강가에 고기잡이를 위해 특화된 거처를 만들었고 오랜 기간에 걸쳐 사용했다는 인상을 받을 때도 있다. 어쩌면 이곳을 기점으로 더 작은 집단들이 사막 경계 지역까지 사냥을 하러 나갔던 것일 수도 있다. 이 수렵 채집 생활 집단들은 아직 세석기 문화에 속했으며 식물을 재배하거나 가축을 기르지 않았지만 이미 최초의 토기를 제작했다. 단순한 형태의 이 토기는 둥근 표면 거의 전체에 물결 모양을 새겨 장식했다는 특징을 지니고 있다. 이 독특하면서 알아보기 쉬운 무늬 덕분에 이 토기는 매우 작은 파편도 식별이 가능하다. 그렇기 때문에 하르툼 중석기 문화의 전파 지역은 매우 정확하고 신빙성 있게 규명될 수 있었다. 이 토기의 전파 지역은 수단 중부 나일강 계곡에 집중되어 있긴 했지만 더 멀리 서부와 동부, 나아가 사막 경계 지역까지 퍼져 있었다. 이 최초의 토기 제작에 자극을 준 것은 근동아시아가 아니었음이 확실하다. 이 토기는 사하라 사막의 여러 지역을 아우르는 다른 문화적 맥락에 속해 있었다.

현재까지 남아 있는 식량 잔해는 당시 사람들이 주로 물고기와 연체동물을 식량으로 삼았음을 보여준다. 그 밖에 이들은 악어, 하마, 코끼리 등 나일강 계곡 가장자리 관목 지대와 숲에 서식하는 대형 포유류도 사냥했다. 석기는 세석기적 특징을 보여 작은 화살촉이 다량 발견되었다. 이 도구는 막대 창에 매달아 고기를 잡는 데 사용되었다. 고기잡이와 사냥 외에 채집된 야생식물 또한 중요한 식량 보충원이었다. 대표적인 것으로 식물 뿌리가 있다. 이에 더해 다수의 갈판과 갈돌은 당시 사람들이 야생 풀의 씨앗을 가공해서 활용했음을 보여준다.

후기구석기시대 이후 누비아와 수단 중부에서는 공동묘지가 출현한다. 제벨 사하바에서는 40구가 넘는 시신이 묻힌 상당한 크기의 네크로폴리스가 발굴됐다. 시신은 대부분 왼쪽으로 쪼그린 자세를 하고 머리는 동남쪽을 향하고 있었다. 눈에 띄는 것은 어른과 아이가 합장된 무덤이 있다는 점이다. 많은 시신이 규석 화살촉에 의해 생긴 손상을 입고 있었다. 이는 전투로 인한 것으로 추측된다. 그다음에 이어지는 하르툼 중석기 시기에는 대부분 6구에서 8구의 시신이 매장된 더 작은 공동묘지들이 발견되었다. 이 묘지가 주거지역 바로 옆에 위치해 있었던 것으로 볼 때, 이 문화 단계의 사람들은 이미 한 장소에 정착생활을 했을 것으로 생각된다.

2.
수렵 채집 생활에서
가축 사육과 농경생활로의 전환

나일강 계곡 유적들로는 중석기시대 수렵 채집 생활자들이 신석기시대 최초의 거주민이 되는 과정을 자세히 설명하기 힘들다. 사냥, 고기잡이, 채집을 하면서 살았던 아석기인들은 변화하는 환경에 더욱 잘 적응할 수 있었기 때문에 이들이 정말 기존 생활 형태를 하루아침에 다른 형태로 바꿨을지는 의문스럽다. 어쩌면 처음에는 기존 방식이 존속하는 가운데 식물 경작과 가축 사육이 점진적으로 이루진 것일 수도 있다. 이런 추측은 그저 하나의 가설에 불과할 수도 있지만 농경생활자들이 최초로 정착한 장소가 그 이전 시기에 수렵 채집 생활자들의 야영 장소와 크게 다르지 않다는 점은 주목할 만하다. 나일강 계곡에 살았던 최초의 신석기인이 남긴 유적을 보면 한 장소에서 일정한 기간만 살았음을 알 수 있다. 유적지에서는 조리용 모닥불 자리, 웅덩이, 주위에 산재해 있는 유물 말고는 별다른 것이 발견되지 않았고 가옥의 건축에 대해서는 더더욱 흔적이 남아 있지 않다. 여전히 식량 조달에서는 고기잡이가 주를 이루었고 습하고 비옥한 지대에서는 식물을 채집했다. 그럼에도 불구하고 이전 시기와 다른 매우 큰 차이가 나타났는데 즉 사람들은 더 이상 대형 포유류를 사냥하지 않고 가축을 기르게 되었다는 점이다. 이는 이후 이들의 삶에서 점점 더 중요한 역할을 하게 된다.

다른 지역에 비해 파윰 저지에서의 문화는 다음 단계에 도달하기까지 더 오래 시간이 소요되었다. 이에 비해 나일강 계곡과 특히 나일 삼각주 지역에서는 신석기시대로의 전환이 더 신속히 이루어졌다. 이는 어쩌면 근동아시아와 더 가깝기 때문일 수도 있다. 나일강 계곡에서는 더 장기적인 주거지들이 있었던 것으로 보인다. 비축 식량 저장을 위한 시설물이 더 많이 발견되기 때문이다. 발견된 동물 뼈로 추정해볼 때 사냥은 현저히 후퇴했다. 이후 문화가 더 발전하면서 주거지는 확실히 더 커졌고 복잡해진 양상을 띠었다. 파윰 저지와 상이집트 나일강 계곡에서 아석기시대가 더 오래 지속되었던 이유는 이곳의 기후와 환경이 사냥, 채집, 고기잡이를 주로 하며 살았던 생활 및 경제 방식에 매우 유리하게 작용하고 있었기 때문일 것이다. 이와 관련해 흔히 일명 생태적 브레이크가 거론된다. 즉 생태적 브레이크로 인해 파윰과 상이집트에서의 발달이 하이집트 지역보다 늦어졌다는 것이다. 하이집트 지역은 근동아시아 문화와 가까이 있다는 점이 유리하게 작용했다. 요컨대 상이집트에서 신석기가 뒤늦게 시작되었던 것은 생산 경제, 정착생활 등의 신석기가 시작되기 위한 결정적 자극이 근동에서 먼저 이집트 나일강 계곡에 전달됐고 그곳에서 점차 다른 지역으로 확산되었다는 사실과 관계있다.

이집트 나일강 계곡이 세계에서 초기 농경생활이 시작된 원조 지역에 들지 못한 이유는 이곳에 최초 재배 식물의 야생종이 존재하지 않았다는 단순한 사실에서 찾아진다. 때문에 이 지역에서는 이 식물 종이 먼저 근동아시아에서 들어온 뒤에야 농경이 발전할 수 있었다. 비록 식물 재배의 시작은 늦었지만 나일강 계곡은 규칙적인 홍수와 충적층의 발달로 인해 토양이 매우 비옥했고 따라서 농경에 이상적이었다. 근동아시아와 같은 신석기시대의 생활 및 경제 방식이 나일강 계곡에 영구 정착하게 된 것은 기원전 5500년 이후가 되어서이다. 이 시기 더 서남쪽, 오늘날 이집트에 속하는 사하라 동부 지역(납타 플라야, 비르 키세이바)에서는 비교적 더 다습한 기후 탓에 이미 약 3000년 앞선 시기부터 사람이 살고 있었다. 이들은 토기를 생산했고 수수를 채집했으며 일찍부터 소를 길렀다. 여름 몬순식 강우가 점차 쇠퇴하면서 홀로세 중반기부터 사하라의 건조화가 진행되었다. 그 결과 기원전 4000년경부터 이 생활 공간은 점차 버려졌고 이곳에 살던 사람들은 더 나은 생존 조건을 제공하는 비옥한 나일강 계곡으로 이동하게 되었다.

하이집트에서 가장 오래된 신석기 문화 중 하나는 일명 파윰A 문화이며 파유미안 문화라고도 한다. 이 문화보다 바로 앞서 있던 문화는 위에서 언급했던 아석기에 속하는 파윰B 문화(카루니안)다. 카루니안 시기에서와 비슷하게 파윰A 문화 유적지도 주로 파윰 호수 북쪽 호숫가에 분포되어 있다. 파윰A 문화는 늦어도 기원전 5000년대 후반기부터 기원전 3000년대 초까지 지속되었다. 파윰A 문화에 파윰B에서부터 지속적으로 이어지고 있는 전통이 나타난다는 사실은 파윰 저지대에서도 수렵 채집 생활에서 농경 정착 생활로의 이행이 점차적으로, 긴 과정을 거쳐 이루어졌다는 추측을 낳는다. 파윰A 시기에는 이미 불 피우는 자리가 100개가 넘고 식품 저장 웅덩이 흔적이 다수 발견되는 대형 주거지가 있었다. 이 웅덩이들은 곡식 저장소로 이용되었고 200킬로그램에서 300킬로그램 정도의 곡물을 저장할 수 있었다. 저장소는 당시 파윰 호수의 주기적인 범람 위험에서 안전한 높은 지대에 위치해 있었다. 곡식 저장 웅덩이를 선정하는 데서 이런 고려를 했다는 사실은 사람들이 이 주거지에 지속적으로 거주했기 때문이라고 볼 수 있다. 이외에도 특정 계절에만 또는 단기적으로 이용되었던 많은 유적지가 존재한다. 이런 유적지에서는 불 피우는 자리 몇 개만 발견되었으며 더 구체적인 건물의 잔해는 발견되지 않는다. 이 장소들에서 발견된 유물의 총목록을 살펴보면 이 장소들은 사냥 거처 또는 사냥 포획물을 토막 내는, 말하자면 도축장이었을 것으로 생각된다. 이런 장소는 모두 파윰 호숫가 부근에 분포해 있었다. 파윰A 문화 시기 유적지를 관찰하면 동물의 가축화는 아석기 문화가 지속적으로 발전해서 생긴 결과가 아닐까 하는 생각을 하게 된다. 혹시 신석기시대 이전에 이 문화인들은 야생동물을 포획한 후 잡아먹을 때까지 먹이를 먹이면서 일정 기간 동물을 길렀던 것은 아닐까? 실제로 이 과정이 고기라는 자원을 계획적으로 사용하기 위한 첫걸음이었을 수 있다. 물론 이후의 가축 사육은 가축을 의식적으로 사육시킴으로써 이와는 완전히 다른 차원에 이른다. 이와 함께 아석기시대부터 발견되는, 야생 풀 씨앗 알갱이와 야생 곡물을 작게 가는 데 이용되었던 갈판과 갈돌은 식물 경작 또한 아직 시작되기 전 단계에 있었음을 말해준다.

이 주거지 유적에서 가옥 형태를 추정할 수 있는 흔적으로는 조리용 모닥불 자리 잔해, 땅속에 기둥을 박았던 간헐적인 흔적, 실내 바닥 잔해, 벽 파편만이 전해진다. 하지만 이 유적이 속한 지층에서는 다량의 석기 외에도 최초의 토기와 물고기 및 동물 뼈 다수가 함께 발견됐다. 이곳에서 발견된 토기는 파윰 지역에서 가장 오래된 것으로, 손으로 만들었으며 투박하고 비대칭적인 모양을 하고 있다. 발견된 토기는 단순한 형태를 띠고 있는데 구球 모양의 솥 또는 반구 모양의 솥, 측면이 S자 모양인 용기에 그쳤다. 이와 함께 가벼운 장식을 한 원통 모양의 목이 달린 용기와 바닥이 납작한 접시 정도도 가끔 발견된다. 석기는 규석과 각암角巖으로 제작되었다(〈그림 40〉). 그중에는 멀리 떨어진 지역에서 나온 원자재로 만든 것도 있었다. 가장 중요한 도구로는 면이 톱니 모양처럼 생긴 도구, 한쪽 면만 날카로운 끌개, 표면을 보정한 박편 석기 등이 있다. 그 밖에 구멍을 뚫기 위한 도구, 송곳, 3면이 모두 날카로운 끌개 등이 드물게 발견된다. 용도가 분명한 도구도 있다. 예를 들어 낫은 곡물 수확을 위해 사용되었을 것으로 추측되며 화살촉은 사냥을 위해 쓰였을 것이다. 눈에 띄는 것으로는 타제 기술로 만든 후 갈아서 완성한 돌 손도끼다. 하지만 전체적으로 봤을 때 주목해야 할 것은 파유미안 문화의 석기 제작은 기원전 5000년대 말에서 기원전 3000년대 초까지 1000년 넘게 지속되었고, 그동안 이렇다 할 변화를 거의 겪지 않았다는 점이다.

파윰A 주거지에서 나온 동물 잔해는 이곳에 살았던 사람들이 이전 카루니아인과 유사하게 상당한 규모로 사냥과 고기잡이에 종사했다는 사실을 보여준다. 집중적으로 잡았던 물고기는 비단농어와 큰 메기였고, 하마, 가젤 등 파윰 호수 근처에 서식하는 야생동물을 사냥했다. 이 지역에

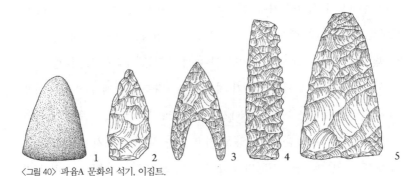

〈그림 40〉 파윰A 문화의 석기, 이집트.

서 길렀던 가장 오래된 가축은 소다. 소는 아프리카 서북부에서 자생적으로 가축화되었음이 상당히 확실시된다. 이에 반해 이곳의 양과 염소는 야생 형태로만 존재했고 가축화된 종은 근동에서 들여온 것이었다. 유적을 통해 밝혀진 바에 의하면 야생동물의 포획과 어획에 비해 식량 조달에서 가축이 차지하는 역할은 비교적 미미했다. 이러한 사실은 파윰 호숫가에서의 생활과 경제 방식의 변화 속도가 매우 완만했었다는 것을 보여준다. 흔히 말하는 '신석기 혁명'은 이곳에서는 그 용어의 엄격한 의미에 비추어볼 때 적용하기 어렵다. 요컨대 아석기시대 카루니안 문화에서 이미 신석기시대 초기에 속했던 파윰A까지의 시기 동안 동물의 이용에 있어서 근본적으로 아무런 차이가 나타나지 않는다고 정리할 수 있다. 유일한 차이는 파윰A에서는 소와 함께 근동에서 들여온 양과 염소를 가축으로 길렀다는 사실뿐이다.

식물 재배도 이곳에서 지속적으로 이어진 발달의 결과라고 생각해봄직하다. 나일강 계곡 유적에서는 후기구석기시대 이후에 야생 풀의 씨앗을 갈기 위해 사용되었던 갈판과 갈돌이 발견되었다. 즉 이 문화에 살았던 사람들은 곡식을 처리하는 방법을 알고 있었던 것이다. 다른 한편 파윰A 문화 주거지 유물에서는 최초로 재배한 식물 잔해가 나왔다. 에머밀과 그 밖의 다른 원시 식물 종이 이에 속한다. 이 식물들은 파윰A 주거지 식량 저장 용기에서 발견되었다. 추수용 도구 다수와 갈판 및 갈돌은 곡물을 수확한 후 가공하는 데 사용되었다. 이와 더불어 채집 식물, 즉 가령 야생 풀 열매, 알곡, 뿌리 등도 계속 식량 조달에서 중요한 역할을 했다. 파윰A 문화의 식단에서 재배 식물이 정확히 어떤 의미를 띠었는지는 쉽사리 대답할 수 없는 문제다. 하지만 가축과 마찬가지로 식물 재배에 있어서도 일단은 기존 식단을 보충하는 역할이 더 컸을 것으로 짐작된다.

6장 고대 이집트 문명 이전의 나일강 계곡

즉 생활 방식에서 근본적이고 급격한 변화는 일어나지 않았다.

주거지는 여전히 대부분 단기적으로 계절별로 이용했지만, 그럼에도 강조해야 할 것은 이 퇴적층이 상당히 두꺼운 것으로 보아 오랫동안 계속 혹은 빈번히 반복해서 사용되었으리라는 점이다. 그 밖에 이따금 조개 구슬이나 펜던트 비슷한 것이 발견되기도 하는데 이는 이 장소들에서 매우 다양한 활동이 이루어졌음을 암시한다. 이런 모든 점으로 미루어 볼 때 이 주거지들은 파윰B 문화에서처럼 야영지로만 이용된 것이 아니라 더 오랜 기간 사람이 살았다는 사실을 말해준다. 이때 주거지 사이에서는 점점 더 뚜렷한 차이가 관찰된다. 즉 규모가 더 크고 더 높은 곳에 위치한 주거지는 국소적인 장기 주거지나 단기적으로 찾는 장소들과 차이를 보였다. 후자의 장소는 식량 조달, 사냥, 사냥감 토막 내기, 고기잡이 또는 식물 채집과 같은 특정한 활동을 위해서만 이용되었다.

파윰A 문화의 생활과 경제는 신석기 문화의 일부 요소를 받아들이긴 했지만 근본적인 점에서 전혀 변화가 없었다. 한 장소에서만 사는 경향이 강해지고 정착생활이 주를 이루게 되었지만 이렇게 되기까지 변화 속도는 매우 더뎠다. 더욱이 여기서 정착생활은 계절적으로 이동하는 생활 형태와 계속 결합되어 있었다. 당시 근동에서 최초의 재배 식물이 들어오긴 했지만 식량의 주를 이루고 있었던 것은 여전히 야생식물이었다. 사정은 동물에서도 비슷했다. 아프리카 대륙에서 자체 가축화시켰던 소를 비롯해 근동아시아에서 들여온 양과 염소는 경제 방식에 근본적인 변화를 일으키지는 않은 채 기존 식량을 보충하는 역할만 했다. 사냥과 어획은 파윰 저지에서 기원전 4000년대 내내, 그리고 기원전 3000년대 초까지 계속 주요 식량 조달 방법이었다. 파윰A 문화에서 식량이 이전 카루니안 문화보다 더 다양해진 것은 분명했지만 구舊생활 방식과 경제 전통은 변하지 않고 지속되었다.

파윰A 문화는 시간이 지나면서 다음 시기인 신석기 문화로 이행한다. 이 문화 현상은 모에리안 문화라고 불리며 기원전 4000년대에서 기원전 3000년대로 넘어가는 시기에 속한다고 추정된다. 석기와 토기의 가공 형태로 보면 이 문화는 어느 정도의 발전된 점은 있지만 여전히 파윰A 문화와 강하게 연결되어 있다는 것을 알 수 있다. 이 시기 주거 지역은 이전 시기인 파윰A와 거의 차이가 나지 않았다. 이는 경제 방식에서도 마찬가지다. 소와 양, 염소의 뼈가 발견되긴 했지만 이들은 사냥한 야생동물에 비해 식단을 보충하는 역할만 했다. 즉 파윰에서 경제 방식은 수천 년이 넘도록 놀라운 연속성을 보이며 기원전 3000년대까지 주로 수렵 채집 생활에 의존해 있었다. 정착생활이 점점 자리를 잡고, 토기를 만들고 가축을 기르며 식물을 경작하는 등의 변화는 기원전 4000년대 동안 새로운 것으로 수용되었지만 문화 전반에서 근본적 변화를 가져오지는 않았다. 이 새로운 요소는 오랫동안 이질적인 것으로 남아 있었고 그곳에서 주를 이루는 식량 조달 전략인 사냥, 고기잡이, 채집은 놀랍도록 오랜 기간 동안 대체되지 않은 채 유지되었다. 이는 특히 다음과 같은 사실에서 잘 드러난다. 즉 나일강 계곡, 특히 파윰 저지는 식물 재배와 가축 사육을 발달시킨 중심지가 아니었다는 것, 그곳 사람은 이 문화적 기술을 다만 외부에서 수용해 강한 지역적 전통 속으로 편입시켰다는 사실이다.

나일강 삼각주 남부에서는 파윰A 문화와 거의 같은 시기에 하이집트에서 가장 중요한 신석기 문화 현상이 나타난다. 이 문화는 그곳 유적지인 메림데-베니살라메 유적지의 이름을 따서 그렇게 불린다. 이 문화는 기원전 5000년대 말에서 기원전 3000년대 초까지 존속했다. 현재의 연구로는 메림데 문화 바로 이전 시기의 모습이 어땠는지 설명해내기 힘들

6장 고대 이집트 문명 이전의 나일강 계곡

다. 하지만 카이로 근처에 있는 유적지인 헬완은 흥미로운 점을 시사한다. 이곳에서는 토기 사용 이전, 근동아시아 문화권에 뿌리를 뒀다고 추정되는 신석기시대 문화 흔적을 찾을 수 있기 때문이다. 하지만 이에 대해 현재로서는 더 이상 자세한 판단을 내리기 힘들다. 헬완과 같은 곳은 하이집트와 레반트 문화권의 관계에 대한 향후 연구를 통해 더 많은 놀라운 결과가 나올 가능성을 보여준다. 토기 사용 이전 시기에 나일 계곡과 비옥한 초승달 지역의 교류가 어떤 형태로 이루어졌는지, 현재 알려진 것은 없지만 나일강 계곡의 유적을 보면 이 두 중심 지역이 이후 완전히 다른 방향으로 발전해나갔음을 분명히 알 수 있다.

메림데-베니살라메 유적지는 두말할 나위 없이 이집트 신석기 유적지에서 가장 중요한 곳 중 하나다. 퇴적층은 거의 3미터에 달할 정도로 두터우며 지층들은 각기 다른 시간대에 속한다. 가장 아래쪽 지층은 일명 '원조 주거지Ursiedlung'의 흔적을 담고 있다. 이 주거지가 하이집트에 세워졌던 시기는 토기 사용 신석기시대가 시작될 무렵이었다. 이 지층과 그 다음 층은 히아투스Hiatus, 즉 유물이 없는 층으로 분리되어 있다. 이 가장 오래된 주거지의 존재를 증명해주는 것은 아주 얇은 지층뿐인데 직경이 2미터에서 3미터인 원형과 타원형의 움막집들 잔해가 소량 남아 있다. 움막집은 벽은 나무 기둥을 세우고 그 사이에 거적을 쳐 여기에 롬 흙으로 마감했을 가능성이 제기된다. 이 구조물은 비옥한 초승달 지역에 동시대에 존재했던 롬 벽돌집과는 확연한 차이를 보인다. 그 밖에 이곳에서는 바닥이 납작한 웅덩이들과 조리용 모닥불 자리가 몇 개 더 발견되었다. 토기는 매우 단순했고 점토의 점성 조절을 위한 첨가물이 소량 섞여 있었다. 간단한 형태의 접시, 대접, 표면을 매끄럽게 갈거나 광택을 낸 검붉은 색 솥도 있었다. 특징적인 문양은 생선 가시다. 이는 하이집트 지역이 레반트 가장 초기의 신석기 문화와 교류를 했음을 암시하며, 신석기시대로 넘어가는 데에서 레반트가 매우 중요한 자극을 주었음을 뜻한다. 그 밖에 작은 제단이라 불리는 숭배 의식용 용기와 미니어처 그릇, 손잡이가 달린 용기도 볼 수 있다. 석기는 아석기와 연관이 깊다. 특히 당시 여러 다른 도구로 가공되었던 돌날과 격지剝片가 발견되었다. 뚜르개 이외에 특히 또 눈에 띄는 것은 자루에 달린 화살촉으로 측면이 뾰족한 톱니 모양을 하고 있다. 또 주목할 만한 것은 작은 유물 중 인간 형상의 조각상이나 동물 조각상과 같은 최초의 예술적 물건이 있었던 점이다. 조개나 다른 연체동물로 만든 장신구, 펜던트, 타조알 구슬, 뼈로 만든 물건, 신체에 색을 칠하기 위한 자토赭土 산화철을 많이 함유하여 빛이 붉은 흙 등은 당시 사람들이 이미 미적 의식을 가지고 있었음을 보여준다. 또한 조개와 그 밖의 연체동물 껍질 유물은 홍해와 같이 상당히 먼 곳까지 왕래가 있었음을 시사한다.

이 최초의 주거지에서 사람이 살지 않게 된 후 메림데 주거지가 세워지기까지 이곳은 꽤 오랫동안 버려져 있었음이 확실시된다. 메림데 주거지의 유물 자료가 훨씬 풍부해진 점으로 보아 이 주거지가 이전 시대보다 크고 복잡해졌음을 알 수 있다. 메림데 시기 동안에는 훨씬 많은 사람이 살았다. 그럼에도 불구하고 가옥 형태는 크게 달라진 것처럼 보이지 않는다. 바닥에 기둥을 박았던 자국은 여전히 타원형 가옥이 있었음을 알려주며, 집 바깥에서는 여러 개의 조리용 모닥불 자리가 지속적으로 발견된다. 그 밖에 일명 원조 주거지보다는 웅덩이와 야외용 곳간 등 식량 저장소가 더 늘어났다. 출토된 유물에 근거하여 볼 때 이 문화는 이전 지층과 거의 연관성을 보이지 않으며, 그렇기 때문에 고전 메림데 문화라고 불린다. 토기는 형태에서 모종의 유사함을 보이기도 하지만 차이가 분명하게 드러난다. 민무늬의 메림데 용기는 잘게 썬 짚(잘게 썬 유기 물질)을 첨가해 내구성을 훨씬 높였다. 대접 그리고 배가 볼록한 단지 모양의 용기는 다양해졌고 타원형 용기 같은 매우 색다른 형태도 나타났는데, 이 후자의 형태는 이 지층만의 특징으로 간주된다. 그 밖에는 앞서 다른 곳에서도 발견된 바 있는 빨간색과 회색으로 광택을 낸 용기도 있다. 석기에서도 눈에 띄는 변화가 나타났다. 매우 긴 날개가 달린 화살촉, 하단부가 완만한 오목형인 삼각 석촉, 날이 세로로 더 긴 마제 창촉 등이 새로 등장한 석기이며, 이 시기의 특징을 이룬다. 그 밖에 마제 돌 칼날과 돌 손도끼가 발견되었다. 낫의 날 부분은 수확용 도구로 이용되었을 것으로 추측된다. 소형 유물 중에는 황소 모양의 조각상이 눈에 띈다. 타조알 및 그 밖의 다른 재료로 만든 구슬과 펜던트, 반지, 상아로 만든 팔찌는 장신구가 예전보다 더 중요한 의미를 갖게 되었음을 보여준다. 또한 뼈로 만든 낚싯바늘과 작살, 돌로 만든 그물추는 당시 고기잡이의 중요성을 짐작케 한다.

메림데-베니살라메의 이 두 최초 주거지는 규모가 작고 강가에 위치해 있었다. 가장 위 지층은 그 이전 지층과 또다시 단절 지층으로 분리되어 있다. 이 지층에서 발견된 주거지는 면적이 훨씬 넓었고 인구 밀도도 더 높았다. 지금까지 알려진 가옥 형태에 다진 롬 흙으로 만든 타원형 구조물이 새로이 추가된다. 이 구조물이 주거용이었는지 공동 저장 창고였는지는 확실치 않다. 그 밖에 식량을 저장하기 위한 커다란 바구니 같은 용기가 발견되었다. 이로 미루어보건대 신석기 시기 동안 메림데-베니살라메에서는 비축 식량 보관이 점점 더 중요해졌음이 틀림없다. 이는 파윰에서와 비슷하게 처음에는 계속해서 수렵 채집 생활(사냥, 고기잡이, 채집)이 주를 이루었고 그 시기가 끝날 무렵 생산 경제 방식이 점점 더 중요해

인류는 어떻게 역사가 되었나

졌다는 사실을 의미한다. 가장 후기 지층에서 나온 토기 유적은 그 이전과 분명한 차이를 보인다. 새롭게 나타난 형태는 검은색으로 광택을 낸 토기와 광택을 이용해 만든 문양, 조형적 모양의 장식, 새기거나 눌러 찍은 무늬, 심지어 도료를 두껍게 칠하는 기법도 볼 수 있다. 이에 비해 토기 형태는 여전히 전통을 고수한 채 약간의 변화만을 보여준다. 옆구리가 둥글게 불룩한 대접과 고깔을 두 개 서로 맞붙인 것처럼 배 부분이 뾰족하게 나온 형태가 새로이 나타났다. 이에 더해 구 모양의 병, 두 개의 용기를 붙인 형태, 바닥에 지지대가 있는 용기 등 만들기 까다로운 형태도 처음으로 등장했다. 석기는 전체적으로 다양하고 수준이 높아졌다. 그중에서도 톱으로 사용되었던 톱니 달린 돌날, 파윰A 문화에서도 볼 수 있었던, 메림데 석촉이라 불리는 짧고 비스듬한 날개가 달린 석촉, 그 밖의 다양한 모양의 자르개, 손도끼 형태의 도구 등이 눈에 띈다. 낫의 날 부분도 출토되었는데 이전 시기보다 훨씬 크기가 커졌다. 이에 더해 작은 인간 및 동물 조각상, 팔찌, 뼈로 만든 물건, 장신구, 어망추, 갈판과 갈돌 또한 출토품 목록을 채우고 있다.

전체적으로 봤을 때 마림데-베니살라메 유적지는 계절적으로만 이용되었을 것으로 짐작되는 강가의 작은 야영지에서 점점 지속적으로 거주하는 규모가 큰 주거지로 발전해갔고, 마침내 월등히 증가한 인구가 살게 되었던 것 같다. 이 유적들과 남아 있는 동식물 잔해를 관찰해보면 파윰에서의 문명 발달(파윰A 문화)과 일치하는 점이 많다는 사실이 눈에 띈다. 여기서도 이 문화의 처음부터 가축이 있었지만 식량 조달 방식은 전적으로 사냥과 고기잡이에 맞춰져 있었고, 가축은 보충적인 역할만 했다. 가축은 처음부터 소가 가장 많이 사육되었고 이후 주거 시기에서 더욱 중요한 역할을 했다. 돼지 뼈 또한 모든 유적층에서 발견되었다. 한편 양은 시간이 지나면서 수가 점차 감소했다. 서남아시아에서 들여온 양은 나일 강 계곡 주민의 육류 공급에서 자생적으로 길들인 소에 비해 전혀 그 엇 비슷한 역할을 하지 못했던 것 같다. 고기잡이는 모든 지층에서 주요 활동으로 나타났고 가장 후기 주거지에서는 그 중요성이 더욱 커졌다. 야생동물 중에서는 하마, 악어, 거북이 잔해가 발견되었다. 유물에서 말조개 민물에 사는 조개의 일종도 나온 것으로 보아 당시 식량 조달은 근처의 나일강에 많이 의지했던 것이 분명하다. 이에 반해 사막 근처에 서식하는 전형적인 포유동물은 식단에 거의 아무런 역할도 하지 못했다.

파윰 주거지에서와 비슷하게 나일강 삼각주 남쪽에서도 생산 경제는 수렵 채집 생활을 한 번에 대체하지 못했다. 생산 경제는 일단 보조적인 역할만 했고 오랜 기간에 걸쳐 조금씩 변화한 끝에 수렵 채집 생활에 종지부를 찍을 수 있었다. 메림데의 각 지층 사이에 연속성이 있음은 확실하지만 각기 차이와 변화도 있다는 사실 또한 놓쳐서는 안 된다. 가장 아래층에서 나온 생선 가시 무늬 토기는 레반트 지역과 연관이 있었음을 말해주지만, 이러한 연관은 그다음 시기부터는 더 이상 나타나지 않는다. 기원전 5000년대 중반부터 기원전 4000년대 중반까지 레반트 남부 지역은 기후가 매우 건조해져 토기 사용 이전 PPN C 시기 이후 주거지 잔해가 거의 남아 있지 않기 때문이다. 기원전 5000년대부터 레반트 지역 농업이 후퇴했다는 사실과 나일강 계곡에서 농업이 활성화되었던 것은 모종의 관계가 있을지도 모른다. 즉 레반트 지역 인구의 일부가 나일강 계곡으로 이주했을 수도 있다는 말이다. 메림데의 중간 지층과 더 후기층에서 나온 주거지는 각기 독자적인 형태를 띠고 있으며 하이집트에서 안정적으로 발달한 신석기 문화를 잘 보여준다. 이 주거지들은 파윰A 문화와 밀접한 연관을 맺고 있었는데 이는 유형 문화 유적에서나 경제 및 생활 방식에서 상호 영향을 끼쳤다는 데서 확인된다. 메림데에서는 재배 식물 유적이 거의 발견되지 않지만 에머밀과 보리, 아마와 렌틸콩이 재배되었을 것이라는 추측은 가능하다. 당시 재배했던 경작 식물에 대해 더 이상의 정확한 분류가 어렵고 그 흔적에 대해 우리가 가진 정보도 빈약하지만 중기와 특히 후기 지층에서 비축 용기와 저장 시설이 눈에 띄게 증가했다는 사실은 메림데인의 식량 조달에 있어서 재배 식물이 차지하는 중요성이 증가했다는 확실한 증거라고 할 수 있을 것이다. 이 때문에 나일 강 계곡에서 농경이 했던 역할이 동시기 파윰 주거지역에서보다 더 컸던 것이 아닐까 하는 추측도 하게 된다. 하지만 더 신빙성 있는 자료가 없는 한 이런 추측은 아직 가설에 불과할 뿐이다.

3.
이집트 통일 이전의 농경, 원거리 교류, 지배 권력의 형성

나일강 계곡 중류와 하류 지역에서 유적지가 더 많이 발견되는 시기는 기원전 4000년대 말엽에서 기원전 3000년대 초기, 즉 메림데-베니살라메 문화 중기 및 후기이며, 특히 후기 유적이 많다. 이로써 그 지역에 퍼져 있던 문화 현상을 더 분명히 알 수 있는데, 대표적으로 카이로 남쪽에 위치한 유적지인 엘 오마리 문화 집단이 있다. 이곳에서는 땅을 파고 지은 원형 집이 100채 넘게 발견될 정도로 넓은 주거지가 있었다. 메림데 가장 후기 지층에서와 비슷하게 이곳에서도 곡물과 그 밖의 다른 식량을 보관하기 위한 저장 용기가 더욱 중요성을 띠게 되었던 것을 관찰할 수 있다. 비축 식량을 보관하기 위한 이러한 저장 설비가 없었다면 그렇게 대폭 증가한 인구를 먹여 살리기는 힘들었을 것이다. 식물 잔해로는 보리, 에머밀, 아마가 발견되었다. 하지만 비록 점점 줄어들긴 했지만 야생식물 또한 이전과 다름없이 계속 채집했다. 뼈 유물은 양, 염소, 소, 돼지가 가축의 주를 이루었음을 말해준다. 고기잡이(큰 메기)도 여전히 중요한 역할을 했다. 주로 사냥했던 짐승은 물새, 하마, 타조, 악어, 영양 등이었다. 엘 오마리 유적지는 기원전 4000년대 말 농경생활이 어획, 사냥, 채집에 기초하고 있는 수렵 채집 생활을 완전히 대체하지는 못했지만 서서히 후자를 압박하기 시작했다는 것을 보여준다. 농업도 더욱 전문화된 형태로 발전되었다. 이렇게 해서 식물 재배와 동물 사육은 나일강 계곡에서 그 규모가 날로 확장되었고 기원전 4000년경에는 경제 방식에 근본적인 변화가 일어나게 된다.

이와 유사한 발전 과정은 더 남쪽에 퍼져 있었던 타사 문화와 메림데 문화의 뒤를 이어 삼각주 남부 지역에서 발달했던 부토-마아디 문화에서 찾아볼 수 있다. 후자는 약 기원전 4000년대에서 기원전 3000년대로 넘어가는 전환기부터 기원전 3500년경까지 존속했던 문화이며 뒤이어 나타났던 문화는 상이집트에서 시작해 나일강 계곡을 통해 북쪽으로 진출했던 나카다 문화다. 마아디 주거지는 엘 오마리 주거지와 교류가 있었던 것으로 보인다. 사람들은 작은 마을에서 살았고 땅을 약간 파고 나무, 짚, 롬 흙과 같은 가벼운 재료를 이용해서 움집을 지었다. 손으로 만든 단순한 민무늬 용기는 마림데 문화와 분명한 차이를 보인다. 그중에는 레반트 지역과 접촉이 있었음을 암시해주는 형태도 있다. 그 밖에 초기 나카다 문화에서는 남쪽 지역에서 들여온 용기가 발견되기도 했다. 또한 구리로 만든 물건도 최초로 나왔는데, 이는 근동에서 들어왔다고밖에는 생각될 수 없는 물건이다. 이 물건은 마아디 주거지가 기원전 3000년대 레반트 및 서남아시아의 다른 지역과 더 긴밀하게 무역관계를 맺었음을 증명해준다. 즉 당시에 이미 나일강 계곡에서부터 시나이반도를 거쳐 근동의 문화와 경제 중심지에 이르기까지 물자 교환을 위한 원거리 무역 경로가 존재했음이 확실하다. 기원전 3000년대 부토-마아디 문화와 더불어 돌이

킬 수 없는 변화가 일어난다. 즉 얼마간 신석기 문화의 기미를 보였던 수렵 채집 생활에서 완전한 신석기적 생활 방식으로의 전환이 이뤄진 것이다. 구리로 된 물건들의 경우 그 최초의 모델은 서남아시아에서 들어온 것일 수 있고 나일 계곡에서 독자적인, 그 이상 발전된 야금술이 있었다는 흔적은 발견된 적이 없지만 부토-마아디 문화 사람들도 이미 최초의 금속제 물건을 제조할 수 있었다. 가축으로는 소, 양, 염소, 돼지의 잔해가 발견된다. 그리고 이집트에서 최초로 당나귀의 존재가 입증된다. 곡물도 다양한 종류가 나타났다. 그 밖에 부토-마아디 문화에서 처음으로 주거 지역 근처에 제대로 된 공동묘지를 세웠다는 점이 눈에 띈다. 시신은 쪼그린 자세로 안치되었으며 절반 정도에서만 소량의 부장품이 발견되었다.

부토-마아디 문화의 남쪽, 상이집트 중부와 북부에서는 타사 문화가 발달했다. 이 문화는 메림데 문화 중기 및 후기와 동시기에 존재했는데, 존속 기간은 기원전 4000년대 후반에서 기원전 3000년대 초엽까지로 추정된다. 상이집트의 신석기가 발달하는 데는 당시 더 발달이 앞서 있던 북부 지역에서의 영향이 결정적이었다. 즉 타사 문화는 메림데 지역에서 받은 영향으로 성립된 듯 보인다. 타사 문화의 뒤를 이어 상이집트의 바다리 문화와 나카다I기 문화가 나타났다. 타사 문화인의 생활 및 경제 방식에 대해서는 알려진 것이 거의 없다. 대단위 유적지는 거의 남아 있지 않고, 몇몇 정주지에서만 약간의 주거 흔적과 간헐적인 무덤을 발견할 수 있을 뿐이다. 토기에 대해서는 밝혀진 것이 많아 신빙성 있는 서술이 가능하다. 그중 하나는 타사 문화의 마지막 시기에 이미 그다음 문화 시기인 바다리 및 나카다 문화와 교류가 있었으리라는 사실이다. 이 문화가 북부 지역과 연관성이 있었다는 것은 토기에서의 유사성뿐만 아니라 타사 무덤에서 나온 유골의 인류학적 연구에서도 드러난다. 그렇기 때문에 하이집트인이 나일강 계곡 중부 지방으로 남하하면서 타사 문화가 성립했을 것이라는 추측이 가능하다.

상이집트에서 신석기 부흥기에 나타난 가장 오래된 문화는 바다리 문화다(〈그림 41〉). 이 문화는 기원전 4000년대의 마지막 일사분기에 형성되었으며 바로 북쪽에 퍼져 있었던 타사 문화의 영향력이 남쪽으로 전파되면서 형성되었을 것으로 추정된다. 이후 바다리 문화는 기원전 3000년대 초에 자연스럽게 나카다 문화로 넘어간다. 이와 관련해서 바다리 문화가 나카다 문화 초기의 지역적 변이에 불과하다고 보아야 하는 것은 아닌지 간혹 토론이 일기도 한다. 요컨대 바다리 문화는 파윰A와 메림데 문화가 종식된 후인 기원전 4000년대와 기원전 3000년대의 전환기에 나일강 계곡을 통해 남쪽으로 전파되었던 문화로, 점점 생산 경제로의 전환이 가속화되면서 수렵 채집 생활이 차차 사라져가는 특징을 보인다. 이때 바다리 문화는 과거의 토착적 전통과 새로 들어온 서남아시아 요소를 연결시키는 역할을 했던 것으로 보인다. 바다리 문화 주거지에 관해서는 메림데 문화의 주거지보다 작았다는 것만이 알려졌을 뿐 주거 단지의 구획과 가옥 형태에 대해서는 알려진 바가 별로 없다. 기둥을 세운 구조물이 있었다는 흔적이 발견되긴 하지만, 이를 통해 건물터를 재구성하는 것은 불가능하다. 그 밖에 구덩이와 저장 용기가 발견되었고 앞선 엘 오마리 문화와 메림데-베니살라메 최후 주거지층에서 발견된 것과 같은 저장용 시설물도 발견되었다. 바다리 문화의 작은 마을들은 주로 비옥한 나일강 계곡과 경계를 이루는 평지 사막 지대에 위치해 있었다.

이 문화권 사람들은 농경, 가축 사육, 사냥, 어획에 종사했다. 이들이 경작했던 식물로는 지금까지 에머밀과 보리만 발견되었다. 이들은 계속해서 야생식물도 채집했다. 가축은 양과 염소를 주로 길렀고, 가젤, 하마,

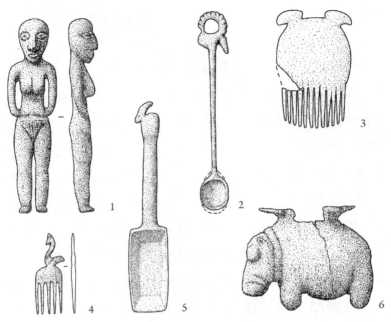

<그림 41> 신석기시대 바다리 문화 무덤에서 출토된 물건들. 이집트.

악어, 거북이를 사냥했다. 고기잡이는 계속 중요한 역할을 했다. 하이집트의 부토-마아디 문화에서와 같이 바다리 주거지역 변두리에서도 최초의 공동묘지가 발견되었다. 시신은 타원형 구덩이에 구부린 자세로 거적에 말아 안치되어 있었다. 부장품은 넉넉하게 들어 있었고 가장 많이 볼 수 있는 것은 토기였다. 주거지 내에서 발견된 일반적인 토기는 투박한 편으로 수수한 장식과 형태를 보였던 데 반해 무덤에서 나온 용기는 붉은색과 갈색으로 광택을 낸 섬세하게 가공한 그릇이었다. 바다리 문화 토기에서 전형적인 특징은 가장자리의 검은색 띠무늬로, 이는 특수한 굽는 기술이 있어야 가능했던 장식이다. 이러한 장식은 나카다 초기 문화에서도 발견된다. 이외에도 광택을 낸 표면을 빗으로 세게 긁어서 만든 이랑 무

인류는 어떻게 역사가 되었나

늬 장식도 있었다. 상아와 뼈로 만든 상당한 수준의 조각작품 외에 구리로 만든 바늘과 구슬 또한 눈에 띈다. 즉 바다리 문화는 상이집트의 신석기 부흥기의 가장 오래된 문화였을 뿐만 아니라 이북 지역의 부토-마아디 문화와 마찬가지로 당시 이미 구리를 다루기 시작했다. 이때 구리 야금 기술은 위에서 언급했듯이 근동지역에서 나일강 계곡으로 들어온 것이었다.

타사, 바다리 문화와 더불어 기원전 4000년대와 기원전 3000년대 초엽에는 중부 이집트와 상이집트의 더 남쪽에 위치한 지역에까지 신석기적 생활과 경제 방식이 전파되었다. 한편 그보다 더 남쪽, 즉 앗바라강이 나일강으로 흘러들어가는 입구와 백白나일강과 청靑나일강이 합류하는 하르툼 지역 사이에 위치한 수단 중부 지역과 상上누비아 지역에서도 근본적인 변화가 일어났다. 기원전 4000년대 초기부터 하르툼 중석기시대를 잇는 하르툼 신석기 문화라 불리는 시대가 시작된 것이다. 이 시기는 생산 경제로 가는 단계적 과정에 첫걸음을 내딛은 때다. 에시 샤하이납과 같은 유적지에 기반해 일부 연구자는 이 지역에서 중석기에서 신석기적 생활 및 경제 방식으로의 이행이 연속적이면서 토착적으로 진행되었을 것이라고 가정했다. 오랫동안 이를 뒷받침하는 논거로 토기 발전에 있어서 하르툼 중석기와 하르툼 신석기 사이에는 얼마간의 변화가 있었다고는 하나 연속성이 매우 강하다는 점이 거론되었다. 하지만 이 시각은 점차 줄어들었는데 중석기시대와 신석기시대 사이의 유적지 지층에서 사람이 살지 않았던 단절층이 더 자주 발견되었고 이는 두 시기 사이의 내적 연속성이 있다는 시각에 반하는 증거가 되었기 때문이다. 또한 자세히 살펴보면 하르툼 중석기시대의 전형적 토기는 새김 물결무늬 토기였고 하르툼 신석기의 특징적인 토기는 점으로 찍어서 만든 물결무늬 토기라

6장 고대 이집트 문명 이전의 나일강 계곡

는 차이가 있음을 알 수 있다.

그렇기 때문에 학계에서는 다른 이론이 선호되기도 한다. 이 이론에 따르면 인구 집단은 사하라 사막 동쪽에서 나일강 계곡 지역의 서쪽(예를 들어 납타 플라야, 비르 키세이바)으로 이동했다. 최초의 가축은 그곳에서 하르툼 주변 지역으로 전해졌을 수도 있고, 아니면 북쪽에서 이집트 나일 계곡으로 들어왔을 수도 있다. 어쨌든 확실한 것은, 기원전 4000년대 초기부터 수단 중앙 지역에서 살았던 하르툼 신석기인은 가축으로 소, 양, 염소를 길렀다는 사실이다. 그 밖에 저 오래된 수렵 채집 생활 전통을 따라 계속 사냥을 하고 고기를 잡았다. 식물 재배를 했다는 흔적은 없었던 데 반해 야생 풀을 채집해서 가공하는 일은 하르툼 중석기시대와 마찬가지로 기원전 4000년대와 기원전 3000년대 초기에도 식량 조달에 중심적인 역할을 했다. 하르툼 신석기시대 유적지를 보면 당시 반半 정착생활을 했음을 알 수 있다. 계절적으로 이용되었던 장소와 지속적으로 거주했던 장소가 모두 발견되기 때문이다. 이 시기에는 이미 수수 경작이 시작되었던 것으로 보인다. 토기는 이전 시기보다 더 공들여 제작되었다. 표면은 매끄럽게 광택을 냈고 장식도 더 다양해졌다. 규석으로 만든 도구 제작은 세석기적 특징이 지속되었다. 그 밖에 뼈로 만든 작살과 낚싯바늘이 발견되었는데 이는 식량 자원 채집 수단으로 강에서의 어로가 계속 매우 중요한 역할을 했음을 증명해준다. 새롭게 나타난 것으로는 표면을 매끄럽게 가공한 돌 손도끼로 나무를 패는 데 사용되었던 것으로 보인다.

하르툼 신석기시대 주거에 대해서는 알려진 것이 별로 없는 반면에 공동묘지에서는 많은 부장품이 들어 있는 무덤이 여럿 발견된다. 무덤 시설은 전반적으로 더 좋아졌다. 또한 사회적 지위 그리고 어른, 어린이에 따른 매장 방식이 뚜렷이 구분되었는데, 그중에서 눈에 띄는 점은 시설이 잘 갖추어진 일군의 남자 무덤이다. 이 무덤들에는 곤봉 끝에 부착하는 반암斑巖 내부에 크고 뚜렷한 암석 결정체가 산포되어 있는 화산암 재질의 장식, 수준이 높은 채색 토기, 희귀한 돌로 만든 목걸이 등이 들어 있어 다른 개인 무덤과는 확실히 구분되었다. 이후 기원전 3000년대 동안 이집트 나일강 계곡에서는 선사시대 나카다 문화에서 초기 왕조 시대로 한 단계씩 발전해나갔다. 반면 상누비아와 수단 중부 지역은 이런 과정과는 전혀 무관하게 머물러 있었다. 이러한 사실은 동골라, 카다다 또는 카데로 시기의 네크로폴리스를 보면 알 수 있다. 이 지역의 네크로폴리스 중에는 부장품으로 돌과 점토로 만든 작은 조각상이 들어 있는 것도 있어 눈길을 끈다. 이 조각상들은 매우 기계적으로 표현된 것도 있고 실물에 가까운 형태를 띠고 있는 것도 있었다(〈그림 42〉). 이 공동묘지의 독특한 점은 사회적 계층 형성의 최초의 징표를 보여주고 있다는 데서 그치지 않는다. 또 주목되는 점은 이 주거 집단이 매장 관습 및 사후세계에 대한 공통된 관념을 통해 결합되어 있는 제의 공동체이기도 했다는 사실이다.

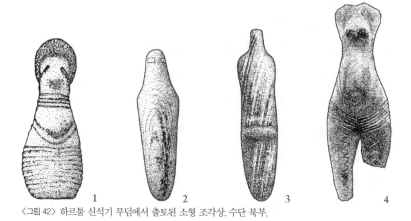

〈그림 42〉 하르툼 신석기 무덤에서 출토된 소형 조각상. 수단 북부.

공동묘지는 주로 1인 무덤으로 이루어져 있다. 시신은 간단한 구덩이에 구부린 자세로 안치되었고 대부분 돌덩어리로 묘혈을 덮었다. 무덤 내부에서는 토기 부장품 외에 주로 장신구와 같은 개인적인 물품이 발견되었다. 하르툼 신석기시대 후기의 부장품 토기에서는 몇몇 특수한 형태가 눈에 띈다. 둥근 바닥, 좁은 몸체, 아주 넓게 벌어진 주둥이를 가진 튤립 모양의 컵이 그 예다. 이 컵은 가정에서 실용적으로 사용된 것이 아니었고, 음료를 제물로 바치는 제의적 행위, 다시 말해 헌주獻酒와 관련 있었던 것으로 보인다. 인간 형상을 한 작은 조각상 또한 부장품으로 들어 있었는데, 여러 범주로 나눌 수 있다. 돌로 만든 것은 부분적으로 매우 기계적으로 표현되어 있었던 반면 점토로 만든 것은 더 다양한 형태를 보이며 헤어스타일, 의복, 얼굴 표정에서 개별적인 특징을 알아볼 수 있는 것도 있었다. 점토로 만든 조각상 중에는 비율이 부자연스러운 것도 있었고 실제 모습에 매우 가깝게 만들어진 것도 있었다. 이런 토우들은 당시 사람들이 인간의 육체를 3차원적 형태로 표현하는 데 놀라운 능력을 지녔었다는 것을 보여준다. 성의 구별이 가능한 조각상은 모두 여자 형상이었다. 이러한 점은 고대 세계의 다른 많은 지역에서도 발견되는 신석기 초기 주거 공동체의 특징이다.

누비아와 수단 중앙에 있는 공동묘지 및 그 시설을 보면 양자 간의 중요한 차이를 확인할 수 있다. 발전이 더 빨랐던 이집트 나일강 계곡에 가까이 위치한 누비아의 네크로폴리스는 당시 더 강력한 위계질서를 가진 사회가 존재했음을 알려준다. 이는 심지어 지배 권력군장국가君長國家, 추장이 권력을 가지고 다스리는, 씨족사회보다는 발전했으나 본격적인 국가는 아닌 통치 체제의 초기적 형태로 볼 수 있을 정도다. 요컨대 가축 사육을 했던 집단이 살았던 이 지역에서는 후기구석기시대와 아석기시대의 평등 공동체는 더 이상 존재하지 않게 되었고 내부에서 더 높은 사회적 지위를 가진 계층이 발달했다. 이들이 특별한 지위를 갖게 되었던 것은 식량 공급에서 이들이 맡았던 역할과 관계있는 것으로 여겨진다. 즉, 특별한 기술을 가지고 있었거나 식량 자원, 비축 식량 보관, 물자의 교환을 위한 원거리 접촉을 관리할 수 있는 역할을 했을 것이다. 이러한 군장국가를 기반으로 기원전 2000년대에 이집트 초기 왕조의 남쪽 경계지역에서는 케르마와 같은 최초의 지역 왕권이 성립할 수 있었다. 이에 비해 남쪽의 수단 중부 공동묘지는 이와 다른 발전 양상을 보여준다. 이곳에서도 무덤 설비에서 위계질서가 엿보이긴 하지만 사회적 신분에 의한 차별성보다는 씨족사회의 동질감이 더 강하게 표현되고 있다.

요약하자면 하르툼 신석기시대에는 (나일강과 그 지류 근처의 주거지역에서 볼 수 있듯이) 계속해서 활발히 사냥과 고기잡이가 이루어졌지만 점점 가축 사육이 중요한 역할을 하게 되었다. 사람들은 주로 소를 키웠지만 유적에서는 양과 염소의 흔적 또한 발견되었다. 기원전 3000년대에 이곳 주민들은 목초지를 찾아 나일강 양안의 비옥한 지대를 떠났고 동부 및 동남부의 새로운 지역으로 진출했다. 나중에 에티오피아 고원이나 동아프리카의 다른 지역에서 등장했던 소떼를 몰고 유목하는 생활은 이때 시작된 것일 수도 있다.

누비아와 수단 중앙 지역에서 하르툼 신석기 문화가 존립했던 시기에 상이집트에서는 나일 계곡을 따라 북부 지역까지 영향을 미쳤던 바다리 문화와 나카다 문화가 해체되었다. 이들 문화는 말기에 이르렀을 때 그 영향력이 이 지역 최초로 이집트 나일강 계곡의 거의 전 지역에 미쳤고 이는 훗날 이집트 왕조가 건립되는 기반이 된다. 가장 오래된 나카다 I기 문화는(엘 아므라 유적지의 이름을 따라 아므라 문화 또는 아므라티아라고도 불림) 기원전 4000년대 말에 시작되어 기원전 3000년대 초기까지 지속되었다. 메림데 후기, 오마리 문화, 또는 바다리 문화 등 이 시기의 다른 문화처럼 이 문화의 주거지역에서도 진흙을 다져 만든 작은 원형 건축물이 발견된다. 이 구조물은 땅속에 살짝 파묻힌 움집으로 저장 창고로 사용되었을 것으로 추측된다. 주거지 건물과 내부 구조에 대해서는 알려진 바가 별로 없다. 나카다 문화에 대해 알 수 있는 것은 대부분 무덤 유적을 통해서다. 그 밖에 고대 식물을 관찰해보면 나카다 I기에는 재배 식물의 양과 종류가 이전 문화보다 훨씬 증가했음을 짐작할 수 있다. 이는 나카다 I기에 농경에 근거한 생활 및 경제가 성립했음을 보여주는 것으로, 이 문화가 한 단계 발전을 이루었다고 볼 수 있다. 재배 식물로는 에머밀, 보리, 아마, 렌틸콩을 경작했던 흔적이 나타난다. 그 밖에 사람들은 계속해서 향부자나 둠야자수 열매와 같은 야생식물을 채집했다. 발견된 동물 뼈로 판단하건대 처음으로 양, 염소, 소, 돼지 등의 가축이 뚜렷한 증가를 보였다. 이는 사냥이 의미를 잃어가는 문화과정이라고 볼 수 있을 것이다. 나카다 I기 주거지를 이전 시기 바다리 문화와 비교해보면 바다리 주거지는 주로 계절적으로 사용되었던 데 반해 나카다 I기에서는 정착생활로의 확실한 전환이 일어났음이 관찰된다. 또한 이전에는 식물 경작과 동물 사육이 수렵 채집 경제 방식을 제대로 대체하지 못하고 부수적인 형태로만 나타났다면 기원전 4000년경에는 확실히 상황이 역전되었고 이후 이러한 판세는 계속 유지되었다. 이렇게 해서 이후에는 농업과 가축 사육이 대세를 이루었다. 나카다 I기 토기는 붉은색 또는 갈색의 광택 나는 용기로, 검은색으로 테두리가 칠해져 있다. 이런 점에서 바다리 문화 전통과 분명한 연관관계를 보이고 있다. 하지만 얼마 지나지 않아 기하학적 모양을 새겨넣는 장식이 나타났고 용기 외벽에 하나의 장면을 묘사하는 더 복잡한 그림이 그려졌다. 그림 모티브는 나일강 계곡 동물세계에 관한 것이나 배, 사냥, 전투, 숭배 의식 등에 관한 것이었다. 인간 형상의 작은 조각상 또한 주목할 만한데 특히 눈길을 끄는 것은 상아 막대기나 펜던트에 조각된 수염난 남자 형상이다. 그 밖에 다수의 여자 조각상도 발견되었다. 이는 바다리 문화에서는 매우 드물게 발견되었던 것이다.

다음에 이어지는 나카다 Ⅱ기 문화는 기원전 3500년에서 기원전 3200년 사이로 추정되며 북쪽 나일강 삼각주까지 분포되어 있었다. 또이 시기에 이집트 선왕조 시대가 종말을 고하고 향후 발전을 위한 기초를 닦는 커다란 변화들이 일어났다. 토기는 나카다 Ⅰ기 형태와 문양을 계승했고, Ⅰ기에서보다 더 단단하게 구워 식량을 더 오래 보관할 수 있도록 했다. 나카다 Ⅰ기에서 Ⅱ기로의 이행기에는 작은 규모의 정착지가 적잖이 세워졌다. 이곳들에서는 기둥, 롬 흙으로 만든 벽, 주춧돌을 갖춘 움막집이 조리용 모닥불 자리, 웅덩이와 함께 발견되었다. 하지만 이 주거지역의 전체적 형태가 어떤 모습이었는지는 현재로서는 정확히 말하기 힘들다. 가축은 주로 양, 염소, 소, 돼지를 길렀으며, 식물도 재배했던 것으로 증명되었다. 어획, 사냥, 야생식물 채집은 이 시기부터 보충적인 역할만 했다. 최소한 나카다 Ⅱ기부터 이집트 나일강 계곡 주민은 수렵 채집 생활의 마지막 사슬을 벗어버리고 생산 경제 기반 생활로 완전히 전환했다. 이와 더불어 복합사회적 신분 차별도 나타났다. 이를 보여주는 것이 무덤 잔해로서, 당시의 거주지의 흔적이 거의 남아 있지 않은 것과 대조를 이룬다. 나카다 Ⅱ기는 지식의 급속한 발달이 이루어진 시기로 간주된다. 모든 영역에서 기술적 진보가 일어났음을 확인할 수 있기 때문이다. 석기로 만든 그릇과 토기 생산은 더 이상 자가 수요 충당만이 목표가 아니었다. 용기 수요의 증가는 결국 토기 제작용 돌림판(물레)을 발명하게 만들

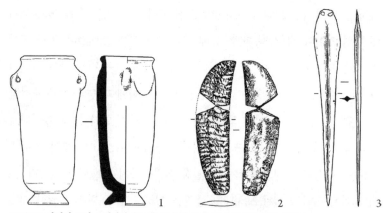

〈그림 43〉 나카다 II기 무덤에서 출토된 토기 및 돌과 구리로 만든 물건. 이집트.

었고 대량 생산의 시초로까지 이어진다(〈그림 43〉).

금속 가공도 더 중요해졌다. 촌락 형태 정착지에서는 최초로 인구 밀도가 높은 중심지가 형성되었고 이후 초기 왕조 시대의 구심점으로 성장했다. 히에라콘폴리스도 이에 속하는 곳으로 바닥을 파고 지은 전통적 원형 움막집 외에 롬 벽돌 방식으로 지은 정사각형 집도 발견된다. 히에라콘폴리스 내부 구조를 보면 이미 도회지의 원형, 즉 거의 도시적 특징을 보이고 있다. 이는 작업장을 위한 별도의 구역과 더불어 일종의 권력과 문화의 중심 지역이 있었다는 사실에서 확인된다. 무덤은 대부분 사회적 계층 출신에 따라 각기 다른 장소에 설치됐다. 이는 지배층에 대한 관념이 형성되었고 사회적 지배층이 기반을 굳혔다고밖에는 설명될 수 없는 현상일 것이다.

기원전 3200년경에 시작된 나카다 III기 문화는 고대 이집트의 제0왕조Zero Dynasty에 해당된다. 즉 이미 고대 왕국의 싹이 움텄던 시기인 것이다. 아비도스에 위치한 움 엘카압의 U분묘에서는 기원전 3320년경으

인류는 어떻게 역사가 되었나

로 추정되는 새로운 유적이 발견되었는데 이 유적은 이집트 문자가 수메르 문자와는 독립적으로 발달했으며 심지어 그보다 조금 앞선 시기에 발달했을 수도 있음을 암시한다. 제0왕조라는 이름으로 불리는 이 시기에는 이미 소왕小王들의 이름이 새겨진 비문이 기록으로 남아 있다. 제0왕조 시기 동안 후대 파라오 통치하에서 나타났던 것과 같은 상하 이집트를 통합하는 확립된 국가 조직이 존재했다고는 생각되지 않지만, 이런 발전을 가능하게 했던 최초의 싹은 바로 이 시기에 발아했다. 당시 이집트 여러 지역 사이에서는 교류가 더욱 활발해졌고, 이는 가치관, 정신문화 및 물질문화의 통일을 더욱 공고하게 만들었다. 결국 강력한 권력자가 나타나 왕국의 통일을 성취하는 것은 시간문제였다. 또 놀라운 것은 제0왕조 스코르피온 II세 치하에서 이미 농경을 위한 최초의 관개 시설이 설치되었다는 사실이다. 원시 도시의 인구 밀집 중심 지역의 형성과 더 넓은 영토의 지배는 중앙 통제 식량 조달 방식과 잉여 생산을 목표로 하는 경제를 결과로 가져오게 되었다. 또한 인공적 관개 시설로 인해 곡물 및 야채 경작과 가축 사육이 매우 활성화되고 확대되었다. 이러한 시설의 설치와 보존은 중앙의 계획이나 지휘 없이는 생각할 수 없는 것이다.

수렵 채집 생활은 이집트 나일강 계곡에서 오랫동안 지속되었고 매우 점진적인 변화를 통해서 농경과 가축 사육을 기초로 하는 생산 경제 형태로 전환되었다. 이에 비해 식물 경작과 가축 사육이 완전히 정착된 후, 관개 시설 및 중심지가 있는 원시 도시의 중앙 통제 방식 농업이 시작하기까지 필요했던 시간은 아주 짧았다. 마침내 기원전 3150년경 나일강 계곡 전체가 상이집트의 지배하에 완전한 통일을 이룬다. 이후 이어지는 시기는 초기 왕조 시대와 고왕국 시대라 불린다.

사하라와 사헬 지대의 기후와 문화 발달

'하얀 숙녀'. 선사시대 암석 벽화. 타실리, 알제리.

1.
빙하기 종식 이후의
기후 변화와 이주의 역사

아프리카 대륙 북부에서 가장 넓은 영토를 차지하는 지역은 사하라 사막이다. 사하라는 중국에서 대서양까지 펼쳐져 있었던 고대의 건조 기후 지대의 일부이며, 서, 북, 동이 각기 대서양, 지중해, 홍해 해안과 면해 있다. 사하라는 넓은 평지 모래사막으로 이루어져 있으며 동쪽에서 서쪽으로 갈수록 면적이 증가한다. 사하라 서부에서 가장 큰 사막으로 그랑테르그 오리엔탈 사구와 그랑테르그 옥시덴탈 사구가 있다. 이 두 곳은 현재 모두 알제리에 위치해 있다. 동쪽으로는 리비아 사막이라고 부르는 지역이 리비아와 이집트 서부 경계지역의 넓은 영토에 걸쳐 위치해 있다. 사하라 남쪽으로는 반半사막과 건조성 사바나 기후의 사헬 지대가 이어진다. 이 지역 또한 대서양에서 홍해까지 펼쳐져 있으며, 이 지대 남쪽부터는 열대 우림 지역이 시작된다. 서북쪽으로는 험준한 아틀라스산맥이 사하라 사막에서 지중해 및 대서양 연안으로 이어지는 지역을 가로질러 뻗어 있다. 사하라 남쪽 지역에는 아하가르산맥이나 티베스티산맥과 같이 높은 산맥

7장 사하라와 사헬 지대의 기후와 문화 발달

과 넓은 고원이 위치해 있다. 대륙 서북쪽에는 아틀라스산맥에서 발원한 강들이 사철 내내 계곡으로 흘러내린다. 반면 북아프리카 동쪽에서 꾸준히 물을 대는 것은 나일강 하나뿐이다. 아프리카 대륙 북부에서 내륙에 있는 호수, 하천으로는 이집트 파윰 지역의 호수와 같은 몇몇 작은 호수를 제외하고는 차드호湖가 유일하다. 차드호는 다른 호수보다 크긴 하지만 빠르게 육지화되고 있다.

사하라 자체는 비교적 간단한 구조를 가지고 있다. 지세는 여러 차례의 기후 변화를 거쳐 형성되었다. 바다가 육지로 밀려들어오거나 홍수가 발생할 때마다 기후 변화가 일어났고 그 결과 분지와 융기된 지형이 지속적으로 번갈아가며 나타났다. 이 지역의 분지는 두터운 퇴적층이 특징인데, 이는 한편으로는 여러 차례의 홍수로, 다른 한편으로는 건기 동안의 운반과 퇴적 작용에 의해 생긴 것이다. 또한 소금 플라야염호가 마르면서 형성된 지형와 소금 사막이 형성되었는데 이는 바닷물의 범람 그리고 주변 산간 지역의 소금을 함유한 암석의 퇴적 작용으로 인한 결과다. 동쪽, 특히 리비아 사막에서 전형적으로 볼 수 있는 요함지凹陷地(해수면보다 낮은 지대)는 강도가 약한 암석층이 침식되어 생겼다. 니제르 분지와 차드 남부 전 지역을 차지하는 차드 분지는 사하라 지역을 좁은 의미로 정의할 때는 이에 속하지 않으며 지리적으로 봤을 때 제한적으로만 북아프리카의 일부로 간주된다. 사하라 동쪽의 리비아 사막은 지구상 가장 건조한 지대에 속하지만 그것만이 다는 아니다. 이 지역은 그 이상으로 매우 복합적이면서 늘 변화하는 자연환경을 보여준다. 이러한 삶의 조건은 문화 발전에도 많은 영향을 미쳤다. 문화사적으로 봤을 때 사하라의 동부 지역이 확실히 더 큰 중요성을 갖는다. 이집트 나일강 계곡 문화의 성립과 발전은 리비아 사막에서 받은 영향 없이는 이해할 수 없다. 이집트의 고등 문명이 리비아 사막의 '선물'이라 불리는 것도 그럴 만한 이유가 있었던 것이다.

유럽 빙하기의 영향으로 사하라에서는 습기와 건기가 계속 번갈아 나타났다. 1만8000년 전 뷔름 빙기 동안 북아프리카에서는 극심한 건조성 기후가 맹위를 떨쳤다. 평균 기온은 현재보다 몇 도 낮았고 사하라 사막은 약 1000킬로미터 남쪽으로 더 뻗어 있었다. 이 시기 사막에서는 사람이 더 이상 살 수 없게 되어 이곳에서 수렵 채집으로 살아가던 이들은 습도가 더 높은 나일강 계곡이나 해안가로 이동해야만 했다. 최소한 기원전 8000년경 홀로세로의 이행기에 몬순 기후대가 다시 북상하면서 아프리카 북부 지역은 다시 습도가 높아졌다. 차드호도 수위가 상승해 심지어 현재보다 더 수위가 높았다. 당시 차드호는 형성된 이래 그 어느 때보다 큰 면적을 차지하고 있었다. 이 시기에는 지중해 해수면 또한 상승했다. 이는 모두 북극의 빙모가 녹으면서 발생한 현상이었다.

약 기원전 5000년에서 기원전 4500년경까지 첫 번째 온난기가 나타났고, 기원전 3000년대 초반 및 중반경에 두 번째 온난기가 찾아왔다. 그러고 나서 바로 또다시 뚜렷한 건조성 기후가 시작됐다. 때문에 사하라 사막에서는 더욱더 살기 어려워져 사람들은 다시 해안가나 몇몇 오아시스 지역 그리고 나일강 계곡으로 이동했다. 그 후 기원전 3000년대 중반이 지나고 이집트 문명이 태동한다. 기원전 2000년대 후반에 드디어 현재까지 지속되고 있는 건조 기후가 들어섰고 기원전 1300년경에 사하라 지역에 현재와 같은 사막 기후가 형성되었다. 이 기후 변동이 인구 조성과 문화사에 엄청난 영향을 미쳤다는 것은 쉽게 상상할 수 있는 일이다. 이는 사하라 지역에서 인구 이주와 재거주가 반복해서 교대로 나타나는 점에서 잘 드러난다.

북아프리카에서 유럽의 후기구석기시대와 중석기시대에 속하는 시기는 통틀어 아석기시대(구석기 다음 시기)라고 부른다. 이 시기를 기반으로 기원전 8000년부터 신석기 문화가 점진적으로 형성되었고 수렵 채집 생활이 생산 경제로 서서히 대체되기 시작했다. 이에 비해 아프리카의 다른 지역에서는 변화의 양상이 다르게 나타났다. 기원전 7000년에서 기원전 5500년까지 사하라 북부는 더욱 건조해졌고 사하라 남부는 습도가 높아졌다. 차드호는 2만 년에 걸쳐 크기가 거의 카스피해에 육박하는 내해內海로 팽창했다. 차드호에서의 수분 증발은 사하라에 영향을 미쳐 기온은 점점 하강했고 습도는 높아졌다. 이와 함께 기원전 8000년에서 기원전 5000년 사이 지중해의 해수면은 40미터 정도 상승했고, 그때까지 사람이 거주하고 있던 해안지역 여러 곳이 침수되었다. 지중해의 확장은 더 많은 수분 증발을 가져왔고, 이는 기원전 6000년대 후반에서 기원전 5000년대 초반에 기온이 또다시 약간 하강하는 결과를 가져왔다. 이런 현상은 북아프리카, 나아가 근동에 건조성 기후가 확장되고 있었던 것과 상관이 있다. 하지만 기온은 곧 다시금 뚜렷한 상승세를 보였다.

기원전 8000년대 중반 다습해진 기후를 가진 열대 기후 지대가 약 800~1000킬로미터 북상하면서 이전에는 사람이 살기 적합하지 않았던 사하라 사막이 비옥한 사바나 지대로 바뀌었다. 이러한 기후 변화로 인해 남쪽의 수렵 채집 생활자들은 이전에는 적대적 생활 환경이었던 위도 지대로도 이동했는데, 이 시기는 근동의 신석기적 생활 방식이 북동아프리카에 퍼져나갔던 때이기도 했다. 다른 한편 사하라의 사막 기후 지역은 문화 전파의 강력한 차단 장치 역할을 했다. 높은 기온, 건조함, 주거 불가의 특성으로 인해 아프리카 북부와 사하라 이남 지역이 오랜 기간 인류 역사에서 서로 분리된 채로 있어야 했다(〈지도 7〉). 이러한 이유로 신석기

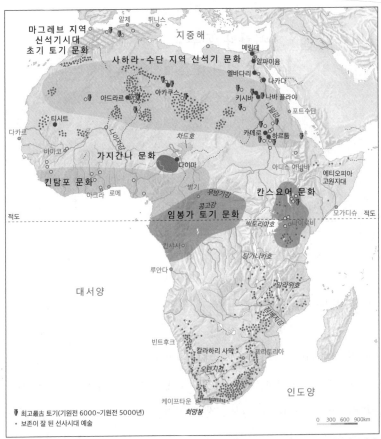

〈지도 7〉 기원전 5000년대에서 기원전 제1천년기(기원전 1000년부터 기원전 1년까지의 기간) 아프리카 석기시대 이후 문화 지형도.

기술과 그 밖의 다른 혁신적 변화는 우선 북아프리카 해안지역과 나일강 계곡을 따라 전파되었고 사하라 이남 지역에서는 훨씬 늦게 영향을 미치게 된다.

2.
사하라 동부
: 호의적 환경에서의 초기의 소 유목

북아프리카를 놓고 볼 때 사하라 동부의 기후, 환경, 거주의 변화과정은 다른 어느 곳보다 월등히 조사가 잘되어 있다. 이곳에는 이집트 서부, 수단 서북부, 리비아 동남부를 아우르는 리비아 사막이 자리 잡고 있다. 이 지역에서는 생산 경제로의 이행기(아래 내용 참조)에 식물 경작은 아무런 역할도 하지 않는다. 이보다 훨씬 중요했던 것은 소의 자생적 가축화와 유목민에 의해 처음 들여왔던 양과 염소의 확산이었다. 기후 변화와 주거 발달사에 관해서는 방사성 탄소 연대 측정(연구 대상이 함유한 방사성 탄소 화합물의 방사선 붕괴 속도에 근거해 연대를 측정하는 방법) 자료를 통해 절대 연도를 측정할 수 있었다. 이 변화과정의 이해를 돕기 위해 빙하기 종식 후 이어지는 홀로세가 여러 시기로 구분되는데, 이는 여러 지역을 시대별로 구분할 수 있도록 도와준다.

이 구분에 따르면 기원전 8500년에서 기원전 7000년 사이 홀로세 초기에 사하라 동부에서 사람들의 주거가 시작된다. 이 시기는 습도 높은

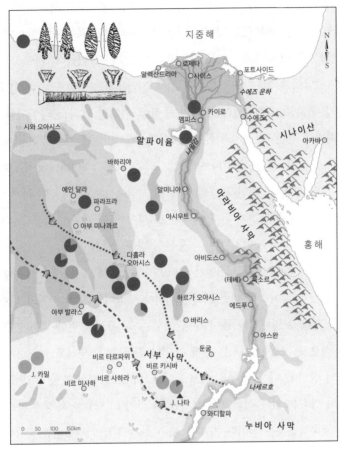

<지도 8> 플라이스토세 종식 후 사하라 동부 이집트 지역에 거주했던 여러 문화 집단. 도구 유형에 따른 분류.

기후가 몬순 강우 경계선과 함께 점점 북상했던 때다. 이 시기에 아석기시대의 주거지역과 신석기시대 가장 초기에 속하는 주거지가 나타난다. 이는 오늘날 해당 유적지를 통해 확인할 수 있다. 사하라 동부에서 어떻게 사람들이 다시 살기 시작한 것인지는 북아프리카 주거 역사에서 아직도 풀리지 않는 의문으로 남아 있다. 아석기시대에 속하는 석기를 제작했던 사람들은 아직 수렵 채집 생활 방식을 고수하고 있었다(〈지도 8〉). 하지만 더 남쪽에 있는 수단 북부와 서부 지역에서는 이미 단순한 형태의 토기가 최초로 제작되었다. 일각의 주장에 의하면 납타 플라야와 비르 키세이바와 같은 이 시기의 유적지에서는 소를 키웠던 최초의 흔적이 발견된다고 한다. 이 주장에 따르면 소 사육은 기원전 8000년대 후반기에 이미 시작되었다는 것인데, 그럴 경우 이 지역에서는 소 사육이 독자적으로 이루어졌음을 뜻하게 된다. 하지만 소 사육이 이 시기에 시작되었다는 주장이 과연 옳은 것인지는 아직 충분히 검증되지 않았다.

약 기원전 7000년에서 기원전 5300년 사이에 해당되는 홀로세 중기에 인간이 가장 많이 거주했던 지역은 리비아 사막이었다. 이 시기의 석기를 보면 표면을 보정한 석기들이 주를 이루는 등 확실한 변화가 눈에 띈다. 이런 식으로 가공된 석기는 전체 표면이 작은 격지 형태로 매끈하게 다듬어져 상당히 다른 모습을 띠게 된다. 당시 토기 생산 또한 증가했지만 여전히 장식은 없는 상태였다. 하지만 이 시기 더 중요한 특징은 가축 사육이 계속되었다는 점이다. 가축은 토종 소가 주를 이루었지만 동시에 양과 염소가 최초로 사육되었다. 양과 염소는 사하라 동부에서 가축화된 것이 아니라 근동에서 북아프리카로 들여온 것이었다. 북동아프리카에서 가축 사육이 뿌리내리는 과정은 비옥한 초승달 지역에서 신석기 문화가 확산되는 형태와 근본적인 차이를 보인다. 그런 까닭에 이 과정은 '북아프리카 방법'이라고 부를 수 있다. 이 방법이 특별한 이유는 여러 곳을 돌아다니는 수렵 채집 생활에서 농경과 가축 사육을 하는 정착생활로 발전한 것이 아니라 얼마간 특정 장소에 고정된 수렵 채집 생활을 하다가 유목민으로 발전한 것이기 때문이다.

다음으로 이어지는 홀로세 후기는 기원전 5300년에서 기원전 3500년경에 해당되는데, 사하라 동부에서는 이 시기에 사람들이 크게 분산되어 살기 시작한다. 즉 기후가 다시 건조해지자 사람들은 지하수 근처나 기후상 유리한 생활 환경으로 주거지를 옮겼는데, 가령 길프 케비르나 남쪽에 있는 다른 지역이 그런 곳이다. 그중에는 몬순 강우 지역과 인접한 곳도 있었다. 이러한 과정을 거치면서 이주 반경이 넓어졌다. 그리하여 기원전 5300년이 지났을 때 리비아 사막 중심지에서는 더 이상 사람이 살지 않게 되었던 반면, 같은 시기에 파윰과 나일강 계곡에서는 인구가 눈에 띄게 증가했다. 이 지역에서 나타나기 시작한 발전은 이후 이집트 문명 성립과정에서 정점을 이루며 기원전 3000년대까지 이어진다.

소를 가축화하고 사육하는 것은 문명의 기술이었고 그 뿌리는 사하라에서 찾을 수 있다. 이에 비해 농경은 근동아시아에서 건너온 것이 결정적 계기가 되어 동북아프리카에 도입되었다. 한편 고온 건조한 기후가 또다시 기세를 떨치고 홀로세가 종말을 고하면서 새로운 기후 및 문화 변동이 예고되었다. 즉 사막과 인접 지역이 확장되면서 이번에는 건조 기후지대 경계 위도가 더 남쪽으로 내려가게 된 것이다. 그 전까지만 해도 이곳에는 유리한 생활 조건을 가진 장소가 많이 존재했었다.

기원전 3000년대 중반부터 홀로세 말기라고 부르는 시기가 시작된다. 이 시기의 특징은 동부 사하라에서의 주거가 주변적 의미만 띠게 되었다는 사실이다. 다시 말해 거주 공간이 극히 적은 지역으로 축소되었다. 이와 같은 시기에 이집트 나일강 계곡에서는 선先왕조 문화가 발달한다. 이곳에 특징적이었던 소 유목 문화는 사막의 남쪽 경계지역에서만 지속되었다. 소 유목은 이후 북아프리카의 넓은 건조 기후 지대 사람들에게 매우 중요한 삶의 기반이 된다. 기원전 1000년대까지 사하라 전 지역에서 건조화가 계속 정도를 더해갔고 결국 극심한 가뭄을 초래하면서 인구 거주지의 감소를 야기하게 된다. 이에 비해 이집트와 수단의 나일강 계곡에서는 동시기에 인구가 눈에 띄게 증가한다. 하지만 그렇다고 해서 이 시기에 나일강 계곡과 이집트의 오아시스를 제외한 사막 지역에서 아무도 살지 않게 된 것은 아니었다. 이러한 사실은 외지고 생활에 적대적인 지역에서조차 새로이 유적지와 유물이 발견된다는 것으로 증명된다. 사막지역은 유목생활을 하던 목동이 일시적으로만 이용했을 것으로 생각된다. 그 밖에 사하라를 관통하는 중요한 무역로를 따라 대상隊商이 머무는 장소가 세워지고 유지되었다. 이 길은 아프리카의 호화로운 물자가 이집트 나일강 계곡으로 운송되는 통로였다.

사하라 동부에서 중요한 신석기 주거지들

플라이스토세 말기의 기후 변화는 기원전 2000년대까지 사하라 사막에서 엄청난 생태적 변화를 수차례 일으켰고 이로 인해 인간은 새로운 조건에 적응해야 하는 거대한 도전에 직면했다. 이러한 과정을 가장 잘 연구할 수 있는 지역이 바로 사하라 동부다. 마지막 빙하기(뷔름 빙기)는 사하라 지역에서 오늘날의 건조성 기후보다 훨씬 심한 극도의 건조한 기후를 유발했다. 하지만 홀로세가 시작되자 갑작스러운 기온 상승과 더불어 습도 또한 단기간에 높아졌다. 사하라 사막에서도 많은 비가 내려 커다란 호수와 늪지가 생성되었다. 그 결과 풍부한 식물상과 동물상이 발달했고, 사람들에게 매력적인 주거 후보지가 되었다. 당시 사람들은 강가와 호숫가, 늪지 등에 생성된 모래 언덕에서 사시사철 충분한 식량을 공급해주는, 생존에 유리한 생활 공간을 발견했다. 덕분에 당시까지 생존을 위해 계절마다 이동하며 살아야 했던 수렵 채집 생활자들은 이제 그러한 이동생활을 꼭 하지 않아도 되었다.

이런 과정이 시작된 것은 기원전 8500년경이었다. 사냥했던 짐승은 주로 가젤, 영양, 타조였고 나중에는 코끼리와 기린도 사냥 목록에 올랐다. 이들 동물은 당시 암석 벽화에서도 볼 수 있다. 특히 물이 많은 지역에서는 고기잡이뿐만 아니라 악어, 하마, 물거북이도 사냥했다. 하지만 이후 강수량이 감소하고 늪지대가 서서히 건조해지면서 호수가 축소되는 등 변화가 일어났다. 하천에는 특정 계절에만 물이 많아지게 되었고 그 결과 몇몇 식물과 동물 종이 멸종하거나 남쪽 지역으로 이동했다. 상당한 지역이 사바나 기후로 바뀌었으며 이런 환경에서는 물을 이용할 수 있는 장소가 충분히 남아 있는 한에서만 소에게 풀을 먹일 수 있었다.

그 시기에 사냥활동이 점차 다시 활발해졌다는 점은 흥미롭다. 계속 진행되는 건조화로 인해 생존에 유리한 생활 공간은 점점 매우 제한된 크기의 생태 보존 지구가 되었다. 더 이상 큰 소떼를 먹일 수 없게 된 곳에서는 사육이 용이한 양과 염소를 치기 시작했다. 이와 동시에 공동체는 생존을 위해 다시 열심히 사냥에 나섰다. 이때 주로 사냥한 동물은 하천 근처의 가젤이었다. 하지만 마지막 수원조차 메마르고 정기적 강우도 서서히 사라지자 사하라 동부에서 사람이 사는 것은 더 이상 가능하지 않았다. 사람들은 살던 지역을 버리고 남쪽, 특히 나일강 계곡을 향해 대대적인 이주에 나섰다. 낙타 외에 많이 볼 수 있었던 동물은 당나귀였

7장 사하라와 사헬 지대의 기후와 문화 발달

다. 당나귀는 마디Mahdi 선사시대 유적지 같은 이 지역 유적에서 매우 초기에 발견되는 동물이다. 기르기 까다롭지 않고 극도로 건조한 지역에서도 활동이 가능하다는 당나귀의 특성은 엄청난 장점이었다. 당나귀는 사흘에 한 번만 물을 마셔도 되는 데다 무거운 짐을 운반할 수 있기 때문이다. 그 후 사람들이 사막을 다시 개척한 것은 시간이 한참 지나고 나서였다. 낙타 유목민과 깊은 우물을 팠던 사람들이 그들인데, 이들로 인해 사람이 살지 못할 이 땅도 인간 삶의 한 공간이 될 수 있었다.

지난 수십 년간의 연구는 리비아 사막의 주거지 역사에 관해서 중요한 사실을 많이 밝혀냈다. 홀로세가 막 시작되었을 무렵 이집트 서남부의 가장 외곽지역에 비르 키세이바와 납타 플라야 신석기 초기 주거지역이 생긴다. 이 두 거주지를 살펴보면 이전 후기구석기시대와 아석기시대에 비해 주거 공동체가 더 커졌다는 점, 그리고 계절적으로만 사용되었던 야영지를 넘어서 최초의 정착지가 만들어졌다는 사실을 알 수 있다. 기원전 8000년대 후반에서 기원전 6000년대 사이에 존재했던 이 최초의 거주지는 하천 근처에 있었다는 점이 특징이다. 이 시기는 극도로 건조했던 시기가 끝나고 기후가 다시 습해지던 때로 사하라 동부에 빠르게 거주지가 세워졌다. 납타 플라야와 비르 키세이바 같은 곳은 영구적 이용을 위해 세워졌는데, 정착생활을 위한 전제 조건인 규칙적인 강우가 있었기 때문임은 두말할 필요가 없을 것이다. 물은 삶을 의미하며, 물이 넉넉한 곳에서 인간은 생존을 위해 더 이상 고도의 이동성에 의존할 필요가, 즉 더 나은 삶의 조건이 있는 곳으로 언제든 옮길 준비를 할 필요가 없기 때문이다.

납타 플라야에서는 평행으로 줄지어 있는 원형 건물이 다수 발견되었다(〈그림 44.1〉). 이는 내부 구조에서 일정한 질서가 나타나는 최초의 주거 유적이다. 최대 직경 4미터에 이르는 원형 움막집(이 집의 외관이 어떻게 생겼는지에 대해서는 알려진 것이 없다) 주변에는 조리용 모닥불 자리와 비축 식량 구덩이가 여럿 있었다. 이곳 주민의 석기 제작은 여전히 세석기적인 특징을 띠고 있었지만 일명 사하라-수단 신석기 문화에 특징적인 단순한 형태의 초기 토기도 제작되었다. 사하라-수단 신석기 토기는 나일강 계곡에서 서쪽의 대서양에 이르기까지 넓은 지역에 걸쳐 공통되게 나타나는 형태다. 하지만 이 토기는 매우 적은 잔해만 발견되는 것으로 알 수 있듯이(〈그림 44.2~5〉) 드물게 존재했고, 대부분은 요리를 하는 데 사용된 단순한 토기였다.

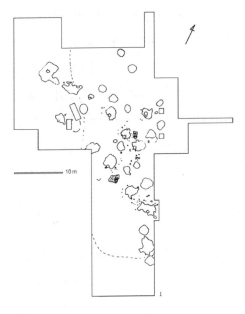

〈그림 44〉 1. 움막집이 세워져 있는 주거지 설계도. 2, 3, 4, 5. 눌러찍기 무늬 토기의 파편들. 사하라 동부 납타 플라야, 이집트.

7장 사하라와 사헬 지대의 기후와 문화 발달

넓은 분지에 위치한 납타 플라야와 같은 곳은 강우량이 많은 여름에는 대부분 홍수가 났기 때문에 계절적으로 가을과 겨울에만 사용되었을 가능성이 크다. 이곳 거주민들은 여전히 수렵 채집 생활을 했다. 이곳의 식물 잔해는 이들이 씨앗, 열매, 풀 등을 열심히 채집했었다는 사실을 보여준다. 총 40종이 넘는 다양한 식물이 발견되었고, 그중에는 수수도 있었지만 아직 경작되지는 않았던 종으로 추정된다. 갈돌이 발견된 것으로 보아 당시 이미 채집된 식물과 특히 풀의 씨앗 및 야생 곡물(예를 들면 수수)을 갈아서 이용했다는 점을 알 수 있다. 단백질 공급과 관련해서 발견된 야생동물 뼈는 당시 주요 고기 공급원이 여전히 사냥활동이었음을 알게 해준다. 이와 함께 얼마간 소뼈 또한 발견되었는데, 이는 사하라 동부에서 이 이른 시기에 이미 소를 가축화하기 시작했음을, 더욱이 이는 근동아시아 지역과 독립적으로 발달한 것이었음을 보여준다. 소의 가축화와 관련해 납타 플라야에서 발견된 초기 증거물이 이론의 여지가 없는 것은 아니지만 근동에서 도입된 양과 염소와는 다르게 소가 북아프리카에서 독자적으로 가축화되었다는 것만큼은 확실하다고 봐야 할 것이다. 이곳에서는 야생 소가 자생하고 있었고 후기구석기시대에 이미 사냥이 이루어졌던 식량 공급원이었다. 이에 대한 증거는 지금으로부터 1만 9000년 전으로 추정되는 이집트 에스나 지방의 한 도축장에서 찾을 수 있다.

지난 수십 년간 진척된 연구를 통해 사하라 동부 지역의 주거지 역사는 상세하게 서술할 수 있을 정도가 되었고 지역 간 발달의 차이 또한 밝혀낼 수 있을 정도가 되었다. 아부 발라스 지방에 있는 다클라市의 오아시스 남쪽에는 약 100킬로미터에 걸쳐 넓은 분지 지형이 펼쳐져 있고 이곳에서 기원전 6600년경까지 아석기시대가 존속했다. 이 시기 유적지에서는 소수의 유물만이 전해진다. 이 유물들은 주로 아석기시대의 전형적 석기인 세석기가 주를 이룬다. 아직 토기는 제작되지 않았는데, 이는 약간 남쪽에 위치한 납타 플라야에서 훨씬 이전에 이미 토기가 사용되었다는 사실과 대조를 이룬다. 점토로 만든 용기 파편 몇 점이 출토되기도 했는데 이는 예외적 단일 사례로 취급된다. 이 용기는 아석기시대 유물에서 발견된 것이라고 하는데 기원전 7000년경으로 추정된다. 그 밖에 해당 유적지에서 발굴된 동물 뼈로 볼 때 오릭스 영양과 가젤 사냥이 매우 중요한 역할을 했음을 알 수 있다.

이곳의 유적지 중에는 기원전 6000년대 중반과 후반경에 속하는 것으로 아석기 유적층 위에 중기 신석기시대 유적층이 덮여 있는 유적지가 있다. 이곳에서는 점으로 찍은 지그재그 무늬 토기가 출토되었는데 이 토기는 납타 플라야 및 비르 키세이바의 중기 신석기시대 초기 문화와의 연관성을 보여준다. 이로부터 우리가 추정할 수 있는 것은 아부 발라스 분지의 구석기시대가 납타 플라야와 비르 키세이바에서보다 더 오랫동안 지속되었으리라는 사실이다. 납타 플라야와 비르 키세이바에서는 아석기 시대 말엽에 이미 초기 신석기 문화(예를 들어 소 사육의 초기 형태)가 발달하기 시작했다. 아부 발라스 분지의 중기 신석기시대 석기는 세석기형 마름모꼴 칼날을 비롯해 높은 제작 수준과 형태상의 다양함을 보여주는 작은 삼각형 화살촉이 특징이다. 이 석기들은 아석기시대 주거지에서 발견된 유물과 확연한 차이를 보인다. 이와 함께 발견된 동물 뼈는 여전히 사냥을 많이 했음을 보여준다. 이에 반해 가축을 길렀다는 증거는 발견되지 않는다. 이어지는 시대에 유적이 발견되지 않는 점으로 보아 이 지역에서는 이후 오랫동안 사람이 살지 않았다는 것을 알 수 있다.

이후 기원전 5000년경에는 후기 신석기형 주거 시기가 시작되었다. 지금까지 발견된 가옥 잔해는 없지만 조리용 모닥불 자리 여러 군데, 재와 목탄 응고물, 인위적으로 설치한 돌 등이 발견된다. 세석기적 특징을 가진 유물은 거의 보이지 않는다. 유적에서 주로 볼 수 있는 것은 대부분 규석으로 만든 화살촉과 표면을 마제한 암석 가공물 등 크기가 큰 도구다. 이는 이전 시기에 비해 석기 제작에 근본적 변화가 일어났음을 의미한다. 특히 언급할 만한 것은 화강암으로 만든 갈돌이다. 갈돌은 풀과 야생 곡물에서 채집한 낟알을 가는 데 사용되었다. 이 시기에는 이 지역에서도 토기가 더 많이 생산되었고 수준도 이전보다 훨씬 개선되었다. 동물의 잔해는 가젤, 토끼, 타조 및 그 밖의 다른 야생동물을 사냥했음을 증명한다. 하지만 이 시기에는 가축화된 소와 양의 뼈도 발견되었다. 요컨대 다클라 오아시스 남쪽 사막 지대에 살았던 사람들은 기원전 5000년경 수렵 채집 생활자로서 살면서 일부에서는 유목도 했다고 정리할 수 있다. 달리 말하자면 이들은 이중의 식량 조달 전략을 보유하고 있었던 것으로 볼 수 있다. 하지만 사냥은 여전히 가장 주를 이루는 식량 조달 방법이었고 야생식물과 열매 채집도 수천 년 동안의 전통을 이어가고 있었다. 최초의 가축 사육은 보조 수단으로만 간주되었고 더 오래되고 전통적인 생존 전략을 포기하지 않았던 것으로 보인다.

북아프리카 다른 지역에서처럼 사하라 동부에서도 수렵 채집 경제에서 생산 경제로의 전환은 '신석기 혁명'과 같은 갑작스럽고 엄청난 변화가 아니라 서서히 진행되었던 과정이고 변화하는 환경에 적응한 산물이었다. 수렵 채집 생활을 하면서 동시에 가축 사육을 했던 후기 신석기인은 여전히 정기적으로 단기간 머무를 장소를 거주지로 삼았고 그 흔적은 지금도 찾아볼 수 있다. 다시 말해 아직은 한곳에 장기적으로 머무르는 주거 형태는 나타나지 않고 있다. 이런 사정을 보면 여러 지역이 매우 다층적인 데다 차별적인 형태를 띠고 발달했으며 따라서 북아프리카의 사하라에서의 상황에 모두 '신석기'라는 개념을 적용시키기란 매우 어렵다는 것을 다시 한번 확인할 수 있다.

이후 사하라 동부는 기후가 점점 더 건조해지면서 인간이 더 이상 살 수 없는 곳이 되었다. 그 결과 이 지역에 살던 사람들은 기원전 3000년대에 나일강 계곡으로 떠나 정착하게 된다. 이 사막 지대의 선왕조 시대와 초기 왕조 시대의 흔적은 다른 맥락 속에서도 관찰된다. 낙타 대상들은 나일강 계곡에서 꽃핀 이집트 문명을 사하라와 사헬 지대의 다른 지역과 연결시키는 역할을 했다. 이런 경로로 사하라 이남 지역의 이국적 물자가 나일강 지역으로 들어올 수 있었다.

연구 결과 오늘날 이집트에 속하는 지역 중에 사하라 동부에 속하는 다른 지역 또한 위와 비슷한 방식으로 발전했다는 것이 밝혀졌다. 유일한 예외는 사하라 동남쪽 가장 외곽에 위치한 길프 케비르 지역이다. 이곳은 이집트, 수단, 리비아의 3개국이 맞닿아 있는 곳에 위치해 있다 〈그림 45〉. 이곳에 사람이 살기 시작한 것은 북쪽에 위치한 사하라 동부 지역보다 훨씬 오래전부터였다. 가장 오래된 길프 케비르 A기는 기원전 8000년대 중반부터 기원전 8000년대 초까지로 추정된다. 발굴된 유적지에서는 전형적인 아석기시대의 세석기가 출토되었다. 일부 주장에 의하면 이곳에서도 물결무늬를 새겨넣은 단순한 형태의 토기가 발견된다고 한다. 이 토기는 더 남쪽 수단 중앙 지역에서는 볼 수 있지만 북쪽에서는 발견되지 않는 토기다. 여기서 발견되었다고 하는 토기의 파편을 방사성 탄소 연대 측정법으로 측정해보니 상당히 더 늦은 시기인 기원전 5000년대 중반이라는 결과가 나왔다. 요컨대 현재 이 유적지들에서 발굴된 유물의 상호 연관성, 그리고 이곳에서 나온 토기 파편을 이 유적지

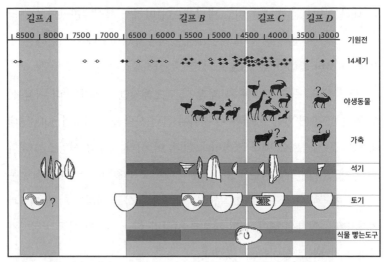

<그림 45> 길프 케비르 미시微示지역의 신석기 문화 발달 과정. 사하라 동부, 이집트.

존속 기간에 속하는 것으로 봐야 할지에 대해서 현재로서는 아무것도 확실히 말할 수 없는 상태다. 여하간 길프 케비르 A기의 주민이 사냥에만 의존해서 살았다는 것만큼은 분명하다.

길프 케비르 B시기에도 사정은 비슷하다. 이 시기에 나온 동물 뼈 중 가축의 잔해로 보이는 것은 발견되지 않는다. 갈돌이 나오는 것으로 보아 이 시기에도 마찬가지로 풀과 야생 곡물을 채집하고 가공했다는 것을 알 수 있다. 약 기원전 6000년대 중반에서 기원전 4000년대 중반에 이르는 이 시기에 해당되는 토기는 신석기시대 중기의 특징을 보이고 있다. 즉 장식이 없고 점성이 과도한 점토를 잘 굳게 하기 위해 유기물 재료를 사용했다(첨가물 섞기 기법). 유일한 장식이라면 용기 가장자리에 돌려가며 홈을 낸 정도다. 이에 반해 석기는 다양하고 변이형이 많았다. 상당한 시간상의 격차에도 불구하고 길프 케비르 A기 유물과 연관성을 보이는

인류는 어떻게 역사가 되었나

형태도 있었다. 또한 B시기에는 삼각형과 마름모꼴 세석기도 등장했는데 이 중 일부는 C기와 D기까지 이어졌다.

B기에서 직접 이어지는 길프 케비르 C기는 후기 신석기시대에 속하며 기원전 4000년대 후반에서 기원전 3000년대 중반까지 존속했다. 길프 케비르 C기의 토기에는 장식이 더 풍부해져 선을 그려넣거나 빗살 모양을 눌러 찍는 등 평면적 무늬가 나타난다. 그중에서도 특히 자주 볼 수 있는 것은 물고기 가시 무늬다. 길프 케비르 C기 다음에는 얼마간 단절기가 이어졌고 그 뒤이어 마지막 단계인 D기가 나타난다. D기는 기원전 2000년대 초까지 지속되었던 것으로 보인다. 길프 케비르 D기는 C기와 본질적인 차이는 별로 없지만 유적이 거의 출토되지 않았기 때문에 자세한 평가는 내릴 수 없다. 길프 케비르 C기에는 사냥 동물이 훨씬 다양해졌다. 당시에는 오릭스, 타조, 토끼, 가젤 외에 기린과 같은 대형 동물도 사냥되었다. 어쩌면 길프 케비르 C기부터 사람들은 이미 가축 사육을 시작했을지도 모르지만 당시 소, 양, 염소가 가축화되었다는 명확한 증거는 아직 발견되지 않는다. 현재까지 이 시기에 출토되는 뼈는 지표에서만 수집되고 있기 때문에 그 이상의 가설을 확인해줄 확실한 증거가 되기에는 불충분하다.

사하라 동부의 다양한 주거지역을 비교해보면, 조사가 더 많이 진척된 지역에서는 기본적으로 비슷한 발전 경향이 나타나고 있음을 알 수 있다. 이런 조사를 통해 밝혀진 바에 따르면 토기는 아석기시대에 이미 드문드문 제작되다가 초기 신석기시대 들어 모든 지역에서 제작되었다. 이 시기의 또 다른 특징으로는 아석기시대 때 사용되었던 석기가 초기 신석기시대까지 사용되었다는 점이다. 이렇게 이전 시대의 강력한 전통이 이어져 내려갔다. 앞서 언급한 토기는 사하라 동부에서 가장 오래된 물결무늬 그릇이다. 이 토기는 중앙 수단에도 나타나기 때문에 사하라-수단 문화권이라는 더 넓은 맥락에서 볼 수 있다. 다음 시기인 일명 사하라 동부의 중기 신석기시대는 민무늬 토기가 주를 이루었는데 이를 근동아시아에서 수입된 것으로 보려는 시각도 있다. 하지만 이 가설이 성립되려면 뒷받침할 더 많은 증거 자료가 제시되어야 한다. 사하라 동부 거주민은 중기 신석기시대에 이르기까지 점차 식량 조달 전략을 확대해갔다. 플라이스토세가 끝난 시점에서도 수렵 채집 경제는 일단은 여전히 주요한 전략으로 기능했다. 이후 홀로세가 시작되고 상당한 시간이 흐른 후 기원전 8000년경이 되자 비로소 서서히 가축 사육이 중요성을 띠기 시작했다. 즉 당시 사회는 사냥과 채집, 유목이 혼합되어 있던 사회였다. 사람들은 소, 양, 염소를 동시에 가축화하려고 노력했던 것으로 보인다. 이때 소는 북아프리카에서 가축화되었던 반면 양과 염소는 근동아시아에서 들어왔다.

사하라 동부 개별 지역 사이에 이와 같은 근본적인 공통점이 존재하지만 새로운 변화가 언제 시작되었는지 그 시기를 놓고 볼 때는 지역 간에 상당한 차이가 확인된다. 이 차이는 절대적 연대의 순서에서뿐만 아니라 발전 단계상의 문화적 특징에서도 나타난다. 이러한 차이가 나타나는 이유는 지역에 따라 다른 속도로 발굴 조사 작업이 이루어지기 때문일 수도 있다. 그럼에도 불구하고 분명히 말할 수 있는 것은 사하라 동부 지역에서 거주의 역사는 동일한 형태로 발달한 것이 아니라는 사실이다. 이러한 차이가 생긴 배경에는 특정 지역에서만 일어났던 기후 변화가 꼽힐 수도 있다. 하지만 이것이 얼마만큼 사실인지, 이후의 연구가 이 문제에 대한 실마리를 줄 때까지 여기서는 이 문제를 더 이상 다루지 않도록 하겠다.

수천 년에 걸친 기후 변화로 인해 사하라 동부 지역에 살았던 사람들은 계속해서 거주지를 포기하고 다른 곳을 찾아 나서야 했다. 수렵 채집 생활과 같은 획득 경제에서 소 유목의 생산 경제로의 이행은 생태적 환경에만 그 이유가 있었던 것도, 또 그것이 가장 주요한 이유가 되어 일어났던 변화도 아니었다. 기후가 건조해지긴 했지만 새로운 생존 전략이 반드시 요청될 정도로 그렇게 큰 변화는 아니었기 때문이다. 당시 사람들은 기르기 쉬운 양, 염소가 혼합된 가축 떼를 기르기 시작했다. 소의 사육이 완전히 정착된 후, 건조한 기후로 인한 부담이 더욱 커졌을 때인 기원전 1000년대에서야 이 가축 사육 공동체의 생활은 양, 염소 등 크기가 작은 가축 사육이 증가했을 때에도 기본적으로 크게 달라지지 않았다.

3.
마그레브에서의
수렵 채집 생활과 농경의 시작

유럽의 관점에서 후기구석기시대와 중석기시대에 해당되는 시기의 문화 현상은 아프리카 서북쪽에서는 아석기시대라고 불린다. 시대 구분에 있어서 이러한 차이는 일차적으로 아프리카 서북부 지방에서는 홀로세 말인 기원전 8000년경 유럽의 대부분 지역에 있었던 것과 같은 그런 결정적인 기후 및 지형적 변화가 없었기 때문이다. 빙하기가 끝나갈 무렵 마그레브 지역은 유럽 여러 지역과 비슷한 기후 및 생태 조건이 되었다. 마지막 빙하기가 끝나면서 사람들은 산간지역과 고원지대에도 분포해 살 수 있었다. 기후가 급격히 변화하고 그 결과 거주 역사에서도 전환점이 일어났던 시기에 아석기시대의 대형 문화 두 개가 교체되었다. 두 문화 중 선대 문화는 이베로마우루시안 문화이고 후대에 속하는 것은 카프사 문화다. 이 문화들은 약 기원전 2만 년에서 기원전 8000년 사이에 존재했다. 양 문화에서는 모두 아석기라 불리는 거의 동일한 석기 제작이 나타나며 이때 가장 많이 볼 수 있는 것은 세석기(크기가 매우 작은 박편으로 만들어

인류는 어떻게 역사가 되었나

지며 화살이나 창의 부속품으로 사용됨)였다. 이 때문에 서북 아프리카의 선사시대 시대 구분에서 이 두 문화는 하나의 덩어리로 묶인다. 다시 말해 유럽 모델에서 보듯 후기구석기시대와 중석기시대를 구분하지 않는다. 서북아프리카 발달 과정에서 특징적인 점은 마지막 빙하기 동안, 즉 유럽보다 훨씬 이른 시기에 이미 세석기 가공이 시작되었다는 사실이다. 이에 반해 유럽의 후기구석기 문화에 특징적인 석기 제작(예를 들어 나뭇잎 모양 첨두기 또는 돌날 석기)은 전혀 발견되지 않는다. 따라서 아테리안이라 불리는 마그레브의 중기구석기시대는 후기구석기시대를 거치지 않고 기원전 2만 년경에 아석기시대로 바로 넘어갔을 것으로 추측된다. 그러나 이러한 과정이 정확히 어떻게 이루어졌는지에 대해서는 아직 구체적으로 밝혀진 바가 없다.

중기구석기시대 말에서 아석기시대 사이에 나타났던 단절기처럼 뚜렷한 단절기를 보기도 힘들 것이다. 두 시대는 매우 대조적인 유물과 유적을 보이며 기술적인 측면과 유형학적 측면에서 거의 연관성을 찾을 수 없기 때문이다. 초기 아석기시대의 이베로마우루시안 문화인이 남긴 흔적은 여러 해석을 낳는다. 남유럽과 왕래가 있었다고 보는 학자도 있고, 이 문화에서 마그레브의 후기 아테리안 문화가 성립되었을 것으로 보는 학자도 있다. 하지만 아석기시대의 석기 제작이 북부 또는 남부에서 인구 집단이 대거 이주한 결과 발달한 것인지, 아니면 지중해를 건너 이루어졌던 교류의 결과로 형성된 것인지는 최종적으로 확인되지 않는다.

아프리카 대륙 서북쪽 가장자리 지역에서 아석기시대가 시작된 것과 비슷한 시기에 사하라 서북쪽은 조금씩 더 거대한 건조 기후 지대로 바뀌기 시작했다. 이곳의 사막화 과정과 아틀라스산맥의 결빙 사이에는 인과관계가 있었던 것으로 추측된다. 아석기시대에 특징적인 점 가운데 하나는 기후가 더 온화해지고 습해졌다는 점이다. 이러한 기후 생태적 변화로 인해 이 지역은 더 매력적인 생활 터전이 되었고 초기 아석기시대의 이베로마우루시안 문화인은 지중해 해안 내륙 지방에 거주지를 개척할 수 있었다.

약 기원전 9500년까지 지속되었던 이베로마우루시안 문화는 유럽의 마그달레니아 문화와 동시대에 존재했던 것으로 여겨진다. 서북아프리카의 플라이스토세 말기 마지막 문화이면서 동시에 초기 아석기시대에도 편입되는 이 문화의 이름, 즉 이베로마우루시안은 지금은 폐기된 한 가설에 의거한다. 이 가설은 이 문화가 한때 서북아프리카 외에 이베리아반도에도 퍼져 있었다고 주장했다. 하지만 현재 밝혀진 바로는 이 문화의 유적지는 서북아프리카 연안을 따라 존재하며 최남 경계선은 아틀라스산맥이다. 이베로마우루시안 문화와 더불어 서북아프리카에는 플라이스토세 말기에 세석기적 특징을 보이는 석기 제작이 등장했다. 이런 석기에 속하는 것으로는 도구의 부품(예를 들어 작살, 투창, 찌르기용 창 등에서 목재 자루에 장착하는 부속품)이 많았고, 가늘고 뾰족한 작은 공구, 소형 삼면 첨두기 등도 있었다. 뼈를 이용해서는 송곳, 투창용 첨두기, 칼, 가죽 가공에 사용하는 표면을 고르게 하는 도구 등이 제작되었다. 장신구로는 바다 조개와 화석으로 만든 것 등이 있었다.

이베로마우루시안 문화인은 일차적으로 수렵 채집 생활을 했다. 이베로마우루시안의 핵심 지역에서 활동했던 수렵 채집 집단에는 이후 '지중해 아석기 문화'라는 이름이 지어졌다. 이는 한편으로는 카프사 문화, 다른 한편으로는 대서양 연안의 홀로세 초기 집단과 구분하기 위한 것이었다. 동굴과 바위굴에서는 수렵 채집 생활을 했던 이들의 야영지가 발견된다. 이들이 한 장소에 정착해서 살았다는 흔적은 발견되지 않는다. 유물이 있었던 공간을 살펴보면 작업 장소, 생활 공간, 묘지 등이 있었던 것을 알 수 있다. 묘지는 간단한 매장 방식을 취하고 있다. 특기할 만한 것은 갈돌이 많이 발견된다는 점으로, 당시 채집한 풀과 야생 곡물 씨를 가공해서 이용했음을 말해준다. 이는 우리가 이 시기의 다른 문화에서도 똑같이 확인했던 바다. 예술 창작 증거물은 아직 발견되지 않았지만 붉은 황토색 유적은 사람과 물건 모두 붉은 황토로 칠했던 흔적일 수 있다.

기원전 9000년대 중반경 마그레브 아석기시대 발달사에서 또 하나의 뚜렷한 분기점이 생긴다. 즉 플라이스토세에서 홀로세로의 전환기에 카프사 문화가 발흥한 것이다. 카프사 문화는 두 번째로 큰 아석기시대 문화로 아석기시대 후반기를 대표한다. 서북아프리카 연안에서는 카프사 문화 유적지가 발견되는 경우가 거의 없다. 이베로마우루시안 문화와 대조적으로 이 시기 주거의 중심은 마그레브 지역 내륙 쪽으로 이동했던 것으로 보이며 이는 홀로세 시작 이후 기후 생태 조건의 변화와 관련 있는 것이 확실하다. 즉 동물상과 식물상의 대부분이 내륙의 조건이 더 좋은 지역으로 이동했고, 이런 생존 자원이 필요했던 수렵 채집 생활자들은 이를 따라 함께 이동했을 것이다.

카프사 문화인의 주거지에 관해서는 알려진 바가 많지 않다. 이들의 주거 공간은 보통 언덕이나 완전히 말라버린 염호 주변부에 위치한 경우가 많았다. 카프사의 유형 문화 유적은 세석기가 특징인데, 종류가 다양하고 변이 형태가 풍부했다. 세석기는 지역마다 나타나는 형태적 차이에도 불구하고 많은 지역에 이 문화를 특징짓는 동일한 형태가 퍼져 있었음을 알 수 있다. 특히 여러 가지 칼날이 점점 더 중요한 의미를 띠게 되었다는 것이 관찰된다. 가장 흔히 볼 수 있는 칼날에는 등칼 한쪽은 직선, 다른 한쪽은 곡선으로 되어 있는 돌칼로, 곡선으로 되어 있는 면이 칼날이 있는 쪽으로 사용됨과 등칼날(한

　　　　　　　　7장 사하라와 사헬 지대의 기후와 문화 발달

쪽 면을 무디게 만들어 부상의 위험 없이 손에 쥐고 사용할 수 있게 만든 칼날), 삼각형, 사각형, 마름모꼴의 작은 첨두기나 칼날이 있었다. 이들은 주로 조립형 도구에 사용되었다. 그 외에는 여러 재료로 만들어진 구슬 장신구가 발견되었다. 타조알은 용기로 가공되었고 새김 문양을 장식해 넣었다.

전체적으로 봐서 카프사의 유형 문화 유적은 이베로마우루시안에서 연속적으로 발전해 나왔다고 볼 수 있다. 이러한 연속성은 종교적 제의에서도 확인된다. 이베로마우루시안에서와 유사하게 카프사 문화에서도 상당수의 무덤이 전해진다. 시신은 항상 구부린 자세이고 부장품으로 장신구 및 도구가 함께 매장되었다. 예술 창작물과 관련해서도 카프사 문화는 이전 시기로부터 많은 것을 물려받았다. 추측건대 이 시기 사람들도 붉은 황토 안료를 신체에 칠했을 것이다. 장신구 제작물과 뼈로 만든 도구에 간간이 보이는 새김무늬에서도 이미 이베로마우루시안 문화에서 있었던 것과 비슷한 형태를 확인할 수 있다. 이 시기에 처음 나타나는 것은 무늬를 새긴 타조알뿐이다. 드물게 발견되는 인간 형상 조각상도 이베로마우루시안 문화에서 비슷한 모양을 발견할 수 있다. 이베로마우루시안 문화에 없었던 타조알 사용이 카프사 문화에서 나타났던 이유는 후기구석기시대 생활 공간이 남쪽으로 확장되게 된 것과 관계있다. 이베로마우루시안 유적이 집중되어 있는 해안에서 가까운 지역에는 오래전부터 타조가 서식하지 않았기 때문이다. 카프사 문화에서 또 새로운 것은 최초의 암석 벽화이며, 상당히 사실적인 형태로 표현되어 있다.

유형학적 연구는 카프사 문화를 다시 둘로 구분한다. 즉 상上카프사라 부르는 문화와 전형적인 카프사 문화다. 지금까지 알려진 모든 전형적인 카프사 문화 유적지는 오늘날 알제리와 튀니지 경계에 있는 몇몇 지역, 즉 가프사-테베사 지역에 위치해 있다. 이에 반해 상카프사 유적지는 거의 마그레브 전역에 걸쳐 있다. 카프사 문화를 이렇게 이 두 형태로 구분하게 된 후, 양자가 연대기적으로 구분되는지 아니면 동일한 시간대에 서로 다른 지역에 분포되어 있었던 문화 현상으로 볼 것인지에 대한 논의가 일어났다. 지금까지의 연구 결과는 수차례의 신뢰할 만한 방사성 탄소 연대 측정법에 근거해 후자의 해석에 무게를 실어주고 있다. 카프사의 주거지 분포와 그곳에서 발견된 야생동물 및 채집 식물의 잔해는 카프사 문화인이 그때그때 처해 있던 주변 생활 환경에 매우 유연하게 적응했음을 증명해준다. 이런 적응력 덕분에 이들은 매우 상이한 지형에 주거지를 만들 수 있었다. 심지어 콩스탕틴 주변 고원에서 훨씬 더 남쪽의 울르 젤랄 지역에 위치한, 현재 완전히 말라버린 염호까지 계절에 따라 거주 장소를 옮겼을 것이라고 추측되기도 한다.

당시 인구 집단들, 특히 상카프사의 인구 집단에서는 특징적으로 높은 이동성이 눈에 띄는데 이는 아석기시대인에게 흔하지 않았던 습성이었다. 카프사 문화는 기원전 9000년대 중반경에 시작되었고 이베로마우루시안 말기와 겹쳐서 존재했을 수 있다. 카프사 문화는 최소한 기원전 5000년경에 소멸되었는데 이 시기는 마그레브에서는 이미 생산 경제 방식을 가진 신석기 공동체들이 확산되었던 때다. 수렵 채집에서 생산 경제로의 이행은 서북아프리카에서도 매우 점진적으로 이루어졌으며 지역마다 차이가 많았다.

카프사 문화가 주로 이베로마우루시안 문화의 동쪽 지역에서 나타났던 데 비해 마그레브의 서쪽과 중부에는 학자들이 지중해 아석기 문화라고 부르는 문화가 존재했다. 이 문화도 기원전 9000년대 중반부터 기원전 5000년대경까지 지속되었다. 즉 카프사 문화와 거의 같은 시기에 존재했다. 지중해 아석기 문화는 이베로마우루시안에서 마그레브 서부 지

7장 사하라와 사헬 지대의 기후와 문화 발달

역의 초기 신석기시대까지 벌어져 있는 저 큰 간극을 이어준다. 이 문화의 기본 특징은 아석기시대에 매우 두드러진 세석기로서 이는 동쪽에 위치해 있던 동시대의 카프사 세석기와도 그리고 그 이전 시기에 있었던 이베로마우루시안 세석기와도 뚜렷한 차이를 보인다. 유적은 대부분 동굴과 바위굴에서 발견되며, 석기 외에도 뼈로 만든 용구와 장신구가 나온다. 지중해 아석기 문화에도 여전히 생산 경제의 단서는 전혀 발견되지 않는다. 즉 사람들은 생존 전략을 수렵 채집에만 의존하고 있었다. 어쩌면 이들은 이미 점토 용기를 제작할 줄 알았을지도 모르지만 지중해 아석기 문화 지층에서 토기가 아주 이른 시기에 출현한 것을 두고 여전히 많은 논란이 있다. 해당 유적이 발굴된 지 아주 오래되었지만, 유적의 위치가 완전히 명쾌하게 해명되지 않았기 때문에 토기 제작을 후기 아석기 문화에서 시작된 것으로 봐야 할지 결론이 내려지지 않는다.

기원전 9500년경 마그레브의 서부와 중앙 지역에서 지중해 아석기 문화가 시작되었다. 이때는 기온이 상승하고 연간 강수량이 증가했던 시기이기도 하다. 이러한 기후 변화는 동쪽의 카프사 문화와 마찬가지로 식생 변화와 주거 가능한 생활 공간의 확장을 초래했다. 불과 1500년이 흐른 뒤 다시 한번 가벼운 기온 하강이 일어나기도 했지만 전체적으로 홀로세 초기의 온난다습해진 기후는 지중해 해안 지역에 숲이 만들어지는 결과를 가져왔다. 살기 좋아진 기후 조건으로 인해 지중해 아석기 문화 거주민들은 카프사 문화에서 그랬던 것처럼 새로운 생활 공간을 개척할 수 있었다. 이렇게 해서 이들은 남쪽에 있는 호수들로 진출했는데, 이 호수들은 나중에는 반半 건조 혹은 건조지역이 되었다. 유감스러운 점은 이 호숫가 주변의 주거지에 대해서, 특히 그곳의 기본 식량이 무엇이었는지에 대해 알려진 바가 거의 없다는 것이다. 하지만 이곳에 거주하던 사람들도 자연에 있는 것을 획득하는 경제 방식을 따랐으리라고 짐작하는 것은 가능한 일이다. 즉 이들은 전문화된 수렵 채집 생활을 했을 것으로 생각된다. 요컨대 이베로마우루시안 말엽, 즉 기원전 9500년경에 발달된 카프사 문화와 지중해 아석기 문화는 갑자기 뚜렷이 호조된 기후 조건의 결과로 발생한 것이라 할 수 있다.

호전된 환경 조건은 서북아프리카에 신석기시대가 들어서는 동안 계속됐다. 기원전 3000년대가 돼서야 기온이 서서히 낮아져 건조해졌고, 이는 사하라의 넓은 지역을 말라버리게 만들었다. 이 급격한 변화로 나타난 것은 여러 지역으로 이주하려는 움직임이었다. 또한 그 경계를 정확히 가르기 힘든 아석기에서 신석기로 넘어가는 시기에 토기의 생산과 생산 경제가 아주 서서히, 지역에 따라 각기 다른 시점에 나타나기 시작했다. 이런 점을 고려할 때 마그레브 지역에서 신석기적 생활 형태와 경제 방식이 출현한 것은 앞서 언급한 커다란 기후 변화로만 설명될 수는 없으며, 나아가 그것이 일차적인 이유가 될 수도 없다는 사실을 알 수 있다. 신석기시대의 유형 문화 유적에서 특징적인 것은 마제 석기이며 그 밖에 양쪽 면이 가공된 화살촉 모양의 석기, 다양한 장신구, 뼈로 만든 용구(작살), 토기 등이 있다. 하지만 이러한 변화와 동물의 가축화 및 식물 경작이 동시적으로 진행되었다고 보기는 힘들다. 그보다는 이런 요소가 차례차례 발달했거나 또는 다른 지역에서 서서히 영향을 받은 결과 형성된 것이라고 봐야 할 것이다.

현재 연구를 통해 밝혀진 바로 기원전 5000년대 초반 서북아프리카 대륙 신석기 유적지 중 가장 이른 시기의 유적지는 그 이전 지중해 아석기 문화의 분포 지역과 겹치며 특히 탕헤르반도와 모로코의 대서양 및 지중해 연안 지역에 분포되어 있었다는 사실이다. 더 동쪽에 위치한 카프사 지역에서는 기원전 4000년대 이전에는 신석기적 요소가 눈에 띄지 않는다. 서북아프리카 해안 지역의 신석기화는 서지중해 지역 전체에 퍼져 있던 눌러 찍기 무늬 토기와 카디움 조개 무늬 토기가 퍼져 있는 것을 통해 관찰할 수 있다. 이 토기 문화는 장식 목적으로 토기에 새조개 Herzmuschel, Cardiida과 조개를 찍어 단순하면서도 다양한 장식을 만들어냈다. 신석기 문화가 꽃필 무렵 나타난 혁신적 변화는 서북아프리카를 거쳐 지중해 연안을 따라 확산되었거나 혹은 이베리아반도에서 전파되어 확산되었을 수 있다. 현재의 방사성 탄소 연대 측정 자료로 볼 때 아직 생산 경제 방식을 따르지 않았던 마그레브 지중해 아석기 문화는 최초의 신석기 이주자들이 이주할 때까지 지속되었을 것으로 추측된다. 그러나 기원전 5000년대는 전체적으로 봤을 때 이런 과정을 더 정확히 기술하기에 아직 충분히 연구가 되어 있지 않은 상태다.

탕헤르반도의 가장 오래된 신석기 유적지 유물에서는 토기 외에도 최초의 가축 잔해가 발견되었다. 그중 제일 많았던 것은 근동에서 들어온 양과 염소였다. 층위학적 순서로 본 발굴 결과들, 다시 말해 각각의 유적층에서 나온 출토물로 보면 이후 얼마간 시간이 지난 후에 돼지와 소가 추가되었음을 알 수 있다. 식물을 재배했던 흔적은 드물게만 나타나고 있으며 연대 추정에서도 이견이 많다. 하지만 그럼에도 이 시기에 이미 최초의 곡물종(에머밀, 외알밀, 보통밀)은 재배되었다고 볼 수 있다. 그러나 서북아프리카 신석기시대 중에서도 초기에 해당되는 이 시기에 식물 경작이 실제로 어떤 역할을 했던 것인지 현재로서는 짐작하기 어렵다. 이프리 우다다네 혹은 이프리 아르마스와 같은 가장 오래된 유물이 출토된 지역은 모두 모로코 지중해 연안에 위치해 있다. 여기서 사람들은 기원전 5000년대 전반기 동안 눌러 찍기 무늬 토기를 제작했고 양, 염소, 소, 개를 길렀지만 아직 식물은 재배하지 않았던 것이 확실하다. 또한 이곳 유적은 모로코 동부 해안 지역과 안달루시아 남부 지역 사이에 직접적인 문화 접촉이 있었음을 짐작케 한다.

모로코 대서양 연안에서도 탕헤르반도나 그 동쪽 지역에서와 비슷하게 가축 사육과 눌러 찍기 무늬 토기를 가진 초기 신석기시대 유적지들이 발견되었다. 하지만 유물의 양은 현저히 적었다. 식량은 계속해서 사냥과 채집으로 조달했고 해안이나 육지와 가까운 섬 유적지에서는 어로와 연체동물 채집이 중요한 역할을 했다. 모로코 지중해 및 대서양 연안에서 발견된 신석기 유적지의 카디움 토기는 형태와 장식 면에서 이베리아반도의 해당 유물과 뚜렷한 일치를 보여준다. 이 토기는 유럽 서남부에서 아프리카 대륙으로 전달되었음이 확실하며 이와 더불어 인구 이동 또한 있었던 게 아닐까 추측된다.

서북아프리카의 해안을 따라 발달한 신석기 문화의 동쪽, 특히 알제리 오랑 지방 주변과 연결된 지역에는 기원전 5000년대 후반 식물도 경작하지 않고 가축도 기르지 않으며 여전히 아석기시대적 수렵 채집 생활에 의존해 사는 사람들이 살고 있었다. 하지만 이 인구 집단은 토기를 사용했다는 점에서 그 이전 수천 년 동안의 고전적 아석기 집단들과 차이를 보인다. 유적지 중 다수가 하시 우엔즈가와 같은 동굴 또는 암굴에서 발견되었다. 이곳에서 발견된 토기의 형태와 장식은 아직 아석기시대 문화임을 감안하면 놀라울 정도로 다양하다(〈그림 46〉). 뚜껑이 있는 것도 있었고, 끈을 맬 수 있게 만든 고리나 손잡이가 달린 것도 있는 등 형태가 다양하고, V자 모양 무늬, 붙여 만든 혹 모양, 새김무늬, 카디움 눌러 찍기 무늬 등 고도로 복잡한 문양도 보여주고 있다. 그런데 이러한 토기 및 아석기시대 전통을 충실히 따르고 있는 석기 도구와 더불어 발견된 것

7장 사하라와 사헬 지대의 기후와 문화 발달

은 오직 야생동물 뼈뿐이었다. 양과 염소가 등장하는 것은 추정컨대 이 토기 중심의 아석기 문화가 거의 끝나갈 무렵이나 되어서였다. 하지만 이 지역에서도 기원전 4000년대부터 이주자들에 의해 신석기 문화가 부흥기를 이루게 된다.

마그레브 동쪽 지역, 특히 지중해 연안 내륙 지방에서는 예전 카프사 문화가 분포되어 있던 지역에서 기원전 4000년대 초부터 카프사 전통을 잇는 신석기 문화가 들어선다. 이 문화가 형성되는 데에는 지중해 지역과 남쪽의 토착 문화인 사하라-수단 신석기 문화 지역에서 받은 영향이 한몫했다. 후자는 훨씬 일찍부터 수단 중부에서 사하라 서부까지 넓

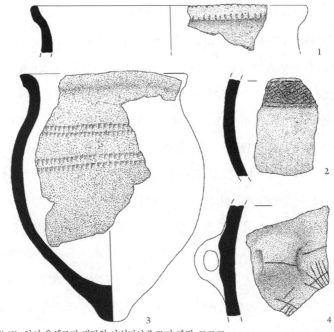

〈그림 46〉 하시 우엔즈가 집단의 아석기시대 토기 파편. 모로코.

은 지대에 퍼져 있었고 이 넓은 공간 안에는 다양한 지역적 문화 형태가 만들어져 있었다. 카프사 지역에서는 신석기적 변화가 사하라나 마그레브 서부 지역에서보다 훨씬 늦게 시작되었다. 카프사 문화인은 아틀라스 산맥을 넘어 남쪽으로 진출해 오늘날 완전히 말라붙은 소금 호수들 주변에 정착했다. 이때 이웃 지역에는 사하라 서부의 초기 신석기 집단이 거주하고 있었다. 이들은 이 새 이웃들로부터 중요한 자극을 받았을 것이고 이들의 영향을 받아 서서히 신석기적 생활과 경제 형태로 이행해갔을 것으로 짐작된다. 서북아프리카의 이 지역에서도 토기 제작과 가축 사육은 외부에서 도입되었는데 이때 영향을 받은 지역은 지중해 북쪽과 수단의 사하라 두 곳이었다.

소금 호수 주변 카프사 후기 주거지에서는 정착생활이 점점 늘어나는 경향이 있었음이 확인된다. 이런 경향은 고기잡이가 집중적으로 이루어졌다는 점, 그리고 계속해서 토기 생산이 확대되었다는 점과 관련이 있다. 카프사 전통의 신석기시대 토기는 새김무늬, 규칙적으로 올록볼록한 무늬 등 여러 모양의 무늬와 용기에 장식을 덧붙이는 형태를 보인다. 특히 새겨서 그리거나 점을 찍어 만든 물결무늬는 수단 중부 지역의 하르툼 신석기 문화를 연상시킨다. 다른 한편 이 무늬는 수단 중앙에서 사하라 서부까지 퍼져 있었던, 사하라-수단 신석기 문화에 속하는 모든 지역 집단을 하나로 묶어주는 요소이기도 하다. 특기할 것은 남부 지역에 특징적인 이 요소는 카프사 전통의 신석기 시기에만 나타나며 마그레브의 대서양 또는 지중해 연안에서는 찾아볼 수 없다는 점이다. 카프사 전통의 신석기 문화는 아석기시대 카프사 지역, 즉 마그레브 동쪽에만 한정되지 않고 아틀라스산맥과 그 남쪽 지역, 그리고 서쪽으로는 거의 대서양 해안까지 분포되었다. 요컨대 카프사 전통 신석기 문화는 기원전 4000년대부터

7장 사하라와 사헬 지대의 기후와 문화 발달

문화 블록을 형성했는데 이 문화 블록은 북쪽으로는 지중해 서부 지역에서 영향을 받은, 지중해 대서양 연안 지역에 형성된 카디움 조개 토기의 신석기 문화와 남쪽으로는 사하라-수단 신석기 문화 사이에 위치해 있었다. 이렇게 이 문화권은 두 개의 완전히 다른 발달 줄기 사이에 놓여 있으면서 양쪽 모두로부터 영향을 받았다.

4.
사하라-수단
신석기시대의 사냥, 채집, 소 유목

플라이스토세 말엽과 홀로세 초기를 특징짓는 기후 및 자연환경의 변화들은 홍해에서 대서양까지 사하라 전체에 골고루 영향을 미쳤다. 그러므로 사하라-수단 지역의 발전 과정은 동부 사하라에서의 발전과 유사하다고 볼 수 있다. 그런데 사하라 중부, 서부, 남부 지역에 관한 고고학적 연구 자료는 답보 상태다. 이는 다년간 사하라 동부 지역 연구가 뚜렷한 성과를 보인 것과 대조된다. 그런 탓에 사하라의 중·서·남부 지역에 대해 현재 우리가 갖고 있는 지식은 대부분 지난 수년간 답보하고 있는 옛날 연구에 의존하고 있다.

이런 배경하에서 우리는 현재까지 마그레브에 분포되어 있던 카프사 신석기 지역 남쪽의 사하라 지방은 전체적으로 사하라-수단 신석기라 불리는 문화, 즉 한때 중앙 수단에서 알제리, 말리, 모리타니까지 분포되어 있었던 문화의 영향을 받았다고 가정한다. 이 광활한 지역에는 다양한 지역 문화 집단이 존재했는데 주로 토기 형태에 의거해 문화적 정체성을 구분한다. 이들 토기에 공통되게 나타나는 특징은 새기거나 점을 찍어 만든 물결무늬다. 이 토기의 기원 그리고 동부 지역에서 소 가축화의 기원은 상이집트-수단 북부의 나일강 계곡이며, 이곳에서 사하라를 거쳐 서쪽으로 전파되었다고 하는 가설이 오랫동안 확실한 것으로 받아들여졌다. 이후의 논의에서 토기 무늬의 상호 연관성은 부인되지 않았지만(즉 수단에서 타실리나제르산맥, 타드라르트아카쿠스산맥, 아하가르산맥을 넘어 멀리 서쪽까지 퍼져 있었던 예술 현상이라는 것), 이 토기 문화가 나일강 계곡 수단 지역에서 생성된 것인지에 대해서는 의견이 엇갈리게 되었다. 방사성 탄소 연대 측정법으로 검사한 결과에서 동부 지역이 서부에 비해 더 앞선 것으로 나오지 않기 때문이다. 이 토기 집단의 형성이 서북아프리카 지중해 연안 및 마그레브 지역으로부터 받은 영향 때문이라고 하는 옛날 이론 또한 설득력이 없다. 세 번째 가설, 즉 사하라 남부 또는 중앙아프리카 북부의 경계지역에서 이 토기 문화가 성립됐다고 보는 의견도 마찬가지로 검증되지 않은 가설일 뿐이다.

　현재 일반적인 시각은 사하라-수단 신석기시대의 물결무늬 토기가 생성된 지역은 한 지역으로 분명하게 확정할 수 없다는 것이다. 일각에서는 물결무늬 토기가 아석기시대인 기원전 7000년대에서 기원전 6000년대나 기원전 5000년대 즈음에 출현해 기원전 4000년대나 기원전 3000년대까지 계속되었다고 가정하기도 한다. 이 견해가 사실이라면 이 토기는 전체 아프리카 대륙에서 가장 오래된 토기가 될 수도 있다. 하지만 이를 증명해줄 신뢰할 만한 방사성 탄소 연대 측정 자료가 충분히 존재하지 않는다. 이 가설이 맞는다면 최초의 토기는 가축의 도입보다 앞선 것이 됨과 동시에 수렵 채집으로 생활하는 집단에 의해 생산된 것이 된다. 이럴 경우 토기는 기름과 같은 식량을 보관하는 데 사용되었을 것으로 추측된다. 물론 그 밖에도 식사 준비와 같은 일상적 용도 및 기타 목적에 사용되었을 것이다. 여하튼 수단의 중부, 서부, 남부에서 토기 생산과 생산 경제 사이의 필연적 연관관계는 증명이 불가능하다. 이때 후자는 전자와 마찬가지로 이 문화권에서 서서히 확산되었으리라 짐작되는데 토기의 확산 경로가 불분명하듯 가축 사육의 확산 경로 또한 분명하지 않기 때문이다. 이는 일차적으로 원시 가축 사육을 증명해줄 신뢰할 만한 연대 추정 자료가 부족한 데 원인이 있다. 사하라 동부의 비르 키세이바와 납타 플라야와 같은 주거지에서 매우 이른 시기의 증거물이 나왔던 데 반해(〈그림 44.2~5〉), 중부, 서부, 남부 사하라에서는 이런 증거물을 찾아볼수 없다. 때문에 사하라 동부 또는 마그레브의 영향으로 가축 사육이 시작되었는가 하는 문제는 해결되지 않은 채로 있다. 즉 사하라-수단 신석기인은 전형적인 신석기 부흥기 문화에서 볼 수 있는 것 같은 농경과 가축 사육을 하는 사람들이 아니었다. 이들의 주거지는 호숫가와 강가에 있었고 식량 조달을 위해 고기잡이를 주로 했다. 이와 함께 사냥에도 많이 의존했으며 채집활동도 빼놓지 않았다.

이 문화의 중요한 자료는 다수의 암석화로부터 제공된다. 암석화는 타실리나제르산맥과 아하가르산맥 그리고 에네디, 티베스티, 페잔, 아이르, 사하라-아틀라스 지역을 중심으로 분포되어 있다(〈그림 47〉). 하지만 이 암석화들을 시대 순으로 구분하기는 매우 어렵다. 그럼에도 이 암석화를 통해 당시 사람들의 생활과 관념세계를 엿볼 수 있다. 그림들을 보면 사하라 동부와 생활상이 비슷하다는 것을 알 수 있다. 즉 사냥과 수렵 채집 생활에서 가축 사육이 시작되고 점진적으로 유목생활로 이행해가고 있는 모습을 볼 수 있다(〈그림 47.1〉). 이는 오랫동안 서서히 진행된 과정이었다. 수렵 채집 경제에서 생산 경제로의 이행 시기 동안 이 두 경제 방식

〈그림 47〉 1. 리비아 테슈나트의 암석화 2. 알제리 타실리의 암석화.

은 비교적 오랜 기간 병존했음이 거의 틀림없다.

그림 양식에 대한 연구와 지층학적인, 그러니까 해당 자료가 들어 있는 층들의 집적 형태를 관찰한 결과 사하라의 암석 벽화를 여러 시기로 구분할 수 있었다. 가장 오래된 시기는 부바린이라 불리는데 그림에 부발루스 안티쿠스라고 하는 물소가 많이 나오는 데서 기인한다. 이 시기는 기원전 5000년대에서 기원전 3000년대로 추정된다. 이 양식에 속하는 그림에서는 사하라에서 오래전에 멸종한 동물을 많이 볼 수 있다. 이 동물들은 건조하지 않은 시기 동안, 적어도 극심한 건조 기후가 시작되기 전에 서식했다. 그중에서 흥미로운 것은 하마, 코뿔소, 코끼리, 사자, 영양 외에도 벌써 이따금 소와 양이 눈에 띈다는 것이다. 암석 벽화에는 더 이전 시기로 거슬러 올라가는 단서는 나타나지 않는다. 이 가장 초기 그림에서 사람 또는 사람으로 보이는 혼합 존재는 그림의 측면에 위치하며 사실적으로 그려진 것도 있고 또 매우 도식적으로 그려진 것도 있다. 또한 그중에는 의례적 행위와 연관된 듯 보이는 것도 있고(〈그림 47.2〉) 탈을 쓴 것도 있다(이는 이름하여 둥근 머리round heads 시기라 불린다).

본격적으로 가축이 사육되었던 시기는 암석 벽화에서는 보비디안, 소치던 시기라고 불린다. 알제리 남부 지역(타실리나제르와 아하가르)에서 나온 많은 암석 벽화는 당시 사람들이 얼마나 열심히 소 치는 일에 종사했는지 보여준다. 이 그림들에서는 많은 소가 충실한 디테일로 표현되어 있다. 움직이는 것도 있고 어떤 것은 심지어 인간 형상과 합쳐져 있다. 이 그림들은 일종의 제의, 혹은 어쩌면 입교식을 그리고 있는 것이 아닐까? 확실히 대답할 수 있는 것은 없다. 하지만 눈에 띄는 점은 그려진 사람 중몇 명은 흥미롭게도 검은색 얼굴을 하고 있고 다른 몇몇은 하얀 얼굴을 하고 있다는 점이다. 이것은 숭배 의식의 일종으로 얼굴에 색을 칠한 것을 나타낸 것일까? 형상 중에는 복장에서뿐만 아니라 머리카락 모양, 수염 모양과 같은 세세한 부분에서 구분 가능한 것도 여럿 있다. 이에 반해 훨씬 덜 사실적으로 그려진 인간도 등장한다. 다른 그림에서처럼 이 그림의 연대 추정도 분명하지 않다. 보비디안 시기는 기원전 3000년대에 이미 시작되었을 수도 있다. 한편 이 시기는 기원전 1000년대가 지나고 나서야 끝난 것으로 추정된다.

이 시기 동안 사하라에는 사람이 고르게 분포해 살지 않았다. 알제리-리비아 경계 지역에 위치한 타실리산맥, 그 산맥의 동쪽 줄기인 타드라르트아카쿠스산맥 주변은 중요한 주거 중심지였다. 이와 유사한 장소가 알제리 남부의 타실리나제르산맥과 아하가르산맥, 그리고 차드 북부의 티베스티산맥 지역에서도 발견된다. 이 지역 곳곳에서는 야영지와 유적들이 발견된다. 이 유적에서는 석기 도구만 이용했던 아석기 문화 초기에서 아석기 문화 후기로의 점진적 이행과정을 관찰할 수 있다. 아석기 후기 문화 사람들은 이미 최초의 토기를 사용하고 세석기형 규석 도구를 사용했으며, 식량 조달에서는 기본적으로 사냥, 어획, 야생 풀 채집에 의존했다. 이다음에 이어지는 단계에서는 초기 신석기시대 토기와 서서히 소유목이 시작되었음을 증명해주는 유적지들이 보존되어 전해진다. 이 유적지 대부분은 동굴 입구와 바위굴에 위치해 있다. 여기서 눈에 띄는 점은 최초의 토기 제작과 더불어 식량의 종류가 늘어났다는 점이다. 토기 용기는 기름을 보관하는 데 사용되었을 뿐만 아니라 야생 풀 씨앗을 갈아 죽이나 심지어 맥주 같은 음료를 만드는 데 사용되었다. 당시 식물 경작이 이루어졌음을 보여주는 확실한 증거는 발견되지 않고 있다. 눌린 수수 자국이 남아 있는 토기 잔해가 있긴 하지만 이 낟알 모양으로는 이것이 야생인지 재배되어 변형된 종인지 분명치가 않다.

사하라 중부와 서부에서의 문화 발달은 기본적인 특징에서 동부와 거의 차이가 나지 않는다. 이 넓은 지역 전체는 건조한 기후 환경이고 우기 때에만 생활 공간으로 이용되어 주거가 가능했다. 기원전 3000년대부터 사하라 전체의 건조화는 훨씬 거세게 진행되었고 생활에 유리한 특정 지역은 일단 제외되었지만 나머지 지역은 주거에 점점 더 부적합해지면서 점차 아무도 살지 않게 되었다.

니제르 북부에서 이루어진 최신 연구들 덕분에 사하라 남부 문화의 발달이 어떻게 진행되었는지 더 정확히 구성할 수 있게 되었다. 고베로 지방에서는 원래 호숫가였던 곳에서 공동묘지가 발굴되었는데, 이 묘지는 홀로세 초기 또는 중기에 속하는 것으로 추정된다. 이곳은 아이르산맥 서남부 가장자리에 위치해 있으며 차드 분지로 이어지는 곳과 바로 면해 있다. 플라이스토세 후기와 홀로세 시작 시기, 즉 기원전 1만4000년에서 기원전 7700년 사이, 이 지역은 극심한 건조 사막 기후였고 고베로 지방은 광활한 모래 언덕으로 뒤덮여 있었다. 차드 분지의 호수들은 완전히 말라붙었거나 수위가 매우 낮았다. 때문에 이 지역은 기껏해야 이따금씩 이동하는 수렵 채집 생활자가 들르는 곳이었고 주거지 내지는 네크로폴리스와 같은 장기적 주거의 흔적을 남기지 않았다.

하지만 이런 환경은 홀로세 초기에 들어서면서(기원전 7700년부터 기원전 6200년까지) 변하게 되었다. 기후가 훨씬 습해지면서 차드 분지 전체에 (고베로 북부 경계지역 포함) 원시 호수옛날엔 존재했지만 더 이상 존재하지 않는 호수와 사바나 초원이 만들어졌다. 호수 주변은 매력적인 주거지였고 풍부한 식량 조달 가능성, 더 장기간 머물 가능성 또한 제공했다. 때문에 인근 지역에서 많은 사냥꾼, 어부, 채집자가 고베로 지역으로 모여들었다. 하지만 이들이 어디에서 온 것인지는 아직 완전히 해명되지 않고 있다. 고베로 지역에서 발견된 해골에 대한 1차 스트론튬 동위 원소 분석 결과를 가지고는 이들이 알제리 남부의 아하가르산맥에서 온 것인지 아니면 니제르 북부의 아이르 고원 북쪽에서 온 것인지 확실히 판단할 수 없다.

홀로세 초기 동안 고베로 지방에서는 최초의 공동묘지가 만들어졌다. 이 묘지는 기원전 7700년에서 기원전 6200년이라는 오랜 세월 동안 줄곧 시신 매장지로 이용되었다. 이곳은 사하라에서 가장 오래된 공동묘지로서 현재 최고最古라고 알려진, 오늘날 이집트에 속해 있는 사하라 동부 지역의 네크로폴리스보다 거의 3000년 정도 앞선 것이다. 고베로의 무덤은 당시 그곳에 살았던 사람들의 생활상에 대해 명확한 상을 제시해준다는 점에서 의미가 있다. 이에 반해 고고학적 가치를 갖는 주거지는 거의 존재하지 않는다. 이는 첫째로 아석기시대와 이후 시기 수렵 채집 생활자는 특정한 장소에 단기적으로만 머물렀기 때문이고 따라서 주거의 흔적이 새겨질 정도로 큰 규모의 유적지층을 남기지 않았기 때문이다. 두 번째로는 사하라 전 지역에서 강풍에 의한 침식 작용으로 인해 이 드물게 형성된, 그다지 일반적인 현상은 아니었던 주거지 대부분이 자취를 감추게 되었기 때문이다. 기껏해야 남은 것은 지표면에 흩어져 있는 석기 도구와 간혹 보이는 동물의 뼈 몇 점, 토기 파편 정도다. 따라서 사하라 남부의 초기 수렵 채집 생활자의 생활과 경제 방식을 재구성하는 데서 확실하게 말할 수 있는 것은 별로 많지 않다.

고베로 지역의 홀로세 초기 공동묘지에 매장된 시신들은 월등한 신장으로 인해 놀라움을 자아낸다. 여자와 남자 모두 거의 2미터에 달하기 때문이다. 시신은 대부분 등을 바닥에 대고 누운 자세로 안치되어 있어 세계적으로 퍼져 있는 구석기적 시체 안치 형태를 따르고 있다. 몇몇 시신은 하늘을 보고 누운 자세로 사지가 몸에 바싹 붙어 있는 형태인 것도 있다. 이는 시신을 매장할 때 동물 가죽이나 끈 등을 이용해 시신을 묶었을 경우에만 나올 수 있는 자세다. 그 밖에 세석기 노구들과, 뼈를 가공해 만든 작살과 낚싯바늘, 점을 찍어 만든 물결무늬 또는 새기거나 눌러 찍은 지그재그 무늬 토기의 깨진 파편 등도 발견된다. 이때 토기는 일명 키피안 문화로 분류되는데, 플라이스토세 끝 무렵부터 홀로세 중기가 시작될 때까지 마그레브 남부에서 사하라 남부에 걸쳐 분포되어 있었다.

이 문화 집단은 아드라르-부스산맥에 있는 고베로 지방에서 북으로 약 500킬로미터 떨어져 있는 곳에 위치한 유적지의 이름을 따라 아드라르-엔-키피Adrar-n-Kiffi라고 부른다. 이 유적지에서는 대부분 서로 일치하는 유물 자료가 나왔다. 무덤 밀집도와 기수 그리고 그 안에 부장된 도구 및 가장 초기의 토기 등 무덤의 시설로 볼 때 이곳에 살았던 사람들은 수렵 채집 생활을 했던 규모가 큰 집단이었음을 유추해볼 수 있다. 이들은 아이르산맥 남쪽 끝자락, 원시 호수 주변의 살기 좋은 지역에 거주했고 어획과 사냥(하마, 악어, 거북이 등)에 의존한 혼합된 식량 경제 체제를 보유하고 있었다. 호수 주변 지형은 그 시기에는 풀이 무성한 사바나 초원 지대였고 이따금 무화과 및 위성류渭城柳 나무와 같은 키 작은 나무도 서식했다.

홀로세 초기가 끝나가는 약 기원전 6500년에서 기원전 6300년 사이에 기후는 다시 한번 습해졌고 호수의 수위는 상승했다. 그 결과 그때까지 사람들이 살던 물가 지역이 범람했다. 때문에 그들은 공동묘지와 야영지를 두고 떠나야만 했다. 기원전 6200년경 엄청난 기후 변화가 일어나면서 결국 고베로에서의 홀로세 초기 주거 시기는 막을 내리게 된다. 당시 대서양 북부의 기온이 큰 폭으로 떨어지면서 이곳이 극도로 건조해졌기 때문이다. 고베로의 호수는 차드 분지와 사하라 및 다른 지역의 많은 원시 호수와 마찬가지로 물이 완전히 말라버렸다. 이 호숫가 지역들은 이후 거의 1000년 동안 불모지였고, 기원전 5000년대 후반, 습도가 다시 높아지자 이주자 집단이 돌아와 새로 생성된 호수 주변에 거주했다.

기원전 5200년경 홀로세 중기라 불리는 시기가 시작되었고 기원전 2000년대 중반까지 지속되었다. 방사성 탄소 연대 측정법으로 고베로 지역에 존재하는 홀로세 중기 고분들을 분석해보면 이곳에서 거의 2000년 동안 사람이 살았던 것으로 나온다. 하지만 이 시기에 무덤을 만들었던 이들은 홀로세 초기에 살았던 사람들과는 출신 지역이 달랐을 것이 분명하다. 왜냐하면 홀로세 중기에 나온 해골은 골격이 훨씬 가늘고 남자와 여자 모두 신장이 훨씬 작았기 때문이다. 시신은 주로 왼쪽이나 오른쪽으로 구부린 자세를 하고 있었다. 해골에 대한 형태학적 조사를 통해 입증된 것은 이 집단이 극도로 고립되어 살았다는 사실이다. 즉 사하라 서부, 중부, 남부의 인근 지역에 살았던 다른 인구 집단과 거의 접촉이 없었다는 것을 확인할 수 있다. 하지만 이는 아직 연구가 제한적이기 때문에 나타난 결과일 수도 있다. 어쨌든 현재 이들이 어디에서 왔는지는 해명되지 않은 채로 남아 있다.

전체 무덤의 약 4분의 1에 부장품이 함께 들어 있었다. 부장품에는 야생동물 뼈, 깨진 토기 조각, 석기(특히 화살촉) 그리고 뼈, 상아, 조개껍질

〈그림 48〉 신석기 무덤에서 출토된 돌과 뼈로 만든 인공물. 고베로, 니제르.

로 만든 장신구 등이 있었다(〈그림 48〉). 석기는 일명 테네레안이라고 하는 문화 집단에 속한다. 이 유물 집합은 그 전의 키피안 유물과 마찬가지로 사하라 남부와 중부에 분포되어 있었다. 무덤은 개별 매장이 보통이었지만 2인, 심지어 3인 합동묘도 있었다. 이는 아마도 이 문화 집단 구성원에게서 가족적 유대가 점점 더 중요해졌고 죽은 이후에도 그 중요성이 이어졌던 것이라 볼 수 있다. 이 추측이 맞는다면 이는 홀로세 초기와는 상황이 확실히 달라졌음을 말해준다.

발굴된 동물 뼈를 보면 홀로세 중기의 거주민들도 채집, 사냥, 어획 생활을 했다는 것을 알 수 있다. 특히 하마, 영양, 악어, 거북이, 그 밖에 작은 육식 동물의 사냥은 홀로세 초기의 식량 조달을 떠올리게 한다. 이는 홀로세 중기 고베로 지역 호수 주변 환경이 홀로세 초기와 유사하게 사바나 지형이었기 때문일 것이다. 하지만 이 시기에는 결정적인 차이점이 나타난다. 즉 소를 기르기 시작한 것이다. 하지만 유물에서 가축 소뼈가 그리 많이 발견되지는 않는다는 점은 고기 공급에서 사냥이 여전히 더 큰 역할을 했음을 말해준다. 그래도 혼합식 경제로의 이행이 서서히 진행되고 있었던 것은 사실이며, 일부 수렵 채집 생활자는 점점 가축도 함께 사육했다. 그 밖에 식용 가능한 식물, 특히 야생 풀에서 나온 알곡과 씨를 채집했고 이를 갈돌로 재가공했다. 이는 홀로세 초기와는 구분되는 획기적인 변화였다. 유적지층의 꽃가루로 판단컨대 당시 이 지역에는 풀과 잡목으로 덮인 사바나 초원이 형성되어 있었고 지역에 따라 생명력이 매우 왕성한 수목 식물군도 서식했다.

기원전 2000년대 중반경 이 지역은 다시 계속해서 건조해졌고, 사하라 거의 전 지역에서 주거에 친화적인 지역 쪽으로 대규모 이동이 일어나기에 이르렀다. 그렇게 기원전 2500년부터는 이 지역에서 고고학적 유적을 통해 밝힐 수 있는 것이 거의 존재하지 않게 되었다. 간혹 발견되는 민무늬 토기의 파편은 이 지역을 가끔 지나다녔던 소 치는 목동이 사용했던 것으로 보인다. 아프리카의 이런 상황은 기원전 300년경까지 변하지 않고 있다가 서부와 중부의 많은 지역에서 철기 문화가 들어서면서 변화를 보이기 시작한다. 하지만 기후나 전체적 자연환경에서는 이후 아무런 변화가 일어나지 않았다. 아이르산맥 주변 지역에도 당시 극도로 건조하고 주거에 매우 적대적인 테네레 사막이 생성되었고, 지금까지 이어지고 있다.

고베로 지역에서의 발달은 플라이스토세 말엽부터 기원전 2000년대 이후까지 사하라의 다른 지역에서 일어났던 변화들과 매우 비슷하게 진행되었다고 볼 수 있다. 왜냐하면 기후 변화는 지역을 막론하고 모든 장소에 똑같이 작용했기 때문이다. 이런 점에서 고베로의 조사 결과는 사하라 서부, 중부, 남부의 전체 지역에서의 주거과정에 대한 설명에서 특별한 중요성을 갖는다고 할 수 있다.

5.
장소 결속성과
사헬 지대 중심지들

사하라 사막 남쪽으로는 사헬 지대가 이어진다. 이 지대도 서쪽으로는 대서양, 동쪽으로는 홍해까지 뻗어 있다. 사막은 이곳에서 끝나고 가시덤불과 건조 사바나 지대가 나타난다. 이 지대에는 강들이 이리저리 가로질러 흐르는데 그중에는 차드호로 흘러가는 것도 있다. 사헬 지대는 반半 건조 기후이며 더 남쪽으로는 열대 우림 지역이 시작되기 전까지 반半 습윤성 기후가 나타난다. 북쪽에 인접한 사하라와의 경계지역은 풀과 관목으로 이루어진 사바나가 100킬로미터에서 200킬로미터에 걸쳐 벨트 지대를 형성하고 있다. 초원 사바나의 식물은 강수가 성장을 돕는 하기夏期에는 활발한 성장을 보인다.

풀과 관목 사바나 남쪽으로는 아카시아 사바나 사헬 지대가 이어진다. 이 지대는 차드 분지 대부분을 포괄한다. 이 지역의 지형을 살펴보면 대부분 구릉이나 산맥이 없는 평지다. 차드호와 그 지류 주변에는 홍수 사바나라 불리는 습한 지대가 펼쳐져 있다. 식물 생장 지역의 식물상을 살

7장 사하라와 사헬 지대의 기후와 문화 발달

펴보면 차드호 분지 남쪽을 중심으로 파피루스와 그 밖의 다른 늪지 식물이 살 수 있는 환경이 조성되어 있다. 차드호 자체는 염분 함유량이 낮은 열대 하천으로 간주된다. 특히 습한 우기에는 차드호 남쪽 주변으로 계절에 따라 초원 사바나와 수목 사바나가 우거진다. 수목 사바나에서는 아카시아 나무가 주를 이룬다. 이 나무들 사이로 2~3미터에 달하는 약초와 풀이 자란다. 아카시아 사바나의 바로 남쪽으로는 서부 수단 사바나가 시작된다. 이 지대에서는 습도가 적절한 대지 위에 간격이 빽빽하지 않은 숲이 발달했다. 나무들 사이로는 많은 관목이 자라고 강을 따라서는 갤러리숲대초원의 강을 따라 띠 모양으로 자란 숲이 펼쳐진다. 이 숲은 원활한 물 공급 덕택에 형성될 수 있었다. 이 지역의 동물은 다양했다. 그중에서도 특히 눈에 띄는 것은 부슈보크Buschbock라고 하는 영양의 일종과 혹멧돼지, 들고양이, 초원 왕도마뱀, 개코원숭이, 코끼리였다.

남쪽으로 조금 더 떨어진 곳, 수단 사바나 지대 동쪽에서는 건기와 우기의 구분이 뚜렷이 나타났다. 이 지역에서도 나무 간격이 성긴 숲이 생겨났고 나무 사이에서는 관목이 자랐다. 동물상을 보자면 아프리카의 중요한 대형 포유류들이 서식했는데 코끼리, 아프리카 들개, 사자, 표범, 그리고 다양한 종류의 파충류가 이에 속한다. 사헬 지대 및 남쪽으로 바로 이어지는 수단 사바나 지대는 한편으로는 극도로 건조한 북쪽 사하라와 다른 한편으로는 남쪽의 열대 우림 지역 사이에서 전형적인 중간 지대를 형성했다. 양쪽의 기후대와 식생 분포 경계선은 수천 년이 흐르면서 약간 변동을 겪은 것으로 보인다. 현재까지 이 지역에서 계속되는 특징적 자연환경은 기원전 2000년대에 형성된 것이다.

사헬 지구 내에서 차드호 분지는 적도 이북의 대형 하천이나 호수 중에서 생태적으로 특수한 예외 지역이다. 차드호를 둘러싼 분지는 매우 넓은 면적에 걸쳐 있고 여러 기후대와 식생 분포대가 나타난다. 차드호는 수천 년에 걸쳐 인간과 동식물상 발달을 좌우했다. 사하라 남쪽 경계에 위치해 있고 흘러나가는 지류가 없는 이 거대한 내륙 호수는 물 대부분을 샤리강과 로곤강 지류에서 공급받는다. 호수 주변의 순환적인 변화에 따라 해마다 변하는 수위는 주거 공동체에 각각의 시기에 다양한 발달 가능성을 제공했다. 차드호 주변의 이 특별한 생태 환경으로 인해 이곳에서는 항상 새로운 문화적·정치적 형태가 생겨났고 그 영향력은 이 지역을 넘어설 정도로 역동적이었다.

이런 배경을 두고 볼 때 차드 분지 내에서 현재 밝혀진 가장 오래된 호미니드의 흔적, 즉 최고 700만 년까지 추정되는 사헬란트로푸스 차덴시스 화석이 발견된 것도 놀랄 일은 아니다. 이 화석이 발견되기 수년 전 이 지역에서는 약 300만 년 된 오스트랄로피테쿠스 바렐그하잘리라는 새로운 종의 하악골이 발견되기도 했다. 이는 비록 해당 근거 자료가 파편적 형태로만 존재하고 우연적이라고 하더라도 이 지역이 최초의 인류 역사에 어떤 중요성을 지니고 있는지를 잘 보여준다고 할 수 있다.

홀로세 동안 차드호 주변은 건기와 습기가 번갈아 나타났고 이로 인해 점점 더 많은 사람이 이주해왔다. 당시 아직 사하라에 속했던 차드 분지의 서북쪽 경계지역, 아즈르산맥 서남쪽 끝자락과 바로 맞닿은 지역에는 홀로세 초기와 중기에 속하는 고베로 공동묘지가 위치해 있다. 하지만 차드호 주변에는 이에 상응하는 주거지 흔적이 아직까지 발견되지 않고 있다. 한편 카나두구-요베 유역 하천가에서는 수 미터에 달하는 약 8000년 된 배 한 척이 발견되었는데 이 배는 인간 역사상 현재까지 전해오는 것 중 가장 오래된 수상교통 수단으로 간주된다. 이 배로 짐작건대 이곳에서도 이에 상응하는 초기 주거지가 있었을 것이다.

차드호 주변 지역은 4만 년 전까지 극도로 건조한 기후를 이루고 있었고 그 뒤를 이어 습윤한 시기가 도래해 2만 년 전까지 지속되었다. 다시 극도로 건조한 시기가 뒤를 이어 약 1만2000년 전에 끝났다. 당시 이 지역에는 계속해서 사구砂丘가 확산되었음이 증명된다. 하지만 약 1만 년 전에는 위에서 언급한 바 있는 차디안 습기濕期가 시작되었다. 이후 7500년 전이 되면 다시 한번 500년 동안 짧은 건기가 들어선다. 차디안 습기 동안 차드호의 크기는 오늘날보다 훨씬 더 컸다. 차드호의 담수량은 기본적으로 호수로 들어오는 지류들이 시작되는 지역의 강수량에 의해 좌우된다. 우기 주기에 맞춰 차드호의 수위는 상당한 변화를 겪었고 수 제곱킬로미터에 달하는 넓은 땅이 홍수로 범람되었다가 제자리로 돌아오곤 했다. 수심이 낮은 까닭에 비교적 물 증발이 많았고 뭍과의 경계선은 계속 변경되었다. 호수 크기가 줄어들면 호수였던 영역이 뭍이 되는데, 이 땅은 매우 비옥하고 경작하기에 적합한 땅이었다. 기원전 4000년경 차드호는 최대 30만 제곱킬로미터에 달했는데 이는 카스피해와 비슷한 크기다. 당시 수위는 오늘날보다 50미터 정도 더 높았다. 이 시기의 호수 분지는 지구과학에서 메가 차드라고 불린다. 3500년에서 약 2500년 전까지 이 지역에는 짧은 습기가 들어서면서 얕은 호수와 작은 택지가 생성되었다. 하지만 이 시기를 제외하면 아주 작은 변화만 있었을 뿐 현재까지 지속적으로 사막 기후가 확대되고 있다.

선사시대에 이 호수 주변 기후는 오늘날보다 기온이 낮고 습도가 높았으며 많은 지류가 사바나 지대 곳곳을 관통해 흐르고 있었다. 자연환경은 풍부한 식량 자원을 제공했고 따라서 일찍부터 사람들의 거주가 시작됐다. 한때 호숫가 모래턱이었던 곳에서 현재 우리가 확인할 수 있는 것은 호수가 여러 번 오랫동안 후퇴기(호수의 크기가 축소되는 시기)를 겪었고 또 후퇴기 때보다는 짧은 해진기海進期(호수가 범람했던 시기)가 있었음을 알 수 있다. 이 호수의 모래턱 너머로는 롬이 함유된 바닥을 가진 광활한 석호潟湖 사구나 사취의 발달로 바다와 격리되어 생성된 얕은 호수. 여기서는 차드호와 격리되면서 생성된 호수를 말함 지형이 형성되었다. 시간이 흐른 후 사람들은 한때 석호 지대였던 이곳에서 범람 우려가 없는 모래섬 위에 더 많은 주거지를 세웠다. 차드호와 강수를 공급받아 유지되었던 (하지만 나중에 대부분 말라버린) 차드 분지의 다른 호수에는 많은 물고기 종, 연체동물, 양서류, 파충류와 더불어 악어, 하마 및 그 밖의 다른 대형 포유동물이 찾아들었다. 이는 고고학적 발굴에서 나온 뼈의 유적과 관련 암석화로 확인된다. 차드호는 이 호수지대 중 마지막으로 남은 호수로서 한때는 가장 커다란 호수였지만 시간이 지나면서 많은 부분이 육지화되었다. 약 3만 년 전에서 6000년 전까지 거대한 담수 내해였던 이 호수는 사하라 남부와 이어지는 사헬 지대 중심 지역들에 기후적으로 상당히 많은 영향을 끼쳤다. 차드호와 주변 유역은 인류 역사 최초의 시기부터 매력적인 거주 구역이었지만 지금까지 밝혀진 바로 기원전 2000년이 되기 전까지는 산발적인 거주만 이루어졌다.

오늘날 나이지리아 동북부에 위치한 차드호의 서남쪽 호숫가 지역은 수렵 채집 집단에서 촌락 주거 공동체로 점진적으로 바뀌어갔던 삶의 방식을 잘 보여준다. 약 4000년 전, 아이르산맥 주변에서 온 것으로 추정되는 인구 집단이 유입해 들어온다. 이들이 세운 최초의 주거지에서는 오랜 시간에 걸쳐 진행된 문화 발달의 흔적을 엿볼 수 있다. 이 발달 단계는 가지간나 문화라고 불린다. 당시 아프리카 서부 사바나 지대에서는 강수와 바람으로 인해 여러 지역에서 지표면 고저에 많은 변화가 일어났고, 전체적으로 퇴적보다는 침식 작용이 더 많이 일어났다. 거센 빗줄기는 지표면을 깨끗하게 쓸어내렸고 또 지표면에 콕 박혀 있지 않았던 것들은 건기에 바람에 의해 쓸려나갔다. 때문에 정착생활을 하지 않았던 이 공동체들에 대해 오늘날까지 남아 있는 흔적은 거의 존재하지 않는다. 당시 사람들이 이 지역에서 세운 야영지는 기껏해야 단기적으로만 이용되었다. 구석기시대와 아석기시대 수렵 채집 생활자들의 흔적, 그리고 이후 수천 년 동안 이동이 잦았던 소 유목민의 흔적 또한 풍화 작용에 의해 대부분 사라져버린 것으로 보인다. 당시의 잔해가 얼마간 남아 있을 수 있었던 곳은, 정착생활을 시작해서 주거지를 세우고 장기간 한 장소에 결속되어 살았던 경우가 아니라면 안전한 바위굴이나 동굴 내부뿐이었다.

사헬 지대의 사바나 지역, 특히 오늘날 나이지리아 동북쪽에 위치한 차드 분지의 서남부에서는 오랜 기간에 걸쳐 동일한 지역에 주거 공동체가 반복적으로 세워졌고 이들의 흔적은 지층을 형성하면서 전형적인 주거 구릉지를 만들어냈다. 한 장소에 결속되는 경향이 강해지고 주거지의 존속성이 높아진 이유는 일부 지역이 계속해서 계절마다 또는 심지어 상시적으로 범람하면서 다른 지역보다 약간 높은 곳을 선호하게 되었기 때문으로 생각된다. 그런 곳에서는 일 년 내내 땅이 젖지 않아 별다른 어려움 없이 거주할 수 있기 때문이다. 그렇게 생겨난 주거 구릉지들 덕분에 고고학자들은 석기시대와 철기시대 초기의 여러 발전 단계에 대해 기본적인 서술을 할 수 있게 되었다. 특히 이 시기 수렵 채집 생활 방식에서 식량을 생산하는 방식으로의 이행은 경제 및 사회 발달사에서 가장 획기적 사건으로 특별한 관심을 끈다.

차드호의 서남부에는 고동색에서 검은색을 띠는 아주 평평한 점토 평야가 펼쳐져 있다. 선사시대 사람들은 주거지를 약간 높은 모래 평지 위에 세웠고 어떤 곳은 규모가 있는 주거 구릉지로 확대되기도 했다. 가장

인류는 어떻게 역사가 되었나

472

큰 주거 구릉지에 속하는 것 중에는 높이가 약 10미터에 달하는 다이마 언덕이 있다. 이곳은 석기시대 말기에 사람들의 주거가 시작되어 철기시대 말엽까지 3000년 이상 지속되었다. 차드호에 바로 인접한 점토 평야 서남쪽으로는 바마 델타익 콤플렉스라 불리는 지형이 이어진다. 이 지형은 기본적으로 차드호로 흘러들어가는 강들에 의해 발달한 선상지로 점토 평야와 모래 평지가 곳곳에 분산되어 있다. 북쪽으로는 구둠발리 사구 평야가 이어진다. 이곳은 높은 횡사구(바람 방향에 수직을 이루며 형성된 길게 뻗은 사구)가 곳곳에 분산되어 있어서 지역의 분절이 더 심하다. 이 지역 주거지 잔해 중 상당수는 이동 사구로 인해 사라져버린 것으로 보인다. 차드호 호숫가 서남쪽에 면해 있는 이 지역은 바마 리지에 의해 더 멀리의 서남부 지방과 분리된다. 바마 리지는 부분적으로 수 킬로미터까지 넓어지는 구간을 가진 최고 12미터 높이의 모래능선이다.

차드호는 극도로 건조했던 플라이스토세 후기에 거의 완전히 말라버린 것으로 추측된다. 그러다 홀로세 초기와 중기에 다시 비가 오기 시작하면서 상황은 극적으로 변한다. 당시 오늘날보다 더 많았던 강수량은 소위 메가 차드를 발달시킨다. 이는 앞서 잠깐 언급했던 막대한 크기의 내해를 말하며 홀로세 초기 또는 중기까지도 계속해서 확장되었던 것으로 추측된다. 하지만 이렇게 발달했던 지형 또한 영구적으로 남을 수 있었던 것은 아니었다. 드물게 발견되는 선사시대의 토기 파편 유적은 최초의 토기를 생산했던 집단이 메가 차드의 해안가에 거주했음을 말해준다. 이후 시간이 지난 후 차드호가 거의 오늘날과 같은 크기로 줄어들자 사람들은 줄어든 호숫가 해안선을 따라 한때 물에 잠겨 있었던 지역에 거주하기 시작했다. 호숫가의 땅은 특별히 비옥했다. 차드호는 수면의 축소와 확장이 번갈아 반복되는 긴 과정을 거쳤다. 때문에 호수가 다시 축소되고 곧이어 생겨난 호숫가 주거지들은 호수가 다시 확장되는 시기에는 자취를 감췄다.

차드호 서남쪽, 점토 평야가 곳곳에 분산되어 있는 모래 평원에 세워진 규모가 가장 큰 주거지 구릉 중 하나가 가지간나 구릉지다. 이곳의 석기시대 말기와 철기시대 문화는 모두 이 구릉지의 이름을 따라 가지간나 문화라고 불린다. 이곳에서는 지표면에서 발견된 유물에서만도 다량의 토기 파편이 나온다. 이 파편에는 빗살 비슷한 도구를 눌러 찍어 만든 띠무늬가 장식되어 있다. 이와 더불어 마제 돌 손도끼, 갈판과 갈돌, 밑자락이 오목하고 표면을 가공한 규석 화살촉, 동물의 뼈와 심지어 사람의 유골도 발견되었다. 이러한 발견은 이 구릉지가 석기시대 중에서 그때까지 알려지지 않은 토기 발달 단계에 속하는 주거지라는 것을 보여준다. 가지간나 언덕의 지층 순서와 인근의 많은 다른 지역을 관찰한 결과 이 문화는 다시 세 시기로 나뉜다는 것을 알아냈다(〈그림 49〉). 가지간나 문화의 제1기는 방사성 탄소 연대 측정법으로 측정한 결과 기원전 1800년에서 기원전 1500년에 속하는 것으로 확인되었다. 이 시기에 특징적인 것은 광택이 우수한 토기다. 주거지는 대부분 규모가 작았고 아직 평지에 위치해 있었다. 이는 이 주거지들이 단기적으로 이용되었던 것임을 의미한다. 식량은 어획과 사냥 및 야생식물 채집에 기반해 있었다. 하지만 그 당시 이와 더불어 소, 양, 염소 사육이라는 문명 기술 또한 마스터하고 있었다는 것이 입증되고 있다. 즉 이들의 생활은 사하라와 사헬 지대의 다른 많은 지역에서와 같이 수렵 채집 생활에 가축 사육이 점점 더 중요성을 더해가던 혼합 경제였다. 이때 가축 사육은 서서히 발달한 과정이 아니었던 것으로 보인다. 그보다는 기원전 1000년대 초반경 소 유목민이 중앙 사하라 남부 지방에서부터 차드 분지 서남쪽으로 이동해왔을 것이라고 추

인류는 어떻게 역사가 되었나

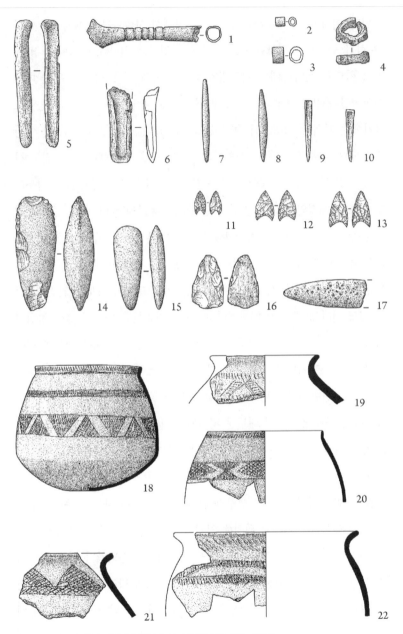

〈그림 49〉 차드호 주변 가지간나 문화의 토기와 뼈, 돌로 만든 인공물.

7장 사하라와 사헬 지대의 기후와 문화 발달

측된다. 이러한 이동은 사하라 남부 지방에서 사막화가 진행되면서 이곳이 점점 주거에 부적합한 곳으로 변했던 것과 관련된다. 이러한 배경 속에서 차드호 서남쪽에는 기후대의 변화로 인해 가축 사육을 위한 매우 이상적인 환경이 조성되었다. 모래 평지는 충분한 방목 공간을 제공했고 물가에는 관목이 자랐으며 숲이 생기기도 했다. 거주민들은 이곳을 어장으로 즐겨 이용했고 이에 더해 여러 야생동물을 사냥했다. 이는 결국 사람들이 한 장소에 오랫동안 머무는 결과를 가져왔다. 그렇지 않을 경우라도 최소한 계절의 리듬에 맞춰 동일한 장소로 돌아왔다. 이와 함께 주거 공동체의 일부는 장기적 정착생활을 하고 다른 일부는 유목을 했을 것이라는 추측도 가능하다. 가지간나 제1기 유적지 중에는 발굴된 토기가 이동생활을 하는 가축 사육자들이 남겼을 법한 토기의 양보다 훨씬 더 많은 곳도 여러 군데 있기 때문이다. 이 시기 지층들은 대부분 별로 두텁지 않았고 때문에 당시 거주민은 롬으로 된 고정된 집을 지은 것이 아니라 유기적 재료로 가벼운 구조물을 지었던 것으로 추측된다. 요컨대 기원전 1000년대 전반기의 수렵 채집 생활자와 가축 사육자들은 아직 주거 구릉지를 만들지 않았으며 대부분 평지에서 살았던 것으로 보인다.

약 기원전 1000년대 중반에 가지간나 문화 제2기가 시작되면서 커다란 변화가 일어난다. 이 시기 유적 지층은 이러한 변화를 말해주는데, 가지간나 제1기의 수렵 채집 생활자 및 초기 가축 사육자들의 주거지가 비교적 규모가 작고 평지에 위치해 있었던 반면 제2기에서는 높이가 2미터를 넘기는 훨씬 더 크고 두터운 주거 구릉지가 형성되었기 때문이다. 이 주거 구릉지에는 부서진 롬 구조물 또는 롬 흙이 발라진 움막집과 상당히 많은 토기, 그리고 음식 쓰레기가 매장되어 있었다. 이는 제1기에 비해 장소 고정성이 훨씬 더 커졌음을 의미한다. 이 시기에는 새로운 토기 형태가 나타난다. 그중에는 크기가 큰 저장용 용기 같은 것도 있었다. 누가 이런 큰 용기를 필요로 했을까? 두말할 필요 없이 정착생활에 어느 정도 익숙해진 사람들이다.

촌락 주거 공동체의 성립은 변화된 경제 방식과 연관된다. 사냥, 어획, 야생식물의 채집이 여전히 중요한 역할을 하긴 했지만 가축 사육은 제1기에서보다 더 중요한 의미를 띠게 되었다. 또한 이 지역에서 재배된 기장 자국이 찍힌 토기가 발견되는 등 최초로 식물을 경작한 흔적이 나타났다. 기장은 토기를 구울 때 점성이 너무 강한 진흙의 점도를 낮추기 위해서도 사용되었다. 가지간나 문화 제2기는 기원전 1000년대 중반부터 기원전 500년 얼마 전까지 지속되었다. 이 긴 기간 중 정확히 언제 기장의 재배가 시작되었는지 말할 수는 없지만 기장 재배가 야생식물 채집을 대폭 대체하게 된 시점이 제2기 말엽이라는 점은 확실하다. 따라서 이때서야 차드호 주변 평원 서남부 지방에서 신석기 문화가 완전히 자리를 잡았다고 볼 수 있다. 다시 말해 기원전 제1천년기 초반 이전은 아니었으리라는 것이다. 식물 재배가 어느 지역에서 도입되었는지, 현재의 연구로는 알 수 없다. 가지간나 문화에서는 이미 재배종으로 변화된 종이 재배되었고 중간적 이행 형태가 없었다는 점으로 보아 기장은 다른 곳(아마도 사하라)에서 먼저 재배되어 이후 전파되었을 것이라고 짐작된다. 앞서 언급했듯이 가지간나 문화 제1기와 제2기가 전환되는 시점에서 경제 방식 및 토기에 큰 변화가 나타났던 데 반해, 뼈로 만든 인공물과 석기의 형태 및 기능에 있어서는 눈에 띌 만한 변화가 일어나지 않았다.

가지간나 문화 제3기는 기원전 600년에서 기원전 400년까지 지속되었고 이미 아프리카의 철기시대로의 이행과정에 있었다. 이 시기에는 또다시 새로운 토기들이 등장했다. 이와 더불어 저장 용기가 많아졌다는 점은 농경과 비축 식량이 괄목할 만한 성장을 이루었음을 보여준다. 가축 사육, 사냥, 어획, 채집활동도 계속 이루어졌지만 식량 공급에 있어 점점 더 부차적인 역할만 하게 되었다. 주거 구조에서는 모종의 위계화가 나타났다. 즉 작은 주거지(약 1~2헥타르)에서 중간 크기(약 3~8헥타르), 그리고 대형(약 9~12 헥타르)에 이르기까지 다양한 면적의 촌락이 평지에 형성되었고 이외에도 방어 시설을 갖춘 거대한 주거 구릉지가 생겨났다. 이러한 주거 구릉지는 주거지들의 중심지 기능을 했던 것이 확실시된다. 기원전 제1천년기 중반 직전 아프리카 사헬 지대에서는 최초로 원시 도시화의 징표가 나타난다. 이는 사회가 날로 복잡성을 더해갔기 때문일 것이다. 다른 한편 이는 또한 나일강 계곡, 특히 수단 중앙 지역에서 기원전 제1천년기에 국가가 세워졌던 것과 모종의 연관이 있을 수도 있다. 하지만 이를 확실하게 입증할 고고학적 증거는 없다. 기원전 제1천년기 중반이 지나고 얼마 안 있어 가지간나 문화는 종말을 고했고 차드 분지에는 철기 문화의 막이 오른다.

사헬 지역의 더 멀리 서쪽에 위치한 부르키나파소에서도 위와 비슷한 문명 발달이 진행되었다. 하지만 이곳은 차드 분지의 특수한 환경과 뚜렷이 구별된다. 부르키나파소 북부 지방은 고정 모래사막이 곳곳에 분산되어 있는 전형적인 사헬 지형에 속한다. 이에 반해 남쪽 지방과 베냉 서북부 지방은 수단 지대에 속한다. 수단 지대는 사헬 지대보다 주거지가 더 많이 존재했고 생태적으로 더 안정된 환경으로 인해 유리한 생활 조건을 제공했다. 이 지역은 구석기시대 수렵 채집 생활자들이 살았던 지역이지만 이에 대한 고고학적 흔적은 드물게만 발견될 뿐이며 그나마도 대부분 우연에 의존하고 있다. 그런 까닭에 이곳의 석기시대에 대해서 우리가 알 수 있는 것은 거의 없다. 부르키나파소 동남부 지방에서 수렵 채집 생활자들의 흔적이 발견되는 곳은 보통 바위굴이며 드물게 노천 정주지들에서도 이런 흔적이 발견된다. 이 장소들은 임시로 혹은 기껏해야 계절적으로만 이용되었다. 석기들은 넓은 지역에 분포되어 있어서 분포 순서를 더 정확히 규명하는 것이 거의 불가능하다. 석기시대 말엽 수렵 채집 생활자들이 이미 토기를 생산했을 가능성은 배제되지 않지만, 이 또한 증명할 수 있는 증거 자료가 확실치 않다. 수렵 채집 생활자들이 사용했던 세석기 도구가 발견된 노천 유적지는 방사성 탄소 연대 측정 결과 최소한 기원전 5000년대 중반경 또는 경우에 따라 그 이상까지 존재했던 것으로 보인다.

부르키나파소 북쪽 사헬 지대에 속하는 지역에서는 사구 위에서 수렵 채집 생활자들의 야영지가 발견되었다. 이곳에서는 석영과 규석으로 만든 다량의 인공물, 마제 돌 손도끼, 표면을 납작하게 가공한 양날 화살촉과 토기를 볼 수 있었다. 이는 의심할 바 없이 석기시대 말기로 볼 수 있는 유물 컬렉션이다(〈그림 50〉). 방사성 탄소 연대 측정에 의하면 이는 최소한 기원전 1000년대 것으로 추정된다. 아마도 이 지역은 사하라의 사막화가 진행된 결과 북쪽에서 인구가 유입되면서 주거지의 집중화가 이루어졌을 것이다. 주거지의 흔적을 보면 이동이 매우 잦은 생활을 했고 정착생활이 주요한 형태가 아니었다는 것을 확실히 알 수 있다. 발견된 뼈에서 야생동물의 잔해만 나오는 것으로 볼 때 사냥이 얼마만큼 중요했는지 짐작할 수 있다. 또한 호숫가 유적지에서는 물고기 뼈가 다량 발견되었다. 식물 잔해로는 야생 나무와 관목의 열매만이 발견 되었다. 요컨대 이 공동체들의 식량 조달은 사냥, 어획, 채집활동에만 국한되었던 것으로 보인다.

니제르의 국경 지대, 알제리 남부 그리고 말리에서는 일찍이 가축을 치

7장 사하라와 사헬 지대의 기후와 문화 발달

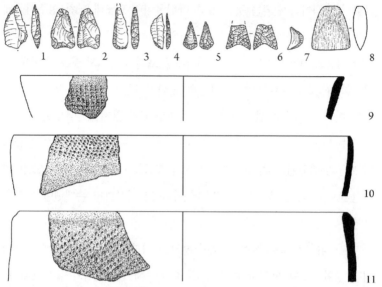

〈그림 50〉 부르키나파소의 사헬 지대에서 출토된 석기시대 말엽의 돌로 만든 인공물과 토기 파편.

는 유목 문화가 퍼져 있었다. 주로 소떼를 몰았고 양과 염소를 기르기도 했다. 석기시대 문화 발전 말기인 기원전 1000년경 식물을 재배했다는 증거가 처음 나타난다. 그중에서 눈에 띄는 것은 진주기장pearl millet이다. 진주기장은 이 지역에서 재배종이 된 것이 아니라 다른 지역에서 들여온 것으로 보이며 원산지가 어디인지는 밝혀지지 않았다. 초기 재배 식물의 잔해는 극도로 적은데 이는 당시 이 식물들의 경제적 중요성이 그만큼 적었다는 것으로 해석된다. 관련 증거를 종합해볼 때 기원전 제1천년기 초반부 석기시대 말엽에는 사헬 지대의 많은 지역에서 여전히 수렵 채집 공동체가 존재했고, 이들은 처음으로 가축을 기르기 시작했으며 이따금 식물도 재배했음을 알 수 있다.

한 가지 남은 질문은 사하라에서 번창했던 소 사육이 남쪽에 인접한

인류는 어떻게 역사가 되었나

사헬 지대에서는 왜 그렇게 늦게 나타났느냐는 것이다. 어쩌면 이는 당시 아직 이 위도에 서식하고 있던 토착 체체파리가 소를 기를 수 없게 만드는 장벽으로 작용했기 때문일 수 있다. 하지만 기원전 1000년대부터 계속된 사막화로 인해 이 해충은 생존에 필수적인 조건을 잃었고 그 결과 소 목축 지대가 남하하게 된다(〈지도 9〉). 이후 사하라에서 시작된 소 사육은 남쪽에 인접한 사헬 지대와 심지어 더 먼 남쪽까지 확장될 수 있

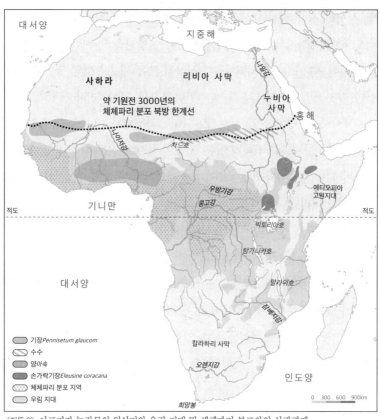

〈지도 9〉 아프리카 농작물의 원산지와 우림 지대 및 체체파리 분포와의 상관관계.

7장 사하라와 사헬 지대의 기후와 문화 발달

었다.

부르키나파소 사헬 지대의 석기시대 말기 수렵 채집 생활은 진주기장을 재배하는 최초의 농경생활이 시작되면서 종말을 고했다. 그러고 나서 문화는 발달이 중지된다. 홀로세 중기부터 관찰되었던 사막화의 심화는 서아프리카의 사헬 지대에도 미치게 되었고 홀로세 후반부인 기원전 800년대부터는 식생 분포에 뚜렷한 변화가 일어난다. 결국 이 극심한 건조 기후로 인해 부르키나파소에서는 기원전 제1천년기 동안 문화 발달의 단절이 일어나게 된다. 발굴된 유물 자료를 보면 기원전 제1천년기 초엽, 서서히 생산 경제를 시작했던 수렵 채집 생활자 집단들이 갑자기 흔적도 없이 사라진다. 그렇게 이들의 문화는 발전을 멈추었다. 이후 거의 1000년이 지나고 나서 서력기원이 시작될 즈음 새로운 발달 국면이 나타난다. 부르키나파소의 많은 지역, 베냉 북부와 나이지리아 동북쪽 차드 분지에서 농경 경제를 행하는 많은 촌락 공동체가 계속해서 나타났고, 이들은 가축 사육과 식물 경작(진주기장, 수수, 콩과 식물)을 함께 경영했다. 시간이 지난 후 이 지역에는 주거지 위계화가 심해졌고 중심지가 형성되는 특징이 나타났다.

부르키나파소 동북쪽의 우르시 등 사헬 지대 서부의 다른 지역에서도 이와 비슷한 발달 과정이 일어났다. 이곳에는 외부로 흘러나가는 지류가 없는 저지에 강수로 보충되는 커다란 호수가 위치해 있었다. 이 호수는 강수량이 풍부한 우기에 물을 많이 저장할 수 있었고, 이 거대한 자연 빗물 용기는 건기에도 살아남을 수 있었다. 우르시의 이 호수는 부르키나파소 북쪽에 있는 가장 큰 호수였다. 호수 북쪽에는 높은 우르시 사구가 솟아 있고 사구에서 흔히 그러듯 일련의 고고학적 유적지가 발견되었다. 호수가 가깝고 따라서 물을 상시적으로 이용하는 것이 가능했기 때문에 이 지역에는 주거지들이 눈에 띄게 많이 몰려 있다. 특히 우르시호 근처의 사구는 장기간 식물이 이용할 수 있는 물을 저장할 수도 있었다.

우르시 사구들에서는 일련의 주거 구릉지가 발견된다. 이 구릉지들은 높이가 각기 수 미터에 달하며 기원후의 철기시대 문화 발달 과정 전체를 간직하고 있다. 석기시대 말기 지층은 대부분 유적 지층 가장 하단을 차지하고 있다. 부르키나파소의 다른 지역이나 베냉 북부에서와 마찬가지로 이곳에서도 기원전 제1천년기 초엽에 석기시대가 종식되었고 이후 사하라의 극심한 건조성 기후로 인해 거의 1000년간 지속되는 주거 공백기, 즉 주거활동의 완전한 단절이 찾아온다. 때문에 사헬 지대의 다른 지역과 마찬가지로 이 지역의 기원전 1000년대에 관해 우리가 아는 것 대부분은 석기시대 가장 말기의 유물에서 얻은 것이다.

우르시 지역에서 특기할 점은 진주기장이 이미 기원전 1000년대 말에 경작되었을 수 있다는 점이다. 하지만 진주기장이 정말 경작된 것인지 혹은 다른 지역에서 곡물로 수입되어 들어온 것인지는 여전히 의문이다. 진주기장은 일년생 곡물로 모래 사구처럼 경작하기 용이한 토양에서 특히 잘 자란다. 이런 점으로 볼 때 이곳 환경은 진주기장을 경작하기에 이상적인 생태 환경이었다. 이에 비해 진주기장이 곡물로 다른 지역에서 수입되었다는 가설은 현실적으로 생각하기 어렵다. 무엇보다 사람들이 그 시대에 어떤 동물을 몰고 이 극도로 건조한 지역을 통과했을 수 있었겠느냐는 물음이 제기된다. 사막 횡단에 필수적인 동물인 낙타와 당나귀는 당시 사헬 지역에서는 아직 이용할 수 없었다. 이렇게 볼 때 재배종 진주기장이 수입되었다는 설을 뒷받침해주는 것은 오직 한 가지 관찰에 의거한다. 우르시와 이 근방의 다른 석기시대 말기 유적지에서 나온 진주기장 흔적은 예외 없이 재배종으로서의 모든 특징을 갖추고 있으며 야생종 또는 야생종과 재배종의 중간 형태를 띠는 종류는 존재하지 않는다는 사실이다. 어찌되었든 현재의 증거 자료로 보면 진주기장의 경작과 소비는 사정이 허락되는 한에서만 행해졌지 흔한 것은 아니었다. 이런 정황은 주거지에서 발견된 흔적들을 통해 확인된다. 이곳 유적지들은 비교적 짧은 기간이나 특정 계절에만 사람이 살았음을 암시하기 때문이다. 그렇기 때문에 이 지역의 석기시대 말기 사람들은 매우 이동이 잦았을 것이라는 추측 또한 가능해진다. 하지만 이런 생활 방식은 장기적인 농경과 병행되기란 거의 불가능하다.

한편 우르시와 그 밖의 서아프리카 사바나 지대에 분포한 석기시대 말기 유적지에서 야생식물 채집은 특히 중요한 의미를 지녔다. 이 시기 채집된 식물은 주로 열매와 씨앗이었고 덤불 식물과 야생 풀 또는 야생 벼도 채집되었다. 그 밖에 고기잡이, 물소와 같은 야생동물 및 그 밖의 포유류의 사냥 또한 중요한 역할을 했다. 가축 사육은 아직 확실히 증명되지 않는다. 하지만 말리, 나이지리아, 니제르 등 인접 지역에서 가축 사육의 기술 문명이 시작되었기 때문에 우르시 지역에서 가축 사육이 없었다고 단정하기는 어렵다. 이로부터 약 1000년 후, 즉 대략 서력기원이 시작되는 시점에 철기시대가 막을 열어 기원후 1400년까지 지속된다. 이 시기에 형성되었던 매우 많은 주거 구릉지를 관찰해보면 당시 주거지 사이에 차별적이고 위계화된 체계가 있었다는 것, 정치적 구성체가 만들어졌다는 것, 또 기장, 수수, 콩과 식물을 경작하는 집약적 농경이 행해졌다는 것이 드러난다. 장거리 무역도 이루어져서 개오지, 유리구슬, 수박 등이 서아프리카의 사헬 지대처럼 먼 곳에까지 들어오게 되었다.

사헬 지대에서 더 먼 서쪽의 또 다른 연구 지역에서도 이와 비슷한 발달이 관찰된다. 그곳은 나이저강의 중류, 팀북투시 서쪽에 있는 지역으로, 말리 중부 지방에 해당되며 모리타니공화국 동남쪽에 바로 인접해 있다. 대부분의 유적지는 소위 메마 지역이라 불리는 곳에 위치한다. 모리타니 동남쪽의 다르 티치트와 다르 왈루타 유적지는 기원전 1250년에서 기원전 1000년 사이에 초기 소 유목민이 살았던 주거지 흔적이 남아 있는 곳이다. 이들 주거지는 원형 농가로 이루어져 있었고 골목길로 서로 연결되어 있었다. 소의 사육이 주를 이루었지만 양과 염소를 길렀다는 흔적도 발견되며 이에 더해 어획, 사냥, 채집활동을 했다는 흔적이 있다. 이런 맥락 속에서 특별한 의미를 갖는 것은 진주기장 재배종의 흔적이다. 하지만 각기 상이한 경제 형태(식물 경작, 가축 사육)가 어떤 순서로 나타난 것인지, 즉 동시에 이루어진 것인지 차례로 나타난 것인지는 아직 의문으로 남아 있다.

이곳의 더 동쪽 지역, 카르카리친카트 지방에서 발견된 주거 흔적들은 위에 기술된 유적지와 맥을 같이한다. 이 주거지는 계절적으로만 이용되었고 부분적으로 여러 층으로 된 지층을 남겼다(기원전 2500년에서 기원전 1600년). 이곳에서는 소, 양, 염소를 길렀지만 동시에 여전히 사냥도 하고 낚시와 채집도 했다. 식물 재배의 시작 시기가 언제인지 밝혀지진 않았지만 비교적 뒤늦은 시기에야 시작된 것이 확실해 보인다. 왜냐하면 특히 열대성 우림 기후 북쪽에 위치한 사헬 지대는 가축 사육에 매우 유리했고 그 결과 수천 년 넘게 유목이 단연 대세를 이루면서 농경이 더 이른 시기에 성공적으로 발전할 가능성을 가로막았을 가능성이 크기 때문이다.

더 남쪽, 말리의 나이저강 중류 북쪽 해안가와 맞닿은 곳에서는 서로 다른 두 문화의 전통이 나타난다. 이 두 문화는 기반해 있었던 경제적 전통도 상이했다. 먼저 은돈디 토소켈Ndondi Tossokel 유적지로 대표되는 문화는 다르 티치트 전통을 이으며 풍부한 토기를 보유하고 있었고 소와

7장 사하라와 사헬 지대의 기후와 문화 발달

양, 염소를 사육했다. 이에 더해 어업과 사냥 또한 보조로 병행했다. 일명 다르 티치트 전통이라 불리는 이 문화의 유적지들은 기원전 1800년에서 기원전 800년 혹은 기원전 400년 사이의 시기로 거슬러 올라가며 이곳에서도 진주기장의 재배종이 있었다는 흔적이 발견된다. 이는 주로 용기에 찍힌 모양으로 확인된다. 규모가 큰 주거지도 있었는데 면적은 1헥타르에서 8헥타르 사이였다. 주거지 내에서 발견된 것으로 특히 눈에 띄는 것은 조개무지다. 전체적으로 봤을 때 유물들은 몇몇 특정한 장소에 모여 있지 않았다. 이것이 의미하는 바는 주거 기간이 특별히 길지도 연속적이지도 않았다는 것이다. 이러한 정황은 기원전 1000년대 동안 이 지역 곳곳에 늪지가 포진해 있어 사철 내내 소를 사육하기에는 적합하지 않았다는 사실과 일맥상통한다. 특히 더 습한 계절에는 체체파리가 옮기는 질병에 소떼가 감염될 위험이 있었을 것이다. 때문에 소떼를 몰고 더 북쪽 건조한 지역으로 이동했을 것이다. 이런 이유에서 가축 사육을 병행했던 다르 티치트 전통 문화인은 이동생활을 하면서 주거 장소와 목축지를 계절에 따라 계속해서 옮겼을 것으로 추측된다.

이이 비해 나이저강 중류 북쪽, 메마 지방에서는 코바디 전통이라 불리는 두 번째 문화가 존재했다. 이 문화인은 오직 어획, 사냥, 야생식물 수집에만 종사했으며 가축 사육이나 식물 경작의 흔적은 발견되지 않는다. 방사성 탄소 연대 측정에 의하면 가장 오래된 코바디 전통문화는 기원전 1000년대 중반 이전에 시작된다. 그럼에도 코바디 전통이 다르 티치트 전통의 뒤를 잇는다고 말할 수는 없다. 오히려 이 두 문화는 거의 동일한 시기에 존재했던 각기 다른 경제 형태라고 보는 것이 맞다. 코바디와 은돈디 토소켈, 두 집단이 거주했던 정주지에서는 구리가 발견되기도 했다. 구리는 그곳에 존재하는 자원이 아니기 때문에 훨씬 멀리 떨어진 모리타니의 채굴장에서 가져왔을 것이 확실하다. 이것이 의미하는 바는 다르 티치트의 가축 사육자와 원시 농경민뿐만 아니라 동시대 코바디 전통의 수렵 채집 생활인들도 이러한 원자재를 구할 수 있는 네트워크를 갖고 있었다는 것이다. 코바디와 다르 티치트 유적지의 유물에서는 수많은 공통점이 나타나는데 이로 미루어볼 때 각기 다른 생활 및 경제 방식에도 불구하고 두 집단 사이에는 많은 왕래와 활발한 교류가 있었다는 것을 알 수 있다. 요컨대 두 전통의 문화인은 서로 적대적이지 않았으며 필요한 경우 교류관계를 맺었을 것으로 짐작된다.

기원전 1천년대와 기원전 제1천년기 동안 사헬 지대 서부에서는 수렵 채집 경제에 서서히 가축 사육과 기장 경작이 더해졌고 최초의 촌락 주거지가 형성되었다. 이 시기에는 또한 금속을 채굴하고 가공하려는 시도가 시작되었다. 조사 작업에서 발견된 광석을 제련한 후 남은 찌꺼기, 용광로 및 관련 수공업 도구는 기원전 제1천년기에 모리타니, 말리, 니제르에서 (경우에 따라 현지에서 채굴되었을 수도 있을) 동광석銅鑛石을 이용해 최초로 손도끼, 화살촉, 단검, 장신구, 막대기 등을 제작했음을 보여준다. 최초의 구리 야금술이 어디에서 비롯되었는가 하는 것을 두고 여러 가설이 있다. 이런 가설 중에는 지중해 또는 심지어 서유럽-대서양 지역의 영향이라는 설도 있지만 이 문제는 현재 연구 수준으로는 확실히 대답할 수 없다. 구리 가공은 청동 야금술로 발전했고 그 후 철이 모든 지역에서 사용되는 금속으로 자리 잡았다.

이 최초의 금속 생산이 석기시대 말기 가축 사육자와 초기 농경생활자의 사회 구조에 어떤 영향을 미쳤는지는 현재도 풀리지 않은 문제로 남아 있다. 구리 야금술과 청동 야금술에서 철 야금술로의 이행 과정이 어떻게 이루어질 수 있었는지, 이 문제도 현재까지의 연구로는 더 자세히

7장 사하라와 사헬 지대의 기후와 문화 발달

밝힐 수 없다. 어찌되었든 사헬 지대에서는 기원전 제1천년기 중반이 되기 전에 철제 물건이 사용되기 시작했다. 하지만 이런 유적은 매우 산발적으로만 발굴되고 개별적인 경우로만 취급된다. 그다음에 이어지는 기원전 500년에서 기원전 200년의 시기에 니제르와 나이지리아 북부에서는 철제 물건이 서서히 증가한다는 것이 증명된다. 또한 그 지역에서 철을 생산했음을 가리키는 용광로와 제련 후 광석 잔해도 발견되었다. 하지만 생산량은 적었다. 기원전 1천년대와 기원전 제1천년기, 그리고 기원후 1천년 동안 니제르와 나이지리아에서의 철 야금술은 말리, 차드, 가나 그리고 오늘날의 세네갈로 전파되었다. 이 시기 철제 물건의 수는 급격히 증가한다. 이 시기 소 사육과 기장을 경작했던 사람들은 더 발달된 초기 철기시대 문화로 완전히 이행한다. 이와 더불어 주거지가 위계화되고, 주거지 규모가 확장되었으며, 범지역적으로 중요한 의미를 갖는 최초의 도시적 중심지가 형성된다.

사하라와 사헬 지대 서쪽 주변부, 특히 모리타니 대서양 연안지역에서는 사람이 살았던 가장 오래된 증거인 조개무지가 다수 발견되었다. 체계적인 연구의 결핍으로 인해 정확한 연대 추정은 불가능하지만 대략 수천 년 전으로 추정된다. 서아프리카 해안 전체에서 이러한 장소가 또 발견되는 곳은 현재까지 코트디부아르, 가나, 나이지리아의 열대 기후 지역이다. 이들 장소에서는 부분적으로 구석기시대 후기 또는 아석기시대 발굴 자료가 나타나기도 하고 이따금 석기시대 말기의 유물이 나오기도 한다. 후자의 경우 원시 토기 외에도 가축 사육과 심지어 최초의 농업에 관한 흔적도 나온다. 작살이나 뼈로 만든 낚싯바늘 등 고기잡이 도구는 해양 식량 자원과 밀접한 연관이 있었음을 보여준다. 내륙에서는 사냥도 이루어졌다. 이곳에서 발견되는 물결무늬 토기는 이 지역이 사하라 남쪽과

인류는 어떻게 역사가 되었나

사헬 지대 등 내륙에 위치한 다른 지역, 그리고 수단 중부에 펼쳐져 있는 지역과 연결되어 있었음을 시사한다. 일명 석기시대 말 해안 신석기시대의 조개무지는 흔히 초기 촌락 주거지 옆에서 발견된다. 촌락 주거지에서는 이따금 무덤이 발견되기도 한다. 하지만 이 시기의 문화적·시대적·경제사적 의미에 대해 아직 뭐라고 확실히 말할 수 있는 것은 없다. 조개무지에서 나온 철 가공 흔적은 철을 생산했던 사람들이 서력기원이 시작되던 시기와 기원후 수백 년 동안 그곳에서 살았음을 보여준다. 해안 신석기시대의 이런 장소 중 적지 않은 곳이 훨씬 후대에 만들어진 것일 수도 있다. 사하라와 사헬 지대의 건조화로 큰 변화를 겪으며 인구 이동이 일어났던 서아프리카 및 북아프리카 내륙의 주거 역사와 달리 북아프리카와 서아프리카 대서양 연안 지역에서는 엄청난 기후적 변화에도 불구하고 대양과의 가까운 거리 때문에 모든 시기에 안정적으로 식량을 조달할 수 있었던 것으로 보인다. 그랬기 때문에 사람들은 구석기시대 후기부터 철기시대까지 이 지역에서 거의 변하지 않은 모습으로 계속 생활할 수 있었다.

아프리카 사하라 이남 지역에서의 더딘 발달

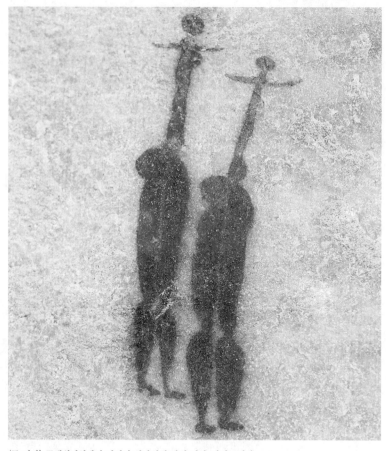

'두 여자', 클랜윌리엄에서 발견된 선사시대 암석 벽화. 남아프리카.

1.
서아프리카에서의 수렵 채집 생활과
가축 사육 그리고 삼림 농업

2만5000년 전 서아프리카 대서양 연안 내륙 지방의 숲과 사바나 지대에서는 극도의 건기가 시작되면서 사람들이 이 지역을 떠나야만 했다. 그러다 다시 사람이 살기 시작하게 된 것은 기원전 1만 년경 석기시대 말기가 되어서였다. 기원전 3000년대 전반기에 다시 짧지만 강도 높은 건기가 닥쳐 울창한 우림이 축소되고 평야에는 사바나가 확장되었다. 하지만 이는 이 지역의 기후와 지형 변화에서 짧은 에피소드로 그쳤을 뿐이다. 이 지역에 특징적 지형은 여전히 열대 우림과 사바나 평야 지대가 나란히 병존하는 형태였다. 특기할 만한 사실은 고고학적으로 가장 오래된 것으로 증명된 문화라 하더라도 이 두 지형 중 한 곳에만 국한되어 분포된 것이 아니라 양 기후대에 걸쳐 두루 퍼져 있었다는 점이다.

서쪽의 시에라리온에서부터 동쪽의 카메룬에 이르기까지 분포되어 있는 석기시대 말의 유적지는 크게 두 시기로 나눌 수 있다. 첫 번째 시기는 약 기원전 1만 년부터 기원전 4000년 이후 시기로 매우 오랜 기간

8장 아프리카 사하라 이남 지역에서의 더딘 발달

지속되었다. 당시 이곳에는 사냥, 어획, 채집 집단이 살았는데 이들의 유형 문화 유적은 주로 세석기나 다른 종류의 칼날 제작으로 특징지어진다. 이 모든 유적지가 갖고 있는 공통점은 토기가 전혀 발견되지 않는다는 것이다. 석기시대 말기의 두 번째 시기는 기원전 3000년대 초반에 시작해서 기원전 2000년대에서 기원전 1000년대로 넘어가는 시점에 끝난다. 이 시기 유물에서 눈에 띄는 것은 세석기가 훨씬 적게 나타난다는 점과 대신에 고기잡이와 연관 있는 뼈로 만든 용구(작살, 낚싯바늘)가 많이 발견된다는 점이다. 이 시기에는 기후대와 지형에 따라 다른 문화 형태를 띠는 지역화 현상이 더 강하게 나타난다. 가령 우림 지역 유적지에서는 마제 석기와 토기가 발달하면서 세석기의 후퇴가 두드러진다. 그런가 하면 해안지역과 해안에 바로 맞닿은 내륙지역에서는 조개무지가 다량 발견된다. 관련 유적과 유물이 없어 사하라 이남 서아프리카에서의 석기시대 말엽 식량 경제(즉 자급자족만을 목표로 하는 경제 방식)에 대해 확실히 말할 수 있는 것은 없지만, 당시 사람들이 수렵 채집 생활자로서 주로 사냥, 고기잡이, 야생식물의 채집을 통해 식량을 조달했다고 보면 무방할 것이다.

기원전 2000년대에서 기원전 1000년대로의 전환기에 가나 중앙 지역에서는 푼푼이라 불리는 수렵 채집 문화가 발달했다. 이 문화는 약 400년간 지속되었으며 주로 바위굴에서 발견되는 퇴적물을 통해 증명된다. 특징적인 유물은 석영으로 만든 석기와 매우 드물게만 나타나는 토기 파편으로, 표면 전체가 눌러 찍은 무늬로 장식되어 있다. 관련 유적지 층에는 조개가 많이 매장되어 있었는데 식량으로 사용되었던 것으로 보인다. 그 밖에 주된 식량 조달은 사바나 우림 지역에 서식하고 있던 동물을 사냥해 해결했다. 이런 동물로는 포유류 외에 여러 파충류도 포함된다. 또한 채집활동을 통해서도 식량을 마련했는데 이때 야생식물과 야생 열매를 계절에 맞춰 수확하지 않았을까 생각된다. 토기는 아주 적게 발견 되었고 주로 식사 준비를 하는 데 사용된 것들뿐이다. 다시 말해 이 토기 는 대체로 식량 비축 용도로는 적합하지 않았다.

푼푼 문화인들은 석기시대 말기의 수렵 채집 생활자라고 할 수 있다. 이동생활을 했다는 것은 이들이 머물렀던 바위굴 또는 이따금 짧은 기간 동안 찾았던 노천 야영지에서 확인된다. 이들이 한 장소에서 장기간 지속 적으로 거주했다는 증거는 발견되지 않았다. 특별히 유리한 조건을 가진 장소에서는 반복해서 거주하긴 했지만 사냥을 하기 위해 일정 기간 동안 만 머물렀다. 푼푼 문화 유적지 중에는 토기 파편에 거적과 직물이 찍힌 자국이 발견된 곳이 있어서 당시 사람들이 초보적 직조 기술을 보유하고 있었으리라는 추측을 가능케 한다. 직조물은 운송할 때 또는 사냥된 포 획물을 보관하는 데 사용되었을 것으로 보인다. 구슬같이 개인이 착용했 을 법한 장신구는 아주 드물게만 발견된다.

기원전 1000년대 전반기에 석기시대 말기 수렵 채집 생활인들의 푼푼 문화는 당시 농업의 초기 형태가 발달해 있었던 킨탐포 문화로 교체되었 다. 지금까지는 푼푼 수렵 채집 생활인이 킨탐포 문화의 가축 사육과 농 경생활자보다 시기상 앞선 것으로 알려져 있었다. 하지만 그사이 수집된 방사성 탄소 연대 측정 결과는 양 문화 집단이 장기간 공존했음을 말해 준다. 푼푼 문화 유물과 킨탐포 문화 유물이 종종 동일한 유적지에서 나 란히 나타나기도 하기 때문이다. 이로 짐작건대 푼푼 문화와 킨탐포 문화 는 긴밀한 교류를 나누었을 것이 분명하며 공생적 관계를 (최소한 계절적 으로나마) 가졌을 것으로 생각된다. 하지만 이 공존생활이 구체적으로 어 떠했을지 현재로서는 확실한 판단을 내릴 수 없다. 어쨌든 킨탐포 문화가 푼푼 수렵 채집 문화로부터 발전되어 나온 것이 아니라고 했을 때, 킨탐포 문화인들은 다른 지역에서 서아프리카의 사바나 지대와 우림 지대로 이주해왔을 것이 거의 확실하다.

이들이 어디서 왔을까 하는 물음은 사헬 지대나 사하라 남쪽과 같은 더 북쪽에 위치한 지역으로 눈을 돌리게 한다. 이 지역들에서는 최소한 기원전 2000년대부터 넓은 영역에 걸쳐 극심한 건조화 현상이 일어나 그때까지 그곳에 살던 사람들이 여러 지역으로 이주해야 했다. 킨탐포 문화가 빗살 모양의 물체를 눌러 찍은 토기를 특징으로 한다는 점을 떠올리면 이 문화가 북쪽에서 온 이주민들에 의해 성립된 것은 아닐까 하는 추측도 해볼 수 있다. 앞서 보았듯이 이와 비슷한 형태가 앞선 시기에 북부 지방에서 나타났었기 때문이다.

소와 양, 염소 사육도 킨탐포 문화의 선조들과 더불어 남쪽으로 전파된 것일 수 있다. 이 가설이 확실히 입증되기 위해서는 더 많은 증거 자료가 필요하긴 하지만 기원전 최소 2000년대에 북쪽에서 남쪽으로 이주해온 이들이 있었다는 것에 대해서는 확실한 근거 자료가 점점 더 많아지고 있다. 이 덕분에 사하라와 사헬 지대의 극심한 건조화 현상이 아프리카 이북 전체에 어떤 영향을 끼쳤는지 더욱 분명히 알 수 있다. 즉 이 현상으로 인해 발생한 인구 이동은 한편으로는 동쪽 나일강 계곡으로, 다른 한편으로는 남쪽을 향해 많은 거주지가 개척되게끔 만들었다. 그렇게 해서 인간은 사헬 지대의 사바나를 넘어 아프리카 서부와 중부 우림 지대 가장자리까지 진출했다. 이때 이들은 유형 문화만 갖고 간 것이 아니라 가축 사육과 같은 새로운 생존 전략 또한 함께 전파했다. 이 문화적 성과는 얼마 안 있어 토속 문화인 푼푼의 수렵 채집 생활 방식보다 더 우월한 것임이 입증되었다. 하지만 푼푼 문화가 킨탐포 문화 속에서 해체되는 데는 수백 년이 걸렸다. 가축 사육과 농경은 사냥, 어업, 수렵 활동을 일시에 해체시킨 것이 아니라 일단은 보완적인 형태로 유지하다가 시간이 흐르면서 주된 활동으로 대체했기 때문이다.

킨탐포 문화는 기원전 1750년에서 기원전 1500년 사이에 성립되었다. 이 문화의 유적지는 서쪽의 코트디부아르 또는 동쪽의 나이지리아와 카메룬과 같은 인접 국가에서도 발견되긴 하지만 대부분은 오늘날 가나의 사바나와 우림 지대에 집중되어 있다. 유사한 유적지가 발견되는 곳은 사하라 이남 서아프리카의 넓은 벨트 지대다. 이전 시기 문화에 비해 킨탐포 문화에서 일어났던 가장 획기적인 변화는 생활과 경제에 있다. 특히 가축 사육은 매우 중요한 역할을 했다. 킨탐포 문화가 시작된 이래로 사육되었던 동물은 양과 염소 떼였다. 여기서 특이한 점은 시간이 지나고 나중에야 소 목축이 추가되었다는 사실이다. 북부 지방에서는 가축 사육이 원래 소를 기르면서 시작되었다는 점을 상기한다면 이는 더욱 특이하게 여겨진다. 소 사육이 뒤늦게 시작된 것은 아프리카 북부 전체가 계속해서 건조화되는 과정과 관계있다. 즉 건조화 현상으로 인해 소들에게 치명적이다시피 한 체체파리의 서식 지대가 남하하게 되었고 기원전 제1천년기가 되었을 때 비로소 소떼는 예전의 체체파리 위험 지역을 건너올 수 있었다. 때문에 아프리카 대륙 남쪽에서 소 목축은 그만큼 늦어질 수밖에 없었다.

가축 사육이 점점 중요해짐에 따라 이동생활은 줄어들고 정착생활 경향이 강해졌다. 킨탐포 문화 유적지에서는 이와 더불어 기름야자와 얌마와 비슷한 뿌리식물을 경작했다는 단서가 발견되었고, 이로 인해 몇몇 학자는 킨탐포 문화에서 이 두 식물의 재배가 이루어졌다고 추측하기도 한다. 하지만 이 두 식물이 야생종이었는지 아니면 이미 재배종으로 바뀐 형태였는지는 확실히 증명되지 않는다. 킨탐포 문화 시기에 이 식물들이 재배화되었는지에 대해 확실한 증거가 없을지라도 한때 재배화가 이루어졌으리라는 것은 쉽게 상상할 수 있다. 즉, 나무가 자라는 사바나 지역과 우림지대 사이의 경계지역에는 야생 형태의 기름야자와 얌이 눈에 띄게 대량으로 서식하고 있었는데 건조화의 진행으로 우림 지역에서도 점점 숲이 성거지자 사람들은 밭 경작과 비슷한 형태로 삼림지역에서도 경작을 하기 시작했고 이러한 맥락 속에서 그곳에서 야생으로 자라던 기름야자나 얌이 경작에 일정한 역할을 했을 수 있다. 기름야자는 여러 면에서 중요했다. 음식을 만들기 위한 기름과 더불어 섬유질과 건축 자재를 제공했기 때문이다.

사냥도 계속해서 중요한 역할을 했다. 사냥은 주로 사바나와 삼림지역의 포유류 동물에 집중되었다. 야생 열매와 야생식물 수집 또한 계속 중요한 역할을 했다. 킨탐포 문화에서 특징적인 것은 고도로 복잡한 경제형태였는데, 즉 밭 경작과 유사한 삼림 경작이 사바나 지대에서의 가축사육과 혼합된 형태로 있었고 여기에 더해 전문적인 사냥과 채집활동이 보충 역할을 했다. 기원전 제1천년기가 시작되던 시점에 건조기가 정점을 이루고 점점 더 사람이 살기 힘든 지역이 되자 가나와 인근의 사바나 및 우림 지대에는 전처럼 사람이 많이 살지 않게 되었고 킨탐포 문화는 막을 내렸다.

킨탐포의 유형 문화에서 특별히 눈에 띄는 특징은 토기다. 앞선 모든 문화에서보다 훨씬 더 많은 토기가 발견된다. 이는 이 문화인이 본격적으로 정착생활을 했다는 것을 의미한다. 토기는 요리와 식량 보관을 위해 그 어느 때보다 많이 사용되었는데, 두 가지 기본 형태로 구분할 수 있다 (〈그림 51〉). 하나는 사발 형태이며 다른 하나는 목이 있고 배 부분이 둥

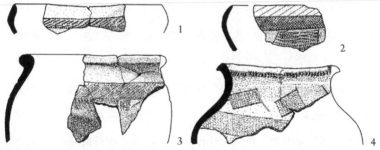

<그림 51> 킨탐포 문화의 토기. 가나.

근 항아리 형태다. 두 종류 다 표면에 평행선 또는 지그재그로 눌러 찍어 만든 띠 모양이 장식되어 있다. 이 무늬는 사하라와 사헬 지대 남쪽에서 발견되는 앞선 시기의 토기 집단 무늬와 유사해 앞서 소개했다시피 킨탐 포 문화의 근원이 북부 지역에 있다는 가정을 다시 한번 뒷받침해준다.

토기가 무더기로 나타났다는 것과 기름야자수의 중요성이 커졌다는 것을 연결해서 생각하는 학자들도 있다. 기름야자 열매와 씨앗으로부터 기름을 얻으려면 불필요한 물질을 제거해야 하는데 이를 위해서는 매우 길고도 복잡한 삶는 과정이 필수이고, 이 과정은 적절한 용기 없이는 생 각할 수 없기 때문이다. 그럼에도 이는 다만 가설로 머무를 수밖에 없는 데 내부 벽에서 이에 해당되는 침전물이 나온 토기가 없기 때문이다.

킨탐포 문화의 유물에는 돌 칼날, 화살촉, 손도끼와 비슷한 형태의 도 구, 화살의 표면을 다듬기 위한 도구, 갈판과 갈돌 등 많은 마제 석기 도 구가 포함돼 있다. 이 도구 세트를 완성시키는 것은 석영 세석기다. 이 문 화인은 돌 표면을 갈아서 구슬과 팔찌까지 만들었다. 특히 관심이 가는 것은 서아프리카에서 최초로 나타난 점토 조각상이다. 또한 킨탐포 문화 시기에는 이색적인 원재료, 특히 유적지의 주변 지역에서 나오지 않는 희귀한 암석의 사용이 눈에 띄게 증가했다. 이런 점에서 이 시기는 원거리 무역과 물자 교환이 더욱 발달했던 시기였다고 할 수 있다. 이는 해양 조개가 많이 발굴되는 것으로도 확인된다. 이 조개는 서아프리카 대서양 연안 지역에서 나온 것이 분명하기 때문에 교류 범위가 그곳까지 미쳤다고 볼 수 있다. 이러한 원거리 교류는 킨탐포 토기가 이 토기가 전파되었던 넓은 지역에서 큰 지역적 차이나 특수성 없이 상당히 동일한 형태를 띨 수 있었던 데 한 역할을 했으리라고 생각된다.

경제와 생활 방식에서의 변화 외에도 주거 공동체 사이의 밀도 높은 연결망은 이 문화 이전의 석기시대 말기 수렵 채집 생활에 비해 매우 획기적인 변화를 보여주는 것이었다. 석기시대 말기 주거 공동체들은 같은 지역 안에서 고립되어 존재했던 반면, 킨탐포 시기에는 주거지가 더 넓은 영역에 걸쳐 존재했지만 서로 잘 연결된 문화 복합체를 발전시켰다. 이러한 주거지들은 오늘날 가나에 위치한 독보적 위치를 점했던 중심지에서 부터 서쪽의 코트디부아르, 동쪽의 카메룬까지 펼쳐져 있었다.

킨탐포 문화에서 정착생활이 자리 잡게 되었다는 견해는 상당히 큰 주거지가 많이 있었다는 사실, 그리고 이 주거지에 고정된 가옥의 흔적이 발견된다는 사실과 부합한다. 한 집단이 한 지역에 정착할수록 효과적인 수렵 채집 생활이나 사냥과 수렵의 획득물로만 충분히 식량을 해결하는 것은 점점 더 어려워진다. 이러한 생활은 광대한 활동 지역을 전제로 하기 때문에 한 지역에 머물러 사는 형태와는 상충된다. 그런 점에서 킨탐포 문화에서 사냥, 수렵 채집 활동은 다만 보완적 성격을 가졌다고밖에 볼 수 없다. 이에 반해 농경과 가축 사육은 중요성이 더해졌다. 그럼에도 불구하고 킨탐포 전체 인구가 영구적으로 정착생활을 한 것은 아니라고 봐야 한다. 그중에는 이동생활을 하면서 여전히 사냥과 채집을 했던 집단이 존재했을 것으로 추정된다.

킨탐포 문화 주거지에 있는 가옥을 보면 이들이 앞선 시기에는 나타나지 않았던 발전된 건축 방식을 보유하고 있었다는 걸 알 수 있다. 건물은 식물 재료를 엮어 짠 벽과 기둥으로 이루어져 있고 여기에 풀과 진흙으로 마감한 형태를 띠고 있다. 큰 돌덩어리도 자주 발견되는데 건물 주춧대나 기저부를 튼튼히 하는 데 사용되었던 것으로 보인다. 가옥의 형태는 주로 사각형이었다. 킨탐포 주거지 중 대단위 면적의 발굴이 이루어진 곳은 아직 드물지만 집들이 어느 정도 규칙적으로 배열되어 있는 유적도 이따금 발견된다. 주거용 가옥 외에도 저장용 구조물과 심지어 저수를 할 수 있는 건물도 볼 수 있다. 유물 분포의 위치로 볼 때 주거지 내에는 기능에 따라 구역이 구분되어 있었던 듯하다. 예를 들어 수작업을 위한 구역, 식물 가공을 했던 구역이 따로 있었는데 후자에서는 갈돌과 갈판이 집중적으로 출토되었다. 이런 점에서 볼 때 서아프리카 사바나와 삼림지역의 킨탐포 문화에서는 노동을 차등화하고 분업적으로 조직했던 주거 공동체가 발달했다는 것을 알 수 있다.

킨탐포 문화는 서아프리카 최초의 부흥기 신석기 문화였다고 할 수 있다. 이 문화의 특징은 정착생활이 일반화되고, 동물 사육과 최초의 식물 경작으로 식량을 조달했다는 점이다. 하지만 킨탐포 문화는 이런 특징들에도 불구하고 앞선 시기와 완전히 단절된 문화는 아니었다. 사냥, 고기잡이, 채집활동, 야생식물의 가공에 의존하는 전통적 생활 및 경제 방식은 정착생활 방식과 생산 방식에 자리를 완전히 내주지 않은 채 여전히 존속했다. 하지만 이는 보조적인 의미만을 지녔다.

기원전 1000년경 킨탐포 문화는 드디어 종말을 고하게 되는데 이는 다소 급작스럽게 일어난 사건이었다. 기원전 제1천년기 전반기, 철 야금술이 시작되었을 때 킨탐포 신석기 문화에서 그 뒤를 잇는 철기시대 초기 주거 공동체로의 이행이 일어났다. 하지만 이 과정이 어땠는지 만족스러운 설명은 얻을 수 없다. 이 과정에 대한 우리 지식이 부족한 이유는 기본적으로 문화 및 주거가 갑작스레 단절되어서라기보다는 고르지 못한 연구 상태 때문일 것이다. 어쩌면 기후 건조화의 진행으로 사람들이 살던 곳을 포기하고 다른 곳으로 떠났을 수도 있다. 킨탐포 지역의 주거지에서 소강기 없이 사람들이 연속적으로 살았다는 증거를 찾을 수 없기 때문이다. 킨탐포 문화 이후 사람들은 규모가 작은 주거지를 세웠던 것으로 보인다. 이들은 강가에 사는 것을 선호했고 주로 고기잡이에 의존해 생활했다. 하지만 가축 사육과 당시 존재했던 재배 식물 경작을 완전히 포기한 것은 아니다.

아프리카 서부와 중부의 여러 지역 및 북쪽에 인접한 사헬 지대에서 철 가공의 개시를 증명하는 가장 오래된 유물은 기원전 500년경에 속하는 것으로 추정된다. 이 시기 철 가공을 위한 중심지들이 형성되었는데 나이지리아 중부에 위치한 녹 문화 지역이 그 예다. 또 다른 중심지는 가봉에 있었다. 기원전 500년 이전에 철 가공이 시작됐다는 것을 입증하려는 소수의 옛날 자료들은 신뢰성이 떨어진다. 하지만 사하라 이남 많은 지역에서는 기원전 2000년대부터 철기시대가 시작되었다고 볼 수 있다. 이는 문화에 획기적인 변화를 가져왔던 발전 단계였다.

기름야자가 기원전 1000년대 전반 이전에 이미 활용되기 시작했고 진주기장도 기원전 1000년대에 출현했던 반면, (비록 지금까지 열대 우림 지역 북쪽의 사헬 지대에만 국한되기는 하지만) 얌, 수수, 그 외 다른 기장류 그리고 쌀과 콩과 식물 경작은 철기에 들어와서야 이루어졌다. 이따금 킨탐포 시대에 이미 콩과 식물이 존재했다는 주장이 제기되지만 거의 신빙성이 없다. 이는 아프리카 재배 식물 이용 과정에 대해 현재 우리의 지식이 매우 제한적이며 커다란 빈틈을 노정하고 있다는 것을 보여주는 주장일 따름이다.

큰 폭으로 확장된 재배 식물 종류와 더불어 철기시대에 일어났던 또 다른 근본적인 변화는 무엇보다 주거지와 공동체에 위계질서가 심화되었다는 점과 촌락 주거지로 에워싸인 중앙에 규모가 크고 방어 시설을 갖춘 중심 지역이 형성되었다는 점이다. 이는 기원후 시기에 초기 국가 구성체의 결성이라는 결과를 가져온다. 기원전 제1천년기 후반부터 아프리카의 많은 지역에서 발달된 문화들은 유럽에 의해 식민지화되기 전까지 기본적인 특징을 쭉 이어나갔다. 어떻게 킨탐포 같은 서아프리카의 초기 신석기 문화에서 철기 문화가 나왔는지 이 중요한 질문에 대해 현재의 연구 상태로는 만족스러운 답을 내놓기 힘들다. 서아프리카 최초의 신석기 부흥기 문화의 진행과정은 그 이상의 추적이 불가능하며 따라서 우리는 킨탐포 문화인과 같은 집단들이 이후 어떻게 되었는지 알지 못한다.

2.
중앙아프리카 열대 우림 지대에서의 획득 경제 생활

중앙아프리카 우림 지대는 아프리카 대륙에서 가장 광활한 자연 공간이다. 이 지대는 나이지리아와 카메룬의 해안에서부터 자이르 분지와 자이르강 지류를 거쳐 동아프리카의 리프트 밸리아프리카 대지구대大地溝帶까지 뻗어 있으며 아프리카 대륙을 횡으로 가로질러 남북 간 연결을 차단하고 있다. 북쪽과 남쪽으로는 각각 사바나 벨트 지대와 면해 있다. 거주지역으로 부적합한 우림 지역은 처음부터 인간의 자유로운 이동을 제한했고 동서로 뻗어 있기 때문에 아프리카 남부와 북부가 연결되는 데 결정적 장애로 작용한다. 고고학적 연구도 이 지역에서는 비교적 늦게 시작되었고 현재 연구 진척도는 아프리카의 다른 지역과 비교해볼 때 전혀 만족스럽지 않은 상태다.

아프리카 우림지역의 중심을 이루는 곳은 콩고-자이르 분지로서 아프리카에서 가장 큰 분지다. 이곳은 평평한 평야 지대로 지형이 단순하고 태곳적부터 강, 호수, 늪지 그리고 넓은 지역에 걸쳐 반복적으로 침수되는 삼림 지대가 대부분을 차지하고 있다. 때문에 지대가 더 높고 건조한 상태의 땅은 거의 찾아보기 어렵다. 일 년 내내 많은 강수량(특히 봄과 가을/겨울의 집중적 우기에) 덕분에 사시사철 푸른 밀림이 형성되어 있다. 하지만 이런 중앙아프리카의 우림 지대도 플라이스토세 후기와 홀로세 시기에는 전 세계적인 기후 변화의 영향을 받아 변화를 겪었다. 2만5000년 전에서 약 1만6000년 전까지 콩고-자이르 분지의 기후는 훨씬 건조했고, 식물은 훨씬 넓은 간격으로 분포되어 있었다. 이후 강수량이 증가하자 점차 식생의 분포가 조밀해졌다. 이후 수천 년 동안은 기후에 관한 신뢰할 만한 자료가 없다. 하지만 우리가 전제해도 되는 것도 있다. 즉 시간이 지나면서 밀림은 차차 현재 크기에 이르렀다는 점이다. 이렇게 되기까지 기원전 시기에 한 번 더 장기간의 건기를 맞기도 한다. 어쨌든 확실한 것은 오늘날 우리가 보는 이 늘 푸른 숲이 이미 홀로세 초기에 형성되었다는 점이다.

킨탐포 문화에 이어진 기원전 1000년대의 신석기 부흥기 문화 집단들은 코트디부아르에서 가나, 나이지리아, 카메룬을 거쳐 자이르 북부의 우림지역 경계까지 분포되어 있었다. 이 문화의 중심지는 가나에 있었지만 이 문화에 전형적인 눌러 찍은 빗살무늬 토기는 위에 언급된 동부 지역에까지 전파되어 있었다. 이 문화는 정착생활이 더욱 발전하고, 생산 경제, 물자 교환, 정보 교류를 위한 범지역적 원거리 네트워크의 연결이 이루어지면서 전성기를 맞는다. 가나의 킨탐포 주거지와 비견될 만한 곳은 카메룬의 수도 야운데에 있는 오보보고 유적지다. 이곳에서는 가옥 잔해, 무덤, 토기, 마제 석기, 갈판과 갈돌, 세석기가 남아 있는 넓은 주거지가 발견되었다. 킨탐포 문화의 유산들이 당시 가나 지역이 어땠는지 상상할 수 있게 해주었듯, 이 유적 또한 이 지역에 대해 그림을 그릴 수 있게 해준다. 더 동쪽으로, 사바나와 자이르 북부 우림 지대로 넘어가는 지역 중 응고보라는 곳에서는 바위굴과 노천 주거지가 발굴되었는데 이곳에서 도 눌러 찍은 빗살무늬 토기와 마제 석기가 발견되었다. 이 유적지가 사냥과 야생식물의 채집에 식량을 의존했던 수렵 채집 생활인의 야영지였다는 것은 거의 확실하다. 가축과 재배 식물 흔적은 발견되지 않았지만 생산 경제가 운영되었을 가능성도 완전히 배제할 수는 없다. 생산 경제는 아프리카에 철기 문화가 우세해진 기원전 300년대 이후 존재했던 것으로 추정된다.

중앙아프리카의 많은 지역에는 플라이스토세 후기, 즉 4만 년에서 1만 2000년까지 구석기시대 후기 내지는 석기시대 말기의 수렵 채집 생활자들이 거주했다. 이들은 주로 사냥과 야생식물 채집 및 가공에 의존해 살았다. 이 시기의 유적지는 상이한 두 기술적 전통에 따라 구분된다. 하나는 루펨반이라 불리는 전통으로 아직 구석기시대 후기 문화적 특징을 보인다. 특징적인 것은 몸돌로 만든 도구들로서, 썰개, 긁개, 납작하게 세공한 이중 첨두기 등이 여기에 포함된다. 납작하게 보정한 자루 장착용 삼각형 화살촉, 드물게는 마름모꼴 소형 돌칼날도 발견된다. 또 다른 기술 전통은 세석기로만 구성된다. 즉 끌개, 긁개, 끌, 뚜르개, 첨두기와 기타 작은 도구들이다. 방사성 탄소 연대 측정법에 의한 측정 결과, 이 두 기술 문명은 플라이스토세 후기에 오랜 기간 공존했고 시간상의 선후가 있었던 것은 아니다. 또한 이 두 석기 전통의 유적지는 나무가 드문드문 자라는 사바나에서부터 나무 삼림 지대, 그리고 그 사이에 위치한 모든 형태의 중간 지대와 이행 지대 등 상당히 다양한 환경에서 발견된다. 이는 양 문화 집단이 각각의 자연환경에 뛰어난 적응력을 지녔음을 말해주는 것이다. 기원전 4만 년에서 기원전 1만2000년 사이에 있었던 루펨반 석기와 세석기 유적지를 지도에서 그려보면 루펨반 전통은 주로 중앙아프리카 서부와 서남부에 자리 잡고 있었던 데 반해, 세석기는 동부와 동남부에 포진해 있었던 점이 눈에 띈다. 이 중 많은 유적지가 현재는 열대 우림 지대다. 하지만 훨씬 건조했던 플라이스토세 후기 동안 열대 우림의 크기는 오늘날보다 훨씬 작았고 콩고-자이르 분지 중부에만 집중되어 있었다는 사실을 상기하면 이 두 기술 전통의 유적지가 이 열대 우림을 피해서 위치해 있었음을 확실히 알 수 있다. 물론 중앙아프리카 열대의 심장부에 유적지가 부재한 이유가 아직 충분한 연구가 이뤄지지 않은 탓이 아니라고 한다면 말이다. 하지만 다시 한번 강조하고 싶은 것은 매우 건조했던 플라이스토세 후기 동안 중앙아프리카는 아프리카의 다른 여러 지역보다 기후상 주거에 훨씬 유리한 공간이었다는 사실이다.

플라이스토세 후기 사람들이 거주했던 동굴이나 바위굴 중 몇몇은 이후 이어지는 홀로세 시기에도 주거 장소로 이용되었고 초기 철기시대 이후 이어지는 시기를 설명하는 데도 중요한 역할을 한다. 하지만 이런 유적지는 산발적으로만 존재하며 여전히 많은 의문을 안겨주고 있다. 그중 한 가지 흥미로운 경우를 꼽자면 자이르 동북부에 위치한 마투피 동굴이다. 이 동굴에서는 플라이스토세 후기 시대에 사람들이 내내 거주했고 당시 자연환경은 건조성 사바나와 유사한 기후였다. 그러다가 홀로세가 시작되면서 사정이 바뀐다. 홀로세 시기에 기후는 점차 다습해졌고 기원전 1만2000년 전에서 약 기원전 1000년까지 여러 주거 시기를 거치는 동안 이 동굴 주변에는 열대 우림이 확산되었다.

비슷한 현상이 다른 유적지에서도 관찰된다. 열대 기후의 중앙아프리카에서 빙하기 이후 홀로세 초기 수렵 채집 생활자들의 유형 문화는 세석기 제작으로 특징지어진다. 현재 연구 수준으로는 기원전 1만2000년 이후 수천 년간의 문화사적 발달을 단계별로 나누지는 못한다. 하지만 자연환경이 달랐다고 해서 완전히 다른 기술 문명을 발달시켰으리라고는 생각되지 않는다.

아직까지 신뢰할 만한 답을 얻지 못하고 있는 중요한 질문은 중앙아프리카 우림 지대의 수렵 채집 생활자들이 어느 시점부터 어떤 조건 속에서 토기와 마제 석기를 생산했는가 하는 것이다. 이때 눈에 띄는 점은 대부분 토기와 마제 석기가 동일한 유적지에서 함께 출토된다는 사실이다. 이 유물들의 절대 연대를 어떻게 정할 것인가 하는 문제는 아직 해결되지 않은 채 있다. 유물이 발굴된 장소 중에는 심지어 철 가공을 했던 흔적이 나타나는 곳도 있기 때문이다. 현재까지 앞서 제기된 문제를 해명하기 위해 방사성 탄소 연대 측정법으로 분석할 수 있는 자료가 그리 많지 않지만, 측정된 자료에 의하면 이 유물들은 기원전 제1천년기 전반에 속하며, 그중에는 기원전 제1천년기 후반에 속하는 유물도 한 무더기 있다. 이 자료가 옳다고 한다면 중앙아프리카 우림 지대에서 토기와 마제 석기 생산은 아주 늦게, 문화사적으로 철기시대 초기에 시작된 것이 거의 확실해 보인다. 부연하자면 토기와 암석으로 만든 석기가 반드시 식량 생산, 즉 신석기 부흥기의 생활을 배경으로만 해서 나타나는 것은 아니다. 이 시기의 중앙아프리카도 식물을 재배하고 동물을 가축화했다는 분명한 흔적은 없다. 하지만 서아프리카 킨탐포 지역에서와 마찬가지로 이곳에서도 기름야자수가 이용되었으리라고는 쉽게 추측할 수 있다. 기름야자는 중앙아프리카에 야생종 형태로 널리 퍼져 있었기 때문이다. 하지만 이러한 추측이 구체적으로 입증된 것은 아니다.

열대 중앙아프리카에서 석기시대 말엽에서 철기시대로 넘어가는 이행 과정에 관해서는 여러 가설이 있다. 가장 최근 발굴된 석기시대 말기 유적지를 보면 당시에 토기와 마제 석기를 이용했고 시간이 지나면서 철 생산 방식을 받아들였을 것으로 짐작된다. 이런 사례를 참조해 생각해보면 철기시대로의 이행은 서서히 이뤄졌던 듯하다. 하지만 다른 가설도 가능하다. 즉 바로 이 이행기에 서로 발전 정도가 상당히 다른 집단이 병존했을 수도 있다는 것이다. 다시 말해 석기시대 말엽 생활 및 경제 형태를 고수하는 집단과 이미 철 생산을 시작했던 집단이 공존했을 수 있다는 말이다. 이 경우 석기시대에서 철기시대로의 이행이 어떻게 전개되었는지, 현재 연구 상태로는 뚜렷한 답을 내릴 수 없다. 발달 과정이 어떤 양상으로 전개되었든 간에 이는 기원전 제1천년기 후반기에 국한해서, 특히 기원전 300년에서 기원전 200년 이후 시기에 이루어졌을 가능성이 매우 높다.

콩고-자이르 분지에서 나온 기원전 제1천년기 후반과 기원후 제1천년기에 속하는 원시 토기는 그 형태에 따라 각기 다른 세 집단으로 나눌 수 있다. 이들은 시간상 순서대로 나타났고 서로 겹치는 시기도 있었다. 가장 오래된 그룹은 일명 임봉가 단층으로 기원전 제1천년기 후반에 속한다. 이 집단의 토기에서는 철기시대 문화와의 분명한 연관이 아직 나타나지 않으며 오히려 석기시대 말기 문화에 속한다는 인상을 준다. 조금 더 이후, 즉 기원전 제1천년기에서 기원후로 넘어가는 시기에는 바탈리노 말루바 단층이 있는데, 여기서도 철기 문화는 아직 나타나지 않는다.

마지막 토기 집단인 피쿤다 문다는 기원후 1세기를 대표하며 철 야금술을 이용했다. 이 관찰이 맞는다면 콩고-자이르 분지 열대 우림 지대의 철기시대는 상당히 늦게, 즉 기원후가 되어서야 시작되었다는 이야기가 된다. 이는 서쪽에 인접한 가봉에서 발견된 유적과 대조를 이루는데, 거기서는 기원전 제1천년기 후반에 이미 철기시대가 시작되었던 것으로 추정된다. 요컨대 철 가공 기술은 중앙아프리카의 대서양 연안과 인간 주거에 훨씬 적대적인 아프리카 내륙의 열대 우림 사이에 시간적 간극을 두고 전파되었다고 추론할 수 있다.

이런 발전 과정 중 어떤 시점에 식물 재배 및 가축화를 동반한 생산 경제가 수용되었는지는 거의 알려지지 않은 채로 있다. 이 세 토기 집단의 유적지는 모두 기름야자수를 이용했다는 흔적이 있지만, 이 식물이 어느 정도로 재배화되었는지는 확실하지 않다. 카메룬에서는 바나나의 식물석(광물화된 식물 잔해)이 발견되었는데 이는 기원전 500년경의 것이라고 추정된다. 하지만 이 유물로는 바나나가 아프리카 서부와 중앙에 최초로 나타나게 된 경로와 시점에 관해서는 알 수 있는 게 별로 없다. 결론적으로 말해 아프리카의 많은 지역에서 재배 식물과 가축이 처음으로 도입되었던 시기가 늦어도 철기시대였다는 견해는 신빙성이 있지만 중앙아프리카 우림 지대에는 적용되지 않는다.

3.
동아프리카와 남아프리카에서의
철기시대 이전 문화

아프리카 동부와 남부의 여러 지역에서 석기시대 후기의 수렵 채집 생활이 생산 경제적 요소를 가진 문화로 어떻게 이행해가는지, 그 발전 과정을 분명한 시간적 순서를 가지고 논리적으로 그려내기란 무척 어렵다. 이런 그림을 그리기에 현재 연구 수준은 대단히 불균형한 상태이기 때문이다. 홍해와 인도양 사이 동아프리카에는 에티오피아, 에리트레아, 케냐 그리고 우간다와 탄자니아의 일부 지역이 속하는데 이곳에서는 토기 생산과 가축 사육과 같은 신석기시대 문화 성과가 아프리카 남부 지역보다 더 이른 시기에 나타난다. 아프리카 남부에서 신석기시대 문화 성과는 기원후가 되어서야 나타나며, 그만큼 석기시대가 오랫동안 지속되었다.

에티오피아와 에리트레아에는 여러 상이한 자연환경이 있었기 때문에 사람들은 처음부터 매우 다양한 적응능력을 길러야만 했다. 특히 에티오피아에서는 여러 다양한 식물이 경작되었을 것으로 생각되는데, 고원과 고지는 식물 경작에 아주 알맞은 환경이었기 때문이다. 하지만 당시 식물 재배에 관한 신뢰할 만한 단서는 거의 남아 있지 않다. 밀, 기장, 그 밖의 다른 곡물 종에 대한 증거 자료는 악숨 왕국 후기(서기 약 1세기에서 7세기)에야 나온다. 하지만 이 연대 추정은 아프리카 다른 지역에서처럼 고르지 못한 연구 상태 때문인 것으로 보인다.

에티오피아에서 후기구석기시대는 플라이스토세 말까지 지속되었고 홀로세 초기에는 세석기 도구를 사용하는 문화가 우세했다. 이 문화인들은 주로 바위굴에서 거처를 찾았다. 높아진 해수면과 더불어 습도가 높아져 호숫가에서 사는 것도 선호되었고, 때에 따라 해양 식량 자원(어류, 조개 등)이 많이 이용되었다. 아프리카 이 지역에서 최초로 토기가 생산된 것이 언제인지, 아직 정확한 정보는 없지만 대략 기원전 3000년대에서 기원전 2000년대로 본다. 세석기 도구 외에 마제 돌 손도끼, 토기 파편, 심지어 장신구 조각들이 묻혀 있는 유적지가 자주 발견되긴 하지만, 이 유물들은 모두 지표면에서 수거한 것들이고 체계적인 발굴을 통해 출토된 것은 아니다. 때문에 이 유물들의 연대를 추정하는 데에 어려움이 있으며 서로 어떤 상관관계를 갖는가에 대한 질문에도 자세히 답하기 어렵다. 하지만 이 유물들이 일명 C그룹이라 불리는 나비아의 원시 집단과 모종의 연관이 있을 것이라는 주장은 여러 차례 제기된 바 있다. 이 집단이 존재했던 시점은 기원전 2000년대 후반으로 추정되는데, 이는 다른 유물의 절대 연대 측정에서 하나의 기준점으로 고려될 수 있다.

금속 가공에 대해서도 사정은 비슷하다. 에티오피아와 아프리카의 다른 지역에서는 대부분의 금속을 철기시대가 되고서야 이용하기 시작했다. 하지만 이 지역 중 일부에서는 철 야금술에 앞서 구리와 청동이 이용되기도 했다. 그 밖에 문화적 맥락과 그 시기에 대해 더 자세히 알려진 바는 없다. 현재 우리에게 알려진 것은 연관관계가 분명하지 않은 유적에서 나온 소량의 유물뿐이다.

최초의 철제 물건은 (이따금 청동도 함께) 기원전 제1천년기 중반 이후, 악숨 왕국 이전 시기에 나타난다. 악숨 시대가 시작되면서 에티오피아 북부에서는 역사 시대가 열린다. 이는 아라비아 남부에서 이주해온 이주민 또는 식민지 개척자라고까지 말할 수 있는 사람들의 도래와 연관이 있다. 이 시기에는 아라비아 남부의 특색이 뚜렷한 대형 건물이 지어졌으며 또한 아라비아 남부의 비문이나 조각상, 그 밖에 마찬가지로 아라비아 남부와 밀접한 연관을 지닌 도시 고등 문명의 증거 자료가 나타난다. 아라비아반도 남부(예멘)와의 이러한 연관성은 기원전 1000년대 후반기까지 거슬러 올라갈 수 있다. 하지만 악숨 문화에서 결정적 변화가 나타난 것은 기원전 700년대에서 기원전 400년대 사이 시기다. 이때는 주거지 사이에 뚜렷한 위계화가 일어나며 방어 시설을 갖추고 대형 건물이 지어진 중심지들이 형성된다. 이런 중심지는 각기 에티오피아 및 에리트레아의 고원과 해안에 위치한 소단위 구역에서 종교와 정치의 구심점 역할을 했다. 경작과 가축 사육의 생산 경제가 이루어졌다고 볼 수 있는 것도 이 시기다. 에티오피아 동부에서 홍해 쪽 소말리아 방향으로 펀트주州라고 불리는 지역이 있다. 이집트에서 나온 자료에 의하면 이곳은 기원전 2000년대부터 이국적 원자재(유향, 금, 흑단)의 원산지였다. 이 자료가 전하는 메시지로 볼 때 이 지역은 나일강 계곡의 중·하류 지역과 접촉이 있었음이 분명하다. 하지만 다른 한편 이 지역에 대한 고고학적 연구는 아직 초기 단계에 머물고 있기 때문에 이집트 유적에서 나온 이런 메시지를 고고학적 증거물과 유물을 통해 만족할 만한 수준으로 뒷받침할 수는 없는 실정이다.

식물의 재배와 가축 사육의 개시에 대한 단서 중 큰 의미를 지니거나 신뢰할 수 있는 것은 거의 없지만 악숨 시기에 시작되었다는 것은 확실시된다. 최소한 기원전 2000년대부터는 일찍이 곡물 경작이 이루어지고 있었던 이집트 나일강 계곡과의 교류가 더욱 긴밀해졌기 때문에 에티오피아의 여러 지역에서도 밀, 보리, 외알밀 재배가 일찍 시작되었을 수 있다. 하지만 정확한 시기는 아직 알려져 있지 않다. 손가락기장Fingerhirse, *Eleusine coracana*이나 아마 등과 같은 다른 재배 식물의 정확한 재배 시작 시기도 모르기는 마찬가진데, 이 식물들은 더 이후에 나타났다.

동아프리카에서 가축 사육의 역사도 확실히 말할 수 있는 것은 별로 없다. 악숨 시기 이전 것이 확실한 유적지 중에서 가축 뼈가 발견된 곳은 거의 없다. 그럼에도 에티오피아 고원에서 목축은 훨씬 이전 시기로 거슬러 올라갈 수 있을 것으로 추측된다. 이에 대한 중요한 근거 자료가 되는 것이 암석 벽화들이지만〈그림 52〉 암석 벽화 자체도 연대를 정확히 알 수 없고 추정만 해야 한다는 문제가 있다. 이 그림에서 양과 염소 외에 많은 소를 볼 수 있는데 제부Zebu 어깨에 혹이 특징인 소. 인도혹소라고도 부른다부터

〈그림 52〉 디레다와에서 발견된 암석화. 에티오피아.

뿔이 아주 긴 소까지 종류도 다양하다. 또한 소젖을 짜거나 소가 쟁기를 끄는 모습도 보인다. 하지만 이 그림들이 어느 연대에 속하는지는 아직 해명되지 않고 있다. 따라서 현재 말할 수 있는 것은 에티오피아의 여러 지역에서는 매우 이른 시기에 석기시대 말엽 수렵 채집 생활 이외의 두 번째 식량 해결 전략으로 가축 사육이 나타났을 것이라는 사실 정도뿐이다. 이 시기는 기원전 3000년대에서 기원전 2000년대로 추정된다. 하지만 이에 대해 어느 정도만이라도 신뢰할 만한 증거조차 찾아보기 힘들다. 확실히 말할 수 있는 것은 농경은 이보다 훨씬 이후에 나타났다는 점이다.

얼마 전부터 학자들 사이에는 동아프리카 남쪽 지역, 즉 케냐, 탄자니아, 빅토리아호 근처의 우간다에서 나온 가장 오래된 유물 집합을 동아프리카 신석기시대의 주요 특징으로 규정하려는 움직임이 있다. 이 유물 집합에는 석기시대 후기의 특징이 나타나지 않으며, 그 대신 세석기와 더불어 돌로 만든 대접, 구멍 뚫린 암석 마제 석기 및 원시 토기가 포함된다. 학자들은 또한 가축의 사육이 이미 시작되었던 것으로 보고 있는데 이 가설을 위한 근거가 늘 신빙성을 담보하는 것은 아니다. 이 지역, 특히 빅토리아호 남쪽과 서쪽의 유적지는 목축-신석기시대에 속하는 것으로 간주된다. 이 시대 사람들에게는 당시 식량 획득의 원천이었던 사냥, 어획, 채집 활동에 더해 가축 떼의 사육이 중요한 생계 수단 전략이었다.

식물이 처음으로 재배되었던 시기에 대해서는 현재 분명한 판단을 내리지 못하고 있다. 하지만 이 문명 기술이 가축 사육보다 훨씬 더 늦은 시기에 발전되었거나 도입되었다는 것은 확실하다. 우간다, 케냐, 탄자니아 지역에 존재했던 토기 집단들은 형태가 서로 많이 달랐다. 때문에 이 지역에서 토기라는 문명 기술이 어떤 과정을 거쳐 발달했는지, 명확한 그림을 그리는 것은 이 집단들의 절대 연대를 계산하는 것만큼이나 거의 불가능하다. 다시 말해 이 지역에서는 여러 형태의 집단이 다채로운 모자이크를 수놓고 있는 형상이며 상대적 연대 정도만 얼마간의 확실성을 가지고 추측할 수 있는 정도다. 특기할 만한 것은 리프트 밸리 중앙의 신석기 공동체 유적지인데, 이들은 식량 조달에 있어 하천에 매우 많이 의존하고 있었던 것으로 보인다. 이는 더 북쪽에 위치한 수단 중부의 상황을 떠올리게 한다. 이에 더해 물결무늬 장식의 토기 파편 또한 북부 지방과의 연관성을 암시한다. 즉 이 유적들은 수단 중앙에서 일단의 무리가 유입해 들어왔다는 단서일 수 있다는 것이다. 또한 그곳에서부터 생산 경제에 대한 지식이 동아프리카로 점차 전파되었던 것일 수도 있다. 기원전 2000년대부터 케냐 북쪽에서 소를 비롯해 양과 염소의 사육이 시작된 것으로 보인다는 사실은 이런 관찰과 맞아떨어진다. 케냐 북부 지역에 대한 위와 같은 연대 추정은 의심이 가는 부분이 있긴 하지만 한 가지 분명한 사실은 케냐 남부와 탄자니아 북부 지방에 가축 떼를 기르는 능력이 전파된 것은 이보다 더 후대였다는 점이다. 기원전 1000년대 후반, 특히 기원전 제1천년기부터는 증거 자료가 훨씬 많이 나타난다. 이 지역에서 가축 사육은 아프리카의 다른 지역에서와 마찬가지로 사냥, 고기잡이, 채집 다음으로 행해지는 보조적 생계 전략이었다.

이 시기에 대한 조사는 구체적으로 아직 모호한 수준이며 동아프리카에서 생산 경제의 역사는 앞으로 더 서술되어야 하는 숙제를 안고 있다. 최초의 토기는 기원전 2000년대 이후에 나타났다고 봐야 할 것이다. 하지만 이것이 이미 가축 사육도 할 줄 알았다는 뜻은 아니다. 오히려 최초의 토기를 생산했던 사람들은 아프리카의 다른 지역에서처럼 세석기 도구 제작을 하는 수렵 채집 생활자였다. 가장 오래된 토기는 칸스요어에서 나온 것으로 이미 기원전 2000년대 초반에 제작이 시작되었다. 그런

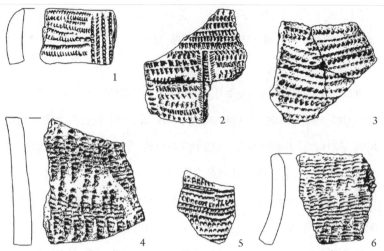

〈그림 53〉 수단 남부와 빅토리아호 지역에서 발견된 칸스요어 신석기 문화의 토기 파편.

데 이 토기가 기원전 제1천년기 중반까지 지속되었다고 이야기된다는 것
은 이 토기를 사용했던 문화 집단에 대한 절대 연대 측정이 얼마나 불
안정한지를 보여주는 것이다. 하지만 칸스요어 토기가 수단 중앙의 하르
툼-신석기시대에 나온 토기와 대체로 유사성을 보인다는 점은 중요한 단
서다(〈그림 53〉). 왜냐하면 이는 하르툼 신석기 발달이 동아프리카로 침
투해 들어온 것일지도 모른다는 또 한 번의 주목할 만한 단서가 되기 때
문이다.

이와 유사한 신석기적 발달이 일어난 곳으로 볼 수 있는 곳은 탄자니
아 동부에 있는 잔지바르섬이다. 이곳의 관련 유적지에서는 토기와 마제
석기, 뼈로 만든 용구들이 나왔다. 그 밖에 이곳에서는 야생동물 및 가
축화된 동물 뼈도 발견되었다. 이러한 유물 전체는 기원전 3000년부터
서력기원이 시작되는 시점 사이의 시간대에 속한다. 하지만 이는 매우

긴 기간이다. 즉 이곳에서도 생산 및 삶의 형태에 변화를 끼친 대단히 중요한 혁신들을 시간적으로 분류하는 데 있어 그 근거가 매우 들쭉날쭉하다.

케냐 서남부, 빅토리아 호숫가 동쪽 인접 지역에서는 집중적 연구가 이루어졌다. 이곳은 니안자 남부 지방과 마라라는 지역으로 각기 상이한 자연 공간이다. 전자는 일부 호숫가를 포함해 빅토리아호에 해당되는 지역이고, 후자는 가축 사육에 매우 적합한, 관목과 초원이 넓게 펼쳐진 사바나 지대다. 빅토리아호 주변 니안자 남부에서는 조개 무덤이 많이 발견되었다. 여기서 아직 토기는 발견된 적이 없지만 세석기 도구들이 출토되었고 시기적으로 석기시대 말엽에 속한다. 이 문화에 속한 사람들은 수렵 채집 생활자로 호숫가라는 생활 조건 때문에 해양 식량 자원 이용에 주력했다. 하지만 더불어 사냥과 채집에도 의존했다. 고기는 하마, 물소, 영양, 멧돼지, 악어와 같은 야생동물과 조류를 통해 조달했다. 몇몇 조개 무덤에서는 토기가 발견되기도 했는데 칸스요어 토기와 유사하다.

빅토리아호 주변부에서 더 멀리 떨어진 고고 폭포에도 유적지가 있다. 여기서는 소를 기른 흔적이 발견된다. 이런 점으로 볼 때 빅토리아호 주변에서는 호수의 자원에 의존하는 생계 전략이 우선시되었던 반면 호수와 떨어진 내륙 지방에서는 가축 사육에 더 적합한 관목과 초원 사바나로 인해 목축이 더 중요한 역할을 했다는 인상을 받게 된다. 하지만 두 지역 모두에서 사냥과 채집은 식량 조달 확보에 여전히 매우 중요한 역할을 했다.

고고 폭포 지역에서 소를 사육했다는 가장 이른 증거물은 올토메 토기와 함께 발견되었다. 이 토기는 칸스요어 토기와 친척뻘이었고, 그렇기 때문에 이 문화의 성립 시기를 기원전 1000년대에서 기원전 제1천년기 사이로 잡을 수 있었다. 하지만 그보다 더 자세한 연대 추정은 불가능하다. 최근 발굴에서는 소의 뼈뿐만 아니라 양과 염소 잔해도 발견되었는데 이때 함께 발견된 토기는 엘멘테이탄 토기라 부른다. 이 토기는 기원전 제1천년기 후반에 속한다. 하지만 어쩌면 이 문화는 기원후 1세기까지 존속했을 수도 있다. 우리는 여기서도 동아프리카 선사시대 연구에서는 신뢰할 수 있는 절대 연대를 파악하는 것이 주요 과제라는 것을 확인할 수 있다.

더 동쪽에 위치한 사바나 지역인 마라에서는 수렵 채집 생활 흔적이 거의 발견되지 않았다. 즉 이곳에서 사람들이 많이 살기 시작한 것은 가축 사육을 하게 되면서부터인 듯하다. 가축 사육을 위해서는 주로 소를 길렀고 이후 양과 염소도 길렀다. 이들의 토기는 기원전 제1천년기 초중반에 있었던 올디시 전통에 속한다. 올디시 전통은 기원전 400년경에 엘멘테이탄 토기 문화로 교체되었다. 후자는 기원후 1세기까지 존속했는데 이는 당시 철 가공이 전파되기 시작했던 시기다. 그다음에 오는 철기시대의 문화 집단들도 여러 토기 전통으로 구분할 수 있으며 동아프리카에서 대륙의 남부에까지 퍼져 있었다. 동아프리카의 철기시대 주거 공동체는 가축 사육과 농경에 의존했고 특히 기원후에는 비약적 발전을 이루게 된다.

임봉가 문화 지층은 자이르 지방의 콩고 분지 중앙에 위치한다. 이 문화와 거의 동일한 시기에 북쪽(케냐, 탄자니아)의 빅토리아호 근처에서부터 말라위, 잠비아, 모잠비크를 거쳐 남아프리카 동쪽에 이르기까지 아프리카 동부와 남부의 넓은 지역에서는 임봉가와 사촌격인 토기 형태가 출현한다. 이 토기에는 눌러 찍은 무늬와 새김무늬로 만든 띠가 가로로 장식되어 있다. 이 토기는 시품바즈 토기라 불리며 지역에 따라 여러 형태로 나눌 수 있다. 이 토기는 기원전 제1천년기 후반에 속하는데 남아프리카에서는 서력기원이 시작하고서야 퍼진 것으로 보인다. 시품바즈 토기 제작자들은 가축 사육(소와 양, 염소, 때에 따라 닭도 포함)과 원시 식물 경작(수수, 진주기장과 손가락기장)에 능숙했던 것으로 보인다.

생산 경제가 서아프리카에서 중앙아프리카를 거쳐 대륙의 남부로 확산된 것과, 반투 부족이 이와 동일한 방향으로 이동했다는 사실 사이의 관련성은 꾸준히 관찰되고 있다. 언어학적 연구에 따르면 이 과정은 기원 전후 수백 년에 걸쳐 진행되었다고 한다.

우간다, 케냐, 탄자니아에서부터 말라위, 잠비아, 모잠비크를 거쳐 앙골라와 남아프리카 일부 지역까지는 유사한 문화가 분포되어 있다. 이 지역들에서는 수렵 채집 생활자의 관념세계가 잘 드러나 있는 매우 특별한 암석 벽화를 마주치게 된다. 동아프리카, 특히 탄자니아 중부에서는 빨간색으로 동물과 인간을 사실에 가깝게 표현한 그림이 자주 나타난다. 그림에서는 사람들의 머리 모양, 의복, 신체에 그린 그림 등이 다양한 형태로 나타난다. 기하학적 모양은 거의 보이지 않는다. 이 지역으로부터 남쪽으로 이어지는 곳에 살았던 사람들은 암벽을 빨간색 인간과 동물 형상으로 장식했다. 하지만 이 그림들에는 원이나 선을 구불구불하게 그린 모양 또는 점이나 짧은 선으로 그려진 상징 등 기하학적 무늬가 훨씬 더 많은 비중을 차지하고 있다. 이 그림들이 어느 시대에 속하는지 확실한 결론은 나지 않았지만 기원후 시기인 것만큼은 확실하다고 볼 수 있다.

중앙아프리카의 열대 우림과 동아프리카의 사바나 및 고원 지대에서는 아프리카 북부에 비해 생산 경제가 훨씬 늦게 나타났다. 이런 경향은 남아프리카에서 더욱 두드러진다. 나미비아에서 최초로 모습을 드러내는 선사시대는 특별한 의미를 지닌다. 나미비아의 브란트베르크산山과 그 밖의 다른 장소에 셀 수 없이 많은 암벽화와 암석에 새긴 그림이 남겨져 있기 때문이다. 그중에는 매우 뛰어난 수준을 보이는 것들도 있다. 이 유산은 세계에서 가장 중요한 암석 예술 중 하나로 꼽힌다(〈그림 54〉). 그중 눈에 띄는 것은 3만2000년 전에서 2만 년 전인 후기구석기시대에 그려진 나미비아 남부의 일명 아폴로 11호 동굴 암석 벽화다. 이 암석 벽화는 빨간색, 노란색, 갈색, 검은색 등 다양한 색으로 그려졌으며 높은 미적 수준을 보여준다. 많은 동물과 인간을 그린 솜씨도 훌륭하지만, 특히 놀라운 것은 매우 다양한 장면에 다양한 형상이 나온다는 점이다. 그중에서 눈길을 끄는 것은 제의를 지내는 모습과 사냥을 하는 모습이다. 하지만 이 그림도 그려진 시기가 언제인지 추측하는 데 상당한 어려움이 있기 때문에 꽤 후대에 그려졌을 가능성도 배제할 수는 없다.

서남아프리카의 암석 미술 대부분은 지난 6000년 동안 그려진 것으로 보인다. 하지만 그림의 연대 순서는 아직 확실히 밝혀지지 않고 있다. 양식적 특징과 그림 간의 공통된 특징을 통해 상대적 순서는 어느 정도

〈그림 54〉 나미비아의 뱀바위 암석화.

8장 아프리카 사하라 이남 지역에서의 더딘 발달

분명하게 재구성할 수 있다 하더라도 차례로 이어지는 양식의 순서를 절대적으로 확정짓는 것은 여전히 풀기 어려운 문제다. 그림의 발달 경향을 아주 대략 설명하자면 사실적으로 그린 그림에서 점점 더 기계적으로, 더 제한된 주제로 나아간다고 할 수 있다. 후기구석기시대 암석 그림을 제외하고 나미비아에서 가장 오래된 것으로 알려진 암석화는 석기시대 후기, 즉 약 기원전 4000년에서 서력기원의 시작 시기에 속하는 C단계 그림이다. 하지만 대부분의 그림은 이 기간의 후반부, 즉 기원전 제1천년기에 그려졌다. 이 시기 사람들은 세석기 도구를 제작했고 뼈를 가공할 수 있는 기술을 보유했으며 첨두기, 숟가락, 차고 다니는 장신구로 이루어진 풍부하고 다양한 용구를 남겼다. 그 밖에 타조알 껍데기로 만든 그릇과 비슷한 장식용 물건도 제작했다.

동물 뼈 중에 특히 영양 뼈의 잔해가 많이 나오는 것으로 보아 가장 선호했던 사냥 동물은 영양이었던 것으로 추측된다. 갈돌은 이 문화 시기의 사람들이 야생식물을 채집해서 씨를 가공했음을 보여준다. 가축 사육과 재배 식물을 경작했다는 단서는 보이지 않는다. 아프리카 남반부의 많은 지역에서도 다른 지역과 마찬가지로 후기구석기시대 기술인 칼날 제작에서 홀로세 기술로 분류되는 세석기 도구로 발달해가는 경향을 보였다.

나미비아 석기시대 후기, 제C단계의 문화인은 오직 수렵 채집 생활만을 했다. 유적지는 서부, 해안 내륙지역, 나미비아 사막이라 불리는 지역 및 스텝과 사바나 지대 등 여러 생태 지역에 걸쳐서 퍼져 있다. 이 유적지는 도구에서 차이를 보이는데, 이는 각각의 자연 조건을 다르게 이용하면서 생겨난 결과다. 예를 들어 사냥이 중요한 역할을 했던 서부 사막 지대에서는 화살촉으로 사용되었던 기하학적 모양의 세석기가 주를 이루었던 반면 동부 스텝과 사바나 지역에서는 갈판과 갈돌이 자주 나타났다. 왜냐하면 이곳에서는 풀을 많이 이용할 수 있었기 때문이다. 유물의 다양성은 대략 서쪽에서 동쪽으로 갈수록 증가한다. 이는 스텝과 사바나 식생이 나미비아 서쪽 사막지역보다 더 많은 식량 조달이 가능하다는 사실과 연관이 있다. 요컨대 나미비아에서는 서력기원이 시작되기까지 지역에 따라 매우 다른 식량 조달 전략이 발달해 있었다.

뒤이어 나미비아 석기시대 후기 D단계가 시작되는데, 이는 기원후 제1천년기 기간 전체를 포괄한다. 점점 더 도식적으로 되어가는 암석 벽화도 이 시기에 그려졌다. 이 그림을 그린 예술가들은 한정된 모티브만을 사용했다. 이 시기에도 생활과 경제 방식은 계속해서 수렵 채집 생활이 우세했다. 하지만 산발적으로 원시적 토기 형태와 최초의 가축이 나타나기 시작했다. 가축은 작은 단위로만 기른 것으로 보인다. 이들은 양을 길렀고, 이는 암석 벽화에서도 확인되는데 목동과 함께 그려진 일명 살찐 꼬리 양Fettschwanzschafe(Fat-tailed sheep)들을 분명히 알아볼 수 있다.

여기서 중요한 점은 남아프리카, 나미비아에서는 이를테면 아프리카 북반부에 위치한 사하라의 소 목축 발달 과정과 비교해서 볼 때 계속해서 수렵 채집 문화가 우세했다는 점이다. 수렵 채집 생활자들은 자신의 생활 및 경제 방식을 완전히 바꾸지 않고 가축 사육의 몇몇 요소만을 받아들였다. 이 시기에 주변 조건은 안정적이었고 매우 고립된 지형적 위치 때문에 다른 지역과 극도로 제한적인 교류만 가능했다. 이런 두 가지 조건은 기후 생태 면에서나 문화적인 면에서 생활과 경제를 근본적으로 변화시켜야 한다는 필요를 느끼지 않게 만들었다.

나미비아에서 명확히 드러났던 이러한 발전 과정은 사실 남아프리카 거의 전 지역에서 볼 수 있다. 하지만 나미비아는 뛰어난 암석 벽화들로 인해 독보적 지위를 갖는다. 요약하자면, 우리가 지금까지 살펴본 바에 따르면 아프리카의 남부에서는 선사시대 전체에 걸쳐 수렵 채집 생활이 주를 이루었고 이들은 각자가 처한 자연환경에 따라 사냥을 하고 물고기를 잡고, 야생식물을 채집, 가공했다. 이들은 서력기원이 시작되고 나서야 가축을 기르고 최초의 토기를 생산하는 기술을 외부에서 전수받았다. 나미비아와 아프리카 남부, 보츠와나, 말라위, 모잠비크, 그 밖의 다른 나라들은 토기와 최초의 가축 사육을 도입하고 이어서 곧바로 철 가공을 시작한다. 남아프리카에서 석기시대는 매우 오랜 기간 지속되었던 반면 철기시대로의 이행은 기원후 제1천년기 전반기 동안 매우 빠르게 진행되었다. 이후 촌락형 주거지들이 형성되고 중심지의 형성과 더불어 주거지의 위계화가 강화되며, 재배 식물 경작을 중심으로 하는 농업이 확대되고 원거리 교류가 이뤄진다. 하지만 그럼에도 문화적 단계 사이에 급작스러운 단절은 찾아볼 수 없다. 오히려 이러한 발달 과정은 매우 연속적으로 진행되었다. 또한 문화적 특징에서 볼 때 석기시대의 수렵 채집 생활은 이후의 시기에서도 계속 영향을 미쳤다.

유라시아 스텝과
삼림지역에서의 원시생활

돈강 유역 옐리제옙스키에서 출토된 여인상. 러시아.

1.
흑해 북부의 농경과
목축 공동체

흑해 북부 문화는 자연 조건에 많은 영향을 받았다. 폰토스 북쪽에 위치한 이 문화지역은 동서로 펼쳐지며 여러 구역으로 나뉘는데, 동쪽 기점은 볼가강과 우랄산맥이다. 가장 남쪽, 즉 흑해의 북쪽 해안에서는 띠 모양의 스텝 지대가 펼쳐진다. 이 스텝 지대는 북쪽으로는 대략 드니프로 지방의 드네프르강에서 약간 북쪽으로 올라간 지역까지 뻗어 있다. 서쪽으로는 몰도바 남부 지역을 차지하고 있고, 최종 지류는 도나우강 하류지역과 판노니아 평원 동부에까지 미치고 있다. 이 스텝 띠 지대 내에도 여러 다른 생태 지역이 있다. 아조프해와 도나우 삼각 지대 사이에 위치해 있는 지역은 일명 건조 스텝Trockensteppe 지역으로, 스텝 띠 지대의 남쪽 대부분과 크림반도 북부의 일부를 차지한다. 또한 크림반도 동북쪽과 이곳에서 북쪽으로 바로 이어지는 폰토스 북부 대륙 (드네프르강 어귀와 아조프해 사이) 남해 연안에는 사막과 비슷한 스텝 지대가 나타난다. 스텝 지대 북쪽으로는 대략 이와 평행으로 펼쳐지는 숲스텝Waldsteppe 스텝에서 낙엽수림으로 이어지는 지역에 나타나는 지형. 초원 중간 중간 물가나 물이 잘 빠지는 땅에 수목이 서식함 지역이 있고 키예프 근방에서 삼림 벨트로 이어진다. 삼림 지대는 동유럽 평원에서 가장 넓은 지역을 차지하며, 우크라이나 북부, 벨라루스, 러시아의 유럽 쪽 영토에 펼쳐져 있고 북쪽으로 숲 툰드라Waldtundra 침엽수림에서 수목이 자라지 않는 툰드라 사이의 지형 및 툰드라 지대와 경계를 이룬다. 우랄 지역에 펼쳐져 있는 삼림 지대는 주로 활엽수림과 혼합수림으로 이루어져 있는 반면 우랄 동쪽 타이가 지대에서는 주로 침엽수가 자란다.

폰토스의 북부 지역 자연환경이 언제나 똑같았던 것은 아니기에 학자들은 지난 5000년간의 기후와 이에 따른 옛 지형을 재구성할 필요를 느꼈다. 이 작업에서 학자들은 고대 기후 연구, 토양 연구, 고대 식물과 동물 고고학 및 고고학적 자료를 근거로 삼았다. 이 지역의 수분 지수의 변화는 흑해 및 하천, 호수, 웅덩이의 수면 변화와 식물 분포의 변화를 통해 추적이 가능하다. 이런 연구를 통해 밝혀진 것은 지난 5000년 동안 기후 변동이 있었고 아주 큰 변화를 겪은 곳도 있었다는 사실이다. 아주 미미한 기후 변동이라도 스텝 지대는 영향을 쉽게 받았다. 숲스텝 지역은 영향을 훨씬 덜 받았고 삼림 벨트 지대에서는 거의 감지되지 않았다. 삼림 지대는 특히 물의 순환이라는 관점에서 볼 때 그 자체로 완결적인 안정적인 시스템을 구축하고 있고, 따라서 훨씬 거대한 기후 변동이 아니면 결과가 장기적으로 미치는 변화가 일어나지 않기 때문이다. 하지만 그런 변화는 최소한 최근 5000년간은 일어나지 않았던 것으로 보인다.

흑해 북부 지역에서 정착생활과 생산 경제의 가장 오래된 흔적은 기원전 6000년대 후반기에 나타난다. 이때 중요한 역할을 했던 문화는 부크-드네스트르 문화로서 프루트강과 남南부크강 사이의 폰토스 이북 지역 중 서쪽으로 치우친 곳에서 발달했다(〈지도 10〉). 부크-드네스트르 문화의 주거지는 드네스트르강, 남부크강 및 그 지류가 흐르는 넓은 계곡에 집중되어 있었지만 숲스텝에서도 흔적이 발견된다. 하지만 남쪽으로 이어지는 스텝 벨트 지대에서는 드물게만 그 흔적을 찾아볼 수 있다. 이 문화인들은 땅을 약간 파고 지은 움집(폴루젬리안스키라고 부른다)이나 땅 위에 기둥을 세워 만든 집에서 살았다. 하지만 현재 이 주거지들의 구조에 대해서 밝혀진 바는 별로 없다. 이들은 주로 수렵 채집의 경제 방식에 의존했다. 다시 말해 사람들은 주로 사냥, 고기잡이, 식용 가능한 자연물을 채

〈지도 10〉 북유럽과 동유럽의 신석기 문화 집단 분포 지역.

9장 유라시아 스텝과 삼림지역에서의 원시생활

집해서 식량을 조달했다. 소와 돼지의 뼈가 발견되기도 하여 가축 사육이 시작된 것이 기원전 6000년대 후반과 기원전 5000년대 초반이었다는 주장의 근거가 되기도 한다. 이에 반해 토기에 곡식의 낟알이 찍힌 것으로 보이는 흔적을 곡물 경작과 연결지어 해석하려면 더 분명한 증거가 나와야 한다.

가축 사육과 어쩌면 식물 경작도 포함되는 이 생활 방식은 도나우강 하류와 트란실바니아 등 동유럽 인접 지역으로부터 받은 자극 때문에 도입되었을 것이다. 신석기시대가 전파되었던 지리학적 경로가 아나톨리아에서 시작해 유럽 동남부를 거쳐 폰토스 북부의 서쪽 지역으로 진행되었기 때문이다. 부크-드네스트르 문화의 토기가 이를 증명해준다(〈그림 55〉). 이 토기들은 흑해 북쪽 지역에서 가장 오래된 토기로 여겨지는데, 유럽 동남부에서 받은 영향뿐만 아니라 이보다 더 이른 시기 훨씬 더 동쪽 지역에 거주했던 집단들이 만든 최초의 토기 흔적도 발견할 수 있다. 이 집단은 카스피해 서북쪽 건조성 기후 지대와 그곳에서부터 서북쪽으로 이어진 삼림 지대의 남부에서 살았으며 마찬가지로 기원전 6000년대에 이미 토기를 생산했다. 이는 수렵 채집 생활자들의 토기라 불리는 것으로 주로 중석기시대에 살았던, 계절적으로만 한 장소에 정착했으며 예외 없이 사냥, 고기잡이, 채집 활동에만 집중했던 인구 집단이 생산한 토기를 말한다. 이런 점에서 보면 폰토스 북부 지역은 매우 다른 여러 문화 지역의 영향을 받았다고 할 수 있다.

부크-드네스트르 문화가 시작되고 얼마간 시간이 흐른 후 드네프르-도네츠 문화가 일어나는데, 이는 기원전 5000년대 중반이 아직 안 된 시점이었다. 이 문화의 유적지는 스텝과 숲스텝 지역의 매우 넓은 지대에 걸쳐 산재되어 있는데, 그 범위가 드네프르 계곡에서부터 멀리 동쪽에까지

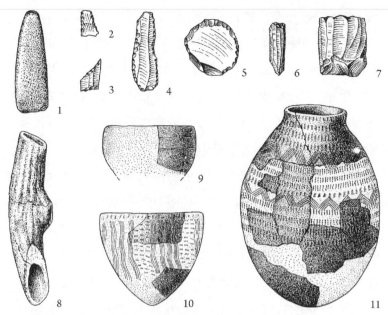

〈그림 55〉 부크-드네스트르 문화의 토기 및 돌과 뿔로 만든 도구. 우크라이나 서부.

이른다. 드네프르-도네츠 문화인은 주거지로 강 저지대나 해안가 근처를 선호했고 바닥이 땅속으로 살짝 들어간 원형 또는 사각형 건물을 지었다. 이 건물 중앙에는 조리용 모닥불 자리가 있고 벽이 있는 자리에는 기둥이 세워져 있었다. 식량은 주로 사냥, 고기잡이, 수렵 채집 생활에 의존했다. 이후에 가축 사육이 더해졌는데 이는 출토된 소와 돼지의 뼈로 입증된다. 이 문화 내에서 가축 사육의 시기 측정은 현재로서 더 정확히 이루어질 수 없는 상태이지만 몇몇 유적지에서 발견된 동물 뼈의 80퍼센트가 가축 뼈였다는 사실을 통해 드네프르-도네츠 문화 말엽, 즉 기원전 5000년대에서 기원전 4000년대로의 전환기에 이미 가축 사육이 이루어졌다는 사실을 알 수 있다. 드네프르-도네츠 문화의 존속 기간에 북폰토

9장 유라시아 스텝과 삼림지역에서의 원시생활

스 지역의 다른 반쪽인 동부 지역에서도 수렵 채집 생활에서 생산 경제로의 단계적 이행이 이루어졌다. 하지만 구체적인 과정은 재구성하기 어렵다. 그 밖에 드네프르-도네츠 문화에 대해 더 말할 수 있는 것은 무덤이다. 망자는 하늘을 향해 몸을 편 채 누워 있고 그 위에는 황토색 안료가 뿌려져 있었으며 간소한 부장품이 함께 매장되어 있었다. 이런 매장 방식은 중석기적 전통을 계속 발전시킨 결과로 생각된다.

최근의 연구는 흑해 북쪽 지역의 신석기화에 대한 논의에 새로운 측면을 제시했다. 이 연구는 발칸-카르파티아 지역에서 받은 영향과 카스피해 북부 지역에서 받은 영향 외에 제3의 요소, 즉 지중해 지역에서 받은 영향이 있었을 것이라는 가설을 제시한다. 이때 근거로 제시되는 것이 눌러 찍기 무늬가 나타나는 몇몇 토기 파편이다. 이 파편이 지중해 연안의 신석기화를 추동했던 카디움 토기 문화가 북부 지역으로 가지를 뻗친 결과를 보여주는 증거라는 것이다. 실제로 해당 용기의 장식 방식은 전체적으로 지중해 카디움 토기와 유사성을 보인다. 하지만 최초의 신석기 토기에 나타나는 눌러 찍기 무늬는 유라시아 스텝 및 숲스텝 지역 전체에 널리 퍼져 있었던 것이기 때문에 해당 토기는 이 가설을 지지하는 사람들이 생각하는 것처럼 반드시 지중해 남부에서 들어온 것이 아닐 수도 있다. 특히 이 토기 파편이 나온 유적지들은 흑해 북부 연안에 면해 있는 것이 아니라 내륙 지방에 위치해 있고 더욱이 그중 두 곳은 부크-드네스트르 문화 주거지였다.

하지만 기원전 6000년대에서 기원전 5000년대, 수 미터 상승한 해수면으로 인해 카디움 토기가 사용되었을 원시 해안가 주거지가 모습을 감추었다는 가설은 이론적으로는 가능하다. 이 이론에 따라 물속에 잠겨버린 주거지가 존재해서 이곳에서부터 토기가 북쪽으로 전해졌고 그 결과 오늘날 이 토기가 출토되는 장소에 도달한 것이라고 생각해볼 수도 있다. 하지만 현재로서 이 생각은 가설에 그칠 뿐이다. 폰토스 북부 지역 중 남부 지방의 눌러 찍기 무늬 토기가 지중해 지역의 눌러 찍기 무늬 토기와 실제로 어떤 관계를 갖는지, 이 토기가 남쪽에서 직접 항로를 따라 유입된 제3의 신석기화 경로를 입증하는 자료일지는 앞으로 연구를 통해 밝혀져야 할 것이다. 하지만 현재로서 이 가설은 신빙성이 적어 보인다.

크림반도는 폰토스 북부 지역 중에서도 특별한 곳이다. 왜냐하면 크림반도에서만 중석기시대 후기 무르차크-코바 문화와 대부분 민무늬로 된 최초의 토기가 나타나는 신석기시대 초기 사이에 매우 뚜렷한 연속성을 관찰할 수 있기 때문이다. 이 연속성은 돌을 가공하는 특정한 기술과 더불어 주거활동에서도 관찰된다. 즉 크림반도에는 여러 지층으로 된 유적지가 적잖이 존재하는데, 이런 유적지에서는 중석기시대 층 위에 신석기시대 층이 연이어 나타난다. 하지만 이것이 구릉 주거지들에서 볼 수 있는 것같이 한 장소에 고정되어 사는 생활 방식과의 연관성을 보여주는 것은 아니다. 그보다는 이곳 신석기시대 사람들은 이전 중석기시대의 전형적인 삶의 형태를 여전히 고수하면서 이전과 다름없이 계절용 주거 장소를 찾았던 것이라고 봐야 한다. 크림반도의 중석기인이 가축을 길렀을 가능성은 해당 자료를 더 자세히 검토해도 확인하기 힘들다. 이런 자료를 보유한 유적지가 있다고 해도 이는 더 이전 시기 지층과, 그 이후 시기의 지층 그리고 신석기 부흥기의 지층이 섞여버렸기 때문일 가능성이 크다. 당시 크림반도에는 수렵 채집 생활자들이 살았고 가축 사육은 약 기원전 6000년대 말에서 기원전 5000년대 초, 신석기시대 초엽 동안 서서히 수용되었다. 중석기 집단들은 생존이 유리한 지역에서 기원전 5000년대까지도 존속했을 수 있다.

폰토스 북부의 서부 지방에 부크-드네스트르 문화가 존속하는 동안 드네프르강이 방향을 트는 지역과 그 동쪽에서는 수르스크 문화가, 아조 프해 어귀 볼가강 하구 지역에는 라쿠셰츠니 야르 문화가 분포해 있었다. 최근 방사성 탄소 연대 측정법으로 다시 확인된 바에 의하면 이 두 문화 는 부크-드네스트르 문화가 시작되기 전인 기원전 6000년대 중반경에 성 립되었을 확률이 매우 높다. 수르스크 문화와 라쿠셰츠니 야르 문화 지역 에서는 가옥 잔해가 있는 주거지가 발견되었다. 하지만 이 주거지들이 일 년 내내 이용되었던 것인지 아니면 특정 계절에만 이용되었던 것인지는 확실하지 않다. 생활 형태는 계속해서 수렵 채집 생활이 우세했고 식량 은 사냥, 어획, 채집에 의존했다. 하지만 두 문화의 후기 층에서 소와 돼지 의 뼈가 가끔 발견되는 등 가축 사육이 시작되었다는 단서가 계속 나타 나고 있다.

볼가강이 허리를 트는 곳과 카스피해 사이, 스텝과 반사막 지대에서는 우랄강 어귀에서 서쪽으로 세로글라소프 문화가 분포되어 있었다. 이 문 화는 방사성 탄소 연대 측정법에 의하면 기원전 6000년대 초반에 시작 된 것으로 추정된다. 토기와 석기들을 보면 특히 중앙아시아의 켈테미나 르 문화, 그리고 부분적으로는 남캅카스의 가장 초기 신석기 문화와 연 관이 있음을 알 수 있다. 이 주거지들에서는 땅을 조금 파고 지은 원형 또는 사각형의 가옥이 발견된다. 그렇다고 해도 세로글라소프 문화인은 처음에는 수렵 채집 생활만 했던 것으로 보인다. 가축 사육의 시초에 대 해서도 아직 신빙성 있는 정보가 존재하지 않는다. 요컨대 서쪽의 드네프 르강이 허리를 트는 지역과 동쪽 카스피해로 들어가는 볼가강과 우랄강 어귀 사이, 스텝 띠 지대에서는 기원전 6000년대 전반기에 최초의 문화 집단들이 존재했으며, 이들 문화에 속한 사람들은 수렵 채집 생활만을 영위했지만 최초의 토기를 제작했다. 이때 동쪽에서 서쪽으로 시간적 격차가 나타난다. 즉 세로글라소프 문화의 가장 초기 토기는 라쿠셰츠니 야르와 수르스크 지역에서 나온 토기보다 약간 더 먼저 생산된 것으로 여겨진다.

위와 같은 인식을 통해 우리의 시선은 더 동쪽 켈테미나르 문화 지역을 향하게 된다. 이 문화는 중앙아시아에서 가장 오래된 신석기 문화로 카스피해 동쪽에서 아랄해 근방 그리고 제라프샨강 계곡에까지 영향을 미쳤다. 하지만 이 지역에는 신빙성 있는 방사성 탄소 연대 측정법 등 현대적 연구가 결여되어 있는 상태다. 따라서 여전히 수렵 채집 후기 방식을 따라 살고 있었던 중석기인이 원시 가축 사육과 이후 농경까지 하게 되는 이행과정을 세세하게 규명하는 것은 현재로서 불가능하다. 또 이 과정이 카스피해와 흑해 사이 지역의 발달과 연관된다고 신빙성 있게 말할 수도 없다. 하지만 상당한 개연성을 가지고 추정해볼 수 있는 것은 흑해 북부 지역에 영향을 미쳤던 요소에는 기원전 6000년대 후반기에 부크-드네스트르 문화를 태동시켰던 영향력, 즉 아나톨리아에서부터 도나우강 하류를 거쳐 흑해 서부 지역으로 전파되었던 영향력 외에도 동쪽에 위치해 있던 또 다른 문화 중심점이 작용했으리라는 점이다. 이 문화 중심점은 중앙아시아 북부에서 발원하여 우랄강과 드네프르강 사이 지역에서 영향력을 발휘했을 것으로 생각된다. 이에 더해 만일 위에서 언급했던 눌러 찍기 무늬 토기가 나온 유적이 실제로 지중해의 영향력과 관계 있는 것이라면 흑해 북부 지역의 신석기화 과정에는 제3의 경로가 추가되게 된다.

이와 함께 현재 또 밝혀진 것은 크림반도의 생존이 유리한 지역에서 기원전 5000년대까지도 중석기 문화 인구 집단이 살았다는 사실이다. 서쪽의 카르파티아산맥과 동쪽의 우랄산맥 사이 스텝 및 숲스텝 지역은 이 새로운 연구 결과 덕분에 매우 역동적인 지역이 되었다. 정착생활과 생산 경제로의 이행기에 이 지역은 매우 상이한 여러 영향을 받았고, 그러면서 신석기 초기적이면서 여전히 수렵 채집 시기의 특징이 나타나는 다채로운 모자이크를 형성하기 때문이다.

수렵 채집 경제가 생산 경제로 서서히 전환되고 한 장소에 정착하는 주거 형태가 점점 증가했던 신석기 문화는 기원전 4000년대 전반기까지 지속되었다. 그 후 다시 한번 커다란 변화가 일어난다. 기원전 4000년대 중반부터 드네프르-도네츠 문화와 수르스크 문화 분포 지역에서 최초의 금속 가공이 출현하는 스레드니-스토크 문화가 형성된 것이다. 스레드니-스토크 문화와 그 이전의 신석기 문화 사이에 연관관계가 있다는 것은 확실시되는데 특히 이는 토기를 통해 분명히 드러난다. 스레드니-스토크 유적지는 이전의 신석기 문화와 달리 스텝 띠 지대에만 분포되어 있으며 부분적으로 숲스텝 띠 지대에서도 나타난다. 하지만 더 북쪽에 위치한 삼림 지대에서는 나타나지 않는다. 유적지의 이런 분포를 보면 이 문화를 스텝 문화라고 할 수 있을 것 같다. 스레드니-스토크 문화는 드네프르강에서 아조프해의 볼가강 어귀까지 분포되어 있었고 수많은 주거지와 무덤이 상당히 넓은 지역에 걸쳐 퍼져 있다.

이 주거지 중 가장 연구가 잘된 곳은 드니프로 지역에 있는 데레입카 주거지다. 이곳에서는 내부 바닥이 땅속으로 약간 들어가게 지은 사각형의 움막집을 많이 볼 수 있다. 스레드니-스토크 문화인은 가축을 사육했다. 주로 소, 양, 염소를 길렀고 이에 더해 돼지도 길렀다. 반면 농경을 했다는 증거는 보이지 않는다. 사냥과 고기잡이는 계속해서 식량 조달에 보충 수단으로서 중요한 역할을 했다. 스레드니-스토크 문화와 특히 데레입카 유적지와 관련해 자주 제기되는 질문은 당시에 말도 가축화되었는가 하는 점이다. 실제로 말의 뼈가 많은 주거지역에서 발견되지만 대부분 야 생마였던 것으로 보인다. 하지만 데레입카에서는 턱 부위에 닳은 흔적이 있는 말의 해골이 발견되었고, 이는 마구를 사용해서 생긴 자국으로 추 측되었다. 만일 이것이 사실이라면 기원전 4000년대 후반기에 이미 말을 가축으로 길렀을 뿐만 아니라 이동 또는 운반을 위해 이용했다는 증거가 될 것이고 이는 의심할 바 없이 크게 주목을 끄는 발견이 될 것이다. 하지 만 이 유적은 그 신빙성에 있어 이미 초창기부터 회의적이었고, 현재 해 골에 난 닳은 흔적은 금속 재갈 때문인 것으로 입증되었다는 것이 중론 이다. 즉 해당 말 해골은 훨씬 더 이후 시기의 것으로서 스레드니-스토크 시대의 것이 아니다.

스레드니-스토크 문화의 공동묘지는 이전 시기 신석기 문화와 비교할 때 수가 훨씬 많으며 그 당시 사회적 구조에 대해 주목할 만한 통찰을 제 공한다. 중석기시대부터 보였던 하늘을 향해 몸을 펴고 누운 자세는 신 석기시대 무덤에서도 이따금 관찰되는데 스레드니-스토크 시기에는 드물 게만 발견된다. 이에 비해 하늘을 향해 누운 채 다리를 구부린 새로운 자 세가 우세해졌고 이는 이후 청동기 스텝 문화기까지 전형적인 자세가 된 다. 시신은 1인장으로 매장되었다. 주를 이룬 것은 평평한 묘였지만 처음 으로 몇몇 무덤에는 무덤 위로 꼭대기가 평평한 쿠르간(인공적으로 만든 언덕)을 쌓아올린 형태가 나타났다. 쿠르간에는 해당 무덤을 지형적으로 특별히 눈에 띄게 하려는 목적이 있었던 듯하다. 신석기시대 무덤과 비교 할 때 부장품이 훨씬 풍부하게 들어 있는 묘도 있었다. 부장품에는 장신 구 및 돌과 뼈로 만든 도구 외에도 토기가 더욱 자주 눈에 띄었다. 그 밖 에 돌로 만든 왕홀과 구리 장신구도 출토되었는데, 이는 사회 집단 내에서 특별한 지위에 있던 개인을 위한 물건이었다.

볼가강 하류, 스레드니-스토크와 연관이 깊은 치발린스크 문화 지역에서도 시신은 등을 대고 누운 채 구부린 자세를 하고 있었다. 부장품 또한 스레드니-스토크 문화와 매우 유사했다. 그중 특히 눈에 띄는 것은 도끼, 동물 머리 모양의 석제 왕홀, 많은 양의 간단한 구리 장신구 등이다. 분광학적 분석법에 의하면 이 시기의 구리는 발칸-카르파티아 지역에서 나온 것이었다. 우랄산맥의 동광에서는 아무리 빠르게 잡아도 기원전 3000년대가 되어서야 채굴이 이루어진 것으로 증명된다. 당시 동서 간 교류가 활발했다는 것은 동물 머리 모양의 석제 왕홀이 분포된 지역을 통해 알 수 있다. 이 왕홀은 볼가강 지역에서 판노니아 평원에 이르기까지 퍼져 있었다. 이런 맥락에서 볼 때 금속 천연자원을 유럽 동남부에서 수입했으리라는 건 쉽게 상상할 수 있다. 하지만 앞으로 연구가 더 진행됨에 따라 우랄산맥에서 구리를 처음 채굴했던 시기에 대해 더 자세한 내용이 밝혀질 수 있을 것이다.

치발린스크 문화의 네크로폴리스에서는 스레드니-스토크 지역에서보다 무덤 시설에서의 빈부가 더 확연히 드러난다. 반복해서 나타나는 것은 돌 곤봉과 돌도끼, 동물 머리 모양 왕홀, 길이가 긴 규석 소재 칼날, 표식판기록이나 표식을 위해 사용되었던 작은 판 또는 패, 그 밖의 고유 의상을 위한 각종 다양한 장신구가 있고 개중에는 구리로 만든 것도 있었다. 또한 특권적 부장품과 특별한 개인의 무덤 위에 쿠르간을 쌓아 올리는 풍습이 시작되어 처음으로 장제를 통해서 사회 지도층의 존재가 가시화된다. 이런 현상을 보면 폰토스 북부 스텝 벨트 지대에서는 서서히 확고한 틀을 가진 사회적 연합체가 형성된 것으로 생각할 수 있다. 사회 지도층은 무덤 시설물에서나 무덤 형태에서 다른 사람들과 차이를 두었고 의복과 곤봉,

도끼, 왕홀과 같은 권력의 상징을 통해 자신들의 사회적 지위를 표현했다. 교역을 통해 카르파티아산맥에서 볼가강으로 들어왔던 구리를 사용할 수 있었던 것은 어쩌면 이들에게만 허락된 것이었는지 모른다. 흥미로운 점은 어린이 무덤에서도 여느 일반 무덤과는 다른 장례 방식을 확인할 수 있었다는 사실이다. 그렇기 때문에 이 사회 집단의 구성원들은 출생을 통해 그 사회의 일원이 되었을 것이라 추측된다.

이런 사례들은 동기시대 동안 두드러진 사회적 변화가 있었음을 분명하게 보여준다. 하지만 무엇이 이런 변화를 야기한 것인지는 여전히 불분명하다. 그럼에도 이 변화가 시기상 흑해 북부 지역의 기후가 신석기시대 말엽 스텝 기후로 바뀐 이후라는 점은 확실히 눈길을 끄는 지점이다. 이 인과관계를 재구성해보자면, 이 지역이 스텝화됨으로써 가축 사육이 훨씬 더 증가하고, 가축 떼와 목초지를 지켜야 하는 상황이 생겨났다. 이로 인해 전투에 능한 남성으로 이루어진 지도층이 형성되기에 유리해졌다. 가축 사육이 갖는 중요성이 커져갔지만 전체적으로 유목생활을 했다고는 할 수 없다. 반대로 서쪽의 드네스트르에서 동쪽의 볼가강까지, 강 골짜기에 존재했던 많은 영구 주거지는 당시 정착생활이 매우 일반적이었음을 잘 보여준다.

카르파티아산맥과 드네프르강 사이, 숲스텝 지대의 서부 지방은 처음에 사람의 손을 타지 않은 채로 있었다. 그러다 기원전 4000년대 초반부터 트리폴리에 문화가 형성되는데 이는 이후 서부의 부크-드네스트르 문화와 동쪽의 드네프르-도네츠 문화를 대체한다. 이 문화는 여러 단계에 걸쳐 몰도바와 부크-드네스트르 지역에서부터 점진적으로 동쪽으로 확산되어 드네프르강까지 진출했다. 이곳에서는 이미 신석기시대 말엽까지 가축을 사육하는 생산 경제가 자리를 잡았고 최초의 농경 또한 행해지

9장 유라시아 스텝과 삼림지역에서의 원시생활

고 있었다. 이러한 경제는 트리폴리에 문화 기간 동안 본격적인 부흥기를 맞이한다. 이러한 발전은 마이다네코, 도브로보디 같은 대규모 주거지와 가옥 수백 채가 들어서 있었던 또 다른 많은 주거지에서 절정을 이룬다. 이 주거지들의 시간상 선후관계는 대규모 발굴 작업의 부재로 현재 밝혀지지 못하고 있지만 거대한 인구가 함께 모여 살았다는 것만큼은 의심의 여지가 없다(〈그림 56〉). 이와 관련해 제기되는 문제는 이렇게 큰 인구 밀집 중심지가 문자 없이 어떻게 조직되고 관리될 수 있었는가 하는 점이다. 이렇게 큰 주거 공동체의 식량 조달은 생산 경제의 예측 가능한 소출

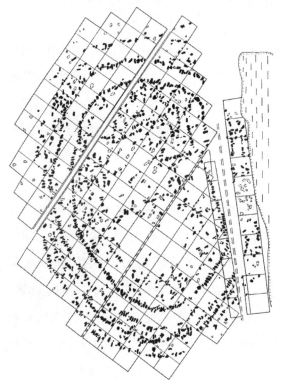

〈그림 56〉 트리폴리에 문화의 대형 주거지. 마이다네코, 우크라이나.

을 통해서만 보장될 수 있는 것이었다. 때문에 이곳에서 가축 사육 외에 농경이 중심적 역할을 했다는 것도 납득이 가는 일이다. 또한 금속 가공이 새로운 전문 수공업으로 등장한다. 트리폴리에 문화인에게는 구리 가공이 점점 더 중요한 의미를 띠어갔다. 이러한 현상은 스텝 지대에 훨씬 더 많은 영향을 받았던 스레드니-스토크 문화인과 더 동쪽의 치발린스크 문화인에게서도 관찰된다.

기원전 3000년대 후기와 기원전 2000년대 초기에 동유럽의 많은 지역은 기후가 점점 더 건조해지면서 온건한 대륙성 기후로 바뀌었다. 흑해 수면은 오늘날에 비해 2미터에서 3미터가량 높았다. 스텝과 숲스텝 사이의 경계는 현재보다 약간 더 북쪽에 있었다. 폰토스의 저지대 남부, 비가 적게 오는 지역에서는 거의 사막과 같은 지형이 형성되었다. 넓은 하곡과 협곡에 발달해 있던 숲은 점점 크기가 줄어들었고 완전히 사라진 지역도 있었다. 이후 다시 냉각기가 찾아와 습도가 높아지고 온화한 기후가 자리를 잡았다. 흑해 해수면은 그사이 현재 수준으로 하강했다. 또한 스텝지역의 반사막 지대들에는 초원 스텝이 들어섰고 강가 저지대의 숲은 점점 넓게 확장되었다. 기원전 3000년대 후기와 기원전 2000년대 초기, 기후가 건조해지던 시기에 폰토스 북부 문화 환경에는 다시 한번 급격한 변화가 일어난다. 숲스텝 지대 그리고 카르파티아산맥과 드네프르강 사이 숲 지대 남쪽에서 트리폴리에 문화가 여러 지역 집단으로 분열된 것이다. 이 집단들에서는 채색 토기, 인간 형상 토우 등에서 볼 수 있듯 여전히 트리폴리에 문화 전통이 나타나긴 한다. 하지만 주거지, 경제 방식, 매장 관습에서는 큰 변화가 일어났다. 조방농업을 했던 트리폴리에 문화의 대형 주거지는 더 이상 이용되지 않게 되었고, 그 대신 이동생활 및 이동경제가 다시 주를 이루었다. 이러한 변화가 있었다는 것을 보여주는 근거

9장 유라시아 스텝과 삼림지역에서의 원시생활

는 트리폴리에 문화 이후에 나타난 여러 집단이 남긴 것은 주로 무덤과 몇 안 되는 거주지였다는 사실이다. 그나마 이 거주지는 크기가 작아졌고 드물게만 발견된다. 그 밖에 숲스텝 서부 지역에 위치해 있었던 트리폴리에 문화 옛 영토에서도 스텝 문화가 끼친 영향력을 인지할 수 있다.

우사토보 집단은 트리폴리에 문화가 붕괴되고 나서 형성된 문화 집단 중 하나다. 이 문화 지역에서는 단순한 형태의 방어 시설 잔해가 있는 주거지가 여러 곳에서 발견되긴 했지만 규모가 매우 작았고 일정한 계절 동안만 살았던 것으로 보인다. 유물 대부분이 출토된 곳은 네크로폴리스다. 이 공동묘지에서는 평평한 묘와 쿠르간이 함께 나타난다. 쿠르간 속에는 통상 중앙 무덤 하나가 자리를 잡고 있으며, 간혹 시신 여러 구를 이차장으로 안치한 경우도 있다. 이 무덤 형태에서 자주 볼 수 있는 특징은 돌로 만든 원형 경계석과 돌로 포장된 묘혈, 황토색 안료 뿌리기 등이다. 시신은 대부분 측면으로 쪼그린 자세로 매장되었고 스텝 문화권에서 동기시대 이후 아주 전형적으로 나타났던 등을 대고 누워 구부린 자세는 볼 수 없었다. 부장품으로는 단검, 납작한 손도끼, 끌, 송곳과 같은 금속제 물건과 다양한 장신구가 있었는데, 장신구에는 비소를 함유한 청동이 자주 사용되었다. 여기서 눈에 띄는 점은 청동으로 만든 물건이 평평한 묘가 아닌 쿠르간 무덤들, 그중에서 특히 중앙 무덤에서만 무더기로 나온다는 사실이다. 이로 미루어보건대 우사토보 집단이 살던 지역에서도 사회적 신분 차별이 있었던 듯하다. 이러한 요소는 동쪽에 인접한 스텝 지대의 스레드니-스토크 문화와 치발린스크 문화 맥락에서 이미 더 이른 시기에 나타났던 것이지만 트리폴리에 문화에서는 찾아 볼 수 없었던 것이다. 그런 까닭에 이러한 요소가 오직 스텝 문화의 막강한 영향을 받아 비롯된 것인지 의문이 제기되지만 지금으로서는 분명한 대답을 할 수 없다.

동물 뼈 유물로 알 수 있는 것은 우사토보 집단이 트리폴리에 문화 이후에 나타났던 다른 집단과 마찬가지로 주로 가축 사육을 했던 반면 농경에는 훨씬 적은 의미만 부여했다는 점이다. 이러한 점에서도 스텝 문화의 영향을 느낄 수 있다. 하지만 농경의 축소는 변화한 환경, 특히 훨씬 건조해진 기후 때문일 수도 있다.

폰토스 북부의 스텝 벨트 지대에는 기원전 3000년대 후기에서 기원전 2000년대 중반까지 얌나야 문화와 카타콤 무덤 문화가 퍼져 있었다. 특히 이 문화가 퍼졌던 곳은 이전에 스레드니-스토크, 노보다닐롭카, 치발린스크 문화가 자리 잡고 있던 지역이다. 이 동기시대 문화들을 바탕으로 얌나야 문화가 형성되면서 최초로 청동기 물건이 사용되었다. 동시대에 서쪽에 위치했던 우사토보 집단에서도 이는 마찬가지였다. 얌나야 문화는 청동기 초기로 분류되며 이곳에서 청동기가 시작된 시점은 아나톨리아, 남캅카스, 또는 트라키아 등 환環 폰토스 지역 다른 대부분에서 그런 것처럼 기원전 3000년대 후기였다. 얌나야 문화는 시간이 지날수록 지리적으로 더 많은 지역으로 침투해 들어갔다. 처음 시기에 이 문화인들은 숲스텝지역에 이따금씩 출몰했지만, 나중에는 그곳에 대거 거주하기에 이르렀다. 이와 동시에 얌나야 문화적 요소는 북캅카스 스텝지역으로 확장되었는데 이곳에는 얌나야가 존재했던 때와 거의 동시기에 마이코프 문화가 존재했다. 또한 얌나야 문화가 도나우강 하류와 트라키아에도 영향을 미쳤다는 것을 보여주는 쿠르간도 발견된다. 다른 한편 트란실바니아를 넘어 판노니아 평원 동쪽의 알푈트 평원으로 이주한 큰 규모의 얌나야 문화 집단들이 있었던 것으로 보인다. 이는 기원전 3000년대 후기와 기원전 2000년대 사이에 이 거대한 영토에서 얌나야 문화권에 속하는 지역 집단들이 형성된 것을 보면 알 수 있다. 이 집단들은 유형 문화

9장 유라시아 스텝과 삼림지역에서의 원시생활

에서 서로 거의 차이가 없었고, 장제도 차이가 나타나는 경우는 드물다. 하지만 얌나야 문화 주거지에 대해서는 알려진 바가 거의 없는데 이유는 상세하게 연구가 진행된 주거지역이 몇 안 되기 때문이다.

얌나야 시기의 매장 풍습은 스레드니-스토크 문화와 치발린스크 문화에서 이미 시작되었던 방법을 더욱 발전시킨 것이라 볼 수 있다. 높이 쌓아 올린 쿠르간 무덤과 하늘을 보고 구부린 자세로 시신을 매장하는 방식은 이전 동기시대에 최초로 등장했던 것이지만 얌나야 시기에 와서는 전형적인 특징으로 자리 잡는다. 무덤 시설에서 사회적 신분의 차이가 드러난다는 점도 마찬가지다. 시설이 좋은 무덤이 더 많이 생겼는데 대부분 무기가 함께 매장된 남자 무덤이었다. 하지만 동시대에 존재했던 북캅카스 마이코프 문화의 엘리트 무덤에서 볼 수 있었던 것과 같은 금으로 만든 물건이나 금속 용기 등은 찾아볼 수 없었다. 그럼에도 얌나야 지도층의 쿠르간은 대부분 상당한 규모를 갖추고 있었다. 그중에는 나무로 대들보를 만들어 지붕을 덮은 묘실도 있었다. 이곳에는 단검, 손잡이를 끼울 수 있도록 구멍이 나 있는 도끼, 납작한 손도끼, 그 밖의 무기 장비가 함께 매장되어 있었다. 또한 이런 무덤에서는 토기, 돌로 만든 용구 및 드물지만 금 장신구도 발견되었다.

특히 강조할 것은 부장품으로 들어 있었던 원판 바퀴 4개가 달린 수레다. 물론 이는 높은 사회 계급의 무덤에서만 발견되었다. 이와 함께 장인의 무덤이라 불리는 고분이 처음으로 발견되었다. 이 무덤에는 거푸집 및 금속 가공과 관계있는 도구 및 용구가 함께 매장되어 있었다. 우텝카에 있는 한 쿠르간에서는 우랄산맥 남쪽에 있는 것과 유사한 청동 함유 사암이 발견되었다. 이 출토 자료를 통해 이 지역에서 동광 채굴이 시작된 시점이 얌나야 시기로 추정될 수 있었고, 이는 우랄 서남쪽의 카르갈리에서 행해진 조사와 일치한다. 얌나야 문화의 청동제 물건은 주로 비소 청동이며 주석 청동은 발견되지 않는다. 하지만 많은 금속제 물건은 계속해서 구리로 만들어졌다.

얌나야 문화 시기 동안 최초로 말이 가축화되었다. 따라서 폰토스 북부 스텝 지역은 고대 세계에서 말을 가축화시킨 가장 오래된 중심지로 간주된다. 이와 비슷한 중심지가 또 발견되는 곳은 북카자흐스탄 스텝 지역에 있었던 보타이 문화다. 얌나야 시기, 이동과 수송을 위한 말의 이용은 운송 수단과 인간의 기동력에서 진정한 혁명을 가져왔다. 이동하면서 가축을 사육하는 방식은 말이 없었다면 생각하지 못했을 것이다. 말은 짐을 지건 지지 않건 황소보다 두 배 정도 빠르고, 운송용 말이 수송할 수 있는 물건은 황소보다 세 배 더 많다. 이동과 운송 수단으로 사용된 말과 더불어 인간은 최초로 자기 역사에서 자기 자신의 속도를 훨씬 능가하는 운송 수단을 갖게 되었다. 이로써 인간은 더 빠르게 이동할 수 있게 되었을 뿐만 아니라 멀리 떨어진 지역에도 필요한 시간 안에 닿을 수 있게 되었다. 이 두 요소는 인간이 그때까지 알지 못했던 기동성을 가능하게 해주었다. 이렇게 사람들은 말의 가축화로 인해 그때까지 기피했던 새로운 자연 공간을 경제적 목적으로 이용할 수 있게 되었다. 말을 탄 목동은 스텝지역을 누볐고 유목민 또는 반半유목민 사회가 형성되었다. 또한 말을 소유한다는 것은 군사 전략 선택의 폭이 넓어진다는 것을 의미한다. 인간은 일찍부터 갈등이 일어났을 때 말을 이용해 우위를 확보하고자 했을 것이다.

청동기시대 초기 동안 기후 변화가 일어나 자연과 경제적 조건에 영향을 미쳤다. 서브보레알기期(애틀랜틱기 다음에 이어지는 기후 단계) 초기에는 기후가 더 건조해졌고 강 계곡에 있던 숲은 줄어들거나 완전히 사라졌다.

폰토스 저지대 남부 지방에서 강우량이 가장 적은 곳에서는 심지어 반사막 지대가 형성되기도 했다. 스텝도 더 건조해졌고 풀밭의 성장이 눈에 띄게 감소했다. 이러한 변화는 당연히 얌나야 문화인의 생활 방식에 영향을 끼쳤고 그 결과 가축 사육이 더 전문화되고 더 기동적인 형태로 발달하게 된다. 이는 말이 없었다면 불가능했을 것이다. 이런 점에서 말의 가축화와 이를 통한 이동 및 수송 동물로서의 이용이 바로 이 시기, 즉 생존을 위해 더 높은 기동성이 필수적으로 되었던 이 시기에 이뤄진 것은 우연이 아니라고 생각된다. 당시 가축은 소가 주를 이루었고 양과 염소는 적었다. 또 발굴이 진행됨에 따라 비록 적게나마 돼지 목축이 지속적으로 행해졌음이 증명되었다. 강 계곡에는 고정적인 주거지가 세워졌는데 그중에는 방어 시설을 갖춘 것도 있었다. 주민들은 가축 사육 외에도 사냥과 고기잡이 그리고 식물 경작을 했다.

얌나야 문화는 기원전 2000년대 후반에 카타콤 무덤 문화로 교체되었다. 이 문화는 얌나야 문화와 거의 동일한 지역에서 기원전 1000년대 초반까지 존속했다. 가장 많이 발견되는 무덤 형태를 따라 이름 붙여진 이 문화는 스텝 지역과 북쪽으로 이어지는 숲스텝 벨트 지대에 유적지가 남아 있다. 한편 생존이 유리한 지역에서 얌나야 문화의 잔존 집단들이 계속 존재했을 가능성도 있다. 동일한 시기에 키예프 인근 드네프르강 중류 문화인을 비롯한 매듭 무늬 토기인이 북쪽의 삼림 벨트 지대에서 남쪽으로 진출했다. 얌나야 문화에서 카타콤 무덤 문화로 전환이 일어났을 때 생활 및 경제 방식은 그렇게 큰 변화를 겪지 않았던 것으로 보인다. 방목형 목축은 계속해서 경제의 근간이 되었다. 당시 사람들은 식물도 재배했던 듯하다. 하지만 이에 대해 알려진 것은 많지 않다. 주거지 또한 발견되긴 했지만 얌나야 지역과 마찬가지로 연구가 폭넓게 이루어지지 않았다. 주거지역은 중심지와 계절별로 찾았던 장소로 구분이 가능하며 후자는 그 이전 시기에도 그랬던 것처럼 겨울 또는 여름용 야영지였다. 그 밖에 대형 신전이 발견되었는데 몰로찬스크에 세워진 것이 한 예다. 이곳에서 사람들은 여러 차례의 확장 공사를 통해 돌과 흙을 3만 세제곱미터로 쌓아 올려 숭배 제의를 위한 장소를 만들었다. 의심할 바 없이 이 장소에는 아주 멀리 떨어진 곳에 사는 사람들도 찾아왔을 것이다.

카타콤 무덤 문화 매장 의례에서는 스레드니-스토크 문화와 얌나야 문화에서 볼 수 있었던 사회적 계층의 가시적 구분이 더욱 발달된 형태로 나타난다. 깊이 파여 있는 갱도에서 측면으로 나 있는 카타콤베식의 묘실에는 이전 시기에서와 비슷하게 지도 계급의 것이 분명한 부장품이 발견되었다. 돌 곤봉, 왕홀, 사륜 수레, 그리고 최초로 발견된 이륜 수레(두 수레 모두 바퀴는 원판 바퀴)와 더불어 다양한 무기가 있었다. 이 밖에 금속 가공 장인의 묘 또한 발견되었는데 거푸집, 도가니, 점토 분사기, 그 외 다른 용구들이 함께 매장되어 있었다.

앞서 언급했던 전투에 능한 남자들로 이루어진 지배층 형성과 이를 가능하게 했던 문화 발달은 기원전 2000년대에서 기원전 1000년대로의 전환기에 우랄산맥 서쪽과 특히 동쪽 지역, 아바셰보와 신타시타 문화권에서 더욱 발전을 거듭한다. 이 시기 우랄산맥 동남부의 끝자락인 신타시타 문화 지역에서는 동광이 대량으로 이용되었고, 이에 따른 중요한 사회적 변화가 나타난다. 즉 금속의 이용은 부와 권력을 낳았고 그 결과 다른 무덤보다 더 공들인 무덤에서 확인되듯이 상류층이 형성되기에 이르렀다.

주거지는 전체적으로 원형 또는 사각형이었고, 벽과 해자로 주위를 둘러친 경우도 있었다. 가옥들은 체계적으로 정돈되어 배열되어 있었다. 표준적인 주거지 형태인 원형 주거지는 신타시타와 아르카임에서도 나타난

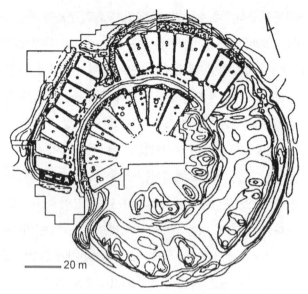

〈그림 57〉 아르카임의 청동기시대 원형 주거지 설계도. 우랄 지방, 러시아.

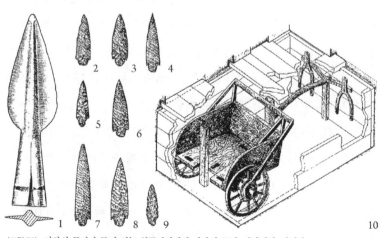

〈그림 58〉 전차와 무기가 들어 있는 청동기시대의 전사의 무덤. 신타시타, 러시아.

다(〈그림 57〉). 이 주거지에 지어진 가옥은 길쭉한 마름모꼴로 서로 맞붙어 있었다. 그중에는 길이가 긴 쪽의 벽을 공유하는 집도 있었다. 신타시타와 아르카임에서는 눈에 띄게 다르게 설비된 전사의 무덤들이 발굴되었는데 심지어 최초로 바퀴살이 달린 이륜 전투용 수레가 나오기도 했다(〈그림 58〉). 그 밖의 부장품으로는 청동으로 된 찌르기용 창(렌스)의 촉, 규석으로 만든 화살촉, 단도, 곤봉, 스파이크가 달린 원판형 재갈이 있었다. 이는 이 무덤들의 주인이 궁사 또는 찌르기용 창을 가지고 싸우는 전사였다는 것을 말해준다. 매장 의례에서 지도층이 이렇게 분명하게 차별적인 대우를 받는 현상은 이후 스키타이 초기 시대나 돼서야 다시 나타난다. 이러한 사실은 이 시기의 이 현상이 얼마나 특별하고 독특했던 것인지를 말해준다. 요컨대 계층화된 사회는 동기시대인 스레드니-스토크와 치발린스크 문화 시기인 기원전 4000년대 후반부에 나타나기 시작했는데 이는 이후 몇천 년에 걸쳐 유라시아 스텝 문화의 특징을 이룬다.

9장 유라시아 스텝과 삼림지역에서의 원시생활

2.
볼가강에서 발트해 지역까지, 숲 신석기시대의 수렵 채집 생활자들

스텝과 숲스텝이 펼쳐져 있는 폰토스 북부의 북방 지역에서는 삼림 지대가 시작된다. 이 지대는 키예프 북부에서부터 벨라루스와 러시아의 광활한 유럽 지대를 거쳐 북쪽을 향해 발달해 있고 대부분 활엽수림과 혼합림이다. 발트 3국에서 라도가 평원에 이르는 지역은 마지막 빙하기의 영향으로 곳곳에 호수들이 있는 북유럽식 평원이다. 남쪽과 동쪽으로는 스몰렌스크-모스크바-고지대가 경계를 이루고 있는데 플라이스토세에는 이곳까지 빙상이 뻗어 있었다. 이 지역은 또한 발트해와 카스피해 유역, 그리고 흑해 유역 사이의 대분수령이다. 동쪽으로는 중부 러시아 판板, plate이 이어진다. 북쪽으로는 스칸디나비아에서 핀란드를 거쳐 콜라반도까지 페노스칸디아 지역이 펼쳐져 있으며 이는 계속해서 러시아-카렐리야로 이어진다. 기원전 7000년대 보레알 시기 말엽에 다시 한번 현저한 기온 하강이 일어났고 이와 함께 강수량이 감소했다. 그다음 찾아온 기후대인 애틀랜틱기期는 온난 다습이 특징이었다. 애틀랜틱기 말엽인 기원전 3000년대 말, 홀로세 전 시기 동안 최고의 생태적 번식력, 다시 말해 식물상과 동물상이 최대로 성장을 기록하게 만드는 이상적인 기후가 발달한다. 그다음에 나타난 서브보레알기에는 기후 조건이 악화되어 다시 한번 기온과 강수량이 감소한다.

애틀랜틱기 동안의 유리한 기후 조건 덕분에 자연환경은 계속 성장할 수 있었다. 타이가 기후에 속하는 자작나무와 유럽 소나무 숲이 노르웨이해 연안까지 퍼졌고 툰드라 지대는 거의 완전히 사라졌다. 남쪽으로는 유럽 소나무, 느릅나무, 보리수, 떡갈나무 등 활엽수 혼합림이 자랐다. 이 이상적인 기후 시대에 활엽수림 경계선은 오늘날에 비해 약 500킬로미터 이상 북쪽으로 올라가 있었다. 더 북쪽의 오네가호와 라도가호 지대에는 주로 침엽수가 자랐다. 유리한 기후 조건으로 인해 생태계 경계선이 북상했고 풍부한 동물상이 조성되었다. 당시 사람들은 순록, 말코손바닥사슴, 곰, 늑대, 그 밖의 포유류, 그리고 물새와 다른 조류를 사냥할 수 있었다. 이는 이에 해당되는 동물 뼈로 증명될 뿐만 아니라 러시아 북쪽 지역 암석 벽화를 통해서도 증명된다. 암석 벽화는 숲 동물들이 북쪽까지 분포되어 오늘날 툰드라가 차지하고 있는 지역에서까지 활동하고 있었다는 것을 보여준다. 해안지역, 특히 북극해 지역 해안선을 따라 이루어졌던 사냥은 고래, 기각류물개, 바다코끼리와 같은 해양 포유류와 같은 포유류에 집중되어 있었고 이 또한 암석 벽화에 나타나는 모티브에서 확인할 수 있다. 특히 에스토니아 연안지역에서는 석기시대 초기 사냥꾼의 유적지들이 발견되었는데, 이들은 기각류 사냥을 전문으로 하는 사냥꾼으로 이 장소를 일시적 야영 장소로 사용했다. 러시아 북부의 호수가 많이 발달되어 있는 지대에서는 주로 고기잡이를 했다.

스칸디나비아를 덮고 있었던 빙상이 녹으면서 지각이 융기하는 한편 해수면이 상승했다. 두 현상 모두 해안선 지형에 커다란 영향을 미쳤다. 신석기 초기 핀란드 해안선은 현재 해안선보다 높이 위치해 있었고 내륙 지방 쪽으로 수 킬로미터 더 들어와 있었다. 그러다 지각이 융기하면서 해안선은 바다쪽으로 후퇴하고 물속에 잠겨 있던 땅이 드러났다. 이에 반해 발트해 남쪽 해안선에서는 녹은 빙하로 인해 바다가 육지로 밀고 들어오는 현상(해침)이 지각 융기보다 더 활발히 작용했다. 그 결과 신석기 초기 당시의 해안선보다 더 높은 곳에 해안선이 설정되었고 이것이 당시 해안선이 현재 해수면 아래 위치해 있는 이유다. 이는 발트해 북부에서 남부에 걸쳐 분포되어 있는 유적지와 주거지의 발달을 평가할 때 함께 고려되어야 할 점이다.

숲스텝 북부 지역에서 북유럽 지방까지 숲 신석기라 불리는 여러 집단이 분포되어 있었다. 이 인구의 생활과 경제 방식은 아직 중석기시대의 특징을 띠고 있었다. 즉 사람들은 수렵 채집을 해서 살았고 한 장소에 머무는 것은 특정 계절에 한해서였다. 그럼에도 이들은 이 지역에서 가장 오래된 토기를 생산했다. 기원전 5000년대 전반 이후 수렵 채집 생활자들의 토기라고 불리는 것이 러시아 북부와 러시아 서쪽에 퍼졌다. 기원전 5000년대 중반 이후에는 러시아 북부와 발트해 연안 국가 지역에까지 진출한다. 기원전 4000년대 초 수렵 채집 생활자 토기는 우랄산맥부터 발트해까지 거의 전 지역에 퍼졌고 콜라반도와 핀란드 북부에까지 전파되었다. 하지만 이 토기 생산이 2000년이라는 시간에 걸쳐 전파되는 동안 숲스텝 지대의 북부 지역 전체에서는 기원전 4000년대 후반기까지 생산 경제로의 전환은 일어나지 않았다. 이에 반해 같은 시기에 카르파티아산맥과 드네프르강 사이의 숲스텝 지대에서는 쿠쿠테니-트리폴리에 문화와 더불어 집약적 농업을 하는 대규모 주거지가 발달했다. 하지만 더 북방에 위치한 곳에서는 이러한 변화가 일어나지 않았다.

카스피해 서북부와 흑해 북부 지역에서부터 스칸디나비아 방향으로 수렵 채집 생활자 토기가 전파되는 경로는 각기 다른 세 전파 루트를 따른다. 토기 기술은 이 루트를 통해 동남쪽에서 서북쪽으로 각각 독립적으로 전파되었다. 가장 오래된 경로는 기원전 6000년대 후반 볼가강 지역 중부에서 시작되었다. 이 토기 전통을 공유하는 모든 집단의 공통된 특징은 장식이 적다는 점이다. 이 전통은 러시아 중부를 거쳐 기원전 5000년대 초 발트 연안국까지 영향력을 미쳤다. 이곳에서는 나르바 문화가 성립했고 기원전 3000년대 초까지 존속했다. 이 지방의 남쪽 지역에서는 드네프르-도네츠 문화의 토기 집단들이 기원전 5000년대 후반기에 발트 연안국 남부 지방에 도달했고 나르바 문화에 영향을 미쳤다. 또한 이들은 발트해 남부 지역을 따라 덴마크에까지 진출했고 그곳에서 에르테뵐레라 불리는 문화를 성립시켰다. 세 번째 경로는 유럽에 속하는 러시아 북부를 통과해 스칸디나비아까지 진출했다. 이곳에서 특징적인 것은 빗살 모양 무늬와 눌러 찍기 무늬 토기였는데, 이 토기의 기원은 기원전 5000년대 전반기 볼가-카마 지역에서 시작된 것으로 추측된다. 북부 수렵 채집 생활자 토기 중 빗살 모양 무늬와 눌러 찍기 무늬 토기는 볼가-카마 문화에서 시작해 먼저 중부 러시아의 북부 지방, 볼가강 상류 문화권에 이르렀고 그곳에서 카렐리야 지방으로 전파되었다. 이후 이곳에서는 스페링스 문화가 성립되었는데 약 기원전 5000년대 말까지 핀란드와 콜라반도 북부로 확산되었다.

수렵 채집 생활을 하며 신석기시대 숲에서 살았던 이러한 여러 토기 집단들은 기원전 2000년대까지 존속했고, 이후 북방의 눌러 찍은 빗살모양과 작은 구멍을 파넣은 무늬의 토기가 분포되었던 지역에서도 계속 살아나갔다. 그러다가 기원전 2000년대에 매듭 무늬 토기의 영향을 받은 문화 집단들이 세를 넓혀갔다. 하지만 러시아 숲 지역에서 북부 지방과 스칸디나비아까지 사이의 지역에서는 농경과 가축 사육을 하는 생산 방식 경제가 비교적 늦은 시기에 시작되어 이웃 지역의 신석기화 물결에 동참하지 못했다.

3.
시베리아 스텝과 숲 지대에서의 사냥, 어로, 채집

아시아 북부는 여러 생태지역으로 구분된다. 아시아 북부에서 가장 남쪽, 아랄해와 비슷한 위도에는 사막 비슷한 지대가 위치해 있으며 그보다 북쪽으로는 먼저 스텝 지대가 나타나고 이어서 숲스텝 지대, 시베리아의 가장 큰 부분을 차지하는 타이가 기후대가 그다음에 나타난다. 그 위로 숲툰드라가 이어지고 북극해 바로 남쪽의 툰드라 지대로 넘어간다. 이 남북으로 이어지는 기후대 스펙트럼은 거의 평행선을 그리며 연속적으로 시베리아 서쪽 절반에 걸쳐 서쪽에서 동쪽으로 펼쳐진다. 중부와 동부 시베리아에는 북쪽의 툰드라 경계지역에서 남쪽의 산악지대까지 타이가의 침엽수림이 펼쳐져 있다. 이 산악지대는 남쪽으로 인접한 몽골 및 중국 영토로부터 시베리아를 분리시킨다. 남부 산악지대 북쪽의 스텝과 숲스텝은 산맥 때문에 서쪽에서 동쪽으로 더 펼쳐지지 못하고 기껏해야 예니세이강江 같은 커다란 하천 유역에 나타나는 것으로 그치며, 대부분 시베리아 남부에 국한돼 있다. 동북쪽의 레나강 평원에는 스텝 지대가 훨씬 적게 나타나는데 기후 조건이 시베리아 남부 경계지역과 차이가 많이 나기 때문이다. 북아시아의 서부 지역에는 사막과 유사한 건조 지대, 스텝, 숲스텝, 숲 지대의 기후적 구분이 나타나며 이는 남쪽의 산맥지대 이남 지역에서 현재의 몽골과 북중국 지역 등 동쪽으로 계속된다.

모든 기후 변화, 특히 기온과 강수량 변화는 해당 기후대에서의 자연 조건(생식, 지형)에 지속적인 영향을 미친다. 모든 변화는 각 생활 환경에서 살아가는 인간에게 직접적인 영향을 미치며 변화된 환경 조건에 적응할 것을 요구한다. 기원전 6000년대, 보레알 시기 동안 기온이 하강하고 강수량이 급격히 감소한다. 그다음, 북아시아의 신석기와 동기시대에 해당되는, 기원전 5000년대에서 기원전 2000년대 후반까지의 애틀랜틱기에는 현저한 기온 상승과 강수량 증가가 일어난다. 이 시기 시베리아의 겨울은 현재보다 따뜻했고 여름에도 평균 기온이 약간 더 높았다. 이에 반해 넓은 중앙아시아 지역의 기온은 오늘날보다 약간 더 낮았으나, 연간 강수량은 비슷했다. 유라시아 북부에서 더 높아진 평균 기온과 증가한 강수량은 식물상과 동물상이 발전하는 데 이상적인 기후 조건이 되었다. 생태 번식력이 최고조에 달했고 숲 지대는 최대로 확장되었다.

역사상 툰드라와 침엽수림의 경계지역이 애틀랜틱기에서만큼 북쪽에 위치한 적이 없었다는 점을 생각하면 기후가 얼마나 온난했는지 짐작이 간다. 홀로세 전 기간에 걸쳐 기후는 계속 여러 변화를 겪었고 그중에는 오늘날까지 지속되면서 몇몇 식생 지대에 장기적인 영향을 끼쳤던 변화들도 있다. 반면 유라시아 북부 지형 중에는 이미 보레알 시기에 기후대 분포의 기본 윤곽이 잡히고 (나중에 나타난 작은 변화들을 제외하면) 애틀랜틱기에서 형성과정이 마무리된 그런 곳도 있다. 애틀랜틱기의 유리한 기후 조건에도 불구하고 스텝, 숲스텝, 시베리아의 숲 지역은 조상들이 원시 농경과 정착생활을 발달시킨 곳에 속하지 않았다. 보통 인류는 일 년 내내 식량을 풍족하게 구할 수 있는 장소에서만 지속적으로 거주했다. 이런 점에서 볼 때 시베리아 원시 문화기에 사람들이 사냥, 어로, 채집과 비정착인 생활 방식을 취했던 것은 자연이 제공하는 식량 자원이 한정되어 있었기 때문이라고 추측해볼 수 있다.

시베리아에는 구석기시대부터 수렵 채집 생활자들이 살았다. 이들은 이후 신석기시대에도 오랫동안 사냥, 어획, 채집 생활을 했다. 하지만 중석기시대에 이미 수렵 채집 생활은 복합적인 형태를 보이기 시작했다. 사람들은 지속적으로 풍족하게 식량을 공급받을 수 있는 더 확실한 식량 공급원을 이용하기 시작했던 것이다. 이들은 반 정착생활을 했고 한 계절용 야영지를 찾았다. 또한 전문적인 채집 전략을 활용할 줄 알았고 사냥과 어획 같은 특정 행위에 적합한 특수한 도구도 갖고 있었다. 인구 밀도는 이전 후기구석기시대보다 높았다. 또한 이미 소수의 사람들이 공동체에서 더 높은 자리를 차지하는 사회경제적 분화가 시작된 것으로 추측된다. 이를 잘 보여주는 것이 더 부유하게 꾸며진 무덤들이다. 이후 이어지는 북시베리아 침엽수림과 툰드라 지역에서 나타난 발달 과정은 인간이 더 불리한 자연환경 조건 속에서도 복합적인 수렵 채집 생활을 발달시킬 수 있었음을 보여준다. 그중에는 이러한 생활 형태가 심지어 중세 초기까지 지속된 것으로 추정되는 곳도 있다. 식량의 기본은 육류와 어류였던 듯하며, 베리류 식물, 식물 뿌리나 그 비슷한 식물류도 채집했지만 식용 식물은 부차적인 역할만 했다.

생존의 근거가 되었던 동물은 계절에 따라 이용할 수 있는 수가 달라졌기 때문에 사람들은 자신의 생활 방식을 사냥감의 생활 습성에 맞추어 적응시켰다. 이런 이유에서 보통 수렵 채집 공동체는 태곳적부터 이동이 잦다. 그럼에도 이곳에 살았던 공동체들은 상이한 삶의 방식을 발달시켰다. 즉 계속 이동하며 단기적으로만 살기 위한 야영지를 설치했던 공동체가 있었는가 하면 이미 정착생활을 했던 집단도 있었다. 후자의 경우 고정된 주거 장소가 점차 중요해졌고 주거지를 중심으로 더욱 한정적인 행동반경에서 생활했다. 여기서 관찰할 수 있는 사실은 다른 지역에서와 마찬가지로 한 집단의 이동성은 식량 공급에서 사냥이 지닌 전략적 의미와 맞물려 있다는 점이다. 이런 집단은 사냥 동물의 뒤를 따라 이동생활을 해야 했지만, 고기잡이에 더 치중하는 집단들은 아주 이른 시기에 이미 정착생활을 시작하는 경향이 컸다. 시베리아에서 발견된 중석기시대 및 신석기시대 주거지들은 호수와 강가에 있었고 일차적으로는 계절적으로만 이용되었던 것으로 보인다. 여름은 고기잡이의 최적기였다. 주로 어획에 의존하는 집단은 여름 동안 공동 목적을 위해 연합관계를 맺고 어획량이 풍부한 하천에서 거주했다. 물고기를 더 이상 잡을 수 없는 겨울에는 다시 해체되었고 이듬해 이른 시기에 다시 모였다.

시베리아의 이 문화는 신석기 문화라 불리지만 수렵 채집 공동체라고 봐야 한다. 왜냐하면 가축 사육은 나중에야 조금씩 단계적으로 경영되었고, 현재로서 농경이 이루어진 적이 있다는 단서는 전혀 발견되지 않기 때문이다. 신석기시대의 중요한 성과, 즉 식물의 재배화와 가축 사육을 통한 생산 경제, 한 장소에 정착해 사는 생활 방식은 북아시아 신석기인에게는 나타나지 않았고 나타났다 하더라도 산발적인 형태로만 존재했다. 때문에 이 문화를 신석기시대로 분류할 때 그 근거는 오직 유형 문화 유물에서 나타나는 발달을 기준으로 한다. 일각에서는 우랄 지역 서쪽 숲 지대에서와 같이 숲 신석기시대라는 용어를 쓰기도 한다. 유형 문화의 유물 발달 상황은 특히 석기에서 잘 드러난다. 대표적으로 돌날 제작에서

558

중요한 발전이 있었고, 이에 더해 마제 석기와 구멍을 뚫어 만든 도구들이 있다. 하지만 더 중요한 것은 이 시기에 처음으로 토기가 제작되었다는 점이다. 처음에는 거의 표면에 새겨서 그리는 무늬와 눌러 찍기 무늬만 나타났고 형태도 바닥이 뾰족한 단순한 모양이었지만 말이다.

신석기와 토기 문화가 발달하기 전 시기인, 중석기시대의 시간적 선후가 항상 분명하게 구분되는 건 아니다. 두 시기의 경계가 유동적임을 보여주는 한 예는 신석기 초기 유물에서 중석기적 특징을 보이는 규석 도구들이 나온다는 사실에서 찾을 수 있다. 또 초기 신석기적 특징을 가진 토기의 방사성 탄소 연대 측정 결과가 매우 이른 시기로 나오는 것도 문제를 더 골치 아프게 만든다. 심지어 이 시기를 토기 없는 신석기라고 보는 연구자도 있다. 연구자들은 이 용어로 신석기에 전형적인 석기 도구를 사용하면서도 토기는 제작하지 않으며 사냥, 어획, 채집 생활을 하는 공동체를 지칭한다.

지금까지의 견해에 의하면 중석기에서 신석기로의 이행은 기원전 6000년대 후반에 이루어졌다. 하지만 우랄산맥 서쪽 지역이나 시베리아 동쪽 끝, 태평양 연안에서 가까운 지역의 연구자들은 토기가 이보다 앞서 매우 초기에 제작되었다는 사실을 보여주는 방사성 탄소 연대 측정 결과를 계속 내놓고 있다. 이는 시베리아 초기 신석기 경우에도 마찬가지였다. 같은 연장선상에서 시베리아의 다른 지역에서도 이와 유사하게 중석기 도구와 최초의 토기가 함께 출토되면서 초기 수렵 채집 생활을 특징으로 하는 유적이 또 발견되는 것은 아닌지 계속 지켜봐야 할 것이다. 우랄산맥 바로 동쪽의 다습한 토양지역에서 나온 증거 자료들을 보면 시베리아에서도 앞으로 중석기시대-초기 신석기시대 문화 발달 연구에 관한 중요하면서도 놀라운 연구 결과가 나오리라는 기대를 해볼 수 있다.

시기르에서는 높이가 5미터나 되는 나무 판자로 만든 우상이 발견되었다. 이는 인간 형상을 따라 만들어졌는데 머리와 얼굴이 뚜렷하고 몸통과 머리를 구분하는 목 부분이 있다. 나무 조각 예술의 이 진정한 기념비적 증거물은 방사성 탄소 연대 측정법에 의하면 약 기원전 8000년 이전의 것으로 추정된다. 즉 이 조각상은 이 지역에서 가장 오래된 토기보다 훨씬 더 앞선 시대의 것이다. 이처럼 유물 중에는 부식되는 재질로 제작되었지만 늪지나 기타 습한 토양 지대라는 조건 덕분에 현재까지 보존되어 선사시대 문화에 대한 우리 생각을 완전히 바꾸어놓는 사례들이 있다. 시기르에서는 그 밖에도 뼈로 만든 화살촉과 규석 양면 칼날을 장착한 나무창이 발견되었다. 기원전 8000년대 후반에 속하는 이와 매우 유사한 물건들이 로브빈스카야 동굴에서도 발견되었다. 이러한 유물 환경이라면 어느 날 갑자기 기원전 8000년대 또는 기원전 7000년대에 속하는 눌러 찍기 모양의 둥근 또는 뾰족한 바닥 토기가 발견된다고 해도 전혀 놀랍지 않을 것이다. 그러니 마제 석기와 최초의 토기를 사용했고 수렵 채집 생활의 특징을 보이는 일명 숲 신석기시대가 실제로 언제 시작되었는지는 시간이 더 지나야 확정지을 수 있을 것이다.

북아시아의 신석기 문화인은 기본적으로 그들의 후기구석기시대와 중석기시대 선조가 살았던 삶을 계속 살아나갔다. 즉 사냥, 어획, 채집 생활을 계속했다. 신석기시대에 고정된 주거지를 더 많이 세우긴 했지만 그중많은 주거지가 특정 계절에만 이용되었던 것으로 보인다. 북아시아에서우랄산맥과 바이칼호 사이는 숲 신석기시대에 특징적인 단순한 토기와암석으로 만든 마제 도구가 발굴되는 지역이다. 이 두 가지는 연구자들이가장 일찍, 가장 잘 접근할 수 있었던 유물이다. 이 지역은 시베리아 내에서 살 만한 유일한 장소는 아니었지만, 당시 사람들이 가장 즐겨 찾았던

곳이었다. 아직 농경이 이루어지지 않았던 이유는 토양 때문이라기보다
는 스텝, 숲스텝 및 숲 남쪽 지대에서 사냥, 어획, 채집을 통해 더 많은 식
량 자원을 얻을 수 있었기 때문인 듯하다. 유적지 분포로 보면 사람들이
주로 물가에 거주했다는 것이 분명해진다. 신석기적 특징을 보이는 문화
는 큰 하천을 따라 후대까지 계속 확산되었다. 이 문화들은 오비강을 따
라가면서 불리한 자연 조건 때문에 전에는 사람들이 즐겨 찾지 않았던
시베리아 북부 침엽수림 지대와 툰드라 지대까지도 확산되었다. 중앙아시
아 북부의 건조한 지역에서도 하천을 따라 주거지가 세워졌다. 하천 주변
이 아니라면 이 지역에서는 생존할 수 없었을 것이기 때문이다. 토기 생
산과 암석을 갈거나 구멍을 뚫는 기술이 시베리아 북부와 동북부 영구
동토 지역에까지 전파되긴 했지만, 그곳에서는 중석기적 전통이 다른 어
떤 지역보다 훨씬 더 강하게 수천 년 동안 지속되었다.

　시베리아 신석기의 상대적 연대와 절대적 연대, 즉 다른 문화 단계와
관계해서 판단을 내리는 시간 추정과 그 자체만 가지고 계산하는 시간
추정은 모두 많은 문제를 안고 있다. 그럼에도 불구하고 이 시기 북아시
아 대부분의 지역은 두 개의 시대로 구분할 수 있다. 이런 점에서 서쪽의
우랄산맥과 동쪽의 오비강 사이의 시베리아 서부 평원 또한 신석기시대
초기와 신석기시대 후기로 구분이 가능하다. 이 지역에서 신석기시대 초
기의 토기 집단은 표면에 새겨서 모양을 그리는 토기로 특징지어지고, 후
기 집단에서는 주로 빗살을 눌러 찍은 무늬가 나타난다. 이 무늬들은 한
데 어울려 복합적인 무늬를 만들기도 했다. 이들은 시베리아 서부 숲스텝
지역에 주로 퍼져 있었고 수르구트 저지대와 같은 남부 숲 지역으로도 진
출했다. 시베리아 서부에서 문화 전파는 남북 격차가 뚜렷하다. 이를 잘
보여주는 것이 오비강 하류의 타이가와 툰드라 지대로 이곳에는 신석기

시대 후기에 이르러서야 신석기 문화가 진출한다. 초기 신석기시대 집단이 처음으로 시베리아에 발을 들여놓은 것은 기원전 5000년대로 추측된다. 이 추정은 향후 방사성 탄소 연대 분석이 가장 오래된 수렵 채집 생활자 토기의 연대를 더 먼 과거로 확정지을 경우 바뀔 수도 있다. 이 지역에서 후기 신석기시대 토기 집단이라 불리는 집단이 형성된 것은 기원전 5000년대에서 기원전 4000년대로 넘어가는 시점으로, 기원전 3000년대 초반까지 존속했다.

시베리아 서부에서와 마찬가지로 카자흐스탄의 많은 지역에서도 숲 신석기시대는 전과 후, 두 시기로 나뉜다. 이심 평원에는 앗바사르 문화가 분포되어 있었고 바로 인접해 있던 켈테미나르 문화는 남쪽으로는 호레즘 지역과 키질쿰 사막까지 뻗어 있었다. 시베리아 서부의 초기 및 후기 신석기 토기에서 특징적으로 나타나는 무늬와 형태는 중앙아시아 북부 지방에서도 다시 발견된다. 그렇기 때문에 해당 유적지를 대조하고 일치 여부를 확인하는 것이 용이하다. 시베리아 서부와 카자흐스탄에서 신석기시대 전 기간에 나타나는 석기는 전체적으로 중석기적 전통을 띠고 있으며 이러한 경향은 초기 신석기시대 유적에서 더욱 두드러진다.

예니세이강 유역과 시베리아 남부의 바이칼호 주변 지역에서도 숲 신석기시대를 초기와 후기로 나눌 수 있는 단서가 발견된다. 사하 공화국 그리고 시베리아 동부와 동북부의 다른 지역에서는 수렵 채집 생활을 하는 또 다른 토기 전통 집단을 마주치게 된다. 시베리아의 서부와 남부에서 표면에 무늬를 새겨서 그리는 토기와 눌러 찍기 무늬의 그릇이 특징적인 반면 동북 지역에서는 그물 모양 눌러 찍기 무늬 토기가 대세를 이룬다. 여기서 눈에 띄는 점은 이 토기의 전파 지역이 신석기시대 초기 동안 북부 지방까지 확장되었다는 것과 특히 퉁구스카강 하류의 예벤키 자치구, 그리고 레나강을 따라 거의 강어귀까지 이르렀다는 점이다. 그 밖에도 수렵 채집 생활자 토기의 파편은 쿠코티엔과 타이미르반도에서도 발견된다. 하지만 현재까지 이 지역에서 시베리아 초기 신석기시대의 문화가 어떻게 발달했는지 더 자세히 설명하기는 어렵다. 신석기시대 후기 동안 시베리아 중부와 동부의 주거지는 북부 지방과 동북 지방으로 더욱 확산되었고 인구 밀도는 다시금 뚜렷한 증가세를 보인다.

시베리아 모든 지역에서는 어떤 자연환경이었느냐에 관계없이 신석기 주거지 모두가 통상 특정 계절에만 이용되었다는 점이 특징적이다. 고정된 가옥을 세우는 경우는 드물었고, 보통 이들은 텐트 비슷한 구조물을 지어 사용했을 것으로 생각된다. 그렇기 때문에 그 흔적은 극히 드물게만 남아 있고 두터운 유적지층도 찾아볼 수 없다. 시베리아 북부와 중앙아시아 북부에서는 주거지가 주로 강이나 호수의 하안단구에 위치해 있었다. 여기서 발견된 것으로는 조리용 모닥불 자리와, 웅덩이, 기둥을 박기 위한 구멍이 거의 전부였지만 이따금 주거 구조물의 윤곽선을 뚜렷이 재구성할 수 있는 경우도 있었다. 그중에는 바닥을 조금 파고 지은 구조에 기본 형태가 타원형이나 사각형인 것도 있었다. 시베리아 서부에서는 외부로 돌출된 현관이 있는 구조물도 발견된다. 이 현관문을 지나 두세 개의 계단을 오르면 구조물 내부 바닥 층이 나온다. 벽 구조에 대해서는 거의 알려진 것이 없지만 보통은 기둥을 세운 구조물이었다. 기둥 구멍은 대개 규칙적으로 배열되어 있었다. 이 움막은 용마루가 있었을 것으로 추정되며, 벽구壁溝 집 벽면 아래에 벽을 따라 파는 도랑 또한 발견되었다. 다수의 주거지들에서 사람들이 지속적이 아닌 단기적으로 또는 특정 계절에만 살았다고 가정할 때 이 텐트식의 구조물들은 이동식이었을 것으로 짐작된다. 즉 더 후대에 나타난 유르트와 비슷하게 주거 공동체가 이동할 때 철거했다가 다른 장소에 다시 세우는 식이었을 것이다. 조리용 모닥불 자리가 항상 움막 가운데에 위치했다는 사실로 볼 때 유르트에서와 마찬가지로 이 구조물도 지붕 중심부에 연기 배출구가 있었으리라 가정할 수 있다.

중앙시베리아와 동부시베리아에서는 원형, 타원형 및 사각형에 가까운 반지하 움집이 발견되었다. 이런 구조물들은 우랄산맥에서 한국의 동해 사이 지역에서 나타나는데 현재의 연구 상태로는 이를 지역적 특성이라고까지 보기는 어렵다. 예니세이강, 투바 공화국, 바이칼 지방, 사하 공화국에서는 여러 층짜리 주거지 퇴적층이 다수 발견되었다. 이 발굴 자료에 의하면 이들 주거지에는 중석기시대부터 상당히 오랜 기간에 걸쳐 사람이 살았고 금속시대 초기까지 지속된 곳도 흔했다. 하지만 지층에는 주거와 관련된 물건이 거의 발견되지 않는 층들이 있어 이 주거지들 또한 수백 년 동안 한 장소에서만 정착하여 살았던 곳은 아닌 듯 생각된다. 그보다는 사람들은 당시 계속해서 이동식 주거 공동체를 이루며 특정 시즌에만 동일한 장소로 되돌아와 다른 장소로 다시 떠나기 전까지 오랜 시간 머물렀을 것으로 생각된다. 시베리아 서부나 동부의 신석기시대 주거지 크기에 대해서는 알려진 것이 거의 없다. 이는 대단위 면적으로 조사된 유적지가 매우 적기 때문이다. 통상 정착지마다 움집이 6채에서 10채 정도 확인되는데, 이로써 한 주거 공동체에 약 30~50명이 살았다고 추정할 수 있다.

현재 연구 수준으로는 당시 경제 방식에 대해 제한적으로만 알 수 있을 뿐이다. 중석기시대 우랄산맥부터 한국 동해 사이의 모든 지역에서는 사냥, 어획, 채집이 식량 조달의 기반이었다. 토기 생산의 시작과 마제 석기의 제작과 같은 시베리아 숲 신석기시대의 문화 발달은 생산 경제의 도입과 무관하며 계속해서 수렵 채집을 하며 살아가는 공동체의 새로운 특징이 되었을 뿐이다. 이러한 신석기적 특징은 계속해서 수렵 채집 생활을 하는 공동체들에게서 나타난다. 사냥한 동물과 어류, 채집한 식물의 종류는 자연환경에 좌우되기 때문에 식량 조달은 지역마다 차이가 났다.

카자흐스탄 북부 앗바사르 문화 지역에서는 말과 소 뼈가 많이 발견되었고, 이로 짐작건대 가축 사육이 이미 시작되었다고 볼 수 있다. 하지만 아직 완전히 증명된 것은 아니다. 왜냐하면 발견된 뼈가 야생종의 것일 수도 있기 때문이다. 식물 재배가 시작되었다는 증거를 찾기는 더 어렵다. 식물 재배는 신석기시대에 시베리아 어느 곳에서도 행해지기 어려웠다. 원예를 했다는 가장 오래된 증거는 살구 씨와 무화과 껍질로 증명되는데, 이 증거가 나온 곳은 카스피해 동쪽에 면해 있는 제벨 동굴, 즉 시베리아에서 훨씬 남쪽으로 떨어진 지역이었다. 사냥에서는 말코손바닥사슴, 사슴, 순록을 주로 잡았다. 이 동물들은 시베리아 전역에서 주요 고기 공급원이었다. 그 밖에 곰, 늑대, 여우, 멧돼지도 사냥했다. 이와 함께 토끼, 비버, 마멋, 족제비, 오소리, 담비처럼 크기가 작은 동물의 흔적도 발견되는데, 털가죽을 얻으려는 목적으로도 사냥되었다. 야생마의 뼈가 발견되는 곳은 특히 카자흐스탄 지역이고 시베리아의 이르티시강 유역에서도 드물게 발견된다.

즉 기원전 4000년대에서 기원전 3000년대로 넘어가는 전환기 이전 시베리아 지역에서 신석기 기간 동안 가축 사육에 관해 이렇다 할 증거는 나오지 않는다. 예외적 장소들은 우랄산맥의 주 능선 바로 서쪽에 위치한 바시키르 공화국의 물리노와 다블레카노보시에 있는 정착지다. 기원전 5000년대에 속하는 것으로 추정되는 이 유적지들에서 가축 뼈가 차지하는 비율은 해당 연구 결과에 의하면 30퍼센트가 넘는다. 사육된 가축으로는 주로 양, 염소, 소가 있고 말도 사육되었다. 하지만 우랄 주변 지역에 있는 다른 유적지에서는 이런 모습이 확인되지 않는다. 그렇기 때문에 이 초기 신석기시대가 시작되는 시기에 이후 수백 수천 년을 특징지을 가축들이 이미 다 존재했던 것인가 하는 데에는 미심쩍은 부분이 있다. 이와 관련해서 또 의문스러운 점은 발굴 자료들이 정말 동일한 시대에서 나온 것인지 즉, 발굴된 자료들이 이후 다른 유적과 섞이지 않았는지, 그리고 야생종과 가축화된 종이 신뢰할 만하게 구분되고 있는지 하는 것이다.

북아시아 여러 지역에서는 신석기시대에 속하는 개별 무덤과 작은 공동묘지가 계속 발견된다. 시신은 등을 펴고 바로 누운 중석기시대 전통에 속하는 자세로 매장되어 있고, 옆으로 구부리고 누운 자세도 나타난다. 하지만 머리를 둔 방향은 중석기시대와 신석기시대가 매우 분명한 차이를 보인다. 고고학자들은 1인 묘, 합장묘와 함께 집단 무덤 또한 발견했다. 비록 많은 공동묘지가 완전히 조사되진 않았지만 네크로폴리스의 크기는 매우 다양하다는 사실이 확인된다. 하지만 한 네크로폴리스에 있는 무덤은 대부분 30기에서 40기 사이였고 예외적인 경우에만 더 많았다. 무덤의 개수는 주거 집단의 평균 크기를 추정할 수 있는 단서가 된다. 부장품으로는 일상에서 사용했던 물건이 들어 있었는데, 지역 및 연대에 따른 차이는 거의 나타나지 않았다. 또한 전 지역의 무덤에서 그릇이 거의 발견되지 않는다는 사실도 눈에 띈다. 가장 자주 나온 부장품은 규석으로 만든 도구, 돌로 만든 손도끼, 뼈로 만든 도구, 여러 재료로 만든 장신구 등이다.

무덤 시설에서 차이를 보이는 경우도 있지만 그 차이가 그리 크지 않기 때문에 이를 사회적 계층이 형성됐다고 보기는 힘들다. 그보다는 이 사회는 기본적으로 수렵 채집자들의 평등한 사회였다고 말할 수 있다. 이에 반해 남녀 간 부장품의 차이는 분명히 확인된다. 여자 무덤에는 통상 부장품이 더 적었고 주로 장신구와 규석 또는 뼈로 만든 도구가 들어 있었던 데 반해 사냥 장비는 빠져 있었다. 남자 무덤에는 일반적으로 부장품이 더 많았고 가장 흔하게는 사냥 장비나 어로 장비의 일부 또는 많은 경우 둘 모두를 함께 묻었다. 특히 바이칼 지방에서 신석기 문화 집단의 존재를 입증해준 자료는 주거지 잔해가 아닌 넓은 공동묘지였다.

바이칼 지방의 신석기시대 공동묘지들에서 신석기 문화 집단의 흔적이 발견되었다. 이 문화 집단들의 이름은 키토이, 이사코보, 세로보이며, 연대상으로 차이가 난다. 또한 생활과 경제 형태에서도 부분적인 차이가 있었던 것으로 짐작된다. 키토이 문화인에게는 어획이 중심 역할을 했음이 분명하다. 그렇게 가정하지 않는다면 부장품에서 늘 나오는 낚싯바늘과 그물추를 설명할 방법이 없을 것이다(〈그림 59〉). 세로보 문화 집단에서는 상황이 반대다. 이 집단의 부장품을 보면 활과 화살을 가지고 하는 사냥이 남자에게 매우 중요한 활동이었음을 분명히 알 수 있다. 이에 반해 낚싯바늘과 작살은 발견되지 않거나 매우 드물게만 볼 수 있었다.

요컨대 당시 사람들은 주로 사냥과 어획을 했고 이는 정신적 관념세계에도 큰 영향을 끼쳐 예술에서도 이런 주제가 즐겨 나타난다. 이는 키토이 집단과 세로보 집단 무덤에서 나온, 뼈를 조각해서 만든 창작품들을 봐도 확인할 수 있고 안가라 평원과 레나강 상류의 평원에서 나온 암석 벽화에서도 확인이 가능하다. 이 두 창작물에는 특히 고기 공급에 중요한 역할을 했던 동물(말코손바닥사슴과 사슴)이 그려져 있다. 이 동물들은 주거 공동체 생존에 매우 중요한 기여를 했고 따라서 사냥할 때 가장 노력을 많이 들였다. 바이칼 지방의 신석기시대 사람들은 이 동물들의 고

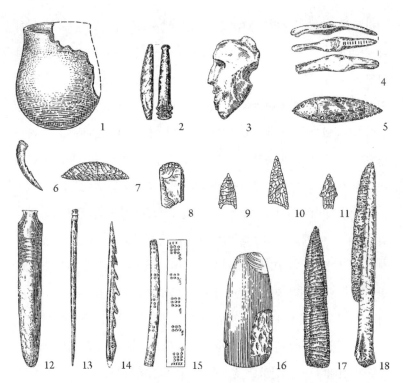

〈그림 59〉 키토이 신석기 문화 집단의 무덤에서 출토된 점토, 뼈, 돌로 만든 인공물. 바이칼호, 시베리아 남부.

기 일부를 부장품으로 함께 묻었으며, 이는 해당 뼈 유물로 증명된다. 암석 벽화는 사냥의 의미를 잘 보여준다. 궁사와 개가 몰이사냥을 하는 그림이 종종 눈에 띈다. 이런 그림에서 사람은 항상 두드러지게 기하학적인 모양으로 그려지는 데 반해 사냥 동물은 매우 사실적으로 표현되고 있다.

기원전 3000년대 중반경 후기 신석기시대에 속하는 시베리아 문화 집단은 동기시대라 불리는 문화 집단으로 교체된다. 하지만 일반적인 정의에 따르면 역사의 한 시기인 동기시대(또는 동석기시대)는 특정한 대형 구

인류는 어떻게 역사가 되었나

리 도구가 출토되고 기술, 경제, 사회, 종교 영역에서 지속적인 변화가 확인될 때 할 수 있는 시대 구분이다. 이 정의를 엄격히 적용하자면 북아시아의 많은 지역에서는 진정한 동기시대가 존재하지 않았다. 그보다는 이전부터 계속되어오던 수렵 채집 생활과 초기 가축 사육자의 생활 및 경제 형태가 지속되었고, 송곳, 장신구, 얇은 금속판 같은 소형 구리 도구만이 이따금 제작되었다. 네크로폴리스와 주거지 대부분에서도 큰 변화 없이 연속성이 확인되며 토기와 석기 또한 많은 변화에도 불구하고 연속성이 발견된다. 요컨대 시베리아의 후기 신석기시대 유물과 동기시대 유물 사이에는 뚜렷한 시대 구분을 할 수 없다. 양자는 많은 공통점을 갖고 있고 후자는 전자를 계승해서 발전했음이 분명하다. 시간상의 구분을 가능하게 하는 것은 기껏해야 토기에 눌러 찍기 문양과 새겨서 그려넣는 문양이 더 복잡해진 점, 석기의 종류에서 나타난 변화 정도다.

같은 시기 시베리아 서부에서는 수르탄디 문화와 이 문화로부터 영향을 받은 집단들이 형성되었고, 카자흐스탄 북부에서는 보타이 문화가 존재했다. 보타이 문화는 폰토스 북부 지방에서 얌나야 문화가 존속했던 시기인 기원전 3000년대 말기에서 기원전 2000년대 초까지 존속했다. 보타이 문화와 얌나야 문화는 유라시아에서 말을 가축화했다는 가장 오래된 증거를 갖고 있다. 때문에 이후 스텝 지대에서 이루어졌던 문화 발전에서 이들은 매우 중요한 의미를 지니는데, 이에 대해서는 후에 다시 설명할 것이다. 동쪽으로는 시베리아 남부(알타이, 투바, 예니세이 지역)에서 아파나시예보 문화가, 바이칼 지방에서는 글라즈코보 문화가 이어진다. 그 밖에 동기시대에서도 후기 석기시대에 이미 관찰되었던 인구 증가가 계속되었고 북부 침엽수림 지대와 툰드라에 속하는 시베리아 북부 및 북동시베리아 영토에서도 거주 밀도가 더 높아졌다. 기존의 주거지가 있었던 지역을 기점으로 새로운 영토를 개척한 결과다.

동기시대의 주거 가옥은 신석기시대의 것과 큰 차이를 보이지 않는다. 주거 장소는 계속 호숫가나 강가에 집중되어 있었고 여전히 특정 계절에만 이용되었다. 이 시기 땅을 살짝 파고 지은 움집은 여름용 주거 가옥이었을 것으로 생각되며, 땅을 더 깊게 파고 지은 움집(젬리얀키)은 겨울을 나는 장소였을 것이다. 움집의 터는 대부분 사각형이었지만 원형이나 타원형도 있었다. 그중에는 그룹을 이뤄 지어진 가옥들도 있는데 이는 농가가 형성되었던 것이 아닌지 하는 추측을 자아낸다. 주거지 및 주거 공동체 크기에 대해서는 실제로 알려진 바가 전혀 없다. 따라서 이전 시기에 비해 어떤 변화가 일어났는지도 알 수 없다. 이러한 정보가 부재하는 이유는 폭넓은 발굴 작업이 이루어지지 못하고 있기 때문이다. 추측할 수 있는 것은 다만 주거지가 대부분 7가구에서 10가구 사이였고, 각 가구는 소규모 가족으로 이루어졌다는 점이다. 이는 기본적으로 이러한 형태가 신석기적 삶에 부합했기 때문일 것이다.

알타이, 투바, 예니세이 수역, 바이칼 지방 사이에 위치했던 아파나시예보와 글라즈코보 문화 지역에서 고고학적인 정보를 얻을 수 있는 것은 주로 무덤에서 나온 발굴물이며 주거지 흔적은 드물게만 발견된다. 그럼에도 발견된 주거지에서는 여러 층으로 퇴적된 유적층이 나오기도 하는데, 그런 주거지는 신석기시대부터, 일부는 심지어 중석기시대부터 특정 계절마다 찾는 장소였다. 이런 주거지들에서는 기원전 3000년대 후반과 기원전 2000년대 초반까지도 계속 사람이 살았다. 하지만 가옥 흔적이 거의 남아 있지 않는 것으로 미루어보아 당시 집은 설치와 철거가 용이하며 이동하기 편리한 유르트식이었을 것으로 짐작된다.

카자흐스탄의 많은 지역에서 발견된 고고학적 유물들 또한 이와 매우 비슷한 상황이다. 카자흐스탄 북부, 이심강 유역 보타이 문화만이 예외에 속한다. 이곳에서는 7000제곱미터가 넘는 땅에서 움막이 약 70채 발굴되었다. 발굴되지 않은 것까지 합하면 가옥은 총 200~300채에 이를 것으로 추정된다. 이에 반해 다른 장소들에 세워진 더 작은 주거지는 20~40채뿐이었다. 이러한 사실 때문에 이 문화의 이름이 유래한 곳이기도 한 보타이 유적지는 사실상 그 시대에 중심지로 기능했을 것으로 추측된다. 원형 또는 타원형, 경우에 따라 다각형 젬리얀키 움막집들은 1미터 이상 땅을 파고 지었으며 외부에 돌출된 현관부가 있었다. 이런 움집은 크기가 다양했지만 표준적인 구조를 갖고 있었던 것으로 보인다(〈그림 60〉). 돔 모양의 목재 구조물로 지붕을 만들고 이를 잔디 떼로 덮었다. 보타이는 겨울에만 한정된 주거지는 아니었을 것으로 추측되나 주된 이용 시기는 겨울이었다. 이 대규모 주거지가 어떻게 발전되었는지에 대해서는 유감스럽게도 알려진 것이 없다. 이곳에서 처음 어떤 움막집이 존재했고 어떤 시간적 리듬 속에서 발전했는지, 각각의 시기에 구조물은 몇 채나 존재했는지, 이런 질문들에 대한 답이야말로 주거 문화를 포괄적으로 재구성할 때 중요한 의미를 가지는 것일 테지만, 현재 필요한 자료가 충분하지 않은 상태다. 보타이 유적지가 우리에게 던지는 또 다른 물음은 카자흐스탄 북부에서 동기시대 동안 주거지 간의 서열화가 있었던 것은 아닌가 하는 점이다. 왜냐하면 보타이 문화의 다른 발굴 장소들은 훨씬 규모가 작았기 때문이다. 보타이는 규모가 더 작은 지역과의 관계에서 일종의 중심지 역할을 했던 것은 아닐까?

경제 방식에서 확실히 말할 수 있는 것은 이전 신석기 문화에서처럼 기원전 3000년대 후반부와 기원전 2000년대에도 계속해서 사냥, 어획, 수렵 활동이 중요한 생활 기반이었다는 점이다. 하지만 변화도 관찰되었

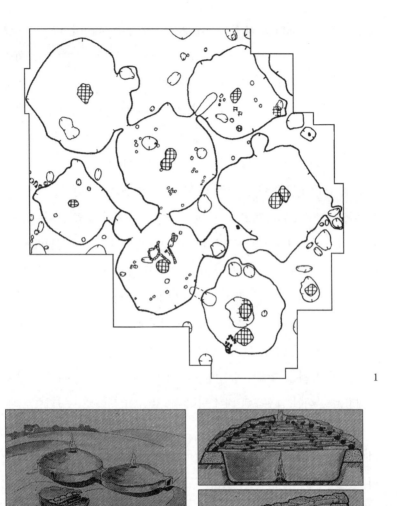

〈그림 60〉 카자흐스탄 북부 스텝 지대. 1. 보타이 문화의 동기시대 주거지 설계도 2. 가옥 복원도.

는데 가장 큰 변화는 이전 신석기시대에는 그 증거가 분명치 않았던 데 비해 이 시기 시베리아 서남부와 남부에서는 가축 사육에 대한 증거가 확실하게 나왔다는 사실이다. 수르탄디 문화 지역에서는 전체 유물에서 가축의 뼈가 차지하는 비율이 80퍼센트에서 90퍼센트가 될 정도로 매우 높았다. 발굴된 뼈로 추측건대 보타이에서와 마찬가지로 이곳에서도 말이 생활에서 중심적 역할을 했을 것이 분명하다. 말은 야생 형태와 가축화된 형태가 동일한 비율로 발견되었다.

동쪽으로 갈수록 가축 사육에 대한 증거는 적어진다. 특히 시베리아 중부와 동부 지역은 자료 자체가 부족하다. 아파나시예보 문화인은 가축을 사육했을 것으로 생각되지만 현지에서 분명한 증거가 아직 나오지 않고 있다. 앙가라와 바이칼호 사이의 글라즈코보 문화 지역에서는 주로 야생동물(말코손바닥사슴, 사슴, 멧돼지, 곰, 토끼, 물새)의 뼈가 발견된다. 이따금 양과 염소의 흔적도 발견되지만 당시 양과 염소를 사육했던 것인지는 아직 확실히 증명되지 않았다. 카자흐스탄의 많은 지역에서는 늦어도 기원전 3000년대 후반과 기원전 2000년대 전반기 이후부터 가축 사육의 확실한 증거가 발견된다. 사냥된 많은 동물 뼈와 함께 양, 염소, 소의 뼈도 많이 발견되었고 말의 뼈도 눈에 띈다. 위에서 언급한 보타이 유적지는 특별한 위치를 차지하는데 이곳에서 말의 뼈 수십만 개가 발견되었기 때문이다. 하지만 발견된 말의 뼈로 야생종이었는지 가축화된 종이었는지를 구분하는 것이 늘 가능한 일은 아니다. 보타이에서 말은 일차적으로는 고기 공급용이었다. 하지만 얌나야 지역에서와 마찬가지로 말이 가축화되었다는 흔적도 찾아볼 수 있다. 즉 이 시기에 사람들은 먼 거리를 빠른 속도로 이동하기 위한 이동 및 운송 수단으로 말을 이용할 줄 알았을 것으로 생각된다. 두말할 필요 없이 말의 가축화는 유라시아 스텝 전 지역에서 대단히 획기적인 혁신적 사건이었다.

동기시대 매장 관습에 대해서는 하나의 분명한 그림을 그리기 어렵다. 시베리아 서부에서는 숩카의 대규모 공동묘지를 제외하고는 무덤이 드물게만 나타나고, 전체적으로도 불균형하게 분포되어 있기 때문이다. 시신을 안치하고 다루는 방식이나 부장품은 신석기시대와 비교해서 큰 변화가 눈에 띄지 않으며 이전에 형성되었던 전통이 단절되지 않고 계승되었다. 하지만 시베리아 남부 많은 지역에서는 다른 양상이 나타난다. 이 지역의 미누신스크 평원과 알타이산맥에 분포되어 있었던 아파나시예보 문화와 바이칼 지방의 글라즈코보 문화는 그 증거 자료를 공동묘지에서만 찾을 수 있다.

아파나시예보 문화 지역에서는 시신 안치 형태에서 근본적인 변화가 일어났다. 신석기시대에 거의 전 유라시아 지역에서 대세를 이루었던, 하늘을 보고 다리를 펴고 눕는 자세는 동기시대 시작과 더불어 다리를 접는 자세로 바뀌었다. 대부분 1인묘였지만 2인묘나 4인묘인 경우도 있었다. 무덤 위에는 돌판을 얹어놓았고 주위에 돌로 원을 만들어놓는 경우가 많았다. 아파나시예보 문화 묘지에서는 숭배 의례를 위한 목적에서 따로 말의 해골을 보관한 유적이 발견되었다. 부장품은 상당히 동일한 형태로 정해진 규격을 따르고 있어 평등한 사회 구조였음을 시사하고 있다. 사회적 신분의 차이는 부장품으로는 거의 드러나지 않으며 규모가 큰 묘지에는 돌로 큰 원을 만들어 구분한 경우가 눈에 띈다. 장례와 연관이 깊었던 숭배 제의를 위한 시설이 있는데, 무덤과 마찬가지로 돌로 만든 원이 둘러져 있지만 그 안에서 무덤이 아니라 소각 구덩이와 재로 이루어진 층들이 발견되었다는 점이 다르다. 소각된 잔해에서는 불탄 토기 파편, 뼈, 돌, 구리로 만든 도구들과 완전히 재가 된 동물 뼈가 발견되곤 한다. 이런 정황으로 미루어볼 때 희생 제물을 연소시키는 자리였을 가능성이 높다. 이 시설은 대부분 공동묘지 안에 있는 무덤들 바로 옆에 위치해 있다. 알타이산맥에서도 이와 유사한 희생 제물을 연소시키는 장소가 발견되었지만, 이곳에서는 무덤이 아닌 암석화가 눈에 띄게 몰려 있는 경우가 많았다. 이 또한 마찬가지로 숭배 제의적 장소였음을 짐작케 한다.

성별에 따른 부장품의 차이도 뚜렷이 나타난다. 이런 점에서 바이칼 지방, 글라즈코보 문화의 네크로폴리스는 신석기 문화의 전통을 이어가고 있다고 할 수 있다. 돌 손도끼, 규석 창촉과 화살촉, 뼈로 만든 단도 등은 남자 무덤의 부장품이었다. 시신 중에는 손목에 연옥 구슬로 만든 사슬과 연옥 팔찌를 착용한 것도 있었다. 여자 무덤에서는 동물 이빨에 구멍을 뚫어 만든 목걸이, 머리 장식용으로 사용된 구멍 뚫린 얇은 연옥판, 뼈로 만든 바늘과 드물게 규석 도구도 발견된다. 성별 차이와 달리 사회적 계급 차이를 보이는 부장품은 거의 눈에 띄지 않는다. 즉 더 부유한 무덤과 빈곤한 무덤의 차이가 나타나지 않는다.

무덤에서는 사냥 무기도 자주 발견되었고 남자 무덤 일부에서는 낚싯바늘과 작살도 발견되었다. 이와 관련해 사냥은 계속 주요한 식량 조달 방법으로 주로 남자가 행했으며 고기잡이는 보조적으로만 이루어졌다는 해석이 가능하다. 여기서 놀라운 점은 글라즈코보 문화인에게서 구리 광석 및 연옥을 채굴하고 가공하는 일이 사회 구조에 어떤 영향도 끼치지 않았다는 점이다. 바이칼호 지역에서는 새로운 원료의 소유, 관리, 분배가 꼭 사회 계층을 만들어내는 결과로 이어지지는 않았다는 것이다. 오히려 신석기적 사냥, 어획, 채집 공동체들은 자신의 생활 방식을 초기 금속시대에서도 변함없이 그대로 유지했다. 이러한 현상은 금속의 출현과 그리고 이를 통해 형성되는 부의 집적이 반드시 사회 구조의 변화를 야기하

9장 유라시아 스텝과 삼림지역에서의 원시생활

는 것은 아니며, 이를 위해서는 다른 전제 조건이 충족되어야 함을 뜻한다고 볼 수 있다. 동기시대는 이전 신석기시대와 비슷한 면이 아주 많았지만 그럼에도 불구하고 변화는 서서히 일어났다. 이후 이러한 변화는 초기 청동기시대인 기원전 2000년대 후반부터 시작해 특히 기원전 1000년대까지 문화와 사회 구조에 장기적인 영향을 미친다.

4.
우랄산맥과 예니세이강 사이 지역에서의 금속 가공과 사회적 분화

동기시대에는 금속 이용이 산발적으로만 나타났고 사회 경제적 관계에 있어 커다란 변화를 일으키지 않았던 데 반해 청동기시대에 이르러서는 드디어 일대 약진을 하게 된다. 금속 물건은 수적으로 증가했고 형태도 다양해졌다. 금속의 채굴, 가공, 유통은 각기 독자적이면서 많은 부분에서 자율적인 활동 영역이었던 것으로 보인다. 금속을 가공하는 기술은 이후 계속 전문화되어갔다. 꾸준한 광석 수요 증가는, 그것이 자급자족을 위한 것이었든 잉여 생산물을 위한 것이었든 간에 채굴장을 더 많이 개척하고 이용하는 결과를 가져왔다. 또한 새로운 광맥을 찾기 위한 지속적인 탐광 작업도 이루어졌다.

이 시기엔 처음으로 여러 지역을 포괄하며 중심지 역할을 하는 고정된 주거지들이 형성되었다. 사회 구조 또한 남성 전사가 주축을 이루는 지도층이 점진적으로 형성되는 등 변화의 기미를 보이기 시작했다. 지도층이 존재했다는 사실은 거대한 무덤 건축물과 화려한 부장품들로 입증된다.

오비강에 이르는 우랄산맥 동부 지역과 남쪽으로 카자흐스탄에 이르는 지역에서 여러 특징을 공유하는 지역 문화들이 형성되었다. 이 문화는 금속 생산의 뚜렷한 증가, 주거지의 위계화, 지도 계층의 형성을 그 특징으로 하며, 지도 계층의 형성은 장제에서 확인된다.

이런 모든 특징은 신타시타 문화 지역에서 매우 분명히 드러난다. 신타시타라는 이름이 유래한 유적지인 신타시타 발굴지나 아르카임 주거지는 사다리꼴 가옥들로 이루어져 있다. 가옥은 긴 벽면 쪽이 서로 맞붙어 연결되어 있는데, 이렇게 길게 이어지며 한 줄 또는 두 줄로 열을 지어 전체적으로 원형을 형성했다. 여기에 더해 해자 또는 큰 문이 있는 장벽 등 방어 시설로 주변을 둘러쌌다. 이러한 주거지는 계획적으로 건축이 이루어진 특별한 예다. 과거 수백 수천 년 동안 조직적이지 않았던 주거지 구조와는 개념 자체가 완전히 달랐다. 신타시타에서, 그리고 아르카임에서도 거의 모든 집에서 구리가 가공되고 청동이 생산되었음을 알 수 있다. 이는 자급자족용이었던 것으로 추측된다.

요컨대 야금술은 이 유적지들의 매우 중요한 특징이다. 그곳에서 멀리 떨어지지 않은 우랄산맥 남쪽에는 중요한 구리 광석 채굴장이 있었다. 카르갈리 유적지에서 볼 수 있듯이 구리 채굴장에서는 최소한 이 시기에, 혹은 심지어 기원전 3000년대 후반부터 이미 채굴이 시작되었던 것으로 보인다. 우랄산맥 끝자락 동남쪽 인근에 위치한 신타시타와 아르카임 같은 주거지는 확실히 이 지역에 국한해서만 나타나는 특수한 사례다. 동쪽 토볼강 하류와 이심강 어귀의 타시코보-론기노보 문화 주거지들은 신타시타와 아르카임보다 덜 계획적인 주거지였다. 그럼에도 불구하고 이곳들도 원형 주거지 모델을 따르고 있었다. 다른 점이라면 기둥 건축물들이 더 방만한 형태의 원을 이루고 있다는 정도다. 이 주거지에 살았던 주민

인류는 어떻게 역사가 되었나

들은 금속 가공 외에 특히 가축 사육에도 몰두했다. 이는 동물 뼈 유적의 절반 이상이 양과 염소의 것이라는 사실을 보면 알 수 있다. 다음으로 많이 나온 것은 소뼈로 40퍼센트에 달하는 반면, 말 뼈는 8퍼센트만 차지한다. 여기서는 기본적으로 식물 경작이 이루어졌다고 추측은 되지만 확실히 알 수 있는 것은 아무것도 없다.

그 밖에 신타시타와 아르카임에서는 남성 전사 지배층의 무덤이 발견되었다. 이 무덤 구조물은 당시 수준으로서는 거대한 크기를 자랑했고, 지하 깊숙한 곳에 묘실이 위치해 있었다. 묘실에는 청동 단검, 찌르기용 창의 청동 창촉, 규석으로 만든 화살촉, 돌로 만든 곤봉 등 많은 무기류 외에 처음으로 바퀴살이 달린 전차도 매장되어 있었다. 얇은 판 모양의 재갈이 마구로 쓰였는데, 이 형태의 재갈은 오랜 기간에 걸쳐 사용되었으며 중앙아시아에서부터 동유럽까지 퍼져 있었다. 가장 최근에 발견된 이 재갈의 변이 형태로는 미케네의 갱도 무덤에서 발견된 것이 있다. 신타시타나 아르카임 무덤 유적과 비슷한 형태로 호화로운 용사의 무덤을 품고 있는 봉분은 우랄산맥 서쪽 아바셰보 문화권과 동쪽의 이심 평원에 위치한 페트로브카 문화 지역에서도 발견된다. 이곳에서도 이륜 전차가 출토되었다. 하지만 아바셰보 문화나 페트로브카 문화에서는 현재까지 신타시타와 아르카임에서 볼 수 있었던 것과 같은 계획적으로 세워진 원형 주거지가 발견되지는 않는다. 하지만 이곳에서도 방어 시설을 갖춘, 범지역적으로 중요한 역할을 했던 대규모 주거 단지가 있었음은 확실하다. 가령 노보니콜스코예 I 주거지에서는 대규모 정방형 해자가 발견되었는데, 이 해자는 봉긋 솟은 지대에 위치해 있었고 그 안에 사각형 집들이 좁은 간격을 두고 규칙적으로 배열되어 있었다. 이는 기원전 2000년대에서 기원전 1000년대로의 전환기에 우랄산맥 인근 동남부 지역에서부터 북카자호스탄에 이르기까지 사회적 계층 형성의 분명한 징표를 보여주는 문화가 형성된 것으로 해석된다. 이러한 현상은 의심할 바 없이 금속 가공이 더욱 큰 의미를 갖게 된 것과 연관이 있다.

더 동쪽, 특히 알타이산맥과 투바 공화국 지역 또는 미누신스크 평원에서는 완전히 다른 문화 형태가 나타난다. 이곳에서는 장제나 그 밖의 다른 유물을 통해 볼 때 위에서 서술한 바와 비견될 만한 지배층의 존재가 확인되지 않는다. 알타이산맥에 분포되어 있던 카라콜 문화는 돌판을 짜맞추어 만든 석곽 무덤으로 유명한데, 이 석곽은 여러 색을 사용해 그린 인간 형상과 가면으로 장식되어 있다. 이곳에서 본격적인 엘리트 지도층이 존재했다는 증거는 아직 발견되지 않고 있다. 미누신스크 평원의 오쿠네프 문화에서도 사정은 비슷하다. 이 문화도 기원전 2000년대 말과 기원전 1000년대 초에 존속했던 것으로 추정되며 이 지역에 존재했던 이전 문화들과 유사하게 무덤 크기나 부장품에서 사회적 계급 구분은 나타나지 않는다.

오쿠네프 문화인은 예술 창작물에서 매우 괄목할 만한 유적을 남겼다. 족히 수 미터에 달하는 여러 문양으로 장식된 석비가 그것으로, 이는 본래 묘역에 세워지는 것이었다. 이 석비의 중심에는 인간의 얼굴 또는 가면이 매우 다양한 형태로 장식되어 있는데, 보통 석비 하나에 여러 개의 형태가 그려져 있다. 이 상들은 흔히 귀가 길거나 뿔이 있고, 빛을 발하는 모양을 하고 있기도 하다. 또한 동물과 조합되는 경우도 있는데 특히 주둥이를 벌리고 있는 곰이나 뱀 또는 그와 비슷한 형상들을 볼 수 있다. 원이나 별 모양의 기호들도 나오는데 이는 태양을 상징하는 것이 아니었을까 추측된다. 다른 문양에는 첫눈에 알아보기 힘든 복잡하게 엉킨 선들이 그려져 있다. 오랫동안 들여다보면 이 선들을 이루는 구성 요소를 각기 구분해서 알아볼 수 있다. 이 그림들이 오쿠네프 문화의 정신적 관념세계와 연관 있다는 것은 분명하지만 현재로서 더 자세한 것은 알려져 있지 않다.

서시베리아의 동부 지방, 즉 서쪽으로 신타시타와 페트로브카, 동쪽으로 카라콜과 오쿠네프 사이 지역에는 사무스 문화에 속하는 여러 지역 집단이 분포되어 있었다. 이곳에서는 신타시타와 페트로브카 문화권에서 있었던 중심지 및 지배층의 무덤 등 사회적 계층 분화가 발달했다는 흔적을 찾을 수 없다. 또 알타이산맥의 카라콜 문화에서와 같이 그림이 그려진 석곽도 볼 수 없다. 오쿠네프 문화에서 발견되었던 장식된 석비와 같은 복합적 예술 창작물도 이 지역에서는 존재하지 않았던 것이 거의 분명하다. 하지만 사무스 문화가 인근 문화권과 교류했다는 흔적들은 간혹 눈에 띈다. 한 예로 동물의 갈비뼈에 조각한 조각상을 볼 수 있는데, 이 조각상에 나타난 긴 머리 얼굴들은 많은 차이에도 불구하고 오쿠네프 문화에서 나온 가면 또는 가공의 형상들과 공통점이 있다. 이르티시강 중류에 위치한 로스톱카의 사무스-네크로폴리스에서도 주목할 만한 유적이 발견되었다. 이곳에서는 봉분이 없는 평평한 무덤이 나란히 열 지어 있었는데 부장품에 의거해 무덤 시설을 여러 그룹으로 구분할 수 있었다. 그중 뼈로 만든 갑옷이 함께 매장된 부유한 무덤은 다른 무덤과 현격한 차이를 보였다. 이와 비슷한 현상이 관찰되는 곳은 서시베리아 바라바 스텝 지대의 숩카에 위치해 있는 수천 년에 걸쳐 이용되었던 공동묘지다. 우랄산맥 바로 동쪽에 위치해 있던 신타시타 문화 유산은 시베리아 서부와 남부의 여타 지역으로 전파되지는 않았지만, 그럼에도 후자의 지역에서도 발달이 일어나 지배층이 형성되었다.

이와 비슷한 발달 양상은 시베리아 북부와 동부의 기타 지역에서는 발견되지 않는다. 이 시기 바이칼호 지역에서는 글라즈코보 문화가 쇠퇴하기 시작했다. 그다음 바로 이어지는 시대에 대해서는 알려진 바가 거의 없지만 시베리아 서부(신타시타 문화, 사무스 문화), 카자흐스탄(페트로브카 문화) 또는 시베리아 남부(카라콜 문화, 오쿠네프 문화)에서와 같은 문화는 형성되지 못했던 것이 확실하다. 시베리아 서부의 타이가 지대에서도 서부와 남부와 같은 발전 방향은 나타나지 않았다. 하지만 이 지역에는 세이마-투르비노 청동기 양식으로 만든 청동 제작물이 퍼져 있었다. 세이마-투르비노 현상은 연대상 신타시타, 페트로브카, 사무스, 크로토보, 오쿠네프 문화와 연결 지을 수 있는 기원전 2000년대 말과 기원전 1000년대 초에 나타났던 것으로 추정된다. 세이마-투르비노 현상이란 고고학적 문화 현상을 말하는 것이 아니라 여러 문화 지역에서 유사한 형태로 안착해 있었던 청동기 제작을 의미한다. 이 현상에서 눈에 띄는 점은 이 가장 오래된 아연 합금 청동 제작 양식이 핀란드까지 이르는 북유라시아 숲 벨트 지역과 밀접한 연관이 있다는 것이다.

사하 공화국 지역에서는 기원전 2000년대, 그리고 기원전 1000년대에도 여전히 금속 가공이 나타나지 않은 채 중석기-신석기적 문화와 생활이 계속되고 있었다. 고고학적으로 이 지역과 시베리아 서부 및 남부 문화의 현상들 사이에 확실한 연결점이 거의 발견되지 않기 때문에 이 지역에서는 방사성 탄소 연대 측정법이 특별히 중요한 역할을 한다. 레나 평원 전체와 동시베리아의 북부 및 동북부 인근 지방에서는 기원전 2000년대 대부분의 기간에 석기시대 중기 문화인 벨카치 문화가 존속했다. 그 뒤를 이어 기원전 1000년대 초반에는 후기 신석기시대적 특징을 지닌 이미야치타치 문화가 나타난다. 하지만 이곳에서도 시베리아 서부에서 관찰되었던 것과 같은 대규모 복합 주거지역은 발견되지 않으며 가축

582

인류는 어떻게 역사가 되었나

사육의 증거도 찾아볼 수 없다. 요컨대 이곳의 신석기시대 중기와 후기의 문화인은 기원전 1000년대 넘어서까지 수렵 채집 생활자로서 사냥, 어획, 식용 가능한 식물의 채집에만 의존해서 살았다.

기원전 2000년대 중반이 지나고 얼마 되지 않은 시점, 시베리아에서는 여러 측면에서 문화 발전의 새 시대라고 할 만한 시기가 막을 연다. 하지만 변화의 속도는 느렸다. 이는 시베리아 서부와 남부에서 초기 청동기시대가 출현했을 때의 발달 수준이 동기시대의 문화 발달과 별다른 차이를 보이지 않았다는 사실에서 잘 드러난다. 청동기로 인한 혁신적 변화는 초기 청동기시대 후반부에 들어서야 실감할 수 있다. 특히 기원전 2000년대에서 기원전 1000년대로의 전환기에 마침내 일대 약진이 일어나고 이후 진정한 전성기를 구가하게 된다. 하지만 초기 청동기 문화는 시베리아 서부와 남부의 스텝과 숲스텝 지대에서 국한해서만 언급될 수 있을 뿐이고 우랄산맥에서 베링 해협까지 시베리아의 광활한 영토 대부분을 차지하는 광대한 침엽수림 지역과 툰드라 지대는 이런 모든 변화와 무관한 채로 남아 있었다. 이곳에서 사람들은 계속 중석기시대로 그 뿌리가 거슬러 올라가는 수천 년 된 전통적인 생활 방식에 따라 살았다. 금속은 전혀 이용되지 않았다.

다시 말해 청동기시대는 시베리아 중에서 동유럽 및 서남, 중앙아시아의 청동기 문화 인근 지역 그리고 이미 이전에 구리 가공의 경험이 있었던 지역에서만 거론될 수 있다. 이 지역들에 세워진 주거지에서 특징적인 점은 처음으로 방어 시설을 갖춘 대규모의 지역 중심지가 형성되었다는 것이다. 방어 시설은 주거지 전체에 설치되기도 했고 주거지 내부 일부 구역에 장벽과 해자를 설치하는 방식으로 나타나기도 했다. 이런 주거지들은 시베리아 서부 숲스텝 지대와 중앙아시아 북부에서도 찾아볼 수 있었다. 이 시기 예니세이강 중류에 위치한 하카스 공화국 지역에서는 높은 지대에 산성(스베)을 짓기 시작했는데, 이 성의 기능과 내부 구조에 대해서는 아직 전모가 다 밝혀지지 않았다. 이 산성들은 시베리아 서부와 중앙아시아의 성벽을 갖춘 성과 마찬가지로 발달된 교통망과 교류망으로 여러 지역을 포괄하는 구심점 역할을 했다. 또한 신석기시대의 특정 계절에만 이용되었던 시베리아 숲 촌락에 비해 훨씬 조직이 잘되어 있었다. 하지만 후자의 촌락도 이 시기에 계속 공존했다.

사회 조직의 변화는 주거지 구조에서만이 아니라 매장 풍습에서도 확인된다. 시베리아 서부에서는 초기 청동기시대 동안 사회 계층 분화의 분명한 징후가 발견된다. 이는 무덤 건축(쿠르간 봉분과 크고 깊은 묘실)으로, 또 부장품(부유한 무기 장비, 이륜 전차와 기타 유사한 것들)으로 알 수 있다. 이런 특징적 현상들에서 남자 엘리트 전사의 존재가 확인된다. 이들은 권력과 지위의 상징물을 가지고 자신의 지위와 특권을 표현했다. 이러한 지배층이 방어 시설을 갖춘 지역 중심지가 형성된 곳에서만 감지된다는 점 또한 특기할 만하다.

무엇이 이런 변화를 유발시켰겠느냐 하는 질문에 대해 현재로서는 신뢰할 만한 답을 내놓을 수 없다. 경제적 생활에서는 기원전 2000년대 후반 무렵부터 특히 시베리아 서부와 남부에서 이전 시기에 비해 가축 사육이 큰 중요성을 지니게 되는 점이 특징적이다. 금속 가공도 사정이 비슷하다. 이 분야의 전문가들은 놀라운 기술 수준을 이루었고 당시 최초의 아연 합금 청동을 생산했다. 한편으로 가축 떼의 증가와 야금술의 비약적 발전, 다른 한편으로 주거지역의 위계화의 시작과 사회 내 엘리트 계층의 형성, 이 둘 사이에 연관이 있었음은 짐작할 수 있지만 현재로서는 이에 대해 분명히 밝혀진 것이 아무것도 없다. 그렇지만 유럽의 초기 청동기시대에서도 기본적으로 이와 유사한 연관관계가 특징적으로 나타난다는 점은 주목을 끈다.

시베리아의 문화 발달에서 소위 숲 신석기시대의 출현부터 기원전 1000년대 초반 청동기 제작이라는 도약에 이르기까지 수천 년 동안 남부와 북부 사이에는 점점 더 뚜렷한 격차가 나타난다. 시베리아 서부와 남부에서는 우랄산맥과 중앙아시아에 가장 가까이 위치해 있는 문화들이 복합사회로 발달해갔던 데 반해, 시베리아 북부, 중부, 동부의 타이가와 툰드라 지대에서는 수천 년 전부터 내려오던 후기구석기시대와 중석기시대의 생활 및 경제 형태를 고수하고 있었다. 이곳에서 근본적 변화가 일어나는 것은 시간이 훨씬 더 흐른 뒤였다.

캅카스산맥에서 인도양까지의
문화 발달 과정

점토로 만든 아이를 안고 있는 여인상, 우르, 이라크.

1.
트랜스캅카스에서의
원시 농경문화와 야금술의 시작

'트랜스캅카스'라 불리는 지역은 대캅카스산맥 주능선 남쪽에서부터 현재의 터키와 이란 국경 지대에까지 이르는 지역을 말한다. 현재의 조지아 공화국, 아제르바이잔 공화국, 아르메니아 공화국이 이에 해당된다. 지리적으로 북쪽의 대캅카스산맥 남쪽 경사면이 많은 지역, 콜키스 저지대, 쿠라강 주변 저지대, 소캅카스산맥, 아르메니아 산악 지대와 카스피해에까지 뻗어 있는 그 밖의 저지대를 아우른다. 트랜스캅카스는 경우에 따라 '남南캅카스'라 불리기도 한다.

다른 지역과 마찬가지로 이곳에서도 기후 변화는 이미 중석기시대에 시작되었다. 기원전 1만1000년대에서 기원전 7000년대까지 수렵 채집 생활자들은 큰 하천 계곡과 노천 주거지에서 생활했으며 사냥, 어로, 채집 활동으로 식량을 해결했다. 사냥은 야생마와 사슴에 집중되어 있었고 그 밖에 양, 염소, 멧돼지도 사냥했다. 이렇게 해서 이들은 그 동물에 대해 잘 알게 되었고 이후에 가축 사육으로 이행하는 바탕이 되었다. 기원전

6000년대 후반기부터 정착생활, 한 장소에서의 고정된 주거, 농경과 가축 사육을 특징으로 하는 신석기 문화로의 전이가 서서히 일어났다. 신석기 문화는 기원전 4000년대 말까지 지속되었고 이후 기원전 3000년대 초에는 구리 가공이 시작되면서 동기시대가 들어섰다. 트랜스캅카스는 신석기시대가 시작될 때부터 독자적인 문화 발달을 보이긴 했지만 남쪽으로 트인 지형으로 인해 아나톨리아 및 이란 서북부 지역과 교류하며 영향을 주고받는 긴밀한 관계를 맺을 수 있었다.

트랜스캅카스 지역에서의 신석기시대 초기 모습은 아직도 연구가 잘 되어 있지 않은 상태다. 중석기시대에서 생산 경제 그리고 정착생활로의 이행은 기원전 6000년대에 들어서 이루어졌다. 조지아 서부 흑해 연안 근처와 콜키스 남부 지역에서는 마제 돌도끼와 흑요석으로 만든 세석기 도구 등이 나온 초기 신석기시대 유적지가 발굴되었다. 이 유적지들은 이곳 사람들이 주로 한 장소에 머물러 살았으며 수렵 채집에 기반한 생활을 했음을 보여준다. 이 유적지에서는 단순한 형태의 민무늬 토기 파편도 발견되었다. 아라라트산山에서 얼마 떨어지지 않은 아르메니아에서는 토기 사용 이전 신석기시대의 주거지가 발견되기도 했다. 이 주거지에서는 중석기시대의 석기와 갈돌, 마제 돌 손도끼가 출토되었다. 하지만 이 장소에서 발견된 동물 뼈만으로는 그것이 가축화된 종이었는지 확정하기 힘들다.

아제르바이잔에서는 트랜스캅카스에서 가장 이른 시기에 속하는 신석기 유물이 발견되었다. 이는 주로 바위굴과 동굴에서 발견되었는데 매우 조잡하고 단순한 형태의 토기가 중석기시대(즉 구석기시대와 신석기시대 이행기) 고유의 세석기와 함께 발견되었다. 그 밖에 무덤도 발견되었는데 이 무덤들에는 세석기와 함께 뼈, 동물 이빨, 조개, 그 밖의 다른 재료로 만든 사슬 및 펜던트와 같은 부장품이 들어 있었다.

기원전 6000년대 후반기에 발견된 또 다른 유적지로는 다게스탄 공화국 남쪽에 위치한 코치 유적지가 있다. 이곳에서 발견된 유물도 마찬가지로 마제 돌 손도끼를 포함한 세석기, 뼈로 만든 도구들 그리고 가장 초기형태의 민무늬 토기로 이루어져 있었다. 코치 사람들은 원형 또는 타원형 움막집에서 살았다. 이들은 아마도 단순한 형태로 배치된 돌 위에 텐트식의 가벼운 구조물을 세우고 기둥으로 이를 떠받쳤을 것으로 추정된다. 하지만 트랜스캅카스 대부분의 지역과 마찬가지로 다게스탄 남부 코치와 같은 정주지는 개별적 사례로만 볼 수 있기 때문에 중석기시대와 초기 신석기시대 사이의 이행기를 만족스럽게 설명해주지는 못한다.

늦어도 기원전 6000년대 말 무렵에 슐라베리-쇼무테페 문화인이 촌락생활을 시작하면서 트랜스캅카스에서 식물 재배와 동물의 가축화가 이루어진다. 여러 방사성 탄소 연대 측정 결과에 의하면 이 문화는 기원전 6000년대 말엽에서 기원전 5000년대에 걸쳐 존속하다가 기원전 4000년대 초엽에 종말을 맞았다. 슐라베리-쇼무테페 문화 유적지는 주로 쿠라 평원과 말리캅카스산맥에서 흘러나오는 쿠라강 지류들의 하곡 그리고 카라바흐 스텝 지대에 집중되어 있다. 촌락들이 집단을 이루어 주거지를 형성했고 바로 인근에 경작지가 있었다. 이 중 가장 중요한 유적지는 슐라베리-고라, 아루홀로, 크라미스 디디-고라, 이미리스-고라이다. 이들 촌락형 주거지는 상당한 면적을 차지하고 있었는데 약 1헥타르에 가옥이 50~60채 정도 있었을 것으로 추정된다. 각 가옥에 5~8명 정도 살았다고 가정하면 주거지역마다 400~500명 정도가 살았을 것이라는 계산이 나온다. 한 주거지에서 발견된 건축물이 같은 시기에 존재한 것이 아니거나 발견된 건물에서 모두 사람이 살았던 것은 아니라고 해도 이곳의 주민은 적은 수가 아니었다고 볼 수 있다. 트랜스캅카스에서 기원전 5000년대 동안 주민이 그렇게 증가할 수 있었던 것은 경제적 토대가 변화된 결과, 즉 농경과 가축 사육 때문이었다.

앞서 언급했듯이 건물들의 기본 윤곽은 원형 또는 타원형이었다. 원형 집은 인접해서 세워지거나 또는 틈새 없이 맞붙어 지어지기도 했으며 호弧를 그리게 담을 쌓아 안마당이 있는 더 큰 가옥 단지를 형성하기도 했다. 넓은 면적의 발굴 조사를 통해 더욱 분명하게 밝혀진 것은 주거지 내에 가옥 무리나 주거 구역이 여럿 있었다는 사실이다(〈그림 61〉). 이 주거 지역에 큰 씨족 집단이 살았던 것인지는 의문으로 남아 있다. 한편으로

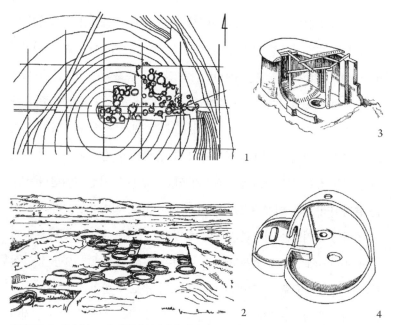

〈그림 61〉 1. 이미리스-고라 신석기 주거지의 설계도 2~4. 가옥 복원도. 슐라베리-쇼무테페 문화, 조지아.

이 주거지는 주거 가옥, 경제활동을 위한 건물, 마당의 세 부분으로 이루어진 것 같다는 인상을 주기도 한다. 가옥들은 보통 하나의 공간으로 되어 있고 직경에 비해 천장이 높고 종 모양을 띠고 있었다. 이 천장에는 연기 배출을 위한 개구부가 있었을 것으로 짐작된다. 가옥 높이는 2미터 50센티미터 이상이었고 면적은 7제곱미터에서 17제곱미터 사이로 다양했다. 벽에 개구멍 비슷한 사각형 개방구를 내 출입구로 사용했다. 내부에는 조리용 모닥불 자리가 있고 가끔 모닥불 자리가 외부에 있는 가옥도 있었다.

연구자들은 건물 크기에 따라 각기 다른 기능을 연결시켜 보았다. 이에 따라 직경이 2미터50센티미터에서 5미터 정도 되는 큰 건물은 살림집으로, 중간 또는 그보다 작은 크기(직경 0.5미터에서 2미터 사이)의 건물은 경제활동을 위한 건물 또는 저장 창고로 해석했다. 식량 저장을 위해 움막집 내부 또는 외부에 롬 흙으로 마감한 구덩이를 사용하기도 했다. 벽은 돌로 된 기저부 없이 다져진 땅 위에 바로 세웠는데 한쪽 면은 평평하고 다른 쪽 면은 바깥으로 볼록한 평철凸 모양 롬 벽돌을 쌓아올렸다. 벽돌은 위로 올라갈수록 점점 안쪽이 좁아지도록 쌓아서 최종적으로 종 모양이 되는 구조였다(〈그림 61.4〉). 건물 내부에 기둥이나 다른 지지대를 세웠다는 흔적은 보이지 않았다. 벽돌로 한 줄을 쌓은 후 롬 모르타르를 바르고 다음 벽돌을 쌓는 식으로 축조되었다. 그렇게 완성된 벽 안쪽과 바깥쪽에 롬 흙을 덧발라 마감했고 여러 번 마감을 덧입히기도 했다.

농경과 가축 사육을 위한 경제활동 공간, 즉 밭과 목초지는 주거지 바로 곁에 있었고 숲을 태워 개간했다. 그 외의 지역은 계속 숲으로 덮여 있었다. 주거지에 군집해 사는 주민의 식량은 계획적인 생산활동을 통해서만 안정적으로 확보될 수 있었다. 여기서 중요한 역할을 했던 것이 가축이었다. 주민들은 염소, 양, 소 그리고 돼지를 길렀고, 이와 더불어 고기잡이와 사냥도 했지만 보조적인 역할에 머물렀다. 주로 사냥한 짐승은 사슴, 순록, 들염소, 멧돼지, 곰, 조류였다.

농경은 중요한 의미를 지녔다. 이를 잘 보여주는 것이 사슴뿔로 만든 곡괭이, 많이 사용하면 광이 나기 때문에 '광택낫'이라 불리는 휜 모양의 규석 낫, 갈판과 갈돌 등 직접적으로 농사일과 관련된 물건이나 식물 가공과 관련된 물건들이다. 재배 식물로는 에머밀, 외알밀과 그 외 다른 밀 종류, 보리, 기장과 귀리가 있었다. 이에 더해 렌틸콩, 완두콩 등 콩과 식물이 보완적인 역할을 했다. 당시에도 오늘날처럼 경작지에는 당연히 잡초가 자랐다. 당시에는 곡물 농사만 지었던 것이 아니고 원예 농사도 본격적으로 행해졌음을 알 수 있는데, 이는 멜론과 수영(Sauerampfer(독), Sorrel(영). 여러해살이 풀), 포도 씨 흔적으로 증명된다.

슐라베리-쇼무테페 문화에서 기후와 자연환경은 식물 경작의 발전에 중요한 역할을 했다. 이 문화의 배경이 되는 기원전 5000년대는 기원전 7000년대와 기원전 6000년대 동안의 다습하고 온난했던 이상적 기후가 끝난 시기로 기온은 내려가고 대기는 이전보다 건조했다. 그럼에도 트랜스캅카스의 많은 지역은 강수량이 충분했고 트인 지형이어서 발달을 지속할 수 있었다. 이런 조건은 인공적 관개 시설 없이도 많은 수확을 가능하게 해주었다. 그럼에도 불구하고 아루흘로 지역에서 발견된 도랑은 최초의 관개 시스템이 존재했음을 시사한다. 이는 수원이 가깝고 땅의 높낮이가 물을 끌어 쓰기에 유리했기에 가능했던 것으로 추측된다. 하지만 이런 관개 시설은 비정기적으로 또는 특정 시기에만 가동되었던 것이었을 수 있다.

토기 생산과 관련해서는 다량의 점토로 된 용기가 발견된다. 손잡이가 달린 솥, 바닥 받침대가 있는 용기, 접시 그리고 귀때주전자의 부리같이 액체를 따를 때 편리하도록 그릇의 한쪽에 바깥쪽으로 내밀어 만든 구멍가 달린 사발 등 토기 형태는 다른 유적지와 비교해볼 때 매우 다양했다. 토기 장식은 단순한 편으로 주로 표면에 광택을 내거나, 입체적 장식을 붙이거나 무늬를 새겨서 그려넣는 방법으로 한정되어 있었다. 토기에 맞게 변형시킨 인간 형상의 입체적 양각 문양도 볼 수 있다. 소형 조각상은 다리를 꼬고 앉아 있거나 무릎을 세우고 앉아 있기도 하고 또는 다리를 뻗거나, 오므리거나 벌리는 등 여러 자세를 취하고 있다. 확인 가능한 조각상은 거의 모두 여자 조각상이었다. 그 밖에 다양한 석기도 출토되었는데 대부분은 흑요석으로 제작된 것이었다. 여기서 다시 한번 흑요석의 가공 생산은 슐라베리-쇼무테페 문화에서 본격적인 부흥기를 맞았다는 것을 확인하게 된다. 이와 더불어 뼈와 뿔로 만든 도구 및 암석과 규석으로 만든 용구들도 발견되었다.

최소한 기원전 4000년대 중반부터 슐라베리-쇼무테페 문화 주거지에는 사람이 살지 않게 되었다. 이는 농업에 집중적으로 이용된 토양에 양분이 고갈되었다는 점, 그리고 근동 지역 전체에 영향을 미쳤던 기후 변화에도 그 원인이 있었을 것으로 추정된다. 그 결과 트랜스캅카스에서는 하곡河谷들이 말라붙게 되었다. 동일한 시기에 근동의 여러 지역, 특히 메소포타미아 북부 지방에서는 극심한 건조화가 일어났고 지표면의 심각한 황폐화를 초래했다.

기원전 4000년대 중반 이후 쿠라 평원에는 시오니 문화가 나타나는데, 이 문화는 그 이전과 모습이 완전히 달랐다. 시오니 문화의 경제활동 방식, 주거지 형태, 유형 유물에 대한 연구가 충분히 진행된 것은 아니지만 그럼에도 말할 수 있는 것은 이 문화에는 이전 슐라베리-쇼무테페 문화와 달리 장소 고정형 촌락 집단이나 롬 벽돌 건축물이 나타나지 않는다는 것이다. 유적지들은 대부분 단기적으로만 이용되었던 것으로 보인다. 또한 사람들이 남긴 흔적은 대부분 구덩이에 남아 있는 내용물과 이것이 들어 있는 유적지층에 국한되고 가옥 잔해는 거의 발견되지 않는다. 이런 점에서 봤을 때 시오니 문화인은 선조들보다 주거에 있어 훨씬 덜 고정적이었고 이동이 잦은 생활 형태를 보였을 것이라는 해석이 가능하다. 이는 기후 건조화와 더불어 생활 조건이 불리해지자 이에 대응해 나타난 현상일 수 있다.

슐라베리-쇼무테페와 시오니 문화 사이에 나타난 엄청난 변화에도 불구하고 양 문화 사이에는 연관성이 있었다는 것이 확인된다. 특히 시오니 문화의 토기에서는 형태와 제작 기술, 문양의 몇몇 특징이 슐라베리-쇼무테페 문화와의 연관성을 보여준다. 시오니 문화 말기에는 캅카스 북부 마이코프 문화의 요소와 더불어 레반트 서북 지역의 아무크 E 지층에서 관찰되는 요소 또한 발견된다. 이러 사실은 시오니 문화가 기원전 3000년대 후반기까지 지속되다가 얼마 안 있어 초기 청동기 문화권에 속했던 쿠라-아락세스 문화로 교체되었음을 시사한다.

카라바흐 스텝 지역에서도 슐라베리-쇼무테페 문화는 기원전 4000년대 중반 즈음 종식된다. 이곳에서 이루어졌던 변화는 쿠라 평원에서의 발달 과정과 차이를 보이는데, 무엇보다 이 지역에는 메소포타미아 북부에서 인구 집단이 이주해왔다. 일례로 기원전 4000년대 후반기부터 기원전 3000년대 중반까지 사람들이 거주했던 라일라 테페시 주거지를 보자. 이 지역은 가옥 형태(돌로 된 기저부와 방이 여러 개인 롬 벽돌로 축조된 사각형 건물)나 유형 문화에서 봤을 때 후기 우바이드와 우루크 문화 요소의 특징을, 즉 메소포타미아의 동기시대 후기 문화 특징을 완연히 드러내고 있다. 이와 매우 유사한 문화가 터키 동남부 아르슬란 테페 또는 이라크 북부의 테페 가우라(IX-VIII)의 동시대 지층에서도 발견된다. 카라바흐 스텝에 위치한 이 북메소포타미아인들의 거주지 말기에는 아무크 F와 우루크 후기 문화 요소들이 특징으로 나타나는데, 이는 시오니 문화 말엽에서도 마찬가지였다. 결론적으로 쿠라 평원과 카라바흐 스텝 지역에서 슐라베리-쇼무테페 문화는 아무크 F와 우루크 문화로 교체되었다고 할 수 있다. 이 두 문화는 기원전 3000년대 후반기에 종말을 고하고 뒤이어 초기 청동기시대에 속하는 쿠라-아락세스 문화가 발흥한다.

아락세스 평원은 트랜스캅카스 지역 중 메소포타미아 북쪽과 가장 가까운 지역이며 처음부터 많은 영향을 받았다. 이 평원은 서남쪽으로는 아나톨리아 동북부까지, 동남쪽으로는 우르미아호까지, 서북쪽으로는 이란까지 펼쳐져 있다. 이 지역 중심지 중 하나인 나히체반에서는 기원전 5000년대부터 쿠라 평원과 카라바흐 스텝 지대의 슐라베리-슈무테페 문화와 나란히 또 다른 문화가 발달해 있었다. 이 문화에 대해서는 아나톨리아 퀼테페I 주거지에서 가장 광범위한 연구가 진행될 수 있었다. 주거지의 잔해는 처음에 원형 움막집이 존재했다가 이후 사각형 건물이 들어섰음을 보여준다. 이곳에서 얻을 수 있는 정보는 얼마 되지 않지만 그럼에도 확실히 알 수 있는 것은 이곳 주민들이 토착 원주민이었고 그러면서도 메소포타미아 북부와 활발한 교류를 했으며 또한 기원전 5000년대 전반기부터 그곳에 본거지를 둔 할라프 문화(시리아의 텔 할라프라는 유적지의 이름을 따라 붙여진 이름)로부터도 영향을 받았다는 점이다. 할라프 문화와의 연관은 수입된 할라프 용기를 통해서, 그리고 이 지역에서 할라프 용기를 모방해서 만든 토기를 통해 증명된다. 나히체반과 메소포타미아 북부가 긴밀한 관계를 맺었던 것은 할라프 문화가 후대에 들어 팽창하게 되었기 때문인 것으로 보인다. 할라프 문화는 메소포타미아 북부에서 시리아와 터키 일부 지역을 거쳐 이란의 국경지역과 그 너머까지 세력을 팽창했다.

슐라베리-쇼무테페 문화권에서와 마찬가지로 서남쪽에 인접한 아제르바이잔에서도 기원전 4000년대 중반경 근본적인 문화 변화가 일어난다. 그 결과 이곳에서 또 하나의 새로운 문화가 형성되었는데 이 문화는 오브쿨라 테페시, 라일라 테페시 그리고 시오니의 유적지로 증명된다. 이들 유적지에서는 기원전 4000년대 후반기부터 기원전 3000년대까지 사람들이 살았다. 토기를 살펴보면 이 지역과 메소포타미아 북부의 우루크 문화가 교류했음을 짐작할 수 있다.

트랜스캅카스에서 기원전 4000년대 후반기부터 기원전 3000년대 중반까지 존재했던 동기시대 문화들의 생활 및 경제에 대해서는 비교적 알려진 바가 적다. 시오니에서 볼 수 있는 것처럼 고정적 주거지의 흔적이 거의 보이지 않기 때문에 이동이 잦은 생활 형태였을 것이라고 추측된다. 가축 사육에 관해서는 비록 어떤 가축이 사육되었는지 자세한 정보는 없지만 가축을 길렀다는 것만큼은 확실해 보인다. 이들이 농경이라는 문명 기술 또한 익히고 있었을 것이라고 추정되지만 명확한 증거는 없다.

트랜스캅카스에서의 문화 발달은 매우 다양하게 나타난다. 이는 이 지역이 여러 상이한 지형으로 나뉘는 데다 이로 인해 남쪽에서 온 문화가 각기 다르게 영향을 미쳤기 때문이다. 주거지역이 남쪽에 있을수록 기본적으로 메소포타미아 북부나 이란 서북부에서 더 많은 영향을 받았음을 알 수 있다. 이는 인구 집단이 남쪽에서부터 개별적으로 이주해왔다는 것 그리고 그 지역 문화가 남쪽의 이웃 지역과 이따금 교류를 하면서 영향을 받았다는 사실과 관계가 있다.

이런 사정은 기원전 3000년대 후반기와 기원전 2000년대에 들어서 완전히 변한다. 이 시기에는 트랜스캅카스, 아나톨리아 동부, 메소포타미아 북부, 이란 서북부 거의 전 지역에 쿠라-아락세스 문화가 확산된다. 이 문화는 처음으로 트랜스캅카스와 인접한 근동 지역을 하나의 문화 영역으로 결합시켰다. 쿠라-아락세스 문화는 기원전 3000년대 중반에 시작되었는데 더 이전에 시작되었을 가능성도 있다. 학계에서는 이 문화의 가장 오래된 지층을 후기 동기시대 또는 후기 신석기시대로 분류한다. 이후 기원전 3000년대 후반기에 쿠라-아락세스 문화의 초기 청동기시대가 시작되었고 이는 기원전 2000년대 중반 무렵에 종말을 고한다.

쿠라-아락세스 문화가 세를 미쳤던 트랜스캅카스와 그 서남쪽 및 동남쪽의 경계지역 전역에서는 주거 밀집도가 매우 높았다. 이는 평지에서뿐만 아니라 산간 지대 또는 높은 산악지대에서도 마찬가지였다. 아미라니스-고라, 크와츠헬라 그리고 히사나안트-고라와 같은 대형 주거지는 대부분 사각형 가옥으로 이루어진 정돈된 구조를 보여준다. 이 가옥들은 조리용 모닥불이 있는 중앙부와 여기에 곁달린 더 작은 공간으로 구성되어 있다. 농가와 비슷하게 여러 채가 무리를 지어 있거나 질서 있게 열을 지어 배치되어 있었는데 모두 비슷한 형태를 띠었다. 건물은 롬 벽돌 또는 기둥 사이에 식물성 재료를 엮어 짠 구조물을 넣은 후 롬으로 마감하는 식으로 지어졌다. 지붕은 평평하게 덮었다. 이러한 주거지는 각각의 지형에 맞게끔 세워졌다. 크와츠헬라에서는 가옥을 언덕 위에 줄지어 세웠던 데 반해 아미라니스-고라에서는 산등성이에 계단식으로 분포되어 있었다.

쿠라-아락세스 문화인이 농경과 가축 사육을 했던 공동체였음은 확실하다. 유물에서 나온 농기구들이 이를 증명해준다. 이에 속하는 것으로는 사슴뿔로 만든 곡괭이, 크와츠헬라에서 나온 가래 등이 있는데 후자는 수레를 끄는 동물(황소)이 끌었던 것으로 추측된다. 하지만 농업에서 중심적 역할을 한 것은 가축 사육이 아니라 곡물 경작이었다. 주로 경작했던 곡물은 밀, 보리, 기장이었고 귀리와 콩과 식물도 심었다. 크와츠헬라와 히사나안트-고라 주거지에서 특이한 점은 포도 재배가 시작되었음을 감지할 수 있다는 점이다. 그 밖에 경작된 식물은 기원전 5000년대 슐라베리-쇼무테페 문화에서와 매우 비슷했다.

쿠라-아락세스 문화의 특징이 잘 드러나는 것은 토기다. 바깥 면이 매우 광택 나는 손으로 만든 용기라는 점이 특징이며, 나아가 규칙적인 돌출로 입체적 장식을 한 형태와 손잡이가 매우 다양한 모양을 띠고 있었다는 것도 눈에 띄는 점이다. 이런 토기는 근동에서 이 문화가 확산된 지역이면 어디서든 볼 수 있고 심지어 쿠라-아락세스 문화권 바깥에서도, 드물게는 팔레스티나에서도 발견된다.

이 지역에서 쿠라-아락세스 문화가 시작되기 전 경우에 따라 구리 가공이 이루어졌던 것은 사실이지만 이와 관련된 유적은 매우 적다. 이에 반해 쿠라-아락세스 문화의 부흥기인 기원전 2000년대 전반기에는 금속 가공이 본격적인 전성기에 다다르게 된다. 청동 합금을 생산해낼 정도로 기술이 발달했고 두 쪽의 거푸집으로 주조된 복잡한 용구를 다량으로 생산할 수 있었다. 자루 구멍이 있는 도끼, 화살촉, 단검, 나선형 팔찌, 머리가 고둥 모양인 바늘, 금속 구슬, 펜던트 및 그 밖의 다른 장신구 등이 이러한 기술로 생산되었다. 금속 제작물은 비소 구리 제작물이 대부분이었으나 납, 은, 금으로 만든 물건도 발견된다.

기원전 2000년대 중반경 쿠라-아락세스 문화는 종말을 고한다. 당시 인구는 뚜렷한 감소세를 보였고 주거지역들에는 아무도 살지 않게 되었

다. 그러다가 수백 년이 지난 기원전 2000년대 후반이 돼서야 트랜스캅
카스에서 새로운 청동기 문화가 꽃피게 된다. 이 문화는 기원전 1000년대
에 존재했던 트리알레티 문화로 이어진다.

2.
정착생활에서
원시 도심지로의 발달 과정
: 이란과 중앙아시아

오늘날 자그로스산맥 서쪽에 위치한 이란 저지대는 어느 시대건 메소포타미아 문화 영향권에 속했던 지역이다. 특히 후지스탄, 즉 고대 엘람 제국은 근동에서 유적이 가장 풍부한 곳이다. 이곳에서 정착생활, 농경, 가축 사육의 시작은 다른 비옥한 초승달 지역에서와 마찬가지로 상당히 먼 과거까지 거슬러 올라간다. 자그로스산맥 발치의 초가 골란에서는 중요한 유적지가 발굴되었는데, 이 발견 덕분에 수렵 채집 생활에서 생산 경제로의 이행과정이 밝혀졌다. 조사에 따르면 이미 기원전 1만 년경에 이곳 사람들은 야생 곡물을 경작해보려고 시도했던 것으로 나타났다. 이때 중요한 역할을 했던 곡물은 보리와 밀의 야생종, 아마, 콩이었다. 또한 들염소는 사냥만 한 것이 아니라 작은 무리로 기르기까지 했음이 확실시된다. 이를 가축 사육의 시초로 봐도 무방할 것이다. 그 후 시간이 얼마간 흐른 뒤 기원전 8000년대와 기원전 7000년대, 자그로스산맥 서쪽 지역에서는 신석기 부흥기로의 이행이 일어났다. 이와 비슷한 현상은 자그로스산맥 서부 중에서도 동쪽에 위치한 수시아나 지방의 토기 사용 이전 신석기시대 유적지에서도 볼 수 있다. 이러한 유적지의 대표적인 예로 초가 보누트가 있는데, 이곳에서 토기는 발견되지 않았지만 돌로 만든 용기와 농경 및 가축 사육에 관한 최초의 단서가 발견되었다. 이에 반해 자그로스산맥 동쪽, 이란 고원과 이란 동북부에서는 아직까지 토기 사용 이전 최초의 신석기시대에 대한 단서가 발견되지 않고 있다.

후지스탄에서 토기 사용 이전 신석기시대는 기원전 6000년대 중반 경에 막을 내린다. 이를 증명해주는 것이 모하마드 자파르 유적지와 같은 이 시기에 속하는 유적지들이다. 이 유적지에서는 잘게 썬 짚을 넣어 점성을 희석시킨, 최초의 민무늬 토기가 발굴되었으며, 석기들은 여전히 세석기적 특징을 보인다. 이런 점 때문에 이 유적지층은 메소포타미아 자르모 문화 후기 및 사마라 문화 초엽과 시기상 일치하는 것으로 해석된다.

기원전 5000년대 초에는 신석기 유적지가 뚜렷이 증가하는 것이 관찰된다. 이 유적지들에서는 고급 토기가 다량 생산되었는데 그중에는 채색된 토기도 있었다. 이 문화가 나타나는 지역은 후지스탄 지방의 세피드에서 이란 고원 서쪽 시알크 I 유적지를 거쳐 투르크메니스탄 남부의 제이툰까지 미친다. 이후 불과 수백 년도 지나지 않아 이란 동남부에 위치한 이블리스와 야하의 대형 구릉지에도 사람들이 살기 시작했다.

기원전 4000년대 중반이 지나고 얼마 되지 않아 후지스탄에는 문화 발달이 일어난다. 이는 연대상으로 볼 때 우바이드 문화의 뒤를 이은 우루크 시기, 그리고 메소포타미아에서의 원시 왕조 시대와 같은 시기다. 자그로스산맥 동쪽 이란 고원의 여러 지역에서는 거주민들이 메소포타미아와 밀접한 교류관계를 맺고 있었기 때문에 메소포타미아에서의 문화 발달 과정으로 많은 영향을 받았다. 이러한 교류관계가 동남쪽으로는 이

블리스와 야하, 이란 고원 동북쪽으로는 시알크와 히사르에까지 미쳤다는 사실은 충분히 입증되어 있다. 더불어 이곳들의 주거 역사를 보면 기본적으로 유프라테스강과 티그리스강에서 멀리 떨어질수록 각 지역은 더욱 뚜렷하게 지역적 특성을 반영하며 발전했음을 알 수 있다.

이란 고원 북부 지역에서 가장 오래된 신석기시대 유적지는 상-이 차크마그다. 이곳에서는 주거 구릉지 두 군데가 발굴되었는데 서쪽 구릉이 더 오래되었다. 이곳에서는 민무늬 토기 몇 점만 발견되었고 채색된 점토 용기는 전혀 발견되지 않았다. 하지만 연구자들은 이곳에서 T자형 작은 조각상을 발견했는데 이는 후지스탄, 예를 들어 모하마드 자파르에서 나온 후기 자르모 문화의 신석기시대 초기 조각상과 유사한 형태를 띠고 있었다. 이 유적지층들은 기원전 6000년대 후반기에 속한다. 더 이전에 속하는 유적으로는 카스피해의 호투 동굴의 발굴물이 있다. 이 유물들은 대부분 중석기시대적 특징을 보이지만 토기 사용 이전 신석기시대 문화에 속할 가능성도 존재한다. 이에 비해 이 문화의 경제 방식에 대해서는 신뢰할 만한 정보가 없다. 이 문화인들이 수렵 채집 생활을 했다는 것은 분명하지만 그 당시 생산 경제의 서막을 열 수 있었는지는 확실하지 않다.

상-이 차크마그 동쪽 구릉지는 서쪽 구릉지보다 더 후대에 속한다. 이곳에 사람이 살기 시작한 것은 기원전 6000년대 말엽경으로 추측되며 기원전 5000년대 대부분 동안 사람이 살았던 것으로 보인다. 동쪽 구릉지 퇴적층의 중요한 특징은 채색 토기가 발견된다는 것이다. 이 토기는 북부 지방과 연관시켜 생각할 때 투르크메니스탄 남부 제이툰 문화 토기와 매우 유사하다는 것을 알 수 있다. 이뿐만이 아니라 훨씬 다양한 문화적 관계가 얽혀 있음이 확인되는데, 콤루드의 구릉지같이 훨씬 남부 지방에서도 비슷한 발굴물이 나왔고 이란 중부 지대 서쪽, 카샨 지방 시알크I 3~5 유적지에서도 이와 비슷한 유물이 발굴되었다. 상-이 차크마그 동쪽 구릉지 가장 위층에서 나온 유물은 이란 중부의 체시메-알리 문화와 왕래가 있었음을 짐작케 한다. 체시메-알리 문화는 카샨 지역에서는 시알크 II기에 해당되며 북쪽의 투르크메니스탄 남부 지방에서는 제이툰 문화 후기 단계와 일치한다.

이란 북부와 중부에서의 신석기시대 연구는 지금까지 매우 파편적으로만 이루어지고 있다. 정착생활과 생산 경제 활동은 비옥한 초승달 지역에서 시작되어 이란 고원을 거쳐 근동아시아 동북부의 가장 외곽에 위치한 지역까지 전파되었고 이 과정에서 이란 북부와 중부가 했던 역할은 상당히 큰 것이었다. 이런 사실을 상기하면 이 같은 연구 진행 상황은 더욱더 유감스러울 수밖에 없다. 또한 이란 북부와 중부의 지금까지 알려진 많은 원시 유적지는 오래전에 발굴이 이루어졌는데 이후 적절한 현대적 현지 조사가 이루어진 적이 한 번도 없다. 이런 후속 조사 작업이 이루어질 수 있었다면 원시 경제 방식을 재구성하는 데 더 도움이 되었을 것이다. 그럼에도 이 주거지들은 지금의 연구 상태만으로도 당시 문화적 교류가 매우 활발했음을 잘 드러내준다. 이러한 교류관계망의 중심을 이루었던 것은 메소포타미아 문화권과 후지스탄 문화권이었다. 이들은 기원전 6000년대 중반부터 이란 고원을 넘어 동북 지역으로까지 영향을 미쳤다. 투르크메니스탄 남부에 해당되는 동북부 지역에서는 기원전 6000년대 말, 제이툰 문화가 시작되면서 초기 석기시대 문화가 들어서게 되었다. 이런 사실이 의미하는 바는 생산 경제의 문명 기술이 서남부 지역에서 동북부 지역 방향으로 전파되었다는 것이다. 즉 서남쪽일수록 더 일찍, 동북쪽일수록 더 늦게 생산 경제가 시작되었다. 이 문명 기술은 제이툰 지방에서 다시 중앙아시아의 북부 지방으로 확산되었다.

투르크메니스탄 남부, 코페트다그산맥 바로 북쪽에 위치한 지대에서는 제이툰 문화와 더불어 서아시아의 특징을 보이는 초기 신석기 문화가 발견된다. 이 문화는 비교적 연구가 잘되어 있다고 볼 수 있다(〈지도 11〉). 이 산맥 인접 지역은 작은 하천이 많아 이로부터 물을 공급받을 수 있었고, 그렇기 때문에 이 지역은 한때 중앙아시아에서 가장 비옥한 개척 지대가 될 수 있었다. 이 지역에 신석기시대 주거지역이 상당히 많이 분포했던 것으로 보아 일찍부터 인구 집중도가 꽤 높았던 것으로 보인다. 사람들은 한 주거지역에 여러 세대에 걸쳐 살았고 한 장소에서 고정되어 사는 생활 방식은 주거 구릉지를 형성시켰다. 이런 유적지들에서 발굴된 제이툰 문화 지층들은 그 위로 수 미터나 되는 이후 시기 지층을 이고 있는 경우가 많다. 이런 점 때문에 대단위 면적 조사가 어려움을 겪는 일이 종종 있다. 하지만 여러 층으로 두텁게 쌓인 유적지층은 문화의 시간 순서를 정하는 데 좋은 근거 자료가 된다. 이 유적지들의 토기는 세 단계로 구분되는데, 이때 중요한 역할을 하는 것이 용기의 채색 장식이다. 석기 목록을 보면 초기 문화 단계에서는 중석기적 특징을 띠는 기하학적 모양의 세석기가 주를 이루다가 제이툰 문화 시기 동안 현저히 감소한다(〈그림 62〉). 여러 방사성 탄소 연대 측정 결과를 참조해볼 때 제이툰 문화는 세 시기로 나눌 수 있다. 또한 이 측정 결과에 의해 밝혀진 바로 이 문화는 기원전 6000년대 말에 일어나 기원전 4000년경에 쇠퇴했다.

제이툰 문화인은 주로 모래 언덕에 주거지를 세웠다. 이들은 보통 수백 년 동안 주거지를 유지했는데, 이는 한 장소에서 상당히 고정적으로 살았음을 말해주는 것이다. 주거지 발전 과정에 대해서는 구체적으로 알려진 것이 거의 없다. 제이툰의 두 번째 지층에서 파악되는 주거지의 배치는 건물이 띄엄띄엄 불규칙하게 늘어선 모습이다. 이때 중심부 건축물들은

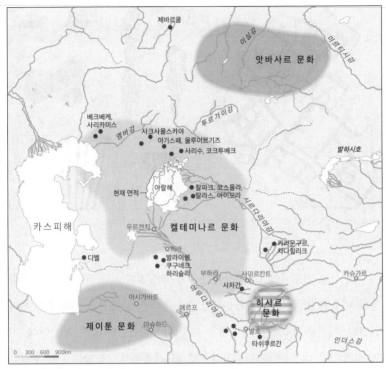

<지도 11> 신석기 문화 집단의 분포 지역. 중앙아시아.

주변부의 건물보다 더 규칙적인 형태를 띠고 있다. 제이툰의 가장 위층에서는 몇몇 변화가 눈에 띄기도 했지만 중심 건축물의 위치만큼은 이전 시기와 일치한다는 점이 특기할 만하다. 이 건축물은 어떤 건물이었을까? 이렇게 지속된 데에는 뭔가 이유가 있을 텐데 대체 무슨 목적으로 사용되었던 것일까?

카갈리, 코판, 카크마클리, 몬주클리와 같은 예에서 볼 수 있듯이 또다른 주거지의 설계도는 서로 형태가 동일한 가옥들을 보여준다(<그림 62>). 또 집들은 대부분 독자적으로 세운 것이 아니라 커다란 복합체를

10장 캅카스산맥에서 인도양까지의 문화 발달 과정

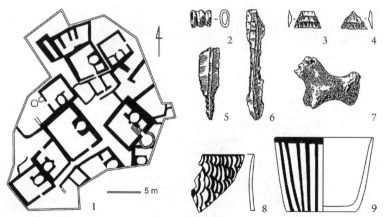

<그림 62> 전형적인 롬 집 구조와 인공물들. 제이툰 문화, 투르크메니스탄 남부.

이루며 서로 연결되어 있다. 건물들은 (그리스 로마 시대 건물 블록인) 인술라와 비슷한 방식으로 배치되어 있거나 좁다란 골목길을 따라서 늘어서 있었다. 제이툰 문화 가옥은 매우 표준화되어 있었던 것으로 보인다. 거의 사각형에 대부분 하나의 공간으로 된 건축물로, 벽 앞쪽으로 조리용 모닥불이 설치되어 있었고 그 앞에는 롬 흙으로 만든 긴 의자가 있었다. 벽은 롬 반죽을 이용해 만들었다. 제이툰 문화 말엽에 최초의 롬 벽돌이 만들어져 건물 축조에 사용되었다. 주거 가옥 주변에는 저장 창고 및 부속 건물 등 경제활동을 위한 공간이 한데 모여 있었다. 담으로 둘러싸여 있는 마당이 발굴되는 경우도 더러 있다.

제이툰 문화 시기 식량 조달의 근간을 이루었던 것은 농경과 가축 사육이었고 사냥도 여전히 한 부분을 차지하고 있었다. 신석기시대 동안 투르크메니스탄 남부의 기후는 매우 건조했고 강수량도 몹시 적었다. 이러한 자연 조건으로 인해 식물 경작은 인공적 관개 시설에 의존해서만 가능했다. 사람들은 봄가을에 산에서 계곡으로 흐르는 물을 둑으로 막아 경작지에 대었다. 제이툰 주거지 주변에서는 이러한 둑들이 발견되는데 이는 제이툰 문화 시기 주거지역과 관계된 것이 확실하며 따라서 기원전 5000년대에 속한 것으로 추정할 수 있다. 초기 제이툰 주거지역들이 일부러 늪지와 규칙적으로 범람하는 진흙땅 가까운 곳에 세워진 것은 아니냐는 의문이 제기될 때도 있다. 왜냐하면 경작 가능한 땅에 둑이나 수로 시설을 설치할 필요 없이 자연적인 방법으로 배수를 할 수 있었을 것이기 때문이다.

이 주거지역에서 발견된 재배 식물에 대해서는 거의 알려진 것이 없지만 밀과 보리의 흔적은 발견된다. 낫 모양으로 생긴 기구의 날 부분은 오랜 사용으로 인한 광택(일명 광택낫)을 띠는 일이 흔했다. 이 기구는 농경에 사용되었던 것으로 보인다. 그 밖에 또 흥미로운 점은 곡물 경작지에서 자라는 잡초들이었는데, 이 잡초들은 소금 함유량이 많고 지하수면이 높은 땅에서 흔히 볼 수 있는 종이었다.

고기 공급에서 주를 이루었던 것이 가축 사육인 것은 사실이지만 발굴 자료들을 살펴보면 사냥이 여전히 필요한 고기 양의 약 4분의 1을 감당하고 있었음을 알 수 있다. 따라서 전체적으로 봤을 때 제이툰 문화 초기 시대에 가축 사육은 아직 부차적인 역할만 하다가 이후에 중요해졌을 것이라는 추측이 가능하다. 가축은 처음에는 양과 염소를, 나중에는 소도 길렀다. 사냥한 짐승은 영양, 멧돼지, 야생마, 들염소, 야생 양, 토끼 등이다. 주거지역 내에서 마구간이나 축사 흔적이 발견되지는 않지만 마당에 해당되는 공간의 토양 조사를 해봤을 때 건물 사이에서 매우 분명한 양 배설물 흔적을 찾을 수 있었다. 이런 점들로 볼 때 가축은 낮 동안은 주변 지역에서 풀을 먹이고 밤에는 그냥 주거지로 데리고 왔을 것이다.

농경과 가축 사육에 관한 증거가 기원전 6000년대 후반기까지 거슬

10장 캅카스산맥에서 인도양까지의 문화 발달 과정

러 올라갈 정도로 이른 시기에 나타난다는 점을 생각하면 투르크메니스탄 남부 제이툰 문화는 역사에서 가장 이른 시기의 신석기 부흥기 공동체인 비옥한 초승달 지대의 공동체와 비교해서도 한낱 주변부 문화라고 간주될 수 없을 것이다. 비록 코페트다그산맥 북쪽에서 생산 경제의 시작이 레반트나 근동아시아의 다른 지역보다 늦었다 해도 이 문화는 오히려 비옥한 초승달 문화권의 당당한 한 구성 요소라고 봐야 한다. 원시 곡물 종과 가축은 후지스탄과 서쪽의 고원지대에서 투르크메니스탄 남부로 들어왔다는 인상을 준다. 여기서 잠시 이 지역의 발달관계를 일별하자면, 이란 북부와 서부 지역에서의 초기 신석기시대 유적지들, 무엇보다 그 문화 흔적이 제이툰 문화보다 더 앞서서 나타나는 상-이 차크마그의 서쪽 구릉지는 메소포타미아와 중앙아시아 남부 지역 사이를 잇는 중요한 연결점이었다.

제이툰 문화가 종식된 후 투르크메니스탄 남부에서는 동기시대가 막을 연다. 이 새로운 시대의 시작에 해당되는 것이 아나우IA 단계로서 시기는 기원전 5000년대와 기원전 4000년대 전환기로 추정된다. 일부 제이툰 시대에서 전해 내려온 전통들도 있었지만 많은 변화가 관찰된다. 이런 많은 변화 때문에 연구자들은 이란 고원에서 새로운 인구 집단이 이주해 온 것이 아닌가 하고 가정하기도 한다. 하지만 이 가설을 뒷받침해줄 설득력 있는 증거는 현재 나타나지 않고 있다.

아나우IA 단계는 투르크메니스탄 남부 지역을 훨씬 넘어서는 좀더 큰 문화권과 관련된다. 이 문화권에는 이란 고원 북부의 많은 유적지도 포함된다. 이 시기 주거지와 경제 형태에 대해서는 알려진 바가 거의 없지만 농경과 가축 사육의 문명 기술이 존재했던 것만큼은 확실시된다. 그럼에도 식량 조달 목적을 위한 사냥도 여전히 행해졌다. 주거지역과 개별 건축물의 구조는 점점 복잡해져갔다. 발굴된 집은 대부분 더 이상 제이툰 시대와 같은 표준화된 형태를 띠고 있지 않았다. 가옥들은 더 복잡한 공간 형태로 다른 가옥과 연결해서 지어졌다. 아나우IA 문화의 두 가지 특징 중 하나는 매우 독특하게 채색된 토기다. 이 토기는 남부 지역까지 전파되었다. 다른 특징은 구리로 만든 최초의 물건이 출현했다는 점이다.

아나우IA 문화의 뒤를 잇는 것은 투르크메니스탄의 동기시대로서 나마즈가 I~III 지층으로 대표된다. 나마즈가 I~III 시기 문화와 유사한 유적지가 또 발견되는 곳은 이란 북부 지방이다(아트레크 지방과 고르간 평야). 코페트다그산맥 북쪽 끝자락에 위치해 있는 옛 주거지 지형도로 판단해볼 때, 이 문화인들은 중앙아시아 남부에서 더 동쪽으로 이동해 테젠 삼각주 지역에까지 진출했다. 나마즈가 I~III, 세 단계의 구분은 주로 토기 발달과 채색 문양을 기준으로 한다.

이 시기의 주거지에 대한 연구는 예전 테젠 삼각주였던 곳의 게오크슈어 오아시스에서 가장 성과를 거두었다. 선사시대에는 이곳에서 강줄기들이 북부와 동부를 향해 멀리 뻗어 있었고, 그중 몇몇은 오늘날에도 그 흔적을 찾아볼 수 있다. 시간이 지나면서 점점 더 건조해진 기후는 강물을 고갈시켰고 삼각주는 차차 남쪽으로 후퇴했다. 나마즈가 I~III 단계의 주거 지역들은 삼각주에 흐르는 지류의 저지대에 위치해 있었으며 그중에서도 강 사이에 발달한 충적지 또는 자연적으로 형성된 구릉지에서 발견된다. 이 주거지들은 모두 여러 지층으로 된 주거 구릉지다. 이는 여기서도 여러 세대에 걸쳐 사람들이 거주했고, 당시 한 장소에 고정되어 사는 정착생활이 발달했다는 것을 의미한다. 삼각주 지대에 있던 하천은 정체되어 있는 것도 있고 흐르는 것도 있었는데 이 하천가에는 단풍나무와 갈대가 무성하게 숲을 이루었다. 더 큰 물줄기를 따라서는 포플러, 단풍나무, 자작나무, 능수버들 숲이 발달했다. 수면이 낮아지고 사막화가 시작되자 게오크슈어 오아시스 주변에서는 북쪽에서 남쪽으로 점진적인 주거지 이동이 일어났다.

나마즈가 I~III 단계 주거지역들의 건축 방식에 대해서는 별로 알려진 것이 없다. 가옥은 자연 건조로 만든 롬 벽돌로 지어졌고 사각형이나 원형 집터에 세워졌다. 집들은 대부분 공간이 하나나 둘이었고, 그 이상은 드물게만 나타난다. 건물들은 대개 독립적으로 세워져 있었지만 여러 채를 담장으로 에워싸 농가식 구조를 이루며 서로 연결되어 있었다. 이런 형태가 주로 나타나는 주거지는 나마즈가 I기다. 그다음 나마즈가 II기에서는 변화가 일어나면서 주거지 도면이 더 복잡해진다. 사각형 집이 주를 이루는 것은 여전했지만 이에 더해 '석쇠 모양 설계'를 연상시키는 윤곽의 건물들이 생겨났다. 이 건물들은 저장용 건물이었을 것으로 해석된다. 이 밖에 원형 집도 눈에 띄는데, 그중에는 요새와 비슷한 모양을 한 것도 있었다. 마지막으로 나마즈가 III기에는 사각형과 정방형 공간 및 가옥들이 서로 연결되어 넓고 복잡한 구조를 보여주는 건물 단지가 형성된다. 독채로 떨어진 집은 더 이상 찾아보기 힘들었다. 이러한 형태의 주거지의 예를 보여주는 곳이 카라-데페 발굴지다. 특히 똑같이 생긴 공간을 줄지어 짓는 형태 또는 내부 마당을 설치하는 건축 형태가 선호되었다. 건물 단지는 폭이 넓지 않은 골목과 널찍한 공터를 사이에 두고 다른 단지와 떨어져 있었다. 즉 당시 주거지들은 일정 구역으로 나뉘어 있었던 것으로 보인다. 이런 주거지 구조에서는 이미 청동기시대의 형태가 엿보이고 있다.

동기시대 동안 경제 방식이 어느 정도로 변화했는지에 대해서는 자료가 부족해 명확히 말하기 어렵다. 농경과 가축은 식량 조달에서 중심적인 역할을 했고 이전과 다름없이 이를 보충하기 위해 사냥이 행해졌다. 재배 식물로는 보리와 밀 잔재가 발견된다. 당시 이 건조 지대에서는 이전에 존재했던 제이툰 문화에서 그랬던 것처럼 인공적 관개 시설 없이는 집중적인 농업이 거의 불가능했다.

가축은 주로 양과 염소를 길렀다. 소는 훨씬 부차적인 역할만 했다. 이는 아마도 양과 염소가 빨리 성장하기 때문일 것이다. 소와 달리 양과 염소는 비교적 빠른 시간 내에 번식이 가능한 나이로 성장한다. 하지만 그밖에도 테젠 삼각주의 동기시대 주거지역이 서서히 메말라감에 따라 소를 제대로 키우기 어려웠고 작은 가축을 선호한 것이 아닐까 하는 추측도 있다. 돼지 사육도 이루어졌지만 발굴 자료들로 추정해볼 때 큰 의미를 지니지는 않았다. 가축 비율에 대한 이러한 묘사는 이 시기 근동 지방의 다른 지역 상황과 일치한다. 사냥한 동물은 주거지 가까이에 있던 강가 숲이나 숲이 없는 스텝 지대에서 흔히 볼 수 있는 동물로서 사슴, 멧돼지, 토끼, 영양, 야생마 등이었다. 전체적으로 봤을 때 야생동물이 식량 조달에서 차지하는 비율은 약 10퍼센트였다. 뼈의 잔해로 봤을 때 그중에서 주를 이루었던 것은 영양과 야생마였고 낙타가 발견되는 경우도 더러 있다.

방사성 탄소 연대 측정법 덕분에 투르크메니스탄 동기시대의 각각의 발전 단계에 대해서는 신빙성 있는 연대 측정이 가능하다. 이 분석에 의하면 나마즈가 I기는 기원전 4000년대 대부분의 시기에, 나마즈가 II기는 기원전 3000년대 전반기와 중반부에 존속했다. 이후 나마즈가 II기는 기원전 3000년대 후반기에 나마즈가 III기로 교체되었고 나마즈가 III기는 기원전 2000년대 초까지 존속했다.

동기시대 뒤를 이어 나온 문화는 초기 청동기 문화인 나마즈가 IV기 문화다. 이 문화는 기원전 2000년대 전반기와 중반기 동안 존재했으며 후반기까지 존속했을 가능성도 있다. 주거지 구조를 살펴보면 나마즈가 Ⅳ기는 Ⅲ기에 나타났던 더 크고 더 잘 조직된 주거지 경향을 이어갔다. 투르크메니스탄 남부에서 가장 중요한 선사시대 주거지역 중 하나인 알틴-데페에서 나마즈가 Ⅳ 시기 동안의 가옥 평면도를 그려보면 여러 가옥 단지가 존재하는 복잡한 그림이 그려진다. 이 단지들은 블록을 형성했고 그 사이로 길이 나 있었다. 또한 성문이 있는 방어 시설물로 둘러싸여 있었다(〈그림 63〉). 다음에 이어지는 청동기시대 중기인 기원전 2000년대 말과 기원전 1000년대 초에는 도시적 중심지를 갖춘 나마즈가 Ⅴ기가 전성기를 구가한다.

나마즈가 Ⅳ기 주거 유적에서는 이 사회가 노동분업적으로 구분되고 다양한 수공업 분야가 생겨났다는 분명한 흔적이 발견된다. 토기는 대부분 빠르게 회전하는 도자기 물레로 제작되었다. 또한 구리 용광로를 제작하고 아연과 비소 청동 합금을 최초로 생산했던 전문가들이 존재했음도 확실시된다. 다시 말해 야금술은 상당히 발전된 상태에 있었다.

〈그림 63〉 알틴-데페의 청동기 초기 성문 시설 복원도. 투르크메니스탄 남부.

인류는 어떻게 역사가 되었나

나마즈가 IV기와 V기 동안 투르크메니스탄 남부의 특징을 공유하는 문화 주거지역은 동쪽으로 계속 확장되었고 마침내 마르기아나에까지 이른다. 이곳은 무르가프강의 범람으로 인해 내륙 삼각주가 형성된 지역이었다. 나마즈가 III기와 IV기와 같은 유형 문화 유적이 포함된 유적지는 투르크메니스탄 남부 외에는 거의 발견되지 않는다. 예외적으로 타지키스탄 서북부의 제라프샨강 남부 하안단구에 위치한 사라즘 발굴지가 있다. 이 넓은 주거지역은 작은 구릉 여러 개로 이루어져 있다. 지층은 총 4개 시대로 구분할 수 있으며, 나마즈가 II기에서 IV기 시대에 해당된다. 건축은 롬 벽돌로 지은 건물이 주를 이루었고 집의 평면도는 투르크메니스탄 남부와 많은 유사성을 보여준다. 농경과 목축이 행해졌을 것이라고 생각되지만 경제활동을 재구성할 수 있는 더 정확한 자료는 없다.

나마즈가 III기와 IV기 문화 단계는 이란 고원, 메소포타미아, 이란 동남부, 인더스 계곡에 걸쳐 분포되어 있었던 주거지의 발전 단계와 상당히 일치한다. 특히 기원전 3000년대에서 기원전 2000년대로의 전환기부터 중동지역에서는 광역의 상호 교류 네트워크가 존재해 투르크메니스탄 남부, 이란 고원, 메소포타미아 동부 지역, 인더스 계곡 서북 지역을 함께 연결했던 것으로 보인다.

투르크메니스탄 남부 청동기 중기인 나마즈가 V기에는 커다란 변화가 나타난다. 이는 해당 지층인 알틴-데페 유적을 통해 입증이 가능하다. 즉 이 주거지역의 나마즈가 V기에는 거대한 건축물, 공공건물, 신전 등이 출현하면서 원시 도시의 면모가 나타난다. 당시에 이미 수공업 구역이 따로 존재해서 토기와 금속 제작이 그곳에서 집중적으로 이루어졌다. 이렇게 따로 구역을 정한 것은 이런 작업장은 항상 화재 위험에 노출돼 있었기에 작업장을 따로 한곳에 모아놓는 것이 합리적이었기 때문일 것이다.

표면에서 돌출된 기둥들이 서 있는 육중한 롬 단壇은 거대한 공공건물의 기저부로 사용되었을 것으로 짐작된다. 또한 풍족한 부장품이 들어 있는 무덤 단지團地도 발견되었다. 이 무덤들은 숭배 의식과 관련 있을 것이다. 아니면 지도층의 일원이나 높은 지위의 사제가 매장된 것일 수도 있다. 여하간 이 무덤 단지에서는 현격한 사회적 구분이 분명히 확인된다. 이러한 현상은 알틴-데페 주거지 내 동물 잔해의 분포도와도 일치한다. 즉 상대적으로 가난한 수공업 지역에서 야생동물의 비율이 50퍼센트가 넘는다. 이는 하층 주민들의 식량 조달에서는 사냥 의존도가 매우 높았던 데 반해 더 잘 사는 주택 지역에서는 주로 가축, 구체적으로 양과 염소가 식량으로 이용되었다는 추론을 가능케 한다. 요컨대 사회적 차이는 무덤의 부장품에서뿐만 아니라 주거지 내에서도 분명히 나타나고 있음을 알 수 있다. 또한 지배층 무덤에서 발견된 칼끝에 손잡이가 달린 청동 단검, 자루가 달린 프라이팬, 거울, 인장은 나마즈가 V기가 인더스 계곡의 하라파 문화의 관련 있었음을 보여준다.

카스피해와 마르기아나 지방 사이에 있는 투르크메니스탄 남부 지역에서 출토된 유물들은 기원전 6000년대 후반부터 기원전 1000년대 초까지 이 지역이 서남아시아의 주변부였다는 것을 명확히 보여준다. 이 지역에서는 농경, 목축, 정착생활이 매우 일찍부터 발달했다. 기원전 5000년대에서 기원전 4000년대로 넘어가는 전환기부터 이 지역의 거주민들은 구리로 만든 도구를 사용했다. 이 문화 주거지역의 건축과 주거지역 내 건물 분포도를 보면 사회적 위계가 분명했음을 알 수 있다. 기원전 2000년대에서 기원전 1000년대로 넘어가는 전환기에 존속했던 청동기 시대 중기 문화인 나마즈가 V기의 발달 상황을 보면 도시적 중심지와 공공건물 그리고 수공업 지역이 나타나는 등 고등 문명으로 넘어가는 문턱에서 흔히 보이는 현상들이 출현한다. 하지만 공공 행정 기구가 형성된 것은 아니었고 그러한 행정 기구가 실제로 효력을 발휘했다는 증거를 발견할 수 있는 것은 더더욱 아니었다. 바로 이 부분이 (그 밖의 몇몇 다른 점과 더불어) 투르크메니스탄 남부 문화가 메소포타미아의 아카드 시기 및 우르 III기 문화와 분명히 구분되는 점이다.

기원전 6000년대 후기부터 기원전 1000년대 초까지 위에서 설명한 것처럼 투르크메니스탄 남부 문화의 영향권은 코페트다그산맥 북부 근처 평지에서부터 테젠 삼각주, 무르가프 삼각주(마르기아나)를 거쳐 동쪽으로 계속 확장되었다. 하지만 이 문화권은 여전히 중앙아시아의 남쪽 변방 지대로 국한되어 있었다. 그렇더라도 사라즘 유적은 이 문화권이 더 북쪽 지역에도 가닿을 수 있었다는 사실을 보여준다. 물론 이는 개별적인 현상으로서 나마즈가 III/IV 시기 투르크메니스탄 남부 문화가 매우 이질적인 주변 환경 속에서 외떨어져 출현한 경우였다.

중앙아시아의 북부 지역은 완전히 다른 발전 양상을 띠었다. 기원전 6000년대에서 기원전 3000년대 혹은 기원전 2000년대에 타지키스탄 남부 지역에서는 히사르라는 이름의 문화가 퍼져 있었다. 이 문화의 정확한 연대 추정에는 문제가 많다. 이 지역에서는 토기가 전혀 발견되지 않는다. 유물은 오직 석기류에만 국한되어 있고 대부분 중석기적 전통을 띠고 있다. 히사르 문화인은 일종의 유목생활을 했을 것으로 추측된다. 겨울은 계곡에서 나고 봄과 초여름에는 가축 떼를 몰고 높은 지대의 목초지로 이동했다. 물론 이런 가정이 가능하려면 이들이 이미 가축 사육을 시작했다는 것을 전제로 해야 한다. 하지만 이를 충분히 증명해줄 증거는 아직까지 나오지 않고 있다. 그럼에도 이따금 양과 염소 그리고 드물게 소뼈가 발굴되었다고 보고되기는 한다. 이 뼈는 이미 가축화된 동물의 것일

10장 캅카스산맥에서 인도양까지의 문화 발달 과정

확률도 있는데 그렇다면 이는 목축 경제가 운영되었다는 단서가 되어줄 것이다.

더 북쪽으로는 켈테미나르 문화가 분포되어 있었다. 이 문화는 아랄해 주변 지역부터 키질쿰 사막 및 카라쿰 사막을 거쳐 제라프샨 계곡과 투르크메니스탄 남부 지역의 북방 변두리 지대 그리고 페르가나 분지까지 퍼져 있었다. 켈테미나르 문화는 상당히 오랫동안 지속되었는데 기원전 6000년대에서 기원전 3000년대 혹은 기원전 2000년대까지 존속했던 것으로 추정된다. 하지만 신뢰할 만한 방사성 탄소 연대 측정 자료는 아직 없는 상태다.

켈테미나르 문화 단계에서 전형적으로 나타나는 것은 바닥이 뾰족하거나 둥근 단순한 형태의 용기로 크기와 높이가 다양하며 눌러 찍기 무늬로 장식되어 있다. 석기 또한 이 문화를 대표하는 것으로서, 대부분 중석기적 특징을 보여준다(〈그림 64〉). 켈테미나르 문화의 가장 오래된 유물들은 중앙아시아의 '황금강', 즉 제라프샨강 하류에서 발견된다. 이 유물은 일명 다랴사이 문화 단계와 부합한다. 다랴사이 문화 단계는 제이툰 문화의 초기 및 중기 단계와 일치하기 때문에 최소한 기원전 6000년대 후기와 기원전 5000년대 초기에 속한다고 추정된다.

더 북쪽으로 숲스텝 지대 남쪽 경계선까지 분포되어 있는 켈테미나르 문화 유적지는 훨씬 더 후대에 속하며 기원전 5000년대 후기와 기원전 4000년대로 추정된다. 그 밖에 켈테미나르 문화 유적지들이 또 발견되는 곳은 북쪽의 아랄해 지역이며 특히 아랄해 남쪽과 동남쪽에 분포해 있다. 당시 이곳에는 현재와 마찬가지로 넓은 사막 지대가 있었고, 따라서 당시 주거지역들이 지금은 메말라버린 옛날 강줄기를 따라 집중되어 있는 것도 그리 놀랄 일은 아니다. 키질쿰 사막 지대에 있는 켈테미나르 유

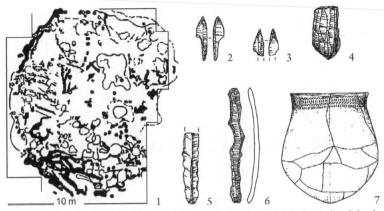

〈그림 64〉 아랄호 주변 켈테미나르 문화의 움막집 평면도와 이 문화의 전형적인 인공물. 우즈베키스탄.

적지도 마찬가지다. 이곳에서는 당시 존재했던 호수 주변이 주거지역으로 선호되었다. 켈테미나르 문화인이 한 장소에 대해 어느 정도로 고정적으로 머물렀는지 현재로서는 증거를 찾기 힘들다. 가옥이나 고정된 건물 잔해가 발견되는 유적지가 거의 없기 때문이다. 원형이나 타원형 기둥 구조물 또는 사각형 건물을 발견하게 되는 경우가 이따금씩 있을 뿐이다. 이 건물의 내부와 주변에서는 조리용 모닥불 자리와 웅덩이가 발견된다. 드문드문 떨어져 있는 대형 구조물로 추측건대 당시 사람들은 소가족 단위로뿐만 아니라 대가족 또는 씨족 전체가 한집에 살았을 수도 있다는 생각이 든다. 하지만 이들이 1년 내내 한 장소에서만 살았다고는 생각하기 힘들다. 켈테미나르 문화 주거지들은 여전히 특정 계절에만 이용되었던 것으로 보인다.

식량 조달은 사냥, 어획, 채집 활동을 통해 이루어졌다. 주로 사냥한 짐승은 멧돼지, 사슴, 순록이었고 물새도 잡았다. 조개 같은 연체동물도 채취했다. 아마도 특수한 장비(활과 화살)를 가진 전문 사냥꾼이 있고 가축

10장 캅카스산맥에서 인도양까지의 문화 발달 과정

사육을 하는 사람들도 얼마간 있었을 수 있다. 이에 반해 경작에 관한 증거는 전혀 나오지 않고 있다. 장제를 살펴보면 켈테미나르 문화에서 시신은 몸을 편 채 하늘을 보고 누운 자세(일명 곧은 등 자세)를 취하고 있었다. 부장품으로는 여러 규석 도구, 조개와 뼈로 만든 장신구, 토기 그릇을 매장했다. 성별이나 사회적 신분에 따른 구분은 특별히 눈에 띄지 않았다. 이는 평등한 사회였다는 것을 보여주는 단서가 될 수 있다. 하지만 무덤이 너무 적어서 분명한 결론을 내리기는 힘들다.

제라프샨강 중류의 소그디아 중앙에는 일명 사자간 문화가 형성되어 있었다. 이 문화는 북쪽과 서쪽으로는 켈테미나르 지역, 동남쪽으로 히사르 문화권 사이에 분포되어 있었다. 동쪽에 인접한 히사르 문화와 달리 사자간 유적지에서는 대부분 켈테미나르 토기를 연상시키는 토기가 발견된다. 하지만 이 문화에서는 켈테미나르 문화에 매우 전형적으로 나타났던 한쪽에 날이 있고 다른 쪽 면은 큰 각으로 꺾여 있는 첨두기 등 중석기 시대 고유의 석기가 발견되지 않는다. 사자간 유적지들에서 나온 규석 도구는 대부분 오히려 더 원시적인 특징을 보여주며 산악 신석기시대라 불리는 타지키스탄 서북부 히사르 문화와 매우 유사한 형태를 보여준다. 사자간 문화인은 주로 수렵 채집 생활을 했다. 이와 함께 가축 사육도 이루어졌는데 양과 염소 그리고 그보다 훨씬 적긴 하지만 소의 흔적이 나오는 것으로 입증된다. 사자간 문화의 고유한 의미는 이 문화가 기본적으로 두 문화 간 연결점을 형성했다는 데 있다. 즉 한편으로는 매우 원시적 특징을 보이는 타지키스탄 서북쪽 산간지역 히사르 문화와 다른 한편으로는 투란 저지대 대부분의 지역에 퍼져 있었던, 투르크메니스탄 남부의 영향을 받아 이미 토기를 사용하고 있었던 켈테미나르 문화를 연결시킨 것이다.

3.
원시 농경에서
고등 문명으로의 발달 과정
: 인도 아대륙

구석기시대가 끝나고 얼마 되지 않은 시점, 즉 기원전 1만 년경 플라이스토세가 종식되던 시점에 인도 아대륙 일부에서는 생산 경제를 향한 첫걸음이 내딛어졌다. 이는 서남아시아의 영향이 동쪽으로 파급되면서 나타난 결과다. 이 영향은 일단 인더스 계곡과 이 지역에 접해 있는 지역에만 미쳤다. 즉 오늘날 파키스탄과 그 인근 인도 서북부 일부에 국한되었다. 인도 아대륙 나머지 지역은 인도 서북부와 지형상으로나 기후상으로 다른 특징을 지녔고, 농경과 가축 사육 발달에서 훨씬 뒤처졌으며 발달 과정도 다르게 진행되었다.

이런 사정은 이 광활한 땅이 어떤 지형들로 구분되어 있는지를 보면 전혀 놀랄 일이 아니다. 북부와 동북부에는 세계에서 제일 높은 히말라야산맥과 그 서쪽으로 이어지는 카라코람산맥이 자연적 경계를 형성하고 있다. 히말라야 남쪽으로는 갠지스강과 브라마푸트라강이 흐르는 넓고 비옥한 평야가 이어진다. 갠지스 평야 서쪽으로는 매우 건조한 유사 사막

10장 캅카스산맥에서 인도양까지의 문화 발달 과정

지대가 인도 서북부에 걸쳐 펼쳐지다가 인더스 저지대로 이어진다. 라자스탄과 구자라트 대부분을 차지하는 타르 사막은 동부와 동남부 쪽으로 뻗어나가 아라발리산맥까지 가닿는다. 데칸고원은 인도양으로 뾰족하게 튀어나온 삼각형 모양 아대륙 대부분을 차지하고 있다. 이 고원은 빈디아산맥과 사트푸라산맥에 의해 갠지스 평야와 분리된다. 데칸고원에는 많은 하천이 분포되어 있으며 그중 절반 이상이 벵골만으로 흘러 들어간다. 인도 서해안과 동해안에는 고츠산맥이 뻗어 있어 데칸고원을 둥글게 감싸고 있다.

인도 북부와 중부 산악지역들은 특히 대륙성 아열대 기후의 특징을 보인다. 이에 반해 남부와 해안지역은 해양성 특징을 강하게 띠는 열대성 기후를 보인다. 때문에 인도 아대륙에서는 히말라야 고산 식생대에서 반도 남단 열대성 우림지역에 이르기까지 식물상이 매우 다양하다. 강가의 평야, 특히 갠지스강과 브라마푸트라강의 평야는 오늘날 파키스탄에 대부분 위치해 있는 인더스 계곡과 더불어 인도 아대륙에서 가장 비옥한 지대를 형성한다. 갠지스 평야는 데칸고원과 이 고원 가장자리에 위치한 산맥들과 함께 예전에는 대부분이 몬순림에 덮여 있었다. 인도 동해안, 그리고 특히 갠지스 삼각주와 브라마푸트라 삼각주에서는 맹그로브열대와 아열대의 갯벌이나 하구에서 자라는 목본식물의 집단 즉, 소금물에서 서식할 수 있는 홍수림이 조성되어 있다. 습도가 높은 서해안의 서西고츠산맥 지대에서는 사시사철 푸른 우림 지대가 광활하게 펼쳐져 있다. 가장 초기 문명부터 정착생활과 생산 경제에 이르기까지 문화 발전이 이루어졌던 지역은 주로 아대륙의 대하 유역, 즉 서북부 인더스강 유역, 북부와 동북부의 갠지스강 및 브라마푸트라강 유역이었다. 이에 반해 반도에 위치한 그 밖의 지역은(데칸고원과 남부 지역) 더 늦은 시기에야 비슷한 변화를 보였다.

이따금 인도 아대륙에 후기구석기시대 말에서 신석기시대로 넘어가는 이행기인 중석기시대가 존재했었다는 주장이 제기된다. 중석기시대의 전형적인 특징은 세석기로 대표되는 석기 제작이다. 하지만 비슷한 형태의 도구가 이미 구석기시대 말에 모습을 나타냈기 때문에 두 시기 사이에 분명한 경계를 긋는 일이 항상 쉽지만은 않다. 인도 아대륙의 중석기적 유물 목록을 보면 특히 가축 사육과 식물 재배를 추측하게 만드는 최초의 단서가 보인다는 점에서 매우 흥미롭다. 방사성 탄소 연대 측정법으로 측정한 결과 이 자료 중 몇몇은 후기 플라이스토세까지도 거슬러 올라간다. 중석기시대가 끝나는 시점은 최소한 기원전 9500년경으로 계산된다.

가장 중요한 중석기 유적지 중 하나는 라자스탄 지역의 바고르 유적지다. 이곳은 아라발리산맥의 가장자리, 하곡河谷보다 높은 모래 언덕에 위치해 있다. 이 주거지는 세 시기로 구분된다. 가장 오래된 시기는 세석기 시기로 기원전 5000년대 중반부터 기원전 4000년대 중반까지로 추정된다. 다음에 이어지는 시기는 기원전 4000년대 말과 기원전 3000년대에 속한다. 야영 장소로 이용되었던 이 유적지에서는 동물 뼈가 두드러지게 많이 쌓여 있는 장소가 특별한 의미를 지니는데, 아마도 동물을 가공했던 곳으로 추측된다. 여기서는 양과 염소의 잔해가 발견되었는데 이미 가축화된 종이었다. 그 밖에 가축화된 소와 야생종 소의 흔적 또한 발견되었다. 그 밖의 동물 잔해에는 물소, 사슴, 멧돼지, 쥐, 거북이 같은 야생동물이 고루 포함되어 있었고 물고기 잔해도 볼 수 있다. 가장 오래된 주거 시기에서 이미 손으로 만든 간단한 형태의 토기가 출토되었다. 하지만 발견된 토기는 소량이었다. 다음에 이어지는 두 번째 주거 시기에서는 더 잘 구워진 토기가 제작되었고 수량도 더 많았다. 그 밖의 유물로는 가락 바퀴와 돌추, 구리로 만든 최초의 물건이 발견되었다.

비슷한 유물을 전해주는 곳은 아담가르 유적지다. 이곳은 데칸고원 서북쪽 변방에 위치해 있다. 이 유적의 가장 아래 지층은 기원전 6000년대에서 기원전 5000년대의 것이며, 많은 세석기 도구와 가축화된 동물(개, 양, 염소, 소)의 잔해 그리고 다양한 야생동물(사슴과 토끼 등)의 잔해가 발견되었다. 구자라트 서북 지방에 위치한 로테스와르에서도 이에 상응하는 유적이 발굴되었는데, 세석기와 가축화된 동물(양, 염소, 소)과 야생동물 잔해 외에도 갈돌이 발견되었다. 갈돌의 출토는 식물(추측건대 대부분이 채집된 야생종이었을 것임)을 가공해서 이용했다는 사실을 말해준다.

로테스와르에서 멀리 떨어지지 않은 라트나푸라에서는 동물 잔해 중 가축화된 양과 염소 잔해가 60퍼센트 이상이나 차지했다. 이런 점을 보면 인도 서북부의 중석기시대 지층을 포함하고 있는 유적지(주로 구자라트, 라자스탄, 데칸고원 서북부 변방 지대에 분포되어 있는 곳)에서 살았던 사람들은 최소한 기원전 5000년대에 이미 가축을 사육하고 동물을 가축화 했었다는 것이 확실시된다. 이와 관련해 바고르 지층의 순서를 살펴보면 금속 가공이 최초로 나타난 것은 그 이후 기원전 4000년대와 기원전 3000년대라는 것을 알 수 있다. 하지만 주거지와 건물의 잔해는 대부분의 유적지에서 미미하게만 발견된다. 기둥을 박았던 구멍이나 조리용 모닥불 자리 또는 화덕 잔해, 작업용 플랫폼이 몇몇 발견되기도 하지만 이 주거지역의 구조나 장기적 지속성에 대해서는 현재까지 추측만 가능하다. 가축 사육이 분명하게 증명되었음에도 불구하고 사람들이 일 년 내내 주거했던 것인지, 다시 말해 이미 정착생활이 일반화되었던 것인지 아니면 이 장소들은 특정 계절에만 이용되었던 것인지는 아직 의문으로 남아 있다.

이와 같은 중석기시대 유적지가 집중되어 있는 또 다른 지역으로는 갠지스 평야 동쪽 지방이 있었다. 플라이스토세 말엽과 홀로세 초기 유적지는 대부분 바위굴에 위치해 있다. 이에 더해 노천 주거지도 다수 존재한다. 후자를 대표하는 것은 초파니 만도 유적지다. 이 유적지의 두터운 퇴적층은 사람들이 연속적으로 살았음을 증명해준다. 가장 아래쪽 지층은 초기 신석기시대에 해당되며 기하학적 모양의 세석기와 직경이 4미터 정도인 원형 기둥 건축물의 잔해가 발견되었다. 움막집은 돌로 만든 원으로 분명한 경계를 표시했다. 세석기 외에도 손으로 빚은 토기의 파편 약간과 갈돌 등 암석을 갈아 만든 석기 또한 발견되었다.

플라이스토세 후기부터 기원전 6000년대까지의 지층에는 야생 소, 야생 양, 들염소, 사슴, 하마, 코끼리, 물소 등 야생동물의 뼈만 있었다. 야생 식물로는 유일하게 벼만 출토되었는데 이미 작물화된 종이었을 수도 있다. 갠지스 평야 중부의 중석기시대 유적지들에서도 비슷한 유적이 발견된다. 마하다하와 담다마 유적지에서도 조리용 모닥불 자리가 있는 원형의 움막집을 볼 수 있었다. 이 지역에서 가축 사육과 생산 경제는 아직 발달되지 않았었다.

인도 서북부 중석기시대 유적지와 갠지스강 중류 및 하류 평야의 중석기시대 유적지 사이에는 중요한 차이점이 발견된다. 서부에서는 가축 사육이 매우 이른 시기에 시작되었던 데 반해 갠지스강 유역에서는 같은 시기에 가축 사육이 발달하지 않았다는 점이다. 갠지스강 계곡과 인도 서북쪽에서는 모두 사냥과 야생식물의 채집이 계속 식량 조달의 기본이었다. 사냥한 야생동물을 토막 내고 가공하는 데 사용되었던 도축 장소가 여러 군데 있었다는 사실은 사냥이 차지했던 중요성을 말해준다. 사냥은 암석 벽화에서도 표현되고 있다. 이러한 암석 벽화는 멀리 북쪽의 카라코람산맥과 히말라야산맥 지역, 남쪽의 아라발리산맥 그리고 빈디아

산맥과 사트푸라산맥에도 널리 퍼져 있다. 이런 암석 벽화에서 인기 있는 주제는 활과 화살로 야생 소 또는 다른 대형 포유류를 쫓는 사냥꾼이다. 하지만 이 암석 벽화의 연대 추정에는 상당히 많은 문제가 따른다. 암석 벽화와 세석기로 특징 지어지는 중석기시대 유적지 사이의 연대적 연관성에 관한 정말로 신빙성 있는 증거가 드물기 때문이다.

위에서 언급한 인도 아대륙 서북부와 동부 갠지스 평원에 위치한 중석기시대 유적지들을 볼 때 인도 아대륙에서의 농경과 가축 사육의 기원은 여러 문제가 얽힌 복합적 사안이라는 것을 분명히 알 수 있다. 이곳에서 생산 경제는 분명 하나의 근원지에서 발달해 전파된 것이 아니다. 때문에 앞으로의 연구가 가져올 소득이 더욱 기대된다. 이를 통해 밝혀질 중요한 사실들이 있을 것이다.

하지만 현재 연구 상태에서 말할 수 있는 것도 있다. 한 가지 예를 들자면 신석기시대의 시초에 관한 연구에서 발루치스탄 지방 카치 평원의 메르가르 유적지가 특별한 역할을 하는 데 여기에는 그럴 만한 이유가 있다(〈지도 12〉). 이 유적지가 메소포타미아와 이란 서부의 가장 오래된 농경 및 가축 사육의 중심지에서 제일 가까운 곳에 위치해 있다는 사실을 상기해보라. 카치 평원은 인더스 평야가 서북쪽으로 더 확장된 곳에 위치해 있다. 이 지역은 강수량이 적고 여름철 기온이 매우 높아서 인공 관개 시설 없이는 경작이 거의 불가능하다. 하지만 유목은 가능했다. 즉 카치 평원과 메르가르 유적지의 주민은 여름에는 가축을 이끌고 가까운 산 위 목초지로 이동해 살았고 겨울은 계곡에서 났다.

메르가르 주거지역은 가장 오래된 IA 시기(〈그림 65〉)에서 시작된다. 이때는 토기 사용 이전 시기로 간주된다. 지층에서 토기의 잔해가 전혀 발견되지 않기 때문이다. 당시 주거지역은 면적이 3~4헥타르였고 퇴적층이 7~8미터로 두텁게 형성되어 있었다. 이는 당시 이 지역에서 사람들이 지속적이면서 집중적인 주거지를 형성해 살았다는 것을 뜻한다. 가옥은 사각형이었고 여러 개의 공간으로 이루어져 있었는데 가장 흔한 형태는 방이 4개 있는 집이었다. 이따금 더 큰 건물이 지어지기도 했다. 집들은 롬 벽돌로 지어졌다. 롬 벽돌은 자연 건조해서 만들었는데 이미 규격화된 크기였고 윗면에 손가락 자국으로 표시를 냈었다. 가옥 내부에서는 롬으로 만든 바닥, 불 피우는 장소, 저장 용기, 뼈와 규석 및 암석으로 만든 도구들을 볼 수 있었다. 특히 특징적인 것은 세석기 도구 제작이었다. 가장 오래된 시기인 IA에서도 주거지역 내에서 무덤이 발견된다. 무덤은 구덩이 안 쓰레기 더미 아래나 버려진 집 바닥에서 발견되었다. 시신은 웅크린 자세를 취하고 있었고 그중에는 붉은 황토 안료를 뿌려 덮은 것도 있었다. 부장품도 발견되었는데 장신구, 구슬, 손도끼 등이 있었다.

주거지 시기 IB는 IA에서 시작된 변화가 계속 발전되어 나타났다. 때문에 이 두 단계는 하나의 주거 시기로 보는 것이 타당하다. IA와 IB는 기원전 7000년대부터 기원전 5000년대 중반까지의 기간에 해당된다. IB 유물에서는 조야하게 만들어진 최초의 토기가 나타난다. 토기는 IA 시기에는 존재하지 않았다. IA/IB 시기 동안 사람들은 외알밀과 에머밀 등 처음으로 식물을 재배하게 된다. 보리도 발견되었는데 야생종과 재배종이 모두 있었다. 당시 보통 밀이 경작되었는지는 명확히 말할 수 없다. 발굴된 동물 뼈는 야생동물의 뼈였고 양, 염소, 사슴, 영양, 돼지, 물소, 소 뼈가 있었고 코끼리 뼈도 있었던 것으로 추정된다. 이 뼈들의 양적 분포로 볼 때 영양이 가장 많은 고기를 공급했고, 염소가 그 뒤를 이었다는 것을 알 수 있다. 몇몇 염소 잔해는 최초의 가축화 흔적으로 이 시기에 가축 사육이 시작되었을 것이라는 추측을 가능하게 만든다.

〈지도 12〉 기원전 2000년대 후반과 기원전 1000년대 초 중앙아시아 남부와 인도 아대륙의 문화 영역.

그다음 이어지는 시기, 특히 메르가르 Ⅱ기에서는 양과 염소가 가축화되어 있었다. 동물들의 몸집이 작아졌다는 점이 이를 입증해준다. 몸집이 작아진 것은 통상 가축화 과정의 징표로 간주된다. 메르가르에서 염소, 양, 소의 가축화는 지역 토착적으로 그리고 단계적으로 이루어졌다. 다시 말해 다른 지역에서 가축화된 동물을 수입한 것이 아니라는 얘기다.

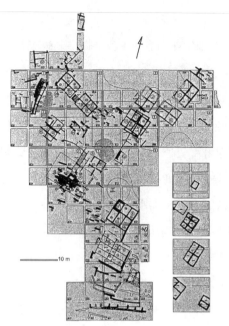

<그림 65> 메르가르의 가장 오래된 주거 시기 ⅠA와 ⅠB의 평면도, 파키스탄.

메르가르 Ⅱ 문화 단계가 속하는 시기는 기원전 5000년대 후반기와 기원전 4000년대다. 이 지층에서는 토기가 더 자주 발견된다. 주거지 평면도도 점점 복잡해진다. 집 안에서는 곡물 저장 용기가 더 많이 눈에 띈다. 이는 잉여 생산물이 많아졌음을 뜻한다. 그렇게 이른 시기에 인공 배수라는 문명 기술을 다룰 수 있었다는 것을 입증해줄 증거가 아직 나오고 있진 않지만, 이러한 건조한 지대에서 효율적인 곡물 농사를 위해서는 관개 시설 없이는 불가능했을 것이다.

또한 주거지 안에서는 뼈로 만든 도구들과 동석凍石 질이 좋고 모양이 고운 활석滑石의 하나으로 만든 물건들을 생산하기 위한 작업 구역들이 발견되었

10장 캅카스산맥에서 인도양까지의 문화 발달 과정

다. 제Ⅱ기(Ⅱ B)의 중간 시기에는 구리로 만든 최초의 물건들이 나왔다. 이 물건들은 구슬 모양과 작은 막대 형태를 띠고 있었다. 후자가 증명해주는 것은 이 가장 오래된 금속이 그 당시 이미 교역을 위한 물건이었다는 점, 다시 말해 그 지역 내에서 또는 원거리 지역과 교역을 했다는 사실이다. 이와 더불어 이 지층에서 나온 유물 중 가장 많았던 것은 세석기였다. 그 밖에 상아로 만든 물건과 황토색 안료, 갈돌도 함께 나왔다. 이 지역 사람들은 늦어도 제Ⅱ기 말엽(Ⅱ C), 즉 기원전 4000년대 초에 토기 제작을 위한 돌림판을 익숙하게 사용할 줄 알았다. 하지만 이 시기에 제작된 손으로 만든 토기 파편도 계속 발견된다.

더 작은 단위로 구분 가능한 메르가르 Ⅲ기는 기원전 4000년대라는 긴 시간에 걸쳐 지속되다가 기원전 4000년경 종식된 것으로 추정된다. 당시 농경과 가축 사육을 하는 생산 경제는 이미 오래전부터 안정적 기반에 올라 있었다. 즉 제Ⅲ기 사람들도 계속 잉여 생산물을 생산할 수 있었다. 이 시기 메르가르 유적지에서는 수공업이 더욱 차별화되고 전문화된다. 이는 사회적 복잡성이 증가하고 주거 공동체 내 위계화 과정이 시작되면서 나타나게 된 현상이라고 생각된다. Ⅱ B기부터 입증되는 구리 가공은 이 시기에 더욱더 중요한 의미를 띠게 되었다. 거푸집과 구리물의 흔적이 이런 사실을 뒷받침해준다. 토기는 물레를 이용해 제작했고 색을 입혔다. 이때 메르가르의 토기 양식은 더 큰 범위의 지역적 특성을 따르고 있었다.

제Ⅲ기에서 나온 많은 무덤은 주거지역 내에서 발견된다. 시신을 처리하는 방식은 차별적이었다. 즉 더 세심하고 특별히 대우해서 만들어진 무덤이 존재했는데 이는 특히 부장품의 규모로 판단할 수 있다. 또한 무덤 안에서는 의료사적으로 흥미로운 현상이 관찰된다. 메르가르 Ⅲ기에 들어 그 이전 문화에 비해 치아 질병(충치, 치아 윗부분의 마모)이 확연히 증가한 것이다. 이에 대해서는 아직 납득할 만한 설명이 나오지 않고 있다. 메르가르 III기 다음에 이어지는 IV, V, VI, VII기는 기원전 3000년대와 기원전 2000년대에 걸쳐 존재했다. 메르가르 주거지는 마침내 기원전 2000년대 중반에 종말을 고한다.

메르가르 유적지는 당시 인더스 평야 변방 지역에서 생산 경제가 최초로 시작된 거의 유일한 곳이었다. 인도 아대륙 서북 지역 전체에서는 그 후에 이어지는 시기인 기원전 5000년에서 기원전 3000년까지의 유적지가 많이 발견된다. 이 유적지들은 농경과 가축 사육이 확산되었고 주거 공동체 내에 이에 상응하는 변화들이 일어나 더 복잡해진 사회가 형성되었음을 증명해준다. 이러한 발달은 이 기간 동안 인도 아대륙 서북부의 많은 지역에 전파되었는데 아프가니스탄 동남쪽 경계에 있는 반누 평원, 퀘타 계곡, 인더스 평야 중부 지역을 거쳐 라자스탄, 구자라트, 아라발리산맥 끝자락까지 영향력이 가닿았다. 중앙에 인더스강이 흐르는 이 광활한 지역에서는 최초의 농경이 시작되었고 기원전 2000년대부터는 독자적인 문화권이 발달하게 된다. 이 문화권은 인더스 문명 또는 하라파 문화라고 불리며 이미 초기 고등 문명의 특징을 띠고 있었다. 하라파 문화가 태동하는 데에는 대기 습도가 높았던 기원전 4000년대와 기원전 3000년대에 이루어졌던 문화 발달이 결정적 역할을 했다.

하라파 문화의 형성과정에서 중요한 유적지는 퀘타 계곡에 위치한 킬레 굴 모하메드로서 이 유적지는 메르가르와 얼마간 공통점을 공유한다. 가장 오래된 지층에서 나타나는 주거지의 사람들은 아직 토기를 몰랐지만 이미 롬 흙으로 집을 지을 줄 아는 이들이었다. 이 시기에 나온 양, 염소, 소의 잔해로는 그것들이 야생종인지 이미 가축화된 종인지 분명히 알 수 없다. 그 밖에 야생마 뼈도 발견되었다. 이 지층의 또 다른 중요한 특징은 세석기만이 존재한다는 것이다. 킬레 굴 모하메드의 가장 아래에 있는 지층은 기원전 4000년대 전반기로 추정되는데, 메르가르에서는 동물 가축화와 식물 재배가 이보다 더 이른 시기에 완전히 자리를 잡고 있었다. 여하간 킬레 굴 모하메드 유적지에서 내릴 수 있는 결론은 메르가르에서의 문화 발달이 개별 사례는 아니었을 수 있다는 것이다.

발루치스탄 동북쪽으로 가면 라나 군다이 유적지가 나온다. 이 유적지의 최초의 주거 시기는 기원전 4000년대 중반 직후이며 가축화된 양, 염소의 흔적이 발견된다. 이와 더불어 손으로 만든 간단한 형태의 토기 흔적과 같은 문화적 결과물도 찾아볼 수 있다. 석기는 이곳에서도 세석기가 주를 이루고 있다. 라나 군다이의 두 번째 주거 시기는 기원전 4000년대 말에서 기원전 3000년대 전반기에 해당되며 채색된 토기가 출토된다. 그중에는 소를 그려넣은 것도 볼 수 있다. 이 시기에는 식물 경작과 마찬가지로 가축 사육도 인도 아대륙의 서북부 거의 모든 지역에 확산되어 있었다.

이와 같은 시대에 속하는 문화 유적은 이란-발루치스탄과 이란고원 서부에서도 발견된다. 기원전 4000년대 말과 기원전 3000년대 전반기의 모든 유적지에서 특징적으로 나타나는 것은 물레로 제작된 채색 토기다. 이 토기들은 양식에서 지역적 특성이 드러나긴 하지만 그럼에도 범지역적 모델을 따르고 있다. 이들 유적지에서 공통되게 볼 수 있는 것은 여러 지역을 포괄하는 중심지가 영향력을 갖고 있었다는 점이다. 이 중심지는 원거리 교류의 구심점이었고 기원전 3000년대에 인더스 문명이 발달하기 직전 시기의 특징을 이룬다.

날 유적지는 그러한 중심지 중 하나다. 날은 당시 복잡한 인공 관개 시설을 보유했다는 특징을 갖는다. 이곳에서는 경작지 배수를 위해 둑으로 물을 가두어 커다란 저수지를 만들었다. 쿨리 유적지는 면적이 최소한 12헥타르였다고 추정되는데, 당시 특별한 의미를 지닌 곳이었음에 틀림없다. 이 유적지 중심에는 공간이 여러 개인 커다란 건물들과 청금석, 홍옥수, 구리, 그리고 심지어 금까지 가공했던 별도의 작업 구역들이 존재했다. 발라코트 또한 이런 맥락에서 언급될 수 있는 장소다. 이곳은 다만 면적이 2.8헥타르에 불과해 앞서 언급했던 유적지들보다 규모가 작다. 그럼에도 불구하고 발굴물에 있어 다른 유적지들과 유사한 스펙트럼을 볼 수 있다. 즉 이곳 사람들은 양, 염소, 소를 가축화하는 방법을 알고 있었고 그러면서도 동시에 야생동물을 대량으로 사냥했으며 여기에 더해 물고기도 잡았다. 이 유적지에서 바다에서 잡히는 조개껍질이 발견된 점으로 미루어 원거리 물자 교환을 했을 것으로 추정된다. 또한 기원전 4000년대와 기원전 3000년대에 속하는 이 문화 단계의 유물 목록에는 보리와 그 밖의 다른 재배 식물도 포함되어 있다.

인더스 계곡 서북부의 또 다른 중요한 선사시대 주거 유적지는 오늘날 파키스탄과 아프가니스탄 국경 근처에 위치한 반누 평원이다. 이 건조한 지대에서는 아주 이른 시기부터 이미 인공적인 관개 시설을 이용했다. 줄잡아도 면적이 21헥타르에 달하는 셰리 칸 타라카이는 의심할 여지 없이 이 지방 중심지 중 하나였다. 기원전 4000년대부터는 주거지들 사이의 뚜렷한 위계질서가 특징으로 나타난다. 셰리 칸 타라카이의 건축은 돌기저부와 롬 벽돌로 지어진 여러 채의 사각형의 가옥들로 이루어져 있고 건축물들의 건축 형태에서는 어떤 위계질서가 확인된다. 이 주거지에서는 보리 경작과 양, 염소, 소의 사육이 있었음이 입증되었다. 인도양이 원산지인 조개도 출토되었는데 이는 장거리 교역이 있었음을 시사해준다. 이

10장 캅카스산맥에서 인도양까지의 문화 발달 과정

에 반해 금속 가공은 아직 이루어지지 않았다. 하지만 훗날 이 넓은 유적지의 아직 발굴되지 않은 곳들에서 더 발굴 작업이 진행될 수 있다면 현재 그리고 있는 이러한 그림은 바뀔 수도 있다.

고말 계곡은 반누에서 얼마 떨어지지 않은 곳에 있으며 이곳에서도 가축 사육이 매우 이른 시기에 시작되었다. 상대적으로 규모가 작은 쿰라라는 유적지에서는 가장 오래된 지층에서 가축화된 소뼈가 발견되었다. 또한 이 지층에서는 세석기적 특징이 나타나며 토기 사용 이전 시기에 속한다고 추정된다. 신뢰할 수 있는 방사성 탄소 연대 측정 자료가 부재하기 때문에 정확한 연대에 대해서는 알 수 없다. 다음 지층은 최소한 기원전 2000년대까지 거슬러 올라가며, 코트-디지 토기의 출현이 전형적 특징이다. 레만 데리 주거지는 20헥타르 면적으로, 쿰라보다 훨씬 큰 주거지였다. 이 주변에는 정비가 잘된 관개 시스템이 있었다. 이 장소의 주거지 유물 중 대부분은 인더스 문명 시기에 속한 것으로 추측되는데 이는 유물에 코트-디지 문화가 나타나는 것으로 알 수 있다. 방사성 탄소 연대 측정법에 의하면 이 유적지는 기원전 3000년대 중반에서 기원전 2000년대 후기까지의 기간에 속한다. 즉 레만 데리에서 주거가 시작된 것은 인더스 문명이 시작되기 이전인 것으로 생각할 수 있다.

이와 비슷한 발달 과정이 인더스 계곡 서북부에서도 발견된다. 이곳에서는 하라파 문화에 속하는 규모가 큰 주거지들이 존재하는데 대부분 최소한 기원전 3000년대 중반과 기원전 2000년대 초 사이에 사람들의 거주가 이루어졌다. 이는 인더스 문명이 성립되는 기원전 2000년대 전반(이 시기는 코트-디지 시기라고도 불린다) 바로 직전 시기다. 이러한 발달 순서는 하라파에서뿐만 아니라 더 남쪽에 위치한 칼리방간 유적지에서도 확인할 수 있다. 모든 원시 도시적 주거지에서는 농경과 가축 사육을 했음

인류는 어떻게 역사가 되었나

이 증명된다. 또한 모두 중심적 건축물, 방어 시설, 수공업을 위한 구역을 갖추고 있다. 이 주거지들에서 발굴된 자료들은 하라파 문화와 인더스 문명 형성 직전 시기를 설명하는 데 매우 중요하다. 이와 비슷한 발달 과정이 나타나는 곳은 남쪽의 아라발리산맥 서쪽 경사면과 라자스탄 및 구자라트다. 바고르나 가네스와르 같은 곳에서는 세석기, 손으로 만든 토기와 물레를 이용해 만든 최초의 토기, 금속 가공을 입증하는 증거물이 출토되었다. 소수의 방사성 탄소 연대 측정 자료에 의하면 이 유물들은 기원전 3000년대 후반기에 속한다. 하지만 현재로서는 인더스 문명이 시작되기 전 이곳에서의 발달 과정에 관해 신빙성 있는 그림을 그리는 것은 역부족이다.

요약하자면 인도 아대륙의 서북부, 즉 서북쪽으로 현재의 아프가니스탄과 파키스탄 국경지대, 동남쪽으로 아라발리산맥 사이 지역에서는 기원전 7000년대에 이미 정착생활과 식물 재배 및 동물의 가축화로 이르는 과정이 단계적으로 시작되었고 이는 현재 유일하게 메르가르에서만 증명이 가능하다. 이곳에서는 보리와 그 밖의 다른 곡물을 재배화한 과정과 양, 염소, 소의 가축화하는 과정이 신빙성 있게 재구성될 수 있다. 그럼에도 이런 발달 과정이 메르가르에 국한되어 진행되지는 않았으리라는 점은 분명하다. 메르가르 유적의 독자성은 다만 불균형한 연구 수준의 결과에 기인한 것이라고 봐야 할 것이다. 카치 평원에서 일찍이 이루어졌던 문명 발달이 반누 평원, 고말 계곡 및 라자스탄과 구자라트에서는 기원전 4000년대와 기원전 3000년대라는 더 늦은 시기에 관찰된다. 하지만 기원전 3000년대 중반경 인더스 계곡 유역과 가깝거나 먼 여러 장소에서 하라파 문화 및 인더스 문명 초기로 바로 이어지는 발달 과정이 시작되었다. 기원전 3000년대부터 생겨난 위계적 질서를 가진 원시 도시적 주거

10장 캅카스산맥에서 인도양까지의 문화 발달 과정

지들에는 생산 경제, 노동 분업, 야금술, 계층화된 사회가 존재했다. 하지만 이러한 주거지들이 처음부터 이런 수준으로 시작했을 리는 없다. 오히려 이들 발전 과정에 앞서는 또 다른 과정이 있었을 것으로 추정되지만 이는 조사가 더 진척되어야 밝혀질 수 있다.

아라발리산맥에서는 흥미로운 유적지들이 발견된다. 기원전 3000년대 동안 세석기를 사용하고 따라서 중석기시대로 특징지어지는 수렵 채집 문화에서부터 서서히 구리 가공과 가축 사육(양, 염소, 소)을 특징으로 하는 문화가 형성된다. 하지만 가축 사육과 야금술이 중석기적 생활 방식에서 곧바로 발달해 나온 것인지 아니면 그사이에 또 다른 발달 과정이 있었던 것은 아닌지 현재로서는 정확히 알 수 없다. 다만 후자가 개연성이 더 높을 것으로 생각된다.

인더스강-하크라강-가그라강 유역의 습한 평야지역에 있는 유적지들 또한 기원전 3000년대 중반 이전으로는 거슬러 올라가지 않는다. 신드 지방의 많은 지역에서는 암리 문화 유적지가 발견되는 한편 촐리스탄 지방에서는 하크라 토기 문화라 불리는 문화가 주를 이룬다. 인더스 계곡 북부(하라파)와 라자스탄, 구자라트에서와 비슷하게 이러한 문화 발달은 기원전 3000년대 중반경 인더스 문명 형성 바로 직전에 존재했다. 이 지역에서 기원전 3000년대 중반 이전 시기에 대해서는 유물을 통해 밝혀낼 수 있는 것이 (아직) 없다.

기원전 3000년대 중반에서 기원전 2600년 전후 시기는 하라파 문화 및 인더스 문명 초기라고 불린다. 그다음 시기인 기원전 2600년에서 기원전 2000년까지는 하라파 문화와 인더스 문명의 성숙기로 불린다. 이어 기원전 1400년 전후까지 후기 문화가 이어지다 결국 인도 서북부 전역과 파키스탄을 포괄하던 이 문화 시스템은 해체되기에 이른다. 초기 하라파 문화는 기원전 3000년대 후반부터 인도 아대륙 서북부 전역에 퍼져 있었다. 이 문화에서 전형적으로 나타나는 것은 향상된 관개 시스템으로, 이는 집약적 농업을 가능하게 했다. 이런 시설이 없었다면 그 많은 인구의 식량 조달을 보장할 수 없었을 것이다. 이들이 정착해 살았던 원시 도시 주거지역들은 대부분 건조지역에 위치해 있었기 때문이다. 하라파 초기 경작지에서 재배했던 곡물은 보리, 밀, 기장이었고 이와 더불어 쌀도 재배했던 것으로 나타난다. 또한 콩과 식물, 깨, 포도, 레몬, 수박도 재배했다. 즉 농업의 스펙트럼이 현저히 확대되었고 하라파 문화 성숙기에 들어서면 이는 더욱 확장된다. 이와 더불어 소, 양, 염소의 사육도 중요한 의미를 띠었다.

청동 야금술도 하라파 초기와 그다음 시기 동안 비약적인 발전을 이룬다. 구리와 다른 금속을 결합한 구리 합금을 제작할 수 있게 되었고 여러 부분으로 이루어진 거푸집이나 한 번만 사용할 수 있는 일회용 거푸집으로 더 복잡한 도구를 생산해낼 수 있었다. 토기 생산도 현저히 증가했다. 발견된 토기는 예외 없이 물레로 제작된 것이었고 지역적 특색을 보이고 있었다. 이런 점으로 미루어볼 때 원거리 교류 및 교역이 있었음이 분명하다. 그 밖에 직물 제조 또한 더욱더 중요한 역할을 하게 되었지만 이에 대해 더 자세한 것은 현재 알려져 있지 않다.

인더스 계곡 이북의 인더스 문명 핵심 지역에서 발흥한 하라파 문화 초기에 대해서는 알려진 것이 많은 데 반해 인더스 계곡 남쪽에서 구자라트까지의 문화 발달에 대해서는 더욱 집중적인 연구를 필요로 한다. 여하튼 분명한 것은 주거지 구조를 살펴볼 때 하라파 초기에 이미 고등 문명의 특징이 나타났다는 점이다. 넓은 원시 도시 주거지 시설은 이 주거지들이 계획적으로 지어졌음을 말해주며, 궁전이나 신전과 같은 건물은 사회적 관계 및 숭배 의식에 근거한 사회적 신분의 구분이 있었음을 알게 해준다(〈그림 66〉). 이후 정방형 스탬프 인장 형태로 최초의 문자 유물이 등장하기에 이르는데, 이는 인더스 문명 최초의 문자다.

기원전 2600년과 기원전 1000년대 초 사이의 하라파 문화 성숙기에는 이러한 특징들이 지속적으로 발전했다. 당시 원거리 무역은 점점 더 중요한 역할을 했다. 터키옥, 청금석 및 다른 희귀한 원료가 북쪽에서 들어왔는데, 이때 중요한 역할을 했던 지역이 북아프가니스탄의 쇼르투가이 같은 곳이다. 이런 장소들은 성숙기 하라파 문화의 외부 기지로 간주되며 이곳을 거쳐 인더스 계곡과 중앙아시아 사이의 물자 교환이 이루어

〈그림 66〉 파키스탄, 모헨조다로에서 나온 하라파 문화의 조각상 파편.

졌다. 하라파 문화 성숙기 동안에는 이란고원을 넘어 해안을 따라 걸프 지역과 더 멀리 메소포타미아에까지 이르는 원거리 무역이 꽃을 피웠고 이들 지역에서 금속, 값비싼 돌, 그 밖의 원자재들이 들어왔다.

하라파 문화의 부흥기 주거지 중 가장 크고 가장 중요한 주거지는 모헨조다로다. 방어벽으로 둘러싸인 이 거대한 도시는 내부가 분명하게 구획되어 있었다. 주택지는 직각으로 교차하는 길을 따라 한데 모여 있었으며 도시의 중심 구역, 주택 구역, 작업장 구역이 서로 거리를 두고 위치해 있었다. 주거지 주변에는 인공 관개 시설 흔적이 발견되며 연간 3회까지 수확이 가능한 집약적 농업이 행해졌던 것으로 추측된다. 이런 농업 형태는 이곳에 집중되어 살았던 인구를 먹여 살리기 위해 필수적인 것이었다. 경작물의 대부분은 이미 이전 시기에 나타났던 것들이다. 하지만 그 규모에 있어서 전에 비해 비약적인 증가를 보여준다. 기본적인 식량 조달을 위한 식물 외에 치료용 식물도 나타난다. 이는 지식 및 의료 분야에서 이에 상응하는 발전이 있었으리라는 추측을 가능케 한다. 식량은 기본적으로 밀, 보리, 기장, 쌀에 의존했다. 콩과 식물, 깨, 과일, 향신료와 같은 경작물은 이러한 기본 식량을 보충하는 정도로만 이용되었을 것이다. 그밖에 소 사육이 특별한 의미를 띠었던 반면 양과 염소는 부차적인 역할만 했다.

이렇게 많은 문화 현상이 지도적 핵심 권력 없이 발달했다고 생각하기는 힘들다. 사방으로 멀리까지 진출했던 원거리 무역, 식량 및 그 밖의 물자 생산, 그리고 무엇보다 복잡한 관개 시스템의 설치와 유지 및 관리를 생각하고 특히 복합적 건축 시설이 있는 도시적 중심지들의 조직과 발달을 생각한다면 이는 더더욱 그렇다. 때문에 이곳에서 일찍이 권력 중심지라는 개념이 현실화되고 있었다고 이해해도 좋을 것이다. 이러한 중심지들은 왕국과 비교되기도 한다. 중심지 지도층에게는 제의를 거행하고 종교의 전체 영역을 관장하는 임무가 주어졌던 것일 수도 있다. 이러한 발달 과정에는 초기 문자의 성립이 뒤따랐는데 이는 인더스 문명권에서 일반적인 현상이었다.

인더스 문명 후기 문화권에 속하지 않는 인도 아대륙의 다른 지역들은 서북부와 완연한 차이점을 보인다. 북부 카슈미르와 라다크 지역 계곡에서는 기원전 3000년 이전부터 농업이 발달했을 것으로 추정된다. 부르자홈과 같은 유적지는 여러 지층으로 나뉘는데 가장 아래 두 층에서 원형 움집이 나왔고 신석기시대에 속한다고 추정된다. 이에 반해 가장 위층인 III층은 훨씬 나중 시기에 속하며 대형 돌무덤과 같은 거석문화의 특징이 나타난다. 당시 가옥은 롬 흙을 덧바른 단순한 기둥 구조물이었다. 집 내부에서는 조리용 모닥불 자리와 갈돌이 발견되었다. 부르자홈 II층에서는 토기 형태 유물이 나왔는데 코트-디지 시기의 토기를 연상시킨다. 즉 초기 하라파 시기와의 연관성이 포착된다. 그 아래 신석기시대 지층 I에서도 이미 토기가 존재했다. 이에 더해 개, 양, 염소와 함께 적지 않은 야생동물 잔해가 발견되었다. 이 흔적은 기원전 2000년대 초에 속하는 것으로 추정된다. 구프크랄 유적지 지층에는 초기 신석기시대와 유사한 부르자홈 I층보다 시기상 앞서는 토기 사용 이전 시대 층이 존재한다. 이 지층은 기원전 3000년경에 속했을 것으로 추정되며 원형이나 사각형 움집이 발견된다. 가축(양, 염소, 소)도 이미 존재했지만 사냥과 어획 역시 계속 중요한 역할을 했다. 이 시기에 재배되었던 식물은 보리와 밀이었고 콩과 식물도 있었다. 재배 식물과 가축의 이러한 스펙트럼은 다음에 이어지는 시기에도 지속된다. 이 문화 시기는 토기를 생산했던 신석기시대였는데, 이때 토기는 손으로 만든 조야한 용기가 전부였다.

인도 동북부와 벵골 서부에서는 플라이스토세 말과 홀로세 초기에 호아빈 문화가 존재했던 것으로 추측된다. 이 문화는 동남아시아에도 퍼져 있었는데, 동남아시아에서 인도 아대륙 동부 지역으로 확산되었다고 보는 게 타당할 것이다. 갠지스강 어귀 서남쪽에 바로 면해 있는 벵골만 해안지역 오리사에서는 최소한 기원전 2000년대 중반부터 신석기적 전통이 나타난다. 이는 골바이 사산 유적지에서 확인할 수 있다.

갠지스 평원, 특히 평원의 중앙 지역은 동쪽으로부터 영향을 받았음을 잘 보여준다. 이곳은 인도 아대륙 전역에서 가장 오래된 쌀농사 증거물이 발견된 곳이다. 쌀농사는 중국에서 영향을 받아 시작된 것일 수 있다. 중국에서는 양쯔강 지역에서 더 이른 시기부터 쌀의 재배화가 시작된 것으로 추정된다. 이에 반해 쌀 경작이 인도에서 더 먼저 시작되었다고 보는 학자도 있다. 하지만 이 문제는 아직 최종적인 답을 내리기 힘들다. 갠지스강 중류에서 사람들이 쌀 경작을 시작한 것은 기원전 6000년대. 이와 관련해서 콜디하와 유적지의 기원전 7000년대에서 기원전 5000년대에 속하는 지층들이 중요하다. 가장 오래된 지층에서는 롬 흙을 다져서 만든 가옥 잔해와 세석기 제작물, 나아가 소 사육을 입증하는 유물과 손으로 제작한 조야하지만 매듭무늬로 장식된 토기가 출토되었다. 토기 그릇에 남아 있는 쌀겨에 눌린 자국은 벼를 재배종으로 개량했다는 증거로 해석되며 이런 해석에 따르자면 쌀은 이미 기원전 6000년대에 생산된 것이다. 이에 반해 기원전 8000년대에서 기원전 7000년대에 속하는 초파니 만도의 중석기시대 유적층에서는 야생종 벼만 찾아볼 수 있었다. 이런 정황을 볼 때 초파니 만도 주거지에서 더 이상 사람이 살지 않게 되고 얼마 지나지 않아 최초의 쌀 경작이 이루어졌다는 추측이 가능하다. 이와 관련해 담다마에 있는 중석기시대 유적지에서 야생종 벼와 재배종으로 추정되는 벼의 흔적이 나왔다는 사실을 언급해볼 수 있겠다. 이 유적지 또한 기원전 7000년대에 속한다.

갠지스강 평원 신석기시대에서 매우 특별한 의미를 지니는 곳은 로후라데바 주거 구릉지다. 이곳에서 발견되는 몇몇 유물은 이곳에 가장 오래된 중석기시대 지층이 존재한다는 것을 암시하지만, 독립된 하나의 지층으로 규명하기에는 무리가 있다. 이 유적지 주변에서는 목탄이 발견되었는데 이는 화전을 일구기 위해 불을 놓았다는 증거일 수 있다. 즉 사람들은 초목을 소각시켜 경작 가능한 땅을 얻었을 가능성이 있다는 것이다. 방사성 탄소 연대 측정법에 따르면 이러한 기술은 기원전 9000년에서 기원전 8000년 사이에 이미 시작되었을 것으로 추정된다. 로후라데바에서는 가장 아래 퇴적층에서 이미 야생 풀과 더불어 재배종 쌀과 여러 종류의 기장이 발견되었는데, 방사성 탄소 연대 측정에 의하면 기원전 8000년대 후반에서 기원전 6000년대까지로 나온다. 이에 반해 보리는 기원전 2000년대에 속하는 지역에서 나타나며 밀은 이보다 더 늦은 시기가 되어서야 모습을 보인다. 여하튼 갠지스강 평원 일부 지역에서는 늦어도 기원전 6000년대부터 농경이 발달해 있었다고 볼 수 있다. 로후라데바는 기원전 2000년대 후반과 기원전 1000년대 초까지 본격적인 가옥 건축, 인프라 시설 구축, 관개 수로 설치 등 문화적 발달이 이어진다. 이는 이 시기에 해당되는 유적 지층을 통해 확인된다. 이러한 증거 자료들은 비록 구체적인 부분에서 정확한 연대를 추정할 수 없는 것도 있지만, 갠지스강 평원에서 쌀 경작이 매우 일찍 시작되었다는 것을 보여주고 있다는 사실에는 의심의 여지가 없다. 어쩌면 갠지스강 평원에서 이 문화 기술이 시작된 것은 양쯔강 계곡과 비슷한 시기였을지도 모른다. 그렇기 때문에 갠지스 평원에서의 쌀 경작이 동쪽에서 받은 영향 때문일 것이라는 가설을 완전히 배제하긴 어렵지만 그럼에도 현재 인도 아대륙 북부에서 독립적으로 초기 쌀 재배화 과정이 진행되었을 가능성도 배제할 수는 없다.

유감스럽게도 로후라데바 유적지도 이후의 문화 발달 과정에 불연속점이 나타나는 유적지에 속한다. 가장 이른 쌀농사의 단서가 나타나는, 기원전 7000년대에서 기원전 5000년대에 속하는 최하층의 IA와 기원전 2000년대 후반과 기원전 1000년대 초에 속하는 IB 시기 사이에는 커다란 간극이 있다. 현재로서 이 간극을 메워줄 신빙성 있는 연구는 부재한다. 갠지스 평원의 다른 유적지에서도 기원전 4000년대와 기원전 3000년대에 어떤 문화가 발달했는지를 알려주는 단서가 발견되지 않는다. 로후라데바 IB에서는 기둥 지지대와 롬 바닥 그리고 내부에 조리용 모닥불 자리와 화덕이 설치된 집들이 발견되었다. 집은 롬 흙을 다져서 축조되었다. 이 시기 사람들은 곡물을 경작했는데 이들이 기른 곡물 중에는 다양한 종류의 밀, 렌틸콩 및 다른 경작 식물이 있었다. 출토된 유물에 의하면 쌀은 매우 중요한 역할을 했던 것이 확실하다. 가축으로는 주로 소를 길렀다.

갠지스 평원의 치란드 동부 지역에서는 기원전 2000년대 중반부터 신석기 문화가 존재한 것으로 확인된다. 이런 특징은 세누아르 유적지에서 확인할 수 있다. 이곳에서도 농촌의 특징을 보여주는 촌락 주거지가 발견되는 것은 이 시기 이후다. 또한 롬 흙을 다져서 만든 건축물과 드물긴 하지만 최초의 구리 생산 흔적도 엿볼 수 있다. 식량은 쌀, 밀, 보리, 렌틸콩 및 그 밖의 콩과 식물을 경작해서 조달했다. 가축 사육은 주로 소에 의존했다. 갠지스 계곡 중앙에 있는 유적지들(가령 임리디, 말하르)도 이와 비슷한 모습을 보인다. 즉 이곳에서도 기원전 2000년대 중반 이후에야 신석기 문화가 시작된다.

매우 이른 시기에 쌀 경작이 시작된 것이 매우 확실한 사실임에도 불구하고 갠지스강 계곡 중부와 동부에서 (현재 연구 결과에 의하면) 장기적 주거지와 생산 경제를 운영하는 촌락이 나타난 시기는 기원전 2000년대가 되어서다. 이곳 유적지들에서는 서쪽의 인더스 문명권에서 (벼의 재배종을 제외하면) 이보다 수천 년 전에 이미 보편화되었던 재배 식물과 가축이 발견된다. 갠지스 평원 중부와 동부에서 신석기 문화가 발달되는 동안 인도 아대륙 서북부에서는 인더스 계곡을 중심으로 하라파 문화와 인더스 문명이 발달하면서 이미 고등 문명의 특징이 나타났었다. 갠지스 지역의 서부 유적지는 그사이 일종의 중간 지대에 있으면서 인더스 문명이 전파되는 통로 역할을 했다. 이런 예를 보여주는 지역이 홀라스다. 홀라스에서는 신석기 생활이 갠지스 평원 중부와 동부보다 1000년 일찍 시작되었다. 또한 이곳의 유형 문화도 하라파의 영향을 강하게 받았다. 이런 점에서 보면 하라파 시기 동안 서북부 문화는 계속 발전을 거듭하면서 인도의 다른 지역에 영향을 미쳤다고 하는 시각이 설득력을 얻는다. 이것이 사실이라면 갠지스 지역은 서부 지역보다 앞서 쌀 경작을 했다는 단서가 나타나지만 생산 방식 경제와 촌락생활은 서부 지역에서부터 영향을 받은 것이라고 볼 수 있다.

인도 서북부 인더스 문명은 기원전 2000년대와 기원전 1000년대 초반에 전성기에 이르렀다가 서서히 내리막길을 걷는다. 한편 이 기간에 북부 산악지대(카슈미르, 라다크), 동부 지역들(갠지스 평원 중부와 동부 및 인도 동북부), 인도 중부와 남부 지방 전체(데칸고원, 남부 해안 지대, 동서東西 고츠산맥) 또한 드디어 커다란 변화를 겪게 된다. 즉 생산 경제가 자리잡고 심지어 드문드문 구리 생산도 이루어지게 된 것이다. 인도 중앙 데칸고원 서쪽에서 이런 발전을 보여주는 유적지로 카야타가 있으며, 기원전 2000년대 후반기에 속한다. 이 시대와 그다음 시대 동안 이 지방 여러 곳에서는 다양한 재배 식물(밀, 보리, 렌틸콩, 쌀 등)이 있었고 여러 가축(소, 양, 염소, 돼지)을 길렀음이 증명되었다. 하지만 사냥과 채집은 여전히 식량 공급의 한 부분을 담당했다.

이와 비슷한 발달 과정이 관찰되는 곳은 사발다 문화 지역과 더 멀리는 데칸고원이다. 데칸고원의 카오테라의 주거지는 면적이 20헥타르에 달하는 등 당시 상당한 면적에 달해 있었다. 문명 발달이 더욱 진척된 기원전 2000년대와 기원전 1000년대에 이 유적지 모두에서 생산 경제 외에도 노동 분업과 수공업 전문화(예를 들어 구리 가공)의 흔적이 나타난다. 그렇기 때문에 이 시기를 동기시대 문화라고 말하는 경우도 있다. 데칸고원에서의 이러한 변화는 갠지스 평원에서와 마찬가지로 인도 서북부의 하라파 지역에서 받은 영향 때문이라고 볼 수 있다.

인도 아대륙 남부에서는 그 시기에 데칸고원에서 드문드문 관찰되는 대형 주거지가 형성된 것은 아니었지만 전체적인 문화 발달에서 데칸고원과 별 차이를 보이지는 않았다. 즉 남부에서도 (시간상 약간 뒤처졌을 것으로 추정되지만) 기원전 2000년대 후반에 생산 경제가 나타났고 기원전 1000년대에 이르러 일종의 전성기도 맞이했다. 이 시기 유적에 보존되어 있던 재배 식물로는 밀, 보리, 기장, 쌀이 있다. 그 밖에 일반적인 가축 흔적도 발견되는데 소가 양과 염소에 비해 훨씬 더 많이 발견된다. 사냥과 야생식물 채집은 계속해서 식량을 보충해주는 역할을 했다.

북부 지방과 유사하게 데칸고원 남쪽의 가장 오래된 농촌 마을에서는 구리로 된 물건을 생산하는 경우가 더러 있었다. 하지만 이때는 야금술이 본격적으로 발달했던 시기가 아니었다. 인도 남부의 신석기시대(나

10장 캅카스산맥에서 인도양까지의 문화 발달 과정

아가 동기시대)는 기원전 2000년대에 시작되었다가 기원전 1000년대 중반경 거석문화로 교체되었다. 거석문화의 특징은 무엇보다 무덤 시설의 형태에서 잘 드러난다. 지금까지의 사실을 종합해볼 때 늦어도 인더스 문명 전성기에 인도 아대륙의 다른 지역에서도, 특히 북부 산악지역과 더 멀리 동북부, 갠지스 평원, 데칸고원, 인도 최남단에 이르기까지 신석기-동기 문화가 형성되었다는 결론을 내릴 수 있다. 이들 문화의 특징으로는 정주형 촌락 주거지, 농경, 가축 사육, 그리고 드물기는 하지만 구리 가공을 들 수 있다. 하라파 문화와 인더스 문명이 전성기에 달했던 바로 그 시기에 이런 변화가 일어났던 것은 확실히 우연이 아니다. 서북부에서의 역동적 발달 과정이 비교적 빠르게 인도 다른 지역에 영향을 미쳤음은 의심의 여지가 없다. 이 영향 때문에 상기한 지역들의 수렵 채집 공동체들은 얼마 지나지 않아 정주형 주거지에 정착했고 쌀, 밀, 기장을 경작하고 소, 양, 염소를 기르게 되었다. 이렇게 해서 기원전 2000년대 말엽에는 인도 아대륙 전체가 완전히 신석기 문화권이 되었고, 사람들은 기본적으로 생산 경제에 의존해 살게 되었다.

원시 농경문화에서 고등 문명으로 : 동아시아편

일본 아키타 지방 조몬 문화의 토우.

1.
기장 농사에서 원시 도시 중심지로
: 황허강 유역

황허강은 중국 북부에 위치한 생활의 주동맥으로서 황허강을 따라 이미 일찍이 식물 경작과 가축 사육으로 식량을 조달하는 농경 공동체가 발달했다. 황허강의 수원은 티베트고원에 위치해 있다. 물줄기는 먼저 북쪽으로 향해 네이멍구 경계 지역까지 흘러가다가 여기서 오르도스고원을 끼고 커다란 곡선을 그리며 다시 남쪽으로 흐른다. 그러다 마침내 푸뉴산伏牛山 북쪽에서 동쪽으로 방향을 틀며 황해로 흘러들어간다. 황허강이란 이름은 이 강이 노란색이라 그렇게 지어진 것인데, 황색을 띠게 된 이유는 황허강이 작은 시내와 지류를 두루 지나가며 흐를 때 황토를 계속 휩쓸어 담으며 흘렀기 때문이다. 황허강은 아주 많은 황토를 나르기 때문에 한편으로는 오늘날까지도 강가에서 농업이 발달하는 데 도움이 되고 있지만, 다른 한편으로는 부식과 침식 작용으로 인해 엄청난 피해를 일으키기도 한다. 황허강은 중국 북부 평원에서는 자연제방강Dammuferfluss 강이 실어 나르는 퇴적물이 양쪽 강변에 쌓이며 둑이 형성된 강. 이 둑 때문에 강의 수위가 주변 땅보다 높아질 수 있다이라고도 불린다. 황허강 일부 구간에서는 실어 나르는 퇴적물이 너무 많아 강바닥이 주변 땅보다 더 높아지는 경우가 생긴다. 그렇기 때문에 매년 큰 홍수가 자주 발생하고 하천 바닥 지형이 자주 바뀐다. 잦은 홍수로 인한 재해는 반복해서 중국을 황폐하게 만들었다. 그러다 마침내 하夏나라에 이르러 기원전 2200년경에 보호 제방을 설치한다. 오늘날 황허강 양 강변으로는 높이가 10미터쯤 되는 제방이 설치되어 있으며 강바닥은 주변 지형보다 약 5미터 더 높다. 이렇게 해서 황허강에서 더 이상 새로운 지류가 생겨나는 일은 없어졌다. 다른 한편 강력한 퇴적 작용은 강어귀 지역에서 해안선이 지속적으로 확대되는 결과를 가져왔다.

이 지역의 고고학적 유물로는 세석기가 주로 발견되며, 황허강 주변에 살던 이들이 플라이스토세 후기에 사냥, 채집, 어획을 했음을 보여준다. 이 유적에서는 홀로세가 시작되기 전 사람들이 수렵 채집 생활을 하고 있었음에도 오랜 기간 특정 장소에 정착해서 살았던 흔적이 드물게 나타난다. 이곳에서 출토된 갈돌은 기원전 1만 년에서 얼마 지나지 않은 시기에 살던 사람들이 채집한 식물을 먹기 좋도록 가공했다는 사실을 보여준다. 또한 황허강 주변 지역에서는 인간이 기른 최초의 애완동물이 개였음을 증명하는 유적이 발견되는데, 시기는 플라이스토세 말기까지 거슬러 올라간다. 난좡터우南莊頭와 후터우량虎頭梁과 같은 유적지는 홀로세 초기 북중국에서 이미 최초의 토기가 생산되었음을 증명해준다. 이 토기들은 매우 단순한 그릇으로 표면은 민무늬로 매끄럽게 처리되어 있거나 얕은 새김 무늬로 장식되어 있었고 비교적 낮은 온도에서 구워 만든 것이었다. 제작 시기는 약 기원전 9000년에서 기원전 8000년 사이이다. 이는 북중국에서 식물이 재배되기 전에 이미 토기가 생산되었다는 것을 분명히 보

인류는 어떻게 역사가 되었나

여준다. 이와 비슷한 시기에 존재했거나 부분적으로 심지어 이보다 더 앞섰던 토기 집단이 남쪽 양쯔강 지역과 동북쪽 러시아 극동 지역 또는 일본 열도에서도 발견된다. 북중국에서 토기 제작이 이 지역들과 무관하게 이루어졌던 것인지 아니면 영향을 받았던 것인지에 대해서는 아직 미제로 남아 있다.

요컨대 동아시아 문화권은 인간이 가장 일찍 토기 생산을 시작한 지역이다. 토기를 일찍 생산했다는 것은 두말할 필요 없이 사람들이 식물식량을 조리하기 위해 불에 견디는 용기를 필요로 했음을 뜻한다. 유기물질로 만들어진 용기는 식량의 보관을 위해서는 사용할 수 있었지만 조리 용기로는 부적합했다. 토기 제작은 비록 부분적일지라도 정착생활을 시작했다는 사실과 관계있다. 짐작건대 북중국 수렵 채집 생활자들은 늦어도 기원전 7000년대에 이미 식량 획득을 위한 식물의 다양한 가공 가능성을 실험했으며 심지어 식물을 경작하려고 시도했거나 최소한 현지에서 자연적으로 얻을 수 있는 야생식물이 익는 시기를 알아 이를 조직적으로 수확했을 것으로 생각된다. 그 결과 사람들은 생활 터전에 훨씬 더 의존하게 되었고 이동하는 생활은 줄어들었다. 이러한 원시적 정착생활은 무덤을 통해서도 확인된다. 이 무덤들에서는 간단한 부장품이 발견되었다. 신석기시대 생활 형태가 처음 나타난 기원전 9000년에서 기원전 7000년 사이는 홀로세 초기, 즉 기온이 낮고 건조한 기후에서 온난 다습한 기후로 바뀌던 시기였다. 황허강 유역 여러 지역에서 나온 꽃가루는 플라이스토세 후기에 주를 이루었던 스텝 지대가 홀로세 초기에는 숲 지대에 잠식되어 많이 축소되었음을 보여준다.

기원전 7000년에서 기원전 5000년 사이는 신석기시대 초기로 불리며 홀로세 기간의 이상적인 기후 조건과 시기상 일치한다. 강수량은 증가했고 호수 수위도 상승했다. 황허강 하류에서는 상록수림이 계속 확장되었다. 이상적인 기후 속에서 황허강 주변 지역에서는 이미 네 개의 본격적 신석기 문화가 발달하고 있었다. 황허강 중심 지역 서쪽에 위치한 산시陝西성의 라오관타이老官臺 문화, 황허강 중류 남쪽 허난성의 페이리강裵李崗 문화, 황허강 이북 허베이성의 츠산磁山 문화, 황허강이 황해로 유입하는 지역 바로 아래에 위치한 산둥성의 허우리後李 문화가 그것이다. 이 시기에 경제와 사회는 근본적인 변화를 겪는다. 식물 경작, 암석으로 만든 도구 제작, 토기, 정주형 촌락 주거지 등은 이 문화 모두를 특징지었다. 특히 기장 농사는 중요한 의미를 지녔는데, 이미 기원전 6000년대 후반부터 경작되기 시작했다. 중국에서 가장 오래된 가축으로는 플라이스토세 후기부터 길렀던 것으로 증명된 개 외에도 돼지가 있다. 돼지가 이때 처음 가축화되었다는 것은 페이리강과 츠산 문화의 유적을 통해 알 수 있다. 당시 사람들은 식물 경작과 더불어 야생동물을 길들이려고 시도했었고 이는 주거지 주변에서 멧돼지를 쉽게 잡을 수 있었기 때문이었던 것으로 추측된다. 기장 경작이 증가한 것과 돼지 사육이 증가한 것 사이에는 또 한 가지 중요한 상관관계가 있다. 재배 식물은 가축의 사료로도 사용되기 때문이다. 최근 돼지 뼈에 대한 동위 원소 분석은 이러한 사실을 뒷받침해준다. 하지만 그럼에도 현재 모든 자료는 북중국에서 돼지는 토기 생산과 경작이 시작되고 거의 2000년이 지나서야 가축화되었다는 점을 시사한다. 페이리강 문화에서는 소와 닭이 사육된 흔적이 발견되기도 한다. 하지만 사냥과 야생식물 채집은 인간의 식량 조달에 여전히 중요한 역할을 했다. 이는 많은 유적지에서 발견된 야생동물 뼈와 야생 풀의 씨앗 및 견과류로 확인된다.

  황허강 유역의 초기 신석기 문화 주거지들은 규모에서 서로 차이가 나지만 시간이 지나면서 점점 더 확장되는 경향을 보여준다는 점에서는 일치한다. 이렇게 확장된 주거지에서는 생산 경제를 활용해 더 많은 인구에게 식량을 제공할 수 있었다. 츠산 문화에서는 최대 8헥타르에 이르는 대규모 주거지도 발견되었다. 이는 페이리강 문화에서도 마찬가지였다(〈지도 13〉). 초기 신석기 문화의 전형적인 요소는 바닥을 파고 지은 움집과 저장용 구덩이다. 가장 초기의 집은 원형에 크기가 작고 땅을 약간 파서 지었으며 내부 면적이 4제곱미터에서 6제곱미터 사이였다. 페이리강 문화의 지아후 주거지는 면적이 거의 6헥타르로 기원전 7000년에서 기원전 5800년 정도까지 사람들이 살았다. 이곳의 주거지 역사는 여러 단계로

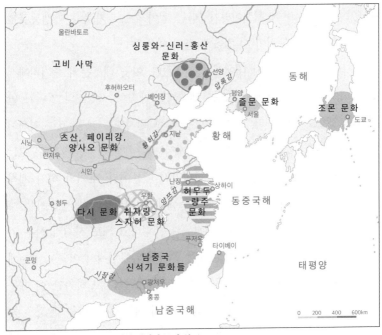

〈지도 13〉 동아시아에서 금속시대 이전의 문화 분포도.

나뉘며 이를 통해 역동적인 발달 과정이 선명하게 드러난다. 제일 첫 단계에서는 타원형이나 원형, 또는 불규칙한 형태의 집터에, 땅속으로 약간 들어간 움막집을 세웠다. 여기에 더해 지표면에 바로 세워진 집도 몇 채 볼 수 있다.

유물 상태와 내부 시설로 볼 때 이때부터 주거만을 위한 가옥, 경제활동에 사용되는 건물 및 작업장 등 건물의 기능적 구분이 서서히 이루어졌던 것으로 보인다. 그다음 시기의 자후賈湖 유적지 분포도를 보면 건물이 조직적인 계획에 따라 지어졌음을 분명히 알 수 있다. 여러 주거 구역이 형성되었고 각 구역은 상대적으로 크기가 더 큰 한두 채의 건물을 중심으로 펼쳐져 있었다. 이런 중심 건물은 가족 내지는 씨족 집단에서 특별한 기능을 했을 것으로 추측된다. 주거지역의 경계는 구덩이로 둘러싸여 있는데 이는 방어 시설이라기보다는 일차적으로 가축을 야생동물로부터 보호하려는 목적이 더 컸을 확률이 매우 높다.

토기와 석기는 주거지 내에서 제작되었다. 이는 대부분의 주거지에서 소위 타제打製 작업장이라 불리는 뗀석기를 제작하는 장소와 가마가 발견되는 것으로 입증된다. 석기 제작을 위한 원자재는 보통 그 지역에서 나온 것이었다. 그렇지만 주거지 사이에서는 차이점도 발견된다. 즉 모든 유적지에서 석기가 생산된 것은 아니었기 때문이다. 토기와 석기 제작은 분업을 통해 이루어졌던 것으로 추정되며, 따라서 이에 상응하는 사회적 과정들을 파생시켰으리라 생각된다. 그렇다고 해도 사회적 신분 차이까지 형성된 것은 아니었다. 수공업 종사자의 무덤에서 이들이 생전에 수공업자였다는 것을 알게 해주는 부장품이 발견되기도 하지만, 이 때문에 주거 공동체 내에서 특별하고 남다른 지위를 차지했다는 흔적은 찾아볼 수 없다. 페이리강 문화 지역에서는 최초로 본격적인 무덤들이 발견되었다. 토기, 돌로 만든 제작물과 그 밖의 다른 물건이 부장품으로 발견되었다. 공동묘지가 존재했다는 사실은 가족 집단의 의미가 커졌다는 것뿐만 아니라, 주거지와 삶의 공간에서 사람들 간의 유대가 중요했다는 의미이기도 하다. 페이리강 주거지 내 공동묘지 안에 있는 무덤은 대부분 75~100기 정도다. 시신을 처리하는 방식과 부장품을 살펴보면 사회적 신분 차이는 거의 감지되지 않는다. 그렇기 때문에 평등한 사회가 아니었을까 추측된다.

다음으로 이어지는 신석기시대 중기는 기원전 5000년대 말엽에서부터 기원전 2000년대 초까지 매우 긴 기간을 포괄하며, 홀로세 중반기의 이상적인 기후 시기와 일치한다. 이 기간에는 몬순형 강우가 점점 많아졌고 따뜻하며 다습한 기후가 주를 이루었다. 황허강 주변 지형 또한 계속 달라졌다. 산둥성 황허강 하류에서는 아열대성 우림이 확산되었고 북부와 서부 지역은 온대 숲과 초원으로 뒤덮였다. 북중국 호수 수위는 계속 상승했고 중국 서부 사막 지대는 축소되었다. 홀로세 중기의 이상적인 기후 시기가 지나고 기원전 3000년대 초에 들어서 동아시아 몬순 강우의 북방 한계선이 양쯔강 지역까지 큰 폭으로 남하했다. 황허강 유역에서는 신석기시대 중기에 세 문화권이 주름잡고 있었다. 현재의 산시山西성, 허베이성, 허난성, 즉 황허강 중심부 지역에 자리 잡은 양사오仰韶 문화, 그리고 황허강 하류와 바닷가 하구에 위치한 산둥성의 베이신北辛 문화 및 다원커우大汶口 문화가 그것이다. 이 문화들에서는 모두 뚜렷한 인구 증가가 일어났고 주거지도 현저히 증가했으며 주거지 크기 또한 확대되었다. 이때 눈에 띄는 것은 주거지 사이에서 일어난 위계적 구분이다. 한편 생산 경제, 가옥의 건축과 더불어 여러 수공업 분야가 계속 전문화되었다. 양사오 문화권 인구의 식량은 기본적으로 기장 경작에 의존하고 있었다.

나아가 기름 생산을 위해 대마가, 의류 제작을 위해 대마의 실이 사용되었다. 또한 점토로 만든 방추가 많이 발견되었는데, 이는 섬유를 생산했을 것이라 추측케 한다. 이 문화에서는 2000년이란 기간 동안 사회적 분화가 뚜렷이 나타났고 이는 장례 제의에서 다시 한번 확인된다.

양사오 시기 주거지 형태에 관해서는 이용할 수 있는 정보가 매우 적다. 기원전 4000년과 기원전 3500년 사이 이 문화의 중기에 대규모 주거지들이 나타난다. 주거지는 대부분 3헥타르에서 6헥타르 정도의 크기였는데 장자이姜寨 유적지와 같이 18헥타르가 넘는 곳도 있었다(〈그림 67〉). 양사오 문화 초기와 중기에는 여전히 땅을 파고 지은 집이 주를 이루었다. 원형 또는 사각형 터에 식물 재료로 벽을 엮어 짜서 롬 흙으로 마감했고 기둥이 있었다. 양사오 문화 후기에는 지표면에 바로 지은 집이 현저히 증가했다. 벽은 이전과 다름없이 식물 재료를 엮어 짠 구조물에 롬 흙으로 마감했고 용마루 지붕을 얹었다. 여러 번 다시 지은 집이 많았는데 이 때문에 양사오 주거지에는 매우 복합적인 지층이 형성되었다. 양사오 문화 유적지 중 다른 곳에 비해 더 많이 알려진 장자이와 반포半坡는 내부 구조가 서로 비슷하다. 즉 주거지 전체를 원형으로 둘러싸고 있는 해자를 경계로 많은 가옥과 일군의 토기 가마들이 안쪽에 집중되어 있다. 주거지 중심에는 개방된 공터가 자리 잡고 있었다. 장자이에서는 가옥들이 정면으로 이 공터를 향해 있었다. 해자와 이어지는 부분에는 목책이나 벽의 흔적이 발견된다. 이러한 시설은 위협을 느꼈던 대상이 무엇인지는 잘 몰라도 방어 욕구가 더 높아졌다는 것을 보여준다. 토기 가마와 가축용 우리가 주거지 특정 지역에 집중되었던 것으로 보아 주거지 내의 몇몇 가계가 특정 활동을 전문적으로 하지 않았을까 하는 추측을 하게 된다.

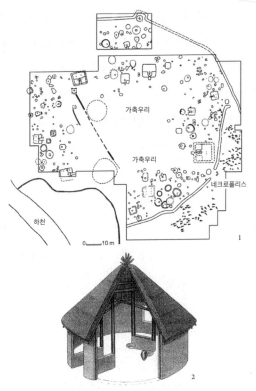

〈그림 67〉 1. 양사오 문화 장자이 주거지의 평면도 2. 가옥 복원도.

양사오 문화 기간에 평등 사회에서 계층 사회로 바뀌는 변화가 일어났다. 이는 주거지들 간에 위계가 완연히 나타난다는 점만으로도 확인된다. 작은 주거지들(3~6헥타르)과 중간 크기의 주거지들(18~25헥타르) 외에도 90~100헥타르에 달하는 초대형 주거지가 존재했다. 후자는 그 지역에서 중심지 역할을 했던 곳임이 분명하다. 이와 더불어 주거지 내의 건물 사이에도 분화가 일어났음이 뚜렷이 확인된다. 처음에는 땅을 약간 파서 원형이나 타원형의 한 칸짜리 움막집을 지었다. 그러다가 땅 위에 바로 집

11장 원시 농경문화에서 고등 문명으로: 동아시아편

을 짓는 경우가 점점 더 많아졌고 동시에 처음에는 두 칸짜리, 나중에는 여러 칸짜리 집을 짓게 되었으며, 여러 채로 된 정식 농가 같은 집도 생겨났다. 이에 더해서 공공건물도 존재했다. 이 건물들의 크기는 양사오 시기 동안 점점 커졌으며, 여러 공공 목적이나 숭배 제의 행위를 위해 해당 주거지 주민과 나아가 더 넓은 주변 지역 주민들이 이용했을 것으로 생각된다. 또한 이 중심 주거지 중 많은 곳이 요새 시설을 갖추고 있었다. 이는 이 중심지들을 다른 유적지와 구분하는 또 하나의 특징이다. 이와 함께 특정한 물자(예를 들면 토기)의 생산이 자주 특정한 가구 또는 특정한 주거 구역에 집중되어 있었다는 점 또한 눈에 띈다. 노동 분업과 수공업의 전문화는 주거지 내에서 특정 개인과 가족이 특권과 부를 얻는 데 일조했다. 이러한 작업 구역들이 갖는 또 다른 중요성은 이 구역들은 특정한 생산물의 제작과 유통에 있어서 해당 지역을 넘어 더 넓은 단위의 지역 차원에서 중요한 역할을 했다는 데 있다. 이런 배경을 놓고 볼 때 왜 그렇게 효율적으로 경작과 가축 사육을 하려 했는지 그 의도가 이해된다. 아마도 잉여를 많이 발생시키고 그럼으로써 다른 지역과 물자를 교환할 때 이용하기 위해서였을 것이다. 이와 더불어 농경과 목축의 잉여 생산물은 대형 연회를 개최하기 위해서도 중요했을 것이다. 이런 연회를 통해 대규모 집단 내에서 사회적·정치적 관계 맺음이 더 강화될 수 있었을 것이다.

이러한 변화 발전으로 인해 토지, 식량 자원, 노동력, 장거리 교역에 대한 통제권이 점점 더 특정 개인이나 가족의 손에 들어가게 되었다. 이렇게 이 엘리트층은 주민들의 노동력을 동원할 가능성을 얻었고 요새 시설 또는 숭배 의식을 위한 중심 사당 건축과 같은 더 큰 규모의 공동체 사업을 기획하고 실천에 옮겼다. 양사오 문화 후기에 이르면서 주거지 주변에 성벽을 설치했던 황허강 유역의 대형 주거지들은 이미 도시적 주거지의 원형을 보이고 있었다. 몇몇 광역 중심지 사이에서는 긴장이 발생하고 전투가 있었을 게 확실시된다. 보안의 필요성이 높아졌다는 사실을 반영하는 요새들, 그리고 폭력적 파괴가 있었음을 시사하는 고고학적 증거물들이 이를 말해준다. 즉 엘리트층은 주민들을 대형 건축 사업을 위해서 동원할 수 있었을 뿐만 아니라 가깝거나 먼 다른 지역 집단들과 무력적 갈등이 발생할 경우 군사 행동에도 동원할 수 있었다. 이렇게 양사오 문화 말엽에는 광역 권력 조직(군장국가)이 형성되었을 것으로 추측된다. 이와 같은 사회적 계층 구분은 장례 의례에서도 확인된다. 이미 양사오 초기와 중기 시대 무덤 중 몇몇은 부장품 규모에서 여타 무덤과 분명한 차이를 보였다. 이렇게 사회의 근거가 변화하는 현상은 양사오 문화 후기에 들어 더욱 분명해졌다. 이 시기에는 실제로 엘리트 묘지라는 개념이 확실해져 지배층은 부장품을 통해서만이 아니라 고분 형태에서도 자신의 지위를 표현했다. 순장 관습이 있었음도 증명되었다. 이 관습으로 인해 특정 개인들이 의도적으로 죽임을 당했다. 지위가 높은 망자를 저승까지 모시기 위함이었다. 이는 엘리트층들이 사회적, 정치적 영역에서만 특별한 지위를 차지하고 있었던 것이 아니라 종교적 영역에서도 지도적 역할을 했고 때문에 초세속적 힘 또는 신들과의 특별한 관계를 가시적으로 보이려 했던 것이라고 이해할 수 있다.

이와 유사한 발달 과정은 황허강 하류 산둥 지방에서도 이루어졌다. 베이신 문화권에서는 촌락 형태의 주거지들만이 확인된다. 주민들은 경작과 가축 사육 외에도 사냥, 식용 가능한 자연 산물을 채집하면서 살았다(혼합형 생존 전략). 이때 중심적 역할을 했던 것은 기장 경작이다. 가축으로는 돼지를 길렀고 물소도 길렀던 것으로 보인다. 강과 바다에 가까웠

11장 원시 농경문화에서 고등 문명으로: 동아시아편

던 까닭에 당연히 고기잡이 또한 중요한 의미를 지녔다. 산둥 지역에 분포되어 있었던 또 다른 문화인 다원커우 문화권에서는 주거지 간에 분명한 차이가 관찰된다. 이는 양사오 문화와 유사한 점이다. 다원커우 문화권에서도 주거지가 최대 80헥타르에 달했다. 이곳에서는 다른 어떤 유적지보다 지도층 무덤이 일반 주민들 무덤과 비교했을 때 확연한 차이를 보인다. 특히 이 문화 후반기인 기원전 3000년경에 이러한 경향이 두드러지게 나타난다.

기원전 3000년에서 기원전 2000년까지 지속되었던 신석기시대 후기에는 기온이 더 내려가고 건조해졌으며 아시아 몬순 우림 북방 한계선이 더 남쪽으로 이동했다. 이러한 변화는 호수 수위를 다시 하강시키고 상록수림을 축소시켰다. 이 시기에 황허강 중류 중앙 평원에는 양사오 문화를 기반으로 룽산龍山 문화가 형성된다. 인구가 증가함에 따라 산둥 지역에서만 1000곳이 넘는 룽산 문화 유적지가 발견되었고, 산시陝西 지방에서는 약 2200군데가 발견되었다. 지역 간의 크기와 인구에 따른 내부적 서열화는 이미 양사오 문화 중반기에 시작되었지만 룽산 문화에서도 특징적으로 나타난다. 경제적·정치적 권력을 가지고 종교 영역에서도 중심적인 역할을 했던 광역권 엘리트들은 자신의 지위를 공고히 했고 이를 더 확대시켰다. 이와 함께 드넓은 대규모 중심 주거지가 공공건물과 요새 시설을 갖추고 원시 도시적 주거지로 날로 성장해갔다.

기원전 1000년대에서 기원전 제1천년기로 전환하는 시점에 마침내 신석기시대 후기는 청동기시대로 넘어간다. 룽산 문화 후기는 기원전 1000년대 전반기에 존재했던 상商 왕조 초기 시대로 이어진다. 상나라와 더불어 중국의 역사 시대가 시작된다. 그럼에도 불구하고 상 왕조 초기에 대해서는 안양에 수도를 두었던 상 왕조 후기와는 달리 알려진 바가 거의 없다. 때문에 후기 신석기시대에서 상 왕조로의 전환에 대해서는 현재 자세히 서술하기 힘들다. 하지만 후기 양사오 문화와 룽산 문화의 업적이 왕조, 공고한 정치적 구조, 도시적 중심지로 특징지어지는 이후의 발전을 선취하고 있다는 점만큼은 분명하다.

2.
북중국과 극동 지방에서의
수렵 채집 생활과 돼지 사육

중국 동북부 지방에서의 문화는 황허강 지역과 독립적으로 발달했다. 이 지방은 북중국 저지대에 자리 잡고 있으며 서쪽으로는 네이멍구의 동부 지역까지 펼쳐져 있다. 동북쪽으로는 러시아의 아무르와 우수리까지, 남쪽으로는 한반도 경계까지 뻗어 있다. 유적지는 대부분 랴오닝성, 지린성, 헤이룽장성에서 발견되며 그중 황해 북부 해안에 위치한 랴오닝성에서 연구가 가장 잘 이루어지고 있고 또 가장 많은 유적지가 포진해 있다. 이 동북부 문화권에는 한반도에서 발생한 문화와 극동 러시아 남부 지방 문화가 포함된다. 이 두 지역은 북중국 저지대 문화와 늘 밀접한 교류관계를 맺고 있었다. 일본 열도의 변화 발달은 이들 지역과는 다르게 약간 고립되어 이루어졌다. 그럼에도 육지에서 이루어진 많은 업적, 가령 벼농사와 같은 것은 한국을 거쳐 일본에 전파되었다.

중국 동북부에서의 정착생활은 싱룽와興隆窪 문화와 더불어 시작됐다. 이 문화는 기원전 6200년에서 기원전 5400년 사이에 존재했던 것으로

인류는 어떻게 역사가 되었나

추정된다. 즉 이 지역 사람들은 황허강 지대보다 훨씬 늦은 시기에 정착 생활을 시작했다는 뜻이다. 그럼에도 싱룽와 문화와 황허강 주변의 페이리강 및 츠산 문화 사이에는 공통점이 거의 발견되지 않기 때문에 싱룽와 지역에서의 신석기 생활 방식의 시작을 시기상 더 앞선 황허강 유역의 문화에 영향을 받은 결과로 보기는 힘들다. 요컨대 중국 동북 지방은 처음부터 독자적으로 발전한 것이다. 싱룽와 문화 주거 공동체의 크기는 대략 남쪽의 페이리강 문화 주거 공동체와 비슷했다. 동물 뼈와 돌로 만든 도구 등 유형 문화 유물 전체는 그 이전과 마찬가지로 수렵 채집 방식 경제가 주를 이루었음을 보여준다. 재배 식물의 흔적은 발견되지 않는다. 이에 비해 당시 돼지를 가축화하려고 시도했을 확률이 매우 높다. 또한 싱룽와 문화는 중국 동북 지방에서 가장 오래된 토기를 전해준다. 이 토기는 눌러 찍기 무늬를 가진 단순한 형태의 그릇이었다.

놀라운 것은 싱룽와 주거지 중 어떤 곳은 계획적으로 조직된 형태를 띤다는 점이다. 싱룽와 문화라는 이름의 계기가 된 유적지인 싱룽와 유적지에서는 사각형 집터에 땅을 약간 파고 기둥을 세운 집이 여럿 발견되었다. 이 집들은 여러 줄로 열을 지으며 매우 조직적으로 정돈되어 있었다. 이런 점을 보면 이 주거지는 시간이 흐르면서 점차 성장한 것이 아니라 처음부터 계획적으로 건설되었음을 알 수 있다. 또한 이 유적지는 해자로 둘러싸여 있는데, 이 해자는 중국 전체에서 가장 오래된 것이다. 싱룽와 문화 주거지 중에는 중심지에 다른 가옥보다 더 큰 건물이 있는 경우도 왕왕 있는데, 면적이 140제곱미터에 달하는 것도 있다. 이런 건물들은 아마 공공 목적을 위해 이용되었을 것으로 추측되지만 정확한 기능에 대해서는 더 이상 설명할 수 없다. 무덤은 주거 구역과 분리된 공동묘지 구역에 있었고 집 바닥에 만든 경우도 있었다. 흥미로운 것은 무덤 내부 시설을 보면 이미 사회적 차별화의 기미가 보인다는 점이다. 즉 몇몇 고분에서는 더 좋은 내부 시설과 비취, 토기, 뼈, 조개 장신구 등이 함께 매장되어 있어 다른 묘와 분명한 차이를 보인다. 싱룽와 문화에서 놀라운 점은 이 문화가 남부 지방의 영향을 받지 않았고 또 황허강 유역 문화로부터 최소한 직접적으로 파생되어 나온 것이 아니라는 사실이다. 이 문화는 중국 동북 지방 저지대에서 가장 오래된 초기 신석기 문화 현상이지만 그러면서도 상당히 진척된 문화 발달을 보이고 있다. 즉 사람들은 이미 돼지를 가축화하고 토기를 제작하기 시작했으며 주거지를 설계, 조직하고 장례 의례가 매우 발달되어 있었을 뿐 아니라 사회적 계층 형성의 최초의 싹이 확실히 존재했다. 싱룽와 문화권에서는 최초로 비취로 만든 물건과 장신구가 생산되기도 했는데, 여기서는 중국에서 가장 오래된 용 문양을 볼 수 있기도 하다. 싱룽와 문화의 이러한 발전된 측면으로 인해 다음과 같은 질문이 제기된다. 싱룽와 문화 이전에 더 오래된 발전 과정이 선행되었던 것은 아닌가? 하지만 현재 이 물음에 우리는 아무것도 답할 수 없다.

　다음 시기인 기원전 5000년대 중반 이후 중국 동북 지방 저지대 서부와 북부에 자리를 잡고 있었던 싱룽와 문화는 자오바오거우趙寶溝 문화(약 기원전 5400년에서 기원전 4500년까지)로 교체되었다. 이 시기 한국과 경계를 맞대고 있는 랴오닝성의 가장 동쪽에서는 신러新樂 문화(약 기원전 5500년에서 기원전 4800년까지)가 퍼져 있었다. 자오바오거우 문화와 신러 문화 주민들은 돼지 사육과 기장 농사를 지어 먹고살았다. 그러다가 최소한 기원전 5000년대 중반경이 되면 중국 동북 지방에서도 본격적인 농경이 시작되어 확연히 늘어난 인구의 가장 중요한 식량 조달 기반이 된다. 주거지의 크기는 같은 시기에 황허강 유역에 있었던 주거지와 비슷했다. 집 크기는 들쑥날쑥했고 기둥이 있으면서 땅속으로 약간 들어가 있었다. 집터는 사각형이나 둥근 형태였으며 그중에는 외부로 살짝 튀어나온 현관이 딸린 집도 있었다. 주거지의 중심 구역에 규모가 큰 건물들이 지어져 있기도 했으며, 이 건물들은 공공의 기능을 수행했음이 확실시된다. 토기는 상당한 발전을 이루어 더욱 다양한 형태로 분화되었다. 그리하여 다리가 달린 대접, 납작한 접시, 복잡한 문양이 새겨진 윗부분이 불룩한 모양의 용기 등 매우 독특한 형태의 용기들이 제작되었다. 이와 더불어 처음으로 점토 및 돌로 만든 소형 인간 조각상도 나왔다. 이러한 조각상과 토기는 당시 노동이 분업되어 있었고 전문화된 수공업 분야가 존재했음을 짐작케 한다.

기원전 4000년대 중반부터 약 기원전 3000년까지 중국 동북부 지방의 서쪽 지역에는 홍산紅山 문화가 퍼져 있었다. 이 문화의 주거지는 초원 스텝과 숲 지대 사이 구릉지에 있는 경우가 많았다. 다른 신석기 문화 지역에서와 마찬가지로 이 문화의 주거지에서도 땅속으로 약간 들어간 움집을 발견할 수 있다. 이 움집도 사각형 또는 정사각형 집터에 기둥을 세운 구조물이었다. 농경을 했다는 단서는 발견되지 않았다. 쟁기와 비슷하게 생긴 석기가 발견되어 몇몇 학자는 땅을 갈았던 증거물로 해석하기도 하지만 정말 그런 용도로 사용되었는지는 현재로서 알 수 없다. 이에 비해 가축 사육은 이미 시작했을 확률이 높다. 특히 돼지 사육을 한 것은 확실한 증거가 있다. 그럼에도 홍산 문화인은 계속 사냥과 식용 식물 채집을 통해 주요 식량을 해결했다. 이들은 활엽수림이 펼쳐진 곳에서 살았고 특히 붉은사슴, 멧돼지, 곰을 사냥했다. 홍산 문화는 시기상 황허강 유역 양사오 문화 후기와 많이 겹친다. 하지만 그럼에도 양 문화는 완전히 다른 발전 양상을 보인다는 점이 놀랍다. 양사오 문화권에서는 주거지 면

11장 원시 농경문화에서 고등 문명으로: 동아시아편

적이 매우 넓고, 요새 시설과 중앙 건물을 갖추고 있으며 점차로 중심 주
거지들이 형성되어갔던 반면 동북 지방에서는 이와 유사한 발달이 확인
되지 않는다. 홍산 문화권에서 주거지의 수는 훨씬 적었다. 이는 이 문화
인이 농업이 아닌 수렵 채집하는 이동생활을 주로 했고, 이따금 돼지 사
육 정도만 했기 때문으로 추측된다.

　이런 배경 속에서 뉴허량牛河梁 제사 장소와 같은 유적은 매우 놀라운
것임에 틀림없다. 이곳에서는 돌로 만든 다양한 형태의 기단, 피라미드와
비슷하게 생긴 조성물, 돌로 만든 대형 봉분이 상당히 넓은 지역에 걸쳐
분포되어 있다(〈그림 68.1〉). 일각에서는 이를 지배층의 무덤이라고 해석하
고 다른 일각에서는 신전이나 제단 또는 사당이라고 해석한다. 어찌되었
든 뉴허량 유적지는 넓은 지역을 아우르는 제의의 중심지였음이 확실하
다. 기단들이 자리하고 있는 곳에서는 점토로 만든 여자 토우들이 나왔
다. 특히 중요한 의미를 지니는 것은 눈에 비취가 박혀 있는 성인 여성 크
기의 점토상이다(〈그림 68.2〉). 그 밖에도 눌러 찍기 무늬와 풍부한 도색
작업으로 뛰어난 기량을 보이는 홍산 토기가 다량 발견되었다. 이로 보건
대 토기 생산이 매우 발달했음을 짐작할 수 있다. 뉴허량의 중심 제의 구
역 주변에서는 사당 또는 제단들과 함께 돌로 만들어진 대형 묘비들이
발견된다. 이 묘비는 특별한 지위에 있었던 개인(남자와 여자 모두 포함)을
위해 세워졌으리라 짐작된다. 즉 후기 홍산 문화 시기에는 이미 사회적
계층 형성이 뚜렷해졌음을 알 수 있다. 무덤 부장품에는 수준 높은 채색
토기와 비취를 새겨서 만든 조각품이 다수 있었다. 이 장소에 묻힌 지배
층들은 아마도 범지역적으로 중요했던 이 제의 중심지에서 그들이 했던
역할로 인해 이러한 지위를 얻게 되었을 것이라고 추측된다. 뉴허량과 같
은 제사 유적지는 홍산 문화인들이 수렵 채집 생활을 하고 기껏해야 돼

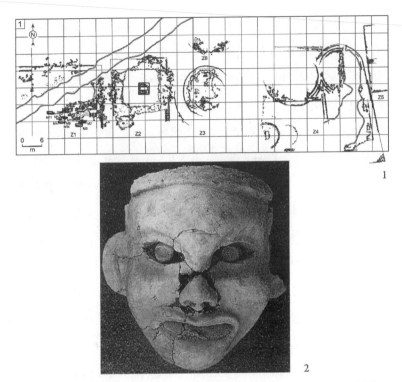

〈그림 68〉 1. 북중국 뉴허량에서 출토된 숭배 제의를 위한 구조물 평면도 2. 점토로 만든 안면상.

지 사육 정도만을 할 줄 알았다는 점을 생각하면 상당히 기이하다. 하지만 아직 이동생활을 했던 사람들에게는 바로 그렇기 때문에 이런 장소가 더욱 의미를 가졌던 것인지도 모른다. 제사 시설과 지배층의 고분이 있었던 범지역적 제의 중심지는 특별한 기회가 있을 때 사람들을 함께 모이도록 하는 기능을 했을 것이기 때문이다.

뉴허량에서 나온 유물과 유적은 현재로서는 유일무이하다. 중국 동북부의 다른 지역에 퍼져 있던 문화 집단들은 홍산 문화와 연관성을 보이

11장 원시 농경문화에서 고등 문명으로: 동아시아편

면서도 지역적인 특색을 나타내는 토기를 사용했다. 이런 문화 집단들에 속하는 것으로는 랴오닝성 북부 산림 지대에 위치한 푸허거우먼富河溝門 문화, 랴오닝성 가장 동남부에 위치한 허우와後瓦 문화, 또는 만주 극동 지린성에 위치한 저우자산左家山 문화가 있다. 이 문화의 사람들은 일차적으로 수렵 채집 생활을 했고 해안가에서는 이와 함께 고기잡이도 했다. 돼지와 같은 가축을 사육했다는 최초의 단서가 발견되기도 하지만 농사를 지었다는 흔적은 발견되지 않았다. 즉 중국 동북부 아무르강과 우수리강 및 한반도와 경계를 이루는 이 지역에서는 주로 수렵 채집 생활을 했던 집단이 살았던 것으로 보인다. 이들은 기껏해야 돼지를 사육하기 시작했을 뿐 그 밖에는 전적으로 자연에서 얻는 획득물에 식량을 의존했으리라 생각된다. 그러나 이 문화들에 대한 우리의 지식이 현재 매우 기초적인 단계에 머물러 있다는 점을 염두에 두어야 한다. 그럼에도 이들이 훙산 문화와 같은 시기에 존속했고 따라서 기원전 4000년대 중반에서 기원전 2000년대 초까지의 시기로 추정된다는 점은 확실하다.

기원전 2000년대 중반이 지나고 얼마 안 있어 이 문화들을 바탕으로 샤자뎬夏家店 하층 문화가 발달했다. 이 문화는 중국 동북 지방에서 네이멍구를 거쳐 멀리 오르도스 지대에까지 퍼져 있었는데, 간혹 룽산 문화 또는 상나라 초기 문화의 북방 지류나 변형된 지역 문화로 간주되기도 한다. 샤자뎬 시기의 유형 문화, 특히 토기 및 최초로 다량으로 발견된 청동기 물건은 이 문화가 룽산 문화 후기 및 상나라 초기와 같은 시기에 존속했음을 확인해준다. 따라서 샤자뎬 하층 문화는 기원전 2000년대 후반기에서 기원전 1000년대 말에 존재했던 것으로 추정된다. 이 문화의 특징적인 점은 단순한 형태의 원형으로 이중벽을 쌓아 만든 방어 시설이다. 돌로 만든 벽과 롬 흙을 다져서 만든 요새도 발견되었다. 그중에서도 후자는 롬 흙을 다진 기본 벽 위에 돌로 외장을 쳤다. 그 밖에 건물을 관통해서 만든 통로와 원형 보루도 발견되었으며 하수도도 찾아볼 수 있었다. 이러한 주거지 터는 수천 제곱미터에서 10만 제곱미터가 넘는 곳도 있다. 방어 시설물은 눈에 띄는 산마루 고원이나 산과 언덕의 돌출부, 계곡이 끝나는 곳이나 넓은 계곡에서 고도가 더 높은 곳, 즉 경작 토지 가까이에 위치해 있었다.

이 문화에서도 주거지 사이에 우열이 있었을 것으로 생각된다. 각각의 주거지는 각 지역 내에서 서로 다른 기능을 수행했던 것으로 보인다. 주거지역 중심에는 신전이나 궁전과 유사한 지배층의 주거 가옥 등 대표적인 공공건물이 자리 잡고 있었고, 비취나 청동을 가공해서 만든 물건 및 잉여 농작물은 안전하게 보관되어 있다가 추후 분배되었을 것으로 추측된다. 이는 물자 분배과정이 지배층의 지위 및 중요성과 떼어놓고 생각할 수 없다는 것을 의미한다. 방어 시설을 갖춘 이러한 주거지에서 대규모 발굴 작업은 아직 이루어지지 않고 있지만 그럼에도 당시 사람들이 한편으로는 농경에 식량을 의존했고 이때 많이 심었던 것은 기장이며, 다른 한편으로 가축 사육에도 의존했는데 이때 주로 길렀던 것은 돼지이며 양, 염소, 소도 길렀다는 것은 밝힐 수 있었다. 이에 반해 사냥은 더 이상 큰 역할을 하지 않게 되었다. 샤자뎬 하층 문화에서 나온 고분 건축 방식과 부장품을 보면 사회에 분명한 계급 구분이 있었음을 알 수 있다. 주거지에서 나온 유적도 그러한 사실을 보여준다. 그다음 샤자뎬 상층 시기는 비록 결층缺層 Hiatus, 즉 유적 지층의 결손으로 그 전 시기와 연결이 끊어지기는 했지만 기원전 1000년대 후반 상나라 시대에 해당되며 곧장 중국의 역사 시대로 이어진다.

중국 동북 지방의 북부와 동부는 아무르강과 우수리강 너머 극동 러시아 남부에 자리한 문화들과 계속 긴밀한 관계를 유지했다. 극동 러시아 지방 남부에서도 기원전 5000년대에서 기원전 1000년대 초까지 중국 동북부 평원의 핵심 지역에서 증명된 싱룽와, 자오바오거우, 홍산, 그리고 샤자뎬 하층 문화의 흐름에 상응하는 문화 발달이 나타났다. 이곳에서도 처음에는 매우 단순한 형태의 눌러 찍기 무늬 토기 문화가 존재했다가 새김 무늬 토기 문화로 교체되었다. 그다음으로는 더 복잡한 용기들이 나타났고 장식 기술과 문양에서 다양성이 높아졌다. 내륙으로 더 들어간 우수리강 동부의 블라디보스토크에서는 싱룽와 문화와 관계있는 일명 보이스만 문화가 발달한다. 이 문화의 특징을 이루는 것은 눌러 찍기 무늬 토기의 초기 형태다. 보이스만 문화인은 해안가에서 고기잡이를 전문으로 하며 살았고 사냥을 하기도 했다. 보이스만 다음으로 이 지역에서 발달한 것은 자이사놉카 문화로 기원전 5000년대 말부터 기원전 1000년대 초까지 여러 단계에 걸쳐 존속했다. 이 시기에 인구가 증가했고 주거 단지가 넓어지고 많아졌음이 뚜렷이 관찰된다. 그럼에도 불구하고 기원전 1000년대까지 오직 자연의 산물을 획득해서 사는 경제활동만 있었던 것으로 입증되고 있다. 즉 자이사놉카 문화 주민은 주로 사냥, 어획, 채집 활동을 통해 식량을 해결했던 것이고 기장이나 다른 재배 식물을 경작했다거나 가축을 사육했다는 분명한 단서는 아직까지 나오지 않고 있다. 훨씬 더 시간이 지난 후 서력기원이 시작될 무렵에야 크로우놉스키 문화가 도래한다. 이 문화에서는 기장, 보리, 밀을 심었다는 증거가 확실하게 나타나며 블라디보스토크 지역에서도 완전히 농업으로 이행한 모습이 관찰된다.

더 북쪽에 위치해 있던 아무르강 중류와 하류에서도 사정은 크게 다르지 않았다. 이 지역에서는 노보페트롭카 문화에서 그로마투차, 콘돈,

보즈네세놉카 문화로 이어지는 계보가 그려진다. 이 문화들은 토기 형태와 문양 방식에서 우수리강 동쪽 및 중국 동북부 문화들의 출현 순서와 밀접한 관계를 맺고 있다. 기원전 5000년대에서 기원전 1000년대까지 이들은 모두 수렵 채집 문화 집단이었다. 사냥, 어획, 채집은 식량 조달에 결정적으로 중요한 역할을 했다. 인구는 수천 년에 걸쳐 꾸준히 증가했다. 강가와 해안가에 살았던 사람들은 주로 고기잡이에 종사했다. 이에 반해 농경이나 가축 사육의 흔적은 발견되지 않는다. 아직까지 아무르강과 우수리강 근방에서 돼지 가축화가 언제 이루어졌는지 분명히 밝혀지지 않았다. 어쨌든 아무르강 지역에서 농업이 발달하게 된 것은 기원전 제1천년기가 끝나갈 무렵이 되어서였다. 또한 이 문화들은 전 시기에 걸쳐 고정적인 주거지를 세워나갔고 점차 정착생활로 이행해갔다. 이전에는 계절적으로만 거주지를 이용했던 데 반해 기원전 3000년대에 들어서면서는 사시사철 한 거주지에 머물게 되었다. 특히 기원전 2000년대부터 인간 형상 무늬, 가면 비슷한 그림, 다양한 곡선과 직선이 얽힌 무늬가 장식된 토기가 제작되었다. 이 시기 아무르 지역에서도 다양한 암석 벽화 유적지가 발견되었다. 이 그림들에는 사냥한 동물(말코손바닥사슴과 야생마)과 물새 외에도 복잡한 기하학적 무늬가 그려져 있었고 인간 그림도 볼 수 있었다.

경제 방식과 사람들의 공동생활의 측면을 볼 때 우수리강 동쪽 지역과 아무르강 지역에서는 수천 년에 걸쳐 거의 변화가 없었고 그렇기 때문에 문화 시기 구분은 오직 유형 유물, 특히 토기의 발달 과정에만 의존하고 있다. 한편 극동 러시아 남부 및 일본, 한반도, 중국의 여러 지역에서는 사정이 전혀 다르다(〈그림 69〉). 최근 연구에서는 이 지역에서 발견된 가장 오래된 토기가 놀랍도록 이른 시기에 제작된 것으로 확인됐다. 즉

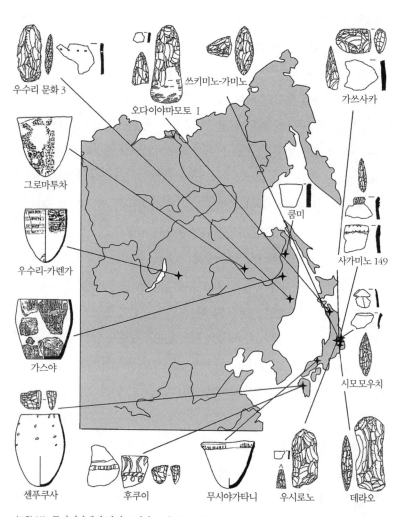

우수리 문화 3

오다이야마모토 Ⅰ

쓰키미노-가미노

가쓰사카

그로마투차

쿠미

우수리-카렌가

사가미노 149

가스야

시모모우치

센푸쿠사

후쿠이

무시야가타니

우시로노

데라오

〈그림 69〉 동아시아에서 가장 오래된 토기 분포 지역.

위에서 언급한 동아시아의 이 모든 지역에서는 이미 플라이스토세 후기에 간단한 토기가 생산되었다고 볼 수 있다. 그로마투차와 노보페트롭카에서 나온 토기 파편은 기원전 1만1000년대와 기원전 1만 년대로 추정된다. 그렇다고 해서 이 지역의 신석기시대가 다른 지역보다 더 일찍 발달했다는 의미는 결코 아니다. 이 문화에서 살았던 이들은 변함없이 오직 수렵 채집의 이동 생활을 했고 아직 한곳에 정착해 살지도 않았으며 생산 경제 또한 운영하지 않았다. 현재까지 밝혀진 바에 따르면 동아시아에서 전세계적으로 아주 이른 시기에 토기가 생산된 것은 사실이지만 (〈그림 69〉) 이는 이들 문화의 구조 및 생활, 경제 형태에 아직 영향을 미치지 않고 있었다.

3.
농업으로 가는 긴 도정
: 한국과 일본

한반도는 중국에서 일본 열도까지 쌀 경작이 전파되어나갈 때 문화적 교량이라는 매우 중요한 역할을 했다. 한국의 신석기시대는 약 기원전 8000년에서 기원전 1000년대 중반까지 지속되었던 것으로 추정된다. 이후 이어지는 청동기시대는 기원전 제1천년기 후반까지 계속된다. 한국에서는 기원전 8000년대와 기원전 7000년대 동안 신석기 문화가 싹텄다. 이 시기 유적지들에서는 세석기적 특징을 보이는 석기 제작과 눌러 찍기 무늬 또는 새겨서 그린 무늬가 장식된 단순한 형태의 토기가 처음으로 눈에 띄었다. 수천 년 동안 여러 단계를 거치며 발달한 한반도의 신석기시대 토기는 즐문 토기라 불린다. 한편 극동 러시아 남단, 일본 열도, 중국 일부 지역에서도 방사성 탄소 연대 측정법을 통해 최초의 토기가 상당히 이른 시기에 존재했음을 보여주는 자료가 제시되었는데 플라이스토세 말엽으로까지 거슬러 올라간다. 한국에서 발견된 토기도 그와 비슷하게 이른 시기에 제작되었다. 토기가 출토된 가장 오래된 유적지는 제주 고산리 유적지다. 점토를 잘 굳히기 위해 유기 물질을 점토에 섞는 기술을 사용해 만든 토기들이 출토되었는데 약 기원전 8000년경의 것으로 추정된다. 이는 중국, 아시아 극동부 및 일본의 가장 오래된 토기보다 약간 후대다. 요컨대 한반도에서는 이미 기원전 8000년대와 기원전 7000년대에 토기가 제작되었다. 하지만 이 시기에 식물 재배와 동물의 가축화가 이루어졌다는 증거는 지금까지 발견되지 않고 있다. 즉 당시 주로 사냥, 어획, 야생식물의 채집을 통해 식량을 해결했을 것이다. 사냥한 짐승은 여러 야생동물로 사슴과 멧돼지가 특히 많았다. 이 짐승들은 고기를 많이 공급해주었기 때문이다. 그 밖에 식용 가능한 모든 식물과 열매, 견과류를 채집했다. 주거지 흔적들로 보건대 장기적인 정착생활은 없었던 듯하며 계절적으로만 이용되었다. 주거지 구조를 명확히 알아볼 수 있는 흔적이 남아 있는 경우 가옥은 원형 또는 타원형에 땅으로 약간 들어간 움집이었고 주로 해안가를 따라 지어졌음을 알 수 있었다. 많은 주거지가 해안가에 위치해 있었다는 것은 포유동물의 사냥과 식용 가능한 식물 및 견과류의 채집 이외에 수산 자원 또한 많이 활용되었다는 것을 말해준다.

이어지는 초기 신석기시대는 약 기원전 6000년에서 3000년대 중반 사이로 획기적인 변화가 일어났다. 그중에서 특별히 중요했던 변화는 영구적 주거지들이 형성되었다는 것이다. 이런 것 중에는 해안선을 따라 위치한 일명 조개무지 주거지들이 있는데 이들 주거지에서는 쓰레기 더미가 발견된다. 다른 한편 내륙 지방에서는 넓은 강 계곡을 중심으로 주거지가 형성되었다. 주거지는 주로 땅으로 약간 들어가게 지은 움막집들로 이루어져 있었다. 이들 움막집은 원형, 타원형, 드물게는 직사각형 집터에 기둥을 세워 지었다. 이 중 일부, 특히 해안가 근처 유적지 중에서는 1년 내내 사람들이 거주했던 것이 확실하다고 판단되는 곳도 있다. 하지만 그 밖의 유적지는 계절적으로만 이용되었을 것으로 보인다. 식량은 여전히 사냥과 식용 가능한 식물 및 열매의 채집에 의존하고 있었다. 하지만 해안가에서는 원양어로 및 해양 포유류의 사냥 또한 점차 중요한 역할을 하게 되었다. 식량 획득 기술이 점점 더 전문화되어갔다는 사실은 뼈와 돌을 조합해 만든 낚싯바늘이나 작살과 같은 도구를 통해서도 입증된다. 암석으로 만든 도구와 갈돌은 채집된 식물들이 가공되었다는 사실을 말해주며 저장용 구덩이는 왕왕 잉여 식량이 발생하여 보존되었다는 사실을 증명해준다. 조개무지 주거지에서는 무덤이 간혹 발견된다. 이 무덤에는 토기, 구슬, 고기잡이 도구 등이 부장품으로 들어 있다. 부장품은 사회적 신분 차이를 나타내지 않았으며 오히려 평등한 사회였음을 시사하고 있다. 고산리 유적지에서는 특정한 형태의 석기가 발견되었는데 이는 식물의 재배 또는 가공과 연관이 있는 것으로 추정된다. 이 때문에 초기 신석기시대에 이미 재배 식물의 경작이 이루어졌다고 보는 학자들도 있다. 하지만 이에 관한 직접적인 입증 자료는 제시되지 않고 있는 실정이다.

신석기시대 중기는 기원전 3000년대 중반부터 시작해 기원전 2000년대 후반까지 계속된다. 이 시기에 재배 식물 경작이 최초로 입증된다. 경작에서 중요한 역할을 했던 것은 기장이었다. 하지만 사람들의 생활 방식은 여전히 수렵 채집 생활이 주를 이루었다. 육지 포유류, 조류, 해양 포유류의 사냥, 원양 어로, 식용 가능한 식물과 견과류 및 연체동물의 채집과 가공은 전과 다름없이 중요한 식량 조달 전략이었고 식물 경작에 아직 완전히 밀려나지 않고 있었다. 정주형 주거지 대부분과 특히 조개무지 주거지들은 여전히 해안가에 집중되어 있었다. 하지만 내륙에서도 점차 정주형 주거지가 많이 형성되었다. 진주 상촌리 유적지가 그 예다.

후기 신석기시대는 기원전 2000년대 후반부터 기원전 1000년대 중반까지 이어진다. 이 시기에는 주거지 및 식량 조달 방식 모두에서 중요한 변화가 일어난다. 해안가의 조개무지 주거지는 계속 이용되긴 했지만 더 이상 이전과 같이 밀집되어 있지 않았다. 대신 내륙 지방에 더 많은 주거지가 형성되었다. 식량 조달에서 기장 재배가 주도적인 역할을 하기에 이르렀고 동시에 벼농사도 시작되었다. 기장과 벼는 야생 형태와 재배종, 두 가지 모두 존재했다. 그 밖에 비취를 훌륭한 솜씨로 가공한 제작물이 처음으로 모습을 드러낸 것도 이 시기다. 이런 물건을 아무나 가질 수 없었을 것이라는 점은 충분히 짐작할 수 있다. 그렇기 때문에 이 시기에 최초의 사회 계층화가 일어났고 점차 지도층이 형성되었을 것이라는 추측이 유력시된다.

기원전 1000년대 중반경 한반도에서는 청동기시대가 시작되어 기원전 제1천년기까지 지속되었다. 이 시기에 특징적인 것은 민무늬 토기인데 무늬가 없고 매끈한 표면을 갖고 있다. 기장과 쌀이 대규모로 경작되었고 이에 더해 보리, 밀, 콩 및 기타 식물들이 재배되었다. 농업이 비약적으로 발전함에 따라 다른 식량 조달원의 이용은 뚜렷이 감소했다. 사냥과 야생 식물 채집은 식량 조달에서 이전보다 훨씬 작은 역할만 하게 되었다. 해안가에서의 고기잡이 및 조개 갑각류 채집도 마찬가지로 줄어들었다. 식량 조달 방식에서 이러한 변화는 주거지 형태에도 영향을 미쳤다. 해안가 주거지는 시간이 지나면서 그 수가 현저히 줄어들었다. 반면 내륙의 강 계곡들, 그중에서 경작지로 이용 가능한 땅이 있는 곳에서는 주거지 밀집도가 현저히 증가했다. 주거지 크기 또한 이전 신석기시대보다 훨씬 커졌다. 가옥은 여전히 바닥을 파고 지은 원형 또는 타원형 움집이 주된 형태였다. 이 시기에 많이 출토된 물품으로는 당시 전형적이었던 토기와 규석으로 만든 석기, 그리고 비취로 만든 물건과 장신구들이 있다. 이런 장신구는 높은 가치를 지녔고 지배층의 전유물이었을 것이 분명하다. 쌀농사의 집약화는 논에 지속적으로 물을 대기 위한 인공 관개 시설을 전제로 한다(습식 벼농사). 이때 이러한 인프라 설치를 계획하는 일은 누군가의 주도하에 이루어졌음이 틀림없고 또한 이 계획을 실현시키는 데에서도 중심적인 세력이 이를 조직했음이 분명하다. 주거 공동체가 이런 시설을 지속적으로 유지하고 보수하는 데에서도 마찬가지였을 것이다. 비록 주거지 모습과 무덤 부장품들을 통해 기본적인 사회 구조를 파악할 수는 없지만 이와 같은 쌀 경작 방식만 봐도 당시 복합사회가 존재했음을 짐작할 수 있다.

한국 청동기시대에는 인구가 큰 폭으로 증가한다. 이 때문에 한반도의 사회 경제적 구조는 근본적인 변화를 맞이할 수밖에 없었다. 이런 맥락에서 한국의 청동기시대에 일어났던 또 다른 변화가 주목을 끈다. 즉 거석 묘비의 축조가 그것이다. 이런 형태의 무덤이 이주민에 의해 들어온 것인지 한국에서 자체적으로 발달한 것인지는 아직 풀리지 않은 물음으로 남아 있다. 하지만 분명한 것은 거석 무덤이 갑자기 나타났으며 이런 무덤 형태로 발전될 수 있을 이전 모델을 찾을 수 없다는 점이다. 벼농사의 시작, 민무늬 토기의 출현, 고인돌의 설치 사이에는 어떤 연관관계가 있었으리라 생각되지만 이에 대한 설득력 있는 설명은 현재 불가능하다. 고인돌 무덤 대부분에서는 부장품이 발견되지 않기 때문에 고인돌의 연대를 측정하기가 매우 곤란하다. 그렇기 때문에 이 무덤의 연대 추정에는 많은 이견이 제기된다. 방사성 탄소 연대 측정법으로 측정했을 때 결과가 기원전 2000년대와 기원전 1000년대 후반 사이를 왔다 갔다 하기 때문이다. 최근 측정된 결과에 따르면 어쩌면 철기시대 초기에 축조되었다는 해석을 할 수도 있다. 현재 한반도에는 10만 기가 넘는 고인돌과 거석 무덤이 존재한다. 이 무덤들은 수십 기에서 수백 기까지 무리를 지어 있는 경우가 흔하다. 드물지만 부장품이 발견되기도 하는데, 토기, 마제 돌칼, 돌화살촉, 갈돌 및 그 밖에 여러 재료로 만든 물건들이 목록을 채우고 있다. 고인돌은 주로 한반도에 퍼져 있지만 일본 서남쪽에 위치한 규슈섬 그리고 한국과 인접한 북중국 지역에서도 발견된다. 현재 고인돌에 대한 분명한 해석이 가능할 만큼 전체 유물이 온전히 보존되어 있는 무덤은 거의 발견되지 않고 있다. 그럼에도 이 고인돌이 지도층의 무덤이었을 것이라고는 가정할 수 있다. 이로 미루어보건대 한국에서는 늦어도 청동기시대부터 사회적 계층화와 복합사회가 형성되었다고 할 수 있다. 하지만 이런 사회 계급 분화과정이 어떻게 진행되었는지, 이 새로운 문화적 발달을 어떻게 더 분명히 그려볼 수 있을지, 현재로서는 더 자세하게 기술하거나 판단하기 힘들다.

일본 열도에서는 플라이스토세 후기에 이어지는 선사시대 거의 전 기간에 걸쳐 조몬 문화가 발달했다. 이는 대략 기원전 1만 년에서 기원전 300년에 이르는 기간이다. 플라이스토세 말엽에 기후는 온난해졌고 강수량은 증가했다. 이와 더불어 해수면이 상승했다. 현재 일본 열도 해안선은 이때 형성된 것이다. 이미 플라이스토세 후기에 다음 시기에 강한 영향을 미칠 변화들이 나타났다. 우선 장식이 없는 단순한 모양의 토기가 처음으로 생산되었다. 러시아 극동부 남단과 중국 일부 지역의 토기를 방사성 탄소 연대 측정법을 통해 측정한 결과 최초의 토기 생산 시점이 구석기시대 말엽으로 거슬러 올라가는 것으로 나타났다. 조몬 토기 중 가장 이른 시기에 만들어진 것은 규슈섬에서 나온 것으로 지금으로부터 1만5000년 전에 제작된 것이다. 즉 일본의 조몬 토기는 플라이스토세

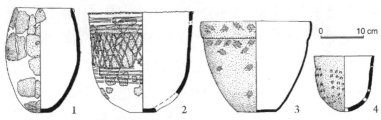

<그림 70> 일본 조몬 문화 초기의 토기.

말엽에 이미 생산되었다는 것이며 따라서 세계에서 가장 오래된 토기에 속한다고 할 수 있다(〈그림 70〉). 토기 발명과 더불어 세석기 제작도 처음 출현한다.

조몬 문화가 발달했던 그 긴 시간 동안의 생활 및 경제 방식, 유형 문화를 살펴보면 적지 않은 변화에도 불구하고 전체적으로 여러 전통이 놀라운 지속성을 가지고 전해 내려왔음을 알 수 있다. 외부에서 받은 영향은 부차적인 역할만 했다. 재배 식물은 대부분 동아시아 대륙에서 한반도를 거쳐 일본으로 들어온 것이 사실이지만 그렇다고 해도 조몬 문화에서의 근본적인 변화나 문화적 전환은 외부의 영향에 의해 유발된 것이 아니었다. 일본에서 가장 오래된 토기는 외부에서 유입된 것이 아니며 자생적으로 발달한 것이다. 최초의 토기는 식물 재료를 엮어 짠 망이나 나무껍질 같은 유기 물질로 된 전형적인 구석기시대 바구니에 롬 흙을 바른 후 말리면서 제작되었던 것으로 추측된다. 용기를 구울 수 있게 되자 음식을 조리하거나 요리할 때 불에 올려놓는 토기로 이용할 수 있었다. 몇몇 채집 식물과 견과류는 잘 삶아야만 했는데 그렇지 않으면 맛이 없을 뿐 아니라 소화를 시킬 수도 없었기 때문에 이를 조리하기 위해서는 토기가 반드시 있어야 했다. 생선 기름도 토기가 있어야 채집할 수 있었다.

인류는 어떻게 역사가 되었나

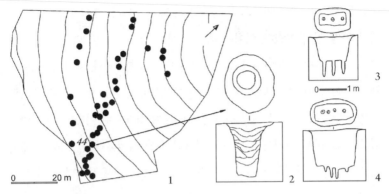

〈그림 71〉 후기구석기시대의 사냥용 함정. 일본.

다시 말해 최초의 토기 생산은 일정한 필요성 때문에 이루어졌고 토기는 매우 다양한 목적에 사용되었다. 일본 열도에서 식량 구성은 지역마다 차이를 보인다. 홋카이도에서는 약 90퍼센트가 생선과 조개 및 갑각류에 의존했다. 다른 지역에서 수산 생물이 차지하는 비율은 절반으로 떨어진다. 대신 육지에서 사냥한 짐승과 채집 식물이 더 중요한 역할을 했다.

플라이스토세 말엽 일본 열도에서 마지막 남은 대형 포유류가 멸종한다. 그중에는 코끼리 과에 속하는 동물도 있었다. 플라이스토세 후기에는 이미 토기가 생산되었는데, 석기에도 일정한 변화가 나타난다는 점이 눈에 띈다. 이는 사냥 전략이 사슴이나 멧돼지 같은 중형 동물을 겨냥하는 것으로 변화하면서 나타난 것이다. 사냥은 함정을 주로 사용했는데 이런 함정이 수백 개씩 설치된 곳도 있다. 당시 사람들은 줄을 맞춰 함정을 판 후 사냥 동물을 함정으로 몰았다. 이런 사냥은 이미 3만 년 전 후기구석기시대에도 존재했던 것으로 증명된다(〈그림 71〉). 이런 함정용 구덩이 속에서는 기둥을 박은 자국들이 발견되는데 이 자국은 함정으로 떨어지는

11장 원시 농경문화에서 고등 문명으로: 동아시아편

동물을 꿰뚫기 위한 기둥의 흔적인 것으로 추측된다. 고기잡이에서는 연어가 가장 인기 있었다. 연어는 해마다 산란 장소를 찾아 바다에서 강을 따라 내륙 깊숙이 헤엄쳐왔고 그곳에서 대량 포획되었다. 채집된 식용 식물로는 여러 베리류 열매, 헤이즐넛, 호두, 얌이 있었고 야생 포도와 키위 같은 과일도 있었다. 하지만 빙하기 사람들이 식량으로 이용할 수 있었던 식물은 그 이후 시기인 홀로세에 비하면 훨씬 적었다. 이런 식물 중에서 단풍나무와 떡갈나무 열매 같은 식물은 식용으로 이용하려면 조리를 거쳐 소화시킬 수 없는 성분을 제거해야 했다.

플라이스토세 말엽의 생활은 이동식이었다. 사람들은 일정한 행동반경 안에서 야영지에서 야영지로 옮겨다녔고 계절에 따라 같은 장소로 항상 다시 돌아왔다. 해당 유적지에서는 불을 피웠던 자리와 웅덩이가 발견되며, 천막식 집 구조물의 잔해도 드물게 발견된다. 최초의 토기가 생산되었던 때부터 야영지 또한 증가했다는 것이 확인된다. 이와 함께 각 주거지역에 땅을 파고 기둥을 세워 지은 수혈식 움집의 수 또한 증가했다. 반半정주형 생활로 가는 과정이 이미 구석기시대 말엽에 시작되었던 것이다.

플라이스토세가 끝나고 지금으로부터 약 1만 년 전, 기온은 따뜻해졌고 습도도 올라갔다. 이상적인 기후 상태가 조몬 시대 초기와 중기에 해당되는 기원전 5000년에서 기원전 2000년 사이에 계속되다가 다시 춥고 건조한 기후로 바뀌었다. 하지만 플라이스토세 후기처럼 심하지는 않았다. 조몬 문화는 토기를 기준으로 6단계로 구분된다. 토기 형태에 지역적 차이가 나타나긴 하지만 일본 열도 대부분 지역에서 수천 년에 걸쳐 공통성이 발견된다. 변화의 방향은 간단하고 문양이 거의 없는 용기에서 시작해 풍부한 장식, 특히 중기 단계에서는 바로크적 형태까지 보이고 있으며 이후 조몬 시대 말엽에는 다시 훨씬 단순해진 형태로 변한다. 조몬 토기에서 특징적인 것은 두텁게 꼰 줄을 눌러 찍어 만든 무늬다. 무늬는 토기를 굽기 전에 눌러 찍었는데 매우 다양한 모티브를 보여준다. 더 후기 단계에서는 토기 장식이 매우 복합적인 형태를 띠었는데 직선과 구불구불한 선으로 된 모티브가 마치 옷감 무늬처럼 용기 표면 전체에 장식되었다. 이보다 앞선 단계에서는 이런 문양이 용기의 특정 부분, 가령 가장자리나 윗부분에만 장식되어 있었다.

조몬 문화인들은 1만 년이 넘도록 정주형 수렵 채집 생활을 했고 대부분 상설 주거지에서 살았다. 사냥, 어획, 채집을 통한 식량 조달은 계절마다 다른 방법을 선호했다. 예를 들어 봄에는 식용 가능한 식물들, 특히 야생 풀 종자를 채집하고 해산물과 연체동물을 잡는 데 집중했다. 여름에는 고기잡이가 더 중요한 역할을 했으며 주로 참치를 많이 잡았다. 강치와 바다코끼리 같은 해양 포유류도 사냥했다. 가을에는 주로 연어를 잡았고 견과류, 야생 포도, 너도밤나무 열매, 은행, 도토리를 채집했다. 겨울에는 사슴과 멧돼지 같은 포유류를 사냥했고 부분적으로 고래잡이도 매우 중요한 역할을 했다. 사냥과 채집 활동에서 어떤 계절에 무엇을 주된 식량으로 삼을 것인가를 정하는 것은 자연이 제공하는 계절적 산물에 좌우되었다. 조몬 시대 전 기간에는 농경도 가축 사육도 이루어지지 않았지만 그럼에도 식량의 대량 비축이 가능했다. 이는 거의 모든 조몬 주거지에서 저장 구덩이가 대량 발견된다는 사실로 알 수 있다. 이때 건식 구덩이와 습식 구덩이가 구분된다. 습식 구덩이는 저장 기간에 도토리 같은 나무 열매에서 특유의 독성 물질을 제거하기 위해 사용되었던 것으로 추측된다. 여러 주거지에서 저장용 구조물도 발견되었는데 그중에는 지지대를 이용해 구조물의 실내 바닥을 평지보다 높게 설치한 것도 있었다. 이는 식량을 해충으로부터 보호하기 위한 것이었다. 일명 연기 통로가 설치되어 있는 불구덩이는 고기를 훈제해 보관 기간을 늘리는 데 사용되었다. 그 밖에 얌과 같은 야생 덩이뿌리 식물도 채집했다. 조몬 주거지들에서 호리병박, 콩, 기장, 메밀, 보리, 쌀의 잔해가 발견되는 일은 가끔 있지만 이 것들이 어떤 역할을 했는지 현재로서는 더 자세히 알 수 없다. 이러한 잔해들이 조몬 지층에서 발견된다고 하더라도 시간이 지나면서 밑으로 침전되었기 때문일 뿐이고 사실은 조몬 지층에 속하는 것이 아닐 수도 있기 때문이다. 여하간 실질적인 농경과 재배 식물 이용은 조몬 이후 야요이 시대인 약 기원전 300년 이후에야 이루어진 것으로 입증되고 있다.

조몬 문화 주거지는 규모가 각기 달랐다. 하지만 조몬 가장 초기 단계에 이미 대단히 넓은 주거지들이 발견된다. 가령 요리이토몬 주거지에서는 수혈식 가옥이 200채 넘게 발견되었다. 이후 주거지역은 더 많아지고 더 넓어졌다. 기둥 가옥의 손상된 기둥은 새 기둥으로 교체되었는데 이때 새 기둥을 그냥 옛날 기둥 바로 옆에 세웠다. 이러한 사실은 건물의 사용 기간이 매우 길었다는 것을 말해준다. 조몬 시대의 여러 시기 동안 대규모 거주지역 수백 군데에서 볼 수 있는 또 다른 특징은 발달 과정이 눈에 띄게 안정적이었다는 사실이다. 또한 난보리 유적지와 같은 커다란 조개무지 유적지가 존재했는데 이곳에는 직사각형 또는 정사각형 가옥이 다수 존재했다. 가옥들은 불규칙하게 취락 단지를 이루며 분포되어 있었다. 다른 한편 산나이 마루야마 유적지처럼 단순한 형태로 조성된 내륙 거주지도 존재했다. 이 거주지 중심부에는 사각형 집들이 두 줄로 나열되어 있었는데 해충을 피하기 위해 지면보다 바닥을 높게 지었다. 아마도 저장용 건물이었을 것으로 추측된다. 산나이 마루야마 주거지 동부 및 동남부 전체는 주택 구역으로 원형이나 사각형 수혈식 집들이 발견되었다. 서부와 서북부에는 묘지가 자리 잡고 있었다. 시신은 간단한 구덩이에 매장하거나 또는 독에 담아 묻었다. 아직까지 해명되지 않은 것은 해안을 따라 조성된 조개무지 주거지들과 산나이 마루야마 같은 내륙 주거지에 상시적으로 사람들이 거주했던 것인지 아니면 특정 계절에만 거주했던 것인지 하는 문제다. 조몬 시대 중반의 니시다 유적지에서는 모든 구조물이 거의 예외 없이 중심을 향해 원을 그리고 있었다. 이런 구조는 사전에 전체적인 계획 없이는 불가능하다(〈그림 72〉). 건물이 지어지지 않은 중심부에는 무덤 몇 개가 자리를 잡고 있고 그 주변으로 무덤용 구덩이들이 원을 그리며 배치되어 있다. 바깥쪽으로는 사각형이나 다각형 기둥 가옥이 두 겹에서 세 겹의 원을 형성하면서 방사형으로 펼쳐져 있다. 가장 바깥쪽에는 저장 구덩이가 여럿 있는 원형 수혈식 가옥과 그 밖에 정체불명 구조물들이 위치해 있다. 조몬 문화의 여러 문화 단계에서 나온 이 다양한 주거지들을 구체적으로 어떻게 해석해야 될지 아직 알 수 없는 점이 많지만, 이러한 주거지들이 지역 중심 주거지의 초기적 형태였다는 것만큼은 확실히 말할 수 있다. 이러한 중심 주거지에서는 상시적이 되었든 특정한 계절에 국한된 것이었든 대규모의 인구 집단이 거주했다.

조몬 문화에서 특징적인 것은 토기 말고도 돌과 점토를 가공해 만든 소형 인간 조각상이 있다는 것인데, 이는 이 문화를 재구성하는 데 매우 중요한 역할을 한다(〈그림 73〉). 소형 조각상들은 초기 조몬 시대에서는 매우 도식적인 형태를 띠었으며 인간의 특징을 조야한 수준으로만 표현하는 데 그쳤다. 즉 여성은 가슴이 나온 것으로 알아볼 수 있는 그런 식이다. 조몬 중반기부터는 얼굴 형태와 복장의 디테일한 부분이 표현되었고 이는 조몬 문화 마지막 단계까지 이어진다. 조각상 외에 언급할 수 있는 것으로는 조몬 문화 후기 및 종식기에 나온 점토로 만든 사람 얼굴 가면이 있다. 이 가면은 부분적으로 채색되어 있는데 이는 문신을 한 모

11장 원시 농경문화에서 고등 문명으로: 동아시아편

주거 및 비축물
저장용 구덩이

기둥용 구덩이

수혈식 무덤

0   10 m

〈그림 72〉 니시다의 조몬시대 주거지 평면도. 일본.

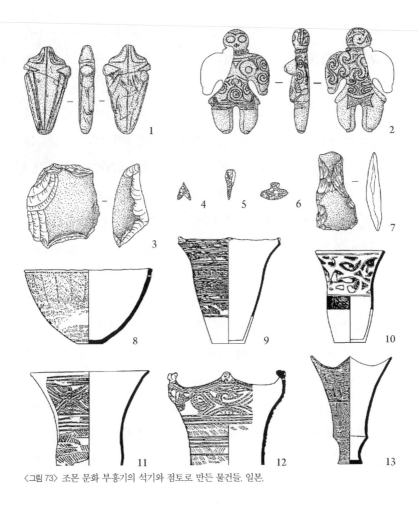

〈그림 73〉 조몬 문화 부흥기의 석기와 점토로 만든 물건들. 일본.

양으로 해석된다. 이 탈들은 제의적 의미를 지녔던 것이 확실시되지만 정확히 어떻게 사용된 것인지 현재 발굴 상황으로는 추측하기 힘들다.

조몬 문화의 무덤은 대부분 주거지역 내에 있거나 바로 인접한 장소에서 발견된다. 시신들은 단면이 서양 배梨 모양인 저장용 구덩이나 단순한

11장 원시 농경문화에서 고등 문명으로: 동아시아편

직사각형 구덩이에 안치되었다. 드물게는 옹관묘도 있었다. 이차장 장례 풍습도 존재했다. 이차장에서는 일차로 만들었던 무덤을 열고 유골의 잔해를 수습해 큰 집단 묘지에 다시 안치했다. 이때 유골은 해부학적인 형태대로 매장한 것이 아니라 뼈들을 한데 모아 꾸러미를 만들어 묻었다. 화장도 있었다. 조몬 시대 초기, 부장품이 있는 무덤에는 토기, 석기, 돌, 조개, 상어 이빨로 된 소량의 장신구가 들어 있었다. 중반기에는 더 섬세해진 용기와 장신구(귀걸이, 조개 팔찌, 비취구슬, 수돼지 이빨로 만든 목걸이)가 다수 발견되었다. 최초의 칠기 대접도 제작되었다. 매우 훌륭한 부장품(예를 들어 목재 칠기 용기, 돌로 만든 단검, 소형 점토 조각상)이 발견되는 몇몇 무덤은 다른 무덤과 뚜렷한 차이를 보였다. 의심할 바 없이 사회 지도층 가족을 위한 것이었을 이런 무덤은 조몬 시대 후기와 종식기에 좀더 자주 나타났다. 이러한 부유한 무덤 중에는 어린아이의 것도 있었다. 이는 사회적 지위가 가족 단위에 기반해 있었고, 그 지위가 세습되었다는 사실을 짐작케 한다.

조몬 문화의 거의 모든 단계에서 웅장한 숭배 제의 시설이 발견된다. 초기 조몬 시대에 이미 돌로 만든 단순한 원형 시설물이 만들어졌다. 중반기에는 원이 더 커져 직경 40미터가 넘었다. 후기에는 돌로 이루어진 원이 여러 겹 겹쳐진 복잡한 제의 시설물이 만들어졌다(〈그림 74〉). 돌로 이루어진 큰 원에 작은 원들이 연결되어 있거나 줄 지은 돌이 선으로 이어져 있었다. 원 안에 무덤이 있는 경우도 있었다(고마키노 유적지). 몬젠에서는 화살 모양으로 줄지어진 돌들이 발견되었는데, 정확한 기능은 아직 알려지지 않고 있다. 특히 홋카이도섬에는 흙을 쌓아 만든 거대한 봉분이 다수 존재한다. 이 봉분 안에는 무덤이 1기 또는 여러 기 들어 있는데, 간혹 직경이 160미터에 달하는 봉분도 있다.

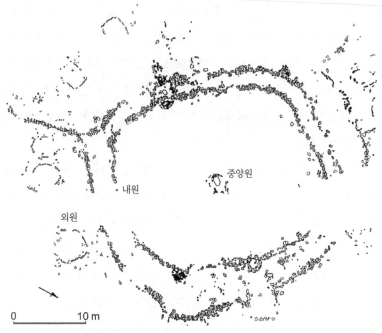

내원

외원

중앙원

0　　　　　　10 m

〈그림 74〉 후기 조몬 시대에 제의용으로 사용된 돌로 만든 원. 고마키노, 일본.

　　확실하게 말할 수 있는 것은 조몬 시대의 장제와 제사, 숭배 제의 시설
은 다양한 형태로 발달되었었다는 점이다. 조몬 시대 전 시기, 거의 1만
년에 걸친 시간 동안 유지되었던 강력한 전통에도 불구하고 조몬 문화
후반기에는 사회적 계층 형성을 반영하는 변화가 일어난다. 이러한 사회
적 지위는 세습되었던 것으로 보인다. 하지만 사람들의 생활 방식에서 근
본적인 변화는 눈에 띄지 않는다. 이들은 자연의 산물을 획득하는 경제
방식에서 생산 경제로 이행하지 않았고, 이전 시기보다 더 강한 정착생활
의 경향을 보여주지도 않는다. 규모가 아주 큰 주거지역이 존재했음에도
불구하고 조몬 문화인은 사냥, 어획, 채집 생활을 계속했다. 후기에 이르

　　　　　　　　　　　　11장　원시 농경문화에서 고등 문명으로: 동아시아편

러서야 완전한 정착생활을 하게 되었거나, 혹은 최소한 한 철 동안은 특정 장소에 정착해 살았다. 조몬 시대 후기에는 대형, 아니 가히 거대하다고 할 만큼 큰 숭배 제의 시설이 세워졌다. 이는 몇몇 주거 공동체에서 대규모 노역이 가능했다는 사실을 보여준다. 이러한 거대 건축물의 건설은 많은 노동력 동원과 중앙에서의 계획 및 관리를 통해서만 가능한 엄청난 집단적 성과다.

일본 열도에서의 생활, 문화, 경제가 근본적으로 변화하는 때는 기원전 300년경 조몬 문화가 수천 년 동안의 세월을 뒤로하고 야요이 문화로 교체되던 시기다. 야요이 문화인은 완전한 농사 기술을 갖춘 농부들이었으며, 그 밖에 청동과 철도 익숙하게 가공할 줄 알았다. 집약적인 벼농사는 야요이 문화가 시작될 때부터 이 문화의 특징이었다. 주거지역 근처에는 넓은 논이 있었고 습식 벼농사를 할 수 있게 관개 시설이 설치되어 있었다. 이전 조몬 문화에서 습식 벼농사가 있었다는 증거가 발견된 적이 없음에도 일본에서 습식 벼농사는 얼마 지나지 않아 대세가 되었다. 온난하고 다습한 기후 덕분에 습식 벼농사는 기장이나 다른 건식 경작보다 더 쉽게 발달할 수 있었다. 조몬 문화에서 야요이 문화로의 전환기를 살펴보면 농업, 특히 습식 벼농사가 장기간에 걸쳐 지속적으로 발달된 결과물이 아니라 야요이 문화 초기에 매우 신속하게 확산된 현상임을 알 수 있다. 이렇게 급속히 농업이 발달할 수 있었던 것은 외부에서 가해진 자극 때문이라고밖에는 설명할 수 없다. 즉 일본에서 재배된 쌀은 한반도를 통해 유입되었다는 것이다. 일본에 비교적 늦게 농경이 유입된 것은 일본의 자연 조건이 사냥, 채집, 어획만으로도 풍부한 자원을 얻을 수 있는 조건이었다는 점과 그 때문에 인구가 급격히 증가하고 넓은 주거지역에 집중해서 살았음에도 생산 경제가 꼭 필요하지 않았다는 데 그 이유가 있을 것이다. 요컨대 조몬에서 야요이로의 전환은 새로운 인구 집단의 이주, 추정컨대 한반도 북부 지방으로부터의 인구 유입과 관련 있을 것으로 추측된다. 이러한 사실은 이때 일어났던 여러 변화가 경제 방식에만 국한되었던 것이 아니라 사회 구조에서 나타난다는 점에서도 확인된다. 조몬 시대 후기 동안 가시화되었던 사회적 계층 분화는 기원후 몇 세기 동안 본격화되었고, 지방별로 통치 영역이 형성되었다. 이는 지도층의 거대한 무덤으로 확인할 수 있다. 이렇게 해서 야요이 시기 동안 지방 호족층이 형성된다. 야요이 문화가 일본 열도에 자리 잡은 시기는 역사시대가 시작되던 때이기도 했다.

4.
양쯔강에서의
쌀 경작

양쯔강은 북부의 황허강과 함께 남부에 위치한 중국의 주동맥이다. 양쯔강 유역, 특히 중류와 하류 유역은 동아시아에서 정착생활과 생산 경제가 태동한 지역이며, 벼농사의 발생지로도 잘 알려져 있다.

플라이스토세 말기에 이 지역은 구석기 문화에서 신석기 생활 방식의 가장 초기적인 특징을 보이는 문화로 전환된다. 이어 기원전 1만 년이 지나고 얼마 안 된 시점에 생산 경제로의 이행이 조금씩 진행된다. 하지만 처음에는 수렵 채집 생활에 보조적인 식량 조달 방법으로만 이용되었을 뿐이었다. 양쯔강 지역에서 이런 이행의 세부 과정, 특히 초기 신석기시대인 기원전 1만 년에서 기원전 8000년 사이에 있었던 과정은 여전히 베일에 싸여 있는 부분이 많다. 이 시기에는 많은 구석기적 전통, 예를 들어 동굴이나 바위굴을 이용하는 경향이 지속되었다. 석기 제작에서도 상황은 비슷했고 세석기가 계속 주를 이루었다. 하지만 마제석기도 종종 발견된다. 그 밖에 바늘, 송곳, 뼈로 만든 화살촉과 고기잡이에 적합하게 뼈로 만든 창촉도 눈에 띈다.

플라이스토세 말엽, 기후는 훨씬 온난 다습해졌다. 특히 기원전 1만 년 경에는 기온이 뚜렷이 상승하고 강수량이 증가했다. 이러한 기후 변화는 숲 지대를 축소시키고 초원 스텝 지역을 확장시켰다. 양쯔강 지대의 주민들 또한 식물성 식량 조달로부터 영향을 받지 않을 수 없었다. 열매와 견과류는 식단에서 훨씬 부차적인 역할만 하게 되었다. 동시에 야생 풀 종자의 섭취가 확연히 증가했다. 이는 특히 이를 가공하는 데 사용된 갈돌이 더 자주 발견된다는 사실로 확인된다. 이 새로운 경향은 확실히 환경의 변화에 따라 나타난 반응이었다. 하지만 전체적인 식량 조달 방식에서 봤을 때 근본적인 변화가 일어난 것은 아니다. 야생 풀 종자의 이용이 급격히 늘어남과 동시에 사냥의 중요성이 높아졌고, 이와 함께 동물성 식량의 중요성도 커졌다.

기원전 1만 년 이후, 양쯔강 지역의 초기 신석기시대 동안 기온과 강수량은 계속 상승했고 마침내 홀로세의 이상적인 기후가 도래하여 수천 년간 지속된다. 이 시기 동안 사냥, 채집 활동, 고기잡이로 식량을 조달한 사람들의 식량 기반이었던 식용 가능한 식물과 야생동물 종류가 늘어났다. 사냥에 선호되었던 동물은 사슴, 멧돼지, 조류였고 물고기, 조개, 물거북이가 서식하는 하천도 풍부한 식량 공급처였다. 주로 채집했던 식물은 여러 베리류 열매, 야생 포도, 야생 자두 등이었다. 구석기시대 말엽 사람들이 거주했던 몇몇 동굴에서는(가령 셴런둥仙人洞 동굴) 사람들이 이미 야생 쌀을 식량으로 이용했다는 단서가 발견되기도 했다. 이는 기원전 1만 3000년에서 기원전 1만 년 사이 시기에 해당된다. 다른 한편 학계 연구자들은 위찬옌玉蟾巖 동굴에서 나온 단서가 재배종 쌀의 최초의 흔적이라고 보기도 한다. 즉 기원전 8000년 전에 쌀이 이미 재배종이 되었을 수도 있다는 것이다. 하지만 이 발굴 자료가 확실한 것은 결코 아니다. 야생종에서 재배종으로의 전환이 언제 일어났든 간에 매우 이른 시기에 속하는 이 자료들은 아직 해결되지 않은 많은 의문이 남아 있긴 하지만, 양쯔강 분지가 쌀 경작의 요람이었다는 것만큼은 증명해준다고 봐도 좋을 것이다. 남쪽 양쯔강 유역에서 쌀 경작이 발달한 것은 북중국 황허강 유역에서 기장이 경작되었던 것보다 더 이른 시기였다.

플라이스토세 말엽과 초기 신석기시대에 쌀 경작이 어떤 역할을 했는지 아직 확실히 밝혀지지 않은 반면에 구석기시대 말기 수렵 채집 생활인이 이미 토기를 생산했다는 것은 확실하다. 이 토기들은 일본 열도 및 극동 러시아 남부에서 나온 토기와 함께 세계에서 가장 오래된 토기에 속한다. 위찬옌 동굴에서는 낮은 온도에서 구운 매우 단순한 형태의 토기가 발굴되었는데, 기원전 1만2000년대로 추정된다. 이 토기는 후기구석기시대에 속하는 유물들과 함께 발견되었다. 먀오옌廟巖 광시 좡족 자치구 구이린 시에 위치과 같은 원시 토기가 출토된 다른 유적지도 비슷한 시기에 속한다. 즉 양쯔강 유역 숲 지대의 수렵 채집 생활인은 농경이 발달하기 훨씬 전 이미 토기를 생산했다는 것이다. 이곳에서 토기가 필요했던 이유는 무엇보다 이 사람들이 야채나 생선 같은 식량을 더 선호했기 때문이었다. 이들은 조리를 해야 소화가 잘되는 식량이었고 그렇기 때문에 모닥불에 견딜 수 있는 토기가 꼭 필요했던 것이다. 요컨대 토기가 발명된 원인은 음식 조리의 필요성 때문이었다. 토기는 부서지기 쉬워 가지고 다니는 데 적합하지 않았다. 그렇기 때문에 토기를 사용했다는 것은 동시에 이동식 생활 방식이 감소했다는 지표가 될 수 있다. 그렇다고 해도 이를 곧바로 본격적인 정착생활을 했다는 것으로 해석해서는 안 된다.

플라이스토세 말엽, 특히 고고학적으로 지금까지 밝혀진 것이 거의 없는 초기 신석기시대인 기원전 1만 년에서 기원전 8000년에 싹텄던 변화들은 이후 중기 신석기시대인 기원전 8000년에서 기원전 5000년 사이에 활짝 꽃을 피운다. 양쯔강 중류와 하류 도처에서 본격적인 신석기 문화가 발달한 것이다. 상시적인 대형 주거지도 형성된다. 이런 주거지들에서는 생산 경제가 이루어졌다는 분명한 증거를 찾을 수 있다. 이를 보여주는 예가 바스당八十壋 주거지다. 이 유적지는 면적이 3헥타르가 넘을 정도로 이미 상당히 커다란 주거지였는데, 건물 한 열이 통째로 출토되었다. 그중 특히 해충과 습기로부터 식량을 보호하려는 목적으로 바닥을 높여 지은 저장고가 눈에 띈다. 또한 저장 구덩이와 쓰레기 구덩이가 여럿 있었고, 이와 함께 가옥 사이사이와 가옥 바닥 아래에서 거의 100기에 달하는 무덤이 발견되었다. 기원전 8000년경에 속하는 또 다른 중요한 주거지역이 상산上山에서 발굴되었다. 이곳의 건물은 기둥 가옥이었고 줄을 맞춰 지어져 있었다. 이 중에는 길이 14미터, 너비 6미터의 특별히 큰 건물도 있었다. 아마 공공 기능을 수행했을 것으로 생각되지만 더 정확한 것은 알 수 없다. 중요한 점은 선사시대 상산 주민에게 사냥과 채집 활동은 예전과 다름없이 중요한 생존 전략이었지만, 그럼에도 사냥과 채집에만 의존해 식량을 해결하지는 않았다는 사실이다. 이곳은 벼농사를 지었다는 가장 오래된 증거가 전해지는 곳이다. 여기서 발견된 토기는 흙을 굳히기 위해 쌀겨를 첨가물로 섞어넣었는데, 이때 이 쌀이 재배종이었던 것으로 추정되기 때문이다.

콰후차오跨湖橋의 중기 신석기시대 주거지에서도 재배종 쌀겨 수천 개와 쌀알이 발견되었다. 그 밖에도 개, 돼지와 같은 가축 뼈도 발견되었다. 주민들은 견과류나 과일 같은 식용 야생식물도 계속 채집했다. 펑터우산彭頭山 짜오스枣市 문화 지역에서도 재배종 쌀 흔적이 많이 나왔고 집돼지를 길렀다는 흔적과 심지어 닭을 쳤다는 단서도 찾아볼 수 있다. 콰후차오와 짜오스에서는 방추 수백 개가 발견되어 당시 직물이 직조되었음을 입증해준다. 또한 콰후차오에서는 길이가 거의 6미터나 되는 통나무배가 발견되었다. 양쯔강 중기 신석기시대는 생산 경제의 시기로 특징지어진다. 그럼에도 중기 신석기시대 식량 조달에서 수렵 채집은 여전히 농경과 가축 사육보다 훨씬 더 중요한 역할을 했던 것으로 보인다. 하지만 농경과 가축의 중요성은 점점 커져갔다. 대형 주거지들에는 많은 건물이 세워졌고 그중에는 열을 맞춰 지은 건물, 저장용 건물과 공동 건물이 들어선 곳도 있었다. 이런 주거지들을 살펴보면 정착생활로 이행하는 과정을 잘 추적할 수 있다. 사람들은 대부분 상시적인 가옥들에 살았고, 수렵 채집을 하는 이들만 특정한 계절에 공동체에 필요한 식량을 마련하기 위해 길을 떠났다. 하지만 이런 이동성은 전체 주거 공동체를 특징지을 정도는 되지 않았다.

후기 신석기시대 중 전기에 해당되는 시기는 기원전 5000년경에 시작되어 기원전 3000년대 중반까지 지속된다. 이 시기에 뚜렷하게 인구가 증가하는데, 이는 양쯔강 중류와 하류에 주거지가 늘어나고 그 크기도 커졌다는 사실로 알 수 있다. 인구 증가와 더불어 주거지들은 그 크기와 복잡성의 정도에 따라 차이가 나타났고, 이들 간에 뚜렷한 위계화가 발생했다. 한편에는 주로 농업 생산을 중심으로 하는 작은 촌락들이 있었고, 다른 한편에는 주민이 수백 명 정도 되고 건물이 조직적으로 지어진 수 헥타르 면적에 달하는 주거지들이 존재했다. 이 중 규모가 큰 주거지가 중심지 역할을 했을 것이다. 샤왕강下王崗과 바리강八里崗 허난성에 위치에서 발견된 가옥들은 긴 쪽 벽을 연결해서 지어 건물 전체 길이가 거의 100미터나 되었고, 하나의 가옥에는 방이 2개씩 있었다(〈그림 75〉). 이 2실 가옥은 조리용 불이 있는 중심 공간과 크기가 좀더 작은 현관방으로 되어 있는데 현관방이 두 개의 공간으로 나뉜 경우도 있었다. 이 유적지에는 가옥이 각각 30채씩 두 열로 줄을 서 있었는데 집 한 채에 4명이 살았다고 치면 각 주거지역에는 200명이 넘게 살았다는 말이 된다. 이런 건물 형태는 주거 공동체 내에 분명한 결속력이 있었음을 증명해준다. 그런 결속력이 가능했던 이유는 아마도 이에 상응하는 사회적·종교적 조직이 있었기 때문일 것이다. 그로 인해 공동생활에 질서가 생기고 또 공동체가 공고해질 수 있었을 것이다. 더욱이 원시 농촌 공동체는 언제나 자연에 종속적이었고 특히 기상 변화에 삶이 좌우되었기 때문에 이들이 존속하기 위해서는 최소한의 정신적 상부구조는 반드시 필요했을 것이다.

가장 큰 주거지들의 하나가 링자터우 유적지에서 나왔다. 이 유적지는 10~20헥타르 정도로 추정된다. 이런 대형 주거지에는 수공업 지구가 여럿 존재했다. 토기 가마가 있는 구역도 있었고 옥을 세공하는 작업장이

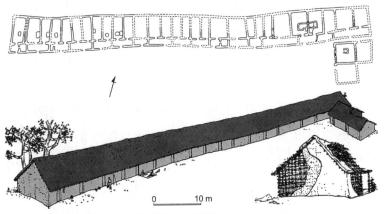

〈그림 75〉 샤왕강에서 발굴된 긴 가옥의 평면도와 복원도.

11장 원시 농경문화에서 고등 문명으로: 동아시아편

있는 구역도 있었다. 링자터우는 당시 옥으로 만든 물건을 생산하는 데 있어 범지역적으로 유의미한 중심지였음이 분명하다. 한편 청터우산 대형 주거지에는 커다란 제단이 있었다. 다시 말해 이 유적지는 그 지방의 제의 중심지로 기능했다. 인구 증가와 함께 주거지들의 서열화가 이루어졌다. 한 지역이나 지방을 아우르는 중심 주거지가 형성되었고 이 주거지들은 옥으로 된 물건의 제작, 토기 제작 또는 제의 장소와 같은 특수 기능이나 식량 생산 등에서 서로 협력했다. 이때 서로의 의존 정도에는 차이가 있었다. 이에 더해 주거지 내부나 인접 지역에는 규모가 큰 묘역들이 설치되었다.

크게 확장된 중심지의 식량 해결은 농업의 확장 없이는 생각할 수 없다. 양쯔강 하류에서는 마자방馬家浜-쑹쩌崧澤 문화 주거지 근방에서 이 시기에 존재했던 논이 상당히 많이 발견되었는데, 이 논들은 3~5헥타르 정도로 비교적 작은 크기였다. 이에 비해 양쯔강 중류 남부의 다시大溪 문화 지역과 같은 곳에서는 논이 2000제곱미터에 달하기도 했다. 이런 사실은 양쯔강 중류 충적지 평야에서의 농업이 양쯔강 하류와 하구 지역 문화에서보다 훨씬 대단위로 이루어졌음을 말해준다. 이때부터 육류 소비의 4분의 1 정도가 집돼지로 충당되었다. 무역 네트워크 또한 서서히 형성되어 다른 지방의 특산물(예를 들면 옥)이나 귀중한 원자재들이 교역되었다.

기원전 3000년대 중반부터 기원전 2000년대 중반까지 지속되었던 후기 신석기시대의 후반부에는 양쯔강 중류와 하류를 중심으로 획기적인 사회 변동이 일어난다. 이 두 지역에서 인구가 급격히 증가했고 이로 인해 거대한 주거지역이 형성된 것이다. 가령 스자허石家河 주거지는 면적이 8제곱킬로미터가 넘었다. 이 유적지 중심부의 주변은 직경이 60~80미터 정도 되는 해자로 둘러싸여 있었고, 다른 구역과 분명하게 경계가 그어져 있었다. 이 주거지와 바로 인접한 곳에는 더 작은 주거지가 여럿 존재했고, 이 중심지와 긴밀한 관계를 맺었던 것으로 보인다. 이 작은 주거지들은 스자허에 거주하는 주민에게 안정적으로 농산물을 공급하는 책임을 맡고 있었던 것일 수도 있다. 한 지방에서는 약 40제곱킬로미터에 걸쳐 130개 이상의 마을이 발견되기도 했다. 이들은 모두 비슷한 시기에 형성된 마을이었고, 무리를 지어 분포되어 있었다. 다시 말해 이 주거지들은 여러 그룹으로 군집해 있었으며, 그룹과 그룹 사이에는 사람이 살지 않았다. 지금까지 알려진 바로는 이런 식으로 한 지역 전체에서 복합적으로 주거가 이루어진 형태는 기원전 3000년대 중반 이후에 새롭게 나타난 것이었다.

양쯔강 하류 유역에서 쌀 경작이 시작되는 과정에 관해 특별한 의미를 지니는 곳은 상하이 해안가 평원에 위치한 허무두河姆渡 유적지다. 이곳은 숲, 초원, 강, 호수, 늪지대로 이루어진 전형적인 습지대 기후였다. 이곳에서는 호상湖上 가옥들로 이루어진 주거지가 발굴되었는데, 기원전 5000년이 지나고 얼마 되지 않은 시점에 지어진 것이다. 가옥들은 물속에 말뚝을 박아 받침대를 만든 후 그 위에 세워졌다. 이러한 집은 한편으로 물가의 식량 자원에 쉽게 접근할 수 있는 곳에 위치해야 했고, 다른 한편 특수한 건축 방식으로 습기도 방지해야 했다. 허무두 유적지의 목조물 및 기타 유기물 유적의 보존 상태는 매우 뛰어나서 괭이, 끌, 첨두기, 송곳 및 삽같이 생긴 도구 등 많은 목재 연장이 발굴될 수 있었다. 가옥의 형태에 대해서는 현재 더 이상 구체적으로 얘기할 수 있는 것이 거의 없다. 이 가옥들의 하부 구조인 말뚝 기둥들만 남아 있기 때문이다. 중세 유럽 알프스 지역 호숫가에 세워졌던 주거지를 연상시키는 이 구조물은 여러 말뚝 기둥 위에 바닥용 판자를 깔고 집을 지었을 것이다. 말뚝 기둥의 위치를 보면 가옥이 열을 지어 세워졌던 것으로 추측되며, 가옥 형태는 사각형이고 지붕이 집 벽에 고정되어 있었을 것으로 추측된다. 나아가 이 유적지는 당시 목재 건물을 짓거나 목재 연장을 만드는 기술이 매우 발달해 있었음을 확인해준다. 이 유적지에서도 쌀 경작과 가축 사육은 수렵 채집 활동과 아주 이상적인 형태로 결합되어 있었다. 사람들은 늘 각자 주어진 자연환경에 최적으로 생활 방식을 적응시켰다. 사슴, 악어, 거북이, 코뿔소, 코끼리 등을 사냥했고, 먹을 수 있는 모든 조개와 갑각류 또한 식량이 되었다. 재배종 쌀 흔적이 대량으로 보존되어 있는 것으로 볼 때, 당시 조직적 농업이 광범위하게 이루어졌음이 확실하다. 이때 쌀농사는 습식으로 경작되었을 것이다. 이 농사법은 논에 물을 댔다가 뺄 수 있도록 웅덩이를 파야 한다. 이는 오늘날 쌀농사와 거의 동일한 방식이다. 길렀던 가축으로는 해당 뼈 유물로 볼 때 개와 더불어 돼지와 물소가 확인된다.

규모가 큰 중심 지역과 소규모의 촌락들은 하나의 주거지 군락을 이루면서 각기 매우 다른 기능을 수행했다. 이런 점에서 볼 때 주거지 위계화가 강화되었다는 것은 자연스러운 결론일 것이다. 스자허 유적지에는 해자로 특별히 구분된 구역이 있었고 이는 일종의 내성內城으로 해석할 수 있다. 그렇기 때문에 스자허 유적지에서는 이미 사회 계급 형성의 싹이 보인다고 풀이된다. 이는 그렇게 큰 인구가 밀집한 주거지를 조직·관리하기 위해서 반드시 필요한 과정이었을 것이라 생각된다. 어떤 주거지에는 옥 생산에 전문화된 수공업 구역이 있었다. 옥 생산은 해당 주거지 그리고 그곳을 다스리는 엘리트층의 부와 지위를 쌓게 해주었던 기반이었다. 이러한 지배층의 존재는 무덤 형태에서 이전 시기보다 좀더 확실히 모습을 드러낸다. 처음으로 인공적으로 흙을 쌓아 올린 커다란 봉분 아래에서 수백 개가 넘는 옥 물건과 목재 칠기 물건으로 격을 높인 엘리트층의 고분이 발견된 것이다. 이렇게 매우 부유한 고분들이 발견된 곳은 야오산과 판산이었다.

기원전 3000년대 중반에서 기원전 2000년대 중반까지 커다란 혁신 두 가지가 일어난다. 하나는 농사의 혁명을 일으킨 쟁기의 발명이고 다른 하나는 습식 쌀농사의 보편화다. 이 두 가지 덕분에 원시 도시 형태의 중심지들에 밀집되어 있던 거대한 인구 집단은 식량 공급을 위해 더 효율적으로 농사를 짓고 더 많은 잉여 작물을 생산할 수 있었다. 그 결과 기원전 2000년대 중반경 후기 신석기시대 말경에는 양쯔강 중류와 하류에서 정치적·종교적·사회적 구조와 제도를 갖춘, 국소 지역 또는 한 지방을 통치령으로 하는 권력 조직이 형성되기 직전 단계까지 발전했다. 하지만 이런 과정은 흔히 예상하는 것처럼 그렇게 일직선으로 진행된 게 아니었다. 기원전 2000년대 초반 신석기시대 종식기에는 오히려 후퇴기가 나타났다. 스자허나 량주良渚와 같은 대형 주거지에서는 주민들 대부분이 주거지를 떠났고 몇몇 작은 촌락만 남아 존속했다. 양쯔강 중류와 하류에서 신석기 문화가 쇠퇴한 이유는 현재로서는 분명히 밝혀지지 않고 있다. 하지만 북부 지방의 문화들이 황허강 유역에서부터 남쪽을 향해 팽창했다고 생각할 만한 단서들이 발견된다. 예를 들어 룽산 문화는 양쯔강 중류에 영향을 미쳤고 해안지역에서는 다윈커우 문화가 양쯔강 어귀로 확산되었다. 그럼에도 황허강 유역 대형 문화들의 남진으로 인해 양쯔강 유역의 기존 문화들이 쇠퇴한 것인지 아니면 기존 문화들이 쇠퇴했기 때문에 북부 문화가 남진할 수 있었던 것인지는 밝혀지지 않고 있다. 만약 후자라면 북에서 내려온 문화인들은 점점 커져갔던 문화의 공백기 사이로

11장 원시 농경문화에서 고등 문명으로: 동아시아편

밀고 들어온 것이 된다. 어쨌든 양쯔강 유역의 대형 주거지가 종말을 고하면서 옥과 칠기 생산의 중심지도 중요성을 잃고 결국 사라졌다. 기원전 1000년대 초, 상나라가 들어서고 나서야 이 지역은 다시금 어느 정도 활력을 띠게 된다. 하지만 기원전 2000년대 말에서 기원전 1000년대 중반까지의 시기는 근거 자료가 부족해 확실한 판단을 내리기 힘들다. 기원전 1000년대에 상나라와 더불어 양쯔강 유역에서도 중국의 역사시대가 막을 연다.

5.
중국 남부, 그리고
동남아시아에서의 생산 경제의 시작

중국 남부의 산간 지대, 강 계곡, 해안 지대에서는 양쯔강 유역이나 황허 강 유역에서보다 정착생활과 생산 경제가 훨씬 늦게 시작되었다. 남중국에서 농경의 시작은 양쯔강 유역에서의 문화 발전에 영향을 받은 바가 크다. 기원전 8000년에서 기원전 5000년까지의 시기, 양쯔강 지대에서는 이미 중기 신석기 문화 단계에 도달했던 반면 중국 서남부와 동남부에서는 여전히 수렵 채집 문화가 도처에 존재했다. 즉 사람들은 사냥, 어획, 야생식물의 채집에만 의존해 식량을 해결했다. 해안가에 사는 사람들의 생활 방식은 주로 해양 식량 자원의 이용에 기반하고 있었다. 그런 곳에서는 조개무지가 많이 형성되었다. 이 시기의 주거지 형태에 대해서 현재 알려진 것이 거의 없고, 발견된 것은 구부린 자세로 안치한 시신에 간단한 부장품을 함께 묻은 무덤 몇 개가 전부다. 그다음에 이어지는 기원전 5000년에서 기원전 3500년 사이의 후기 신석기시대의 초기 단계에서도 생활 방식과 경제 형태는 달라지지 않았다. 유적지가 증가한 것으로 볼 때 인구 증가가 있었음이 예상되지만 이들은 계속 사냥, 어획, 수렵 채집 생활에 의존해 살았다. 유일한 변화라고 한다면 돼지의 가축화가 이루어졌고, 고기 소비의 10~20퍼센트가 집돼지를 통해 충당되었다는 것이다.

이후 기원전 3500년에서 기원전 2500년 사이 후기 신석기시대의 후반기에는 남중국에서도 결정적인 변화가 일어난다. 즉 생산 경제가 시작된 것이다. 이전 시기에 선호되었던 해안가와 강어귀의 조개무지 주거지들, 그리고 해안가 모래언덕에 있었던 주거지가 눈에 띄게 감소했다. 대신 주거지는 농경에 적합한 지역으로 옮겨갔다. 이 지역에서 벼농사를 지은 가장 오래된 흔적은 푸젠성과 광둥성 그리고 타이완에서 발견된다. 가장 오래된 흔적은 기원전 3000년경으로 추정되지만 대부분 기원전 2000년대 중반경에 속한다. 광저우와 홍콩보다 내륙 쪽에 위치한 광둥성 지역에서는 스샤 발굴지가 문화 발달 자료에서 매우 중요하게 취급된다. 이 유적지의 지층에서는 재배종 쌀이 나왔는데 이는 기원전 2000년대 초반, 늦어도 기원전 2000년대 중반의 것으로 확인된다. 스샤 유적지에서 나온 쌀보다 더 오래된 기원전 3000년대에 속하는 것으로 볼 수 있는 유적도 있긴 하지만 현재 최종적인 판단은 내릴 수 없다. 광둥성 동쪽 푸젠성 해안가에서는 탄스산 유적지에서 기원전 2000년대 초에 속하는 재배종 쌀이 발견되었다. 그리 오래 지나지 않은, 기원전 2700년에서 기원전 2200년 사이에 속하는 다펀컹 시기에는 타이완에서도 쌀 경작이 시작되었다. 타이완에서 쌀은 기장, 콩과 함께 출토되었다. 중국 서남부의 광시성이나 베트남과의 국경 지대에서도 쌀은 기원전 2000년대 이전까지는 식량 목록에서 찾아볼 수 없었다. 이는 딩쓰산에서 나온 유적으로 확인할 수 있다.

요컨대 중국 동남부(푸젠과 광둥)에서 쌀농사는 기원전 3000년경에 시작되었던 반면 서남부(광시성)에서는 약간 뒤늦은 기원전 2000년대 중반에야 시작되었다. 벼농사의 시작은 일회적인 사건이 아니라 오랜 기간에 걸쳐 전개된 과정이었을 수 있다. 어쨌든 벼농사는 남중국 전역에 걸쳐 당시 토기와 마제 석기를 지녔던 모든 문화에서 이루어졌다. 신석기 문화의 두 가지 특징을 이미 갖추고 있던 이 문화인들은 당시 여전히 수렵 채집 생활을 하고 기껏해야 계절적으로만 정착생활을 하고 있었다. 식량은 수렵과 야생식물의 채집, 어획에 의존했다. 아마도 이들은 생산 경제로 전화해야 할 필요성을 전혀 못 느꼈을 것이다. 남중국의 산간지역과 강 계곡, 해안 지대는 수렵 채집 집단들에게 남아돌 정도의 식량을 공급해주었기 때문이다. 그럼에도 결국 경제 방식이 근본적으로 변화한 것은 인구 증가 때문일 것으로 생각된다. 남중국에서의 벼농사가 그 발상지인 양쯔강 중하류에서 유래했다는 것은 분명한 사실이다. 벼농사의 발상지에서 벼농사가 자리를 잡은 것이 늦어도 기원전 5000년경이라고 가정해도 중국 남부 지역에 전파되기까지 2000년이 넘는 세월이 걸렸다. 벼농사의 전파는 양쯔강 유역 거주민의 이동과 연관이 있을 확률이 높다. 왜냐하면 벼농사가 남부에서 확산되던 시기는 양쯔강 유역에서 인구 폭발이 일어났던 시기이기도 했기 때문이다. 이러한 인구 증가의 압박으로 인해 몇몇 집단이 남쪽으로 이주했던 것일 수 있다.

기원전 2000년대부터 중국 서남부와 동남부에서 각기 싹을 틔운 농경문화는 그 특징에서 많은 부분이 일치한다. 상시적 주거지가 더 많이 생겨났고 땅에 고정시킨 형태로 지은 가옥도 증가했다. 거주지에 남겨진 고고학적 흔적을 보면 이미 노동 분업과 수공업 전문화가 이루어진 것으로 확인된다. 공동묘지도 증가했다. 기원전 2500년과 기원전 2000년 사이 신석기시대 말, 양쯔강 지역에서 농경문화가 현저히 쇠퇴한 시기에 중국 남부에서는 오히려 인구가 급증했다. 이는 북쪽에서 인구가 유입되었기 때문인 것으로 추정된다. 기원전 2000년대 후반기에 드디어 남중국의 신석기시대가 꽃피우게 되고 이 지역과 타이완 지역에서는 주거지가 눈에 띄게 확장되었다. 이와 함께 주거지역 간의 위계화 또한 진행되었다. 이 과정은 이전 시기 양쯔강 중·하류에서 일어났던 것과 비슷하게 진행되었다. 즉 한편으로 작은 촌락이 많이 형성되고 다른 한편으로 매우 많은 인구가 집중된 대형 주거지가 형성되었으며, 이런 거주지는 내부 구조가 복합적이었고 지역 일부를 방어하기 위한 방어벽도 둘러쌓았다. 이런 거주지들은 각 지방의 중심지였다고 볼 수 있다. 이후 기원전 1000년대 전반 남중국 몇몇 지방에서 드디어 청동기시대로의 이행이 일어난다. 하지만 이 과정이 어떻게 이루어진 것인지, 현재 정확한 것은 알려지지 않고 있다.

양쯔강 유역의 쌀농사는 남중국과 타이완으로 전파되었을 뿐만 아니라 더 남쪽 동남아시아 지역에도 영향을 미쳤다. 필리핀, 보르네오, 자와, 수마트라는 플라이스토세 후기에 순다 아대륙에 붙어 있어 육지에 속했다. 오스트레일리아는 뉴기니 및 주변 다른 섬들과 더불어 사훌 대륙을 형성하고 있었다. 이 열대 우림으로 뒤덮인 지역에서 수렵 채집 생활자로 살아남기란 쉬운 일이 아니었다. 먹을 수 있는 식물과 동물이 충분히 서식하지 않아 수렵과 채집이 힘들었기 때문이다. 식량 획득을 위해 엄청난 수고를 들여야 했기에 이 지역에서는 매우 일찍 사냥과 채집 외에 일종의 텃밭 농사를 하게 되었을 수도 있다. 사람들은 자주 찾았던 야영 장소 주변에 식용에 적합한 야생식물을 심거나 또는 이런 식물들이 자연적으로 잘 발견되는 곳 주변에 특정 계절, 특정 기간만 거주했으며 특정 계절에 이 식물들을 '수확'하기 위해 반복적으로 다시 찾았을 수도 있다. 강어귀 삼각주의 맹그로브 숲 지역에는 접근하기 쉽고 종류가 다양한 식량이 분포해 있었다. 사냥 동물에서부터 채집 식물, 연체동물, 조개 및 갑각류, 물고기 등이 서식했다. 추측건대 사람들은 플라이스토세 후기 이 지역에서도 이미 일부러 불을 놓아 울창한 우림에 숨통을 틔우고 식용 식물이 더 잘 자랄 수 있는 조건을 만들었으며 동물 사냥도 용이하게 했던 것 같다. 홀로세 초기, 기원전 1만 년이 얼마 지나지 않아 마지막 빙하기의 건조한 기후가 다시금 온난 다습해졌다. 이는 해수면 상승을 불러왔고 또한 순다 아대륙과 사훌 대륙을 사라지게 만들었다. 이렇게 해서 늦어도 기원전 6000년경에는 대부분 오늘날과 일치하는 해안선이 생겼다. 그때부터 동남아시아는 대륙에 속하는 지역과 대륙에서 멀리까지 퍼진 섬 지역으로 나뉘게 되었다.

홀로세 초기 이후 동남아시아 육지지역에서는 일명 호아빈 규석 기술이라는 이름으로 불리는 문화 집단이 분포되어 있었다(〈그림 76〉). 이들은 수렵 채집 생활을 했고 기원전 2000년대에 생산 경제가 시작되기까지 사냥, 어획, 채집 활동에 의존해 살았다. 이 문화의 흔적은 주로 동굴 유적지층에서 발견되며, 남중국과 특히 베트남, 말레이시아, 타이 그리고 드물게는 북수마트라섬에까지 분포되어 있다. 이들의 생활 방식에서 특징적인 점은 코뿔소, 야생 소, 돼지, 사슴과 같은 대형 포유류를 사냥했다는 것이다. 그 밖에 이들은 고기잡이를 했고 조개와 갑각류를 채집했다. 가장 자주 채집한 식물은 대나무, 야생 바나나, 야자열매였다. 규석으로 만든 몇몇 석촉은 당시 사냥에 활과 화살을 사용했을 것이라 추측하게 한다. 그 외에 함정도 사용했다. 동남아시아 육지지역에서 유적지의 분포를 보면 사람들이 비교적 밀집해서 살았다는 사실을 알 수 있다. 여러 유적지에서 발견된 동물 잔해를 보면 집단마다 많이 사냥하는 포유류가 달

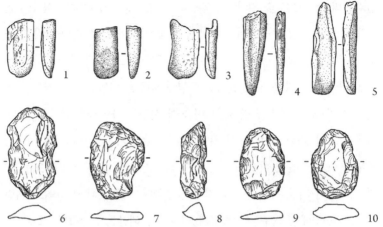

〈그림 76〉 호아빈 문화의 뼈와 돌로 만든 인공물. 동남아시아.

랐음을 알 수 있다. 이와 함께 일종의 야생식물 텃밭 농사를 하는 경우도
있었다. 즉 일부러 불을 놓아 땅을 확보하여 중요한 야생식물들이 더 잘
자랄 수 있도록 했고, 그렇게 해서 특정한 시기에 본격적으로 수확할 수
있도록 만든 것이다. 이러한 방법의 연장선상에서 야생식물을 기르기 시
작했을 가능성도 배제할 수는 없지만 지금까지 그런 증거는 나오지 않고
있다. 호아빈 규석 기술 문명 전파 지역 전체에서 무덤은 몸을 구부린 채
로 시신을 묻는 방식을 취했다. 여기에 붉은 황토 안료를 뿌리고 석기 몇
점만을 부장품으로 넣었다.

동남아시아 섬에서는 육지에 있었던 호아빈 문화권과 차이를 보인다.
여기에서 생산된 석기는 무엇보다 세석기가 주를 이룬다. 이는 인도네시
아와 부분적으로는 타이완과 필리핀에서도 잘 확인된다. 이들 석기는 육
지의 석기와 뚜렷한 차이를 보인다. 섬 인구 밀도는 전체적으로 육지보다
훨씬 낮았다. 사람들은 일차적으로 사냥, 어획, 채집 활동에 의존했다. 거

주했던 곳은 대부분 동굴과 바위굴이고 노천 야영지는 울창한 우림으로 인해 드물게만 세워졌다. 아니면 현재 발견을 못 하고 있는 것일 수도 있다. 위에서 언급한 규석 도구 외에 암석과 조개 및 뼈로 만든 용구들도 제작되었다.

기원전 3000년대 중반과 특히 기원전 2000년대 초부터 동남아시아의 육지와 섬에서 드디어 근본적인 변화가 일어난다. 즉 생산 경제가 들어선 것이다. 이때 잊지 말아야 할 것은, 이곳은 전체 지역이 주로 열대성 기후이고 열대 우림에서는 사람들이 밀집해 살기 불가능하다는 점이다. 늘 습한 우림 지대는 쌀을 경작하는 데에도 적합하지 않았다. 때문에 사람들은 매우 일찍부터 얌, 토란, 바나나와 같은 덩이줄기 식물이나 나무 열매를 많이 이용했다. 가장 분명한 인구 증가는 몬순 기후 지대에서 이루어졌다. 왜냐하면 1년 동안 비 오는 시기가 분산되어 있는 데다 이 시기는 예측 가능했기 때문이다. 그 결과 이곳에서는 큰 규모로 쌀농사를 지을 수 있었고 늘어나는 인구에 원활하게 식량을 공급할 수 있었다. 이런 현상은 특히 남중국과 동남아시아 내륙 하천 유역, 필리핀, 자와, 발리의 일부 지역에서 나타났다. 하지만 이런 사실에도 불구하고 기원전 3500년 이전 동남아시아 어디에서도 식량을 계획적으로 생산할 정도가 된 곳은 없었다. 결국 자연 산물을 획득하는 경제에서 생산 경제로의 이행이 일어나게 된 것은 양쯔강 유역으로부터 받은 영향 때문이었다. 양쯔강 유역에서는 위에서 언급했던 것처럼 훨씬 이전부터 쌀농사가 이루어지고 있었다. 추측건대 양쯔강 유역의 여러 집단은 홀로세 초기와 중기 동안에도 여전히 수렵 채집 생활을 하고 있었던 남부 지방으로 남하했고, 이때 토기 생산, 마제 돌 손도끼, 조개 장신구, 직물 제조를 위한 방추, 나아가 가축화된 돼지와 소를 함께 가지고 왔을 것으로 추정된다. 이와 함께 쌀과 기장 경작 지식도 전파시켰을 것이다. 이 혁신적 변화들은 한편으로는 베트남, 캄보디아, 말레이시아반도를 거쳐 인도네시아 군도로 퍼져나갔고 다른 한편으로는 같은 시기에 중국 대륙 동남부에서부터 타이완을 거쳐 필리핀으로 전달되었다. 많은 연구자는 이 전파과정을 오스트로네시아 어족세계에서 다섯 번째로 많은 인구가 사용하는 어족. 동남아시아, 마다가스카르, 태평양 지역에 걸쳐 널리 사용되고 있다에 속하는 인구에 의해 진행된 것이라고 본다. 이 인구집단은 나중에 동남아시아에서 오세아니아 군도 전체로 퍼져나갔으며 기원후 시기에는 훨씬 더 서쪽으로 확산되어 마다가스카르까지 닿았을 것으로 추측된다.

동남아시아에서 신석기 문화의 시작은 인도가 아닌 중국에서 자극을 받았음이 분명하다. 인도 아대륙은 최소한 이론상으로는 중국과 마찬가지로 자극을 줄 수 있었던 후보이긴 했지만 기원전 500년 이전에 인도 아대륙과 동남아시아 사이에는 거의 접촉이 없었다. 베트남에서 가장 오래된 토기는 기본적으로 단순한 형태를 띠고 있었고 꼰 줄을 찍어 누른 무늬로 장식되어 있었다. 농경이 시작되었을 때 토착민인 호아빈 수렵 채집 생활자들이 어떤 역할을 했는지에 대해서는 더 자세히 알려진 바가 없다. 해안선을 따라서는 수천 년 전부터 존재해왔던 조개무지 주거지들은 계속 명맥을 잇고 있었다. 이 조개무지들은 광둥 신석기시대의 가장 오래된 시기에 해당되는 것으로 추정된다. 기원전 2000년에 드디어 베트남에서는 최초로 재배종 쌀의 존재를 입증하는 확실한 증거가 나온다. 그렇지만 베트남 신석기시대의 시작은 일반적으로 기원전 2500년경으로 본다. 조방적 쌀 경작은 기원전 2000년부터 홍강 충적지에서 대규모로 이루어졌다. 이 충적지는 매우 비옥한 자연환경으로 쌀농사에 아주 적합했다. 그 밖에 소, 물소, 돼지를 길렀다. 청동기시대는 기원전 1000년대 중반경에 시작되었고 이때 만들어진 청동제 물건들을 보면 남중국의 영향을 강하게 받았음을 알 수 있다. 특히 이는 풍-응우옌 문화에서 잘 드러난다.

타이에서 신석기가 발달한 상황을 살펴보면 지역 간 시간 격차가 있었음이 확인된다. 타이 북동 지방에서는 이미 기원전 2000년대 초반에 생산 경제로의 이행이 일어났던 반면 더 건조한 남부에서는 기원전 1000년대 중반경이 되어서야 농업이 시작되었다. 타이, 특히 코랏고원에서 기원전 2300년부터 쌀농사를 지었다는 것이 입증된다. 벼 경작은 매우 중요한 역할을 했는데 많은 신석기시대 토기가 경도를 높이기 위해 쌀겨를 이용한 것도 이런 관점에서 이해할 수 있다. 이곳에서 발견된 토기는 베트남 토기와 비슷한 형태이며 꼰 줄을 눌러 찍은 무늬, 점을 찍어넣은 무늬, 새겨서 그려넣은 무늬가 장식되어 있다. 이 토기를 사용했던 문화는 약 기원전 2300년에서 기원전 1500년 사이에 분포되어 있다가 청동기가 발달함에 따라 해체되었다. 타이에서 신석기시대에 주로 길렀던 가축은 돼지, 개, 소였고 기원전 500년 이후 철기시대가 되면서 물소가 추가되었다.

남중국, 베트남, 타이 일부 지역에서 기원전 2500년부터 수렵 채집 생활에서 쌀농사와 가축 사육을 하는 생산 경제로의 전환이 시작되었고, 이때 그 과정은 모두 비교적 유사한 모습을 띠었다. 이는 다양한 석기와 함께 꼰 줄을 눌러 찍거나, 새겨서 그려넣거나, 점을 찍어넣는 문양의 토기를 특징으로 하는 유형 유물에서도 확인된다. 즉 이 지역들은 상당 부분 하나의 문화권을 형성하고 있었고, 시간이 더 지나고 나서야 각 지역에 따른 특성이 강화되었다. 이러한 현상은 간혹 말레이시아반도에까지도 영향을 미쳤다.

생산 경제의 또 다른 확산 경로는 남중국에서 타이완과 필리핀 북부를 거쳐 동남아시아 군도 그리고 오세아니아로 나가는 길이 있었다. 타이완에서는 다펀컹 문화와 함께 기원전 3000년대 중반경에 신석기 문화가 들어선다. 이 문화권에서는 늦어도 기원전 2000년대 중반 이후부터 쌀과 기장 농사를 했다는 것이 증명되었다. 이곳에서 쌀농사를 지었던 사람들은 기원전 2000년대 후반기 이후 필리핀으로 확산, 인도네시아까지 진출했다. 타이완의 다펀컹 문화권에서는 대륙과 교류가 있었음을 보여주는 꼰줄 무늬 토기 외에도 붉은색 외피를 씌운 용기가 제작되었다. 이 용기는 기원전 2000년대 중반부터 쌀농사와 마찬가지로 타이완에서부터 필리핀을 거쳐 인도네시아와 더 멀리 오세아니아의 많은 지역에까지 전파되었다. 많은 연구자는 이 토기가 다름 아닌 오스트로네시아 언어를 사용하는 인구와 연관이 있는 것으로 본다. 이들은 기원전 2000년대 후반부터, 특히 기원전 1000년대에 동남아시아와 오세아니아 군도 전 지역에 퍼져 살았던 것으로 추정된다. 오세아니아에 널리 퍼져 있었던 라피타 문화에도 마찬가지로 붉은 외피를 입힌 토기가 나타나는데, 아마도 이 인구의 확산과정과 연관이 있는 것으로 추정된다. 즉 라피타 문화는 오스트로네시아어 사용 인구가 이동했던 과정의 후기 국면을 반영하고 있는 것으로 볼 수 있다. 타이완이 원조인 붉은 외피 토기는 필리핀, 보르네오섬과 그 밖의 인도네시아 동부 섬들에서 기원전 2000년부터 기원전 500년까지 널리 퍼져 있었다. 이 토기는 특히 해안가의 조개무지에서 잘 발견된다. 기원전 1000년대 중반부터 붉은 외피 토기에서도 눌러 찍기 무늬가 나타난다. 이런 토기는 더 멀리 술라웨시섬과 말루쿠 제도에서도 출현하며 뉴기니와 멜라네시아에도 가닿았다. 이에 반해 인도네시아 서부, 보르네오 서부, 자와, 수마트라 및 근방 다른 섬들에서는 붉은 외피 토기가 나타나지 않는다. 대신 이곳에는 꼰 줄무늬 및 눌러 찍기 무늬 토기가 퍼져 있어 아시아 대륙 동남부와의 연관이 있었음을 보여준다. 기원 전 2000년대 후반부터 아시아 대륙 동남부에서도 쌀 경작이 이루어졌음 이 증명되었지만 그 규모와 역할에 대해서는 더 알려진 바가 없다.

요컨대 기원전 3000년대 동안 동남아시아 지역에서는 경제와 생활 방식에서 뚜렷한 변화가 일어난다. 말레이시아반도와 인도네시아 서부를 포함해 동남아시아 대륙으로 이루어진 문화권에서는 꼰 줄무늬와 눌러찍기 무늬 토기가 특징적으로 나타나며 쌀농사가 보편적으로 보급되었다. 다른 한편 쌀농사는 대륙 동남부에서 타이완을 거쳐 필리핀으로도 전파되었다. 하지만 이곳에서는 붉은 외피가 입혀진 완전히 다른 형태의 토기가 특징을 이룬다. 이 토기는 타이완과 필리핀에서 보르네오 동부 지역, 술라웨시, 말루쿠 제도를 거쳐 뉴기니까지 전파되었고 라피타 문화 시기에는 계속해서 (이 시기에는 라피타 토기로 명명) 멜라네시아와 폴리네시아까지 퍼져나갔다. 붉은 외피 토기 전파 지역에서 쌀 경작은 아무런 역할을 하지 못했다. 이는 이 지역이 열대 우림이라 쌀농사에 거의 적합하지 않은 자연 조건이었기 때문이다. 대신 이곳 주민들은 처음부터 집중적으로 얌과 토란 등의 식용 덩이줄기 식물을 통해 식량을 조달했다. 이렇게 볼 때 동남아시아 제도의 동부인 이 지역은 문화적으로 오세아니아에 더 가까웠다. 이는 오스트로네시아어를 사용하는 인구가 이 지역, 즉 붉은 외피 토기 전파 지역에서 살았고 인도네시아 서부와 아시아 대륙 동남부 지역에는 전혀 출현한 흔적을 보이지 않는다는 사실과도 부합한다.

오세아니아 군도와
오스트레일리아 대륙

손자국, 카나번 암석화, 오스트레일리아.

1.
파푸아뉴기니에서의
원시 농업과 환경의 변화

태평양 전역에서 농업의 기원을 찾을 수 있게 해주는 열쇠는 파푸아뉴기니의 고원 지대다. 여기서 중점적으로 조사되었던 것은 인간 주거의 역사와 쿡 습지대에서 식물의 원시 경작이다. 쿡 유적지는 그 발달 과정을 가장 잘 추적할 수 있는 곳이었다. 고고학적 자료와 고대 생태계 연구 자료를 참조할 때 이곳에서 농경은 이미 기원전 8000년경에 시작되었던 것이 확실시된다. 즉 파푸아뉴기니는 세계적으로 봐도 원시 식물 경작을 했던 가장 오래된 지역 중 하나라는 것이다. 생산 경제는 해안에 바로 면한 내륙 지방 저지대에서 먼저 이루어졌을 것으로 추정된다. 이후 빙하기가 끝나고 기후 조건이 좋아지면서 생산 경제는 떡갈나무 혼합림과 더불어 서서히 고원 지대로 확산되었다. 이러한 흔적은 고원 지대의 특별한 보존 여건 덕분에 남아 있게 되었다. 하지만 파푸아뉴기니고원에서 기원전 8000년부터 독자적으로 농업이 발전했다는 시각에 모든 학자가 동의하는 것은 아니다. 파푸아뉴기니에서 재배종 식물을 기르고 이에 상응하는 농경 기술이 나타나는 등 농경이 꽃핀 것은 훨씬 나중이며, 그것도 오스트로네시아족의 유입과 함께 외부에서 도입된 것이었다고 보는 견해도 있다. 하지만 이 또한 확실하게 증명할 수 있는 것은 아니다.

사람들이 뉴기니고원에 거주를 시작하면서 이곳의 자연 상태는 처음으로 인공적인 변형을 겪는다. 당시에 이미 울창한 숲에 일부러 불을 놓아 넓은 길을 내려는 시도가 있었다. 플라이스토세 후기와 홀로세 초기인 기원전 1만2000년 이후 우림 지대를 개간하려는 시도는 더 증가했고 훨씬 넓은 면적을 이용할 수 있었다. 쿡 일대에서는 사람들이 살기 시작했던 기원전 8000년경부터 지형이 인공적으로 크게 변화했다. 원래 숲이었던 많은 지역이 사라졌고 그 자리에는 변형된 모습의 숲, 늪이 있는 습지대, 넓은 초원 등 알록달록한 지형이 형성되었다. 유물에서는 많은 목탄이 발견되어 원시림에 일부러 불을 놓아 땅을 개간했음을 증명해준다. 홀로세 중반(기원전 4000년에서 기원전 3500년까지)에는 뉴기니고원의 우림이 한 번 더 크게 개간되었고, 기원전 2500년부터는 원래 숲이었던 곳 대부분이 사라졌다. 하지만 숲의 경계였던 지역에서는 이후에도 반복적으로 숲이 재생되기도 했다. 홀로세 중반경까지 일어났던 지형과 환경의 변화는 상당한 것이었다. 숲이 완전히 없어지고 초지로 변한 산등성이도 여럿 생겼다. 인간 역사에서 이 지역만큼 그렇게 이른 시기에 인간이 자연에 개입해 환경에 큰 영향을 끼친 곳은 없었다.

쿡 유적지에서는 주거 역사가 여섯 단계로 발달했다. 특히 흥미를 끄는 것은 1단계에서 3단계까지 있었던 배수로 시설이다(〈그림 77〉). 이 배수로 시설은 후기 단계인 4단계에서 6단계와 형태적으로 매우 분명한 차이가 난다. 먼저 후기 배수로는 규격화되고 조직적이었는데 직선, 평행선, 직각이 규칙적으로 조직된 그물망 형태로 넓은 면적에 걸쳐 있었다. 하지만

1단계에서 3단계의 유적은 서로 뚜렷한 차이를 보인다. 기원전 8000년경에 속하는 1단계에서는 불규칙적으로 배치된 배수용 수로가 몇 군데 눈에 띄는 정도였다. 더욱이 이 수로들은 임의로 끊어지고 길이와 넓이도 제각각이었다. 그 사이에는 기둥을 박았던 흔적과, 구덩이, 그리고 해석하기 힘들지만 여하튼 집터의 흔적이라고 볼 수 없는 자국이 있었다. 이 단계 유적에서는 무기화無機化된 바나나 계통 식물의 잔해, 타로열대 아시아가 원산지인 덩이줄기 식물. 한국에서 재배하는 토란은 이 식물의 변종이다의 잔해 및 인공 제작물 몇 점이 발견되어 1단계에서도 토착 식물 재배가 실험되었을 수

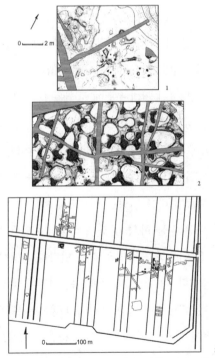

〈그림 77〉 쿡 1~3 주거 단계에서 초기 경작지를 위한 배수로 웅덩이. 파푸아뉴기니.

있다는 추측을 가능케 한다. 타로는 천남성과에 속하는 식물로 덩이줄기(리좀)에는 전분이 많이 들어 있어서 식량으로 이용하기에 매우 적합하다.

쿡 2단계는 기원전 5000년 전에서 기원전 4500년 사이에 해당된다. 당시 주위 지형은 이미 상당 부분 숲이 없는 초지로 바뀌어 있었다. 이 시기 배수용 수로는 서로 연결되어 망을 형성했고 원형 또는 타원형의 언덕 비슷한 둔덕 가장자리에 설치되었으며, 그 둔덕에는 식물이 재배되었다. 이곳에서는 수분 필요량이 각기 다른 식물들이 나란히 배양되었다. 가령 물이 더 많이 필요한 타로는 둔덕의 가장자리, 그러니까 배수로와 더 가까운 곳에 심었고 사탕수수와 바나나 등 물이 더 적게 필요한 종들은 둔덕 높이 위치한 곳, 즉 물에서 더 떨어진 곳에 심었다. 생강은 이미 홀로세 초기부터 재배했던 것으로 보인다. 홀로세 중기에는 사탕수수가 처음 모습을 보였다. 이 식물들 모두 영양가가 매우 풍부하고 칼로리가 높았기 때문에 선사시대 사람들에게 아주 중요한 식량이 되었다. 원시 거주민 집단들이 뉴기니고원 열대 우림에 들어올 수 있게 되고 나아가 지속적으로 정착할 수 있었던 것은 이들이 이 영양가 높은 식물들을 경작하고 이용하는 방법에 대한 지식을 갖고 있었기 때문이다.

하지만 사람들은 위에서 언급한 식물 종만 이용한 것이 아니었다. 그 사이 밝혀진 바에 따르면 다른 다양한 식물도 존재했다. 이는 쿡 1단계부터 3단계까지에서 나온 식물 화석, 꽃가루, 식물의 씨앗을 통해 증명된다. 이 기간 동안 식물을 이용하는 방법은 각기 달랐다. 처음에는 주로 채집한 야생식물을 이용했다. 이미 쿡 2단계에서는 이후에 파푸아뉴기니고원에서 재배 식물이 된 몇몇 종이 발견된다. 이런 점에서 볼 때 이 식물들의 경작이 시작된 시점이 훨씬 초기로 거슬러 올라갈 가능성도 완전히 배제할 수 없다. 이에 더해 고고식물학과 분자생물학 분석을 통해 홀로세 초기에서 중기 파푸아뉴기니 열대 우림에 이미 많은 식물이 서식하고 있었음이 확인된다. 이는 이 식물들이 동남아시아에서 유입된 것이 아니라 원래 현지에서 자라던 것임을 말해준다.

쿡 3단계는 다시 세 단계로 나뉘는데, 기원전 2000년에서 기원전 800년 사이에 해당된다. 이 세 단계 모두에서 조직적으로 설치된 배수관망이 존재했고 이 연결망은 직선, 평행선, 직각으로 배열되어 있었다. 즉 3단계에서는 이후 4단계부터 6단계까지 나타나는 구조가 예고되고 있었다. 이런 시설은 총괄적인 계획이 없다면 실현이 불가능했다. 바로 이러한 발달된 기획력의 측면에서 볼 때 쿡 3단계는 그 전 단계와 명확히 구분된다. 또한 이 시기에는 급수되는 지역이 훨씬 확장되었다. 3단계 말엽에는 오스트로네시아족의 영향을 받은 흔적이 나타난다. 이는 처음으로 등장한 라피타 토기로 확인된다. 이에 대해서는 뒤에서 더 자세히 이야기할 것이다. 하지만 쿡 3단계에서 발견된 유적지와 유물 대부분은 동남아시아에서 문화가 유입되기 전에 존재하고 있었던 것들이다.

쿡 1단계에서 3단계에 대해 판단을 내리는 것이 어려운 이유는 무엇보다 이곳의 고고학적 유산에 대해 발표된 연구가 매우 적기 때문이다. 또한 파푸아뉴기니고원의 당시 지형에 대해서도 알려진 바가 매우 적다. 즉 개간 작업 및 배수용 수로와 농지 개간으로 인해 지형이 장기적으로 바뀐 것인지 아니면 자연적 영향에 의해 변화를 겪은 것인지, 이 물음은 해결되지 않은 채 남아 있다. 또 다른 어려움은 위에서 언급했던 것처럼 해당 문화 유적지층에서 나온 고고식물학적 퇴적물이 매우 적고 연대 추정과 퇴적물의 구성 또한 매우 불확실하다는 데 있다. 때문에 파푸아뉴기니고원에서 농업이 시작된 시점에 대해 기원전 8000년에서 기원전 2000년 사이라는 불확실하면서 매우 막연한 확증만 할 수 있을 뿐이다.

12장 오세아니아 군도와 오스트레일리아 대륙

이에 대해서는 더 정확한 연구가 필요하다.

기원후에 속하는 쿡 4~6단계에서는 이런 상황이 변화한다. 이 시기에는 평행과 직각으로 얽힌 긴 수로가 나타난다. 이 수로는 사각형 또는 정사각형의 토지를 감싸고 설치되었다. 이는 당시 농경이 발달해 있었음을 말해주며 이 경작지들에는 주로 한 종류의 식물만 재배되었을 것으로 추측된다. 하지만 각 시기에 농경이 어떤 형태였고 어떻게 발달했는지에 대해서는 대부분 확실성이 부족한 고고식물학적 유적 때문에 아직까지 정확한 서술을 할 수 없다. 그럼에도 분명하게 가정할 수 있는 것은 경작지 이용이 시간이 지나면서 점점 더 집약적으로 이루어졌고 완벽해졌다는 것이다. 하지만 현재 우리 연구 상태로는 당시 농경 발달의 모습에 대해 각각의 단계를 구분해서 자세히 서술하기 어렵다.

요컨대 파푸아뉴기니고원에서 농업의 시작은 여전히 많은 의문을 남긴다. 지속적인 연구, 가령 그 시대 사람들이 이용했던 야생식물과 경작했던 재배 식물의 종류에 대해 더 자세히 서술하는 연구가 필요한 것은 맞지만, 그럼에도 파푸아뉴기니에서 선사시대 사람들이 홀로세 초기 동안 어떤 식량 조달 전략을 펼쳤는지는 서서히 분명한 그림이 나오고 있다. 이때 특별한 의미를 갖는 것이 무사Musa-바나나와 타로다. 현재까지도 타로는 이 지역에서 가장 중요한 재배 식물 중 하나다. 타로는 특히 전분이 많이 함유된 뿌리줄기 부분이 이용된다. 뿌리줄기는 3분의 2가 물, 3분의 1은 전분 위주의 탄수화물로 되어 있다. 이 덩이줄기 식물은 단백질 함유량 또한 상당하며 잎사귀나 줄기에도 단백질을 함유하고 있어 식용으로 이용된다. 타로는 수분을 매우 많이 필요로 하며 최대 고도 2700미터에서도 자랄 수 있기 때문에 파푸아뉴기니 같은 곳에서도 서식한다. 타로는 넓은 면적에서 수경 재배할 수도 있고, 야생종은 강, 수로나 연못 등의 습한 지대에 군집을 이루며 아주 잘 자란다. 현재 열대 지방 전역에 퍼져 있는 타로는 원래 말레이반도가 고향인데, 이곳에서는 이미 기원전 3000년 이전부터 재배종으로 경작됐고 이후 동아시아와 태평양으로 확산되었으리라 추측된다.

쿡에서의 농업 생산은 일차적으로 텃밭 농사라고 부름 직한 소규모 경작으로 시작되었다. 이때 텃밭은 주거지 가까이에 있거나 혹은 주거지 내에 있기도 했지만 멀리 떨어진 곳에도 있었다. 그러다가 시간이 지나면서 밭을 이용한 본격적인 생산 방식이 발달한다. 이때 쿡에서 발굴된 유적들은 텃밭 경제에서 경작지 경제로의 이행이 원만히 이루어졌음을 보여준다. 그렇기 때문에 양 시기 사이에는 분명한 경계가 그어지지 않는다.

농경은 선사시대 사람들이 점차 생산 경제로 이행해갔음을 알 수 있는 최초의 단서다. 하지만 이 과정을 감지할 수 있는 또 다른 단서가 있다. 바로 집돼지의 등장이다. 집돼지는 약 기원전 5000년에서 기원전 3500년 사이에 가축화된 것으로 추정된다. 여기서 특기할 것은 발굴된 유물에서 동물 뼈가 드물게만 발견된다는 점이다. 하지만 모든 초기 농업 형태에서는 사냥, 어로, 채집 활동을 통한 수확물이 보충적인 역할을 했다.

2.
태평양 제도에서의
주거 및 문화 발달의 역사

오세아니아 군도는 지구에서 선사시대 인간이 비교적 늦은 시기에 도달했던 지역이다. 또한 이곳에 사람이 살게 된 것도 연속적인 이주를 통해서가 아니라 가끔가다 한 번씩 한꺼번에 이동해오는 식으로 이루어졌다. 예를 들어 미크로네시아, 멜라네시아, 폴리네시아의 여러 섬에서도 이주민들이 가다가다 한 번씩 꾸준히 밀려들어왔다. 한 번의 이주 물결이 끝나고 다음 이주가 시작되기까지는 오랜 고립기가 지속됐다. 이는 여러 작은 섬으로 이루어진 이 지역의 특수한 지리적 상황 때문이다. 이런 사실로 인해 세계의 다른 지역들에서는 거의 찾아볼 수 없는 발달 현상이 관찰된다. 즉 태평양 제도로 사람이 유입되고 시간이 지난 후 생산 경제가 도입되었던 과정은 모두 서서히 발달된 게 아니고 한 번씩 큰 자극을 받으면서 이루어졌다. 또 이스터섬과 하와이를 비롯한 폴리네시아 제도 동부 지역에서는 이 과정이 매우 늦은 시기가 되어서야 나타났다. 하지만 그렇다고 해도 이는 당시 인간이 태평양 지역을 점유해가는 하나의 동일한 과정의 연속선이라고 볼 수 있다. 이 과정은 서쪽에서 동쪽으로 진행되었다.

미크로네시아, 멜라네시아, 폴리네시아는 대부분 열대에 속하며 뉴질랜드와 같이 아주 남쪽에 있는 곳만이 아열대 또는 온대 기후다. 태평양 제도의 군도들은 전체적으로 서로 그리 멀리 떨어지지 않은 여러 개의 섬으로 이루어져 있었고 사람들이 이곳으로 이주해오던 시기에 서로 멀리 떨어져 고립되어 있는 섬들에 비해 더 많은 종류의 자원을 갖추고 있었다. 이는 이주민들에게 큰 장점으로 비춰졌다. 또한 면적이 넓은 섬에는 고도가 상당히 차이 나는 지역도 많았고 따라서 다양한 자연환경이 제공되었다. 이런 곳에는 다양한 동식물이 서식했고 이는 이주민들에게 매력적인 요소로 작용했다. 하지만 모든 섬이 비교적 작았기 때문에 언젠가는 수렵 채집 생활의 식량 조달 방식을 생산 경제로 전환해야 했다. 이러한 전환은 막대한 이익을 가져다주었다. 왜냐하면 몇 세대가 지나고 나면 인구가 계속 늘어나고, 섬에서는 사냥과 채집을 위한 행동반경이 제한되기 마련이어서 언젠가는 식량 조달이 한계에 다다를 것이었기 때문이다.

농업의 도입과 더불어 식량 조달은 계획 가능한 것이 되었다. 그럼에도 이 지역에서 식물 경작과 가축 사육은 즉각적으로 수용되지 않았고 전파되는 데 오랜 시간이 걸렸다. 그렇기 때문에 이 과정이 태평양 군도 전체에 자리 잡게 된 것은 비교적 늦은 시기에 이르러서였다. 인구 밀집도가 높아져 섬을 떠나는 이주민도 생겨났다. 이는 태평양 제도 전 지역이 개척되는 과정에 한 가지 요인으로 작용했다. 이러한 오세아니아의 인구 정착 과정의 자세한 부분에 대해서는 아직 신빙성 있는 설명이 나오지 않고 있다. 개별적 현상과 사건들에 대해 신뢰할 만한 연대 추정이 결여되어 있는 것이다. 하지만 결론적으로 말할 수 있는 것은 태평양 지역의 인구 정착이 장기간에 걸친 과정이었으며, 이때 인구 이동은 한 번에 집중적으로 이루어졌고 이런 집중적 이동 시기 사이에는 오랜 정체기가 있었다는 점이다. 또한 오세아니아에 거주했던 사람들은 수백 년 동안 수렵채집 생활에서부터 전문화된 농업에 이르기까지 다양한 식량 조달 방법을 발달시켰다.

오세아니아에서 최초로 사람이 살게 된 시기는 3만5000년에서 2만9000년 전, 플라이스토세 후기였다(〈지도 14〉). 뉴기니의 동북부 해안에서 건너온 최초의 이주자들은 먼저 뉴브리튼 그리고 뉴아일랜드와 비스마르크 제도 주변의 섬으로 진출했던 것으로 보인다. 이때 염두에 두어야 할 점은 플라이스토세 극빙기의 거대한 빙원에는 엄청난 물이 한데 얼어붙어 있었고, 그렇기 때문에 현재보다 해수면이 40~70미터 정도 낮았다는 점이다. 당시 뉴기니는 오스트레일리아에 직접 연결되어 사훌이라는 큰 대륙을 형성하고 있었다. 또한 현재의 동남아시아는 그 주변 섬들과 함께 순다라는 대륙을 형성하고 있었다. 당시 순다와 사훌 사이에는 좁은 해협이 가로놓여 있었고 이를 건너는 것은 플라이스토세 후기의 초기 호모 사피엔스에게는 전혀 큰 문제가 아니었다. 비스마르크 제도와 인근 섬에도 파푸아뉴기니에서 배 또는 뗏목을 타고 이동해왔을 수도 있다. 섬들 간의 거리는 그렇게 멀지 않았고 뉴브리튼, 뉴아일랜드, 마누스와 같은 섬들도 오늘날보다 훨씬 더 컸다. 육안으로 다른 섬들이 보이는 군도도 많았다. 이 때문에 다른 섬으로 건너가보고자 하는 의욕이 생겼고, 육안으로 건너편을 볼 수 있었기 때문에 실제로 바다를 건너기도 쉬웠다.

플라이스토세 후기(3만5000년 전에서 2만9000년 전)에 솔로몬 제도 가장 남단에 위치한 부카섬에서는 최초의 이주 흔적이 나타난다. 바누아

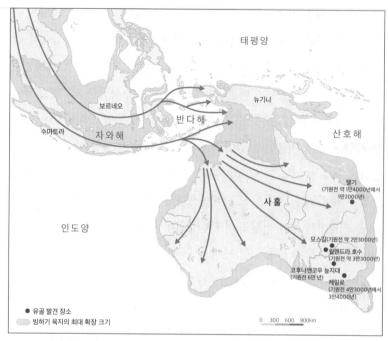

태평양

보르네오   뉴기니

반 다 해

수마트라   자 와 해   산 호 해

사 훌

탤기
(기원전 약 1만4000년에서
1만2000년)

인도양

모스길(기원전 약 2만3000년)
윌랜드라 호수
(기원전 약 3만3000년)
코후나앤코우 늪지대
(기원전 6만 년)
케일로
(기원전 4만3000년에서
3만4000년)

● 유골 발견 장소
빙하기 육지의 최대 확장 크기

0 300 600 900km

〈지도 14〉 플라이스토세 후기, 동남아시아(순다)를 거쳐 사훌 대륙으로 진출한 호모 사피엔스.

투와 **누벨칼레도니**영어로는 뉴칼레도니아섬도 마찬가지로 빙하기 후기에 이
미 호모 사피엔스의 발길이 닿았다. 하지만 그 밖에 더 멀리 떨어진 군도
에 진출한 것은 기원전 1000년대가 지나서인 듯하다. 이 섬들에 도달하
기 위해서는 다른 항해 기술이 필요했기 때문이다. 현재 우리가 아는 한
돛은 홀로세 중기 이전에는 바다를 항해하는 데 사용되지 않았다. 하지
만 한번 발명된 후에는 항해술을 확실하게 혁신시켰다. 사람들은 돛단배
를 타고 멀리 떨어진 섬 사이의 먼 바닷길도 빠르게 건널 수 있었고, 교역
을 위해 필수였던 본격적인 선박 왕래가 일어날 수 있었다.

플라이스토세 후기에 멜라네시아인들은 이동식 사냥 채집 생활만 하

며 살았고 아주 적은 유적지(바위굴, 동굴)만 남겼다. 식량 조달 방법은 이용 가능한 식량 자원으로부터 커다란 영향을 받았다. 고기 공급량이 많기 때문에 크게 선호했던 대형 포유류는 더 이상 거의 사냥이 불가능했다. 대부분 이미 멸종했기 때문이다. 그렇기 때문에 사냥은 뱀, 쥐, 조류에 집중되었다. 또한 많은 야영지가 해안가에 위치해 있었고 사람들은 풍부한 해양 자원을 이용했다. 열대 우림은 많은 식용 가능한 야생식물을 제공했다. 특히 늪이 있는 습지대에서는 야생 타로와 같은 덩이줄기 식물을 채집할 수 있었다. 또한 호모 사피엔스는 플라이스토세 후기에 이미 울창한 숲 지역에서 삶의 터전을 확보하기 위해 불을 놓아 땅을 개간할 수 있었던 것으로 추측된다. 그럼으로써 사냥을 쉽게 할 수 있었고 또 나무가 성겨지도록 하여 식량에 중요한 야생식물이 더 빨리 더 잘 확산되도록 할 수 있었다.

사람들이 플라이스토세 시기부터 찾았던 오세아니아 서부 지역 섬들에서는 약 2만 년 전 갑자기 이주가 단절되면서 생존 전략에도 영향을 미쳤다. 해안가에 위치한 암굴과 동굴들은 거의 이용되지 않았고 그 대신 사람들은 수 킬로미터 떨어진 섬 안쪽으로 들어가 더 높은 지대로 이동해 살았다. 그때까지 거주민들은 계속해서 주로 고기잡이와 해양 자원의 채집에 집중해 살고 있었고 사냥과 식물 채집은 여전히 보조적 역할만 하고 있었다. 하지만 플라이스토세에서 홀로세 초기로 넘어가는 전환기에 일어난 해수면의 상승으로 인해 이전에 해안가에 위치해 있던 지역은 대부분 물에 잠겨버렸고 이 지역은 더 이상 살 수 없는 곳이 되었다. 플라이스토세 말엽(기원전 1만1000년 전에서 기원전 8000년 전까지) 뉴질랜드와 솔로몬 제도에서 과실수와 호두나무의 이용이 증가한 것이 눈에 띈다. 이런 경향은 홀로세 초기에 훨씬 두드러지게 나타났다. 또한 타로와 얌을 식용했다는 단서도 나온다. 하지만 홀로세 초기 유적들로는 사람들이 이 식물을 심었던 것인지 그냥 야생 형태로 채집했던 것인지 분명히 가려지지 않는다.

홀로세(기원전 8000년 이후)의 주거지들은 플라이스토세 후기 유적지에 비해 훨씬 더 다양해진 중소형 야생동물의 흔적을 전해준다. 하지만 대형 포유류는 크게 감소되었다. 이는 특정한 종이 너무 많이 사냥된 나머지 멸종되었던 것으로 추측된다. 이 시기 유형 유물로는 조개와 뼈로 만든 장신구, 암석으로 만든 손도끼, 흑요석으로 제작한 도구 등이 있다. 흑요석은 몇몇 섬에만 존재했던 자원이었다. 때문에 흑요석 도구가 다른 여러 섬에 분포되어 있다는 것은 이 시기에 이미 최초의 물자 교환 형태가 존재했으리라는 추측을 가능케 한다. 기원전 4000년에서 기원전 3000년 사이, 홀로세 초기 동굴 주거지 대부분에서는 사람들이 더 이상 살지 않게 되었다. 이에 반해 같은 시기에 많은 섬에서는 해안가보다 더 내륙 지역에 더 많은 상시적 주거지가 세워졌다. 이런 정황으로 볼 때 이동식 생활 방식이 줄어들고 특정한 장소에서 고정적으로 사는 경향이 커졌다는 것을 알 수 있다. 최초의 목재 건물을 짓게 된 것은 기원전 2000년 이후로 보인다. 하지만 이 건물들의 정확한 생김새에 대해서는 거의 알려진 바가 없다. 요컨대 기원전 2만 년에서 기원전 1만5000년 사이 오세아니아 서부 지역 섬들에 거주했던 사람들은 수렵 채집 생활을 했고 홀로세에 들어 점점 더 한 장소에 고정된 정주생활을 영위했다.

다음 시기에 유입된 오세아니아의 이주민 물결은 오스트로네시아족의 이주와 관련이 있다. 이들의 기원은 아직 완전히 밝혀지지 않았지만, 적어도 기원전 2000년대 타이완과 동남아시아(필리핀) 사이의 지역에서 왔으리라 추정된다. 하지만 이는 확실하게 증명된 게 아니고 추측성 가설이

12장 오세아니아 군도와 오스트레일리아 대륙

다. 이 이주민들은 기원전 1000년대 동안 인도네시아를 거쳐 동남쪽으로 퍼져나갔고 기원전 1000년대 중반 이후 비스마르크 제도, 솔로몬 제도와 이에 인접한 미크로네시아 및 멜라네시아에 진출했다. 이들은 돼지와 개를 길렀고 처음으로 재배 식물을 심었다. 또한 암석으로 만든 손도끼, 조개껍질과 뼈로 만든 장신구를 지녔으며, 눌러 찍기 무늬와 새겨서 그린 무늬가 있는 붉은 외피 토기, 즉 라피타 토기를 만들었다(〈그림 78〉). 이 집단들은 적어도 기원전 1000년대 동안 오세아니아 북부와 서부의 주변 지역, 즉 미크로네시아와 멜라네시아 서부에 진출했다(〈지도 15〉). 언어학

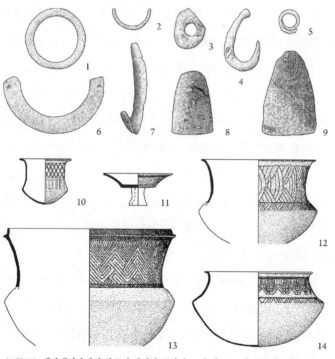

〈그림 78〉 멜라네시아에서 발굴된 라피타 문화의 조개 및 돌로 만든 물건들과 토기.

적 연구에 따르면 라피타 토기로 특징지어지는 태평양 제도에서의 후기 이주 역사는 오스트로네시아어 사용 인구의 확산과 관계가 있다.

이들이 도달했던 섬들에는 이미 플라이스토세 후기부터 수렵 채집 생활자가 살고 있었고, 그렇기에 새로 들어온 이주민이 이 문화를 대체했다는 말이 된다. 하지만 이 과정이 어떻게 이루어졌는지에 대해서 알려진 바는 없다. 오세아니아의 선사시대 역사에서 아직까지 남아 있는 의문 중 하나는 멜라네시아에 1차로 사람이 이주했던 시기와 2차 이주 사이

〈지도 15〉 기원전 1000년대 라피타 문화 시기까지 동남아시아, 오스트레일리아, 오세아니아 서부의 문화 발달.

의 발전 과정이다. 이때 1차 이주는 플라이스토세 후기와 홀로세 초기에서 중기 사이에 있었고 2차 이주는 기원전 1000년대 중반 이후에 있었는데 이때 이주민들은 더 멀리 동쪽으로 진출했고 특징적으로 라피타 토기를 사용했다. 요컨대 기원전 1만 년에서 기원전 1500년 사이에 근본적인 변화가 일어난 것이 확실하다. 이 변화는 내부적 동력만이 아닌 외부적 자극에 의해서 이루어졌고, 동남아시아에서 온 문화가 영향을 끼쳤을 확률이 높다. 시기상 차이가 많이 나는 두 문화 사이에 어떤 발달 역사가 있었던 것인지, 라피타 문화 이주민들이 멜라네시아와 폴리네시아 서부에 이르렀을 때 상황이 어땠는지, 이를 밝히는 것은 중요한 작업이 될 테지만 현재 알려진 사실은 거의 없다.

파푸아뉴기니의 쿡에서 발견된 것과 같은 초기 식물 재배 증거는 멜라네시아섬들에서는 나타나지 않는다. 뉴질랜드에서 식량 조리를 위해 사용되었던 구덩이 화덕이 발견되었고 뉴질랜드, 마누스, 솔로몬 제도에서는 호두나무와 과실수의 이용이 많았다는 증거가 나오긴 했지만 생산 경제의 실제적 역할이나 규모에 대해서 말해주는 것은 아무것도 없다. 이 시기 멜라네시아 제도 사람들은 이미 덩이줄기 식물을 식용으로 이용했고 이를 계기로 이후 타로를 심을 생각을 하게 되었던 것 같다. 파푸아뉴기니고원에서와는 달리 멜라네시아 제도에서는 초기 식물 경작 흔적에 많은 의구심이 뒤따른다. 어찌되었든 이 지역에서 기원전 1000년대, 즉 라피타 토기가 사용되기 이전에 농경이 시작되었을 것이라는 가설은 현재로서는 증명이 불가능하다.

멜라네시아에서 약 기원전 3000년에서 기원전 1000년대 중반경, 즉 라피타 토기 시기가 시작되기까지 홀로세 중반 시기는 가장 파악이 어려운 시기다. 여러 동굴과 몇몇 노천 야영지의 이용은 홀로세 초기에 끝났고 이후 행보에 관해서는 어떠한 흔적도 발견되지 않는다. 전체적으로 거주지가 현저히 감소한 것으로 보인다. 어떤 의미에서는 홀로세 초기와 홀로세 후기 라피타 토기의 출현 사이에 단절, 즉 완전한 불연속점이 있었다고 할 수 있다. 사냥과 채집은 홀로세 초기까지 계속해서 생활 및 경제의 기본 형태를 이루었다.

뉴브리튼섬의 몇몇 유적지를 제외하면 홀로세 중기의 석기들도 신빙성 있게 서술하기가 힘들다. 이는 분명하게 연대를 추정할 수 있는 유적지가 적다는 사실과 관련 있다. 하지만 홀로세 중기의 얼마 되지 않는 도구가 그다지 섬세하게 제작된 것은 아니었다는 점은 확인할 수 있다. 여기서 특기할 것은 목재와 돌을 연결시켜 만든 연장처럼 여러 재질을 조합해 제작한 도구의 중요성이 커졌다는 점이다. 이 시기 동안 모서리를 날카롭게 간 칼날 비슷한 소형 도구가 많이 제작되었다. 이러한 복합적 도구가 생산되었다는 것은 이동성이 적어지고 원자재를 얻을 기회가 적어졌다는 의미로 해석된다. 왜냐하면 이런 도구 제작에 필요했던 재료는 비교적 흔한 돌이었기 때문이다. 이는 동시에 플라이스토세 후기와 홀로세 초기 동안 필요한 원자재를 교환하던 중요한 연결망이 홀로세 중반기에는 더 이상 동일한 방식으로 가동되지 않았다는 사실을 뜻하기도 한다. 시대를 막론하고 그 지역에서 나지 않는 원자재를 이용하는 것과 한 문화 집단의 이동성은 서로 인과관계가 있다. 홀로세 중반에 장소 고정성과 정착생활의 정도가 커짐에 따라 교류를 위한 연결망이 약화되었는지 또는 거꾸로인지, 현재로서는 판단하기 어렵다. 이에 대한 현지 자료가 매우 적기 때문이다. 하지만 수적으로 감소했던 홀로세 중기의 인구 집단은 그 이전 어느 시기보다 살고 있는 장소에 더 강하게 의존했고 살던 공간을 버리고 다른 곳으로 떠나는 일이 훨씬 적었으리라는 점은 확실하다. 이렇게

12장 오세아니아 군도와 오스트레일리아 대륙

행동반경이 줄어들자 주변 환경 및 그들이 사는 땅과 관계하는 방식도 달라질 수밖에 없었다.

기원전 1000년대 중반경 홀로세 후기가 시작되기 전이자 라피타 토기가 나타나기 이전 시기에 최소한 비스마르크 제도 일대에서는 자연 재해가 일어나 현재까지 파악이 거의 불가능한 홀로세 중기의 문화를 종식시킨다. 여기서 자연재해란 뉴브리튼섬에 위치한 화산 W-K2가 폭발한 사건을 말한다. 이 폭발은 멜라네시아에 라피타 문화인의 이주가 시작되기 직전(약 기원전 1600년)에 일어났다. 이 화산 폭발의 흔적은 그 주변 지역, 특히 비스마르크 제도 섬들에 남아 있는 낙진을 통해 잘 확인할 수 있는데 시기상 홀로세 후기가 시작되기 직전에 속한다. 홀로세 후기에는 원래 본거지가 서북쪽에 있었던 것으로 추정되는 라피타 토기 문화인이 멜라네시아 제도에는 새로 유입된다. 하지만 홀로세 중기와 비교해볼 때 이후 시기는 획기적인 변화로만 특징지어지는 것이 아니라 전 시대의 문화를 상당히 계승했음이 관찰된다. 가령 그 이전 시기를 강하게 특징지었던 복합형 도구들은 라피타 토기 문화에서는 더 이상 나타나지 않게 되었지만 홀로세 중반경부터 증가했던 특정 지역 의존성은 라피타 시기에도 이어졌다. 또한 홀로세 후기에는 흑요석과 규석으로 만든 새로운 도구들이 나타나고 암석으로 만든 마제 손도끼도 추가되었다. 하지만 이 도구들을 만들기 위해 사용된 원재료는 먼 곳에서 온 게 아니었다. 이는 이 문화인의 행동반경이 제한적이고 교류 연락망이 줄어들었기 때문으로 추정된다. 즉 위에서 언급한 것처럼 홀로세 중반경, 라피타 인구가 유입되기 전에 시작되었던 경향이 이어진 것이다. 라피타 시기에 더욱 두드러지게 된 정착생활로 인해 이주민들은 대부분 각기 근방에서 나는 원자재를 이용했다. 이런 경향은 마침내 홀로세 후기에 고정 주거지들과 공동묘지를 설치하는 데서 정점을 이룬다. 이렇게 장소 고정성이 심화됨에 따라 이주민 집단의 생존은 더욱더 인근 생활 공간이 제공하는 식량 자원에 의존하게 되었고 결국 식물성 식량 의존도가 높아졌다.

이따금 최소한 멜라네시아에서 이 토기가 처음으로 나타났던 지역, 즉 비스마르크 제도 일대에 동남아시아로부터 라피타 토기 문화인들이 건너오지 않았더라도 라피타 토기 문화가 형성될 수 있지 않았을까 하는 견해가 대두될 때가 있다. 이런 시각을 완전히 배제하긴 어렵다 하더라도 현재 고고학적 유적과 유물로는 이를 증명하기 힘들다. 이와 관련해서 지적하고 싶은 것은 대표적인 라피타 토기에는 문양이 많은 토기뿐만이 아니라 무늬가 없는 이른바 민무늬 토기Plain Ware 또한 존재한다는 사실이다. 이 민무늬 토기는 때때로 붉은색 외피를 두르고 있을 때도 있다. 민무늬 토기 또한 문양이 풍부한 라피타 토기와 마찬가지로 동남아시아에서 파푸아뉴기니와 비스마르크 제도를 거쳐 폴리네시아 서쪽까지 확산되었다. 그런데 이때 이 토기들은 많은 지역에서 멜라네시아에서보다 100년에서 200년 정도 일찍 생산이 시작되었던 것으로 나타난다. 이런 정황을 고려할 때 문양이 있는 라피타 토기가 새로운 오스트로네시아 인구의 대규모 유입과 더불어 서북쪽에서부터 들어온 것인지, 아니면 바로 저 민무늬 토기에서 확인할 수 있는 것처럼 그 지역의 이전 토착 문화에서 발달되어 나온 것은 아닌지 문제가 제기될 수 있다. 후자의 가설이 맞는다고 해도 동남아시아로부터의 이주설이 완전히 배제되는 것은 아니다. 하지만 그럴 경우 이주 문화가 미쳤던 영향력이 상대화되고 토착적 전통의 역할이 부각될 수 있다. 물론 이 문제에 대한 대답은 지속적인 심화 연구에 의해서만 주어질 수 있을 것이다. 태평양 제도의 원시 이주 역사에 대해서 현재 연구된 것들은 여전히 매우 파편적이기 때문이다.

기원전 1000년대 중반경 오세아니아에 새롭게 유입된 라피타 토기에서 특징적인 것은 외벽을 뾰족하게 튀어나오게 만든 고급스런 용기와 새겨 그린 무늬와 눌러 찍기 문양을 복합해 만든 기하학적 무늬의 대접으로 후자는 형태 면에서 단순한 모양을 띠고 있다. 용기들 중에는 붉은 외피가 입혀져 있는 것도 있다. 이 라피타 토기는 이후 수백 년에 걸쳐 멜라네시아 및 폴리네시아의 더 멀리 떨어진 지역까지 가닿았다. 라피타 토기 이주민들은 기원전 1000년대 중반에서 기원전 제1천년기가 끝날 무렵까지 멜라네시아에 퍼져갔다. 또한 폴리네시아 서부(통가, 사모아)에서도 이 토기가 발견된다. 멜라네시아와 폴리네시아 서부에서 라피타 문화의 시작점을 더 정확히 관찰해보면 지역 내에서 서북쪽과 동남쪽 사이에 시간 격차가 있음을 알 수 있다. 즉 서북쪽으로 갈수록 더 이르고, 동남쪽으로 갈수록 더 늦다. 실례로 라피타 토기 문화가 시작되었던 시기는 비스마르크 제도에서는 기원전 1300년경, 바누아투섬에서는 기원전 1000년에서 기원전 700년, 누벨칼레도니에서는 바누아투섬과 비슷한 시기, 피지, 통가, 사모아섬에서는 기원전 900년에서 기원전 600년 사이로 측정된다. 이렇게 해서 비스마르크 제도에서 폴리네시아 서부까지 라피타 토기가 전파되기까지 최소한 400~500년이 걸렸다.

기원전 제1천년기 중반 이전, 라피타 문화는 폴리네시아 서부에 도달했다. 하지만 더 동쪽으로의 진출은 거의 1500년 동안 일어나지 않는다. 따라서 폴리네시아 동부의 더 멀리 떨어져 있는 섬과 제도에 사람이 살게 되는 것은 더 먼 훗날의 일이다. 소시에테 제도에서는 기원후 1000년 이전에는 사람이 살지 않았으며 마르키즈 제도는 이보다 약간 더 일찍, 그리고 이스터섬, 하와이, 뉴질랜드섬도 기원후 1000년경이 되어서야 사람이 살기 시작했다(〈지도 16〉). 이 제3의 이주 물결은 오세아니아에서 지리상 가장 먼 지역에까지 미쳤고 이주 속도가 매우 빨라 최단기간에 상당히 멀리 떨어진 지역까지 가닿았다. 이러한 이주가 일어나기 전 몇백 년 동안 탐사적 성격의 진출이 있었던 것인지, 현재로서는 이에 관한 고고학적 단서가 전혀 발견되지 않는다. 또한 멜라네시아와 폴리네시아 서부 지역 중 라피타 문화의 핵심 지역에서 기원전 1000년대 후반에서 기원전 제1천년기 초반 동안 변화가 어떻게 진행되었던 것인지, 이에 대해서

〈지도 16〉 멜라네시아, 미크로네시아, 폴리네시아에서의 주거지 개척.

도 알려진 바가 없다. 하지만 이와 관련해 언급되어야 할 점은 오스트로네시아 어족 집단들이 폴리네시아 동부에서 뉴질랜드 방향으로 진출해 살게 되었던 시기와 같은 때에 이들은 서쪽 가장 끝, 아프리카 동해안 앞에 위치한 마다가스카르섬에도 가닿았다는 사실이다.

라피타 문화인들은 멜라네시아와 폴리네시아의 인근 지역에서 약 기원전 1300년경부터 주거지 형태와 식량 조달 방법에 근본적인 변화를 일으켰다. 이들은 해안가 지역과 석호潟湖 사취와 사주가 만의 입구를 막아 바다와 분리되어 생긴 호수 주변에 크고 작은 주거지를 많이 세웠다. 이 주거지들의 구조와 조직에 대해서 알려진 것은 매우 적다. 주거지 유적 지층에서는 돼지, 닭, 개와 같은 가축 뼈가 발견된다. 하지만 고기를 생산하려는 목적으로 행해진 원시 가축 사육은 사냥과 어획에 비해 중요성이 훨씬 떨어졌다. 가축 사육이라는 문명 기술은 오세아니아를 개척한 오스트로네시아 어족의 출발점이었던 동남아시아에서 비롯되어 멜라네시아와 폴리네시아로 전파되었던 것으로 보인다.

라피타 주거지들 근처에서는 개간을 위해 불을 놓은 흔적이 발견된다. 아마도 사람들은 이런 방법으로 근처 산비탈면에 타로와 얌을 심기 위한 밭을 일구었던 것 같다. 일반적으로 울창한 열대 우림의 개간은 텃밭 농사와 전답 경작의 확산과 연관되어 있다. 몇몇 섬에서는 호두나무와 코코넛 야자의 이용이 중요한 의미를 띠었던 반면 타로, 얌, 빵나무, 바나나 등은 당시 서식하지 않았던 것으로 보인다. 하지만 이러한 추측은 여전히 빈틈투성이인 연구 수준 때문일 수도 있다.

가끔 바누아투, 누벨칼레도니, 피지, 통가, 사모아와 같이 멀리 떨어져 있는 군도에서 사람이 살기 위한 전제 조건으로 농경이 필수였을 것이라는 주장이 제기된다. 그렇지 않고는 식량이 확보되지 않았으리라는 것이다. 사냥을 통해 고기 공급을 손쉽게 확보해주었을 대형 육지 포유류는 라피타 문화 기간 동안 오세아니아 섬들에서는 더 이상 서식하지 않았기 때문이다.

라피타 문화인들이 재배종 식물과 가축화된 동물을 오세아니아로 들여와서 태평양의 섬들에 전파시킨 것일까? 아니면 이들은 이곳에 수렵 채집 생활자로 들어왔고 바누아투, 누벨칼레도니, 피지, 폴리네시아 서부의 그 밖의 섬에서 우선 사냥, 고기잡이, 기타 해양 식량 자원만 이용하다가 이후에 동남아시아에서 온 또 다른 이주 집단이 생산 경제를 가지고 들어오면서 변화가 생겼던 것일까? 이에 대해 현재까지 밝혀진 바는 없다. 어찌되었든 농업은 라피타 문화 기간에, 그리고 그다음 시기에 걸쳐 장족의 발전을 하게 된다. 이런 점만 보더라도 초기 라피타 이주민이 이미 고도로 발달한 농경과 가축 사육 기술을 보유하고 있었다고 가정하기는 어렵다.

이미 언급했듯이 첫 번째 라피타 확장기 이후 태평양 제도의 다른 지역 개척은 거의 1500년 동안 휴지기에 들어간다. 하지만 멜라네시아와 폴리네시아 서부 섬들의 주거지들은 이후 몇백 년 동안 괄목할 만한 발전을 거둔다. 즉 주거지의 수와 크기가 현저히 증가했고 동시에 바닷가 연안에 있던 거주지들이 섬 안쪽으로 퍼져나가 고도가 더 높은, 해안가에서 멀리 떨어진 곳도 주거지로 이용되게 되었다. 이러한 변화가 일어나기 시작한 곳에서는 사람들이 한곳에 고정되어 사는 경향이 강해졌고 이동성이 줄어들었다.

섬 내부 육지지역에서 정착생활이 늘어나자 더 집약적인 농업이 필요해졌다. 왜냐하면 어류와 바다에서 나는 기타 식량은 해안과 거리가 멀어졌기에 더 이상 충분히 공급되지 않았기 때문이다. 이후 농업 발달은

12장 오세아니아 군도와 오스트레일리아 대륙

계단식 전답 및 인공 관개 시설 조성과 함께 진행된다. 농업이 일정 시점부터 계속 발전할 수밖에 없었던 이유는 섬이라는 공간 내에서 새로운 지역으로 주거지가 확장되었고, 농업 발달 없이는 증가하는 주민을 먹여 살리기 불가능했을 것이기 때문이다. 인구 증가가 가져온 또 다른 결과로는 기원후 제1천년기에 최초로 방어 시설이 등장한 것을 들 수 있다. 이러한 시설물은 지배 영역과 영토권에 대한 원시적 개념이 연관되어 있다고 볼 수 있다.

기원후 1000년경 북쪽으로 하와이, 동쪽으로 이스터섬, 남쪽으로 뉴질랜드에 이르기까지 폴리네시아 전 지역의 섬에 빠른 속도로 사람들의 이주가 이루어졌다. 이 새롭고도 뒤늦은 이주 물결의 출발지는 폴리네시아 서부였다. 이때 또다시 결정적인 역할을 했던 것은 인구 증가였던 듯하다. 폴리네시아 동부로 이주민이 들어왔을 때 사냥과 어획이 전과 다름없이 중요한 역할을 하긴 했지만, 이 후발 이주민들은 식물을 재배할 수 있는 발달된 농업 기술과 가축 사육 기술도 가지고 왔다. 이때 재배했던 식물로는 타로, 얌, 빵나무, 사탕수수, 고구마가 있으며 길렀던 가축은 그 이전처럼 닭, 돼지, 개였다.

요 약

약 3만5000년 전부터 오세아니아의 수백 개가 넘는 섬에서는 사람이 살기 시작했다. 이때 식량 확보 방식은 늘 해당 섬의 자연 조건과 가능성에 따라 달라졌다. 기원전 1000년대 후반에서 기원전 제1천년기 초반 사이에 이루어진 라피타 토기 문화의 멜라네시아 및 폴리네시아 서부로의 확장과 1500년이 지난 후 그 밖의 태평양 전체에서 사람이 거주하게 된 사건 사이에는 근본적인 차이가 있었다. 즉 라피타 문화 인구가 들어왔을 때 멜라네시아 및 인접해 있는 폴리네시아의 제도들에서는 공통점이 많이 있었음에도 불구하고 일정한 문화적·역사적 단일성은 형성되지 못하고 있었다. 오세아니아 서부에 있던 섬들은 각기 매우 상이한 방향으로부터 영향을 받은 것처럼 보이며 이후의 발전 과정에서도 동일한 모습을 띠지 않았다. 반면 폴리네시아에서는 다른 양상이 나타난다. 즉 이 지역에서 지리적으로뿐만 아니라 문화역사적으로 하나의 단위가 형성된 것이다. 이러한 사실은 이후 18세기와 19세기 식민지가 될 때까지 문화적·사회적 발전에서 많은 일치점이 나타나고 있다는 사실로 확인된다.

3.
오스트레일리아와
애버리지니의 고립된 세계

오스트레일리아에서는 최소한 4만5000년 전부터 호모 사피엔스가 살았다. 당시 오스트레일리아는 낮은 해수면으로 인해 뉴기니 및 그 주변 다른 섬과 육로로 연결되어 위에서 언급한 바 있는 사훌 대륙이라는 남반구 대형 대륙을 형성하고 있었다. 플라이스토세 말엽 기온 상승으로 인해 극지방 빙하가 녹아내렸고 해수면이 상승했다. 그 시기에 오스트레일리아와 뉴기니 사이의 육로가 바다 속으로 가라앉았고 오스트레일리아는 거의 오늘날의 형태를 갖추게 되었다. 이때부터 오스트레일리아와 뉴기니는 문화 역사적으로 다른 길을 걷게 된다. 뉴기니고원에서는 기원전 8000년부터 원시 농경이 시작된 최초의 흔적이 발견되는 데 반해 오스트레일리아에서의 생활 및 경제 형태는 이전의 수천 년 동안의 시기와 큰 차이 없이 지속되었다.

오스트레일리아에 사람이 처음 거주한 이래, 반복적으로 기후 변화가 일어났다. 특히 플라이스토세 후기에서 홀로세로의 전환기에 일어났던 기후 변화가 주목할 만하다. 마지막 빙하기였던 약 1만8000년 전, 강수량은 급격히 감소했고 대기는 건조해졌다. 이러한 기후 변화가 플라이스토세 오스트레일리아인들의 생활 공간과 환경에 얼마만큼 영향을 미쳤는지, 현재의 연구 수준은 여전히 전체적인 모습을 파악하지 못하고 있다. 따라서 이에 대해 신빙성 있는 판단을 내리기도 어렵다. 최소한 여기서 우리가 말할 수 있는 것은 플라이스토세에서 홀로세 초기로의 전환기는 오스트레일리아에서의 선사시대 문화 발달에서 전혀 중요한 영향을 미치지 않았던 것으로 추측된다는 사실이다.

기원전 1만 년과 기원전 7000년 사이 기온 상승과 함께 찾아온 기후 변화는 강수량을 증가시켰다. 당시 강수량은 심지어 지금보다 훨씬 더 많았다. 이 때문에 특히 오스트레일리아 남부에서는 숲과 덤불 지대가 확산되었다. 당시 지배적인 지위를 차지했던 식생은 유칼립투스였다. 오스트레일리아 북부에서는 열대 우림이 발달해 부분적으로 인접한 파푸아뉴기니와 비슷한 식물상을 형성했다. 오스트레일리아 대륙 내륙의 건조한 지역에서도 많은 강수량 덕분에 식생 분포가 빽빽하게 형성되었고 이는 동시에 사구砂丘의 활동을 감소시켰다. 오늘날 중앙 오스트레일리아의 호수들을 연구함으로써 밝혀진 바에 의하면 당시 나무 꽃가루가 강한 증가세를 보였다. 홀로세 초기가 끝날 무렵인 기원전 4000년에서 기원전 3000년경, 몇몇 오스트레일리아의 기후 지형은 상당 부분 오늘날과 같은 형태가 되었다. 물론 후대에 자연 조건에 의해서 또는 개간을 위한 방화처럼 인간의 개입에 의해서 제한적인 기후 지형 변화가 일어나기도 했다.

어느 정도 신뢰할 만한 가장 오래된 호모 사피엔스의 잔해는 4만 5000년에서 3만6000년 전의 것으로 추정된다. 늦어도 약 3만 년 전에는 오스트레일리아 대륙 전역에, 즉 대륙 가장 바깥쪽에서부터 주거에 적대적인 내륙지역에 이르기까지 사람의 발길이 가닿았다. 이 과정에서 사람들은 다양한 지형과 기후대에 적응하는 법과 거기서 생존하는 법을 배웠다. 일명 오버킬 이론의 신봉자들은 오스트레일리아에서 인간이 거주하게 되면서 플라이스토세의 대형 포유류(가령 대형 캥거루나 웜뱃)가 멸종하게 되었다고 가정한다. 하지만 학계는 대형 포유류의 멸종은 호모 사피엔스의 사냥 때문이 아니라 오스트레일리아에 최초의 사람이 들어오기 전 이곳 동물상에 막대한 영향을 미친 기후 변화 때문일 것이라는 데 대체적으로 의견 일치를 보이고 있다. 또한 오스트레일리아 일부 지역에서는 2만 년이 넘게 인간에 의해 사냥되었으면서도 멸종하지 않고 잘 살고 있는 대형 포유류가 존재한다. 고고학적 연구를 통해 드러난 바에 따르면 인간이 자연환경에 미친 더 중요한 영향은 개간을 위한 방화였다. 사람들은 특정 지역에 일부러 불을 놓아 빽빽한 식생 분포를 성기게 만들려고 노력했다. 이를 통해 특정한 포유류 사냥을 쉽게 하고 식량 조달용 식물 채집을 용이하게 하여 성장을 촉진하려 했던 것으로 보인다.

오스트레일리아 대륙에 다양한 기후대와 지형이 공존한다는 사실을 고려하여 아래에서는 각각의 구체적인 지역을 살펴보고자 한다. 오스트레일리아 북부에서는 플라이스토세 이후부터 해안 지대와 해안에 바로 인접한 섬들에 주거지가 집중되어왔다. 홀로세가 시작되면서 기후가 다시 다습해지고 숲이 확대되자 동식물 식량 자원이 풍부해져 사냥과 채집에 유리하게 되었다. 건조성 기후였던 주변 지역에서만 사람이 별로 살지 않았는데, 이런 지역에 거주했던 집단은 높은 이동성을 보였다.

기원전 2000년 전부터 홀로세 후기가 시작되면서 인구가 다시 한번 현저히 증가했다. 새로운 주거지가 많이 생겨났고 해안가에서 커다란 흙더미와 조개무지가 발견되었다. 해안에 가까운 주거지는 무엇보다 바다가 제공하는 자원에 식량을 의존했다. 하지만 야생 풀의 씨를 빻아서 갈거나 열대 우림에 흔한 덩이뿌리 식물을 섭취하는 등 식물의 가공 및 소비 또한 점점 더 중요성을 띠어갔다.

가장 이른 시기에 길렀던 가축 중에는 딩고가 있다. 딩고는 동남아시아와 태평양 지대에 퍼져 있었던 개의 한 종류로 홀로세 후기에 오스트레일리아로 들어왔으리라 생각된다. 홀로세 후기에는 암석 벽화가 지방색을 더 강하게 띠게 되었다. 이런 과정을 영토권의 초기 형태가 발전하는 과정으로 해석하는 경우가 많긴 하지만, 연구자 사이에서 이론이 없는 것은 아니다. 석기는 이전 시기보다 더 정형화되었고 가공이 정밀했다. 복합형 도구의 부속품으로 사용되었던 규석으로 만든 석촉 또는 칼날이 발견되었으며 암석으로 만든 손도끼도 발견됐다. 매우 다양한 암석 재료를 사용했다는 것은 장거리 물자 교환이 있었던 것으로 해석된다. 즉 이전에 서로 고립되어 있었던 주거 공동체 사이에 점차 다양한 교류가 형성되었던 것으로 풀이된다.

오스트레일리아 북부 지방에서 홀로세 후기에 현저히 늘어난 것은 비단 인구와 발굴지 숫자만이 아니었다. 다양한 생태 시스템에 적응하기 위한 오스트레일리아 원주민 애버리지니의 적응력 또한 높아졌다. 이와 같은 적응력의 상승은 석기 및 뼈로 만든 인공물을 이용하여 효율적인 식량 조달 전략을 전개할 수 있는 능력으로 나타났다. 이 변화과정에서 사람들은 계절에 따라 여러 주거지로 옮겨다녔고 다양한 생태 시스템 속에서 생존을 위한 방법을 모색했다.

오스트레일리아 남부의 온대 기후 지방은 이 대륙에서 가장 초기부터 사람들이 살기 시작한 지역 중 하나다. 하지만 현재 알려진 바로는 플라이스토세 때 이 지역 인구의 밀집도는 오히려 낮은 편이었다. 2만5000년 전 플라이스토세 후반기 빙하가 가장 커지던 시기 동안 이곳의 기후는 매우 건조해졌고 한때 번성했던 숲은 반 건조 지대로 바뀌었다. 그러다 기원전 8000년 전부터 플라이스토세 말엽 이후에는 다시 기후가 습해졌고 새롭게 숲 지대가 확대되었다. 이후 오스트레일리아 북부에서와 비슷하게 남부에서도 홀로세 후기인 약 기원전 2000년부터 다시 기후가 변화하기 시작해 습기와 건기가 비교적 단기간에 번갈아가며 나타난다.

오스트레일리아 동남부 지방에서는 공동묘지가 발견되었다. 공동묘지는 플라이스토세 후기 이후 계속 증가했다. 그 일례가 머리강 유역에서 확인된다. 연구자 사이에서 이 현상은 영토권 개념이 점점 형성되어가는 것으로 해석된다. 왜냐하면 공동묘지의 전체적인 형태로 봤을 때 한 집단이 특정 지역과 매우 고정된 관계를 맺고 있었음을 알 수 있기 때문이다. 홀로세, 특히 그중에서 후기 동안 오스트레일리아 동남부 지역은 다른 지역과 마찬가지로 인구가 증가했다. 이 시기 주거지역은 매우 상이한 자연 환경에 형성되었다. 이들의 생활 터전은 늪이 있는 습지대, 높은 산간 지방, 울창한 숲지대, 해안가 등에 있었고, 오스트레일리아 남부의 반 건조 지역에도 소수 존재했다. 이와 더불어 석기 제작 기술과 암석 벽화에서의 변화 또한 눈에 띈다. 많은 흙더미와 조개무지는 당시 점점 더 정착생활과 장소에 고정된 생활을 하게 되었고 이동성이 줄어들었음을 시사해준다.

이 시기 유골을 조사해보니 영양 결핍이 있었음을 알 수 있었다. 이는 인구 과잉이 원인이었던 듯하다. 이와 더불어 3000년 동안 공동묘지가 증가한 것으로 추측해볼 수 있는 사망률의 증가 또한 인구 과잉 때문이었을 수 있다. 그러나 공동묘지의 설치 시기와 인구 및 사망률 증가 사이의 시간 순서에 대해서는 더 정확하게 확인할 방법이 없다. 어쨌든 이러한 묘지들이 오랫동안 존속했다는 사실과 주거지들에 반복적으로 사람들이 거주했다는 사실은 사회적으로 변화가 일어났음을 분명히 보여주는 것이라 할 수 있다. 즉 이전 시기에는 행동반경이 매우 넓고 이동성이 높은 수렵 채집 생활을 했던 데 반해, 이 시기에 들어서는 장소에 고정적으로 생활하는 경향이 강해졌고 따라서 한번 개척한 생활 터전과 더 밀접한 관계를 맺고 정착하게 되었다. 온대지역인 오스트레일리아 남부에서는 홀로세 기간 동안 안정적인 발달 과정이 이어졌다. 하지만 현재로부터 과거 3000년에서 4000년 동안의 시기에는 이곳에서도 중요한 사회 및 인구의 변화들이 생겨났다.

플라이스토세에는 오스트레일리아 대륙과 인접해 있는 태즈메이니아 섬이 육로로 연결되어 있었다. 태즈메이니아의 가장 오래된 유적지는 약 3만5000년 전의 것으로 추정되며 이곳 유적에서 나온 석기들은 오스트레일리아에서 발견된 같은 시기의 석기 종류와 커다란 공통점을 보인다. 1만2000년 전에서 1만 년 전 극지방 빙하가 녹으면서 해수면이 상승했을 때 오스트레일리아와 연결되어 있었던 육지 연결로도 끊어졌다. 이때부터 태즈메이니아는 오스트레일리아 대륙과 고립되어 매우 독자적인 발전을 하게 된다. 이후 태즈메이니아와 오스트레일리아 사이에 접촉이 있었음을 보여주는 흔적은 거의 발견되지 않는다. 일례로 홀로세 중기와 후기 동안 오스트레일리아에서 매우 전형적인 석기였던 세석기는 태즈메이니아에서는 모습을 보이지 않는다. 또 태즈메이니아에서는 개를 가축화한 흔적이 발견되지 않고 오스트레일리아에서는 태즈메이니아 호랑이 등의 동물을 찾아볼 수 없었다. 또한 고립된 태즈메이니아에서는 오스트레일리아에서와는 다르게 부메랑이나 복합형 창과 같은 사냥 무기가 발달하지 않았다. 즉 인구학적으로나 문화적으로나 태즈메이니아는 외부와 차단된 시스템이었다. 중세시대 이후까지 이런 고립이 지속되었던 곳은 전

세계에 어디서도 찾아보기 힘들다. 오스트레일리아 대륙에서는 홀로세 후기, 기원전 2000년에서 기원전 1000년 전부터 장소에 고정적인 정착생활 경향이 점점 증가함과 동시에 이동생활이 감소하는 것이 관찰되었던 반면, 태즈메이니아에서는 이런 경향이 특별히 감지되지 않는다. 이 섬에서의 수렵 채집 생활자들은 매우 독자적인 길을 걸었고 거의 변화가 나타나지 않았다.

매우 다양한 자연환경과 기후대가 있는 오스트레일리아이지만 플라이스토세와 홀로세 기간의 발달 과정을 관찰해보면 많은 예외에도 불구하고 태즈메이니아를 제외한 전 지역에서 일치하는 특징을 발견할 수 있다. 기원전 8000년과 기원전 6000년 사이 홀로세 초기 동안 기후는 온난다습해졌고 해수면은 상승했다. 그렇게 해서 오스트레일리아의 현재의 해안선이 형성되었다. 애버리지니 인구는 증가했고 계속해서 새로운 주거지가 세워졌다. 사람들은 숲으로 덮인 고원 지대나 늪이 많은 습지대와 같은, 그 이전 시기에는 접근하지 않았던 주변 지역에도 주거지를 세웠다. 기원전 6000년에서 기원전 2000년 사이 홀로세 중반기에는 이러한 발전이 이어졌다. 홀로세 후기인 기원전 2000년대부터 불안정해진 기후 상황에도 불구하고 인구는 눈에 띄게 증가했다. 온대지역인 남부, 고원 지대, 온대 및 열대 기후의 해안 지대, 반 건조 지역에서 오스트레일리아 대륙 내부의 극도로 건조한 지역에 이르기까지 오스트레일리아의 모든 기후 지형에서 골고루 인구가 분포해서 살게 된 것도 이 시기였다. 홀로세 후기에 사람들은 주거지역을 장기적으로 이용했음이 확실하며 그 밖에도 넓게 퍼져 있는 숲에 불을 놓아 개간함으로써 계속해서 새로운 생활 터전을 획득해나가려고 노력했다. 이런 배경 하에서 흙더미와 조개무지, 제의적 목적으로 이용되었던 중심 지역 그리고 대형 공동묘지와 더불어 마침내 좀더 복잡한 사회적·문화적 발달이 이루어졌다. 이와 함께 영토권 개념 또한 좀더 형태를 갖추게 된다. 하지만 이에 대한 우리의 연구는 여태 초보적인 수준에 머물러 있다.

유골 자료에 대한 고유전자학 연구로 알 수 있는 것은 홀로세 후기의 주거 공동체는 대부분 족내혼 부족사회였다는 것이다. 즉 사람들은 공동체 내에서 결혼했으며 외부로부터 구성원이 유입되는 경우는 거의 없었던 것으로 보인다. 또한 기원전 2000년에서 기원전 1000년 이후에는 암석 벽화의 지방색이 뚜렷이 나타난다. 이러한 지역화로 인해 오스트레일리아 대륙 개별 지역에서는 각기 다른 예술과 그림 스타일이 형성되었다. 암석 벽화에서의 이런 변화는 이전의 어느 시기보다 훨씬 강하게 지리적 공간에 의존하는 집단이 형성되었던 흐름을 분명히 보여주는 것이라고 할 수 있다. 이 집단들은 서로 활발하게 지식, 기술, 원자재를 교환했고, 교류 연결망은 가지를 치며 점점 더 확장되었다. 동시에 홀로세 시기 수렵 채집 생활자들은 자연에서 잘 살아가기 위한 더욱 효과적인 방법을 사용했다. 즉 사냥을 보충하기 위해 홀로세 후기, 기원전 2000년부터 갈돌을 이용하기 시작했던 것이다. 이들은 채집한 야생 풀을 갈돌로 가공했고 이렇게 해서 또 다른 식량 공급원을 개척할 수 있었다. 당시에 덩이뿌리 식물이나 덩이줄기 식물을 식량으로 이용하는 방법도 확산되었다. 하지만 오스트레일리아에서는 파푸아뉴기니와 달리 타로나 얌을 심는 데까지 나아가지는 않았다. 생산 경제라는 문화 기술이 오스트레일리아에 전파된 것은 유럽인이 들어오고 난 이후였다. 즉 이 세계에서 생산 경제는 중세 이후에 나타난 현상이다.

일련의 연구자는 오스트레일리아의 지난 3000년에서 4000년간의 홀로세 말기를 수렵 채집 생활자 중 일부가 한곳에 오래 머무르는 생활을 하게 된 시기로 본다. 즉 이 수렵 채집 생활자들이 이 시기 특정한 지역과 자원을 상시적으로 이용하고 이를 공고히 했으며 다른 이주자 집단과 공동으로 제의를 거행함으로써 공동체 연맹을 발전시켰다고 보는 것이다. 하지만 이러한 주장을 고고학적 증거가 충분하지 않은 순전한 가설에 불과하다고 보는 학자들도 있다. 앞으로 더 큰 규모의 유적지들이 대거 발굴되고 분석된다면 또 다른 해석이 나올 수도 있다. 이런 상황들을 보면 얼마 되지 않는 고고학적 유적만을 가지고 오스트레일리아 애버리지니의 과거 문화적·역사적 과정을 재구성하는 것이 얼마나 어려운 일인지 더욱 절감하게 된다.

이런 맥락 속에서 오스트레일리아 동남부 룬카 플랫의 공동묘지를 예로 살펴보자. 이곳에는 여러 지층에서 겹겹이 쌓인 유골이 수백 점 발굴되었다. 이 유골들은 여러 다른 시기에 묻힌 것으로 크게 두 시기로 나눌 수 있었다. 하나는 기원전 8000년에서 기원전 5000년까지에 속하고, 다른 하나는 기원전 5000년 이후에 속하는 유골이다. 모든 시신은 세로로 긴 묘혈에 등을 바닥에 대고 팔과 다리를 몸 쪽으로 약간 당긴 자세를 하고 누워 있다. 묘혈은 뚜껑을 덮지 않고 두었던 것으로 보이며 따라서 시신은 죽고 나서 얼마간 계속 육안으로 볼 수 있었다. 시신 옆에는 석기 인공물, 조개와 뼈로 만든 장신구, 황토색 안료의 파편, 음식물을 함께 두었다. 특히 주목을 끄는 것은 다량의 머리띠다. 이 머리띠에는 동물 이빨과 뼈로 만든 구슬이 달려 있었고 시신의 복장 일부를 이루고 있었다. 이와 함께 의복을 잇기 위해 사용되었던 뼈로 만든 바늘도 있었다. 부장품은 성별에 따라 달랐다. 장신구는 여자에게서 더 자주 발견되었고 사냥도구는 통상 성인 남자 시신과 함께 놓여 있었다. 또한 더 오래전의 유골은 거의 남자들의 것이었고, 이후 남녀의 무덤이 비슷한 비율로 나타난다. 하지만 무덤의 수와 이 공동묘지가 존속했던 기간을 고려해 볼 때 세대별로 소수의 무덤만이 만들어졌다는 것을 알 수 있다. 또한 이 무덤은 확정적인 영토를 가진, 다른 집단과 확실하게 구분되는 집단 정체성을 가진 주거 공동체만을 위한 무덤이 아니었을 수도 있다. 이렇게 생각할 경우 인근 또는 먼 곳의 여러 수렵 채집 생활자 부족이 시신을 이 장소에 묻기 위해 옮겨왔을 것이라는 추측도 가능하다.

오스트레일리아 애버리지니에 대해 훨씬 풍부하고 더 많은 내용을 알려주는 것은 이들의 유형 문화 유물보다는 암석화다(〈그림 79〉). 이 그림들은 각기 해당 지역의 조건에 좌우되긴 하지만 거의 전 대륙에 걸쳐 분포되어 있다. 최초의 그림은 이미 호모 사피엔스가 오스트레일리아에 살기 시작하고 얼마 지나지 않은 시점에 제작되었을 것으로 추정된다. 하지만 그 수가 그렇게 많은 것도 아니고, 다른 지역에서와 마찬가지로 이 그림들의 신빙성 있는 연대 추정도 매우 어려운 상황이다.

오스트레일리아 암석 벽화는 시기적으로 연속되는 세 양식으로 나눌 수 있다. 파나라미티 양식은 연대적으로 가장 앞서며 특히 대륙 중심부에서 많이 나타나지만 퀸즐랜드와 뉴사우스웨일스에도 퍼져 있다. 이 그림들에는 주로 원이 많이 그려져 있고 또 환상적인 형태들, 인간과 동물 또는 손과 발을 찍은 모양이 함께 음각된 형태도 볼 수 있다. 파나라미티 양식은 플라이스토세에 시작되어 홀로세 초기와 중기까지 이어지다가 그다음 양식에 의해 대체되었다. 그다음 양식은 단순 조형 양식이라 불리며, 인간 형상과 여러 포유류, 어류, 조류, 양서류와 심지어 식물들도 표현되어 있다. 이 양식의 중요 유적지는 시드니와 케이프요크반도에서 발견되는데, 정확한 연대 추정은 어렵다. 이런 사정은 더 나중 시기인 복합 조형 양식도 마찬가지다. 이 양식은 주제의 내용 면에서 훨씬 섬세한 형태

12장 오세아니아 군도와 오스트레일리아 대륙

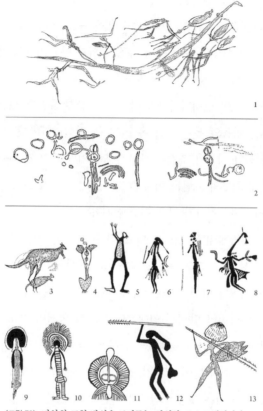

〈그림 79〉 다양한 표현 방식을 보여주는 암석화. 오스트레일리아.

를 보여준다. 이 양식 그림들이 집중되어 있는 곳으로 아넘랜드와 킴벌리, 빅토리아강 유역이 알려져 있다. 이곳에서 가장 오래된 그림은 홀로세 후기, 기원전 제1천년기로 추정된다. 이에 비해 가장 최근에 그려진 벽화에서는 유럽에서 온 이주민의 영향을 받았음이 드러난다.

전체적으로 봤을 때 그림의 복잡성과 주제의 다양성은 오스트레일리아 암석 벽화 예술의 독특성을 보여준다. 특히 5000~6000점의 그림이 발견된 아넘랜드고원은 세계에서 가장 많은 그림이 그려진 암석 예술 지구에 속한다. 겹쳐 그린 암석화와 그 양식적 특징, 그려진 대상들을 하나하나 조사해봤을 때 이 장소는 18세기까지 총 네 시기로 구분할 수 있다. 킴벌리고원에서도 암석화가 그려진 대형 유적지가 여럿 발견되는데 이곳에서도 매우 다양한 스타일의 그림을 볼 수 있다. 이 그림들도 최소한 세 개의 다른 시기로 나눌 수 있다. 이 그림 중 가장 오래된 것은 손을 눌러 찍은 모양과 인간과 동물의 단순한 형태를 표현하고 있으며, 두 번째 시기에는 세부적으로 표현된 유형 문화물이나 제의 의식에서 나타나는 동작이 주제가 되고 있다. 다음으로 가장 최근 시기에는 여러 장면을 내용으로 하는 복잡한 그림들이 그려졌다. 오스트레일리아 대륙의 암석화 예술은 그 풍부함에서 다른 유형 문화유산이 빈곤한 것과 뚜렷한 대조를 보인다. 오스트레일리아의 고고학적 유적은 바로 이 점에서 세계의 거의 모든 지역과 다른 독특성을 보인다.

요 약

오스트레일리아의 주거와 문화 발달사는 크게 두 시기로 나뉜다. 하나는 약 4만5000년 전에 호모 사피엔스가 이 땅에 나타나면서 시작되는 시기로 약 기원전 3000년에서 기원전 2000년경, 홀로세 중기 말엽에 끝난다. 다른 하나는 홀로세 후기에서 유럽인이 들어올 때까지의 시기다. 이때는 매우 커다란 역동의 시기였고 구조적으로나 문화사적으로 중요한 변화들이 나타났다. 하지만 현재의 연구로는 이런 변화를 파편적으로만 파악할 수 있을 뿐이다. 유형 문화에서도 두 시기는 분명한 차이를 보인다. 첫 번째 시기의 유물로는 매우 거칠게 다듬은 긁개, 끌, 기타 규석 도구, 최초의 돌 손도끼, 뼈바늘과 최초의 목재 부메랑 등이 발견된다(<그림 80>). 이 유물들은 약 기원전 8000년 이후에 제작된 것이며 늪이 많은 습지대에 보존되어 있었다. 홀로세 후기에 속하는 두 번째 시기는 섬세히 가공된 규석 도구와 석영 도구로 특징지어진다. 여기에는 표면과 가장자리를 보정한 다양한 길이의 화살촉과 창촉, 매우 다양한 형태의 소형 끌, 긁개, 칼날 부속품, 암석으로 만든 갈돌이 포함된다. 이 모든 도구는 홀로세 후기에 있었던 새로운 변화들을 직접적으로 반영하고 있다.

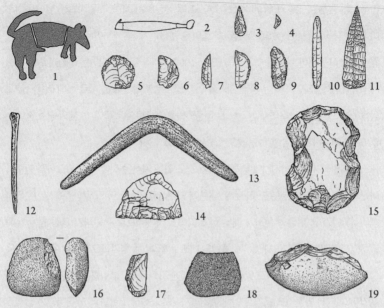

〈그림 80〉 애버리지니의 돌, 뼈, 나무로 만든 인공물들. 오스트레일리아.

오스트레일리아 문화 발달 전체 기간 중 전반기에 속하는 첫 번째 시기의 유형 문화를 보면 사회, 경제, 기술적 시스템이 수만 년 동안 거의 변화를 보이지 않았음을 알 수 있다. 이런 문화적 공고함과 동질성은 독특한 현상으로서 특히 호모 사피엔스가 오스트레일리아에서 각기 매우 다른 지형과 기후대에서 살았고 그럼에도 이런 조건의 다양성이 이들의 유형 문화, 경제 방식, 관습과 정신적 관념세계에 영향을 미치지 않았다는 것을 생각하면 이런 동질성은 더욱 특이한 것으로 느껴진다. 이에 비해 기원전 2000년 이후 후반기의 특징은 다음과 같이 정리될 수 있다. 당시 인구가 급격히 증가하면서 지금까지 이용되지 않았던 주거에 덜 친화적인 주변 지역에까지 사람이 가서 살게 되었고, 그 결과 이전보다 더 많은 주거지가 생겨났으며 그 어느 때보다 장기적이고 집중적으로 이용되었다. 이런 추세는 흔히 장소에 대한 고정성, 한곳에 오래 머무르는 생활로 이어졌다. 이제 사람들은 줄어든 이동성에 균형을 맞추기 위해 더 효율적이고 더 전문화된 식량 조달 방법을 발달시켰다. 이 유적지들의 유물에는 최초로 멀리서 들여온 물건이 등장한다. 이는 장거리 소통 및 교류 연결망이 있어야 가능한 것이었다. 또한 당시 범지역적 주민이 모이는 중심적 회합 장소가 더 많이 형성되었다. 이는 숭배 제의를 위한 것으로 제의 행사를 치르는 데 이용되었다. 암석화가 그려진 장소들이 이런 장소로 이용되었을 것으로 추측된다. 이 제의 장소 중에는 2000명 이상이 모일 수 있었던 곳도 있었던 것으로 추정된다.

오스트레일리아 애버리지니에 대해 우리가 갖고 있는 지식은 이에 대한 고고학적 연구와 마찬가지로 가설과 사실 확인이 안 된 이론에 의존하고 있는 경우가 많다. 그 이유는 특히 애버리지니가 남긴 유형 문화가 매우 적고 따라서 세계적으로 판단하기 가장 힘든 유적 중 하나이기 때문이다. 하지만 룬카 플랫의 네크로폴리스는 평가하고 해석할 수 있는 많은 고고학적 유물들을 포함하고 있기 때문에 미래에 자료로 더 많이 활용될 수 있을 것으로 생각된다. 앞서 말한 어려움들로 인해 애버리지니의 사회적 결합과 주거 공동체가 실제로 얼마나 튼튼하게 조직되어 있었는지, 자신들의 터전과 영토에 대한 이해가 얼마만큼 확고한 것이었는지, 장소에 대한 고정성과 정착생활이 어느 정도 규모로 발전되었던 것인지, 모두 미제로 남아 있을 수밖에 없다. 특히 이런 물음은 이들이 계속해서 수렵 채집 생활자로 살았고 일정한 구역에서 늘 이동했다는 점 때문에 대답하기가 더욱 어렵다. 이들은 신석기를 꽃피운 집단과 달리 한 장소에서 식량을 생산할 수 없었기 때문에 이동생활을 해야 했다. 따라서 이 문제에 대답하기 위해서는 앞으로의 연구가 오스트레일리아의 플라이스토세 후기에서 홀로세 초기까지의 시기에 대해 지금까지 알려진 지식을 수정하거나 더욱 구체화시키고 새롭게 해줄 수준에 도달할 때까지 좀더 기다려야 한다.

북극에서 사막까지,
북아메리카의 생활상

들소 춤을 추는 인디언. 텍사스주 밸버디 카운티에서 발견된 선사시대 그림 문자.

1.
북극과 아북극에서의
생존

기원전 1만 년경 빙하시대가 끝나갈 무렵 북아메리카에서도 기후가 따뜻해졌고 해안선, 강수량, 식생에서 극적인 변화가 일어났다. 그때까지 지구 북반구 전체를 뒤덮고 있었던 커다란 빙상이 줄어들었고 동시에 온대 숲 지대가 북상했다. 남북극의 빙하가 녹고 해수면이 상승함에 따라 북아메리카 대륙의 태평양과 대서양 쪽의 해안선이 서서히 오늘날과 같은 형태를 갖추게 되었다. 동시에 북아메리카 남부 지방의 기후는 건조해졌고 그 결과 북극과 아북극亞北極 지방에서 멕시코 북부 경계지역까지 매우 다양한 생태 지대가 형성되었다. 빙하기가 끝나고 북아메리카 주민들이 직면한 가장 큰 도전은 이 다양한 기후와 식생 지대를 생활 터전으로 삼기 위해 성공적으로 적응하는 것이었다. 다시 말해 향후 수천 년 동안 북아메리카의 자연 및 문화 발달에서 나타나는 특징적인 차이는 이 기원전 1만 년경의 다양한 자연 조건에서 기인한다고 할 수 있다(〈지도 17〉).

〈지도 17〉 북아메리카 대륙의 자연환경 특징에 따른 문화 분포도.

　　북아메리카 가장 북쪽의 북극 지방은 서쪽으로 알류샨 열도에서 알래스카와 캐나다 북부 해안선을 거쳐 그린란드에까지 뻗어 있다. 북극 기후대 중에서 특히 베링 해협의 아시아 쪽은 툰드라 지대로 불린다. 이곳의 땅은 영구 동토이며 기껏해야 지의류와 이끼류만이 자랄 뿐이다. 이 지역의 주민들은 수천 년 전부터 기각류, 바다코끼리, 고래를 사냥해서 먹고 살았다. 여기에 이용 가능할 때는 조개와 갑각류, 베리류 열매와 야생 열매 등으로 식단을 보충했다. 사람들은 매우 작은 집단을 이루어 분산되어 살았으며 사냥과 어획에 전문가였다. 이들은 수천 년 전부터 이미 이글루라고 불리는 눈으로 만든 오두막에서 살았지만 이는 당연히 고고학

인류는 어떻게 역사가 되었나

적 흔적을 남기지 않았다. 이들은 이글루 외에도 해안가로 흘러들어온 나무, 돌, 고래 뼈, 털가죽, 잔디 떼를 이용해 집을 짓기도 했다. 가장 중요한 이동 수단은 물에서는 카누였고 눈으로 뒤덮인 육지에서는 썰매였다. 이미 이른 시기부터 개가 끄는 썰매가 있었던 것으로 추측된다. 가장 중요한 사냥 도구는 작살이며 북극 지방에 널리 퍼져 있었다.

북극 남쪽으로는 아북극의 숲 벨트 지대가 이어진다. 이곳은 시베리아에서 타이가라고도 불리는데 서쪽의 중앙 알래스카에서 동쪽의 세인트 로렌스강까지 이어지면서 북아메리카의 북부 지방 전체를 차지한다. 이 침엽수림 지대에서는 사냥을 위한 야생동물뿐만 아니라 채집용 식용 식물 또한 다양하고 풍부하게 존재해 최초의 거주민들에게 풍부한 식량을 제공했다. 아북극 침엽수림 지대가 태평양 해안지역으로 넘어가는 곳은 서북 해안이라 불리며 처음부터 독자적인 자연 및 문화 영역을 형성했다. 이 지역은 알래스카 남부에서 캐나다 서부 해안을 따라 캘리포니아 북부 근처까지 뻗어 있지만 내륙 지방으로까지 깊숙이 들어가지는 않는다. 서북 해안 지역은 지형적으로 수많은 섬, 해안가 평지, 산자락, 산맥으로 구분되며, 이곳도 마찬가지로 풍부한 식생이 자라는 삼림 지대(특히 개잎갈나무와 노간주나무)로 덮여 있고, 적지 않은 동물상이 서식하고 있다.

기원전 1만 년이 지나고 얼마 되지 않은 시기의 알래스카는 문화적으로 아직 시베리아의 일부로 간주된다. 이곳에서는 세석기의 특징을 보이는 석기 제작이 주를 이루고 있었고 일례로 작은 박편으로 창촉과 작살을 제작했다. 이 석기 제작은 사하 공화국의 레나 분지에서 알래스카 내륙, 그리고 서북 해안선을 따라 브리티시컬럼비아주까지 분포되어 있었다. 이 시기 해수면이 상승함에 따라 시베리아 동북부와 알래스카 사이 베링 육교가 바다 밑으로 가라앉았고 이후 시베리아 동북부와 북아메리카는 서로 다른 방향으로 발전해나간다. 이렇게 해서 서쪽 알래스카와 동쪽의 세인트로렌스강 및 동부 지방 사이의 북아메리카 아북극 지대에는 매우 독자적인 형태의 고대 북극 문화 전통이 형성된다.

알래스카의 고대 북극 문명 집단은 기원전 8000년대 말에서 기원전 5000년대 중반 직후까지 존속했고 몇몇 지역에서는 기원전 4000년대 초까지 남아 있기도 했다. 이 시기 인구는 그리 많지 않았고 주로 해안가를 따라 또는 내륙 쪽에서는 강가를 따라 살았다. 생활 방식에 대해서는 알려진 것이 거의 없다. 전해 내려오는 것은 오직 석기 인공물뿐이며 세석기 전통을 따르고 있다. 이 작은 칼날들은 통상 고성능 사냥 무기의 부속품으로 사용되었다. 사냥은 어획 및 채집 활동과 더불어 중요한 역할을 했고 바다코끼리와 같은 기각류, 고래와 같은 해양포유류가 포획되었다. 그 밖에 육지의 대형 포유류 또한 사냥감이었는데 주로 북아메리카 순록인 카리부가 인기 있었다.

기원전 8000년대 후반과 기원전 5000년대 후반 사이 알래스카에 살았던 고대 북극 사냥 집단들은 강가와 내륙으로 이어지는 피오르 해안을 따라 계절적으로 이동하는 카리부 대형 무리의 뒤를 쫓아다니며 살았다. 이런 방식으로 고기를 지속적이며 안정적으로 공급받을 수 있었다. 당시 이들이 이동했던 경로를 따라 계속해서 도축장이 발견된다. 사냥된 동물은 이곳에서 구석기시대 사냥꾼들이 으레 그렇게 했듯 석기를 이용해 토막을 냈다. 하지만 고대 북극 사냥꾼 집단들은 매우 다른 식량 조달 전략도 갖고 있었다. 예를 들어 케치칸시市의 프린스오브웨일스섬에 있는 온유어니즈 동굴에서는 기원전 7200년경에 죽은 젊은 남자의 유골이 발견되었다. 이 유골을 동위 원소 분석을 통해 측정한 결과 거의 해양에서 나는 식량만을 먹고 살았음을 알 수 있었다. 즉 알래스카 육지의 인근 섬과 해안가의 주민들은 아주 이른 시기부터 거의 생선, 해양 포유류, 물새만으로 식량을 해결했다는 것이 확실시된다.

기원전 8000년대 후반과 기원전 5000년대 후반 사이에 고대 북극 사냥꾼 집단은 주로 알류샨 열도와 알래스카 일부 지역에 거주했다. 고고학적으로 확인된 바에 의하면 당시 이들 지역을 제외한 아북극 벨트 지대에서는 북아메리카 동부 해안에 이르기까지 사람이 거의 살지 않았던 것이 확실하다. 이후 수천 년에 걸쳐 변화가 일어난다. 사람들은 조금씩 북아메리카의 거의 전역으로 퍼져 살게 되었고 각 지역의 자연환경에 적응해나갔다. 기원전 5000년대 후반부터 알래스카 남부 태평양 해안과 해안 가까이 있는 섬들에서 오션베이 전통이라 불리는 문화의 사냥꾼들이 살기 시작했다. 당시 이곳에는 빙하가 전혀 없었고 이들은 이 생활 터전에서 주로 해양 포유류, 특히 고래를 사냥했다. 이 시기 사람이 가장 많이 살았던 흔적은 코디액섬과 더 서쪽의 유니맥섬에서 발견된다. 밍크섬에서도 기원전 5000년대 후반에 고래 사냥꾼들이 살았던 흔적이 발견된다. 이들은 바다사자를 뒤쫓기도 했다. 풍부한 사냥감으로 인해 식량 조달은 지속적인 안정을 누렸다. 그렇기 때문에 사냥을 이유로 이동할 필요가 전혀 없었고 이곳에서 수천 년에 걸쳐 거의 변화가 없는 생활을 영위했다.

사냥꾼들이 사용했던 배는 카누 형태로 나무에 동물 가죽을 씌워 만들었을 가능성이 대단히 높다. 하지만 너무 오래전이라 흔적이 남아 있지 않다. 사냥에서는 모서리가 뾰족한 길이 17~18센티미터의 규석 촉이 달린 창이 사용되었다. 이런 형태의 성능 좋은 사냥 무기는 이전 시기에는 발견되지 않았는데 아예 존재하지 않았을 확률이 높다. 그 밖에 극소형 칼날을 장착한 창도 사용되었던 것으로 보인다. 또한 바다의 사냥꾼들은 방수 의복을 이용했을 것으로 생각된다. 후대의 민족지적 수집물을 통해

13장 북극에서 사막까지, 북아메리카의 생활상

알려진 바에 따르면 이런 옷은 동물 가죽, 특히 물고기 껍질로 만들었으리라 추측된다. 하지만 그 시기에 속하는 직접적인 증거물은 전해지지 않는다. 요컨대 오션베이 전통에 살았던 사람들은 기원전 5000년대 후반에서 기원전 1000년대 중반경까지 알래스카 남부 해안과 해안가 섬들에서 살았으며 이 기간에 중요한 변화는 일어나지 않았다.

기원전 1000년대 중반 직전 카체마크 전통이라 불리는 문화가 형성되었고 기원후 시기까지 지속되었다. 이 시기 사냥꾼들은 오션베이 전통을 계승하긴 했지만 사냥 기술에서 훨씬 더 전문화되었고 그 결과 더욱 효과적으로 사냥을 할 수 있었다. 해양 포유류를 주로 사냥하는 집단도 있었고 연어잡이에 집중하는 집단도 있었다. 또 다른 집단은 카리부만 사냥하기도 했다. 이에 더해 사람들은 식물도 채집했다. 이 시기에 만들어진 최초의 갈돌이 지금까지 전해지며 이는 채집한 야생식물 씨앗과 알곡이 가공되었음을 말해준다.

당시 기후는 얼마간 다시 추워지고 습해졌다. 카체마크 문화의 사람들은 이 변화에 적응해야 했다. 이런 노력의 일환으로 이들은 땅을 파서 겨울 움집을 지었다. 이 집 형태가 추위를 좀더 잘 막아줄 수 있었기 때문이다. 가옥은 거의 사각형 터 위에 지어졌고 중앙에는 요리를 하거나 불 피우는 곳이 자리 잡고 있었다. 건물 내부에 들어가려면 집 바깥으로 연결된 경사면을 넘어야만 들어올 수 있었는데 이렇게 해서 추위가 집 안으로 들어오는 것을 피할 수 있었다. 이 건물들은 나무 뼈대를 세우고 그 위에 잔디 떼로 벽을 둘러쳤다. 이는 추위를 막는 이상적인 보온 방법이었다. 지붕에는 요리하는 곳의 연기 배출을 위해 중앙에 구멍이 나 있었을 것으로 짐작된다.

서력기원이 시작될 쯤에 드디어 뚜렷한 인구 증가가 일어나고 해안지역에 사람들이 더 많이 거주하게 된다. 따라서 촌락도 많아졌고 촌락 간 거리도 짧아졌으며 물자 교환과 무역도 더욱 활발해졌다. 이는 유적에서 나온 이국적인 물건들과 해당 주거지역에서는 자체적으로 생산되지 않는 재료의 흔적으로 알 수 있다. 그렇기 때문에 사회적 계층화가 시작되었을 것이라고도 예상된다. 왜냐하면 이런 물자를 이용하는 것이 모든 사회 구성원에게 가능한 일은 아니었을 것이기 때문이다. 하지만 고고학적인 증거가 될 공동묘지가 발견되지 않는 한 이는 순전히 가설로만 남을 뿐이다. 여하튼 지금까지 보존되어 있는 얼마 되지 않는 당시의 무덤은 특수한 매장 방식을 보여준다. 즉 시신이 온전한 형태로 매장되지 않은 무덤이 발견되는데, 보통 머리나 신체의 다른 일부가 결여되어 있었다.

알류샨 열도에는 고대 북극 시대부터 사람이 살기 시작했다. 유니맥섬의 아낭굴라 유적지는 기원전 7000년경에 속하는 것으로 확인된다. 이 유적지의 주민들은 어로와 해양 포유류 사냥으로 먹고살았으며 땅을 파서 지은 움집에서 살았다. 이러한 집 형태는 더 후대에도 알류샨 열도에 분포되어 있었다. 하지만 이 최초의 발굴물들이 후대의 알류샨 문화와 직접적인 연관관계가 있는지는 현재의 연구 수준으로 판단하기 힘들다. 알류샨 열도에는 그다음 수천 년 동안 사람이 거주한 흔적이 전혀 보이지 않기 때문이다.

알류샨 열도에 두 번째로 이주민이 대거 유입된 것은 기원전 2000년대 중반이 되어서였다. 이때부터 지속적인 문화 발전이 시작되어 현재까지 이어진다. 기원전 2000년대부터 알류샨 열도에서 살았던 사람들의 삶은 동쪽의 이웃인 카체마크 전통의 삶과 비슷했다. 즉 조류와 해양 포유류 사냥을 전문으로 했고 물고기를 잡았다. 이들은 작은 촌락들을 세웠는데 카체마크 전통의 가옥과 비슷한 형태였다. 즉 정사각형 또는 직사각형 터에 땅속으로 약간 들어가게 지은 움집으로, 외부로 돌출된 현관, 목재로 된 기둥에 보온 효과를 위해 잔디 떼를 외부에 둘렀다. 이들의 생활과 경제 방식은 기원전 2000년대부터 기원후 훨씬 이후 시기까지 거의 변하지 않고 지속된다.

그럼에도 불구하고 알류샨 문화가 존속하는 기간 동안 기원전 시기에 커다란 변화가 한 번 일어난 적이 있다. 기원전 500년대 중반경 거대한 주거지들이 형성되었던 것이다. 이 주거지는 인구가 큰 폭으로 팽창한 것과 관계있다. 거대한 주거지 중 가장 대표적 예인 아다마간 주거지는 기원전 400년에서 기원후 100년까지 존속했다. 이 주거지는 우리가 아는 모든 수렵 채집 공동체 중 가장 규모가 컸다. 이 유적지는 해안가라는 지리적으로 유리한 입지에 위치해 있어 베링해나 태평양으로 나가기 쉬웠다. 이곳에서는 250채가 넘는 겨울용 움집과 그보다 가볍게 지어진 여름용 움막집, 그리고 저장용 창고 및 다른 구조물들이 발굴되었다. 요컨대 이곳에서는 수백 가구에 1000명이 넘는 사람들이 살았다고 추정된다. 움막집은 목재와 고래 뼈로 골격을 만들고 그 위에 잔디 떼나 그 밖의 다른 재료를 씌워서 만들었다. 집 안으로 들어가려면 측면 현관이 아니라 지붕을 통해서 위에서 안으로 들어가게 되어 있었다. 이는 이 시기 다른 지역에서도 관찰되는 구조다.

이렇게 큰 인구 집단의 공동체 생활이 조직되었다는 사실은 추가적으로 많은 물음을 자아내지만 현재의 연구 상태로는 이에 대한 대답이 불가능하다. 이 유적지에서도 유감스럽게 사회의 분화를 짐작하게 해줄 공동묘지가 전혀 발견되지 않는다. 움막집은 계절에 따른 설비(겨울용 가옥인지 여름용인지)나 그 기능(주거용 건물인지 저장용 창고인지)에 따라서만 구분될 뿐 사회적으로 차등이 있었다는 흔적은 보이지 않는다. 우리가 확인할 수 있는 것은 평등하게 사는 공동체에 부합하는 모습뿐이다. 어쩌면 이 인구 집단이 무리 없이 성장할 수 있었던 유일한 이유는 거의 무궁무진하다고 할 수 있는 해양 포유류와 어류 때문일 수도 있다. 게다가 이 동물과 어류는 포획하기도 쉬웠다. 약 500년 후인 기원후 100년경 사람들은 이 대형 주거지를 떠났다. 그 이유에 대해 정확히 밝혀진 것은 아무것도 없다. 한 가지 가능성 있는 추측은 또다시 높아진 해수면으로 인해 해안 지형이 바뀌었기 때문일 것으로 생각된다.

최소한 기원전 2000년대 중반경 베링 해협 지역에 일명 '북극 소도구 전통'이 형성되었다. 이 전통은 부분적으로나마 고대 북극에 그 기원을 두고 있는 것으로 간주할 수 있지만 직접적인 관련성은 찾기 힘들다. 그 이름에서 알 수 있듯이 이들은 극소형 칼날, 작은 화살촉, 뚜르개 및 그 비슷한 도구들, 카리부와 기타 포유류 사냥에 효율적인 무기 부속품 등의 석기 도구들을 사용했다는 점이 특징이다. '북극 소도구 전통'을 형성한 사람들은 베링 해협 양편에서 순록을 사냥하고 고기잡이를 했던 이들로 기원전 2000년대 동안 그 수가 더 많아져 지역 집단을 여럿 형성했다. 또한 북아메리카의 아북극 지대 동부 해안까지 진출하여 이 지역 최초의 이주민이 되었다.

위에서 언급된 도구로 볼 때 북아메리카에 처음으로 화살과 활을 들여왔던 것은 이 문화 사람들이었을 것으로 생각된다. 활과 화살은 순록을 사냥할 때 특히 중요했던 장비로 부분적으로 숲이 없는 개방된 지형에서의 사냥에 혁명을 가져왔다. 특히 카리부 순록은 하절기에 모기와 파리 떼를 피해 숲이 없는 고지대로 이동하는데 이때 활과 화살은 중요한 역할을 했다. 이 동물은 활과 화살이 없었다면 효과적으로 사냥할 수 없었을 것이기 때문이다. 이후 이 사냥 장비는 기원전 2000년부터 북아메리카 대륙 내에서 남쪽 온대 기후 지방으로 전파되었다. 하지만 북아메리카 전역에서 이 도구를 사용하게 된 것은 기원후 몇백 년이 더 지나서였다.

북극 소도구 전통 집단은 알래스카에 천막식 구조물을 세웠던 여름용 야영지뿐만 아니라 장기 주거용 건물도 남겼다. 후자는 주로 겨울에 이용되었던 것으로 추측되는데 추위를 피하기 위해 지면보다 낮게 움을 파서 집을 지었다. 북극 소도구 전통은 베링 해협에서 시작해 알래스카 영역, 캐나다의 북극 지역 전체와 아북극 지대 북부 지방, 그리고 해안 근처 섬들에까지 전파되었다. 이들은 처음에는 허드슨만까지 진출했다가 이후 점차 래브라도, 뉴펀들랜드섬으로, 나중에는 그린란드 동부에까지 가닿았다. 기원전 2000년대 중반이 지났을 때 이 넓은 지역 전체에서 북극 소도구 전통 도구들이 출현한다. 하지만 이 도구가 전파된 과정에 대해서 구체적으로 재구성하는 것은 어려운 실정이다.

이와 관련해 두 가지를 생각해볼 수 있다. 한 인구 집단이 알래스카에서 북아메리카 대륙을 가로질러 동쪽으로 이동했다는 게 첫 번째 가설이다. 다른 하나는 여러 집단이 각기 다른 지역에서 북부 지방으로 진출했고 이후 그곳에서 북극 소도구 전통문화라는 하나의 유형 문화를 형성했을 것이라는 설. 이 두 가지 설 중 어떤 것이 사실일지, 현재 우리의 지식으로는 판단이 불가능하다.

북극 소도구 전통은 다시 여러 지역 문화로 나뉜다. 이 문화들은 모두 기원전 2000년대 중반경에 출현한다. 먼저 그린란드에서 가장 동북부에 위치한 인디펜던스피오르 지역에서 형성된 문화 집단을 살펴보자. 이 지역은 주거에 적대적인 곳으로 원시시대에 사람이 살았던 최북단 지역 중 한 군데다. 이들이 남긴 유적은 기원전 2000년대 후반에 속하는 것으로 추정되는데 더 후대까지 명맥을 유지하지는 못했다. 인디펜던스피오르 문화인은 소규모 사냥꾼 집단을 이루고 살았다. 전체적으로 봤을 때 사람들은 이 지역을 아주 가끔 찾았을 뿐이다. 더 큰 인구 집단이었다면 이곳에서 충분하고도 지속적으로 이용할 수 있는 식량 자원을 찾기 어려웠을 것이다. 이런 어려움에도 불구하고 이곳으로 진출을 감행했던 사람들은 고기잡이 그리고 바닷새, 해양 포유류와 카리부 순록 사냥으로 식량을 해결했다.

북극 소도구 전통 내의 또 다른 지역 문화로는 프리도싯 문화가 있다. 이 문화의 유물은 인디펜던스피오르 그룹과 거의 구분되지 않는다. 하지만 프리도싯 문화는 후자와 달리 주로 허드슨만 북부 지대, 배핀섬, 래브라도에 퍼져 있었다. 즉 이 문화는 캐나다 동북부 일부를 차지하면서 그린란드 건너편에 위치해 있었다. 프리도싯 문화인은 주로 카리부 순록과 바다코끼리, 참물범, 고래와 같은 해양 포유류, 물새 등을 사냥해서 식량을 조달했다. 이 지역에서는 인디펜던스피오르 주변 그린란드 최북단 지방과 달리 식량을 사철 내내 안정적으로 조달할 수 있었다.

프리도싯 문화 지역에서는 심지어 지속형 주거지들이 세워졌고 사람들은 오랜 기간에 걸쳐, 비록 특정 계절에 국한되긴 했지만, 계속해서 이 주거지들을 찾았다. 석기에서는 지역적인 차이가 거의 나타나지 않았다. 프리도싯 문화에서는 작살이 널리 퍼져 있었다는 점이 눈에 띄는데 아마도 사냥에서 중요한 역할을 했던 것 같다. 프리도싯 시기의 사냥꾼들은 물 위에서 동물 가죽을 씌운 카약을 타고 다녔고 겨울에도 빙판의 숨구멍에서 참물범을 잡았던 것으로 추측된다. 전체적으로 프리도싯 문화의 뼈로 만든 작살과 화살촉 및 창촉에서는 시간에 따른 변이가 관찰된다. 이후 수백 년 동안 이 문화는 서쪽으로 확장되었고 특히 남쪽의, 당시 숲 툰드라가 덮여 있던 기온이 더 높은 지역으로도 확장되었다. 남부 지역에서 프리도싯 문화는 기원전 1000년대 말엽 서서히 종말을 고했고 도싯 문화에 의해 대체되었다. 도싯 문화는 기원후 시기까지 존속했다.

북극 소도구 전통의 세 번째 지역 문화로는 그린란드 서부, 남부, 동부에 위치해 있던 사콰크 문화를 언급할 수 있다. 이 문화는 기원전 2000년대 중반경에 시작해서 서력기원 시작 직전까지 존속했다. 이 지역 집단의 형성은 프리도싯 집단이 주거에 극도로 적대적인 이북 지역에서 이동해온 것과 관련이 있을 가능성이 매우 높다. 사콰크 문화의 가장 중요한 유적지 중 하나는 그린란드 서쪽 해안에 위치한 주거지인 케케르타수수크 유적지다. 이 유적지는 기원전 2400년에서 기원전 1400년 사이에 속하는 것으로 추정된다. 이곳의 고고학적 지층은 얼음 속에 있었기 때문에 비교적 보존이 잘되어 있다. 그렇기 때문에 이곳에서는 최초로 이 시기 유형 문화물의 유기물 자료에 대한 광범위한 연구가 가능했다. 다른 유적지에서는 이런 사료들이 이미 풍화되어 흔적을 찾아보기 어려웠다. 유기물 자료로 발굴된 것은 목재 인공물과 인골, 모발이었다. 이 자료에 보존된 미토콘드리아 DNA는 이곳 이주민들이 알류샨 열도와 시베리아 최동북단의 주민들과 유전적으로 같은 하플로 집단에 속한다는 것을 보여준다. 한 인구 내에서 유전적으로 친척관계에 있는 집단을 밝혀주는 이 유전자 조사는 현재로서 드물게만 이루어질 수 있고 따라서 여전히 많은 논란이 뒤따르는 것은 사실이다. 그럼에도 불구하고 북아메리카 동북부 지방에 사는 이주민들이 서부에서 이동해왔다는 가설은 언젠가 구체적으로 증명될 가능성도 있다. 하지만 이를 증명하려면 더 많은 DNA 조사가 이루어져야 할 것이다.

케케르타수수크에서는 이 시기와 이 지역에 특징적인 작살과 조립형 창, 그리고 활과 화살이 발굴되었다. 석기가 대량으로 발견되었다는 점도 흥미롭다. 케케르타수수크는 여름 야영지였을 것으로 추측된다. 즉 6월과 7월, 계절 이동을 하는 참물범이 그곳을 지나가는 시기에 주로 이용되었을 것이다. 사콰크 단지의 또 다른 유적지인 이티프네라는 해안가에서 150킬로미터 떨어진 그린란드 내륙에 위치해 있는데 이곳은 카리부와 순록이 계절에 따라 이동하는 경로 근처다. 이 유적지는 기원전 13세기부터 기원후 4세기까지 1000년이 넘는 기간 동안 이용되었다.

위의 두 유적지는 자신의 생활 터전과 환경 조건에 최선을 다해 적응하는 것이 얼마나 중요한지, 얼마나 생존에 직접적으로 연관된 것인지를 다시 한번 분명하게 보여준다. 주거지를 선택하는 데서 식량 자원의 지속적인 이용 가능성이라는 기준은 아메리카의 북극 지방처럼 주거에 적대적인 지형에서는 더할 나위 없이 중요한 의미를 갖는 것이었다. 북극 지역에서 이런 기준에 부합하는 장소는 주로 사냥을 가장 잘할 수 있는 곳이었다. 이런 곳에서는 육류와 어류 및 그 밖의 자연 혜택을 안정적으로 얻을 수 있었고 사냥과 어업을 하는 집단이 크게 발전할 수 있었다. 따라서 위의 유적지들에서도 알류샨 열도의 아다마간에서와 같이 상당한 정도로 인구 성장이 가능했고 대형 주거지도 형성되었다. 지금까지 북아메리카 북극 지방 동부와 그린란드에서 이만한 규모의 주거지는 발견되지 않고 있다.

2.
태평양 서북 해안지역의
전문 사냥꾼과 어부

알래스카 남부에서 캐나다 서부를 거쳐 미국 서북부 지역과 그 인근 섬들에 이르는 북아메리카 태평양 서북 해안은 빙하기가 끝난 뒤 사냥꾼과 어부들에게 거의 무제한으로 식량을 공급해줄 수 있는 매우 유리한 생활 터전이었다. 이곳에서는 강치나 고래 같은 해양 포유류를 손쉽게 사냥할 수 있었고, 큰 넙치와 연어를 전문으로 하는 고기잡이도 큰 수확을 올릴 수 있었다. 이러한 풍부한 자연 산물은 빙하기가 끝난 이후 이 지역에서 인구 집단이 발전하는 데 기반이 되었다. 이 지역은 남쪽으로는 훨씬 더 건조한 기후의 캘리포니아 북부까지 가닿고, 동쪽으로는 숲지대 및 프레리 지대와 경계를 이루고 있다. 특히 이 지역에는 기원전 9000년대부터 기원전 2000년대까지 홀로세 초기와 중기에 푸른 숲 지대가 펼쳐져 있었기 때문에 고도로 복잡한 수렵 채집 공동체가 형성될 수 있었다.

서북 해안에서 사람이 살기 시작한 것은 홀로세 초기부터였다. 이 시기에는 해수면이 상승했고 홀로세가 시작되고 몇백 년 지나지 않아 북아메리카 태평양 서부 해안은 현재의 형태를 갖췄다. 이 해안을 따라 수렵 채집 집단은 북쪽에서 남쪽으로 이동했고, 특히 북부 지방에서는 순록 떼를 따라 이동했다. 기원전 5000년대부터 연어와 청어를 전문으로 잡는 어획이 이루어졌음이 확인되며 이는 이후 수천 년이 지나도록 이어진다. 뼈로 만든 작살은 카약을 타고 해양 포유류를 사냥할 때 특히 중요한 역할을 했다.

내륙 지방에서 태평양으로 흘러 나가는 서북 해안가의 강들은 빙하기 이후 수온이 점점 상승했고 연어나 다른 어류에게 이상적인 산란처가 되었다. 그렇기 때문에 강어귀에서 강 상류 쪽으로 계속 올라가며 대량으로 고기잡이가 가능했다. 기원전 3000년대 중반부터 기원후 1세기까지 어로에서의 뚜렷한 전문화와 효율성 증대가 눈에 띈다. 특히 연어는 어량물살을 가로막고 통발 등을 설치하여 물고기를 잡는 장치이나 어살개울에 나무 울타리를 친 다음 그물이나 통발 등을 설치해 물고기를 잡는 장치을 이용해 대량으로 포획했으며, 작살로 물고기를 잡을 땐 어부의 기량에 따라 성패가 갈렸다. 잡은 고기는 더 오래 보관하기 위해 가공을 했는데 이때 이미 건조와 훈제 기술이 발달했던 것으로 보인다.

플라이스토세 후기 아메리카 대륙에서 처음으로 사람이 살기 시작한 시기를 클로비스 문화라 하는데 이 시기를 뒤이어 홀로세가 시작되면서 '고대기Archaic period'라 불리는 문화 시기가 시작된다. 기원전 4000년대 중반까지 지속되는 이 시기는 수천 년을 아우르는데 현존하는 몇 안 되는 유적지로만 그 존재가 증명된다. 이 유적지들은 지리상 서로 멀리 떨어져 있었고 전체적인 발굴이 이루어질 수 있었다. 이 시기는 북아메리카 북부와 서북부의 다른 지역에서는 '구舊고대 시대' 또는 '세석기 단계'라고도 불린다.

빙하기가 끝나고 수천 년 동안 북극의 빙하가 녹아내리면서 아메리카 대륙은 서서히 현재의 해안선이 형성되었다. 또한 기후도 이전보다 온난다습해졌다. 하지만 남쪽 일부 지역은 여전히 건조했다. 브리티시컬럼비아주와 근해의 섬들, 그리고 남쪽에 인접한 미국의 워싱턴주와 오리건주에서 가장 오래된 유적지는 기원전 7000년 전으로 거슬러 올라간다. 그 다음 인구 집단은 기원전 7000년에서 기원전 4000년 사이에 나타난다. 석기 제작은 세석기가 대세를 이루었는데 목재 자루를 사용해서 복합적이고 성능이 우수한 조립형 도구를 만들었다. 큰 칼날과 끝이 뾰족하거나 월계수 잎 모양으로 세공된 첨두기를 나무 자루에 장착해서 창으로 사용하기도 했다. 이 도구들은 클로비스 문화를 계승한 것으로 사냥에 특히 적합했다. 유적지에서 발견된 음식물 잔해를 보면 당시 연체동물, 연어, 큰 넙치 외에 토끼, 비버, 사슴, 카리부, 강치, 참물범 등의 고기를 식량으로 이용했다는 것을 알 수 있다. 즉 이들은 바다와 해안에 이어진 내륙 숲 지대에서도 사냥할 수 있는 것은 모두 식량으로 삼았다. 그 밖에 물론 식용 가능한 식물도 채집했다.

고대기 가옥 형태에 대해서는 지금까지 알려진 것이 별로 없다. 오리건주 중부의 캐스캐디아에서는 바닥을 살짝 파고 지은 움집이 발견되었다. 이 움집은 기둥 구조물로 중앙에서는 요리용 모닥불 자리가 발견된다. 다른 유적지에서는 텐트식의 가벼운 구조의 가옥들이 나왔다. 이 주거지들에서 살았던 이주민은 평등한 공동체를 이루었으리라 짐작된다. 또한 규모가 작고 이동이 잦았을 것이다. 하지만 서북 해안 전체에서 이런 양상이 나타났던 것인지는 의문으로 남아 있다.

북아메리카 고대기의 장제는 시신 매장 외에 화장하는 풍습도 있었다. 부장품에서 보통 발견되는 것은 구슬, 석기, 뼈로 만든 바늘이다. 그중에는 세공 기술이 뛰어난 부장품이 묻힌 묘도 있었다. 이런 무덤의 주인들을 상류 계급의 일원으로 볼 수도 있을까? 현재의 연구 상태로는 가설만 제기할 수 있을 뿐 사실관계를 증명하기란 불가능하다. 하지만 고대기에 사회적 계급 분화를 보여주는 최초의 징표가 나타나는 것만큼은 확인할 수 있다.

예술 창작은 매우 이른 시기에 시작되었다. 오리건주 캐스캐디아에서 나온 듯한 가장 오래된 암면 조각Petroglyph(새기거나 끌로 파서 그린 암석화)은 기원전 7000년대까지 거슬러 올라간다. 하지만 이때 그려진 그림은 기하학적 무늬, 선 또는 직선과 곡선이 함께 얽힌 무늬를 매우 도식적으로 표현한 것들이었다. 이 무늬에서 최초로 동물과 인간 모티브가 나타나긴 하지만 실제 모습과 가까운 표현은 거의 찾아볼 수 없다.

고대기 다음에는 '태평양기'로 불리는 시기가 이어진다. 이는 기원전 4000년대 중반부터 기원후 18세기까지 이어진다. 태평양기는 다시 세 부분으로 나뉜다. 태평양 초기(기원전 4400년에서 기원전 1800년), 태평양 중기(기원전 1800년에서 기원후 1세기까지), 태평양 후기(1755년경 근대가 시작될 때까지).

기원전 4000년대 초반 이후 미국 서북 해안의 기온은 점점 더 낮아지고 습해졌다. 특히 여름에 이런 현상이 더욱 뚜렷했다. 해수면은 약간 변해 기원전 3000년경에는 오늘날과 같은 해안선을 형성했다. 태평양기 초기의 식량 조달에서 고기잡이와 연체동물의 이용은 매우 중요했다. 이는 해안가를 따라 발견된 수많은 조개무지로 확인된다. 그중에는 고대기에 만들어진 것도 있다. 여기서 특기할 것은 조개무지 속에서 무덤이 발견된다는 점이다. 이는 그때까지는 없었던 장례 형태였다.

또한 크게 주목을 끄는 점은 세석기가 거의 발굴되지 않고 그 대신 일부분이 뚜렷하게 장식된 자루가 달린, 섬세하게 가공된 창촉과 화살촉이 제작되었다는 점이다. 또한 다량의 납작한 손도끼와 암석으로 만든 다른 도구들도 발견된다. 이 도구들은 목재를 가공하는 데에서 중요한 역할을 했다. 태평양기 초기에 제작된 뼈와 뿔로 만든 도구들은 그때까지 볼 수 없었던 다양한 형태를 선보였다. 그 예로는 끌, 바늘, 첨두기를 비롯해 작살, 소형 화살촉 등을 들 수 있다. 이에 더해 입체적으로 장식된 뼈와 돌로 만든 물건들도 볼 수 있다(〈그림 81〉).

기원전 5000년대와 기원전 4000년대 가옥에 대해 알 수 있는 유적지가 몇 군데 있다. 일반적으로 가옥은 땅을 약간 파서 지은 움막집들이었다. 집 중심에는 요리용 불을 피우는 자리가 있었고 기둥 구조물이었으며 집 외부를 잔디 떼로 입혔을 가능성도 있다. 해칙록에서처럼 8×10미터 면적의 비교적 큰 집이 발견되는 곳도 가끔 있다. 주거지당 가옥은 그

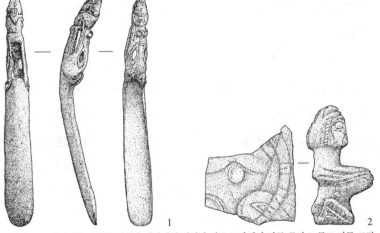

〈그림 81〉 1. 아메리카 서북부 태평양 연안에서 발견된 뼈를 조각해서 만든 물건 2. 돌로 만든 조각상.

리 많지 않다. 통상 주거 집단들은 비교적 크기가 작았고 각 유적지에서는 동시에 한 채에서 두 채 이상의 가옥은 존재하지 않았던 것으로 보인다. 이때 각 가옥에는 가족 한 세대나 두 세대가 살았을 것으로 추측된다. 그 외에도 대형 집이 여러 채 있는 유적지도 있었는데, 그런 곳에서는 더 큰 주거 집단이 살았다. 주거지 형태가 비슷했다는 흔적은 발견되지 않는다. 광범위한 발굴 작업과 수많은 유물 및 동물 뼈가 계속 말해주는 것은 이 움막집들이 매우 활발히 이용되었다는 사실이다. 하지만 이러한 사실이 반드시 이 집들이 오랜 기간 중단되지 않고 이용되었다는 것을 뜻하진 않는다. 그보다 튼튼하게 지어진 집은 겨울용 야영 장소로, 매년 이곳에 찾아왔을 것으로 추측된다. 즉 태평양기 초기 이 지역 사람들은 부분적으로만 정착생활을 했을 것이라는 말이다. 그럼에도 주거 공동체들은 점점 한 장소, 한 생활 공간에 고정되어갔다. 이는 공동묘지가 더 자주 나타난다는 점을 보면 알 수 있다. 태평양기 초기의 예술 창작과 더 이전의 전통과의 연관에 대해서는 현재 포괄적인 평가를 내리기 불가능하다. 이와 관련해 눈에 띄는 것은 기하학적인 문양이 새겨진 돌로 만든 물건 몇 점뿐이다.

기원전 1800년경 태평양기의 중기가 시작되고 기원후 1세기까지 지속되었다. 기후 상황은 대체로 안정적이었지만 해안지역의 지각 융기로 인해 해수면이 다시 약간 하강했다. 기원후 시기부터는 해안 지대 전체에서 사람들이 집중적으로 거주했다. 태평양기 중기는 서북 해안 문화의 대표적 특징이 형성되는 시기라는 점에 의의가 있다. 한 예로 사각형 가옥들로 이루어진 촌락을 볼 수 있다. 이 가옥들은 기둥 구조에 널빤지와 판자로 만든 외벽을 갖고 있었다. 이런 건물은 이때부터 근대에 이르는 시기까지 서북 해안 전체의 대표적인 건물 형태였다. 모든 주거지에는 크기가 약간씩 다른 집 여러 채가 대부분 한 줄 또는 평행한 두 줄로 배치되어 있었다. 이런 점에서 이 주거지들은 이전 시기의 주거지와 분명한 차이를 보인다. 이전 시기에는 대체로 규칙적인 가옥 배치를 인지할 수 없었기 때문이다. 폴메이슨사이트 유적지는 전형적인 열列 배치 촌락이 어떤 모습이었는지를 보여주는 매우 좋은 예다. 이곳에는 서남향의 비탈진 언덕에 계단식 구조로 두 줄로 나란히 직사각형집들이 배열되어 있으며, 지어진 시기는 기원전 1000년대 후반에서 기원전 제1천년기 초엽으로 추정된다. 구덩이와 화덕 자리는 집 바깥에 있는 경우가 많았다. 가옥들이 길쭉하고 서로 평행을 이루며 배치된 이유는 집 안에 카누를 들여놓았기 때문일 거라고 보는 시각도 많다(〈그림 82〉). 이 유적지에서 눈에 띄는 것은 두 줄로 늘어선 가옥과 동떨어져 있는 곳에 세워진 건물 두 채다. 그중 하나는 주거지역 외곽에 위치해 있고 크기도 매우 컸다. 동일한 시기에 서북 해안에서는 이와 유사한 주거지가 많이 생겼다. 프린스루퍼트 항구에 있는 보드워크사이트라는 유적지에서도 평행으로 두 줄을 이루고 있는 직사각형 가옥들을 볼 수 있으며 조성된 시기는 기원전 제1천년기에서 기원후 1세기에 속한다. 비슷한 건축 방식과 배열 구조는 더 남쪽의 오리건주 북부에서도 발견된다. 그중 한 예가 팜로즈사이트에서 발굴된 20×6미터 크기의 건물로, 지금까지 발굴된 이 시기에 지어진 건물 중 가장 크다. 이 건물은 여러 번 수리되었거나 혹은 오랜 기간 계속해서 이용되었던 것이 확실시되는데, 그 때문에 건물이 존속했던 기원전 800년에서 기원후 300년 사이의 기간은 여러 건축 시기로 나눌 수 있다.

이와 함께 비축 경제 형태는 점점 더 중요성을 띠었고 연어잡이의 전문화는 특정 지역에서는 그 어느 시기보다 규모가 커졌다. 또 다른 분명한 변화는 뼈와 뿔로 만든 도구 제작에서 나타났다. 이는 특히 여러 부분

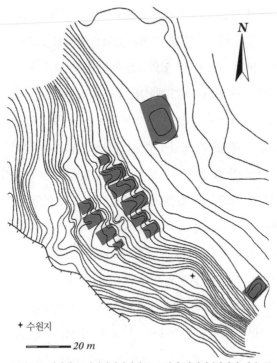

내 수원지

━━━━━20 m

〈그림 82〉 캐나다 브리티시컬럼비아주 스키나 강변의 '열배치 가옥 주
거지'.

을 조립해서 만든 길이가 긴 복합형 작살에서 잘 드러난다. 이 작살은 고
기잡이에서 매우 효율적으로 사용될 수 있었는데 이를 사용하는 어부에
게는 높은 숙련도가 요구되었다. 혼합 수정인 연옥으로 만든 물건도 널
리 퍼져 있었다. 이는 교역으로 얻은 물건으로 추측된다. 아무 데서나 그
냥 얻을 수 있는 재료가 아니었기 때문이다. 이 시기, 비록 드물기는 하지
만 암석으로 만든 납작한 손도끼도 존재했다. 암석으로 만든 그물추와 어
량은 그물로 고기를 잡았음을 증명해준다. 태평양기 중기에 처음으로 제
의적 의미를 띠고 있는 나무로 만든 상자가 출현한다. 이후 이 상자는 그

　　　　　　　13장 북극에서 사막까지, 북아메리카의 생활상

특수한 형태와 그림 무늬로 인해 이 문화권의 대표적 특징이 된다.

태평양기 중기에는 무덤 개수 또한 현저한 증가를 보였다. 시신을 처리하는 데는 여러 다른 방식이 있었음을 확인할 수 있다. 즉 부장품이 전혀 없는 무덤이 있는 반면 구슬, 펜던트, 붉은 황토 안료, 구리로 만든 물건들, 예술적인 조각과 수준 높은 석기가 들어 있는 무덤도 있었다. 성인 남자와 여자는 아랫입술에 구멍을 뚫어 장식용 막대기를 꽂았다. 하지만 이런 풍습은 서해안 북부 지방에만 국한되어 있었다. 남부 지방에서는 장식을 목적으로 해골을 변형시키는 기술을 보유하고 있었다. 두 사례 모두 이를 통해 특별한 사회적 지위를 나타내고자 했다. 전체적으로 부장품은 성별, 나이, 사회적 지위에 따라 분명한 차이를 보였다. 이런 차이가 이렇게 분명하게 나타나는 것은 과거 수백 년 이래 처음 있는 일이었다. 지도층의 일원은 구리, 흑요석, 연옥과 같은 타지방의 원자재를 손에 넣을 수 있었고 귀중한 예술작품도 얻을 수 있었다. 이러한 고급스럽고 이국적인 인공물들이 들어 있는 무덤은 기원전 500년경부터 점점 더 자주 등장한다. 즉 서북 해안에서는 늦어도 이 시기에 사회적 지배층이 형성되었고 이후 수백 년 동안 이어졌을 것으로 추측된다.

부와 특권의 근거는 기본적으로 상당한 잉여 식량의 존재였을 것이다. 잉여 식량이 발생하면 그 사회 내에서 분배되었고, 다른 집단에 전달되거나 무역 등을 통해 교환되었다. 이때 특별한 카리스마적 개인이 존재했고 이러한 분배를 조직하고 통제함으로써 개인적 특권을 행사할 수 있었다. 더 시간이 지난 후 포틀래치라 불리는 대형 축제 의식이 등장했다. 이 축제에서 사람들은 풍족한 선물을 나눠 받았고 선물하는 사람의 사회적 지위는 올라갔다. 이 풍습은 기원전 시기로 그 기원이 거슬러 올라가는 것이 확실시되지만 이와 관련된 고고학적 증거는 부재한 상태다. 동물 모티브와 인간 형상으로 된, 상징성을 지닌 예술도 상황이 비슷하다. 이런 예술은 나무로 만든 대접, 그릇, 숟가락 손잡이뿐만 아니라 거의 모든 일상 용품을 장식하는 데 사용되었다.

수공품에서는 기술이 전문적으로 진보한 것이 눈에 띄며 이와 함께 부와 권력의 중요성이 높아진 것도 분명히 드러난다. 이런 모든 변화는 사회의 계급 분화가 더욱 심화되었음을 가리키는 징표였다. 이런 경향은 기원후에 더욱 뚜렷하고 폭넓게 나타난다.

3.
그레이트플레인스의
들소 사냥꾼

그레이트플레인스는 로키산맥 동부의 건조 지대다. 이 지역은 알래스카 남부와 캐나다 앨버타주, 매니토바주 남부에서 북아메리카 대륙을 남북 으로 가로지르며 텍사스 남부에까지 이른다. 그레이트플레인스는 북쪽 으로는 캐나다 순상지, 남쪽으로는 멕시코만 해안 지방, 동쪽으로는 넓은 삼림 지대에 경계해 있다. 광활한 지역에 뻗어 있는 그레이트플레인스의 기후는 지역마다 차이를 보인다. 미국 동부에 위치한 삼림 지대로 이어지 는 동부 지역은 다른 곳에 비해 더 다습하다. 이에 반해 그레이트플레인 스 서부는 훨씬 건조하다. 이 지역은 강수량이 적어 프레리라 불리는 특 수한 스텝 지대를 형성한다. 서쪽으로는 로키산맥, 동쪽으로는 미시시피 강, 북쪽으로는 캐나다 아북극 지방, 남쪽으로는 멕시코만 사이에 위치한 그레이트플레인스는 하나의 거대한 목초 지대를 형성하고 있다.

몇몇 주거지역에서 확인된 바로는 플라이스토세 말엽 이곳에서 클로 비스 문화인이 살았다. 하지만 최소한 기원전 9000년 이후부터 기후는 더 온난 다습해졌고 이로 인해 사람들의 생활 방식에도 변화가 일어났다. 기원전 9000년에서 기원전 5500년 사이에 속하는 유적지가 몇 군데 발견되었는데 이 유적지를 통해 알 수 있는 것은 당시 사람들이 아메리카 들소아메리카 들소Bison를 영어에서는 버펄로라고도 부른다를 사냥했다는 사실이다. 아메리카 들소는 북아메리카에 분포되어 있는 들소의 한 종류로 야생종에 속한다. 이 들소는 원래 유라시아에 서식했는데 빙하기 동안 시베리아와 알래스카 사이의 육교를 건너 북아메리카 북부 지방에 정착했다. 이 동물은 보통 초식이며 특히 풀, 약초, 이끼, 지의류를 먹고, 다른 소보다 훨씬 물을 적게 먹고도 생존할 수 있으며 섭취한 물을 더 효율적으로 소비한다. 또한 여느 소와는 달리 강추위와 혹서에도 잘 견디기 때문에 그레이트플레인스의 자연환경에 이상적으로 적응했다. 아메리카 들소는 보통 무리 지어 산다. 서부의 프레리 지대처럼 매우 건조한 지역에 사는 들소는 새로운 목초 지대와 수원을 찾기 위해 먼 거리를 이동한다. 이때 짝짓기 기간을 제외하고는 작은 무리들은 흔히 수천 마리에 달하는 커다란 이동 무리에 합류한다. 아메리카 들소는 이런 식으로 수백 킬로미터가 넘는 거리를 큰 무리로 함께 이동한 후 다시 작은 무리로 찢어진다. 오늘날에는 이러한 이동을 하는 들소 무리가 아주 소수에 불과하지만 선사시대 북아메리카 그레이트플레인스의 들소는 당시 인간의 생활에 중요한 영향을 미쳤다.

기원전 1만 년경 이 지역에 고대 아메리카 원주민들이 진출했을 때 이들은 거대한 들소 무리와 맞닥뜨렸고 이 동물을 사냥하기 시작했다. 들소는 많은 고기를 제공해주어 중요한 식량 자원이 되었다. 그 밖에도 의복, 덮개, 방패, 밧줄, 아교, 쿠션 안을 채우는 내용물, 장신구, 용구, 소각 연료를 만들기 위해 들소의 털가죽, 힘줄, 뼈를 이용했다. 들소를 사냥하는 것은 쉽지 않았다. 우리가 서부 영화에서 많이 보는, 말을 타고 또는 말과 활을 이용해 사냥하는 것은 유럽인이 아메리카 대륙을 발견하기 전에는 불가능했다. 말 타기는 스페인이 북아메리카에 들여온 것이었다. 선사시대에 인간은 들소를 대량으로 포획하기 위해 다른 방법을 썼다. 이 사냥 기술들 중 하나가 '버펄로 점프'라는 것이다. 역사 시대에 쓰인 설명에 따르면 우선 달리기가 아주 빠른 젊은 남자가 들소 털가죽을 뒤집어 쓰고 들소 머리를 머리에 쓴다. 이렇게 변장한 후 그는 낭떠러지 근처에서 풀을 뜯고 있는 들소 떼에 몰래 접근한다. 다른 아메리카 원주민들은 몸을 숨긴 채로 사방에서 들소 떼를 에워싼다. 신호와 함께 사람들은 들소 떼를 덮치고, 들소들은 서둘러 도망가려고 한다. 이때 들소로 변장한 인디언이 들소를 낭떠러지 쪽으로 유인하고 들소들은 낭떠러지에서 떨어져 죽는다. 이 스펙터클한 들소 사냥은 16세기에 쓰인 한 스페인인의 기행문으로 인해 세상에 처음 알려졌지만 이 방법이 이미 수천 년 전부터 사용되었다는 것은 고고학적 유적으로도 확인된다.

그레이트플레인스에는 기원전 9000년에서 기원전 5500년 사이에 속하는 많은 유적지가 존재한다. 이 유적지들에서는 고대 아메리카 원주민 집단에게 들소 사냥이 얼마나 중요했는지 분명히 확인할 수 있다. 와이오밍주 동남부에 위치한 헬갭에서는 단기적이지만 반복적으로 이용했던 유적지가 여러 곳에서 발견되었다. 이 유적지들은 들소를 토막내는 장소였다. 원주민들은 일단 다른 곳에서 들소를 포획한 후 토막을 내기 위해 이 장소로 옮겨왔던 것 같다. 사람들은 고기만 취한 것이 아니라 영양가 높은 골수를 얻기 위해 긴 뼈를 부러뜨리기도 했다. 고대 아메리카 원주민들에게 가장 중요한 석기는 길고 끝이 뾰족한 규석으로 만든 첨두기였다. 이 무기는 매우 주의를 기울여 세공되었고, 특히 아랫부분이 안쪽으로 오목하게 들어간 형태는 이전 시기 클로비스 문화 첨두기와 매우 유사해 그 전통이 이어졌을 가능성이 매우 높다. 이 첨두기는 창에 장착돼 사용되었으며 이 무기를 이용해 들소를 사냥했다. 참고로 규석 첨두기의 발달 과정은 시간 순서에 따른 문화의 발달 과정을 잘 반영해 보여준다.

그레이트플레인스의 초원 지대는 봄과 초여름에 내리는 많은 비로 인해 톡톡히 이익을 본다. 왜냐하면 이 시기에는 풀이 특별히 많이 자라지 않기 때문에 습기가 땅으로 스며들어 뿌리까지 가닿을 수 있고 또 뿌리는 이렇게 해서 더 오랫동안 습기를 머금고 있을 수 있기 때문이다. 그 결과 풀을 뜯어 먹고 사는 들소 떼는 건조한 가을철에도 영양가가 풍부한 풀을 먹을 수 있었다.

위에서 묘사한 버펄로 점프 사냥법에 따라 들소를 사냥했다는 가장 오래된 단서는 뉴멕시코주의 폴섬에서 발견된다. 이곳의 가파른 절벽 아래에서는 죽은 들소가 30마리 넘게 발견되었다. 이들은 아래로 떨어진 후 즉시 도살되었다. 현재 우리가 알 수 있는 가장 오래된 버펄로 점프는 기원전 8000년대 중반경에 행해졌는데 당시 계절은 가을이었으리라는 게 거의 확실하다. 이곳에서 발견된 잔해는 들소들이 그 자리에서 도축되었으리라는 것을 분명히 보여준다. 아마도 사람들은 도축이 끝날 때까지 며칠 동안만 이곳에서 머물렀을 것이다. 이곳을 거처로 이용했다는 단서가 전혀 발견되지 않기 때문이다.

들소 사냥은 도보로 행해졌기 때문에 특히 어려웠다. 이를 위해서 늘 계획을 세우고 조를 짜서 움직여야 했다. 즉 큰 집단이 협력해서 하는 사냥이었던 것이다. 혼자서 활과 화살도 없이 들소를 잡을 수는 없었다. 활과 화살과 같은 문명 기술은 훨씬 나중에야 나타난다. 이는 뒤에서 더 설명할 것이다.

집단 몰이사냥을 했다는 또 다른 증거로는 콜로라도주 올슨-처벅에서 나온 원시시대 증거물이 있다. 이 단서는 가장 오랜 유적보다 약 1000년이 더 지난 시기인 기원전 7000년대 중반경에 속하는 것으로 추정된다. 몰이사냥이라는 대형 프로젝트에는 150~200명 정도가 가담했을 것으로 추측된다. 커다란 들소 떼를 협곡으로 몰아 죽음에 이르게 만들기까지는 며칠이 소요됐을 것이다. 이곳에서 발견된 뼈들은 당시 약 140마리가 도축되었음을 알려준다. 사람들은 한 번의 사냥으로 약 2만5000킬로그램의 고기를 얻었고 그 외에 2500킬로그램의 지방과 1800킬로그램의 먹을 수 있는 내장도 얻었다. 현지에서 소비된 고기는 조금뿐이었고 대부분은 나중에 먹기 위해 건조되었음이 분명하다. 이 고기는 100명이 넘는 사람이 최소한 한 달은 먹을 수 있는 양이었다.

사냥꾼들은 와이오밍의 캐스퍼에서 기원전 8000년경의 늦가을, 출구가 없는 사구 사이로 약 100마리의 들소 떼를 몰아넣었다. 그러고 나서 한 마리씩 죽였다. 비슷한 사냥은 콜로라도의 키트 카슨에서도 행해졌다. 기원전 7400년경 약 200마리가 메마른 협곡으로 몰렸고 움직일 수 없던 들소들은 서로 밟혀 죽었다.

대규모로 이루어졌던 들소 무리 집단 사냥은 그레이트플레인스 고대 원주민들의 식량 조달에 대단히 중요한 의미를 지녔다. 그럼에도 이 시기 그레이트플레인스 주민은 들소 사냥만 했던 것은 아니다. 또한 이들은 대부분 들소 사냥을 할 수 있을 만큼 큰 집단이 아니었고 좀더 작은 집단을 이루어 이동생활을 했다. 수렵 채집을 했던 이들은 이용 가능한 모든 자연 산물을 식량으로 삼았다. 물고기, 연체동물, 식용 야생식물 등이 이들의 식량이었다. 이 집단들은 계절마다 똑같은 야영지로 돌아왔다. 이들의 생활 및 경제 방식은 수천 년에 걸쳐 거의 변함이 없었다.

하지만 생활 환경은 매우 다양했다. 건조 지형, 반 건조 지형, 거의 사막과 다름없는 지형 다음에는 산악 지형과 계곡이 이어졌고, 이는 또다시 호수와 습지대로 이어졌다. 비록 강수량이 안정적이긴 했지만 해마다 변화의 폭이 컸고 그래서 특히 습도가 높은 해는 건조한 해보다 6배나 많은 식물성 식량을 이용할 수 있었다. 강가 계곡과 대형 호수 주변은 폭넓은 자연 자원을 제공했다. 하지만 그레이트플레인스에서 이보다 더 인간 생존에 결정적으로 작용했던 것은 이동성, 유연성, 적응력, 생태계에 대한 광범위한 지식이었다. 이들이 만든 가장 중요한 인공물에 속하는 것으로는 기원전 7000년경부터 제작된 나무 막대기, 갈돌과 암석으로 만든 절구, 바구니 등이 있다. 바구니는 여러 씨앗, 식물, 덩이뿌리를 수확하고 가공하는 데 사용되었다. 현대의 민족지 자료에 의하면 나무 막대기를 이용해서 땅속에 묻혀 있는 덩이뿌리 식물을 파냈고 야생 풀의 이삭에서 씨앗을 바로 바구니에 털어 넣거나 손으로 따서 모았다. 여러 식물 뿌리 외에도 베리류, 견과류, 단백질과 지방 함량이 높은 도토리가 선호되었다. 이 식물들은 장기간 보관도 가능했다. 야생 풀에서 얻은 알곡들은 갈아서 멀건 죽이나 된 죽을 쑤었다. 알곡은 돌로 뚜껑을 얹은 구덩이나 동물 가죽으로 만든 저장 용기에서 4~5년간 보관이 가능했다. 강, 호수, 늪 주변 지역은 사람들에게 매우 매력적인 생활 공간을 제공했다. 왜냐하면 이곳에서는 식용 가능한 야생식물이 매우 다양하게 서식하고 있었기 때문이다. 그 밖에 중요한 역할을 했던 것이 사냥이었다. 유타주 호 겁에 위치한 기원전 6000년대 중반경에 속하는 유적지에서는 사슴, 영양, 야생 양과 들소의 잔해가 발견되었다. 이 동물들은 대부분 창으로 사냥되었다. 하지만 이 밖에도 그물과 올가미가 발견되었는데 이 도구들은 토끼와 새, 그 밖의 다른 작은 동물을 사냥하는 데 도움이 되었을 것이다.

그레이트플레인스의 매우 건조한 지형에 사는 주민들은 특히 더 잦은 이동을 하며 살아야 했다. 무엇보다 강수량이 해마다 매우 큰 편차를 보였기 때문이다. 호수가 거의 메마를 정도로 매우 건조한 해에는 다른 곳으로 이주해야 했고 비가 충분히 내려 습도가 높은 해에는 호수 주변에 계속 살 수 있었다. 이는 기원전 9000년에서 기원전 5500년 사이에 그레이트플레인스에서 살았던 고대 아메리카 원주민들이 자연환경에 매우 놀라운 적응 능력을 지녔음을 입증해준다. 이들은 들소 집단 사냥이 중요한 역할을 했을 때도 다른 풍부한 동식물을 식량으로 이용했다. 일반적으로 사냥의 혁명을 가져왔던 결정적인 요소는 더 이후에 발명된 활과 화살이었다. 하지만 그레이트플레인스에서 활과 화살이 사용된 것은 기원후 500년이 되어서였다.

기원전 9000년에서 기원전 5500년까지 지속되었던 고대 아메리카 원주민 문화기에 이어진 시대는 '플레인스 고대Plains Archaic'라고 불리는 시기로 기원전 5000년대 중반부터 기원전 제1천년기 중반 경까지에 해당된다. 고대 아메리카 원주민이 살던 시대에서 플레인스 고대 시기로의 이행기와 플레인스 고대 기간 내 문화 발달 과정을 순서대로 배열하는 데는 여러 창촉 형태가 주요 단서가 된다. 창촉은 이미 플라이스토세 말엽, 클로비스 시기에 모습을 드러내 모든 시기에 걸쳐 매우 특별한 역할을 했다.

와이오밍주 서북쪽 머미케이브 같은 동굴에서는 거의 40층에 달하는 유적이 발견되었다. 이는 기원전 7000년대부터 기원후 16세기까지 이곳이 계속 이용되었음을 증명해준다. 각각의 유적지층 사이에는 짧거나 긴 단절 기간이 있으며 각 지층에 고유한 규석 창촉 형태가 포함되어 있다. 고대 아메리카 원주민 시대에 속하는 지층에서는 길이가 매우 길고 끝쪽으로 갈수록 뾰족하고 양날이 달렸으며 아래쪽이 안으로 굽은 모양의 창촉이 발견된다. 이 형태는 클로비스 촉과 직접적인 연관성을 보여준다 〈그림 83〉). 기원전 5000년대 중반 직후, 플레인스 고대기期가 시작된 후부터는 커다란 변화가 일어난 것이 관찰된다. 창촉은 길이가 절반 정도로 짧아지고 훨씬 몽땅해졌으며 폭이 넓어졌다. 또한 양 측면 하단부가 시작되는 곳이 안쪽으로 각이 지게 가공되었다. 이 삼각형 첨두기는 이후 수천 년 동안 가장 주도적인 모양이 된다. 그 이후는 이미 역사시대가 시작된 때인데 작은 삼각형 첨두기가 발달했다. 이 첨두기는 화살의 끝부분에 씌우는 촉으로 사용되었던 듯하다. 플레인스 고대기 규석 첨두기는 아랫부분 양편에 오목하게 각이 져 있어서 이전 형태의 창보다 훨씬 더 안정적으로 나무 자루에 장착될 수 있었다. 오목하게 각진 부분을 이용해 자루에 창촉을 더 단단하게 동여맬 수 있었기 때문이다.

들소 떼 집단 사냥은 플레인스 고대 기간에도 중요한 의미를 지녔다. 기원전 4000년대 중반에 속하는 와이오밍주 호큰사이트와 같은 유적지는 버펄로 점프 사냥법이 더욱 완벽하게 진보되었음을 확인시켜준다. 이

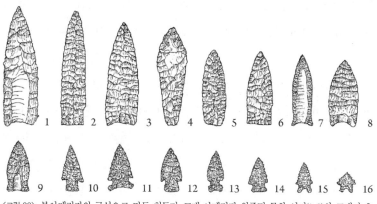

〈그림 83〉 북아메리카의 규석으로 만든 첨두기. 고대 아메리카 원주민 문화 시기(1-8)와 고대기 초기(9-16)의 유형별 발달 과정.

13장 북극에서 사막까지, 북아메리카의 생활상

곳에서도 사람들은 마찬가지로 한 무리의 들소 떼를 낭떠러지로 떨어뜨려 죽였다. 300개가 넘는 규석 촉이 들소 뼈 사이에서 발견된 것을 보면 낭떠러지로 떨어진 들소가 모두 그 자리에서 죽은 것은 아니었다. 이들 중 상당수는 살아남았지만 뼈가 부러져 잘 움직일 수 없었고 따라서 사냥꾼들이 사냥하기가 수월했다. 짐승들은 현장에서 바로 토막을 내어 더 오래 보관할 수 있게 만들었다. 들소 사냥의 빈도는 늘었고 버펄로 점프 기술의 숙련도는 이후 수천 년 동안 점점 더 향상되었다. 특히 기원후 활과 화살이 발명되면서 들소 사냥은 훨씬 효율성이 높아졌다. 16세기의 문자 기록은 그레이트플레인스의 옛 사냥꾼들이 사냥감을 관찰하는 데 1인자였고 사냥물의 특성과 행동 방식을 정확히 알고 있었다고 전해준다. 사냥꾼들은 수컷을 더 선호했고 특히 봄에 사냥하기를 좋아했다. 왜냐하면 당시 사람들은 봄철에 동물 골수에 지방 함량이 더 높다는 것을 알고 있었기 때문이다. 어떤 시대의 사냥꾼이든 특히 기름진 고기를 더 선호했다. 그런 고기가 더 중요한 에너지원이 되기 때문이다.

기원후 들소 사냥이 더욱 전문화되었다는 가시적 증거는 와이오밍주 루비사이트의 기원후 100년경에 속하는 유적지에서 발견되었다. 이곳에는 낭떠러지가 있었는데 동물들이 이 낭떠러지를 발견했을 때는 이미 모든 게 너무 늦어버린 때였다. 당시 사냥꾼들은 사냥감을 낭떠러지로 몰기 위해 기둥을 열 지어 길게 세워놓았다. 들소들은 이렇게 해서 낭떠러지 아래로 떨어져 죽었고 떨어진 이후에도 살아남은 짐승은 사냥꾼들에 의해 다시 도살당했다. 그 후 바로 그 자리에서 도축과 가공 작업이 이루어졌다. 특기할 점은 이 장소 근처에 제의를 지낸 장소가 있었다는 점이다. 제사 장소들에서는 기둥과 돌로 이루어진 호弧와 원이 발견되는데 이는 분명 버펄로 점프와 관계있는 것들이었다. 이 구조물 중 어떤 것은 그 위에 지붕을 얹었을 가능성도 있다. 하지만 이곳에서 구체적으로 어떤 제의 행위가 이루어졌던 것인지는 더 이상 알 길이 없다. 이 중 오직 한 구조물의 최남단에서만 수컷 들소의 해골 8점이 발견되었는데 이는 숭배 의식행위의 대상이지 않았을까 생각된다. 기원전 시기에 속하는 것으로 이와 비슷한 발굴 자료는 아직까지 발견되지 않고 있다.

이렇게 매우 초기나 훨씬 나중 시기에 버펄로 점프를 증명하는 유적지들 외에 수천 년 동안 계속해서 들소 떼가 추락했던 장소가 있다. 앨버타주 서쪽에 있는 헤드 스매시드 버펄로 지대다. 들소 떼는 7000년이 넘도록 사냥꾼들에 의해 이곳 낭떠러지로 내몰려 죽었고 토막 내어졌다. 여기서 버펄로 점프가 시작된 시점은 기원전 5000년대 중반경이다. 이곳의 플레인스 고대 문화는 고대 아메리카 원주민 시기와 유사한 양상을 띤다. 즉 들소 떼의 집단 사냥이 매우 중요한 의미를 지녔음에도 동시에 다른 식량 자원도 이용했던 것이다. 이들의 식단에서는 약초, 야생 풀 씨앗, 덩이뿌리 등을 포함한 식용 가능한 야생식물과 어류 및 그 밖의 다른 야생동물이 빼놓을 수 없는 역할을 했다.

그레이트플레인스에서 생활과 경제 방식은 수천 년 동안 거의 변화가 없었다. 유일한 변화는 창촉과 화살촉 형태였고 사냥 방법은 점점 더 효율적으로 변했다. 아주 다른 방식이 나타난 곳은 미주리강 중류 계곡에 위치한 그레이트플레인스 동부 지역이었다. 이곳에서는 기원전 제1천년기 중반경부터 동쪽 인접한 숲 지대에서 영향을 받아 중요한 변화가 일어난다. 특히 세기가 바뀌고 서력기원이 시작되던 시점에 호프웰 형태의 주거지와 대형 봉분들이 나타났다. 이 둘은 동부 숲 지대의 전형적인 문화 현상이었다. 그 밖에 또 혁신적이었던 것은 활과 화살이 도입된 것, 토기를 처음으로 제작한 것, 그리고 옥수수의 재배였다. 기원전 500년에서 기원후 1000년 사이에는 넓은 면적에 걸쳐 인공적인 토지 조성이 이루어졌다. 이를 위해 선호되었던 지역은 하곡, 호수 또는 협곡 위에 위치한 언덕 등이다. 이렇게 토지 공사가 이루어진 곳에는 단순한 형태의 기단基壇이나 상당수의 봉분을 세웠다. 봉분 아래에는 원형 또는 세로로 긴 묘혈을 파서 시신을 안치했다. 묘혈은 기둥을 세우고 그 위에 지붕을 얹어 만들었다. 부장품으로는 들소 해골과 들소의 다른 부위, 망자의 개인 도구 중 일부가 들어 있었다. 망자의 도구 중에는 돌로 만든 파이프 혹은 구리와 같이 먼 곳에서 나는 자재로 만든 물건도 있었다.

이 지역은 그레이트플레인스에서 동쪽으로 이어지는 숲 지대의 경계지역에 위치했던 곳으로 앞서 기술한 발달 과정 이후 어떻게 되었는지 재구성하기는 거의 힘들다. 그럼에도 말할 수 있는 것은 이들이 이전보다 식물을 더 많이 가공하고, 옥수수 경작을 시작했으며 토기를 제작하는 등 최소한 부분적으로나마 반 정주적 생활이나 정주생활을 했다는 것이다. 이런 생활이 이루어졌던 것이 사실이라면 아마도 이러한 변화가 일어난 주거 공동체 내에서 사회적 신분의 차별화가 진행되었으리라고 추측해볼 수 있다. 하지만 이 변화는 인근 숲 지대에서 영향을 받은 그레이트플레인스 동부 지역에만 국한되어 있었다. 다시 말해 이러한 변화는 캐나다 서부에서 멕시코만까지 이르는 그레이트플레인스 지역 전체를 대표하는 현상이 결코 아니었다. 후자의 지역에서는 수천 년에 걸쳐 거의 아무런 변화도 일어나지 않았다.

4.
이스턴 우드랜즈에서의
복합사회의 발달

이스턴 우드랜즈는 드넓은 숲 지대로, 서쪽으로는 미시시피강, 동쪽으로는 대서양 사이에 위치해 있다. 북쪽으로는 오대호에 면하고 남쪽으로는 멕시코만에 가닿는다. 이 지역은 온화한 기후와 풍부한 강수량이 특징이며 많은 호수와 하천이 가로지르는 가운데 대부분 드넓은 삼림 지대가 조성되어 있다. 플라이스토세 말엽 클로비스 문화 다음 시기인 약 기원전 9000년대부터는 이 광활한 숲 지대에서 사람이 거주하는 일이 매우 드물었다. 이 시기에 속하는 유적지는 대부분 북쪽의 오대호 주변에 분포되어 있는데, 이 유적지들을 살펴보면 사람들이 봄가을에 카리부 떼의 이동을 따라 이동생활을 했다는 것을 알 수 있다. 수천 마리의 카리부 떼는 매년 계절에 따라 이동했고 이 지역 사람들에게 풍부한 식량 자원이 되었다. 더 남쪽의 이스턴 우드랜즈는 카리부와 순록의 서식 지대가 아니었지만 그래도 이 광활한 숲 지역에는 사슴이나 토끼와 같은 다른 많은 야생동물이 살았다. 매우 다양한 식용 식물도 풍부한 식량 자원이 되었다. 특히 중요했던 것은 갖은 견과류였다. 왜냐하면 이것들은 오래 보관할 수 있어서 겨울을 나는 동안 생존을 확보하는 데 도움을 주었기 때문이다.

고기잡이와 견과류 채집을 혼합한 생활 방식이 자주 관찰되는데 이런 방식으로 인해 적지 않은 집단이 수개월 동안 동일한 장소에서 머물러 있었던 것 같다. 하지만 이것이 아직 영구적 정착생활을 의미하는 것은 아니었다. 넓은 하곡은 빙하기 이후 선사시대 사람들이 선호하는 생활 환경이었다. 이곳에서는 고기잡이를 할 수 있고 또 물가에는 다양한 식생이 분포해 있어 식용 가능한 식물을 많이 찾을 수 있었기 때문이다. 이곳이 선호되었던 또 다른 이유는 석기 제작에 적합한 원자재를 얻을 수 있기 때문이었다. 예를 들어 세넌도어강 주변 평원에서는 기원전 8000년대에 속하는 야영지들이 발견된다. 이들 야영지가 위치한 곳은 한편으로는 규석을 채집할 수 있는 채석장 근처였고 다른 한편으로는 주변 생활 터전의 다양한 식량 자원을 이용할 수 있는 곳이었다. 플라이스토세가 끝난 이후 이 지역에서 사람이 거주하는 지역은 하곡 주위로 집중되었다. 하곡을 제외한 나머지 지역은 뚫고 들어가기 매우 어려운 빽빽한 숲 지대였고 이런 조건 하에서 하곡은 중요한 소통 통로였다. 인구 밀도는 높지 않았다. 사람들은 서로 약 200킬로미터에서 400킬로미터씩 떨어져 비교적 작은 집단을 이루며 살았던 것으로 보인다.

미시시피강 중류에서는 기원전 8000년대 후반 '초기 고대Early Archaic'라는 독특한 문화가 형성된다. 이 문화는 돌턴이라는 유적지 이름을 따라 돌턴 문화라고 불린다. 돌턴 문화의 특징점은 길고 끝으로 갈수록 뾰족한 규석 창촉이다. 이 창촉의 가장자리는 세심하게 가공되어 있었고 바닥 부분은 가운데가 안쪽으로 오목하게 들어가고 양쪽 끝부분은 직선

형태를 취하고 있었다. 이 창촉들은 형태상 초기 클로비스 첨두기와 연관성이 있음을 보여준다. 돌턴 첨두기의 종류는 매우 다양하다. 예를 들어 아주 튼튼하고 두꺼워 창촉으로 사용될 수 없을 듯한 것도 있다. 이런 첨두기는 나무줄기를 베거나 또는 나무줄기로 카누를 만드는 등 목재를 가공하는 데 사용되었을 것으로 추측된다.

미시시피강 중류 계곡 지역에서는 이 시기에 이미 인구 밀도가 조밀하게 나타난다. 이전 시기에 비해 주민들의 이동이 훨씬 줄었는데, 이는 대부분 유적지에서 그 지역에서만 나오는 원자재가 이용되었고 먼 지역의 물건은 거의 사용되지 않은 사실로 잘 확인된다. 이 시기에는 오히려 인근 지역에서 얻을 수 있는 갖가지 식량이 더 활발히 이용되었다. 사람들은 식용 식물 채집 외에도 어획을 했고 조류, 사슴, 토끼, 사향쥐와 거북이, 연체동물과 같은 소형 동물도 식량으로 이용했다. 식용 식물은 매우 다양했는데, 특히 호두와 도토리는 식단에서 매우 중요한 위치를 차지했다. 이는 당시 사람들이 이미 그렇게 이른 시기에 도토리에서 쓴 맛을 내는 타닌 성분(현대에서는 떡갈나무 통에 보관한 적포도주에서 타닌 맛을 경험할 수 있다)을 제거하는 방법을 알았다는 것을 말해준다. 쓴맛을 제거하기 위해서 사용된 방법은 도토리의 껍질을 깬 다음 물에 담가놓는 것이었다. 이렇게 한 후에야 도토리는 맛있게 먹을 수 있는 음식으로 조리될 수 있었다. 도토리와 견과류는 오랫동안 보관할 수 있다는 점이 큰 장점이었다.

이동을 적게 했던 미시시피강 중류의 돌턴 문화인들은 생활환경과 훨씬 더 강하게 결속되어 있었다. 이러한 사회적·문화적 현상은 고분 시설에서 특히 잘 드러난다. 예를 들어 아칸소주 동북부에 위치한 슬론의 한 모래 언덕에서는 약 30기의 무덤이 모여 있는 공동묘지가 발견되었다. 오랜 기간 계속 이용되었던 공동묘지는 아주 오래전부터 어느 곳에서든 한 공동체가 그들이 사는 환경과 결속되어 있음을 보여주는 표식이고, 이 때문에 고향이라고 간주될 자격을 얻었다.

기원전 6000년대의 전형적인 야영지는 아이스하우스보텀에서 발굴된다. 이 장소는 리틀테네시강에 바로 면해 있었는데 동일한 수렵 채집 집단이 특정한 간격을 두고 늘 다시 찾아와 일정 기간 동안 머물렀던 야영지다. 이곳에서는 가장 단순한 형태의 원형 가옥 몇 채가 발굴되었다. 그밖에 이 집들이 어떤 구조였는지에 대해서는 알려진 바가 거의 없다. 발굴자들은 다량의 조리용 모닥불 자리와 일명 요리 구덩이를 발견했다. 이 구덩이는 롬 흙으로 마감되어 있었고 견과류와 그 밖의 식용 식물을 조리하는 데 사용되었다. 또 어떤 장소에서는 히커리(북아메리카산 호두)가 많이 발견되었는데 이는 사슴 가죽으로 싸여 있었다. 히커리는 도토리와 더불어 인기가 많은 식물이었다. 이 히커리나무와 도토리나무는 이스턴 우드랜즈 하곡 지역에 널리 분포되어 있었고, 그 열매는 지방과 기름 함량이 많아 영양가가 매우 높았다. 그 밖에 사슴과 다른 야생동물도 즐겨 사냥했는데, 이 동물들은 더 큰 포유류를 사냥하기 위한 미끼로도 이용되었다. 사냥꾼들은 창을 사용했다. 창에는 여러 형태의 규석 촉이 달려 있었다. 가장 오래된 창촉은 위에서 언급되었던 돌턴 창촉과 비슷한 모양이었다. 하지만 그다음 시기에 창촉은 점점 짧아져 기본 형태가 삼각형으로 바뀌었다. 후기에 들어서면 촉을 더 단단히 고정시킬 수 있도록 하단부 양편에 오목한 각을 넣었다. 이와 비슷한 석촉의 발달 과정은 그레이트플레인스에서도 확인된다.

겨울이 끝나는 시기와 초봄, 강가 근처에 위치한 야영지들은 해수면 상승으로 인해 대부분 홍수가 났고 그 때문에 일정 기간 동안 살던 곳을 떠나야만 했다. 하지만 물이 줄어들면 다시 돌아왔다. 이 시기의 인구는 그다지 많이 증가하지 않았고, 따라서 인구 증가에 따라 새로운 주거지를 개척해야 한다는 압박도 없었다. 익숙한 생활환경과 식량 자원은 사람들에게 좋은 생활 기반을 제공했음이 틀림없다.

미국 동남부 원시시대의 중요한 유적지 중 하나는 플로리다주의 타이터스빌에 있는 윈드오버사이트의 공동묘지다. 이 지역에서는 기원전 5000년대 동안 대서양으로 흘러 들어가는 강 주위에 160구가 넘는 시신이 묻혔다. 시신은 신생아부터 고령까지 나이의 폭이 컸다. 이 공동묘지가 위치한 곳은 반복해서 오랜 기간 동안 물속에 잠겨 있었고 때문에 유기 물질로 된 부장품 또한 보관이 매우 잘되어 있다. 이런 부장품 중에는 직조된 직물 잔해와 여러 나무로 된 물건들이 있다. 이곳은 또한 호박을 식량으로 이용했다는 가장 오래된 단서가 나온 곳이기도 하다. 이때 호박 몸통은 물을 보관하거나 견과류나 낟알을 보관하는 데 사용되었다.

기원전 6000년대 중반부터 기후는 다시 한번 훨씬 따뜻해졌다. 북극 빙하 주변의 빙판이 계속 녹아내리면서 해수면이 상승했고 북아메리카 내륙의 호수와 하천의 수면도 상승했다. 물의 온도도 전체적으로 약간 올라갔고 호수와 하천들은 점점 면적이 확장되었다. 이렇게 해서 호수와 하천 주변 지역에는 늪지대가 넓게 형성되었다. 또한 습도가 높아져서 식물상과 동물상이 더 다양해졌다. 이는 인간의 식량 조달에 매우 중요한 의미를 띠는 변화였다. 사냥꾼들은 북쪽의 큰 호수 주변 지역에서뿐만 아니라 남쪽 플로리다 지방에서도 풍부하고 매우 다양한 사냥터를 찾을 수 있었다. 또한 습도와 기온이 올라감에 따라 도토리, 히커리 호두, 너도밤나무 열매, 밤나무와 같은 과실수가 널리 퍼졌다. 이렇게 해서 이 시기 사람들은 영양가가 월등히 풍부한 식용 식물을 훨씬 더 많이 이용할 수 있게 되었다.

훨씬 좋아진 생활 조건은 한 번 개척한 생활환경에 더욱 결속되는 결과를 가져왔고 마침내 수렵 채집 집단은 생존을 확보하기 위해 멀리까지 돌아다니는 습성을 포기하게 되었다. 기원전 8000년대 이후의 발달 과정은 일리노이주 계곡에 위치한 코스터에서 잘 확인된다. 이곳에서는 비록 단절된 기간이 있긴 하지만 14개의 유적지층이 기원전 8000년대 중반부터 기원후 시기까지 대체적으로 지속되었던 인간 주거 활동을 기록해 보여주고 있다.

이곳을 처음 찾은 사람들은 기원전 8000년대의 수렵 채집 생활자였다. 하지만 이들은 흔적을 거의 남기지 않았다. 기원전 6000년대 중반부터 '초기 고대기Early Archaic' 문화 집단이 이곳에 계절용 야영지를 세웠다. 수백 년 넘게 25명에서 30명 정도로 이루어진 동일한 가족 및 씨족 집단이 일정한 간격으로 이곳을 찾았으리라 추측된다. 사람들은 사슴과 작은 포유류를 사냥했고 물고기를 잡았으며 조개를 채집했다. 그 밖에 히커리 호두와 다른 견과류도 채집했다. 사람들이 코스터를 즐겨 찾은 시기는 늦봄부터 초여름까지였고 이 기간이 지나면 떠났다. 기원전 5000년대 중반부터 이 유적지에는 '중기 고대Middle Archaic' 시기에 속하는 상시적 주거지가 형성된다. 이 주거지는 네 층으로 된 유적지층에서 발견된다. 각각의 주거지는 1헥타르 정도의 크기였다. 가옥은 기둥 건축 방식으로 지어졌다. 이와 비슷한 사례는 머독록셸터에 있는 유적지에서 찾아볼 수 있다. 이 유적지는 히커리 호두나무가 많이 서식하고 있는 하곡에 위치해 있고, 계절적으로만 이용되다가 기원전 5000년대 중반부터 상시적 주거지로 발전한 것으로 확인된다.

정착생활이 더욱 발달함에 따라 중기 고대 유적지들에서는 장례 제의의 변화 또한 나타난다. 초기 고대의 유적지 무덤은 야영지나 그 인근 지역에 몇몇 소수로 존재하는 경우가 많았다. 이에 반해 중기 고대 시기에는 다수의 무덤을 거느린 본격적인 공동묘지 시설이 등장한다. 이런 묘지의 예는 테네시주 서부에 있는 에바사이트에서 찾을 수 있다. 이곳에는 기원전 5000년에서 기원전 3000년 사이에 120기의 무덤이 만들어졌다. 일리노이주 서부에 있는 캐리어밀스 유적지에서는 중기 고대 시기인 기원전 3000년대 동안 여러 시기에 걸쳐 남겨진 많은 양의 식량 흔적, 구덩이, 조리용 모닥불 자리 그리고 이와 더불어 무덤 154기를 볼 수 있다. 이 무덤에는 중기 고대 시기 동안 400~500명이 매장되었던 것으로 추정된다. 시신 중에서 43세의 한 남자는 그 부장품과 무덤의 시설로 볼 때 다른 무덤과 차이가 난다. 그의 묘에서는 독수리와 곰의 뼈, 화살촉, 소형 도끼와 그 밖의 다른 물건들이 발견되었던 것이다. 발굴자들은 이 남자를 샤먼이라고 해석한다. 샤먼은 신들과 소통하는 특별한 능력을 갖고 있다고 여겨졌다. 하지만 이러한 해석의 신빙성을 과신해서는 안 된다. 여하튼 확실한 것은(우리가 샤먼이 한 사회에서 어떤 구체적 기능을 수행했는지 알지 못한다는 사실과 무관하게) 사회 내에 특별한 개인들이 존재했다는 사실이다. 이는 중기 고대 이전에는 볼 수 없었던 사회적 발달을 나타낸다.

미시시피강 중류 계곡에서 확인할 수 있었던 것 중 하나는 특별한 장례의식이다. 중기 고대인들은 모든 시신을 1인장으로 매장하는 대신 커다란 구덩이를 파서 40구가 넘는 시신을 함께 묻기도 했다. 시신 부장품만 가지고는 이것들이 한 시신에 개별적으로 딸린 것인지 아니면 매장된 집단 전체를 위한 것인지 결론내리기 힘들다. 공동 매장 무덤 중에는 위에 인공적으로 봉분을 쌓아 올린 것도 있었다. 이는 후세 사람들이 이 무덤들을 잘 알아볼 수 있게 하기 위함이었다. 1인장 부장품이 공동 무덤보다 확실히 부실했던 것으로 볼 때, 개인의 지위는 그렇게 중요하지 않았으며 계속해서 대체로 평등한 사회가 지속되었다고 추정할 수 있다.

이 시기에 갑자기 인공적으로 둥글게 봉분을 얹은 무덤이 자원이 풍부한 하곡 일부에 세워졌다는 사실은 중기 고대 시기 동안 이스턴 우드랜즈 주민의 삶에 근본적인 변화가 일어났음을 뜻한다. 집단적 의례와 본격적인 무덤의 설치는 가족과 친족 집단 내부의 확고한 결속을 전제로 한다. 이러한 집단이 자신이 관리하는 지역 내에 무덤을 세웠다는 사실은 자기 영토권에 대한 의식이 있었다는 것을 보여준다. 그리고 영토에 대한 의식에는 조상 개념이 동반되어 있었을 것이다. 이런 점에서 큰 규모의 공동묘지 시설과 잘 다듬어진 장제가 발전했다는 사실은 중기 고대 시기 동안 정착생활이 점점 더 일반적인 경향이 되어가고 상시적 주거지가 발달했다는 사실과도 매우 잘 부합한다. 이들은 계속해서 사냥, 채집, 어획을 하고 특정한 지역을 활동반경으로 삼아 장거리 이동생활을 했던 것이 틀림없지만, 자신들의 영역이라고 생각되는 반경에서만 활동했다. 이들이 자기네 영역이라고 생각했던 곳은 이들이 아주 많은 수고를 기울이지 않아도 생존할 수 있는 충분한 식량 자원을 제공했다. 이런 사실들은 정착생활과 농경생활이 공존했던 '후기 고대Late Archaic'로 가는 길의 서막이 열렸음을 의미한다.

더 규모가 크고 상시적으로 이용되는 야영지가 만들어지면서 거주 공동체의 사회적 그리고 '정치적' 복합성 또한 높아졌다. 하지만 이에 대해서는 부분적인 단서만 알려져 있다. 중기 고대 시기에 시작되었던 변화는 이후에 이어지는 후기 고대 시기에 진정한 시대 전환으로 나아가게 된다. 즉 이 시기에는 거대하고 복잡한 토지 공사가 이루어졌는데 봉분이 축조된 것이 그 한 예다. 봉분은 죽은 자와 조상을 기념하기 위해 이용되었다. 후기 고대인들은 계속해서 주거지로 하곡을 선호했다. 이곳에서는 물고기, 사냥용 야생동물, 식용 채집 식물을 다양하고 풍부하게 이용할 수 있었다. 이 땅에서 수렵 채집 생활자들은 한 계절에 국한해서가 아니라 사철 내내 식량을 조달할 수 있었다. 또한 사람들은 비축 식량을 저장하는 훨씬 발전된 기술을 갖추게 되었다. 견과류와 도토리를 보관하는 커다란 지하 구덩이, 바구니 또는 특수한 모양의 저장물 보관 용기, 그리고 숲에서 채집한 열매를 거의 1년 넘게 보관할 수 있는 최초의 토기들이 그것이다.

후기 고대기는 기원전 3000년대 초반에 시작되었다. 이 문화의 분포 지역에는 여러 지역 집단이 존재했다. 이들은 기본적으로 각각의 자연환경에 어떤 적응 형태를 보이느냐에 따라 구분된다. 가장 북쪽에 살았던 집단은 오대호 북쪽에서 허드슨만에 이르는 지역에 자리를 잡았고 캐나다 동부 아북극 삼림 지대에서도 모습을 볼 수 있었다. 이 지역의 생활 및 경제 형태는 유럽인과 최초의 접촉이 이루어질 때까지 수천 년이 넘도록 거의 변하지 않았다.

또 다른 지역 집단은 동북쪽 해안 지방에 주로 분포했고 북쪽으로 뉴펀들랜드섬과 래브라도까지의 영역을 거주지로 삼았다. 이곳에서는 특히 카리부와 해양 포유류 사냥이 가장 중요한 식량 조달 방법이었고 이와 함께 고기잡이도 이루어졌다. 남쪽, 즉 오대호와 대서양 연안 사이 지역에는 침엽수림 지대가 펼쳐져 있었는데 주거지로 많이 이용되는 편은 아니었고 사냥꾼과 채집자들이 찾는 정도였다. 다만 여기서 특기할 점은 이 시기 미시간호 서부 등지에서 최초로 구리가 채굴되었다는 사실이다. 하지만 이것이 당시 노동 분업적 성격의 야금술이 있었다는 것을 의미하는지 아니면 구리가 단지 색깔 있는 돌이라서 채굴·채집되었던 것인지는 현재 알 수 없다. 북아메리카의 금속 가공의 시초에 대해서 알 수 있는 신뢰할 만한 자료가 거의 전무하기 때문이다.

　침엽수림 지대 남쪽으로는 서쪽의 미시시피강부터 동쪽으로 롱아일랜드 남쪽 대서양 연안까지 활엽수가 주를 이루는 혼합림이 펼쳐져 있다. 이 지역도 거의 사람의 왕래가 없었던 곳이다. 이에 반해 남쪽으로 이어지는 미시시피강 중류와 오하이오강, 테네시강 중류 하곡에는 사람이 많이 살았다. 주거지는 대부분 이 지역에 세워졌는데 숲과 강변 평야 지대에서 풍부한 식량 자원을 얻을 수 있었기 때문이다. 이보다 더 남쪽에는 최초로 사철 내내 이용되는 상설 주거지들이 생겨났다.

　이 시기에 이스턴 우드랜즈 남부 지역에서는 복합적 사회가 형성될 기미가 보이기 시작한다. 이전 시기와 달리 후기 고대기에 관해서는 여러 유적지층을 통해 어떤 변화가 일어났는지 잘 알 수 있다. 앞서 한 번 언급한 바 있는 코스터에서는 기원전 3000년대 초반 사철 내내 이용되는 주거지가 형성되었고 많은 가옥이 존재했는데, 각 집에 한 가족씩 살았던 것으로 추정된다. 이 가옥들의 면적을 다 합치면 거의 2헥타르에 달한다. 후기 고대 시기에 이 주거지는 기원전 2000년대 초까지 거의 1000년 동안 존속했다. 이곳의 주민들은 전적으로는 아니지만 식량 대부분을 인근 호수와 늪지대에 서식하는 어류에 의존했다. 현대적 계산에 따르면 후기 고대 코스터 거주민은 물고기를 최대 연간 300킬로그램 정도 잡았다. 물고기는 바로 식량으로 소비되거나 다른 계절, 특히 겨울을 나기 위해 장기 보관용으로 건조되거나 훈제되었다. 그 밖에 연체동물로도 식단을 보충했다. 하지만 고기잡이 외에 식량 공급에 중요한 역할을 했던 것은 무엇보다 견과류 채집이었다. 가을에는 대량의 히커리 호두와 도토리를 딸 수 있었고 이에 더해 검은 호두와 헤이즐넛도 채집했다. 견과류 채집과 가공, 그리고 장기간 보존은 이미 오래전부터 행해졌던 전통이었다. 후기 고대기 주거지들에서는 이 밖에도 야생 풀 씨앗의 채집 및 가공 또한 중요한 의미를 띠었다. 씨앗은 갈돌과 절구로 간 후 죽을 만들어 먹었다.

중요하지만 계절적으로만 이용되었던 또 다른 식량 자원은 수백만 마리나 되는 물새 떼였다. 물새는 봄가을에 일리노이주 호수 위를 통과하면서 잠시 육지에 머문다. 사람들은 바로 이때를 노리고 접근해 쉽게 사냥할 수 있었다. 이때 사용되었던 사냥 방법은 추가 달린 그물을 자고 있는 새에게 던지는 방법이었다. 이 방법으로 오리, 거위 및 다른 철새 수백 마리를 포획할 수 있었고, 그 고기를 훈제하거나 말려서 여러 달 동안 보관했다.

요컨대 후기 고대기의 인구 집단은 아주 다양한 동식물 식량 자원을 이용했다. 기원전 3000년에서 기원전 2000년에는 넘치도록 풍족한 자연 식량 자원이 있는 동부 지방, 그중에서도 중부 지역의 여러 강변 평야에서 규모가 크고 복잡한 아메리카 원주민 공동체들이 형성되었다. 기원전 2000년대에 속하는 공동묘지의 무덤 내부 시설을 살펴볼 때 이들 사회에는 사회적 차별화가 뚜렷이 나타나지 않았고 계속해서 전반적으로 평등한 사회가 유지되었음을 알 수 있다. 하지만 성별에 따른 부장품의 차이는 눈에 띈다. 무기, 그물 추, 낚싯바늘은 남자 묘에서 자주 발견되는 데 반해 여자 묘에서는 견과류 껍질을 깨기 위한 돌이 자주 나왔다. 또 조개 껍질로 만든 구슬과 목걸이도 발견되었는데, 그 원재료는 대서양 남부와 멕시코만이 원산지였다. 이런 이국적인 물건들은 살아 있을 때 누구나 다 가질 수 있는 것은 아니었으며, 몇몇 구리로 된 물건들도 그러했다. 구리로 만든 물건은 주로 이스턴 우드랜즈 북부, 오대호 인근 지역, 광석이 채굴되는 곳에서 볼 수 있었다.

기원전 2000년경 후기 고대기에 또 다른 근본적인 변화가 일어났다.

기원전 2000년대 후반에 토기가 처음으로 생산된 것이다. 이 토기는 몹시 조야했고 벽이 두꺼웠으며 주로 견과류와 도토리를 보관하기 위해 사용되었다. 비축물을 저장하기 위해 롬 흙을 발라 마감한 구덩이도 설치되었다. 이와 함께 사용하기에 매우 손쉬운 식량 운반용 용기가 있었으니 바로 바구니였다. 인간은 아주 일찍부터 바구니를 만들어 사용했다. 사우스캐롤라이나 해안 지대에서 발견된 가장 오래된 토기는 기원전 2000년대 후반의 것으로 추정된다. 기원전 2000년대에 들어서고 얼마 지나지 않아 토기 생산 기술은 동남부 지방에서부터 이스턴 우드랜즈로 확산되었고 그 결과 기원전 500년경이 되었을 때는 불에 구운 토기가 이스턴 우드랜즈 거의 전 지역, 나아가 세인트로렌스 계곡과 뉴잉글랜드와 같은 최동북단 지역에까지도 전파되었다. 벽이 두껍고 조야한 이 토기는 아주 초창기에 화분 모양에 가까웠고 좀 무거웠기 때문에 운반하는 데 특별한 장점이 있었던 건 아니다. 하지만 시간이 지나고 토기의 질이 훨씬 좋아짐에 따라 곡식의 낟알, 씨앗, 견과류 비축 식량을 효과적으로 저장할 수 있게 되었다. 또 이 용기들은 물을 담을 수도 있었기 때문에 요리용 솥과 대접으로 사용되었다.

토기를 생산하게 된 것은 야생 풀 씨앗을 더 많이 이용하는 데 중요한 역할을 했다. 히커리 호두 및 다른 견과류들과 마찬가지로 여러 씨앗 또한 토기 없이는 식용 가능한 식량으로 가공하기 어려웠다. 특히 씨앗과 견과류를 갈아 죽처럼 만든 음식이 이에 해당된다. 식량을 생산하는 데 토기의 도입이 가져다준 영향은 대단했다. 때문에 '용기容器 혁명'이라는 말이 나오기도 한다.

단기적 기후 변동이나 다른 영향들로 인해 식량 사정이 각박해지면 수렵 채집 생활자들은 활동 반경을 넓혀 식량을 보충했다. 하지만 인구가 전반적으로 증가했기 때문에 넓힐 수 있는 영역에 한계가 생겼다. 이때 상황에 따라 경쟁 집단과 폭력적인 힘겨루기가 일어났을 수도 있다. 이러한 긴장관계에서 탈피하는 한 가지 방법은 재배 식물을 경작하는 것이었다. 그렇게 해서 기원전 2000년부터 이스턴 우드랜즈에서는 몇몇 집단이 작은 면적에 최초로 식물 재배를 시도하게 되었다. 재배된 식물로 가장 오래된 것은 이곳에서 야생 형태로 서식하고 있었던 호박이다. 사람들은 먼저 호박의 낱알과 씨앗을 모았고 계획적으로 이 씨앗을 심었다. 이 최초의 호박 경작은 외부에서 받은 영향이 아닌 토착적 발전이었다.

야영 장소를 세울 때, 특히 장기적이고 상시적으로 이용할 야영지일 때 고대 아메리카 원주민들은 자연환경에 인공적인 개조를 가했다. 주거지 용지에는 불을 놓아 특정 식물들을 제거했다. 이는 가령 특정한 야생풀과 같은 여러 다른 종류의 풀에 새로운 서식 공간을 마련해주는 결과를 가져왔다. 개중에는 주거지역에 바로 인접한 환경에서 특별히 잘 자라는 식물도 있었다. 기원전 1000년대 초반부터 시작된 호박 경작은 규모가 별로 크지 않았고 주거지 근처에서 텃밭 농사 정도로만 행해졌던 것으로 보인다. 그럼에도 이스턴 우드랜즈는 이로써 전 세계적으로 고대에 외부의 영향 없이 재배 식물을 경작한 지역 중 하나가 되었다.

호박은 북아메리카에서 가장 오래된 재배 식물이다. 앞서 언급했듯이 과육을 식용으로 이용할 수 있을 뿐만 아니라 호리병박 같은 종은 빈 호박 껍데기를 음료 보관 및 운반을 위한 용기로 사용할 수도 있었다. 야생 해바라기도 씨를 갈아서 얻을 수 있는 영양가 높은 기름 때문에 중요한 식량 자원이 되었고 널리 전파되었다. 아마도 해바라기는 이 지역에서 호박과 비슷한 시기에 재배되었으리라 추측된다. 늪지 야채와 늪지 덧나무는 수천 년 전부터 습지대에서 이용되었던 식물이다. 하지만 이 식물의 경작을 확실하게 증명할 수 있는 시기는 기원전 2000년 이후다. 또한 명아주, 여뀌마디풀과의 한해살이풀. 높이는 40~80센티미터이며 잎은 어긋나고 피침 모양이다. 잎과 줄기는 짓이겨 물에 풀어서 고기를 잡는 데 쓴다. 잎은 매운맛이 나며 조미료로 쓰이기도 한다도 식단을 보충해주었고 아티초크가 이용되는 경우도 있었다.

호박 다음으로 중요한 재배 식물은 옥수수였다. 옥수수야말로 수많은 인구를 먹여 살릴 수 있는 식물이었다. 하지만 옥수수가 이스턴 우드랜즈에 들어온 것은 기원전 제1천년기가 되어서였다. 옥수수는 호박과 달리 토종이 아니었고 멕시코에서 미국 서남부를 거쳐 이스턴 우드랜즈로 들어왔다. 들어온 시점을 신빙성 있게 밝힐 수 없기는 담배도 마찬가지지만 유입 경로는 이와 비슷했을 것으로 추정된다. 머리 부분이 토기로 된 파이프는 사람들이 매우 이른 시기부터 담배를 피웠다는 것을 말해준다. 이스턴 우드랜즈 주민들은 담배 외에도 다른 식물 잎사귀를 끽연 재료로 이용했다.

후기 고대기 동안 이스턴 우드랜즈에서 식물 경작은 먼저 텃밭 농사의 오랜 기간을 거쳤다. 텃밭 농사는 채집 생활자들이 낟알을 이용해 식물을 심으려는 목적으로 야영 장소 주변에서 잡목을 없애고 일정한 경작용 용지를 확보함으로써 시작되었다. 이스턴 우드랜즈에서 텃밭 농사의 기간은 매우 오랫동안 지속되었고 오랜 시간이 지나고 나서야 농업이라 할 만한 본격적인 농경으로 이행해갔다. 하지만 두 시기가 항상 뚜렷이 구분될 수 있는 것은 아니다. 이곳에서 농경이 비교적 늦게 시작된 이유 중 하나는 기원전 이스턴 우드랜즈의 비옥한 하곡에 살았던 사람들이 계속해서 수렵 채집자로 살면서 식용 야생식물을 채집하고 사냥과 고기잡이를 했기 때문이다. 이들은 아직 완전히 장소에 고정된 정착생활과 농경생활 방식으로 이행하지 않고 있었다. 때문에 최초의 식물 경작은 식량 조달에 보조적인 역할만을 했다. 이스턴 우드랜즈는 미국에서 농경이 가장 먼저 이루어진 곳으로 외부의 영향 없이 자생적으로 발달했다. 이때 이 새로운 경제 방식은 수천 년 전부터 행해져왔던 수렵 채집 생활을 조금도 축소시키지 않았고 오히려 최고로 효과적인 조화를 만들어냈다. 기원후 옥수수를 넓은 면적에 심기 시작한 후에야 상황은 변하기 시작했다. 하지만 이때도 사냥과 채집 생활은 오랜 시간 동안 완전히 사라지지는 않았다.

기원전 2000년부터 이스턴 우드랜즈에서 일어났던 변화로는 식물의 경작, 토기 생산 외에도 생활 공간과의 강화된 결속감을 들 수 있다. 많은 유형 문화에서 지역화가 심화되었다는 것도 관찰된다. 이런 변화는 또한 이웃한 집단 간에 새로운 관계가 형성되는 결과를 가져왔을 것으로 추측된다. 사람들은 대규모 사냥이나 제의적 성격의 축제를 조직했을 수도 있다. 또는 선물을 교환하거나 동맹을 결성했을 가능성도 있다. 이러한 변화들은 또한 해당 사회의 내부 구조에 영향을 미치지 않을 수 없었을 것이다.

하지만 주거지들에서 사회적 계층화의 심화로 해석될 수 있는, 고고학적으로 증명 가능한 단서가 발견되는 것은 아니다. 오히려 생활 및 경제 형태는 강하게 전통을 고수하고 있었다. 이스턴 우드랜즈의 초기 주거 공동체에는 기원전 제1천년기 초까지 공동체당 수백 명 정도씩 거주했고 전체적으로 봤을 때 평등한 조직을 이루고 있었다. 하지만 바다조개, 구리 및 색다른 원자재와 멀리 떨어진 지역에서 나온 이국적 물건 등 특별히 귀중한 물건은 이미 기원전 4000년대부터 존재했다. 그리고 아무나 이런 물건에 접근이 가능했던 것은 아닐 것이다. 이런 물건들은 집단 대 집단 그리고 부분적으로 장거리 무역을 통해 교환되었을 것으로 추측되며, 수백 년에 걸쳐 형성된 물자 교환의 비공식적 네트워크가 중요한 역할을 했을 것이다.

이런 연유로 당시에 귀중품들이 존재했고 이 귀중품은 소수의 눈에 띠는 무덤에서만 발견된다. 그런 귀중품들은 결국 몇몇 개인이 그들의 카리스마와 특별한 능력(실제로 이들이 이 능력을 갖추었든 아니면 그냥 그렇다고 믿어졌든 간에)을 바탕으로 공동체에서 지도적 역할을 했을 것이라는 추측을 가능하게 한다. 또한 당시 장례 풍습에는 망자가 가족 및 씨족 집단의 일원이라는 점과 망자의 개인적 지위가 반영되어 있었다. 이러한 사실로 볼 때 부족의 최연장자나 샤먼이 종교적, 사회적 중개자로 어떤 중심적 역할을 했을 것이다. 이 지도층 엘리트는 제의에서뿐만 아니라 식량과 원자재 및 사치품의 수입과 분배에서도 중요한 역할을 했다. 이들의 존재는 기원전 1000년 이후 이스턴 우드랜즈의 점점 더 복합적으로 발달해가는 사회 모습과 불가분의 관계에 있었다.

후기 고대 시기의 제의 행위들 중에서 조상 숭배는 중요한 의미를 가졌다. 사람들은 처음에는 작은 봉분을 쌓아 그 밑에 시신을 묻었다. 사회적으로 더 높은 지위에 있던 이에 대해서는 기원전 1000년대 중반부터 언덕 위에 무덤을 세우는 것을 선호했다. 작은 봉분이건 언덕 위의 무덤이건 모두 시신이 묻혀 있는 장소를 잘 표시하기 위한 목적을 띠고 있었다. 이렇게 해서 결국 이 장소는 망자를 추모하고 숭배하기 위한 장소가 된다.

봉분의 설치는 엄청난 사회적 노동 지출을 전제로 한다. 이러한 토지 공사를 하기 위해서 전체 주거 공동체가 힘을 합해야 한다. 봉분은 중기 고대 시기에 이미 개별적으로 만들어지긴 했지만 대규모로 만들어진 것은 후기 고대 시기였다. 특히 미시시피강 하류와 멕시코만에서는 참으로 웅대한 무덤들이 쌓아올려졌다. 이러한 뛰어난 기념비적 능陵에 속하는 것으로 루이지애나주에 있는 왓슨브레이크가 있다. 이곳에는 11개의 언덕이 300미터 넘게 사슬처럼 이어져 있다. 이 중 가장 오래된 능은 기원전 3000년대 후반에 설치된 것이었다.

미시시피강 하류와 멕시코만 내륙지역에서도 후기 고대기인 기원전 2000년대 후반부터 거대한 토지 공사가 이루어졌는데, 이런 곳은 당시 종교적 중심지 역할을 했던 것으로 보인다(〈그림 84〉). 이 문화는 파버티 포인트 문화라고 불리며 기원전 2200년부터 기원전 700년까지 1500년 넘게 존속했고, 이 문화에 이름을 붙여준 루이지애나주의 미시시피강 하류에 위치한 파버티포인트 유적지는 기원전 1000년에서 기원전 700년까지 존속했다. 이곳은 아주 다양한 원자재가 사방으로 운반될 수 있었기 때문에 미시시피강 무역에서 전략적으로 중요한 곳이었다.

파버티포인트는 인공적으로 쌓아올린 많은 언덕으로 이루어져 있으며

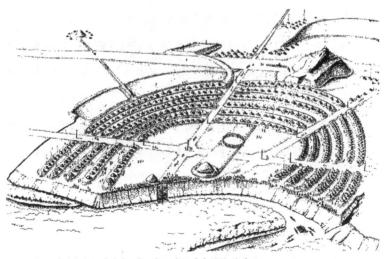

〈그림 84〉 루이지애나주, 파버티포인트의 토지 공사와 봉분 복원도.

전체적인 모습은 경탄을 불러일으킨다. 전체 지형은 말굽 모양과 비슷한 형태이며 6개의 반원으로 이루어져 있다. 이 각각의 반원을 이루고 있는 것은 사슬처럼 연결된 봉분들이다. 말굽 모양에서 트여 있는 쪽은 동쪽 강을 향해 있고 그 반대편에는 높이가 20미터에 너비가 200미터나 되는 거대한 언덕 모양 조성물이 이곳 전체를 관장하는 모양새로 자리 잡고 있다. 이 복합 시설의 세세한 부분의 의미와 기능은 아직 다 밝혀지지 않았지만 그래도 확실하게 말할 수 있는 점은 이 시설이 거대한 집단적 노력의 결과라는 것이다. 즉 이런 공사를 하기 위해서는 수천 명이 오랜 기간 일해야 했을 것이다. 왜 이런 시설을 지었는지에 대해서 구체적으로 대답하기는 힘들다. 하지만 거기에는 제의적 이유가 중요한 역할을 했을 것이라고 추측된다. 파버티포인트가 이스턴 우드랜즈 전 지역에서 가장 크고, 가장 인상적인 기념물이라는 것은 분명하다. 파버티포인트 이후에도 토지 공사가 이루어졌던 장소는 많지만 그중에서 이런 규모를 이룬 곳은 더 이상 나오지 않았다. 하지만 그런 장소들은 상품과 물자, 그리고 생각이 교환되는 네트워크의 한 부분을 형성했다.

기원전 700년경 토지 공사의 중단과 함께 파버티포인트 문화는 종말을 고한다. 이 문화의 쇠퇴 이유에 대해서 우리가 말할 수 있는 것은 없다. 다만 말할 수 있는 것은 이 문화인들이 식물 채집과 어획, 사냥으로 식량을 해결했고 그 밖에 해바라기와 호박을 심었다는 사실이다. 이렇게 자연 산물을 획득하는 경제 방식은 식물 재배를 시작하면서 식량 조달 폭을 넓혔다. 하지만 현재 우리는 아직도 이 문화에 대해 모르는 것이 너무 많다. 그토록 엄청난 토지 공사가 엄격하고 위계적인 사회 조직을 요구했으리라는 것은 짐작이 가는 일이다. 하지만 이 사회가 어떤 구조를 가지고 있었고, 이런 공사를 주도할 수 있었던 지도층이 어떻게 구성되어 있었는지에 대해서는 알지 못한다. 파버티포인트 문화의 쇠퇴와 더불어 이 문화의 지도층도 사라졌으며 그 직후의 문화 발달에 대해서는 현재로 서 알 수 있는 것이 없다.

5.
사막과 숲 사이
: 서남부 지방에서의 옥수수 경작

북아메리카의 서남부 지방은 북쪽의 라스베가스에서부터 멕시코 북부까지의 지역을 말한다. 이 지역은 극도로 대조되는 지형이 나타나는 광활한 공간으로 광대한 반 건조 지대에서 유사 사막까지의 지형이 대부분을 차지하고 있고 끝에는 숲으로 덮인 온대 기후 산맥이 자리 잡고 있다. 강수량 또한 비가 많이 내리는 산간지역에서부터 강우량이 매우 적은 사막지대까지 변화의 폭이 크다. 이 지역은 오늘날 미국 서남부에 해당되는데 애리조나주와 뉴멕시코주가 가장 큰 면적을 차지하고 텍사스주 서부와 콜로라도주, 유타주의 남부도 포함된다. 최남단에는 치와와주가 포함된 멕시코 북부 지역이 속한다. 북아메리카 서남부 지방은 문화적으로 봤을 때 초창기부터 멕시코의 영향이 쉽게 미치는 곳이었다. 실제로 멕시코 문화가 지속적으로 영향을 미쳤음이 고고학적으로 계속 증명되고 있다.

수천 년에 걸쳐 이 건조 및 반 건조 지대에서는 수렵 채집 생활자들이 환경에 적응하며 생활해왔다. 플라이스토세가 끝나고 서남부 지방에는 북아메리카의 다른 지역들과 마찬가지로 고대 아메리카 원주민 공동체가 형성되었다. 이 공동체들은 이후 '고대기Archaische Periode'라 불리는 시기로 이어진다. 이 시기에는 고대기로의 이행을 증명하는 많은 주거지가 있어서 여러 발전상을 더 정확히 재구성할 수 있다. 그중 한 예가 텍사스주에 위치한 윌슨레너드 사이트다.

고대 아메리카 원주민 공동체들은 기원전 1만 년경에 발달해 기원전 6400년경 '초기 고대기'가 시작되는 시점까지 존속했다. 기원전 9000년대에서 기원전 7000년대까지의 지층에서는 돌로 만든 유물들이 나왔다. 그중 자주 눈에 띄는 것은 납작하고 표면이 다듬어진 첨두기로서 길쭉한 형태이거나 끝쪽으로 갈수록 뾰족하고 양면의 모서리가 날카로운 모양을 하고 있으며 바닥 쪽은 오목하게 들어가 있고 양쪽 끝은 다시 살짝 펴진 형태였다. 이 첨두기들은 창의 부속품으로 사용되었는데 훨씬 오래전으로 거슬러 올라가는 클로비스 창촉과 매우 유사한 형태였다. 이 시기의 사람들은 대형 포유류를 사냥해서 식량을 조달했으며 식용 야생식물을 채집했다.

윌슨레너드 사이트의 유적지 중 특별한 곳으로 기원전 9000년대 중반으로 추정되는 무덤이 있다. 이 무덤은 미국에서 가장 오래된 무덤 중 하나이며 무덤에서 발견된 시신은 약 25세의 중간키 여자였고 타원형 구덩이에 다리를 구부린 자세로 안치되어 있었다. 부장품으로는 석기 몇 점과 장식용 펜던트가 발견되었다. 치아 조사에서 밝혀진 바에 따르면 치아가 닳은 흔적이 역력했는데 이는 딱딱한 씨앗 낟알을 씹어서 생긴 것이다. 그 밖에도 이 무덤이 속한 시기의 지층에서는 이 여자의 씨족 집단이 호두와 노간주나무 열매를 식량으로 이용했다는 단서가 발견된다.

고대 아메리카 원주민 사냥꾼과 채집 생활자들이 '초기 고대기' 집단으로 교체된 것은 늦어도 기원전 6000년대 후반이다. 이와 함께 새로운 시대가 시작되었고 삶과 경제 방식에서 중요한 변화들이 일어났다. 초기 고대기에서 특징적인 것은 대형 포유류 대신 점차 더 작은 동물이 식량에 이용되기 시작했다는 점이다. 또한 식용 식물의 채집도 이때부터 식량 조달에서 훨씬 더 큰 역할을 했다. 갈돌과 요리하는 장소의 존재는 당시 식용 식물이 조리되었다는 사실을 증명해준다. 인구가 증가해가던 시기 동안 식량을 구하기 위한 활동 반경 폭과 이동성이 감소했고 이와 동시에 자신들이 선택한 생활 공간에 더 강하게 결속하는 경향을 보였다.

석기의 수와 종류 또한 늘어났다. 그중 어떤 것은 목재를 가공하는 데 사용되었던 것처럼 보인다. 그레이트플레인스와 이스턴 우드랜즈에서와 마찬가지로 이곳에서도 초기 고대기의 시작과 더불어 창촉의 형태에 뚜렷한 변화가 일어났다. 길이가 길고 끄트머리로 갈수록 뾰족하며 통상 하단부가 오목한 형태는 플라이스토세 후기의 클로비스 형태에서 발전되어 나온 것이다. 이 형태는 초기 고대기에 이르러 일직선 하단부와 나무 자루에 더 잘 고정시키기 위해 양쪽에 오목한 홈이 팬 땅딸한 삼각형 모양 첨두기로 대체되었다. 첨두기는 중기 고대기와 후기 고대기를 거치는 동안 점점 작아졌고 결국 나중에는 화살촉과 같은 모양이 되었다. 고대 아메리카 원주민 시기에서 초기 고대기로의 이행과정은 창촉의 변화를 통해 잘 설명된다.

초기 고대기의 또 다른 특징은 뼈와 유기 물질로 된 도구가 더 많이 생산되었다는 점이다. 그 밖에 조리를 위한 구덩이와 모닥불 자리도 발견되었는데, 사람들은 이곳에서 뜨거워진 돌멩이로 음식을 조리했다. 또한 이 시기에는 이전보다 더 조직적으로 무덤과 작은 공동묘지가 세워졌다. 이런 현상은 생활 공간에 더 강하게 결속되어가는 당시 공동체의 경향을 다시 한번 잘 보여준다. 이후 수천 년 동안 이런 경향은 계속 강화되었다. 초기 고대기의 생활 및 경제 형태를 전체적으로 봤을 때 대부분 그 이전 문화 단계에서 단절 없이 발전되었다고 할 수 있다. 그럼에도 불구하고 사냥 방법과 채집활동에서는 중요한 변화가 눈에 띈다. 사람들은 많은 식용 식물 외에 매우 다양한 동물을 식용으로 이용했다. 뱀, 거북이, 토끼, 조류 외에 사슴과 들소 등 대형 포유류도 식량으로 이용했고, 이에 더해 고기잡이도 이루어졌지만 사냥과 채집만큼 중요한 의미를 갖지는 않았다.

초기 고대기의 시작은 기후가 건조해지는 시점과 일치한다. 홀로세 초기, 숲은 계속해서 평야에서 사라져갔고 그 대신 초원 지대가 점점 확산되었다. 기원전 6000년 전부터 고도가 더 낮은 지대에는 사막과 유사한 지형이 형성되었다. 사막, 스텝과 유사한 초원지역, 숲으로 덮인 산맥 등 여러 지형에서 나타나는 극심한 기후 차이는 점점 더 뚜렷해졌고, 그렇기 때문에 이곳에 사는 초기 고대기의 사냥꾼과 채집자는 환경에 더 잘 적응해야만 했다. 각 집단은 각기 다른 생활 공간에서 다르게 적응한 결과 생활 및 경제 방식에서 뚜렷한 차이를 나타냈고 이는 석기 제작 기술에서도 확인된다. 이동성이 감소하고 활동 반경이 좁아진 사람들은 그 지역 원자재에 더욱더 의존하는 결과를 낳았는데, 발굴되는 석기들이 이러한 변화를 보여주고 있다. 동시에 늘어나는 인구를 먹여 살리려면 각 영역에서 이용할 수 있는 식량 자원을 더 집중적으로 이용해야만 했다.

기본적으로 확실시되는 점은 초기 고대 공동체는 거주지로 건조한 지대를 더 선호하는 경향을 보였다는 사실이다. 그런데 이런 지역에서 수렵 채집 생활자로 살아남는다는 것은 커다란 도전이었다. 아주 건조한 지역에서는 식량을 확보하기 위해 더 높은 이동성이 필요했다. 이는 원주민들이 이 시기에 속하는 많은 야영 장소에서 매우 짧게 머물렀다는 사실을 통해서도 확인할 수 있다. 그렇기 때문에 이런 장소들에는 유물이 별로 남아 있지 않다. 하지만 동굴과 바위굴(암반에 난 일종의 큰 구멍으로 외부로부터 보호하는 기능을 지님)에서는 훨씬 더 많은 도구와 물건이 출토되었다. 그중에는 바구니, 샌들처럼 생긴 신발, 털가죽 의복의 잔해 등 유기물질 유물도 있었다. 이 유물들은 습하고 차가운 지층에서 보존될 수 있었다.

사람들은 이 시기에 이동하며 살았지만 이는 통상 목표 지점으로 이주하기 위한 것이 아니라 한 지역에서 해마다 변하는 동식물상에 대응해 더 나은 조건을 찾고자 그때그때 반응한 결과였다. 이렇게 건조한 지대에서는 주어진 여건에서 가장 빨리 최적으로 적응하는 자만이 살아남을 수 있었다. 초기 고대기인 기원전 6000년대와 기원전 5000년대 동안 미국 서남부 지방의 광활한 땅에서는 뚜렷한 지역화 현상이 나타난다. 즉 저마다 특수한 도구를 가지고 지역에 밀착해 생활하는 집단들이 발달하게 된 것이다. 지역적 특수성은 중기와 후기 고대기에서 더욱 뚜렷해지며 기원후 1세기까지 계속 감지된다. 기원전 3000년대와 기원전 2000년대 중기 고대기에 기후는 더 온화해지지만 동시에 더 건조해졌고 그 결과 이미 다양한 지형이 있던 이 땅에서는 그 다양성이 더 강화된다. 숲과 초원 스텝 지대는 비교적 풍부한 동식물성 식량을 제공했고 야생 풀과 해바라기는 이전보다 더 자주 식량으로 이용되었다. 하지만 이 식량 자원 중에서 많은 것이 1년 내내 이용할 수는 없는 것이었다. 특히 추운 겨울을 나는 것은 서남부 지방 수렵 채집 공동체들이 넘어야 할 커다란 산이었다. 그렇기 때문에 특정 계절에만 채집할 수 있는 식물을 보존하는 것이 중요한 과제가 되었다.

수렵 채집 생활자들은 온난한 기후와 아열대성 기후 지역에서뿐만 아니라 더 온도가 낮은 지역에서도 계속 이동성 높은 작은 규모의 집단을 이루며 살았다. 주거지를 세울 때는 강가나 수원 주변이 선호되었다. 유물이 발견된 유적지는 면적이 그리 크지 않았고 남아 있는 가옥 잔해도 얼마 되지 않았다. 움막집은 대부분 타원형이나 원형이었고 중심부나 가장자리에 조리용 모닥불 자리가 있었다. 지표면보다 낮게 지어진 집 내부에는 작은 구덩이가 있었고 기둥을 박았던 구멍이 불규칙하게 배열되어 있었다. 이런 잔해로 볼 때 이 집들은 제대로 된 건축물이 아니라 거의 무계획적으로 가볍게 세워진 것이었으리라 추측된다. 이는 이런 유적지가 상시적이지 않고 비교적 단기간 이용되었다는 사실을 뒷받침한다. 암석으로 만든 많은 갈돌은 중기 고대기에 식물, 특히 야생 풀 씨앗이 그 이전에 비해 훨씬 많이 가공되었음을 시사한다. 이는 인간 유골을 화학적으로 분석한 결과로도 확인된다. 이 결과에 따르면 당시 식량의 40~70퍼센트가 식물성이었다.

이는 일차적으로 모골론고원 지대와 콜로라도고원 유적지에서 관찰한 것이다. 이에 반해 더 남쪽의 건조하고 부분적으로 준準사막 분지에 위치한 중기 고대기 유적지는 그 수가 훨씬 더 적다. 이는 홀로세 중기부터 심해진 풍화 작용에 의해 파손되었기 때문으로 보인다. 또 눈에 띄는 것은 사막 내부보다 그 가장자리 지역에 주거지가 훨씬 더 조밀하다는 점이다. 이는 사막 한가운데 기온이 가장자리보다 극도로 더 높다는 것을 상기하면 별로 놀랄 일이 아니다. 남쪽 지방과 북쪽의 콜로라도고원에서는 사람들이 겨울 동안 강 계곡에서 거주하며 생업활동을 했던 것으로 보인다. 그랬다가 봄이 시작되는 시기와 여름에는 식물 채집과 사냥을 위해 산간 지역으로 이동했다(〈그림 85〉). 남쪽 지역에서는 강 계곡에서 고원의 초지까지 거리가 10~20킬로미터에 달했다. 북쪽 콜로라도고원에서는 산간의

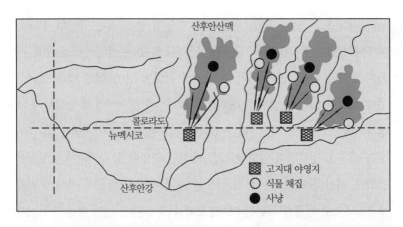

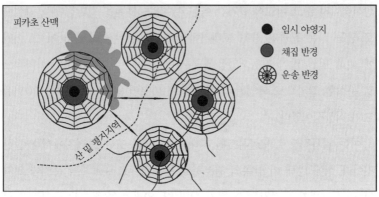

〈그림 85〉 고대기 인구 집단들의 계절에 따른 이동에 대한 가설적 모델. 1. 산후안산맥 2. 피카초산맥.

사냥 캠프와 계곡 주거지 사이가 약 40~100킬로미터 거리였다.

　남부 지방 주거지들은 북부 지방과 큰 차이가 없다. 남부 지방에서도 사람들은 주로 타원형이나 원형의 간단하게 지어진 집에서 거주했으며, 집 내부나 집 바로 옆에 조리용 모닥불 자리와 구덩이가 있었다. 이 유적지들에서도 갈돌이 다량 발견되어 야생식물 씨앗과 다른 식물 종을 가공하는 것이 중요한 의미를 지녔음을 분명하게 보여준다. 이미 언급했다시피 이곳 유적지는 짧은 기간만 이용되었거나 또는 강한 풍화 작용으로 대부분 사라졌기 때문에 유물이 많이 남아 있는 두터운 퇴적 지층은 거의 동굴과 암굴에서만 발견된다. 그곳에서 발견된 동물 뼈를 보면 전문화된 사냥을 했다는 흔적이 역력하며 이러한 사냥 형태는 이후 계속 이어진다.

옥수수가 경작되기 시작한 것은 후기 고대기인 기원전 2000년대 후반부터임이 입증되었다. 이 시기 강수량이 다시 한번 크게 감소했고 기후는 훨씬 건조해졌다. 따라서 수렵 채집 공동체들은 준사막의 분지 지대에서 더 이상 사냥과 채집 활동만으로 식량을 확보할 수 없게 되었다. 이런 사정을 고려할 때 바로 이 시기에 생산 경제가 시작되었다는 것은 그리 놀라운 일이 아닐 것이다. 옥수수는 멕시코에서 최초로 재배되어 경작된 식물이다. 옥수수의 야생 조상은 이미 기원전 8000년에서 기원전 6000년 사이 오악사카 지역에서 서식한 것으로 증명되었다. 멕시코 중앙 발사스 분지에서 야생종이 발견되는 것은 기원전 7200년부터다. 옥수수는 이미 기원전 4000년대 초반에 메소아메리카의 많은 지역과 남아메리카 경계 지대에서 이동생활을 하는 수렵 채집인들에 의해 작은 규모로 경작되고 있었다. 하지만 옥수수 경작이 북아메리카의 서남부 지방에 비교적 갑자기 확산된 것은 기원전 2000년대 중반 이후의 일이며, 어떤 이유에서 이렇게 된 것인지는 알려져 있지 않다. 북아메리카 서남부 지방의 남쪽 주변 지역에서는 이미 기원전 2000년대 말에 옥수수가 경작되었다는 것이 입증된 반면 애리조나주 동북부에서는 기원전 1000년대 초, 뉴멕시코주 리오그란데강 상류에서는 기원전 1000년대 후반에야 옥수수 경작이 시작되었다. 그리고 더 북쪽의 유타주 콜로라도고원에서 옥수수 경작이 시작된 것은 기원후 제1천년기 중반이 지나고 나서였다.

이러한 증거 자료들로 추론해볼 때 서남부 지방에서의 옥수수 경작은 비교적 빠른 시간 안에 멕시코에서 수용되었고 이후 1000년이라는 시간에 걸쳐 북부로 확산되었다. 하지만 이후 거의 1000년 동안은 더 이상 확산되지 못했다. 즉 옥수수는 북아메리카 많은 지역에서 생산 경제 형태를 지속적으로 안착시키지 못한 채 서남부에만 머무르는 데 그치고 말았던 것이다. 북쪽과 동쪽에 인접해 있는 지역은 풍부한 식량 자원이 있었고 사냥, 어로, 채집 활동을 통해 이를 손쉽게 조달할 수 있었기 때문이다. 즉 이들에게는 생산 경제로 전환해야 할 외부적 압박 요인이 전혀 없었던 것이다.

하지만 남부 지방에서도 옥수수 경작은 사냥과 채집을 대체하지 못했고 오랜 시간 식량 조달의 보조적인 방법으로만 이용되었다. 서남부 지방을 포함한 북아메리카의 전 지역에서 후기 고대기 사람들은 계속해서 수렵 채집 생활에 머물렀고 새롭게 시작한 것이라고는 소규모로 이루어진 식물 재배뿐이었다. 이로부터 실질적인 농경사회가 형성되기까지는 많은 세월이 더 흘러야 했다. 초기 옥수수 농사가 이루어졌던 지역들에서는 기원전 제1천년기 동안 콩과 호박도 재배되었는데 어떻게 이 식물을 재배하게 된 것인지는 구체적으로 밝혀지지 않았다. 매우 건조한 지대에서 옥수수 경작은 충분한 물의 공급을 요한다. 때문에 서남부 지방에서 옥수수가 최초로 출현한 이후 약 500년에서 1000년이 지난 시점에는 최초의 인공 관개 시설 흔적도 발견된다. 하지만 옥수수를 대규모로 재배할 수 있게 된 것은 서력기원이 시작되고 나서였다.

사람들은 기원후 1000년 동안 더 많은 옥수수 종을 재배하는 데 성공했고 이로 인해 초기 농경사회는 더 효율적으로 식량을 해결할 수 있었다. 특기할 만한 것은 바로 이 시점에 수렵 채집 생활이 지녔던 중요성이

상실되었다는 점이다. 애리조나주 남부 투손 분지에는 기원전 1000년대 말과 기원전 제1천년기 초반에 설치되었던 관개 수로 유적이 남아 있다. 라스카파스 같은 곳에서는 1헥타르가 넘는 면적에 관개 시설로 물을 댈 수 있었다. 관련 유적지에서는 대량의 옥수수가 들어 있는 저장용 구덩이가 발견되었다. 이로 미루어보건대 관개 시설을 도입함으로써 농사의 효율성이 크게 증가했다는 것을 알 수 있다. 옥수수의 승승장구는 보관하기 쉽다는 점과도 관계있다. 옥수수는 장기간 보관할 수 있었고 덕분에 주거 공동체가 겨울을 나는 데 도움이 되었다. 하지만 기원전 1000년대 후반과 기원전 제1천년기 옥수수 경작 초기에 사람들이 실제로 얼마만큼 옥수수에 의존했는지, 달리 표현해 획득 방식의 경제에서 생산 방식 경제로의 이행이 얼마만큼 실질적으로 진행되었던 것인지에 대해서는 학자들 간에 여전히 의견이 분분하다. 이에 대해서는 앞으로의 연구를 통해 더 많은 사실이 밝혀져야 할 것이다.

애리조나주 남부에서는 후기 고대기 동안 옥수수 경작을 통해 본격적으로 잉여 작물이 생산되었던 것으로 보인다. 이 잉여 작물의 저장 보관이 성공적으로 이루어지면서 농경은 주거 공동체의 식량 조달에 더욱 중요한 의미를 가질 수 있었다. 애리조나주 남부에서는 옥수수를 기르기 위한 자연 조건이 매우 훌륭했다. 즉 옥수수 성장 촉진에 특별히 좋은 따뜻한 계절이 비교적 오래 지속되었고 지하수면이 높았다. 처음에 옥수수를 식량의 보조적 수단으로만 이용했던 수렵 채집 생활자들은 기원전 1000년대에 혹은 늦어도 기원전 제1천년기에는 점차 농부가 되어갔다.

옥수수의 재배는 원래 일종의 텃밭 농사로 시작되었고 수렵 채집 생활자들은 강에서 가까운 야영 장소 주변에서 그곳에 자라고 있던 관목을 없애고 옥수수 재배에 적합한 작은 경작지를 만들었다. 그러다가 시간

13장 북극에서 사막까지, 북아메리카의 생활상

이 지난 후 본격적인 농업이 발달하게 된다. 옥수수가 멕시코에서부터 어떻게 미국 서남부에 도달하게 되었는지는 언급했다시피 아직도 해명되지 않고 있다. 옥수수 종자는 선물 또는 거래 물자로 남쪽에서 북쪽으로 가게 되었을 수도 있다. 옥수수 경작은 1년의 대부분을 정착해 살면서 돌볼 수 있을 때에만 가능한데 이는 서남부 지역 수렵 채집 생활자들이 자연스럽게 받아들일 수 있는 생활 방식이 아니었을 것이다. 하지만 옥수수 경작은 처음에 매우 결정적인 장점을 어필했다. 즉 옥수수 농사는 처음에는 그렇게 특별히 생산성이 높지 않았을 수도 있지만 최소한 수확량을 미리 가늠할 수는 있었던 것이다. 서남부의 기후가 계속 더 건조해지고 수렵 채집 생활자의 생존이 거의 예측할 수 없는 강수량에 의해 심하게 좌지우지되었던 그 시기에 이러한 예측 가능성이란 말할 수 없이 큰 장점으로 작용했다.

요컨대 수렵 채집인은 기존의 생존 전략을 포기하고 농경인이 되어야겠다고 계획했기 때문에 재배 식물을 경작하기 시작한 것이 아니었다. 반대로 수렵 채집인은 텃밭 농사라는 제한된 범위에서 옥수수 농사를 하면서 증가하는 인구와 자연적으로 이용할 수 있는 식량 자원을 일정한 정도의 계획성을 가지고 균형을 맞출 수 있게 되었고 그렇게 해서 옥수수 농사를 더 많이 짓게 되었다. 이 지역의 문화들은 초기 고대 시기부터 갈돌의 사용과 야생 풀의 낟알, 씨앗 및 다른 식물성 식량의 가공에 익숙해 있었기 때문에 이 새로운 재배 식물을 어떻게 가공해야 하는지 알고 있었다. 옥수수 경작은 처음에는 다만 보조 식량으로만 간주되고 일종의 부업에 불과했을 수 있지만 옥수수를 심고 돌봐야 하는 이상 수렵 채집인은 한곳에서 일정 기간 머물러 있어야만 했다. 이는 장소에 대한 결속성이 강화되는 첫걸음이었고 이후 정착생활이 주가 되고 촌락이 형성되는 결과를 가져왔다.

시간이 지나고 옥수수 외에 콩과 호박과 같은 재배 식물이 추가로 경작되었다. 이 세 가지 식물은 모두 주민들에게 영양가가 뛰어난 식량 공급을 보장해주었다. 한 번 더 강조하지만 서남부의 수렵 채집인은 옥수수 경작 외에 아직도 수렵 채집 생활을 하면서 상당히 이동적인 생활 방식을 완전히 포기하지 않고 있었다. 그 이유는 인공적 관개 시설이 도입되기 전에 강수량이 불규칙한 건조한 지역에서 농사에만 완전히 의존한다는 것은 생존을 위협하는 일이었기 때문이다. 따라서 아직 기후 변동을 보완할 방법이나 가능성이 없었던 시기에 다른 식량 자원을 확보해두는 것이 옳은 선택이라고 생각되었다.

재배 옥수수에 대한 의존도가 높아짐에 따라 사람들은 옥수수 경작과 저장 및 가공을 최적화할 수 있는 기술적 가능성을 발달시켰다. 이에 해당되는 것이 저장용 구덩이와 옥수수를 굽는 구덩이였다. 기원전 1000년대 말엽과 기원전 제1천년기에는 경작지에 가능한 한 더 나은 관개 시설을 구축하기 위해 수로 시스템과 둑 그리고 계단식 밭이 설치되었다. 관개 시설을 갖춘 밭 바로 옆에는 크고 작은 원형 또는 타원형 가옥을 세웠다. 그리고 그 옆에는 위에서 말했던 저장용 구덩이와 구이용 구덩이를 설치했다. 나아가 기원전 제1천년기에는 공터를 중심으로 원형으로 움막집을 세웠는데 이 공터는 공동체가 바로 인근에서 경작된 옥수수를 가공하기 위해 사용한 공간이었을 수 있다. 수렵 채집 집단은 농사를 지으며 거주할 때도 여전히 작은 규모로 살았기 때문에 동원 가능한 노동력으로 최대한 효율적인 경작을 하려고 했다. 연구자들은 이 점을 고려해야 한다.

또한 옥수수는 성장 기간이 너무 짧을 경우 질병, 혹한의 겨울에 매우 예민하게 반응한다. 옥수수를 경작했던 수렵 채집인은 틀림없이 단시간에 최적의 토양을 고르는 전문가가 되었을 것이다. 각기 다른 방향으로 뻗은 산등성이 중 밭으로 쓸 땅을 고르기 위해 습도, 일광, 풍향을 고려했다. 옥수수 경작 초기에 이들은 강변의 평야와 협곡을 선호했다. 이곳에서는 자연적 관개가 보장되었기 때문이다. 또한 일부러 옥수수를 여러곳에 나누어 일구었는데 이는 가뭄 또는 홍수라는 변수에 얼마간 대비하기 위한 것이었다. 다시 말해 불리한 기상 조건일 때도 어느 정도 수확을 보장하기 위한 것이었다. 이런 모든 조치는 경험에 기반해 나온 것이었다. 이는 재배 식물 경작을 최적화하기 위해 오랜 기간 실험을 반복했다는 사실을 보여주는 것이다. 이렇게 해서 농사는 마침내 더욱더 효율적으로 지어질 수 있었다. 이러한 실험으로 알아낸 것 중에는 옥수수와 콩을 동일한 경작지에 함께 심으면 한 가지 식물만 경작할 때보다 땅의 비옥도를 더 오랫동안 지속시킬 수 있다는 것도 있었다.

옥수수 경작 초기에 수렵 채집인의 관념세계는 이들의 암석 벽화에 반영되어 있다. 그 한 예가 로어 페이커스 지역에 있는 암석화다. 이곳 사람들은 암반에 여러 색으로 들소, 사슴, 물고기 및 다른 동물들, 그리고 그에 더해 무기류(가령 투창 가속기)와 사람의 형상(어떤 형상들은 샤먼을 연상시키기도 한다)을 그렸다. 대부분의 그림이 정확한 연대 추정은 어렵지만 가장 오래된 그림은 기원전 2000년경에 속하는 것으로 추정된다. 그 밖의 그림들은 대부분 확실히 더 후대에 속한다.

요컨대 우리가 확실하게 말할 수 있는 것은 재배 식물이 최초로 출현했을 때 서남부의 경제 및 생활 방식에는 어떤 극적인 전환도 일어나지 않았으며 수렵 채집인의 삶에 새로운 생활 방식이 하나 덧붙여진 정도였을 뿐이라는 것이다. 그러다가 몇백 년이 지나면서 재배 식물의 중요성은 점점 높아졌다. 북아메리카 서남부 지역의 주민들이 아직 이동생활을 하면서 살았던 시기 동안 옥수수의 대량 경작은 이루어지기 어려웠다. 또한 대부분의 야생식물, 특히 도토리와 견과류는 옥수수보다 훨씬 더 높은 영양가를 함유하고 있어 결코 포기될 수 없었다. 하지만 옥수수 경작의 더할 나위 없는 장점은 식물성 식량 조달을 이전 시기보다 더 잘 계획하고 예측할 수 있다는 데 있었다. 옥수수, 그리고 이후 콩 농사를 짓기 위해, 나아가 이 재배 식물이 가장 알맞게 성장하도록 하기 위해 사람들은 더 많은 시간과 에너지를 쏟을 준비가 되어 있어야 했다. 극도로 건조한 서남부 지역에서 인공적 관개 시설의 도입 또한 이러한 재배 노력의 일환이었다. 농경이 점점 더 많이 이루어지면서 주거 공동체 또한 더 많은 노력을 기울여야 했고 따라서 이동성과 먼 곳까지 미쳤던 활동 반경을 점차 줄여나가야 했기에 결과적으로 장소에 대한 결속성이 높아지고 더 오래 정착생활을 하게 됐다. 그리하여 옥수수와 콩 경작은 더 높은 중요성을 지니게 되었고 결국에는 1년 내내 정주하는 농경 주거지가 형성되었다. 하지만 이러한 촌락이 형성되는 것은 기원후 제1천년기 중반이 지나고 나서였다.

정착생활로의 전환은 수천 년에 걸쳐 이루어졌고 이와 함께 다른 중요한 혁신도 이루어졌다. 그중 하나가 옥수수와 농작물을 보관·가공하기 위한 토기의 제작이었다. 예를 들어 소형 조각상과 같이 점토를 구워서 만든 물건은 기원전 제1천년기 동안에도 이미 존재했다. 이에 반해 서남부 지방에서 점토를 구워서 만든 용기는 기원후 200년 이후라는 비교적 늦은 시기에 나타난다. 최초의 농촌 마을은 여전히 주로 원형이나 타원형 집터에 지어진 수혈식 가옥으로 이루어져 있었다. 이 집들은 기둥, 식물 재료를 엮어 짠 벽, 롬 흙 마감의 구조였다. 움막집 내부에는 모닥불 자리가 있었는데 요리와 겨울 난방을 위해 사용되었다. 애리조나주 서남부 사막 지대에는 특히 정사각형이나 사각형의 구조물들이 세워졌는데 이 건물들 또한 바닥을 파고 지은 집이었다.

기원후 제1천년기 초의 이러한 초기 촌락은 크기가 제각각이었다. 가옥이 몇 안 되는 촌락부터 20채가 넘는 마을까지 다양했다. 집 주변에는 으레 저장용 구덩이와 모닥불 자리가 발견된다. 기원후 제1천년기 후반부터 마을은 크게 성장했고 그 내부 구조도 분명하게 알 수 있게 된다. 이는 변화된 사회적·'정치적' 관계를 반영하고 있는 것으로 풀이된다. 이렇게 해서 이제 푸에블로 문화 형성의 여명기가 밝아온다.

중앙아메리카에서의
원시 고등 문명의 형성

점토로 만든 올메카 문화 좌상 조각상.

1.
메소아메리카에서의
촌락생활과 경제

오늘날 멕시코 영토에 해당되는 이 지역은 상당히 대조적인 여러 자연환경으로 이루어져 있다. 최북단에는 강수량이 적고 극도로 건조한 준사막 지대가 미국 서남부 지방까지 뻗어 있다. 이 지역에서는 생산 경제가 비교적 뒤늦게 나타났고 남쪽 지역에서와 같은 도시 공동체나 초기 고등 문명도 형성되지 않았다. 이동성이 높고 주로 수렵 채집 생활만 했던 이곳 사람들은 스페인에 정복될 때까지 이 생활 형태를 유지했다. 농경을 동반한 정착생활은 국소적으로만 이루어졌을 뿐이다.

이에 반해 오늘날 멕시코의 지리적 중심인 멕시코 중앙 고원은 북부 지방과 큰 차이를 보인다. 이 지역은 멕시코시티를 둘러싸고 있는 분지와 인접 계곡 지대로 이루어져 있다. 후자에 속하는 지역으로는 톨루카, 모렐로스, 푸에블라-틀락스칼라가 있다. 이 지역은 깊은 계곡과 고원이 특징이다. 기후는 주로 건조하고 다른 지역에 비해 최저 기온이 더 낮다. 중앙 고원은 예로부터 가장 중요한 문화지역 중 하나였고 더 후대에 아스테

14장 중앙아메리카에서의 원시 고등 문명의 형성

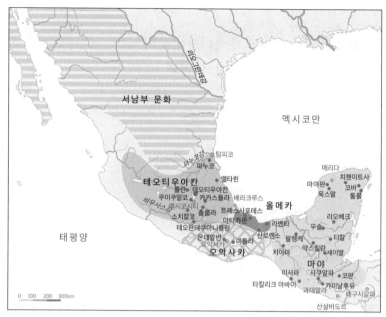

<지도 18> 기원전 1000년대와 기원전 제1천년기 '형성기' 동안의 메소아메리카 문화 분포.

카 제국이 성립된 곳이기도 하다. 메소아메리카의 문화 발달에서 남부 지방 고원들 또한 이에 못지않은 역할을 했다. 특히 시에라마드레델수르시에라마드레산맥 중 남쪽에 위치한 산맥을 지칭 지역을 예로 들 수 있다. 이와 함께 오악사카, 테우아칸, 푸에블라의 산맥과 계곡들도 여기에 해당된다(<지도 18>).

완전히 다른 자연환경 조건을 마주치게 되는 곳은 멕시코만 저지대에서다. 이곳은 습도가 높고 열대성 식생 분포 지대로서 멕시코만 해안을 따라 500킬로미터 이상 뻗어 있다. 마야 저지대라고도 불리는 이곳은 유카탄반도와 벨리즈 및 과테말라 북부를 아우른다. 이곳은 후대에 발달했

인류는 어떻게 역사가 되었나

던 마야 문명의 핵심 지역으로서 도시 및 종교 중심지가 발달했었다.

기원전 1만2000년, 플라이스토세 종식 이후부터 기원전 8000년까지 지속되었던 시기에 멕시코와 북아메리카의 주인공은 일명 고대 아메리카 원주민이라 불리는 집단들이었다. 하지만 멕시코 영토에서 현재까지 전해 내려오는 유물은 매우 적다. 그럼에도 이들이 이동 수렵 채집 생활자였고 야생식물 채집과 주로 사냥에 식량을 의존했다는 추측은 가능하다.

당시 인구 밀도는 매우 낮았다. 많은 야영지가 발견되긴 했지만 장기적으로 사용된 곳은 전혀 아니었고 특정 시기에 단기 체류를 위한 곳이었던 듯하다. 그중에서 특정 장소는 특정한 계절에 더 자주 선호되었다. 이는 세계적으로 이동식 수렵 채집 생활을 하는 집단에 공통되게 나타나는 특징이다. 왜 수렵 채집 생활자들이 친숙한 장소를 계절마다 다시 찾았는지 그 이유는 짐작이 가고도 남는다. 즉 성공적인 생존과 효율적인 경제생활을 위해 자연환경 및 계절마다 변하는 식량 조달의 가능성을 훤히 꿰뚫고 있어야 했던 것이다. 이러한 유적지 중 전폭적으로 발굴 조사된 곳은 적지만 그래도 추측 가능한 것은 이 장소에 머물렀던 집단의 규모는 작았을 것이라는 사실이다.

기원전 8000년 전은 북아메리카의 여러 지역에 퍼져 있었던 클로비스 문화가 주를 이루는 시기였다. 이 문화의 유물에서 특히 특징적인 것은 오목 들어간 기저부에 표면과 날을 세심히 다듬은 대형 클로비스 첨두기다. 이 첨두기는 투창 형태의 사냥 무기에 장착되었던 것으로 짐작된다. 클로비스 첨두기는 플라이스토세 후기와 그 이후 신세계의 사냥 집단들이 이루어낸 대표적 성과물로 간주된다. 이 첨두기 중에 흑요석, 즉 주위에서 쉽게 구할 수 없는 원자재로 만들어진 것도 있는데 이는 당시 이미 멀리 떨어진 원자재 채굴장에도 발길이 가닿았으며 해당 원자재나 반

　　　　　14장 중앙아메리카에서의 원시 고등 문명의 형성

완제품이 교환되었음을 말해준다. 클로비스 첨두기를 장착한 창은 대형 포유류 사냥에 두각을 나타냈다. 이때 사냥되었던 포유류 중 상당수는 플라이스토세가 끝난 직후 바로 멸종했는데 이 동물들은 사냥꾼 집단들이 선호하는 사냥감이었다. 당시 사냥꾼들은 대형 동물 무리를 사냥하기 위해 단기간일지라도 서로 연합해 더 큰 집단을 형성했던 것으로 보인다. 당시 사용되었던 사냥 기술은 직접 창을 이용하거나 사냥감을 높은 절벽으로 몰고 가서 낭떠러지 밑으로 떨어뜨리는 것이었다. 사냥한 고기는 즉석에서 대량으로 건조, 구이, 훈제하여 더 오래 보존할 수 있도록 가공했다. 또한 큰 성공을 거둔 사냥 뒤에는 거의 틀림없이 커다란 사냥꾼 연합 집단이 벌이는 제의와 축제가 있었을 것이다.

기원전 1만 년이 지났을 때 기후는 점점 온난 다습해졌고 동시에 계절 간의 차이가 더 두드러졌다. 여름에는 강우량이 증가했고 겨울은 춥고 건조했다. 이러한 기후적 특성은 오늘날까지 거의 변하지 않은 채 이어지고 있다. 기후적 특성은 수천 년 동안 이곳 지형에 결정적인 영향을 미쳤다. 평야 지대에는 물이 마른 물길이 사방으로 가로지르고 있었는데 우기가 되면 이 물길로 거센 물살의 급류가 흐르면서 땅을 깎아내렸다.

들소 같은 대형 포유류는 기온이 더 낮은 초원 스텝 지역을 선호했기 때문에 플라이스토세 말엽 기후 변화 이후 이들의 서식지는 다시 북아메리카의 그레이트플레인스로 후퇴했고 중앙아메리카, 특히 멕시코 북부의 건조 지대와 미국 서남부 지방에서는 모습을 감췄다. 플라이스토세 말엽 기후 변화는 포유류의 멸종 내지는 다른 지역으로의 이동을 야기했고 이후 사냥꾼들은 사슴이나 토끼 같은 다른 포유류 사냥에 더 집중했다. 이와 동시에 영양가가 높은 식물 채집과 야생 풀 씨앗의 채집이 더 중요한 역할을 하게 되었다. 새로운 식량 자원에 의존하게 되었다는 사실은 야영 장소에서 나온 유물 구성의 변화에서도 관찰된다. 즉 기원전 1만 년 이후의 유물에서는 암석으로 만든 갈돌이 더 자주 출현했으며 그 밖에 첨두기, 칼, 긁개와 같이 다듬어 가공한 규석 도구들이 나왔다. 또한 대접과 비슷한 돌로 만든 용기가 최초로 발견되기도 했는데 이는 야생 풀 씨앗을 가루로 만드는 데 사용되었다. 이렇게 해서 씨앗의 열량과 단백질을 매우 효율적으로 섭취할 수 있었다.

멕시코에서 일명 '고대기Archasche Periode'라 불리는 기간은 고대 아메리카 원주민이 해체되었던 약 기원전 8000년에서 기원전 2000년경까지의 시기다. 이 시기에는 수렵 채집 생활자들이 각기 처한 생활환경과 그곳의 식량 조달 가능성에 점점 더 확실하게 적응해갔다. 당시 이들은 특정한 식물들에 특별히 주목했고 그 결과 이 지역에서 최초의 재배 식물 경작이 이루어졌는데, 이때 재배된 식물이 바로 옥수수, 콩, 호박이었다. 달리 표현하자면 고대기는 순수하게 획득 경제 방식으로 시작해서 몇몇 집단이 최초로 식물을 재배하고 경작하게 된 생활 형태로 끝을 맺었다고 할 수 있을 것이다. 이 집단들은 이후 원시 농경 주거 집단을 형성한다. 이런 과정이 이루어지기 위해 필요했던 시간은 6000년이 넘는다. 이 발달 과정은 문화사적으로 매우 중요한 의미를 갖지만 그중 몇몇 단계는 아직 우리가 원하는 만큼 분명하게 재구성되지 못하고 있다.

기원전 2000년경 고대기가 끝났을 때 메소아메리카의 많은 지역에서는 정주형 주거지가 존재했고 그 주민들은 식량 대부분을 재배 식물 수확에 의존해서 살았다. 이러한 변화는 수렵 채집 생활자들이 자연에서 식량을 얻을 때 동반되었던 예측 불가능성 대신에 더 큰 확실성과 안정성을 선택했다(식물의 재배는 이 두 가지를 다 기약하고 보장해준다)는 사실을 말해준다. 서두에서 언급되었던 현재 멕시코에 위치한 지역들은 기후상으로나 지형상으로 매우 많은 차이가 있음에도 불구하고 거의 전 지역에서 재배 식물 경작으로 나아가는 이행과정이 단계적으로 나타났다. 하지만 농경과 촌락생활이 정착되고 난 후 그다음 발전 과정은 다시 완전히 다른 형태를 띠게 된다.

'초기 고대기Early Archaic'는 약 기원전 8000년부터 기원전 5500년까지 지속되었다. 이 시기에는 계절적인 식량 자원의 이용이 점점 최적화되었으며, 이는 초기 수렵 채집 생활자들의 사회적 조직에도 영향을 미쳤다. 보통 이들 집단은 한두 가구로 이루어진 소규모로 최대 10명 정도로 구성되었고 경우에 따라 활동 반경이 넓은 이동생활을 했다. 고대기 동안 야영 장소의 규모는 더 커지고 장기간 이용되는 경향이 뚜렷해진다. 하지만 이런 장소들은 아직 상시적 주거라 볼 수 있는 것은 아니었다. 특정 식량의 잉여가 발생하는 계절에는 여러 작은 소집단이 더 큰 연합체를 결성해 작업했는데, 이렇게 획득한 식량을 제때 가공하기 위해서는 규모가 더 큰 집단이 필요했기 때문이다.

규모가 더 큰 집단이 효율적이고 목표 지향적으로 행동하기 위해서는 지식, 사회적 능력, 조직력이 거의 필수다. 여기서 우리는 이런 특성들을 모두 가졌을 개인 지도자가 있지 않았을까 추측해본다. 하지만 메소아메리카의 고대기 고고학적 유적으로는 이러한 개인의 존재를 확인하기는 아직 어렵다. 또한 이 시기의 크고 작은 연합 집단들의 지도자가 있었다고 해도 그의 위치를 물자 또는 '사유재산'의 축적이라는 관점에서 묘사하기는 힘들다. 개인적 소유물이 통상 도구들과 기껏해야 약간의 장신구에 국한되는 마당에 사유재산이니 하는 개념이 어떻게 성립할 수 있겠는가? 그렇기 때문에 당시 사회는 모든 점에서 보아 완전히 평등한 사회였다고 말할 수 있으며 이는 특별한 무덤 시설이라고 해도 사회적 지위의 표현을 찾아볼 수 없다는 점으로도 확인된다.

고대기 동안 지역화 현상이 점점 더 강하게 나타날 수 있었던 것은 이렇듯 초기 고대기에 큰 집단들이 형성되고 이 집단들이 일정한 영토로 결속되었기 때문일 수 있다. 이러한 발달 과정은 문화지역이 형성되는 결과를 야기했고 이는 훨씬 먼 미래에 원시적 국가 조직이 형성되는 데서 정점을 찍게 된다.

야영지 크기는 계절에 따라 달라졌다. 전형적으로 잉여 식량이 발생하고 물이 남아도는 우기 동안에는 소규모 집단끼리 서로 연합해 더 큰 집단을 결성했고 더 넓은 야영지를 세웠다. 이런 야영지는 보통 더 장기간 존속되었다. 우기에는 영양가가 매우 높은 다양한 야생식물을 얻을 수 있었다. 선인장 열매, 메스키트나무멕시코와 미국 일부 지역에서 자라는 콩과 식물 나무에서 나는 열매, 풀의 씨앗, 견과류, 도토리, 다양한 과일류 등이 그 예다.

늦봄에는 보통 야영지가 더 작았는데 아주 소규모로만 사냥에 나섰기 때문이다. 건기에는 주로 뱀, 벌레, 유충과 같은 작은 동물 사냥에 집중했다. 또한 식용 선인장 잎과 용설란과 같은 야생식물을 채집해 가공했다는 흔적도 발견된다. 용설란의 섬유질로는 의복과 주머니도 만들 수 있었다. 하지만 주로 이용된 방법은 비타민과 열량이 매우 풍부한 그 즙을 마시는 것이었다. 호리병박을 재배하게 된 것은 음료를 담기 위한 용기가 필요했기 때문일 수도 있다. 이 최초의 재배 식물은 중앙아메리카에서 이미 초기 고대기에 경작되었던 것이 거의 확실하다. 호리병박의 과육은 단백질 함유량과 열량이 매우 높았다. 하지만 이용되었던 것은 과육뿐만이 아니었을 것이다. 이에 더해 다른 식물의 즙이나 물, 또는 다른 음료를 담기 위해 병처럼 생긴 껍데기를 사용했을 가능성이 매우 높다.

14장 중앙아메리카에서의 원시 고등 문명의 형성

멕시코 고원 남부 오악사카 계곡에서 지금까지 발견된 야영지는 별로 많지 않으며 크기도 작다. 즉 이곳은 사람이 거의 살지 않았던 지역이었다. 그중 가장 중요한 유적지는 길라나키츠 동굴이다. 이곳에서는 기원전 8500년에서 기원전 6500년 사이의 여러 지층이 발굴되었다. 이 지층들은 많은 도구뿐만 아니라 식량의 잔해도 포함하고 있어 초기 고대기 이 지역에 살았던 사람들의 경제 및 생활 방식을 꽤 정확하게 재구성할 수 있게 해준다(〈그림 86〉). 이 동굴에서 거주했던 사람들은 구성원이 몇 명 안 되는 작은 집단으로 특정한 시기에 반복적으로 이곳을 찾아와 거주했다. 이곳은 특수한 보존 환경으로 인해 유기물질로 된 잔해도 상당히 잘 보존되어 있다. 이런 흔적을 통해 우리가 알 수 있는 것은 초기 고대기 동안 사람들은 선인장과 용설란 같은 과실수에 특별한 관심을 기울였으며 도토리 또한 대량으로 채집했다는 사실이다. 나아가 옥수수와 콩에도 관심을 가졌지만 아직 재배되지는 않았다. 또한 용설란과 메스키트나무의 열매 흔적도 발견되었다. 이 밖에 아보카도를 식용으로 이용했다는 흔적도 발견된다. 이 시기 이 열매 모두에서 형태적 변화가 확인되는 것은 아니다. 이는 당시에 아직 재배종이 아니었다는 뜻이며 하지만 나중에는 모두 재배종이 되었다. 이 식물들이 재배종이 된 정확한 시점은 아직까지 알려지지 않고 있다. 고추와 호박은 길라나키츠 동굴에서 사람이 거주했던 시기에 재배종이 되었을 것으로 추측된다. 하지만 이 시기 연대 추정에 대해서는 여전히 얼마간 의견이 엇갈리고 있으며 현재 더 정확한 측정은 어려운 실정이다.

특기할 것은 길라나키츠 동굴 내부의 개별 유물 분포도다. 유물들이 분포되어 있는 형태로 볼 때 이곳에는 식물 가공이 집중적으로 행해지던 구역이 있었음을 알 수 있다. 눈에 띄는 것은 갈돌과 조리용 모닥불 자리

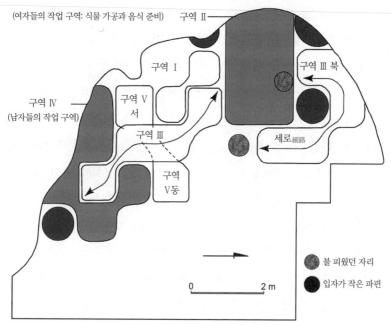

(여자들의 작업 구역: 식물 가공과 음식 준비)   구역 Ⅱ

구역 Ⅰ

구역 Ⅲ 북

구역 Ⅳ
(남자들의 작업 구역)

구역 Ⅴ
서

세로細路

구역 Ⅲ

구역
Ⅴ동

0   2 m

● 불 피웠던 자리

● 입자가 작은 파편

〈그림 86〉 동굴 내부의 불 피우는 자리와 작업 공간. 길라나키츠, 멕시코.

가 가까이 붙어 있었다는 점이다. 한편 동굴 더 남쪽에 위치한 다른 구역
은 포획된 동물을 토막 내기 위한 구역이었다. 이때 잡았던 동물로는 사
슴, 토끼 외에 거북이도 있었다. 이렇게 나뉜 활동 구역은 성별에 따라 달
리 이용되었을 가능성도 있다. 이때 식물 가공은 주로 여자가 하는 일이
었고 남자는 다른 구역에서 사냥한 동물을 손질했던 것으로 보인다.

이곳에서 서북쪽, 즉 멕시코만 저지대로 넘어가는 길목에 위치해 있지
만 아직 고원 남부 지방에 걸쳐 있는 테우아칸 계곡의 기후는 오악사카
보다 훨씬 건조했다. 이곳은 충적지 평야와 산비탈 등이 자리 잡고 있어
매우 다양한 동식물의 서식 환경을 제공한다. 산등성이에는 동굴들이, 계
곡에는 많은 개울과 수원이 있다. 계곡에 접한 평야는 지대가 비교적 넓

14장 중앙아메리카에서의 원시 고등 문명의 형성

고 수많은 메스키트나무가 자라고 있다. 이 나무에는 특히 우기에 영양가가 높은 콩과 식물 열매가 많이 열린다. 이 밖에도 이곳에서는 작은 포유류(예를 들어 토끼)가 많이 잡혔다. 계곡 평야 바로 위로는 서쪽을 향해 산등성이가 펼쳐져 있고 주로 선인장이 서식했다. 선인장 열매는 보통 초봄에 수확되었고 가을에는 사슴이나 다른 대형 포유류 동물을 사냥했다. 서쪽으로 향한 산비탈에서 더 높이 올라간 산등성이도 가을에 좋은 사냥터였고 도토리도 채집할 수 있었다. 이곳에서도 사철 내내 용란설이 자랐고 야생 아보카도는 주로 우기에 수확되었다. 여러 다른 자연환경을 가진 테우아칸 계곡은 고도, 식생, 계절에 따라 매우 다양한 동식물성 식량을 제공했다. 유적지에서 발견된 자료로 판단해볼 때 초기 고대기와 그 이후의 수렵 채집 생활자들은 이 지역의 자연 조건에 최상의 적응력을 발휘해 살았으며 계절마다 각기 다른 식생의 특성들에 대해 잘 알고 있었음이 확실하다.

테우아칸 계곡의 유적지 중에는 고대기에서 그다음 이어지는 '형성기 Formativen Periode'에 이곳에서의 발전 과정이 어땠는지 보여주는 유적이 여럿 있다. '형성기' 또는 '원시 고전기'로 불리는 이때는 중앙아메리카 선사시대에서 고대기 다음으로 발달된 시기를 말한다. 이 시기에는 촌락에서 초기 도시로의 발달이 이루어지고 의례를 치르기 위한 건물이 건축되었으며 이런 도시들이 해당 지역에서 막강한 영향을 끼쳤다. 우리는 앞으로 원시 도시라는 이 개념을 자주 마주치게 될 것이다.

하지만 다음에서 살펴볼 유적지들은 이보다 훨씬 더 오래된 곳이다. 이 유적지는 대부분 동굴에서 발견되는데 그중에서도 특히 중요한 곳은 콕스카틀란 동굴로 이곳의 지층은 고대 아메리카 원주민 시기 말엽부터 형성기에 이르기까지 26개 층이 넘어 이 지역의 연대기적·문화사적 발달을 연구하는 데 중추 역할을 하고 있다. 콕스카틀란의 가장 아래 지층은 일명 아후에레아도기期에 속한다. 이 지층이 속한 시기는 기원전 8000년대에서 기원전 7000년경까지로 테우아칸 계곡에서 고대 아메리카 원주민 시기에서 초기 고대기로 넘어가는 이행과정을 기록하고 있다. 이 시기에는 주로 작은 집단이 이용했던 야영 장소가 발견되었다. 이곳에 살았던 사람들은 사슴, 말, 영양과 같이 플라이스토세 후기와 그 이후에 살았던 대형 포유류를 사냥했다. 사람들이 이 야영지를 찾았던 것은 대부분 특정 계절에 한정되었다. 아후에레아도 시기 동안 아직 사냥할 수 있었던 대형 포유류 중에는 그다음 시기에 곧바로 멸종한 것도 있었다. 그 결과 동물성 고기를 통해 섭취할 수 있었던 단백질이 부족해졌고 이러한 부족분은 단백질을 함유한 식물을 더 많이 채집하는 것으로 상쇄했다. 토끼, 쥐, 거북이, 새 등과 같은 작은 동물의 사냥도 더 중요한 의미를 띠게 되었다.

이 시기에 이어 초기 고대기가 발달하면서 엘리에고 시기가 시작된다. 이 시기는 기원전 7000년에서 기원전 5000년까지 지속되었다. 이 시기의 야영 장소 중에는 작은 집단이 이용한 곳도 있고 더 큰 규모의 연합체가 이용했던 곳도 있었다. 후자는 주로 우기에 이용되었는데 야생식물을 수확, 채집하는 데 더 많은 사람이 필요했던 시기다. 하지만 엘리에고 시기 유적지 중 일부는 1년 내내 거주해 있으면서 계절에 상관없이 이용된 곳이 관찰되기도 한다. 이런 장소에서는 집의 잔해도 찾아볼 수 있다.

이곳에 살았던 사람들에게 식물성 식량은 더욱 중요한 의미를 지녔다. 식물성 식량으로 호박, 고추, 아보카도 등이 이용되었고, 이 식물들은 얼마 지나지 않아 재배종이 되었다. 그중 심지어 엘리에고 시기에 이미 경작하기 시작한 것도 있을 수 있지만 확실히 증명되지는 않고 있다. 유물

14장 중앙아메리카에서의 원시 고등 문명의 형성

에서는 갈돌이 많이 출토된다. 이 도구는 식물 가공에 사용되었음이 분명하다. 콕스카틀란 동굴의 양호한 보존 상태 덕분에 거적과 바구니의 잔해, 창과 덫 등의 목재 물건도 남아 전해진다.

또한 무덤 여러 기가 엘리에고 시기의 것으로 추정되었고 이때 최초의 인간 희생 제물이 있었다는 단서도 발견된다. 이곳에서는 어린아이 두 명의 유골이 발견되었는데 그중 하나는 불에 타 있었고 다른 하나는 몸에서 머리를 분리해 뇌를 적출하고 머리를 불에 태운 다음 이를 바구니에 담아 이 아이의 가슴 위에 얹어놓은 형태였다. 당시 구체적으로 어떤 일이 있었든 간에 이러한 증거물로 볼 때 우리가 최소한 가정해볼 수 있는 것은 원시시대 메소아메리카에서 인간 희생 제물을 바치는 행위를 포함한 제의 행위가 있었다는 사실이다. 이후 이러한 문화 현상은 형성기와 고전기에 더 특징적으로 나타난다.

초기 고대기에 속하는 엘리에고 시기 다음으로 나타난 것은 콕스카틀란 단계로서 기원전 5000년에서 기원전 3400년 사이에 해당된다. 이는 테우아칸 계곡에서는 중기 고대기Middle Archaic에 해당되는 시기다. 이 시기에는 소규모 수렵 채집 집단으로 지내다가 계절에 따라 대규모로 연합체를 형성하는 형태가 계속되었으며 연합체의 규모는 뚜렷이 커졌다. 이는 전체적으로 인구가 증가했다는 표시로 이해할 수 있다. 계절과 상관없이 1년 내내 거주했던 야영지 또한 훨씬 자주 발견되었다. 이전 시기부터 관찰되었던 경향인 육류 섭취의 감소 및 사냥 횟수의 감소, 그리고 이와 대조되는 식물성 식량의 비중 증가는 콕스카틀란 시기에 들어서도 이어졌다. 이 시기에 일어난 중요한 변화는 식물 재배가 시작되었다는 것, 그리고 식물 재배가 중앙아메리카인의 식량 조달에서 점점 더 중요한 역할을 차지하게 되었다는 것이다. 이 시기의 옥수수, 고추, 아보카도, 콩, 호리병박과 그 밖의 다른 호박류에서는 형태학적 변형이 확인되는데, 이는 이제 막 경작이 시작한 시기임에도 불구하고 재배종으로 변형되었다는 것을 의미한다. 하지만 옥수수는 방사성 탄소 연대 측정 결과 더 늦은 시기에 재배가 이루어진 것으로 해석될 수 있다는 점을 언급해두어야겠다. 이용되었던 야생식물의 폭은 상당히 넓었다. 야생 풀 중에서 주목을 끄는 것은 강아지풀이다. 이 풀은 매우 오래된 곡물인데 재배종으로 변형되었다고 볼 만한 형태학적 변형의 흔적은 찾아볼 수 없다. 당시 이 원시 재배 식물의 생산성은 매우 낮았지만 문명사적 관점에서 볼 때 이 식물을 재배하는 행위가 갖는 중요성만큼은 더할 나위 없이 크다고 할 수 있다.

진정한 의미에서의 촌락생활은 고대기 말기와 형성기 초기에야 형성되었지만 중요한 기초가 다져진 것은 이미 콕스카틀란 시기다. 즉 중요성이 높아진 식물 경작으로 인해 장소에 대한 결속성이 더 커지고 이는 필연적으로 이동생활의 뚜렷한 감소로 이어졌던 것이다. 그럼에도 불구하고 이와 함께 특정 계절에만 이용되었던 야영 장소 또한 병렬적으로 계속 존재했다. 식물 재배로 인해 높아진 장소 결속성은 결국 농경 촌락 형태의 장소 고정적인 생활로 귀결되었다.

그다음으로 이어지는 것은 후기 고대기Late Archaic에 속하는 아베하스 시기로 기원전 3400년부터 기원전 2300년까지 지속되었다. 1년 내내 이용되는 주거지가 증가하는 경향은 이 시기에도 지속되었다. 주거지는 주로 강 주변 하안단구에 세워졌다. 사냥은 여전히 계속되었지만 야생식물 의존도는 훨씬 감소했다. 그 대신 고대기 말엽의 식량 조달은 점점 더 재배 식물에 의존하게 된다. 이때 계속해서 중요한 역할을 한 것은 옥수수, 콩, 호박 경작이었다. 식물성 식량의 가공이 늘어나자 이를 담을 용기 또한 필요해졌다. 아니나 다를까 이 시기에는 조리를 위해 특히 중요한 역

14장 중앙아메리카에서의 원시 고등 문명의 형성

할을 했던 돌로 만든 그릇과 바구니의 잔해가 다른 시기보다 많이 발굴된다. 여기에 더해 호박이나 호리병박을 이용해서 만든 대접 같은 용기들 또한 발견된다. 이러한 발전 단계는 동굴뿐만 아니라 노천 야영지 유적에서도 점점 더 많이 나타난다. 이 야영지들에서는 움집 형태의 집 흔적이 발견되기도 하지만 가옥 구조에 대해 그 이상 정확히 알려진 바는 없다.

아베하스의 뒤를 잇는 것은 기원전 2300년에서 기원전 1500년까지 지속된 푸론 시기다. 이 시기에도 식물 경작은 계속해서 중요했다. 계산해 본 결과 당시 재배 식물은 전체 식량의 3분의 1이 넘는 양을 충당했다. 후기 고대기에서 형성기의 발아기로 넘어가던 시기에는 원시 농경 촌락으로의 이행도 함께 관찰된다. 이러한 촌락에서는 텃밭 농사와 함께 최초로 밭농사도 이루어졌다. 이와 더불어 푸론 시기에는 처음으로 투박한 모양의 토기가 생산되었다. 이 토기는 아직 아베하스 시기의 석기 용기를 연상시키는 형태였다. 나아가 이 시기에는 재배 식물을 이용하게 되면서 몇몇 야생식물과 강아지풀 등의 야생 풀을 더 이상 식량으로 이용하지 않게 되었다. 이렇게 해서 식량으로 이용하는 식물이 대폭 줄어들었다. 사람들은 경작할 수 있고 따라서 그 수확을 계획하고, 심지어 증량시킬 수도 있는 식물을 이용하는 데 더 집중했다.

테우아칸 계곡에서는 수천 년에 걸쳐 지속되었던 고대기의 연대 추정이 용이했고 따라서 발달 단계를 규명하며 구분하는 작업 또한 수월하게 할 수 있었다. 고대기는 소규모 집단으로 이루어진 연합체의 야영 장소가 지속적으로 증가했던 시기다. 이는 인구 증가 때문이었다. 다른 한편 상시적인 주거지 또한 많아졌는데 이는 위에서 언급했듯이 재배 식물을 경작함으로써 필연적으로 나타난 결과였다. 푸론 시기 중 고대기에 속하면서 토기 사용 이전 시기로도 불리는 기간이 끝나는 시점에 최초의 토기가

인류는 어떻게 역사가 되었나

출현한 것은 당연한 수순이었다.

어쨌든 확실한 것은 오악사카 계곡과 테우아칸 계곡, 그리고 발사스 지역에서는 기원전 4000년경 재배 옥수수를 경작했다는 사실이다. 하지만 옥수수와 콩, 호박과 같은 재배 식물을 정말 효율적으로 경작할 수 있는 토대가 마련된 것은 농경형 정착 주거지들이 형성되었던 기원전 1000년대부터, 즉 고대기에서 형성기로의 전환이 일어나는 시기에 이르러서였다. 이때부터는 심지어 잉여 농작물도 생산될 수 있었다. 사냥과 채집은 이때부터 부차적인 역할만 했고 식량 조달에 있어서 보충적인 의미만을 띠었다. 이는 아직 식물 경작이 완전히 주를 이루지 않고 있었던 주변부 지역에서도 마찬가지였다.

옥수수를 한번 재배해본 적이 있는 곳에서는 자연환경 여건만 허락된다면 옥수수 농사가 아주 빠른 속도로 자리를 잡아갔다. 조방적 옥수수 경작은 필연적으로 정착생활을 하게 만들었고 고대기의 수렵 채집 생활자들은 형성기에 들어 농부로 정착하게 되었다. 중앙멕시코와 남부 멕시코에서 후기 고대기 동안 옥수수 경작은 계속 확산되었던 데 반해 콩의 재배는 아직 큰 의미를 지니지 못했다. 콩 경작에 관해서는 형성기의 후반기에 접어들어서야 변화가 일어난다.

고대기에는 오악사카와 테우아칸 계곡 그리고 중앙멕시코 다른 지역에서 인구가 뚜렷하게 증가했을 뿐만 아니라 그때까지 사람들이 거의 이용하지 않았던 새로운 지역에도 들어가 살기 시작했다. 이러한 지역에 해당되는 곳이 유카탄반도의 저지대였다. 이러한 이주과정에서 이주민들이 재배 옥수수를 경작할 수 있었느냐 하는 점은 매우 중요한 요소였다. 새로운 땅을 개척하는 과정에서 많은 사람을 어려움 없이 먹여 살릴 수 있었던 것은 바로 재배 옥수수 덕분이었기 때문이다.

14장 중앙아메리카에서의 원시 고등 문명의 형성

멕시코 중앙 고원 또한 수천 년에 걸쳐 고대기 수렵 채집 집단이 거주했던 장소다. 이들은 특히 중앙멕시코의 습한 하천가 지역을 선호했다. 이러한 곳에는 이용할 수 있는 많은 채집 식물과 사냥감이 서식했기 때문이다. 그중 소아필코는 가장 중요한 유적지 가운데 하나다. 이곳에서는 초기·중기·후기 고대기의 흔적이 모두 발견된다. 그중에서 후기 고대기에 속하는 모닥불 자리 한 곳에서 중요한 유물이 출토되었다. 여기서 발견된 소형 점토상의 몸체는 임신부 형태였고 기원전 2000년대 초에 만들어진 것으로 추정되었다. 이 연대 추정을 신뢰할 수 있다면 이 조각상은 메소아메리카에서 가장 오래된 점토상이다. 이 발견은 또한 이후 형성기 그리고 고전기에 메소아메리카 문명의 예술 창작을 지배했던 점토 조각상이 이미 후기 고대기라는 이른 시기부터 나타났던 것임을 알려준다.

이 유적지에서 발견된 재배 옥수수의 꽃가루가 무려 고대기에 속한다는 것이 입증되었다고 하는 주장도 있지만, 가장 확실하게 증명할 수 있는 것은 실질적인 옥수수 경작이 형성기 초엽에 이루어졌다는 것이다. 멕시코 중앙 고원 지대에서 이보다 이른 시기에 옥수수 재배가 시작되었을 가능성에 관해서는 현재 의견이 엇갈리고 있다.

멕시코만 저지대에 살았던 사람들은 풍부한 수산 식량 자원뿐만 아니라 해안가 내륙 지방의 숲과 사바나 지대에 있는 식량 자원 또한 이용할 수 있었다. 이곳의 고대기 발달 상황은 고원 남부(오악사카와 테우아칸 계곡)만큼 연구가 잘 되어 있지는 않다. 하지만 최소한 기원전 3200년에서 기원전 2400년 사이 후기 고대기에는 상시적인 주거지를 세우고 카사바 남아메리카가 원산지인 덩이뿌리 식물. 마니옥이라고도 부른다를 재배했다는 것이 입증되었다.

근본적인 변화가 나타난 것은 기원전 3000년대 후반과 기원전 2000년대 초반이었다. 이는 코탁스틀라에서 이 시기에 옥수수 꽃가루가 뚜렷하게 증가함과 동시에 나무 꽃가루가 감소했다는 데서 확인된다. 다른 한편 동일한 시기에 야생 풀 꽃가루도 강한 증가세를 보였다. 토날라에서도 비슷한 현상이 있었다는 단서를 찾을 수 있는데, 이곳에서는 꽃가루뿐만 아니라 목탄도 다량 발견된다. 툭스틀라에서도 기원전 2000년대 초반 옥수수와 야생 풀 꽃가루가 뚜렷하게 증가했다. 옥수수와 야생 풀 꽃가루의 증가와 나무 꽃가루 감소 사이의 상관관계는 최소한 기원전 3000년대 후반에 더 빈번히 불을 놓아 농경지를 개간하고 숲 지대에 넓은 길을 만들었기 때문으로 추측된다. 이러한 방법을 통해 한편으로는 특정한 야생 풀의 성장을 촉진하고 다른 한편으로는 옥수수 재배를 위한 경작지를 얻었다. 요컨대 멕시코만에서는 형성기가 시작되기 수천 년 전 고대기 동안 화전을 일구었다는 것과 옥수수 경작이 점점 증가했다는 사실이 확인되며, 이는 이 지역에서 인구가 뚜렷하게 증가했다는 사실과도 맞아떨어진다. 이러한 발달은 결국 정치적·사회적 변화를 야기했고 마침내 중앙아메리카 최초의 고등 문화인 올메카 문명이 형성되기에 이른다.

유카탄, 과테말라 북부, 벨리즈에 위치한 마야 저지대에서는 후기 고대기와 그 이전 시기에 사람들이 살았던 흔적이 유난히 적다. 이곳에 퍼져 있는 열대 우림은 수렵 채집 생활자들이 집중적으로 개척하기에 적합하지 않은 곳이었기 때문이다. 하지만 최초의 농부라고 할 수 있는 사람들이 나타났고 이들은 숲에 불을 놓아 새로운 생활 터전을 일구고 주거지를 세웠으며 옥수수와 그 밖의 다른 재배 식물을 심었다. 이 과정은 기원전 2000년대 동안은 상당히 드문드문 나타나다가 고대기에서 형성기로 넘어가는 전환기가 되어서야 활발해졌다. 이 시기에는 최초의 토기가 제작되기도 했다. 이러한 변화를 추동했던 것은 대규모의 인구 이동이었으

14장 중앙아메리카에서의 원시 고등 문명의 형성

리라 추측된다. 먼저 남부와 서남부에서 유카탄반도로 인구가 이주했던 것으로 보인다. 남부와 서남부에서도 화전을 개척할 때 만들어지는 목탄이 뚜렷이 증가했다는 것이 확인되는데 비약적 증가가 나타나는 시기는 기원전 2000년대 중반경이다. 그다음의 인구 이주는 형성기가 시작되는 시기에 있었던 것으로 보인다. 이로 인해 계속해서 농경 주거지가 형성되었다. 요컨대 이 지역에서 벌채와 농경이 시작된 것은 토기가 도입되는 시기보다 약 1000년 이상 더 빨랐다.

멕시코만 연안지역과 달리 태평양 연안에서는 완전히 다른 발달 과정이 진행되었다. 습한 열대 밀림의 좁고 긴 지형을 가진 이 지역은 북에서 남으로 해안을 따라 길게 뻗어 있다. 이곳 사람들은 주로 바다에서 얻을 수 있는 것(물고기, 연체동물)을 식량으로 삼았다. 이로 인해 고대기에 조개무지가 만들어졌는데 그중에는 규모가 엄청난 것도 있었다. 이에 반해 옥수수 경작 및 다른 식물의 재배가 이루어졌다는 단서는 발견되지 않는다. 태평양 연안에서 농경이 시작된 것은 훨씬 후대의 일이다. 하지만 토기 생산은 달랐다. 토기 생산은 이미 매우 이른 시기에 태평양 연안을 따라 남쪽에서 북쪽으로 확산되었다. 현재 연구된 바에 의하면 기원전 3000년경 콜롬비아의 푸에르토오르미가에서 토기가 생산되었는데 이는 아메리카 대륙에서 생산된 가장 오래된 토기 중 하나다. 토기는 이곳에서 북쪽으로 전파되었던 것으로 보인다. 이는 파나마 태평양 연안 모나그리요의 조개무지 유적지에서 나온 기원전 2000년대 중반경에 속하는 일군의 토기로 확인된다. 이로부터 좀더 시간이 지난 기원전 2400년경에는 더 북쪽, 메소아메리카 태평양 연안에 위치해 있는 푸에르토마르케스의 조개무지 유적에서도 최초로 토기가 나타난다. 이곳에서 발견된 토기에는 붉은 외피가 입혀져 있었는데 이는 형성기 초기 토기에서도 나타나는 특징이다.

이러한 정황들로 다시 한번 확인되는 것은 정착생활, 농경, 토기의 생산과 같은 문화 현상의 출현이 결코 필연적으로 연결되어 있었던 것은 아니라는 사실이다. 메소아메리카의 개별 지역에서는 각기 다른 발달 궤적이 나타난다. 고원의 남부 지역에서 토기가 생산된 것은 식물 경작이 확산되고 이로 인해 식물성 식량을 가공하게 되면서 나타난 결과였다. 이에 반해 중앙아메리카 태평양 연안에서는 식물 경작이 이루어지지 않았고 토기는 남아메리카 서북부에서 도입되었다. 이때 토기가 도입되어야 할 경제적·기능적 계기가 필연적으로 있었던 것은 아니다. 이렇게 기원전 1000년대에서 기원전 제1천년기로 전환되던 시점의 메소아메리카는 서로 매우 다른 모습으로 발전해나갔다. 이후 이 지역에서 역사의 초석이 놓이고 최초의 고등 문명이 성립하는 것은 형성기의 도래와 그에 따른 문화사적·정치적 현상들이 함께 나타나면서였다. 이 고등 문명은 이후 스페인이 16세기 메소아메리카를 정복할 때까지 '고전기Klassische Periode'의 특징을 지속해나간다.

2.
메소아메리카 최초의
고등 문명의 발흥

기원전 2000년부터 기원후 약 300년까지의 형성기 또는 원시 고전기는 메소아메리카의 초기 고등 문명 형성에 매우 중요한 시기로 간주된다. 형성기는 기원전 2000년에서 기원전 1200년까지 지속되었고 향후 장기적 영향을 미쳤던 가장 중요한 변화들이 일어났던 시기인데 이때의 시작을 일명 '출범기'라고 부른다. 이때는 정착생활로의 이행이 이미 종결되고 지속적으로 정착해서 사는 촌락들이 형성되어 있었다. 촌락민은 일차적으로 식물 경작에 식량을 의존했다. 몇몇 주요 지역에서는 부족 공동체가 형성되었고 최소한 기원전 1000년대 중반경에는 그때까지 수천 년 동안 평등했던 사회에 점차 계급 분화가 나타났다. 기원후 300년경 형성기 말엽에 메소아메리카 주민들은 계층화된, 다시 말해 여러 계급으로 이루어진 사회에서 살게 되었다. 이 사회는 각기 지위가 다른 개인과 집단으로 이루어져 있었고 이후 '군장국가' 및 지역 호족, 시간이 더 지난 후에는 국가 조직으로 발달했다. 형성기에는 촌락생활과 생산 경제가 메소아메리카의 아주 구석진 곳까지 확산되었다. 또한 이 시기에는 숭배 제의를 위한 중심 지역이 생겨났고 최초로 대표적인 종교 예술과 건물이 만들어졌다. 이러한 발달은 종국에는 도시와 정치 조직의 형성으로 귀결된다.

형성기의 출범기에 이루어진 중요한 발전 중 하나는 주거지 간의 서열화다. 즉 여러 촌락은 하나의 중심 지역 주변에 모여 있었고, 중심 지역에는 중요한 공공 및 제의용 건물과 웅대한 건물이 즐비해 있었는데 인구가 족히 수백 명은 되었다. 각 촌락은 중심 지역과의 관계에서 자율성을 일정 부분 포기했고 이로써 중심 지역과 촌락 간의 사회적 서열이 심화되었다. 또한 중심 지역에서는 노동 분업과 여러 수공업이 발달했다. 호화 물품이 출현한 것도 바로 이 시기인데 이런 귀중품은 아무나 가질 수 없었고, 그렇기 때문에 이런 물건의 소유권은 다른 특권도 함께 보장해주는 것이었다. 이러한 조직 내 서열을 표시하는 최초의 표식은 표면에 광택이 나는 둥글고 얇은 돌판이었다. 이 돌판은 머리 장식의 앞이마 부분에 부

〈그림 87〉 형성기의 출범기에 존재했던 석두상. 멕시코.

14장 중앙아메리카에서의 원시 고등 문명의 형성

착되었고 이 돌판은 태양 광선을 반사할 수 있었다(<그림 87>). 이렇게 해서 당시 이 머리 장식을 쓰는 사람이 초월적 세계와 매우 특별한 관계를 맺고 있다는 것을 표시했다. 다시 말해 이 돌판을 착용한 사람은 사회 내에서 특별한 역할을 하는 인물이었다.

정착생활이 늘어나고 경계가 분명히 지어진 지역 내의 주거지들 사이에 서열화가 더욱 뚜렷이 나타났으며, 이와 함께 이미 전조를 보였던 지역화 과정과 영토권에 대한 의식 또한 더욱 강하게 나타난다. 시간이 흐른 후 태평양과 멕시코만 사이, 메소아메리카의 가장 좁은 지역인 테우안테펙 지협에서는 멕시코만 해안 지대의 올메카인들이 이 지역의 가장 오래된 고등 문명을 성립시켰다. 당시 열대 저지대에서 살던 주민들은 옥수수와 덩이뿌리 식물을 재배하면서 동시에 야생식물을 채집하고 사냥과 고기잡이도 함께 하는 혼합 경제를 운영했다. 촌락은 고대기보다 규모가 더 커졌고 주거지 조직망 속에서 각기 상이한 역할을 담당했던 것으로 보인다. 이들은 종류가 매우 다양한 토기를 생산했으며 처음으로 웅장한 건물(지도층 관저)과 공공장소(공놀이 운동장)를 건설했다.

기원전 2000년부터 기원전 1200년까지 멕시코와 과테말라의 접경지역인 마사톤에서도 주거지역 사이의 뚜렷한 서열화가 확인된다. 이곳에서도 평등사회는 군장국가로 바뀌었다. 군장국가는 매우 특수한 형태의 정치적 통일체로서 여러 촌락이 일종의 영구 동맹을 결성해서 만들어진다. 이 연맹체는 한 촌락의 족장이 지휘를 맡았고, 이 족장이 모든 이의 군장君長 Chief이 되었다.

과테말라와의 경계지역에서 그렇게 멀리 떨어지지 않은 멕시코의 태평양 연안 남쪽에는 소코누스코 해안이 펼쳐져 있다. 이 지역의 모카야테 마사톤에서는 형성기 초기에 세워진 초기 중심지가 발견된다. 방사성 탄소 연대 측정법 조사 결과에 의하면 이 유적지는 기원전 1800년에서 기원전 1650년 사이에 존재했던 것으로 추정된다. 이 넓은 주거지에서는 원시 토기가 발견되었고, 옥수수의 경작은 아직 부차적인 역할만 했던 것으로 보인다. 이런 중심지에는 약 1000명까지 살 수 있는 주거 및 생활 공간이 있었고, 이보다 더 작은 주거지들이 이곳을 중심으로 분포되어 있었다. 각 촌락은 각각의 환경 속에서 독자적인 경제를 운용했고 이를 통해 식량의 대부분을 확보했다. 소코누스코 지역은 카카오 원산지 중 가장 오래된 곳이다. 하지만 마야 저지대에서 카카오가 가공되기 시작한 것은 형성기 중기에 이르러서였다.

소코누스코 지역의 또 다른 중심지로는 파소데라아마다가 있다. 이곳은 이 지방 엘리트가 거주했던 최초의 관저 구역으로, 제사용 건물, 궁전, 공놀이 운동장을 포함하고 있다. 파소데라아마다의 주거지구에는 구릉이 여럿 분포되어 있었는데 각 구릉 밑에는 육중한 공공건물이 위치해 있다. 한 구릉 아래에서는 공놀이 운동장이 발견되었다. 즉 마야 고전기에서 볼 수 있었던 전형적인 제사 의식의 시초가 바로 이 시기까지 거슬러 올라가는 것이다.

이 시기에 죽은 자를 다루는 방식을 보면 사회적 불평등이 존재했음을 알 수 있다. 화려한 부장품 일습은 지도층에 속하는 몇 안 되는 남녀의 존재를 입증해준다. 특권을 나타내는 물건은 남녀 무덤 모두에서 발견되며, 심지어 어린이 무덤에서도 나온다. 이 때문에 사회적 지위가 세습되었던 것은 아닌지, 나아가 이미 왕조 형성을 위한 발판이 만들어졌던 것은 아닌지 추측하게 만든다.

기원전 1000년대 중반이 지나고 얼마 후 모카야데마사톤과 파소데라아마다 등의 주거지가 붕괴되기 시작한다. 중앙아메리카 태평양 쪽 지역의 기후는 점점 춥고 건조해졌다. 하지만 옛 중심지들이 붕괴되고 인구가 빠져나가는 사이 새로운 중심지가 생겨났다.

고지대 남부에서는 기원전 1800년에서 기원전 1500년 사이에 세 곳의 주요 지역에서 최초의 농경민 촌락이 생겨났다. 이 세 지역은 테우아칸 주변 지역, 오악사카 계곡, 믹스테카알타다. 위에서 설명했다시피 테우아칸 주변과 오악사카 계곡에서는 고대 아메리카 원주민 시대에서 형성기 초기까지 장기간의 발전 과정이 추적 가능하다. 이 세 지역엔 넓고 물길이 잘 난 계곡이 있었고, 주거지는 해발 600미터에서 2100미터까지 각기 다른 고도에 위치해 있었다. 이 주거지들의 인구 밀도는 이후 현저히 증가하는데 그 이유는 다른 주변 지역은 건조성 기후이거나 산악 지대여서 농경에 거의 적합하지 않았고 주거에 특별히 매력적이지 않았기 때문이다. 이 세 곳 외의 지역에서 상시적 주거지가 세워지는 것은 몇백 년이 지나고 난 후였다. 이때 이런 주거지를 세운 것은 새로운 땅을 찾아 이주한 농경민이었을 것으로 추측된다. 기원전 1000년대 이후 남부 고지대에서는 주거 및 경작용 토지를 얻기 위해 불을 놓았다는 흔적이 더 빈번히 발견된다.

오악사카 지대에서의 발달 과정은 특히 기원전 1000년대 후반에 들어서면 상당한 역동성을 보여준다. 이는 다음 시기에 원시 도시의 특징을 보이는 중심 주거지가 형성되는 것으로 나타난다. 옥수수 밭에서 최초의 인공 관개 시설 흔적이 발견되는 것도 이 시기다. 이때 사람들은 용기로 물을 가져와서 밭에 물을 공급했던 것 같다. 곡물을 심을 때는 나무로 만든 막대기를 이용해 바닥에 구멍을 팠고 여기에 씨앗을 심었다. 이런 형태의 경작은 매우 노동 집약적이긴 했지만 생산성이 높았다. 옥수수, 콩, 호박, 이 세 가지 재배 식물이 공고히 자리를 잡게 된 것은 기원전

1000년대 중반경이었고, 모두 식량 확보를 약속해주는 것이었다. 이에 더해 다양한 야생식물도 채집했다. 하지만 가장 효율적이었던 것은 옥수수 농작이었다. 옥수수는 그 당시 농사법으로 1헥타르당 200~250킬로그램의 수확을 올릴 수 있었다. 이렇게 해서 기원전 1000년대 중반이 되기 전에 이미 상당한 잉여 생산물이 만들어질 수 있었다. 그 결과 훨씬 많은 인구가 먹고살 수 있었고 규모가 훨씬 큰 주거지도 조성될 수 있었다. 수확 후 재배 식물 가공은 토기 생산을 촉진했다. 오악사카와 테우아칸 계곡에서 토기 생산이 시작된 시점은 메소아메리카 형성기의 출범기다. 이때 간단한 대접과 배가 볼록한 용기를 제작했는데, 그 형태로 볼 때 호리병박이나 다른 유기 물질로 된 용기를 연상시킨다.

형성기의 출범기에서 형성기 초기로 넘어가는 전환기에 문명 발달은 계속되었고 오악사카 지역에서도 산호세모고테와 같은 원시 도시 중심지가 형성되었다. 이곳은 그 지역 전체에서 가장 큰 주거지 중 하나였다.

중앙멕시코 고지대에는 여러 계곡과 더불어 해발 1500미터에서 2500미터에 이르는 고원이 자리 잡고 있다. 그중 어떤 지역에서는 하천이 두 대양 중 한 곳으로 흘러 들어가는 것이 아니라 내륙 지방에서 흔히 볼 수 있듯 한데 합쳐져 커다란 호수를 형성하기도 한다. 멕시코 분지에서 마지막으로 일어났던 큰 화산활동은 기원전 1000년대 중반경이었다. 이후 기원전 1000년대 후반기에는 비가 더 많이 오기 시작했다. 증가한 강수량으로 인해 식물 경작은 더 집중적으로 이루어질 수 있었고 인공 관개 수로 없이 밭농사를 더 확장할 수 있었다. 이런 유리한 조건이 형성됨에 따라 인구는 증가했다. 인구 밀도에서 오는 압박이 높아지자 사람들은 덜 좋은 조건의 인접 지역에서도 살게 되었다.

틀락스칼라 지역에서 발견된 가장 오래된 농경 주거지는 기원전

14장 중앙아메리카에서의 원시 고등 문명의 형성

1000년대 후반부에 속한다. 이미 기원전 5000년대로 추정되는 옥수수 꽃가루가 발굴된 바 있지만 이 지역에서 옥수수 경작이 확실하게 증명되는 것은 기원전 1500년경이 되어서다. 기원전 1200년부터는 불을 놓아 숲을 제거했고, 이는 동시에 야생 풀 꽃가루의 증가를 가져왔다. 숲이 없어진 지대에 스텝과 사바나 같은 지형이 나타났기 때문이다.

기원전 1000년대 중반부터 촌락형 주거지가 세워졌고 옥수수와 다른 재배 식물들이 체계적으로 경작되었다. 그럼에도 불구하고 처음에는 인구 증가 속도가 느린 편이었다. 기원전 1000년이 지나고서야 성장세가 빨라졌다. 그랬기 때문에 멕시코 중앙 고원에서 형성기 초기 이전에 인간이 자연 지형에 조작을 가했던 흔적은 많지 않다. 시간이 더 지나고 기원전 제1천년기 초반 이후에야 발달 과정이 탄력을 받게 된다. 그즈음은 정치적 중심지가 형성되어 고등 문화로 넘어가는 문턱에 서 있는 때이기도 했다. 기원전 1500년경 중앙멕시코 고원 지대에서는 토기가 확산되었다. 기원전 1000년대 후반 토기를 생산했던 사람들이 살았던 농경 주거지는 주로 멕시코시티 분지의 남반부에 있었다. 이곳에서는 고원 남부의 오악사카와 테우아칸 계곡에서와 마찬가지로 작은 주거지를 여럿 거느린 큰 중심 지역들이 형성되었다. 이렇게 원시사회는 주거지 서열화를 거쳐 국가 조직 수립으로 나아갔다.

멕시코의 태평양 해안지역에서도 주목할 만한 발달이 있었다. 이곳에서 자주 관찰되는 주거지 형태는 일명 조개무지라고 부른다. 조개무지는 쓰레기, 흙, 음식 찌꺼기 등이 언덕 모양으로 쌓여 있는 것을 말하며, 그중에서 특히 조개껍데기가 많이 발견되는 것이 특징이다. 이 조개무지는 수백 년, 심지어 수천 년에 걸쳐 형성되어 육안으로도 확인이 가능한 주거지가 되었다. 고대기부터 이곳에서는 점점 더 많은 조개무지가 만들어졌고 형성기 초기까지 존속했다. 이때 이미 상당한 크기에 도달한 조개무지 유적도 있었다. 예를 들어 마탄첸의 조개무지 유적은 면적이 3600제곱미터에 높이는 3미터가 넘는 거대한 언덕이며 기원전 2000년부터 거주지로 이용되었다. 그물추, 낚싯바늘, 그 밖의 석기들로 짐작건대 이 문화에서는 어획이 중요했고, 아직 토기는 존재하지 않았다. 북쪽으로 더 올라간 지역에 위치한 거대한 조개무지인 엘칼론은 이보다 좀더 후대에 속한다. 이 조개무지는 피라미드처럼 생겼고 높이가 25미터나 된다. 이 형태와 크기로 보건대 이 조개무지는 거대한 건물 잔해를 포함하고 있음이 확실하다. 즉 이렇게 되면 멕시코의 태평양 연안에서도 거대한 건축물의 존재를 전제할 수 있다는 말이 된다. 엘칼론 유적지는 북아메리카 이스턴 우드랜즈에서 볼 수 있었던, 루이지애나주 파버티포인트 유적지와 같은 웅대한 토지 조성 유적을 연상시킨다. 이러한 발달이 일어났던 경제적·문화적 환경에 대해 알려진 것은 많지 않지만 이 유적지의 웅장함은 그 자체로 이미 충분히 많은 것을 보여주고 있다.

형성기 동안 유카탄반도 및 과테말라와 벨리즈의 접경지대에 위치한 마야 저지대에는 사람들이 점점 더 많이 거주하게 된다. 이때 서부와 남부에서 이주민이 들어왔던 것으로 추정되는데 이들과 더불어 이 지역 최초의 토기가 출현한다. 벨리즈에서는 가장 오래된 토기가 출현하기 약 1000년 전에 농경과 방화를 이용한 숲의 개간이 행해졌으며, 기원전 제1천년기 초기에야 비로소 토기가 제작되었다.

형성기의 출범기 말엽인 기원전 1200년경은 메소아메리카 문화 전통에서 가장 중요한 요소가 대부분 확립되었던 시기다. 즉 밭농사 경제, 집약적 옥수수 경작, 그 밖의 다른 재배 식물 경작을 경영하는 농촌 주거지가 멕시코 대부분의 지역에서 삶의 기본 형태가 되었다. 이는 도구의 생산뿐만 아니라 사회적 공동생활, 정치적 조직 형태 그리고 정신적·종교적 관념세계에도 영향을 미쳤다. 이후 시대에 강한 영향을 미쳤던 이런 요소들의 성립은 시간적 순서와 강도에 있어서 지역마다 차이를 보였다. 하지만 결국 마지막에 가서는 중요한 특징이 모두 비슷해졌다. 이 발전 과정은 추측건대 이미 형성기 초기가 끝나기 전에 완결되었을 것이다. 이때 중심지에 집중되었던 많은 인구의 공동생활은 새로운 조직 형태 없이 기존의 수단만으로는 더 이상 관리할 수 없게 되었을 것이다. 이로 인해 나타난 것은 군장국가 및 국가 이전 형태의 조직이었을 것이다. 이러한 조직에서는 소수의 지도층이 전체 주민의 노동을 조직하여 수로를 설치했고 처음으로 웅대한 공공 건축을 만들어냈다. 이 중심지 사이에는 원거리 교류망이 존재했고 이를 통해 물자 교환을 통해서만 얻을 수 있는 귀중한 호화 물품이 운송되었다. 뛰어난 솜씨의 공예 기술도 이런 방법으로 서로 교환되었다.

이렇게 해서 멕시코만 해안지역에는 기원전 1200년경 올메카인에 의해 드디어 메소아메리카 최초의 고등 문명이 형성될 수 있는 토대가 갖추어졌다. 이 문화는 기원전 제1천년기 중반경까지 존속했다. 이 시기의 원시 도시로는 기원전 1200년에서 기원전 800년까지 존속했던 산로렌소, 기원전 500년에서 기원전 400년까지 존속했던 라벤타가 있다. 이렇게 인구가 밀집한 중심지가 만들어지려면 효과적인 농업이 전제되어야 했다. 농업은 하곡의 평야 지대에서만 행해진 것은 아니었다. 이 문화인들은 비탈길에 계단식 밭을 만들어 고원 지대의 지형을 이용했으며 인공 관개 기술을 활용했다. 그럼에도 불구하고 식량 조달에서 사냥과 야생식물의 채집은 계속 중요한 역할을 했다.

기원전 1000년대 말까지 메소아메리카 거의 전역에서 인구가 현저히 증가했다. 특히 증가 폭이 큰 지역은 주거에 유리해 집약적 농업이 가능한 곳이었다. 그 결과 면적이 넓은 중심지들이 생겨났다. 이에 반해 멕시코 서남부 태평양 연안의 모카야데마사톤 지역에서는 형성기의 출범기에 꽃피웠던 원시 중심지의 붕괴가 관찰된다. 이 붕괴과정은 파소데라아마다에서 그 추이가 잘 드러난다. 이곳에서는 제의 행위에 매우 중요했던 공놀이 운동장이 그 기능을 상실한 것이 관찰되며, 그럼에도 사람들은 계속 이곳에서 살았다. 즉 이곳은 그 원래의 의미를 잃어버렸고 주민의 일부는 떠났지만 그렇다고 완전히 붕괴되어 사람이 전혀 살지 않게 될 만큼 근본적 변화가 있었던 것인지는 확인되지 않는다.

기원전 1000년대 말부터 멕시코만 열대 기후 저지대, 그중에서도 남부 지역의 기온이 점차 낮아졌다. 하지만 이는 이 지역 식량의 근간을 이루고 있던 옥수수 농사에는 어떤 부정적인 영향도 미치지 않았다. 그렇기 때문에 이곳에서는 거대한 공공 건축물이 들어선 넓은 주거지가 발달할 수 있었다. 거대 건물들은 인근 지역의 중심점 구실을 했다. 형성기 초기(기원전 1200년에서 기원전 800년까지)와 중기(기원전 800년에서 기원전 500년까지)는 이곳에서 올메카 시대 초기와 중기라고도 불린다. 올메카인이 다스렸던 구역은 멕시코만 남부의 상당한 영토에 걸쳐 있었다. 이때 올메카 문화를 특징짓는 것은 복합사회와 큰 조각상 및 거대한 두상을 만들어낸 뛰어난 예술 창작이다(〈그림 88〉). 거대한 건축과 뛰어난 예술작품들은 정신적 권력과 사회적 권력 간의 매우 특별한 연관관계를 아주 잘 드러내 보여준다. 이는 메소아메리카 고등 문명에서 전형적으로 나타나는 특징이기도 하다. 당시 예술의 규모는 오늘날까지 그 전모가 다 밝혀지지 않았지만 제의적·사회적 그리고 왕조의 통치 기능을 위해 사용되었다는 것은 확실히 말할 수 있다. 토기에서도 다른 대표적인 장식용 물건이나 부조에

14장 중앙아메리카에서의 원시 고등 문명의 형성

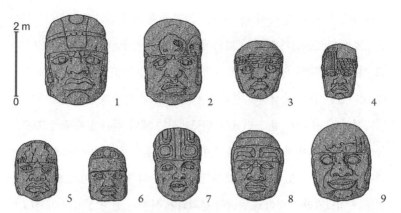

<그림 88> 산로렌소에서 발굴된 거대한 석두상. 멕시코.

서 나타나는 모티브가 반복되는데, 이는 이 모티브가 이 사회에서 중요한 도상학적 의미를 지녔음을 분명하게 보여주는 것이다. 지위를 나타내는 값비싼 상징물로 가공되었던 비취와 연옥은 그 사용 빈도가 증가했고 나아가 흑요석 무역이 중요해졌다. 흑요석은 메소아메리카의 특정 지역에서만 나오는 것으로 매우 귀중한 원자재로 취급되었다.

사람들은 강줄기를 따라 살았으며 열대 우림에 불을 놓거나 돌도끼를 이용해 계속해서 생활 터전을 넓혀갔다. 옥수수는 대량으로 경작되었고 갈돌이 많이 발견된다는 사실은 옥수수가 수확 후 가공되었음을 입증해 준다. 산로렌소는 메소아메리카 형성기 초기의 가장 중요한 지역 중 하나다. 이곳의 역사는 촌락 형태의 주거지가 형성되던 기원전 1000년대 중반경까지 거슬러 올라간다. 기원전 1000년대 마지막 250년 사이에 거대한 건축물들이 들어섰고 주거지가 확장되었다. 이러한 건축물에 속하는 것으로 주변 지대보다 높이 쌓은 50미터 높이의 단壇이 있다. 산로렌소는 인근 지역 전체에서 가장 오래된 중심지로 당시 사회 엘리트층이 부락 연맹 주민들의 노동력에 어떤 권력을 행사했는지를 잘 보여준다. 산로렌소에는 거대한 단과 피라미드같이 생긴 건축물을 제외하면 초대형 공공 건축물 중 현재까지 남아 있는 것은 거의 없다. 하지만 거대한 두상은 현재까지 남아 경탄을 자아낸다. 이 두상은 원시 족장 또는 신성을 숭앙하기 위해 사용되었던 것으로 보인다(〈그림 89〉). 이런 예는 산로렌소 외에 다른 곳에서도 찾아볼 수 있다. 산로렌소와 그리 멀리 떨어지지 않은 곳에 있는 포트레로누에보와 엘 아수술에서도 비슷한 크기의 거대한 올메카 조각상이 발견된다. 특히 중요한 곳은 엘마나티에 위치한 수원水源 근처의 유적지다. 이곳에는 기원전 1000년대 중반에 만들어진 목재로 된 커다란 조각상들이 보존되어 있는데, 산로렌소의 두상과 비슷한 거대한 두상을 보여준다. 이러한 유물로 볼 때 산로렌소나 포트레로누에보의 석두상들은 전통의 한 형태이며, 비슷한 형태의 조각상이 나무로도 제작되었음을 알 수 있다. 그러나 목재 조각상은 수천 년의 시간을 거치며 풍화되었다.

일정한 지역 내에서 유적지들이 떨어져 분포되어 있을 경우 (고고학적으로 잘 연구된다면) 한 공동체의 정치적·사회적 구조에 대해 많은 것을 알 수 있다. 올메카 문명의 핵심 지역과는 달리 오악사카 고원 남부 지대에서는 바로 이러한 연구가 진행될 수 있었다. 이곳에서는 일명 사포텍 문명이 발달했는데 이 문명의 가장 오래된 시기(기원전 1150년에서 기원전 850년)에 이미 매우 중요한 변화가 목격된다. 즉 농경 주거지와 인구가 증가했고 주거지 및 거주민 내에 서열화가 생겨났다. 또한 인공 관개 시설을 통해 식물 경작 생산성이 괄목할 만한 성장을 기록했다. 그 결과 한 계산에 따르면 약 40군데의 주거지에서 2000명이 넘는 사람이 산 것으로 추정된다. 그 중심지 중 하나인 산호세모고테는 거의 20헥타르가 넘

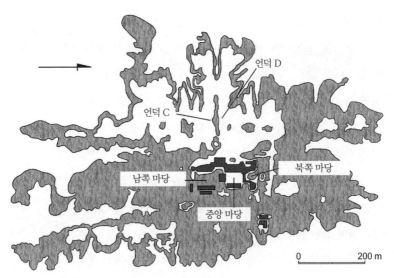

<그림 89> 올메카 시기에 축조물이 세워진 고원. 산로렌소, 멕시코.

언덕 D

언덕 C

남쪽 마당

북쪽 마당

중앙 마당

0   200 m

는 면적을 갖고 있었고, 이보다 약간 작긴 하지만 다른 대형 주거지도 비슷한 면적이었다. 시간이 지나면서 중심지들과 크기가 작고 중요도가 떨어지는 주거지 사이에는 매우 복잡한 의존관계가 형성되었다. 정치적·사회적·종교적 권력은 중심지에 자리 잡았고 주변 촌락 주거지는 식량 조달을 책임졌다. 사포텍 지역에서도 산호세모고테와 같은 중심지에는 거대한 공공 건축물이 있었고, 올메카 문명과 마찬가지로 높은 단 위에 세워져 있었다. 즉 메소아메리카의 이 지역 지도층도 이렇게 거대한 집단적 성과물을 현실화하기 위해 노동력을 조직할 수 있었다.

멕시코 중앙 고원에서도 대형 주거지가 형성되었고 작은 촌락들이 모여 있는 지역의 중심지로 기능했다. 이 주거 공동체는 일정한 영토를 관리했고 농사 수확량을 증대시키는 데 뛰어난 상호 협동성을 보였다. 이러

인류는 어떻게 역사가 되었나

한 사실은 계단식 밭과 인공 관개 시설의 설치에서 확인할 수 있다. 특히 중앙멕시코 분지 남반부에서는 기원전 1000년대 말엽과 기원전 제1천년기 초 인구가 비약적으로 증가하면서 주민이 1000명이 넘는 주거지들이 생겨났다. 이에 반해 북쪽 지구의 주거지는 여전히 작은 규모에 머물렀다. 이러한 남반구의 중심지 중 하나로 틀라틸코가 있다. 이 중심지는 여러 촌락을 거느리고 있었고 또 무덤이 500기가 넘는 대형 공동묘지가 있었다. 부장품, 주거지에서 나온 예술품들, 특히 입체적으로 조형된 토기는 이곳이 멕시코만 연안의 올메카 문화와 관계있었음을 보여준다. 이렇듯 멕시코의 각 문화권 사이에는 상호 간에 긴밀한 교류가 있었으며, 그럼에도 메소아메리카의 문화는 다양함이 상쇄되지 않은 채 공존했다.

멕시코 북부 건조 지대의 대부분은 이런 문화의 영향을 받지 않았다. 이곳에서는 계속해서 이동성이 높은 수렵 채집 생활자들이 활동했고, 기원전 1000년대에서 기원전 제1천년기로 넘어가는 전환기에도 여전히 일종의 혼합 경제를 운용했다. 하지만 옥수수 경작에 대한 지식이 일찍이 이 북부 지역 사람들로부터 미국 서남부 지역 주민들에게로 전해졌다는 것만큼은 틀림없는 사실로 추측된다.

멕시코 태평양 연안지역에서는 기원전 1000년대 후반부터 엘오페뇨 문화가 확산된다. 이 문화는 무덤(절벽에 위치한 지하 카타콤)으로 유명하다. 부장품 중에는 소형 점토 조각상이 특히 눈에 띈다. 이 조각상들은 통일된 표준 양식을 따르고 있는 데다 특정 장면들을 재현하고 있기까지 하다. 예를 들어 한 무덤에서 발견된 여러 조각상이 모두 공놀이를 재현하고 있는 식이다. 유골에서는 두개골 훼손과 개두술(두개골 상판에 구멍을 뚫는 시술)을 행했음이 눈에 띄지만, 어떤 목적에서 그랬는지는 아직 알려진 바가 없다.

메소아메리카의 몇몇 지역에서는 조방농업과 사회적·정치적으로 복잡해지는 현상이 갖는 상관관계에 대한 여러 가설을 세워볼 수 있다. 우선 인구의 비약적 증가로 인해 여러 지역에서 기존에 존재하던 자원이 더 이상 충분하지 않게 되었다. 이로 인해 식량 수요가 크게 증가했고 지금과는 다른 방식으로 이 문제를 해결해야 했다. 이때 문제의 해결책은 인구가 부분적으로 이주해 나가는 방법을 제외한다면 생산성이 더 높은 농경에서만 찾을 수 있었다. 그렇게 해서 실제로 형성기 동안 옥수수 경작에서 수확이 증가하기도 했고 사냥 전략이 훨씬 다양화되기도 했다. 하지만 사람들은 식량 부족 현상에 대해 지역별로 다르게 반응했다. 농업의 시작과 확장이 인구 압박의 증대라는 가설로 설명할 수 있는 것은 분명하다. 하지만 이 설명 방식은 인구가 과도하게 증가하지 않은 지역에서는 유효하지 않다. 이렇게 인구가 과도하게 증가하지 않았음에도 식량 수요가 대폭 증가한 지역은 대형 종교 행사가 그 원인일 수도 있다. 이런 행사에서는 보통보다 훨씬 많은 식량이 소비되었기 때문이다. 다시 말해 옥수수 재배에서 더 효율적인 경작과 잉여 생산을 내기 위한 노력이 이러한 종교 행사 때문이었을 수 있다는 것이다.

3.
중앙아메리카 육교와
카리브 제도에서의 문화 발달

중앙아메리카는 미국 남부 국경에서 콜롬비아 북부 국경까지를 아우른다. 중앙아메리카에서 메소아메리카에 해당되는 지역은 멕시코 영토 및 과테말라와 벨리즈의 경계지역이다. 이 지역들은 일반적으로 하나의 문화권을 형성한다. 일명 중앙아메리카 육교라 불리는 곳도 단일한 하나의 문화권을 형성하는 지역이다. 이 지역은 니카라과에서부터 콜롬비아 최북단까지 펼쳐져 있으면서 메소아메리카를 남아메리카 대륙에 연결해준다. 중앙아메리카에서도 대륙 북쪽에서와 마찬가지로 기원전 1만2000년에서 약 기원전 9000년 사이 플라이스토세 후기에 원시 클로비스 문화와 클로비스 문화 유적지들이 발견된다. 이 문화인들은 빙하기 후기의 수렵 채집 생활자 집단들로 일명 클로비스 첨두기라고 불리는, 규석으로 만든 매우 독특한 첨두기를 남겼다. 이 첨두기는 표면과 날을 섬세히 가공했고 끝으로 갈수록 뾰족한 모양을 하고 있다. 기저부는 가운데가 안으로 오목 들어가고 양옆은 물고기 지느러미와 같은 형태를 하고 있다. 고대 아메리카 원주민 수렵 채집 생활자들은 이 무기로 멸종하기 전까지 마지막으로 생존했던 대형 포유류를 사냥했다.

플라이스토세에서 홀로세로의 전환기에 기후는 따뜻하고 습해졌다. 긴 빙하기에 형성되었던 초원 사바나 지대에는 점점 홀로세 초기의 숲이 들어섰다. 카리브 제도 쪽의 해안 지대는 태평양에 면한 비가 덜 오는 지역에 비해 대체로 더 다습했다. 홀로세 초기에 기후가 변화하는 동안 중앙아메리카에는 점점 더 많은 지역에 사람이 들어와 살게 되었다. 이곳 홀로세 초기 유적지들은 북아메리카와 메소아메리카의 다른 지역과 마찬가지로 일명 '고대기'로 분류된다. 기원전 8000년부터 다양한 규석 석기가 나오는 다수의 유적지가 발견된다. 발굴된 석기 중 창촉은 형태상 홀로세 후기 클로비스 첨두기를 조상으로 하고 있다.

생존 확보를 위해 이 문화인들에게는 어획과 더불어 사냥과 식물 채집이 특히 중요한 의미를 가졌다. 파나마의 파리타베이 지역에서는 홀로세 초부터 수렵 채집 생활자가 살았다. 단기간만 이용되었던 야영 장소는 해안가에 위치해 있었고 또 이곳에서부터 강줄기를 따라 내륙지역으로 퍼져 있었다. 이 문화인은 주로 물고기, 연체동물, 식용 야생식물과 야생동물을 식량으로 삼았다. 이들은 잡을 수 있고 먹을 수 있는 것이라면 거의 다 사냥했는데 쥐, 원숭이, 새 등이 그 예다.

토기가 처음 생산되기 훨씬 이전부터 중앙아메리카 및 남아메리카에서는 재배 식물이 경작되었다. 이 식물들은 이후 중앙아메리카 육교에서도 경작되었다. 쿠에바데로스밤피로스에서는 기원전 8000년에서 기원전 5000년 사이 야자수 열매와 마란타열대 아메리카 대륙에서 자라는 알뿌리 식물를 식량으로 이용한 흔적을 찾을 수 있다. 마란타는 경작되었을 가능성도 있다. 기원전 5000년 이전 고대기 초기, 중앙 파나마의 여러 지역에서는 호리병박과 또 다른 호박종을 심었다. 이와 함께 중앙아메리카 열대 밀림에서 나는 다양한 야생식물도 식량으로 이용되었다. 이때 눈에 띄는 것은 다양한 견과류 나무와 과실수다. 이 시기 재배 식물이 처음 나타난 시기와 무관하게 재배 식물은 처음에 일종의 텃밭 농사 차원으로만 재배되었던 것으로 보인다. 다시 말해 초기에 이 식물들은 다양한 야생식물을 보충하는 역할에만 그쳤다.

이후 약 기원전 5000년에서 기원전 2500년, 토기 사용 이전 시기에도 변한 것은 별로 없었다. 해안 지대와 내륙 지방 주민들은 여전히 한 철만 사용하는 야영지를 찾았고 수렵 채집 생활을 했다. 쿠에바데로스라드로네스와 아콰둘세와 같은 유적지에서는 물고기, 연체동물, 사슴, 악어, 뱀을 식용으로 이용했다는 흔적이 나온다. 즉 이들은 생활 터전에서 먹을 수 있는 것은 다 이용했다. 여기서도 마란타와 호박, 호리병박을 식용으로 이용했다는 흔적이 나오며 이에 더해 옥수수, 카사바, 호박의 꽃가루와 콩으로 추측되는 식물의 꽃가루도 발견되었다. 하지만 그중에서 비교적 안정적으로 경작된 것은 옥수수뿐이었던 듯하다. 옥수수 재배가 시작되었지만 고대기에 식용에 이용되었던 야생식물의 종류는 전혀 줄지 않았고 오히려 꽤 다양한 종이 계속 이용되었다. 마란타는 이미 옥수수가 재배되기 전에 재배했던 것으로 추측된다. 마란타는 열대 기후의 중앙아메리카와 남아메리카에서 가장 많이 볼 수 있는 식물이다. 이 식물을 갈면 영양가가 높은 전분이 나오는데, 밀가루보다 소화가 더 용이하기 때문에 선사시대에 크게 선호했던 식물이다.

이 시기 유적지는 강줄기와 해안가에 집중되어 있었다. 이곳에서 주거 공동체들은 사냥, 어획, 조개나 다른 해양 생물의 채집, 그리고 식용 가능한 야생식물 채집을 통해 식량을 얻었다. 이 유적지들은 특히 바위굴과 노천에 위치해 있었다. 다시 말해 중앙아메리카의 많은 지역에서 농경 촌락이 나타난 것은 훨씬 더 후대의 일이다. 이 지역에서도 인구 증가와 더불어 주거지 밀집도가 높아진 것이 관찰된다.

기원전 2000년대 중반경 중앙아메리카에서는 토기 생산이 시작된다. 이 지역에서 가장 오래된 토기는 파나마 중부 모나그리요에서 나온 것으로 기원전 2000년대 중반경에 만들어진 것으로 추정된다. 코스타리카 서북쪽에 위치한 트로나도라에서 나온 토기 파편도 이로부터 얼마 지나지 않은 시기로 추정된다. 트로나도라 시기에 속하는 유적 단지는 중앙아메리카 북부의 가장 오래된 토기 전통 중 하나로 기원전 2000년대 중반 직후 시작되어 이후 니카라과, 코스타리카, 카리브 해안 인접 지역까지 확산되었다. 모나그리요와 트로나도라와 같은 초기 토기 유적 단지 외에 다른 지역에서도 토기가 제작되었지만 훨씬 더 후대의 일이다. 이는 카리브 해안 지역에서도 마찬가지였는데, 이곳에서 토기는 기원후가 되어서야 생산되었다.

몇몇 토기는 중앙아메리카에서의 가장 오래된 토기가 남아메리카 토기 생산에 자극을 받아 생산되었다는 가설을 지지하는 듯 보인다. 이 중앙아메리카 최초의 토기들은 이미 매우 발달된 형태였고, 그런 까닭에 외부에서 영향을 받은 것으로 해석되었다. 하지만 이러한 가정을 뒷받침해 줄 확실한 증거는 발견되지 않고 있다. 그보다 많이 제기되는 주장은 중앙아메리카와 남아메리카에서 토기 생산이 이루어진 동기는 오직 식량을 보관, 가공, 섭취하기 위한 용기가 필요했기 때문이라는 것이다. 어찌됐든 모나그리요에서 나온 용기들은 주로 액체 보관용이었다.

홀로세 시기, 습도와 기온이 더 높아져 열대 우림은 크게 성장하고 확대되었다. 특히 중앙아메리카 저지대에서 이러한 현상이 뚜렷이 나타났다. 선사시대 인류는 숲의 급속한 확장을 저지하고 생활의 터전을 얻기 위해 불을 놓아 원시림을 개간하는 방식으로 대응했다. 이런 생활 터전은 주거지를 세우기 위해, 식용 야생식물이 방해받지 않고 성장하기 위해, 재배 식물을 경작하기 위해 필요해졌다. 라예과다호에서는 지층에 구멍을 뚫어 꽃가루를 분석하는 조사가 진행되었는데 이를 통해 기원전 5000년 이후 홀로세 초기에 숲의 크기가 조금 작아졌다는 것이 밝혀졌다. 이후 기원전 1000년대와 기원전 제1천년기 동안 대규모로 삼림 개간이 이루어졌다. 땅에 구멍을 내어 꽃가루를 분석하는 연구는 중앙아메리카 열대 지방의 다른 호수에서도 진행되었는데 조사 결과는 홀로세 초기 동안 불을 놓아 개간하는 기술의 중요성이 가속화됐다는 주장에 힘을 실어준다. 사람들은 이런 방법으로 나무가 빽빽한 열대 우림 지역에서 생활 터전을 만들려고 시도했던 것이다. 자연환경의 이러한 개조 방식은 늦어도 기원전 3000년대와 기원전 2000년대에 점점 더 중요한 역할을 했고 기원전 1000년대와 기원전 제1천년기부터는 더욱 집약적인 경작을 위해 필수 불가결한 것이 되었다.

파나마의 가툰호湖에서는 기원전 3000년부터 옥수수를 경작했다는 사실이 밝혀졌다. 불을 놓아 개간했다는 것이 입증된 시기는 늦게 잡아도 기원전 1500년이다. 하지만 이러한 개간 방법은 더 이른 시기부터 활용되었을 가능성이 매우 높다. 벨리즈에 위치한 콜라 지방에서는 옥수수와 카사바를 경작했던 시기와 기원전 2000년 이후 대단위로 화전을 개간했던 시기가 일치한다. 온두라스에 위치한 코판에서도 기원전 3000년 이전부터 이와 비슷한 현상이 있었음이 관찰된다. 고고학적, 고생태학적 자료에 근거해 볼 때 홀로세 전체 기간에 열대 중앙아메리카 지역 수렵 채집 생활자들은 자연을 열심히 개조했으며 이를 통해 울창한 우림을 부

14장 중앙아메리카에서의 원시 고등 문명의 형성

분적으로 감소시켰던 게 확실하다.

지역마다 인구 증가의 폭이 달랐다는 것은 생산 경제의 효율성에서도 차이가 났다는 것을 반영한다. 토기 사용 초기에는 기본적으로 토기 사용 이전 시기보다 주거지가 더 많아지고 규모가 더 커졌다. 처음으로 대형 주거지가 세워진 것은 토기 사용 이전 시기인데 모나그리요 해안 조개무지 주거지가 그 예다. 이 주거지에서는 약 2000명이 살 수 있었던 것으로 추측된다. 이런 곳에서는 야생식물과 최초의 옥수수 같은 재배 식물에서 나온 곡물을 분쇄하기 위한 도구가 훨씬 많이 발견된다. 현재로서 이 지역에서 옥수수 재배종이 출현한 가장 오래된 증거는 기원전 3000년대 말에서 기원전 2000년대 초로 추정된다. 옥수수와 카사바는 가장 처음 재배되었던 식물인데 이 두 식물은 영양가 면에서 상호 보충이 매우 잘 된다. 카사바는 옥수수보다 더 높은 열량을 함유하고 있고 토양이 훨씬 더 안 좋은 곳에서도 잘 자란다. 해안 지방에서 주민들이 일차적으로 농경에 의존해 사는 영구적 촌락은 토기 생산이 이루어진 후에야 세워졌다. 하지만 이런 유적지에서도 해양 식량 자원이 여전히 대량으로 이용되었음이 확인된다.

이후 농경은 더 효율적으로 운영되었고 인구는 계속 증가한다. 기원전 2500년에서 기원전 1000년 사이 각 주거지에서 사람이 거주하는 기간 또한 현저히 늘어났다. 이는 쿠에바데로스라드로네스나 아콰둘세 같은 곳에서 증명된다. 이곳에서는 카사바, 옥수수, 얌을 경작했다는 증거 또한 발견된다.

기원전 제1천년기에는 세로망고테와 같은 단기적으로만 이용되었던 야영지 외에 처음으로 라물라와 같은 영구적 주거지도 세워졌다. 이곳에서는 옥수수, 카사바, 얌의 조방농업이 이루어졌다는 단서가 발견된다. 사람들은 씨앗과 곡물 가공을 위해 당시 필요로 했던 용기를 제작했다. 이런 용구가 발견된 최초의 농경 촌락은 주로 강가나 호숫가에 있었다. 이 시기에 토기 형태와 장식은 종류가 더 다양해져 동물 모양과 사람 모양 용기까지 선보인다. 사람들은 토기 제작에서 불과 온도를 다양한 방법으로 이용했다. 또한 음각을 넣어 색을 들이는 방법도 숙달했다. 이는 바탕에 비치는 형태가 문양이 되는 기법이었다. 나아가 다양한 염료도 가공할 수 있게 되었다. 기원전 제1천년기 중반부터 유형 문화에서는 지역 특색이 강하게 나타나기 시작한다. 당시 지역 집단의 분산은 지형적 조건과 밀접한 관계가 있었던 것으로 추측된다.

이런 배경 속에서 이후 부족장 제도와 '군장국가'가 나타난다. 하지만 전반적으로 볼 때 북쪽의 메소아메리카에서와 같은 원시 도시 조직은 발달하지 않았다. 또한 중앙아메리카에서의 이러한 과정은 멕시코에서보다 훨씬 뒤늦게 나타났기에 기원전 제1천년기 후반 이전에는 관찰되지 않는다. 파나마의 라물라에서는 돌로 만든 조각상들과 공공 목적으로 사용된 대형 건물의 잔해가 발견되었지만 건물의 용도에 대해서 더 자세히 알려진 것은 없다. 이 주거지는 중앙아메리카의 중심지 중 하나로 간주된다. 이곳에서 발견된 무덤 시설로 볼 때 뚜렷한 사회적 격차가 있었음을 알 수 있다. 이 무덤 중에서는 흑요석, 경옥, 조개, 금, 그 밖의 다른 원자재 등 이국적 재료로 만든 귀중품들이 발견되었는데, 이는 당시 장거리 교류 및 물자 교환이 있었음을 보여주며 나아가 최초의 무역 형태가 발생했다는 추측도 가능케 한다. 이러한 관계망이 주는 이득을 누린 부류는 일차적으로 상류층이었다. 이들은 이러한 물건을 취득하고 이 물건들을 통해 사회적 지위를 가시화했다.

정주형 농경 촌락에서 제의용 건물과 지배층을 위한 건물이 건설된 중

14장 중앙아메리카에서의 원시 고등 문명의 형성

심지로 발달해가는 형태는 기원전 제1천년기 멕시코 남부에서만 특징적으로 나타났던 형태는 아니다. 오히려 중앙아메리카 다른 지역에서도 최소한 이러한 발달의 시초는 관찰된다. 하지만 이곳에서는 시간이 지난 후에도 멕시코에 비견될 만한 발달은 나타나지 않았다.

홀로세 후기가 되었을 때 마침내 극적인 변화가 일어난다. 서력이 시작되던 시기에 중앙아메리카의 많은 지역에서 농업이 쇠퇴의 길을 걷게 되었던 것이다. 이는 기원전 1000년대 후반과 기원전 제1천년기에 행해졌던 집약적 농업으로 인해 농지의 비옥도가 떨어진 것이 원인일 수 있다.

카리브 제도는 중앙아메리카와는 뚜렷이 차이나는 발전 과정을 겪었다. 쿠바, 자메이카, 히스파니올라, 푸에르토리코가 위치해 있는 대人앤틸리스 제도에 처음 이주자가 들어온 것은 늦게 잡아도 기원전 4000년경이었다. 이 제도에서 초기 주거지는 해안가에 위치해 있었으나 해수면 상승으로 인해 오늘날 물속에 잠겨 있다. 당시 이주민들은 메소아메리카 유카탄반도에서 바다를 건너 대앤틸리스 제도로 들어왔을 것으로 추측된다. 한편 카리브 제도의 다른 쪽 끝, 즉 북쪽으로는 푸에르토리코, 남쪽으로는 베네수엘라 해안가 사이에 있는 소앤틸리스 제도에서 사람이 거주했던 가장 오래된 흔적은 더 늦은 시기인 약 기원전 3000년에서 기원전 2000년 사이로 추정된다. 요컨대 이 흔적들을 보면 당시 이주민들은 서로 다른 두 방향에서 들어왔다. 하나는 유카탄반도에서이고 다른 하나는 남아메리카 북부에서였다. 후자는 구체적으로 베네수엘라와 오리노코 강 어귀에서 출발해 트리니다드섬과 토바고섬을 거쳐 푸에르토리코로 향하는 경로를 따랐다. 이때 두 방향에서 온 사람들이 서로 마주쳤을 수도 있다. 하지만 메소아메리카에서 온 이주민이든 남아메리카에서 온 이주민이든 그 수가 특별히 많지 않았기 때문에 카리브 제도에서 이주민들은 충분한 거리를 두고 살 수 있었을 것이다. 이 최초의 이주민 집단의 생활 및 경제 방식에 대해서는 현재 알려진 것이 거의 없기 때문에 더 이상 자세한 것은 말하기 어렵다.

기원전 제1천년기 중반이 지나고 얼마 안 되어 새로운 이주민의 물결이 유입되어 들어왔다. 이들은 남아메리카 북부에서 온 것으로 추측되며 소앤틸리스 제도를 거쳐 카리브 제도의 거의 모든 섬에 이르렀다. 이전 시기 유적지들에서 규석과 암석 가공물만 발견되었다면, 이 시기에는 최초로 토기가 출현한다. 토기는 매우 높은 수준에 도달해 있었는데 흰색과 붉은 도료를 칠해 대단히 아름다웠다. 이런 점을 고려하면 이 토기는 이주민들이 발달된 형태로 들여온 것이 확실해 보인다. 이 이주민들은 주로 베네수엘라 북쪽 오리노코강 어귀에 살았던 것으로 추정되는데, 그곳의 살라데로 등의 유적지에서는 소앤틸리스에서와 비슷한 토기를 볼 수 있다. 두 번째 이주 물결을 통해 들어온 이주민들은 뛰어난 수준의 토기와 토기 제작 기술을 가지고 왔을 뿐만 아니라 소앤틸리스에 장기적 대형 주거지를 세웠고 최초의 재배 식물도 들여왔다. 이는 이곳에 살고 있었던 수렵 채집 생활자들의 식생활에 장기적이고도 커다란 변화를 가져왔다.

소앤틸리스로의 이주가 구체적으로 어떻게 진행되었는지, 기원전 4000년부터 있었던 첫 번째 이주 행렬은 물론 이 두 번째 이주 행렬도 더 구체적인 재구성은 불가능하다. 그럼에도 우리가 가정해볼 수 있는 것은 이주민들이 여러 번 이주 붐을 타고 들어왔으리라는 점, 그리고 이들은 초창기에 단기성 주거지를 세웠고 뒤이어 잠잠해지는 시기가 한 차례 있었으며 이후 육지에서 점점 더 많은 사람이 다시 이동해와 장기적으로 정착했으리라는 점이다.

오리노코강 어귀 지역에서 이주해온 주민들은 그들의 고향과 인접한 베네수엘라의 해안지역, 기아나 고지, 수리남 등지에서 다종다양한 동식물을 식량 자원으로 이용했고 이를 카리브 제도로 가지고 왔다. 이들은 전문적인 어부, 사냥꾼, 식물 채집자였으며 각기 처한 환경에 훌륭하게 적응할 줄 알았다. 이들은 사슴과 맥Tapiri 포유류 초식 동물의 하나을 사냥하고 게를 잡았으며 연체동물을 채집했다. 또한 일종의 텃밭 농사를 경영했는데 이때 카사바는 탄수화물과 열량 공급의 주요 원천으로서 중요한 역할을 했다. 하지만 카사바 경작은 수년이 지나면 토양을 극도로 고갈시키는 탓에 얼마 안 있어 이들은 원시림을 개간해 경작지를 개척했던 것으로 보인다. 이주민들은 카사바 외에 옥수수, 콩, 호박, 고추와 같은 재배 식물도 가지고 들어왔다. 또한 사과, 구아바, 파파야, 파인애플, 아보카도, 패션프루트와 같은 과일도 존재했음이 확인된다.

이주민들이 살았던 유적지에는 사각형이나 원형 또는 타원형 움막집이 발견된다. 때로 크기가 더 큰 집도 있었다. 이 발굴물들은 기원후 제1천년기 중반에 속하는 것으로 다소 후대의 유물이다. 비록 광범위한 발굴 작업이 부재하긴 하지만 그럼에도 주거지 내부 조직에 대한 최초의 단서들은 찾을 수 있다. 몇몇 건물은 숭배 제의용으로 사용된 특수 건물이었던 듯하다. 그럴 경우 이런 장소는 인근에 사는 사람들에게 중심지와 같은 역할을 했을 수 있다. 또 한 가지 지적할 수 있는 것은 주거지 옆에 제대로 된 공동묘지가 있었음에도 불구하고 대형 공용 건물 바닥 아래에 시신을 묻었다는 점이다.

기원후 제1천년기 중반 직후 다시 한번 인구가 현저하게 증가했고 경제적·사회적·정치적 구조에서 근본적인 변화가 일어났다. 이와 함께 일명 타이노 문화가 시작되었고 이 문화는 이후 변형된 형태로 최초의 유럽인이 이곳에 들어올 때까지 존속했다.

촌락에서 제의 중심지로:
남아메리카 초기 문명

페루의 차빈 데 우안타르에서 나온 석비.

1.
안데스산맥 북부에서의
농업과 최초의 권력층 형성

남아메리카 서북부에 위치한 안데스산맥 북부에는 다양한 열대 기후 지역이 속해 있다. 이 지역은 북쪽으로는 카리브해, 서쪽으로는 태평양에 면해 있고 동쪽으로는 코르디예라 동부 지역, 남쪽으로는 현재의 에콰도르와 페루 사이의 국경 지대에까지 미친다. 강 계곡 지역에는 기온이 높은 열대성 기후가 우세하지만 고도가 더 높은 곳은 대부분 온난하다. 태평양 연안을 따라서는 사바나와 유사한 건조 지대가 자리 잡고 있으며 서쪽과 서남쪽으로 가면 다습한 열대 밀림이 나타난다. 오늘날 대부분 현재의 콜롬비아에 속해 있는 이 지역의 북쪽에는 카리브해로 흘러들어가는 하천인 마그달레나강과 카우카강이 대지를 깊숙이 가르며 흐르고 있다. 이 강들은 서로 나란히 인접해 달리는 세 줄기의 산맥을 발달시켰는데 즉 서부, 중부, 동부 코르디예라가 그것이다. 이 세 산맥은 콜롬비아와 에콰도르 경계지역에서 거대한 산맥 하나로 합쳐진다.

이 지역에서 사람들이 정착생활을 하게 되고 안데스 북부와 인접 지역에서 농사를 시작했다는 최초의 단서는 에콰도르 서부, 특히 태평양 해안과 그에 면한 내륙 지방에서 발견된다. 그중에서도 과야강과 에스메랄다강의 충적지 평야는 선사시대부터 선호되는 주거지역이었다. 이 평야의 서쪽에는 낮은 산들이 이어지면서 태평양으로부터 이 지역을 보호해주고 있다. 이 지역은 비교적 건조한 기후가 주로 나타나며 강우량은 산의 중간 고도 또는 그보다 더 높은 고도부터 뚜렷한 증가세를 보인다. 이러한 강수량 차이는 식생에서도 큰 차이를 가져왔다. 즉 평야 대부분의 지역은 큰 나무가 없는 초원 사바나가 차지하고 있는 데 반해 구릉 지대와 계곡에서는 여러 열대성 식물과 동물이 서식하는 등 다양한 환경 조건이 발달했다. 라틴아메리카에 처음으로 인간이 출현한 것은 기원전 1만 2000년 이후인 플라이스토세 말기였고, 주로 사냥, 어획, 식물의 채집에 의존해 살았다.

플라이스토세에서 홀로세로 넘어가는 시기에는 여러 변화가 나타났다. 그중 하나로 에콰도르 서남부의 안데스 북부 지역에서는 정착생활이 시작되었는데, 이는 남아메리카에서 최초였다. 라스베가스 유적지는 안데스 북부 지역에서 가장 먼저 문화가 발달한 곳으로 이 문화는 이 이름을 따서 불린다. 오늘날 라스베가스 유적지는 태평양 해안에서 수 킬로미터 떨어진 곳에 위치해 있지만 홀로세 초기 당시 이곳이 바다에서부터 얼마나 떨어져 있었는지는 정확히 판단하기 어렵다. 왜냐하면 계속해서 해수면의 변화와 지형의 융기가 일어났기 때문이다. 라스베가스 주거지에서 사람이 살았던 것은 약 기원전 8500년에서 기원전 4600년 사이였다. 동일한 시기에 이 주거지 인근 지역과 좀 멀리 떨어진 곳에서 라스베가스 문화권이라 할 만한 또 다른 거주지가 다수 존재했다. 이러한 유적지들은 모두 크기가 훨씬 작았고 석기, 조개, 뼈 등 발견된 유물의 수량도 매우 적었다. 이에 반해 라스베가스 유적지는 면적이 2000제곱미터이고 50센 티미터에서 3미터에 이르는 두터운 유적지층을 갖고 있었다. 라스베가스 유적지에서 나온 동식물의 잔해를 보면 해양 자원을 많이 이용했음을 알 수 있다. 해변에는 맹그로브 숲으로 이루어진 석호가 펼쳐져 있어 풍부 한 식량 자원을 제공해주었다. 그중에서도 가장 중요한 것은 연체동물과 갑각류였고 다양한 어류도 포획 대상이었다. 주거지에서 발견된 어류 잔 해 중에는 바다에서 잡은 것이 확실시되는 종도 있었다. 이는 당시 사람 들이 배를 사용할 줄 알았고 배를 타고 고기를 잡으러 더 멀리 바다로 나 갈 수 있었음을 시사한다. 그 밖에 라스베가스 주민들은 포유류, 파충류, 양서류를 사냥했으며 열대 사바나와 우림 지대에서 얻을 수 있는 것 대 부분을 식용으로 이용했다. 라스베가스 문화인은 이동생활을 했고 넓은 영역을 돌아다니면서 어획, 사냥, 식용 식물을 채집했을 것으로 추측된다. 이들은 매년 계절에 따라 활동 영역 내에서 동일한 경로로 이동하는 생 활을 했고, 계속 동일한 야영 장소를 다시 찾았을 것으로 여겨진다.

라스베가스 거주민이 이미 홀로세 초기에 호박이나 다양한 덩이뿌리 식물을 식용으로 이용했다는 흔적이 나타난다. 심지어 기원전 6000년경 이미 옥수수와 호리병박을 심었을 수 있다고 추측되기도 한다. 하지만 그 렇다고 하더라도 이는 다만 제한된 규모에서만 행해졌을 것이다. 사람들 은 그보다는 사냥, 어획, 채집 활동을 통해 조달한 다양한 동식물을 식량 으로 이용했다. 하지만 일반적으로 옥수수와 호박을 텃밭 형태로 경작하 는 것은 이동생활을 하면서도 가능했다. 이 식물들은 1년 내내 한 장소 에 머물지 않아도 재배가 가능했기 때문이다. 그런데 옥수수와 호박이 주 요 식량이 되면서부터는 사정이 달라졌다. 사람들은 잉여 작물을 생산했 으며 이를 대량으로 저장했다. 이를 위해서는 막대한 노력을 들여야 했고

15장 촌락에서 제의 중심지로: 남아메리카 초기 문명

이런 생활 방식은 이동생활과는 조화를 이룰 수 없었다. 라스베가스 문화인이 이 최초의 재배 식물을 경작했던 것은 제례적 성격의 축제와 관련이 있었을 것이라고 추측된다. 이러한 축제는 이들의 사회적 생활에, 그리고 큰 규모의 수렵 채집 집단이 서로의 결속을 다지는 데 중요한 역할을 했을 것이다.

라스베가스 문화는 단계적으로 더욱더 상시적인 정착생활로 바뀌어갔다. 초기에 작은 집단을 이루어 한 지역에서 다른 지역으로 이동하면서 살았다면 그다음 발전 단계에서는 베이스캠프라 부를 만한 야영지가 형성되었다. 집단의 일부는 이곳을 기점으로 가깝거나 먼 주변 지역을 돌아다녔고 나머지 사람들은 베이스캠프에 머물러 있으면서 앞서 언급한 최초의 재배 식물을 텃밭 형태로 경작했다. 이때 수확된 호리병박은 식용으로만 사용된 것이 아니다. 사람들은 이 호박의 과육을 먹은 다음 단단한 껍질은 저장 용기나 그릇으로 이용했다.

기원전 4600년경 라스베가스 문화는 점점 쇠퇴의 길을 걷기 시작했다. 주거지에서 사람이 더 이상 살지 않게 되었지만 무슨 일이 일어났던 것인지, 이후 어떤 변화가 일어났던 것인지 현재 알려진 것은 없다. 이후 약 1000년의 시간 동안 이 지역에서 인간의 흔적은 모두 자취를 감춘다. 그 원인이 무엇이었는지는 추측만 가능할 뿐이다. 우선 지각 변동 운동에 따라 해안선의 변화가 일어나 이곳 맹그로브 숲과 어장에 부정적인 영향을 미쳤을 가능성을 생각해볼 수 있다. 하지만 더 신빙성 있는 추측은 그 시기 계속 더 많은 주거지가 형성되었음에도 지각 변동으로 인해 홀로세 중반기 동안 바다 속으로 가라앉았을 것이라는 가설이다. 이 추측에 의하면 그 주거지들은 현재 바다 속에 가라앉아 있어 연구가 불가능하다.

약 기원전 4400년 이후 일명 '형성기'가 시작되어 대략 3000년 동안 지속되었다. 이 시기는 초기(발디비아 문화), 중기(마찰리야 문화), 후기(초레라 문화)로 나뉜다. 형성기 유물과 유적에서 특징적인 것으로는 토기, 마제 석기, 작은 조각상, 카사바와 옥수수 경작의 흔적이 있다. 그 시기에 상시적인 농경 주거지가 형성되었다는 것도 확인된다. 이 모든 변화는 거주민 사회와 경제에 근본적인 영향을 미쳤다.

발디비아 문화는 기원전 4400년에서 기원전 1500년까지 존속했다. 이 문화는 현재 에콰도르 영토의 서부 저지대와 해안가에 위치해 있었고 형성기 초기를 대표한다. 또한 이 문화는 정착생활이 시작되었음을 보여준다. 산타엘레나반도의 라스베가스 문화 핵심 지역에서는 1000년 동안 주거가 단절되었고 그러다 갑자기 발디비아 문화가 출현했기 때문에 라스베가스 문화가 어떤 변화를 겪었고 발디비아 문화는 어떻게 성립될 수 있었는지 그 변화과정을 심도 있게 추적하기가 힘들다.

발디비아 문화의 대표적인 유형 유물은 이 주거지들에서 전형적으로 나타나는 토기다(〈그림 90〉). 가장 오래된 시기에 속하는 유적 단지들에서는 토기 형태가 일정하게 유지되고 있는 반면 시간이 지나면서 형태와 장식에서 더 많은 예술적 자유로움이 나타난다. 기하학적 문양을 새겨넣

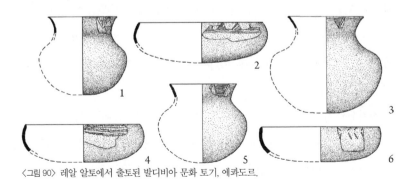

〈그림 90〉 레알 알토에서 출토된 발디비아 문화 토기, 에콰도르.

15장 촌락에서 제의 중심지로: 남아메리카 초기 문명

은 토기나 붉은색 외피를 씌운 토기가 그 예다.

연구자들은 발디비아 토기를 네 개의 시기로 구분한다. 이때 흥미로운 주장이 눈에 띄는데 최초의 발디비아 토기에서 일본 열도 조몬 문화와의 연관성이 확인된다는 시각이 그것이다. 발디비아 문화의 가장 오래된 시기는 절대 연대로 볼 때 대략 조몬 시기 초기에 해당된다. 향후 이러한 추측이 증거를 통해 지속적으로 논증될 수 있다면 이는 태평양을 가로질러 이루어졌던 접촉을 증명하는 최초의 자료가 될 것이다. 조몬 문화와의 이러한 상응관계에 근거하여 에콰도르 해안지역에서의 가장 초창기 토기 생산을 일본 열도와 접촉한 결과라고 생각하려는 학자가 있는 반면, 이 지역 토기 생산의 시초를 아마존 분지에서 받은 자극으로 인한 것이라고 생각하는 학자들도 있다. 이 의견 또한 연대적 측면에서 볼 때 충분히 근거가 있고 따라서 높은 개연성을 갖는다.

토기 외에 발디비아 문화를 특징짓는 것은 돌로 만든, 그리고 시간이 더 지난 후에는 점토로 만든 인간 형상의 작은 조각상들이다. 특히 평면에 양각으로 새긴 부조 돌 조각에서는 인간적인 요소와 더불어 동물 형태의 특징도 나타난다. 하지만 이 작은 조각상들은 나중에 의식적으로 부숴버렸던 것으로 보인다. 부서진 조각이 생활 쓰레기에서 발견되었기 때문이다. 조각상들은 대부분 남자인지 여자인지 파악하기 어렵고 소수의 조각상만 여성적 특징을 보여주고 있다. 조각상은 살림살이의 하나였을 것이 확실하며 추정컨대 제의적 기능을 지녔을 것으로 보인다. 하지만 더 정확히 재구성하는 것은 불가능하다.

정착생활이 주를 이루었다는 증거에도 불구하고 일부는 계속해서 이동생활을 했으며 사냥과 어획에 종사했다는 분명한 단서 또한 존재한다. 해안 지방과 내륙 지방 사이에는 물자 교환이 있었을 것이다. 실제로 내류 지방에 해양 식량 자원의 흔적이 발견되는데, 이는 물자 교환을 통해 해양 자원이 내륙으로 들어온 것일 수 있다. 하지만 대량으로 발견된 식물 잔해는 재배 식물이 주요 식량이었음을 보여준다. 사람들은 잉여 작물을 생산하고 이를 저장하는 방법도 알고 있었다. 재배 식물로는 옥수수, 콩, 호박, 덩이뿌리 식물이 있었다. 하지만 레알 알토에서 나온 유골 자료를 연구한 결과 이곳 주민들은 발디비아 시기 동안 건강 상태가 더 나빠졌고 그 이전, 즉 토기 이전 시기인 라스베가스 문화 때보다 수명이 더 줄었던 것으로 나타났다. 이는 이후 문화 단계에 속한 사람들이 너무 일면적으로 농작물에만 식량을 의존했기 때문일 수 있다. 특히 충치가 만연해 있었는데 이는 옥수수를 지나치게 많이 섭취한 결과 발생한 현상인 듯하다.

발디비아 문화 내에서는 서로 다른 두 가지 생존 전략이 나타난다. 해안 지방에서는 어획과 조개 채집을 하는 반半 정착형 집단들이 살았다. 이들은 이따금 텃밭 농사를 하기도 했지만 일차적으로는 해양 식량 자원을 채집해서 살았다. 이에 반해 내륙에서는 열대성 삼림 문화가 형성되었다. 이들은 사냥과 식물 경작에 더 많이 힘을 쏟았고, 이때 중요한 역할을 했던 식물은 옥수수, 콩, 목화, 고추, 호박, 덩이뿌리 식물이었다. 이 지역은 동쪽 아마존 분지 사람들에게도 인기가 있어 많은 사람이 이주해왔다. 요컨대 발디비아 문화는 해안과 내륙으로 나뉜 혼합 경제 방식을 보여주며, 사람들은 각각의 생활 터전에 특수한 가능성을 나름의 생존 전략을 통해 최대한 잘 이용하고자 했다. 또한 이 시기에는 각기 다르게 전문화된 주거지 간에 상호 교류도 이루어졌다. 이러한 교류가 어떻게 조직되었고 누가 이를 중개했는가 하는 의문은 곧 발디비아 문화의 사회 조직에 관한 물음으로까지 이어진다.

발디비아 문화 주거지들은 이전의 라스베가스 문화의 주거지보다 훨씬 더 규모가 컸으며 지속적으로 사람들이 살았다. 강가 평야 근처의 낮은 구릉들이 주거지역으로 선호되었고, 움막집은 가운데 공터를 중심으로 타원형 또는 U자 형으로 모둠을 지어 세워졌다. 이 공터는 보통 축제나 다른 제의적 행위를 위한 장소였다. 의아스러운 점은 주거지 크기에 비해 건물 잔해가 대단히 희박하다는 것이다. 잔해들은 주로 직경 2~3미터의 터에 둥근 지붕을 얹은 단순한 형태의 움막집에서 나온 것이었다. 움막집은 시간이 지나면서 크기가 커졌다. 발디비아 문화 주거지들은 수천 년간의 존속 기간 동안 주목할 만한 변화과정을 겪었다. 이는 레알 알토에서와 같은 대단위 면적 발굴 작업을 통해 잘 확인된다. 초기 발디비아 문화의 촌락은 보통 소수의 움막집으로 구성되었다. 집들은 공터를 중심으로 대략 원형을 이루며 분포되어 있었다. 각 움막집에는 핵가족 형태로 한 세대씩 살았던 것으로 보인다. 레알 알토의 초기 발디비아 주거지는 시간이 흐르면서 최대 12헥타르에 달하는 매우 커다란 주거지로 성장했다. 집 또한 크기가 커졌고 더 튼튼히 지어졌으며 따라서 수명이 더 길어졌다. 집은 계속해서 공터를 중심으로 세워졌으며 공터는 제의적 행위에 사용되었다. 이와 더불어 숭배 의식용 건축물이 지어진 언덕도 생겨났다. 그런 언덕들은 축제나 제의 행위를 위해서뿐만 아니라 무덤 부지로도 이용되었다.

특히 발디비아 중기 동안에는 장거리 교류가 증가했음이 확인된다. 이를 통해 이국적 광물이나 완성된 형태의 물자가 발디비아 문화 주거지에 유입됐다. 그중 대표적인 물건으로 키토 분지에서 나온 흑요석이 있다. 이러한 원거리 무역의 조직과 관리 그리고 호화 물품에 대한 접근 권한은 필연적으로 사회적 불평등을 만들어냈고 또 이는 가시적으로 표현되었을 것이다. 이러한 발전은 발디비아 문화 후기에 더욱 강화되었다. 일명 피키과 시기라 불리는 발디비아 시기 말엽, 해안에 면한 내륙 지방에 최초의 거대한 건축물이 있는 제의용 중심지가 생겨났다. 이러한 중심지로는 산이시드로와 라에메렌시아 유적지가 있다. 제의 중심지 주변에는 촌락 형태의 주거지들이 중심지를 향해 세워져 있었다. 중심지는 이 촌락의 농업 생산으로 식량을 확보했다.

하지만 발디비아 문화 후기, 레알 알토에서는 또다시 주거지가 뚜렷이 감소한다. 이러한 변화는 기원전 1000년대 전반기에 있었던 위력적인 화산 폭발 때문일 수 있다. 이 폭발은 에콰도르고원의 많은 지역에 그 흔적을 남겼다. 형성기 초기의 종식, 즉 발디비아 문화의 종말은 이 자연 재해 때문이었던 것으로 추측되며 앞서 언급한 중심지가 위치해 있던 계곡에서도 이후 몇백 년 동안 사람의 모습은 완전히 자취를 감추었다.

이렇게 해서 에콰도르 해안가 평야의 발디비아 문화는 기원전 1000년대 중반경 형성기 중기를 대표하는 마찰리야 문화로 대체된다. 여러 유적지에서 목격되는 화산재는 발디비아 문화에서 마찰리야 문화로의 전환, 즉 형성기 초기에서 중기로의 이행이 위에서 언급한 자연 재해 때문이었다는 강력한 단서를 제공한다.

마찰리야 문화의 중요한 고고학적 유물은 토기다. 이 토기는 후기 발디비아 토기 전통을 직접 계승해 발달했다. 특정 유적지에서는 두 문화가 전이된 과정이 뚜렷이 확인된다. 예를 들어 주요한 발디비아 용기 형태는 마찰리야 시기에도 계속 관찰된다. 가장 중요한 장식 기술과 모티브도 마찬가지다. 이에 반해 새롭게 시도된 것은 수준 높은 얇은 벽 토기다. 이 토기는 표면을 검게 광내거나 붉은색으로 칠했다. 귀때를 단 용기도 있었다. 마찰리야 예술에서 소형 점토 조각상은 발디비아 때보다 드물게 나타난다. 특히 눈에 띄는 것은 둥근 머리에 매우 정교하게 표현된 얼굴에 비해 그 밖의 신체 형태에 대해서는 거의 신경을 쓰지 않은 조각상이다. 발디비아의 작은 조각상들과 마찬가지로 이 조각상도 제의적 맥락에서 이해할 수 있다. 왜냐하면 이것들 또한 의도적으로 파손되었기 때문이다. 그중에는 크기가 놀랍도록 큰 것도 있었다. 이 조각상은 내부가 텅 비어 있는데도 크기가 80센티미에 달했다.

주거지 구조를 보면 주거지들 사이에 발디비아 문화에서만큼 분명한 서열이 발견되지 않는다는 점이 눈에 띈다. 즉 마찰리야 시기에는 제의적 축제와 장례 목적을 위한 언덕이 있는, 범지역적으로 영향을 미치는 의례 중심지를 찾아볼 수 없었다. 그 대신 강변 평야의 낮은 언덕에 소규모 마을들과 외따로 떨어진 농가가 존재했다. 중간 크기의 주거지는 0.5헥타르 정도의 면적을 갖고 있어 발디비아 시기에 비해 훨씬 작아졌음을 알 수 있다. 비옥한 강변 평야는 손쉽게 해양 자원을 얻을 수 있었던 해안가 구릉과 함께 주거지로 선호되는 곳이었다. 해변가의 마찰리야 문화인은 당연히 해양 자원에 많이 의존해 살았지만 동시에 발디비아 시기의 농경 전통 또한 이어나갔고 옥수수, 마란타, 덩이뿌리 식물 등을 경작했다.

늦어도 기원전 제1천년기의 시작점에 마찰리야 문화는 초레라 문화로 교체된다. 초레라 문화와 더불어 이 지역에서는 형성기 후기가 시작된다. 이 시기가 종식된 것은 기원전 300년경으로 알려져 있다. 초레라 문화는 에콰도르에서 가장 널리 분포되었던 스페인 이전 시기의 문화다. 이 문화는 해안가 평야의 넓은 지역과 안데스 고지대 경계지역에 뻗어 있었다. 이렇게 광활하게 분포되어 있었는데도 초레라 문화의 토기는 약간의 지역적 변형만 나타날 뿐 매우 통일된 형태를 띠었다. 초레라 토기가 그 이전의 전통을 물려받고 있다는 사실은 분명하지만 그 형태와 장식 기술은 이전 마찰리야 토기나 발디비아 토기에 비해 훨씬 더 섬세해졌다. 특히 이 문화에서 전형적으로 나타나는 것은 점토 조각상들이다. 이 작은 조각상들은 통상 완전히 정면을 향하고 있으며 두건, 특정한 헤어스타일, 의복의 일부가 표현되어 있고 이와 함께 신체 페인팅, 귀에 박는 대형 귀걸이, 그 밖의 장신구도 표현되어 있다.

초레라 문화의 주거지에 대해서는 알려진 것이 별로 없다. 산이시드로의 발디비아 후기에 속하는 제의 중심지에는 초레라 문화에 들어서 구릉지가 하나 더 추가로 건설된 것이 확인된다. 한편 고지대로도 계속해서 이주 행렬이 이어졌고 계곡에서도 주거 밀집도가 높아졌다. 또한 이 시기에는 처음으로 삼림으로 덮인 낮은 산간지역에 불을 놓아 땅을 개간했다는 흔적이 발견되기도 한다. 사람들은 이렇게 해서 새로운 농경지를 얻고자 했다. 재배 식물로는 옥수수, 콩, 호박, 호리병박, 여러 종류의 덩이뿌리 식물, 마란타를 심었다. 그 밖에 야생식물도 계속 채집했다. 이와 더불어 토끼, 오리, 사슴, 나아가 양서류와 파충류의 사냥 또한 여전히 중요한 역할을 하며 식단을 보충했다. 멀리 내륙 지방에서도 생선 뼈가 발견되어 이 시기에 해안 주거지와 교류가 있었음을 증명해준다. 이와 더불어 더 멀리 떨어진 지역에서 온 다른 이국적 산물도 초레라 문화의 핵심 지역까지 들어왔다. 이는 장거리 교류가 활발히 이루어지고 있었음을 짐작케 한다. 초레라 문화는 기원전 300년경 갑작스럽게 종식되었다. 이는 키토의 북쪽에 위치한 풀룰라우아 화산이 폭발하면서 발생한 자연 재해 때문이었다.

태평양을 향해 있는 에콰도르 저지대에서는 형성기 동안 여러 문화가 차례로 관찰되는 반면 안데스고원은 상황이 완전히 다르다. 발디비아, 마찰리야, 초레라 이 세 저지대 문화는 안데스고원과 교류가 있었음에도 불구하고 안데스고원 문화에 전혀 영향을 끼치지 못하거나 극히 미미한 영향만 미쳤다.

고지대 북부의 코토코야오 유적지에 사람이 살았던 것은 기원전 1800년에서 기원전 400년 사이다. 즉 이 유적지는 발디비아 후기, 마찰리야, 초레라 문화와 같은 시기에 존속했다. 이곳에는 전체적으로 서로 다른 네 가지 주거 시기가 있었다. 가장 오래된 시기에는 기둥, 식물 재료를 엮어 짠 벽, 롬 흙을 이용한 마감, 용마루 지붕의 정사각형 기둥집이 서로 직각으로 교차되는 골목길을 따라 세워졌다. 나무 기둥은 식물을 엮어 짠 몸체에 롬 흙으로 마감한 벽을 지탱하고 있었다. 이에 반해 공공용 또는 제의용 건물은 보이지 않는다. 토기는 형태와 장식 기술로 볼 때 저지대 문화 토기와 다른 형태를 띠었고, 그 밖에 다른 유형 유물도 마찬가지다.

코토코야오 거주민은 일차적으로 농업에 의존해 살았고 옥수수, 감자, 콩, 마란타 및 다른 식물을 경작했음이 확인된다. 이들은 사슴과 토끼 같은 짐승도 사냥했다. 또한 고원 지대에서는 라마, 알파카, 기니피그의 잔해가 발견된다. 이 동물들은 모두 남아메리카 최초의 가축으로 고원 지대에서는 사육된 것이 확실시되는 데 반해 저지대에서는 그 흔적이 발견되지 않는다. 이 동물들이 가축화된 것은 코토코야오 시기였을 것으로 추측된다. 라마와 알파카는 아메리카 대륙에 존재하는 낙타 형태의 동물로서 아프리카와 아시아에 서식하는 낙타와 달리 등에 혹이 없고 크기가 훨씬 작다. 라마는 주로 운송용 동물로 이용되었던 데 반해 알파카는 귀중하고 값비싼 털을 이용하려고 사육되곤 했다. 기니피그가 언제 가축화되었는지는 정확한 시점을 확정짓기 어렵다. 왜냐하면 기니피그의 뼈는 매우 작아서 분해 속도가 빠르기 때문에 대부분 고고학적으로 보존되지 못했기 때문이다. 기니피그는 라틴아메리카에서 현재까지도 고기 공급용으로 사육되고 있다.

코토코야오는 고립된 주거지가 아니었다. 즉 키토 계곡에는 이 시기에 다른 주거지가 많이 있었다. 하지만 그 주거지들에 대해 알려진 것은 많지 않다. 코토코야오 주거지는 초레라 문화처럼 풀룰라우아 화산 폭발의 파괴적 영향으로 인해 기원전 400년경 종말을 맞는다. 코토코야오와 비슷한 주거지는 에콰도르 고지대 중부와 남부 지역(남비요, 툴리페, 로마 푸카라, 세로 나리오)에서 발견된다. 이들 주거지에서도 기둥 구조에 롬 흙으로 마감한 벽을 가진 정사각형 또는 원형 모양의 가옥들, 농경, 최초의 가축(라마, 알파카, 기니피그)이 발견된다. 이곳에서 사람이 살았던 시기는 기원전 1000년대와 기원전 제1천년기 대부분의 기간이다.

태평양 연안 저지대의 중심 지역과 달리 안데스 고지대의 주거지에는 공공건물이 없었다. 또한 지금까지 알려진 주거 구조로 미루어 계층화된 사회를 가리키는 단서는 보이지 않는다. 하지만 부장품과 시설 면에서 더 부유한 무덤이 이따금씩 발견되긴 한다. 이는 엘리트층이 싹트고 있음을 말해주는 것이다. 안데스 고원 지대는 남아메리카를 대표하는 동물을 가축화하는 데에서만 중심적 역할을 했던 것은 아니다. 이곳은 특수 광물(수정, 경옥, 흑요석, 붉은 황토 안료)의 채취와 가공에서도 중요한 의미를 가진 지역이었다. 이곳에서는 구리와 청동으로 만든 가장 오래된 금속제 물건들이 발견되었으며 그 밖에 금을 채취하고 가공한 흔적도 발견된다.

더 북쪽 콜롬비아 영토에 있는 안데스고원에서는 상황이 약간 다르게 전개된다. 동東코르디예라산맥에 위치한 보고타 주변에는 기원전 시기에 사바나와 유사한 환경이 지배적이었다. 이곳에서는 기원전 제1천년기까지 고대 사냥꾼, 채집자 집단이 살았다. 토기를 사용하고 재배 식물을 길렀던 영구적 주거지들은 늦은 시기에야 형성되었다. 주거지 건설 방식과 유형 문화는 남부 지방과 에콰도르 고원 지대로부터 자극과 영향을 받았다. 콜롬비아 북부 마그달레나강과 카리브 해안가 저지대에서는 상황이 또 완전히 다르게 전개된다. 푸에르토오르미가에서는 기원전 1300년경에 토기를 사용했던 최초의 조개무덤 유적지 한 곳이 발견된다. 이곳에서의 생활과 경제는 해양 식량 자원의 이용에 집중되어 있었다.

마그달레나강 평원에 있는 산하신토 유적지는 이보다 훨씬 더 오래되었다. 이곳에서는 기원전 4000년경에 사람이 살기 시작했고 마찬가지로 토기가 생산되었다. 이곳은 특히 야생식물 수확과 가공을 위해 이용되었으며 계절적으로만 찾았던 야영지였음이 매우 확실하다. 사람들은 야생식물의 종자를 갈아서 나뭇잎에 싼 뒤 땅을 파서 만든 화덕에 넣고 구웠다. 이는 그 잔해로 입증된다. 그런데 최초의 토기는 불에 음식을 요리하려는 목적으로 만들어진 것이 아니라 음식을 불 없이 조리해서 먹는데 사용하기 위한 것이었다. 또한 발효 음료를 제조하는 데도 사용된 것으로 보인다. 이 지역의 많은 야생식물 종자는 건기 중 두 달에서 석 달 동안만 이용할 수 있었고, 그렇기 때문에 이 장소를 계절적으로 이용하는 것은 연중 비교적 짧은 시기에 국한되었다. 왜냐하면 이 장소는 오직 이 야생식물들을 가공하기 위해서만 이용되었기 때문이었다. 기원전 3000년경에는 생활 방식과 경제가 변화를 겪었고 정착생활이 시작되었다. 기원전 1000년대 초기부터는 콜롬비아 북부의 많은 지역에서도 농업 생산을 중심으로 하는 상시적인 주거지가 널리 확산된다.

기원전에서 기원후로 넘어가는 시기에 서부·중부·동부 코르디예라산맥 근방에서는 지역 중심지에 근거를 둔 일명 지역 군장국가 조직이 형성되기에 이른다. 하지만 이런 정치적·종교적 권력이 공고화되기 시작한 시기는 기원전으로 거슬러 올라간다. 기원전 1000년대까지 안데스산맥 북부의 주민들은 아직 수렵 채집자로 생활했고 기원전 제1천년기가 되어서야 (추정컨대 남쪽의 에콰도르 저지대로부터 자극을 받아) 최초의 상시적 농경 주거지들이 형성되었다. 하지만 이곳 사람들은 계속해서 사냥, 채집 활동, 어획을 보조 수단으로 이용했다. 인구가 크게 집중되는 일은 일어나지 않았지만 그 대신 강 계곡들과 고도가 더 높은 지역에 작은 촌락형 주거지와 개별적인 농가가 분산되어 세워졌다. 이러한 농경생활을 하는 작은 마을 조직으로 인해 기원전 제1천년기 말엽과 서력기원이 시작되던 시기에 커다란 역동적 변화가 가능했다. 이러한 변화로 인해 인구는 급속히 증가했고 수백 년이 채 지나지 않아 위에서 언급한 엘리트들이 지배하는 군장국가가 형성될 수 있었다.

이러한 군장국가 중 가장 잘 알려진 것이 알토마그달레나에 위치한 산아우구스틴이다. 이곳에서는 기원후 제1천년기에 숭배 의식을 행했던 장소가 묘비들과 함께 발견되었는데, 이 시설물은 여러 개의 거대한 조각상과 부조로 장식되어 있었다. 티에라덴트로, 무이스카, 칼리마, 투마코 또한 그런 장소였다. 급격히 증가하는 인구의 식량 조달은 조방농업에 의존했으며 특히 옥수수, 기장, 카사바, 콩, 호박, 코카, 감자, 고구마를 심었다. 기원후 시기의 주거 연합체에서는 숙련된 석공 기술 외에도 야금술, 특히 금의 가공이 점점 더 중요한 역할을 하게 되었다. 하지만 안데스 북부 지방에서 금속이 탐사되어 채굴되었던 것은 이미 기원전 제1천년기로 거슬러 올라간다. 금으로 된 장신구와 돌로 만든 조각이 함께 묻힌 웅장한 무덤 시설로 볼 때 기원후 군장국가 사회는 사회적으로 계층이 분화되어 있었고 엘리트에 의해 지배되었음을 다시 한번 확인할 수 있다.

안데스 북부 지방의 동쪽 끝자락, 아마존 분지로 넘어가는 길목에서도 비슷한 발전 과정이 나타난다. 우파노강 계곡에서도 서력기원이 시작되던 즈음 엘리트가 지배하는 지방의 권력 중심지들에서 군장 국가들이 형성된다. 이 군장국가들은 정사각형 또는 사각형으로 언덕처럼 쌓아올린 웅장한 봉분을 남겼는데 이는 그 시대에 제의 행위를 위한 제단으로 사용되었다. 기원후 이런 장소들은 본격적인 도로 시스템을 통해 서로 연결되어 있었고 이는 우아풀라에 위치한 유적지들에서 확인할 수 있다. 우아풀라에서 가장 오래된 유적지는 기원전 700년경까지 거슬러 올라간다. 하지만 이곳에서 실제로 언제 그런 거대한 공사가 시작되었던 것인지 자세한 사실은 해명되지 않고 있다. 이곳에서도 권력과 제의의 중심지가 처음 뿌리내린 것은 기원전 제1천년기 말엽이지만 꽃이 핀 것은 기원후가 되어서였다.

2.
중앙 안데스산맥 지역에서
초기 고등 문명의 형성

서쪽으로는 태평양 해안지역, 동쪽으로는 아마존 분지와의 경계지역이 포함되는 중앙 안데스산맥은 오늘날 페루, 볼리비아, 칠레 북부에 걸쳐 있다(〈지도 19〉). 매우 다양한 자연환경이 자리 잡고 있는 이 지역에 사람이 처음 살게 된 것은 약 1만3000년 전에서 1만2000년 전 사이이다. 가장 서쪽에는 태평양 해안을 따라 유사 사막 지대가 펼쳐져 있으며 그곳에서부터 동쪽으로 태평양을 마주보고 있는 안데스 서부 능선이 500~2300미터 높이로 솟아 있다. 이 지역에서도 동쪽 아마존 분지 쪽의 능선과 마찬가지로 곳곳에 깊은 강 계곡이 자리하고 있으며, 농경은 계곡에서만 가능했다. 2300미터에서 3500미터 사이에 위치해 있는 일명 케추아 지대는 중앙 안데스에서 농업 생산력이 가장 좋은 지역으로 손꼽힌다. 하지만 안데스 고지대는 보통 기온이 낮고 대기 중 산소량이 적어 사람이 들어와 사는 데 적지 않은 장애가 있었다. 이 지대는 고도 3500~4000미터 정도의 매우 가파른 지형으로 이어지며, 그다음에는 다시 고도

멕시코만

카리브 문화권

대서양

갈라파고스 제도

아마존강

태평양

대서양

이동식 원예 농업과 부분적 사냥
수렵 채집 방식 경제
고지대의 정착형 농경

0   300   600   900km

〈지도 19〉 콜럼버스 이전 시기 남아메리카, 지형과 경제 형태에 따른 구획.

4000~4800미터의 고원이 나타나는데 가축을 사육하기에 최적의 초지다. 이런 환경은 특히 티티카카호 주변에 주로 분포되어 있다. 이곳은 또한 감자가 재배종이 된 핵심 지역으로 간주되며 과나코, 비쿠냐, 라마, 알파카와 같은 아메리카 대륙의 낙타 종이 처음 사육된 곳이기도 하다. 중앙 안데스산맥에서 가장 높은 지대인 해발 4800미터에서 눈으로 덮인 최정상까지는 선사시대 인간의 발길이 매우 드물게만 닿는 곳이었다. 이곳은 낮은 온도와 산소 결핍 때문에 지속적으로 거주하기에 적합하지 않았다.

플라이스토세 후기의 안데스산맥은 돌연 급격한 기후 변화가 자주 발생한 것이 특징이었다. 홀로세가 시작되면서 이런 특징은 바뀌었지만 그래도 기후는 계속 일정한 패턴으로 변화를 거듭했다. 하지만 기후 변동이 심할 때에도 플라이스토세 후기만큼 그렇게 변동이 뚜렷하지는 않았다. 홀로세 중기(기원전 7000년에서 기원전 1000년)에는 오늘날보다 더 기온이 높았고 칠레 북부와 페루 남부의 아타카마 사막에는 극도로 건조한 지형이 자리를 잡았다. 이 지역에서 사람이 살았다는 흔적은 극히 드물게만 발견된다. 다른 지역에서는 홀로세 중기가 시작되면서 강수량이 천천히 증가하기 시작한다. 홀로세 중기의 후반기(기원전 3800년에서 기원전 1000년)에는 웅장한 건축물이 지어진 중심지가 있는 복합사회가 발달한다. 주민들은 조방적 어업과 농업을 운영했고 농업을 최적화하기 위해 밭에 물을 대었다. 남부 지방에서는 이와 유사한 발달이 1000년이 더 지나고서야 나타났다.

아마존 분지와 마찬가지로 중앙 안데스 지역에서도 사람들은 자연환경에 많은 조작을 가했다. 특히 안데스산맥 서부 능선의 협곡과 계곡에서는 기원전 4000년부터 인공 관개 시설을 갖춘 농업이 이루어졌고 기원전 2000년대 말엽이 되었을 때엔 상당한 규모에 달했다. 재배 식물을 기르기 위한 경작지를 충분히 확보하기 위해 수백 년, 수천 년 동안 계단식 밭을 점점 확장시켜나갔고, 이로 인해 자연 지형에 상당한 변화가 일어났다. 이렇게 해서 결국 기원후 제1천년기에는 일명 '언덕 밭Raised Field'이 만들어졌다. '언덕 밭'은 주변에 인공적으로 흙을 쌓아올려 만든 밭이 대표적인데, 특정한 환경의 영향을 피하기 위해서 주변의 땅보다 높이를 높여 경영하기 훨씬 수월하게 만든 밭이다. '언덕 밭'은 기본적으로 두 가지 강점이 있었다. 먼저 경작지를 높게 쌓아올렸기 때문에 습한 지대에서 건조한 경작용 땅을 만들 수 있었다. 이런 경작지는 특히 뿌리 식물이나 덩이뿌리 식물을 건조하게 유지시킬 수 있어 상시적인 습기로 인한 부패를 피하고 뿌리를 보호할 수 있었다. 또한 '언덕 밭'은 토지 질을 개선할 수도 있었다. 왜냐하면 남아메리카 북부 사바나 기후에서는 보통 덜 비옥한 흙이 표면을 덮고 있는데 밭을 높이는 과정을 통해 표면 아래의 좋은 토양층을 밖으로 나오게 할 수 있고, 이 영양분이 많은 토양에 재배 식물을 바로 심을 수 있었기 때문이다. 또한 '언덕 밭'에서 식물 뿌리는 땅속에 더 깊숙이 자리 잡을 수 있었고 그러면서 동시에 습기를 피할 수도 있었다. 이렇게 해서 식물은 이상적인 성장을 할 수 있었다.

플라이스토세 말기와 홀로세 초기, 기원전 1만1800년에서 기원전 8000년 사이, 태평양 해안지역과 그에 면한 내륙 융기 구릉지에는 일명 파이한 집단의 야영 장소가 분포해 있었다. 이 집단은 짧은 자루가 달린 돌촉이 특징인 석기 문화와 직경이 2~4미터인 원형 소형 가옥의 잔해를 유물로 남겼다. 이때 집의 기저부는 돌로 고정시켰고 그 위에 가벼운 텐트 구조물을 세웠다. 집 내부에서는 불을 피운 장소와 다수의 갈돌이 발견된다. 이는 채집한 야생식물을 가공했음을 말해준다. 파이한 집단 중

해안가에 위치한 유적지의 주민들은 일차적으로 어업에 종사했다. 하지만 초원 지대와 숲 지대에서는 사냥도 하고 나아가 야생 호박과 같은 식물을 다량으로 채집하기도 했다. 호박과 또 다른 야생식물은 아직 재배되진 않았고 야생 형태 그대로 경작했던 것으로 보인다. 하지만 그렇다고 해서 이 시기에 이미 최초의 텃밭 농사가 시작되었다고 볼 수 있을지, 판단하기는 어렵다.

그다음 이어지는 기원전 8000년에서 기원전 6000년 사이의 라스피르카스 시기에는 중앙 안데스 지방 서쪽 산비탈 대부분이 건조한 숲으로 덮여 있었다. 이 시기에는 활발한 이동생활을 하는 소규모 수렵 채집 집단과 아직 생존해 있는 후기 파이한 수렵 채집인이 계곡과 고지대에서 넓은 생활 반경을 이동하며 살았던 것으로 추측된다. 이들의 야영 장소에는 늘 얼마 되지 않는 원형 움막집만 세워졌다(〈그림 91〉). 이러한 장소에서는 최초의 재배 식물 흔적이 발견되며 이를 초기 텃밭 농사와 관련지어 생각해볼 수도 있지만 아직 분명한 것은 밝혀지지 않았다. 하지만 라스피르카스 시기의 사람들이 주로 식량으로 삼은 것은 숲 지대에서 나오는 풍부한 먹거리였다. 유골의 잔해를 조사한 결과 이 시대 주민들은 비교적 건강했던 것으로 밝혀졌다. 이빨의 마모 흔적으로 볼 때 아직은 미가공의 야생식물을 많이 씹어 먹었다는 것을 알 수 있다. 사용했던 도구에는 새로운 형태가 많이 나타나는데, 이것들은 식물의 수확, 야생식물의 가공(갈돌과 돌 대접), 그리고 사냥한 동물을 토막 내기 위한 목적(규석 제작물)으로 사용되었으리라 생각된다.

라스피르카스 시기에는 장제 및 조상 숭배와 관련한 제의적 행위가 있었다는 증거도 발견된다. 구덩이에 조심스럽게 모아놓고 보관된 인간 유골 더미가 그 예다. 이 뼈들엔 칼로 베인 흔적이 있었다. 이는 제의적인

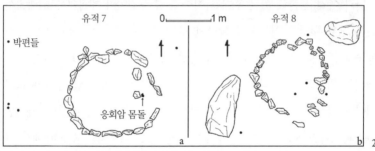

〈그림 91〉 라스피르카스에서 발견된 움막집 두 채 1. 복원도 2. 평면도, 페루.

식인 행위의 흔적일 수 있다. 라스피르카스 시대 사람들은 상당히 고립된 채 살았다. 외부세계와의 접촉 및 물자 교류는 매우 드물게만 이루어졌다.

기원전 5000년대 초 티에라블랑카 단계로의 이행이 일어났다. 이 문화는 기원전 3000년경까지 존속했다. 이 시기의 가옥은 이전 시기보다 더 커졌다. 집터는 직사각형이었고 여러 공간으로 나뉘어 있었으며 돌로 기저부를 만들었다. 인구는 증가했고 이에 상응하여 재배 식물 경작 또한 집약적으로 이뤄지게 되었다. 코카와 목화를 심으면서 이용할 수 있는 식물이 늘었다. 인공적 관개 수로는 더욱더 중요한 역할을 했다. 이렇게 해서 홀로세 중기 동안 생산 경제로의 전환이 완결되었다.

세멘테리오데난초크와 같은 유적지에서는 흙을 쌓아 만든 단 두 개가 발견되었다. 이 단은 한때 주기적으로 이루어졌던 제의 행위를 위해 쌓은 것이었다(〈그림 92〉). 주택 구역에서는 인간 유골이 불규칙하게 분포되어 있는 것을 곧잘 볼 수 있다. 이 유골들은 자연적인 신체 구조와는 다른

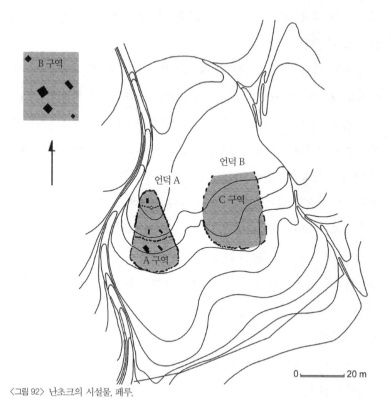

〈그림 92〉 난초크의 시설물, 페루.

형태로 배치되어 있었고 불에 탄 흔적과 베인 흔적이 있었다. 또한 동물 뼈와 섞여 있기도 했다. 이런 흔적을 볼 때 제의적 식인 행위가 있었던 것이 아닐까 짐작된다. 이 시기의 가장 중요한 혁신적 변화들, 즉 인공 관개 시설, 숭배 제의를 목적으로 하는 제단의 설치는 티에라블랑카 문화 사회가 이전 사회보다 점점 더 복잡하게 되고 있음을 보여준다. 다른 한편 이들의 극도로 단순하고 조야한 석기 제작과 토기를 사용하지 않았다는 사실은 이러한 평가에 반하는 측면을 보여준다.

기원전 3000년경 티에라블랑카 문화 유적지들에는 더 이상 사람이 살지 않게 된다. 당시 주민들은 더 비옥한 지대로 이동해갔던 것으로 보인다. 이렇게 해서 페루 북부 해안 지대와 내륙의 토기 사용 이전 시기가 끝을 맺게 된다.

그 당시 에콰도르 남부에서 칠레 북부까지 태평양 연안지역에는 남아메리카 대서양 연안에서와 마찬가지로 많은 조개무지가 존재했다. 이곳에 살았던 사람들은 물고기, 연체동물, 해양 포유류, 바닷새를 식량으로 삼았다. 이곳에서는 1만2000년 전 플라이스토세 말기에 이미 많은 사람이 살기 시작해서 기원전 1000년대 토기 사용 이전 시기가 끝날 때까지 존속했다. 많은 조개무지 유적지에서는 수천 년에 걸쳐 사람들이 살았는데 그중에는 5000년의 주거 역사를 보유한 케브라다하과이와 같은 장소도 있다. 이 유적지에서는 조리용 모닥불 자리, 음식 잔여물, 풍부한 석기 유물이 출토된 장방형의 가옥들이 발견되었다. 석기의 재료는 그 지역에서 나오는 암석이 주를 이루었지만 간혹 안데스 고지대에서 나는 흑요석이 발견되기도 했다.

2500미터 이상의 고지대에 위치한 주거지들은 해안 지대와는 매우 대조적인 발전 양상을 보여준다. 이 주거지역들에서도 홀로세 후기부터 사람이 살기 시작했지만, 문화적 발전은 서부 해안 평원에서보다 훨씬 느리게 진행되었다. 즉 이곳 고지대에서는 고대기 혹은 토기 사용 이전 시기가 기원전 1만1000년에서 기원전 1800년까지 이어져 안데스 주능선 서부 지역에서보다 훨씬 더 오래 지속되었다.

고원에서의 생활은 수렵 채집인에게 많은 도전을 안겼다. 남아메리카의 여느 지역과 달리 이곳의 환경은 생존에 극한적인 조건을 가지고 있었다. 그렇기 때문에 생산성이 낮았고 (기상 조건에 따라) 수확량도 매우 불안정했다. 이 지역의 사람들은 생존을 위한 투쟁에서 극한의 추위와 저산소증이라는 다른 지역에서는 나타나지 않는 문제와 씨름해야 했다. 이 두 가지 문제는 출산율, 성장, 건강 상태, 영양 상태, 사망률 등 인간생활의 거의 모든 측면에 영향을 미쳤다. 고지대의 수렵 채집인은 더 온화한 기후 지대에 사는 수렵 채집인보다 훨씬 더 많은 열량을 필요로 했다. 더 높은 열량을 확보하기 위해서는 식량 획득과 직접적인 관계가 없는 다른 활동은 포기해야만 했다. 고지대 산간 지방에서는 어떤 활동을 하든지, 가령 그것이 '다만' 필요 열량을 확보하기 위한 활동이더라도, 고도가 낮은 지역에서보다 훨씬 더 많은 수고를 들여야 했다. 그렇기 때문에 선사시대에 이곳에 살았던 수렵 채집인은 투입과 산출 간의 효율성을 높이기 위해 저지대에 사는 사람들보다 활동 반경을 더 작게 잡았다.

고지대 유적지는 대부분 바위굴에 위치해 있다. 고대기 혹은 토기 사용 이전 시기가 끝날 무렵인 기원전 1000년대 후반, 사람의 발길은 가장 높은 지대까지 가닿았다. 중앙 안데스 고지대는 기원전 1만 년 이전에는 사람이 살지 않았다. 연구자들은 이곳으로 이주한 이주민들이 태평양 연안에서 왔을 것이라고 추정한다. 이들은 흑요석을 찾으러 특별히 더 높은 이곳까지 진출했으리라는 것이다.

이 지역에서 출토되는 규석으로 가공한 창촉을 자세히 분석한 결과 수렵 채집 집단별로 그 집단에 고유한 여러 다른 형태가 나타났다. 시간이 지나면서 안데스 고지대에서도 야생식물의 이용이 증가했다. 사냥은 남자의 일이었던 반면 여자는 채집활동에 주력했다. 이곳에서도 홀로세 초기에 이미 텃밭이 운영되었던 것으로 보인다. 아야쿠초 계곡 동굴 여러 곳에서 나온 유물에는 야생식물과 더불어 콩, 호박, 덩이뿌리 식물과 같은 최초의 재배 식물로 추정되는 것들이 섞여 있었다. 기원전 6000년에서 기원전 4000년 사이, 옥수수, 호박, 호리병박의 흔적은 더 많아졌고 기원전 3000년대부터 기원전 2000년대 말까지 재배 식물은 그 중요성이 더욱 높아졌다. 이와 함께 라마, 알파카, 과나코와 같은 아메리카 대륙 낙타들의 사육 또한 시작되었다. 이들이 언제 가축화되었는지 그 시기는 정확히 알려져 있지 않지만 아마도 기원전 4000년대 후반에서 기원전 2000년대 초반 즈음으로 추정된다. 라마와 다른 낙타 종의 가축화 및 목축이 어떤 계기에서 시작된 것인지 정확히 알려져 있지는 않지만 인구증가가 원인은 아니었다.

고대기와 토기 사용 이전 시기의 중앙 안데스 고지대에서는 사회적 분화가 일어났다는 증거가 거의 발견되지 않는다. 하지만 기원전 4000년대와 기원전 3000년대에 들어서면 몇몇 무덤에서 사회적 차등이 있었다는 최초의 단서가 나타난다. 그중에는 금으로 만든 구슬이 나온 곳도 있다. 이는 다른 무덤에서 출토된 소박한 부장품과는 확연한 대조를 이뤘다. 하지만 기원전 시기 고지대에는 일명 군장국가로 발전할 수 있었을, 지속적으로 영향력을 미치는 지도층이 (단계적으로) 형성되었다는 흔적은 발견되지 않는다. 연구자들은 이러한 지도층의 부재와 공동의 제의적 축제가 없었다는 사실이 연관되어 있을 수 있다고 본다. 라틴아메리카의 다른

인류는 어떻게 역사가 되었나

지역에서 이러한 축제들은 큰 집단을 제의적·사회적으로 단결시켰고 이를 통해 주거 공동체가 형성될 수 있었다. 하지만 이런 축제는 고지대에서는 나타나지 않았고 그런 한에서 지속적으로 통치 가능한 영토권을 구축하고 장기간 영향력을 미치는 엘리트 계급 또한 구축되지 않았다.

페루 해안에서는 토기 사용 이전 시기 후반기인 기원전 2000년대에 눈에 띄는 획기적인 변화가 일어난다. 이 시기의 적지 않은 유적지에서 사상 처음으로 단을 쌓아올린 형태의 웅대한 건축물 흔적이 발견된 것이다(엘파라이소, 아스페로, 리오세코, 살리나스데차오). 이 주거지들에서 많은 사람이 거주하게 된 것은 이후의 '태동기Initiale Phase'(기원전 2100년에서 기원전 1000년까지)에서지만 이러한 시설이 건축된 것은 이미 기원전 2000년대로 거슬러 올라간다. 주민들의 식량은 기본적으로 폭넓은 해양 식량 자원에 의존했다. 하지만 이와 함께 재배 식물도 경작되었다.

포르탈레사우아우라 계곡에서도 넓은 면적에 자리 잡은 여러 중심지에서 토기 이전 시기 후반기에 이와 비슷한 단이 처음으로 나타났다. 기원전 2600년에서 기원전 1800년까지 존재했던 이러한 주거지 중 가장 중요한 곳은 카랄 유적지다. 이 주거지는 면적이 매우 넓었고 조방농업을 운영했는데 특히 콩, 호박, 고구마, 아보카도, 목화를 경작했다. 카랄은 여러 주거지가 포함된 광역 시스템에서 중심지 역할을 했던 것으로 보인다. 이 시스템 내에는 내륙 지방에 위치한 대규모 중심지가 더 존재했고 그 밖에도 해안 지방에 많은 위성 주거지가 있었다. 수많은 작은 농경 주거지에는 관개 시설이 있었고 중심지의 식량 공급을 책임졌다. 카랄에서 특징점은 높이 쌓은 단과 이와 조합을 이루며 제의적 행위를 위해 땅을 파서 만든 원형 공간들이다. 이 주거지의 또 다른 특징으로는 광범위한 관개 농업이 이루어졌다는 점과 원거리 물자 교환 시스템이 있었다는 점

등이 있다. 이 물자 교환 시스템 덕분에 해안 주거지에서 나오는 해양 식량 자원이 여기까지 들어올 수 있었다. 카랄 주거지는 66헥타르가 넘는 거대한 면적을 차지하고 있고 7개의 커다란 언덕에 둘러싸여 있었다. 넓은 면적과 웅대한 건축물로 인해 카랄은 아메리카 대륙 최초의 도시형 중심지로 간주되기도 한다. 카랄 외에도 비슷한 크기의 유적지가 다수 존재했지만 카랄보다는 연구가 덜 이루어져 있는 상태다.

이 지역의 재배 식물은 대부분 토기 사용 이전 시기 후반기부터 재배됐던 것으로 확인된다. 기원전 8000년에서 기원전 6000년 사이, 즉 아직 홀로세 초기에 해안과 해안에 직접 면한 내륙 지방에서는 고구마, 카사바, 고추, 콩이 재배되었다. 기원전 6000년에서 기원전 4200년에는 이에 더해 다른 종류의 콩과 호박, 구아바가 추가되었다. 기원전 4200년에서 기원전 2500년 사이에는 아보카도와 마란타의 특정 종이 더 추가되면서 재배 식물이 다시 한번 다양해진다. 해안 주거지에서는 콩이 매우 인기 있었다. 호박, 구아바, 카사바도 마찬가지였다. 토기 사용 이전 시기 말엽인 기원전 2500년에서 기원전 2100년 사이에는 이미 알려진 재배 식물이 훨씬 더 많이 이용되었고 기원전 2000년대 동안 옥수수 경작이 띄엄띄엄 여러 지역에 걸쳐 추가되었다. 하지만 이곳에서 옥수수는 아메리카의 다른 지역에서와 같은 중요성을 지니지는 못했다.

기원전 2100년에서 기원전 1000년까지 태동기 동안 토기 이전 시기 말엽의 발달상은 다시 한번 완전히 새로운 역동성을 맞이하게 된다. 이러한 과정은 궁극적으로 기원전 제1천년기 말과 기원후 시기에 초기 고등 문명을 낳는 결과를 가져왔다. 재배 식물의 종류는 대부분 그대로였지만 장소마다 일정한 차이가 나타났다. 고추와 콩은 모든 지역에서 경작되었고 마란타의 특정 종 또한 마찬가지였던 반면 카사바와 감자는 해안지역

같은 곳에서는 거의 보이지 않게 되었다. 아보카도는 특히 북부 지방에서 사랑받았다. 이에 비해 구아바와 옥수수는 전체적으로 드물게 나타나는 편이었다. 이런 차이는 옥수수, 아보카도, 구아바가 제의적 축제에 특별히 이용되는 작물이었기 때문일 수도 있다. 제의적 축제는 계속해서 이 시기에 주거 공동체의 단결에 중심적인 역할을 했다. 건조한 해안지역에서는 대규모 인공 관개 시설을 통해 농업을 촉진하거나 가능하게 했다. 농업은 오래전부터 중심지에 모여 사는 인구의 식량을 보장해 주는 수단이었다. 태동기는 농업이라는 특징 외에도 토기 생산의 시작과 직물의 직조 같은 기술적 혁신이 일어난 때이기도 하다.

이 시기에는 또 광활한 주거 시설에 웅대한 건축물이 세워지기도 했다. 이런 건축물은 여러 형상의 프리즈Fries(독), Frieze(영). 건축물의 외면이나 내면 윗부분에서 볼 수 있는 띠 모양의 장식으로서 흔히 부조나 그림이 들어간다로 이루어진 놀라운 부조 장식을 갖고 있으며, 이 형상들은 도상학적으로 복합적 관념세계를 가리키는 것으로 풀이된다. 이 시기의 이러한 발전상에는 뒤이어지는 차빈 문명의 중요한 문화 현상들이 이미 선취되어 있다. 초기 원시 도시의 구조를 가진 가장 큰 주거지들은 해안가 내륙 지방에서 발견된다. 이 주거지들에 바로 인접한 곳에는 인공 관개 시설을 갖춘 농경지가 자리 잡고 있었다. 주요 지역들은 해안지역과의 연결망을 지속적으로 유지했고 물고기와 해산물을 조달했다. 중심지는 장족의 발전을 이루면서 정점을 찍어 마침내 중앙 집중적인 계획에 기초한 도시가 세워지기에 이른다. 이런 중심지들은 카랄과 포르탈레사우아우라 계곡 주거지에서 나타났던 것과 같은 토기 사용 이전 시기 후반부의 발전을 계승·확장하여 태동기 동안 아메리카 대륙에서 가장 오래되고 가장 큰 주거지 시설을 창조해낼 수 있었다. 이러한 도시 시설의 건설엔 중앙 집중적 조직과 계획이 전제되어야 했을 뿐만 아니라 공동의 목표를 위해 그때까지 존재하지 않았던 거대한 규모의 노동력을 움직일 능력 또한 필요했다. 이런 점에서 이 도시의 규모는 초기 국가 구조를 떠올리게 한다.

모체 계곡에서 태동기 동안 가장 중요한 유적지는 우아카데로스레예스에 위치해 있다(〈그림 93〉). 이곳에는 중앙의 커다란 정사각형 공터 주변으로 복합 건축 시설과 원뿔의 꼭지 부분이 잘려나간 형태의 단壇들이 열을 지어 둘러싸고 있다. 이곳은 아무나 접근할 수 없고 선택된 사람들(제사장 또는 지도층)만이 올 수 있었으리라는 인상을 준다. 전면의 웅장한 부조 장식은 매우 중요한 의미를 갖는데, 이는 거대한 두상과 신들 또는 신화 속 조상을 표현하는 것으로 추측되는 형상들로 이루어져 있다. 하지만 비문이 없어 그 자체로는 더 자세한 해석이 불가능하다.

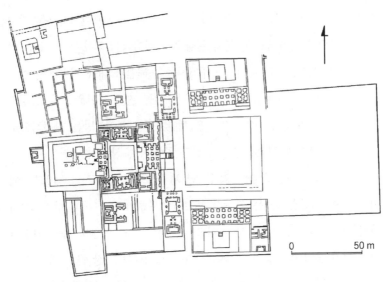

〈그림 93〉 우아카데로스레예스의 시설 평면도. 페루.

또 다른 중요한 유적지는 카스마 계곡에서 발견된다. 일명 세친알토 유적 단지에는 세친알토, 타우카치콘칸, 세친바호, 세로세친, 팜파데라스 야마스목세케 유적지가 포함된다. 이 장소들은 모두 목세케 통치 연맹에 속해 있었고 이 연맹의 중심지들에서는 모두 비슷한 계획 도시의 요소가 관찰된다. 즉 공공 목적 및 숭배 제의를 위한 웅장한 건물들, 지표면보다 높이 만든 단들이 중심축을 따라 늘어서 있고, 여기에 땅을 파고 만든 원형 공터와 중간 크기의 창고 건물이 줄지어 연결된 형태를 갖추고 있었다. 또한 똑같은 형태의 공간 단위가 모여서 더 커다란 건물 복합 단지를 이루는 경우도 흔했다. 팜파데라스 야마스목세케의 중앙 단 위에는 원래 신전이 세워져 있었을 듯하며 이 신전을 장식했을 것으로 추측되는, 인간 형상이 새겨진 웅장한 프리즈들은 현재까지도 전해지고 있다. 이 인간 형상들은 제단 주변의 정원 장식에서도 발견된다. 타우카치콘칸에서는 단 위에 궁전과 비슷한 건물이 세워지기도 했다. 이 건물에는 100개가 넘는 기둥이 있었다. 이 안에는 똑같이 생긴 정방형 모양의 공간들이 있었는데 이는 이 궁전의 일부가 물품을 저장하는 창고로 사용되었음을 보여준다.

세친알토에서는 목세케 영역 내에서 가장 큰 하나짜리 단(면적 250×300미터, 높이 23미터)이 발견되었다. 이 장소는 행정 중심지였을 가능성이 매우 높다. 이 단 위에는 다시 9미터 높이에 면적은 90×30미터인 롬 흙으로 만든 직사각형 벽돌 블록이 솟아 있다. 이 블록 위로는 신전이 자리 잡고 있었을 확률이 매우 높다. 이 신전의 일부였을 여러 색으로 칠해진 기둥과 프리즈들은 오늘날까지 보존되어 남아 있다. 이 놀라운 유적들은 이런 장소가 원시 도시형 주거지였다는 사실을 증명해주고 있다. 이는 이 문화의 '태동기'에 비록 아직 글자는 발명되지 않았지만, 초기 고등 문명이 발달했다는 사실을 보여준다.

'태동기' 말엽 목세케 통치령이 붕괴되기 시작한다. 이는 기원전 1400년경 엘니뇨 현상으로 인한 자연 재해로부터 영향을 받은 결과일 수 있다. 엘니뇨란 태평양 적도지역의 해양학 및 기상학적 시스템이 주기성에서 벗어나는 비정상적인 변화를 일컫는다. 이럴 경우 해안에서는 극도로 많은 강수량과 허리케인, 그리고 남아메리카 내륙에서는 매우 건조한 기후가 나타날 수 있다. 학자들은 원시 도시형 주거지 중 여러 곳에서 더 이상 사람이 살지 않게 되고 목세케의 수도로 추정되는 세친알토만이 한동안 더 존속했던 이유가 이런 기후 변화 때문일 수도 있을 거라고 추측한다. 카스마 계곡의 목세케는 안데스산맥에 존재했던 대표적인 최초의 국가형 조직체다. 대규모 건축 시설의 축조, 웅대한 프리즈 부조와 대표성을 지니는 건물들은 막강한 정치적 지배 엘리트 없이는 생각할 수 없는 것이다. 가장 큰 단의 크기가 축구장 15배에 달하는 세친알토는 그 당시로서는 흔치 않은 웅대한 스케일을 보여준다. 팜파데라스 야마스목세케는 세친알토에 비해 약간 작은 편이었다. 세친바호와 세로세친은 그보다 좀더 작았다. 그 뒤로 많은 작은 주거지 및 해안 주거지가 따른다. 짐작건대 각각의 주거지는 하나의 전체 주거 시스템의 구성원으로서 모두 서로 연결되어 있었으며, 이 시스템을 통해 통일된 사회적·정치적 구조가 작용했을 것으로 생각된다. 이는 목세케가 초기 국가의 형태였다는 것을 뜻한다.

이후 이어지는 시기인 '초기 지층기Early Horizon'의 차빈 문화는 기원전 1000년에서 기원전 200년까지 지속되었다. 이 문화는 중앙 안데스산맥에서 가장 큰 영토에 걸쳐 분포된 최초의 문화 현상으로서 도시 건설, 건축 형태, 유형 문화재에서 이러한 발달의 징후를 느낄 수 있다. 특히 중요한 의미를 갖는 것은 이 문화에 이름을 붙여준 유적지인 차빈 데 우안타르다. 이곳은 기원전 제1천년기 차빈 문명의 종교적·정치적 중심지였다.

이 유적지의 거대한 신전 시설에는 웅대한 조각상들이 세워져 있었다. 신전 시설은 당시 위계적으로 구조화된 사회가 존재했음을 짐작케 할 뿐만 아니라 제의의 중심지인 신전이 문화의 핵심 거점이기도 했다는 것 또한 분명히 보여준다. 이는 이후 안데스산맥의 모든 문화에서 유사하게 나타나는 현상이다. 차빈의 지배층 무덤은 가시국화조개, 흑요석, 금과 은으로 만든 물건의 부장품 등 화려한 시설을 자랑했다. 이는 차빈 문화인이 원거리 무역을 했음을 보여주는 증거이자, 사회적 계층이 발달해 있었음을 보여주는 징표다. 장식된 토기에는 여러 양식이 융합되어 있었으며, 조각상과 부조물에서 볼 수 있는 고도로 복잡한 도상 언어는 신들과 신화적 존재에 관한 매우 발달된 정신적·종교적 관념세계를 표현하고 있다. 하지만 현재 연구 수준으로 이에 대해 더 정확한 해석을 내리기는 아직 어렵다.

차빈 데 우안타르 신전 시설은 총체적 개념으로 이해되어야 한다. 신전의 방문자는 자연 경관, 건축, 빛의 입사, 음악, 소리, 그림, 그리고 추측건대 환각제까지 더해져 이 모든 요소가 어우러져 펼치는 하나의 종합적 작품을 경험하게 된다. 긴 지하 계단과 통로를 통해서만 닿을 수 있었던 신전 시설의 중심에는 4미터 높이의 거대한 오벨리스크가 솟아 있는데 이는 차빈의 주신主神을 표현하고 있다. 이와 더불어 제의와 신화적 존재를 주제로 하는 수많은 석조상과 부조물이 세워져 있다. 차빈 문화의 예술과 건축은 중부 안데스산맥 지역 전체로 확산되어 차빈 데 우안타르에서 1500킬로미터 떨어진 페루의 남부 해안가 나스카 지역에서도 그 영향을 감지할 수 있다. 차빈 문화와 같은 시기 이 지역에 분포되어 있었던 파라카스 문화의 토기와 직물에서 차빈 문화의 흔적이 분명하게 나타나고 있기 때문이다.

차빈 데 우안타르에는 신전과 제의 장소 바로 옆에 주거지역이 있었다. 차빈 데 우안타르는 이곳에서 발견된 토기를 기준으로 기원전 900년부터 약 기원전 250년까지 세 시기로 구분할 수 있다. 이러한 자세한 연대 구분이 중요한 이유는 기원전 제1천년기 차빈 데 우안타르의 건축적 조성뿐만 아니라 이곳의 경제와 인구가 어떻게 변화했는지 전체적인 발전 과정을 이해하는 데 도움을 주기 때문이다. 가장 오래된 시기에는 사슴과 야생 낙타 종 사냥이 여전히 중요한 역할을 했다. 하지만 이와 동시에 라마를 사육해 주거지 내에서 도축·가공하기도 했다. 재배 식물로는 옥수수가 경작되었지만 중심적인 역할을 하지는 못했다. 오히려 더 중요했던 것은 감자다. 이전과 마찬가지로 태평양 연안에서 잡은 조개와 어류는 식량을 더 풍족하게 해주었다. 도구와 연장은 대부분 그 지역에서만 나는 재료를 이용해 제작했다.

중간 시기에는 사냥의 비율이 많이 감소하면서 가축화된 라마가 가장 중요한 고기 공급원이 되었다. 라마는 도시 인근의 많은 장소에서 사육되고 도축되었으며, 식용에 적합한 특정 부위만 차빈 데 우안타르로 운반되었다. 아마도 이때 고기는 건조시켜 적당량씩 꾸러미로 만들었을 것으로 짐작된다. 마지막 시기(기원전 400년에서 기원전 250년)에는 인구의 폭발적 증가가 뚜렷이 나타났고, 차빈 데 우안타르의 면적은 거의 40헥타르에 달하게 된다. 이곳에 살았던 인구는 당시 2000~3000명일 것으로 추정된다.

이러한 발전은 노동 분업에서 전문성이 더 강화되는 결과를 가져왔다. 또한 수공업의 양성과 특히 사회적 분화가 뚜렷해지는 결과도 나타났다. 사회적 위신을 나타내는 귀중품이 차별적으로 분배되었다는 것은 사회 계층화가 심화되었음을 보여주는 증거다. 이와 관련하여 동물 뼈의 분포에서도 흥미로운 점이 관찰된다. 이 점을 이해하기 위해서 먼저 설명되어야 할 것은 이곳 주거지에는 특권을 나타내는 물자가 모여 있는 곳이 있었고 이곳이 바로 상류층이 살았던 구역이라는 사실이다. 여기서 흥미로운 점은 바로 이곳에서 주로 어린 라마의 부드러운 고기가 식용으로 이용되었다는 점이다. 이에 반해 보통 사람들이 사는 주거지역에서는 이런 증거물이 발견되지 않는다. 이런 상황들을 종합해볼 때 영양 섭취의 측면에서도 뚜렷한 사회적 차별이 존재했다는 것을 알 수 있다. 차빈 데 우안타르는 이 마지막 시기에 고도로 복잡한 정치적, 문화적, 종교적 조직을 이루었으며 이는 이 시기 안데스 지역을 통틀어 나타난 현상 중 매우 독보적 현상이었다.

차빈과 동일한 시기에 페루 남부 태평양 연안에서는 파라카스 문화가 발달했다. 이 문화는 기원전 700년에서 기원 전후 전환기까지 존속했는데, 태평양과 안데스산맥 서부 능선 사이에 위치한, 대부분 사막 기후가 나타나는 길고 좁은 지역에 분포해 있었다. 이 지역에는 사시사철 물이 흐르는 강줄기가 여럿 있었는데 그 덕분에 이곳에서도 사람이 살 수 있었다. 이 사막 기후 지대에 많은 사람이 이주해오게 된 것은 관개 농업을 도입하고 난 후였다. 어획과 사냥은 보조적인 역할만 했다. 파라카스 문화에 특히 대표적인 것은 독특한 토기 양식과 무덤에서 보존되어 자주 출토되는 직물 잔해다. 이 두 가지는 이 문화가 차빈 지역에서 영향을 받았음을 분명히 보여준다. 하지만 파라카스 문화가 차빈 지역만 모태로 하는, 차빈에서 갈라져 나온 문화는 아니었다.

차빈에서와 마찬가지로 파라카스 문화에서도 기원전 제1천년기 동안 사회적 분화가 뚜렷해졌음이 확인된다. 지하의 석실묘에는 남녀 및 각 연령대의 시신이 일명 미라 꾸러미 형태로 보존되어 있었다. 특수한 보존 조건으로 인해 이곳에서는 미라가 된 시신뿐만 아니라 이를 감싸고 있었던 직물 또한 놀라울 정도로 양호한 상태로 보존되어 있었다. 직물의 장식과 토기의 장식 사이에는 많은 공통점이 발견된다. 수의 중에는 1.5미터 길이의 외투처럼 생긴 망토와 그 아래에 입었던 의복, 셔츠, 터번처럼 생긴 머리 장식품, 머리끈이 있었다. 높은 계급에 속하는 남자들이 앉은 자세로 안치되어 있는 무덤도 있었다. 이들의 몸은 천으로 여러 겹 감싸여 있었고, 금 장식과 색색의 깃털로 만든 머리 장식을 쓰고 있었다.

그사이 적지 않은 파라카스 문화 주거지가 발견되었는데 그중에는 아니마스알타스와 같은 넓은 면적의 중심지도 있었다. 아니마스알타스는 언덕 모양을 한 13개의 단, 공공건물, 창고 등이 있던 원시 도시형 주거지로 100헥타르가 넘는 면적을 차지하고 있었고, 이 지방 제의와 정치의 중심지로 기능했다. 이런 사실로 볼 때 페루 태평양 해안 남부에서도 차빈 문화에 비견될 만한 발달이 이루어졌다는 것을 알 수 있다.

이 지역은 여러 군장국가가 나누어 지배했던 것으로 보인다. 이 군장국가들은 남자로 이루어진 지배층이 통치했고 지배층 일원이 죽으면 파라카스반도에 묻었다. 파라카스 문화 무덤에서 나온 특권을 상징하는 물건을 열거하자면, 열대 조류의 형형색색의 깃털로 만든 물건들, 금 장신구, 이국적인 돌과 조개로 만든 구슬, 조각된 목재 물건 등이 있다. 파라카스 문화의 특별한 업적은 직물 생산의 우수성에서 찾을 수 있다. 이곳 사람들은 모와 면 소재의, 풍부한 색으로 장식한 직물을 직조했다. 직물과 토기에 표현된 복합적인 도상학적 형상은 이 문화의 정신적·종교적 관념 세계를 반영한다. 예를 들어 무기, 식물, 두개골 트로피 등의 물건을 손에 든 사람 형상이 반복해서 나타나는데 이 형상들이 신인지, 또는 초자연적인 존재나 신화적으로 추앙된 조상인지는 해명되지 않고 있다. 이에 더해 여러 형태가 혼합된 동물도 나타나는데 여기에 인간의 요소가 섞인 것도 흔히 볼 수 있다.

파라카스 문화는 기원 전후의 전환기에 나스카 문화로 교체된다. 나스카 문화는 기원후 제1천년기 대부분의 시기를 특징지었던 문화로서 일부 지역에서는 파라카스 문화 전통을 계승한 유물이 발견되기도 한다. 하지만 이 문화가 널리 알려진 것은 무엇보다 대지에 그려진 거대한 모양의 그림, 즉 일명 지상화 때문이다. 이 그림은 생성 연원을 둘러싸고 수많은 추측이 제기되고 있다.

3.
안데스 남부 지역에서의
늦은 발달

아타카마 사막은 라틴 아메리카에서 가장 살기 힘든 생활지역 중 하나다. 이 좁은 사막 지대는 페루 남부의 태평양 연안을 따라 칠레를 향해 1500킬로미터나 뻗어 있고, 미미한 강수량으로 인해 매우 희박한 식생만 분포해 있다. 이 지역은 수렵 채집인에게 전혀 적합하지 않은 자연 공간이었지만 그럼에도 1만1000년 전 처음으로 사람의 발길이 닿게 된다. 이들은 얼마 안 있어 고기잡이를 전문적으로 하게 되었다. 해안에서의 고기잡이만이 유일하게 생존을 보장해줄 수 있었기 때문이다. 이렇게 거의 해양 식량 자원에만 의존해야 했던 한편 더 내륙 쪽으로는 주거에 적대적인 사막만이 펼쳐져 있었기 때문에 아주 일찍 정착생활을 시작할 수밖에 없었다. 이는 이미 기원전 5000년에 시작되었다. 이 고도로 전문화된 어부들이 남긴 유산은 친초로 문화라 불린다. 이 집단에서 특히 눈에 띄는 문화적 특징은 장례 의식인데 이에 대해서는 뒤에서 더 자세히 살펴볼 것이다.

친초로 문화인은 토기 사용 이전 시기 이 지역에서 정주해서 사는 가장 오래된 어부 집단이었다. 이들은 식량 보충을 위해 사냥을 하고 야생 식물도 채집했다. 아타카마 사막에는 그나마 안데스 고지대로부터 흘러나와 이 생존에 적대적인 지역으로 물을 날라다주는 작은 하천 몇 개가 흐르고 있었다. 강변에는 장소에 따라 다양한 식생이 발달해 야생동물을 유혹하긴 했지만, 아타카마 사막 내에서 사냥과 채집 생활을 할 수 있는 곳은 매우 제한적이었다. 해안 자체는 바위와 수많은 절벽으로 이루어져 있었다. 때문에 배를 이용하는 것도 여의치 않았다. 하지만 태평양은 이 모든 불리함을 각양각색의 해양 자원으로 보상해주었고 인간은 이를 두루두루 이용했다. 미역, 물고기, 연체동물, 바닷새, 해양 포유류를 포획할 수 있었고 심지어 고래도 사냥했다. 이 시기에 페루 남부와 칠레에서는 태평양 해안에 거대한 조개무지 주거지가 형성되었다. 이 주거지들에서는 1년 내내 사람이 거주했다. 이런 사정을 감안할 때 당시 주민들의 영양 섭취가 명백히 해양 자원에 집중되어 있었다는 유골의 동위 원소 분석 결과는 그리 놀라운 게 아닐 것이다. 그렇게도 확실한 정착생활을 영위했으면서도 이곳에서는 농경은 고사하고 초보적인 형태의 텃밭 농사조차 아무런 역할을 하지 못했다.

이런 각고의 적응 노력에도 불구하고 이 황량한 삶의 환경은 일반적인 보건 상태에 나쁜 영향을 미쳤다. 이러한 사실은 인간 유골에 대한 고대 병리학 연구를 통해 밝혀질 수 있었다. 끊임없이 불어대는 차가운 바람은 곳곳에서 중이염을 일으켰다. 게다가 전염성이 높은 일명 샤가스병도 돌았다. 이 병은 흔히 날생선을 섭취한 후 촌충 감염으로 유발되는데, 잠행성 질병으로 완치가 불가능한 만성 전염성 질환이며, 보통 수십 년 동안 고통을 겪어야 했다. 골다공증 또한 많이 퍼져 있었고 대부분의 남녀가 여러 이유로 증세가 뚜렷한 허리 질환을 앓고 있었다. 친초로 문화인의 생활 습관은 많은 감염성 질환에 노출되어 있었고 이는 죽은 사람을 미라로 만들 때도 마찬가지였던 것 같다. 이들은 감염된 시체를 처리하면서도 그에 상응하는 어떤 주의도 기울이지 않았다.

친초로 문화권에서는 기본적으로 시신을 미라로 만들었다. 이는 남녀노소, 나이와 사회적 신분에 상관없이 행해졌다. 대부분 부장품은 없었다. 하지만 부장품이 들어 있는 경우 뼈로 만든 작살이나 바다에서의 사냥 또는 고기잡이와 관련된 도구들이 발견되었다. 해양 포유류의 등뼈가 가끔 발견되기도 했는데, 이는 조개 입을 열기 위해 사용했던 것으로 보인다. 그 밖에 연체동물을 채집하는 데 사용할 수 있는 식물을 엮어 짜서 만든 바구니도 발견되었고, 낚싯바늘과 그물추가 발견되기도 했다. 개인 장신구로는 뼈, 조개 및 기타 재료로 만든 구슬이 있었다. 또한 부장품에서는 성별에 따른 차이가 나타났다. 즉 남자에게서는 대부분 작살이, 여자에게서는 고기잡이와 관계된 물건들이 발견되었다. 간혹 염료의 잔해가 들어 있는 주머니가 발견되기도 하는데 이는 망자의 생존 당시 몸을 칠하는 데 사용되었던 것이 아닐까 생각된다. 가끔 시신의 머리를 여러 번 둘러 감은 염색한 머리띠가 발견되기도 했다. 여기에 더해 두개골 변형 또한 확인되는데 이는 기원전 2000년부터 행해졌던 것으로 강력한 붕대로 머리를 동여맨 결과로 생긴 것이었다.

시신을 미라로 만드는 풍속은 기원전 5000년경 친초로 문화가 시작되었을 때부터 계속된 것으로 확인된다. 이들의 미라 만드는 기술은 고도로 숙련되어 있었고, 이들이 그 이른 시기에 포괄적인 해부학적 지식을 보유하고 있었음을 증명해준다. 미라는 여러 다른 방식으로 만들어졌다. 학자들은 미라를 기본적으로 두 그룹으로 구별한다. 즉 일명 검은 미라와 빨간 미라다. 미라가 검게 되었다는 것은 이차장 매장 방식으로 인한 것이다. 이차장은 시신을 묻고 수년이 지난 후 시신을 다시 꺼내 뼈에서 경우에 따라 아직 남아 있는 살의 잔해들을 제거하고 뇌와 장기 전체를 떼어낸 다음, 그 자리에 풀, 잘게 썬 짚, 점토 등의 여러 다른 재료를 채워 넣는다. 이때 시신은 말하자면 인공적으로 다시 성형된다. 즉 나무 막대 기를 세워 시신의 몸을 고정시킨 다음 유기성 재료와 롬 흙을 채워넣어 신체 형태의 꾸러미를 만든다. 그 후 머리와 얼굴을 본래 형상을 따라 그 려넣고 성기도 그려넣었다. 경우에 따라 해양 포유류의 껍질 일부를 갖다 붙이기도 하고 머리카락을 붙이기도 했다.

일명 검은 미라가 흡사 인형같이 완전히 새로운 형태로 거듭나고 시신에서는 뼈만 취했던 데 비해 일명 빨간 미라는 다른 방식으로 만들어졌다. 우선 시신이 매장되지 않았으며 사후에 바로 절개되어 장기, 근육 부위, 뇌가 적출되었다. 그다음 남은 몸을 건조시켜서 목탄과 재와 같은 것으로 속을 채웠다. 검은 미라와 비슷하게 이 미라도 나무 막대기를 끼워넣어 신체가 다시 안정적인 형태를 취할 수 있도록 했다. 막대기는 등 아래로 밀어 넣어 발부터 머리까지 닿도록 했다. 경우에 따라서는 팔다리도 이런 방식으로 안정되게 고정시켰다. 다음 단계에서는 장기와 근육을 떼어내 속이 빈 신체 부위에 유기성 재료(새의 깃털, 흙, 낙타류 동물의 털)를 채워넣었다. 이 과정에서 보통 머리를 몸에서 떼어내 머릿속도 마찬가지 방법으로 채워 넣었다. 과정이 전부 끝나면 발광성 붉은 황토 안료로 시신의 몸에 색칠을 했는데, 이때 얼굴만은 칠하지 않은 채로 두었다가 나중에 검은색으로 칠했다. 주변에 매우 강한 인상을 주었을 이 빨간 미라는 기원전 2000년 이후가 되어서야 만들어지기 시작했다. 그 밖에 아주 간단한 형태의 미라도 있었다. 이 미라는 건조시킨 시신의 몸에 머리부터 발끝까지 롬 흙을 바른 후 붕대나 천으로 시신을 둘러 감았다. 보존된 유골로 추정컨대 친초로 주민들은 1미터50센티미터에서 1미터60센티미터 정도의 신장으로 별로 큰 편이 아니었지만, 다부진 체격을 갖고 있었다.

요컨대 어업이 매우 특성화되어 있었던 친초로 문화인은 포괄적인 해부학적 지식을 보유하고 있었고 시신을 미라로 만드는 기술이 뛰어났다. 친초로 문화인에게 시신을 미라로 만드는 것이 왜 그렇게 중요했을까. 이 문제에 대해서는 추측성 가설만 제기될 수 있을 뿐이다. 여기서 한 가지 일리 있을 법한 힌트를 주는 것이 있는데, 즉 수천 년 후 잉카인에게서 이 미라를 만드는 관습이 어떤 형태로 계승되었는지를 살펴보는 것이다. 잉카인은 시신을 미라로 만든 다음 살아 있는 사람과 함께 장례식에 참석시켰다. 이때 망자도 먹을 것과 마실 것, 제물을 나눠 받았다. 현재 미라에 관한 가장 오래된 증거 자료는 아타카마 사막변의 친초로 문화권에서 나온 자료이긴 하지만 잉카의 위와 같은 제의가 어디서 연원한 것인지는 풀리지 않은 숙제로 남아 있다.

미라 제작 기술은 친초로 문화에서 토기 제작, 야금술, 사회적 발달이 시작되었던 시기보다 훨씬 더 앞서 있었다. 대체로 친초로 문화의 지식 및 기술 분야 발달은 크게 눈에 띄지 않았지만, 직물은 기원전 5000년경부터 만들었던 것으로 확인된다. 직물 직조는 섬유와 실을 이용해 거적과 같은 커다란 담요를 만드는 식으로 이루어졌다. 기원전 1000년대부터 친초로인은 낙타털 섬유를 직물 직조에 이용하기 시작했다. 이 거적 모양의 직물은 의복을 만들기 위해 또는 신체를 치장하기 위해 사용되었고 집에 추위가 들어오는 것을 막기 위해서나 고기잡이할 때도 사용되었다. 친초로 문화는 이런 모든 기본적인 특성들을 보존하면서 넓은 지역에 분포되어 있었고, 약 기원전 5000년부터 기원전 1700년까지, 매우 오랫동안 존속했다.

기원전 1000년대에서 기원전 제1천년기로 넘어가는 전환기에 아타카마 사막 동부 변경 지대와 안데스산맥 서부 능선 지역에서 새로운 문화 전통이 나타난다. 이 문화는 중앙 안데스산맥 고지대에서 영향을 받은 것으로 보인다. 알토라미네스라 불리는 이 문화는 기원전 1000년에서 기원후 제1천년기 중반까지 존속했다. 친초로와 알토라미네스 문화는 동일한 지역에 분포되어 있었던 것은 아니지만, 인접한 지역에 집중되어 있었다. 현재 친초로의 종말과 알토라미네스의 시작 사이의 연관관계는 아직 완전히 규명되지 않고 있다. 안데스산맥 서부 끝자락의 알토라미네스 문화권에서는 농업 중심의 촌락이 형성되었다. 집중적인 인공 관개 시설 덕분에 이 문화인은 옥수수, 고추, 콩, 호박, 호리병박 농사를 지을 수 있었다. 또한 이들은 가축을 기르기 시작했고, 이 지역 역사상 처음으로 잉여 농산물을 생산했다. 잉여 생산물의 가공 기술과 현재 남아 있는 도구들은 이들이 매우 발달된 기술을 보유하고 있었음을 보여준다. 알토라미네스 문화의 초기에 해당되는 기원전 제1천년기 전반기에는 처음으로 토기 생산이 이루어졌다. 그보다 더 후대인 기원전 제1천년기 중반부터 기원 전후의 전환기까지에는 원형 움막집이 크기가 더 큰 사각형 건축물로 대체되었다. 알토라미네스 문화의 후대에 속하는 기원후 시기에는 제례 의식을 위한 장소, 방어벽, 매우 섬세하게 가공된 유형 문화(토기)를 가진, 대규모의 중심 주거지들이 형성되었다. 친초로 또는 파라카스 문화와 유사하게 알토라미네스 문화도 뛰어난 솜씨로 직조된 섬유가 특징이다.

페루와 볼리비아 경계 지대에 있는 안데스 고원에서는 티티카카호 주변으로 넓은 초원이 펼쳐져 있다. 이 초원은 영양가 높은 풀이 무성하게 대지를 덮고 있어서 목축에 더할 나위 없이 적합했다. 티티카카호 지역 중 호숫가 토양에서는 덩이뿌리 식물과 특히 감자가 잘 자랐다. 또한 호수에는 다종다양한 물고기가 서식했다. 이런 점들을 보면 티티카카 분지에 기원전 4000년부터 수렵 채집 생활자들이 살았다는 흔적이 발견된다고 해도 놀랄 일은 아니다. 이들은 사냥, 어로, 식용 야생식물의 채집으로 생활했다.

이 지역에 최초의 주거지가 생겨난 것은 기원전 1000년대 중반경이다. 이 주거지 중 일부는 이미 작은 규모의 제의 중심지 역할을 했다. 이 시기는 이른바 '형성기'가 시작된 때로서 기원전 1500년부터 기원후 제1천년기 중반까지 지속되었고 고등 문명 최초의 특징들이 형성되었다. 이 시기에는 또한 인간이 대대적으로 자연 지형에 인위적 손길을 가했으며, 상시적 주거지를 세우면서 지형을 영구적으로 변화시켜놓았다. 또한 이 시기는 생산 경제로 전환되는 때이도 했다. 이 기간 동안 기후는 점점 다습해졌고 기온이 높아졌을 가능성도 있다. 티티카카의 수위는 상승했고 목축에 매우 적합했던 초원은 더 확장되었다. 형성기 초반부에 해당되는 기원전 1500년에서 기원전 800년에는 티티카카 호숫가에 영구적 건축물, 최초의 숭배 제의 장소가 있는 작은 마을들이 생겨났다. 이 제의 장소는 그곳에서 보이는 안데스산맥 정상과 모종의 연관성을 가졌을 것으로 생각된다. 제의 장소는 일반적으로 땅을 파서 만든 구조를 하고 있었는데 이에 대한 두 가지 사례를 다음에서 자세히 다루도록 하겠다.

형성기 중기는 기원전 800년에서 기원전 250년까지 지속되었다. 이때 주거 밀집도가 현저히 증가했다. 계속해서 새로운 주거지가 생겼고, 동시에 이 주거지 사이에 일종의 서열화 및 중앙 집중화가 일어났던 것으로 보인다. 이러한 행정적·종교적·정치적 구심 지역과 더불어 이 시기에 이미 최초의 군장국가가 형성되었을 가능성도 있다. 유형 문화 유적을 보면 장거리 물자 교환이 이루어졌고 고원 지대의 구리, 청동, 소금 등이 티티카카호로 유입되었다는 것을 알 수 있다.

치리파 주거지는 이 지역의 형성기 중기의 중심지 가운데 가장 중요한 곳이다. 이곳에는 꼭지 부분이 없는 피라미드 형태의 단과 이 단을 중심으로 빙 둘러가며 지표면보다 높게 만든 테라스가 설치되어 있었고 테라스 위에 평면도상 모양은 동일하지만 크기에서 약간씩 차이가 나는 총 14개의 정사각형 구조물이 세워져 있었다. 그리고 이 정사각형 구조물의 입구는 중심에 있는 단을 향하고 있었다. 이 건물들은 제사에 필요한 물건을 보관하기 위한 창고로 사용되었음이 거의 확실하다. 건물들의 표준화된 건축 형태는 놀라움을 자아낸다. 이와 더불어 인간 형상을 한 돌로 만든 부조와 조각도 볼 수 있다.

기원전 250년부터 기원후 제1천년기 중반경까지의 형성기 후기에는 그때까지 전승되어왔던 문화가 계속 발전해간다. 티와나쿠는 형성기 후기의 중심지 중 하나였는데, 당시 이곳에는 원시 도시형 구조의 큰 면적을 가진 주거지가 형성되어 있었다. 중앙에는 정사각형으로 땅을 파서 만든 대형 숭배 제의 장소가 있었고 이와 함께 언덕 모양의 단들과 공공 건물들도 들어 서 있었다.

늦어도 형성기 후기, 못해도 기원전 제1천년기 동안은 안데스고원 티티카카호 지역에서도 기본 요소에서 북부와 중부, 차빈을 중심으로 하는 태평양 연안 내륙 지방에서 발달했던 문화와 비슷한 형태의 문화가 형성된다. 하지만 티티카카호 지역 문화인은 차빈 문화 지역에서 볼 수 있었던 것과 같은 섬세하고 뛰어난 예술, 그리고 그토록 웅대한 건축술에는 미처 도달하지 못했던 것으로 보인다.

오늘날 아르헨티나 서북쪽에 위치한 안데스 고지대 동남부 지역에는 이와 비견할 만한 발달이 훨씬 더 늦은 시기에야 나타난다. 정착생활과 생산 경제의 형성, 원시 도시형 주거지의 생성 시점이라는 측면에서 볼 때 안데스산맥의 북쪽과 남쪽은 시간상 분명한 차이가 나타난다. 즉 북쪽에서 남쪽으로 발달이 전파되는 모습을 보인다. 아르헨티나 북부 문화 초기는 기원전 제1천년기 중반부터 기원후 제1천년기 중반 직후까지다. 이곳에서는 약 기원전 500년 이후라는 늦은 시기에야 상시적 주거지가 세워졌다. 이는 고지대에서뿐만 아니라 더 따뜻한 아래 계곡지역들에서도 마찬가지였다. 이곳에서 생활의 토대는 일차적으로 감자, 콩, 호박을 경작하고 라마를 가축화해서 목축하는 데 있었다. 사냥과 식용 야생식물의 수집은 보조적인 역할을 했다. 토기와 직물의 생산, 그리고 최초의 야금술도 이 지역에서는 기원전 제1천년기 중반 이후에야 이루어진 것으로 확인된다. 멀리 떨어진 지역에서 나온 원자재와 귀중품들이 출토된 것으로 판단해볼 때 당시 그런 지역과도 교류가 있었으며, 라마를 이용한 장거리 물품 운반은 아르헨티나 북부 지역을 외부세계와 연결시키는 데 중요한 역할을 했다.

사회 분화의 최초의 징표 또한 발견된다. 주거지는 대부분 농업에 이용되는 땅, 즉 경작지와 목초지 근처에 위치해 있었다. 선호되었던 땅은 강계곡에 위치한 충적지였다. 이러한 주거지들은 작은 촌락 또는 농가가 모여 있는 형태였다. 죽은 사람들, 특히 어린이의 시신은 가옥 아래나 곁에 묻는 일이 흔했다. 추측건대 살아 있는 자와 죽은 자는 내적으로 밀접하게 연결되어 있었던 것 같다.

행정 또는 제의적 목적에 사용되었던 대형 공공 건축물이 존재했다는 증거는 드물긴 하지만 확인 가능하다. 이에 해당되는 것이 안데스산맥에 널리 퍼져 있었던 언덕 모양의 단과 그 주변에 땅을 얕게 파서 만든 광장이다. 이러한 유적이 발굴된 곳 중 하나가 알라미토로서 이 유적지 동쪽 지구에서는 광장을 반원으로 에워싸고 있는 여러 개의 단이 건물 잔해와 함께 발견되었다. 서부 지구에는 여러 개의 단과 금속 가공 작업장이 있었고 또 그 서쪽으로는 인공적으로 쌓아올린 커다란 언덕이 자리잡고 있었다(〈그림 94〉). 또한 방어벽이 주거지 전체를 둘러싸고 있었다. 캄포 데 푸카라와 가까이에 위치한 이 유적지는 알라미토 문화의 가장 중요한 중심 유적지이며, 이 지방의 정치적·종교적 중심지였던 것으로 보인다.

중앙 안데스의 동남부 지방에서는 북쪽 페루 해안의 내륙 지방 및 안데스의 다른 지역에서 있었던 발달과 비슷한 과정이 반복되어 일어났다. 즉 정착생활을 하게 되고 생산 경제가 시작되면서 잉여 식량이 생산되고

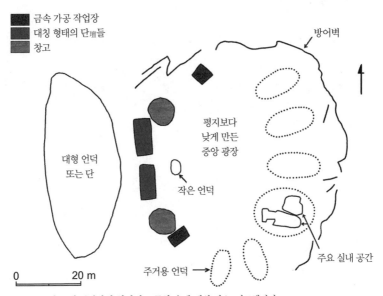

〈그림 94〉 캄포 데 푸카라의 알라미토 문화 숭배 제의 장소. 아르헨티나.

이를 통해 더 큰 인구의 생존을 보장할 수 있게 된 것이다. 그 결과 이곳에서도 주거지 간의 서열화가 나타났고 정치권력을 대표하고 제사용 공공 건물이 세워진 최초의 원시 도시형 중심지가 형성되었다. 하지만 아르헨티나 서북 지방에서의 이러한 발달은 티티카카호 주변의 볼리비아 고지대, 칠레 북부의 아타카마 사막 변경지역에서와 마찬가지로 중앙 안데스의 북부에 위치한 지역과 비교해 시기상 더 늦게 시작되었다. 하지만 이들은 이후 페루의 차빈 문화에서 나타났던 것과 같은 정교한 건축과 예술 형식을 창조해냈다.

4.
오리노코와 기아나 사이 지역의
수렵 채집 생활과 초기 농경생활

아마존 분지를 남쪽으로 맞대고 그 위로 펼쳐져 있는 남아메리카 북부
지방은 지형적으로 매우 다양한 자연환경이 펼쳐진다. 북부 지방에는 동
쪽에서 서쪽으로 동부 코르디예라산맥이 펼쳐져 있으며 큰 하천 여러 개
가 가로지르는 기아나 산간 지방도 자리 잡고 있다. 기아나 산간 지방과
동부 코르디예라 사이에는 남쪽의 아마존 분지로 이어지는 광활한 오리
노코 평야가 펼쳐져 있다. 이 지역이 매우 흥미로운 이유는 이곳에서 카
리브해 남부, 중앙아메리카의 육교, 안데스산맥 북부, 아마존, 남아메리카
의 대서양 연안 문화들이 한데 만나면서 상호 작용을 했기 때문이다. 하
지만 이에 대한 연구가 이 모든 지역에서 똑같이 진척을 보인 것은 아니
기 때문에 문화적 상호 작용의 결과와 그것이 오리노코 계곡 또는 기아
나 고지 지역 문화 발달에 끼친 영향에 대해서는 아직 구체적으로 판단
할 수 없다. 수렵 채집 생활에서 농업 및 촌락생활로 전환하는 과정이 특
히 이런 경우에 해당된다.

이 지역에서 가장 오래전에 살았던 인류가 남긴 유물로는 클로비스 문화와 고대 아메리카 원주민 시대의 석기가 있다. 남북 아메리카 다른 모든 지역에서와 마찬가지로 남아메리카 북부의 이 석기들도 현재로부터 1만4000년에서 1만2000년 전에 속한다. 클로비스 문화의 흔적은 베네수엘라의 카리브해 연안뿐만 아니라 기아나 고지에서도 발견된다. 아메리카 대륙의 다른 모든 곳과 마찬가지로 이곳의 석기 문화도 클로비스 창촉의 전형적인 형태가 특징을 이룬다. 또한 석기는 지역에 따라 종류를 달리하는데 이 상이한 특징들은 각각의 지형과 밀접한 연관이 있다. 이 지역 문화 집단의 크기는 그다지 크지 않았지만 이동이 매우 잦았고 사냥, 어획, 식용 식물을 채집해 살았다. 이들의 생활 방식은 대형 포유류의 이동 경로에 적잖이 영향을 받았는데, 사냥에 유리한 시점을 포착할 때까지 동물들을 따라다녔다. 이 지역의 주거 밀도는 매우 낮았고 클로비스 집단 하나는 12~35명 정도로 이루어져 있었다.

그 이후의 시기는 메소아메리카 원주민기 또는 '고대Archaic'라고 불리는 시기로 기원전 6000년 혹은 기원전 5000년에서부터 기원전 1000년까지 지속되었다. 이 시기에는 지형적 다양성으로 인해 문화적 지역화가 일어났으며, 또 사냥, 어획, 채집의 전문성을 발달시켜나가기도 했다. 나아가 이때는 고대 아메리카 원주민기의 소규모 사냥 집단에서 초기 부족사회 구조로의 전환이 일어났다.

이 새로운 시기의 시작은 커다란 기후 변화가 있었던 홀로세 초기에 해당된다. 기후 변화로 인해 이곳 주거 집단들도 영향을 받지 않을 수 없었던 것이다. 기온은 상승했고 얼마 지나지 않아 대형 포유류는 대부분 멸종했다. 수렵 채집 생활자들은 다른 지역으로 이주해 새로운 환경 조건에 적응해야 했고 지금까지의 생존 전략과 사회 조직 형태 또한 그에 맞게 변형시켜야 할 필요성에 직면했다. 이렇게 해서 카리브해 연안지역과 육지에서 가까운 섬에서 생존을 위해 어획과 조개 및 연체동물의 채집이 중요한 역할을 하게 되었다. 실질적인 원거리 어업이 언제 시작되었는지 분명히 판단할 수는 없지만 매우 특수하게 제작된 석기, 정교하게 만든 뼈 작살, 조개 입을 여는 데 쓰는 돌로 만든 연장들, 뼈로 만든 촉, 낚싯바늘 등으로 추측해볼 때 이 문화인은 고기잡이 기술에서 완벽한 경지에 도달했다. 이런 완벽한 기술은 식량 획득에 있어 진정한 전문화를 이루었을 때에만 가능한 것이었다. 또한 이와 함께 기원전 1000년대부터 배를 건조하고 그물추와 최초의 토기를 사용했다는 단서도 발견된다.

그 밖의 또 다른 주거지 형태로는 남아메리카의 북부 해안 전역에 걸쳐 나타나는 조개무지 주거지가 있다. 조개무지 중에는 거대한 규모規模에 달하는 것도 있어서 고정식 주거 방식이 나타났을 것이라는 추측의 근거가 되기도 한다. 하지만 조개무지 주거지는 어로와 채집생활을 하던 사람들이 특정 계절에만 이용했던 곳이라는 설명이 더 큰 설득력을 갖는다. 맹그로브 숲은 남아메리카 북부에 살던 선사시대 사람들이 선호하는 생활 공간이었다. 맹그로브는 짠물에 사는, 겉면이 목질화된 여러 종류의 식물을 말한다. 맹그로브는 따뜻한 해안 조수潮水 지대에 적응해서 살며 군락을 이룬다. 성장하면서 본격적인 숲을 이룰 수도 있다. 또한 포유류, 파충류, 조류, 어류, 갑각류, 연체동물 등 매우 다양한 동물군이 서식한다는 특징도 있다. 이 지역에서 맹그로브 숲은 깊고 얕은 수위의 물가지역뿐만 아니라 건조 지대에도 퍼져 있었다. 또 바닷가에 직접 면한 장소뿐만 아니라 강어귀부터 내륙 쪽으로 해수와 기수汽水 바닷물과 민물이 섞여 염분이 적은 물가 섞여 있는 삼각주와 자연 수로에까지도 펼쳐져 있었다. 맹그로브 숲은 기원전 5000년에서 기원전 2000년, 차차 이동적인 수렵 채집 생활에서 한 장소에 더 많이 머물게 되는 생활 방식으로 넘어갈 때 중요한 역할을 했다. 왜냐하면 이곳의 동물군은 식량 조달의 기초를 제공해주고 숲의 나무는 중요한 원자재를 공급해주었기 때문이다. 맹그로브 숲의 나무 중 일부의 껍질에서는 염료와 발효 물질을 얻을 수도 있었다. 맹그로브 숲 근처에는 대형 조개무지가 다수 세워졌다. 여기서 나온 유물에는 갈고리, 칼, 직물 생산을 위한 바늘 등이 있다. 또한 식용 야생식물을 집중적으로 가공하는 데 사용된 갈돌 및 다른 도구들도 눈에 띈다.

부족사회의 형성과 생산 경제의 우위는 '신아메리카 원주민기期' 또는 '형성기'라 불리는 이후 시기에서 두드러지게 나타난다. 이 시기는 기원전 1000년경에 시작되어 유럽인의 정복 시기까지 지속되었다. 남아메리카 북부 형성기는 두 가지 결정적인 혁신적 사건으로 특징지어진다. 하나는 재배 식물의 경작이고 다른 하나는 토기 생산이다. 최초의 경작 식물은 다양한 뿌리 및 덩이뿌리 식물이었는데, 그중 특히 카사바가 중요한 역할을 했다. 화살 모양으로 길쭉한 카사바 뿌리는 전분 함량이 높아 일찍이 인기가 좋은 식량이었다. 카사바 잎은 야채로 이용되기도 했다. 카사바 뿌리는 익히지 않으면 맛이 몹시 쓰고 심지어 독성을 함유한 부분도 있었기 때문에 식용을 위해서는 특별한 조리과정이 필요했다. 독성을 함유한 부분을 제거하고 먹을 수 있게 만드는 지식은 안데스산맥 북부 지방에서 전해진 것일 수도 있다. 또한 형성기 및 신아메리카 원주민기에 해당되는 기원전 1000년부터는 지역화 과정이 심화되는 것이 관찰된다. 이 과정은 매우 독특한 형태와 장식 요소를 보이는 지역적 토기 전통이 다수 출현한다는 것을 통해 확실히 증명된다. 옥수수는 훨씬 늦은 시기, 즉 기원후 인구와 주거지 밀도가 뚜렷이 증가하는 때가 돼서야 경작되었다.

오리노코 평야는 남아메리카 북부에서 가장 중요한 주거 공간이었다.

토착 토기 집단인 살라도이드와 더 후대의 바란코이드 집단은 이곳에서 카리브해로 진출했다. 바란코이드 이전에 존속했던 살라도이드는 오리노코강 하류에서 발원했고 시초는 기원전 1000년대까지 거슬러 올라간다. 이후 이 전통은 오리노코강 중류에 진출했고 서력기원이 시작되기 200~300년 전에는 살라도이드의 문화 토기가 기아나 지방과 카리브해 섬에까지 가닿았다. 살라도이드 문화는 서력기원이 시작된 후 얼마 지나지 않아 바란코이드 문화에 밀려났다. 바란코이드 문화도 남아메리카 북부 해안에서 인접해 있는 카리브해 제도까지 진출했다.

기아나 고지는 북쪽으로는 오리노코강과 대서양 연안, 남쪽으로는 아마존과 네그루강에 면해 있다. 이 지역에는 초원 사바나, 해안 평야, 우림지대라는 각기 다른 세 지형이 존재한다. 이곳 사람들은 처음에는 이동이 잦은 수렵 채집 생활을 하다가 이후 반 정주형 생활을 하며 고기잡이와 채집을 했다. 그러다 시간이 지난 후 최초로 농경생활을 하게 되었고 화전을 일구어 경작지를 마련했다. 이들은 기원후가 되면서 흙을 쌓아 밭을 만드는 기술(일명 '언덕 밭Raised Field')을 이용할 수 있었다. 이런 점에서 볼 때 당시에 이미 생산성 높은 농업을 경영했을 것으로 생각된다.

기아나 고지의 사바나 지대에서 사람이 살았던 최초의 흔적은 기원전 1만1000년경에 발견된다. 이들은 플라이스토세 말기 고대 아메리카 원주민 시기에 살았던 수렵 채집 생활자들이었다. 이후 수천 년 동안, 약 기원전 8000년경까지 단기적 주거지와 석기 생산을 위해 이용되었던 돌 가공장이 계속 발견된다. 발견된 석기들은 이 시기에 일반적인 것이었다.

그다음 이어지는 시기인 약 기원전 8000년에서 기원전 2500년까지는 고고학적으로 보존된 유물이 별로 존재하지 않는다. 따라서 이 시기는 대부분 알려지지 않은 상태로 남아 있다. 하지만 소규모 사냥 채집 이동 집단이 살았다는 것을 보여주는 흔적은 소수 발견된다. 이들은 내륙 지대의 숲과 기아나 해안 지대에 살았으며 미미한 흔적만 남겼다. 이런 상황은 기원전 5000년경이 되어서 완전히 변한다. 기아나의 대서양 연안을 따라 이루어졌던 조개 채집과 고기잡이가 점점 더 중요한 역할을 하게 되고 장소에 대한 고정성이 점차 높아졌으며 결국 수백 년에 걸쳐 해안을 따라 조개무지 주거지들이 형성되기에 이르렀다. 이 조개무지 중에는 거대한 규모에 다다른 것도 있었다. 조개무지 주거지들은 베네수엘라의 카리브해 연안에서부터 기아나의 대서양 연안을 거쳐 동쪽으로 이어지며 남아메리카 대륙 전체를 휘감고 라플라타강 가장 남쪽 어귀까지 퍼져 있다. 조개무지는 남아메리카 대륙에서 볼 수 있는 매우 전형적인 선사시대 주거지 형태다. 브라질에서 조개무지는 보통 '삼바키스'라고 불린다. 조개무지는 조개껍질 층들 사이사이 흙으로 된 지층이 끼어들어 있는 형태로 구성되어 있으며, 높이가 수 미터에 달하는 것도 있다. 각 지층에서는 지표면에 세운 움막집이 발견되지만 그러나 그 흔적은 거의 남아 있지 않아서 이 시기의 가옥의 건축에 대해서 우리가 알 수 있는 것은 별로 없다.

기아나 지역의 조개무지는 대부분 알라카 문화에 속한 것이다. 이 문화는 기원전 6000년에서 기원전 1400년까지 존재했던 것으로 추정된다. 동쪽의 아마존강 어귀 지역에서는 미나 문화에 속하는 조개무지가 다수 발견된다. 이 문화는 기원전 3700년에서 기원전 1300년 사이에 존재한 것으로 추정되며 알라카 문화와 시기상 대부분 겹쳐 있었다. 유물로 추정해볼 때 알라카 문화인과 더 동쪽에 분포되어 있던 미나 문화인은 아직 식물 경작이라는 발달된 문화적 기술을 모르고 있었다. 최소한 지금까지는 식물을 재배했다는 흔적이 전혀 나오지 않는다. 그렇다고 이러한 사실이 식물 경작을 시도조차 해보지 않았다는 뜻은 아니다. 알라카 문화 지역에서는 기원전 1000년대부터 토기가 생산되었음이 확인되는데, 이보다 더 이른 시기에 토기를 만들어 사용했을 가능성도 배제할 수 없다.

알라카 문화 이후, 기아나 산간 지방과 그 앞에 위치한 대서양 연안에서는 여러 다른 국지적 토기 집단이 분포되어 있었다. 이 문화들은 서쪽의 살라도이드 전통 그리고 그 후에 이어지는 바란코이드 문화와 공통점이 발견된다. 다시 말해 남아메리가 북부 전역에서 유사한 토기 양식이 통용되었고, 연구자들은 이를 근거로 카리브 제도를 포함한 남아메리카 북부의 여러 지역에서의 문화가 같은 시기에 발달했다고 본다. 이러한 토기 문화 공동체가 형성되려면 전제 조건으로 광범위한 교류망이 있어야 하는데 이러한 교류망은 기원전 1000년대에 형성되었던 것으로 보인다. 이후 이 교류망은 기원전 제1천년기부터 기원후 시기까지 발달 과정에서 중요한 역할을 한다.

기원후 제1천년기에는 인구가 비약적으로 증가한다. 수많은 새로운 조개무지가 생겨난 것도 이 시기다. 조개무지 주거지 사이에는 뚜렷한 서열화가 있었던 것으로 보인다. 또한 수공업의 전문화, 노동 분업, 정확히 구분된 영토, 무역망 등이 작동하기 시작된 것도 이 시기였다. 현저하게 늘어난 인구를 먹여 살리기 위해서는 위에서 언급한 '언덕 밭' 형태의 넓은 경작지를 만들어야 했다. 이런 경작지는 이후 농업 발달의 핵심적인 역할을 하게 된다. 이 경작지는 흙을 쌓아서 평지보다 높게 만든 밭으로, 밭 주변을 따라 배수 도랑이 나 있다. 언덕 밭은 여러 종류로 나뉜다. 작고 둥근 밭, 중간 크기의 정사각형 또는 직사각형 밭, 그리고 밭의 가장자리를 표시한 대형 직사각형 밭 등이 있다.

'언덕 밭'은 카사바, 얌, 고구마를 경작하는 데 더할 나위 없이 적합했다. 이 식물들의 뿌리는 25센티미터에서 30센티미터까지 자라기도 했는데, 이 뿌리를 습기로부터 보호하기 위해 밭을 통상 지표면보다 30센티미터 이상 더 높게 만들었다. 언덕 밭 주변에 설치된 도랑은 물을 빼기 위한 것이었지만 동시에 밭에 물을 대기 위한 것이기도 했다. 밭들은 너비가 1~2미터 이하로 작았지만, 대신 고르고 규칙적으로 배치되어 있었기에 언덕 밭이 자리한 지역은 매우 계획적인 구조로 조성되었음을 알 수 있다. 언덕 밭은 대부분 기원후 시기(바란코이드)에 조성된 것으로 추정되지만, 최초의 밭은 이미 기원전 제1천년기에 설치되었을 가능성이 있다. 언덕 밭의 연대를 측정하는 것은 쉽지 않다. 왜냐하면 그곳에서 토기 파편이 발견되었다 해도 그 밭이 만들어지고 이용되었던 분명한 시점을 말해주는 것은 아니기 때문이다. 화전과 비교해 언덕 밭은 큰 장점이 있는데, 불을 놓아 농업에 이용될 땅을 확보하는 것은 땅을 일구는 과정에서 토양이 급속히 양분을 뺏기기 때문에 고작 수년 동안만 유효할 뿐이며, 인구가 더 증가하면 척박해진 경작지를 포기하고 새로운 곳에 다시 화전을 일구어야 했다. 이에 비해 강가 평야에 설치된 언덕 밭은 비교할 수 없을 만큼 월등한 해결책이었다. 이 밭은 기본 구조상 토양을 고갈시키지 않았고 따라서 새로운 경작지를 개간할 필요가 없었다.

5.
아마존 분지에서의
사냥, 채집, 최초의 농경생활

아마존 분지에 사람이 존재했다는 가장 오래된 흔적은 플라이스토세 말엽과 홀로세 초엽의 수렵 채집자들이 남긴 것이다. 이들은 열대 우림 지역과 그 밖의 자연환경 지대의 조건에 적응해서 살았다. 고고학적 유물이 나타나는 것은 기원전 1만 년경부터다. 가장 오래된 유적지 중 하나는 몬테알레그레의 페드라핀타다 동굴이다. 이곳은 현재의 산타렝시 근처, 즉 아마존강을 따라 내려가다가 하구 삼각주에는 미치지 못한 곳에 위치해 있다. 이 동굴에서 사람이 살았다는 흔적은 약 기원전 1만 년에서 기원전 7800년에 속한 것으로 추정된다. 이 흔적을 남긴 사람들은 소규모 수렵 채집 집단이었다. 이들은 규칙적인 간격을 두고 반복해서 이 동굴을 찾았고 석기를 남겼다. 식물의 잔해로 볼 때 우림 지대의 여러 나무를 이용했음을 알 수 있다. 또한 이들은 강에서 나는 조개를 채집했고 물고기를 잡았으며 거북이와 작은 육지 포유류를 사냥했다.

하지만 그 옛날 이곳 사람들에게 결정적인 영향을 미친 것은 단연코 풍부한 식량 자원이 있는 아마존 분지의 강이었다. 수렵 채집 생활인이 식량으로 이용했던 야생식물에는 여러 견과류와 기름야자 열매가 있었다. 이용 가능한 나무 중에는 12월에서 2월까지의 우기에만 수확할 수 있었던 종이 있는가 하면 사철 내내 식용 열매를 공급해주는 종도 있었다. 페드라핀타다의 고대 아메리카 원주민의 생존 전략은 다양한 식물과 동물의 이용에 기초해 있었고 이러한 자원은 열대 우림 지역과 생활의 주동맥인 여러 강줄기가 제공해주었다. 이곳에서는 이후 2000년 동안 어떤 획기적인 변화도 일어나지 않았다.

페드라핀타다 동굴에는 홀로세 중기 '고대기'에도 사람이 살았다. 이때 일어난 중요한 변화는 최초로 토기가 만들어진 것이다. 이 토기는 기원전 5000년대 중반경에 속하며 아메리카 전 대륙에서 가장 오래된 토기 잔해 중 하나로 간주된다. 이 토기의 파편은 아마존 강변 평야지역 변방의 주거지에서 이동해온 몇몇 이주민이 이 동굴을 다시 찾으면서 가지고 들어오게 된 것일 수도 있다.

주로 숲과 사바나 지역인 아마존의 다른 지역에서도 플라이스토세 후기와 홀로세 초기인 기원전 9000년에서 기원전 6000년 사이에 사람이 살았다는 단서가 발견된다. 당시 사람들이 남긴 석기는 여러 전통으로 구분되는데 이치파리카 집단과 도라두 집단이 대표적이며, 이 두 집단은 대부분 같은 시기에 존재했다. 식물과 동물 잔재로 확인할 수 있는 이 지역 사람들의 식량에는 비슷한 종류의 나무 열매들과 그 밖의 다른 식용 식물 및 사냥한 야생동물 그리고 무엇보다 물고기가 있었다. 조금 더 후대에는 이타피포카 전통(기원전 9000년에서 기원전 5000년)이 존재했다. 이 전통에서 눈에 띄는 것은 갈돌 또는 암석으로 만든 새로운 도구의 출현이었다. 이는 식물을 가공하는 데 사용되는 것들이었다.

현재의 콜롬비아-브라질 경계지역에 위치한 아마존 분지의 서쪽 변방지역, 아라라쿠아라 지방의 페냐로하에서는 이 지방에서 가장 오래된 토기 사용 이전 주거지가 발견되었다. 이 유적지의 가장 오래된 지층은 기원전 7000년대에서 기원전 6000년대 사이에 속한다. 인간이 이곳에 발을 딛기 전인 기원전 8500년경 습도는 높아지고 기온도 더 올라갔다. 다시 말해 홀로세 초기로의 전환이 일어나고 있었다. 기원전 7000년에서 기원전 6000년 사이에 기후는 다시 얼마간 건조해졌지만 전과 다름없이 따뜻했다. 이 시기에 발굴된 꽃가루는 당시 열대 우림 지역이 넓게 분포되어 있었음을 시사한다. 기원전 4500년에서 기원전 2000년 사이의 기후는 현재보다도 더 습하고 따뜻했다. 페냐로하에서의 발굴 작업 중에는 놀라울 정도로 많은 다양한 기름야자 열매 표본이 나왔다. 이 열매들은 보존 상태가 매우 양호했다. 그 밖에 토기 사용 이전 시기인 기원전 7200년에서 기원전 6000년 사이에 속하는 규석 도구와 암석으로 만든 도구도 발굴되었다. 또한 목탄으로 확인할 수 있는 나무 종류는 15종이 넘었다. 이 나무들은 땔감, 고기와 물고기의 훈제, 가옥의 설치 등 여러 목적으로 이용되었다. 이때 특기할 만한 점은 당시 식용 식물만이 아니라 독초도 이용되었다는 흔적이 발견된다는 것이다. 독초의 추출액은 물고기, 육지 포유류, 조류를 사냥하는 데 사용되었다. 이때 불어서 쏘는 바람총을 이용했을 가능성도 있다.

그렇게 많은 식물 잔해에도 불구하고 그중 68퍼센트가 야자나무에서 나온 것이었다. 특정 종류의 기름야자 열매로는 씨를 갈아서 물에 넣고 끓여 환각성 음료를 만들 수 있었다. 씨앗으로 만든 음료를 발효해도 이와 비슷한 효과를 볼 수 있었다.

페냐로하에서 발견된 도구로는 견과류를 깨거나 나무를 베기 위해 사용했던 돌망치가 있었다. 식물석(무기화無機化된 식물의 일부)에서 나타난 단서로 추측해볼 때 이미 아주 이른 시기에 마란타의 일종인 애로루트와 다양한 호박 종, 그중에서도 호리병박이 재배종이 되었을 수도 있다. 애로루트는 중앙아메리카와 에콰도르 해안지역에서 토기 사용 이전 시기에 이용했던 재배 식물 중 하나다.

이 모든 정황으로 볼 때 페냐로하의 토기 사용 이전 거주민들은 일차적으로 수렵 채집 생활을 했지만, 작은 규모로 일종의 텃밭 농사를 경영했을 수도 있다고 생각된다. 이들은 연중 내내 정착생활을 한 것이 아니고 이동생활을 했기 때문에 '떠돌이 텃밭 농부Itinerant Gardeners'라고 부르기도 한다. 이들은 특정한 계절에만 식물을 심고, 그 후에는 다시 사냥과 식용 야생식물을 채집하기 위해 순회 구역으로 향했다. 그러다 수확기에는 원래 자리로 되돌아왔다. 그러는 사이 심었던 식물이 수확할 수 있을 만큼 여물었다. 이런 시나리오가 사실이라면 페냐로하에서 이들이 한 장소에 머무르는 기간은 아마 4~5개월 정도였을 것이고 시기적으로는 기름야자 열매 수확기인 3~6월이었을 것이다. 야생 열매의 성숙기는 숲에 사는 동물을 유혹하기도 했으니 사냥물도 손쉽게 얻을 수 있었을 것이다.

페냐로하 사람들이 당시 진짜로 덩이뿌리 식물을 심었다고 한다면 아홉 달의 성장기 동안 주거지를 떠나 주변 지역에서 사냥과 채집을 하다가 돌아와 뿌리 열매를 수확하는 식으로 살았을 것이다. 다시 말해 매우 특별한 방식으로 이동식 수렵 채집 생활과 텃밭 농사를 결합해 생활했을 것이며, 실제로 이에 대한 흔적도 남아 있다. 수렵 채집 생활자가 한 텃밭 농사 구역에서 다음 구역으로 이동하고 각 장소에서 각기 다른 시기에 재배 식물이나 야생식물의 열매를 수확했다고 볼 개연성도 충분하다. 하지만 이런 경우 돌아다니는 활동 반경은 수렵 채집만 하는 전통적인 방식보다 상당히 좁아졌을 것이다.

페냐로하 근처에서 발견된 화전과 옥수수 꽃가루의 흔적은 기원전 2500년경에 속하는 것으로 추정된다. 이 시기 이후 아마존 대부분의 지역에서는 수천 년간의 문화 단절이 일어난다. 때문에 아마존 분지에 초기 농경사회가 어떻게 형성된 것인지 이해하는 데 어려움이 있다. 이곳에서 다시 사람이 살게 되었다는 흔적은 기원후 150년이 되어서야 다시 발견된다.

아마존에서 전개되었던 생존 전략이라는 관점에서 볼 때 페드라핀타다와 페냐로하는 공통점과 차이점을 보여준다. 페냐로하에서는 사람들이 수렵 채집 생활과 텃밭 농사를 조합시켰던 반면 페드라핀타다에서는 식물을 재배했다는 증거가 전혀 나오지 않는다. 그 대신 이곳 사람들은 주로 어획과 강에서의 조개 채집, 사냥에 의존했다. 요컨대 최소한 아마존 분지의 일부에서는 2000~3000년간의 단절기가 시작되기 전 순수한 수렵 채집 생활에서 초기 형태의 생산 경제로의 전환이 점진적으로 일어났던 것으로 보인다. 하지만 농업에만 의존하는 농경 촌락이 나타나는 것은 기원후가 되어서다.

아마존 하류에 위치한 산타렝시 근처 타페리냐도 오래전부터 인류가 살았던 중요한 유적지다. 이 유적지는 하안단구보다 고도가 좀더 높은 곳에 위치해 있었던 주거 구릉지로서 면적이 6헥타르가 넘었다. 이 장소에 살았던 사람들은 고기잡이를 주로 했을 것으로 보이며 부분적으로 정착생활을 했다. 이들은 일차적으로 강에 있는 자원을 이용했다고 추측되며, 그렇기 때문에 이동 성향이 줄어들 수밖에 없었다. 이 초기 정착생활로 인해 처음으로 텃밭 농사 문화가 형성되었을 수도 있다. 또한 이들은 토기를 생산할 수 있는 기술을 보유하고 있었는데 이는 아메리카 대륙 전체에서는 아니라고 하더라도 아마존에서는 가장 오래된 것에 속하며 시기는 기원전 5000년대로 추정된다. 이런 점에서 타페리냐 주거지는 원시 신석기시대의 어부와 채집인들의 주거지라고 부를 수 있을 것이다.

아마존에서 가장 오래된 토기는 크기가 작고 형태가 호리병박을 연상케 한다. 그렇기 때문에 유기 재료로 된 용기가 인간에게 토기를 만들게 한 최초의 자극을 주었다는 가설이 설득력을 얻는다. 다른 한편 이는 용기의 용도가 처음에 일차적으로 액체를 보관하기 위한 것이었고 나중에야 열을 가하거나 끓이는 데 사용되었음을 보여주는 것이기도 하다. 토기의 생산은 보통 식물성 식량의 중요성이 높아지는 것과 관계있다. 왜냐하면 식물성 식량은 대부분 가공하지 않은 상태에서는 먹을 수 없거나 또는 제한적으로만 섭취할 수 있었기 때문이다. 이 가장 오래된 토기는 모래를 섞어 점도를 조절했다. 원상태의 점토는 굽기에 너무 질었기 때문이다. 병 모양 용기 외에도 주둥이가 벌어지고 벽이 안으로 살짝 들어간 간단한 형태의 대접도 있었다. 이 대접은 식물성 식량을 조리해서 섭취하기에 적합한 모양이었다. 용기 중 매우 소수에서만 용기의 어깨 부분 또는 가장자리에 찍어서 새긴 기하학적 무늬가 나타난다. 아마존 지역의 최초의 토기는 강 하류의 타페리냐에서 나온 것이든 강 상류의 페드라핀타다에서 나온 것이든 제작 기술과 형태, 장식에서 폭넓은 공통점을 보여준다.

아마존강 어귀 삼각주 그리고 대서양 연안을 따라 토기의 잔해가 들어 있는 조개무지가 자주 발견된다. 이런 조개무지들은 미나 문화에 속한다. 타페리냐 용기와 유사하게 미나 토기 또한 주로 병 모양 용기와 반죽에 모래를 첨가해서 만든 대접, 찍어서 새긴 단순한 문양의 토기로 구성된다. 하지만 가장 오래된 미나 용기는 타페리냐보다 조금 더 늦은 기원전 3000년대와 기원전 2000년대의 것으로 추정된다. 눈에 띄는 점은 타페리냐와 미나 문화 지역에서는 토기가 발견됨에도 불구하고 재배화된 식물의 흔적이 나오지 않는다는 점이다. 그럼에도 이들 지역에서 식량을 보충하기 위해 최초의 텃밭 농사가 이루어졌을 가능성을 완전히 배제할 수는 없다. 이 가능성을 증명할 수 있는 것은 아니지만 기원전 4000년경 아마존 분지의 여러 지역에서는 계속해서 화전을 일군 흔적이 발견된다는 점을 상기하면 이 시기에 이미 산발적인 텃밭 농사가 이루어졌을 가능성은 여전히 남아 있다.

아마존에서 기원전 2500년에서 기원 전후의 전환기 사이는 '형성기'라 불린다. 불행히도 아마존 대부분의 지역에서 이 시기에 해당되는 자료는 대단히 보기 드물다. 그렇기 때문에 수천 년에 걸친 이 결정적인 발달 과정에 대해서 정확한 증거를 가지고 뒷받침될 수 있는 사실은 없다. 이 시기에는 수렵 채집을 병행했던 초기 텃밭 농사가 본격적인 농업으로 발달하고 이와 더불어 복합사회가 형성되었다. 잘 알려진 형성기 유적지에서는 토기 생산이 뚜렷이 증가했다는 사실이 확인된다. 특히 기원전 마지막 2000년 동안 특징적이었던 것은 뛰어난 실력으로 세공한 토기 제작이었다. 살라도이드 전통에 이어 북쪽에 위치해 있던 오리노코 계곡의 바란코이드 전통은 남쪽에 인접한 지역에도 영향력을 발휘하여, 아마존 지역의 토기 양식에서 그 흔적을 찾아볼 수 있다. 어획, 사냥, 채집 활동은 이 시기에도 여전히 중요한 역할을 했다.

기원전 1000년대 후반 아마존에서는 복합사회적 조직이 형성되었다는 최초의 징표가 나타났고 이는 현재 확인이 가능하다. 즉 마라조섬에서 이 시기에 속하는 대규모 주거지가 최초로 발견된 것이다. 또한 에콰도르와 페루의 경계지역에 위치한 아마존 분지의 서쪽, 특히 우파노 분지에서는 기원전 700년에서 기원후 400년에 속하는 인공적으로 쌓아올린 언덕이 다수 발견되었다. 이 언덕은 공중에서 보면 인간의 모양을 띠고 있는데 페루 안데스 고지대에 있었던 나스카 지상화를 연상시킨다. 또한 이 시기에는 아마존 분지 전체에서 인구가 뚜렷한 증가세를 보였고 그 결과 인간에 의한 자연 지형의 변경이 눈에 띄게 나타난다. 기원전 제1천년기부터는 두터운 퇴적층을 가진 넓은 유적지가 더 많이 발견된다. 이와 함께 여러 다른 형태의 인공적 토지 시설물, 거석 전통의 원형 구조물, 언덕밭, 대규모 중심지를 잇는 도로도 발견된다. 그중 중심지를 잇는 도로는 분명하게 확인 가능하며, 이러한 발달은 결국 원시 도시형 주거지의 형성으로 귀결되었다. 이곳의 거주민들은 예술성이 뛰어난 토기와 돌로 만든 소형 조각상을 제작했으며 장거리 교류에 힘썼다.

기원전 제1천년기에서 기원후 제1천년기 및 기원후 1000년대 초반까지의 시기는 토기를 기준으로 분명한 시대 구분이 가능하다. 이 수십 세기 동안 아마존 분지에서는 군장국가에 비견될 만한 권력 형태가 만들어졌다. 하지만 안데스산맥 지역과 메소아메리카와는 달리 이곳에서는 문자의 사용 등으로 특징지어지는 발달된 고등 문명이 형성되지 못했다. 이 지역의 문화는 계속 환경에 상당히 좌우되었고 자연은 인간 문화 발전에 제동을 걸었다. 이런 지역에서 생존할 수 있는 인간은 사냥, 채집, 어획으로 생활을 영위하는 사람들이었고, 이들은 불완전한 정착생활과 텃밭 농사를 조합시켜 생활했기 때문에 기껏해야 더 복합적인 부족사회 정도만 이룰 수 있었다. 그럼에도 눈에 띄는 점은 당시 사람들은 시간이 지나면서 장소에 따라 화전의 개간이나 다른 방법을 통해 아마존 분지의 지형을 점점 많이 변경시켰다는 점이다. 사람들은 아마존의 가장 서부 지역에 유럽 정복자가 들어오기 전 마지막 몇 세기 동안 대형 주거지, 도로, 경작지 등을 설치하며 자연 지형에 영구적인 변화를 가했다. 그 결과 우림이었던 곳도 사바나 지대나 공원 같은 모습으로 지형이 바뀌어 있었고 몇몇 장소에서만 섬처럼 숲이 남아 있었을 뿐이다. 그럼에도 이곳에서는 문자를 가진 문명이 형성되지 못했다.

아마존 지형에서 특별한 점은 주거 구릉지다. 이런 구릉지로는 대서양 해안과 바로 인접한 내륙 지방을 따라 형성되어 있던 삼바키스, 즉 조개 무지가 있다. 아마존 서쪽 경계지역에 위치해 있던 주거 구릉지도 이에 해당되는데, 그중 한 예로 볼리비아에 위치한 아마존 분지의 야노스데모호스 평원에서 발견된 주거지를 들 수 있다. 아마존의 사바나 습지대에는 일명 숲의 섬이라 불리는 지역이 있는데, 수 헥타르에서 수 제곱킬로미터 크기의 대지에 인공적으로 숲을 더 빽빽하게 조성한 곳을 말한다. 그 밖에 또 특징적인 것은 원형 무덤 시설이다. 이 시설 또한 주로 아마존의 볼리비아 지역에서 볼 수 있다. 하지만 이 무덤의 정확한 기능에 대해서는 알려진 것이 별로 없다. 이러한 주거 구릉지, 원형 무덤 시설, 숲의 섬들이 존재했던 시기 구분은 연구의 결핍으로 인해 대부분 미지로 남아 있다.

아마존 분지는 인간에 의한 환경 개조 연구에 있어서 세계에서 가장 흥미로운 지역 중 하나다. 하지만 이곳에서 실제로 어떻게 역사가 전개되었는지 현재 연구 수준에서는 제한적으로만 재구성할 수 있을 뿐이다. 기원전 수천 년 동안 문명의 자취가 사라지는 기간이 있기 때문이다. 이 기간에는 극도로 적은 고고학적 유물만이 전해지기 때문에 발전 과정을 연속적으로 추적해내기가 불가능하다. 인간에 의한 지형 개조는 기원후 시기에 더욱 격화되었던 것이긴 하지만 이 행위는 그 시작에서부터 간과할 수 없는 중요한 의미를 지니고 있었다.

6.
산간 지대, 해안,
팜파스 사이 지역에서의 원시 문화 발달

아마존 분지는 남쪽으로 가면서 구릉이 많이 나타난다. 이러한 지형은 서남부 지역에서 헤시피와 포르투알레그리 사이, 브라질의 대서양 연안에까지 미치고 있다. 이곳 해안에 직접 면한 내륙 지방에는 높은 산맥이 솟아 있고 여기서 서쪽으로 브라질 산악 지대와 중앙 안데스산맥 사이, 그란차코에 있는 마투그로수 고원을 지나면 남쪽에서 다시 분지가 시작된다. 이 평야 지대는 더 남쪽 아르헨티나의 팜파스까지 이어진다. 아메리카 대륙의 다른 산맥과 마찬가지로 이곳에서도 약 1만2000년 이전 플라이스토세 말엽에 인간의 거주가 시작되었다. 홀로세 초기에는 기후가 온난 다습해졌지만 불안정한 시기도 가끔 나타났다.

이 지역에 사는 거대 동물은 플라이스토세에서 홀로세 전환기에 대부분 멸종한다. 인간은 처음에 이 넓은 지대에서 작은 수렵 채집 집단을 이루며 살았다. 이들은 강과 해안 주변 지대에서 주로 사냥과 채집 활동에 의존했다. 땅덩어리가 그렇게 광활한 데 비해 지금까지 알려진 유적지는 매우 적다. 이는 아직 충분히 진행되지 못한 고고학적 연구 때문이라는 게 첫 번째 이유지만, 실제로 주거지가 매우 드물었기 때문이기도 하다. 유적지들은 대부분 브라질 중앙의 구릉과 산악지역에 있는 바위굴 및 동굴에서 발견된다. 노천 주거지도 존재했음이 확실하다. 사람들은 이런 곳에서 특정 계절에 단기적으로만 머물렀고 주기적으로 되돌아왔다. 하지만 이런 주거지에 대해서 현재 알려진 바는 거의 없다. 석기류를 보면 대체로 아마존 분지의 이타파리카 전통과 유사성이 나타나 초기 홀로세에 이 두 문화 간에 교류가 있었음을 시사한다. 이후 등장한 세하노폴리스 유형의 석기는 연구 결과를 믿을 수 있다면 기원전 7000년에서 기원 전후 전환기 사이에 속하는 것으로 추정된다. 이렇게 편차가 넓은 추정 결과를 보면 유물의 정확한 연대 추정에서 이 지역에 관한 고고학 연구가 어떤 심각한 문제에 직면해 있는지 알 수 있다. 브라질 중부 지방에서 식물 재배를 시작했다는 단서는 현재까지 나오지 않고 있다. 이 지역에서는 수렵 채집 생활이 기원후 시기까지도 지배적인 생활 및 경제 방식이었던 것으로 추측된다.

선사시대 암반 그림과 암석에 새긴 암각화는 이 지역 원시 주민의 예술 창작에 대한 이해를 돕는다. 이 창작물이 언제 제작되었는지 정확한 시기 확정에는 문제가 있지만, 여하간 지역적으로 특징적인 유형들을 확인할 수는 있다. 유형들의 형성 시기는 각기 달랐던 것으로 추정된다. 양식 유형 중에서 특히 중요한 것은 스토리를 담고 있는 듯한 표현들이다. 집단 사냥, 제사 의식, 춤추는 장면, 개인과 집단 간의 폭력적 충돌이 그림에서 나타난다. 개별적 모티브에서는 인간 형상뿐만 아니라 동물이나 다른 형태도 나타난다. 하지만 순수한 기하학적 형상은 거의 찾아볼 수 없다. 현재 연구 수준으로 밝혀낼 수 있는 것은 가장 오래된 암석화는 주로 동북 지방에서 만들어졌고 시기상 플라이스토세 후기와 홀로세 초기에 제작되었으며, 이 지역에서 브라질 산악 지대 및 남아메리카 다른 지역으로 확산되었다는 것이다.

암각화에는 제의적 축제가 일부 복합적으로 표현되어 있으며, 암각화가 발견된 장소들 중에는 평면 그림과 암각 그림이 셀 수 없이 많이 그려진 곳도 있다. 이런 그림들은 오랜 시간에 걸쳐 점차 추가되어 그려진 것이다. 이러한 사실을 고려해보면 이런 장소들은 광역 단위에서 숭배 의식의 중심지 역할을 했던 곳이었으리라는 추측이 가능하다. 아마도 광역 단위 수렵 채집 생활자들은 제사를 지내거나 제의적 모임을 위해 이곳으로 모였을 것이다. 즉 이곳은 추측건대 사람들이 정기적으로 찾았던 성지였고, 그렇기 때문에 여러 수렵 채집 집단이 유형 또는 무형의 가치를 교환하는 데 적합했을 것으로 생각된다. 하지만 전쟁에서의 충돌을 보여주는 그림은 이 지역에서 각기 다른 인간 집단 간의 만남이 항상 평화롭게 이루어진 것은 아님을 잘 보여준다. 암석화는 종류가 다양하고 스토리를 담고 있는 등, 높은 수준과 매우 특기할 만한 가치를 지녔지만 우리는 이런 예술을 만들어냈던 문화의 발전 과정에 대해서 아는 바가 거의 없다.

브라질의 대서양 해안을 따라가보면 우리는 완전히 다른 세계를 만나게 된다. 베네수엘라와 기아나 해안 지방에서도 이미 그랬듯이 북쪽 아마존강 어귀부터 남쪽의 라플라타강까지 수백, 아니 수천 개의 조개무지(삼바키스)가 나타난다! 조개무지 주거지들은 해안에 바로 면해 있거나 바로 인접한 내륙 지방에 위치해 있다. 조개껍질과 그 밖의 다른 퇴적물로 이루어진 이 주거 구릉지 중에는 높이가 상당한 곳도 있다. 조개무지 주거지들은 주로 대서양으로 흘러 들어가는 강 하구, 특히 삼각주에 몰려 있거나 또는 울창한 맹그로브가 발달한 석호지역에 집중되어 있다. 이런 곳들은 훌륭한 동식물 생활 터전을 제공한다. 삼바키스의 층위학은 대단히 복잡하며 불에 탄 지층이 계속 발견된다. 이런 지층은 그 주거지가 겪었을 파국적 결말을 짐작케 한다. 주거 구릉지에서는 조리용 모닥불 자리가 자주 눈에 띄며 기둥을 박았던 구멍이 가끔 눈에 띄는데 이는 지표면에 집을 짓기도 했음을 시사한다. 하지만 이곳에 살았던 사람들의 건축 방식과 가옥의 형태에 대해서는 여전히 알려진 것이 거의 없다. 어쨌든 전체적으로 봤을 때 건축물은 지속적인 성격을 지니지 않았던 것으로 보인다. 이곳의 주된 주거지 구조에 대해서도 우리가 알 수 있는 바가 거의 전무하다.

규모가 작은 조개무지는 통상 단순한 형태의 지층에서 나온다. 이런 곳은 계절적으로만 이용되었던 야영지거나 특정 활동을 위한 기지로 사용되었다. 규모가 큰 것은 높이가 10미터 이상에 이르렀고 넓이도 상당했다. 당시 이렇게 크고 두터운 삼바키스는 묘지로도 자주 이용되었다.

조개무지 주거지에서 나온 유물에는 석기 외에도 특히 토기, 뼈로 만든 도구, 암석으로 만든 도구 등이 있다. 가장 오래된 삼바키스는 현재 밝혀진 바에 의하면 기원전 7000년대 후반에 세워졌다. 하지만 대부분은 기원전 2000년에서 기원 전후 전환기에 형성되었다. 이 후대의, 위쪽에 위치한 지층에서는 대부분 토기가 함께 발굴된다. 이것은 조개무지 주거지의 형성 시점이 토기 사용 이전 시대로 거슬러 올라감을 뜻한다. 이곳에서는 갈돌이 발견되는 일이 드물기 때문에 당시 대부분 어획과 조개 채집에 의존했다고 추측된다. 식량 보충을 위한 활동은 육지에서의 사냥만이 전부였던 것으로 보인다. 이러한 사실을 알 수 있는 다른 단서로는 돌로 만든 조각상이 있다. 조각상에서 선호되는 모티브는 물고기, 물새였고 드물게만 육지의 포유류를 볼 수 있기 때문이다. 우루과이 지역에서는 삼바키스의 발견 빈도가 눈에 띄게 줄어든다. 조개무지가 발견되는 경우에도 규모가 그리 크지 않았다. 아마도 이는 맹그로브 식생 지구가 없다는 사실과 관계있을 것이다. 이 식생 지대가 형성되기에 우루과이 해안은 기온이 너무 낮았다. 때문에 잠재적 이주자들에게 식량 확보를 약속하는 매력적인 환경이 될 수 없었다.

몇몇 거대한 삼바키스는 더 복합적인 사회 조직이 있었음을 추측케 한다. 하지만 현재 고고학적 발굴 자료로는 이를 증명할 수가 없다. 시간이 흐르면서 조개무지 근처에서 일종의 텃밭이 경영되었을 수도 있다는 단서도 더 많이 발견되고 있다. 당시 사람들은 텃밭을 가꾸는 범위 내에서 식용 뿌리와 야생식물을 심었던 것으로 보인다. 이런 과정이 시작된 것은 기원전 2000년경으로 추측된다. 이에 비해 여전히 미궁에 빠져 있는 점은, 멀리서도 일부가 보일 정도로 큰 규모의 삼바키스들이 같은 시기에 존재하고 있었다면 이들 간에 모종의 관계가 있었던 것인지, 그 관계는 어떤 형태를 띠고 있었던 것인지 하는 점이다.

삼바키스에 있었던 무덤에서 눈에 띄는 점은 그 근처에서 기둥을 박았던 구멍들이 계속해서 발견된다는 것이다. 이 구멍들은 목재로 만든 무덤 형태가 있었던 것은 아닌지 추측케 한다. 시신은 얕고 단순한 구덩이에 구부린 자세로 안치했다. 그중에는 여러 시신을 하나의 무덤에 묻는 경우(복수장)도 있었다. 이런 형태의 무덤 중 가장 자주 발견되는 형태는 어른 한 명과 어린이 한 명이 함께 묻힌 무덤이었다. 이차장 풍습 또한 확인된다. 이차장에서는 먼저 다른 장소에 시신을 묻어뒀다가 꺼내 건조시킨 후 특수 보존 처리를 한다. 그런 다음 천으로 감싸고 삼바키스로 가지고 가 그곳에 영구 매장했다. 이러한 풍습은 조상 숭배의 차원에서 행해졌던 것으로 보인다. 시신의 몸에는 흔히 붉은 염료가 뿌려졌고 가끔 황토색 염료가 뿌려지기도 했다. 유골에서 특정한 뼈나 뼈의 일부를 제거하고 다른 사람의 뼈를 집어넣는 경우도 있었다. 이는 제의 목적에서 행해진 것이었다고밖에는 생각하기 힘들다. 부장품으로는 조개, 뼈, 돌로 된 물건이 있었다. 여기에 더해 온전한 물고기나 동물이 부장품으로 함께 묻히기도 했다. 무덤 주변의 구덩이, 조리용 모닥불 자리, 그리고 많은 음식 잔해는 장례와 연관된 매우 다양한 숭배 의식 행위가 있었음을 시사한다. 놀라운 것은 삼바키스에 매장된 시신의 숫자다. 800년의 시간 동안 자보치카베이라 조개무지에는 4만3000명이 매장된 것으로 추정된다. 이 수치는 해안 지대에 대단히 크고 안정적인 인구 집단이 살았음을 추정케 한다.

기원후 몇백 년 동안 조개무지는 더 이상 거의 세워지지 않는다. 이는 생활과 경제 방식이 근본적으로 변화했기 때문일 것이다. 하지만 당시 정확히 어떤 일이 벌어졌는지, 현재로서는 알 수 없다.

브라질 산악 지대 남부에는 팜파스가 펼쳐져 있다. 이는 남아메리카 동남부에 있는 초원 스텝 지대를 뜻한다. 팜파스가 대표적으로 나타나는 곳은 브라질의 최남단 지방, 우루과이, 아르헨티나 중부 지방이다. 팜파스는 서쪽으로 안데스산맥, 동쪽으로는 대서양과 경계를 이루고 있고 북쪽으로는 그란차코의 가시덤불 사바나 지대와 연결되며 남쪽에는 파타고니아가 위치해 있다. 이 초원 스텝 지형은 1년 내내 강우량이 규칙적인 동부의 습한 팜파스와 안데스 동부 산등성이 쪽의 관목 스텝으로 이어지는 서쪽의 건조 팜파스로 나뉜다. 팜파스에서는 넓은 황토Löss 바람에 의해 운반되어 퇴적된 황갈색이나 담황색의 미세한 모래와 점토 토양이 깔려있는 것을 흔히 볼 수 있다. 황토는 팜파스를 비옥하게 하는 데 큰 역할을 한다. 동부 지역의 기후는 온난하고 대서양에 가깝기 때문에 여름과 겨울의 온도차가 비교적 적다. 반면에 서쪽으로 갈수록 대륙적 특성이 많이 나타나 여름에는 매우 덥고 겨울은 매우 춥고 건조하다. 팜파스에 서식하는 동물은 몇 안 되는 토종 동물뿐이다. 라마의 조상뻘 되는 과나코, 팜파스사슴, 설치류, 토끼, 기니피그, 팜파스여우가 이에 속한다. 숲은 강줄기나 그 주변의 습한 늪지대를 따라서만 발달해 있다.

선사시대에 팜파스에 살았던 사람들에 대한 우리 지식은 매우 제한적이다. 가장 오래된 흔적은 기원전 1만1000년경까지 거슬러 올라간다. 플라이스토세 후기 유적지들은 보통 작은 집단의 수렵 채집 생활인이 단기적으로 그리고 특정 계절에만 찾았던 야영 장소였다. 하지만 바위굴이나 동굴이 있는 곳에서는 그곳을 주거 장소로 이용했다. 고대 아메리카 원주민 시대는 규석으로 만든 창촉이 특징이다. 이 창촉은 표면과 날을 예리하게 다듬었고 하단 끝부분은 물고기 꼬리 모양처럼 안으로 약간 오목하게 들어가게 해서 상단부와 뚜렷이 구분되도록 했다. 이 창촉은 남아메리카의 많은 지역에서 플라이스토세 말엽을 표시해주는 시금석으로 통한다.

매우 중요한 사실은 팜파스가 홀로세 초기가 시작될 무렵에도 아메리카 대륙 다른 지역에서는 완전히 멸종했던 플라이스토세의 대형 포유류가 생존해 있던 몇 안 되는 지역에 속한다는 것이다. 거대 나무늘보, 일종의 갑옷을 입은 빈치류이가 없거나 불완전한 이를 가진 포유류. 개미핥기, 나무늘보, 아르마딜로 등이 속한다인 글립토돈이 이에 해당된다. 이 동물들은 이곳에서 홀로세 초기에 이르러서야 사라졌다. 남아메리카 대륙 중부 이남 지역에서는 기원전 7000년대와 기원전 6000년대까지도 빙하기 시대 동물상이 드문드문 나타났다. 초기 홀로세 사냥꾼들이 사냥한 것은 주로 중간 또는 작은 크기의 포유류였다. 사슴, 맥, 아르마딜로, 다양한 종류의 육지 및 수중 복족류달팽이 등의 연체동물 등이 이에 속한다. 홀로세 초기 말엽에는 특히 대서양 근처에서의 어획과 해양 자원 채집이 더욱더 큰 역할을 했다.

그다음에 이어지는 홀로세 중기는 기원전 5000년부터 기원전 1000년까지의 기간이다. 이 지역에서 전해지는 이 시기에 속하는 고고학적 증거물은 매우 소수에 불과하다. 이 시기는 환경에 큰 변화가 나타난 때이기도 하다. 기원전 5000년경에 해수면이 다시 한번 상승했다. 기후는 전보다 따뜻하고 다습해졌으며, 그 사이사이 짧은 건기가 나타났다. 이 시기 석기 제조 기술에서는 연대를 가늠하기에는 변화가 너무 적었다. 기본 형태가 삼각형이면서 상단부와 구분되는 다양한 기저부 형태를 보이는 첨두기들이 계속 제작되었고, 이에 더해 식용 식물을 가공하기 위한 갈돌 또한 생산되었다. 홀로세 중기 수렵 채집 집단에 대해 우리가 아는 얼마 되지 않는 사실 중 하나는 이들끼리의 만남이 늘 평화롭게 이루어진 것은 아니라는 점이다. 이러한 사실은 아로요 세코2 묘지에서 확인된다. 이곳에서는 기원전 5800년에서 기원전 2500년 시기에 속하는 총 45구의 인간 유골이 발견되었다. 그중 여러 명은 규석 화살촉으로 살해되었던 것이 확실하다. 이들의 부장품으로 들어 있던 것은 조개 구슬, 동물 이빨로 만든 목걸이와 붉은색 및 황토색 염료였다.

내륙 지방의 스텝 초원에 사는 사람들은 사냥을 통해 식량을 조달했다. 이들은 브라질 남부와 우루과이에서 볼 수 있는 것과 같은 주거지에 살았다. 주거 구릉지들이 처음 생겨난 것은 늦어도 홀로세 중기로 추정된다. 세리토스라 불리는 이 구릉지들은 높이가 57미터에 달하는 것도 있었고 직경은 20~40미터 정도였다. 이 구릉지들은 개별적으로 또는 군락을 지어 존재하는데 해안 지방에 세워지는 조개무지(삼바키스)와 비슷하다고 할 수 있다. 세리토스의 발달은 네 단계로 구분된다. 홀로세 초기와 중기의 제1단계는 기원전 6000년에서 기원전 3000년에 해당된다. 이 시기에는 고대기의 수렵 채집 생활자들이 활동했다. 당시 사람들은 나중에 세리토스가 되는 장소에서 살았지만 아직 주거 구릉지가 형성된 것은 아니었다. 기원전 3000년에서 기원전 2000년 사이의 두 번째 단계에서는 주거지의 층이 서로 겹쳐 나타나는 구릉지가 형성되었다. 기원전 제1천년기에서 기원후 제1천년기의 세 번째 단계에서는 세리토스의 수가 다시 한번 뚜렷이 증가했다. 이 시기에는 이미 매우 거대한 건물들이 세워졌다. 이 세 번째 단계에서는 기원전 1000년경부터 토기가 제작되기 시작했다. 또한 거주민들은 최초의 텃밭 농사를 시작했고 호박, 옥수수, 콩을 재배했다. 세리토스 마지막 단계인 제4단계에서는 마침내 사회적·종교적 계층 분화가 나타난다. 이는 특히 세리토스에 세워진 묘역들에서 확인된다.

세리토스 현상은 여러 이론의 도움을 받아 설명된다. 그중 한 이론에 따르면 당시 사람들은 평원에서 계절에 따라 일어나는 홍수로부터 안전을 도모하기 위해 주거지를 지형적으로 높은 장소에 세웠다고 본다. 다른 이론에서는, 잘 보이는 언덕은 지배 영역을 표시하기 위해 의식적으로 설치된 것이라고 하는데 이는 영토에 대한 기본적 개념이 있었음을 전제로 한다. 하지만 세리토스가 당시 중심 지역으로 기능했는지, 경제적으로 그리고 숭배 의식과 종교의 중심 거점이었는지, 이에 대해 확인된 사실은 없다. 또 당시 사람들이 위계적으로 조직된 부족사회를 형성했던 것인지도 현재로서는 증거 자료의 부족으로 밝힐 수 없다. 하지만 기본적으로 홀로세 초기와 중기 사이에는 인구 증가와 문화적 발달에 분명한 연속성이 있었다.

기원전 1000년과 유럽인의 정복 사이에 놓여 있었던 홀로세 후기에는 지역적 차이가 더욱 뚜렷해졌다. 가장 중요한 변화 중 하나는 이동성이 큰 폭으로 감소하면서 이와 함께 범지역 간 장거리 교류관계가 형성되었다는 점이다. 또한 위에서 언급했던 토기 제작과 텃밭 농사라는 혁신적 변화가 일어났다. 당시 인구는 수렵 채집 생활을 하면서 팜파스의 자연 자원이 제공하는 식량에 의존했다. 많이 사냥했던 동물은 과나코와 사슴 이었다. 또한 유물에서 갈돌이 자주 출토되는 점으로 볼 때 식용 야생식 물을 잘게 분쇄하고 재가공했다는 것을 알 수 있다.

이 시기 동안 토기 또한 더 복잡해지고 차별화되어 다양한 종류의 도 색과 새김무늬가 나타난다. 토기는 지역마다 형태와 장식 전통이 달랐다. 남아메리카의 수렵 채집인은 구릉 지대뿐만 아니라 그 사이 점차 확장 해가던 초원에서도 살았다. 팜파스 지역과 그 인접 지역에서는 홀로세 후 기의 암석화가 그려져 있는 동굴이 계속해서 발견되고 있다. 이 그림들의 모티브에는 인간의 형상와 더불어 새의 발자국을 찍은 것도 있다. 이와 함께 기하학적 무늬와 도식적인 형상 또한 눈에 띈다. 이 그림들은 대부 분 붉은색으로 그려졌다.

내륙 지방의 팜파스 수렵 채집인들은 주기적으로 해안 지대를 찾아 식 량으로 삼을 수 있는 것을 모두 확보해 돌아갔다. 강이 되었건 해안 지대 이건 고기잡이는 늘 중요한 의미를 지녔다. 홀로세 후기 동안 유물에서 토기가 눈에 띄게 증가한 이유는 식물 재배가 증가하고 야채와 생선을 더 많이 먹게 된 것 때문으로 풀이된다. 왜냐하면 이 두 가지 변화는 토 기 없이는 생각하기 힘든 것들이기 때문이다. 한편 이국적 자원이 교역을 통해 이 자원이 생산되지 않는 곳으로 대량 이동해 들어왔다. 이는 아직 기원후 수 세기 동안의 시간, 즉 유럽 정복이 아직 이루어지기 이전 시기 로서, 여러 개의 세리토스가 각기 범지역적으로 중요한 역할을 하는 의례 중심지를 중심으로 그룹을 형성하고 있었다. 이 시기엔 이동성의 감소가 나타나는데 이는 주거 공동체의 에너지와 노동력을 거대한 건물을 건축하는 데 더 많이 투입해야 했기 때문인 것으로 추측된다.

요컨대 남아메리카 동남부 지방의 팜파스 지대에서는 기원전 1만 년대 이후부터 플라이스토세 후기에 이곳에서 살았던 수렵 채집인이 홀로세 초기에도 계속 생활을 이어갔던 것으로 확인된다. 이들의 후손은 홀로세 중기인 약 기원전 2000년부터 옥수수, 호박, 콩 등의 식물에 대한 경험을 쌓으면서 최초의 재배 식물을 심었다. 이에 반해 카사바는 이 지방의 북부 지역을 경계로 더 남하하지 않았다. 1000년 후 이들은 토기를 생산하기 시작했다. 이때 이 문화 전통은 아마존의 타페리냐에서 기원한 것일 수도 있다. 이 시기 팜파스에서도 활과 화살을 사용하는 완전히 새로운 방식의 사냥 및 전쟁 무기가 확산되었다.

팜파스에서 남쪽으로는 파타고니아가 이어지고 다음으로 아메리카 대륙 최남단의 티에라델푸에고 제도가 위치해 있다. 이 지역에서도 기원전 1만2000년에서 기원전 1만1000년 사이 즈음부터 처음으로 인간이 살았다는 흔적이 발견된다. 이 시기에 기후는 점점 따뜻해져서 사람이 살기에 더 좋은 날씨가 되었다. 하지만 파타고니아의 기후는 건조한 편이었다. 플라이스토세 말엽의 가장 중요한 주거지역은 몬테베르데와 마레필로다. 이 두 곳에서는 마스토돈, 사슴 및 작은 조류와 같은 동물을 사냥했음을 보여주는 흔적들이 발견된다. 이 밖에 당시 사람들은 식용 식물의 채집과 특히 야생 감자로 식량을 보충했다.

홀로세 중반 이후, 특히 후반에 이르면 주거지 형태가 점점 다양해진다. 그 결과 집중적으로 이용되었던 대형 주거지에서부터 단기간만 찾았던 야영 장소까지 여러 형태가 나타난다. 바위굴, 그리고 간혹 동굴도 주거 장소로 이용되었다. 석기 제작에서도 점점 더 다양성이 높아졌다. 티에라델푸에고 제도의 가장 초기 시대 인류는 육지와 연결된 육교를 이용할 수 있었지만 기원전 6000년대 중반경이 되면서 상황이 바뀐다. 이때부터 티에라델푸에고는 육지로부터 떨어져 나온 군도가 된다. 요컨대 티에라델푸에고에서는 선사시대 초기에 속하는 고고학적 유물은 극히 드물고 대부분의 유물은 기원전 8000년에서 기원전 7000년에 속하는 소수의 유적지에 국한돼 있다. 이에 비해 후대에서는 더 많은 유적지가 발견되며 이는 기원후 시기까지 이어진다.

결론: 비교적 고찰

오귀스트 로댕 '생각하는 사람'.

인류의 진화에서부터 복합적 사회를 이루었던 최초의 고등 문명 탄생 전야까지, 우리는 지구상 모든 대륙에서 수십만 년 동안의 인류 초기의 역사를 훑어보았다. 이러한 여행은 이제 끝에 도달했고, 초점을 바꾸어야 할 때가 된 것 같다. 가까이 다가가 살펴보았던 저 많은 개별적 현상을 뒤로하고 한발 뒤로 물러나 이들을 서로 비교하며 살펴봐야 할 시간이 된 것이다. 지금까지의 내용 속에서 지속적인 연구를 위한 단초가 다수 제기되었다. 하지만 이것들을 하나의 결론으로 요약하기란 불가능하다. 그럼에도 그 역사를 서로 비교해볼 때에만 (그 비교가 아무리 대강의 인상만 다루게 된다고 할지라도) 고대 인류 역사의 운동 법칙을 더 잘 이해할수 있다. 여러 다른 시대에 걸쳐 비슷하기도 하고 전혀 다르기도 했던 자연, 문화 환경 속에서 인간은 어떻게 행동했는가?

인간이 인간이 된 이래로 인간 존재는 오랜 세월 동안 그가 처한 자연 환경 조건에 종속되어 살아왔다. 이 책의 대부분은 바로 이러한 환경의 영향과 인간의 관계를 다뤘다. 하지만 주의해야 할 점이 있다. 첫째, 이런 인식은 새로운 것이 아니며 둘째, 이것이 아무리 사실이라 하더라도 원시 인류 역사가 오직 환경과 기후에 의해서만 결정되는 것으로 보는 시각은 피해야 한다는 것이다. 또한 이 책은 인류의 발전 과정이 매우 다른 경로를 거쳐 이루어졌다는 것을 보여주었고 이를 통해 원시인류가 가지고 있었던 각각의 개별성이 드러나도록 했다. 이렇게 선사시대라는 저 익명의 바닥 없는 심연 속에서 우리 조상들의 개별적이고 창조적인 행위의 숨결을 추적하는 일이야말로 선사시대 연구에 있어 가장 매혹적인 도전이다. 이제 책의 마지막 장에 이르러 우리는 다시 한번 몇 가지 관점과 문제 제기를 선별하여 이 과제를 생각해보려고 한다.

1.
생각하는 존재로 가는 길과
인류 최초의 혁신적 사건들

인간이 존재한 이래로, 다시 말해 최초의 호미니드가 출현한 이래 그것이 문화적 발달이었든 생물학적 발달이었든 인간의 모든 발달에서 가장 중요한 추동력이 되었던 것은 식량 확보였다. 오스트랄로피테쿠스는 아직 식량 대부분을 풀과 잎사귀에 의존하는 채식주의자였던 데 반해 호모 하빌리스는 더 많은 단백질을 섭취하기 시작했다. 하지만 호모 하빌리스는 썩은 짐승의 고기를 먹는 수준을 넘어서지 못했다. 그러다가 270만 년 전에 일어났던 이 변화로 인해 인간은 중대한 도전에 직면하게 된다. 즉 그렇게 맛있는 건 아니지만 그래도 먹을 만한 저 고깃살을 어떻게 죽은 동물의 몸에서 한입 크기로 떼어낼 수 있을 것인가 하는 것이었다. 올도완 문화 초기, 바로 이러한 작업을 가능케 한 최초의 석기가 제작되던 그때가 정확히 인간이 채식주의자에서 이탈해 썩은 짐승 고기를 먹게 된 시점이었다는 것은 전혀 우연이 아니다.

이 돌멩이로 만든 단순한 도구는 인류 역사에서 인간이 문제를 해결하려는 목표 지향적 사고와 행동을 했다는 것을 입증해주는 최초의 증거물이다. 물론 우리는 동물들이 자연 속에서 어떤 사물을 취해 이를 특정한 목표를 달성하기 위한 도구로 이용하는 경우도 잘 알고 있다. 하지만 여기서 결정적 차이는 원시인류는 자연에 이미 존재하고 있는 그 어떤 사물을 그대로 이용한 것이 아니었다는 점이다. 인간은 그 사물을 더 효과적으로 이용할 수 있도록 형태와 특성을 변화시키고 용도의 폭을 넓혀갔다. 자갈로 만든 도구를 이용했던 호미니드와 더불어 270만 년 전 역사상 최초로 생각하는 존재가 나타난 것이다. 이렇게 해서 인간은 인간이 되는 결정적인 발걸음을 내딛었다. 이제 서서히 시작되는 인간 역사는 (좀 도발적으로 표현하자면) 인공 제작물이 지속적으로 최적화되는 과정이기도 했다. 인간은 돌을 다루는 새로운 기술로 더 날카로운 모서리를 만들 수 있게 되었고, 뼈, 뿔, 나무와 같이 더 유연하고 질이 좋은 원자재로 더 폭넓게 활용할 수 있는 개량된 도구를 제작하게 되었다.

하지만 기구와 도구 제작의 측면에서 중요한 발전이 저절로 이루어진 것은 아니었다. 오히려 이러한 발달은 이를 만든 사람들의 향상된 기획 능력을 전제로 해서만 가능했고 이는 인간 뇌에 이와 관련된 기질이 있지 않고는 불가능한 것이었다. 이런 변화가 나타나는 것은 지금으로부터 200만 년 전에서 30만 년 전 사이, 호모 에렉투스와 호모 에르가스터가 출현하고서다. 이 두 인류 종은 썩은 동물 시체를 먹고 사는 생활에서 수렵생활로 생활 방식을 완전히 바꾼다. 그 결과 신선한 고기를 더 많이 먹을 수 있었고 훨씬 영양가 높은 식사를 할 수 있었다. 이와 함께 더 많은 지방, 단백질, 인을 섭취할 수 있었고 이로 인해 무엇보다 두뇌가 훨씬 더 발달할 수 있었다. 향상된 두뇌의 능력은 계속해서 더 효과적인 무기를 개발하고 더 나은 사냥 전략을 수립하여 결국 좀더 성공적인 사냥을 할 수 있게 만들었다. 또한 식량에서 고기가 차지하는 비율이 높아지면서 호모 에렉투스와 호모 에르가스터는 선조들보다 근육 조직이 더 튼튼해졌다. 그렇게 해서 인간은 아프리카를 떠나 (힘이 닿는 만큼 멀리) 아시아와 유럽으로 이동해 살 수 있게 되었다.

호모 에렉투스 시기의 가장 근본적인 변화는 불을 사용하게 되었다는데 있다. 이 변화는 호모 하빌리스 시기에 최초의 석기가 만들어진 이후 원시인류에게 일어난 두 번째로 혁명적인 혁신이었다. 불의 사용은 이후 여러 측면에서 영향을 미쳤다. 즉 한편으로는 추운 지방에서 사람이 살 수 있게 했고, 다른 한편으로는 훈제 조리법으로 다량의 고기를 오랫동안 보관할 수 있게 해주었다. 또한 굽거나 삶은 고기 및 익힌 채집 식물은 인간 장기가 소화하기 훨씬 용이했다. 게다가 불은 곤충 떼들로부터 사람들을 보호해주었고 몰이 사냥을 할 때도 유용하게 쓰였다.

향상된 사고능력으로 인해 호모 에렉투스와 그의 친척 혹은 후손 인류 종으로서 주로 유럽에 거주했던 호모 하이델베르겐시스는 놀라운 혁신을 이루어냈다. 이들에게 사냥은 고도로 전문적인 기획활동이 된 것이다. 이는 각종 야생동물 무리를 몰이사냥으로 잡았다는 데서 충분히 잘 증명된다. 쇠닝겐에서 발견된, 호모 하이델베르겐시스가 35만 년 전에 제작한 사냥용 창은 그 비행의 특성에서 봤을 때 오늘날의 전투용 창과 거의 차이가 없다. 오늘날 우리를 감탄케 하는 이 섬세한 기술의 결과물이 나오기까지 얼마나 많은 경험적 지식과 인식능력이 필요했던 것일까?

동물 떼의 몰이사냥을 통해 사냥꾼들은 말 그대로 산더미 같은 고기를 얻을 수 있었다. 하지만 이렇게 많은 식량은 건조하든 훈연하든 장기간 보관할 수 있을 때에만 의미가 있는 것이었다. 또한 인간은 동물의 고기만 먹었던 게 아니라 뼈를 부숴 영양가가 높은 골수 또한 이용했다. 동물의 힘줄, 껍질, 털가죽은 옷을 만들거나 아주 간단한 형태의 집을 지을 때 덮어씌우는 용도로 썼다.

또한 이 시기에 속하는 것으로 가장 오래된 야영지가 있다. 인간은 이곳을 포획한 사냥물을 처리하기 위한 장소로만 사용한 것이 아니라, 이곳에 좀더 오랜 기간 머무르기도 했다. 돌로 만든 원은 이곳에 간단한 형태의 집들이 있었음을 시사한다. 집은 나무 막대기와 매머드 뼈로 지어졌는데 위에서 언급했듯이 거기에다 털가죽과 동물의 표피를 덮어씌웠다. 또한 주로 특정 계절에만 사용되었던 이러한 주거 장소에서는 채집한 야생 식물을 가공했다는 흔적도 발견된다.

불 피우는 자리는 사회생활의 중심점을 형성했을 것이다. 불을 피웠던 곳은 원시적 형태의 언어가 생겨난 장소이기도 하다. 하지만 언어적으로 분화된 조음을 하기에는 아직 해부학적인 전제 조건이 완전하지 않았고, 그렇기 때문에 의사소통은 몸짓과 함께 내는 쿵쿵거리는 소리에 불과했을 것이다. 하지만 어떤 식으로든 언어적 소통의 원시적 형태가 없었다면 인간은 몰이사냥을 할 수도 없었을 테고 쇠닝겐에서 만들어진 것처럼 그렇게 완벽한 창도 제작할 수 없었을 것이며 한 집단 내에서 최초의 노동 분업을 조직할 수도 없었을 것이다. 이 시기 노동 분업 구조의 초기 형태가 있었으리라는 점은 누구나 다 고도로 전문화된 사냥 무기를 생산하거나 몰이사냥을 지휘할 수 있는 것이 아니라는 사실만 생각해도 알 수 있는 일이다. 또한 이 시기의 야영 장소에는 여러 다른 작업장이 있었다. 즉 포획물을 토막 내는 곳, 식량을 조리하는 곳, 돌과 목재 도구를 생산하는 곳 등 구역이 구분되어 있었다. 빌칭슬레벤에서는 뾰족한 것으로 규칙적으로 선 모양을 그어 장식한 뼛조각이 발견되었는데 이는 인간이 만든 문양 중에서 현재까지 알려진 가장 오래된 것이다.

요컨대 지금으로부터 200만 년 전에서 30만 년 전 시기에 그 이후 오 랫동안 인간 역사에 큰 영향을 미쳤던 매우 중요한 변화들이 발생했다. 오늘날 연구 상태가 매우 고르지 못함에도 불구하고 우리가 확인할 수 있는 것은 모든 근본적 변화가 대부분 이 장구한 시간의 마지막 시기에 일어났다는 것이다. 언젠가 시간의 심연 속에 잠겨 있는 이러한 혁신적 변화의 형성 과정을 밝혀내는 것이야말로 앞으로의 연구가 해야 할 흥미 진진한 과제 중 하나다.

　호모 하이델베르겐시스 다음의 네안데르탈인도 이와 크게 다르지 않 았다. 이 인류는 지금으로부터 30만 년 전에서 4만 년 전 사이에 살았는 데, 호모 하이델베르겐시스에서 네안데르탈인으로 전환되는 과정을 포함 해 이 시기에 대해 충분히 증명된 것은 거의 없다. 네안데르탈인 시대에 일어났던 변화(인간 진화에 있어 유럽 지역의 기여)에 대해 우리가 아는 전 부는 네안데르탈인이 멸종되기 전 마지막 수만 년과 관계된 것뿐이다. 네 안데르탈인 또한 호모 하이델베르겐시스 및 호모 에렉투스의 다른 후손 과 마찬가지로 불을 사용했다. 그는 수렵과 채집을 전문으로 하며 이동생 활을 했고 야영 장소에 단순한 형태의 집을 지었다. 털가죽 옷을 입고 있 어서 겨울이 매섭게 추운 지역에서도 문제없이 살 수 있었다. 네안데르탈 인 시기에 일어났던 변화 대부분이 중요한 것이긴 했지만 호모 에렉투스 나 호모 하이델베르겐시스 시대에 일어났던 변화에 비해서는 덜 혁명적 이었다. 네안데르탈인은 훨씬 좋은 원자재로 석기를 제작했다. 그렇게 해 서 규석으로 만든 도구가 점차 더 표준적인 형태를 갖추었고 더욱 미적 인 모양을 갖게 되었다. 또한 네안데르탈인이 사용했던 장비 중에는 최 초로 여러 부분으로 조합된 도구도 있었다. 이 도구의 각 부분을 고정시 키는 데는 인류의 가장 오래된 접착제인 역청이 이용되었다. 네안데르탈

　　　　　　　　　16장 결론: 비교적 고찰

인은 비교적 '의사소통을 잘하는' 편이었던 것으로 보인다. 여하간 이들의 언어능력은 선조를 능가했다. 이는 이들의 설골 형태로 보아 짐작할 수 있다. 이 뼈가 호모 사피엔스의 뼈만큼이나 발달되어 있었기 때문이다. 또한 최근 네안데르탈인에게서 언어능력에 매우 중요한 영향을 미치는 유전자 FOXP2가 추출되기도 했다.

네안데르탈인의 기술 발달의 특징은 그 전에 이루어졌던 혁신적 발전의 질을 한층 더 높였다는 점이다. 하지만 인류 발달에 있어 네안데르탈인이 이룬 핵심적이면서도 정신사적으로 대단히 혁명적인 기여는 저승세계의 발견과 죽음이라는 한계 경험에 대한 대응 방식에서 찾아진다. 즉 인류의 가장 오래된 장례 의식이 나타난 것이 네안데르탈인 시기였던 것이다. 네안데르탈인은 시신을 부장품 없이 매장했던 것으로 보인다. 하지만 동물의 이빨과 조개껍질 등으로 만든 장신구는 그때도 이미 착용되고 있었다. 이 물건들은 인류의 가장 오래된 장신구다. 네안데르탈인이 뛰어난 미적 감각을 갖고 있었다는 것은 훌륭하게 세공된 많은 석기로도 증명된다. 또한 이들이 화석과 같이 특이한 것을 모으는 경향이 있었다는 사실을 보면 네안데르탈인은 매우 특별한 방식으로 자신의 환경을 정확히 관찰하는 존재들이었으며, 좁은 의미에서 개별성을 가진 존재였다고 할 수 있다.

네안데르탈인 다음의 호모 사피엔스는 아프리카에서 왔고 어느 시기엔가 근동과 유럽으로 진출했다. 이곳에서 네안데르탈인은 아직 멸종되지 않고 살고 있었다. 이는 최신의 고유전자 연구와도 일치한다. 즉 이 연구에 따르면 한동안 이들은 공존해서 살았음이 거의 확실하다. 호모 사피엔스는 네안데르탈인보다 자연환경에 더 잘 적응했던 것으로 증명된다. 이는 특히 추운 지역에서는 생존을 위해 중요한 능력이었다. 하지만 더 중요한 것은 호모 사피엔스가 네안데르탈인보다 성적으로 더 일찍 성숙기에 이르렀고 생식률의 관점에서 볼 때 훨씬 우월했다는 점이다. 기원전 4만 년에서 기원전 1만3000년 사이 마침내 현생인류는 전 세계에 퍼져 살게 되었다. 이때의 이동은 아프리카에서 근동을 거쳐 유럽으로 이주하는 경로도 있었고 아프리카에서 동남아시아를 거쳐 남방 대륙 순다까지 진출하는 경로도 있었다. 순다 대륙은 오스트레일리아, 파푸아뉴기니 및 인접한 섬들을 포함하고 있었다. 기원전 1만3000년경 현생인류는 드디어 시베리아에서 아메리카 대륙으로 진출하게 된다. 이후 이들은 대륙 최북단에서 최남단까지 비교적 빠른 시간 내에 퍼져나갔다.

호모 사피엔스의 생활 방식은 그 전의 호모 에렉투스나 호모 하이델베르겐시스, 네안데르탈인과 근본적으로 다르지 않았다. 현생인류는 사냥꾼이자 채집가였다. 사냥에서는 풍부한 경험을 보유하고 있었고 집단으로 움직이면서 전략적으로 사고했다. 식물 채집에 있어서는 식용 식물뿐만 아니라 그 밖의 용도로 사용되는 식물도 채집했으며 이 방면에서 지식이 풍부했다. 이들은 야영 장소에서 단기간 정주해 살았고 장소를 주기적으로 바꿨다. 호모 사피엔스는 전문적인 수렵 채집 생활자였다. 이들은 자신이 활동하는 주변 환경에 밝았고 어느 정도 관리를 하기도 했다. 이는 자연을 개조했다는 사실로 증명된다. 그 한 예가 일부러 불을 놓아 빽빽한 숲의 밀도를 낮추는 것이었다. 이들은 이런 방법으로 채집하고자 하는 야생식물이 더 잘 자라도록 도왔고 또한 야생동물의 사냥도 용이하게 만들었다.

호모 사피엔스는 이들의 뛰어난 발명 정신을 증명해주는 새로운 도구를 고안해내기도 했다. 호모 에렉투스, 호모 하이델베르겐시스, 또는 네안데르탈인이 어류를 식량으로 이용했는지는 확실히 밝혀지지 않았다.

이에 반해 호모 사피엔스의 식단은 어류로까지 확장되었다는 것이 거의 확실하다. 왜냐하면 이들이 개발한 뼈로 만든 작살은 기본적으로 고기잡이에 사용되는 도구이기 때문이다. 호모 사피엔스가 발명해낸 또 다른 도구로는 투창 가속기가 있다. 이는 창을 던질 때 속도, 파괴력, 적중률을 크게 상승시킬 수 있는 기구였다. 플라이스토세 말엽(현재부터 1만2000년 전 즈음)에는 이에 더해 활과 화살이 등장한다. 이는 근대까지 계속해서 사용되다가 화약이 발명되고 나서야 중요성이 퇴색한 무기다. 호모 사피엔스의 이런 발명은 모두 사냥 전략의 최적화와 관련되며, 실로 혁명적이라고 할 수 있다. 이와 비견되는 또 다른 업적으로 인류 역사상 가장 오래된 가축화를 들 수 있다. 즉 개를 길들여 기르게 된 것이다. 개는 플라이스토세 말엽부터 현생인류의 지속적인 동반자가 되었다.

또한 그 의미가 과소평가 되어서는 안 되는 것이 바늘의 발명이다. 뼈로 만든 이 도구가 그토록 큰 의미를 갖는 이유는 한편으로는 이를 이용해 최초로 의복을 지을 수 있게 되었고 다른 한편으로는 유기물로든 동물의 힘줄을 이용해서든 실을 만들 수 있게 되었다는 증거가 되기 때문이다. 바늘을 이용하면 털가죽과 동물의 표피를 더 잘 이어 붙일 수 있었고 또한 의복과 냉대지역 움막집 덮개의 질을 높일 수도 있었다. 발명 정신, 상상력, 계획능력, 전략적 사고라는 점에서 볼 때 호모 사피엔스는 그 조상들을 훨씬 능가하며 오늘날의 인간에 더 가까웠던 것으로 추측된다. 그렇기 때문에 우리가 이들을 해부학적인 관점에서뿐만 아니라 문화적인 관점에서도 현생인류라고 부르는 것은 정당하다고 할 것이다.

네안데르탈인이 일찍이 저승이라는 관념을 생각했다면 호모 사피엔스 시대에 와서는 장례 의식이 갖는 중요성이 훨씬 높아진다. 시신은 조심스럽게 안치되었고 처음으로 부장품을 함께 묻었다. 플라이스토세 말엽에 두개골 숭배 의식이 많이 행해졌다는 흔적도 발견된다. 인간의 뼈에 난 자상은 (제의적 행위로서) 식인 풍습이 있었던 것은 아닌지 하는 의문을 갖게 한다. 이 두 가지 관습은 이후 중석기시대에도 계속되었다. 이렇듯 숭배 제의를 목적으로 행해지는 의식의 중요성이 점점 더 높아졌는데 네안데르탈인을 포함해, 호모 사피엔스보다 앞선 고인류에게서 이러한 것은 아직 생각할 수 없었던 바였다.

이는 예술 분야에서도 마찬가지다. 호모 사피엔스는 예술에서도 커다란 발전을 보였다. 펜던트, 사슬걸이, 의복에 부착하는 구슬이 장식 욕구가 높아졌다는 사실을 반영하는 것이라면, 상아, 뼈, 구운 점토로 만든 소형 조각상과 세계적으로 분포되어 있는 동굴 벽화는 인류 최초로 진정한 의미에서의 훌륭한 예술을 보여준다고 할 수 있다. 암석 벽화와 조형적 소형 조각상에는 시기와 장소에 따라 각기 다른 특징이 나타나는데 예술적으로 지역을 뚜렷이 구분할 수 있는 경우도 있다. 일명 비너스 조각상의 표현력은 가히 주목할 만하다. 또 프랑스 서남부 지방과 스페인 북부의 동굴 벽화의 역동성과 생동감은 빙하기가 끝나고 인간이 정착생활을 하게 된 후 수천 년이 지나도록 추월되지 못했다. 빙하기의 예술은 추상능력과 동시에 형태와 운동에 대한 뛰어난 관찰능력을 보여준다. 당시 인간은 이미 그림에 원근법을 적용하고 공간적 깊이를 그려넣는 법을 알고 있었다. 이런 그림들에서 호모 사피엔스는 최초로 세계적인 예술을 만들어냈고 이 예술은 오늘날까지 조금도 그 광채를 잃지 않고 있다. 특정한 기호가 그려져 있는 암석 벽화는 당시 시각적 의사소통의 수단이었을 것이 분명하다.

특기할 점은 이러한 원시 조형 예술의 출현이 최초의 악기(속이 빈 뼈로 만든 단순한 형태의 피리)의 출현과 동시에 일어난 사건이라는 사실이다. 그

16장 결론: 비교적 고찰

림, 조각 예술, 음악은 서로 거의 같은 시기에 깊은 연관성을 가지고 형성되었다. 그렇기 때문에 이는 숭배 의식 행위, 나아가 아마도 제사 의식과 관련되었던 것이 아닌지 짐작케 한다. 특히 저 웅대한 동굴 벽화의 주변 환경을 고려하면 이런 추측에 더욱 무게가 실린다. 또한 어른과 아이의 색 손도장이 찍힌 암벽은 수렵 채집 집단 또는 경우에 따라 가족 집단까지도 얼마만큼 제의 공동체로서의 성격을 가졌던 것인지 궁금하게 만든다. 하지만 제의는 언어 없이는 이루어질 수 없다. 호모 사피엔스는 이를 위한 문화적인 전제 조건들뿐만 아니라 해부학적 조건도 갖추고 있었다는 점을 생각하면, 이들은 거의 모든 점에서 현재의 인간과 비슷하다고 할 수 있다.

이렇게 인간은 빙하기가 끝날 때까지 놀라운 발전을 거듭한다. 사냥, 고기잡이, 채집을 전문적으로 하는 수렵 채집자들의 생활 및 경제 방식은 원시 호모 사피엔스가 아직 가지 못했던 극한 지대를 제외하면 거의 전 세계에 퍼졌다. 문화적 현대성으로의 이러한 커다란 약진은 응당 호모 사피엔스가 이룬 것으로 봐야 하지만 그럼에도 생활 및 경제 방식에서의 결정적 혁신 중에는 호모 에렉투스 시기까지 거슬러 올라가는 것도 있다. 한편으로 혁명적 변화들과 다른 한편으로 수천 년에 걸쳐 내려온 전통이 모든 대륙의 구석기시대 인류의 역사를 똑같이 특징지었다. 그리고 이는 이후 이어지는 발전의 기초를 형성했다.

2.
수렵 채집 생활자에서 농경 생활자로: 자연과의 관계에서 근본적인 변화

기원전 1만2500년경 북반구의 많은 지역에서 갑작스러운 기후 변화가 시작되었다. 이 시기는 빙하기 말엽, 홀로세 초기였다. 기후는 더 따뜻해지고 습도도 높아졌다. 이러한 변화는 매우 위력적이었다. 거대한 빙하가 녹으면서 해수면이 급격히 상승했다. 이렇게 해서 당시 동남아시아와 오스트레일리아 인근에는 오늘날과 같은 해안선이 형성되었다. 발트해에서는 해수면이 25미터가량 상승했고 그 결과 독일 발트해 연안에 존재했던 빙하기 중석기시대의 거주지 대부분이 오늘날까지 물속에 가라앉아 있다. 한편 동시기에 스칸디나비아에서는 땅덩어리가 융기했다.

온난 다습해져가는 날씨와 함께 식물상과 동물상도 변화를 겪었고 이 또한 인류에게 중대한 영향을 끼쳤다. 즉 중부 유럽에 자작나무, 유럽소나무 등의 혼합림이 확산되었고 이와 함께 이전과는 다른 동물 생태계가 형성되었는데, 붉은사슴이 이주해온 것이 대표적이다. 이곳에 서식하던 사냥하기 쉬운 순록 떼와 야생마 무리는 넓게 펼쳐져 있던 빙하기 시대 초원 스텝이 사라지면서 함께 사라졌다. 이는 야생 곡물과 다른 식용 식물이 감소했던 것과도 관련 있다. 이런 식물들은 울창한 숲에 자라는 다른 식물상에게 밀려났다. 인간은 빙하기 이후 유럽의 여러 지역에서 살아남기 위해 위와 같은 생활 공간의 근본적인 변화에 적응해야 했다. 중석기시대에 사냥, 어획, 채집을 전문으로 했던 공동체들은 빙하기 이후 강, 호수, 해안가로 주요 주거지를 옮겼다. 왜냐하면 울창한 숲에서는 식량을 찾기가 훨씬 더 어렵고 사람들은 아직 불을 놓아 생활 터전을 얻는 방법을 몰랐기 때문이다.

지중해 동부와 근동 지역에서는 사정이 완전히 달랐다. 이곳에서는 대체로 건조하고 따뜻한 기후가 안정적으로 계속되었다. 그랬기 때문에 유럽과 달리 서아시아에서는 플라이스토세 후기부터 지속적인 문화 발전이 가능했다. 레반트에 살았던 인류는 수만 년 전부터 식용 식물을 채집했다. 나투프 문화의 수렵 채집 생활자는 기원전 1만 년대에 밀과 보리의 야생 형태를 개량시키는 일에 점점 더 많은 노력을 기울였다. 이후 약간의 간격을 두고 이루어진 그다음 변화는 야생동물의 새끼를 잡아 길들이는 것이었다. 이렇게 해서 양, 염소, 소가 가축화되었다. 재배 식물을 심고 가축을 사육하게 되자 마침내 장소에 대한 고정성이 높아졌고 그로 인해 특별히 유리한 자연환경이 있는 지역에 장기적인 주거지가 만들어졌다. 즉 최초의 마을이 생겨난 것이다.

빙하기 이후의 이러한 변화는 그 전 수백만 년 동안의 구석기시대에 비하면 일견 매우 갑작스럽게 이루어진 것으로 여겨질지도 모른다. 하지만 이는 잘못된 생각이다. 인간은 '하룻밤 사이에' 갑자기 완전히 새로운 삶의 환경을 마주하게 된 것이 아니다. 인간은 새로운 도전에 응전할 자세를 갖추고 생존 전략을 발달시키는 데 1000년에서 2000년의 시간을

인류는 어떻게 역사가 되었나

968

필요로 했다. 유럽과 근동에서는 두 가지 매우 다른 발달 모델이 관찰된다. 즉 사람들은 한편으로는 계속해서 수렵 채집 생활을 하면서 변화된 자연환경 조건에 적응해갔다(고고학적으로 빙하기 이후 수렵 채집 생활자들을 중석기인이라 부른다). 다른 한편으로는 수만 년 동안 야생식물과 야생동물을 다루면서 이들을 활용하는 최적의 방식을 개발했고, 마침내 농업이 시작되고 촌락생활이 나타났다. 즉 우리가 신석기적 생활 방식이라 부르는 생활 형태가 나타난 것이다. 하지만 이러한 변화의 전체적인 과정은 비약적이 아닌 점진적으로 이루어졌다. 때문에 '신석기 혁명'이라는 개념을 꼭 사용하고자 한다면 매우 조심해서 써야 한다.

세계 여러 지역의 발전을 비교해보면 인류는 그 시기가 일렀든 나중이 되었든 간에 거의 모든 곳에서 생산 경제와 정착생활을 발달시켰음을 알 수 있다. 하지만 이는 환경이 허락하는 한에서였다. 북극 지방은 이 경우에 해당되지 않는 지역이었고, 가령 그린란드 같은 곳에서는 지금과 같이 기후가 따뜻해지고 나서야 농경이 시작될 수 있었다. 기본적으로 농업과 촌락생활로 이르는 길은 지역마다 그 여정의 길이도 다르고 굴곡의 정도도 달랐다.

오랫동안 소위 신석기 종합 세트(정착생활, 농경, 가축 사육, 토기 생산)의 각 요소는 동시에 그리고 인과적으로 서로 연결되어 나타났다고 여겨졌다. 하지만 지난 수년간의 연구는 훨씬 더 복잡한 그림을 보여준다. 특히 생산 경제가 태동한 최초의 지역인 비옥한 초승달 지대에서 관찰된 바에 의하면 신석기 문화의 특징들은 점진적으로 출현했던 것으로 나타난다. 근동에서 홀로세의 시작은 중부 유럽에서 나타났던 자연환경의 대대적인 변화를 전혀 동반하지 않았고 그 결과 후기구석기시대의 생활 및 경제 방식이 지속적으로 발전할 수 있었다. 그리고 이는 기원전 9000년대에 최초로 곡물을 재배하는 결과를 가져왔다. 발굴된 주거지 중 이 시기에 속하는 곳들은 사람들이 장기적으로 동일한 장소에서 살았음을 입증해준다. 농사를 짓기 위해서는 경작지를 지속적으로 돌봐야 했기 때문에 이동생활은 농경에 적합하지 않았을 것이다. 농업 잉여 생산물은 거주 집단 공동의 소유물로 취급되었던 것이 확실하며 수확물은 저장용 구조물에 보관했다. 하지만 이 부富가 어떻게 분배되고 사용되었는지는 고고학적 자료로 추론이 불가능하다.

거의 1000년이 지난 후 야생동물이 처음으로 가축화된다. 여기에 더해 원시적 토기가 제작되어 마침내 신석기의 모든 문화적 요소가 다 나타날 때까지는 다시 한번 그만큼의 긴 세월이 걸렸다. 하지만 진짜 해골 위에 점토 반죽을 빚어 만든 조형물, 대형 인간 석고상, 숭배 제의용 특수 건물 등이 만들어진 것은 이보다 수백 년 전이었다. 이런 점들을 보면 숭배 의식과 제의가 신석기 생활이 완전히 나타나기 훨씬 이전, 정착생활의 문턱에 있는 원시 주거 공동체에게서 중요한 역할을 했다는 것을 알 수 있다. 풍부한 장식들로 치장된 T자형 석비가 줄지어 서 있는 괴베클리 테페의 원형 시설물은 완전히 새로운 차원의 종교적 양상을 보여준다. 농업의 원숙한 발달을 이룬 최초의 농촌 촌락이 형성되기 전에 이미 범지역적으로 영향을 미치는 숭배 의식의 중심지가 존재했던 것이다. 이 중심지는 제의가 갖는 공동체 결속의 의미를 잘 보여주며 주거 집단이 숭배 제의 공동체였다는 사실 또한 잘 드러내고 있다. 더불어 위와 같은 시설물은 건축에 필요한 기술적 지식 및 조직 구성력을 바탕으로 공사를 계획하고 실행할 수 있는, 진정한 의미에서의 건축 전문가를 필요로 했다.

짐작건대 근동의 수렵 채집 생활자들을 생산 경제로 나아가게 만들었던 원인은 막대한 규모의 향연, 즉 대규모로 함께 정기적으로 음식을 먹는 행위였을 것으로 생각된다. 왜냐하면 사냥과 채집 활동만으로는 이런 규모의 의식을 치르기 힘들었을 것이기 때문이다. 이러한 점에서 아나톨리아 동남부 지방에서 나온 유물과 단서들은 특별한 의미를 지닌다. 수렵 채집 생활자들이 농부로 전환되는 과정에서 종교적이고 사회적인 역동성이 동반되는 경우는 이곳이 유일하기 때문이다. 다른 한편 이는 그 시대 사람들에게 획득 경제에서 생산 경제로의 전환이 매우 커다란 변화로 느껴졌다는 것을 보여준다. 인간 역사에서 아마도 가장 중요한 것으로 간주될 수 있는 이 시대적 전환이 다름 아닌 그것이 최초로 이루어졌던 장소에서 그토록 웅대한 표현 방식을 동반한 데에는 확실히 어떤 이유가 있을 것이다.

중앙 아나톨리아 지방의 남부에서도 이와 비슷한 형태의 발달 과정이 나타나긴 했지만 메소포타미아 북부에 비하면 아직 주변부적인 상태에 머물러 있었다. 이곳에서도 수렵 채집 생활자들은 이미 토기 사용 이전 시기에 상설 주거지를 세웠고 처음으로 식물을 재배하기 시작했다. 이에 반해 가축의 사육은 시간이 더 지나고 나서야 수용되었다. 신석기가 토기까지 갖추고 완전히 꽃핀 상태에 도달한 것은 차탈 회위크 주거지가 존속했던 시기의 후반부에 이르러서였다. 그런데 이 대형 주거지에는 공동 사용 목적의 건물이 존재하지 않았다. 이런 점으로 볼 때 이 주거 집단은 더 이상 공동으로 제의를 지내지 않게 되었음이 분명하다. 제의는 이제 (경제적으로도 대부분 자급자족적인) 개별 주거 단위로 옮겨갔다. 거대한 숭배 제의 장소 대신 사당이 차려진 것이라고 할 수 있겠다. 이와 함께 차탈 회위크에서 발견된 보존 상태가 훌륭한 벽화는 나름의 인상적인 방식으로 인간과 동물의 관계에 극적인 변화가 있었음을 보여준다.

이러한 점진적인 변화, 즉 수렵 채집 생활에서 식물을 재배하기 시작

16장 결론: 비교적 고찰

하고 나중에는 동물을 사육하는, 하지만 아직 '토기 사용 이전 시대'로서 토기가 제작되지 않았던, 그런 정착생활로 전환하는 발달 양상이 이 지역에서만큼 분명하게 나타나는 곳도 없다. 크레타(크노소스), 펠로폰네소스반도(프란크티 동굴), 테살리아(아르기사-마굴라)에서 지금까지 나온 단서 중 신뢰할 만한 것은 매우 소수에 불과하며, 따라서 이로부터 분명한 그림을 그리기는 힘들다. 키프로스섬에는 기원전 6000년대 동안 육지에서 사람들이 이주해 들어왔다. 이 과정에서 가축과 재배 식물이 함께 들어왔다. 이 시기와 키로키티아 시기 주거지에 대한 조사에서 2층집, 우물, 방어 시설물, 가축 우리가 발견되었다. 하지만 토기는 발견되지 않았다. 발루치스탄 지방의 메르가르에서도 비슷한 상황이 관찰되는데 기원전 7000년대에 속하는 가장 아래 지층인 IA는 토기 사용 이전 신석기시대를 보여준다. 이 시기 사람들은 재배 식물과 가축을 기르고 한 장소에 고정된 집을 짓고 살았지만 토기는 사용하지 않았다. 토기는 지층 IB에서야 발견된다.

요컨대 전 세계에서 토기가 아직 발명되기 전, 정착생활과 생산 경제가 점진적으로 발달되었던 지역은 자그로스산맥 서부 지역과 레반트 지역 사이의 비옥한 초승달 지대에 국한되어 있었다. 그러다가 토기 사용 이전 시대가 끝나고 나서 이 지역으로부터 정착생활과 농업이 전방위로 널리 퍼져나갔다. 하지만 이 과정은 지금까지 그랬던 것과 같은 기나긴 모색과정을 동반하지 않았다. 오히려 위에서 언급했던 일명 신석기 종합 세트는 말하자면 통째로 전수되었다. 이런 문화 발달을 전수받은 최초의 지역에 메소포타미아 평야가 포함된다(하수나 문화와 사마라 문화). 이 지역에서는 신석기가 북쪽에서 남쪽으로 전파되었던 데 반해 남캅카스 지방(슐라베리-쇼무테페 문화)에서는 남부 지역부터 생산 경제가 시작되었다. 이 발달 과정은 이란 고원(시알크I와 상-이 차크마그)을 거쳐 서쪽에 인접한 투르크메니스탄 남부(제이툰 문화)에 영향을 주었다. 또한 중앙 아나톨리아와 서부 아나톨리아(하즐라르 문화)에서부터 한편으로는 에게해 섬들과 그리스 내륙 지방(프로토세스클로 문화)을 거쳐 다른 한편으로는 보스포루스 해협과 마르마라해 유역(피키르테페 문화)을 거쳐 유럽 동남부로 확산되었다.

이 모든 지역에서의 문화는 기원전 6000년대와 기원전 5000년대 초반 동안 근본적으로 바뀌었다. 하지만 최소한 현재까지 밝혀진 바로는 (비옥한 초승달 지역에서와 달리) 수렵 채집 활동을 했던 플라이스토세 후기와 그다음 시기에 연속적인 발달이 나타나지 않는 지역도 존재한다. 예를 들어 마름모꼴 가옥과 인간 형상의 사암 조각상이 나타나는 철문 협곡의 레펜스키 비르 문화는 동남부 유럽 중석기시대의 독보적인 문화 현상임에 의심의 여지가 없다. 그런데 레펜스키 비르 문화는 다만 그 시기에 유일무이한 현상이었을 뿐 아니라 이후 이어지는 스타르체보 문화의 신석기시대와도 완전히 다른, 서로 연결점이 없는 문화였다. 요컨대 발칸 반도에서 마지막 수렵 채집 생활에서 초기 농경생활이 나타나는 데에 연속적인 이행과정이 포착되지 않는다는 것이다. 그렇기 때문에 이곳에서 발달은 토착적으로 이루어졌다기보다 신석기 문화 기술을 가졌던 사람들이 이주해옴으로써 이루어졌던 것으로 추측된다.

기원전 6000년대에서 기원전 5000년대로의 전환기에는 눌러 찍어 무늬를 낸 토기(일명 눌러 찍기 무늬 토기와 카디움 조개 무늬 토기)로 특징지어지는 지중해 지역의 신석기화가 시작된다. 신석기 문화의 전파는 동쪽에서 해안지역을 따라 확산되어 지중해 서쪽에까지 다다르는 경로를 따랐다. 전파 시기는 기원전 5000년대 후반이었다. 기원전 5000년대 중반 이후 서쪽의 파리 분지와 동쪽의 비스와강 사이 지역에서 신석기시대 초기의 띠무늬 토기 문화가 성립되었다. 이와 함께 중부 유럽의 다른 지역에서도 획기적인 변화들이 일어났다. 오랫동안 띠무늬 토기 문화인이 중석기인이고 이들이 발전을 거듭해 신석기 문화를 탄생시킨 것이라고 생각되었다. 하지만 최근 DNA를 통한 고대 인구사 연구에 의하면 실제로는 이런 가정과 거리가 멀고 오히려 유럽 동남부에서 지속적으로 이주민이 건너가 영향을 미친 것으로 나타난다. 이러한 연구 결과는 이따금씩 알프스 북부에서 제시되는, 중석기에 곡물을 경작했다는 단서가 현재까지 그 신빙성 면에서 회의적이라는 사실과도 일치한다. 즉, 지중해 지역과 중부 유럽에서의 정착생활, 농업, 토기 생산의 승승장구는 외부에서 받은 자극 때문이라는 것, 다시 말해 토착적인 발달 형태가 아니라 기본적으로 이주민들이 들어오는 과정에서 얻은 동력으로 이루어진 발달이라는 것이다.

이제 시선을 근동과 유럽을 넘어 인도 아대륙과 중국으로 돌려보자. 이곳에서도 생산 경제와 정착생활의 형성에 구심점이 되는 지역들이 발견된다. 현재 아시아 남부 지역의 상황은 전체적인 맥락을 가늠하기 어렵다. 발루치스탄에 있는 메르가르 지역의 토기 사용 이전 신석기시대는 근동아시아의 발달 양상과 유사했을 것으로 보이지만 현재까지 개별 사례로만 확인될 뿐이다. 이에 반해 갠지스강 평야는 이 지역과 전혀 무관하게 초기 농업이 독립적으로 발원한 중심지다. 현재까지 밝혀진 바로는 이따금 제기되는, 기원전 8000년대에서 기원전 7000년대 중석기시대에 이미 쌀농사가 있었다는 주장은 회의적인 것으로 간주된다. 하지만 기원전 6000년대 이후부터는 이러한 추정이 입증된다. 이 시기 사람들은 벼 재배와 최초의 토기 생산 기술을 갖고 있었다. 하지만 갠지스강 평야에서 수렵 채집 생활에서 생산 경제와 정착생활로의 전환이 구체적으로 어떻게 진행되었던 것인지는 더 정확한 연구가 있어야 할 것이다. 특히 더욱 연구되어야 할 것은 최초의 벼 재배와 관련하여 중국의 양쯔강 계곡과의 관계가 어떠했는가 하는 점이다. 세계적으로 가장 빨리 쌀농사가 시작되었던 이 두 지역에서 쌀농사의 시작은 서로 무관하게 이루어졌던 것인가 아니면 두 지역 중 한 곳이 시기상 앞서 있었던 것인가?

동아시아에서는 먼저 중국의 양대 강, 즉 북쪽의 황허강과 남쪽의 양쯔강 유역에서 생산 경제가 형성되었다. 황허강 주변의 비옥한 황토 평야에서는 기원전 8000년대에서 기원전 7000년대에 이미 수렵 채집 생활자가 본격적으로 야생 곡물을 수확하기 시작했다. 근동의 식물 재배 중심 지역에서도 볼 수 있었던 것처럼 이들도 일찍이 식물을 재배하는 실험을 행했고, 이 때문에 기원전 6000년대 후반기부터 기장을 재배할 수 있게 되었다. 토기는 비슷한 시기에 제작되었지만 최초의 가축(처음에는 돼지, 나중에는 소와 닭)이 사육되기 시작한 것은 시간이 좀더 지나고 나서였다 (페이리강 문화).

구석기시대 후기의 수렵 채집 생활자들이 전 세계적으로 가장 오래된 토기를 제작했던 곳이 양쯔강 유역이다. 기원전 8000년대 이전에 이곳에서는 이미 쌀이 재배종으로 개량되었다. 현재의 연구 상황으로 볼 때 이렇게 되면 중국의 쌀 경작이 갠지스강보다 시기상 앞서게 된다. 쌀 경작과 더불어 양쯔강 주변에 영구적 촌락들이 생겨났다. 이곳에서는 가축 (돼지, 소, 닭)도 사육되었다. 양쯔강 유역에서 시작된 신석기화는 그다음 수천 년 동안 남중국과 동남아시아의 많은 지역으로 확산되었다. 하지만 이 지역의 수렵 채집 공동체들은 오랜 기간 계속 이전 생활을 지속했다. 이들 지역에서 정착생활과 생산 경제는 답보 상태에 머물다가 기원전 3000년대 말엽에야 수용되기 시작한다.

동남아시아 남부 지역에서는 쌀 외에도 나무 열매(바나나)와 뿌리 식물(타로, 얌)을 재배했다. 필리핀의 열대 우림 지대와 인도네시아에서는 이 식물의 재배가 쌀 경작을 대거 대체하기까지 했다. 정착생활, 농경, 가축 사육, 토기 제작은 동남아시아의 섬 지방을 거쳐 멜라네시아와 폴리네시아 서부에까지 확산되었다. 하지만 이 과정이 이루어진 시기는 기원전 1000년대 중반 이후로, 오스트로네시아 어족에 속하는 인구(라피타 문화)가 동남아시아에서 다른 지역으로 팽창해나가면서 위와 같은 문화가 함께 전파되었다.

농경과 가축 사육, 최초의 토기 제작과 함께 정착생활이 형성되었던 지역이 있는가 하면 수렵 채집 생활자가 가축 사육만 수용하게 된 지역들도 있다. 수렵 채집 생활자에서 이동 목축민으로의 전환은 농부로의 전환보다 확실히 덜 파격적이었다. 이동 목축민은 계속해서 이동생활을 했기 때문이다. 하지만 이동 목축민은 어딜 가든 간에 토기를 가지고 있었다는 점이 수렵 채집 생활자와 눈에 띄게 다른 점이다. 이 문화 기술이 발달하게 된 것은 아마도 이들이 기르는 동물의 젖으로 식량을 만들었기 때문이라고 추측된다. 목축으로만 생산 경제를 달성하는 이런 방법을 취했던 또 다른 지역으로는 가령 지중해 연안 내륙 지방이 있다. 이 지역에는 눌러 찍기 무늬와 카디움 조개 무늬 토기를 사용했던 신석기 집단이 살았다. 론강 계곡에서 중부 유럽의 서부 사이의 지역에서는 라 오게트 문화 및 이와 밀접한 연관을 가진 림뷔르흐 문화가 형성되었다. 이 문화인들은 이동 목축민이었고 양과 염소를 길렀으며 토기 제작술을 알고 있었다. 하지만 농사는 짓지 않았다. 이들은 띠무늬 토기 문화인과 교류하면서 농축산물을 교환했다.

이와 매우 비슷한 발달이 일어났던 곳은 북아프리카 해안에 인접한 내류 지방이다. 특히 플라이스토세가 끝나고 아직 인간의 주거가 가능했던, 서쪽 대서양 해안에서 동쪽의 나일강 사이에 위치한 사하라 사막 넓은 지역에서도 이런 발달 양상이 나타났다. 양과 염소를 길렀던 중부 유럽 서부 지방의 이동 목축민과 달리 북아프리카 문화권에서는 주로 소를 길렀다. 이곳에서 소는 근동과 무관하게 독자적으로 가축화되었다. 이를 증명해주는 가장 오래된 증거물은 사하라 사막 동부의 유적지들(납타 플라야, 비르 키세이바)에서 찾을 수 있다. 이곳에서는 기원전 8000년대 말 이미 수렵 채집 생활자들이 소를 사육하고 최초의 토기를 생산할 수 있을 정도가 되었다. 하지만 이들은 계속해서 주로 이동생활을 했고 극히 소박한 내부 시설이 있는 야영 장소들만 남겼다. 소 외에 양과 염소도 가축으로 기르게 된 것은 훨씬 시간이 지나고 이 동물이 근동 지역에서 들어오면서부터였다. 근동아시아에서는 양과 염소가 이미 토기 사용 이전 시기에 가축화되어 있었다. 사하라에서는 대부분 소의 사육을 전문으로 했던 인구 집단만이 거주했고 이동 목축민 내지는 유목민의 형태로 자연적으로 유리한 조건의 여러 지역을 돌아다녔다. 이들은 사하라의 산맥 암벽에 인상 깊은 그림세계를 창조해냈다.

나일강 계곡에서의 발달 과정 또한 이러한 배경 속에서 이해할 수 있다. 이곳에서는 가장 초기 신석기시대 문화인 파윰A와 메림데-베니살라메 시기의 유적들이 발견된다. 이 유적들을 보면 기원전 5000년대 이후부터 정착생활 경향이 강화되었음을 알 수 있지만, 생산 경제는 여전히 가축 사육에만 국한되어 있었다. 처음에는 소만, 그리고 얼마 안 있어 레반트에서 들여온 양과 염소도 함께 길렀다. 사냥, 고기잡이, 채집은 이곳 주민들에게 계속해서 가장 중요한 의미를 띠었다. 나일강 계곡 주변의 비옥한 지대는 사하라의 여러 지역과 달리 수렵 채집 생활자에게 훌륭한,

아니 파라다이스와도 같은 생활 환경을 제공했기 때문에 농업으로 이행해야 할 아무런 직접적인 압박이 없었다. 그런 까닭에 나일강 계곡에서 고정적인 촌락, 농사, 가축 사육을 하는 농경생활은 기원전 4000년대에서 기원전 3000년대로 넘어가는 비교적 늦은 시기에야 형성된다. 이처럼 유리한 자연 조건에도 불구하고 결국 농경생활이 발달한 원인은 사하라 사막 지역이 계속 메말라가면서 그곳에 살던 사람들이 나일강 계곡 유역으로 이주해왔고, 그 결과 인구 밀도가 계속 높아진 데 있다. 또 다른 이유는 나일강 계곡이 근동아시아에 가까이 위치해 있었다는 데 있다. 근동아시아는 큰 강줄기를 따라 발달한 농업이 오래전부터 막대한 인구의 생존을 보장해주고 있었다. 이러한 지역과의 지리적 근접성으로 인해 나일강 계곡 주민은 관련 문화 기술을 배울 수 있었다.

사헬 지대에는 기원전 1000년대까지도 수렵 채집을 전문으로 하는 이가 살아남아 있었다. 이곳에서는 기원전 2000년대 말경부터 가축 사육 기술이 수용되었지만 그럼에도 수렵 채집이 포기되지는 않았다. 사헬 지대에서는 기원전 1000년대 후반에 수수와 진주기장의 경작이 시작되었다(차드호 주변의 가지간나 문화). 그 남쪽에 위치한 서아프리카 우림 지대의 주변부에서는 전문 수렵 채집 생활자가 이동 가축 사육자로 변모해가고 있었다. 이들은 당시 토기 생산 기술에도 숙달해 있었다. 이후 몇백 년이 지나고 이곳에서도 드디어 얌, 기름야자수 등을 심으면서 밭농사 형태의 삼림 경작이 발달되었다. 하지만 이는 사헬 지대와 차드호 유역에서보다 훨씬 늦은 시기였다. 동아프리카에서도 기원전 2000년대부터 소 목축유목민이 살았다. 이들은 북부에서 이주해왔던 것이 확실시된다.

수렵 채집 전통을 가진 목축민 공동체는 유라시아 스텝 벨트의 남부 주변부에서도 형성되었다. 이 스텝 벨트 지대는 흑해에서 중국해까지 뻗어 있었다. 특히 유라시아 동부에서는 수렵 채집 생활자들이 플라이스토세가 끝나고 얼마 안 있어 최초의 토기를 제작했다. 흥미로운 것은 수렵 채집 생활자가 신석기 부흥기의 문화와 접촉했던 바로 그 장소들에서 문화적 변화가 일어났다는 점이다. 이들은 기원전 6000년대와 기원전 5000년대의 전환기에 우선 수렵 채집 생활을 병행하는 이동 목축생활로 전환했고 그다음에는 재배 식물의 경작도 수용했다. 유라시아 스텝 벨트 서부에서 이러한 변화를 확인할 수 있는 예를 들자면 부크-드네스트르 문화와 흑해 북부의 드네프르-도네츠 문화가 있다. 이 문화들은 카르파티아산맥 지역 신석기 문화로부터 영향을 받았다. 한편 중국 동북부의 싱룽와 문화는 황허강 주변의 농경 문화로부터 자극을 받았다.

유라시아 스텝 벨트 남부 주변부 지역에 발달했던, 수렵 채집을 특징으로 하는 이동 목축 생활은 아프리카에서처럼 수천 년이 넘도록 계속되었던 것이 아니라 비교적 빠른 시간 안에 신석기 부흥기 문화로 이행해 갔다. 중부 유럽 서부 지방의 라 오게트 문화와 림뷔르흐 문화의 이동 목축 생활도 마찬가지였다. 이런 현상들이 의미하는 것은 가축 사육 집단은 발달된 농경문화와의 접촉 없이 거의 고립되어 살았던 지역에서만 전통적 문화 형태가 변하지 않은 채 지속되었다는 것이다. 그리고 이러한 형태가 나타나는 곳이 바로 아프리카의 많은 지역이다. 나일강 계곡은 그 주변의 이동 목축 생활자에게 카르파티아산맥 지대나 황허강 주변과 같은 그러한 문화 형성의 영향력을 발휘할 수 없었다. 왜냐하면 사하라 지대에서 진행되는 사막화는 그곳에서 인구가 유출되는 결과를 가져왔고 또한 사막화로 인해 나일강 상류의 하르툼을 제외한 나일강 계곡지역이 대륙의 다른 지역으로 분리되어버렸기 때문이다.

아메리카 대륙은 북미든 남미든 완전히 다른 변화의 길을 걷는다. 이

16장 결론: 비교적 고찰

곳에서 생산 경제의 시초는 식물 재배에 국한되어 있었고 가축과 목축은 아무런 역할도 하지 못했다. 안데스 중부의 높은 산맥 지대에서는 기원전 3000년대 또는 기원전 2000년대부터 아메리카 대륙의 네 가지 낙타 종, 즉 라마, 알파카, 과나코, 비쿠냐가 가축화되긴 했지만 주로 털과 운송 목적으로 이용되었고 식량 조달을 위해 이용된 것은 아니었다. 식용으로 길렀던 기니피그도 미미한 의미만 지녔다. 남미 대륙의 그 밖의 지역에서는 근세에 스페인, 영국, 프랑스인이 들어오기 전까지 개를 제외한 다른 가축은 전혀 기르지 않았다. 아메리카 대륙에서 개는 플라이스토세 말엽부터 가축으로 길러졌다. 그렇다고 이곳에 살았던 사람들이 유럽인이 들어오기 전까지 철저한 채식주의자로 살았다는 뜻은 아니며, 필요한 고기는 주로 사냥을 통해 조달했다.

북아메리카에서는 파버티포인트 문화인이 기원전 2000년부터 미시시피 양쪽 강변에 호박을 심기 시작하면서 독자적인 식물 재배에 성공한다. 이들은 이후 해바라기와 아티초크도 재배했다. 처음에는 일종의 이동식 농업 또는 텃밭 농사의 형태였으리라 생각된다. 그러다 대대적인 인공 토지 조성물을 설치하고 광활한 주거지를 건설하면서 넓은 경작지도 경영하게 되었다. 하지만 이와 무관하게 사냥, 어로, 채집은 여전히 생존을 확보하는 데 중요한 의미를 지녔다. 미시시피강에서 농경의 시작은 처음부터 토기 제작과 함께였다. 이에 비해 멕시코와 경계를 접하고 있는 미국 서남부 지방은 전혀 그렇지 않았다. 이곳에서는 기원후가 되어서야 토기를 제작할 수 있었다. 하지만 옥수수는 이미 기원전 2000년에 멕시코로부터 자극을 받아 인공 관개 시설을 갖추고 경작되었다.

아메리카 대륙에서 식물 재배의 가장 오래된 중심지는 메소아메리카에 위치해 있다. 이미 기원전 6000년대에서 기원전 5000년대 이후 호박, 고추, 아보카도가 재배종으로 개량되었고 기원전 4000년대와 기원전 3000년대 초기에는 콩, 그리고 무엇보다 중앙아메리카의 가장 중요한 재배 식물인 옥수수도 재배되었다. 농업 중심으로 조직된 촌락들, 인공 관개 시설, 확장된 경작지들로 인해 기원전 1000년대 이후 농업 자원의 잉여 생산이 가능해졌다. 이 시기에는 토기도 제작되었다. 이러한 재배 식물 경작은 이후 멕시코에서 북쪽으로 퍼져 미국 서남부 지방에까지 이르렀으며, 다른 한편 중앙아메리카 육교를 건너 남쪽으로도 진출했다. 이곳에서는 기존의 재배 식물에 더해 남아메리카의 열대 지방에 퍼져 있었던 카사바가 추가로 경작되었다.

안데스산맥 북부와 중앙 그리고 이로부터 태평양 쪽으로 펼쳐져 있는 평야 및 산자락에서는 수렵 채집 생활자들이 기원전 5000년 초반부터 옥수수와 호리병박을 전문적으로 경작하기 시작했다. 감자 재배의 중심지는 안데스 고지대였다. 이곳에서는 코카와 목화도 처음으로 경작되었다. 하지만 이들이 재배종이 된 정확한 시점은 분명치 않다. 안데스산맥 남부와 남아메리카 남쪽 지방에서는 훨씬 북쪽의 기아나 고지에서와 마찬가지로 이러한 경작 식물이 훨씬 늦은 시기에야 들어왔다. 아마존 지역은 특별한 발달 형태를 보여준다. 아마존강 상하류에 살던 수렵 채집 생활자는 기원전 5000년대에 최초의 토기를 제작했고 이미 초기 텃밭 농사 또한 운영했던 것으로 보인다. 하지만 그 이후 수천 년 동안의 고고학적 유물은 발견되지 않는다.

파푸아뉴기니에서는 생산 경제가 일종의 이동식 텃밭 농사로 시작되었다는 점에서 아메리카 대륙의 발전 양상과 비슷하다고 할 수 있다. 이런 경작 형태가 나타난 것은 기원전 7000년대 이후로 추정된다(쿡 유적지). 처음에 심었던 재배 식물은 타로였으며 이후 사탕수수, 바나나, 생강

16장 결론: 비교적 고찰

을 재배했다. 가축 사육(돼지, 닭)은 기원전 4000년대와 기원전 3000년대가 돼서야 이루어졌다. 시간이 훨씬 지난 후 이러한 경제 형태는 오스트로네시아 어족(라피타 문화)이 팽창하면서 멜라네시아와 폴리네시아 서부 지역으로 확산되었다. 이때 마, 빵나무, 고구마가 재배 식물 목록에 추가되어 재배 식물의 수가 늘어났다.

하지만 모든 지역에서 홀로세의 시작과 더불어 정착생활, 생산 경제, 토기 제작으로의 이행이 일어난 것은 아니었다. 유럽, 아시아, 아메리카의 많은 지역에서 사냥, 어획, 채집을 주요 식량 조달의 근거로 삼는 사람들이 여전히 존재했다. 이들은 수천 년 동안 계속해서 수렵 채집 생활자로 살았지만 그럼에도 토기를 제작했다. 토기는 오랫동안 농경 정착생활을 하는 공동체의 주요 특징으로 간주되었었다. 하지만 중국의 일부 지역, 한국, 일본 열도, 시베리아 동부에서 기원전 1만5000년~기원전 1만 2000년 사이에 이미 토기가 제작되었으며 그중에는 심지어 구석기시대 후기까지 거슬러 올라가는 것도 있다는 사실이 밝혀진 이후 이러한 입장은 수정되어야 했다. 여기서 우리를 놀라게 하는 것은 인류 역사상 가장 오래된 토기를 제작했던 사람들이 농경 생활자가 아니라 수렵 채집 생활자였다는 점이다.

우리가 늘 확인할 수 있었던 것은 한 인구 집단이 한번 수용한 생활 및 경제 형태를 상당히 오랫동안 고수했을 때 거기에는 자연환경 조건이 결정적인 요소로 작용했다는 사실이다. 인간은 그가 처한 환경에서 생활 및 생존을 위해 필요한 것을 모두 발견할 수 있는 경우(혹은 이따금 그 이상의 것도 얻을 수는 경우)에는 농경이나 가축 사육을 할 필요성을 전혀 느끼지 않았다. 이러한 관찰 결과는 특히 해안 지대라는 자연 조건에서 생활했던 공동체에서 잘 확인된다. 이런 공동체들은 발트해 지역이나 아프리카 서부 및 중앙 대서양 연안, 동아시아, 메소아메리카의 태평양 연안, 그리고 남아메리카 북부의 아마존강 어귀에서 남부의 라플라타강까지 브라질과 우루과이의 대서양에 면한 지역 등지에서 다양하게 나타난다. 이 공동체들의 특징은 조개무지 형태의 주거지로서, 이러한 조개무지 중에는 거대한 크기를 이룬 곳도 있다. 그곳에 살았던 사람들은 매우 다양한 해양 식량 자원을 이용했다. 그들은 이러한 식량 자원을 실로 넘치는 수준으로 공급받을 수 있었기 때문에 매우 풍족한 생활을 했을 것으로 생각된다. 이는 수 미터에 달하는 조개껍질 퇴적층을 보면 알 수 있다. 그러다 수천 년이 지난 어느 시점에서 생산 경제로 전환하게 되었을 때 조개무지 주거지는 얼마 지나지 않아 해체되었고 사람들은 더 내륙 지방으로 이주했다. 그곳에는 농경에 더 적합한 토양과 더 좋은 목초지가 있었다. 남아메리카의 조개무지 주거지 거주민은 아직 규모가 작은 텃밭 농사를 드문드문 실험적으로 경영했다. 그러나 아직 이를 통해 삶에 큰 변화를 겪은 건 아니었다. 기본적으로는 계속 수렵 채집 생활을 하며 살았기 때문이다. 하지만 이후 여기에서도 주거지의 이동이 일어난다.

한편 토기를 생산하는 수렵 채집 생활자라는 현상이 해안가에 사는 집단에게서만 특징적으로 나타나는 것은 아니었다. 이런 현상은 울창한 숲 지대에 사는 수렵 채집 집단에게서도 나타났다. 이런 지역에는 스칸디나비아반도, 발트해 내륙, 동유럽 평야의 많은 지역과 시베리아의 거의 전 지역, 중국의 일부 지역이 있다. 유라시아 외의 지역으로는 아프리카 중부의 우림 지대, 남아메리카의 기아나 고지, 아마존강 유역, 브라질 남부와 아르헨티나 북부의 산간 지방 등을 들 수 있다. 이 극도로 빽빽한 삼림 지대에는 들어가기조차 힘든 곳도 있다. 이런 곳을 농경이나 가축 사육에 적합한 곳으로 만들기 위해서는 자연환경을 대대적으로 변화시켜야만

16장 결론: 비교적 고찰

했을 텐데 선사시대의 인간에게는 아직 그럴 능력이 없었다. 또한 이러한 숲 지대에서 사람이 거주하는 것은 기원후 시기가 될 때까지 극히 드문 일이었기 때문에 이곳에서 인구 증가의 압박으로 인해 사고를 전환해야 할 필요도 없었다. 그 결과 사람들은 수렵 채집 생활자로 계속 살아갔고 그것이 아닌 경우 다른 곳으로 떠났다. 어디로 가야 할지 아는 한.

그 어떤 큰 변화 없이 오직 사냥, 어획, 채집 경제만으로 생활을 영위하며 살았던 곳은 외떨어진 오지에서뿐이었다. 이런 곳은 북아메리카 서북부 지역, 칠레의 태평양 해안이 뻗어 있는 지역과 남아프리카와 오스트레일리아에서 찾을 수 있다. 이러한 지역들이 당시 더 발달이 앞섰던 중심 지역으로부터 지리상 가장 멀리 떨어진 곳에 있었다는 사실은 우연이 아니다. 이 지역들은 중심지들에서 일어났던 변화로부터 완전히 소외되어 있었다. 이들이 플라이스토세 후기 생활 형태를 고수하고 있었던 이유는 여러 가지다. 북아메리카의 북극 및 아북극 지역에서는 극단적인 기후 조건으로 인해 지속적인 개척과 계속된 발전이 불가능했다. 칠레 태평양 연안에 발달했던 친초로 문화는 수천 년 동안 변화가 나타나지 않았는데, 이 문화권은 아타카마 사막에 의해 대륙의 다른 지역과 단절되어 있었기 때문이다. 이처럼 세상과 단절되어 있던 또 다른 곳으로는 아프리카 남부의 많은 지역이 있다. 수렵 채집 생활자는 자연과 조화를 이루며 살았다. 이들 공동체는 저조한 출산율로 인해 균형을 이룰 수 있었고 놀라우리만큼 평등하고 안정적인 사회 시스템을 유지하고 있었다. 그렇지 않았다면 이들이 어떻게 수천 년 동안 변하지 않고 존속할 수 있었겠는가?

오스트레일리아라는 특수한 경우는 재배 및 가축화할 수 있는 자원의 존재 여부가 생산 경제로의 전환에 얼마나 중요한 역할을 하는가를 매우 잘 보여준다. 기후와 토양 조건으로 봤을 때 오스트레일리아에서는 북아메리카의 북극 및 아북극 지역과 달리 농업과 가축 사육이 제때 이루어 졌을 수도 있지 않을까 하는 생각을 해볼 수 있다. 하지만 이곳에서는 재배하기에 적합한 야생식물이나 야생동물이 존재하지 않았다. 이 세계 최변두리 지역에서는 결국 유럽 이주민이 식물 종자와 가축을 가지고 들어온 근세가 되어서야 농경과 가축 사육을 시작했다.

세계의 여러 곳에서 식물을 재배하고 동물을 가축화할 수 있는 자연 조건은 각기 매우 달랐다. 세계에 분포되어 있는 유기 생물의 대부분은 현재까지 목재와 식물의 잎이며, 사람이 먹을 수 없는 것이다. 전체 유기 생물의 약 0.1퍼센트만이 식용으로 이용되며 그중에서 다시 매우 작은 양만이 재배 식물과 가축이 되어 이용된다. 호미니드에 속하는 종들은 이미 그들이 처한 환경 속에서 그 환경과 더불어 생존하는 법을 익혔고 자연이 제공하는 가능성과 기회를 가능한 한 가장 효율적으로 이용하는 법을 배웠다. 인간이 자기 삶의 조건을 최적화하려는 부단한 충동은 이때부터 이미 혁신적 변화를 위한 결정적인 추동력이었다. 이런 점에서 볼 때 농경과 가축 사육은 그것이 한 지역에서 다른 지역으로 소위 완제품으로 '수출'된 경우가 아니라면 하루아침에 발명된 것이 아니라는 사실을 분명히 깨달아야 한다. 처음에 야생 상태였던 식물을 수확하고 옮겨 심으며 마침내 재배종으로 개량할 수 있게 된 것, 또 야생동물을 포획하고 길들여 종국에 사육할 수 있게 된 것은 수만 년 동안 자연과 치열하게 씨름한 결과였다. 이런 과정을 통해 인간은 어떤 야생동물이 포획된 상태에서 잘 자랄 수 있는지, 어떤 것은 아닌지, 어떤 식물이 경작될 수 있는지를 배울 수 있었다.

근동의 일명 비옥한 초승달 지역은 재배종으로 개량하기 좋은 원시 곡물 종들 및 양, 염소, 소처럼 가축화하기 가장 적합한, 무리를 이루어 사는 동물의 서식이라는 이상적인 조건을 제공했다. 이런 점에서 보면 이곳에서 인류 역사상 농업이 가장 먼저 발달해 이후 점차 극도로 건조한 지대를 제외한 세계 전역으로 확산되었다는 것은 그리 놀라운 일이 아니다. 식물 재배와 가축화의 중심지가 되었던 또 다른 지역으로는 대형 강에 면한 비옥한 평야들이 있다. 쌀농사가 가장 일찍 시작된 것은 양쯔강과 갠지스강 유역에서였고 기장이 가장 먼저 재배된 것은 황허강 유역이었다. 이곳에서는 처음부터 가축을 길렀다. 양, 염소, 소가 고기의 주된 공급원이었던 근동아시아와는 달리 동아시아에서는 돼지가 훨씬 더 중요한 역할을 했다. 열대 지방에서는 이 위도에 전형적인 덩이줄기 식물(얌, 타로)과 재배 나무(바나나)를 심기 시작했는데 이에 대한 가장 이른 시기의 단서가 발견되는 곳은 파푸아뉴기니다.

아프리카 대륙의 북부 지방에서는 사하라 지역이 사막화되기 전 다양한 동물상이 분포해 있었다. 하지만 그중 야생 소만이 가축화에 적합했기 때문에 소를 길렀다. 근동은 이 발달 과정에 아무런 영향을 미치지 않았다. 아프리카에서는 식물 경작이 매우 늦게 이루어졌고 그나마도 사헬 지대와 열대 우림 지대의 북방 경계지역처럼 자연 조건이 매우 좋은 곳에 국한되었다. 이 지역들에서 수수, 진주기장, 손가락기장과 얌의 야생종을 재배종으로 개량했다. 이에 반해 아메리카의 자연에서는 호박, 옥수수, 콩, 아보카도, 타로, 카사바가 재배종으로 개량될 수 있었다. 아메리카 대륙 낙타 종들은 털 생산을 목적으로 사육되었고 짐을 운송하는 동물로도 이용했다.

우리는 앞서 세계에서 수렵 채집 생활자들이 풍족하게 살 수 있었던 지역과 농업의 이행이 일어나려고 해도 환경이 혹독해서 선사시대 사람들이 개조하기에는 거의 불가능한 그런 지역에서 생산 경제는 매우 뒤늦게 나타났다는 것을 설명했다. 이때 수렵 채집 생활과 정착생활이 동반되는 농업 사이에 항상 분명한 경계를 그을 수 있는 것은 아니다. 양자의 혼합 형태도 존재했다. 가령 미국 서북 해안의 사냥, 어획, 채집 생활자들은 장기적인 촌락을 이루며 살았지만 식물을 경작하지는 않았다. 파푸아뉴기니와 아마존 열대 지방에서는 이동식 텃밭 농업을 발달시켰다. 이동생활을 하는 사냥, 채집 생활자들은 식용 식물을 조직적으로 수확했고 부분적으로 이를 옮겨 심기도 했다. 오스트레일리아의 원주민인 애버리지니는 초기 호모 사피엔스가 수만 년 전에 이미 그랬던 것처럼 관심 있는 채집 식물의 성장을 촉진하기 위해, 그리고 야생동물을 사냥할 때 덜 방해받기 위해 빽빽한 숲과 관목지역에 일부러 불을 놓아 태웠다.

이렇게 정착생활과 생산 경제로 가는 길은 매우 다양한 형태를 띠었다. 이때 중요한 역할을 했던 것은 각각의 기후 및 식생 조건과 더불어 식물 재배와 가축화의 잠재적 가능성이었다. 그럼에도 세계의 수많은 지역에서 농경생활 및 생산 경제가 우위를 점하게 된 이유에 대해서는 여전히 의문이 남아 있다. 이와 관련해서 흔히 수렵 채집 생활인의 이동성에 한계가 있었을 것이라는 이론이 제기된다. 이런 생활 방식으로는 경제적인 성장과 인구 증가가 거의 불가능했을 것이기 때문이다. 돌아다니면서 생활하는 사냥꾼과 채집 생활자에게 다음 출산까지의 시간 간격은 농경 정착 사회에서보다 두 배 정도 더 길었던 것으로 밝혀졌다. 이런 설명은 모두 타당성을 갖는다. 하지만 이는 생산 경제로 이행한 결과이지 그 원인은 아니다. 왜냐하면 인구가 성장하고 나서 그다음에야 농경과 가축 사육이 이루어졌다고 봐도 문제가 없기 때문이다.

농경과 가축 사육은 사냥, 어획, 채집생활을 할 때보다 식량 조달을 더 잘 계획할 수 있게 했다. 하지만 반대로 흉작이나 해충의 피해는 곧 부

16장 결론: 비교적 고찰

락의 생존을 위협하는 요소가 되었다. 그 밖에 생산 경제는 상당한 단점을 갖고 있었다. 동물과 가까이 사는 생활로 인해 동물들에게 있었던 병원체가 인간에게 전이될 수도 있었고 돌연변이를 일으켜 인간을 위험하게 만들며 나아가 전염병을 일으킬 수도 있었기 때문이다. 또한 정착 농경 생활자의 영양 섭취는 그 질이 훨씬 떨어졌던 것으로 증명된다. 식단이 단조롭고 단백질 함량이 적었기 때문이다. 농경 생활자의 신장은 수렵 채집 생활자에 비해 오히려 작아졌고 수명 또한 별로 늘지 않았다. 또한 농업은 이미 일찍이 환경에 피해를 주는 결과를 가져왔다. 대규모 벌목과 방목 가축 사육은 이산화탄소의 수치를 인공적으로 상승시켰고, 이 때문에 신석기시대에 이미 인류 역사상 최초의 온실 효과가 나타났다. 즉 인간의 모든 발전이 긍정적인 결과를 가져온 것만은 아니며 오히려 부정적인 부작용도 있었음을 알 수 있다.

생산 경제의 성립은 인간이 식량 조달을 최적화하려는 노력을 계속한 끝에 나타난 필연적 내지는 자동적 결과일 뿐일 수도 있다. 사람들은 수만 년이 넘는 시간 동안 다각적인 경험 지식을 쌓았고 이때 식용 식물을 채집하고 야생동물을 사냥하는 기술만 익힌 것이 아니라 이 대상에 조작을 가하는 방법도 익혔다. 또 특정한 식물의 성장 주기와 사냥 동물의 행동 습관도 파악했다. 식물의 경작과 재배는 수확량의 증가를 가져왔고 경작물의 영양가와 맛을 더 좋게 했다. 동물을 어떻게 부리고 다룰 수 있는지 이해하게 된 후 계획적인 사육, 길들이기, 성별 및 나이에 따른 구분을 할 수 있기까지는 별로 어려움이 따르지 않았다. 처음으로 가축화된 야생동물은 개였고 시기는 플라이스토세 말엽이었다. 하지만 개는 식용으로 기른 것이 아니었다. 세계에서 가장 오래된 식물 재배와 동물 가축화의 중심지에서는 획득 경제에서 생산 경제로의 단계적 이행이 특히 아

988

인류는 어떻게 역사가 되었나

주 잘 드러난다. 이에 비해 다른 지역에서는 신석기 생활 방식의 모든 요소, 즉 정착생활, 농경, 가축 사육, 토기가 한 번에, 그것도 꽤나 갑작스럽게 나타난다. 즉 신석기 문화 요소들은 어느 정도 완성된 채로 '수입'되었던 듯하다.

비옥한 초승달 지역은 정착생활과 농경생활의 문턱에 서 있었던 수렵 채집 집단들이 숭배 의식 공동체이기도 했다는 사실을 세계의 다른 어떤 지역보다 잘 보여준다. 오늘날까지도 원시인류 역사에서 핵심적인 의미를 지니는 이 문화적 전환은 그 당시 사람들에게 너무 획기적인 것으로 느껴졌고, 그렇기 때문에 사람들은 제의적인 의식을 통해서라도 이를 소화시켜야 했는지 모른다. 메소포타미아 북부의 숭배 의식을 위한 거대한 장소들은 특정 계절에 규칙적으로 관심이 집중되는 구심점이 되었고 수렵 채집 생활자들은 먼 지역에서도 공동 제의 성격의 연회를 하러 이곳으로 모여들었다. 이런 연회는 이 행사를 위해 필요한 양의 식량을 확보할 수 있을 때에만 개최될 수 있었을 것이다. 계획 가능성과 안정성의 관점에서 보자면 농경과 가축 사육은 순수한 획득 경제에 비해 훨씬 큰 장점을 갖고 있었다. 이런 점을 고려하면 식물 경작과 가축 사육이 시작되는 데 일명 '연회 공동 식사'의 역할은 과소평가될 수 없을 것이다.

3.
규율의 필요성에서
복합사회가 성립되기까지

농경생활이 확산되어 수렵 채집 생활이 완전히 해체된 곳에서는 모두 급속한 인구 성장이 나타났다. 이로 인해 공동 주거 집단 내에서는 규율에 대한 필요성이 높아졌고, 결국 지도자, 방어 시설을 갖춘 중심 지역, 최초의 공공 기관, 영토에 대한 개념, 더욱 발달된 노동 분업과 전문화, 기술적 혁신, 조직적인 원거리 무역을 특징으로 하는 복합사회가 형성되는 결과를 낳았다. 하지만 이 과정은 지역마다 매우 다른 양상으로 나타났다.

메소포타미아에서는 최초의 촌락이 세워진 후 도시가 형성되기까지 탄탄대로를 걷는다. 기원전 6000년대 후반기부터 하수나 문화 시기 동안에는 이미 노동 분업(직물 생산)이 일반적이었다는 것이 증명된다. 뿐만 아니라 뼈에 새긴 금으로 볼 때 연산을 할 수 있었던 것으로 추측되며 이는 원시적 행정 처리에 대한 증거로 간주된다. 인장은 당시 사유재산이 있었다는 것과 이 사유재산을 권한 없는 이들의 접근으로부터 보호하려 했음을 보여준다. 이런 모든 요소는 문자가 발명되기 수천 년 전에 이미

법에 대한 개념이 뚜렷했고 사회적 기준과 관습이 있었음을 증명해준다. 기원전 6000년대에서 기원전 5000년대로 넘어가는 전환기(사마라 문화)에 인류는 농산물의 소출을 늘리기 위해 인공 관개 시설 기술을 발달시켰다. 관개 시설을 계획·운영·관리하기 위해서는 중앙 조직과 지도부가 필요했다. 이는 잉여 생산물을 분배하기 위해서도 마찬가지였다. 이러한 인식은 장차 정치적 권력이 탄생하는 바탕이 되었다. 기원전 5000년대 전반기 할라프 문화 시기 동안 야금술이 출현하면서 사회의 서열화가 강화되었다. 그리하여 중심 지역으로 기능하는 대형 주거지역이 출현한다. 기원전 5000년대 중반에서 기원전 3000년대 초 사이의 우바이드 문화에서는 토기의 산업적 대량 생산(돌림판), 공공성을 지니는 거대 건축물, 조직적인 원거리 무역, 지도적 엘리트들이 나타났다. 그다음에 이어지는 우루크 문화에서는 궁전, 사원, 미술, 대형 조각, 왕과 사제, 굴려서 찍는 원통 인장, 문자가 나타났고 이와 더불어 정치, 경제, 종교, 문화의 중심지 역할을 하는 매우 넓은 도시가 발달했고, 이렇게 해서 기원전 3000년대 후반 고등 문명으로 가는 문턱을 넘어서게 된다.

근동, 아프리카, 아시아, 유럽 등지의 대형 강줄기를 중심으로 문명이 형성된 곳에서는 그곳이 어디가 되었든 농경생활의 시작에서 고등 문명의 초석이 다져지기까지의 과정이 엇비슷한 과정을 겪었다. 근동아시아 지역과 비교할 때 나일강 계곡은 그 첫 행보가 조금 더 늦었지만, 근동으로부터 많은 혁신적 변화를 계속해서 받아들인 것이 문명 발달에 도움이 되었다. 또 기원전 3000년대에 사하라 지역에서 나일강 계곡으로 점점 더 많은 사람이 이주해왔던 것도 문화 발달에 긍정적 영향을 미쳤다. 이들이 이주했던 이유는 사하라 지역에서는 사막화가 계속 진행되어 생존 조건이 점점 더 열악해졌기 때문이다. 기원전 3000년대 후반, 즉 메소

16장 결론: 비교적 고찰

포타미아에서 수메르 문화가 형성되었던 것과 비슷한 시기에 고대 이집트 문명이 형성되었고, 이때 위의 두 가지 요소가 이집트의 특수한 역사적 상황을 특징지었다. 이집트 제0왕조(나카다 제Ⅲ기) 시기에는 아비도스 왕실 무덤, 도시적 중심지, 범지역적 영향력을 가진 신전, 최초의 문자 증거물, 그리고 통치자가 나타났고 마침내 상이집트와 하이집트를 아우르는 왕국이 탄생하게 된다.

인도 서북부 지방에서도 인더스 문명(하라파 문화)이 형성되기까지 구체적 단계를 추적해볼 수 있다. 다만 한 가지 논란이 되는 문제는 하라파 문화가 어느 정도 수준의 문자를 사용하고 있었던가 하는 점이다. 사유재산을 표시하기 위한 인장을 사용했다는 것이 밝혀지긴 했지만, 문자라고 해석할 수 있는 것은 아직까지 나타나지 않고 있다. 대부분의 각명刻銘은 4~5개 이상의 기호를 포함하고 있지 않다. 이는 메소포타미아와 이집트에서 발달했던 방식의 섬세한 고대 문자와는 분명히 차이를 보인다. 이에 반해 모헨조다로의 예와 같이 도시형 중심지에는 거대한 신전, 궁전, 요새 시설, 공공성을 띠는 거대 예술품, 대량 생산이 발달되어 근동아시아의 고대 도시들과 유사한 형태를 띠었다. 기원전 2000년대 후반기에 투르크메니스탄 남부에서도 하라파와 부분적으로 같은 시기에 존재했던 나마즈가 V단계에서 도시형 중심지가 형성된다. 하지만 이곳에서도 문자는 찾아볼 수 없었다. 반면 그 밖의 측면에서는 근동아시아 도시들과 거의 차이가 없었다. 문자 없이도 초대형 도시들이 기능할 수 있었던 것일까?

중국에서는 정착생활의 시작부터 문자를 가지고 역사 시대에 진입했던 기원전 1000년대 초의 상 왕조에 이르기까지, 신석기 문화의 모든 발전 단계가 황허강과 양쯔 강변의 문화 중심지에서 일어났다. 이러한 발달에 바탕이 되었던 것은 지속적인 인구 증가였다. 이 과정에서 서로 경쟁 관계인 중심 지역도 생겨났으며 나아가 사회적 엘리트들도 출현한다. 또한 노동 분업, 수공업, 대량 생산, 조직적인 원거리 무역도 발달했다. 특히 양쯔강 지역에까지 확산되어 있던, 신석기시대 후기를 대표하는 황허 강 유역의 룽산 문화에서는 원시 도시형 중심 지역과 지배층을 위한 무덤이 존재했다. 이 고분들에서는 뛰어난 칠기와 비취 공예품이 발견되었다. 또한 룽산 문화인은 습식 쌀농사를 짓고 쟁기를 사용하는 방법에 숙달해 있었다. 이는 효율성 높은 농업을 위해 매우 중요한 혁신적 변화였다. 이를 통해 막대한 잉여가 생산될 수 있었고, 따라서 어렵지 않게 인구가 밀집된 도시형 중심지에 식량을 공급할 수 있었다.

아메리카 대륙에서도 농경생활과 그 경제적 환경을 배경으로 고대 고등 문명이 탄생했다. 메소아메리카와 남아메리카의 안데스산맥 지역에서 이런 고등 문명이 형성되었던 시기는 기원전 마지막 2000년 동안의 형성기Formative Period였다. 옥수수, 호박, 콩, 고추, 아보카도, 감자를 경작하는 조방농업의 발달과 더불어 노동 분업, 수공업, 조직적인 원거리 무역, 정치적 지도 엘리트, 이들의 호화스러운 무덤이 함께 나타났다. 또한 조각품과 부조가 포함된 공공성을 띠는 거대 예술작품도 출현했다. 고대 도시에는 궁전, 사원 건축물, 창고, 공놀이 운동장이 있었고 이 도시들은 기원전 1200년부터는 올메카 문명, 나중에는 마야 문명의 종교적·정치적 권력의 지역 중심지가 되었다. 페루 안데스산맥 지역에서는 차빈, 파라카스, 나스카 문화의 중심 지역이 이에 상응하는 발전을 보였다. 마야인은 콜럼버스 이전 시기 문화 중에서 유일하게 기호와 표어문자한 문자가 하나의 단어가 되는 문자가 나타나는 진정한 의미의 문자를 발전시키긴 했지만 이는 기원전 제1천년기 후반기에야 이루어진 것이었다.

원시 고등 문명의 형성은 도시적 생활, 그리고 이와 결부된 정치·사회·행정·종교에서의 혁신적 발달을 수반했고, 건축에서도 그 표현을 일부 찾을 수 있다. 이러한 고등 문명의 발달은 아프리카, 근동, 아시아, 유럽에서는 건조 기후 지대에 위치한 대형 강(유프라테스와 티그리스, 나일, 인더스, 황허, 양쯔) 주변 평야의 몇몇 지역에 국한되어 있었다. 그리고 이곳에서만 문자 또는 문자 형태의 의사소통 시스템이 발달되었다. 아메리카 대륙에서는 사정이 약간 달랐는데, 메소아메리카와 중앙 안데스 지역에서 비슷한 방향으로 지속적인 발전이 이루어지긴 했지만 대형 강 주변 지역에서가 아니라 계곡과 고원 지대가 중심이었다.

(책의 본론에서 설명되었듯이) 정착생활과 생산 경제는 발달했지만 촌락에서 바로 도시가 된 것은 아니었던 그 밖의 지역에서도 시간이 지나면서 모두 상당한 기술적·사회적 변화가 일어났고, 이는 인간의 창의력을 분명히 드러내주는 것이었다. 어느 곳에서도 농경생활이 처음 시작할 때의 모습 그대로 이어지는 경우는 거의 없었고 발전, 중단, 후퇴의 국면이 번갈아가며 거듭 나타났다.

아나톨리아 중부와 서부 지방의 신석기시대는 복합적인 문화를 남겼다. 이는 차탈 회위크와 하즐라르 주거지에서 증명된다. 이후 수백 년 동안 금속 가공이 더욱 중요해졌고 대체로 인구도 증가했다. 이는 주거지의 지속적인 발전에 가시적인 영향을 미쳤다. 그렇게 해서 동기시대와 초기 청동기시대에는 원시 도시 형태의 대형 주거지(가령 베이제술탄)가 형성되거나 또는 지도 엘리트 계급이 방어 시설을 갖춘 자신들만의 '윗성'에 거주함으로써 다른 주민과 자신들을 분명하게 구분 짓는 곳(가령 트로야, 카라타쉬-세마위크)이 생겨났다. 아나톨리아 중부 지방에서는 기원전 2000년대 후반 알라카 회위크에서 호화스러운 고분이 만들어지면서 사회적 계층 분화가 정점을 이루었다. 이는 이후 고대 아시리아 무역 식민지 (카룸)가 세워졌던 기원전 1000년대 초반보다 앞서는 시기였다. 그 결과 아나톨리아 중부에는 후대에 히타이트 제국이 형성된다.

에게해 지역에서의 발달 과정도 이와 크게 다르지 않다. 세스클로와 디미니에서 확인되듯이 신석기시대 후기에 이미 대형 주거지가 세워졌으며 이들 주거지 내에는 일종의 귀족용 저택과 같은 작은 성채가 자리 잡고 있었다. 그러다 헬라딕 문명 초기 시대에 들어서면서 궁정이 직접 통치하는 미케네의 여러 성이 출현한다. 이곳에서 발견된 선형문자 B는 행정 분야에서 사용되었던 최초의 문자로서 오늘날 그리스어의 가장 초기 형태라고 볼 수 있다. 크레타섬에서는 좀더 앞선 시기에 선형문자 A와 함께 이와 유사한 발달이 시작됐지만 이 문자는 현재까지 신뢰할 만한 해독이 이루어지지 않고 있다.

유럽 동남부와 판노니아 평원의 경우 신석기 이후 시기에 커다란 단절기가 반복해서 나타난다는 특징을 보인다. 그렇기 때문에 이 지역에서는 에게해와 아나톨리아 서부에서 이루어졌던 발달 과정이 나타나지 않는다. 이러한 사실은 철문 계곡과 흑해 사이 지역에서 기원전 4000년대에 유럽에서 가장 오래된 광석 채굴용 지하 갱도(루드나 글라바, 아이부나르)와 야금술이 발달했다는 사실을 상기하면 더욱 특이한 일이다. 이 시기 이후 이미 신석기시대 초기에 모습을 보였던, 여러 주거지가 층층이 쌓여 있는 유럽 동남부의 주거 구릉지들은 판노니아 평원까지 널리 확산되었다(티서 문화와 이에 관련된 인구 집단들).

이 지역에서 새로운 생활 형태가 전반적으로 뿌리 내리지 못하고 몇 세대 후 포기되었던 반면, 도나우강 하류와 트라키아에서는 지속적으로 사람들이 살았던 구릉 주거지에서 구리 가공 문화가 전성기를 누린다.

발굴을 통해 드러난 이 주거지들의 건축 구조는 당시 기획력, 상부 조직, 노동 분업, 토지 소유의 보호가 존재했다는 것을 증명해준다. 그 밖에 다수의 작은 점토 조각상이 눈에 띈다. 이 조각상들은 일부러 깨뜨려 집 안에 보관해두는 일이 흔했는데 이런 행위가 갖는 종교적 의미는 아직까지 완전하게 다 밝혀지지 않았다. 하지만 세계 어느 지역에서도 금속 가공술의 만개와 사회적·종교적·정치적 권력 사이의 연관성이 이곳에서만큼 분명하게 드러나는 곳도 또 없다. 바르나의 호화 고분에는 아주 많은 금과 특권을 상징하는 물건이 부장품으로 들어 있어, 이 무덤의 주인들이 생전에 구리와 금으로 된 물건을 생산하고 교역함으로써 권력과 부를 누리게 된 계층이었음을 알게 해준다.

기원전 4000년대 말엽 이 문화를 멸망시키고 기원전 2000년대까지 이 지역 전체에서 다시 새로운 문화가 일어나지 못하도록 만든 것이 무엇인지는 아직까지 수수께끼로 남아 있다. 폰토스 북부의 스텝 지대에서 내려온 전투적인 가축 사육 집단의 습격이나 기후적 변화가 그 원인일 것으로 생각되기도 하지만 이 가설 중 어느 것도 증명력을 가진 것은 아니다. 어쩌면 내부 세력들이 파멸을 부추겼을지도 모른다. 왜냐하면 모든 기술적·사회적 발전이 이미 성취한 것들을 수호하고 이를 지속적으로 사회 속에서 공고하게 만드는 데 성공하는 것은 아니기 때문이다. 여하튼 이후 발달의 중심점은 서쪽에 인접한 판노니아 평원으로 이동했다. 이곳에서는 기원전 3000년대 후반과 기원전 2000년대, 바덴 문화와 그 관련 집단들이 활동하던 시기에 일련의 근본적인 개혁들이 일어났다. 즉 바퀴와 수레의 발명, 수레를 끄는 짐승과 쟁기의 사용이 그것이다. 이는 경제적 생활을 바꿔놓았고 이후 이 변화는 계속되었지만, 이로부터 그 이상의 영속적인 새로운 사회관계가 형성되지는 않았다.

흑해 북부 지역에서도 정착생활을 하게 된 이후 근본적인 변화들이 나타났다. 숲스텝 지대 서쪽의 트리폴리에 문화가 퍼져 있던 지역에서는 기원전 4000년대에 수백 채의 가옥과 족히 수천 명은 되는 거주민이 살았던 주거지들이 세워진다. 이는 선사시대 상황에 비춰볼 때 엄청난 규모였다. 이런 인구 밀집 중심지가 대체 어떻게 문자와 행정 관리 없이 조직될 수 있었던 것인지 여전히 수수께끼로 남아 있다. 스텝 지대에서는 다른 상황이 펼쳐진다. 이곳은 가축 사육이 비할 바 없이 큰 중요성을 가지는 곳이었고, 경제적 윤택함 또한 가축 무리의 크기에 좌우되는 곳이었다. 가축 사육을 주로 하는 문화인 스레드니 스토크와 치발린스크의 묘지에서는 기원전 4000년대 중반 이후 시기에 속하는 유물이 발견되었다. 이 무덤에는 무기와 지위를 상징하는 물건들이 부장품으로 들어 있어 남성 중심적 지배층이 형성되었음을 최초로 확인할 수 있었다. 이따금 이와 비슷한 형태를 띠고 있는 어린이 무덤도 발견되는 것으로 미루어 이 사회 계급의 구성원이 되는 것은 출생을 통해서였던 것으로 추측된다.

폰토스 북부 스텝 지역에서의 이러한 사회 모습은 계속된 문화적인 발전에도 불구하고 이후 수천 년 동안 지속되었다. 이곳에 퍼져 있었던 기원전 3000년대 후반과 기원전 2000년대 초반의 얌나야 문화는 동일한 시기에 존재했던 보타이 문화와 함께 카자흐스탄 북부 스텝 지대에서 세계 인류 역사에서 중요한 의미를 지니는 혁신을 이루었다. 그것은 바로 말 사육의 시작이었다. 같은 시기에 캅카스산맥 북부 스텝 지대, 마이코프 문화의 지배 엘리트들은 거대한 대형 쿠르간에 호화로운 부장품(귀금속제 그릇)과 함께 매장되었다. 말을 이용하게 되면서 인간에게는 그때까지 생각할 수 없었던 매우 먼 거리를 빠른 속도로 이동할 가능성이 열렸다. 이후 남성 전사로 이루어진 지도층 무덤이 더 많아진다. 사람들은 지도층에게 말과 수레 또는 전차(신타시타)를 주어 저승으로 떠나보냈다. 이 문화에 속한 주거지에 대해서는 알려진 바가 많지 않으며 그나마 남아 있는 것들도 신타시타 문화의 원형 주거지를 제외하고는 거의 중요한 인상을 주지 못한다. 후자는 전체적인 계획하에 간격 없이 밀착되어 지어진 마름모형 가옥으로 구성되어 있었다.

동유럽 스텝 지대와 판노니아 평원에서 기원전 3000년대 후반과 기원전 2000년대에 일어났던 혁신적 변화들은 기원전 4000년대 이후 띠무니 토기 문화가 종식된 후 획기적인 변화가 일어나고 있던 중부 유럽 문화에도 영향을 미쳤다. 이 초기 신석기시대 문화로 인해 중부 유럽에는 정착생활과 생산 경제가 유입되었다. 하지만 넓은 지역에 걸쳐 분포되어 있었던 초기 신석기 문화는 신석기시대 중기와 후기 동안 문화 표현 방식의 지역화가 뚜렷해지면서 해체되기에 이른다. 신석기시대 초기와 중기에 큰 규모의 씨족 연맹에 의해 세워졌던 세로로 긴 가옥들은 신석기시대 후기에 한 가족의 필요에 맞춘, 크기가 더 작은 집으로 대체되었다. 이런 집들은 표준적인 형태를 따르고 있다는 인상을 준다. 이렇게 해서 이 주거 공동체 내에서는 처음으로 소가족이 중요한 경제 단위로 등장한다. 같은 시기에 바퀴와 수레, 수레를 끄는 짐승, 쟁기가 알프스 북부 지방으로 건너가 중부 산간 지방까지 전파되었다. 이에 반해 가축화된 말은 중부 유럽에서 매듭 무늬 토기 문화와 비커 문화 시기, 목축 경제가 더 발전하고 나서야 대량으로 서식하게 된다.

알프스산맥과 발트해 사이 지역에서는 기원전 3000년대 이후가 돼서야 독자적인 금속 생산이 시작된다. 이는 판노니아 평원에서보다 훨씬 더 늦은 시기였다. 또한 주위보다 높은 장소에 위치한, 방어 시설을 갖춘 중심 지역은 최초로 사회적 계층의 분화가 나타났음을 보여준다. 장제에서도 지도층 엘리트들은 매우 귀중한 부장품과 뛰어난 무덤 축조술로 다른 거주민들과 점점 더 뚜렷한 경계를 만들어나갔다. 이러한 경향은 초기 청동기시대 중에서 후반기에 해당되는 기원전 1000년대 초반, 로이빙겐의 우네티체 문화 후기, 일명 군주의 무덤에서 최고점에 도달했다.

독일 북부와 스칸디나비아 남부 그리고 스페인 남부에서 브리튼 제도까지 유럽 대서양 지역에서는 기원전 3000년대부터 거석 무덤이 세워졌다. 지역마다 차이가 남에도 불구하고 이 무덤들은 한 가지 공통된 핵심 관념을 바탕에 깔고 있다. 즉 무덤 시설의 웅장함을 통해 이곳을 기념적 장소로 만듦과 동시에 강렬한 방법으로 영토를 표시한다는 생각이다. 이러한 변화는 한편으로는 묘지를 대하는 태도가 변했다는 사실을 반영하면서, 다른 한편으로는 그 지역 공간과의 관계가 새롭게 구축되었다는 사실도 보여준다. 거석 건축물은 처음에는 대부분 집단묘였지만 시간이 지나면서 지역 엘리트들의 무덤이 되었다. 거석 문화 전통이 끝날 무렵 세워진 스톤헨지와 같은 곳은 제의적 중심지와 사회적·정치적 권력 사이의 관계가 강렬하고도 인상적으로 표현되고 있는 곳이다.

로이빙겐이든 스톤헨지든 유럽의 많은 지역에서 사회의 계층화를 유발시켰던 것은 금속의 상승된 중요도와 결부된 경제적 권력의 축적 및 이의 불균형한 분배였다. 이렇게 주거 집단들은 정착생활을 시작하고 1000년에서 2000년이 지난 시점에 다시 상당한 변화를 겪는다. 원시 농경 및 목축 공동체는 경제적·기술적·사회적 혁신들로 인해 복합사회로 발달할 수 있었지만 유럽의 많은 지역에서 도시적 생활이 성립하기까지는 더 오랜 시간을 기다려야 했다.

유라시아의 스텝 벨트 지역에서도 사정은 다르지 않았다. 이곳에서도 점점 더 중요해졌던 야금술은 가축 떼의 크기와 목초지의 질이라는 요건 외에 지속적인 발전에 중요한 역할을 했던 요소였다. 중앙아시아와 남부 시베리아에서는 여러 금광석을 대량으로 이용할 수 있었는데, 기원전 2000년대 후반에 이미 구리와 아연으로 청동을 합금했고 더 복잡하고 큰 물체를 주조할 수 있었다. 이 시기에 방어 시설을 갖춘 중심 지역들이 형성되었고 지도층의 일원이 호화롭게 꾸며진 무덤에 매장되는 일이 더 잦아졌다. 이와 함께 새로운 조형 예술에서는 시베리아 스텝 및 숲스텝 문화의 더욱 복잡해진 관념세계를 엿볼 수 있다. 예니세이강 중류의 오쿠네프 문화의 석비石碑, 알타이의 카라콜 문화의 석관에 그려진 그림들, 서부 시베리아 숲스텝 지대의 사무스 문화 토기에 나타난 형상적 표현 등 이런 그림 모두에는 상징이 가득 담겨 있다. 하지만 이 상징들이 정말 어떤 의미를 가지는 것인지는 현재까지 완전히 다 밝혀지지 않고 있다.

남아시아에서 정착생활과 생산 경제는 기원전 3000년대 초라는 훨씬 더 늦은 시기에서야 인더스 계곡과 갠지스 평야로부터 인도 아대륙의 다른 지역으로 퍼져나갔다. 이런 과정에서 북쪽의 라다크 및 남쪽의 데칸 고원에서는 야금술이 출현했고, 같은 시기에 거석 무덤들이 세워지는 등 사회적 계층 분화 현상이 나타난다. 동아시아에서는 황허강과 양쯔강 주변 원시 고등 문명 중심지로부터 영향을 받은 지역들에서 이와 비슷한 변화가 나타났다. 하지만 이들 지역에서 발달한 문화는 황허강과 양쯔강 문화에 비견될 만한 것이 아니었다. 그럼에도 사회적 분화가 일어났다는 단서는 전 지역에서 발견된다.

오세아니아에서는 사정이 달랐다. 기원전 1000년대 중반부터 라피타 문화가 팽창하면서 식물 경작과 가축 사육을 하는 정착생활이 멜라네시아와 폴리네시아 서부로 확산되었다. 하지만 그 후 수백 년 동안 재화의 불균형한 축적으로 나타나는 사회적 계층화 양상은 보이지 않았다. 오히려 이곳에서는 평등한 사회가 지속되었던 듯하다. 이러한 관찰이 정확하다면 이는 정착생활과 생산 경제가 반드시 뚜렷한 사회적 계층의 분화를 가져오는 것은 아니라는 점, 오히려 이러한 현상이 나타나는 곳은 위의 요소들에 더해 금속의 소유와 가공이 막강한 사회적 영향력을 가진 경제적 요인으로 나타나는 곳이라는 점을 의미한다. 하지만 라피타 시기의 오세아니아는 후자의 경우에 해당되지 않았다.

사헬 지대와 아프리카 서부 우림 지대의 북쪽 경계지역에서도 이와 비슷한 현상이 관찰된다. 이곳에서는 점점 더 생존에 불리해져가는 사하라 지역에서 사람들이 대거 이주해왔고 이로 인해 기원전 1000년대 전반기에 정착생활과 가축 사육 경제로의 전환이 이루어진다. 그 후 기원전 1000년대 중반 이후에는 식물 경작과 토기 생산이 시작된다. 이때 진정한 의미의 사회적 신분 분화는 차드 분지의 가지간나 문화 지역에서도, 또 더 남쪽의 킨탐포 문화가 분포되어 있었던 지역에서도 나타나지 않았다. 아프리카 사하라 이남 지역에서의 이러한 상황은 기원전 제1천년기 후반기 이후가 돼서야 바뀌기 시작한다. 이 시기에는 철이 새로운 원자재로 처음 등장했다. 철은 사회적 변화를 불러일으켰고 이로 인해 기원후 원시 도시가 성립되기까지 했다.

하지만 사회적 계층화가 일어나기 위해 늘 금속이 필요했던 것은 아니다. 예를 들어 파버티포인트 문화인은 기원전 2200년에서 기원전 700년 사이 미시시피강 하류에서 재배 식물을 심었지만 가축 사육도 금속 가공도 알지 못했다. 그럼에도 대대적 토지 공사를 벌여 광활한 면적의 중심지들을 만들었다. 이는 막대한 공동체의 노력으로 이루어진 것으로서 상부의 지휘와 지도가 필요한 일이었다. 파버티포인트 문화의 봉토 아래 실제로 엘리트들의 무덤이 설치되어 있는지는 더 광범위한 발굴 작업이 있어야만 구체적으로 밝혀질 수 있다. 미국의 서남부에서도 놀라운 문화적 발달이 일어났다. 이곳의 수렵 채집자들은 멕시코로부터 영향을 받아 이미 기원전 1000년대에서 제1천년기의 전환기에 애리조나주에서 최초로 옥수수를 경작했고, 이를 위해 심지어 관개 수로도 설치했으며 잉여 수확물을 위한 저장용 창고도 만들었다. 그럼에도 이들은 수백 년 동안 여전히 이동생활을 하는 수렵 채집 생활자로 살다가 기원후가 돼서야 고정된 촌락에 정착해 토기를 생산했다.

마찬가지로 남아메리카의 안데스산맥 북부 지방에서도 정착생활과 생산 경제가 시작된 후 계층화된 사회가 형성된다. 이 사회들에서 고등 문명이 발달된 것은 아니지만 수정, 비취, 흑요석, 황토색 안료, 구리, 특히 금과 같은 매혹적인 원자재를 취급할 권한은 늦어도 기원전 제1천년기 초반에 일명 '군장국가'를 탄생시켰다. 군장국가들은 더 남쪽 아타카마 사막(알토라미레스 문화)과의 경계 지대와 아르헨티나 서북부 쪽으로 향해 있는 안데스산맥의 동남향 능선(알라미토 문화)에서도 형성되었다.

요컨대 경제적·기술적 혁신이 선사시대 인류의 사회 구조와 공동생활 형태에 미친 영향에 관해 보자면 정해진 규칙이란 존재하지 않는다. 하지만 중요한 사실은 인간은 늘 특정한 변화를 일으키려는 경향을 보인다는 것이다. 이 경향성은 여러 요소에 의해 좌우되는 데, 연구자들은 이제야 이에 대해 서서히 이해하기 시작했다.

세계 많은 지역의 농경 공동체에서 복합사회가 발달하게 되었던 시기, 특정 오지에서는 여전히 사냥, 어획, 채집을 하는 사람들이 살았다. 이들 공동체에서도 사회적 복합성이 고조되는 경향이 분명하게 확인되지만 그럼에도 수렵 채집 공동체들은 높은 안정성을 가지고 지속되었다. 이들 중에도 더 많은 경험 지식, 특정한 인공물 제작이나 더 뛰어난 사냥 기술,

또는 카리스마를 보유한 지도자가 있었을 것이다. 그럼에도 모든 정황으로 미루어볼 때 우리가 고고학적 자료들을 올바르게 해석한 것이라면 수렵 채집 공동체들은 계속 평등한 사회를 유지했다. 물론 이런 확증이 얼마나 견고한 것이냐는 점에서는 고고학적 자료가 파편적 성격을 갖고 있음을 염두에 두어야 한다.

이러한 사회적 균형은 매우 안정적이었던 것으로 보인다. 그렇기 때문에 자연환경이 더할 나위 없는 이상적인 상태를 제공하여 수렵 채집 생활자들조차 잉여 산물을 얻고 인구가 급격히 증가했던 때에도 그 사회는 붕괴되지 않았다. 이와 관련해 알래스카와 특히 알류샨 열도에서 이루어졌던 발달 형태를 언급할 만하다. 이 지역에서는 기원전 제1천년기에 거대한 규모의 겨울용 주거지가 여럿 형성되었다. 아다마간과 같은 곳이 그 예다. 이곳에서는 250호의 가옥에서 1000명이 넘게 함께 살았다. 사람들은 해양 포유류의 사냥과 어획을 더 효율적으로 하는 방법을 익혔다. 자연은 해양 자원을 풍부하게 제공했고 그 결과 인구가 크게 증가했다. 하지만 이런 발전에도 불구하고 아다마간과 같이 매우 넓은 중심 지역조차 계절적으로만 이용되었다. 사람들은 이런 장소에서 겨울만 지냈고 공동체는 계속 평등한 사회를 유지했다.

아메리카 서북부 연안에서의 발달은 약간 다른 형태를 띠었다. 이곳의 수렵 채집 공동체들은 기원전 마지막 몇천 년에 걸쳐 정착생활을 시작했고 계획적으로 촌락을 형성했다. 이 촌락들에는 나무판자로 지어진 장방형 가옥들이 줄을 지어 정돈되어 있었다. 이들은 상당량의 잉여 생산물을 획득했고 대량의 훈제 연어를 특별 창고에 저장해두었다. 이들이 비록 농경과 가축 사육으로 이행하지는 않았지만 무덤에서 발견되는 다양한 부장품을 보면 그렇게 강력한 것은 아니었더라도 사회적 신분의 분화가 발생했음을 알 수 있다. 이러한 수렵 채집 사회의 엘리트들은 제의적 축제인 일명 포틀래치를 조직하는 데서 중심 역할을 했다. 포틀래치는 현재까지 아메리카 서북부에 거주하는 퍼스트 네이션스현재 캐나다에 사는 아메리카 원주민 집단에게 주거 연합체의 결속과 의례 공동체로서의 자기 정체성을 지키는 데 중요한 의미를 갖고 있다.

일본 열도에서도 비슷한 발달 과정이 일어났다. 이곳에서 수만 년 이상 존속했던 조몬 문화인은 사냥, 어획, 채집을 하면서 살았고 이미 일찍부터 영리한 전략과 노련한 기술을 사용하여 그들이 존속했던 그 오랜 기간 동안 식량 획득에 놀라울 정도의 완벽함을 보여주었다. 조몬 문화 중반기 이후 계획적으로 세워진 대형 주거지가 나타났다. 이런 주거지에서는 사시사철 사람이 살았고 어느 정도 중심지 역할을 했다. 이와 더불어 거대한 숭배 제의 장소들도 만들어졌다. 이런 장소는 대형 주거지와 마찬가지로 중앙의 지휘가 없다면 생각될 수 없는 그런 곳이었다. 이런 과업을 맡을 수 있었던 사회적 지도층의 존재는 고분 시설에서도 확인된다. 조몬 지도층의 무덤에는 정교한 옻칠 그림이 그려진 목재 용기와 뛰어난 솜씨로 가공된 비취 소재 물건들이 보존되어 있었다. 아이들의 무덤도 비슷한 시설을 갖추고 있었다는 사실은 사회적 지위가 세습되었음을 보여준다. 이는 수렵 채집 생활 공동체로서는 의외의 사실이다. 조몬 문화는 소멸할 때까지 농경과 가축 사육을 하지 않았다. 일본에서 이 두 가지가 이루어지는 것은 청동기와 철기를 가공하게 되는 기원전 300년 이후, 즉 야요이 문화 시대에 이르러서다.

알류샨 열도, 아메리카 서북부, 일본 열도에서의 발달 과정이 각기 매우 달랐다고 해도, 이 과정들은 수렵 채집 공동체에서도 대형 주거지, 숭배 제의 장소, 사회 지배층이라는 놀라운 발달이 이루어질 수 있었음을 보여준다. 하지만 여기서 매우 중요한 사실이 하나 있다. 이러한 발달은 장기적으로 정착했을 때만 가능했다는 것이다. 바로 이 점이 아다마간과 다른 두 지역을 근본적으로 구별 짓는 점이다. 한 사회 내에서 지배층의 형성을 포함해 사회 발달을 일으켰던 동력은 무엇보다 정착생활이었지 생산 경제 하나만은 아니었다. 사냥, 어획, 채집 활동이 매우 이상적인 상태로 이루어질 수 있는 그런 지역에서는 농경과 가축 사육으로 전환해야 할 필요성이 없었다. 이것들 없이도 사람들은 잉여 식량을 얻을 수 있었고 인구도 증가해 제대로 모습을 갖춘 대형 주거지에서 함께 생활하기도 했다. 이때 자연의 잉여 산물이 사회의 지속적인 발전을 저해해서 수렵 채집 인구가 급격히 증가함에도 그 사회의 균형이 유지될 수 있는 경우 흔히 이를 생태적 제동에 걸렸다고도 말한다.

이로써 우리는 전 세계 인류가 각기 다른 시기에 매우 다양한 조건 속에서 최초의 시작부터 문자 발명까지 이루었던 발달 과정들을 살펴보았다. 여기서 우리는 어떤 법칙성과 기본 메커니즘이 있음을 확인할 수 있다. 이런 법칙성은 곧잘 생활 환경에 의해 규정된다. 이때 경제적·기술적·정치적·사회적 진보의 중심 추동력이 되었던 것은 자연이 만든 한계를 넘어가려는 인간의 지칠 줄 모르는 욕구였다. 놀라운 것은 인간은 그 옛날 자연의 한계를 대부분 극복해냈고 기술적 발달이 특징인 근대에서 이루어졌던 변화들의 도움을 받아 극복해야 했던 것은 그리 많지 않았다는 사실이다.

다시 말해 이런 모든 법칙성 및 필연성과 더불어 중요하게 기억해야 할 점은 인간이 보여준 창의적인 능력이다. 이 능력은 인간이 생각해냈던 다양한 문제 해결 방식에서 확인된다. 인간은 창의적 능력을 통해 각각의 환경에 최적의 적응력을 발휘했고, 근본적인 대변화에 대한 수용력을 발휘했으며, 또 공동체의 막대한 성과를 조직하기도 하고, 도시적 인구 밀집 중심지에 수반되는 문제들처럼 커다란 사회 문제에 훌륭히 대응하기도 했다. 인간은 상상력 가득한 혁신적 발전을 통해 아주 일찍부터 자신에게 주어진 선택의 가능성을 어떻게 이용해야 할지 알았다. 선택의 가능성이 매우 적은 경우에라도 말이다. 여기서 '자유의지'의 힘이라는 말을 사용하고 싶지 않다면 다음과 같이 표현할 수도 있으리라. 우리 조상들은 사고와 행위에서 결코 기후 조건에 의해서만 규정되거나 외부의 강제적 조건에 의해 일방적으로 결정되지 않았다고. 자연이 만든 조건 내에서도 늘 행위 선택의 가능성은 있었다고.

원시인류의 역사는 기나긴 여러 발전 과정으로 이루어져 있고, 내가 이 책에서 보여주려고 노력했듯이 이 과정들은 수천 년이 넘게 걸리기도 했다. 인간은 그 긴 여정에서 경험을 쌓아나갔고 실험을 했으며 계속해서 실패를 거듭하고 나서야 성공에 다다랐다. 말하자면 '하룻밤 사이에' 성취한 발전은 거의 없었다. 이는 사냥활동의 시작, 불의 사용, 정착생활에 이르게 되는 과정, 식물의 재배와 동물의 사육, 복합사회에서의 지배층의 형성, 도시의 건설과 같은 발전에서도 마찬가지다. 아주 먼 훗날에 이루어질 발전을 위한 초석이 수백만 년 전에 이미 놓이기도 했다. 따라서 인간의 원시 역사에서 어떤 시기가 가장 결정적이었는지 고민하는 것은 쓸데없는 일일 것이다. 역사 발전의 관점에서 볼 때 최초의 사냥꾼인 아프리카의 호모 에렉투스, 저승을 발견했던 네안데르탈인, 완전히 발달한 언어능력을 가지고 있었고 동굴에서 세계적 예술을 창조해 낸 초기 호모 사피엔스는 최초의 가축 사육자 및 농경 생활자, 거대한 건축물과 관개시설을 축조한 건축가, 사회적으로 계층이 분화된 주거 집단의 카리스마적 지도자 또는 통치자, 사제, 문자를 알았던 행정 관료와 똑같이 중요한 역할을 했다고 할 수 있다.

요컨대 인류는 수백만 년 동안 생존의 보장 및 유지, 계속적인 발전에 정신을 쏟았다. 여기에는 많은 부작용이 따랐음은 선사시대에도 다르지 않았다. 그럼에도 인류는 꽤나 성공을 거두었다. 희망컨대 미래의 인류는 한량없는 긴 시간 동안 부단한 노력으로 일군 이 삶의 기반을 파괴하는 데 그의 창의적 능력을 쏟지 않았으면 한다.

문자가 발명되기 전, 지구 전 대륙의 인간세계를 서술한 파르칭거의 이 책은 사전적 지식을 넓혀주는 것으로 그치지 않는다. 세계지도를 따라 유적지에서 발굴된 사료들을 기초로 하여 서술된 이 책의 마지막 페이지를 넘길 때 독자는 인류 역사에 대해서뿐만 아니라 인간에 대해 한층 더 깊어진 이해를 갖게 된다.

흔히 현대인은 인간을 추상적 가치에서 자신의 존재 이유를 찾고 찾아야만 하는 존재로 이해하지만, 고고학적 조명 아래 인간은 손에 돌을 쥐고 먹을 것을 찾으러 다니고 있다. 현대인은 이들과 자신을 완전히 다른 종류의 존재로 인식하고 박물관 진열대 안에 있는 선사시대 인류 모델은 이런 현대인의 상상을 완성시켜준다. 하지만 우리 모두는 시원부터 한 번도 존재가 끊이지 않았던 조상의 현재적 결과다.

우리가 그 조상으로부터 물려받은 것으로 무엇이 있는가? 이런 질문으로 새삼스럽게 생물학적 유사성을 지적하려는 것도 아니고 무모하게 문화적 항상성을 주장하려는 것도 아니다. 하지만 문제에 부딪혀 이를 해결하려고 하는 부단한, 때로는 강박적이고 충동적인 노력이라는, 지구상의 다른 생명 존재에게서 발견되지 않는 이 특이한 현상에서 볼 때, 현대인과 호모 사피엔스, 네안데르탈인, 심지어 호모 에렉투스와의 거리는 그렇게 먼 것이 아닐지도 모른다. 인간이 어디에서 왔는지 여전히 오리무중이지만 고고학적 연구는 깜깜한 수백만 년의 길에 군데군데 불을 밝혀주었고 우리는 조금은 더 자세해진 인간 설명서를 손에 쥘 수 있게 되었다.

인간이 불을 사용하게 되면서 자연으로부터 가장 먼 한 걸음을 내딛었다는 것은 익히 알려진 사실이다. 이와 함께 저자가 주목하는 것은 인간은 여느 동물과 달리 죽음을 특별한 방식으로 받아들였다는 점이다. 불을 사용할 수 있었던 인간은 모닥불을 피울 수 있었고 모닥불은 사람들을 모이게 했을 것이다. 사람들은 여기서 원시적 수준일지라도 언어적 의사소통을 시도했던 것으로 보인다. 저자에 따르면 네안데르탈인은 이를 위한 해부학적 구조도 갖추고 있었다고 한다. 상호 소통이 가능했던 게 사실이라면 네안데르탈인은 타오르는 불꽃으로 '의미'라는 것을 만들어낼 수 있었을지도 모른다. '의미'가 장착된 눈으로 세상을 볼 수 있게 되자, 비로소 거기에 죽음이라는 것이 떠올랐을지 모른다. 그 후 인간은 많은 시간을 죽은 자를 처리하는 데 할애했다. 이런저런 형태의 무덤을 만들었고, 시신을 이렇게도 뉘이고 저렇게도 뉘여보았다. 미라도 만들어보고 거대한 돌덩어리도 얹혀놓았으며 계속 안녕하기를 바라며 생전에 쓰던 장비와 장신구도 넣어주었다.

또 인간은 일찍부터 종교적인 행위를 하는 존재였다. 해골을 모아놓기도 하고 이를 깨부수기도 했으며 멀쩡하게 그릇을 만들어 와장창 부숴버리기도 했다. 원시인이 제사를 지냈던 대상은 나의 소원을 들어달라고 빌

수 있는 그런 친절한 존재가 아니라 집단의 삶 전체를 조직할 수 있는 무거운 존재였던 것 같다. 이들은 숭배 대상을 위해 장시간의 집약적 집단 노동을 필요로 하는 대형 공사도 마다하지 않았다. 그러고는 그곳에서 대연회를 벌였다. 이 대연회가 얼마나 중요했던지 저자는 이 행사가 농경 발달을 촉진했을 것이라고까지 추측한다. 이런 행위들이 정확히 어떤 종교적 의미를 가졌는지는 여전히 베일에 싸여 있지만, 그 행위 자체만큼은 현대인에게도 전혀 낯설지 않다.

예술은 그것이 고도의 정신적 표현 수단으로 여겨지기 훨씬 전부터 인간 삶에 함께했다. 그릇을 만들기 훨씬 전에도 인간은 그림을 그렸다. 그것도 매우 훌륭한 솜씨로. 또 새의 뼈로 피리를 만들어 음악을 연주했다. 이런 사실들을 보면 현대의 우리가 예술을 향유하는 이유는 특정한 심리적 욕구보다 더 심원한 곳까지 닿아 있을 수 있다.

애써 흥미를 북돋우려고도, 이슈를 만들려 하지 않고 성실하고 묵묵하게 '사실'을 전달하려 하는 저자의 서술 방식, 게다가 처음부터 끝까지 이 많은 내용을 거의 동일한 어조로 써내려간 문체는 다소 지루하게 느껴질 수도 있다. 하지만 바로 거기에 이 책의 묘미가 있다. 수많은 낯선 지명, 석기 모델, 채집한 식물의 이름과 길렀던 가축의 이름, 어느 지역에서 어떤 모양의 그릇을 사용했는지, 이런 것들을 하염없이 읽고 있으면 마음이 차분해지고 조용한 재미가 슬며시 찾아든다.

저자는 독일 최고 권위의 학술연구 상인 라이프니츠 상을 수상한 학자로서 스키타이 유적 발굴로 세계적 명성을 얻었다. 사회적 활동도 활발해 2008년부터 베를린의 15개 박물관과 국립 도서관 등이 속해 있는 독일 최대 문화 기관 "프로이센 문화유산 재단"의 회장직을 맡고 있다. 또 한국관을 포함해 전 세계 문화와 학문이 소개되고 연구되는 베를린 훔볼트 포럼의 공동 초대 책임자를 맡고 있다. 그 밖에도 말 그대로 다수의 유수한 기관의 회원으로 활동 중이다.

번역을 하면서 분명치 않은 지명이나 내용상 도무지 납득이 안 가는 부분, 아무리 찾아도 알 수 없는 건축 용어, 언어적으로 애매한 부분들이 있을 때마다 직접 저자에게 물어보고 싶은 충동을 느꼈다. 저자의 사회적 지위나 활동을 고려할 때 과연 답장이나 받을 수 있을까 반신반의하며 먼저 출판사로 문의를 했는데 뜻밖에도 바로 저자에게로 연결되었다. 파르칭거 교수님은 이후 직접 질문하도록 허락해주셨고 실제로 나는 수차례에 걸쳐 수십 가지 질문을 했다. 매우 바쁜 시간 속에서도 파르칭거 교수님은 인상적이게도 늘 빠른 시간 안에 일일이 답장을 해주셨다. 이 자리를 빌려 다시 한번 감사의 말씀을 드리고 싶다.

이 두꺼운 책이 거북이처럼 조금씩 느리게 진도를 나가면서도 끝까지 번역될 수 있었던 데는 글항아리 강성민 대표님의 인고와 방목적 역자 관리가 큰 기여를 했다. 덕분에 불필요하게 조급하지 않아도 됐고 포기하지 않을 수 있었다. 또 번역을 다듬어주시고 지명, 지도, 그림 등을 꼼꼼히 검토해주신 편집자들에게도 감사의 말씀을 전한다.

베를린에서
나유신

옮긴이의 말

참고문헌

1장

B. Adams/B. B. Blades (Hrsg.), Lithic Materials and Paleolithic Societies (Oxford 2009).

S. H. Ambrose, Paleolithic Technology and Human Evolution. Science 291, 2001, 1748–1753.

J. L. Arsuga, Der Schmuck des Neandertalers: Auf der Suche nach den Ursprüngen des menschlichen Bewusstseins (Hamburg, Wien 2003).

N. M. Ashton, The Clactonian Question: On the Interpretation of Core-and-Flake-Assemblages in the British Lower Paleolithic. Journal of World Prehistory 14, 2000, 1-63.

A. D. Barnosky/P. L. Koch/R. S. Feranec/S. L. Wing/A.B. Shabel, Assessing the Causes of Pleistocene Extinctions on Continents. Science 306, 2004, 68-75.

G. Baryshnikov/J. Hoffecker, Mousterian Hunters of the NW Caucasus: Preliminary Results of Recent Investigations. Journal of Field Archaeology 21, 1994, 1-14.

J. M. Bermúdez de Castro/M. E. Nicolás, Palaeodemography of the Atapuerca-SH Middle Pleistocene Hominid Sample. Journal of Human Evolution 33 (2/3), 1997, 333–355.

A. Bick, Steinzeit (Stuttgart 2006).

L. Binford/J.-P. Rigaud (Hrsg.), L'Homme de Neandertal. La Technique (Lüttich 1988).

J.-P. Bocquet-Appel/A. Degioanni, Neanderthal Demographic Estimates. Current Anthropology 54, 2013, 202-213.

J.-P. Bocquet-Appel/A. Tuffreau, Technological Responses of Neanderthals to Macroclimatic Variations (240,000-40,000 B.P.). Human Biology 81, 2009, 287–307.

F. Bordes, The Old Stone Age (London 1968).

F. Bordes, Typologie du Paléolithique Ancien et Moyen. Mémoires de l'Institut Préhistoriques de l'Université de Bordeaux 1 (Bordeaux 2002).

인류는 어떻게 역사가 되었나

G. Bosinski, Urgeschichte am Rhein (Tübingen 2008).

L. Bourguignon, Le Moustérien detype Quina: Nouvelle définition d'une entité technique (Paris 1997). F. H. Brown/J. Harris/R. E. F. Leakey, Early Homo erectus Skeleton from West Lake Turkana, Kenya. Nature 316, 1985, 788-792.

J. D. Clark, The Acheulian Industrial Complex in Africa and Elsewhere. In: R. S. Corrucini/R. L. Ciochon (Hrsg.), Integrative Pathways to the Past (Cliffs, NJ 1994) 451-470.

N. Conard (Hrsg.), Settlement Dynamics of the Middle Palaeolithic and Middle StoneAge (Tübingen 2001).

N. Conard/D. S. Adler, Lithic Reduction and Hominid Behavior in the Middle Paleolithic of Rhineland. Journal of Anthropological Research 53, 1997, 147–175.

I. de la Torre/R. Mora/M. Dominguez-Rodrigo/L. de Luque/L. Alcala, The Oldowan Industry of Peninj and its Bearing on the Reconstruction of the Technological Skills of Lower Pleistocene Hominids. Journal of Human Evolution 44, 2003, 203-224.

A. Debénath/H. L. Dibble, Handbook of Paleolithic Typology 1. Lower and Middle Paleolithic of Europe (Philadelphia 1994).

A. Delagnes/W. Rendu, Shifts in Neandertal Mobility, Technology and Subsistence Strategies in Western France. Journal of Archaeological Science 38, 2011, 1771–1783.

R. W. Dennell, Early Hominin Landscapes in Northern Pakistan: Investigations in the Pabbi Hills. BAR International Series 1265 (Oxford 2004).

H. L. Dibble/O. Bar-Yosef (Hrsg.), The Definition and Interpretation of Levallois Technology. Monographs in World Archaeology 23 (Madison 1995).

M. Domínguez-Rodrigo, Is the «Savanna Hypothesis» a Dead Concept for Explaining the Emergence of the Earliest Hominins? Current Anthropology 55, 2014, 59-81.

M. Dominguez-Rodrigo/I. de la Torre/L. Luque/L. Alcala/R. Mora/J. Serrallonga/V. Medina, The ST Site Complex at Peninj, West Lake Natron, Tanzania: Implications for Early Hominid Behavioural Models. Journal of Archaeological Science 29, 2002, 639-665.

F. Facchini, Die Ursprünge der Menschheit (Stuttgart 2006).

J.-P. Faivre, L'industrie moustérienne du niveau Ks (locus 1) des Fieux (Miers, Lot): Mobilité humaine et diversité des compétences techniques. Bulletin de la Société Préhistorique Française 103, 2006, 16-32.

C. Farizy (Hrsg.), Paléolithique moyen récent et Paléolithique supérieur ancien en Europe 3. Mémoires du Musée de Préhistoire d'Ile-de-France (Paris 1990).

J. Féblot-Augustins, Exploitation des matières premières dans l'Acheuléen d'Afrique: Perspectives comportementales. Paléo 2, 1990, 27-42.

J. Féblot-Augustins, Mobility Strategies in the Late Middle Palaeolithic of Central Europe and Western Europe: Elements of Stability and Variability. Journal of Anthropological Archaeology 12, 1993, 211–265.

J. Féblot-Augustins, Anciens hominidés d'Afrique et premiers témoignages de circulation des matières premières. Archéo Nil 7, 1997, 17–45.

J. Féblot-Augustins, La circulation des matières premières au Paléolithique. Synthèse des données. Perspectives comportementales 75 (Lüttich 1997).

J. Féblot-Augustins, Middle and Upper Palaeolithic Raw Material Transfers in Western

참고문헌

and Central Europe: Assessing the Pace of Change. Journal of Middle Atlantic Archaeology 13, 1997, 57-90.

K. E. Fleagle/J. G. Leakey (Hrsg.), The Palaeobiology of Australopithecus (Dordrecht 2013). H. Forestier, Le Clactonien: mise en application d'une nouvelle méthode de débitage s'inscrivant dans la variabilité des systèmes de production lithique du Paléolithique ancien. Paléo 5, 1993, 53–82.

M. Gabori, Les civilisations de paléolithique moyen entre les Alpes et L'Oural (Budapest 1976).

C. Gaillard, Processing Sequences in the Indian Lower Palaeolithic: Examples from the Acheulian and the Soanian. Indo-Pacific Prehistory Association Bulletin 14, 1996, 57–67.

C. Gamble, The Earliest Occupation of Europe: The Environmental Background. In: W. Roebroeks/T. van Kolksholten (Hrsg.), The Earliest Occupation of Europe (Leiden 1995) 279-295.

C. Gamble/M. Poor, The Hominid Individual in Context: Archaeological Investigations of Lower and Middle Palaeolithic Landscapes, Locales and Artefacts (London 2005).

A. Gardeison, Middle Palaeolithic Subsistence in the West Cave of «Le Portel» (Pyrénées, France). Journal of Archaeological Research 26, 1999, 1145–1158.

J.-M.Geneste, Analyse lithique d'industries moustériennes du Périgord: une approach technologique du comportement des groupes humains au Paléolithique moyen (Bordeaux 1985).

J.-M. Geneste/H. Plisson, Production et utilisation de l'outillage lithique dans le Moustérien du sud-ouest de la France: Les Tares, à Sourzac, Vallée de l'Isle, Dordogne. Quaternaria Nova 6, 1996, 343–68.

J. Gonzáles Echegaray/L. G. Freeman, Le Paléolithique inférieur et moyen en Espagne. Préhistoire d'Europe. Collection l'homme des origines 6 (Grenoble 1998).

D. Gordon, Mousterian Tool Selection, Reduction and Discard at Ghar, Israel. Journal of Field Archaeology 20, 1993, 205–218.

N. Goren, An Upper Acheulian Industry From the Golan Heights. Quartär 29/30, 1979, 105–121.

N. Goren-Inbar/G. Sharon (Hrsg.), Axe Age: Acheulian Tool-Making from Quarry to Discard (London 2006).

J. Gowlett/C. Gamble/R. Dunbar, Human Evolution and the Archaeology of the Social Brain. Current Anthropology 53, 2012, 693-722.

R. E. Green/J. Krause/A. W. Briggs/T. Maricic/U. Stenzel/M. Kircher/M. Patterson, A Draft Sequence of the Neandertal Genome. Science 328, 2010, 710-722.

R. E. Green/J. Krause/S. E. Ptak, Analysis of one Million Base Pairs of Neanderthal DNA. Nature 444, 2006, 330-336.

J. Hahn, Aurignacian and Gravettian Settlement Patterns in Central Europe. In: O. Soffer (Hrsg.), The Pleistocene Old World, Regional Perspectives (New York 1987) 251–262.

B. L. Hardy, Neanderthal Behaviour and Stone Tool Function at the Middle Palaeolithic Site of La Quina, France. Antiquity 78 (301), 2004, 547–565.

S.Harmand, Matières premières lithiques et comportements techno-économiques des homininés plio-pléistocènes du Turkana occidental, Kenya (Paris 2005).

K. Harvati/T. Harrison (Hrsg.), Neanderthals Revisited: New Approaches and Perspectives (Dordrecht 2007) 113-133.

R. Hay, Geology of the Olduvai Gorge (Berkeley 1976).

B. Hayden, Neandertal Social Structure? Oxford Journal of Archaeology 31 (1), 2012, 1–26.

R. A. Holloway, Evolution of the Human Brain. In: A. Lock/C. R. Peters (Hrsg.), Handbook of Symbolic Evolution (Oxford 1996) 74–125.

G. L. Isaac, The Diet of Early Man: Aspects of Archaeological Evidence from Lower and Middle Pleistocene Sites in Africa. World Archaeology 2, 1971, 278-289.

G. L. Isaac, The Food Sharing Behavior of Proto-Human Hominids. Scientific American 238, 1978, 90-108.

J. Jacobson, Acheulian Surface Sites in Central India. In: V. N. Misra/P. Bellwood (Hrsg.), Recent Advances in Indo-Pacific Prehistory (Delhi 1985) 49-57.

J. Jaubert/M. Lorblanchet/H. Laville/R. Slott-Moller/A. Turq/J.-P. Brugal, Les Chasseurs d'Aurochs de La Borde (Paris 1990).

V. Jayaswal, Chopper-Chopping Component of Palaeolithic India (Delhi 1982).

I. Karavanič/F.H. Smith, More on the Neanderthal Problem: The Vindija Case. Current Anthropology 41, 2000, 838-840.

B. S. Karir, Geomorphology and Stone Age Culture of Northwestern India (Delhi 1985).

Y. Kimura, Tool-Using Strategies by Early Hominids at Bed II, Olduvai Gorge, Tanzania. Journal of Human Evolution 37, 1999, 807-831.

M. Krings/C. Capelli/F. Tschentscher/H. Geisert/S. Meyer/A. von Haeseler/K. Grossschmidt/G. Possnert/M. Paunovic/S. Pääbo, A View of Neandertal Genetic Diversity. Nature Genetics 26, 2000, 144-146.

S. Kuhn, On Planning and Curated Technologies in the Middle Paleolithic. Journal of Anthropological Research 48, 1992, 185–213.

S. Kuhn, Mousterian Lithic Technology. An Ecological Perspective (Princeton 1995).

S. L. Kuhn, Roots of the Middle Paleolithic in Eurasia. Current Anthropology 54, 2013, 255–268.

S. L. Kuhn/M. C. Stiner, What's a Mother to Do? A Hypothesis About the Division of Labor Among Neandertals and Modern Humans in Eurasia. Current Anthropology 47 (6), 2006, 53-980.

M. D. Leakey, Olduvai Gorge: Excavations in Beds I and II, 1960-1963 (Cambridge 1971).

M. D. Leakey, Cultural Patterns in the Olduvai Sequence. In: K. W. Butzer/G. L. Isaac (Hrsg.), After the Australopithecines (Mouton 1975) 477–493.

M. D. Leakey, Olduvai Gorge: Excavations in Beds III, IV and the Masek Beds, 1968–1971 (Cambridge 1994).

M. D. Leakey/R. E. Leakey (Hrsg.), Koobi Fora Research Project. The Fossil Hominids and an Introduction to their Context, 1968-1974 (Oxford 1978).

C. R. Magill/G. M. Ashley/K. H. Freeman, Ecosystem Variability and Early Human Habits in Eastern Africa. Proceedings of the National Academy of Sciences USA 110, 2013, 1167–1174.

참고문헌

D. Mania, Auf den Spuren des Urmenschen: Die Funde von Bilzingsleben (Stuttgart 1990).

D. Mania, Die Jagd als ein treibender Impuls zur Evolution des Menschen und seiner Kultur. In: H. Meller (Hrsg.), Elefantenreich. Eine Fossilwelt in Europa. Ausstellungs katalog Halle (Halle/Saale 2010) 578-587.

A. Marks/V. Chabai, Constructing Middle Paleolithic Settlement Systems in Crimea: Potentials and Limitations. In: N. Conard (Hrsg.), Settlement Dynamics of the Middle Paleolithic and Middle Stone Age (Tübingen 2001) 179–204.

J. Martinez-Moreno/R. Mora Torcal/I. de la Torre, Oldowan, Rather More Than Smashing Stones: An Introduction to the Technology of First Humans. In: J. M. Mo reno/R. M. Torcal/I. T. Sainz (Hrsg.), Oldowan: Rather More Than Smashing Stones (Bellaterra 2003) 11–35.

M. Maslin/B. Christensen, Tectonics, Orbital Forcing, Global Climate Change, and Human Evolution in Africa: Introduction to the African Paleoclimate. Journal of Human Evolution 53, 2007, 443-464.

S. McBrearty, The Middle Pleistocene of East Africa. In: L. Barham/K. Robson-Brown (Hrsg.), Human Roots: Africa and Asia in the Middle Pleistocene (Bristol 2001).

L. Meignen/O. Bar-Yosef/J. Speth/M. Stiner, Changes in Settlement Patterns During the Near Eastern Middle Paleolithic. In: E. Hovers/S. Kuhn (Hrsg.), Transitions Before the Transition: Evolution and Stability in the Middle Paleolithic and Middle Stone Age (New York 2005) 149–170.

P. -A. Mellars, Chronologie du Moustérien du sudouest de la France: actualisation du débat. L'Anthropologie 94, 1989, 1–18.

P. A. Mellars, The Neanderthal Legacy: An Archaeological Perspective from Western Europe (Princeton 1996).

H. Meller (Hrsg.), Paläolithikum und Mesolithikum. Kataloge zur Dauerausstellung im Landesmuseum für Vorgeschichte Halle 1 (Halle/Saale 2004).

H. Meller (Hrsg.), Elefantenreich. Eine Fossilwelt in Europa. Ausstellungskatalog Halle (Halle/Saale 2010).

S. Mishra, The South Asian Lower Palaeolithic. Man and Environment 19(1–2), 1994, 7–72.

V. N. Misra, Middle Pleistocene Adaptations in India. In: O. Soffer (Hrsg.), The Pleistocene Old World. Regional Perspectives (New York 1987) 99–119.

J. M. Moreno/R. M. Torcal/I. T. Sainz (Hrsg.), Oldowan: Rather More than Smashing Stones (Bellaterra 2003).

M. Otte (Hrsg.), L'Homme de Néandertal 6: La subsistence. Études et Recherches Archéologiques de l'Université de Liège (Lüttich 1989).

K. Paddayya, The Acheulian Culture of the Hunsgi Valley (Peninsular India): A Settlement System Perspective (Pune 1982).

R. S. Pappu, Acheulian Culture in Peninsular India (New Delhi 2001).

O.M. Pearson, Hominin Evolution in the Middle-Late Pleistocene Fossils, Adaptive Scenarios, and Alternatives. Current Anthropology 54, 2013, 221–233.

M. E. Peresani, Advancements and Implications in the Study of the Discoid Technology. BAR International Series 1120 (Oxford 2003).

M. Pitts/M. Roberts, Fairweather Eden: Life in Britain Half a Million Years Ago as Re-

인류는 어떻게 역사가 되었나

vealed by the Excavations at Boxgrove (London 1997).

T. Plummer, Flaked Stones and Old Bones: Biological and Cultural Evolution at the Dawn of Technology. Yearbook of Physical Anthropology, Wiley Interscience 47, 2004, 118–64.

T. Plummer/L. C. Bishop/P. Ditchfield/J. Hicks, Research on Late Pliocene Oldowan Sites at Kanjera South, Kenya. Journal of Human Evolution 36, 1999, 151–170.

R. Potts, Early Hominid Activities at Olduvai (New York 1988).

R. Potts, Why the Oldowan? Plio-Pleistocene Toolmaking and the Transport of Resources. Journal of Anthropological Research 47, 1992, 153–176.

J. Reader, Missing Links: The Hunt for Earliest Man (Harmondsworth 1988).

K. E. Reed, Paleoecological Patterns at the Hadar Hominin Site, Afar Regional State, Ethiopia. Journal of Human Evolution 54, 2008, 743–768.

H. M. Rendell/R. W. Dennell/M. A. Halim, Pleistocene and Palaeolithic Investigations in the Soan Valley, Northern Pakistan. BAR International Series 544 (Oxford 1989).

S. Revillion/A. Tuffreau, Les industries laminaires au Paléolithique moyen. Dossier de Documentation Archéologique 18 (Paris 1994).

H. Roche/A. Delagnes/J.-P. Brugal/C. S. Feibel/M. Kibunjia/V. Mourre/P.-J. Texier, Early Hominid Stone Tool Production and Knapping Skill 2.34 Myr Ago in West Turkana. Nature 399, 1999, 57–60.

H. Roche/M. Kibunjia, Contribution of the West Turkana Plio-Pleistocene Sites to the Archaeology of the Lower Omo/Turkana Basin. Kaupia 6, 1996, 27–30.

M. J. Rogers/J. W. K. Harris/C. S. Feibel, Changing Patterns of Land Use by Plio-Pleistocene Hominids in the Lake Turkana Basis. Journal of Human Evolution 27, 1994, 139–158.

E. J. Rohling/K. M. Grant/A. P. Roberts/J.-C. Larrasoaña, Paleoclimate Variability in the Mediterranean and Red Sea Regions During the Last 500,000 Years. Implications for Hominin Migrations. Current Anthropology 54, 2013, 183–201.

N. Rolland/H. L. Dibble, A New Synthesis of Middle Paleolithic Assemblage Variability. American Antiquity 55, 1990, 480–499.

L. Rose/F. Marshall, Meat Eating, Hominid Sociality, and Home Bases Revisited. Current Anthropology 37, 1996, 307–338. K. Schick, Modelling the Formation of Early Stone Age Artifact Concentrations. Journal of Human Evolution 16, 1987, 789-808.

K. D. Schick/N. Toth, Making Silent Stones Speak: Human Evolution and the Dawn of Technology (New York 1993).

S. Semaw, The World's Oldest Stone Artifacts from Gona, Ethiopia: Their Implications for Understanding Stone Technology and Patterns of Human Evolution Between 2.6-1.5 Million Years Ago. Journal of Archaeological Science 27, 2000, 1197–1214.

S. Semaw/M. J. Rogers/J. Quade/P. R. Renne/R. F. Butler/M. Dominguez-Rodrigo/D. Stout/W. S. Hart/T. Pickering/S. W. Simpson, 2.6-Million-Year-Old Stone Tools and Associated Bones from OGS-6 and OGS-7, Gona, Afar, Ethiopia. Journal of Human Evolution 45, 2003, 169-177.

E. A. Smith/M. Wishnie, Conservation and Subsistence in Small Scale Societies. Annual Review of Anthropology 29, 2000, 493-524. B. Sørensen, Demography and the Extinction of European Neanderthals. Journal of Anthropological Archaeology 30, 2011, 17–29.

D. Stiles, Early Acheulean and Developed Oldowan. Current Anthropology 20, 1979, 126–129.

D. Stout/J. Quade/S. Semaw/M.J. Rogers/N. E. Levin, Raw Material Selectivity of the Earliest Stone Toolmakers at Gona, Afar, Ethiopia. Journal of Human Evolution 48, 2005, 365-380.

C. B. Stringer/C. Gamble, In Search of the Neanderthals: Solving the Puzzle of Human Origins (London 1993).

A. Takeru/K. Aoki/O Bar-Yosef (Hrsg.), Neandertals and Modern Humans in Western Asia (New York 1998).

I. Tattersall/J. H. Schwartz, Hominids and Hybrids: The Place of Neanderthals in Human Evolution. Proceedings of the National Academy of Sciences of the United States of America 96, 1999, 7117–7119.

P. V. Tobias, The Brain of Homo habilis: A New Level of Organisation in Cerebral Evolution. Journal of Human Evolution 16, 1987, 741-761. M. Tomasello /J. Call, Primate Cognition (Oxford 1997).

N. Toth, The Oldowan Reassessed: A Close Look at Early Stone Artifacts. Journal of Archaeological Science 12, 1985, 101–120.

N. Toth, Behavioral Inferences From Early Stone Artifact Assemblages: An Experimental Model. Journal of Human Evolution 16, 1987, 763-787.

A. Turq, Paléolithique inférieur et moyen entre Dordogne et Lot. Paléo 2, 2000, 1-456.

C. A. Tryon/J. Tyler Faith, Variability in the Middle Stone Age of Eastern Africa. Current Anthropology 54, 2013, 234-254.

P. M. Vermeersch (Hrsg.), Palaeolithic Quarrying Sites in Upper and Middle Egypt. Egyptian Prehistory Monographs 4 (Löwen 2002).

P. Villa, Terra Amata and the Middle Pleistocene Archaeological Record of Southern France (Berkeley 1983).

G. A. Wagner/H. Rieder/L. Zöller/E. Mick (Hrsg.), Homo heidelbergensis. Schlüsselfund der Menschheitsgeschichte (Stuttgart 2007).

A. Walker/R. E. F. Leakey/J. Harris, 2.5 Myr Australopithecus Boisei From West of Lake Turkana, Kenya. Nature 322, 1986, 517-522.

M. J. White/N. M. Ashton, Lower Palaeolithic Core Technology and the Origins of the Levallois Method in NW Europe. Current Anthropology 44 (4), 2003, 598-609.

J. Wymer, The Palaeolithic Age (New York 1982). T. Wynn, Two Developments in the Mind of Early Homo. Journal of Anthropological Archaeology 12, 1993, 299-322.

2장

K. Absolon/B. Klima, Přosti. Ein Mammutjägerplatz in Mähren (Brünn 1977).

B. Adams, The Middle to Upper Paleolithic Transition in Central Europe: The Record from the Bükk Mountain Region. BAR International Series 693 (Oxford 1998).

B. Adams/B. B. Blades (Hrsg.), Lithic Materials and Paleolithic Societies (Oxford 2009).

B. Adams/A. Ringer, New C14 Dates for the Hungarian Early Upper Palaeolithic. Current

Anthropology 45 (4), 2004, 541–551.

D. Amick, Regional Patterns of Folsom Mobility and Land Use in the American Southwest. World Archaeology 27, 1996, 411–426.

D. Anderson, The Evolution of Tribal Social Organization in the Southeastern United States. In: W. Parkinson (Hrsg.), The Archaeology of Tribal Societies, Archaeological Series 15, International Monographs in Prehistory (Ann Arbor 2002) 246–277.

D. Anderson/K. Sassaman (Hrsg.), The Paleoindian and Early Archaic Southeast (Tuscaloosa 1996).

V. Attenbrow, Habitation and Land Use Patterns in the Upper Mangrove Creek Catchment, New South Wales Central Coast, Australia. Australian Archaeology 57, 2003, 20-32.

D. B. Bamforth, High-Tech Foragers? Folsom and Later Paleoindian Technology on the Great Plains. Journal of World Prehistory 16, 2002, 55-98.

J. M. Beaton, Colonizing Continents: Some Problems for Australia and the Americas. In: T. D. Dillehay/D. J. Meltzer (Hrsg.), The First Americans: Search and Research (Boca Raton 1991) 209-230.

C. Beck/G. T. Jones, Late Pleistocene/Early Holocene Occupation in Butte Valley, Eastern Nevada: Three Seasons Work. Journal of California and Great Basin Anthropology 12, 1990, 231–261.

C. Beck/G. T. Jones, The Terminal Pleistocene/Early Holocene Archaeology of the Great Basin. Journal of World Prehistory 11 (2), 1997, 161–236.

R. G. Bednarik, Pleistocene Palaeoart of Asia. Arts 2, 2013, 46–76.

A. Belfer-Cohen/E. Hovers, Modernity, Enhanced Working Memory, and the Middle to Upper Paleolithic Record in the Levant. Current Anthropology 51, 2010, 167–175.

R. L. Bettinger/R. Malhi/H. McCarthy, Central Place Models of Acorn and Mussel Processing. Journal of Archaeological Science 24, 1997, 888-899.

K. T. Biró, Distribution of Obsidian from the Carpathian Sources on Central European Palaeolithic and Mesolithic Sites. Acta Archaeologica Carpathica 23, 1984, 5-42.

B. Blades, Aurignacian Lithic Economy and Early Modern Mobility: New Perspectives from Classic Sites in the Vézère Valley of France. Journal of Human Evolution 37, 1999, 91–120.

B. Blades, Aurignacian Lithic Economy: Ecological Perspectives from Southwestern France (New York 2001).

B. Blades, End Scraper Reduction and Hunter-Gatherer Mobility. American Antiquity 68, 2003, 141–156.

F. Bon, L'Aurignacien entre Mer et Océan: Réflexion sur l'unité des phases anciennes de l'Aurignacien dans le sud de la France. Mémoires de la Société Préhistorique Française 29 (Paris 2002).

J.-G. Bordes/F. Bon/F. Le Brun-Ricalens, Le transport des matières premières lithiques en entre le Nord et le Sud de l'Aquitaine: Faits attendus, faits nouveaux. In: J. Jaubert/M. Barbaza (Hrsg.), Territoires, déplacements, mobilité, échanges du rant la Préhistoire (Paris 2005) 185-198.

G. Bosinski, Urgeschichte am Rhein (Tübingen 2008).

J.-P. Bracco, Du site au territoire: L'occupation du sol dans les hautes vallées de la Loire et de l'Allier au Paléolithique supérieur (Massif central). Gallia Préhistoire 38, 1996, 43-67.

C. Clarkson, Explaining Point Variability in the Eastern Victoria River Region, Northern Territory. Archaeology in Oceania 41, 2006, 97–106.

C. Clarkson/L. Lamb (Hrsg.), Lithics «Down Under»; Australian Perspectives on Stone Artefact Reduction, Use and Classification. BAR International Series 1408 (Oxford 2005).

N. J. Conard/S. Kölbl/W. Schürrle (Hrsg.), Vom Neandertaler zum modernen Menschen (Ostfildern 2005).

J. Cook, Characterization and Distribution of Obsidian in Alaska. Arctic Anthropology 32 (1), 1995, 92-100.

I. R. Daniel, Stone Raw Material Availability and Early Archaic Settlement in the Southeastern United States. American Antiquity 66, 2001, 237–266.

A. P. Derevyanko/D. B. Shimkin/W. R. Powers (Hrsg.), The Paleolithic of Siberia: New Discoveries and Interpretations (Illinois 1998).

P. Demars/P. Laurent, Types d'outils lithiques du paléolithique supérieur en Europe (Paris 1989).

B. Demarsin/M. Otto (Hrsg.), Neanderthals in Europe (Lüttich, Tongeren 2006).

M. Digan, Le gisement gravettien de La Vigne-Brun (Loire, France): Étude de l'industrie lithique de l'unité KL19. BAR International Series 1473 (Oxford 2006).

N. Dikov, The Paleolithic of Northeastern Asia and its Relations with the Paleolithic of America. Inter-Nord 17, 1985, 173-177.

F. Djindjan/J. Kozłowski/M Otte, Le paléolithique supérieur en Europe (Paris 1999).

P. M. Dolukhanov/A. M. Shukurov/P. E. Tarasov/G. I. Zaitseva, Colonization of Northern Eurasia by Modern Humans: Radiocarbon Chronology and Environment. Journal of Archaeological Sciences 29, 2002, 593-606.

Eiszeit. Kunst und Kultur. Austellungskatalog Stuttgart (Stuttgart 2010).

J. Enloe, Subsistence Organization in the Early Upper Paleolithic: Reindeer Hunters of the Abri du Flageolet, Couche V. In: H. Knecht/A. Pike-Tay/R. White (Hrsg.), Before Lascaux: The Complex Record of the Early Upper Paleolithic (Boca Raton 1993) 101–115.

C. Farizy (Hrsg.) Paléolithique moyen récent et Paléolithique supérieur ancien en Europe 3 (Nemours 1990).

J. Féblot-Augustins, Middle and Upper Palaeolithic Raw Material Transfers in Western and Central Europe: Assessing the Pace of Change. Journal of Middle Atlantic Archaeology 13, 1997, 57-90.

L. E. Fisher, Blades and Microliths: Changing Contexts of Tool Production from Magdalenian to Early Mesolithic in Southern Germany. Journal of Anthropological Archaeology 25, 2006, 26-38.

H. Floss, Rohmaterialversorgung im Paläolithikum des Mittelrheingebietes (Bonn 1994).

H. Floss/N. Rouquerol/L. Barbot (Hrsg.), Les chemins de l'art aurignacien en Europe. Colloque international Aurignac 2005 (Aurignac 2007).

L. Fontana, Chasseurs magdaléniens et rennes en bassin de l'Aude: Analyse préliminaire.

인류는 어떻게 역사가 되었나

Anthropozoologica 21, 1995, 147–156.

L. Fontana, La chasse au renne au Paléolithique supérieur dans le sud-ouest de la France: Nouvelles hypothèses de travail. Paléo 12, 2000, 141–164.

L. Fontana, Stratégies de subsistance au Badegoulien et au Magdalénien en Auvergne: Nouvelles données. In: Le Paléolithique supérieur récent: Nouvelles données sur le peuplement et l'environnement. Mémoires de la Société Préhistorique Française 28 (Paris 2000) 59-65.

G. Frison, The Clovis Cultural Complex: New Data from Caches of Flaked Stone and Worked Bone Artifacts. In: A. Montet-White/S. Holen (Hrsg.), Raw Material Economies Among Prehistoric Hunter-Gatherers (Lawrence 1991) 321–333.

C. Gamble, The Palaeolithic Societies of Europe (Cambridge 1999).

T. Goebel, Siberian Middle Upper Paleolithic. In: P. Peregrine/M. Ember (Hrsg.), Encyclopedia of Prehistory (New York 2000) 192–196.

T. Goebel, The Early Upper Paleolithic of Siberia. In: P. J. Brantingham/S. L. Kuhn/K. W. Kerry (Hrsg.), The Early Upper Paleolithic Beyond Western Europe (Los Angeles 2004) 162–195.

T. Goebel/I. Buvit (Hrsg.), From the Yenisei to the Yukon: Interpreting Lithic Assemblage Variability in Late Pleistocene/Early Holocene Beringia (College Station 2011).

T. Goebel/W. R. Powers/N. Bigelow, The Nenana Complex of Alaska and Clovis Origins. In: R. Bonnichsen/K. Turnmire (Hrsg.), Clovis Origins and Adaptations (Corvallis 1991) 49-79.

T. Goebel/S. B. Slobodin, The Colonization of Western Beringia: Technology, Ecology, and Adaptations. In: R. Bonnichsen/K. Turnmire (Hrsg.), Ice Age People of North America (Corvallis 1999) 104-154.

T. Goebel/S. B. Slobodin/M. R. Waters, New Dates from Ushki-1, Kamchatka, Confirm 13,000 cal BP Age for Earliest Paleolithic Occupation. Journal of Archaeological Science 37, 2010, 2640-2649.

T. Goebel/M. Waters /M. Dikova, The Archaeology of Ushki Lake, Kamchatka, and the Pleistocene Peopling of the Americas. Science 301, 2003, 501-505.

T. Goebel/M. Waters/M. Meshcherin, Masterov Kliuch and the Early Upper Paleolithic of the Transbaikal, Siberia. Asian Perspectives 74, 2001, 47–70.

J. Gonzáles Echegaray/L. G. Freeman, Le Paléolithique inférieur et moyen en Espagne. Préhistoire d'Europe. Collection l'homme des origines 6 (Grenoble 1998).

B. Gordon, Of Men and Reindeer Herds in French Magdalenian Prehistory. BAR International Series 390 (Oxford 1988).

J. Hahn, Die Geissenklösterle-Höhle im Achtal bei Blaubeuren. Forschungen und Berichte zur Vor- und Frühgeschichte in Baden-Württemburg 26 (Stuttgart 1988).

T. Hamilton/T. Goebel, Late Pleistocene Peopling of Alaska. In: R. Bonnichsen/K. Turnmire (Hrsg.), Ice Age People of North America (Corvallis 1999) 156-199.

P. Hiscock, Technological Responses to Risk in Holocene Australia. Journal of World Prehistory 8 (3), 1994, 267–292.

P. Hiscock, Mobility and Technology in the Kakadu Coastal Wetlands. Bulletin of the Indo-Pacific Prehistory Association 15, 1996, 151–157.

P. Hiscock, Holocene Coastal Occupation of Western Arnhem Land. In: J. Hall/I. McNiven (Hrsg.), Australian Coastal Archaeology (Canberra 1999) 91–110.

P. Hiscock, Blunt and to the Point: Changing Technological Strategies in Holocene Australia. In: I. Lilley (Hrsg.) Archaeology of Oceania: Australia and the Pacific Islands (Oxford 2006) 69-95.

P. Hiscock, The Archaeology of Ancient Australia (London 2008).

P. Hiscock/H. Allen, Assemblage Variability in the Willandra Lakes. Archaeology in Oceania 35, 2000, 97–103.

P. Hiscock/V. Attenbrow, Australia's Eastern Regional Sequence Revisited: Technology and Change at Capertee 3. BAR International Series 1397 (Oxford 2005).

P. Hiscock/P. Veth, Change in the Australian Desert Culture: A Reanalysis of Tulas from Puntutjarpa. World Archaeology 22, 1991, 332-345.

P. Hiscock/F. Mowat/D. Guse, Settlement Patterns in the Kakadu Wetlands: Initial Data on Site Size and Shape. Australian Aboriginal Studies 2, 1992, 69-74.

J. Hoffecker, Late Pleistocene and Early Holocene Sites in the Nenana River Valley, Central Alaska. Arctic Anthropology 38 (2), 2001, 139–153.

J. Hoffecker/S. A. Elias, Human Ecology of Beringia (New York 2007).

J. Hoffecker/W.R. Powers/N. Bigelow, Dry Creek. In: F. West (Hrsg.), American Beginnings: The Prehistory and Paleoecology of Beringia (Chicago 1996) 343–352.

J. Hoffecker/W.R. Powers/T. Goebel, The Colonization of Beringia and the Peopling of the New World. Science 259, 1993, 46-53.

J. Hofman, Paleoindian Aggregations on the Great Plains. Journal of Anthropological Archaeology 13, 1994, 341–370.

L. Jackson/P. Thacker (Hrsg.), Caribou and Reindeer Hunters of the Northern Hemisphere (Avebury 1997).

G. T. Jones/C. Beck/E. E. Jones/R. E. Hughes, Lithic Source Use and Paleoarchaic Foraging Territories in the Great Basin. American Antiquity 68, 2003, 5-38.

L. H. Keeley, Hunter-Gatherer Economic Complexity and «Population Pressure»: A Cross-Cultural Analysis. Journal of Anthropological Archaeology 7, 1988, 373-411.

R. L. Kelly, Hunter-Gatherer Mobility Strategies. Journal of Archaeological Research 39, 1983, 277–306.

R. L. Kelly, The Foraging Spectrum: Diversity in Hunter-Gatherer Lifeways (Washington 1995).

R. L. Kelly/L. C. Todd, Coming into the Country: Early Paleoindian Hunting and Mobility. American Antiquity 53, 1988, 231–244.

R. G. Klein, Anatomy, Behavior, and Modern Human Origins. Journal of World Prehistory 9, 1995, 167–198.

R. G. Klein, Archeology and the Evolution of Human Behavior. Evolutionary Anthropology 9, 2000, 17–36.

J. K. Kozłowski, Le paléolithique supérieur en Pologne. L'Anthropologie 87, 1983, 49–82.

J. K. Kozłowski (Hrsg.), «Northern» (Erratic and Jurassic) Flint of South Polish Origin in the Upper Palaeolithic of Central Europe (Krakau 1989).

J. K. Kozłowski, The Danubian Gravettian as Seen from the Northern Perspective. In: J.

인류는 어떻게 역사가 되었나

Svoboda (Hrsg.), Paleolithic in the Middle Danube Region (Brünn 1996) 11–22.

J. Krebs/N. Davies, Behavioral Ecology: An Evolutionary Approach (Oxford 1978).

M. Kunz/R. Reanier, Paleoindians in Beringia: Evidence from Arctic Alaska. Science 263, 1994, 660-662.

P. Lieberman, Uniquely Human: The Evolution of Speech, Thought, and Selfless Behaviour (Cambridge 1991).

J. M. Lindly/G.A. Clark, Symbolism and Modern Human Origins. Current Anthropology 31, 1990, 233-261.

B. Marwick, Pleistocene Exchange Networks as Evidence for the Evolution of Language. Cambridge Archaeological Journal 13, 2003, 67-81.

R. Mason, The Paleo-Indian Tradition. The Wisconsin Archaeologist 78, 1997, 78, 110.

S. McBrearty/A. S. Brooks, The Revolution that Wasn't: A New Interpretation of the Origin of Modern Human Behavior. Journal of Human Evolution 39, 2000, 453–563.

P. A. Mellars/C. Stringer (Hrsg.), The Human Revolution: Behavioral and Biological Perspectives in the Origins of Modern Humans (Edinburgh 1989).

H. Meller (Hrsg.), Paläolithikum und Mesolithikum. Kataloge zur Dauerausstellung im Landesmuseum für Vorgeschichte Halle 1 (Halle/Saale 2004).

D. J. Meltzer, Late Pleistocene Human Adaptations in Eastern North America. Journal of World Prehistory 2, 1988, 1–52.

D. J. Meltzer, Modeling the Initial Colonization of the Americas: Issues of Scale, Demography, and Landscape Learning. In: C. M. Barton/G. Clark/D. Yesner/ G. Pearson (Hrsg.), The Settlement of the American Continents (Tucson 2004) 123–137.

D. Morse, Sloan: A Paleoindian Dalton Cemetery in Arkansas (Washington 1997).

R. Müssig, Sie schufen die ersten Götter. Eine Kulturgeschichte der Eiszeit (Karlsruhe 2010).

M. P. Neeley/C. M. Barton, A New Approach to Interpreting Late Pleistocene Microlith Industries in Southwest Asia. Antiquity 68, 1994, 275-288.

W. Noble/I. Davidson, Human Evolution, Language and Mind: A Psychological and Archaeological Enquiry (Cambridge 1996).

M. Oliva, A Gravettian Site with Mammoth-Bone Dwelling in Milovice (Southern Mvia). Anthropologia 26 (2), 1988, 5–12.

A. F. Pawlik, Behavioural Complexity and Modern Traits in the Philippine Upper Palaeolithic. Asian Perspectives 51 (1), 2013, 22-46.

M. D. Petraglia/M. Haslam/D. Q. Fuller/N. Boivin/C. Clarkson, Out of Africa: New Hypotheses and Evidence for the Dispersal of Homo Sapiens Along the Indian Ocean Rim. Annals of Human Biology 37 (3), 2010, 288-311.

P. B. Pettitt, Disappearing from the World: An Archaeological Perspective on Neanderthal Extinction. Oxford Journal of Archaeology 18, 1999, 217–241.

P. B. Pettitt, The Palaeolithic Origins of Human Burial (London, New York 2011).

J. Pfieffer, The Emergence of Modern Humans. Mosaic 21 (1), 1990, 15–23.

A. Pike-Tay, Red Deer Hunting in the Upper Paleolithic of Southwestern France: A Study in Seasonality. BAR International Series 569 (Oxford 1991).

W. R. Powers/T. Hamilton, Dry Creek: A Late Pleistocene Human Occupation in Central

Alaska. In: A. Bryan (Hrsg.) Early Man in America from a Circum-Pacific Perspective (Edmonton 1978) 72–77.

E. Pozzi, Les Magdaléniens - Art, civilisation, modes de vie, environnement (Grenoble 2004).

M. Rockman/J. Steele (Hrsg.), Colonization of Unfamiliar Landscapes: The Archaeology of Adaptation (London, New York 2003).

J. Sackett, The Archaeology of Solvieux. An Upper Paleolithic Open Air Site in France (Los Angeles 1999).

C. Schrire, The Alligator Rivers: Prehistory and Ecology in Western Arnhem Land. Terra Australia 7 (Canberra 1982).

O. Soffer, Patterns of Intensification as Seen From the Upper Paleolithic of the Central Russian Plain. In: T. Price/J. Brown (Hrsg.), Prehistoric Hunter-Gatherers (New York 1985) 235-270.

O. Soffer, Lithics and Lifeways – the Diversity in Raw Material Procurement and Settlement Systems on the Upper Paleolithic East European Plain. In: A. Montet-White/ S. Holen (Hrsg.), Raw Material Economies Among Prehistoric Hunter-Gatherers. University of Kansas Publications in Anthropology 19 (Lawrence 1991) 221-234.

O. Soffer, Ancestral Lifeways in Eurasia – the Middle and Upper Paleolithic Records. In: M. H. Nitecki/D. V. Nitecki (Hrsg.), Origins of Anatomically Modern Humans (New York 1994) 101–119.

A. Spiess, Reindeer and Caribou Hunters: An Archaeological Study (New York 1979).

M. Street/T. Terberger, The Last Pleniglacial and the Human Settlement of Central Europe: New Information from the Rhineland Site of Wiesbaden-Igstadt. Antiquity 73, 2000, 259–272.

F. Surmely, Le peuplement magdalénien de l'Auvergne. In: Le Paléolithique supérieur récent: Nouvelles données sur le peuplement et l'environnement. Mémoires de la Société Préhistorique Française 28 (Paris 2000) 165–175.

J. Svoboda/V. Ložek/E. Vlček, Hunters Between East and West (New York, London 1996).

Y. Taborin, La parue en coquillage au Paléolithique. Gallia Préhistoire, Supplement 29 (Paris 1993).

Y. Taborin, Shells of the French Aurignacian and Périgordian. In: H. Knecht/A. PikeTay/ R. White (Hrsg.), Before Lascaux: The Complex Record of the Early Upper Paleolithic (Boca Raton 1993) 211–227.

K. Tankersley, In Search of Ice Age Americans (Salt Lake City 2002).

T. Terberger/B. V. Eriksen (Hrsg.), Hunters in a Changing World. Environment and Archaeology of the Pleistocene-Holocene Transition (ca. 11 000-9000 B.C.) in Northern Central Europe (Rahden 2004).

C. Tolan-Smith, The Social Context of Landscape Learning and the Lateglacial-Early Postglacial Recolonizations of the British Isles. In: M. Rockman/J. Steele (Hrsg.), Colonization of Unfamiliar Landscapes: The Archaeology of Adaptation (London, New York 2003) 116-129.

E. Trinkaus (Hrsg.), The Emergence of Modern Humans: Biocultural Adaptations in the Later Pleistocene (Cambridge 1989) 18-41.

인류는 어떻게 역사가 되었나

A. Turq, Paléolithique inférieur et moyen entre Dordogne et Lot. Paléo 2, 2000, 1-456.

P. Valde-Nowak/A. Nadachowski/M. Wolsan, Upper Palaeolithic Boomerang Made of a Mammoth Tusk in Southern Poland. Nature 329, 1987, 436-438.

K. Valoch, Le paléolithique en Tchéquie et en Slovaquie (Grenoble 1996). H. van Tan, The Hoabinhian and Before. Bulletin of the Indo-Pacific Prehistory Association 16, 1997, 35-41.

S. Vencl, Hostim. Magdalenian in Bohemia (Prag 1995). J. Walthall, Rockshelters and Hunter-Gatherer Adaptation to the Pleistocene/Holocene Transition. American Antiquity 63, 1998, 223-228.

F. West, The Archaeology of Beringia (New York 1981). R. White, Upper Paleolithic Land Use in the Périgord: A Topographic Approach to Subsistence and Settlement. BAR International Series 253 (Oxford 1985).

J. Zilhão/F. d'Errico, The Chronology and Taphonomy of the Earliest Aurignacian and its Implications for the Understanding of Neandertal Extinction. Journal of World Prehistory 13, 1999, 1–68.

3장

P. M. M. G. Akkermans, Villages in the Steppe: Late Neolithic Settlement and Subsistence in the Balikh Valley, Northern Syria (Ann Arbor 1993).

P. M. M. G. Akkermans, Northern Syria in the Late Neolithic, ca. 6800-5300 B.C. In: W. Orthmann/P. Matthiae/M. al-Maqdissi, Archéologie et Histoire de la Syrie I. La Syrie de l'époque néolithique à l'âge du fer. Schriften zur Vorderasiatischen Archäologie 1, 1 (Wiesbaden 2013) 17–31.

P. M. M. G. Akkermans/R. Cappers/C. Cavallo/O. Nieuwenhuyse /B. Nilhamn/I. N. Otte, Investigating the Early Pottery Neolithic of Northern Syria: New Evidence from Tell Sabi Abyad. American Journal of Archaeology 110, 2006, 123-156.

R. G. Allaby/T. A. Brown, AFLP Data and the Origins of Domesticated Crops. Genome 46, 2003, 448-453.

E. Asouti/D. Q. Fuller, From Foraging to Farming in the Southern Levant: The Development of Epipalaeolithic and Pre-Pottery Neolithic Plant Management Strategies. Vegetation History and Archaeobotany 21, 2012, 149-162.

E. Asouti/D. Q. Fuller, A Contextual Approach to the Emergence of Agriculture in Southwest Asia. Reconstructing Early Neolithic Plant-Food Production. Current Anthropology 54, 2013, 299-345.

O. Aurenche, La tradition architecturale à l'est de la Mésopotamie (Iran-Turkménistan) de 10e au 4e millénaires. In: L'Archéologie de la Bactriane Ancienne. Actes du Colloque franco-soviétique Dushanbe 1982 (Paris 1985) 235-239.

D. Baird, Pınarbaşı. Anatolian Archaeology 11, 2005, 12–13.

E. B. Banning/M. Chazan (Hrsg.), Domesticating Space: Construction, Community, and Cosmology in the Late Prehistoric Near East (Berlin 2006).

O. Bar-Yosef, The PPNA in the Levant - an Overview. Paléorient 15 (1), 1989, 57–63.

O. Bar-Yosef, The Natufian Culture in the Levant. Threshold to the Origins of Agriculture. Evolutionary Anthropology 6, 1999, 159-177.

K. Bartl, Vorratshaltung. Die spätepipaläolithische und frühneolithische Entwicklung im westlichen Vorderasien (Berlin 2004).

M. Benz, Die Neolithisierung im Vorderen Orient. Theorien, archäologische Daten und ein ethnologisches Modell. Studies in Early Near Eastern Production, Subsistence and Environment 7 (Berlin 20082).

R. Bernbeck, Die Auflösung der häuslichen Produktionsweise. Das Beispiel Mesopotamien (Berlin 1994).

P. F. Biehl, Rapid Change Versus Long-Term Social Change During the Neolithic-Chalcolithic Transition in Central Anatolia. Interdisciplinaria Archaeologica. Natural Sciences in Archaeology 3 (1), 2012, 75-83.

N. Boivin, Life Rhythms and Floor Sequences: Excavating Time in Rural Rajasthan and Neolithic Çatalhöyük. World Archaeology 31, 2000, 367–388.

D. Bolger/L. C. Maguire (Hrsg.), The Development of Pre-State Communities in the Ancient Near East. Studies in Honour of Edgar Peltenburg. Themes from the Ancient Near East BANEA Publication Series 2 (Oxford 2010).

R. J. Braidwood/B. Howe, Prehistoric Investigations in Iraqi Kurdistan. Studies in Ancient Oriental Civilization 31 (Chicago 1960).

C. Breniquet, La disparition de la culture de Halaf: Les origines de la culture d'Obeiddans le nord de la Mésopotamie (Paris 1996).

S. Campbell/D. Baird, Excavations at Ginnig, the Aceramic to Early Ceramic Neolithic Sequence in North Iraq. Paléorient 16 (2), 1990, 65–78.

R. T. J. Cappers/S. Bottema (Hrsg.), The Dawn of Farming in the Near East. Studies in Near Eastern Production, Subsistence and Environment 6 (Berlin 2002).

R. A. Carter/G. Philip (Hrsg.), Beyond the Ubaid. Transformation and Integration in the Late Prehistoric Societies of the Middle East. Studies in Ancient Oriental Civilization 63 (Chicago 2010).

J. Cauvin, Naissance des divinités - Naissance de l'agriculture. La Révolution des symboles au Néolithique (Paris 1994).

J. Cauvin, The Birth of the Gods and the Origins of Agriculture (Cambridge 2000).

J. Cauvin, The Symbolic Foundations of the Neolithic Revolution in the Near East. In: I. Kuijt (Hrsg.), Life in Neolithic Farming Communities. Social Organization, Identity, and Differentiation (New York, Boston, Dordrecht, London, Moskau 2000) 235–252.

S. Colledge/J. Conolly (Hrsg.), The Origins and Spread of Domestic Plants in Southwest Asia and Europe (Walnut Creek 2007).

E. Coqueugniot, Dja'de, Syrie: un village à la veille de la domestication (seconde moitié du IXe millénaire av. J.-C.). In: J. Guilaine (Hrsg.), Premiers paysans du monde. Naissances des agricultures (Paris 2000) 61–79.

E. DeMarrais/C. Gosden/C. Renfrew (Hrsg.) Rethinking Materiality: The Engagement of Mind with the Material World (Cambridge 2004).

B. S. Düring, The Prehistory of Asia Minor. From Complex Hunter-Gatherers to Early Urban Societes (Cambridge, Mass. 2011).

M. Frangipane, Fourth Millenium Arslantepe: The Development of a Centralised Society Without Urbanisation. Origini 34, 2012, 19-40.

인류는 어떻게 역사가 되었나

A. Garrard, Charting the Emergence of Cereal and Pulse Domestication in South-West Asia. Environmental Archaeology 4, 1999, 67-86.

H.-G. Gebel, There was no Centre: The Polycentric Evolution of the Near Eastern Neolithic. Neo-Lithics 1 (4), 2004, 28–32.

H.-G. Gebel, Commodification and the Formation of Early Neolithic Social Identity. The Issues as Seen from the Southern Jordanian Highlands. In: M.Benz (Hrsg.), The Principle of Sharing. Segregation and Construction of Social Identities at the Transition from Foraging to Farming. Studies in Early Near Eastern Production, Subsistence, and Environment 14 (Berlin 2010) 35-80.

A. N. Goring-Morris/A. Belfer-Cohen, Neolithization Processes in the Levant. The Outer Envelope. Current Anthropology 52, 2011, 195-208.

A. Goring-Morris A. Nigel/L. K. Horwitz, Funerals and Feasts in the Near Eastern Pre-Pottery Neolithic B. Antiquity 81, 2007, 902-919.

L. Grosman, Preserving Cultural Traditions in a period of Instability: The Late Natufian of the Hilly Mediterranean Zone. Current Anthropology 44, 2003, 571-580.

T. Hardy-Smith/Ph. C. Edwards, The Garbage Crisis in Prehistory: Artefact Discard Patterns at the Early Natufian Site of Wadi Hammeh 27 and the Origins of Household Refuse Disposal Strategies. Journal of Anthropological Archaeology 23, 2004, 253–289.

H. Hauptmann/K. Schmidt, Anatolien vor 12 000 Jahren: die Skulpturen des Frühneolithikums. In: C. Lichter (Hrsg.), Vor 12 000 Jahren in Anatolien. Die ältesten Monumente der Menschheit. Austellungskatalog Karlsruhe (Stuttgart 2007) 67-82.

D. O. Henry, Prehistoric Cultural Ecology and Evolution. Insights from Southern Jordan (New York, London 1995).

D. O. Henry (Hrsg.), The Prehistoric Archaeology of Jordan, BAR International Series 705 (Oxford 1998).

G. C. Hillman/R. Hedges/A. Moore/S. Colledge/P. Pettit, New Evidence for Late Glacial Cereal Cultivation at Abu Hureyra on the Euphrates. The Holocene 11, 2001, 383–393.

I. Hodder/C. Cessford, Daily Practice and Social Memory at Çatalhöyük. American Antiquity 69, 2004, 17–40.

I. Hodder, Socialization and Feasting at Çatalhöyük. American Antiquity 70, 2005, 89-191.

I. Hodder, Çatalhöyük: The Leopards Tale: Revealing the Mysteries of Turkey's Ancient «Town» (London 2006).

I. Hodder/C. Cessford, Daily Practice and Social Memory at Çatalhöyük. American Antiquity 69, 2004, 17-40.

J. L. Huot, Les premiers villageois de Mésopotamie: du village à la ville (Paris 1994).

M. Kislev, Origin of Annual Crops by Agro-Evolution. Israel Journal of Plant Sciences 50, 2002, 85–88.

S. K. Kozłowski/H. G. K. Gebel (Hrsg.), Neolithic Chipped Stone Industries of the Fertile Crescent, and Their Contemporaries in Adjacent Regions. Studies in Early Near Eastern Production, Subsistence, and Environment 3 (Berlin 1996).

I. Kuijt (Hrsg.), Life in Neolithic Farming Communities. Social Organization, Identity, and Differentiation (New York, Boston, Dordrecht, London, Moskau 2000).

I. Kuijt, Keeping the Peace: Ritual, Skull Caching, and Community Integration in the Levantine Neolithic. In: I. Kuijt (Hrsg.), Life in Neolithic Farming Communities. Social Organization, Identity, and Differentiation (New York, Boston, Dordrecht, London, Moskau 2000) 137–162.

I. Kuijt/B. Finlayson, Evidence for Food Storage and Predomestication Granaries 11,000 Years Ago in the Jordan Valley. Proceedings of the National Academy of Sciences 106 (27), 2009, 1066.

C. Lichter (Hrsg.), How Did Farming Reach Europe? Anatolian-European Relations From the Second Half of the 7th Through the First Half of the 6th Millennium cal B.C. Proceedings of the International Workshop Istanbul 20-22 May 2004. Byzas 2 (Istanbul 2005).

C. Lichter (Hrsg.), Vor 12.000 Jahren in Anatolien. Die ältesten Monumente der Menschheit. Austellungskatalog Karlsruhe (Stuttgart 2007).

S. Love, Architecture as Material Culture: Building Form and Materiality in the PrePottery Neolithic of Anatolia and Levant. Journal of Anthropological Archaeology 32, 2013, 746-758.

R. Matthews, The Early Prehistory of Mesopotamia. 50,000-4,500 B.C. (Turnhout 2000).

J. Mellaart, Çatal Hüyük. Stadt aus der Steinzeit (Bergisch Gladbach 1967).

J. Mellaart, The Neolithic of the Near East (London 1975).

S. Mithen, After the Ice: A Global Human History, 20,000-5,000 B.C. (Cambridge, Mass. 2006).

Y. Miyake, Archaeological Survey at Salat Cami Yani. A Pottery Neolithic Site in the Tigris Valley, South-East Turkey. Anatolica 31, 2005, 1–18.

A. M. T. Moore/G. C. Hillman, The Pleistocene to Holocene Transition and Human Economy in Southwest Asia: The Impact of the Younger Dryas. American Antiquity 57, 1992, 482-494.

A. M. T. Moore/G. C. Hillman/A. J. Legge (Hrsg.), Village on the Euphrates. From Foraging to Farming at Aby Hureyra (New York, Oxford 2000).

P. R. S. Moorey, Ancient Mesopotamian Materials and Industries. The Archaeological Evidence (Oxford 1994).

D. de Moulins, Agricultural Changes at Euphrates and Steppe Sites in the Mid-8th to the 6th Millenium B.C. BAR International Series 683 (Oxford 1997).

N. D. Munro, Zooarchaeological Measures of Hunting Pressure and Occupation Intensity in the Natufian. Implications for Agricultural Origins. Current Anthropology, Supplement 45 (Chicago 2004).

M. Nesbitt, When and Where Did Domesticated Cereals First Occur in Southwest Asia? In: R. T. J. Cappers/S. Bottema (Hrsg.), The Dawn of Farming in the Near East. Studies in Near Eastern Production, Subsistence and Environment 6 (Berlin 2002) 23-45.

O. P. Nieuwenhuyse, Plain and Painted Pottery: The Rise of Neolithic Ceramic Styles on the Syrian and Northern Mesopotamian Plains (Turnhout 2007).

O. P. Nieuwenhuyse/P. M. M. G. Akkermans/J. van der Plicht, Not so Coarse, not Always Plain - the Earliest Pottery of Syria. Antiquity 84, 2010, 71–85. Y. Nishiaki, Lithic Technology of Neolithic Syria. BAR International Series 840 (Oxford 2000).

Y. Nishiaki/M. Lemière, The Oldest Pottery Neolithic of Upper Mesopotamia: New Evidence from Tell Seker al-Aheimar, the Khabur, Northeast Syria. Paléorient 31 (2) 2005, 55–68.

W. Orthmann/P. Matthiae/M. al-Maqdissi, Archéologie et Histoire de la Syrie I. La Syrie de l'époque néolithique à l'âge du fer. Schriften zur Vorderasiatischen Archäologie 1, 1 (Wiesbaden 2013).

M.Özsait, Nouveaux sites contemporains de Hacılar en Pisidie Occidentale. De Anatolia Antiqua 1, 1991, 59-118.

A. Özdoğan, Çayönü. In: M. Özdoğan/N. Başgelen (Hrsg.), Neolithic in Turkey. The Cradle of Civilization. New Discoveries (Istanbul 1999) 35-63.

M. Özdoğan, Mezraa Teleilat. Un site néolithique en bordure de l'Euphrate. Dossiers d'Archéologie 281, 2003, 36-41.

M. Özdoğan/N. Başgelen/P. Kuniholm (Hrsg.), The Neolithic in Turkey. New Excavations and New Research. 1: The Tigris Basin (Istanbul 2011).

M. Özdoğan/N. Başgelen/P. Kuniholm (Hrsg.), The Neolithic in Turkey. New Excavations and New Research. 2: The Euphrates Basin (Istanbul 2011).

M. Özdoğan/N. Başgelen/P. Kuniholm (Hrsg.), The Neolithic in Turkey. New Excavations and New Research. 3: Central Turkey (Istanbul 2012).

M. Özdoğan/N. Başgelen/P. Kuniholm (Hrsg.), The Neolithic in Turkey. New Excavations and New Research. 4: Western Turkey (Istanbul 2012).

M. Özdoğan/N. Başgelen/P. Kuniholm (Hrsg.), The Neolithic in Turkey. New Excavations and New Research. 5: Northwestern Turkey and Istanbul (Istanbul 2013).

M. Özdoğan/Y. Miyake/N. Özbaşaran-Dede, An Interim Report on the Excavations at Yarımburgaz and Toptepe in Eastern Thrace. Anatolica 17, 1991, 59-121.

C. Palmer, The Role of Fodder in the Farming System: A Case Study from Northern Jordan. Environmental Archaeology 1, 1998, 1–10.

E. Peltenburg, Social Space in Early Sedentary Communities of Southwest Asia and Cyprus. In: E. Peltenburg/A. Wasse (Hrsg.), Neolithic Revolution: New Perspectives on Southwest Asia in Light of Recent Discoveries on Cyprus (Oxford 2004) 71-89.

J. Perrot, Le gisement natoufien de Mallaha (Eynan), Israel. L'Anthropologie 70, 1966, 1. 437–83.

J. Peters/A. von den Driesch/D. Helmer, The Upper Euphrates-Tigris Basin: Cradle of Agro-Pastoralism? In: J.-D. Vigne/J. Peters/D. Helmer (Hrsg.), The First Steps of Animal Domestication: New Archaeozoological Approaches (Oxford 2005) 96–124.

J. Peters/D. Helmer/A. von den Driesch/M. Saña, Early Animal Husbandry in the Northern Levant. Paléorient 25 (2), 1999, 27-48.

D. R. Piperno/E. Weiss /I. Holst/D. Nadel, Processing of Wild Cereal Grains in the Upper Palaeolithic Revealed by Starch Grain Analysis. Nature 430, 2004, 670-673.

E. Porada/D. P. Hansen/S. Dunham/S. H. Babcock, Mesopotamia. In: R. W. Ehrich (Hrsg.), Chronologies in Old World Archaeology 1 (Chicago, London 1992) 77–121.

N. Roberts/A. Rosen, Diversity and Complexity in Early Farming Communities of Southwest Asia: New Insights into the Economic and Environmental Basis of Neolithic Çatalhöyük. Current Anthropology 50 (3), 2009, 393-394.

O. Röhrer-Ertl, Über Habitatsgrenzen der Population vom Tell es Sultan/Jericho im Mesolithikum und Präkeramischen Neolithikum anhand paläoökologischer Einzelbefunde. Ethnographisch-Archäologische Zeitschrift 37, 1996, 503-515.

G. O. Rollefson, Ritual and Social Structure at Neolithic 'Ain Ghazal. In: I. Kuijt (Hrsg.), Life in Neolithic Farming Communities. Social Organization, Identity, and Differentiation (New York, Boston, Dordrecht, London, Moskau 2000) 163-190.

D. Rosenberg, Serving Meals Making a Home: The PPNA Limestone Vessel Industry of the Southern Levant and its Importance to the Neolithic Revolution. Paléorient 34 (1), 2008, 23-32.

M. Rosenberg/R. W. Redding, Hallan Çemi and Early Village Organization in Eastern Anatolia. In: I. Kuijt (Hrsg.), Life in Neolithic Farming Communities. Social Organization, Identity, and Differentiation (New York, Boston, Dordrecht, London, Moskau 2000) 39-62.

N. Russell/L. Martin/H. Buitenhuis, Cattle Domestication at Çatalhöyük Revisited. Current Anthropology 46, 2005, 101-108.

W. Schirmer, Some Aspects of the Building in the <Aceramic Neolithic> Settlement at Çayönü Tepesi. World Archaeology 21 (3), 1990, 363-387.

K. Schmidt, Frühneolithische Tempel. Ein Forschungsbericht zum präkeramischen Neolithikum Obermesopotamiens. Mitteilungen der Deutschen Orient-Gesellschaft 130, 1998, 17-49.

K. Schmidt, Göbekli Tepe, Southeastern Turkey. A Preliminary Report on the 1995-1999 Excavations. Paléorient 26, 2001, 1, 45-54.

K. Schmidt, «Ritual Centers» and the Neolithisation of Upper Mesopotamia. NeoLithics 2 (5), 2005, 13-21.

K. Schmidt, Sie bauten die ersten Tempel. Das rätselhafte Heiligtum der Steinzeitjäger (München 2006).

J. Searle, The Construction of Social Reality (London 1995).

A. Sherratt, Die Anfänge der Landwirtschaft im Vorderen Orient und in Europa. In: A. Sherratt (Hrsg.), Die Cambridge Enzyklopädie der Archäologie (München 1980) 102-111.

A. H. Simmons, Villages on the Edge: Regional Settlement Change and the End of the Levantine Pre-Pottery Neolithic. In: I. Kuijt (Hrsg.), Life in Neolithic Farming Communities. Social Organization, Identity, and Differentiation (New York, Boston, Dordrecht, London, Moskau 2000) 211-234.

A. H. Simmons, The Neolithic Revolution in the Near East: Transforming the Human Landscape (Tucson 2007).

H. Todorova, The Neolithic, Eneolithic and Transitional Period in Bulgarian Prehistory. In: D. W. Bailey/O. Panajotov (Hrsg.), Prehistoric Bulgaria. Monographs in World Archaeology 22 (Madison 1995) 79-98.

H. Todorova, Neue Angaben zur Neolithisierung der Balkanhalbinsel. In: E. Jerem/P. Raczky (Hrsg.), Morgenrot der Kulturen. Frühe Etappen der Menschheitsgeschichte in Mittel- und Südosteuropa. Festschrift für Nándor Kalicz zum 75. Geburtstag (Budapest 2003) 83-88.

인류는 어떻게 역사가 되었나

T. van Andel, Coastal Migrants in a Changing World? An Essay on the Mesolithic in the Eastern Mediterranean. Journal of the Israel Prehistoric Society 35, 2005, 381–396.

N. I. Vavilov, Centers of Origin of Cultivated Plants. In: V.F. Dorofeyev (Hrsg.), Origin and Geography of Cultivated Plants (Cambridge 1992) 22–143.

M. Verhoeven, Beyond Boundaries: Nature, Culture and a Holistic Approach to Domestication in the Levant. Journal of World Prehistory 18, 2004, 179-282.

M. Verhoeven/P. M.M.G. Akkermans (Hrsg.), Tell Sabi Abyad II, the Pre-Pottery Neolithic B Settlement. Report on the Excavations of the National Museum of Antiquities Leiden in the Balikh Valley, Syria (Istanbul 2000).

J.-D. Vigne/I. Carrère/F. Briois/J. Guilaine, The Early Process of Mammal Domestication in the Near East. New Evidence from the Pre-Neolithic and Pre-Pottery Neolithic in Cyprus. Current Anthropology 52, 2011, 255-271.

M. M. Voigt, Çatal Höyük in Context: Ritual at Early Neolithic Sites in Central and Eastern Turkey. In: I. Kuijt (Hrsg.), Life in Neolithic Farming Communities. Social Organization, Identity, and Differentiation (New York, Boston, Dordrecht, London, Moskau 2000) 253–294.

A. Wasse, The Wild Goats of Lebanon: Evidence for Early Domestication? Levant 33, 2001, 21–33.

T. Watkins, New Light on Neolithic Revolution in South-West Asia. Antiquity 84, 2010, 621-634.

G. Willcox, Geographical Variation in Major Cereal Components and Evidence for Independent Domestication Events in Western Asia. In: R. T. J. Cappers/S. Bottema (Hrsg.), The Dawn of Farming in the Near East. Studies in Near Eastern Production, Subsistence and Environment 6 (Berlin 2002) 64-78.

G. Willcox, Measuring Grain Size and Identifying Near Eastern Cereal Domestication: Evidence from the Euphrates Valley. Journal of Archaeological Science 31, 2004, 145–150.

G. Willcox, Agrarian Change and the Beginnings of Cultivation in the Near East. Evidence from Wild Progenitors, Experimental Cultivation and Archaeological Data. In: R. Denham/P. White (Hrsg.), The Emergence of Agriculture. A Global View (London, New York 2007) 217–241.

G. Willcox, The Adoption of Farming and the Beginnings of the Neolithic in the Euphrates Valley: Cereal Exploitation Between the 12th and 8th Millenia BC. In: S. Colledge/ J. Conolly (Hrsg.), The Origins and Spread of Domestic Plants in Southwest Asia and Europe (Walnut Creek 2007) 21–36.

G. Willcox/S. Fornite/L. Herveux, Early Holocene Cultivation Before Domestication in Northern Syria. Vegetation History and Archaeobotany 17, 2008, 313–325.

N. Yoffee/J. J. Clark (Hrsg.), Early Stages in the Evolution of Mesopotamian Civilization. Soviet Excavations in Northern Iraq (Tucson, London 1993).

M.A. Zeder, The Origins of Agriculture in the Near East. Current Anthropology 52, 2011, 221–235.

W. van Zeist, Evidence for Agricultural Change in the Balikh Basin, Northern Syria. In: C. Gosden/J. Hather (Hrsg.), The Prehistory of Food. Appetites for Change (London,

New York 1999) 350-373.

D. Zohary, The Mode of Domestication of the Founder Crops of Southwest Asian Agriculture. In: D. R. Harris (Hrsg.), The Origins and Spread of Agriculture and Pastoralism in Eurasia (London 1996) 126-138.

D. Zohary, Domestication of the Southwest Asian Neolithic Crop Assemblage of Cereals, Pulses, and Flax. In: R. Denham/P. White (Hrsg.), The Emergence of Agriculture. A Global View (London, New York 2007) 197–216.

D. Zohary/M. Hopf, Domestication of Plants in the Old World. The Origin and Spread of Cultivated Plants in West Asia, Europe, and the Nile Valley (Oxford 2000).

4장

A. Alday Ruíz, The Neolithic in the Iberian Peninsula: An Explanation from the Perspective of the Participation of Mesolithic Communities. Zephyrus 49, 2012, 75-94.

M. Almagro-Gorbea/D. Casado/F. Fontes/A. Mederos/M. Torres, Prehistoria. Antigüedades españoles I (Madrid 2004).

D. W. Anthony/J. Y. Chi (Hrsg.), The Lost World of Old Europe. The Danube Valley, 5000-3500 B.C. Ausstellungskatalog New York (New York, Princeton, Oxford 2010).

D. Antonovič, Copper Processing in Vinča: New Contributions to the Thesis About the Metallurgical Character of Vinča Culture. Starinar 52, 2002, 27–41.

J.-F. Berger/J. Guilaine, The 8200 cal BP Abrupt Environmental Change and the Neolithic Transition: A Mediterranean Perspective. Quaternary International 200 (1–2), 2008, 31–49.

J. Bernabeu Aubán, Una vision actual sobre el origen y difusión del Neolitico en la Peninsula Iberica. In: 0. García Puchol/J. Emili Aura Tortosa (Hrsg.), El Abric de la Falguera (Alcoi, Alacant). 8000 años de ocupación humana en la cabecera del río de Alcoi (Alicante 2006) 189-211.

J. Bernabeu Aubán/M. A. Rojo Guerra/L. Molina Balaguer, Las primeras producciones cerámicas: el VI milenio cal AC en la Península Ibérica. Saguntum extra 12 (Valencia 2011).

D. Binder/R. Maggi, Le Néolithique ancien de l'arc liguroprovençal. Bulletin de la Société Préhistorique Française 98, 2001, 411–422.

M. Blech/M. Koch/M. Kunst, Hispania Antiqua. Denkmäler der Frühzeit (Mainz 2001).

D. Borič, Places that Created Time in the Danube Gorges and Beyond, c. 9000-5500 B.C. Documenta Praehistorica 26, 1999, 41-70.

D. Borič, The Lepenski Vir Conundrum: Reinterpretation of the Mesolithic and Neolithic Sequences in the Danube Gorges. Antiquity 76, 2002, 1026-1039.

C. Broodbank/T. F. Strasser, Migrant Farmers and the Neolithic Colonization of Crete. Antiquity 65, 1991, 233–245.

M. Budja, The Transition to Farming in Mediterranean Europe - an Indigenous Response. Documenta Archaeologica 26, 1999, 119–141.

S. Burmeister/S. Hansen/M. Kunst/N. Müller-Scheeßel (Hrsg.): Metal Matters. Innovative Technologies and Social Change in Prehistory and Antiquity. Menschen–Kulturen–

Traditionen. ForschungsCluster 2 (Rahden 2013).

E. N. Černych, Frühester Kupferbergbau in Europa. In: A. Fol/J. Lichardus (Hrsg.), Macht, Herrschaft und Gold. Das Gräberfeld von Varna (Bulgarien) und die Anfänge einer neuen europäischen Zivilisation (Saarbrücken 1988) 145–150.

J. Chapman, Social Power in the Iron Gates Mesolithic. In: J. Chapman/P. Dolukhanov (Hrsg.), Cultural Transformations and Interactions in Eastern Europe (Avebury 1992) 71–121.

S. Colledge/J. Conolly (Hrsg.), The Origins and Spread of Domestic Plants in Southwest Asia and Europe (Walnut Creek 2007). Ç. Çilingiroğlu, The Concept of »Neolithic Package« Considering its Meaning and its Applicability. Documenta Praehistorica 32, 2005, 1–13.

M. Diniz (Hrsg.), The Early Neolithic in the Iberian Peninsula. BAR International Series 1858 (Oxford 2008).

P. Dolukhanov/A. Shukurov/D. Sokoloff/V. Timofeev G. Zaistseva, The Chronology of Neolithic Dispersal in Central and Eastern Europe. Journal of Archaeological Science 32, 2005, 1441–1458.

F. Draşovean, The Vinča Culture, its Role and Cultural Connections (Timişoara 1995).

B.S. Düring, The Prehistory of Asia Minor. From Complex Hunter-Gatherers to Early Urban Societes (Cambridge, Mass. 2011).

N. Efstratiou, Agios Petros: A Neolithic Site in the Northern Sporades. BAR International Series 241 (Oxford 1985).

N. Efstratiou/A. Karetsou/M. Ntinou (Hrsg.), The Neolithic Settlement of Knossos in Crete. New Evidence of the Early Occupation of Crete and the Aegean Islands. Prehistory Monographs 42 (Philadelphia 2013).

A. Fol/J. Lichardus (Hrsg.), Macht, Herrschaft und Gold. Das Gräberfeld von Varna (Bulgarien) und die Anfänge einer neuen europäischen Zivilisation. Ausstellungskatalog Saarbrücken (Saarbrücken 1988).

M. Garasanin, Kulturströmungen im Neolithikum des südlichen Balkanraumes. Prähistorische Zeitschrift 73, 1998, 25-51.

G. García Atienzar, Territorio Neolítico. Las primeras comunidades campesinas en la fachada oriental de la península Ibérica (ca. 5600-2800 cal BC). BAR International Series 2021 (Oxford 2009).

G. Garcia Atienzar/F. J. Jover, The Introduction of the First Farming Communities in the Western Mediterranean: The Valencian Region in Spain as Example. Arqueologia Iberoamericana 2011, 17–29.

B. Govedarica, Zepterträger - Herrscher der Steppen. Die frühen Ockergräber des älteren Äneolithikums im karpatenländischen Gebiet und im Steppenraum Südostund Osteuropas (Mainz 2004).

D. Gronenborn (Hrsg.), Klimaveränderung und Kulturwandel in neolithischen Gesellschaften Mitteleuropas, 6700–2200 v. Chr. (Mainz 2005).

J. Guilaine, De la vague à la tombe. La conquête néolithique de la Méditerranée (8000–2000 avant J.-C.) (Paris 2003).

J. Guilaine/C. Manen/J.-D. Vigne, Pont de Roque-Haute: nouveaux regards sur la néolithisation de la France Méditerranéenne (Toulouse 2007).

P. Halstead, The Development of Agriculture and Pastoralism in Greece: When, How, Who and What? In: D. R. Harris (Hrsg.), The Origins and Spread of Agriculture and Pastoralism in Eurasia (London 1996) 296-309.

S. Hansen, Bilder vom Menschen der Steinzeit. Untersuchungen zur anthropomorphen Plastik der Jungsteinzeit und Kupferzeit in Südosteuropa. Archäologie in Eurasien 20 (Mainz 2007).

S. Hansen (Hrsg.), Leben auf dem Tell als soziale Praxis. Beiträge des Internationalen Symposiums in Berlin vom 26.-27. Februar 2007. Kolloquien zur Vor- und Frühgeschichte 14 (Bonn 2010).

S. Hansen/J. Müller (Hrsg.), Sozialarchäologische Perspektiven: Gesellschaftlicher Wandel 5000-1500 v. Chr. zwischen Atlantik und Kaukasus. Archäologie in Eurasien 24 (Mainz 2011).

S. Hansen/A. Reingruber/M. Toderaş, Pietrele, Măgura Gorgana: Monumentalität im Raum. In: H.-J. Beier/E. Claßen/Th. Doppler/B. Ramminger (Hrsg.), Neolithische Monumente und neolithische Gesellschaften. Beiträge der Sitzung der Arbeitsge meinschaft Neolithikum während der Jahrestagung des Nordwestdeutschen Verbandes für Altertumsforschung e. V in Schleswig 9-10. Oktober 2007. Varia neolithica 6 (Langenweißbach 2009) 55-63.

S. Hiller/V. Nikolov (Hrsg.), Karanovo III. Beiträge zum Neolithikum in Südosteuropa. Österreichisch-Bulgarische Ausgrabungen und Forschungen in Karanovo 3 (Wien 2000).

I. Hodder, Çatalhüyük. The Leopard's Tale. Revealing the Mysteries of Turkey's Ancient Town (London 2006).

R. Hofmann/Z. Kujundžić-Vejzagič/J. Müller/N. Müller-Scheessel/ K. Rassmann, Prospektionen und Ausgrabungen in Okolište (Bosnien-Herzegowina): Siedlungs archäologische Studien zum zentralbosnischen Spätneolithikum (5300-4500 v. Chr.). Bericht der Römisch-Germanischen Kommission 102, 2007, 1–140.

R. Hofmann/F.-K. Moetz/J. Müller (Hrsg.), Tells: Social and Environmental Spaces. Universitätsforschungen zur Prähistorischen Archäologie 207 (Bonn 2012).

P. Kalb, Die Megalith-Kultur auf der Iberischen Halbinsel. In: M. Blech/M. Koch/M. Kunst, Hispania Antiqua. Denkmäler der Frühzeit (Mainz 2001) 101–120.

N. Karul/Z. Eres/M. Özdoğan/H. Parzinger, Aşağı Pınar I. Einführung, Forschungs geschichte, Stratigraphie und Architektur. Studien im Thrakien-Marmara-Raum 1. Archäologie in Eurasien 15 (Mainz 2003).

T. Kienlin, Tradition and Innovation in Copper Age Metallurgy: Results of a Metallographic Examination of Flat Axes from Eastern Central Europe and the Carpathian Basin. Proceedings of the Prehistoric Society 74, 2008, 79-107.

J. Korek, Die Theiß-Kultur in der mittleren und nördlichen Theiß-Gegend (Budapest 1989).

R. Krauß, Karanovo und das südosteuropäische Chronologiesystem aus heutiger Sicht. Eurasia antiqua 14, 2008, 115–147.

M. Kunst, Das Neolithikum der Iberischen Halbinsel. In: M. Blech/M. Koch/M. Kunst,

인류는 어떻게 역사가 되었나

Hispania Antiqua. Denkmäler der Frühzeit (Mainz 2001) 37–66.

M. Kunst, Die Kupferzeit der Iberischen Halbinsel. In: M. Blech/M. Koch/M. Kunst, Hispania Antiqua. Denkmäler der Frühzeit (Mainz 2001) 67–100.

O. Larina, Neoliticul pe teritoriul Republicii Moldova. Thraco-Dacica 15, 1994, 41–66.

A. Le Brun, Führer durch Khirokitia (Nikosia 1997).

J. Lichardus (Hrsg.), Die Kupferzeit als historische Epoche. Saarbrücker Beiträge zur Altertumskunde 55 (Bonn 1991).

J. Lichardus/M. Lichardus-Itten, Nordpontische Beziehungen während der frühen Vor geschichte Bulgariens. Festschrift für A. Fol. Thracia 11, 1995, 31–62.

M. Lichardus-Itten, Strukturelle Grundlagen zum Verständnis der Neolithisierungs prozesse in Südost- und Mitteleuropa. In: E. Jerem/P. Raczky (Hrsg.), Morgenrot der Kulturen. Frühe Etappen der Menschheitsgeschichte in Mittel- und Südosteuropa. Festschrift für Nándor Kalicz zum 75. Geburtstag (Budapest 2003) 61-81.

C. Lichter, Untersuchungen zu den Bestattungssitten des südosteuropäischen Neolithikums und Chalkolithikums (Mainz 2001).

C. Lichter (Hrsg.), Vor 12.000 Jahren in Anatolien. Die ältesten Monumente der Menschheit. Ausstellungskatalog Karlsruhe (Karlsruhe 2007).

T. Link, Das Ende der neolithischen Tellsiedlungen. Ein kulturgeschichtliches Phänomen des 5. Jahrtausends v. Chr. im Karpatenbecken. Universitätsforschungen zur Prähistorischen Archäologie 134 (Bonn 2006).

J. Makkay, Kontakte zwischen der Körös-Starčevo-Kultur und der Linienbandkeramik. Communicationes Archaeologicae Hungariae 1987, 15–24.

G. Marchand/A. Tresset, Derniers chasseurs cueilleurs et premiers agriculteurs sur la façade atlantique de l'Europe. In: J. Guilaine (Hrsg.), Aux marges des grands foyers du Néolithique. Périphéries débitrices ou créatrices ? (Paris 2004) 257–280.

A. McPherron/D. Sejovič, Divostin and the Neolithic of Central Serbia (Pittsburgh 1988).

J. Mellaart, Excavations at Hacilar 1–2 (Edinburgh 1970). V. Milojčić, Präkeramisches Neolithikum auf der Balkanhalbinsel. Germania 38, 1960, 320-340.

J. Müller, Das Ostadriatische Frühneolithikum. Prähistorische Archäologie in Südosteuropa 9 (Berlin 1994).

J. Müller/R. Hofmann/N. Müller-Scheeßel/K. Rassmann, Neolithische Arbeitsteilung: Spezialisierung in einem Tell um 4900 v. Chr. In: A. Anders/G. Kulcsár (Hrsg.) Moments in Time. Papers Presented to Pál Raczky on his both Birthday. Prehistoric Studies 1 (Budapest 2013) 407-420.

B. S. Ottaway, Innovation, Production and Specialization in Early Prehistory Copper Metallurgy. European Journal of Archaeology 4, 2001, 87–112.

B. Ottaway/B. Roberts, The Emergence of Metalworking. In: A. Jones (Hrsg.), Prehistoric Europe. Theory and Practice (Chichester 2008) 193–225.

M. Özdoğan, The Beginning of Neolithic Economies in Southeastern Europe: An Anatolian Perspective. Journal of European Archaeology 5, 1997, 1–33.

M. Özdoğan, Amidst Mesopotamia-Centric and Euro-Centric Approaches: The Changing Role of the Anatolian Peninsula Between the East and the West. Anatolian Studies 57, 2007, 17–24.

M. Özdoğan, Archaeological Evidence on the Westward Expansion of Farming Communities from Eastern Anatolia to the Aegean and the Balkans. Current Anthropology 52, 2011, 415-430.

M. Özdoğan/N. Başgelen (Hrsg.), Neolithic in Turkey. The Cradle of Civilization. New Discoveries (Istanbul 1999).

M. Özdoğan/N. Başgelen (Hrsg.), Türkiye'de neolitik dönem. Yeni kazılar, yeni bulgular (Istanbul 2007).

M. Özdoğan/N. Başgelen/P. Kuniholm (Hrsg.), The Neolithic in Turkey. New Excavations and New Research. 1: The Tigris Basin (Istanbul 2011).

M. Özdoğan/N. Başgelen/P. Kuniholm (Hrsg.), The Neolithic in Turkey. New Excavations and New Research. 2: The Euphrates Basin (Istanbul 2011).

M. Özdoğan/N. Başgelen/P. Kuniholm (Hrsg.), The Neolithic in Turkey. New Excavations and New Research. 3: Central Turkey (Istanbul 2012).

M. Özdoğan/N. Başgelen/P. Kuniholm (Hrsg.), The Neolithic in Turkey. New Excavations and New Research. 4: Western Turkey (Istanbul 2012).

M. Özdoğan/N. Başgelen/P. Kuniholm (Hrsg.), The Neolithic in Turkey. New Excavations and New Research. 5: Northwestern Turkey and Istanbul (Istanbul 2013).

M. Özdoğan/I. Gatsov, The Aceramic Neolithic Period in Western Turkey and in the Aegean. Anatolica 24, 1998, 209-232.

M. Özdoğan/H. Hauptmann/N. Başgelen (Hrsg.), From Villages to Cities. Early Villages in the Near East. Studies Presented to Ufuk Esin (Istanbul 2003).

M. Özdoğan/Y. Miyake/N. Özbaşaran-Dede, An Interim Report on the Excavations at Yarımburgaz and Toptepe in Eastern Thrace. Anatolica 17, 1991, 59-121.

H. Parzinger, Studien zur Chronologie und Kulturgeschichte der Jungstein-, Kupferund Frühbronzezeit zwischen Karpaten und Mittlerem Taurus. Römisch-Germanische Forschungen 52 (Mainz 1993).

H. Parzinger/H. Schwarzberg, Aşağı Pınar II. Die mittel- und spätneolithische Keramik. Studien im Thrakien-Marmara-Raum 2. Archäologie in Eurasien 18 (Mainz 2005).

C. Perlès, The Early Neolithic in Greece. Cambridge World Archaeology (Cambridge 2001).

C. Perlès, An Alternate (and Old-Fashioned) View of Neolithisation in Greece. Documenta Praehistorica 30, 2003, 99-113.

C. Perlès, Une marge qui n'en est pas une: le Néolithique ancien de la Grèce. In: J. Guilaine (Hrsg.), Aux marges des grands foyers du Néolithique. Périphéries débitricesou créatrices ? (Paris 2004) 219-236.

E. Pernicka, Gewinnung und Verbreitung der Metalle in prähistorischer Zeit. Jahrbuch des Römisch-Germanischen Zentralmuseums Mainz 37, 1990, 21–129.

E. Pernicka/D. Anthony, The Invention of Copper Metallurgy and the Copper Age of Old Europe. In: D. Anthony/J. Y. Chi (Hrsg.), The Lost World of Old Europe. The Danube Valley, 5000-3500 B.C. Austellungskatalog New York (New York, Princeton, Oxford 2010) 163-177.

A. Peschlow-Bindokat, Frühe Menschenbilder: die prähistorischen Felsmalereien des Latmos-Gebirges (Mainz 2003).

인류는 어떻게 역사가 되었나

B. Prinz, Mesolithic Adaptations on the Lower Danube. Vlasac and the Iron Gates Gorge. BAR International Series 330 (Oxford 1987).

I. Radovanovič, The Iron Gates Mesolithic. International Monographs in Prehistory, Archaeological Series 11 (Ann Arbor 1996). I. Radovanovič, Houses and Burials at Lepenski Vir. European Journal of Archaeology 3 (3), 2000, 330-349.

A. Reingruber, The Argissa Magoula and the Beginning of the Neolithic in Thessaly. In: C. Lichter (Hrsg), How Did Farming Reach Europe? Anatolian-European Relations From the Second Half of the 7th Through the First Half of the 6th Millennium cal B.C. Proceedings of the International Workshop Istanbul 20-22 May 2004. Byzas 2 (Istanbul 2005) 155–171.

A. Reingruber, Die Argissa-Magula. Das frühe und das beginnende mittlere Neolithikum im Lichte transägäischer Beziehungen. Beiträge zur Ur- und Frühgeschichtlichen Archäologie des Mittelmeer-Kulturraumes 35 (Bonn 2008).

N. Roberts/A. Rosen, Diversity and Complexity in Early Farming Communities of Southwest Asia: New Insights into the Economic and Environmental Basis of Neolithic Çatalhöyük. Current Anthropology 50 (3), 2009, 393-394.

M. A. Rojo Guerra/M. Kunst/R. Garrido-Pena/I. García Martinez-de-Lagrán, La neolitización de la Meseta Norte a la luz del C-14: análisis de 47 dataciones absolutas inédi tas de dos yacimientos domésticos del Valle de Ambrone, Soria, España. Archivo de Prehistoria Levantina 26, 2006, 39-100.

M. A. Rojo Guerra/M. Kunst/R. Garrido-Pena/I. García Martinez-de-Lagrán/G. Morán-Douchez, Paisajes de la memoria: asentamientos del neolítico antiguo en el Valle de Ambrona (Soria, España) (Madrid 2008).

J. Roodenberg/S. Alpaslan-Roodenberg (Hrsg.), Life and Death in a Prehistoric Settlement in Northwest Anatolia: The Ilipınar Excavations III, with Contributions on Hacılartepe and Menteşe (Leiden 2008).

J. Roodenberg/A. van As/S. Alpaslan-Roodenberg, Barcin Hüyük in the Plain in Yenişehir (2005-2006): A Preliminary Note on the Fieldwork, Pottery and Human Remains of the Prehistoric Levels, Anatolica 34, 2008, 53-66.

P. Rowley-Conwy, Westward Go! The Spread of Agriculture from Central Europe to the Atlantic. Current Anthropology 52, 2011, 431–451.

C. Runnels, The Stone Age of Greece from the Paleolithic to the Advent of the Neolithic: Addendum 1995–1999. In: T. Cullen (Hrsg.), Aegean Prehistory: A Review (Boston 2001) 225-254.

C. Runnels, The Origins of the Greek Neolithic: A Personal View. In: A. J. Ammerman/P. Biagi (Hrsg.), The Widening Harvest. The Neolithic Transition in Europe: Looking Back, Looking Forward (Boston 2003) 121–132.

M. Sailer, Studien zur Lepenski Vir-Kultur. Darstellung und Interpretation der Kulturmerkmale und Befunde. Jahresschrift für Mitteldeutsche Vorgeschichte 79, 1997, 9-109.

A. Sampson, New Evidence From the Early Productive Stages in the Aegean Basin From the 9th to the 7th Millennium cal BC. In: C. Lichter (Hrsg.), How Did Farming Reach Europe? Anatolian-European Relations From the Second Half of the 7th Through the

First Half of the 6th Millennium cal B.C. Proceedings of the International Workshop Istanbul 20–22 May 2004. Byzas 2 (Istanbul 2005) 131–141.

S. von Schnurbein (Hrsg.), Atlas der Vorgeschichte. Europa von den ersten Menschen bis Christi Geburt (Stuttgart 2009).

H. Schubert, Die bemalte Keramiks des Frühneolithikums in Südosteuropa, Italien und Westanatolien (Rahden 1999).

K. H. Simon, Betrachtungen über die Chronologie der Wende des Früh- und Mittelneolithikums im Karpatenbecken. Sargetia 26 (1), 1995/96, 127-140.

D. Srejović, Lepenski Vir: Menschenbilder einer frühen europäischen Kultur (Mainz 1972).

D. Srejović/L. Babović, Umetnost Lepenskog Vira (Belgrad 1983).

T. Stefanova, A Comparative Analysis of Pottery From the «Monochrome Early Neolithic Horizon» and «Karanovo I Horizon» and the Problems of the Neolithization of Bulgaria. Pročilo o Razjskovanju Paleolita, Neolita in eneolita v Sloveniji 23, 1996, 15-38.

S. Swiny (Hrsg.), The Earliest Prehistory of Cyprus: From Colonization to Exploitation (Boston 2001).

T. Takaoğlu, Coşkuntepe: A Neolithic Quern Production Site in NW Turkey. Journal of Field Archaeology 30, 2005, 419-433.

T. Terberger/D. Gronenborn (Hrsg.), Vom Jäger und Sammler zum Bauern. Die neolithische Revolution. Archäologie in Deutschland, Sonderheft 2014.

D. R. Theocharis, Neolithic Greece (Athen 1973).

H. Todorova, The Neolithic, Eneolithic and Transitional Period in Bulgarian Prehistory. In: D. W. Bailey/O. Panajotov (Hrsg.), Prehistoric Bulgaria. Monographs in World Archaeology 22 (Madison 1995) 79-98.

H. Todorova, Neue Angaben zur Neolithisierung der Balkanhalbinsel. In: E. Jerem/P. Raczky (Hrsg.), Morgenrot der Kulturen. Frühe Etappen der Menschheitsgeschichte in Mittel- und Südosteuropa. Festschrift für Nándor Kalicz zum 75. Geburtstag (Budapest 2003) 83–88.

R. Tringham, Southeastern Europe in the Transition to Agriculture in Europe: Bridge, Buffer, or Mosaic. In: T. D. Price (Hrsg.), Europe's First Farmers (Cambridge 2000) 19-56.

P. Utrilla, Epipaleolíticos y Neolíticos en el Valle del Ebro. Saguntum extra 5, 2002, 179-208. P. Utrilla/L. Montes (Hrsg.), El Mesolitico geometrico en la Peninsula Iberica. Monografias Prehistoricas 44 (Zaragoza 2009).

T. van Andel, Coastal Migrants in a Changing World? An Essay on the Mesolithic in the Eastern Mediterranean. Journal of the Israel Prehistoric Society 35, 2005, 381–396.

E. Weiss/D. Zohary, The Neolithic Southwest Asian Founder Crops: Their Biology and Archaeobotany. Current Anthropology 52, 2011, 237–254.

G.-C. Weniger, Das Paläolithikum und Epipaläolithikum auf der Iberischen Halbinsel. In: M. Blech/M. Koch/M. Kunst, Hispania Antiqua. Denkmäler der Frühzeit (Mainz 2001) 1–16.

A. Whittle, Connections in the Körös Culture World: Exchange as an Organizing Principle. Antaeus 27, 2004, 17–26.

S. van Willigen, Die Neolithisierung im nordwestlichen Mittelmeerraum. Iberia archaeologica 7 (Mainz 2006).

L. Zapata/L. Peña-Chocarro, G. Pérez-Jordá/H.-P. Stika, Early Neolithic Agriculture in the Iberian Peninsula. Journal of World Prehistory 18, 2004, 283–325.

M. A. Zeder, Domestication and Early Agriculture in the Mediterranean Basin: Origins, Diffusion, and Impact. Proceedings of the National Academy of Sciences 105 (33), 2008, 11597–11604.

J. Zilhão, The Spread of Agro-Pastoral Economies Across Mediterranean Europe: A View from the Far-West. Journal of Mediterranean Archaeology 6, 1993, 5-63.

D. Zohary/M. Hopf, Domestication of Plants in the Old World. The Origin and Spread of Cultivated Plants in West Asia, Europe, and the Nile Valley (Oxford 1993).

C. Züchner, Die Felsbilder der Iberischen Halbinsel. In: M. Blech/M. Koch/M. Kunst, Hispania Antiqua. Denkmäler der Frühzeit (Mainz 2001) 17–36.

5장

L. Amkreutz/B. Vanmontfort/L. Verhart, Diverging Trajectories? Forager-Farmer Interaction in the Southern Part of the Lower Rhine Area and the Applicability of Contact Models. Creating Communities. New Advances in Central European Neolithic Research (Oxford 2008) 11–31.

A. J. Ammerman/P. Biagi (Hrsg.), The Widening Harvest. The Neolithic Transition in Europe: Looking Back, Looking Forward (Boston 2003).

D. W. Anthony/J. Y. Chi, The Lost World of Old Europe. The Danube Valley, 5000-3500 B.C. Ausstellungskatalog New York (New York, Princeton, Oxford 2010).

P. Arias, The Origins of the Neolithic Along the Atlantic Coast of Continental Europe: A Survey. Journal of World Prehistory 13 (4), 1999, 403-464.

I. Armit/E. Murphy/E. Nelis/D. Simpson (Hrsg.), Neolithic Settlement in Ireland and Western Britain (Oxford 2003).

E. Bánffy, The 6th Millenium BC Boundary in Western Transdanubia and its Role in the Central European Neolithic Transition. Varia Archaeologica Hungarica 15 (Budapest 2004).

G. Barker, The Agricultural Revolution in Prehistory: Why Did Foragers Become Farmers? (Oxford 2006).

M. Bartelheim, Die Rolle der Metallurgie in vorgeschichtlichen Gesellschaften. Sozioökonomische und kulturhistorische Aspekte der Ressourcennutzung (Rahden 2007).

K. E. Behre, Evidence for Mesolithic Agriculture in and around Central Europe? Vegetation History and Archaeobotany 16 (2-3), 2007, 203-219.

A. Bick, Die Steinzeit (Stuttgart 2006).

L. R. Binford, Constructing Frames of Reference: An Analytical Method for Archaeological Theory Building Using Hunter-Gatherer and Environmental Data Sets (Berkeley 2001).

H. P. Blankholm, On the Track of a Prehistoric Economy. Maglemosian Subsistence in Early Postglacial South Scandinavia (Aarhus 2003).

J. Blintliff (Hrsg.), European Social Evolution: Archaeological Perspectives (Bradford

1984).

J.-P. Bocquet-Appel/O. Bar-Yosef (Hrsg.), The Neolithic Demographic Transition and its Consequences (New York 2008).

A. Bogaard, Neolithic Farming in Central Europe: An Archaeobotanical Study of Crop Husbandry Practices (London 2004).

P. Bogucki, The Spread of Early Farming in Europe. American Scientist 84, 1996, 242-253.

C. Bonsall (Hrsg.), The Mesolithic in Europe (Edinburgh 1989).

A. Brown, Dating the Onset of Cereal Cultivation in Britain and Ireland: The Evidence from Charred Cereal Grains. Antiquity 81, 2007, 1042-1052.

S. Burmeister/S. Hansen/M. Kunst/N. Müller-Scheeßel (Hrsg.), Metal Matters. Innovative Technologies and Social Change in Prehistory and Antiquity. Menschen - Kulturen - Traditionen. ForschungsCluster 2 (Rahden 2013).

N. Cauwe, Le début du Néolithique dans la plaine septentrionale de l'Europe. In: J. Guilaine (Hrsg.), Aux marges des grands foyers du Néolithique. Périphéries débitricesou créatrices? (Paris 2004) 281–294.

R. Chapman, Archaeologies of Complexity (London, New York 2003).

M. Cladders, Die Tonware der ältesten Bandkeramik. Untersuchungen zur zeitlichen und räumlichen Gliederung (Bonn 2001).

O. Clausen, Neues von den letzten Rentierjägern. Archäologie in Deutschland, 2011 (5), 26-27.

C. Constantin, Fin du urbane, céramique du Limbourg et post-rubané. Le néolithique le plus ancien en Bassin Parisien et en Hainaut. BAR International Series 273 (Oxford 1985).

B. Cunliffe, The Oxford Illustrated Prehistory of Europe (Oxford 1994).

L. Czerniak, The North-East Frontier of the Post-LBK Cultures. In: J. K. Kozłowski/P. Raczky (Hrsg.), The Lengyel, Polgár and Related Cultures in the Middle/Late Neolithic in Central Europe (Krakau 2007) 233-248.

W. Dörfler /J. Müller (Hrsg.), Umwelt – Wirtschaft - Siedlungen im dritten vorchristlichen Jahrtausend Mitteleuropas und Skandinaviens. Internationale Tagung Kiel 4.-6. November 2004. Offa-Bücher 84 (Neumünster 2008).

P. Dolukhanov/A. Shukurov/D. Sokoloff/V. Timofeev/G. Zaistseva, The Chronology of Neolithic Dispersal in Central and Eastern Europe. Journal of Archaeological Science 32, 2005, 1441–1458.

K. Ebbesen, Die jüngere Trichterbecherkultur auf den Dänischen Inseln (Kopenhagen 1975).

R. Ebersbach, Von Bauern und Rindern. Eine Ökosystemanalyse zur Bedeutung der Rinderhaltung in bäuerlichen Gesellschaften als Grundlage zur Modellbildung im Neolithikum. Basler Beiträge zur Archäologie 15 (Basel 2002).

A. Fischer (Hrsg.), Man and Sea in the Mesolithic. Coastal Settlement Above and Below Present Sea Level. Proceedings of the International Symposium, Kalundborg, Denmark 1993. Oxbow Monograph 53 (Oxford 1995).

A. Fischer/K. Kristiansen (Hrsg.), The Neolithisation of Denmark. 150 Years of Debate (Sheffield 2002).

U. von Freeden/S. von Schnurbein (Hrsg.), Spuren der Jahrtausende. Archäologie und Geschichte in Deutschland (Stuttgart 2002).

M. Furholt, Die absolutchronologische Datierung der Schnurkeramik in Mitteleuropa und Südskandinavien. Universitätsforschungen zur Prähistorischen Archäologie 101 (Bonn 2003).

A. B. Gebauer/T. D. Price (Hrsg.), Transitions to Agriculture in Prehistory. Monographs in World Archaeology 4 (Madison 1992).

B. Gramsch (Hrsg.), Mesolithikum in Europa (Berlin 1981). S. A. Gregg, Foragers and Farmers: Population Interaction and Agricultural Expansion in Prehistoric Europe (Chicago 1988).

D. Gronenborn, Migration, Acculturation and Culture Change in Temperate Europe and Eurasia, 6500-5000 cal BC. In: M. Budja (Hrsg.), The Neolithization of Eurasia. Re-flections in Archaeology and Archaeogenetics. Documenta Praehistorica 30 (Ljubljana 2003) 79-91.

D. Gronenborn (Hrsg.), Klimaveränderung und Kulturwandel in neolithischen Gesellschaften Mitteleuropas, 6700-2200 v. Chr. (Mainz 2005).

D. Gronenborn, Climate Fluctuations and Trajectories to Complexity in the Neolithic: Towards a Theory. Documenta Praehistorica 36, 2009, 97–110.

O. Grøn, The Maglemose Culture. The Reconstruction of the Social Organization of a Mesolithic Culture in Northern Europe. BAR International Series 616 (Oxford 1995).

J. M. Grünberg, Mesolithische Bestattungen in Europa (Rahden 2000). R. Harrison/V. Heyd, The Transformation of Europa in the Third Millennium BC: The Example of Le Petit-Chasseur I + III (Sion, Valais, Switzerland). Prähistorische Zeitschrift 82, 2007, 129–214.

S. Hartz, Aktuelle Forschungen zur Chronologie und Siedlungsweise der Ertebølleund frühesten Trichterbecherkultur in Schleswig-Holstein. Bodendenkmalpflege in Mecklenburg-Vorpommern, Jahrbuch 2004, 52, 2005, 61–81.

S. Hartz/H. Lübke/T. Terberger, From Fish and Seal to Sheep and Cattle: New Research into the Process of Neolithisation in Northern Germany. Proceedings of the British Academy 144, 2007, 567-594.

J. C. Henderson (Hrsg.), The Prehistory and Early History of Atlantic Europe (Oxford 2000).

V. Heyd, Die Spätkupferzeit in Süddeutschland. Saarbrücker Beiträge zur Altertumskunde 73 (Bonn 2000).

V. Heyd/L. Husty/L. Kreiner, Siedlungen der Glockenbecherkultur in Süddeutschland und Mitteleuropa. Arbeiten zur Archäologie Süddeutschlands 17 (Büchenbach 2004).

I. Hodder, The Domestication of Europe: Structure and Contingency in Neolithic Societies (Oxford 1990).

S. Hvass/B. Storgaard (Hrsg.), Digging into the Past. 25 Years of Archaeology in Denmark (Aarhus 1993).

J. Jensen, Danmarks Oldtid. Stenalder 13 000-2000 f. Kr. (Gyldendal 2004).

C. Jeunesse, Le Néolithique du sud de la plaine du Rhin superieur. Recherches et dé couvertes récentes. Prähistorische Zeitschrift 69, 1994, 1–31.

M. Jochim, The Origins of Agriculture in South-Central Europe. In: T. D. Price (Hrsg.), Europe's First Farmers (Cambridge 2000) 183–196.

R. Joussaume, Les dolmens pour les morts. Les mégalithismes á travers le monde (Paris 1985).

N. Kalicz, Die älteste Transdanubische (Mitteleuropäische) Linienbandkeramik. Aspekte zu Ursprung, Chronologie und Beziehungen. Acta Archaeologica Hungaricae 47, 1995, 23-59.

C.-J. Kind, Komplexe Wildbeuter und frühe Ackerbauern. Bemerkungen zur Ausbreitung der Linearbandkeramik im südlichen Mitteleuropa. Germania 76, 1998, 1–12.

L. Klassen, Frühes Kupfer im Norden. Untersuchungen zu Chronologie, Herkunft und Bedeutung der Kupferfunde der Nordgruppe der Trichterbecherkultur (Aarhus 2000).

L. Klassen, Jade und Kupfer. Untersuchungen zum Neolithisierungsprozess im westlichen Ostseeraum unter besonderer Berücksichtigung der Kulturentwicklung Europas 5500-3500 B.C. (Moesgård 2004).

G. Kossack, Grundzüge frühkupferzeitlicher Kulturverhältnisse in Mitteleuropa. In: J. Lichardus (Hrsg.), Die Kupferzeit als historische Epoche. Saarbrücker Beiträge zur Altertumskunde 55 (Bonn 1991) 715-733.

S. K. Kozłowski, Altas of the Mesolithic in Europe. First Generation Map (Warschau 1980).

S. K. Kozłowski, Thinking Mesolithic (Oxford 2009).

A. M. Larsson/L. Papmehl-Dufey, Uniting Sea II. Stone Age Societies in the Baltic Sea Region (Uppsala 2010).

A. M. Larsson/M. P. Pearson (Hrsg.), From Stonehenge to the Baltic. Living with Cultural Diversity in the Third Millenium BC. BAR International Series 1692 (Oxford 2007).

L. Larsson (Hrsg.), The Earliest Settlement of Scandinavia and its Relationship with Neighbouring Areas. Acta Archaeologica Lundensia 24 (Stockholm 1996).

L. Larsson (Hrsg.), Mesolithic on the Move. Papers Presented at the Sixth International Conference on the Mesolithic in Europe, Stockholm 2000 (Oxford 2003).

E. Lenneis/J. Lüning, Die altbandkeramischen Siedlungen von Neckenmarkt und Strögen. Universitätsforschungen zur Prähistorischen Archäologie 82 (Bonn 2001).

E. Lenneis/C. Neugebauer-Maresch/E. Ruttkay (Hrsg.), Jungsteinzeit im Osten Österreichs. Wissenschaftliche Schriftenreihe (St. Pölten, Wien 1999).

C. Leroyer/D. Mordant/Y. Lanchon, L'anthropisation du Bassin parisien du VIIe au IVe millénaire d'après les analyses polliniques de fonds de vallées: mise en evidence d'activites agro-pastorales très précoces. Annales Litteraires de l'Université de Franche-Comté, Série «Environnement, sociétés et archéologie» 7, 2004, 11–27.

J. Lichardus (Hrsg.), Die Kupferzeit als historische Epoche. Saarbrücker Beiträge zur Altertumskunde 55 (Bonn 1991).

J. Lichardus/M. Lichardus-Itten, La Protohistoire de l'Europe. Le Néolithique et le Chalcolithique entre la Méditerranée et la mer Baltique (Paris 1985).

C. Lichter (Hrsg.), Aufbruch in eine neue Zeit: Europas Mitte um 4000 v. Chr. Ausstellungskatalog Karlsruhe (Karlsruhe 2010).

J. Lüning, Frühe Bauern in Mitteleuropa im 6. und 5. Jahrtausend v. Chr. Jahrbuch des Römisch-Germanischen Zentralmuseums Mainz 35, 1989, 27-93.

인류는 어떻게 역사가 되었나

J. Lüning (Hrsg.), Studien zur neolithischen Besiedlung der Aldenhovener Platte und ihrer Umgebung. Rheinische Ausgrabungen 43 (Köln 1997).

J. Lüning, Steinzeitliche Bauern in Deutschland (Bonn 2000).

J. Lüning (Hrsg.), Die Bandkeramiker. Erste Steinzeitbauern in Deutschland. Ausstellungskatalog Heppenheim (Rahden 2005).

J. Lüning/A. Jockenhövel/H. Bender/T. Capelle, Deutsche Agrargeschichte: Vor- und Frühgeschichte (Stuttgart 1997).

J. Lüning/U. Kloos/S. Albert, Westliche Nachbarn der bandkeramischen Kultur: Die Keramikgruppen La Hoguette und Limburg. Germania 67, 1989, 355-420.

J. Lüning/P. Stehli, Die Bandkeramik im Merzbachtal auf der Aldenhovener Platte (Bonn 1994).

T. Madsen/H. J. Jensen, Settlement and Land Use in Early Neolithic Denmark. Analecta Praehistorica Leidensia 15, 1982, 61–120.

J. Makkay, Kontakte zwischen der Körös-Starčevo-Kultur und der Linienbandkeramik. Communicationes Archaeologicae Hungariae 1987, 15–24.

H. Martinsson-Wallin (Hrsg.), Baltic Prehistoric Interactions and Transformations: The Neolithic to the Bronze Age (Visby 2010).

S. McCartan/R. Schulting/G. Warren/P. Woodman (Hrsg.), Mesolithic Horizons. Papers Presented at the Seventh International Conference on the Mesolithic in Europe, Belfast 2005 (Oxford 2009).

H. Meller (Hrsg.), 3300 B.C. Mysteriöse Steinzeittote und ihre Welt. Ausstellungskatalog Halle (Mainz 2013).

M. Midgley, TRB Culture: The First Farmers of the North European Plain (Edinburgh 1992).

N. Milner/P. Woodman (Hrsg.), Mesolithic Studies at the Beginning of the 21st Century (Oxford 2005).

S. J. Mithen, Thoughtful Foragers. A Study of Prehistoric Decision Making (New York, Port Chester, Melbourne, Sydney 2009).

P. J. R. Modderman, The Linear Pottery Culture: Diversity in Uniformity. Berichten van het Rijksdienst voor Oudheidkundig Bodemonderzoek 38, 1988, 63-140.

J. Müller, Soziochronologische Studien zum Jung- und Spätneolithikum im Mittelelbe Saale-Gebiet (4100-2700 v. Chr.) (Rahden 2001).

J. Müller (Hrsg.), Vom Endneolithikum zur Frühbronzezeit. Muster sozialen Wandels? Tagung Bamberg 14.-16. Juni 2001 (Bonn 2002).

J. Müller, Dorfanlagen, Siedlungssysteme – Die europäische Perspektive: Südosteuropa und Mitteleuropa. In: C. Lichter (Hrsg.), Aufbruch in eine neue Zeit: Euro pas Mitte um 4000 v. Chr. Ausstellungskatalog Karlsruhe (Karlsruhe 2010) 250-257.

H. Müller-Karpe, Handbuch der Vorgeschichte 2: Jungsteinzeit (München 1968).

P. O. Nielsen, The Beginnings of the Neolithic – Assimilation or Complex Change? Journal of Danish Archaeology 5, 1986, 240-243.

N. Nieszery, Linearbandkeramische Gräberfelder in Bayern (Rahden 1995).

B. Olsen, Interaction Between Hunter-Gatherers and Farmers: Ethnographical and Archaeological Perspectives. Archaeologia Polski 33, 1988, 425-434

참고문헌

H. Parzinger, Studien zur Chronologie und Kulturgeschichte der Jungstein-, Kupfer und Frühbronzezeit zwischen Karpaten und Mittlerem Taurus. Römisch-Germanische Forschungen 52 (Mainz 1993).

E. Pernicka, Gewinnung und Verbreitung der Metalle in prähistorischer Zeit. Jahrbuch des Römisch-Germanischen Zentralmuseums Mainz 37, 1990, 21–129.

C. Prescott/H. Glørstad (Hrsg.), Becoming European. The Transformation of Third Millenium Northern and Western Europe (Oxford 2012).

T. D. Price, The Mesolithic of Western Europe. Journal of World Prehistory 1, 1987, 225–332.

T. D. Price, The Mesolithic of Northern Europe. Annual Review of Anthropology 20, 1991, 211–233.

T. D. Price/J. A. Brown (Hrsg.), Prehistoric Hunter-Gatherers: The Emergence of Cultural Complexity (Orlando 1985).

D. C. M. Raemaekers, The Articulation of a New Neolithic: The Meaning of the Swifterbant Culture for the Process of Neolithisation in the Western Part of the North European Plain (4900-3400 BC). Archaeological Studies Leiden (Leiden 1999).

K. Randsborg, Anatomy of Denmark. Archaeology and History from the Ice Age to the Present (London 2009).

M. A. Rojo-Guerra/R. Garrido-Peña/I. García-Martínez de Lagrán (Hrsg.), El campaniforme en la península Ibérica y su contexto europeo (Valladolid 2005).

O. Rück, Neue Aspekte und Modelle in der Siedlungsforschung zur Bandkeramik. Die Siedlung Weisweiler 111 auf der Aldenhovener Platte, Kr. Düren. Internationale Archäologie 105 (Rahden 2007).

S. Scharl, Die Neolitisierung Europas. Ausgewählte Modelle und Hypothesen. Würzburger Arbeiten zur Prähistorischen Archäologie 2 (Rahden 2004).

J. Schibler, The Economy and Environment of the 4th and 3rd Millenia BC in the Northern Alpine Foreland Based on Studies of Animal Bones. Environmental Archaeology 11, 2006, 49-64.

W. Schier, Extensiver Brandfeldbau und die Ausbreitung der neolithischen Wirtschaftsweise in Mitteleuropa und Südskandinavien am Ende des 5. Jahrtausends v. Chr. Prähistorische Zeitschrift 84 (1), 2009, 15-43.

H. Schlichterle (Hrsg.), Pfahlbauten rund um die Alpen. Archäologie in Deutschland, Sonderheft 1997. S. von Schnurbein (Hrsg.), Atlas der Vorgeschichte. Europa von den ersten Menschen bis Christi Geburt (Stuttgart 2009).

A. Sherratt, The Genesis of Megaliths: Monumentality, Ethnicity and Social Complexity in Neolithic Northwest Europe. World Archaeology 22, 1990, 148–167.

K.-G. Sjögren (Hrsg.), Ecology and Economy in Stone Age and Bronze Age Scania (Stockholm 2006).

B. Solberg, The Neolithic Transition in Southern Scandinavia: Internal Development or Migration? Oxford Journal of Archaeology 8, 1989, 261–296.

P. Stehli, Chronologie der Bandkeramik im Merzbachtal. In: J. Lüning/P. Stehli, Die Bandkeramik im Merzbachtal auf der Aldenhovener Platte (Bonn 1994) 79-191.

M. Stock, Die Schnurkeramik in Sachsen-Anhalt und Thüringen auf Grund der Grab-

인류는 어떻게 역사가 되었나

keramik. Alteuropäische Forschungen N. F. 2 (Weißbach 1998).

Ch. Strahm, Die Anfänge der Metallurgie in Mitteleuropa. Helvetia Archaeologia 25, 1994, 2–39.

Ch. Strahm (Hrsg.), Das Glockenbecher-Phänomen. Ein Seminar. Freiburger Archäologische Studien 2 (Freiburg 1995).

H.-C. Strien, Untersuchungen zur Bandkeramik in Württemberg. Universitätsforschungen zur Prähistorischen Archäologie 69 (Bonn 2000).

M. Strobel, Ein Beitrag zur Gliederung der östlichen Linienbandkeramik. Versuch einer Merkmalsanalyse. Saarbrücker Studien und Materialien zur Altertumskunde 4/5, 1995/96, 9-98.

T. Terberger (Hrsg.), Neue Forschungen zum Neolithikum im Ostseeraum (Rahden 2009).

T. Terberger/D. Gronenborn (Hrsg.), Vom Jäger und Sammler zum Bauern. Die neolithische Revolution. Archäologie in Deutschland, Sonderheft 2014.

W. Tinner/E. H. Nielsen/A. Lotter, Mesolithic Agriculture in Switzerland? A Critical Review of the Evidence. Quaternary Science Reviews 26, 2007, 1416-1431.

J. Thomas, Neolithic Explanations Revisited: The Mesolithic-Neolithic Transition in Britain and South Scandinavia. Proceedings of the Prehistoric Society 54, 1988, 59-66.

J. Thomas, Understanding the Neolithic (London 1999).

H.-P. Uerpmann, Probleme der Neolithisierung des Mittelmeerraums (Wiesbaden 1979).

U. Veit, Studien zum Problem der Siedlungsbestattungen im europäischen Neolithikum. Tübinger Schriften zur Ur- und Frühgeschichte 1 (Münster, New York 1996).

L. Verhart, Times Fade Away: The Neolithization of the Southern Netherlands in an Anthropological and Geographical Perspective (Leiden 2000).

P. M. Vermeersch/P. van Peer (Hrsg.), Contributions to the Mesolithic in Europe (Löwen 1990).

A. Whittle/V. Cummings (Hrsg.), Going Over. The Mesolithic-Neolithic Transition in North-West Europe. Proceedings of the British Academy 144 (Oxford 2007).

R. R. Wiermann, Die Becherkulturen in Hessen. Glockenbecher – Schnurkeramik – Riesenbecher (Rahden 2004).

A. Zimmermann, Austauschsysteme von Silexartefakten in der Bandkeramik Mitteleuropas. Universitätsforschungen zur Prähistorischen Archäologie 26 (Bonn 1995).

D. Zohary/M. Hopf, Domestication of Plants in the Old World. The Origin and Spread of Cultivated Plants in West Asia, Europe, and the Nile Valley (Oxford 1993).

M. Zvelebil (Hrsg.), Hunters in Transition: Mesolithic Societies of Temperate Eurasia and Their Transition to Farming (Cambridge 1986).

M. Zvelebil, Plant Use in the Mesolithic and its Role in the Transition to Farming. Proceedings of the Prehistoric Society 60, 1994, 35–74.

M. Zvelebil/P. Dolukhanov, Transition to Farming in Eastern and Northern Europe. Journal of World Prehistory 5, 1991, 233–278.

6장

A. Abdel-Magid, Plant Domestication in the Middle Nile Basin: An Archaeobotanical Case Study. Cambridge Monographs in African Achaeology 35. BAR International Series 523 (Oxford 1989).

N. Anfinset, Metal, Nomads and Culture Contact. The Middle East and North Africa (London 2010).

A. J. Arkell, Early Khartoum (Oxford 1949). K. A. Bard, From Farmers to Pharaohs (Sheffield 1994).

K. A. Bard (Hrsg.), Encyclopedia of the Archaeology of Ancient Egypt (London 1999).

B. E. Barich, People, Water and Grain. The Beginnings of Domestication in the Sahara and the Nile Valley. Studia Archaeologica 98 (Rom 1998).

B. E. Barich, Antica Africa. Alle Origini delle Società (Rom 2010).

G. Barker, The Agricultural Revolution in Prehistory. Why Did Foragers Become Farmers? (Oxford 2006).

P. Bellwood, First Farmers. The Origins of Agricultural Societies (Hongkong 2005).

D. Brewer, Fishermen, Hunters, and Herders: Zooarchaeology in the Fayum, Egypt (ca. 8200-500). BAR International Series 478 (Oxford 1989).

O. Bubenzer/A. Bolten/F. Darius (Hrsg.), Atlas of Cultural and Environmental Change in Arid Africa. Africa Praehistorica 21 (Köln 2007).

O. Bubenzer/H. Riemer, Holocene Climatic Change and Human Settlement Between the Central Sahara and the Nile Valley: Archaeological and Geomorphological Results. Geoarchaeology 22, 2007, 607-620.

I. Caneva (Hrsg.), The History of a Middle Nile Environment 7000 B.C. - A.D. 1500. BAR International Series 424 (Oxford 1988).

I. Chenal-Velarde, Les premières traces de bouf domestique en Afrique du Nord: état de la recherché centré sur les données archéozoologiques. Archaeozoologia 9, 1997, 11-40.

K. M. Ciałowicz, La naissance d'un royaume. L'Egypte dès la période prédynastique à la fin de la Ière dynastie (Krakau 2001).

A. E. Close, Few and Far Between: Early Ceramics in North Africa. In: W. K. Barnett/J. W. Hoopes (Hrsg.), The Emergence of Pottery. Technology and Innovation in Ancient Societies (Washington, London 1995) 23-37.

A. E. Close, Sinai, Sahara, Sahel: The Introduction of Domestic Caprines to Africa. In: Tides of the Desert - Gezeiten der Wüste. Beiträge zu Archäologie und Umweltge schichte Afrikas zu Ehren von Rudolph Kuper. Africa Praehistorica 14 (Köln 2002) 459-469.

A. von den Driesch/J. Boessneck, Die Tierknochenfunde aus der neolithischen Siedlung von Merimde-Benisalame am westlichen Nildelta (München 1985).

J. Eiwanger, Merimde-Benisalame 1: Die Funde der Urschicht (Mainz 1984).

J. Eiwanger, Merimde-Benisalame 2: Die Funde der mittleren Merimdekultur (Mainz 1988).

J. Eiwanger, Merimde-Benisalame 3: Die Funde der jüngeren Merimdekultur (Mainz 1992).

E. Garcea, Cultural Dynamics in the Saharo-Sudanese Prehistory (Rom 1993).

B. Ginter/J. K. Kozłowski, Kulturelle und paläoklimatische Sequenz in der Fayum Depression. Mitteilungen des Deutschen Archäologischen Instituts, Abteilung Kairo 42,

인류는 어떻게 역사가 되었나

1986, 9-23.

R. Haaland, Socio-Economic Differentiation in the Neolithic Sudan. BAR International Series 350 (Oxford 1981).

R. Haaland, Specialized Pastoralism and the Use of Secondary Products in Prehistoric Central Sudan. Archéologie du Nil Moyen 5, 1991, 149-155.

R. Haaland, Fish, Pots and Grains: Early and Mid-Holocene Adaptations in the Central Sudan. African Archaeological Review 10, 1992, 43–64.

R. Haaland/A.-M. Anwar (Hrsg.), Aqualithic Sites along the Rivers Nile and Atbara, Sudan (Bergen 1995).

T. Hägg (Hrsg.), Nubian Culture: Past and Present (Stockholm 1987).

F. A. Hassan, Desert Environment and Origins of Agriculture in Egypt. Norwegian Archaeological Review 19, 1986, 63-76.

F. A. Hassan, The Predynastic of Egypt. Journal of World Prehistory 2 (2), 1988, 135-185.

F. A. Hassan (Hrsg.), Droughts, Food and Culture. Ecological Change and Food Security in Africa's Later Prehistory (New York 2002).

S. Hendrickx, Predynastic. In: E. Hornung/R. Kraus/D. A. Warburton (Hrsg.), Ancient Egyptian Chronology (Leiden, Boston 2006) 68-87.

S. Hendrickx/R. F. Friedman/R. M. Cialowicz/M. Chlodnicki (Hrsg.), Egypt at Its Origins: Studies in Memory of Barbara Adams. Orientalia Lovaniensia Analecta 138 (Löwen 2004).

S. Hendrickx/P. Vermeersch, Prehistory: From the Paleolithic to the Badarian Culture (700 000-4000 BC). In: I. Shaw (Hrsg.), The Oxford History of Ancient Egypt (Oxford 2003) 16-40.

T. Hikade, Silex-Pfeilspitzen in Ägypten. Mitteilungen des Deutschen Archäologischen Instituts, Abteilung Kairo 57, 2001, 109–125.

M. A. Hoffmann, Egypt Before the Pharaohs: The Prehistoric Foundations of Egyptian Civilization (London 1980).

W. Kaiser, Zur Südausdehnung der vorgeschichtlichen Deltakulturen und zur frühen Entwicklung Oberägyptens. Mitteilungen des Deutschen Archäologischen Instituts, Abteilung Kairo 41, 1985, 61-87.

L. Krzyzaniak, Early Farming in the Middle Nile Basin: Recent Discoveries at Kadero (Central Sudan). Antiquity 65 (248), 1991, 515-532.

L. Krzyzaniak/M. Kobusiewicz (Hrsg.), Late Prehistory of the Nile Basin and the Sahara. Studies in African Archaeology 2 (Posen 1989).

L. Krzyzaniak/M. Kobusiewicz/J. Alexander (Hrsg.), Environmental Change and Human Culture in the Nile Basin and the Northern Africa until the Second Millenium B.C. Studies in African Archaeology 4 (Posen 1993).

T. Madeyska, The Distribution of Human Settlement in the Extra-Tropical Old World: 24 000-15000 BP. In: C. Gamble/O. Soffer (Hrsg.), The World at 18,000 BP 1: High Latitudes (Boston, Sydney, Wellington 1990) 24-40.

A. E. Marks/A. Mohammed-Ali (Hrsg.), The Late Prehistory of the Eastern Sahel: The Mesolithic and Neolithic of Shagadud, Sudan (Dallas 1991).

F. Marshall/E. Hildebrand, Cattle Before Crops: The Beginnings of Food Production in

참고문헌

Africa. Journal of World Prehistory 16, 2002, 99-143.

P. Mitchell, African Connections. An Archaeological Perspective on Africa and the Wider World (New York, Oxford, Toronto 2005).

A. S. Mohammed-Ali, Sorourab I: A Neolithic Site in Khartoum Province, Sudan Current Anthropology 25, 1984, 117–119.

J. Reinold, Néolithique soudanais: les coutumes funéraires. In: V. Davies (Hrsg.), Egypt & Africa: Nubia from Prehistory to Islam (London 1991) 16-29.

Reinold, Le Néolithique de Haute Nubie – Traditions funéraires et structures sociales Bulletin de la Société Française d'Egyptologie 143, 1998, 19-40.

J. Reinold, Archéologie au Soudan - Les civilisations de Nubie (Paris 2000).

J. Reinold, Néolithique du Soudan central et de Haute Nubie - données sur le material céramique. In: Tides of the Desert – Gezeiten der Wüste. Beiträge zu Archäologie und Umweltgeschichte Afrikas zu Ehren von Rudolph Kuper. Africa Praehistorica 14 (Köln 2002) 203-218.

K. Sadr, The Development of Nomadism in Ancient Northeast Africa (Pennsylvania 1991).

J. Seeher, Maadi, eine prädynastische Kulturgruppe zwischen Oberägypten und Palästina. Prähistorische Zeitschrift 65, 1980, 123-156.

J. Seeher, Ma'adi und Wadi Digla. In: K. A. Bard (Hrsg.), Encyclopedia of the Archaeology of Ancient Egypt (London 1999) 455-458.

P. M. Vermeersch, The Egyptian Nile Valley during the Early Holocene. In: Tides of the Desert - Gezeiten der Wüste. Beiträge zu Archäologie und Umweltgeschichte Afrikas zu Ehren von Rudolph Kuper. Africa Praehistorica 14 (Köln 2002) 27-40.

J. O. Vogel/J. Vogel (Hrsg.), Encyclopedia of Precolonial Africa. Archaeology, History, Languages, Cultures, and Environments (London, New Delhi 1997).

D. A. Welsby, Life on the Desert Edge – Seven Thousand Years of Settlement in the Northern Dongola Reach, Sudan. BAR International Series 980 (Oxford 2001).

F. Wendorf (Hrsg.), The Prehistory of Nubia (Dallas 1968).

F. Wendorf/R. Schild/N. El Hadidi/A. Close/M. Kobusiewicz/H. Wieczowska/B. Issawi/H. Haas, Use of Barley in the Egyptian Late Paleolithic. Science 205, 1979, 1341–1347.

D. Wengrow, The Archaeology of Early Egypt. Social Transformations in North-East Africa, 10,000 to 2650 B.C. (Cambridge 2006).

R. J. Wenke /J. E. Long/P. E. Buck, Epi-Paleolithic and Neolithic Subsistence and Settlement in the Fayum Oasis of Egypt. Journal of Field Archaeology 15, 1988, 29-51.

W. Wetterstrom, Foraging and Farming in Egypt: the Transition from Hunting and Gathering to Horticulture in the Nile Valley. In: T. Shaw/P. Sinclair/B. Andah/A. Okpoko (Hrsg.), The Archaeology of Africa. Food, Metals and Towns (London, New York 1993) 165-226.

M. A. J. Williams/H. Faure (Hrsg.), The Sahara and the Nile (Rotterdam 1980).

D. Zohary/M. Hopf, Domestication of Plants in the Old World. The Origin and Spread of Cultivated Plants in West Asia, Europe, and the Nile Valley (Oxford 1993).

7장

S. Amblard, Agricultural Evidence and its Interpretation on the Dhars Tichitt and Oualata, Southeastern Mauritania. In: G. Pwiti/R. Soper (Hrsg.), Aspects of African Archaeology. Papers from the 10th Congress of the Panafrican Association for Prehistory and Related Studies (Harare 1996) 421-427.

S. Amblard/J. Pernès, The Identification of Cultivated Pearl Millet (Pennisetum) Amongst Plant Impressions on Pottery from Oued Chebbi (Dhar Oualata, Mauritania). African Archaeological Review 7, 1989, 117–126.

B. W. Andah, Identifying Early Farming Traditions of West Africa. In: T. Shaw/P. Sinclair/ B. Andah/A. Okpoko (Hrsg.), The Archaeology of Africa. Food, Metals and Towns (London, New York 1993) 240-254.

N. Anfinset, Metal, Nomads and Culture Contact. The Middle East and North Africa (London 2010).

G. Aumassip, Le Bas-Sahara dans la préhistoire (Paris 1986).

A. Ballouche/P. Marinval, Données palynologiques et carpologiques sur la domestication des plantes et l'agriculture dans le Néolithique ancien du Maroc septentrional. Le site de Kaf Taht el-Gahr. Revue d'Archéométrie 27, 2003, 49-54.

L. Balout, Prehistoire de l'Afrique du Nord. Essai du chronologie (Paris 1955).

K. M. Banks, Climates, Cultures and Cattle. The Holocene Archaeology of the Eastern Sahara (Dallas 1984).

L. Barham/P. Mitchell, The First Africans. African Archaeology from the Earliest Tool Makers to Most Recent Foragers (Cambridge 2008).

B. E. Barich (Hrsg.), Archaeology and Environment in the Libyan Sahara. The Excavations in the Tadrart Acacus 1987–1983.
Cambridge Monographs in African Archaeology 23. BAR International Series 368 (Oxford 1987).

B. E. Barich, People, Water and Grain. The Beginnings of Domestication in the Sahara and the Nile Valley. Studia Archaeologica 98 (Rom 1998).

B. E. Barich, Antica Africa. Alle Origini delle Società (Rom 2010).

B. E. Barich/M.C. Gatto (Hrsg.), Dynamics of Populations, Movements and Responses to Climatic Change in Africa. Forum for African Archaeology and Cultural Heritage (Rom 1997).

B. E. Barich/T. Tillet/K. H Strieder (Hrsg.), Hunters vs. Pastoralists in the Sahara: Material Culture and Symbolic Aspects. Colloque/Symposium 15.1, Commission XXV. Actes du XIVième Congrès UISPP, Lüttich 2001. BAR International Series 1338 (Oxford 2005).

G. Barker, The Agricultural Revolution in Prehistory. Why Did Foragers Become Farmers? (Oxford 2006).

P. Bellwood, First Farmers. The Origins of Agricultural Societies (Hongkong 2005).

Y. Bensimon/M. Martineau, Le Néolithique marocain en 1986. L'Anthropologie 91, 1987, 623-652.

H. Berke, Gunsträume und Grenzbereiche. Archäozoologische Beobachtungen in der Wüste, Sudan und Agypten. In: B. Gehlen/M. Heinen/A. Tillmann (Hrsg.) Zeit-Räume. Gedenkschrift für Wolfgang Taute 1. Archäologische Berichte 14 (Bonn 2001) 237–282.

R. M. Blench/K. C. MacDonald (Hrsg.), The Origins and Development of African Live-stock. Archaeology, Genetics, Linguistics and Ethnography (London 2000).

P. Breunig, Die Gajiganna-Kultur des Tschadbeckens (Nordost-Nigeria). Chronik einer archäologischen Feldarbeit. In: B. Gehlen/M. Heinen/A. Tillmann (Hrsg.), Zeit Räume. Gedenkschrift für Wolfgang Taute 1. Archäologische Berichte 14 (Bonn 2001) 283-302.

P. Breunig, Groundwork of Human Occupation in the Chad Basin, Northeast Nigeria, 2000 BC-1000 AD. In: A. Ogundiran (Hrsg.), Precolonial Nigeria: Essays in Honor of Toyin Falola (Trenton 2005) 105–131.

P. Breunig/K. Neumann, Continuity or Discontinuity? The 1st Millennium BC-Crisis in West African Prehistory. In: Tides of the Desert - Gezeiten der Wüste. Beiträge zu Archäologie und Umweltgeschichte Afrikas zu Ehren von Rudolph Kuper. Africa Praehistorica 14 (Köln 2002) 491–506.

P. Breunig/K. Neumann, Zwischen Wüste und Regenwald. Besiedlungsgeschichte der westafrikanischen Savanne im Holozän. In: K.-D. Akbert/D. Löhr/K. Neumann (Hrsg.), Mensch und Natur in Westafrika. Ergebnisse aus dem Sonderforschungsbe reich 268 «Kulturentwicklung und Sprachgeschichte im Naturraum Westafrikanische Savanne» (Mannheim 2004) 93–138.

P. Breunig/K. Neumann/W. van Neer, New Research on the Holocene Settlement and Environment of the Chad Basin in Nigeria. African Archaeological Review 13 (2), 1996, 111–145.

P. Breunig/H.-P. Wotzka, Archäologische Forschungen im Südosten Burkina Fasos 1989/90: Vorbericht über die erste Grabungskampagne des Frankfurter Sonderfor schungsbereichs 268 «Westafrikanische Savanne». Beiträge zur Allgemeinen und Vergleichenden Archäologie 11, 1991, 145–187.

O. Bubenzer/A. Bolten/F.Darius (Hrsg.), Atlas of Cultural and Environmental Change in Arid Africa. Africa Praehistorica 21 (Köln 2007).

O. Bubenzer/H. Riemer, Holocene Climatic Change and Human Settlement Between the Central Sahara and the Nile Valley: Archaeological and Geomorphological Results. Geoarchaeology 22, 2007, 607–620.

G. Camps, Ameki: Néolithique ancient du Hoggar. Mémoire du Centre de Recherches Archéologiques, Préhistoriques et Ethnologiques 10 (Algier 1969).

G. Camps, Les civilisations préhistoriques de l'Afrique du Nord et du Sahara (Paris 1974).

G. Camps, Nouvelles remarques sur le Néolithique du Sahara central et méridional. Libyca 23, 1975, 123–132.

G. Camps/H. Camps-Fabrer, L'Épipaléolithique recent et le passage au Néolithique dans le Nord de l'Afrique. In: H. Schwabedissen, Die Anfänge des Neolithikums vom Orient bis Nordeuropa 7: Westliches Mittelmeergebiet und Britische Inseln. Fundamenta A/3 (Bonn, Wien 1972) 19-59.

J. D. Clark/S. A. Brandt (Hrsg.), From Hunters to Farmers: The Causes and Consequences of Food Production in Africa (Berkeley 1984).

A. E. Close (Hrsg.), Cattle-Keepers of the Eastern Sahara: The Neolithic of Bir Kiseiba (Dallas 1984).

인류는 어떻게 역사가 되었나

1050

A. E. Close (Hrsg.), Prehistory of Arid North Africa (Dallas 1987).

A. E. Close, Few and Far Between: Early Ceramics in North Africa. In: W. K. Barnett/J. W. Hoopes (Hrsg.), The Emergence of Pottery. Technology and Innovation in Ancient Societies (Washington, London 1995) 23–37.

A. E. Close, Sinai, Sahara, Sahel: The Introduction of Domestic Caprines to Africa. In: Tides of the Desert – Gezeiten der Wüste. Beiträge zu Archäologie und Umweltge schichte Afrikas zu Ehren von Rudolph Kuper. Africa Praehistorica 14 (Köln 2002) 459-469.

A. E. Close/F. Wendorf, North Africa at 18 000 B.P. In: C. Gamble /O. Soffer (Hrsg.), The World at 18,000 BP 1: High Latitudes (Boston, Sydney, Wellington 1990) 41-57.

J. Clutton-Brock (Hrsg.), The Walking Larder: Patterns of Domestication, Pastoralism and Predation (London 1989).

G. Connah, Three Thousand Years in Africa. Man and his Environment in the Lake Chad Region of Nigeria (Cambridge 1981).

G. Connah, Forgotten Africa. A Introduction to its Archaeology (London, New York 2004).

M. Cornevin, Les Néolithiques du Sahara central et l'histoire générale de l'Afrique. Bulle-tin de la Société Prehistorique Française 79, 1982, 439-450.

J.-P. Daugas, Eléments pour une approche du Néolithique marocain. Bulletin d'Archéol-ogie Marocaine 17, 1987.

A. El Idrissi, Néolithique ancient du Maroc septentrional (Rabat 2001).

R. Friedman (Hrsg.), Egypt and Nubia: Gifts of the Desert (London 2002).

B. Gabriel, Neolithic Camp Sites in the Sahara – Anticipation of Future Research. In: Tides of the Desert – Gezeiten der Wüste. Beiträge zu Archäologie und Umweltges-chichte Afrikas zu Ehren von Rudolph Kuper. Africa Praehistorica 14 (Köln 2002) 51–66.

E. Garcea, New Investigations in the Tadrart Acacus. Nyame Akuma 44, 1995, 35-37.

B. Gehlen/K. Kindermann/J. Linstädter/H. Riemer, The Holocene Occupation of the Eastern Sahara: Regional Chronologies and Supra-regional Developments in four Areas in the Absolute Desert. In: Tides of the Desert - Gezeiten der Wüste. Beiträge zu Archäologie und Umweltgeschichte Afrikas zu Ehren von Rudolph Kuper. Africa Praehistorica 14 (Köln 2002) 85–116.

D. P. Gifford-Gonzalez, Animal Desease Challenges to the Emergence of Pastoralism in Sub-Saharan Africa. African Archaeological Review 17, 2000, 95–139.

A. Gilman, The Later Prehistory of Tangier, Morocco. (Cambridge, Mass. 1975).

D. Grébénart, Le Capsien des régions de Tébessa et d'Ouled-Djellal - Algérie (Aix-en Provence 1976).

D. Gronenborn, Beyond Daima: Recent Excavations in the Kala-Balge Region of Borno State. Nigerian Heritage 5, 1996, 34-46.

J. R. Harlan, Wild-Grass Seed Harvesting in the Sahara and Sub-Sahara of Africa. In: D. R. Harris/G. C. Hilmann (Hrsg.), Foraging and Farming. The Evolution of Plant Exploita-tion (London 1989) 79-98.

J. R. Harlan, Indigenous Agriculture. In: C. W. Cowan/P. J. Watson (Hrsg.), The Origins of Agriculture. An International Perspective (Washington, London 1992) 59-70.

참고문헌

F. A. Hassan (Hrsg.), Droughts, Food and Culture. Ecological Change and Food Security in Africa's Later Prehistory (New York 2002).

F. A. Hassan/M. Barich/M. Mahmoud/M. A. Hemdan, Holocene Playa Deposits of Farafra Oasis, Egypt, and Their Palaeoclimatic and Geomorphological Significance. Geoarchaeology 16, 2001, 29-46.

A. Höhn/S. Kahlheber/M. Hallier-von Czerniewicz, Den frühen Bauern auf der Spur– Siedlungs- und Vegetationsgeschichte der Region Oursi (Burkina Faso). In: K.-D. Ak bert/D. Löhr/K. Neumann (Hrsg.), Mensch und Natur in Westafrika. Ergebnisse aus dem Sonderforschungsbereich 268 «Kulturentwicklung und Sprachgeschichte im Naturraum Westafrikanische Savanne» (Mannheim 2004) 221–255.

A. Holl, Subsistence Patterns of the Dhar Tichitt Neolithic, Mauritania. African Archaeological Review 3, 1985, 151–162.

A. Holl, Economie et société néolithique du Dhar Tichitt (Mauritanie). Éditions Recherche sur les Civilisations, Mémoire 69 (Paris 1986).

A. Holl, Late Neolithic Cultural Landscape in Southeastern Mauritania: An Essay in Spatiometrics. In: A. Holl/T. E. Levy (Hrsg.), Spatial Boundaries and Social Dynamics: Case Studies from Food-Producing Societies (Ann Arbor 1993) 95-133.

A. Holl, Transition from Late Stone Age to Iron Age in the Sudano-Sahelian Zone: A Case Study from the Perichadian Plain. In: T. Shaw/P. Sinclair/B. Andah/A. Ok poko (Hrsg.), The Archaeology of Africa. Food, Metals and Towns (London, New York 1993) 330-343.

A. Holl, Research on Tassilian Pastoral Iconography, Sahara 11, 1999, 21–34. A. Holl, Holocene «Aqualithic» Adaptations in North Tropical Africa. In: A. B. Stahl(Hrsg.), African Archaeology. A Critical Introduction (Oxford 2005) 174–186. H. J. Hugot (Hrsg.), Mission Berliet Ténéré-Tchad (Paris 1962).

B. Keding/R. Vogelsang, Vom Jäger-Sammler zum Hirten. Wirtschaftswandel im nordöstlichen und südwestlichen Afrika. In: B. Gehlen/M. Heinen/A. Tillmann (Hrsg.), Zeit-Räume. Gedenkschrift für Wolfgang Taute 1. Archäologische Berichte 14 (Bonn 2001) 257–282.

M. Klee/B. Zach/K. Neumann, Four Thousand Years of Plant Exploitation in the Chad Basin of Northeast Nigeria 1: The Archaeobotany of Kursakata. Vegetation History and Archaeobotany 9, 2000, 223-237.

F. Klees/R. Kuper (Hrsg.), New Light on the Northeast African Past. Current Prehistoric Research. Contributions to a Symposium, Cologne 1990. Africa Praehistorica 5 (Köln 1992).

L. Krzyzaniak/M. Kobusiewicz (Hrsg.), Origin and Early Development of Food-Producing Cultures in North-Eastern Africa. Studies in African Archaeology 1 (Posen 1984).

L. Krzyzaniak/M. Kobusiewicz (Hrsg.), Late Prehistory of the Nile Basin and the Sahara. Studies in African Archaeology 2 (Posen 1989).

L. Krzyzaniak/M. Kobusiewicz/J. Alexander (Hrsg.), Environmental Change and Human Culture in the Nile Basin and the Northern Africa until the Second Millennium B.C. Studies in African Archaeology 4 (Posen 1993)

L. Krzyzaniak/K. Kroeper/M. Kobusiewicz (Hrsg.), Interregional Contacts in the Later

인류는 어떻게 역사가 되었나

Prehistory of Northeastern Africa. Studies in African Archaeology 5 (Posen 1996).

R. Kuper, Neuere Forschungen zur Besiedlungsgeschichte der Ost-Sahara. Archäologisches Korrespondenzblatt 18, 1988, 215–275.

R. Kuper (Hrsg.), Forschungen zur Umweltgeschichte der Ostsahara. Africa Praehistorica 2 (Köln 1989).

R. Kuper, Die holozäne Besiedlungsgeschichte der Ost-Sahara: ein Gliederungsvorschlag. In: H.-P. Wotzka (Hrsg.), Grundlegungen. Beiträge zur europäischen und afrikanischen Archäologie für Manfred K. H. Eggert (Tübingen 2006) 233-242.

J.-L. Le Quellec, Symbolisme et art rupestre au Sahara (Paris 1993).

H. Lhote, Les peintures rupestres du Sahara central (Paris 1944).

H. Lhote, A la découverte des fresques du Tassili (Paris 1973). J. Linstädter, Le site néolithique de l'abri d'Hassi Quenzga (Rif oriental, Maroc). Beiträge zur Allgemeinen und Vergleichenden Archäologie 23, 2003, 85–138.

J. Linstädter, Zum Frühneolithikum des westlichen Mittelmeerraumes. Die Keramik der Fundstelle Hassi Ouenzga. AVA-Forschungen 9 (Aachen 2004).

J. Linstädter, Recherches récentes sur les sites en grotte du Néolithique ancien de l'Est marocain. In: C. Manen/F. Convertini/D. Binder/I. Sénépart (Hrsg.), Premières sociétés paysannes de Méditerranée occidentale. Structure des productions céramiques. Mémoires de la Société Préhistorique Française 51 (Paris 2010) 227–235.

J. Linstädter, The Epipalaeolithic-Neolithic-Transition in the Mediterranean Region of Northwest Africa. Quartär 55, 2008, 41-62.

J. Linstädter/S. Kröpelin, Wadi Bakht Revisited: Holocene Climate Change and Prehistoric Occupation in the Gilf Kebir Region of the Eastern Sahara, SW Egypt. Geoarchaeology 19, 2004, 753-778.

D. Lubell/P. Sheppard/M. Jackes, Continuity in the Epipalaeolithic of Northern Africa with Emphasis on the Maghreb. In: F. Wendorf/A. E. Close (Hrsg.), Advances in World Archaeology 3 (New York, London 1984) 143–191.

K. MacDonald, The Windé Koroji Complex: Evidence for the Peopling of the Eastern Inland Niger Delta (2100-500 B.C.). Préhistoire Anthropologie Méditerranéennes 5, 1996, 147–165.

K. MacDonald, Invisible Pastoralists: An Inquiry into the Origins of Nomadic Pastoralism in the West African Sahel. In: C. Gosden/J. Hather (Hrsg.), The Prehistory of Food. Appetites for Change (London, New York 1999) 333–349.

C. Magnavita, Zilum. Towards the Emergence of Socio-Political Complexity in the Lake Chad Region. In: M. Krings/E. Platte (Hrsg.), Living with the Lake (Köln 2004) 73-100.

A. E. Marks/A. Mohammed-Ali (Hrsg.), The Late Prehistory of the Eastern Sahel: The Mesolithic and Neolithic of Shaqadud, Sudan (Dallas 1991).

F. Marshall/E. Hildebrand, Cattle Before Crops: The Beginnings of Food Production in Africa. Journal of World Prehistory 16, 2002, 99-143.

S. K. McIntosh, West African Neolithic. In: P. N. Peregrine/M. Ember (Hrsg.), Encyclopedia of Prehistory 1: Africa (New York 2001) 323–338.

S. K. McIntosh/R. J. McIntosh, Initial Perspectives on Prehistoric Subsistence in the In-

참고문헌

land Niger Delta (Mali). World Archaeology 2, 1979, 227–243.

P. Mitchell, African Connections. An Archaeological Perspective on Africa and the Wider World (New York, Oxford, Toronto 2005).

J. Morales/G. Pérez-Jordà/L. Peña-Chocarro/L. Zapata/M. Ruíz-Alonso /J. Antonio López-Sáez/J. Linstädter, The Origins of Agriculture in North-West Africa: Macro Botanical Remains from Epipalaeolithic and Early Neolithic Levels of Ifri Oudadane (Morocco). Journal of Archaeological Science 40, 2013, 2659-2669.

F. Mori, Tadrart Acacus – Arte Rupestre del Sahara Preistorico (Turin 1965).

F. Mori, The Earliest Saharan Rock-Engravings. Antiquity 48, 1974, 87-92.

F. Mori, Brief Remarks on Cultural Evolution and the Oldest Examples of Rock Art in Africa. Paideuma 24, 1978, 35-41.

F. Mori, The Great Civilizations of the Ancient Sahara (Rom 1998).

J. Moser, La Grotte d'Ifri N'Ammar. L'Ibéromaurusien (Köln 2003).

A. Muzzolini, The Emergence of a Food-Producing Economy in the Sahara. In: T. Shaw/ P. Sinclair/B. Andah/A. Okpoko (Hrsg.), The Archaeology of Africa. Food, M and Towns (London, New York 1993) 227–239.

A. Muzzolini, Les images rupestres du Sahara (Toulouse 1995).

M. Nami, Les techno-complexes ibéromaurusiens d'Ifri El Baroud (Rif Oriental, Maroc). Forschungen zur Archäologie Außereuropäischer Kulturen (Aachen 2008).

R. Nehren, Zur Prähistorie der Maghrebländer (Marokko - Algerien - Tunesien). AVA Materialien 49 (Mainz 1992). K. Neumann, The Romance of Farming: Plant Cultivation and Domestication in Africa. In: A. B. Stahl (Hrsg.), African Archaeology. A Critical Introduction (Oxford 2005) 249-275.

M. Otte/A. Bouzzouggar/J. Kozłowski (Hrsg.), La Préhistoire de Tanger (Lüttich 2004).

N. Rahmani, Technological and Cultural Change Among the Last Hunter-Gatherers of the Maghreb: The Capsien (10,000-6000 B.P.) (1), Journal of World Prehistory 18. 2004, 57–105.

T. Shaw, Nigeria: Its Archaeology and Early History (London 1978).

A. B. Smith, The Pastoral Landscape in Saharan Prehistory. In: Tides of the Desert -Gezeiten der Wüste. Beiträge zu Archäologie und Umweltgeschichte Afrikas zu Ehren von Rudolph Kuper. Africa Praehistorica 14 (Köln 2002) 447-458.

G. Souville, La céramique cardiale dans le Nord de l'Afrique. In: H. Schwabedissen, Die Anfänge des Neolithikums vom Orient bis Nordeuropa 7: Westliches Mittelmeergebiet und Britische Inseln. Fundamenta A/3 (Bonn, Wien 1972) 60-71.

F. Trost, Die Felsbilder des zentralen Ahaggar (Algerische Sahara) (Graz 1981).

R. Vaufrey, Préhistoire de l'Afrique 1: Maghreb (Tunis 1955).

M. van der Veen (Hrsg.), The Exploitation of Plant Resources in Ancient Africa (New York 1999).

J. O. Vogel/J. Vogel (Hrsg.), Encyclopedia of Precolonial Africa. Archaeology, History, Languages, Cultures, and Environments (London, Neu-Delhi 1997).

R. Vogelsang, Archäologische Forschungen in der Sahel-Region Burkina Fasos. Ergebnisse der Grabungskampagnen 1994, 1995 und 1996. Beiträge zur Allgemeinen und Vergleichenden Archäologie 20, 2000, 173–203.

인류는 어떻게 역사가 되었나

1054

K. Wasylikowa, Exploitation of Wild Plants by Prehistoric People in the Sahara. Würzburger Geographische Arbeiten 84, 1992, 247–262.

K. Wasylikowa/J. R. Harlan/J. Evans/F. Wendorf/R. Schild/A. E. Close/H. Krolik/R. A. Housley, Examination of Botanical Remains From Early Neolithic Houses at Nabta Playa, Western Desert, Egypt, with Special Reference to Sorghum Grains. In: T. Shaw/P. Sinclair/B. Andah/A. Okpoko (Hrsg.), The Archaeology of Africa. Food, Metals and Towns (London, New York 1993) 154–164.

F. Wendorf/A. E. Close/R. Schild, Early Domestic Cattle in the Eastern Sahara. Palaeoecology of Africa 18, 1987, 441–448.

F. Wendorf/R. Schild (Hrsg.), Prehistory of the Eastern Sahara (New York 1980).

F. Wendorf/R. Schild, Are the Early Holocene Cattle in the Eastern Sahara Domestic or Wild? Evolutionary Anthropology 1994, 118–128.

F. Wendorf/R. Schild, Nabta Playa and Its Role in Northeastern African Prehistory. Journal of Anthropological Archaeology 17, 1998, 97–123.

F. Wendorf/R. Schild, The Archaeology of Nabta Playa. Holocene Settlement of the Egyptian Sahara 1 (New York 2001).

F. Wendorf/R. Schild, The Role of Storage in the Neolithic of the Egyptian Sahara. In: Tides of the Desert - Gezeiten der Wüste. Beiträge zu Archäologie und Umweltgeschichte Afrikas zu Ehren von Rudolph Kuper. Africa Praehistorica 14 (Köln 2002) 41–50.

F. Wendorf/R. Schild, The Western Desert During the 5th and 4th Millennia BC: the Late and Final Neolithic in the Nabta-Kiseiba Area. Archéo-Nil 14, 2004, 13–30.

F. Wendorf/R. Schild/A. E. Close (Hrsg.), Cattle-Keepers of the Eastern Sahara: The Neolithic of Bir Kiseiba (Dallas 1984).

K. P. Wendt, Gajiganna. Analysis of Stratigraphies and Pottery of a Final Stone Age Culture of Northeast Nigeria. Journal of African Archaeology Monograph Series 1 (Frankfurt/M. 2007).

W. Wetterstrom, The Origins of Agriculture in Africa: With Particular Reference to Sorghum and Pearl Millet. Review of Archaeology 19, 1998, 30-46.

M. A. J. Williams/H. Faure (Hrsg.), The Sahara and the Nile (Rotterdam 1980).

8장

S. F. Ambrose, Chronology of the Later Stone Age and Food Production in East Africa. Journal of Archaeological Science 25, 1998, 377–392.

E. Anati, The Rock Art of Tanzania and the East African Sequence. Bollettino del Centro Camuno di Studi Preistorici 23, 1986, 15-68.

J. Anquandah, The Kintampo Complex: A Case Study of Early Sedentism and Food Production in Sub-Sahelian West Africa. In: T. Shaw/P. Sinclair/B. Andah/A. Okpoko (Hrsg.), The Archaeology of Africa. Food, Metals and Towns (London, New York 1993) 255-260.

R. C. Bailey/G. Head/M. Jenike/B. Owen/R. Rechtman/E. Zechenter, Hunting and Gathering in Tropical Rain Forest: Is it possible? American Anthropologist 91, 1989, 59-82.

L. Barham/P. Mitchell, The First Africans. African Archaeology from the Earliest Tool

Makers to Most Recent Foragers (Cambridge 2008). B. E. Barich, Antica Africa. Alle Origini delle Società (Rom 2010).

G. Barker, The Agricultural Revolution in Prehistory. Why Did Foragers Become Farmers? (Oxford 2006).

T. Barnett, The Emergence of Food Production in Ethiopia. BAR International Series 763 (Oxford 1999).

J. Barthelme, Fisher-Hunters and Neolithic Pastoralists in East Turkana, Kenya. Cambridge Monographs in African Archaeology 13. BAR International Series 254 (Oxford 1985).

P. Bellwood, First Farmers. The Origins of Agricultural Societies (Hongkong 2005).

R. M. Blench/K.C. MacDonald (Hrsg.), The Origins and Development of African Livestock. Archaeology, Genetics, Linguistics and Ethnography (London 2000).

J. Bower, The Pastoral Neolithic of East Africa. Journal of World Prehistory 5, 1991, 49-82.

A. S. Brooks/P. Robertshaw, The Glacial Maximum in Tropical Africa: 22000–12000 B.P. In: C. Gamble/O. Soffer (Hrsg.), The World at 18,000 B.P. 2: Low Latitudes (Boston, Sydney, Wellington 1990) 121–169.

O. Bubenzer/A. Bolten/F. Darius (Hrsg.), Atlas of Cultural and Environmental Change in Arid Africa. Africa Praehistorica 21 (Köln 2007).

P. L. Carter/C. Flight, A Report on the Fauna from the Sites of Ntereso and Kintampo Rock Shelter Six in Ghana with Evidence for the Practice of Animal Husbandry During the Second Millennium B.C., Man 7, 1972, 277–282.

J. Casey, The Kintampo Complex. The Late Holocene on the Gambaga Escarpment, Northern Ghana. British Archaeological Reports (Oxford 2000).

J. Casey, Holocene Occupations of the Forest and Savanna. In: A. B. Stahl (Hrsg.), African Archaeology. A Critical Introduction (Oxford 2005) 225-248.

F. Chami, The Unity of African Ancient History: 3000 BC to AD 500 (Dar es Salaam 2006).

R. Chenorkian, Ivory Coast Prehistory: Recent Developments. African Archaeological Review 1, 1983, 127–142.

J. D. Clark, Prehistoric Cultures of the Horn of Africa (Cambridge 1954).

J. D. Clark, The Prehistory of Southern Africa (Berkeley 1959).

J. D. Clark/S. A. Brandt (Hrsg.), From Hunters to Farmers: The Causes and Conse uences of Food Production in Africa (Berkeley 1984).

B. Clist, Gabon: 100 000 ans d'histoire (Libreville 1995).

J. Clutton-Brock (Hrsg.), The Walking Larder: Patterns of Domestication, Pastoralism and Predation (London 1989).

G. Connah, Forgotten Africa. An Introduction to its Archaeology (London, New York 2004).

C. K. Cooke, Rock Art of Southern Africa (Kapstadt 1969).

E. Cornelissen, Human Responses to Changing Environments in Central Africa Between 40,000 and 12,000 B.P. Journal of World Prehistory 16, 2002, 197–235.

A. C. D'Andrea/M. Klee/J. Casey, Archaeobotanical Evidence for Pearl Millet (Pennisetum glaucum) in Sub-Saharan West Africa. Antiquity 75, 2001, 341–348.

O. Davies, The Origins of Agriculture in West Africa. Current Anthropology 9, 1968, 479-

인류는 어떻게 역사가 되었나

482.

J. Deacon, Later Stone Age of Southernmost Africa. Cambridge Monographs in African Archaeology 12. BAR International Series 213 (Oxford 1984).

J. Deacon, Changes in the Archaeological Record in South Africa at 18 000 B.P. In: C. Gamble/O. Soffer (Hrsg.), The World at 18,000 B.P. 2: Low Latitudes (Boston, Sydney, Wellington 1990) 170-188.

T. Dowson, Rock Engravings of Southern Africa (Johannesburg 1992).

T. Dowson/D. Lewis-Williams (Hrsg.), Contested Images: Diversity in Southern African Rock Art Research (Johannesburg 1994).

M. K. H. Eggert, Central Africa and the Archaeology of the Equatorial Rainforest: Reflections on Some Major Topics. In: T. Shaw/P. Sinclair/B. Andah/A. Okpoko (Hrsg.), The Archaeology of Africa. Food, Metals and Towns (London, New York 1993) 289-329.

C. Flight, The Kintampo Culture and its Place in the Economic Prehistory of West Africa. In: B. K. Swartz/R. E. Dumett (Hrsg.), West African Culture Dynamics: Archaeological and Historical Perspectives (Den Haag, Paris, New York 1980) 91–100.

P. Garlake, The Painted Caves: An Introduction to the Prehistoric Art of Zimbabwe (Harare 1987).

P. Garlake, The Hunter's Vision: The Prehistoric Art of Zimbabwe (Harare 1995).

F. Gasse, Hydrological Changes in the African Tropics since the Last Glacial Maximum. Quarternary Science Review 19, 2000, 189-211.

D. Gifford-Gonzalez, Early Pastoralists in East Africa: Ecological and Social Dimensions. Journal of Anthropological Archaeology 17, 1998, 166-200.

D. Gronenborn/F. Bon/F. Fauvelle-Aymar/K. Sadr, Hirtennomaden zwischen Steinzeit und Neuzeit. Archäologie in Deutschland 2006 (5), 14-19.

J. R. Harlan, Indigenous Agriculture. In: C. W. Cowan/P. J. Watson (Hrsg.), The Origins of Agriculture. An International Perspective (Washington, London 1992) 59-70.

J. R. Harlan/A. B. L. Stemler, The Races of Sorghum in Africa. In: J. R. Harlan/J. M. J. de Wet/A. B. L. Stemler (Hrsg.), Origins of African Plant Domestication (Den Haag 1976) 465–478.

E. A. Hildebrand, Motives and Opportunities for Domestication: An Ethnoarchaeological Study in Southwest Ethiopia. Journal of Anthropological Archaeology 22, 2003, 358-375.

A. F. C. Holl, Houlouf I. Archéologie des sociétés protohistoriques du Nord-Cameroun. BAR International Series 456 (Oxford 1988).

A. Holl, Transition from Late Stone Age to Iron Age in the Sudano-Sahelian Zone: A Case Study from the Perichadian Plain. In: T. Shaw/P. Sinclair/B. Andah/A. Ok poko (Hrsg.), The Archaeology of Africa. Food, Metals and Towns (London, New York 1993) 330-343.

E. Huysecom, Die archäologische Forschung in Westafrika. AVA-Materialien 33 (Bonn 1987).

A. Jerardino, Large Shell Middens in Lamberts Bay, South Africa: A Case of Hunter Gatherer Resource Intensification. Journal of Archaeological Science 37, 2010, 2291–2304

Karega-Munene, Holocene Foragers, Fishers and Herders of Western Kenya. BAR International Series 1037 (Oxford 2002).

Karega-Munene, The East African Neolithic: A Historical Perspective. In: C. M. Kusimba/ S. B. Kusimba, East African Archaeology. Foragers, Potters, Smiths, and Traders (Philadelphia 2003) 17–32.

B. Keding/R. Vogelsang, Vom Jäger-Sammler zum Hirten. Wirtschaftswandel im nordöstlichen und südwestlichen Afrika. In: B. Gehlen/M. Heinen/A. Tillmann (Hrsg.), Zeit-Räume. Gedenkschrift für Wolfgang Taute 1. Archäologische Berichte 14 (Bonn 2001) 257–282.

J. Kinahan, The Rise and Fall of Nomadic Pastoralism in the Central Namib Desert. In: T. Shaw/P. Sinclair/B. Andah/A. Okpoko (Hrsg.), The Archaeology of Africa. Food, Metals and Towns (London, New York 1993) 372–385.

S. B. Kusimba, Hunter-Gatherer Land Use Patterns in Later Stone Age East Africa. Journal of Anthropological Archaeology 18, 1999, 165-200.

S. B. Kusimba, African Foragers. Environment, Technology, Interactions (Oxford 2003).

C. M. Kusimba/S. B. Kusimba, East African Archaeology. Foragers, Potters, Smiths, and Traders (Philadelphia 2003).

R. Lanfranchi/B. Clist, Aux origines de l'Afrique centrale (Libreville 1991).

M. D. Leakey, Africa's Vanishing Art: The Rock Art Paintings of Tanzania (London 1983).

J. Maley, Vegetation Dynamics, Palaeo-Environments and Climatic Changes in the Forests of Western Cameroon During the last 28,000 Years B.P. Review of Palaeobotany and Palynology 99, 1998, 157–187.

C. W. Marean, Hunter-Gatherer Foraging Strategies in Tropical Grasslands: Model Building and Testing in the East African Middle and Later Stone Age. Journal of Anthropological Archaeology 16, 1997, 189-225.

A. Marliac, De la préhistoire à l'histoire au Cameroun septentrional (Paris 1991).

F. Marshall, Origins of Specialized Pastoralism in East Africa. American Anthropologist 92, 1990, 873-894

F. Marshall, Archaeological Perspectives on East African Pastoralism. In: R. M. Blech/K.-C. MacDonald (Hrsg.), The Origins and Development of African Livestock (London 2000) 34-54.

F. Marshall/E. Hildebrand, Cattle Before Crops: The Beginnings of Food Production in Africa. Journal of World Prehistory 16, 2002, 99-143.

S. K. McIntosh, West African Neolithic. In: P. N. Peregrine/M. Ember (Hrsg.), Encyclopedia of Prehistory 1: Africa (New York 2001) 323–338.

S. K. McIntosh/R. J. McIntosh, From Stone to Metal: New Perspectives on the Later Prehistory of West Africa. Journal of World Prehistory 2 (1), 1988, 89-133.

J. Mercader/A. Brooks, Across Forests and Savannas: Later Stone Age Assemblages from Ituri and Semliki, Democratic Republic of Congo. Journal of Anthropological Research 57, 2001, 197–217.

P. Mitchell, A Palaeoecological Model for Archaeological Site Distribution in Southern Africa During the Upper Pleniglacial and Late Glacial. In: C. Gamble/O. Soffer (Hrsg.), The World at 18,000 BP 2: Low Latitudes (Boston, Sydney, Wellington 1990) 189-205.

P. Mitchell, African Connections. An Archaeological Perspective on Africa and the Wider

World (New York, Oxford, Toronto 2005).

P. Mitchell, Modeling Later Stone Age Societies in Southern Africa. In: A. B. Stahl (Hrsg.), African Archaeology. A Critical Introduction (Oxford 2005) 150-173.

A. Muzzolini, A Reappraisal of the «Neolithic» of Tichitt (Mauritania). Journal of Arid Environments 16, 1989, 101–105.

J. Parkington, A View from the South: Southern Africa Before, During, and After the Last Glacial Maximum. In: C. Gamble/O. Soffer (Hrsg.), The World at 18,000 B.P. 2: Low Latitudes (Boston, Sydney, Wellington 1990) 214-230.

D. W. Phillipson, The Prehistory of Eastern Zambia. British Institute in Eastern Africa Memoir 6 (Nairobi 1976).

D. W. Phillipson, The Antiquity of Cultivation and Herding in Ethiopia. In: T. Shaw/P. Sinclair/B. Andah/A. Okpoko (Hrsg.), The Archaeology of Africa. Food, Metals and Towns (London, New York 1993) 344-357.

J. Richter, The Giraffe People: Namibia's Prehistoric Artists. In: Tides of the Desert -Gezeiten der Wüste. Beiträge zu Archäologie und Umweltgeschichte Afrikas zu Ehren von Rudolph Kuper. Africa Praehistorica 14 (Köln 2002) 523-534.

P. Robertshaw, Gogo Falls: A Complex Site East of Lake Victoria. Azania 26, 1991, 63-195.

P. Robertshaw, The Beginnings of Food Production in Southwestern Kenya. In: T. Shaw/P. Sinclair/B. Andah/A. Okpoko (Hrsg.), The Archaeology of Africa. Food, Metals and Towns (London, New York 1993) 358-371.

P. Robertshaw, Archaeology of African Hunters and Gatherers. In: R. B. Lee/R. Daly (Hrsg.), The Cambridge Encyclopedia of Hunters and Gatherers (Cambridge 1999) 185–189.

P. Robertshaw, The Beginnings of Food Production in Southwestern Kenya. In: T. Denham/P. White (Hrsg.), The Emergence of Agriculture. A Global View (London, New York 2007) 242-262.

K. Sadr, Ancient Pastoralists in the Sudan and in South Africa. In: Tides of the Desert -Gezeiten der Wüste. Beiträge zu Archäologie und Umweltgeschichte Afrikas zu Ehren von Rudolph Kuper. Africa Praehistorica 14 (Köln 2002) 471-484.

C. G. Sampson, Chronology and Dynamics of Later Stone Age Herders in the Upper Seacow River Valley, South Africa. Journal of Arid Environments 74, 2010, 842-848.

J. Sealy/R. Yates, The Chronology of the Introduction of Pastoralism to the Cape, South Africa. Antiquity 68, 1994,58-67. T. Shaw, Nigeria: Its Archaeology and Early History (London 1978).

A. Simons, Sugenya: A Pastoral Neolithic Site in South-Western Kenya. Azania 38, 2003, 169-173.

A. B. Stahl, Early Food Production in West Africa: Rethinking the Role of the Kintampo Culture. Current Anthropology 27 (5), 1986, 532-536.

A. B. Stahl, Intensification in the West African Late Stone Age: A View from Central Ghana. In: T. Shaw/P. Sinclair/B. Andah/A. Okpoko (Hrsg.), The Archaeology of Africa. Food, Metals and Towns (London, New York 1993) 261–273.

M. van der Veen (Hrsg.), The Exploitation of Plant Resources in Ancient Africa (New York 1999).

J. O. Vogel/J. Vogel (Hrsg.), Encyclopedia of Precolonial Africa. Archaeology, History, Languages, Cultures, and Environments (London, Neu-Delhi 1997).

N. J. Walker, Zimbabwe at 18,000 BP. In: C. Gamble/O. Soffer (Hrsg.), The World at 18,000 B.P. 2: Low Latitudes (Boston, Sydney, Wellington 1990) 206-213.

N. J. Walker, Later Pleistocene and Holocene Hunter-Gatherers of the Mapotos. Studies in African Archaeology 10 (Uppsala 1995).

D. Watson, Hunter-Gatherers and the First Farmers of Prehistoric Ghana: The Kintampo Archaeological Research Project. In: R. Mitchell/A. Haour/J. Hobart (Hrsg.), Rese arching Africas's Past. New Contributions from British Archaeologists. Oxford University School of Archaeology Monograph 57 (Oxford 2003) 61–68.

W. Wetterstrom, The Origins of Agriculture in Africa: With Particular Reference to Sorghum and Pearl Millet. Review of Archaeology 19, 1998, 30-46.

9장

V. A. Alekin, Mesolithische Gräberfelder in der Ukraine (Chronologische, kulturelle und soziologische Aspekte). Zeitschrift für Archäologie 28, 1994, 163–189.

D. W. Anthony, The Horse, the Wheel, and Language: How Bronze-Age Riders from the Eurasian Steppes Shaped the Modern World (Princeton 2007).

D. Anthony/D. J. Telegin/D. Brown, The Origin of Horseback Riding. Scientific American 265 (6), 1991, 94-100. Archeologija Ukrainskoj SSR 1 (Kiew 1985).

M. J. Baranov/R. B. Volkov, Rezultaty rabot na Jur'inskom poselenii epochi neolita. In: Problemy izučenija neolita Zapadnoj Sibiri (Tumen' 2001) 3-11.

T. D. Belanovskaja, Iz drevnejšego prošlogo Nižnego Podon'ja. Poselenie vremeni neolita i eneolita Rakušečnyj Jar (Sankt Petersburg 1995).

T. D. Belanovskaja/D. J. Telegin, Neolit severo-vostočnogo Priazov'ja i Podon'ja. In: Neolit Severnoj Evrazii. Archeologija (Moskau 1996) 58-64.

N. Benecke, Zur Domestikation des Pferdes in Mittel- und Osteuropa. Einige neue archäozoologische Befunde. In: B. Hänsel/S. Zimmer (Hrsg.), Die Indogermanen und das Pferd (Budapest 1994) 123-144.

N. Benecke, Archaeozoological Studies on the Transition from the Mesolithic to the Neolithic in the North Pontic Region. Anthropozoologica 25/26, 1997, 631-641.

S. S. Berezanskaja/V. V. Otroščenko/N. N. Čeredničenko/I. N. Šarafutdinova, Kultury epochi bronzy na territorii Ukrainy (Kiew 1986).

P. I. Bogucki, The Establishment of Agrarian Comunities on the North European Plain. Current Anthropology 28, 1987, 1–27.

E. N. Černych, Frühestes Kupfer in den Steppen- und Waldsteppenkulturen Osteuropas. In: J. Lichardus (Hrsg.), Die Kupferzeit als historische Epoche. Saarbrücker Beiträge zur Altertumskunde 55 (Bonn 1991) 581–592.

J. B. Cetlin, Neolit centra Russkoj ravniny: Ornamentacija keramiki i metodika periodizacii kultur (Tula 2008).

J. Chapman/P. Dolukhanov (Hrsg.), Landscapes in Flux. Central and Eastern Europe in Antiquity (Oxford 1997).

E. N. Chernykh, Ancient Metallurgy in the USSR. The Early Metal Age (Cambridge 1992).

인류는 어떻게 역사가 되었나

L. P. Chlobystin, Drevnjaja istorija Tajmyrskogo Zapolar'ja (Sankt Petersburg 1998).

E. K. Černyš, Jugo-zapad vostočnoj Evropy. In: Neolit Severnoj Evrazii. Archeologija (Moskau 1996) 19-26.

V. H. Danilenko, Neolit Ukrainy (Kiew 1969).

L. Daugnora/A. Girininkas, Stock Breeding in the Baltic Culture Area. Archaeologica Baltica 3, 1998, 223-234.

Davnja istorija Ukraini. Pervisne syspil'stvo 1 (Kiew 1997).

V. A. Dergačev, Bestattungskomplexe der späten Tripolje-Kultur. Materialien zur Allgemeinen und Vergleichenden Archäologie 45 (Mainz 1991).

V. A. Dergachev A. Sherratt/0. Larina, Recent Results of Neolithic Research in Moldavia (USSR). Oxford Journal of Archaeology 10, 1991, 1–16.

P. M. Dolukhanov, The Pleistocene-Holocene Transition in Northern Eurasia: Environmental Changes and Human Adaptations. Quaternary International 41/42, 1997, 181–191.

I. Ecsedy, The People of the Pit-Grave Kurgans in Eastern Hungary. Fontes Archaeologici Hungariae (Budapest 1979).

L. Ellis, The Cucuteni-Tripolye Culture. A Study in Technology and the Origins of Complex Society. BAR International Series 217 (Oxford 1984).

D. Gaskevych, A New Approach to the Problem of the Neolithisation of the North-Pontic Area: Is There a North-Eastern Kind of Mediterranean Impresso Pottery? Documenta Praehistorica 38, 2011, 275–290.

A. N. Gej, Novotitarovskaja kultura (Moskau 2000). V. F. Gening/V. O. Šubin/O. A. Šubina, Sintašta (Čeljabinsk 1992).

K. É. German, Chronologija i periodizacija kul'tury sperrings v Karelii. Tverskoj Archeologičeskij Sbornik 5, 2002, 264-273.

M. Gimbutas, Proto-Indo-European-Culture: The Kurgan Culture During the Fifth, Fourth and Third Millenia B.C. In: G. Cardona/H. M. Hoenigswald/A. Senn (Hrsg.), Indo-European and Indo-Europeans (Philadelphia 1970) 155–197.

O. I. Gorjunova, Drevnie mogil'niki Pribajkal'ja (Irkutsk 2002).

B. Govedarica, Zepterträger - Herrscher der Steppen. Die frühen Ockergräber des älteren Äneolithikums im karpatenländischen Gebiet und im Steppenraum Südost und Osteuropas (Mainz 2004).

B. Govedarica/E. Kaiser, Die äneolithischen abstrakten und zoomorphen Steinzepter Südost- und Osteuropas. Eurasia antiqua 2, 1996, 59-103.

J. S. Grišin, Problemy periodizacii neolita i eneolita Pribajkal'ja i Zabajkal'ja (Moskau 2000).

M. P. Grjaznov, Afanas'evskaja kultura na Enisee (Sankt Petersburg 1999).

D. Gronenborn, Transregional Culture Contacts and the Neolithization Process in Northern Central Europe. In: P. Jordan/M. Zvelebil (Hrsg.), Ceramics Before Farming: The Dispersal of Pottery Among Prehistoric Eurasian Hunter-Gatherers (Walnut Creek 2009) 527-550.

B. Hänsel/J. Machnik (Hrsg.), Das Karpatenbecken und die osteuropäische Steppe. Nomadenbewegungen und Kulturaustausch in der vorchristlichen Metallzeit (4000-500

v. Chr.). Südosteuropa-Schriften 20. Prähistorische Archäologie in Südosteuropa 12 (München, Rahden 1998).

A. Häusler, Die Gräber der älteren Ockergrabkultur zwischen Ural und Dnepr (Berlin 1974).

A. Häusler, Die Entstehung des Äneolithikums und der nordpontische Steppenraum. Germania 73, 1995, 44-68.

S. Hartz/F. Lüth/T. Terberger (Hrsg.), Early Pottery in the Baltic. International Workshop at Schleswig on 20-21 October 2006. Bericht der Römisch-Germanischen Kommission 89, 2008.

A. A. Janevič, Die Neolithisierung der Krim. Kulturaspekte. Prähistorische Zeitschrift 70, 1995, 2–31. P. Jordan/M. Zvelebil (Hrsg.), Ceramics Before Farming: The Dispersal of Pottery Among Prehistoric Eurasian Hunter-Gatherers (Walnut Creek 2009).

E. Kaiser, Studien zur Katakombengrabkultur zwischen Dnepr und Prut. Archäologie in Eurasien 14 (Mainz 2003). V. N. Karmanov, Neolit Evropejskogo Severo-Vostoka (Syktyvkar 2008).

R. A. Kerr, Black Sea Deluge May Have Helped Spread Farming. Science 279, 1998, 1132.

J. F. Kirjušin, Eneolit i rannjaja bronza juga Zapadnoj Sibiri (Barnaul 2002).

J. F. Kirjušin/K. J. Kirjušin, Neolit Gornogo Altaja. Istorija respubliki Altaja 1 (Gorno Altajsk 2002) 85-96.

J. F. Kirjušin/N. J. Kirjušin/B.C. Kadikov, Drevnejšie mogilniki severnych predgorij Altaja (Barnaul 2000).

L. Klassen, Jade und Kupfer. Untersuchungen zum Neolithisierungsprozess im westlichen Ostseeraum unter besonderer Berücksichtigung der Kulturentwicklung Europas 5500-3500 B.C. (Moesgård 2004).

P. L. Kohl, The Making of Bronze Age Eurasia (Cambridge 2007). L. V. Kol'cov (Hrsg.), Mezolit SSSR (Moskau 1989).

S. N. Korenevskij, Drevnejšie zemledel'cy i skotovody Predkavkaz'ja. Majkopsko-novos vobodnenskaja obščnost' (Moskau 2004).

M. F. Kosarev, Neolit Vostočnogo Zaural'ja i Zapadnoj Sibiri. In: Archeologija. Neolit Severnoj Evrazii (Moskau 1996) 253–269.

A. Koşko (Hrsg.), Nomadism and Pastoralism in the Circle of Baltic-Pontic Early Agrarian Cultures 5000-1650 B.C. Baltic-Pontic Studies 2 (Posen 1994).

N. S. Kotova, The Neolithization of Northern Black Sea Area in the Context of Climate Changes. Documenta Praehistorica 36, 2009, 159-174.

N. S. Kotova/O. V. Tuboltsev, New Settlements of the Neolithic-Eneolithic Period at Melitopol. Eurasia antiqua 2, 1996, 29-58.

V. T. Kovaleva/L. V. Ivas'ko, Neolitičeskie kompleksy poselenija Taškogo I na Iseti. In: Neolitičeskie pamjatniki Urala (Sverdlovsk 1991) 112–131.

V. T. Kovaleva/O. V. Ryžkova/A. V. Samanaev, Taškovskaja kul'tura: poselenie Andreevskoe ozero XIII (Jekaterinburg 2000).

E. V. Kozin, Neolitičeskie stojanki Severnogo Prikaspija: Problemy epochi neolita (Orenburg 1986).

S. K. Kozłowski, Altas of the Mesolithic in Europe. First Generation Map (Warschau 1980).

인류는 어떻게 역사가 되었나

L. Krijevskaja, Formation du Néolithique dans les steppes Nord-Pontiques. Anthropologie (Paris) 94, 1990, 793-807.

L. J. Križevskaja, Načalo neolita v stepjach severnogo Pričernomor'ja (Sankt Petersburg 1991).

L. J. Križevskaja, Srednee Povol'še, Volgo-Kam'e, Priural'e. In: Archeologija. Neolit Severnoj Evrazii (Moskau 1996) 243–269.

V. Kubarev/D. Čeremisin/I. Ju. Sljusarenko, Neue Grabfunde der Afanas'evo-Kultur am mittleren Katun. Eurasia antiqua 5, 1999, 71–94.

E. E. Kuz'mina, Otkuda prišli indiarii? (Moskau 1994).

L. Larsson/F. Lüth/T. Terberger (Hrsg.), Innovation and Continuity – Non-Megalithic Mortuary Practices in the Baltic. New Methods and Research into the Development of the Stone Age Society. Bericht der Römisch-Germanischen Kommission 88, 2007, 501-520.

N. V. Leont'ev/V. F. Kapel'ko, Steinstelen der Okunev-Kultur. Archäologie in Eurasien 13 (Mainz 2002).

M. Levine, Botai and the Origins of Horse Domestication. Journal of Anthropological Archaeology 18, 1999, 29-78.

M. Levine/Y. Rassamakin/A. Kislenko/N. Tatarintseva (Hrsg.), Late Prehistoric Exploitation of the Eurasian Steppe (Cambridge 1999).

M. Levine/C. Renfrew/K. Boyle (Hrsg.), Prehistoric Steppe Adaptation and the Horse (Cambridge 2003).

J. Lichardus /J. Vladár, Karpatenbecken - Sintašta – Mykene. Ein Beitrag zur Definition der Bronzezeit als historischer Epoche. Slovenská archeológia 44, 1996, 25-93.

I. Loze, The Early Neolithic in Latvia: The Narva Culture. Acta Archaeologica 63, 1992, 119-140.

B. Lyonnet, Les cultures anciennes du Caucase du Nord et de l'Ouest (du Néolithique au début de l'Age du Bronze). In: J. Guilaine (Hrsg.), Aux marges des grands foyers du Néolithique. Périphéries débitrices ou créatrices? (Paris 2004) 85–104.

V. I. Markevič, Bugo-dnestrovskaja kul'tura na territorii Moldavii (Kišinev 1974). V. M. Masson/N. J. Merpert (Hrsg.), Eneolit SSSR (Moskau 1982).

G. N. Matjušin, Neolit Južnogo Urala: Predural'e (Moskau 1996). V. K. Merc, Problema izučenija neolit-eneolitičeskich pamjatnikov severo-vostočnogo Kazachstana. In: Problemy neolita-eneolita juga zapadnoj Sibiri (Kemerovo 1999) 99-107.

N. J. Merpert (Hrsg.), Epocha medi juga Vostočnoj Evropy (Kujbyšev 1984).

H. N. Michael, Siberia and the Soviet Far East. In: R. W. Ehrich (Hrsg.), Chronologies in Old World Archaeology 1 (Chicago, London 1992) 416-429.

V. I. Molodin, Epocha neolita i bronzy lesostepnogo Ob'-Irtyš'ja (Novosibirsk 1977). V. I. Molodin, Baraba v epochu bronzy (Novosibirsk 1985).

V. I. Molodin, Bronzezeit im Berg-Altaj. Eurasia antiqua 7, 2001, 1–52. V. I. Molodin, Pamjatnik Sopka-2 na reke Omi. Kulturno-chronologičeskij analizpogrebal'nych kompleksov epochi neolita i rannego metalla (Novosibirsk 2001).

G. Motuzaite-Matuzeviciute, The Earliest Appearance of Domesticated Plant Species and Their Origins on the Western Fringes of the Eurasian Steppe. Documenta Praehistorica 39, 2012, 1–21.

J. Müller, Jungsteinzeit. In: S. v. Schnurbein (Hrsg.), Atlas der Vorgeschichte. Europa von den ersten Menschen bis Christi Geburt (Stuttgart 2009) 60-105.

H. Müller-Karpe, Handbuch der Vorgeschichte 2: Jungsteinzeit (München 1968).

R. M. Munčaev, Nordkaukasien in Neolithikum, Chalkolithikum und Frühbronzezeit. In: J. Lichardus (Hrsg.), Die Kupferzeit als historische Epoche. Saarbrücker Beiträge zur Altertumskunde 55 (Bonn 1991) 47-54.

A. Nagler, Kurgane der Mozdok-Steppe in Nordkaukasien. Archäologie in Eurasien 3 (Rahden 1996). Neolit Severnoj Evrazii. Archeologija (Moskau 1996).

Neolitičeskie pamjatniki Urala (Sverdlovsk 1991). V. I. Neprina, Kamennyj vek na territorii Ukrainy (Kiew 1990).

K. Nordqvist/V.-P. Herva/J. Ikäheimo/A. Lahelma, Early Copper Use in Neolithic Northeastern Europe: An Overview. Estonian Journal of Archaeology 16, 2012, 3-25.

E. A. Novgorodova, Drevnjaja Mongolija (Moskau 1989).

I. Nunez, On Subneolithic Pottery and its Adoption in Late Mesolithic Finland. Fennoscandia Archaeologica 7, 1990, 27-52.

G. V. Ohrimenko, Neolit Volyni (Luc'k 1993).

A. P. Okladnikov, Neolitičeskie pamjatniki Angary (Novosibirsk 1974).

A. P. Okladnikov, Neolitičeskie pamjatniki Srednej Angary (Novosibirsk 1975).

A. P. Okladnikov, Neolitičeskie pamjatniki Nižnej Angary (Novosibirsk 1976).

A. P. Okladnikov/I. I. Kirillov, Jugo-Vostočnoe Zabajkal'e v epochu kamnja i rannejbronzy (Novosibirsk 1980).

A. K. Outram/N. A. Stear/R. Bendrey/S. Olsen/A. Kasparov/V. Zaibert/N. Thorpe/R. P. Evershed, The Earliest Horse Harnessing and Milking. Science 323 (1), 2009, 332-335.

H. Parzinger, Studien zur Chronologie und Kulturgeschichte der Jungstein-, Kupfer und Frühbronzezeit zwischen Karpaten und Mittlerem Taurus. Römisch-Germanische Forschungen 52 (Mainz 1993).

H. Parzinger, Kulturverhältnisse in der eurasischen Steppe während der Bronzezeit. In: B. Hänsel (Hrsg.), Mensch und Umwelt in der Bronzezeit Europas (Kiel 1998) 457–480.

H. Parzinger, Die frühen Völker Eurasiens. Vom Neolithikum bis zum Mittelalter (München 2011?).

H. Piezonka, Neue AMS-Daten zur frühneolithischen Keramikentwicklung in der nordosteuropäischen Waldzone. Estonian Journal of Archaeology 12 (2), 2008, 67–113.

H. Piezonka, The Earliest Pottery East of the Baltic Sea. In: S. Hartz/F. Lüth/T. Terberger (Hrsg.), Early Pottery in the Baltic. International Workshop at Schleswig on 20 21 October 2006. Bericht der Römisch-Germanischen Kommission 89, 2008, 301–346.

H. Piezonka, Wildbeuterkeramik zwischen Weißrussland und Weißem Meer. NeueForschungen zur Ausbreitung früher Tonware in das Gebiet östlich und nördlichder Ostsee. Eurasia antiqua 17, 2011, 121–156.

H. Piezonka/N.G. Nedomolkina, 8000 Jahre Menschheitsgeschichte am Rande Europas. Archäologie in Deutschland 2013 (5), 54-55. Problemy izučenija eneolita i bronzovogo veka Južnogo Urala (Orsk 2000).

S. Z. Pustovalov, Economy and Social Organization of Northern Pontic Steppe-Forest

인류는 어떻게 역사가 되었나

Pastoral Populations: 2700-2000 B.C. (Catacomb Culture). Baltic-Pontic Studies 2, 1994, 86-134.

S. Z. Pustovalov, Ein bronzezeitlicher Burgwall auf der Insel Malaja Chortica (Bajda) bei Zaporož'e am Dnepr. Eurasia Antiqua 2, 1996, 201-214.

Y. Y. Rassamakin, The Main Directions of the Development of Early Pastoral Societies of Northern Pontic Zone: 4500-2450 B.C. (Pre-Yamnaya Cultures and Yamnaya Culture). Baltic-Pontic Studies 2, 1994, 29-70.

J. J. Rassamakin, Die nordpontische Steppe in der Kupferzeit. Gräber aus der Mitte des 5. Jts. bis Ende des 4. Jts. v. Chr. Archäologie in Eurasien 17 (Mainz 2004).

R. Rimantiené, Neolithic Hunter-Gatherers at Šventoji in Lithuania. Antiquity 66, 1992, 367-376.

O. G. Sapošnikova, Epocha rannego metalla v stepnoj polose Ukrainy. In: Drevnejšie skotovody stepnoj juga (Kiew 1987) 3-16.

V. A. Semenov, Neolit i bronzovyj vek Tuvy (Sankt Petersburg 1992).

V. A. Shnirelman, Archaeology of North Eurasian Hunters and Gatherers. In: R. B. Lee/ R. Daly (Hrsg.), The Cambridge Encyclopedia of Hunters and Gatherers (Cambridge 1999) 127–131.

A. T. Sinjuk, Naselenie bassejna Dona v epochu neolita (Voronež 1986). M. Skandfer, Early, Northern Comb Ware in Finnmark: The Concept of Säräisniemii Reconsidered. Fennoscandia Archaeologia 22, 2005, 3–27.

A. F. Sorin, Eneolit Urala i sopredel'nych territorii: problemy kul'turogeneza (Jekaterinburg 1999). V. F. Starkov, Mezolit i neolit lesnogo Zaural'ja (Moskau 1980).

D. J. Telegin, K voprosu o territorii rasprostanenija pamjatnikov surskoj kultury. In: Materialy kamennogo veka na territorii Ukrainy (Kiew 1984) 36-43.

D. J. Telegin (Hrsg.), Materialy kamennogo veka na territorii Ukrainy (Kiew 1984).

D. J. Telegin, Dereivka, A Settlement and Cemetery of Copper Age Horse Keepers on the Middle Dnieper. BAR International Series 287 (Oxford 1986).

D. J. Telegin, Gräberfelder des Mariupoler Typs und der Srednij-Stog-Kultur in der Ukraine. In: J. Lichardus (Hrsg.), Die Kupferzeit als historische Epoche. Saarbrücker Beiträge zur Altertumskunde 55 (Bonn 1991) 55-83.

D. J. Telegin, Jug Vostočnoj Evropy. Neolit Severnoj Evrazii. Archeologija (Moskau 1996) 40-44

D. J. Telegin/I.D. Potekhina, Neolithic Cemeteries and Populations in the Dnieper Basin. BAR International Series 383 (Oxford 1987).

D. J. Telegin/E. N. Titova, La zone des steppes. In: J. Kozłowski (Hrsg.), Atlas du Néolithique européen 1: L'Europe orientale (Lüttich 1993) 463-494.

V. I. Timofeev, On the Problem of the Early Neolithic of the East Baltic Area. Acta Archaeologica 58, 1987, 207–212.

V. I. Timofeev (Hrsg.), Neolit-eneolit Juga i neolit Severa Vostočnoj Evropy (novye materijaly, issledovanija, problemy neolitizacii regionov) (Sankt Petersburg 2003).

V. I. Timofeev, The Beginning of the Neolithic in the Eastern Baltic. In: M. Zvelebil/R. Dennell/L. Domańska (Hrsg.), Harvesting the Sea, Farming the Forest. The Emergence of Neolithic Societies in the Baltic Region (Sheffield 1998) 225-236.

V. I. Timofeev/G. I. Zajceva (Hrsg.), Problemy chronologii i etnokul'turnych vzaimodejstvij v neolite Evrazii (Sankt Petersburg 2004).

M. Tovkajlo, Periodisierung und Chronologie des Spätneolithikums in den Steppen am Südlichen Bug. Eurasia antiqua 2, 1996, 9-28.

R. Tringham, Animal Domestication in the Neolithic Cultures of the South-West Part of European U.S.S.R. In: P.J. Ucko/G. W. Dimbleby (Hrsg.), The Domestication and Exploitation of Plants and Animals (London 1969) 381-392.

E. B. Vadeckaja, Archeologičeskie pamjatniki y stepjach srednego Eniseja (Leningrad 1986).

E. B. Vadeckaja/N. V. Leont'ev/G. A. Maksimenkov, Pamjatniki okunevskoj kultury (Leningrad 1980).

I. B. Vasil'ev, Eneolit Povolž'ja. Step' i lesostep' (Kujbyšev 1981).

I. B. Vasil'ev/A. T. Sinjuk, Eneolit vostočno-evropejskoj lesostepi (Kujbyšev 1985).

I. Vasiliev/A. Vybornov, The Neolithic of the North Caspian Sea Area (Samara 1998). M. Videjko, Großsiedlungen der Tripol'e-Kultur in der Ukraine. Eurasia antiqua 1, 1995, 45–80.

A. A. Vybornov, Neolit Volgo-Kam'ja (Samara 2008).

A. W. Weber/R. Bettin, Middle Holocene Hunter-Gatherers of Cis-Baikal, Siberia: An Overview for the New Century. Journal of Anthropological Archaeology 29, 2010, 491–506.

K.-P. Wechler, Zum Neolithikum der osteuropäischen Steppe und Waldsteppe (Dnestr-Donez-Gebiet). In: B. Hänsel/J. Machnik (Hrsg.), Das Karpatenbecken und die osteuropäische Steppe. Nomadenbewegungen und Kulturaustausch in der vorchristlichen Metallzeit (4000-500 v. Chr.) Südosteuropa-Schriften 20. Prähistorische Archäologie in Südosteuropa 12 (München, Rahden 1998) 71-89.

K.-P. Wechler, Studien zum Neolithikum der osteuropäischen Steppe. Archäologie in Eurasien 12 (Mainz 2001).

B. Werbart, Subneolithic: What is it? <Subneolithic Societies and the Conservative Economies of the Circum-Baltic Region. In: M. Zvelebil/R. Dennell/L. Domańska (Hrsg.), Harvesting the Sea, Farming the Forest. The Emergence of Neolithic Societies in the Baltic Region (Sheffield 1998) 37–44.

Z. V. Yanushevich, Agricultural Evolution North of the Black Sea from the Neolithic to the Iron Age. In: D. R. Harris/G.C.Hillman (Hrsg.), Foraging and Farming. The Evolution of Plant Exploitation (London 1989) 607–619.

V. A. Zach, Epocha bronzy Prisalair'ja (Novosibirsk 1997). V. F. Zajbert, Atbasarskaja kultura (Jekaterinburg 1992). V.F. Zajbert, Eneolit Uralo-Irtyšskogo meždureč'ja (Petropavlovsk 1993).

G. I. Zajceva/V. I. Timofeev, Radiouglerodnye daty pamjatnikov mezolita-eneolita juga Evropejskoj Rossii i Sibiri. Radiouglerod i Archeologija 2, 1997, 109–116.

V. G. Zbenovič, Pozdnetripol'skie plemena severnogo Pričernomor'ja (Kiew 1974) G.B. Zdanovič, Bronzovyj vek uralo-kazachstanskich stepej (Sverdlovsk 1988).

G. B. Zdanovič, Arkaim (Čeljabinsk 1995).

M. Zvelebil (Hrsg.), Hunters in Transition: Mesolithic Societies of Temperate Eurasia and their Transition to Farming (Cambridge 1986).

M. Zvelebil, The Agricultural Frontier and the Transition to Farming in the Circum-Baltic Region. In: D. R. Harris (Hrsg.), The Origins and Spread of Agriculture and Pastoralism in Eurasia (London 1996) 323–345.

M. Zvelebil, Mobility, Contact, and Exchange in the Baltic Sea Basin 6000-2000 B.C. Journal of Anthropology and Archaeology 25 (2), 2006, 178–192.

M. G. Žilin/E. L. Kostyleva/A. V. Utkin/A.V. Éngovatova, Mezolitičeskie i neolitičeskie kul'tury Verchnego Povolž'ja (po materialam stojanki Ivanovskoe VII) (Moskau 2002).

10장

D. P. Agrawal, The Earliest Agriculture and Pottery in South Asia. In: Y. Yasuda (Hrsg.), The Origins of Pottery and Agriculture (Neu-Dehli 2002) 81–88.

P. Ajithprasad, The Pre-Harappan Cultures of Gujarat. In: S. Settar/R. Korisettar (Hrsg.), Indian Archaeology in Retrospect 2: Protohistory. Archaeology of the Harappan Civilization (Neu-Dehli 2001) 129–158.

P. Ajithprasad, Holocene Adaptations of the Mesolithic and Chalcolithic Settlements in North Gujarat. In: Y. Yasuda/V. S. Shinde (Hrsg.), Monsoon and Civilization (NeuDehli 2004) 115–132.

B. Allchin/R. Allchin, Origins of a Civilization: The Prehistory and Early Archaeology of South Asia (Neu-Dehli 1997).

M. Azarnoush/B. Helwing, Recent Archaeological Research in Iran - Prehistory to Iron Age. Archäologische Mitteilungen aus Iran und Turan 37, 2005, 189-246.

M.S.Azimov, Architectural Development in the Earliest Settled Agricultural Phases of Azerbaijan. BAR International Series 1467 (Oxford 2006).

R. Badalyan/P.Lombard/C. Chataigner/P. Avetisyan, The Neolithic and Chalcolithic Phases in the Ararat Plain (Armenia): The View from Aratashen. In: A. Sagona (Hrsg.), A View from the Highlands. Archaeological Studies in Honour of Charles Burney. Ancient Near Eastern Studies, Supplement 12 (Herent 2004) 399-420.

G. Barker, The Agricultural Revolution in Prehistory. Why Did Foragers Become Farmers? (Oxford 2006).

L. S. Braidwood/R. J. Braidwood/B. Howe/C. A. Reed/P.J. Watson (Hrsg.), Prehistoric Archaeology Along the Zagros Flanks. Oriental Institute Publications 105 (Chicago 1983).

F. Brunet, La néolithisation en Asie centrale: un état de la question. Paléorient 24 (2), 1998, 27-48.

F. Brunet, Asie centrale: vers une redéfinition des complexes culturels de la fin du Pléistocène et des débuts de l'Holocène. Paléorient 28 (2), 2002, 9-24.

F. Brunet, Du Mésolithique en Asie centrale. Addenda. Paléorient 29 (1), 2003, 167-169.

F. Brunet, La Néolithisation en Asie centrale. In: J. Guilaine (Hrsg.), Aux marges des grands foyers du Néolithique. Périphéries débitrices ou créatrices ? (Paris 2004) 105–120.

F. Brunet, Pour une nouvelle étude de la culture néolithique de Kel'teminar, Ouzbékistan. Paléorient 31 (2), 2005, 87–105.

참고문헌

R. W. Bulliet, The Camel and the Wheel (Cambridge, Mass. 1975).

E. Čerlenok, Archeologija Kavkaza (mesolit, neolit, eneolit) (Sankt Petersburg 2013).

D. K. Chakrabarti, India. An Archaeological History. Palaeolithic Beginnings to Early Historic Foundations (Oxford 1999).

D. K. Chakrabarti, The Oxford Companion to Indian Archaeology. The Archaeological Foundations of Ancient India Stone Age to AD 13th Century (Oxford 2006).

Ch. Chataigner, La Transkaukasie au Néolithique et au Chalcolithique. BAR International Series 624 (Oxford 1995).

U. C. Chattopadyaya, Settlement Pattern and the Spatial Organization of Subsistence and Mortuary Practices in the Mesolithic Ganges Valley, North-Central India. World Archaeology 27, 1996, 461-476.

L. Chelidze/D. Gogelia, Arukhlo I: An Early-Farming Site. Journal of Georgian Archaeology 1, 2004, 46-92.

I. N. Chlopin, Eneolit Jugo-Zapadnogo Turkmenistana (Sankt Petersburg 1997).

I. N. Chlopin, Epocha bronzy jugo-zapadnogo Turkmenistana (Sankt Petersburg 2002).

N. A. Chotinskij, Prirodnye uslovija v neolitičeskuju epochu. In: Neolit Severnoj Evrazii. Archeologija (Moskau 1996) 10–18.

S. Connor/A. Sagona, Environment and Society in the Late Prehistory of Southern Georgia, Caucasus. In: B. Lyonnet (Hrsg.), Les cultures du Caucase (VIe-IIIe millénaires avant notre ère). Leurs relations avec le Proche Orient (Paris 2007) 21–36.

J. Coolidge, Southern Turkmenistan in the Neolithic: A Petrographic Case Study. BAR International Series 1423 (Oxford 2005).

A. H. Dani/V.M. Masson (Hrsg.), History of Civilizations of Central Asia 1: The Dawn of Civilization: Earliest Times to 700 B.C. (Paris 1992).

C. Debaine-Francfort, Du Néolithique a l'âge du Bronze en Chine du Nord-Ouest: la culture de Qijia et ses connexions. Mémoires de la Mission Archéologique Française en Asie Centrale 6 (Paris 1995).

R. H. Dyson/S.M. Howard (Hrsg.), Tappeh Hesar: Reports of the Restudy Project, 1976. Monographia Mesopotamia 2 (Florenz 1989).

M. D. Džurakulov/N.C. Cholmatov, Mezolit i neolit Srednego Zerafšana (Sazaganskaja kultura) (Taschkent 1991).

H. Fazeli/R. A. E. Coningham/C. M. Batt, Cheshmeh Ali Revisited: Towards an Absolute Dating of the Late Neolithic and Chalcolithic of Iran's Tehran Plain. Iran 42, 2004, 13-23.

H. Fazeli/R. A. E. Coningham/R. L. Young/G. K. Gilmore/M. Maghsoudi/H. Raza, Socio-Economic Transformations in the Tehran Plain: Final Season of Settlement Survey and Excavations at Tepe Pardis. Iran 45, 2007, 267–285.

M. D. Frachetti, Multiregional Emergence of Mobile Pastoralism and Nonuniform Institutional Complexity across Eurasia. Current Anthropology 53, 2012, 2–38.

D. Q. Fuller, Agricultural Origins and Frontiers in South Asia: A Working Synthesis. Journal of World Prehistory 20, 2006, 1–86.

D. Q. Fuller, Finding Plant Domestication in the Indian Subcontinent. Current Anthropology 52, 2011, 347–361.

D. Q. Fuller/R. Korisettar, The Vegetational Context of Early Agriculture in South India. Man and Environment 29, 2004, 7–27.

D. Q. Fuller/R. Korisettar/P.C. Venkatasubbaiah/M. K. Jones, Early Plant Domestications in Southern India: Some Preliminary Archaeobotanical Results. Vegetation History and Archaeobotany 13, 2004, 115-129.

R. Girshman, Fouilles de Sialk près de Kashan I (Paris 1938).

I. C. Glover/C. F. W. Higham, New Evidence for Early Rice Cultivation in South, Southeast and East Asia. In: D. R. Harris (Hrsg.), The Origins and Spread of Agriculture and Pastoralism in Eurasia (London 1996) 413-441.

P. Glumac/D. Anthony, The Caucasus. In: R. W. Ehrich (Hrsg.), Chronologies in Old World Archaeology 1 (Chicago, London 1992) 196-206.

S. P. Gupta, Archaeology of Soviet Central Asia and the Indian Borderlands 1-2 (Delhi 1979).

C. Hamon, From Neolithic to Chalcolithic in the Southern Caucasus: Economy and Macrolithic Implements from Shulaveri-Shomu Sites of Kwemo-Kartli (Georgia). Paléorient 34 (2), 2008, 85–135.

S. Hansen/G. Mirtskhulava/K. Bastert-Lamprichs/J. Görsdorf/D. Neumann/M. Ullrich/1. Gatsov/P. Nedelcheva, Aruchlo 2007. Bericht über die Ausgrabungen im neolithischen Siedlungshügel. Archäologische Mitteilungen aus Iran und Turan 39, 2007, 1–30.

D. R. Harris (Hrsg.), Origins of Agriculture in Western Central Asia. An Environmental Study (Philadelphia 2010).

D. R. Harris/C. Gosden/M. P. Charles, Jeitun: Recent Excavations at an Early Neolithic Site in Southern Turkmenistan. Proceedings of the Prehistoric Society 62, 1996, 423-442.

B. Helwing/T. Aliyev/A. Ricci, Mounds and Settlements in the Lower Qarabakh-Mil Plain, Azerbaijan. In: R. Hofmann/F.-K. Moetz/J. Müller (Hrsg.), Tells: Social and Environmental Spaces. Universitätsforschungen zur Prähistorischen Archäologie 207 (Bonn 2012) 67–77.

F. T. Hiebert, The Kopet Dag Sequence of Early Villages in Central Asia. Paléorient 28 (2), 2002, 25-41.

F. T. Hiebert, A Central Asian Village at the Dawn of Civilization. Excavations at Anau, Turkmenistan. University Museum Monograph 116 (Philadelphia 2003).

A. I. Isakov, Sarazm (Duschanbe 1991).

J.-F. Jarrige, Du néolithique à la civilisation de l'Inde ancienne: contribution des recherches archéologiques dans le nord-ouest du sous-continent indo-pakistanais. Arts Asiatiques 40, 1995, 5–30.

J.-F. Jarrige, Mehrgarh Neolithic: New Excavations. South Asian Archaeology 1997, 259-283.

J.-F. Jarrige, Le Néolithique des frontières indo-iranniennes: Mehrgarh. In: J. Guilaine (Hrsg.), Aux marges des grands foyers du Néolithique. Périphéries débitrices ou créatrices? (Paris 2004) 29-60.

J.-F. Jarrige/C. Jarrige/G. Quivron, Mehrgarh Neolithic: The Updated Sequence. South

참고문헌

Asian Archaeology 2001, 129–141.

V. Jayaswal, Hunter-Gatherers of the Terminal Pleistocene in Uttar Pradesh, India. In: C. Gamble/O. Soffer (Hrsg.), The World at 18,000 BP 2: Low Latitudes (Boston, Sydney, Wellington 1990) 237–254.

C. J. Jusupov, Drevnosti Uzboja (Aschgabat 1986). A. K. Kasparov, Environmental Conditions and Farming Strategy of the Protohistoric Inhabitants of South-Central Asia. Paléorient 20 (2), 1994, 143-149.

I. M. Kenover/M. Vidale/K. K. Bhan, Contemporary Bead-Making in Khambat, India: Patterns of Craft Specialization and Organization of Production as Reflected in the Archaeological Record. World Archaeology 23, 1991, 44-78.

J. S. Kharakwal/A. Yano/Y. Yasuda /V. S. Shinde/T. Osada, Cord Impressed Ware and Rice Cultivation in South Asia, China und Japan: Possibilities of Inter-Links. Quarternary International 123–125, 2004, 105–115.

T. V. Kiguradze, Neolithische Siedlungen von Kvemo-Kartli, Georgien. Materialien zur Allgemeinen und Vergleichenden Archäologie 29 (München 1986).

T. V. Kiguradze/M. Menabde, The Neolithic of Georgia. In: A. Sagona (Hrsg.), A View from the Highlands. Archaeological Studies in Honour of Charles Burney. Ancient Near Eastern Studies, Supplement 12 (Herent 2004) 345–398.

P. L. Kohl, The Bronze Age Civilization of Central Asia: Recent Soviet Discoveries (New York 1981). P. L. Kohl, Central Asia. Palaeolithic Beginnings to the Iron Age. Éditions. Recherches sur les Civilisations, Synthèse 14 (Paris 1984).

P. L. Kohl/D. L. Heskel, Archaeological Reconnaissances in the Darreh Gaz Plain: A Short Report. Iran 18, 1980, 160-172.

G. F. Korobkova, Kul'tury i lokal'nye varianty mezolita i neolita Srednej Azii. Sovetskaja Archeologija 3, 1975, 8-27.

G. F. Korobkova, Chozjajstvennye kompleksy rannych zemledel česko-skotovodčeskych obščest v juga SSSR (Leningrad 1987).

G. F. Korobkova, Srednjaja Azija i Kazachstan. In: Archeologija. Neolit Severnoj Evrazii (Moskau 1996) 87–133.

G. F. Korobkova, The Neolithic Chipped Stone Industries of the Southern Caucasus. In: S. K. Kozłowski/H.G. K. Gebel (Hrsg.), Neolithic Chipped Stone Industries of the Fertile Crescent, and Their Contemporaries in Adjacent Regions. Studies in Early Near Eastern Production, Subsistence, and Environment 3 (Berlin 1996) 57-89.

P. M. Kozin (Hrsg.), Step i Kavkaz. Kulturnye tradicii (Moskau 1997) 30-45.

A. Kumar, Origin, Development and Growth of the Mahagara Neolithic Culture. Pragdhara 11, 2001, 119-124.

K. K. Kurbansachatov, Eneolit Anau (Aschgabat 1987).

C. C. Lamberg-Karlovsky/M. Tosi, Shahr-i Sokhta and Tepe Yahya: Tracks on the Earliest History of the Iranian Plateau. East and West 23, 1973, 21-57.

G. N. Lisitsina, The Earliest Irrigation in Turkmenia. Antiquity 43, 1969, 279-288.

B. A. Litvinskij/V. A. Ranov (Hrsg.), Istorija Tadžikskogo naroda I. Drevnejšaja drevnjaja istorija (Duschanbe 1998).

P. Lombard/C. Chataigner, Le Néolithique et le Chalcolithique en Transcaucasie: l'exemple

인류는 어떻게 역사가 되었나

des bassins de la Kura et de l'Araxe. In: J. Guilaine (Hrsg.), Aux marges des grands foyers du Néolithique. Périphéries débitrices ou créatrices? (Paris 2004) 61-84.

O. Lordkipanidze, Archäologie in Georgien. Von der Altsteinzeit zum Mittelalter. Quellen und Forschungen zur Prähistorischen und Provinzialrömischen Archäologie 5 (Weinheim 1991).

B. Lyonnet, Sarazm (Tadjikistan) céramiques, Mémoires de la Mission Archéologique Française en Asie Centrale 7 (Paris 1996).

B. Lyonnet, Les cultures anciennes du Caucase du Nord et de l'Ouest (du Néolithique au début de l'Age du Bronze). In: J. Guilaine (Hrsg.), Aux marges des grands foyers du Néolithique. Périphéries débitrices ou créatrices ? (Paris 2004) 85–104.

B. Lyonnet (Hrsg.), Les cultures du Caucase (VIe-IIIe millénaires avant notre ère). Leurs relations avec le Proche Orient (Paris 2007).

Y. Majidzadeh, Corrections of the Internal Chronology for the Sialk III Period on the Basis of the Pottery Sequence at Tepe Gabristan. Iran 16, 1978, 93-101.

Y. Majidzadeh, An Early Prehistoric Coppersmith Workshop at Tepe Gabristan. Archäologische Mitteilungen aus Iran, Ergänzungsband 6 (Berlin 1979) 82-92.

Y. Majidzadeh, Sialk III and the Pottery Sequence at Tepe Gabristan: The Coherence of the Cultures of the Central Iranian Plateau. Iran 19, 1981, 141-146.

B. R. Mani, Further Evidence on Kashmir Neolithic in Light of Recent Excavations at Kanishkapura. Journal of Interdisciplinary Studies in History and Archaeology 1, 2004, 137–142.

C. Marro/H. Hauptmann (Hrsg.), Chronologies des pays du Caucase et de l'Euphrat aux IVe-IIIe millénaires. Varia Anatolica 11 (Paris 2000).

M. Mashkour, Chasse et élevage au nord du Plateau central iranien entre le Néolithique et l'âge du Fer. Paléorient 28 (1), 2002, 27-42.

V. M. Masson, Poselenie Džejtun. Materialy issledovanija po archeologii SSSR 180 (Moskau, Leningrad 1971).

V. M. Masson, Ekonomika i social'nyj stroj drevnich obščestv (Leningrad 1976).

V. M. Masson, Altyndepe v epochu eneolita. Sovetskaja archeologija 3, 1977, 164-188.

V. M. Masson, Altyn-depe. Trudy Južno-Turkmenistanskoj archeologičeskoj kompleks noj ekspedicii 18 (Aschgabat 1981).

V. M. Masson, The Bronze Age in Khorasan and Transoxania. In: A. H. Dani /V. M. Masson (Hrsg.), History of Civilizations of Central Asia 1. The Dawn of Civilization: Earliest Times to 700 B.C. (Paris 1992) 225–246.

V. M. Masson/D. R. Harris, New Excavations at Jeitun, Turkmenistan: The First Five Years. In: V. M. Masson (Hrsg.), New Archaeological Discoveries in Asiatic Russia and Central Asia (Sankt Petersburg 1994) 14-16.

V. M. Masson/N. J. Merpert (Hrsg.), Eneolit SSSR (Moskau 1982).

V. M. Masson/V. I. Sarianidi, Central Asia Before the Achaemenids (London 1972).

K. L. Mehra, Agricultural Foundations of Indus-Saraswati Civilization. In: Y. L. Nene/S. L. Choudary (Hrsg.), Agricultural Heritage of India (Udaipur 2002) 24-36.

K. L. Mehra, Subsistence Changes in India and Pakistan. The Neolithic and Chalcolithic from the Point of View of Plant Use Today. In: T. Denham/P. White (Hrsg.), The

Emergence of Agriculture. A Global View (London, New York 2007) 187–196.

N. F. Miller, Agricultural Developments in Western Central Asia in the Chalcolithic and Bronze Ages. Vegetation History and Archaeobotany 8, 1999, 13–19.

V. D. Misra, Agriculture, Domestication of Animals and Ceramic and Other Industries in Prehistoric India: Mesolithic and Neolithic. In: G. C. Pande (Hrsg.), The Dawn of Indian Civilization up to 600 B.C. (Neu-Delhi 1999), 233-266.

K. D. Morrison/L. L. Junker (Hrsg.), Forager-Traders in South and Southeast Asia (Cambridge 2002).

H. Müller-Karpe, Handbuch der Vorgeschichte 2: Jungsteinzeit (München 1968).

H. Müller-Karpe, Neolithische Siedlungen der Džejtun-Kultur in Süd-Turkmenistan. Materialien zur Allgemeinen und Vergleichenden Archäologie 10 (München 1982).

H. Müller-Karpe, Neolithisch-kupferzeitliche Siedlungen in der Geoksjur-Oase, SüdTurkmenistan. Materialien zur Allgemeinen und Vergleichenden Archäologie 30 (München 1984).

R. M. Munčaev, Eneolit Kavkaza. In: V. M. Masson/N. J. Merpert (Hrsg.), Eneolit SSSR (Moskau 1982) 93–164.

K. Paddayya, Evidence of Neolithic Cattle-Penning at Budihal, Gulbarga District, Karnataka. South Asian Studies 14, 1998, 141–153.

G. Palumbi, The Red and Black. Social and Cultural Interaction Between the Upper Euphrates and Southern Caucasus Communities in the Fourth and Third Millennium BC. Studi di Preistoria Orientale 2 (Rom 2008).

J. N. Pandey A. Goel/S. K. Gautam/P. Pooja/A. K. Pandey, Settlement Pattern in the Mesolithic and Neolithic of the Ganga Valley. Pragdhara 15, 2005, 71-90.

H. Parzinger, Choresmien zwischen Džanbas und Tagisken. Probleme der Bronzezeit südlich des Aral-Sees. In: C. Becker u. a. (Hrsg.), Chronos. Beiträge zur prähistorischen Archäologie zwischen Nord- und Südosteuropa. Festschrift B. Hänsel (Espelkamp 1997) 125–142.

H. Parzinger, Die frühen Völker Eurasiens. Vom Neolithikum bis zum Mittelalter (München 2011).

H. Parzinger/N. Boroffka, Das Zinn der Bronzezeit in Mittelasien 1: Die siedlungsarchäologischen Forschungen im Umfeld der Zinnlagerstätten. Archäologie in Iran und Turan 5 (Mainz 2003).

C. A. Petrie (Hrsg.), Ancient Iran and Its Neighbours: Local Developments and Longrange Interactions in the 4th Millennium BC. The British Institute of Persian Studies Archaeological Monographs 3 (Oxford 2013).

G. L. Possehl (Hrsg.), Harappan Civilization: A Recent Perspective (Neu-Dehli, Oxford 1993).

G. L. Possehl, The Transformation of the Indus Civilization. Journal of World Prehistory 11, 1997, 425-472.

G. L. Possehl, Indus Age: The Beginnings (Philadelphia 1999).

G. L. Possehl, Harappans and Hunters: Economic Interaction and Specialization in Prehistoric India. In: K. D. Morrison/L. J. Junker (Hrsg.), Forager-Traders in South and Southeast Asia. Long Term Histories (Cambridge 2002) 62-76.

인류는 어떻게 역사가 되었나

R. Pratap Singh, India's First Farmers (Kala Prakashan 2010).

V. Rami Reddy, A Study of the Neolithic Culture of Southwestern Andhra Pradesh (Hyderabad 1978).

V. A. Ranov, Gissarskaja kul'tura: rasprostranenie, chronologija, ekonomika. In: Kultura pervobytnoj epochi Tadžikistana (Duschanbe 1982) 22-41.

V. A. Ranov, De l'ancien et du neuf dans l'étude du Mésolithique en Asie moyenne. Paléorient 29 (1), 2003, 157–165.

A Redlich, Studien zum Neolithikum Mittelasiens. Antiquitas 3/25 (Bonn 1982). K. S. Rubinson/A. Sagona (Hrsg.), Ceramics in Transitions. Chalcolithic Through Iron Age in the Highlands of the Southern Caucasus and Anatolia. Ancient Near Eastern Studies, Supplement 27 (Löwen, Paris, Dudley 2008).

A. Sagona (Hrsg.), A View from the Highlands. Archaeological Studies in Honour of Charles Burney. Ancient Near Eastern Studies, Supplement 12 (Herent 2004).

S. Salvatori, Gonur-Depe 1 (Margiana, Turkmenistan): The Middle Bronze Age Graveyard. Preliminary Report on the 1994 Excavation Campaign. Rivista di archeologia 19, 1995, 5-37

S. Salvatori/M. Tosi, Shar-i Sohkta Revised Sequence. South Asian Archaeology 2001, 281–292.

K. S. Saraswat, Plant Economy of Early Farming Communities. In: B. P. Singh (Hrsg.), Early Farming Communities of the Kaimur (Excavations at Senuewar) (Jaipur 2004) 416-535.

K. S. Saraswat, Agricultural Background of the Early Farming Communities in the Middle Ganga Plain. Pagdhara 15, 2005, 145–177.

V. Sarianidi, Drevnostočnoe carstvo v staroj del'te reki Murgab (Aschgabat 2002). V. Shinde, Farming in the Chalcolithic Deccan, India c. 2000-1000 B.C. Tools and Tillage 5, 1987, 215–227.

V. Shinde, Pre-Harappan Padri Culture in Saurashtra: The Recent Discovery. South Asian Studies 14, 1998, 173-182.

V. Shinde, The Settlements in the Central Tapi Basin (Neu-Dehli 1998).

B. P. Singh, Stages of Culture Development in the Middle Ganga Plain. A Case Study of Senuwar. Pragdhara 11, 2001, 109-118.

I. B. Singh, Quarternary Palaeoenvironments of the Ganga Plain and Anthropogenic Activity. Man and Environment 30, 2005, 1–35.

A. T. Smith/R. S. Baladyan/P. Avetisyan, The Foundations of Research and Regional Survey in the Tsaghkahovit Plain, Armenia. Oriental Institute Publications 134 (Chicago 2009).

A. T. Smith/K. S. Rubenstein (Hrsg.), Archaeology in the Borderlands. Investigations in Caucasia and Beyond (Los Angeles 2003).

P. K. Thomas, Animal Subsistence in the Chalcolithic Culture of Western India. Bulletin of the Indo-Pacific Prehistory Association 19, 2000, 147–151.

S. P. Tolstov, Po drevnim del'tam Oksa i Jaksarta (Moskau 1962).

G. Urban (Hrsg.), Vergessene Städte am Indus. Frühe Kulturen in Pakistan vom 8. Bis 2. Jahrtausend v. Chr. Ausstellungskatalog Aachen (Mainz 1987).

A. Vatandoust/H. Parzinger/B. Helwing (Hrsg.), Early Mining and Metallurgy on the Central Iranian Plateau. Report on the First Five Years of Research of the Joint Iranian-German Research Project. Archäologie in Iran und Turan 9 (Mainz 2011).

A. V. Vinogradov, Drevnie ochotniki i rybolovy Sredneaziatskogo Meždureč'ja. Trudy Chorezmskoj archeologo-etnografičeskoj ekspedicii 13 (Moskau 1981).

A. V. Vinogradov/M. A. Itina/L. T. Jablonskij, Drevnejšee naselenie nizovij Amudar'i. Trudy Chorezmskoj ekspedicii 15 (Moskau 1986).

A. V. Vinogradov/E. D. Mamedov, Pervobytnyi Ljavljakan (Moskau 1975).

M. M. Voigt/R. H. Dyson, Iran. In: R. W. Ehrich (Hrsg.), Chronologies in Old World Archaeology 1 (Chicago, London 1992) 122–178.

S. Weber, Plants and Harappan Subsistence: An Example of Stability and Change from Rojdi (Oxford, Neu-Dehli 1991).

S. Weber, Out of Africa: The Initial Impact of Millets in South Asia. Current Anthropology 39, 1998, 267–274.

S. Weber, Seeds of Urbanism: Palaeoethnobotany and the Indus Civilization. Antiquity 73, 1999, 813-826.

S. Weber, Archaeobotany at Harappa: Indications for Change. In: S.A. Weber/W. R. Belcher (Hrsg.), Indus Ethnobiology. New Perspectives from the Field (Lanham 2003) 175–198.

K. I. Wright, Ground-Stone Tools and Hunter-Gatherer Subsistence in Southwest Asia: Implications for the Transition to Farming. American Antiquity 59, 1994, 238-263.

D. Zohary/M. Hopf, Domestication of Plants in the Old World. The Origin and Spread of Cultivated Plants in West Asia, Europe, and the Nile Valley (Oxford 1993).

M. Zvelebil (Hrsg.), Hunters in Transition: Mesolithic Societies of Temperate Eurasia and Their Transition to Farming (Cambridge 1986).

11장

C. M. Aikens, First in the World. The Jomon Pottery of Early Japan. In: W. K. Barnett/J. W. Hoopes (Hrsg.), The Emergence of Pottery. Technology and Innovation in Ancient Societies (Washington, London 1995) 11–21.

C. M. Aikens/T. Higuchi, The Prehistory of Japan (New York 1982).

T. Akazawa/C.M. Aikens (Hrsg.), Prehistoric Hunter-Gatherers in Japan. New Research Methods. The University Museum The University of Tokyo Bulletin 27 (Tokyo 1986).

F. Allard, Mortuary Ceramics and Social Organization in the Dawenkou and Majiayo Cultures. Journal of East Asian Archaeology 3 (3/4), 2001, 1–22.

S. M. An, The Beginning of Agriculture and Sedentary Life and Their Relation to Social Changes in Korea. In: Cultural Diversity and the Archaeology of the 21st Century (Tokyo 2004) 40-61.

A. Anderson, The Archaeological Chronology of the Batanes Islands, Philippines, and the Regional Sequence of Neolithic Dispersal. Journal of Austronesian Studies 1, 2005, 25-45.

G. Barker, The Agricultural Revolution in Prehistory. Why Did Foragers Become Farmers? (Oxford 2006).

인류는 어떻게 역사가 되었나

G. Barnes, The Rise of Civilization in East Asia: The Archaeology of China, Korea and Japan (London 1999).

G. Barnes/D. Guo, The Ritual Landscape of «Boar Mountain» Basin: The Niuheliang Site Complex of North-Eastern China. World Archaeology 28 (2), 1996, 109–219.

P. Bellwood, Prehistory of the Indo-Malaysian Archipelago (Honolulu 1997).

P. Bellwood, Archaeology of Southeast Asian Hunters and Gatherers. In: R. B. Lee/R. Daly (Hrsg.), The Cambridge Encyclopedia of Hunters and Gatherers (Cambridge 1999) 284-288.

P. Bellwood, First Farmers. The Origins of Agricultural Societies (Hongkong 2005).

P. Bellwood, Asian Farming Diasporas? Agriculture, Languages, and Genes in China and Southeast Asia. In: M. T. Stark (Hrsg.), Archaeology of Asia (London 2006) 96-118.

P. Bellwood/E. Dizon, Austronesian Cultural Origins: Out of Taiwan, Via the Batanes Islands, and Onwards to Western Polynesia. In: A. Sanchez-Mazas/R. Blench/ M. D. Ross/O. Peiros/M. Lin (Hrsg.), Past Human Migrations in East Asia. Matching Archaeology, Linguistics and Genetics (London, New York 2008) 23–39.

R. Blust, The Prehistory of the Austronesian-Speaking Peoples. Journal of World Prehistory 9, 1995, 453-510. D. L. Brodjanskij, Kamennyj vek (Wladiwostok 1977).

D. L. Brodjanskij, Problemy periodizacii i chronologii neolita Primor'ja. In: Dreynie kul'tury Sibiri i tichookeanskogo bassejna (Novosibirsk 1979) 110-115.

K. Chang, Fengpitou, Tapenkeng and the Prehistory of Taiwan (New Haven 1969).

K. Chang, The Archaeology of Ancient China (New Haven 1986 4).

Z. Chi/H. C. Hung, The Emergence of Agriculture in Southern China. Antiquity 84, 2010, 11–25.

L. P. Chlobystin, Bronzovyj vek Vostočnoj Sibiri. In: Archeologija SSSR. Epocha bronzy lesnoj polosy SSSR (Moskau 1987) 327–350.

L. P. Chlobystin, Vostočnaja Sibir' i Dalnij Vostok. In: Neolit Severnoj Evrazii. Archeologija (Moskau 1996) 270-329

C. Choe, The Diffusion Route and Chronology of Korean Plant Domestication. Journal of Asian Studies 41, 1982, 19–29.

C. Choe/M. T. Bale, Current Perspectives on Settlement, Subsistence, and Cultivation in Prehistoric Korea. Arctic Anthropology 39, 2002, 95-121.

D.-P. Choe, Origins of Agriculture in Korea. Korean Journal 30, 1990, 4-14.

D. Cohen, The Origins of Domesticated Cereals and the Pleistocene-Holocene Transition in East Asia. Review of Archaeology 19 (2), 1998, 22–29.

D. Cohen, The Beginnings of Agriculture in China, a Multiregional View. Current Anthropology 52, 2011, 273-293.

G. W. Crawford, Paleoethnobotany of the Kameda Peninsula Jomon (Ann Arbor 1982).

G. W. Crawford, Prehistoric Plant Domestication in East Asia. In: C. W. Cowan/P. J. Watson (Hrsg.), The Origins of Agriculture: An International Perspective (Washington 1992) 7–38.

G. W. Crawford, The Transition to Agriculture in Japan. In: A. B. Gebauer/T. D. Price (Hrsg.), Transitions to Agriculture in Prehistory. Monographs in World Archaeology 4 (Madison 1992) 117–132.

참고문헌

G. W. Crawford, East Asian Plant Domestication. In: M. T. Stark (Hrsg.), Archaeology of Asia (London 2006) 56-75.

G. W. Crawford, Advances in Understanding Early Agriculture in Japan. Current Anthropology 52, 2011, 331–345.

G. W. Crawford/G. Lee, Agricultural Origins in the Korean Peninsula. Antiquity 77, 2003, 87-95.

G. W. Crawford/C. Shen, The Origins of Rice Agriculture: Recent Progress in East Asia. Antiquity 72, 1998, 858-866.

G. W. Crawford/M.Yoshizaki, Ainu Ancestors and Early Asian Agriculture. Journal of Archaeological Science 14, 1987, 201–213.

T. Cucchi/A. Hulme-Beaman/J. Yuan/K. Dobney, Early Neolithic Pig Domestication at Jiahu, Henan Province, China: Clues from Molar Shape Analyses Using Geometric Morphometric Approaches. Journal of Archaeological Science 38, 2011, 11–22.

A. C. D'Andrea, Late Jomon Cultigens in North-Eastern Japan. Antiquity 69, 1995, 146-152.

A .C. D'Andrea, Later Jomon Subsistence in Northeastern Japan: New Evidence from Palaeoethnobotanical Studies. Asian Perspectives 34, 1995, 195–227.

A. C. D'Andrea, The Dispersal of Domesticated Plants into North-Eastern Japan. In: T. Denham/P. White (Hrsg.), The Emergence of Agriculture. A Global View (London, New York 2007) 154-174.

C. Debaine-Francfort, The Search for Ancient China (New York 1999). R. Dennell, The Palaeolithic Settlement of Asia (Cambridge 2009).

E. I. Derevjanko, Drevnie žilišča Priamur'ja (Novosibirsk 1991).

T. M. Dikov, Drevnie kul'tury Severo-Vostočnoj Azii (Moskau 1979).

D. Dorž, Neolit vostočnoj Mongolii (Ulan-Bator 1971).

D. Elisseeff, Art et archéologie: la Chine au Néolithique à la fin des Cinq Dynasties (960 de notre ère) (Paris 2008).

C. Fung, The Drinks are Us: Ritual, Social Status, and Practice in Dawenkou Burials, North China. Journal of East Asian Archaeology 2 (172), 2000, 67-92.

I. A. Glover/C. F. W.Higham, New Evidence for Early Rice Cultivation in South, Southeast, and East Asia. In: D. R. Harris (Hrsg.), The Origins and Spread of Agriculture and Pastoralism in Eurasia (London 1996) 413-441.

B. C. Gordon, The Rise of Chinese Civilization Based on Paddy Rice Agriculture (Washington 2010).

R. Guo/J. Li, The Nanzhuangtou and Hutouliang Sites. Exploring the Beginnings of Agriculture and Pottery in North China. In: Y. Yasuda (Hrsg.), The Origins of Pottery and Agriculture (Neu-Dehli 2002) 193–204.

J. Habu, Subsistence-Settlement Systems and Intersite Variability in the Moroiso Phase of the Early Jomon Period in Japan. International Monographs in Prehistory (Ann Arbor 2001).

J. Habu, Ancient Jomon of Japan (Cambridge 2004).

D. R. Harris (Hrsg.), The Origins and Spread of Agriculture and Pastoralism in Eurasia (London 1996).

J. G. Hather, The Origins of Tropical Vegeculture: Zingiberaceae, Araceae and Dio-

인류는 어떻게 역사가 되었나

scoreaceae in Southeast Asia. In: D. R. Harris (Hrsg.), The Origins and Spread of Agriculture and Pastoralism in Eurasia (London 1996) 538-550.

M. Hazarika, Prehistoric Cultural Affinities Between Southeast Asia, East Asia and Northeast India: An Exploration. In: M. J. Klokke/V. Degroot (Hrsg.), Unearthing Southeast Asia's Past. Selected Papers from the 12th International Conference of the European Association of Southeast Asian Archaeologists 1 (Singapur 2013) 16-25.

C. F. W. Higham, The Transition to Rice Cultivation in Southeast Asia. In: T. D. Price/A. B. Gebauer (Hrsg.), Last Hunters – First Farmers. New Perspectives on the Prehistoric Transition to Agriculture (Santa Fe 1995) 127–155.

C. F. W. Higham, The Bronze Age of Southeast Asia (Cambridge 1996).

C. F. W. Higham, Mainland Southeast Asia from the Neolithic to the Iron Age. In: I. Glover/P. Bellwood (Hrsg.), Southeast Asia. From Prehistory to History (London 2004) 41-67.

C. F. W. Higham/T. Higham, A New Chronological Framework for Prehistoric Southeast Asia, Based on a Bayesian Model from Ban Non Wat. Antiquity 83, 2009, 125–144.

C. F. W. Higham/T. L. D. Lu, The Origins and Dispersal of Rice Cultivation. Antiquity 72, 1998, 867–877.

C. F. W. Higham/G. Xie/Q. Lin, The Prehistory of a Friction Zone: First Farmers and Hunters-Gatherers in Southeast Asia. Antiquity 85, 2011, 529-543.

J. S. Huang, Changes of Sea-Level Since the Late Pleistocene in China. In: R. O. Whyte (Hrsg.), The Evolution of the East Asian Environment (Hong Kong 1984) 309-319.

T. M. Huang, Liangzhu - A Late Neolithic Jade-Yielding Culture in Southeastern Coastal China. Antiquity 66, 1992, 75-83.

H. C. Hung, Neolithic Interaction Between Taiwan and Luzon. Journal of Austronesian Studies 1 (1), 2005, 109-133.

F. Ikawa-Smith, Political Evolution in Late Prehistoric Japan. In: V. N. Misra/P. Bellwood (Hrsg.), Recent Advances in Indo-Pacific Prehistory (Oxford, Neu-Dehli 1985) 391–398.

H. J. Im, The New Archaeological Data Concerned with the Cultural Relationship Between Korea and Japan in the Neolithic Age. Korea Journal 35 (3), 1995, 31-40.

K. Imamura, Prehistoric Japan: New Perspectives on Insular East Asia (Honolulu 1996).

K. Imamura, Yomon and Yayoi: The Transition to Agriculture in Japanese Prehistory. In: D. R. Harris (Hrsg.), The Origins and Spread of Agriculture and Pastoralism in Eurasia (London 1996) 442-464.

W. M. Jia, Transition from Foraging to Farming in Northeast China. BAR International Series 1629 (Oxford 2007).

L. Jiang/L. Liu, New Evidence for the Origins of Sedentism and Rice Domestication in the Lower Yangzi River, China. Antiquity 80, 2006, 355–361.

H. Kanaseki, The Evidence for Social Change Between the Early and Middle Yayoi. In: R. Pearson (Hrsg.), Windows on the Japanese Past: Studies in Archaeology and Prehistory (Ann Arbor 1986) 317–333.

C. T. Keally/Y. Taniguchi/Y. V. Kuzmin, Understanding the Beginnings of Pottery Technology in Japan and Neighbouring East Asia. Review of Archaeology 24 (2), 2003,

3-14.

S.-O. Kim, Burials, Pigs, and Political Prestige in Neolithic China. Current Anthropology 35 (2), 1994, 119–141.

W. Y. Kim, Art and Archaeology of Ancient Korea (Seoul 1986).

Y. V. Kuzmin, The Earliest Centers of Pottery Origin in the Russian Far East and Siberia: Review of Chronology for the Oldest Neolithic Cultures. Documenta Praehistorica 29, 2002, 37–46.

Y. V. Kuzmin, Chronology of the Earliest Pottery in East Asia: Progress and Pitfalls. Antiquity 80, 2006, 362–371.

Y. V. Kuzmin/C.T. Kelly, Radiocarbon Chronology of the Earliest Neolithic Sites in East Asia. Radiocarbon 43, 2001, 1121–1128.

Y. V. Kuzmin/L. A. Orlova, The Neolithization of Siberia and the Russian Far East: Radiocarbon Evidence. Antiquity 74, 2000, 356-365.

Y. V. Kuzmin/I. Y. Shewkomud, The Palaeolithic-Neolithic Transition in the Russian Far East. Review of Archaeology 24 (2), 2003, 37–45.

P. V. Lape, Die erste Besiedlung auf den Banda-Inseln. 8000 Jahre Archäologie auf den Molukken. Antike Welt 5, 2013, 9-13.

Gyoung-Ah Lee, The Transition from Foraging to Farming in Prehistoric Korea. Current Anthropology 52 (S4), 2011, 307–329.

H. J. Lee/S. H. Yoon, Development of Stratigraphy and Sediment Distribution in the Northeastern Yellow Sea During Holocene Sea-Level Rise. Journal of Sedimentary Research 67, 1997, 341–349.

K. M. Linduff, Zhukaigou, Steppe Culture and the Rise of Chinese Civilization. Antiquity 69, 1995, 133–145.

K. M. Linduff, The Emergence and Demise of Bronze-Producing Cultures Outside the Central Plain of China. In: V. H. Mair (Hrsg.), The Bronze Age and Early Iron Age Peoples of Eastern Central Asia (Philadelphia 1998) 619-646.

L. Liu, Settlement Patterns, Chiefdom Variability, and the Development of Early States in North China. Journal of Anthropological Archaeology 15 (3), 1996, 237–288.

L. Liu, L. «The Products of Minds as well as of Hands»: Production of Prestige Goods in the Neolithic and Early State Periods in China. Asian Perspectives 42 (1), 2003,1-40.

L. Liu, (Hrsg.), The Chinese Neolithic. Trajectories to Early States (Cambridge 2004).

L. Liu, L'émergence de l'agriculture et de la domestication en Chine. In: J.-P. Demoule (Hrsg.), La révolution néolithique dans le monde (Paris 2009) 65–85.

T. Lu, The Transition from Foraging to Farming and the Origin of Agriculture in China. BAR International Series 774 (Oxford 1999).

T. Lu, The Occurrence of Cereal Cultivation in China. Asian Perspectives 45 (2), 2006, 129–158.

A. Matsui, Archaeological Investigations of Anadromous Salmonid Fishing in Japan. World Archaeology 27, 1996, 444-460.

K. D. Morrison/I. L. Junker (Hrsg.), Forager-Traders in South and Southeast Asia. Long Term Histories (Cambridge 2002).

N. Naumann, Japanese Prehistory: The Material and Spiritual Culture of the Jomon Period (Wiesbaden 2000).

S. M. Nelson, Korea. In: R. W. Ehrich (Hrsg.), Chronologies in Old World Archaeology (Chicago, London 1992) 430-440.

S. M. Nelson, The Archaeology of Korea (Cambridge 1993).

S. M. Nelson, Ritualized Pigs and the Origins of Complex Society: Hypothesis Regarding the Hongshan Culture. Early China 20, 1995, 1–16. S.

M. Nelson (Hrsg.), The Archaeology of Northeast China. Beyond the Great Wall (London, New York 1995).

S. M. Nelson, Megalithic Monuments and the Introduction of Rice into Korea. In: C. Gosden/J. Hather (Hrsg.), The Prehistory of Food. Appetites for Change (London, New York 1999) 147–165.

Neolit juga Dal'nego Vostoka. Drevnee poselenie v peščere čertovy Vorota (Moskau 1991).

L. Nespoulous, Le contre-exemple Jomon au Japon. In: J.-P. Demoule (Hrsg.), La révolution néolithique dans le monde (Paris 2009) 19-32.

M. Nishida, The Emergence of Food Production in Neolithic Japan. Journal of Anthropological Archaeology 2, 1983, 305-322.

C. J. Norton, Subsistence Change at Konam-ri: Implications for the Advent of Rise Agriculture in Korea. Journal of Anthropological Research 56, 2000, 325-348.

C. J. Norton, Sedentism, Teritorial Circumscription, and the Increased Use of Plant Domesticates Across Neolithic-Bronze Age Korea. Asian Perspectives 46 (1), 2007, 133–165.

C. J. Norton/B. Kim/K. Bae, Differential Processing of Fish During the Korean Neolithic: Konam-ri, Arctic Anthropology 36, 1999, 151–165.

Y. Okada, Jomon Culture of Northeastern Japan and the Sannai Maruyama Site. In: J. Habu/J. M. Savelle/S. Koyama/H. Hongo (Hrsg.), Hunter-Gatherers of the North Pacific Rim. Senri Ethnological Studies 63 (Osaka 2003) 34-45.

A. P. Okladnikov, Drevnee poselenie Kondon (Priamur'e) (Novosibirsk 1984).

S. Oppenheimer, The Express Train from Taiwan to Polynesia; on the Congruence of Proxy Lines of Evidence. World Archaeology 36, 2004, 591-600.

H. Parzinger, Die frühen Völker Eurasiens. Vom Neolithikum bis zum Mittelalter (München 20114).

R. Pearson, Chinese Neolithic Burial Patterns. Problems of Method and Interpretation. Early China 13, 1988, 1-45.

A. Pei, Notes on New Advancements and Revelations in the Agricultural Archaeology of Early Rice Domestication in the Dongting Lake Region. Antiquity 72, 1998, 878-885.

A. N. Popov/T. A. Čikiševa/E.G. Špakova, Bojsmanskaja archeologičeskaja kultura Južnogo Primor'ja (Novosibirsk 1997).

J. Qin/D. Taylor/P. Atahan/X. Zhang/G. Wu/J. Dodson/H. Zheng/F. Itzstein-Davey, Neolithic Agriculture, Freshwater Resources and Rapid Environmental Changes on the Lower Yangtze, China. Quaternary Research 75, 2011, 55–65.

S. N. Rhee/M. L. Choi, Emergence of Complex Society in Prehistoric Korea. Journal of World Prehistory 6, 1992, 51–95.

참고문헌

F. Rispolli, The Incised and impressed Pottery Style of Mainland Southeast Asia: Following the Paths of Neolithization. East and West 57, 2007, 235–304.

L. L. Sample, Tongsamdong: A Contribution to Korean Neolithic Culture History. Arctic Anthropology 11 (2), 1974, 1–125.

G. Shelach, The Earliest Neolithic Cultures of Northeast China: Recent Discoveries and New Perspectives on the Beginning of Agriculture. Journal of World Prehistory 14 (4), 2000, 363-413

B. D. Smith, The Emergence of Agriculture (New York 1998). B. E. Snow/R. Shutler/D. E. Nelson/J.S. Vogel/J. R. Southon, Evidence of Early Rice Cultivation in the Philippines. Philippine Quarterly of Culture and Society 14, 1986, 3-11.

M. Spriggs, The Dating of the Island Southeast Asian Neolithic: An Attempt at Chronometric Hygiene and Linguistic Correlation. Antiquity 63, 1989, 587–613.

M. Spriggs, Chronology of the Neolithic Transition in Island Southeast Asia and the Western Pacific. Review of Archaeology 24 (2), 2003, 57–80.

H. Takamiya, Introductory Routes of Rice to Japan: An Examination of the Southern Route Hypothesis. Asian Perspectives 40 (2), 2001, 209–226.

J. Tianlong, The Neolithic of Southeast China. Cultural Transformations and Regional Interaction on the Coast (New York 2007).

C.-H. Tsang, The Archaeology of Taiwan (Taipeh 2000). T. Tsutsumi, Origins of Pottery and Human Strategies for Adaptation During the Ter mination of the Last-Glacial Period in the Japanese Archipelago. In: Y. Yasuda (Hrsg.), The Origins of Pottery and Agriculture (Kyoto 2002) 241–262.

A. Underhill, Craft Production and Social Change in Northern China (New York 2002).

A. P. Underhill/J. Habu, Early Communities in East Asia: Economic and Sociopolitical Organization at the Local and Regional Levels. In: M. T. Stark (Hrsg.), Archaeology of Asia (London 2006) 121–148.

R. S. Vasilevskij/A. A. Krupjanko/A. V. Tabarev, Genezis neolita na juge Dal'nego Vostoka Rossii (Wladiwostok 1997).

Y. E. Vostretsov, Interaction of Maritime and Agricultural Adaptations in the Japan Sea. In: C. Gosden/J. Hather (Hrsg.), The Prehistory of Food. Appetites for Change (London, New York 1999) 322-332.

M. Wagner, Neolithikum und frühe Bronzezeit in Nordchina vor 8000 bis 3500 Jahren. Archäologie in Eurasien 21 (Mainz 2006).

Wei-Ming Wang/Jin-Long Ding/Jun-Wu Shu/Wei Chen, Exploration of Early Rice Farming in China. Quaternary International 227, 2010, 22-28.

Wu En, Zu verschiedenen Problemen der Bronzekulturen entlang der Großen Mauer. In: R. Eichmann/H. Parzinger (Hrsg.), Migration und Kulturtransfer. Der Wandel vorder- und zentralasiatischer Kulturen im Umbruch vom 2. zum 1. Vorchristlichen Jahrtausend. Kolloquien zur Vor- und Frühgeschichte 6 (Bonn 2001) 25–36.

X. Wu/C. Zhao, Chronology of the Transition from Palaeolithic to Neolithic in China. Review of Archaeology 24 (2), 2003, 15–20.

W. Yan, Neolithic Settlements in China: Latest Funds and Research. Journal of East Asian Archaeology 1, 1999, 131–147.

W. Yan, The Origins of Rice Agriculture, Pottery and Cities. In: Y. Yasuda, Origins of Pottery and Agriculture in East Asia. In: Y. Yasuda (Hrsg.), The Origins of Pottery and Agriculture (Neu-Dehli 2002) 151-227.

Y. Yasuda, Origins of Pottery and Agriculture in East Asia. In: Y. Yasuda (Hrsg.), The Origins of Pottery and Agriculture (Neu-Dehli 2002) 119-142.

J. Yuan, Rice and Pottery 10,000 yrs. B.C. at Yuchanyan, Dao County, Hunan Province. In: Y. Yasuda (Hrsg.), The Origins of Pottery and Agriculture (Neu-Dehli 2002) 157–166.

J. Yuan/R. K. Flad, Pig Domestication in Ancient China. Antiquity 76, 2002, 724-732.

J. Yuan/R. K. Flad/Y. B. Luo, Meat-Acquisition Patterns in the Neolithic Yangzi River Valley, China. Antiquity 82, 2008, 351–366.

C. Zhang, The Rise of Urbanism in the Middle and Lower Yangzi River Valley. Bulletin of the Indo-Pacific Prehistory Association 16, 1997, 63-67.

C. Zhang, The Mesolithic and the Neolithic in China. Documenta Praehistorica 26, 1999, 1–13.

C. Zhang, Early Pottery and Rice Phytolith Remains from Yianrendong and Diaotonghuan Sites, Wannian, Jiangxi Province. In: Y. Yasuda (Hrsg.), The Origins of Pottery and Agriculture (Neu-Dehli 2002) 185-192.

C. Zhang, The Discovery of Early Pottery in China. Documenta Praehistorica 29, 2002, 29–35.

C. Zhang/H.-C. Hung, The Neolithic of Southern China - Origin, Development, and Dispersal. Asian Perspectives 47 (2), 2008, 299-327.

C. Zhang/H.-C. Hung, The Emergence of Agriculture in Southern China. Antiquity 84, 2010, 11–25.

F. Zhang, The Mesolithic in South China. Documenta Praehistorica 27, 2000, 225-231.

C. Zhao/X. Wu, The Dating of Chinese Early Pottery and a Discussion of Some Related Problems. Documenta Praehistorica 27, 2000, 233-239.

Z. Zhao, The Middle Yantze Region in China is One Place Where Rice Was Domesticated; Phytolith Evidence from the Diaotonghuan Cave, Northern Jiangxi. Antiquity 72, 1998, 885-897.

Z. Zhao, New Archaeobotanic Data for the Study of the Origins of Agriculture in China. Current Anthropology 52, 2011, 295–306.

12장

H. Allen, Late Pleistocene and Holocene Settlement Patterns and Environment, Kakadu, Northern Territory, Australia. Bulletin of the Indo-Pacific Prehistory Association 9, 1989, 92–117.

H. Allen, Ethnography and Prehistoric Archaeology in Australia. Journal of Anthropological Archaeology 15, 1996, 137–159.

J. Altman, Hunter-Gatherers Today: An Aboriginal Economy in North Australia (Canberra 1987).

A. Anderson, The Chronology of Colonization in New Zealand. Antiquity 65, 1991, 767–795.

A. Anderson/G. Clark/T. Worthy, An Inland Lapita Site in Fiji. Journal of the Polynesian Society 109, 2000, 311-316.

A. Anderson/Y. Sinoto, New Radiocarbon Ages of Colonization Sites in East Polynesia. Asia Perspectives 41, 2002, 242-257.

V. Attenbrow, What's Changing? Population Size or Land-Use Patterns? The Archaeology of Upper Mangrove Creek, Sydney Basin. Terra Australis 21 (Sydney 2004).

B. Attwood, The Making of the Aborigines (Sydney 1989).

C. Ballard, Wetland Drainage and Agricultural Transformations in the Southern Highlands of Papua New Guinea. Asia Pacific Viewpoint 42, 2001, 287–304.

T. Bayliss-Smith, A Colocasian Revolution in the New Guinea Highlands? Insights From Phase 4 at Kuk. Archaeology in Oceania 27, 1992, 1-21.

T. Bayliss-Smith, The Meaning of Ditches: Deconstructing the Social Landscapes of Drainage in New Guinea, Kuk, Phase 4. In: C. Gosden/J. Hather (Hrsg.), The Prehistory of Food. Appetites for Change (London, New York 1999) 199-231.

J. Beaton, Fire and Water: Aspects of Australian Aboriginal Management of Cycads. Archaeology in Oceania 17, 1982, 51–58.

P. Bellwood, Prehistory of the Indo-Malaysian Archipelago (Honolulu 1997).

P. Bellwood, Holocene Population History in the Pacific. Region as a Model for Worldwide Food Producer Dispersals. Current Anthropology 52, 2011, 363-378.

S. Best, Lapita: A View from the East. New Zealand Journal of Archaeology Special Publication (Auckland 2002).

S. Black, Demographic Model and Island Colonization. New Zealand Journal of Archaeology 2, 1980, 51–64.

D. Burley/D. Nelson/R. Shutler, A Radiocarbon Chronology for the Eastern Lapita Frontier in Tonga. Archaeology in Oceania 34, 1999, 59-72.

G. Clark/A. Anderson/T. Vunidilo (Hrsg.), The Archaeology of Lapita Dispersal in Oceania. Terra Australis 17 (Canberra 2001).

G. Clark/F. Petchey/S. Hawkins/C. Reepmeyer/I. Smith/W. B. Masse, Distribution and Extirpation of Pigs in Pacific Islands: A Case Study from Palau. Archaeology in Oceania 48, 2013, 141-153.

W. Clarke, Place and People: An Ecology of a New Guinea Community (Berkeley 1971).

R. Cosgrove, Late Pleistocene Behavioural Variation and Time Trends: The Case from Tasmania. Archaeology in Oceania 30, 1995, 83–104.

R. Cosgrove/J. Field/A. Ferrier, The Archaeology of Australia's Tropical Rain Forests. Palaeogeography, Palaeoclimatology and Palaeoecology 251, 2007, 150-173.

B. David/N. Cole, Rock Art and Inter-Regional Interaction in Northeast Australian Prehistory. Antiquity 64, 1990, 788-806.

B. David/H. Lourandos, Rock Art and Socio-Demography in Northeast Australian Prehistory. World Archaeology 30, 1998, 193–219.

T. Denham, Archaeological Evidence for Mid-Holocene Agriculture in the Interior of Papua New Guinea: A Critical Review. Archaeology of Oceania 38, 2003, 159-176.

T. Denham, The Roots of Agriculture and Arboriculture in New Guinea: Looking Beyond Austronesian Expansion, Neolithic Packages and Indigenous Origins. World

인류는 어떻게 역사가 되었나

Archaeology 36, 2004, 610-620.

T. Denham, Envisaging Early Agriculture in the Highlands of New Guinea. In: I. Lilley Archaeology of Oceania: Australia and the Pacific Islands (Oxford 2006) 160-188.

T. Denham, Early Agriculture and Plant Domestication in New Guinea and Island Southeast Asia. Current Anthropology 52, 2011, 379-395.

T. Denham/S. Mooney, Human-Environment Interactions in Australia and New Guinea During the Holocene. The Holocene 18 (3), 2008, 365–371.

J. Diamond, Evolution, Consequences and Future of Animal and Plant Domestication. Nature 418, 2002, 700-707.

J. Dortch, Palaeo-Environmental Change and the Persistence of Human Occupation in South-Western Australian Forests. BAR International Series 1288 (Oxford 2004).

A. Fairbairn, An Archaeobotanical Perspective on Plant-Use Practices in Lowland Northern New Guinea. World Archaeology 37, 2005, 487–502.

R. Fullager/J. Field, Pleistocene Seed-Grinding Implements from the Australian Arid Zone. Antiquity 71, 1997, 300-307.

J.-C. Galipaud, A Revision of the Southern New Caledonia Archaeological Sequence. New Zealand Journal of Archaeology 17, 1997, 77–109.

J.-C. Galipaud, The First Millennium B.C. in Remote Oceania: An Alternative Perspective on Lapita. In: I. Lilley (Hrsg.), Archaeology of Oceania: Australia and the Pacific Islands (Oxford 2006) 228-239.

J. Garanger, Archéologie des Nouvelles Hébrides. Publications de la Société des Océanistes 30 (Paris 1972).

R. Gerritsen, Australia and the Origins of Agriculture. BAR International Series 1874 (Oxford 2008).

J. Golson, The New Guinea Highlands on the Eve of Agriculture. Bulletin of the Indo Pacific Prehistory Association 11, 1991, 82-91.

J. Golson, From Horticulture to Agriculture in the New Guinea Highlands, In: P. Kirch/T. Hunt (Hrsg.), Historical Ecology in the Pacific Islands: Prehistoric Environmental and Landscape Change (New Haven 1997) 39-50.

J. Golson, The Origins and Development of New Guinea Agriculture. In: T. Denham/ P. White (Hrsg.), The Emergence of Agriculture. A Global View (London, New York 2007) 175-186.

P. Gorecki, A Lapita Smoke Screen? In: J.-C. Galipaud (Hrsg.), Poterie Lapita et Peuplement (Nouméa 1992) 27-47.

C. Gosden, Arboriculture and Agriculture in Coastal Papua New Guinea. In: J. Allen J. O'Connell (Hrsg.), Transitions: Pleistocene to Holocene in Australia and Papua New Guinea. Antiquity 69 Special Number 265 (Oxford 1995) 807-817.

C. Gosden/J. Webb, The Creation of a Papua New Guinean Landscape: Archaeological and Geomorphological Evidence. Journal of Field Archaeology 21, 1994, 29-51.

R. Gould, Arid-Land Foraging as seen from Australia: Adaptive Models and Behavioural Realities. Oceania 62, 1991, 12–33.

M. Graves/D. Addison, The Polynesian Settlement of the Hawai'ian Archipelago: Integrating Models and Methods in Archaeological Interpretations. World Archaeology 26,

1995, 257–282.

L. Groube, The Taming of the Rainforest: A Model for Late Pleistocene Forest Exploitation in New Guinea. In: D. R. Harris/G. C.Hillman (Hrsg.), Foraging and Farming. The Evolution of Plant Exploitation (London 1989) 289-304.

P. Guddemi, When Horticulturalists are like Hunter-Gatherers: The Sawiyano of Papua New Guinea. Ethnology 31, 1992, 303–314.

R. Gunn, Regional Patterning in the Aboriginal Rock Art of Central Australia: A Preiminary Report. Rock Art Research 12, 1995, 117–127.

S. G. Haberle, The Emergence of an Agricultural Landscape in the Highlands of New Guinea. In. T. P. Denham/C. Ballard (Hrsg.), Perspectives on Prehistoric Agriculture in the New Guinea Highlands. Archaeology in Oceania Special Issue (Sydney 2003) 149–158.

J. Hall/I. McNiven. Australian Coastal Archaeology. Research Papers in Archaeology and Natural History 31 (Canberra 1999).

D. Harris, Early Agriculture in New Guinea and the Torres Strait Divide. In: J. Allen/J. O'Connell (Hrsg.), Transitions: Pleistocene to Holocene in Australia and Papua New Guinea. Antiquity 69 Special Number 265 (Oxford 1995) 848–854.

J. Hather, The Identification of Charred Root and Tuber Crops from Archaeological Sites in the Pacific. In: J. Hather (Hrsg.), Tropical Archaeobotany: Applications and New Developments (London 1994) 51–64.

P. Hiscock, Technological Responses to Risk in Holocene Australia. Journal of World Prehistory 8, 1994, 267–292.

P. Hiscock, Blunt and to the Point: Changing Technological Strategies in Holocene Australia. In: I. Lilley (Hrsg.), Archaeology of Oceania: Australia and the Pacific Islands (Oxford 2006) 70-95.

P. Hiscock, Archaeology of Ancient Australia (London, New York 2008).

P. Hiscock/V. Attenbrow, Early Holocene Backed Artifacts from Australia. Archaeology in Oceania 33, 1998, 49-63.

P. Hiscock/V. Attenbrow, Early Australian Implement Variation: A Reduction Model. Journal of Archaeological Science 30, 2003, 239-249.

P. Hiscock/P. Veth, Change in Australian Desert Culture: A Reanalysis of Tulas from Puntutjarpa. World Archaeology 22, 1991, 332-345.

R. Hynes/A. Chase, Plants, Sites and Domiculture: Aboriginal Influence on Plant Communities. Archaeology in Oceania 17, 1982, 138–150.

G. Irwin, The Prehistory of Oceania. In: A. Sherratt (Hrsg.), The Cambridge Encyclopedia of Archaeology (Cambridge 1980) 325-332.

G. Irwin, The Prehistoric Exploitation and Colonisation of the Pacific (Cambridge 1992).

J. Jelínek, The Great Art of the Early Australians. The Study of the Evolution and Role of Rock Art in the Society of Australian Hunters and Gatherers. Anthropos. Studies in Anthropology, Palaeoethnology and Quarternary Geology 25 (Brünn 1989).

R. Jones, From Kakadu to Kutikina: The Southern Continent at 18,000 Years Ago. In: C. Gamble/0. Soffer (Hrsg.), The World at 18,000 B.P. 2: Low Latitudes (Boston, Sydney, Wellington 1990) 264–295.

D. Kennett/A. Anderson/B. Winterhalder, The Ideal Free Distribution, Food Production, and the Colonization of Oceania. In: D. J. Kennet/B. Winterhalder (Hrsg.), Behavioral Ecology and the Transition to Agriculture (Berkeley, Los Angeles, London 2006) 265-288.

A. P. Kershaw, Climatic Change and Aboriginal Burning in North-East Australia During the Last Two Glacial/Interglacial Cycles. Nature 322, 1986, 47–49.

A. P. Kershaw, Environmental Change in Greater Australia. Antiquity 69, 1995, 656 - 675.

P. Kirch, The Talepakemalai Site and Oceanic Prehistory. National Geographic Research and Exploration 4, 1988, 328–342.

P. Kirch, Second Millenium B.C. Arboriculture in Melanesia: Archaeological Evidence from the Mussau Islands, Economic Botany 43, 1989, 225-240.

P. Kirch, The Lapita Peoples (Oxford 1997). P. Kirch, On the Road of the Winds: An Archaeological History of the Pacific Islands before European Contact (Berkeley 2000).

P. Kirch/J. Ellison, Palaeoenvironmental Evidence for Human Colonization of Remote Oceanic Islands. Antiquity 68, 1994, 310-321.

T. Ladefoged/M. Graves, The Formation of Hawaiian Territories. In: I. Lilley (Hrsg.), Archaeology of Oceania: Australia and the Pacific Islands (Oxford 2006) 259-283. R. Lampert, Horticulture in the New Guinea Highlands – C14 Dating. Antiquity 41, 1967, 307–309.

E. de Langhe/P. de Maret, Tracking the Banana: Its Significance in Early Agriculture. In: C. Gosden/J. Hather (Hrsg.), The Prehistory of Food. Appetites for Change (London, New York 1999) 377-396.

D. Latinis, The Development of Subsistence System Models for Island Southeast Asia and Near Oceania: The Nature and Role of Arboriculture and Arboral-Based Ecnomies. World Archaeology 32, 2000, 41–67.

R. Layton, Australian Rock Art: A New Synthesis (Cambridge 1992).

M. Leavesley, Late Pleistocene Complexities in the Bismarck Archipelago. In: I. Lilley (Hrsg.), Archaeology of Oceania: Australia and the Pacific Islands (Oxford 2006) 189–204.

D. Lewis, The Rock Paintings of Arnhem Land, Australia: Social, Ecological and Material Culture Change in the Post-Glacial Period. BAR International Series 415 (Oxford 1988).

I. Lilley (Hrsg.), Archaeology of Oceania: Australia and the Pacific Islands (Oxford 2006).

H. Lourandos, Intensification: A Late Pleistocene-Holocene Archaeological Sequence from Southwestern Victoria. Archaeology in Oceania 18, 1983, 81-94.

H. Lourandos, Continent of Hunter Gatherers: New Perspectives in Australian Prehistory (Cambridge 1997).

H. Lourandos/A. Ross, The Great <Intensification Debate>: Its History and Place in Australian Archaeology. Australian Archaeology 39, 1994, 54-62.

L. McCarthy/L. Head, Holocene Variability in Semi-Arid Vegetation: New Evidence from Leporillus Middens from the Flinders Ranges, South Australia. The Holocene 11, 2001, 681–689.

P. McConvell, Backtracking to Babel: The Chronology of Pama-Nyungan Expansion in Australia. Archaeology in Oceania 31, 1996, 125–144.

J. McDonald/P. Veth, Rock Art and Social Identity: A Comparison of Holocene Graphic System in Arid and Fertile Environments. In: I. Lilley (Hrsg.), Archaeology of Oceania: Australia and the Pacific Islands (Oxford 2006) 96-115.

S. Millerstrom, Ritual and Domestic Architecture, Sacred Places, and Images: Archaeology in the Marquesas Archipelago, French Polynesia. In: I. Lilley (Hrsg.), Archaeology of Oceania: Australia and the Pacific Islands (Oxford 2006) 284-301.

M. Morwood, The Archaeology of Social Complexity in South-Eastern Queensland. Proceedings of the Prehistoric Society 53, 1987, 337–350.

M. Morwood, Visions from the Past: The Archaeology of Australian Aboriginal Art (Sydney 2002).

J. Muke/H. Mandui, Shadows of Kuk: Evidence for Prehistoric Agriculture at Kana, Wahgi Valley, Papua New Guinea. Archaeology in Oceania 38, 2003, 177–185.

J. Mulvaney/J. Golson, Aboriginal Man and Environment in Australia (Sydney 1971).

J. Mulvaney/J. Kamminga, Prehistory of Australia (Washington, London 1999).

T. Murray, Tasmania and the Constitution of the <Dawn of Humanity>. Antiquity 66, 1992, 730-743.

T. Murray (Hrsg.), Archaeology of Aboriginal Australia. A Reader (Hongkong 1998).

K. Neumann, New Guinea: A Cradle of Agriculture. Science 301, 2003, 180-181.

J. F. O'Connell/J. Allen, Human Reactions to the Pleistocene-Holocene Transition in Greater Australia: A Summary. Antiquity 69, 1995, 855-862.

S. O'Connor, 30,000 Years of Aboriginal Occupation: Kimberley, North West Australia. Terra Australis 14 (Canberra 1999).

J. Pasveer/S. Clarke/G. Miller, Late Pleistocene Occupation in Inland Rainforest, Bird's Head, Papua. Archaeology in Oceania 37, 2002, 92-95.

C. Pavlides, Life before Lapita: New Developments in Melanesia's Long-Term History. In: I. Lilley (Hrsg.), Archaeology of Oceania: Australia and the Pacific Islands (Oxford 2006) 205-227.

C. Pavlides/C. Gosden, 35,000 Year-Old Sites in the Rainforests of West New Britain, Papua New Guinea. Antiquity 68, 1994, 604-610.

F. Petchey/M. Spriggs/F. Leach/M. Seed/C. Sand/M. Pietrusewsky/K. Anderson, Testing the Human Factor: Radiocarbon Dating the First Peoples of the South Pacific. Journal of Archaeological Science 38, 2011, 29-44.

D. Piperno/D. Pearsall, The Origins of Agriculture in the Lowlands Neotropics (San Diego 1998).

N. Porch/J. Allen, Tasmania: Archaeological and Palaeo-Ecological Perspectives. Antiquity 69, 1995, 714-732.

J. Powell, Plant Resources and Palaeobotanical Evidence for Plant Use in the Papua New Guinea Highlands. Archaeology in Oceania 17, 1982, 28–37.

P. Rainbird, The Archaeology of Micronesia (Cambridge 2004). P. Rainbird, The Archaeology of the Conical Clan. In: I. Lilley (Hrsg.), Archaeology of Oceania: Australia and the Pacific Islands (Oxford 2006) 302-317.

P. Roscoe, The Hunters and Gatherers of New Guinea. Current Anthropology 43, 2002, 153–162.

M. J. Rowlands, Holocene Environmental Variability: Have Its Impacts Been Underestimated in Australian Prehistory? The Artefact 22, 1999, 11-48.

C. Sand, Recent Developments in the Study of New Caledonia's Prehistory. Archaeology in Oceania 31, 1996, 45-71.

C. Sand, Evolutions in the Lapita Cultural Complex: A View from the Southern Lapita Province. Archaeology in Oceania 36, 2001, 65–76.

C. Sand (Hrsg.), Pacific Archaeology: Assesments and Prospects. Les Cahiers de l'Archéologie en Nouvelle-Caledonie 15 (Nouméa 2003).

P. Sheppard, Lapita Lithics: Trade/Exchange and Technology. A View from the Reefs/Santa Cruz. Archaeology in Oceania 28, 1993, 121–137.

J. Shulmeister/B. Lees, Pollen Evidence from Tropical Australia for the Onset of an ENSO-Dominated Climate at c. 4000 B.P. The Holocene 5, 1995, 10-18.

A. Smith, An Archaeology of West Polynesian Prehistory. Terra Australis 18 (Canberra 2002).

M. Smith, Prehistory and Human Ecology in Central Australia: An Archaeological Perspective. In: S. Morton/D. J. Mulvaney (Hrsg.), Exploring Central Australia: Society, Environment and the 1894 Horn Expedition (Melbourne 1996).

M. Smith, Archaeology of Australian Hunters and Gatherers. In: R. B. Lee/R. Daly (Hrsg.), The Cambridge Encyclopedia of Hunters and Gatherers (Cambridge 1999) 324-328.

J. Specht, On New Guinea Hunters and Gatherers. Current Anthropology 44, 2003, 246–269.

J. Specht/C. Gosden, Dating Lapita Pottery in the Bismarck Archipelago, Papua New Guinea. Asian Perspectives 36, 1997, 175–199.

M. Spriggs, Early Agriculture and What Went Before in Island Melanesia: Continuity or Intrusion? In: D. R. Harris (Hrsg.), The Origins and Spread of Agriculture and Pastoralism in Eurasia (London 1996) 235-249.

M. Spriggs, The Island Melanesians. The Peoples of South-East Asia and the Pacific (Oxford 1997).

M. Spriggs/A. Anderson, Late Colonization of East Polynesia. Antiquity 67, 1993, 200-217.

M. Sullivan/S. Brockwell/A. Webb (Hrsg.), Archaeology in the North (Darwin 1994). G. Summerhayes, Lapita Interaction. Terra Australis 15 (Canberra 2000).

G. Summerhayes /J. Allen, The Transport of Mopir Obsidian to Late Pleistocene New Ireland. Archaeology in Oceania 28, 1993, 144-148.

J. Terrell/R. Welsch, Lapita and the Temporal Geography of Prehistory. Antiquity 21, 1997, 548–572.

T. Thomas/P. Sheppard/R. Walter, Landscape, Violence and Social Bodies: Ritualized Architecture in a Solomon Islands Society. Journal of the Royal Anthropological Institute 7, 2001, 545-572.

P. Thorley, Pleistocene Settlement in the Australian Arid Zone: Occupation of an Inland Riverine Landscape in the Central Australian Ranges. Antiquity 72, 1998, 34-45.

R. Torrence/A. Clarke (Hrsg.), The Archaeology of Difference: Negotiating Cross-Cultural Engagements in Oceania (London, New York 2000).

P. Veth, Islands in the Interior: A Model for the Colonization of Australia's Arid Zone.

Archaeology in Oceania 24, 1989, 81-92.

P. Veth, Islands in the Interior: The Dynamics of Prehistoric Adaptations within the Arid Zone of Australia. International Monographs in Prehistory 3 (Ann Arbor 1993).

P. Veth, Origins of Western Desert Language: Convergence in Linguistic and Archaeological Space and Time Models. Archaeology in Oceania 35, 2000, 11–19.

P. Veth/P. Hiscock (Hrsg.), Archaeology of Northern Australia: Regional Perspectives. Tempus 4 (Brisbane 1996).

P. Veth/M. Smith/M. Haley, Kaalpi: The Archaeology of a Sandstone Outlier in the Western Desert. Australian Archaeology 52, 2001, 9-17.

E. Waddell, The Mound Builders: Agricultural Practices, Environment and Society in the Central Highlands of New Guinea (Seattle, London 1972).

R. Walter/P. Sheppard, Archaeology in Melanesia: A Case Study from the Western Province of the Solomon Islands. In: I. Lilley (Hrsg.), Archaeology of Oceania: Australia and the Pacific Islands (Oxford 2006) 137–159.

G. K. Ward/C. Tuniz (Hrsg.), Advances in Dating Australian Rock Images. Occasional AURA Publication 10 (Melbourne 2000).

V. Watson/J. Cole, Prehistory of the Eastern Highlands of New Guinea (Seattle 1977).

M. Weisler (Hrsg.), Prehistoric Long-Distance Interaction in Oceania: An Interdisciplinary Approach. New Zealand Archaeological Association Monograph 21 (Auckland 1997).

J. P. White, New Guinea and Australian Prehistory: The Neolithic Problems. In: D. J. Mulvaney/J. Golson (Hrsg.), Aboriginal Man and Environment in Australia (Canberra 1971) 182–195.

J. P. White/K. Crook/B. Ruxton, Kosipe: A Late Pleistocene Site in the Papuan Highlands. Proceedings of the Prehistoric Society 36, 1970, 152–170.

J. P. White/M.-N. Harris, Changing Source: Early Lapita Period Obsidian in the Bismarck Archipelago. Archaeology in Oceania 32, 1997, 97-107.

S. Wickler, Prehistoric Melanesian Exchange and Interaction: Recent Evidence from the Northern Solomon Islands. Asian Perspectives 29, 1990, 136-154.

S. Wickler, The Prehistory of Buka: A Stepping Stone Island in the Northern Solomons. Terra Australis 16 (Canberra 2001). S. M. Wilson, Phytolith Evidence from Kuk, an Early Agricultural Site in New Guinea. Archaeology in Oceania 20, 1985, 90-97.

D. Yen, The Origins of Oceanic Agriculture. Archaeology and Physical Anthropology in Oceania 8, 1973, 68–85.

D. Yen, Domestication: The Lessons from New Guinea. In: A. Pawley (Hrsg.), Man and a Half: Essays in Pacific Anthropology and Ethnobiology in Honour of Ralph Bulmer (Auckland 1991) 558-569.

D. Yen, The Development of Sahul Agriculture with Australia as Bystander. In: J. Allen/J. O'Connell (Hrsg.), Transitions: Pleistocene to Holocene in Australia and Papua New Guinea. Antiquity 69 Special Number 265 (Oxford 1995) 831–847.

13장

K. M. Ames/D. E. Dumond/J. R. Galm/R. Minor, Prehistory of the Southern Plateau. In: E. Walker (Hrsg.), Handbook of North American Indians 12: Plateau (Washington 1998)

인류는 어떻게 역사가 되었나

103–119.

K. M. Ames/A. G. Marshall, Villages, Demography, and Subsistence Intensification on the Southern Columbia Plateau. North American Archaeologist 2, 1980, 25-52.

K. M. Ames/H. D. G. Maschner, Peoples of the Northwest Coast. Their Archaeology and Prehistory (London 1999).

D. Anderson/R. Mainfort (Hrsg.), The Woodland Southeast (Tuscaloosa 2002).

W. Andrefskj (Hrsg.), Lithic Technology: Measures of Production, Use, and Curation (Cambridge 2008).

J. E. Arnold, The Origins of a Pacific Coast Chiefdom (Salt Lake City 2001)

D. Asch/J. Hart, Crop Domestication in Prehistoric Eastern North America. In: R. M. Goodman (Hrsg.), Encycplopedia of Plant and Crop Sciences (New York 2004) 124-141.

D. B. Bamforth, The Technological Organization of Paleoindian Small-Group Bison Hunting on the Llano Estacado. Plains Anthropologist 30, 1985, 243-258.

D. B. Bamforth, Ecology and Human Organization on the Great Plains (New York 1988).

D. B. Bamforth, Flintknapping Skil, Communal Hunting, and Paleoindian Projectile Point Typology. Plains Anthropologist 36, 1991, 309-322.

D. B. Bamforth, High-Tech Foragers? Folsom and Later Paleoindian Technology on the Great Plains. Journal of World Prehistory 16, 2002, 55-98.

G. Barker, The Agricultural Revolution in Prehistory. Why Did Foragers Become Farmers? (Oxford 2006).

P. Bellwood, First Farmers. The Origins of Agricultural Societies (Hongkong 2005).

J. Blackmar, Regional Variability in Clovis, Folsom, and Cody Land Use. Plains Anthropologist 46, 2001, 65-94.

A. R. Blukis-Onat (Hrsg.), Development of Hunting-Fishing-Gathering Maritime Societies Along the West Coast of North America. Proceedings of the Circum-Pacific Prehistory Conference (Seattle 1989).

A. Boldurian, Folsom Mobility and Organization of Technology: A View from Blackwater Draw, New Mexico. Plains Anthropologist 36, 1991, 281–296.

C. B. Bousman/M. B. Collins /P. Goldberg/T. Stafford /J. Guy/B. W. Baker/D. Gentry Steele/ M. Kay A. Kerr/G. Fredlund/P. Dering/V. Holliday/D. Wilson/W. Gose/ S. Dial/ P. Takac/R. Balinsky/M. Masson/J. F. Powell, The Paleoindian-Archaic Transition in North America: New Evidence from Texas. Antiquity 76, 2002, 980-990.

D. Braun/N. Greber (Hrsg.), Hopewell Archaeology (Kent 1979). D. Brose (Hrsg.), The Late Prehistory of the Lake Erie Drainage Basin (Cleveland 1976).

V. L. Butler/S. K. Campbell, Resource Intensification and Resource Depression in the Pacific Northwest of North America: A Zooarchaeological Review. Journal of World Prehistory 18, 2004, 327-405.

A. Cannon, Archaeology of North American Hunters and Gatherers. In: R. B. Lee/R. Daly (Hrsg.), The Cambridge Encyclopedia of Hunters and Gatherers (Cambridge 1999) 31–35.

A. Cannon, Settlement and Sea-Levels on the Central Coast of British Columbia: Evidence from Shell Midden Cores. American Antiquity 65, 2000, 67–77.

참고문헌

J. Chapman/G. Crites, Evidence for Early Maize (Zea mays) from the Icehouse Bottom Site, Tennessee. American Antiquity 52, 1987, 352-354.

J. C. Chatters, Population Growth, Climatic Cooling, and the Development of Collector Strategies on the Southern Plateau, Western North America. Journal of World Prehistory 9, 1995, 341–400.

J. C. Chatters/S. K. Campbell/G. D. Smith/P. E. Minthorn, Bison Procurement in the Far West: A 2100-Year-Old Kill on the Columbia Plateau. American Antiquity 60, 1995, 751–763.

J. C. Chatters/W.C. Prentiss, A Darwinian Macroevolutionary Perspective on the Development of Hunter-Gatherer Systems in Northwest North America. World Archaeology 37, 2005, 46-65.

L. S. Cordell, Prehistory of the Southwest (San Diego 1997).

L. S. Cordell/G. J. Gumerman (Hrsg.), Dynamics of Southwest Prehistory (Washington 1989).

G. Crawford, Late Archaic Plant Remains from West-Central Kentucky: A Summary. Midcontinental Journal of Archaeology 7, 1982, 205–224.

A. Dart, Prehistoric Irrigation in Arizona. Institute for American Research Technical Report 89–1 (Tucson 1989).

P. A. Delcourt/H. R. Delcourt, Prehistoric Native Americans and Ecological Change (Cambridge 2004). C. Ellis/J. Lothrop (Hrsg.), Eastern Paleoindian Lithic Resource Use (Boulder 1989).

T. E. Emerson/D. L. MacElrath/A. C. Fortier, Archaic Societies. Diversity and Complexity Across the Midcontinent (New York 2009).

B. Fagan, The First North Americans. An Archaeological Journey (London 2011).

B. Fitzhugh, The Evolution of Complex Hunter-Gatherers (New York 2003).

B. Fitzhugh/J. Habu (Hrsg.), Beyond Foraging and Collecting: Evolutionary Change in Hunter-Gatherer Settlement Systems (New York 2002).

K. V. Flannery, The Origins of the Village Revisited: From Nuclear to Extended Households. American Antiquity 67, 2002, 417–434.

R. I. Ford (Hrsg.), Prehistoric Food Production in North America. Anthropological Papers 75 (Ann Arbor 1985).

G. C. Frison, Prehistoric Hunters of the High Plains (San Diego 1991).

G. C. Frison/D. Stanford, The Agate Basin Site (New York 1982).

G. C. Frison/L. Todd, The Horner Site (New York 1987).

G. Fritz, Multiple Pathways to Farming in Precontact Eastern North America. Journal of World Prehistory 4, 1990, 387–435.

G. Fritz, Gender and the Early Cultivation of Gourds in North America. American Antiquity 64, 1999, 417–429.

G. Fritz/T. Kidder, Recent Investigations into Agriculture in the Lower Mississippi Valley. Southeastern Archaeology 12, 1993, 1–14.

J. R. Galm/R. A. Masten (Hrsg.), Avey's Orchard: Archaeological Investigation of a Late Prehistoric Columbia River Community. Reports in Archaeology and History 100-61 (Cheney 1985).

인류는 어떻게 역사가 되었나

L. Goldstein, Mississippian Mortuary Practice: A Case Study of Two Cemeteries in the Lower Illinois Valley (Evanston 1980).

N. B. Goodale, Subsistence Pursuit, Living Structures, and the Evolution of Hunter Gatherer Socioeconomic Systems at the Keatley Creek Site. Journal of Northwest Anthropology 36, 2002, 213-226.

G. J. Gumerman (Hrsg.), Themes in Southwest Prehistory (Santa Fe 1989).

G. J. Gumerman, Exploring the Hohokam: Prehistoric Desert Peoples of the American Southwest (Albuquerque 1991).

E. Hajic, Koster Site Archaeology I: Stratigraphy and Landscape Evolution. Center for American Archaeology Research Series 8 (Kampsville 1990).

R. J. Hard/J. R. Roney, A Massive Terraced Village Complex in Chihuahua, Mexico, 3000 Years Before Present. Science 279, 1998, 1661–1664.

W. G. Harris, Upland Abandonment During the Middle Archaic Period: A View from Northeastern Illinois. The Wisconsin Archaeologist 83, 2002, 3-18.

W. Hartwell, The Ryan's Site Cache: Comparisons to Plainview. Plains Anthropologist 40, 1995, 165-184.

B. Hayden. Interaction Parameters and the Demise of Paleo-Indian Craftmanship. Plains Anthropologist 27, 1982, 109-123.

B. Hayden, A Complex Culture of the British Columbia Plateau (Vancouver 1992).

B. Hayden, Observations on the Prehistoric, Social and Economic Structure of the North American Plateau. World Archaeology 29, 1997, 242-261.

B. Hayden, The Pithouses of Keatley Creek (Fort Worth 1997). B. Hayden (Hrsg.), The Ancient Past of Keatley Creek 2: Socioeconomy (Burnaby 2000).

B. Hayden/J. M. Ryder, Prehistoric Cultural Collapse in the Lillooet Area. American Antiquity 56, 1991, 157–160.

B. Hayden/R. Schulting, The Plateau Interaction Sphere and Late Prehistoric Cultural Complexity. American Antiquity 62, 1997, 51–85.

G. Haynes (Hrsg.), The Early Settlement of North America. The Clovis Era (Cambridge 2002).

V. Holliday, Paleoindian Geoarchaeology of the Southern High Plains (Austin 1997).

B. B. Huckell, Of Maize and Marshes: Preceramic Agricultural Settlements in the Cienega Valley, Southeastern Arizona. Anthropological Papers of the University of Arizona 59 (Tucson 1995).

J. Jennings, Prehistory of North America (New York 1974).

J. Jennings (Hrsg.), Ancient North Americans (San Francisco 1983).

W. Keegan (Hrsg.), Emergent Horticultural Economies of the Eastern Woodlands. Occasional Paper 7 (Illinois 1987).

R. L. Kelly/L. C. Todd, Coming into the Country: Early Paleoindian Hunting and Mobility. American Antiquity 53, 1988, 231–244.

J. D. Keyser, Indian Rock Art of the Columbia Plateau (Seattle 1992).

T. A. Kohler/M. Glaude, The Nature and Timing of the Neolithic Demographic Transition in the North American Southwest. In: J.-P. Bocquet-Appel/O. Bar-Yosef (Hrsg.), The Neolithic Demographic Transition and its Consequences (New York 2008).

S. Kowtko, Nature and the Environment in Pre-Columbian American Life (Westport, London 2006).

D. Lepofsky/D. Hallett/K.P. Lertzman/R. Mathewes, Climate Change and Culture Change on the Southern Coast of British Columbia 2400-1200 B.P. American Antiquity 70, 2005, 267–294.

D. Lepofsky/K. Kusmer/B. Hayden/K. Lertzman, Reconstructing Prehistoric Socioeconomies from Paleobotanical and Zooarchaeological Data: An Example from the British Columbia Plateau. Journal of Ethnobiology 16, 1996, 31-62.

R. L. Lyman (Hrsg.), Prehistory of the Oregon Coast: The Effects of Excavation Strategies and Assemblage Size on Archaeological Inquiry (San Diego 1991).

R. L. Lyman, Aboriginal Overkill in the Intermountain West of North America: Zooarchaeological Tests and Implications. Human Nature 15, 2004, 169-208.

M. J. Lynott/T. Boutton/J. Price/D. Nelson, Stable Carbon Isotopic Evidence for Maize Agriculture in Southeastern Missouri and Northeastern Arkansas. American Antiquity 51, 1986, 15–65.

J. B. Mabry, Las Capas and Early Irrigation Farming. Archaeology Southwest 13, 1999, 14-29.

W. H. Marquardt/P. J. Watson (Hrsg.), Archaeology of the Middle Green River Region, Kentucky. Institute for Archaeology and Paleoenvironmental Studies Monograph 5 (Gainesville 2005).

R. G. Matson/G. Coupland, The Prehistory of the Northwest Coast (San Diego 1995).

R. B. McMillan (Hrsg.), Records of Early Bison in Illinois. Illinois State Museum Scientific Papers 31 (Illinois 2006).

P. E. Minnis, Earliest Plant Cultivation in the Desert Borderlands of North America. In: C. W. Cowan/P. J. Watson (Hrsg.), The Origins of Agriculture (Tuscaloosa 1992) 121–141.

P. E. Minnis, Prehistoric Agriculture and Anthropogenic Ecology of the North American Southwest. In: G. Barker/D. Gilbertson (Hrsg.), The Archaeology of Drylands. Living at the Margins (London, New York 2000) 271–287.

A. Montet-White/S. Holen (Hrsg.), Raw Material Economies Among Prehistoric Hunter Gatherers. University of Kansas Publications in Anthropology 19 (Kansas 1991).

S. W. Neusius (Hrsg.), Foraging, Collecting, and Harvesting: Archaic Period Subsistence and Settlement in the Eastern Woodlands. Occasional Paper 6 (Illinois 1986).

T. R. Pauketat (Hrsg.), The Archaeology of Tradition: Agency and History Before and After Columbus (Gainesville 2001).

T. R. Pauketat/D. Di Paolo Loren (Hrsg.), North American Archaeology (Hongkong 2005).

B. L. Pitblado, Late Pleistocene Occupation of the Southern Rocky Mountains. Early Holocene Projectile Points and Land Use in the High Country (Boulder, Colorado 2003).

W. C. Prentiss/J. C. Chatters, The Evolution of Collector Systems on the Pacific Coast of Northwest North America. Senri Ethnological Studies 63, 2003, 49-82.

W. C. Prentiss/J.C. Chatters/M. Lenert/D. S. Clarke/R.C. O'Boyle, The Archaeology of the Plateau of Northwestern North America During the Late Prehistoric Period (3500-200 B.P.): Evolution of Hunting and Gathering Societies. Journal of World Prehistory 19 (1), 2005, 47–118.

W. C. Prentiss/I. Kuijt (Hrsg.), Complex Hunters-Gatherers: Evolution and Organization of Prehistoric Communities on the Plateau of Northwestern North America (Salt Lake City 2004).

T. D. Price/J. A. Brown (Hrsg.), Prehistoric Hunter-Gatherers: The Emergence of Cultural Complexity (New York 1985).

T. D. Price/A. B. Gebauer (Hrsg.), Last Hunters – First Farmers. New Perspectives on the Prehistoric Transition to Agriculture (Santa Fe 1995).

T. H. Richards/M.K. Rousseau, Late Prehistoric Cultural Horizons on the Canadian Plateau. Department of Archaeology, Simon Frazer University Publication 16 (Burnaby 1987).

T. C. Rick/J. M. Erlandson/R. L. Vellonoweth, Paleocostal Marine Fishing on the Pacific Coast of the Americas: Perspectives from Daisy Cave. American Antiquity 66, 2001, 595-614.

M. Root, The Archaeology of the Bobtail Wolf Site (Washington 2000).

B. J. Roth (Hrsg.), Early Formative Adaptations in the Southern Southwest. Monographs in World Archaeology 25 (Madison 1996).

M. K. Rousseau, Old Cuts and Scrapers: Composite Chipped Stone Knives on the Canadian Plateau. Canadian Journal of Archaeology 28, 2004, 1–31.

K. E. Sassaman, Poverty Point as Structure, Event, Process. Journal of Archaeological Method and Theory 12, 2005, 335–364.

C. M. Scarry (Hrsg.), Foraging and Farming in the Eastern Woodlands (Gainesville 1993).

C. M. Scarry/J. F. Scarry. Native American «Garden Agriculture> in Southeastern North America. World Archaeology 37, 2005, 259-274.

S. Schlanger (Hrsg.), Traditions, Transitions, and Technologies: Themes in Southwestern Archaeology (Boulder 2002).

R. J. Schulting, Mortuary Variability and Status Differentiation in the Columbia-Frazer Plateau (Burnaby 1995).

W. H. Sears, Fort Centre: An Archaeological Site in the Lake Okeechobee Basin (Gainesville 1982).

A. H. Simmons, New Evidence for the Early Use of Cultigens in the American Southwest. American Antiquity 51, 1986, 73–88.

B. D. Smith, The Archaeology of the Southeastern United States: From Dalton to DeSoto, 10,500 B.P.-500 B.P. Advances in World Archaeology 5, 1986, 1-92.

B. D. Smith, Prehistoric Plant Husbandry in Eastern North America. In: C. W. Cowan/P. J. Watson (Hrsg.), The Origins of Agriculture (Washington, London 1992) 101–119.

B. D. Smith (Hrsg.), Rivers of Change: Essays on Early Agriculture in Eastern North America (Washington 1992).

B. D. Smith, Seed Plant Domestication in Eastern North America. In:T. D. Price/A. B.Gebauer (Hrsg.), Last Hunters – First Farmers. New Perspectives on the Prehistoric Transition to Agriculture (Santa Fe 1995) 193–213.

B. D. Smith, The Emergence of Agriculture (New York 1998).

B. D. Smith/C. W. Cowan, The Age of Domesticated Chenopodium in Prehistoric North America: New Accelerator Dates from Eastern Kentucky. American Antiquity 52, 1987,

355-357.

J. E. Staller/R. H. Tykot/B. F. Benz (Hrsg.), Histories of Maize. Multidisciplinary Approaches to the Prehistory, Linguistics, Biogeography, Domestication, and Evolution of Maize (Amsterdam 2006).

J. A. Tainter/B. B. Tainter, Evolving Complexity and Environmental Risk in the Prehistoric Southwest (Reading 1996).

D. H. Thomas, Arrowheads and Atlatl Darts: How the Stones Got the Shaft. American Antiquity 43, 1978, 461-472.

R. Thompson (Hrsg.), Migrations in New Worlds Culture History. University of Arizona Social Science Bulletin 27 (Tucson 1958).

H. W. Toll, Soil, Water, Biology and Belief in Prehistoric and Traditional Southwestern Agriculture. New Mexico Archaeological Council Special Publications 2 (Albuquerque 1995).

C. R. Van West, Modelling Prehistoric Agricultural Productivity in Southwestern Colorado: A GIS Approach. Washington State University, Department of Anthropology, Reports of Investigations 67 (Washington 1994).

M. D. Varien/S. G. Ortman/T. A. Kohler/D. M. Glowacki/C. D. Johnson, Historical Ecology in the Mesa Verde Region: Results from the Village Project. American Antiquity 72, 2007, 273-299.

B. J. Vierra, The Late Archaic Across the Borderland (Austin 2005). R. B. Walker/B. N. Driskell (Hrsg.), Foragers of the Terminal Pleistocene in North America (Lincoln, London 2007).

J. Watkins, Indigenous Archaeology (Walnut Creek 2000).

P. J. Watson (Hrsg.), Archaeology of the Mammoth Cave Area (New York 1974).

P. J. Watson, Early Plant Cultivation in the Eastern Woodlands of North America. In: T. Denham/P. White (Hrsg.), The Emergence of Agriculture. A Global View (London, New York 2007) 134–153.

W. Wedel, Central Plains Prehistory (Lincoln 1986).

F. Hadleigh West (Hrsg.), American Beginnings. The Prehistory and Palaeoecology of Beringia (Chicago, London 1996).

W. H. Wills, Archaic Foraging and the Beginning of Food Production in the American Southwest. In: T. D. Price/A. B. Gebauer (Hrsg.), Last Hunters - First Farmers. New Perspectives on the Prehistoric Transition to Agriculture (Santa Fe 1995) 215-242.

R. A. Yarnell, A Survey of Prehistoric Crop Plants in Eastern North America. Missouri Archaeologist 47, 1987, 47-60.

R. Yerkes (Hrsg.), Interpretations of Culture Change in the Eastern Woodlands During the Late Woodland Period. Occasional Papers in Anthropology 3 (Columbus 1988).

14장

R. E. W. Adams, Prehistoric Mesoamerica (Oklahoma 1991).

P. J. Arnold, Early Formative Pottery from the Tuxtla Mountains and Implications for Gulf Olmec Origins. Latin American Antiquity 14, 2003, 29-46.

L.-G. Atkinson (Hrsg.), The Earliest Inhabitants: The Dynamics of the Jamaican Taíno

(Kingston 2006).

A. K. Balkansky, The Sala and the Monte Alban State: A Study of Zapotec Imperial Expansion. Museum of Anthropology, University of Michigan, Memoirs 35 (Ann Arbor 2002).

G. Barker, The Agricultural Revolution in Prehistory. Why Did Foragers Become Farmers? (Oxford 2006).

P. F. Bartlett, Agricultural Choice and Change: Economic Decisions and Agricultural Evolution in a Costa Rican Community (New Brunswick 1982).

C. Baudez, The Ancient Civilisation of Central America (London 1970).

P. Bellwood, First Farmers. The Origins of Agricultural Societies (Hongkong 2005).

E. P. Benson, The Olmec and Their Neighbours (Washington 1981). F. Bercht/J. A. Farmer/D. Taylor, Taíno: Pre-Columbian Art and Culture from the Caribbean (New York 1997).

M. J. Berman/P. Gnivecki, The Colonization of the Bahama Archipelago: A Reappraisal. World Archaeology 26 (3), 1995, 421-441.

I. Bernal, A History of Mexican Archaeology (London 1980).

M. Blake (Hrsg.), Pacific Latin America in Prehistory: The Evolution of Archaic and Formative Cultures (Washington 1999).

M. Blake/B. S. Chisholm/J. E. Clark/K. Mudar, Non-Agricultural Staples and Agricultural Supplements: Early Formative Subsistence in the Soconusco Region, Mexico. In: A. B. Gebauer/T. D. Price (Hrsg.), Transitions to Agriculture in Prehistory (Madison 1992) 133–151.

M. Blake/B. S. Chisholm/J. E. Clark/B. Voorhies/M. W. Love, Early Farming, Fishing and Hunting Along the Pacific Coast of Mexico and Guatemala. Current Anthropology 33, 1992, 83-94.

R. E. Blanton/G.M. Feinman/S. A. Kowalewski/L. M. Nicholas, Ancient Oaxaca (Cambridge 1999).

P. S. Briggs, Art, Death and Social Order: The Mortuary Arts of Pre-Conquest Central Panama. BAR International Series 550 (Oxford 1989).

D. Byers (Hrsg.), The Prehistory of the Tehuacan Valley 1: Environment and Subsistence (Austin 1967).

R. T. Callaghan, Ceramic Age Seafaring and Interaction Potential in the Antilles: A Computer Simulation. Current Anthropology 42, 2001, 308-313.

M. Carmona (Hrsg.), El Preclásico o Formativo: avances y perspectivas (Mexico City 1989).

J. F. Ceja Tenorio, Paso de la Amada: An Early Preclassic Site in the Soconusco, Chiapas, Mexico. Papers of the New World Archaeological Foundation 49 (Provo 1985).

A. F. Christensen, Colonization and Microevolution in Formative Oaxaca, Mexico. World Archaeology 30, 1998, 262–285.

J. E. Clark, The Beginnings of Mesoamerica: Apologia for the Soconusco Early Formative. In: W. R. Fowler (Hrsg.), The Formation of Complex Society in Southeastern Mesoamerica (Boca Raton 1991) 13–26.

J. E. Clark/D. Cheetham, Mesoamerica's Tribal Foundations. In: W.A. Parkinson (Hrsg.), The Archaeology of Tribal Societies. International Monographs in Prehistory, Archaeological Series 15 (Washington 2002).

J. E. Clark/M. E. Pye, Olmec Art and Archaeology in Mesoamerica (Washington 2000).

R. M. Clement/S. P. Horn, Pre-Columbian Land Use History in Costa Rica: A 3000 Year Record of Forest-Clearance, Agriculture and Fires from Laguna Zoncho. Holocene 11, 2001, 419-426.

M. D. Coe/R. A. Diehl (Hrsg.), In the Land of the Olmec 1: The Archaeology of San Lorenzo Tenochtitlan (Austin 1980).

M. D. Coe/K. V. Flannery, Early Cultures and Human Ecology in South Coastal Guatemala. Smithsonian Contributions to Anthropology 3 (Washington 1967). R. G. Cooke, Ancient Painted Pottery from Central Panama. Archaeology 1985, 33–39.

R. G. Cooke, Prehistory of Native Americans on the Central American Land Bridge: Colonization, Dispersal, and Divergence. Journal of Archaeological Research 13 (2), 2005, 129–187.

R. G. Cooke/A. J. Ranere, Prehistoric Human Adaptations to the Seasonally Dry Forests of Panama. World Archaeology 24, 1992, 114-133.

T. P. Culbert/D. S. Rice (Hrsg.), Pre-Columbian Population History in the Maya Lowlands (Albuquerque 1990).

L. A. Curet, New Formulae for Estimating Prehistoric Populations for Lowland South America and the Caribbean. Antiquity 72, 1998, 359-375.

L. A. Curet, Caribbean Paleodemography: Population, Culture History, and Sociopolitical Processes in Ancient Puerto Rico (Tuscaloosa 2005).

L. A. Curet/J. R. Oliver, Mortuary Practices, Social Development, and Ideology in Precolumbian Puerto Rico. Latin American Antiquity 9 (3), 1998, 217–239.

D. D. Davis, Jolly Beach and the Preceramic Occupation of Antigua, West Indies (New Haven 2000).

A. A. Demarest, The Olmec and the Rise of Civilization in Eastern Mesoamerica. In: R. J. Sharer/D. Grove (Hrsg.), Regional Perspectives on the Olmec (Cambridge 1989) 303-344.

R. A. Diehl/M. D. Coe, Olmec Archaeology. In: The Olmec World. Ritual and Rulership Austellungskatalog Princeton (Princeton 1995) 11–26.

T. Dillehay, The Settlement of the Americas: A New Prehistory (New York 2000). T. K. Earle (Hrsg.), Chiefdoms: Power, Economy, and Ideology (Cambridge 1991).

S.T. Evens, Ancient Mexico and Central America. Archaeology and Culture History (London 2008).

G. M. Feinman/L. M. Nicholas, At the Margins of the Monte Alban State: Settlement Patterns in the Ejutla Ballet, Oaxaca, Mexico. Latin American Antiquity 1, 1990, 216–246.

K. V. Flannery (Hrsg.), The Early Mesoamerican Village (New York 1976).

K. V. Flannery (Hrsg.), Guilá Naquitz: Archaic Foraging and Early Agriculture in Oaxaca, Mexico (New York 1986).

K. V. Flannery/J. Marcus (Hrsg.), The Cloud People. Divergent Evolution of the Zapotec and Mixtec Civilisations (New York 1983).

R. I. Ford, Gardening and Farming before A.D. 1000: Patterns of Prehistoric Cultivation North of Mexico. Journal of Ethnobiology 1, 1981, 6-27.

W. R. Fowler (Hrsg.), The Formation of Complex Society in Southeastern Mesoamerica (Boca Ratón 1991).

A. García Cook/B. L. Merino Carrión, El Formativo en la Región Tlaxcala-Puebla. In: A. García Cook/B. L. Merino Carrión (Hrsg.), Antología de Tlaxcala 4 (Mexico City 1997) 304-339.

M. Goman/R. Byrne, A 5000-Year Record of Agriculture and Tropical Forest Clearance in the Tuxtlas, Veracruz, Mexico. The Holocene 8, 1998, 83-89.

L. González-Quintero, Origen de la domesticación de los vegetales en México (Mexico City 1981).

M. M. Graham (Hrsg.), Reconstructing Prehistory of Central America (Colorado 1993).

D. C. Grove, The Formative Period and the Evolution of Complex Culture. In: J. A. Sabloff (Hrsg.), Supplement to the Handbook of Middle American Indians 1 (Austin 1981) 373-391.

D. C. Grove, Olmec Archaeology: A Half Century of Research and Its Accomplishments. Journal of World Prehistory 11 (1), 1997, 51–101.

D. C. Grove/S. D. Gillespie/P. Ortiz/M. Hayton, Five Olmec Monuments from the La guna de los Cerros Hinterland. Mexicon 15 (5), 1993, 91-95.

D. R. Harris, The Origins of Agriculture in the Tropics. American Scientist 60, 1972, 180–193.

D. R. Harris/G. Hillman (Hrsg.), Foraging and Farming. The Evolution of Plant Exploitation (London 1989).

C. V. Hartman, Arqueología costarricense (San José 1991).

M. W. Helms, Creations of the Rainbow Serpent: Polychrome Ceramic Designs from Ancient Panama (Albuquerque 1995).

P. H. Herlihy, Central American Indian Peoples and Lands Today. In: A. G. Coates (Hrsg.), Central America: A Natural and Cultural History (New Haven 1997) 215-240.

J. H. Hill, Proto-Uto-Aztecan: A Community of Cultivators in Central Mexico? American Anthropologist 103 (4), 2001, 913-934.

K. G. Hirth (Hrsg.), Mesoamerican Lithic Technology (Salt Lake City 2003).

H.D. Hoese/R. H. Moore, Fishes of the Gulf of Mexico: Texas, Louisiana, and Adjacent Waters (Austin 1998).

J. W. Hoopes, The Early Formative Period and Inland Adaptations in Lower America. In: B. V. Kennedy/G. M. LeMoine (Hrsg.), Diet and Subsistence: Current Archaeological Perspectives (Calgary 1988) 141–148.

J. W. Hoopes, The Tronadora Complex: Early Formative Ceramics in Northwestern Costa Rica. Latin American Antiquity 5, 1994, 3-30.

S. P. Horn/L. M. Kennedy, Pollen Evidence of Maize Cultivation 2700 BP at La Selva Biological Station, Costa Rica. Biotropica 33, 2000, 191–196.

S. P. Horn/R. L. Sanford, Holocene Fires in Costa Rica. Biotropica 24, 1992, 354-361.

H. B. Iceland, The Preceramic to Early Middle Formative Transition in Northern Belize: Evidence for the Ethnic Identity of the Preceramic Inhabitants. In: T. G. Powis (Hrsg.), New Perspectives on Formative Mesoamerican Cultures. BAR International Series 1377 (Oxford 2005) 15–26.

참고문헌

J. D Jennings (Hrsg.), Ancient South Americans (San Francisco 1983).

F. Johnson (Hrsg.), The Prehistory of the Tehuacan Valley 4: Chronology and Irrigation (Austin 1972).

J. G. Jones, Pollen Evidence for Early Settlement and Agriculture in Northern Belize. Palynology 18, 1994, 205–211.

A. A. Joyce, Formative Period Social Change in the Lower Río Verde Valley, Oaxaca, Mexico. Latin American Antiquity 2, 1991, 126-150.

A. A. Joyce/R. G. Mueller, Prehispanic Human Ecology of the Río Verde Drainage Basin, Mexico. World Archaeology 29, 1997, 75-94.

L. Kaplan, What is the Origin of the Common Bean? Economic Botany 35 (2), 1981, 241–254.

W. F. Keegan, West Indian Archaeology 3. Ceramic Age. Journal of Archaeological Research 8, 2000, 135–167.

W. F. Keegan, Archaic Influences in the Origins and Development of Taino Societies. Caribbean Journal of Science 42 (1), 2006, 1–10.

T. W. Killion, Cultivation Intensity and Residential Structure: An Ethnoarchaeological Examination of Peasant Agriculture in the Sierra de los Tuxtlas, Veracruz, Mexico. Latin American Antiquity 1, 1990, 191–215.

T. W. Killion, Residential Ethnoarchaeology and Ancient Site Structure: Contemporary Farming and Prehistoric Settlement Agriculture at Matacapan, Veracruz, Mexico. In: T. W. Killion (Hrsg.), Gardens of Prehistory: The Archaeology of Settlement Agriculture in Greater Mesoamerica (Tuscaloosa 1992) 119-149.

J. K. Kosłowski, Preceramic Cultures in the Caribbean (Krakau 1974).

S. A. Kowalewski/G. A. Feinman/L. Finsten/R. E. Blanton/L. M. Nicholas, Monte Alban's Hinterland 2: Prehispanic Settlement Patterns in Tlacolula, Etla, and Ocotlán, the Valley of Oaxaca, Mexico. Memoirs of the Museum of Anthropology, University of Michigan 23 (Ann Arbor 1989).

F. W. Lange (Hrsg.), Recent Developments in Isthmian Archaeology. BAR International Series 212 (Oxford 1984).

F. W. Lange (Hrsg.), Wealth and Hierarchy in the Intermediate Area (Dumbarton Oaks 1992).

F. W. Lange (Hrsg.), Paths to Central American Prehistory (Niwot 1996).

F. W. Lange/L. Norr (Hrsg.), Prehistoric Settlement Patterns in Costa Rica. Journal of the Steward Anthropological Society 14, 1986, 189-206.

F. W. Lange/P. D. Sheets/A. Martínez/S. Abel-Vidor, The Archaeology of Pacific Nicaragua (Albuquerque 1992).

F. W. Lange/D. Z. Stone (Hrsg.), The Archaeology of Lower Central America (Albuquerque 1984).

R. G. Lesure, Shared Art Style and Long-Distance Contact in Early Mesoamerica. In: J. A. Hendon/R. A. Joyce (Hrsg.), Mesoamerican Archaeology (Oxford 2004) 73-96.

R. G. Lesure, The Neolithic Demographic Transition in Mesoamerica? Larger Implications of the Strategy of Relative Chronology. In: J.-P. Bocquet-Appel/O. Bar-Josef (Hrsg.), The Neolithic Demographic Transition and its Consequences (Los Angeles 2008)

인류는 어떻게 역사가 되었나

107–138.

R. G. Lesure/A. Borejsza/J. Carballo/C. Frederick/V. Popper/T. A. Wake, Chronology, Subsistence and the Earliest Formative of Central Tlaxcala, Mexico. Latin American Antiquity 17, 2006, 23-46.

B. W. Leyden, Man and Climate in the Maya Lowlands. Quarternary Research 28, 1997, 407-414.

B. W. Leyden, Pollen Evidence for Climatic Variability and Cultural Disturbance in the Maya Lowlands. Ancient Mesoamerica 13, 2002, 85-101.

O. F. Linares, Garden Hunting in the American Tropics. Human Ecology 4, 1976, 331–349.

O. F. Linares/A. J. Ranere, Human Adaptations to the Tropical Forests of Western Panama. Archaeology 24, 1971, 346-355.

O. F. Linares/A. J. Ranere (Hrsg.), Adaptive Radiations in Prehistoric Panama. Peabody Museum Monographs 5 (Harvard 1980).

R. S. MacNeish, Summary of the Cultural Sequence and its Implication in the Tehuacan Valley. In: R. S. MacNeish (Hrsg.), The Prehistory of the Tehuacan Valley 5: Excavations and Reconnaissance (Austin 1975).

R. S. MacNeish/M. W. Eubanks, Comparative Analysis of the Río Balsas and Tehuacán Models for the Origin of Maize. Latin American Antiquity 11, 2000, 3-20.

L. Manzanilla/L. López Luján (Hrsg.), Historia Antigua de México (Mexico City 2000).

J. Marcus/K. V. Flannery, Zapotec Civilization: How Urban Society Evolved in Mexico's Oaxaca Valley (London 1996).

E. McClung de Tapia, The Origins of Agriculture in Mesoamerica and Central America. In: C. W. Cowan/P. J. Watson (Hrsg.), The Origins of Agriculture: An International Perspective (Washington 1992) 143–171.

E. McClung de Tapia, Prehispanic Agricultural Systems in the Basin of Mexico. In: D. L. Lentz (Hrsg.), Imperfect Balance: Landscape Transformations in the Precolumbian Americas (New York 2000) 121–146.

B. L. Merino Carrión, La Cultura Tlaxco. Colección Científica 174 (Mexico City 1989).

B. L. Merino Carrión/A. García Cook, El Formativo temprano en la cuenca baja del RíoPánuco: fases Chajil y Pujal. Arqueología 28, 2002, 49-74.

D. V. Nicholson, An Antigua Shell Midden with Ceramic and Archaic Components. In: Proceedings of the Sixth International Congress for the Study of Pre-Columbian Cultures of the Lesser Antilles (Pointe-a-Pitre 1976) 258-263.

D. V. Nicholson, The Archaeology of Antigua and Barbuda (St. John's 1992).

C. Niederberger, Paleopaysages et Archéologie Pré-Urbaine du Bassin de México (Mexique). Collections Études Mésoaméricaines 1 (Mexico City 1987).

J. R. Oliver, The Proto-Taíno Monumental Cemís of Caguana: A Political-Religious «Manifesto». In: P. E. Siegel (Hrsg.), The Archaeology of Puerto Rico (Tuscaloosa 2005) 230-284.

D. M. Pearsall, Domestication and Agriculture in the New World Tropics. In: T. D. Price/A. B. Gebauer (Hrsg.), Last Hunters - First Farmers. New Perspectives on the Prehistoric Transition to Agriculture (Sante Fe 1995) 157–192.

D. R. Piperno/K. H. Clary/R.G. Cooke/A. J. Ranere/D. Weiland, Preceramic Maize in

참고문헌

Central Panama. American Anthropologist 87, 1985, 871-878.

D. R. Piperno/J. Holst, The Presence of Starch Grains on Prehistoric Stone Tools from the Humid Neotropics: Indications of Early Tuber Use and Agriculture in Panama. Journal of Archaeological Sciences 25, 1998, 765–776.

D. R. Piperno/D. M. Pearsall, The Origins of Agriculture in the Lowlands Tropics (San Diego 1998).

D. R. Piperno/A. J. Ranere/I. Holst/P. Hansell, Starch Grains Reveal Early Root Crop Horticulture in the Panamanian Tropical Forest. Nature 407, 2000, 894-897.

C. A. Pool/G. Mudd Britt, A Ceramic Perspective on the Formative to Classic Transition in Southern Veracruz, Mexico. Latin American Antiquity 11, 2000, 139-161.

K. O. Pope/M. E. D. Pohl/J. G. Jones/D. L. Lentz/V. von Nagy/F. J. Vega/I. R. Quitmyer, Origin and Environmental Setting of Ancient Agriculture in the Lowlands of Mesoamerica. Science 292, 2001, 1370–1373.

T. G. Powis (Hrsg.), New Perspectives on Formative Mesoamerican Cultures. BAR International Series 1377 (Oxford 2005).

J. Quilter/A. Blanco, Monumental Architecture and Social Organization at the Rivas Site, Costa Rica. Journal of Field Archaeology 22, 1995, 203-221.

A. J. Ranere/R. G. Cooke, Late Glacial and Early Holocene Occupation of Central American Tropical Forests. In: J. Mercader (Hrsg.), Under the Canopy. The Archaeology of Tropical Rain Forests (New Brunswick 2003) 219-248.

M. Rodríguez, The Zoned Incised Crosshatch (ZIC) Ware of Early Pre-Columbian Ceramic Age Sites in Puerto Rico and Vieques Island. In: P. E. Siegel (Hrsg.), Early Ceramic Population Lifeways and Adaptive Strategies in the Caribbean. BAR International Series 506 (Oxford 1989) 249-266.

M. Rodríguez, Religious Beliefs of the Saladoid People. In: S.M. Wilson (Hrsg.), The Indigenous People of the Caribbean (Gainesville 1997) 80-87.

J. Rogonzinski, A Brief History of the Caribbean: From the Arawak and Carib to the Present (New York 2000). I. Rouse, Prehistory of the West Indies. Science 144, 1964, 369-375.

I. Rouse, Migrations in Prehistory (New Haven 1986).

W. F. Rust/R. J. Sharer, Olmec Settlement Data from La Venta, Tabasco, Mexico. Science 242, 1988, 102–104.

W.T. Sanders/J. R. Parsons/R. S. Santley, The Basin of Mexico: Ecological Processes in the Evolution of a Civilization (New York 1979).

R. S. Santley/P. J. Arnold, Prehispanic Settlement Patterns in the Tuxtla Mountains, Southern Veracruz, Mexico. Journal of Field Archaeology 23, 1996, 225–259.

P. E. Siegel (Hrsg.), Early Ceramic Population Lifeways and Adaptive Strategies in the Caribbean. BAR International Series 506 (Oxford 1989).

E. Skirboll/W. Craemer (Hrsg.), Inter-Regional Ties in Costa Rica Prehistory. BAR International Series 226 (Oxford 1984).

J. Smalley/M. Blake, Sweet Beginnings: Stalk Sugar and the Domestication of Maize. Current Anthropology 44, 2003, 675–703.

B. D. Smith, The Emergence of Agriculture (New York 1998).

인류는 어떻게 역사가 되었나

B. D. Smith, Reassessing Coxcatlan Cave and the Early History of Domesticated Plants in Mesoamerica. Proceedings of the National Academy of Sciences 102 (27), 2005, 9438–9445.

M. J. Snarskis, The Archaeology of Costa Rica. In: E. Benson (Hrsg.), Between Continents/ Between Seas: Precolumbian Art of Costa Rica (New York 1981) 15–84.

C. S. Spencer, The Cuicatlan Canada and Monte Alban: A Study of Primary State Formation (New York 1982).

R. Spores, An Archaeological Settlement Survey of the Nochixtlan Valley, Oaxaca. Vanderbilt University Publications in Anthropology 1 (Nashville 1972).

J. E. Staller/R. H. Tykot/B. F. Benz (Hrsg.), Histories of Maize. Multidisciplinary Approaches to the Prehistory, Linguistics, Biogeography, Domestication, and Evolution of Maize (Amsterdam 2006).

B. L. Stark (Hrsg.), Settlement Archaeology of Cerro de las Mesas, Veracruz, Mexico. Institute of Archaeology, University of California, Monograph 34 (Los Angeles 1991).

B. L. Stark/P. J. Arnold, Olmec to Aztec: Settlement Patterns in the Ancient Gulf Lowlands (Tucson 1997).

K. E. Stothert, Un exemple de transition vers la production agricole en Amerique. In: J.-P. Demoule (Hrsg.), La revolution neolithique dans le monde (Paris 2009) 87–101.

A. M. Vanderwarker, Farming, Hunting, and Fishing in the Olmec World (Austin 2006).

B. J. Vierra (Hrsg.), The Late Archaic Across the Borderlands. From Foraging to Farming (Austin 2005).

B. Voorhies, The Chantuto People: An Archaic Period Society of the Chiapas Littoral, Mexico. Papers of the New World Archaeological Foundation 41 (Provo 1976).

B. Voorhies/D. J. Kennett/J. G. Jones/T. A. Wake, A Middle Archaic Site in the West Coast of Mexico. Latin American Antiquity 13, 2002, 179–200.

N. M. White (Hrsg.), Gulf Coast Archaeology: The Southeastern United States and Mexico (Gainesville 2005).

G. R. Willey, An Introduction to American Archaeology 2: South America (Prentice-Hall 1971).

G. R. Willey/C. F. McGimpsey, The Monagrillo Culture of Panama. Papers of the Peabody Museum of Archaeology and Ethnology 49/2 (Cambridge, Mass 1954).

G. R. Willey/J. A. Sabloff, A History of American Archaeology (London 1974).

S. M. Wilson, The Prehistory of Nevis, a Small Island in the Lesser Antilles. Yale University Publications in Anthropology 87 (New Haven 2006).

S. M. Wilson, The Archaeology of the Caribbean (Cambridge 2007).

S. M. Wilson/H. B. Iceland/T. R. Hester, Preceramic Connections Between Yucatan and the Caribbean. Latin American Antiquity 9 (4), 1998, 342–352.

E. S. Wing/E. R. Reitz, Prehistoric Fishing Communities of the Caribbean. Journal of New World Archaeology 5, 1982, 13–32.

15장

E. P. Archetti, Guinea-Pigs. Food, Symbol and Confl ict of Knowledge in Ecuador (Oxford 1997).

B. T. Arriaza/V. G. Standen/V. Cassman/C. A. Santorio, Chinchorro Culture: Pioneers of the Coast of the Atacama Desert. In: H. Silverman/W. H. Isbell (Hrsg.), Handbook of South American Archaeology (New York 2008) 45–58.

G. Barker, The Agricultural Revolution in Prehistory. Why Did Foragers Become Farmers? (Oxford 2006).

W. P. Barse, Preceramic Occupation in the Orinoco Valley. Science 250, 1990, 1388–1390.

P. Bellwood, First Farmers. The Origins of Agricultural Societies (Hongkong 2005).

B. R. Billman, Reconstructing Prehistoric Political Economies and Cycles of Political Power in the Moche Valley, Peru. In: B. R. Billman/G. M. Feinman (Hrsg.), Settlement Pattern Studies in the Americas (Washington 1999) 131–159.

B. R. Billman, Understanding the Timing and Tempo of the Evolution of Political Centralization on the Central Andean Coastline and Beyond. In: J. Haas (Hrsg.), From Leaders to Rulers (New York 2001) 177–204.

G. Borrero, The Prehistoric Exploration and Colonization of Fuego-Patagonia. Journal of World Prehistory 13 (3), 1999, 321–355.

K. Olsen Bruhns, Ancient South America. Cambridge World Archaeology (Cambridge 1994).

K. Olsen Bruhns, Social and Cultural Development in the Ecuadorian Highlands and Eastern Lowlands During the Formative. In: J. S. Raymond/R. L. Burger (Hrsg.), Archaeology of Formative Ecuador (Washington 2003) 125–174.

R. L. Burger, The U-shaped Pyramid Complex, Cardal, Peru. National Geographic Research 3, 1987, 363–375.

R. L. Burger, Chavin and the Origins of Andean Civilization (London 1992).

R. L. Burger, Chavin de Huantar and Its Sphere of Infl uence. In: H. Silverman/W. H. Isbell (Hrsg.), Handbook of South American Archaeology (New York 2008) 681–703.

M. B. Bush, A 6000-Year History of Amazon Maize Cultivation. Nature 340, 1989, 103–105.

P. A. Colinvaux/P. E. De Oliveira/M. B. Bush, Amazonian and Neotropical Plant Communities on Glacial Time-Scales: The Failure of the Aridity and Refuge Hypotheses. Quarternary Science Review 19, 2000, 141–169.

M. Consens, El Pasado Extraviado: Prehistoria y Arqueologia del Uruguay (Montevideo 2003).

L. A. Curet, New Formulae for Estimating Prehistoric Populations for Lowland South America and the Caribbean. Antiquity 72, 1998, 359–375.

J. E. Damp/L. P. Vargas, The Many Contexts of Early Valdivia Ceramics. In: W. K. Barnett/J. W. Hoopes (Hrsg.), The Emergence of Pottery. Technology and Innovation in Ancient Societies (Washington, London 1995) 157–168.

J. P. Darch (Hrsg.), Drained Field Agriculture in Central and South America. BAR International Series 189 (Oxford 1983).

W. M. Denevan, Cultivated Landscapes of Native Amazonia and the Andes (Oxford 2001).

T. D. Dillehay, Monte Verde. A Late Pleistocene Settlement in Chile (Washington 1989).

T. D. Dillehay, The Late Pleistocene Cultures of South America. Evolutionary Anthropology 7 (6), 1999, 206–216.

T. D. Dillehay, The Settlement of the Americas: A New Perspective (New York 2000).

인류는 어떻게 역사가 되었나

T. D. Dillehay, Town and Country in Late Moche Times: A View from Two Northern Valleys. In: J. Pillsbury (Hrsg.), Moche Art and Archaeology in Ancient Peru (Washington 2001).

T. D. Dillehay (Hrsg.), From Foraging to Farming in the Andes. New Perspectives on Food Production and Social Organization (Cambridge 2011).

T. D. Dillehay/J. Rossen, Plant Food and its Implications for the Peopling of the New World: A View from South America. Memoirs of the California Academy of Science 27, 2002, 237–253.

R. A. Donkin, The Muscovy Duck, Cairina moschata domestica. Origins, Dispersal, and Associated Aspects of the Geography of Domestication (Rotterdam 1989).

C. B. Donnan (Hrsg.), Early Ceremonial Architecture in the Andes (Washington 1985).

R. Drennan, Chiefdoms in Northern South America. Journal of World Prehistory 9 (3), 1995, 301–340.

T. K. Earle (Hrsg.), Chiefdoms: Power, Economy, and Ideology (Cambridge 1991).

C. L. Erickson, The Dating of Raised-Field Agriculture in the Lake Titicaca Basin, Peru. In: W. M. Denevan/K. Mathewson/G. Knapp (Hrsg.), Pre-Hispanic Agricultural Fields in the Andean Region. BAR International Series 359 (Oxford 1987) 373–384.

C. L. Erickson, Amazonia: The Historical Ecology of a Domesticated Landscape. In: H. Silverman/W. H. Isbell (Hrsg.), Handbook of South American Archaeology (New York 2008) 157–183.

P. P. Funari, Brazilian Archaeology: A Reappraisal. In: G. G. Politis/B. Alberti (Hrsg.), Archaeology in Latin America (London, New York 1999) 17–37.

P. Fux (Hrsg.), Chavin. Perus geheimnisvoller Anden-Tempel. Ausstellungskatalog Zurich (Zurich 2013).

P. Gamboa Hinestrosa, La Escultura en la Sociedad Agustiniana (Bogota 1982).

M. D. Gaspar/P. Deblasis/S. K. Fish/P. R. Fish, Sambaqui (Shell Mound) Societies of Coastal Brazil. In: H. Silverman/W. H. Isbell (Hrsg.), Handbook of South American Archaeology (New York 2008) 319–335.

R. A. Gasson, Quiripas and Mostacillas: The Evolution of Shell Beads as a Medium of Exchange in Northern South America. Ethnohistory 47 (3–4), 2000, 581–609.

R. A. Gasson, Orinoquia: The Archaeology of the Orinoco River Basin. Journal of World Prehistory 16 (3), 2002, 237–311.

B. Glasser/W. Woods (Hrsg.), Explorations in Amazonian Dark Earths (New York 2004).

M. I. Gonzalez de Bonaveri, Arqueologia de Alfareros, Cazadores y Pescadores Pampeanos (Buenos Aires 2005).

J. Haas/W. Creamer, Cultural Transformations in the Central Andean Late Archaic. In: H. Silverman (Hrsg.), Andean Archaeology (Malden 2004) 35–50.

C. A. Hastorf, Agriculture and the Onset of Political Inequality before the Inka (Cambridge 1993).

C. A. Hastorf, Cultural Implications of Crop Introductions in Andean Prehistory. In: T. Denham/P. White (Hrsg.), The Emergence of Agriculture. A Global View (London, New York 2007) 106–133.

C. A. Hastorf, The Formative Period in the Titicaca Basin. In: H. Silverman/W. H. Isbell

(Hrsg.), Handbook of South American Archaeology (New York 2008) 545–561.

M. J. Heckenberger, Manioc Agriculture and Sedentism in Amazonia: the Upper Xingu Example. Antiquity 72 (277), 1998, 633–648.

A. Hirtz, Valdivia: Cultura Madre de America (Quito 2001).

A. Hornborg, Ethnogenesis, Regional Integration, and Ecology in Prehistoric Amazonia: Towards a Systemic Perspective. Current Anthropology 46 (4), 2005, 589–620.

J. Isla, Paracas. In: Peru Art from the Chavin to the Incas. Austellungskatalog Paris (Paris 2006).

J. Isla/M. Reindel/J. de la Torre, Jauranga: un sitio Paracas en el valle de Palpa, costa sur del Peru. Beitrage zur Allgemeinen und Vergleichenden Archaologie 23, 2003, 227–274.

E. Jaramillo/L. Gonzalo, Pre-Hispanic Chiefdoms in the Valle de la Plata 3: The Socioeconomic Structure of Formative 3 Communities. University of Pittsburgh Memoirs in Latin American Archaeology 10 (Pittsburgh 1996).

J. D Jennings (Hrsg.), Ancient South Americans (San Francisco 1983).

P. Kaulicke, Contribuciones hacia la cronologia del Periodo Arcaico en las punas de Junin. In: P. Kaulicke (Hrsg.), El Periodo Arcaico en el peru: Hacia una Definicion de los Origenes. Boletin de Arqueologia Pontifi cia Universidad Catolica del Peru 3, 1999, 307–324.

K. Lambers, The Geoglyphs of Palpa, Peru. Documentation, Analysis, and Interpretation. Forschungen zur Archaologie Ausereuropaischer Kulturen 2 (Aichwald 2006).

D. Lavallee, The First South Americans (Salt Lake City 2000).

J. B. Leoni/F. A. Acuto, Social Landscapes in Pre-Inca Northwestern Argentina. In: H. Silverman/W. H. Isbell (Hrsg.), Handbook of South American Archaeology (New York 2008) 587–603.

J. M. Lopez Mazz, Las estructuras tumulares (cerritos) del litoral atlantico uruguayo. Latin American Antiquity 12 (3), 2001, 231–255.

D. Loponte/A. Acosta, Late Holocene Hunter-Gatherers from the Pampean Wetlands. In: G. L. Mengoni Gonalons (Hrsg.), Zooarchaeology of South America. BAR International Series 298 (Oxford 2004) 39–54.

B. J. Meggers, Jomon-Valdivia Similarities: Convergence or Contact? New England Antiquities Research Association Journal 27, 1992, 23–32.

B. J. Meggers, La ceramica temprana en America del Sur: Invencion o difusion? Revista de Arqueologia Americana 13, 1997, 7–40.

S. Mora, Early Inhabitants of the Amazonian Tropical Rain Forest. A Study of Human and Environmental Dynamics. University of Pittsburgh Latin American Archaeology Reports 3 (Pittsburgh 2003).

D. Morales, Chambira: una cultura de sabana arida en la Amazonia peruana. Investigaciones Sociales 2 (2), 1998, 61–75.

A. Morris, The Agricultural Base of the Pre-Incan Andean Civilizations. The Geographical Journal 165, 1999, 286–295.

R. Navarrete, The Prehistory of Venezuela – Not Necessarily an Intermediate Area. In: H. Silverman/W. H. Isbell (Hrsg.), Handbook of South American Archaeology (New

인류는 어떻게 역사가 되었나

York 2008) 429–458.

J. R. Oliver, The Archaeology of Forest Foraging and Agricultural Production in Amazonia. In: C. McEwan/C. Barreto/E. Neves, Unknown Amazon. Culture in Nature in Ancient Brazil. Ausstellungskatalog London (London 2001) 50–85.

J. R. Oliver, The Archaeology of Agriculture in Ancient Amazonia. In: H. Silverman/W. H. Isbell (Hrsg.), Handbook of South American Archaeology (New York 2008) 185–216.

J. R. Oliver/D. W. Lathrap, Approaches and Contributions in New World Archaeology. Antropologica 75–76, 1991, 5–60.

D. M. Pearsall, The Origins of Plant Domestication in South America. In: C. W. Cowan/P. J. Watson (Hrsg.), The Origins of Agriculture. An International Perspective (Washington, London 1992) 173–205.

D. M. Pearsall, Domestication and Agriculture in the New World Tropics. In: T. D. Price/A. B. Gebauer (Hrsg.), Last Hunters – First Farmers. New Perspectives on the Prehistoric Transition to Agriculture (Sante Fe 1995) 157–192.

D. M. Pearsall, Plant Domestication and the Shift to Agriculture in the Andes. In: H. Silverman/W. H. Isbell (Hrsg.), Handbook of South American Archaeology (New York 2008) 105–120.

C. Perota/W. Botelho, ≪Sambaquis≫ de Guara, variations climatiques pendant l'Holocene. In: M.-Th. Prost (Hrsg.), Evolution des littoraux de Guyane et de la Zone Caribe Meridionale pendant le Quaternaire (Paris 1992) 379–395.

D. R. Piperno, Aboriginal Agriculture and Land Usage in the Amazon Basin, Ecuador. Journal of Archaeological Science 17, 1990, 665–677.

M. G. Plew, The Archaeology of Guyana. BAR International Series 1400 (Oxford 2005).

G. Politis, The Pampas and Campos of South America. In: H. Silverman/W. H. Isbell (Hrsg.), Handbook of South American Archaeology (New York 2008) 235–260.

S. Pozorski/T. Pozorski, Reexamining the Critical Pre-Ceramic/Ceramic Period Transition: New Data from Coastal Peru. American Anthropologist 92 (2), 1990, 481–491.

S. Pozorski/T. Pozorski, Storage, Access Control, and Bureaucratic Proliferation: Understanding the Initial Period (1800–900 B.C.) Economy at Pampa de las Llamas-Moxeke, Casma Valley, Peru. Research in Economic Anthropology 13, 1991, 341–371.

S. Pozorski/T. Pozorski, Early Civilization in the Casma Valley, Peru. Antiquity 66, 1992, 845–870.

S. Pozorski/T. Pozorski, Early Andean Cities. Scientifi c American 270 (6), 1994, 66–72.

S. Pozorski/T. Pozorski, The Sechin Alto Complex and its Place Within Casma Valley Initial Period Development. In: W. H. Isbell/H. Silverman (Hrsg.), Andean Archaeology 1: Variations in Sociopolitical Organization (New York 2002) 21–51.

S. Pozorski/T. Pozorski, Las Haldas: An Expanding Initial Period Polity of Coastal Peru. Journal of Anthropological Research 62, 2006, 27–52.

S. Pozorski/T. Pozorski, Early Cultural Complexity on the Coast of Peru. In: H. Silverman/W. H. Isbell (Hrsg.), Handbook of South American Archaeology (New York 2008) 607–631.

J. Pratt, Determining the Function of one of the World's Earliest Pottery Assemblages: The Case of San Jacinto, Colombia. Latin American Antiquity 10, 1999, 71–85.

K. T. Preuss, Arte Monumental Prehistorico, Excavaciones Hechas en el Alto Magdalenay San Agustin (Colombia): Comparacion Arqueologica con las manifestaciones Artisticas de las Demas Civilizaciones Americanas (Bogota 1931).

D. A. Proulx, Paracas and Nasca: Regional Cultures on the South Coast of Peru. In: H. Silverman/W. H. Isbell (Hrsg.), Handbook of South American Archaeology (New York 2008) 563–585.

J. S. Raymond, The Process of Sedentism in Northwestern South America. In: H. Silverman/W. H. Isbell (Hrsg.), Handbook of South American Archaeology (New York 2008) 79–90.

J. S. Raymond/R. L. Burger (Hrsg.), Archaeology of Formative Ecuador (Washington 2003).

E. M. Redmond, Savanna Chiefdoms in Venezuela. National Geographic Research and Exploration 10, 1992, 422–439.

E. M. Redmond, Chiefdoms and Chieftaincy in the Americas (Gainesville 1997).

M. Reindel/J. Isla, Fruhe Kulturentwicklung im sudlichen Andenraum. In: P. Fux (Hrsg.), Chavin. Perus geheimnisvoller Anden-Tempel. Ausstellungskatalog Zurich (Zurich 2013) 43–53.

M. A. Rivera, The Archaeology of Northern Chile. In: H. Silverman/W. H. Isbell (Hrsg.), Handbook of South American Archaeology (New York 2008) 963–977.

A. C. Roosevelt, Moundbuilders of the Amazon: Geophysical Archaeology on Marajo Island, Brazil (San Diego 1991).

A. C. Roosevelt, Early Pottery in the Amazon: Twenty Years of Scholarly Obscurity. In: W. K. Barnett/J. W. Hoopes (Hrsg.), The Emergence of Pottery. Technology and Innovation in Ancient Societies (Washington, London 1995) 115–131.

A. C. Roosevelt, Paleoindian Cave Dwellers in the Amazon: The Peopling of the Americas. Science 272, 1996, 373–384.

A. C. Roosevelt, Archaeology of South American Hunters and Gatherers. In: R. B. Lee/R. Daly (Hrsg.), The Cambridge Encyclopedia of Hunters and Gatherers (Cambridge 1999) 86–91.

S. Rostain, Secuencia arqueologica en monticulos del valle del Upano en la Amazonia Ecuatoriana. Bulletin de l'Institut Francais d'Etudes Andines 28 (1), 1999, 53–89.

S. Rostain, Agricultural Earthworks on the French Guiana Coast. In: H. Silverman/W. H. Isbell (Hrsg.), Handbook of South American Archaeology (New York 2008) 217–233.

S. Rostain, The Archaeology of the Guianas: An Overview. In: H. Silverman/W. H. Isbell (Hrsg.), Handbook of South American Archaeology (New York 2008) 279–302.

E. Salazar, Pre-Columbian Mound Complexes in the Upano River Valley, Lowland Ecuador. In: H. Silverman/W. H. Isbell (Hrsg.), Handbook of South American Archaeology (New York 2008) 263–278.

M. Salemme/L. Miotti (Hrsg.), South America: Long and Winding Roads for the First Americans at the Pleistocene/Holocene Transition. Quaternary International 109/110, 2003, 1–179.

D. H. Sandweiss, The Development of Fishing Specialization on the Central Andean Coast. In: M. G. Plew (Hrsg.), Prehistoric Hunter-Gatherer Fishing Strategies (Boise

1996) 41–63.

D. H. Sandweiss, Terminal Pleistocene Through Mid-Holocene Archaeological Sites as Paleoclimatic Archives for the Peruvian Coast. Paleogeography, Paleoclimatology, Paleoecology 194, 2003, 23–40.

D. H. Sandweiss, Early Fishing Societies in Western South America. In: H. Silverman/W. H. Isbell (Hrsg.), Handbook of South American Archaeology (New York 2008) 145–156.

D. H. Sandweiss/J. B. Richardson, Central Andean Environments. In: H. Silverman/W. H. Isbell (Hrsg.), Handbook of South American Archaeology (New York 2008) 93–104.

F. O. Sarmiento, Anthropogenic Change in the Landscapes of Highland Ecuador. Geographical Review 92, 2002, 213–235.

P. I. Schmitz, Sitios de Pesca Lacustre em Rio Grande, RS, Brasil (Sao Leopoldo 1976).

P. I. Schmitz, Prehistoric Hunters and Gatherers of Brazil. Journal of World Prehistory 1, 1987, 53–126.

R. Shady, America's First City? The Case of Late Archaic Caral. In: W. H. Isbell/H. Silverman (Hrsg.), Andean Archaeology 3: North and South (New York 2006) 28–66.

H. Silverman/W. H. Isbell (Hrsg.), Handbook of South American Archaeology (New York 2008).

P. W. Stahl, Paradigms in Paradise: Revising the Standard Amazonian Prehistory. Review of Archaeology 23 (2), 2002, 39–51.

P. W. Stahl, Pre-Columbian Andean Animal Domesticates at the Edge of Empire. World Archaeology 34 (3), 2003, 470–483.

P. W. Stahl, Animal Domestication in South America. In: H. Silverman/W. H. Isbell (Hrsg.), Handbook of South American Archaeology (New York 2008) 121–130.

J. E. Staller/R. H. Tykot/B. F. Benz (Hrsg.), Histories of Maize. Multidisciplinary Approaches to the Prehistory, Linguistics, Biogeography, Domestication, and Evolution of Maize (Amsterdam 2006).

K. E. Stothert, The Preceramic Las Vegas Culture of Coastal Ecuador. American Antiquity 50, 1985, 613–637.

K. E. Stothert, La prehistoria temprana de la Peninsula de Santa Elena, Ecuador: Cultura Las Vegas. In: K. E. Stothert (Hrsg.), Miscelanea antropologica ecuatoriana, Serie Monografica 10 (Guayaquil 1988).

K. E. Stothert, Un exemple de transition vers la production agricole en Amerique. In: J.-P. Demoule (Hrsg.), La revolution neolithique dans le monde (Paris 2009) 87–101.

R. Suarez/J. M. Lopez, Archaeology of the Pleistocene-Holocene Transition in Uruguay: An Overview. Quaternary International 109–110, 2003, 65–76.

J. S. Tamblay, El Cementerio Larache, los metales y la estratifi cacion social durante el horizonte Tiwanaku en San Pedro de Atacama. In: M. A. Rivera/A. L. Kolata (Hrsg.), Tiwanaku. Aproximaciones a sus contextos historicos y sociales (Santiago 2004) 31–66.

A. H. Versteeg, The Prehistory of the Young Coastal Plain of West Suriname. Berichten Rijksdienst Oudheidkundig Bodemonderzoek 35, 1985, 653–750.

J. H. Walker, Agricultural Change in the Bolivian Amazon. University of Pittsburgh Memoirs in Latin American Archaeology 13 (Pittsburgh 2004).

J. C. Wheeler, Evolution and Present Situation of the South American Camelids. Biological Journal of the Linnean Society 54, 1995, 271–295.

D. Williams, Archaeology in the Guianas. Society for American Archaeology Bulletin 14 (1), 1996, 10–12.

D. Williams, Early Pottery in the Amazon: a Correction. American Antiquity 62 (2), 1997, 342–352.

D. Williams, Prehistoric Guiana (Kingston 2003).

S. M. Wilson, The Archaeology of the Caribbean (Cambridge 2007).

I. Wust/C. Barreto, The Ring Villages of Central Brazil: A Challenge for Amazonian Archaeology. Latin American Antiquity 10 (1), 1999, 3–23.

J. A. Zeidler, The Ecuadorian Formative. In: H. Silverman/W. H. Isbell (Hrsg.), Handbook of South American Archaeology (New York 2008) 459–488.

K. S. Zimmerer, The Origins of Andean Irrigation. Nature 378, 1995, 481–483.

A. Zucchi, Prehistoric Human Occupations of the Western Venezuelan Llanos. American Antiquity 38 (2), 1973, 182–190.

A. Zucchi/W. M. Denevan, Campos Elevados e Historia Cultural Prehispanica en los Llanos Occidentales de Venezuela (Caracas 1979).

인류는 어떻게 역사가 되었나

지도: ⓒPeter Palm, Berlin

26쪽: Werner Forman Archiv / Bridgeman Images

29쪽: nach GEOkompakt 24, 2010

34쪽: nach F. Facchini, Die Ursprunge der Menschheit (Stuttgart 2006) S. 98, Abb. 1

42쪽: nach G. A. Wagner / H. Rieder / L. Zoller / E. Mick (Hrsg.), Homo heidelbergensis. Schlusselfund der Menschheitsgeschichte (Stuttgart 2007) S. 253

53쪽: nach F. Facchini, Die Ursprunge der Menschheit (Stuttgart 2006) S. 133, Abb. 15

67쪽: nach F. Facchini, Die Ursprunge der Menschheit (Stuttgart 2006) S. 180, Abb. 4

69쪽: nach F. Facchini, Die Ursprunge der Menschheit (Stuttgart 2006) S. 182, Abb. 8

78쪽: Interfoto / Photoaisa

89쪽: nach F. Facchini 2006, Die Ursprunge der Menschheit (Stuttgart 2006) S. 183, Abb. 10

94쪽: nach Eiszeit. Kunst und Kultur. Ausstellungskatalog Stuttgart (Stuttgart 2010) S 318, Abb. 390

99쪽: 1 Foto bpk / RMN – Grand Palais, Gerard Blot; 2 nach Eiszeit. Kunst und Kultur. Ausstellungskatalog Stuttgart (Stuttgart 2010) S. 193, Abb. 222

110쪽: Foto ullstein bild / Heritage-Images / Fine Arts Images

115쪽: Foto bpk / Egmar Ruppert

119쪽: nach Eiszeit. Kunst und Kultur. Ausstellungskatalog Stuttgart (Stuttgart 2010) S. 299, Abb. 361 und 362

142쪽: Foto bpk / The Trustees of the British Museum

158쪽: Interfoto / Photoaisa / Beba

175쪽: 1 Foto bpk / The Trustees of the British Museum; 2 Foto bpk / RMN – Grand Palais / Raphael Chipault

182쪽: nach M. Ozdogan / N. Basgelen / P. Kuniholm (Hrsg.) The Neolithic in Turkey. 2 (Istanbul 2011) S. 126, Abb. 10

183쪽: nach M. Ozdogan / N. Basgelen / P. Kuniholm (Hrsg.), The Neolithic in Turkey. 2 (Istanbul 2011) S. 134, Abb. 24a

186쪽: nach M. Ozdogan / N. Basgelen / P. Kuniholm (Hrsg.), The Neolithic in Turkey. 2 (Istanbul 2011) S. 60, Abb. 2

191쪽: nach M. Ozdogan / N. Basgelen / P. Kuniholm (Hrsg.), The Neolithic in Turkey. 2 (Istanbul 2011) S. 66, Abb. 10, und S. 69, Abb. 15

201쪽: nach J. Mellaart, The Neolithic of the Near East (London 1975) Abb. 46

202쪽: 1 nach M. Ozdogan / N. Basgelen / P. Kuniholm (Hrsg.) The Neolithic in Turkey. New Excavations and New Research. 3: Central Turkey (Istanbul 2012), S. 268, Abb. 5; 2 nach J. Mellaart, The Neolithic of the Near East (London 1975) S. 110, Abb. 59

228쪽: Foto bpk / Vorderasiatisches Museum / SMB / Olaf M. Tesmer

234쪽: bpk / Museum fur Vor- und Fruhgeschichte / SMB / Claudia Plamp

238쪽: nach J. Mellaart, The Neolithic of the Near East (London 1975) S. 115, Abb. 65

245쪽: M. Ozdogan / N. Basgelen / P. Kuniholm (Hrsg.) The Neolithic in Turkey. New Excavations and New Research. 3: Central Turkey (Istanbul 2012) S. 98, Abb. 29b

252쪽: 24 nach H. Parzinger, Studien zur Chronologie und Kulturgeschichte der Jungstein-, Kupfer- und Fruhbronzezeit zwischen Karpaten und Mittlerem Taurus. Romisch-Germanische Forschungen 52 (Mainz 1993) Taf. 191

257쪽: nach M. Ozdogan / N. Basgelen / P. Kuniholm (Hrsg.), The Neolithic in Turkey, New Excavations and New Research. 4: Western Turkey (Istanbul 2013) S. 82, Abb. 2, und S. 85, Abb. 7

262쪽: nach M. Ozdogan / N. Basgelen / P. Kuniholm (Hrsg.), The Neolithic in Turkey, New Excavations and New Research. 4: Western Turkey (Istanbul 2013) S. 245, Abb. 103

268쪽: 1 umgezeichnet nach Srejovi0 / Babovi0, Umetnost Lepenskog Vira (Belgrad 1983) S. 40 f. Plan 14; 2 Foto akg-images / Erich Lessing

289쪽: nach H. Parzinger, Studien zur Chronologie und Kulturgeschichte der Jungstein-, Kupfer- und Fruhbronzezeit zwischen Karpaten und Mittlerem Taurus. Romisch-Germanische Forschungen 52 (Mainz 1993) Taf. 192

293쪽: nach P. Petrequin / S. Cassen / M. Errera / L. Klassen / A. Sheridan / A.-M. Petrequin, Jade. Grandes haches alpines du Neolithique europeen. Ve et IVe millenaires av. J.-C. Presses Universitaires de Franche-Comte 1224 (Besancon 2012) Vol. 2, S. 1244, Abb. 11

300쪽: nach A. Le Brun, Fuhrer durch Khirokitia (Nikosia 1997) S. 56, Abb. 48 und S. 26, Abb. 18

304쪽: nach J. Muller, Das Ostadriatische Fruhneolithikum. Prahistorische Archaologie in Sudosteuropa 9 (Berlin 1994) Taf. 53 und 66

316쪽: bpk / Museum fur Vor- und Fruhgeschichte / SMB / Ingrid Geske

333쪽: Fotos bpk / Museum fur Vor- und Fruhgeschichte / SMB / Ingrid Geske

338쪽: nach A. Fischer / K. Kristiansen (Hrsg.), The Neolithisation of Denmark. 150 Years of Debate (Sheffi eld 2002) S. 128, Abb. 10.11, und S. 133, Abb. 10.18 und 10.19

344쪽: Foto bpk / Museum fur Vor- und Fruhgeschichte / SMB / Jurgen Liepe

354쪽: nach G. Trnka, Studien zu mittelneolithischen Kreisgrabenanlagen. Mitteilungen der prahistorischen Kommission der osterreichischen Akademie der Wissenschaften 26 (Wien 1991) S. 61, Abb. 18, und S. 272, Abb. 108

359쪽: 1 Foto bpk / Herbert Kraft; 2 nach Schlichterle (Hrsg.), Pfahlbauten rund um die Alpen. Archaologie in Deutschland, Sonderheft 1997, S. 18, Abb. 17

361쪽: nach L. Klassen, Fruhes Kupfer im Norden. Untersuchungen zu Chronologie, Herkunft und Bedeutung der Kupferfunde der Nordgruppe der Trichterbecherkultur (Aarhus 2000) S. 175, Abb. 77; S. 192, Abb. 86; S. 199, Abb. 87; Taf. 21 und 24

365쪽: nach N. Andersen, Sarup. Zwei befestigte Anlagen der Trichterbecherkultur. In: Jahresschrift fur mitteldeutsche Vorgeschichte 73, 1990, S. 430, Abb. 3; S. 432, Abb. 5

368쪽: nach J. Jensen, Danmarks Oldtid. Stenalder 13 000 –2,000 f. Kr. (Gyldendal 2004) S. 371

380쪽: akg-images / De Agostini Picture Lib.

394쪽: nach B. E. Barich, People, Water and Grain. The Beginnings of Domestication in the Sahara and the Nile Valley. Studia Archaeologica 98 (Rom 1998) S. 77, Abb. 7.4

408쪽: nach D. Wengrow, The Archaeology of Early Egypt. Social Transformations in North-East Africa, 10,000 to 2650 BC (Cambridge 2006) S. 52, Abb. 2.6

411쪽: nach J. Reinold, Neolithique du Soudan central et de Haute Nubie –donnees sur le material ceramique. In: Tides of the Desert – Gezeiten der Wuste. Beitrage zu Archaologie und Umweltgeschichte Afrikas zu Ehren von Rudolph Kuper. Africa Praehistorica 14 (Koln 2002) S. 214, Abb. 17; S. 215, Abb. 19; S. 216, Abb. 20 und 21

416쪽: nach D. Wengrow, The Archaeology of Early Egypt. Social Transformations in North-East Africa, 10,000 to 2650 BC (Cambridge 2006) S. 35, Abb. 1.6

420쪽: bpk

433쪽: 1 nach K. Wasylikowa / J. R. Harlan / J. Evans / F. Wendorf / R. Schild / A. E. Close / H. Krolik / R. A. Housley, Examination of Botanical Remains From Early Neolithic Houses at Nabta Playa, Western Desert, Egypt, with Special Reference to Sorghum Grains. In: T. Shaw / P. Sinclair / B.Andah / A. Okpoko (Hrsg.), The Archaeology of Africa. Food, Metals and Towns (London, New York 1993) 154–164, Abb. 9.1.; 2–5 nach A. E. Close, Few and Far Between: Early Ceramics in North Africa. In: W. K. Barnett / J. W. Hoopes (Hrsg.), The Emergence of Pottery. Technology and Innovation in Ancient Societies (Washington, London 1995) S. 27, Abb. 3.3

438쪽: nach B. Gehlen / K. Kindermann / J. Linstadter / H. Riemer, The Holocene Occupation of the Eastern Sahara: Regional Chronologies and Supra-regional Developments in four Areas in the Absolute Desert. In: Tides of the Desert – Gezeiten der Wuste. Beitrage zu Archaologie und Umweltgeschichte Afrikas zu Ehren von Rudolph Kuper. Africa Praehistorica 14 (Koln 2002) S. 104, Abb. 16

452쪽: 1. 3 nach J. Linstadter, Zum Fruhneolithikum des westlichen Mittelmeerraumes. Die Keramik der Fundstelle Hassi Ouenzga. AVA-Forschungen 9 (Aachen 2004) S. 131, Abb. 61 ; 2. 4 nach J. Linstadter, The Epipalaeolithic-Neolithic-Transition in the Mediterranean Region of Northwest Africa. Quartar 55, 2008, S. 53, Abb. 8

458쪽: 1 nach P. Mitchell, African Connections. An Archaeological Perspective on Africa and the Wider World (New York, Oxford, Toronto 2005) S. 43, Abb. 2,2 ; 2 nach B. E. Barich, People, Water and Grain. The Beginnings of Domestication in the Sahara and the Nile Valley. Studia Archaeologica 98 (Rom 1998) S. 59, Abb. 64

463쪽: nach P. Sereno, E. Garcea, H. Jousse u. a., Lakeside Cemeteries in the Sahara: 5000 Years of Holocene Population and Environmental Change. PLoS ONE, Vol. 3, Ausgabe 8, August 2008 (www.plosone.org) S. 14, Abb. 7

475쪽: nach P. Breunig / K. Neumann, Continuity or Discontinuity? The 1st Millennium BC-Crisis in West African Prehistory. In: Tides of the Desert – Gezeiten der Wuste. Beitrage zu Archaologie und Umweltgeschichte Afrikas zu Ehren von Rudolph Kuper. Africa Praehistorica 14 (Koln 2002) Abb. 9,11 und Abb. 9,8, 9,12

480쪽: umgezeichnet nach P. Breunig / K. Neumann. Continuity or Discontinuity? The 1st Millennium BC-Crisis in West African Prehistory. In: Tides of Desert – Gezeiten der Wuste. Festschrift fur Rudolph Kuper. Africa Praehis torica 14 (Koln 2002) 491–506. Abb. 9,4.

496쪽: action press / mcphoto

499쪽: nach A. B. Stahl, Intensifi cation in the West African Late Stone Age: A View from Central Ghana. In: T. Shaw / P. Sinclair / B. Andah / A. Okpoko (Hrsg.), The Archae ology of Africa. Food, Metals and Towns (London, New York 1993) S. 268–269, Abb. 14,2–4

514쪽: nach G. Connah, Forgotten Africa. An Introduction to its Archaeology (London, New York 2004) S. 46, Abb. 19

517쪽: nach F. Chami, The Unity of African Ancient History: 3000 BC to AD 500 (Dar es Salaam 2006) Abb. 30–32

521쪽: nach J. Kinahan, The Rise and Fall of Nomadic Pastoralism in the Central Namib Desert. In: T. Shaw / P. Sinclair / B. Andah / A. Okpoko (Hrsg.), The Archaeology of Africa. Food, Metals and Towns (London, New York 1993) Abb. 20,4

526쪽: bpk / Jurgen Liepe

531쪽: nach Archeologija Ukrainskoj SSR 1 (Kiew 1985) S. 123

540쪽: nach M. Videjko, Grossiedlungen der Tripol'e-Kultur in der Ukraine. Eurasia anti- qua 1, 1995, S. 49, Abb. 4

548쪽: nach H. Parzinger, Kulturverhaltnisse in der eurasischen Steppe wahrend der Bronzezeit. In: B. Hansel (Hrsg.), Mensch und Umwelt in der Bronzezeit Europas (Kiel 1998) S. 476, Abb. 17

548쪽: nach H. Parzinger, Kulturverhaltnisse in der eurasischen Steppe wahrend der Bronzezeit. In: B. Hansel (Hrsg.), Mensch und Umwelt in der Bronzezeit Europas (Kiel 1998) S. 477, Abb. 18

568쪽: nach H. Parzinger, Die fruhen Volker Eurasiens. Vom Neolithikum bis zum Mit- telalter (Munchen 20112) S. 83, Abb. 23

572쪽: nach V. F. Zajbert, Eneolit Uralo-Irtyšskogo meždure0'ja (Petropavlovsk 1993) S. 26, Abb. 6; S. 32, Abb. 7

588쪽: bpk / The Trustees of the British Museum

592쪽: nach O. Lordkipanidze, Archaologie in Georgien. Von der Altsteinzeit zum Mit- telalter. Quellen und Forschungen zur Prahistorischen und Provinzialromischen

Archaologie 5 (Weinheim 1991) S. 35, Abb. 14

608쪽: nach F. Brunet, La Neolithisation en Asie centrale. In: J. Guilaine (Hrsg.), Aux marges des grands foyers du Neolithique. Peripheries debitrices ou creatrices ? (Paris 2004) S. 112, Abb. 4

614쪽: nach P. L. Kohl, Central Asia Palaeolithic Beginnings to the Iron Age. Editions Recherches sur les Civilisations, Synthese 14 (Paris 1984) S. 112, Abb. 13

619쪽: nach F. Brunet, La Neolithisation en Asie centrale. In: J. Guilaine (Hrsg.), Aux marges des grands foyers du Neolithique. Peripheries debitrices ou creatrices ? (Paris 2004) S. 116, Abb. 8

629쪽: nach D. K. Chakrabarti, The Oxford Companion to Indian Archaeology. The Archaeological Foundations of Ancient India Stone Age to AD 13th Century (Oxford 2006) S. 110, Abb. 6,1

638쪽: nach G. Urban (Hrsg.), Vergessene Stadte am Indus. Fruhe Kulturen in Pakistan vom 8. bis 2. Jahrtausend v. Chr. Ausstellungskatalog Aachen (Mainz 1987) S. 176, Abb. 145

648쪽: akg images / De Agostini Pict. Lib. / L. De Masi

657쪽: nach B. D. Smith, The Emergence of Agriculture (New York 1998) S. 139−140

667쪽: M. Wagner, Neolithikum und fruhe Bronzezeit in Nordchina vor 8000 bis 3500 Jahren. Archaologie in Eurasien 21 (Mainz 2006) Abb. 130 und 133

672쪽: nach T. Tsutsumi, Origins of Pottery and Human Strategies for Adaptation During the Termination of the Last−Glacial Period in the Japanese Archipelago. In: Y. Yasuda (Hrsg.), The Origins of Pottery and Agriculture (Kyoto 2002) S. 247, Abb. 7

680쪽: nach T. Tsutsumi, Origins of Pottery and Human Strategies for Adaptation During the Termination of the Last−Glacial Period in the Japanese Archipelago. In: Y. Yasuda (Hrsg.), The Origins of Pottery and Agriculture (Kyoto 2002) S. 244, Abb. 2

681쪽: nach T. Tsutsumi, Origins of Pottery and Human Strategies for Adaptation During the Termination of the Last−Glacial Period in the Japanese Archipelago. In: Y. Yasuda (Hrsg.), The Origins of Pottery and Agriculture (Kyoto 2002) S. 253, Abb. 11; S. 254, Abb. 12

686쪽: nach K. Imamura, Yomon and Yayoi: The Transition to Agriculture in Japanese Prehistory. In: D. R. Harris (Hrsg.), The Origins and Spread of Agriculture and Pastoralism in Eurasia (London 1996) S. 452, Abb. 24.5

687쪽: nach J. Habu, Ancient Jomon of Japan (Cambridge 2004) S. 90, Abb. 4.3, S. 94, Abb. 4.7, S. 152, Abb. 5.5

689쪽: nach J. Habu, Ancient Jomon of Japan (Cambridge 2004) S. 186, Abb. 5.23

697쪽: nach C. Zhang / H.−C. Hung, The Neolithic of Southern China − Origin, Development, and Dispersal. Asian Perspectives 47 (2), 2008, S. 299−327, Abb. 4

708쪽: nach G. Barker, The Agricultural Revolution in Prehistory: Why Did Foragers Become Farmers? (Oxford 2006) S. 211, Abb. 6,14

716쪽: Michael Runkel / Robert Harding World Imagery / Corbis

719쪽: nach T. Denham / S. Haberle / C. Lentfer, New Evidence and Revised Interpretations of Early Agriculture in Highland New Guinea. Antiquity 78 (302), 2004, S. 842, Abb. 2, S. 844, Abb. 3

730쪽: umgezeichnet nach S. Bedford / C. Sand / R. Shing, Lapita, Peoples, Pipol, Peuples (Port Vila 2010) Abb. auf S. 15 f., 19, 29–34.

752쪽: 1 nach J. Jelinek, The Great Art of the Early Australians. The Study of the Evolution and Role of Rock Art in the Society of Australian Hunters and Gatherers. Anthropos. Studies in Anthropology, Palaeoethnology and Quarternary Geology 25 (Brunn 1989) S. 510, Abb. 413; 2–13 nach M. Morwood, Visions from the Past: The Archaeology of Australian Aboriginal Art (Sydney 2002) S. 58, Abb. 2.17, S. 53, Abb. 2.14

755쪽: nach M. Morwood, Visions from the Past: The Archaeology of Australian Aboriginal Art (Sydney 2002) S. 17, Abb. 1.14, S. 23, Abb. 1.17

758쪽: Foto: Robert W. Parvin

776쪽: nach K. M. Ames / H. D. G. Maschner, Peoples of the Northwest Coast. Their Archaeology and Prehistory (London 1999) S. 104, Abb. 30, S. 105, Abb. 32

779쪽: nach K. M. Ames / H. D. G. Maschner, Peoples of the Northwest Coast. Their Archaeology and Prehistory (London 1999) S. 158, Abb. 54

783쪽: nach B. Fagan, The First North Americans. An Archaeological Journey (London 2011) S. 46, Abb. 28, S. 35, Abb. 18.

809쪽: nach B. Fagan, The First North Americans. An Archaeological Journey (London 2011) S. 138, Abb. 87

818쪽: nach W. H. Wills, Archaic Foraging and the Beginning of Food Production in the American Southwest. In: T. D. Price / A. B. Gebauer (Hrsg.), Last Hunters – First Farmers. New Perspectives on the Prehistoric Transition to Agriculture (Santa Fe 1995) S. 224, Abb. 8.4

828쪽: Foto: Werner Forman / Universal Images Group / Getty Images

837쪽: nach S. T. Evens, Ancient Mexico and Central America. Archaeology and Culture History (London 2008) S. 82, Abb. 3.8

849쪽: nach S. T. Evens, Ancient Mexico and Central America. Archaeology and Culture History (London 2008) S. 103, Abb. 4.3

858쪽: nach S. T. Evens, Ancient Mexico and Central America. Archaeology and Culture History (London 2008) S. 142

860쪽: nach S. T. Evens, Ancient Mexico and Central America. Archaeology and Culture History (London 2008) S. 138, Abb. 5.7

874쪽: akg-images / De Agostini Pict. Lib. / G. Dagli Orti

879쪽: nach J. E. Damp / L. P. Vargas, The Many Contexts of Early Valdivia Ceramics. In: W. K. Barnett / J. W. Hoopes (Hrsg.), The Emergence of Pottery. Technology and Innovation in Ancient Societies (Washington, London 1995) S. 162–163, Abb. 13.3

896쪽: nach T. D. Dillehay (Hrsg.), From Foraging to Farming in the Andes. New Perspectives on Food Production and Social Organization (Cambridge 2011) S. 101, Abb. 5.4, S. 102, Abb. 5.5

897쪽: nach T. D. Dillehay (Hrsg.), From Foraging to Farming in the Andes. New Perspectives on Food Production and Social Organization (Cambridge 2011) S. 137, Abb. 7.2

904쪽: nach S. Pozorski / T. Pozorski, Early Cultural Complexity on the Coast of Peru. In: H. Silverman / W. H. Isbell (Hrsg.), Handbook of South American Archaeology (New York 2008) S. 615, Abb. 31.5

921쪽: nach J. B. Leoni / F. A. Acuto, Social Landscapes in Pre-Inca Northwestern Argenti-
na. In: H. Silverman / W. H. Isbell (Hrsg.), Handbook of South American Archaeology
(New York 2008) S. 591, Abb. 304

954쪽: Musee Rodin, Paris / Bridgeman Images

인류는 어떻게 역사가 되었나

인류는 어떻게 역사가 되었나